2025 최신판

이패스 전산세무 1급

최신 개정세법 &
케이렙 프로그램 적용

| 정아름 저 |

재무회계/부가가치세
소득세편/원가회계

Since 2003
대한민국 금융교육 名家 이패스코리아

이패스 전산세무 1급 교재 특징

- 국가공인 전산세무 1급 시험대비 맞춤교재!
- 최신기출문제 6회분 수록 및 해설강의 진행!
- 기출문제를 분석하여 적중률 높은 핵심문제 수록!
- 저자직강 온라인 동영상 진행!
- 저자 1:1 질의응답

'이패스TV' 채널에서
다양한 강의를 만나보세요!

JN367112

epasskorea

이패스코리아 전산세무 1급을 선택해야 하는 이유!

수험목적에 최적화된 교재!

첫째, 개정 세법 및 최신 기출 문제 출제 경향을
완벽하게 반영한 2025년 최신개정도서입니다.

둘째, 단계적 실무 프로그램 학습으로 [따라하기], [테마학습], [기출문제]로
전개하여 비전공자도 쉽게 학습할 수 있습니다.

셋째, 이론학습과 실무를 같이 배치시켜 효과적으로
학습할 수 있도록 하였습니다.

넷째, 기출테마학습 & 최신기출문제 6회분을 수록해 시험에 대한
적응력을 극대화 하였습니다.

전산세무회계는 이패스코리아입니다!

세무·회계의 神 나만의 확실한 합격 멘토!

정아름 교수

- 광운대학교 회계학 박사
- 숭실대학교 MBA 회계학 석사
- 서울미디어대학원대학교 인공지능 소프트웨어학과 공학 석사

- 現 광운대학교 경영학부 강사
- 現 사이버한국외국어대학교 마케팅 경영학과 강사
- 現 이패스코리아 전산세무회계 강사

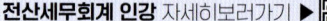

epasskorea 전산세무회계 인강 자세히보러가기 ▶

YouTube 이패스 TV 채널 바로가기 ▶

헬로우어카운팅세무회계 자격증 전문카페 바로가기 ▶

전산세무 1급 합격을 위한 이패스 코리아의 특별한 혜택!

무제한 반복수강   기출문제 완벽분석   교수님 1:1 학습 질의   PC 2대+모바일 2대 수강가능

2025 최신판

이패스 전산세무 1급

최신 개정세법 &
케이렙 프로그램 적용

| 정아름 저 |

재무회계/부가가치세
소득세편/원가회계

'이패스TV' 채널에서
다양한 강의를 만나보세요!

PREFACE
전산세무 1급 |머리말|

안녕하세요. 2025 이패스코리아 전산세무1급 저자 정아름입니다.

전산세무1급 자격증은 기업회계의 핵심 업무를 모두 아우르는 종합적인 자격증입니다. 증빙에 따른 전표입력부터 결산을 통한 재무제표 작성, 부가가치세 신고, 원천세 신고 및 연말정산, 법인세 신고에 이르기까지 실무에서 요구되는 전반적인 회계·세무 지식과 전산 활용 능력을 평가합니다. 그 광범위한 출제 범위와 실무적 난이도로 인해 전산세무 자격증 중 최고 난이도를 자랑하는 자격증이기도 합니다.

이론과 실기의 균형적 접근

많은 수험생들이 실기 점수에만 치중하여 이론 학습을 소홀히 하는 경우가 있습니다. 하지만 이론 30점, 실기 70점의 배분을 고려할 때 이론 역시 합격의 중요한 열쇠입니다. 특히 이론은 실기 응용의 기반이 되므로, 본 교재에서는 이론과 실기의 연결 학습을 강조했습니다.

실기 영역별 맞춤형 학습법 제시

각 실기 영역의 특성과 난이도를 고려한 맞춤형 학습법을 제시했습니다:
- 법인조정(30점)은 배점이 높지만 난이도도 높아 충분한 학습시간 배분이 필요합니다.
- 전표입력(12점)과 결산(8점)은 상대적으로 쉽게 점수를 확보할 수 있는 영역으로, 완벽히 숙지하여 기본 점수를 확보하는 전략이 중요합니다.
- 부가가치세(10점)와 원천징수(10점)는 중간 난이도로, 자주 출제되는 유형을 중심으로 효율적인 학습이 필요합니다.

본서의 특징

1. 최신 개정세법 반영

    2025년 시험에 대비하여 최신 개정 세법을 반영했습니다. 특히 최근 변화된 출제 경향을 다루어, 수험생들이 새로운 유형에도 대비할 수 있도록 준비했습니다.

2. 영역별 난이도를 고려한 학습 전략

단순히 배점만을 고려한 것이 아니라, 각 영역의 난이도와 점수 획득 용이성을 함께 고려한 균형적인 학습 전략을 제시했습니다. 쉽게 득점 가능한 영역은 완벽히 숙지하고, 난이도 높은 영역은 단계적으로 접근하는 효율적인 전략을 담았습니다.

3. 단계적 실기 프로그램 학습

KcLep 프로그램을 익히는 데 어려움을 겪는 수험생들을 위해 [실기 따라하기], [테마학습], [기출문제]의 3단계 접근법을 제시했습니다:
- [실기 따라하기]: 프로그램의 기본 기능과 메뉴 구성을 상세히 설명
- [테마학습]: 작업 진행 단계별 화면 캡처와 설명으로 쉽게 이해
- [기출문제]: 실전 감각을 키우기 위한 최신 기출문제 수록

4. 유형별 기출문제 분석

최근 10년간의 기출문제를 유형별로 분석하여, 수험생들이 출제 경향을 정확히 파악할 수 있도록 했습니다. 특히 자주 출제되는 유형과 오답률이 높은 문제를 중심으로 집중 학습할 수 있도록 구성했습니다.

맺음말

전산세무1급은 단순한 자격증이 아니라 실무 능력을 검증하는 종합적인 시험입니다. 본 교재는 전산세무1급 자격증 취득 뿐만 아니라, 교육용 프로그램의 한계는 있으나 실무에서도 적용할 수 있는 지식과 기술을 갖추는 데 중점을 두었습니다.

본 교재가 여러분의 전산세무1급 합격을 위한 든든한 길잡이가 되기를 진심으로 바랍니다. 어렵고 방대한 내용이지만, 체계적인 학습 전략과 꾸준한 노력으로 반드시 합격의 기쁨을 누리시길 기원합니다.

2025년 6월
편저자 정아름

INFORMATION

전산세무 1급 |학|습|방|법|

전산세무1급은 세무 자격증의 최고 단계로서, 단순 지식보다는 종합적인 이해력과 실무 응용력을 요구합니다. 본 교재는 최신 기출문제를 포함하여 유형별로 기출문제를 분석하여 충분히 반영하였으므로, 교재의 기출문제를 통해 실전 감각을 효과적으로 키울 수 있을 것으로 기대합니다.

출제 범위 및 배점 분석

▶ 이론 시험 구성

과목	문항 수	배점(점)	합계(점)	출제 범위
재무회계	5문항	각 2점	10점	• 일반기업회계기준 • 재무회계 개념체계 • 유동/비유동자산 • 부채, 자본 • 수익과 비용 • 회계변경과 오류수정 • 이연법인세
원가회계	5문항	각 2점	10점	• 원가의 개념·제조원가의 흐름 • 요소별·부문별 원가계산 • 개별·종합·결합원가계산 • 표준원가계산
세무회계	5문항	각 2점	10점	• 법인세법 • 부가가치세법 • 소득세법 • 조세특례제한법(상기 관련세법에 한함)

▶ 실기 시험 구성

과목	문항 수	배점(점)	출제 범위
전표입력	4문항	총 12점	• 일반전표 • 매입매출전표
결산	3~4문항	총 8점	• 수동결산 • 자동결산
부가가치세	2~3문항	총 10점	• 매입·매출자료 입력 • 신고서 작성(가산세 포함) • 부속서류 • 전자신고
원천징수	2~3문항	총 10점	• 사원 및 부양가족 등록 • 급여자료등록 • 원천징수이행상황신고서 • 연말정산 • 소득자료입력 • 전자신고
법인조정	5문항	총 30점	• 과목별세무조정 • 법인세과세표준 및 세액조정계산서 • 신고부속서류 작성

좀 더 자세한 내용 및 수험정보 등은 당사 홈페이지(www.epasskorea.com) 참조

전산세무 1급 |학|습|전|략|

이패스 전산세무 1급
www.epasskorea.com

이론 학습전략

▶ 재무회계 [10점]

학습 요소	핵심 전략	세부 내용
핵심 포인트	일반기업회계기준 완벽 이해	• 기준서 원문 주요 문구 숙지 • 배점이 낮으므로 핵심 개념 위주로 학습
주요 영역별 접근	체계적 학습	• 1단계: 개념체계, 유동자산 • 2단계: 비유동자산, 부채 • 3단계: 자본, 수익과 비용 • 4단계: 회계변경, 이연법인세
효율적 복습	체계적 정리	• 주요 계정과목별 요약노트 작성
기출문제 활용	본 교재 활용	• 교재의 재무회계 기출문제 유형별 분석 • 오답률 높은 문제 집중 학습 • 주 2회 이상 기출문제 반복 학습

▶ 원가회계 [10점]

학습 요소	핵심 전략	세부 내용
집중 학습 영역	주요 개념 이해	• 원가의 개념과 요소별 원가계산 • 부문별 원가계산과 개별원가계산 • 종합원가계산 • 표준원가계산
계산문제 대비	원리 이해 중심	• 문제 유형별 공식 정리 • 계산 과정 단축 훈련
효율적 학습	반복 훈련	• 개념과 계산문제 병행 학습 • 오답 문제 집중 분석 • 핵심 개념 정리
기출문제 활용	유형별 접근	• 교재의 원가회계 계산문제 집중 연습 • 제품별원가계산/표준원가계산 문제 반복

▶ 세무회계 [10점]

학습 요소	핵심 전략	세부 내용
효율적 학습 순서	세법별 집중	• 법인세법 기본 개념 • 부가가치세법 기본 개념 • 소득세법 기본 개념
연도별 개정사항	최신 동향 파악	• 교재의 세법 개정사항 요약 집중 학습
기출문제 활용	출제 경향 분석	• 세법별 빈출 주제 정리 • 오답 문제 정리

INFORMATION

전산세무 1급 |학|습|전|략|

실기 학습전략

▶ KcLep 프로그램 활용법

학습 요소	핵심 전략	세부 내용
기본 조작법	프로그램 숙달	• 메뉴 구성 및 기능 완벽 숙지 • 오류 발생 지점 파악 및 대응법 숙지
배점별 학습 전략	균형적 접근	• 법인조정(30점)은 핵심이지만 난이도가 높음 • 전표입력(12점), 결산(8점)은 비교적 쉽게 점수 확보 가능 • 부가가치세(10점), 원천징수(10점)는 중간 난이도로 꼼꼼히 학습 • 모든 영역 기본기를 다진 후 법인조정에 더 시간 투자
기출문제 활용	실전 감각 훈련	• 교재의 실기 기출문제 유형별 분석 • 실기 시험 시간 배분 연습

▶ 전표입력 [12점] & 결산 [8점]

학습 요소	핵심 전략	세부 내용
전표 유형별 학습	정확한 입력 훈련	• 일반전표와 매입매출전표 구분 입력 연습 • 자주 틀리는 계정과목 집중 연습 • 분개 유형별 숙달
결산 절차 이해	순서 숙지	• 수동결산분개 유형 이해 • 자동결산 활용법
시간 관리	신속한 입력 훈련	• 문제입력시 시간 체크 연습
기출유형 학습	본 교재 활용	• 교재의 전표입력/결산 기출문제 집중 연습 • 유형별 반복 훈련 • 오답 분개 연습

▶ 부가가치세 [10점]

학습 요소	핵심 전략	세부 내용
주요 학습 내용	고배점 영역 집중	• 매입·매출자료 정확한 입력 • 신고서 작성(가산세 계산 포함) • 부속서류 작성 • 전자신고 절차
효율적 학습	단계적 접근	• 기본 자료입력 • 신고서 및 부속서류 작성 • 가산세 계산 및 전자신고
기출문제 활용	패턴 숙지	• 교재의 부가가치세 영역 기출문제 분석 • 가산세 관련 문제 연습 • 부속서류 작성 숙지
자주 출제 유형	집중 훈련	• 부가가치세 수정신고·기한후신고서 작성 • 가산세 계산 • 부가가치세 부속서류 작성

▶ 원천징수 [10점]

학습 요소	핵심 전략	세부 내용
주요 학습 내용	필수 영역 집중	• 사원등록 및 부양가족등록, 급여자료입력 • 원천징수이행상황신고서 작성 • 연말정산 처리 • 소득자료입력(사업/퇴직/기타소득)
효율적 학습	유형별 접근	• 사원등록·급여등록 및 원천징수이행상황신고서 • 연말정산 및 소득자료 입력 • 전자신고
기출문제 활용	경향 파악	• 교재의 원천징수 영역 기출문제 유형별 분석 • 연말정산 관련 문제 집중 연습 • 소득 유형별 소득입력방법 숙지
최신 경향 대비	교재 활용	• 교재에 반영된 최신 연말정산 개정사항 확인 • 소득 유형별 원천징수세율 숙지 • 공제항목 적용 연습

▶ 법인조정 [30점]

학습 요소	핵심 전략	세부 내용
주요 학습 내용	고배점 영역 집중	• 과목별세무조정(가장 중요) • 법인세과세표준 및 세액조정계산서 • 신고부속서류 작성
효율적 학습	단계적 접근	• 기본 조정항목 이해 • 주요 조정사항 집중 연습 • 신고서 및 부속서류 작성
기출문제 활용	최신 경향 대비	• 교재의 법인조정 기출문제 집중 분석 • 법인조정 Ⅱ 부속서류 대비 • 빈출 조정항목 우선 학습
유형별 접근	맞춤형 연습	• 교재의 조정항목별 연습문제 집중 활용 • 조정 사유 및 근거법령 이해

마지막 주 시험 직전 전략

영역	핵심 전략	세부 내용
이론 최종 점검	핵심 개념 확인	• 영역별 핵심 개념 요약노트 검토 • 자주 틀리는 문제 최종 정리
실기 최종 점검	고배점 영역 집중	• 법인조정 최종 연습 • 취약 영역 보완

INFORMATION

전산세무 1급 |학|습|전|략|

본 교재의 특징과 활용법

특징	내용	활용 방법
출제 경향 분석	최근 10년간 기출문제 분석	• 각 영역별 출제 빈도와 난이도 파악 • 배점 높은 영역 우선 학습
유형별 기출문제	영역별 기출문제 분류	• 각 영역 학습 후 해당 기출문제 풀이 • 오답은 반복 학습으로 완벽 정복
실기 입력시 주요 체크사항	각 서식 작성에 필요한 이론 정리	• 각 서식 입력시 필요한 세법 정리 • 정리된 이론 완벽 숙지
최신 출제경향 반영	최근 변화된 출제 패턴 분석	• 법인조정 II 부속서류 등 최신 경향 집중 학습 • 배점 변화 추이 파악
세법 개정사항 정리	주요 개정사항 요약 제공	• 개정된 세법 내용 학습
실전 모의고사	실제 시험과 동일한 구성	• 시간 제한 두고 실전처럼 풀이 • 취약점 파악 및 보완
6주 단기 학습 가이드	집중 학습 방법 제시	• 단기간 효율적 학습 방법 활용 • 주차별 학습 계획 실천

전산세무1급은 단기간 준비하더라도 이론과 실기를 균형 있게 학습한다면 합격할 수 있습니다. 이론은 실기 응용의 기반이 되는 필수 요소이므로, 특히 재무회계와 세무회계 이론을 탄탄히 다지는 것이 중요합니다. 이론 30점과 실기 70점의 배분을 고려할 때, 두 영역 모두에서 고득점을 해야 합격이 가능합니다.

이론 학습에 충분한 시간을 투자하여 기본 개념을 확실히 이해하고, 그 토대 위에 실기 영역에서 법인조정(30점)과 같은 고배점 영역을 집중적으로 연습한다면 효율적인 점수 획득이 가능합니다. 본 교재의 기출문제를 통해 이론과 실기를 연계하여 학습하고, 반복적인 연습으로 실전 감각을 키우는 것이 단기 합격의 핵심 전략입니다.

여러분들의 합격을 기원합니다!

좀 더 자세한 내용 및 수험정보 등은 당사 홈페이지(www.epasskorea.com) 참조

전산세무 1급 |자격|시험|안내|

이패스 전산세무 1급
www.epasskorea.com

목적

전산세무회계의 실무처리능력을 보유한 전문인력을 양성할 수 있도록 조세의 최고전문가인 1만여명 세무사로 구성된 한국세무사회가 엄격하고 공정하게 자격시험을 실시하여 그 능력을 등급으로 부여함으로써, 학교의 세무회계 교육방향을 제시하여 인재를 양성시키도록 하고, 기업체에는 실무능력을 갖춘 인재를 공급하여 취업의 기회를 부여하며, 평생교육을 통한 우수한 전문인력 양성으로 국가발전에 기여하고자 함.

자격구분

전산세무 1급	이론시험 30%(4지선다형)와 실무시험 70%(컴퓨터 프로그램이용)	국가공인

시행근거

- 법적근거 : 자격기본법
- 공인번호 : 고용노동부 제2016-1호
- 종목 및 등급 : 전산세무회계/전산세무 1·2급, 전산회계 1·2급
- 자격관리기관 : 한국세무사회
- 자격관리자 : 한국세무사회장

검정요강

1. 검정기준

전산세무 1급	대학 졸업수준의 재무회계와 원가관리회계, 세무회계(법인세,소득 세,부가가치세)에 관한 지식을 갖추고, 기업체의 세무회계 관리자 로서 전산세무회계프로그램을 활용한 세무회계 전분야의 실무업 무를 완벽히 수행할 수 있는지에 대한 능력을 평가함.

2. 검정방법

종목 및 등급	시험방법		시험과목 (평가범위 요약)	평가비율	제한시간
전산세무 1급	이론시험	재무회계	당좌, 재고, 유·무형자산, 유가증권과 투자유가증권, 외화환산, 부채, 자본금, 잉여금, 자본조정, 수익과 비용, 회계변경	30%	60분
		원가회계	원가의 개념, 요소별·부문별 원가계산, 개별·종합(단일, 공정별, 조별, 등급별)원가계산, 표준 원가계산		
		세무회계	법인세법, 부가가치세법, 소득세법(종합소득세액의 계산 및 원천징수부분에 한함), 조세특례제한법(상기 관련세법에 한함)		
	실무시험		재무회계, 원가회계 : 거래자료입력, 결산자료입력	70%	
			부가가치세 : 매입·매출거래자료 입력, 부가가치세 신고서의 작성 및 전자신고		
			원천제세 : 원천제세 전반 및 전자신고		
			법인세무조정 : 법인세무조정 전반		

INFORMATION

전산세무 1급 |자격|시험|안내|

3. 평가범위

[전산세무 1급]

평가범위			세부내용
이론 (30%)	재무회계 (10%)	1. 회계의 이론적 기초	회계의 기본개념, 회계의 원칙
		2. 당좌자산	현금 및 현금등가물, 단기금융상품, 매출 채권, 기타 채권
		3. 재고자산	재고자산의 일반, 원가결정, 원가배분, 재고자산의 평가
		4. 유형자산	유형자산의 일반, 취득시의 원가결정, 보유기간 중의 회계처리, 유형자산의 처분, 감가상각과 감모상각
		5. 무형자산	무형자산의 취득 및 상각
		6. 유가증권과 투자유가증권	유가증권의 일반, 유가증권의 회계처리, 투자유가증권(투자주식, 투자채권)
		7. 부채	부채의 일반, 매입채무와 기타채무, 사채
		8. 자본	소유주 지분, 자본금, 자본잉여금과 이익 잉여금, 자본조정, 이익잉여금처분계산서
		9. 수익과 비용	수익과 비용의 인식, 수익과 비용의 분류
		10. 회계변경과 오류수정	회계변경, 오류수정
		11. 이연법인세 회계	이연법인세차, 이연법인세대
		12. 외화 환산 회계	외화환산의 방법, 외화환산손익과 외환차손익
	원가회계 (10%)	1. 원가의 개념	원가의 개념
		2. 원가의 분류	개별원가계산, 종합원가계산, 표준원가계산
		3. 원가의 배분	제조간접비의 배분방법
		4. 개별원가계산	개별 원가계산의 절차와 방법, 작업폐물과 공손품의 회계처리
		5. 종합원가계산	종합원가계산의 절차, 완성품환산량, 재공품의 평가방법, 종합원가계산의 종류 (단일종합원가계산, 공정별종합원가계산, 조별종합원가계산, 등급별종합원가계산, 연산품원가계산)
		6. 표준원가계산	표준원가의 의의, 차이분석
	세무회계 (10%)	1. 법인세법	익금의 계산, 손금의 계산, 준비금 및 충 당금의 손금산입, 손익의 귀속시기 등, 비 과세, 소득금액 계산의 특례, 세액의 계 산, 신고 및 납부, 결정 경정 및 징수, 세 액의 징수 및 환급 등
		2. 부가가치세법	총칙, 과세거래, 영세율적용과 면세, 과세표준과 세액, 신고와 납부, 경정징수 와 환급
		3. 소득세법	종합소득세액의 계산, 원천징수와 연말정산의 관련 부분
		4. 조세특례제한법	각종 준비금과 충당금의 손금산입과 익금 산입, 중소기업 투자세액공제, 중소기업 에 대한 특별세액의 감면, 연구 및 인력개 발비에 대한 세액공제, 기타 근로소득 연 말정산의 관련 부분과 부가가치세신고 관 련부분, 최저한세

실무 (70%)	재무회계 및 원가회계 (15%)	1. 거래자료의 입력	고급회계자료의 입력, 자본거래 등의 자료입력, 국고보조금 등의 자료입력, 외화환산 등의 자료입력
		2. 결산자료의 입력	감가상각 및 법인세의 정리, 기타 결산자료의 정리, 결산자료의 입력, 잉여금처분 사항의 입력
		3. 입력자료 및 제장부의 검토	제장부의 검토 및 수정, 재무제표의 오류 원인 검토, 재무제표의 수정
	부가가치세 (15%)	1. 매입·매출거래 자료의 입력	유형별 매입·매출거래 자료의 입력
		2. 부가가치세신고서의 작성 및 전자신고	부가가치세 과세표준의 제계산, 매입세액의 안분계산 및 정산, 가산세 적용, 각종 부속서류 작성, 전자신고
	원천 제세 (10%)	1. 사원등록 및 급여자료 입력	소득(인적)공제 사항등록, 수당 및 공제 사항의 등록, 급여자료 입력
		2. 근로소득의 원천징수와 연말정산 및 전자신고	원천징수이행상황신고서 작성, 연말정산 추가자료 입력, 원천징수영수증 작성, 종(전)근무지 소득 합산 신고, 전자신고
		3. 퇴직소득의 원천징수와 전자신고	퇴직소득 자료입력, 원천징수영수증 작성, 원천징수이행상황신고서 작성, 전자신고
		4. 사업소득의 원천징수와 전자신고	사업소득 자료입력, 원천징수영수증 작성, 원천징수이행상황신고서 작성, 전자신고
		5. 기타소득의 원천징수와 전자신고	기타소득 자료입력, 원천징수영수증 작성, 원천징수이행상황신고서 작성, 전자신고
	법인 세무조정 (30%)	1. 기장자료의 세무조정 사항의 검토	회사기본사항의 검토, 재무제표의 검토, 수입금액의 검토
		2. 과세표준세액신고서 작성	원천납부세액 명세서, 공제·감면세액의 계산, 법인세 과세표준 및 세액조정계산서 작성
		3. 과목별 세무조정서식 작성	소득금액 조정합계표, 과목별 세무조정계산서의 작성, 특별비용의 조정
		4. 특정서식의 검토 및 조회	특별비용의 조정, 기타서식의 작성, 특정 서식의 검토 및 조정

- 각 구분별 ±10% 이내에서 범위를 조정할 수 있으며, 전산세무 1급은 전산세무 2급의 내용을 포함한다.
- 세무 및 회계의 이론과 실무지식을 갖춘 자가 30%의 비중으로 출제되는 이론시험문제(4지선다형, 객관식)와 70%의 비중으로 출제되는 실무시험문제(컴퓨터에 설치된 전산세무회계프로그램을 활용함)를 동시에 푸는 방식
  - 답안매체로는 문제 USB메모리가 주어지며, 이 USB메모리에는 전산세무회계 실무과정을 폭넓게 평가하기 위하여 회계처리대상회사의 기초등록사항 및 1년간의 거래자료가 전산수록되어 있음
  - 답안수록은 문제 USB메모리의 기본DATA를 이용하여 수험프로그램상에서 주어진 문제의 해답을 입력하고 USB메모리에 일괄 수록(저장)하면 됨

INFORMATION
전산세무 1급 |자격|시험|안내|

4. 2025년 전산세무회계 시험일정

회차	원서접수	장소공고 수험표출력	시험일자	발표
제118회	01.02 ~ 01.08	02.03 ~ 02.09	02.09(일)	02.27(목)
제119회	03.06 ~ 03.12	03.31 ~ 04.05	04.05(토)	04.24(목)
제120회	05.02 ~ 05.08	06.02 ~ 06.07	06.07(토)	06.26(목)
제121회	07.03 ~ 07.09	07.28 ~ 08.02	08.02(토)	08.21(목)
제122회	08.28 ~ 09.03	09.22 ~ 09.28	09.28(일)	10.23(목)
제123회	10.30 ~ 11.05	12.01 ~ 12.06	12.06(토)	12.24(수)

5. 응시원서 접수방법

각 회차별 접수기간중 한국세무사회 홈페이지에 접속하여 단체 및 개인별 접수(회원가입 및 사진등록)

6. 환불규정

구분	원서접수기간중	원서접수기간마감후		시험당일
		1일~5일	마감후 5일경과시	
반환액	100%환불	50%환불	환불없음(취소불가)	

7. 원서접수 유의사항

① 시험당일 반드시 유효신분증(주민등록증, 운전면허증, 여권 등)을 소지하여야만 시험응시가 가능합니다.(*신분증 미소지자는 응시 불가)
② 입력실수 및 [접수내역] 미확인으로 발생하는 모든 책임은 수험자 본인에게 있으니, 대금결제 완료 후 반드시 [접수내역]을 확인하십시오.
③ 원서접수가 마감된 이후에는 응시종목 및 시험장소 등 본인의 접수내역에 대한 변경, 취소, 연기가 절대 불가하니, 신중히 접수하십시오.
④ 수험자는 시험시작 20분전까지 지정된 시험장소에 입실을 완료하여야 합니다.
⑤ 자동배정을 선택한 경우에 희망지역 내 잔여좌석 시험장 또는 인근 통합지역 시험장으로 무작위 배정되며 접수 이후에는 변경이 불가합니다.

8. 보수교육 안내

   보수교육이란?
   국가공인 전산세무회계 및 세무회계 자격증의 유효기간은 합격일로부터 5년이며 매5년 단위로 갱신하여야 합니다.
   보수교육을 이수하고 자격증이 갱신등록되면 유효기간 5년이 연장됩니다.
   자격증을 갱신하기 위하여 유효기간 만료일 3개월 전부터 만료일까지 보수교육을 받고 자격증을 갱신하여야 합니다.

   보수교육 절차

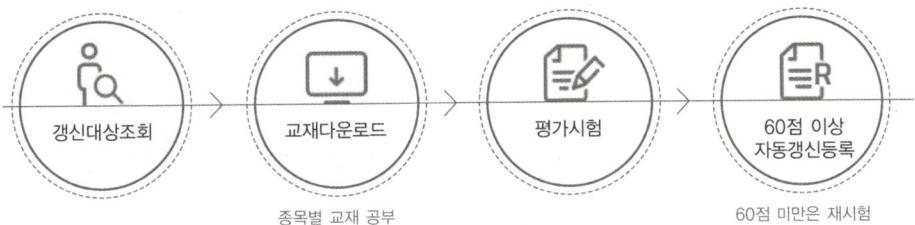

INFORMATION

전산세무 1급 KcLep & 백데이터 |설|치|방|법|

1. KcLep 수험용 프로그램 설치 방법

1) 한국세무사회 자격시험 사이트 접속합니다. (license.kacpta.or.kr)
2) 사이트 좌측 하단에 있는 '케이렙 (수험용) 다운로드' 클릭 후 설치합니다.

3) KcLepSetup 설치파일저장이 완료되면 파일을 실행하여 프로그램을 설치합니다.

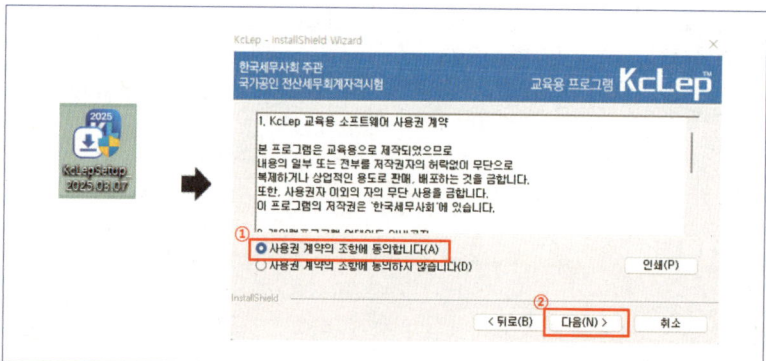

4) 설치가 완료되면 확인버튼을 클릭후 KcLep 수험용 프로그램 설치가 완료되었는지 확인합니다.

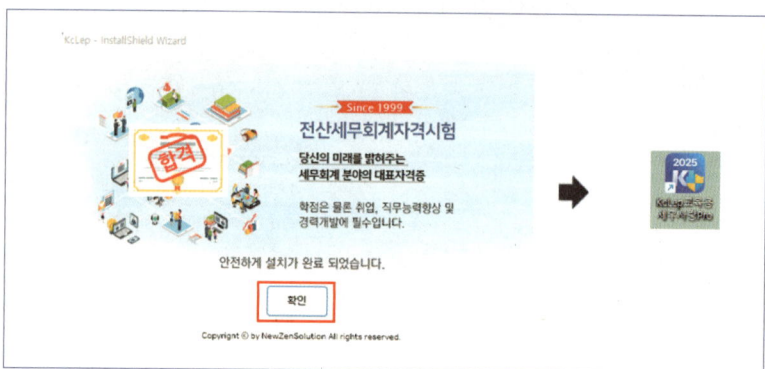

2. 백데이터 프로그램 설치 방법

1) 이패스코리아 홈페이지 접속 (epasskorea.com) ▶ 전산세무/회계 카테고리 클릭
   ▶ 상단학습자료실을 클릭합니다.

2) 2025 이패스 전산세무 1급 백데이터를 클릭하여 바탕화면에 다운로드 합니다.
3) 바탕화면에 생성된 파일의 압축을 풀어 실행프로그램 아이콘을 더블클릭 한 후 실행하면 KcLep프로그램 백데이터 폴더(C: KcLepDB)KcLep)에 자동으로 설치가 완료됩니다.
4) 한국세무사회 KcLep 교육용 프로그램을 실행하고 로그인 화면에서 '전산세무 1급'으로 종목선택한 후 드라이브 란에 'C:₩KcLepDB'를 선택합니다.

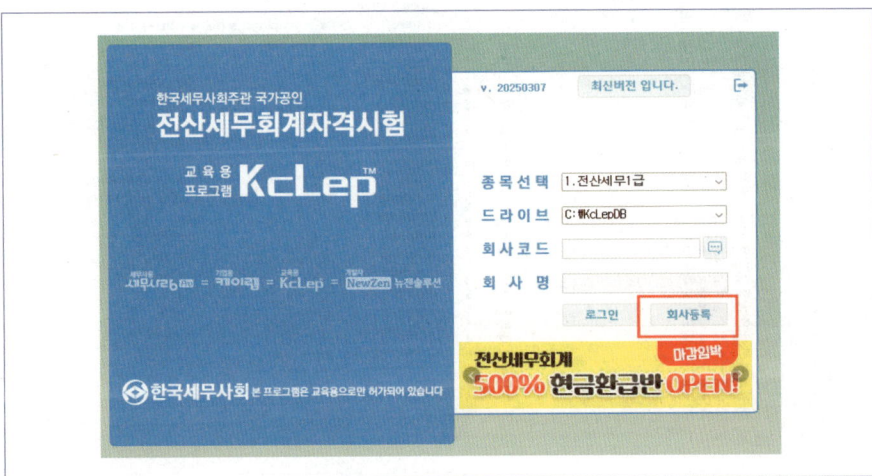

INFORMATION

전산세무 1급 KcLep & 백데이터 |설|치|방|법|

5) 회사등록을 버튼을 클릭 후 F4회사코드 재생성버튼을 누르고 보조창이 뜨면 [예] 버튼을 클릭합니다.

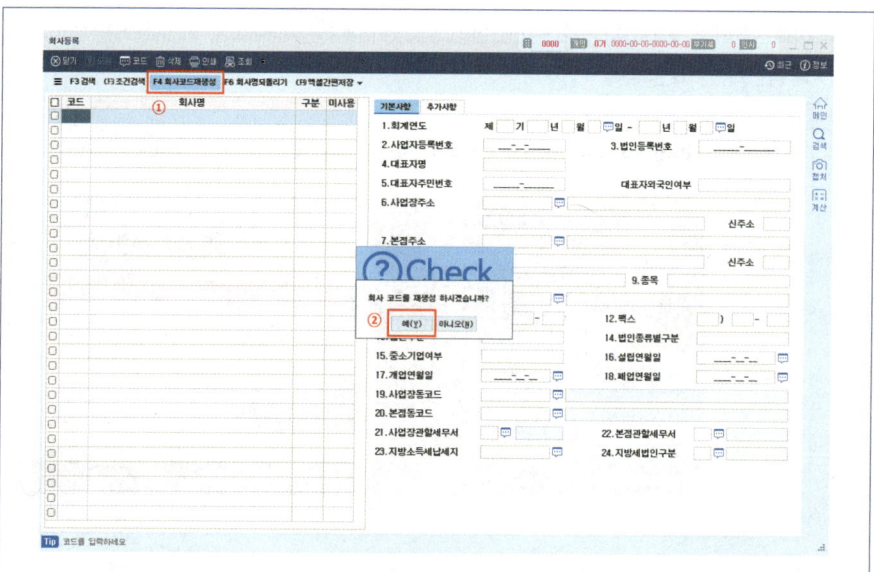

6) 회사등록 창을 닫고 다시 KcLep 로그인 화면에서 실습하고자 하는 회사를 선택하여 프로그램을 시작합니다.

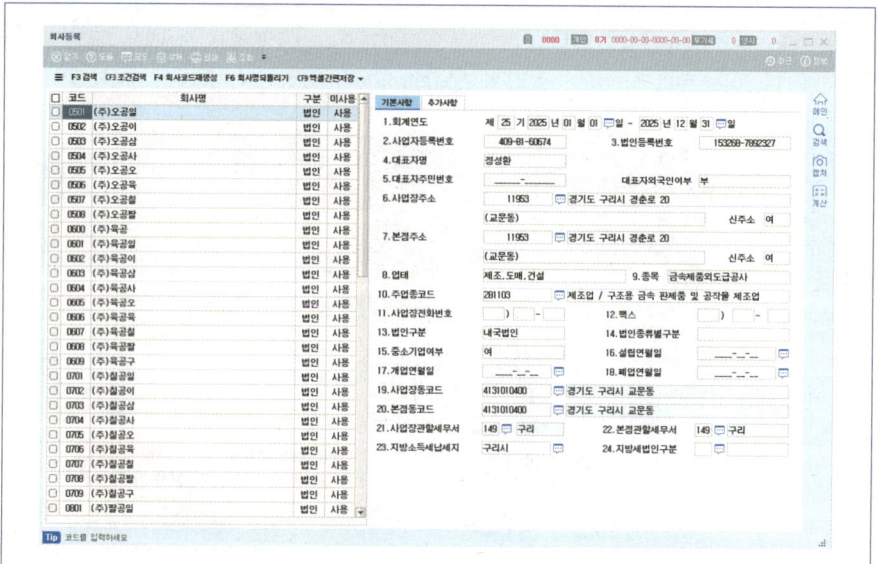

전산세무 1급 6주 합격플래너

이패스 전산세무 1급
www.epasskorea.com

날짜	학습일	세목	이론 내용	실무 내용
1일	월 일	PART 01 재무회계 (이론＋실무)	CHAPTER 01 재무회계 개념체계	
2일	월 일		CHAPTER 03 유동자산	
3일	월 일		CHAPTER 04 비유동자산	
4일	월 일		CHAPTER 05 유동부채	
5일	월 일		CHAPTER 06 비유동부채	
6일	월 일		CHAPTER 07 자본	
7일	월 일		CHAPTER 08 수익과 비용	
8일	월 일		CHAPTER 09 회계변경과 오류수정	
9일	월 일		CHAPTER 10 특수회계	
10일	월 일	PART 02 부가가치세법 (이론＋실무)	CHAPTER 01 부가가치세 총론	CHAPTER 02. 매입매출전표입력
11일	월 일			
12일	월 일			
13일	월 일			CHAPTER 03. 부가가치세신고
14일	월 일			
15일	월 일			
16일	월 일	PART 03 결산 및 재무제표		CHAPTER 01 고정자산등록 및 감가상각
17일	월 일			CHAPTER 02 결산 프로세스
18일	월 일	PART 04 소득세법 (이론＋실무)	CHAPTER 01 소득세 총론	CHAPTER 02 원천징수 실무
19일	월 일			
20일	월 일			
21일	월 일			
22일	월 일			
23일	월 일			CHAPTER 03 근로소득 연말정산
24일	월 일			
25일	월 일			

INFORMATION

전산세무 1급 6주합격플래너

날짜	학습일	세목	이론	실무
			내용	내용
26일	월 일	PART 05 원가회계	CHAPTER 01 원가의 기본개념, CHAPTER 02 제조원가의 흐름	
27일	월 일		CHAPTER 03 부문별 원가계산	
28일	월 일		CHAPTER 04 제품별 원가계산, CHAPTER 05 표준 원가계산	
29일	월 일	PART 06 법인세법 (이론+실무)	CHAPTER 01 법인세 총론, CHAPTER 02 법인세무조정	CHAPTER 03 감가상각비 조정
30일	월 일			
31일	월 일			
32일	월 일			CHAPTER 04 과목별 세무조정
33일	월 일			
34일	월 일			
35일	월 일			
36일	월 일			CHAPTER 05 소득 및 과세표준 계산, CHAPTER 06 공제감면세액조정
37일	월 일			CHAPTER 07 세액계산 및 신고서의 작성
38일	월 일	PART 07 기출테마학습 법인조정		CHAPTER 01 기출테마학습(세무조정) 1 CHAPTER 02 기출테마학습(세무조정) 2 CHAPTER 03 기출테마학습(세무조정) 3
39일	월 일			CHAPTER 04 기출테마학습(세무조정) 4 CHAPTER 05 기출테마학습(세무조정) 5
40일	월 일	PART 08 최신기출문제	119회 기출문제, 118회 기출문제	
41일	월 일		117회 기출문제, 116회 기출문제	
42일	월 일		105회 기출문제, 104회 기출문제	

전산세무 1급 |차|례|

이패스 전산세무 1급
www.epasskorea.com

PART 01 재무회계

CHAPTER 01 재무회계의 기본개념	25
CHAPTER 02 전표입력	50
CHAPTER 03 유동자산	54
CHAPTER 04 비유동자산	82
CHAPTER 05 유동부채	114
CHAPTER 06 비유동부채	116
CHAPTER 07 자본	130
CHAPTER 08 수익과 비용	145
CHAPTER 09 회계변경과 오류수정	158
CHAPTER 10 특수회계	167
CHAPTER 11 기출테마학습 일반전표입력	175

CONTENTS

전산세무 1급 |차|례|

PART 02 부가가치세법

CHAPTER 01 부가가치세 총론 ·· 194

CHAPTER 02 매입매출전표입력 ·· 258

CHAPTER 03 부가가치세 신고 ·· 270

PART 03 결산 및 재무제표

CHAPTER 01 고정자산등록 및 감가상각 ··· 304

CHAPTER 02 결산프로세스 ·· 306

CHAPTER 03 재무제표 작성 ·· 335

PART 04 소득세법

CHAPTER 01 소득세 총론 ·········· 340

CHAPTER 02 원천징수 실무 ·········· 375

CHAPTER 03 근로소득 연말정산 ·········· 427

PART 05 원가회계

CHAPTER 01 원가의 개념 및 분류 ·········· 466

CHAPTER 02 제조원가의 흐름 ·········· 478

CHAPTER 03 부문별 원가계산 ·········· 488

CHAPTER 04 제품별 원가계산 ·········· 501

CHAPTER 05 표준원가계산 ·········· 536

이패스 전산세무 1급

PART 01

재무회계

Chapter 01　재무회계의 기본개념
Chapter 02　전표입력
Chapter 03　유동자산
Chapter 04　비유동자산
Chapter 05　유동부채
Chapter 06　비유동부채
Chapter 07　자본
Chapter 08　수익과 비용
Chapter 09　회계변경과 오류수정
Chapter 10　특수회계
Chapter 11　기출테마학습 일반전표입력

기업회계와 세무회계 체계

기업회계	법인세	소득세	부가가치세
매출액	결산서상 당기순이익	총수입금액	과세표준(재화·용역의 공급가액)
− 매출원가	+ 익금산입·손금불산입	− 필요경비	× 세율(10%, 0%(수출))
= 매출총이익	− 손금산입·익금불산입	= 종합소득금액	= 매출세액
− 판매비·관리비	= 차가감소득금액	− 종합소득공제	− 매입세액
= 영업손익	+ 기부금한도초과액	= 종합소득 과세표준	= 납부(환급)세액
+ 영업외수익	− 기부금 한도초과이월액 손금산입	× 세율(6~45% 초과누진세율)	− 공제세액
− 영업외비용	= 각사업연도소득금액	= 종합소득 산출세액	+ 가산세
= 법인세차감전순이익	− 이월결손금 − 비과세소득 − 소득공제	− 세액공제·감면	= 차가감 납부세액(환급세액)
− 법인세비용	= 과세표준	= 종합소득 결정세액	
= 당기순이익(당기순손실)	× 세율(9~24% 초과누진세율)	+ 가산세 − 기납부세액	
	= 산출세액	= 종합소득 신고납부세액	
	− 공제·감면세액 + 가산세 + 감면분 추가납부세액		
	총부담세액		
	− 기납부세액(중간예납세액· 원천징수세액·수시부과세액)		
	= 차감납부할 세액		
당기순이익은 미처분이익잉여금으로 대체되어 이익잉여금 처분	세무조정 금액은 소득처분	별도의 소득처분 없음(증여세 과세)	
회계연도: 대부분 1년(1.1.~12.31.)	사업연도: 대부분 1년(1.1.~12.31.)	과세연도: 무조건 1년(1.1.~12.31.)	일반과세자 과세기간: 1기(1.1.~6.30.), 2기(7.1.~12.31.) 간이과세자 과세기간: 1년(1.1.~12.31.)
수익인식기준: 실현주의, 수익비용의 대응원칙	손익 귀속사업연도: 권리의무 확정주의 * 부가세 공급시기와 차이 조정	수입시기: 권리의무 확정주의 * 부가세 공급시기와 차이 조정	재화의 공급시기: 재화의 인도 용역의 공급시기: 역무의 제공이 완료되는 때 * 특수거래는 유형별 공급시기가 상이함
발생주의 회계처리	순자산증가설에 따른 각사업연도소득금액 계산	소득원천설에 따라 각 소득 계산 후 종합 과세(종합과세: 이자소득, 배당소득, 사업소득, 근로소득, 연금소득, 기타소득)	전단계세액공제법으로 매입세액에 대한 공제가 가능함.(세금계산서 수취등)

01 재무회계의 기본개념

01 회계의 의의

(1) 회계(Accounting)

기업회계는 회계정보이용자가 경제적인 의사결정을 할 수 있도록 기업실체에 관한 재무정보를 식별하고 측정하여 전달하는 정보시스템이다.

(2) 회계정보이용자(기업의 이해관계자)

① 투자자	기업실체가 발행한 지분증권(주식) 또는 채무증권(회사채)에 투자한 자 등을 말한다.
② 채권자	기업실체에 대해 법적 채권을 가지고 있는 자금대여자 등을 말하며, 경우에 따라 공급자, 고객, 종업원을 포함한다.
③ 기타정보이용자	경영자, 재무분석가와 신용평가기관 같은 정보중개인, 조세당국, 감독·규제기관 및 일반대중 등을 말한다.

02 재무보고의 목적

회계정보이용자의 합리적 의사결정을 위해 기업의 재무상태, 경영성과 및 재무상태변동에 관련한 정보를 정보이용자에게 제공하는 것을 목적으로 한다.

재무보고의 목적	① 투자 및 신용의사결정에 유용한 정보의 제공
	② 미래 현금흐름 예측에 유용한 정보의 제공
	③ 재무상태, 경영성과, 현금흐름 및 자본변동에 관한 정보의 제공
	④ 경영자의 수탁책임 평가에 유용한 정보의 제공

03 회계의 분류

<회계정보이용자에 따른 분류>

구분	재무회계 Financial Accounting	관리회계 Management Accounting	세무회계 Tax Accounting
목적	일반목적 재무제표 작성	내부의사결정에 필요한 재무정보 생성 및 분석	법인세, 소득세, 부가가치세 등의 세무보고서 작성
정보이용자	외부정보이용자 주주, 투자자, 채권자, 노동조합 등	내부정보이용자 경영자, 근로자 등	과세관청 국세청 등
작성기준	**일반적으로 인정된 회계원칙(GAAP)** • K-IFRS(한국채택국제회계기준) • K-GAAP(한국채택기업회계기준)	일정한 기준 없이 작성	법인세법, 소득세법, 부가가치세법 등

04 재무회계 개념체계

재무회계 개념체계는 기업실체의 재무보고 목적을 명확히 하고, 이를 달성하는 데 유용한 재무회계의 기초 개념을 제공하는 것을 목적으로 한다. 개념체계는 회계기준이 아니므로 구체적 회계처리방법이나 공시에 관한 기준을 정하는 것을 목적으로 하지 않는다. 따라서 개념체계의 내용이 특정 회계기준과 상충되는 경우에는 그 회계기준이 개념체계에 우선한다.

(1) 재무정보의 질적특성

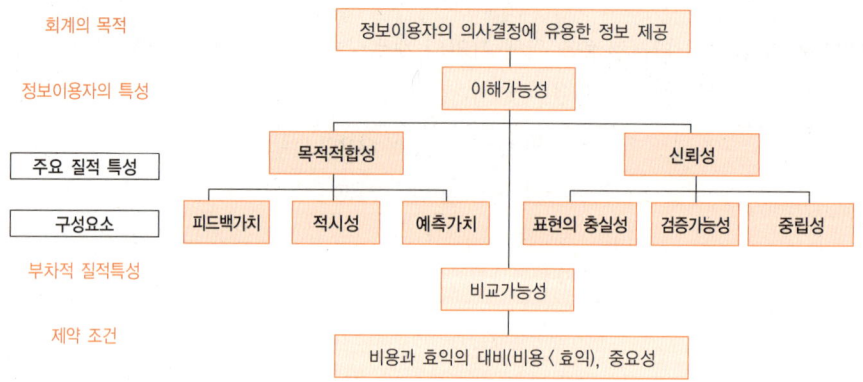

① **유용한 정보제공**: 정보이용자들의 의사결정에 도움이 되어야 한다.
② **이해가능성**: 정보이용자들이 쉽게 이해할 수 있어야 한다.
③ **목적적합성**: 정보이용자의 의사결정 목적과 관련이 있으며, 회계정보를 이용하여 의사결정을 한 경우 그렇지 않은 경우와 차이가 발생하여야 한다는 것이다.

목적적합성 하위개념	예측가치	정보이용자의 미래예측능력을 향상시켜 줄 수 있는 정보의 속성
	피드백가치	정보이용자로 하여금 과거의 예측했던 바를 확인하거나 수정시켜 줄 수 있는 정보의 속성
	적시성	정보이용자가 의사결정을 하는 시점에 즉시 재무제표의 정보가 제공되어 한다는 것

④ **신뢰성**: 신뢰할 수 있는 정도의 객관적인 정보를 제공한다.

신뢰성 하위개념	표현의 충실성	회계가 표현하려고 하는 경제적 현상의 진실치가 그 현상의 측정치와 일치하는 정도
	중립성	회계정보가 의도적으로 미리 예정해 놓은 특정한 결과를 가져오게 하거나, 정보이용자에게 특정한 행동양식을 유발하게 하는 편향적인 결과를 가져오게 해서는 안된다는 정보의 속성
	검증가능성	독립된 회계담당자들이 동일한 경제적 사건에 대하여 동일한 측정방법으로 각각 독립적으로 측정하더라도 유사한 결과를 얻을 수 있는 정보의 속성

⑤ **비교가능성**

일반적으로 인정되는 회계원칙에 따라 재무제표를 작성하면 재무정보의 기업실체간 비교가능성이 높아진다. 또한, 당해 연도와 과거 연도를 비교하는 방식으로 재무제표를 작성하면 해당 기간의 재무정보에 대한 비교가 가능해진다. 그리고 재무제표의 작성에 적용된 회계기준 또는 회계처리방법이 변경된 경우에는, 정보이용자가 유사한 거래나 사건에 대해 기간별 또는 기업실체간 회계처리방법의 차이를 파악할 수 있도록, 그 변경의 영향 등을 충분히 공시하여야 한다.

비교가능성	기간별 비교가능성	유사한 거래나 사건의 재무적 영향을 측정·보고함에 있어서 영업 및 재무활동의 특성이 훼손되지 않는 범위 내에서 기간별로 일관된 회계처리방법을 사용한다.
	기업별 비교가능성	기업실체간의 상대적 평가를 위하여 재무정보는 기간별 비교가 가능해야 하고 기업실체간의 비교가능성도 있어야 한다.

⑥ **제약조건**

㉠ 비용과 효익의 대비: 특정정보에서 기대되는 효익은 그 정보를 제공하기 위하여 소요되는 원가보다 커야 한다(비용 < 효익).

㉡ 중요성: 특정 정보가 재무제표에 오기 및 생략되어 정보이용자의 의사결정에 미치는 영향이 있다면 해당 정보는 중요한 정보로 볼 수 있다.

㉢ 회계정보의 질적특성 간의 상충관계(질적 특성간의 균형)

구분	목적적합성	신뢰성
손익인식기준	발생주의	현금주의
용역의 수익인식	진행기준	완성기준
자산의 평가	공정가치법(현행원가)	원가법(역사적 원가)
유가증권 투자	지분법	원가법
재무제표 보고	반기 재무제표	연차 재무제표

(2) 재무제표 기본가정(회계공준)

회계공준	기업실체의 가정	기업실체를 중심으로 경제적 사건을 측정한다.
	계속기업의 가정	명백한 반증이 없는 한 목적달성을 위해 계속적으로 존립하는 것으로 가정한다.
	기간별보고의 가정	기업의 존속기간을 인위적으로 일정한 기간 단위로 분할한다(회계기간은 1년을 초과할 수 없다).

(3) 보수주의

회계학에서 보수주의는 회계처리의 불확실성이 존재할 때 재무적 기초를 강화하는 방법으로 회계처리하는 관습을 의미한다. 보수주의 관점에서의 회계처리는 경제적 손실은 가능한 빨리 인식하고, 경제적 이익은 수익이 실현될 때까지 지연하는 등의 원칙을 따른다. 또한, 두 가지 이상의 선택 가능한 회계처리 대안이 있을 때 재무건전성을 견고하게 하는 관점에서 이익을 낮게 보고하는 것을 선택한다. 보수주의는 재무제표의 공정가치 표시라는 관점에서 기업의 가치를 왜곡하여 재무보고의 유용성을 훼손하는 부정적 측면을 지니지만, 기업의 재무적 기초를 단단하게 하면서 투자자 및 채권자를 보호하는 긍정적인 측면을 가지고 있다.

보수주의 회계처리 사례	재고자산	① 기말결산시 저가주의 적용하여 평가 ② 인플레이션시 후입선출법 (이익 작게)적용 ③ 재고자산평가손실 측정시 총계기준 대신 종목별 기준 적용
	유형자산	① 자본적 지출(자산) 대신 수익적 지출(비용)로 회계처리 ② 초기 감가상각방법을 정액법 대신 정률법으로 회계처리
	수익인식	① 공사 수익인식시 진행기준 대신 완성기준으로 회계처리 ② 장기할부판매시 판매기준 대신 회수일 도래기준으로 회계처리
	기타	① 발생가능성이 높은 우발이익을 이익으로 인식하지 않고 주석으로 보고, 우발채무는 비용으로 인식 ② 사채할인발행차금상각을 유효이자율법 대신 정액법으로 적용

05 재무제표의 작성과 표시

(1) 재무제표

재무제표는 경제적 사실과 거래의 실질을 반영하여 기업의 재무상태, 경영성과, 현금흐름 및 자본변동을 공정하게 표시하여야 한다. 재무제표는 재무상태표, 손익계산서, 현금흐름표, 자본변동표 및 주석으로 구분하여 작성하며, 기업명, 보고기간종료일 또는 회계기간, 보고통화 및 금액단위를 각 재무제표의 명칭과 함께 기재한다.

(2) 재무제표의 작성과 표시

구분	내용
계속기업	① 경영진은 재무제표 작성 시 계속기업으로서의 존속가능성을 평가해야 한다. ② 경영진이 기업을 청산하거나 경영활동을 중단할 의도를 가지고 있지 않거나, 청산 또는 경영활동의 중단 외에 다른 현실적 대안이 없는 경우가 아니면 계속기업을 전제로 재무제표를 작성한다.
재무제표의 작성책임과 공정한 표시	① 경영진에게 재무제표 작성과 표시에 대한 책임이 있다. ② 일반기업회계기준에 따라 적정하게 작성된 재무제표는 공정하게 표시된 재무제표로 본다.
재무제표 항목의 구분과 통합표시	① 중요한 항목은 재무제표 본문이나 주석에 구분 표시하고 중요하지 않은 항목은 유사한 항목과 통합하여 표시 가능하다. ② 일반기업회계기준에서 재무제표의 본문이나 주석에 구분 표시하도록 정한 항목이라 할지라도 그 성격이나 금액이 중요하지 아니한 것은 유사한 항목으로 통합하여 표시할 수 있다.
비교재무제표의 작성	① 재무제표의 기간별 비교가능성을 제고하기 위하여 전기 재무제표의 모든 계량정보를 당기와 비교하는 형식으로 표시한다. ② 전기 재무제표의 비계량정보가 당기 재무제표를 이해하는 데 필요한 경우에는 이를 당기의 정보와 비교하여 주석에 기재한다. [사례] 전기 보고기간종료일 현재 미해결 상태인 소송사건이 당기 재무제표가 사실상 확정된 날까지 해결되지 않은 경우에는 전기 보고기간종료일에 불확실성이 존재하였다는 사실과 내용, 당기에 취해진 조치 및 결과 등에 대한 정보를 주석으로 기재함.

재무제표 항목의 표시와 분류의 계속성	재무제표의 기간별 비교가능성을 제고하기 위하여 재무제표 항목의 표시와 분류는 다음의 경우를 제외하고는 매기 동일하여야 한다. ① 일반기업회계기준에 의하여 재무제표 항목의 표시와 분류의 변경이 요구되는 경우 ② 사업결합 또는 사업중단 등에 의해 영업의 내용이 유의적으로 변경된 경우 ③ 재무제표 항목의 표시와 분류를 변경함으로써 기업의 재무정보를 더욱 적절하게 전달할 수 있는 경우

(3) 재무제표의 특성

발생주의 회계	재무제표는 발생기준에 따라 작성된다. 발생주의 회계는 재무회계의 기본적 특징으로서 재무제표의 기본요소의 정의 및 인식, 측정과 관련이 있다. 다만, 현금흐름표는 발생기준에 따라 작성되지 않는다.
재무제표의 상호관련성	각 재무제표는 동일한 거래나 사건의 다른 측면을 반영하고 있으므로 서로 연관되어 있다. 각각의 재무제표가 서로 다른 정보를 제공한다 할지라도, 어느 한 재무제표가 특정 의사결정에 충분한 정보를 제공하지 않을 수 있으며 또한 모든 재무제표 정보를 대신할 수 있는 것도 아니다. 재무제표들은 상호 보완적 관계에 있다.
재무제표 특성과 한계	① 재무제표는 화폐단위로 측정된 정보를 주로 제공한다. ② 재무제표는 대부분 과거에 발생한 거래나 사건에 대한 정보를 나타낸다. ③ 재무제표는 추정에 의한 측정치를 포함하고 있다. ④ 재무제표는 특정 기업실체에 관한 정보를 제공하며, 산업 또는 경제 전반에 관한 정보를 제공하지는 않는다.

(4) 재무제표의 측정속성

측정이란 재무제표의 기본요소에 대해 그 화폐금액을 결정하는 것을 말한다. 이러한 측정을 위해서는 그 측정대상이 되는 일정한 속성을 선택하여야 한다.

측정속성	내용
취득원가(역사적 원가)	자산의 취득 시 지불한 현금, 현금성자산 또는 기타 공정가치
공정가치	독립적인 당사자 간 거래에서 자산의 매각 또는 구입, 부채의 결제 또는 이전 가능한 교환가치(시장가격이 없는 경우 유사한 자산의 시장가격이나 미래 현금흐름을 추정하여 측정)
기업특유가치	시장가격이 존재하는 경우 해당 시장가격 사용(현재 시점의 가치이며, 공정가치와 비교할 때 기업의 입장에서 인식되는 가치)
상각후가액	자산 취득 또는 금융부채 발생 시점의 유입가격과 미래 현금흐름의 현재 가치를 일치시키는 할인율인 유효이자율을 사용하여 현재 가치로 측정한 가액(이자율은 현재의 시장이자율이 아닌 역사적 이자율을 사용)
순실현가능가치와 이행가액	자산의 순실현가능가치는 미래에 예상되는 현금흐름에서 전환에 필요한 비용을 차감한 가치(부채의 이행가액은 미래에 지급될 현금 흐름에서 지급에 필요한 비용을 가산한 가치)

06 재무상태표

(1) 재무상태표의 의의

재무상태표는 일정 시점 현재 기업이 보유하고 있는 경제적 자원인 자산과 경제적 의무인 부채, 그리고 자본에 대한 정보를 제공하는 재무보고서로서, 정보이용자들이 기업의 유동성, 재무적 탄력성, 수익성과 위험 등을 평가하는 데 유용한 정보를 제공한다.

(2) 재무상태표 작성기준

구분표시	재무상태표는 자산, 부채 및 자본으로 구분하고 자산은 유동자산 및 비유동자산으로 부채는 유동부채 및 비유동부채로 자본은 자본금, 자본잉여금, 이익잉여금 및 자본조정, 기타포괄손익누계액으로 각각 구분한다.
유동성 배열의 원칙	자산과 부채는 유동성이 큰 항목부터 배열하는 것이 원칙이다.
1년 기준	① 자산은 1년을 기준으로 유동자산과 비유동자산으로 분류한다. ② **정상적인 영업주기 내에 판매되거나 사용되는 재고자산과 회수되는 매출채권 등은 보고기간종료일로부터 1년 이내에 실현되지 않더라도 유동자산으로 분류**한다. 이 경우 유동자산으로 분류한 금액 중 1년 이내에 실현되지 않을 금액을 주석으로 기재한다. ③ 장기미수금이나 투자자산에 속하는 매도가능증권 또는 만기보유증권 등의 비유동자산 중 1년 이내에 실현되는 부분은 유동자산으로 분류한다. ④ 부채는 1년을 기준으로 유동부채와 비유동부채로 분류한다. ⑤ **정상적인 영업주기 내에 소멸할 것으로 예상되는 매입채무와 미지급비용 등은 보고기간종료일로부터 1년 이내에 결제되지 않더라도 유동부채로 분류**한다. 이 경우 유동부채로 분류한 금액 중 1년 이내에 결제되지 않을 금액을 주석으로 기재한다. ⑥ 비유동부채 중 보고기간종료일로부터 1년 이내에 자원의 유출이 예상되는 부분은 유동부채로 분류한다.
재무상태표 항목의 구분과 통합표시	자산, 부채, 자본 중 중요한 항목은 재무상태표 본문에 별도 항목으로 구분하여 표시한다. 중요하지 않은 항목은 성격 또는 기능이 유사한 항목에 통합하여 표시할 수 있으며, 통합할 적절한 항목이 없는 경우에는 기타항목으로 통합할 수 있다. 이 경우 세부 내용은 주석으로 기재한다. 〈구분표시 항목〉 ① **현금및현금성자산**은 기업의 유동성 판단에 중요한 정보이므로 별도 항목으로 구분하여 표시한다. ② **자본금은 보통주자본금과 우선주자본금**으로 구분하여 표시한다. 보통주와 우선주는 배당금 지급 및 청산시의 권리가 상이하기 때문에 자본금을 구분하여 표시한다. ③ **자본잉여금은 주식발행초과금과 기타자본잉여금**으로 구분하여 표시한다. ④ **자본조정 중 자기주식**은 별도 항목으로 구분하여 표시한다. 주식할인발행차금, 주식선택권, 출자전환채무, 감자차손 및 자기주식처분손실 등은 기타자본조정으로 통합하여 표시할 수 있다. ⑤ **기타포괄손익누계액은 매도가능증권평가손익, 해외사업환산손익 및 현금흐름위험회피 파생상품평가손익** 등으로 구분하여 표시한다. ⑥ **이익잉여금은 법정적립금, 임의적립금 및 미처분이익잉여금(또는 미처리결손금)**으로 구분하여 표시한다. 이익잉여금 중 법정적립금과 임의적립금의 세부 내용 및 법령 등에 따라 이익배당이 제한되어 있는 이익잉여금의 내용을 주석으로 기재한다.
총액표시	자산과 부채는 원칙적으로 상계표시하지 않는다. 다만, 기업회계기준에서 요구하거나 허용하는 경우에는 예외로 한다. 〈예외 사례〉 ① 기업이 채권과 채무를 상계할 수 있는 법적 구속력 있는 권리를 가지고 있고, 채권과 채무를 순액기준으로 결제하거나 채권과 채무를 동시에 결제할 의도가 있다면 상계하여 표시한다. ② 매출채권에 대한 대손충당금 등은 해당 자산이나 부채에서 직접 가감하여 표시할 수 있으며, 이는 상계에 해당하지 아니한다.

(3) 재무상태표 양식

재 무 상 태 표

제×2기 20×2년 12월 31일 현재
제×1기 20×1년 12월 31일 현재

㈜이패스 (단위: 원)

과목	당기	전기
자 산		
유동자산		
당좌자산	×××	×××
현금및현금성자산		
단기투자자산	×××	×××
매출채권	×××	×××
선급비용	×××	×××
이연법인세자산	×××	×××
……	×××	×××
재고자산	×××	×××
제품	×××	×××
재공품		
원재료	×××	×××
……	×××	×××
비유동자산	×××	×××
투자자산	×××	×××
투자부동산	×××	×××
장기투자증권		
지분법적용투자주식	×××	×××
……		
유형자산	×××	×××
토지	×××	×××
설비자산	×××	×××
(−) 감가상각누계액	×××	×××
건설중인자산	×××	×××
……		
무형자산	×××	×××
영업권	×××	×××
산업재산권	×××	×××
개발비	(×××)	(×××)
……	×××	×××
기타비유동자산	×××	×××
이연법인세자산		
……	×××	×××
	×××	×××
	×××	×××
	×××	×××
	×××	×××
	×××	×××
	×××	×××
	×××	×××
자 산 총 계	×××	×××

과목	당기		전기	
부　　채				
유동부채				
단기차입금		×××		×××
매입채무	×××		×××	
당기법인세부채	×××		×××	
미지급비용	×××		×××	
이연법인세부채	×××		×××	
……	×××		×××	
비유동부채	×××		×××	
사채				
신주인수권부사채		×××		×××
전환사채	×××		×××	
장기차입금	×××		×××	
퇴직급여충당부채	×××		×××	
장기제품보증충당부채	×××		×××	
이연법인세부채	×××		×××	
……	×××		×××	
	×××		×××	
	×××		×××	
부 채 총 계		×××		×××
자　　본				
자본금				
보통주자본금				
우선주자본금		×××		×××
자본잉여금	×××		×××	
주식발행초과금	×××		×××	
……				
자본조정		×××		×××
자기주식	×××		×××	
……	×××		×××	
기타포괄손익누계액				
매도가능증권평가손익		×××		×××
해외사업환산손익	×××		×××	
현금흐름위험회피	×××		×××	
파생상품평가손익				
……		×××		×××
이익잉여금(또는 결손금)	×××		×××	
법정적립금	×××		×××	
임의적립금	×××		×××	
미처분이익잉여금	×××		×××	
(또는 미처리결손금)				
		×××		×××
	×××		×××	
	×××		×××	
	×××		×××	
자 본 총 계		×××		×××
부채 및 자본 총계		×××		×××

07 손익계산서

(1) 손익계산서의 의의

손익계산서는 일정 기간 동안 기업의 경영성과에 대한 정보를 제공하는 재무보고서이다. 손익계산서는 당해 회계기간의 경영성과를 나타낼 뿐만 아니라 기업의 미래현금흐름과 수익창출능력 등의 예측에 유용한 정보를 제공한다.

(2) 손익계산서 작성기준

수익과 비용은 각각 총액으로 보고하는 것을 원칙으로 한다. 다만, 기업회계기준에서 수익과 비용을 상계하도록 요구하는 경우에는 상계하여 표시하고, 허용하는 경우에는 상계하여 표시할 수 있다.

구분	설명	예시
총액 보고 원칙	수익과 비용은 각각 총액으로 보고하는 것이 원칙	• 매출액 1,000만 원, 매출원가 700만 원을 각각 표시하여 매출총이익 300만 원 산출
상계가 요구되는 경우	기업회계기준에서 반드시 상계를 요구하는 경우, 순액으로 표시해야 함	• 순매출액: 매출에서 반품, 할인, 에누리를 차감한 금액만을 수익으로 인식 • 외화환산손익: 환산이익과 손실을 상계하여 순액으로 표시 • 금융상품 손익: 단기매매금융상품 등에서 이자수익과 비용을 상계하여 순액 표시
상계가 허용되는 경우	기준상 기업의 선택에 따라 상계가 허용되는 경우	• 파생상품 손익: 이익과 손실을 상계하여 표시 가능 • 유사 거래 수익·비용 상계: 성격이 비슷하고 실질적으로 연관된 수익·비용은 상계 표시 가능

(3) 손익계산서 양식

〈중단사업손익이 있을 경우〉

손 익 계 산 서

제×2기 20×2년 1월 1일부터 20×2년 12월 31일까지
제×1기 20×1년 1월 1일부터 20×1년 12월 31일까지

㈜이패스 (단위: 원)

과목	당기		전기	
매출액		×××		×××
매출원가		×××		×××
기초제품(또는 상품)재고액	×××		×××	
당기제품제조원가 (또는 당기상품매입액)	×××		×××	
기말제품(또는 상품)재고액	(×××)		(×××)	

과목	당기	전기
매출총이익(또는 매출총손실)	×××	×××
판매비와관리비	×××	×××
급여	×××	×××
퇴직급여	×××	×××
복리후생비	×××	×××
임차료	×××	×××
업무추진비	×××	×××
감가상각비	×××	×××
무형자산상각비	×××	×××
세금과공과	×××	×××
광고선전비	×××	×××
연구비	×××	×××
경상개발비	×××	×××
대손상각비	×××	×××
……	×××	×××
영업이익(또는 영업손실)	×××	×××
영업외수익	×××	×××
이자수익	×××	×××
배당금수익	×××	×××
임대료	×××	×××
단기투자자산처분이익	×××	×××
단기투자자산평가이익	×××	×××
외환차익	×××	×××
외화환산이익	×××	×××
지분법이익	×××	×××
장기투자증권손상차손환입	×××	×××
유형자산처분이익	×××	×××
사채상환이익	×××	×××
전기오류수정이익	×××	×××
……	×××	×××
영업외비용	×××	×××
이자비용	×××	×××
기타의대손상각비	×××	×××
단기투자자산처분손실	×××	×××
단기투자자산평가손실	×××	×××
재고자산감모손실	×××	×××
외환차손	×××	×××
외화환산손실	×××	×××
기부금	×××	×××
지분법손실	×××	×××
장기투자증권손상차손	×××	×××
유형자산처분손실	×××	×××
사채상환손실	×××	×××
전기오류수정손실	×××	×××
……	×××	×××

과목	당기	전기
법인세비용차감전계속사업손익	×××	×××
계속사업손익법인세비용	×××	×××
계속사업이익(또는 계속사업손실)	×××	×××
중단사업손익	×××	×××
(법인세효과:×××원)		
당기순이익(또는 당기순손실)	×××	×××

〈중단사업손익이 없을 경우〉

손 익 계 산 서

제×2기 20×2년 1월 1일부터 20×2년 12월 31일까지
제×1기 20×1년 1월 1일부터 20×1년 12월 31일까지

㈜이패스 (단위: 원)

과목	당기		전기	
매출액		×××		×××
매출원가		×××		×××
기초제품(또는 상품)재고액	×××		×××	
당기제품제조원가	×××		×××	
(또는 당기상품매입액)				
기말제품(또는 상품)재고액	(×××)		(×××)	
매출총이익(또는 매출총손실)		×××		×××
판매비와관리비		×××		×××
급여	×××		×××	
퇴직급여	×××		×××	
복리후생비	×××		×××	
임차료	×××		×××	
업무추진비	×××		×××	
감가상각비	×××		×××	
무형자산상각비	×××		×××	
세금과공과	×××		×××	
광고선전비	×××		×××	
연구비	×××		×××	
경상개발비	×××		×××	
대손상각비	×××		×××	
……	×××		×××	

과목	당기		전기	
영업이익(또는 영업손실)		×××		×××
영업외수익		×××		×××
이자수익	×××		×××	
배당금수익	×××		×××	
임대료	×××		×××	
단기투자자산처분이익	×××		×××	
단기투자자산평가이익	×××		×××	
외환차익	×××		×××	
외화환산이익	×××		×××	
지분법이익	×××		×××	
장기투자증권손상차손환입	×××		×××	
유형자산처분이익	×××		×××	
사채상환이익	×××		×××	
전기오류수정이익	×××		×××	
……	×××		×××	
영업외비용		×××		×××
이자비용	×××		×××	
기타의대손상각비	×××		×××	
단기투자자산처분손실	×××		×××	
단기투자자산평가손실	×××		×××	
재고자산감모손실	×××		×××	
외환차손	×××		×××	
외화환산손실	×××		×××	
기부금	×××		×××	
지분법손실	×××		×××	
장기투자증권손상차손	×××		×××	
유형자산처분손실	×××		×××	
사채상환손실	×××		×××	
전기오류수정손실	×××		×××	
……	×××		×××	
법인세비용차감전순손익		×××		×××
법인세비용		×××		×××
당기순이익(또는 당기순손실)		×××		×××

구분	내용
매출액	① 매출액은 기업의 주된 영업활동에서 발생한 제품, 상품, 용역 등의 총매출액에서 매출할인, 매출환입, 매출에누리 등을 차감한 금액이다. 차감 대상 금액이 중요한 경우에는 총매출액에서 차감하는 형식으로 표시하거나 주석으로 기재한다. ② 매출액은 업종별이나 부문별로 구분하여 표시할 수 있으며, 반제품매출액, 부산물매출액, 작업폐물매출액, 수출액, 장기할부매출액 등이 중요한 경우에는 이를 구분하여 표시하거나 주석으로 기재한다.
매출원가	매출원가는 제품, 상품 등의 매출액에 대응되는 원가로서 판매된 제품이나 상품 등에 대한 제조원가 또는 매입원가이다. 매출원가의 산출과정은 손익계산서 본문에 표시하거나 주석으로 기재한다.
판매비와관리비	판매비와관리비는 제품, 상품, 용역 등의 판매활동과 기업의 관리활동에서 발생하는 비용으로서 매출원가에 속하지 아니하는 모든 영업비용을 포함한다.

영업외수익	영업외수익은 기업의 주된 영업활동이 아닌 활동으로부터 발생한 수익과 차익으로서 중단사업손익에 해당하지 않는 것으로 한다.
영업외비용	영업외비용은 기업의 주된 영업활동이 아닌 활동으로부터 발생한 비용과 차손으로서 중단사업손익에 해당하지 않는 것으로 한다.
계속영업소득 법인세비용	계속사업손익법인세비용은 계속사업손익에 대응하여 발생한 법인세비용이다.
계속사업손익	계속사업손익은 기업의 계속적인 사업활동과 그와 관련된 부수적인 활동에서 발생하는 손익으로서 중단사업손익에 해당하지 않는 모든 손익을 말한다.
중단사업손익	중단사업손익은 중단사업으로부터 발생한 영업손익과 영업외손익으로서 사업중단직접비용과 중단사업자산손상차손을 포함하며, 법인세효과를 차감한 후의 순액으로 보고하고 중단사업손익의 산출내역을 주석으로 기재한다. 이 때 중단사업손익에 대한 법인세효과는 손익계산서의 중단사업손익 다음에 괄호를 이용하여 표시한다.
당기순이익(손실)	당기순손익은 계속사업손익에 중단사업손익을 가감하여 산출하며, 당기순이익에 기타포괄손익을 가감하여 산출한 포괄손익의 내용을 주석으로 기재한다. 이 경우 기타포괄손익의 각 항목은 관련된 법인세효과가 있다면 그 금액을 차감한 후의 금액으로 표시하고 법인세효과에 대한 내용을 별도로 기재한다.

* 중단사업손익이 없을 경우에는 '법인세비용차감전계속사업손익'을 '법인세비용차감전순손익'으로 표시하고, '계속사업손익법인세비용'은 '법인세비용'으로 표시하며, '계속사업이익'은 별도로 표시하지 않는다.

08 현금흐름표

(1) 현금흐름표의 의의

현금흐름표는 일정기간 동안의 **현금 및 현금성자산의 변동 내역**을 명확히 보고하기 위해 작성하는 재무제표이다. 현금흐름표 작성 목적은 현금 유입과 유출을 구분하여 기업의 **현금흐름 상태와 재무 건전성**을 평가하기 위함이다.

현금흐름표상의 현금이란 현금 및 현금성 자산을 의미한다.

현금: 실제 보유하는 통화 및 요구불예금

현금성자산: 만기 3개월 이내로, 쉽게 현금화 가능한 단기 금융상품(예 양도성예금증서, 환매조건부채권 등)

```
기초현금 + 현금흐름(3가지 활동) = 기말현금

            기초 현금
              ⇩
      영업활동 현금흐름 ← 직접법 또는 간접법
         투자활동 현금흐름
         재무활동 현금흐름
              ⇩
            기말 현금
```

구분	내용 및 예시
영업활동	기업의 주된 수익창출 활동 예 상품 판매 수입, 급여 지급 등
투자활동	장기자산의 취득 및 처분 예 기계 구입, 유가증권 처분 등
재무활동	자본 및 차입 거래 예 차입금 상환, 배당금 지급, 자본금 납입 등

※ 일반적으로 **간접법이 널리 사용**됨 (실무 중심)

(2) 현금흐름표 양식

〈직접법〉

현금흐름표

제×2기 20×2년 1월 1일부터 20×2년 12월 31일까지
제×1기 20×1년 1월 1일부터 20×1년 12월 31일까지

㈜이패스 (단위: 원)

과목	당기	전기
영업활동으로 인한 현금흐름	×××	×××
매출등 수익활동으로부터의 유입액	×××	×××
매입 및 종업원에 대한 유출액	×××	×××
이자수익 유입액	×××	×××
배당금수익 유입액	×××	×××
이자비용 유출액	×××	×××
법인세의 지급	×××	×××
투자활동으로 인한 현금흐름	×××	×××
투자활동으로 인한 현금유입액		
단기투자자산의 처분	×××	×××
유가증권의 처분	×××	×××
토지의 처분	×××	×××
투자활동으로 인한 현금유출액		
현금의 단기대여	×××	×××
단기투자자산의 취득	×××	×××
유가증권의 취득	×××	×××
토지의 취득	×××	×××
개발비의 지급	×××	×××
재무활동으로 인한 현금흐름	×××	×××
재무활동으로 인한 현금유입액		
단기차입금의 차입	×××	×××
사채의 발행	×××	×××
보통주의 발행	×××	×××
재무활동으로 인한 현금유출액		
단기차입금의 상환	×××	×××
사채의 상환	×××	×××
유상감자	×××	×××
현금의 증가(감소)	×××	×××
기초의 현금	×××	×××
기말의 현금	×××	×××

〈간접법〉

현금흐름표

제×2기 20×2년 1월 1일부터 20×2년 12월 31일까지
제×1기 20×1년 1월 1일부터 20×1년 12월 31일까지

㈜이패스 (단위: 원)

과목	당기		전기	
영업활동으로 인한 현금흐름		×××		×××
당기순이익(손실)	×××		×××	
현금의 유출이 없는 비용등의 가산				
감가상각비	×××		×××	
퇴직급여	×××		×××	
현금의 유입이 없는 수익등의 차감				
사채상환이익	×××		×××	
영업활동으로 인한 자산·부채의 변동				
재고자산의 감소(증가)	×××		×××	
매출채권의 감소(증가)	×××		×××	
이연법인세자산의 감소(증가)	×××		×××	
매입채무의 증가(감소)	×××		×××	
당기법인세부채의 증가(감소)	×××		×××	
이연법인세부채의 증가(감소)	×××		×××	
투자활동으로 인한 현금흐름		×××		×××
투자활동으로 인한 현금유입액				
단기투자자산의 처분	×××		×××	
유가증권의 처분	×××		×××	
토지의 처분	×××		×××	
투자활동으로 인한 현금유출액				
현금의 단기대여	×××		×××	
단기투자자산의 취득	×××		×××	
유가증권의 취득	×××		×××	
토지의 취득	×××		×××	
개발비의 지급	×××		×××	
재무활동으로 인한 현금흐름		×××		×××
재무활동으로 인한 현금유입액				
단기차입금의 차입	×××		×××	
사채의 발행	×××		×××	
보통주의 발행	×××		×××	
재무활동으로 인한 현금유출액				
단기차입금의 상환	×××		×××	
사채의 상환	×××		×××	
유상감자	×××		×××	
현금의 증가(감소)		×××		×××
기초의 현금		×××		×××
기말의 현금		×××		×××

09 자본변동표

(1) 자본변동표의 의의

자본변동표는 자본의 크기와 그 변동에 관한 정보를 제공하는 재무보고서로서, 자본을 구성하고 있는 자본금, 자본잉여금, 자본조정, 기타포괄손익누계액, 이익잉여금(또는 결손금)의 변동에 대한 포괄적인 정보를 제공한다. 자본변동표에는 자본금, 자본잉여금, 자본조정, 기타포괄손익누계액, 이익잉여금(또는 결손금)의 각 항목별로 기초잔액, 변동사항, 기말잔액을 표시한다.

(2) 자본변동표 양식

자본변동표

제×2기 20×2년 1월 1일부터 20×2년 12월 31일까지
제×1기 20×1년 1월 1일부터 20×1년 12월 31일까지

㈜이패스 (단위: 원)

구분	자본금	자본잉여금	자본조정	기타포괄손익누계액	이익잉여금	총계
20×1. 1. 1(보고금액)	×××	×××	×××	×××	×××	×××
회계정책변경누적효과	(×××)	(×××)	(×××)	(×××)	(×××)	(×××)
전기오류수정	(×××)	(×××)	(×××)	(×××)	(×××)	(×××)
수정후 자본	×××	×××	×××	×××	×××	×××
연차배당					(×××)	(×××)
처분후 이익잉여금					×××	×××
중간배당					(×××)	(×××)
유상증자(감자)	×××	×××				×××
당기순이익(손실)					×××	×××
자기주식 취득			(×××)			(×××)
해외사업환산손익				(×××)		(×××)
20×1.12.31.	×××	×××	×××	×××	×××	×××
20×2.1.1(보고금액)	×××	×××	×××	×××	×××	×××
회계정책변경누적효과	(×××)	(×××)	(×××)	(×××)	(×××)	(×××)
전기오류수정	(×××)	(×××)	(×××)	(×××)	(×××)	(×××)
수정후 자본	×××	×××	×××	×××	×××	×××
연차배당					(×××)	(×××)
처분후 이익잉여금					×××	×××
중간배당					(×××)	(×××)
유상증자(감자)	×××	×××				×××
당기순이익(손실)					×××	×××
자기주식 취득			(×××)			(×××)
매도가능증권평가손익				×××		×××
20×2.12.31.	×××	×××	×××	×××	×××	×××

구분	내용
자본금	자본금은 보통주자본금과 우선주자본금으로 구분하여 표시하며, 자본금의 변동은 유상증자(감자), 무상증자(감자)와 주식배당 등에 의하여 발생한다.
자본잉여금	자본잉여금의 변동은 유상증자(감자), 무상증자(감자), 결손금처리 등에 의하여 발생하며, 주식발행초과금과 기타자본잉여금으로 구분하여 표시한다.
자본조정	자본조정의 변동은, 자기주식은 구분하여 표시하고 기타자본조정은 통합하여 표시할 수 있다.
기타포괄손익누계액	기타포괄손익누계액의 변동은, 매도가능증권평가손익, 해외사업환산손익 및 현금흐름위험회피 파생상품평가손익은 구분하여 표시하고 그 밖의 항목은 그 금액이 중요할 경우에는 적절히 구분하여 표시할 수 있다.
이익잉여금	이익잉여금의 변동은 다음과 같은 항목으로 구분하여 표시한다. ① 회계정책의 변경으로 인한 누적효과 ② 중대한 전기오류수정손익 ③ 연차배당(당기 중에 주주총회에서 승인된 배당금액으로 하되 현금배당과 주식배당으로 구분하여 기재)과 기타 전기말 미처분이익잉여금의 처분 ④ 중간배당(당기 중에 이사회에서 승인된 배당금액) ⑤ 당기순손익 ⑥ 기타: ① 내지 ⑤ 외의 원인으로 당기에 발생한 이익잉여금의 변동으로 하되, 그 금액이 중요한 경우에는 적절히 구분하여 표시한다.

* 자본변동표에서 전기에 이미 보고된 이익잉여금(또는 결손금)의 금액이 당기에 발생한 회계정책의 변경이나 중대한 전기오류수정으로 인하여 변동된 경우에는 전기에 이미 보고된 금액을 별도로 표시하고 회계정책 변경이나 오류수정이 매 회계연도에 미치는 영향을 가감한 수정후 기초이익잉여금을 표시한다.

10 주석

(1) 주석의 의의

주석은 일반적으로 재무제표이용자가 재무제표를 이해하고 다른 기업의 재무제표와 비교하는 데 도움이 될 수 있도록 재무제표의 본문과 별도로 작성한다. 주석은 재무상태표, 손익계산서, 현금흐름표 및 자본변동표에 인식되어 본문에 표시되는 항목에 관한 설명이나 금액의 세부내역뿐만 아니라 우발상황 또는 약정사항과 같이 재무제표에 인식되지 않는 항목에 대한 추가 정보를 포함하여야 한다.

11 중간재무제표

중간재무제표는 분기 또는 반기를 대상으로 작성하는 재무제표이다. 기업의 중간재무제표 공시는 재무정보의 적시성을 증대시킬 수 있다. 중간재무제표에는 재무상태표, 손익계산서, 현금흐름표, 자본변동표, 주석을 포함한다.

구분		내용
중간재무제표 작성 양식		연차재무제표와 동일한 형식을 사용하되, 특정 계정과목 등은 요약 또는 일괄 표시 가능
중간재무제표 대상기간 및 비교형식	재무상태표	중간보고기간말과 직전 연차보고기간말 비교
	손익계산서	중간기간과 누적중간기간을 직전 회계연도의 동일기간과 비교
	현금흐름표 및 자본변동표	누적중간기간을 직전 회계연도의 동일기간과 비교
중간재무제표 주석		중간재무제표에는 직전 연차재무제표와 동일한 회계정책을 사용하였다는 사실 또는 회계정책의 변경이 있는 경우 그 내용과 영향사항 등을 주석으로 기재한다. 다만, 그 금액이나 내용이 중요하지 아니한 경우에는 생략할 수 있다.
중간재무제표의 인식과 측정		중간기간에 발생한 손실 등을 연차재무제표와 동일한 방법으로 인식 및 측정하며, 중간기간의 법인세비용은 중간보고기간말 현재 예상되는 연간법인세율 적용
회계정책 변경과 재작성		변경된 회계정책은 동일 회계연도의 이전 중간기간 및 직전 회계연도의 비교 대상 중간재무제표를 재작성

12 중소기업 회계처리 특례

중소기업 회계처리 특례는 이해관계자가 적은 중소기업의 회계처리 부담을 완화하기 위하여 「주식회사의 외부감사에 관한 법률(이하 "외감법")」의 적용대상 기업 중 중소기업기본법에 의한 중소기업(상장법인, 금융회사 제외), 외감법의 적용대상이 아닌 중소기업이 적용할 수 있는 회계처리 기준이다.

(1) 회계처리와 재무제표 표시

항목	회계처리
① 정형화된 시장에서 거래되지 않는 파생상품	계약시점 후 평가 회계처리 불필요
② 시장성 없는 지분증권	취득원가를 장부금액으로 가능, 손상시 취득원가에서 손상차손 차감
③ 관계기업이나 공동지배기업 투자	지분법 적용 불필요, 취득원가 또는 손상차손 차감 후 취득원가, 금융자산·금융부채 준용 측정 금액 중 선택
④ 장기연불조건 매매거래 및 장기금전대차거래	현재가치평가 불필요
⑤ 주식결제형 주식기준보상거래	행사 또는 발행까지 별도 회계처리 불필요, 행사시 행사가격과 차액 회계처리
⑥ 단기용역매출 및 건설형 공사계약	완료시 수익 인식, 할부매출은 할부금회수기일에 실현으로 처리
⑦ 유형자산 및 무형자산 내용연수 및 잔존가치 결정	법인세법 등 법령 따름
⑧ 장기할부조건으로 처분하는 토지 또는 건물	할부금회수기일에 실현으로 처리
⑨ 법인세비용	법인세법 등에 의한 납부 금액으로 처리

(2) 주석공시

항목	주석 공시
① 중단된 사업부문 정보	기재하지 않아도 됨.
② 선택한 회계처리 및 특례 적용 사실	적용한 회계처리, 재무제표 표시 및 주석공시 내용 기재, 유의적인 회계정책의 요약에 특례 적용 사실 기재
③ 파생상품 회계처리 관련	거래목적, 필요사항, 계약 일반사항, 평가일 공정가치(측정 불가시 이유 기재)
④ 주식기준보상거래 회계처리 관련	약정 유형별 기술, 주식선택권 수량 및 가중평균행사가격, 주식선택권의 행사가격 범위 및 잔여만기, 인식된 부채 정보

(3) 특례규정의 적용중단

중소기업회계처리 특례규정을 적용하던 중소기업이 이를 적용하지 아니하고자 하거나, 중소기업에 해당하지 않게 되는 이유 등으로 이를 적용할 수 없게 되는 경우에는 제5장 '회계정책, 회계추정의 변경 및 오류'에 따라 회계처리한다.

기출 이론문제 — 재무회계의 기본개념

01 다음은 한국채택국제회계기준의 재무정보 질적특성 중 충실한 표현에 대한 서술이다. 올바르지 않은 것은?

80회 기출문제

① 필요한 기술과 설명을 포함하여 정보이용자가 서술되는 현상을 이해하는데 모든 정보를 포함하는 것이다.
② 정보이용자가 미래결과를 예측하기 위해 사용하는 절차의 투입요소로 사용될 수 있는 재무정보의 가치를 말한다.
③ 현상의 기술에 오류나 누락이 없고, 보고 정보를 생산하는데 사용되는 절차의 선택과 적용 시 절차상 오류가 없음을 의미한다.
④ 재무정보의 선택이나 표시에 편의가 없어야 한다.

02 다음의 회계정보의 질적특성 중 잘못된 것은?

86회 기출문제

① 회계정보가 정보이용자의 의사결정에 유용하게 사용되기 위해서는 그 정보가 의사결정의 목적과 관련되어야 하는데 관련성은 예측가치, 피드백가치, 적시성 등을 기준으로 판단될 수 있다.
② 회계정보가 정보이용자의 의사결정에 유용하게 쓰이기 위해서는 편의 없이 중립적이어야 한다.
③ 정보 제공의 적시성을 추구하는 목적적합성과 정보의 신뢰성이 상충되는 경우 반드시 적시성을 우선하여 판단하여야 한다.
④ 질적특성을 갖춘 회계정보일지라도 정보 제공 및 이용에 소요될 사회적 비용이 정보 제공 및 이용에 따른 사회적 효익을 초과한다면 정보의 제공은 정당화될 수 없다.

03 재무제표에 대한 설명으로 가장 바르지 않은 것은?

79회 기출문제

① 재무제표는 기업의 재무상태와 재무성과를 체계적으로 표현한 것으로 광범위한 정보이용자의 경제적 의사결정에 유용한 기업의 재무상태, 재무성과와 재무상태변동에 관한 정보를 제공한다.
② 현금이나 현금성자산으로서, 교환이나 부채 상환 목적으로의 사용에 대한 제한기간이 12개월 이내인 경우 유동자산으로 분류한다.
③ 자산과 부채 그리고 수익과 비용은 원칙적으로 상계하지 않고 총액으로 작성한다.
④ 기업은 현금기준 회계를 사용하여 재무제표를 작성한다.

04 다음 중 일반기업회계기준상 재무제표에 대한 설명으로 틀린 것은? *91회 기출문제*

① 정상적인 영업주기 내에 판매되는 재고자산은 보고기간 종료일로부터 1년 이내에 실현되지 않더라도 유동자산으로 분류한다.
② 현금흐름표 작성 중 사채발행으로 인한 현금유입 시에는 발행금액으로 표시한다.
③ 상계금지의 원칙에 따라 매출채권에 대한 대손충당금은 매출채권에서 직접차감하여 표시할 수 없다.
④ 자본변동표 작성시 자본금은 보통주자본금과 우선주자본금으로 구분하여 표시한다.

05 현금흐름표에서 영업활동 현금흐름으로 분류되지 않는 것은? *71회 기출문제*

① 재화와 용역의 구입에 따른 현금유출
② 종업원과 관련한 직·간접적으로 발생한 현금유출
③ 이자의 지급으로 인한 현금유출
④ 유형자산의 처분에 따른 현금유입

06 다음 중 재무활동으로 인한 현금흐름의 예로 틀린 것은? *83회 기출문제*

① 유형자산의 처분에 따른 현금유입
② 차입금의 상환에 따른 현금유출
③ 주식이나 기타 지분상품의 발행에 따른 현금유입
④ 자기주식의 취득에 따른 현금유출

정답 및 해설

01 ② 재무정보의 질적특성 중 목적적합성에 대한 설명이다.

02 ③ 회계정보의 질적특성은 서로 상충될 수 있으나 반드시 적시성을 우선하여 판단하여야 하는 것은 아니다.

03 ④ 기업은 현금흐름 정보를 제외하고는 발생기준 회계를 사용하여 재무제표를 작성한다.(K-IFRS 제1001호 "재무제표 표시")

04 ③ 매출채권에 대한 대손충당금 등은 해당 자산이나 부채에서 직접 가감하여 표시할 수 있다. (일반기업회계기준 2.43)

05 ④ 유형자산의 처분에 따른 현금유입은 투자활동 현금흐름으로 분류된다.

06 ① 일반기업회계기준 [문단2.66] 현금의 대여와 회수활동, 유가증권·투자자산·유형자산 및 무형자산의 취득과 처분 활동 등은 투자활동에 속한다.

07 다음은 재무상태표 항목의 구분·통합표시에 대한 설명이다. 틀린 것은?

84회 기출문제

① 현금및현금성자산은 기업의 유동성 판단에 중요한 정보이므로 별도 항목으로 구분하여 표시한다.
② 자본조정 중 자기주식과 주식할인발행차금은 통합하여 표시할 수 있다.
③ 자본잉여금은 주식발행초과금과 기타자본잉여금으로 구분하여 표시한다.
④ 자본금은 보통주자본금과 우선주자본금으로 구분하여 표시한다.

08 다음 중 재무제표 항목의 표시와 분류에 대한 설명으로 틀린 것은?

90회 기출문제

① 일반기업회계기준에 의하여 재무제표 항목의 표시와 분류의 변경이 요구되는 경우에는 예외적으로 재무제표 항목의 표시와 분류를 변경할 수 있다.
② 원칙적으로 재무제표의 기간별 비교가능성을 제고하기 위하여 재무제표 항목의 표시와 분류는 매기 동일하여야 한다.
③ 당기에 재무제표 항목의 표시나 분류 방법이 변경되더라도 전기의 항목은 재분류하지 않는다.
④ 사업 결합 또는 사업 중단 등에 의해 영업의 내용이 유의적으로 변경되는 경우에는 예외적으로 재무제표 항목의 표시와 분류를 변경할 수 있다.

09 회계정보의 질적특성인 목적적합성과 신뢰성에 대한 설명으로 잘못된 것은?

93회 기출문제

① 회계정보의 질적특성은 회계정보가 유용하게 쓰이기 위해 갖추어야 할 주요 속성을 말하며 주요특성은 목적적합성과 신뢰성이며, 기타 질적특성으로는 비교 가능성이 있다.
② 회계정보의 질적특성은 상충될 수 있다.
③ 회계정보의 신뢰성은 과거의 의사결정을 확인 또는 수정하도록 해줌으로써 유사한 미래에 대한 의사결정에 도움을 주는 속성이다.
④ 일반적으로 반기재무제표는 연차재무제표에 비해 목적적합성은 높지만 신뢰성은 낮다.

10 현금흐름표에 대한 설명으로 올바른 것은?

95회 기출문제

가. 현금흐름표는 영업활동으로 인한 현금흐름, 투자활동으로 인한 현금흐름, 재무활동으로 인한 현금흐름으로 구분하여 표시한다.
나. 영업활동으로 인한 현금흐름은 현금의 대여와 회수활동, 유가증권·투자자산·유형자산 등의 취득과 처분활동 등을 말한다.
다. 재무활동으로 인한 현금흐름은 현금의 차입 및 상환활동, 신주발행이나 배당금의 지급활동 등과 같이 부채 및 자본계정에 영향을 미치는 거래를 말한다.
라. 영업활동으로 인한 현금흐름은 직접법으로만 표시한다.

① 가, 다
② 가, 다, 라
③ 가, 나, 다, 라
④ 나, 라

11 다음 중 일반기업회계기준상 재무상태표의 기본구조에 대한 설명으로 가장 옳지 않은 것은?

96회기출문제

① 자산과 부채는 유동성이 낮은 항목부터 배열하는 것을 원칙으로 한다.
② 자산은 유동자산과 비유동자산으로 구분한다. 유동자산은 당좌자산과 재고자산으로 구분하고, 비유동자산은 투자자산, 유형자산, 무형자산, 기타비유동자산으로 구분한다.
③ 자본은 자본금, 자본잉여금, 자본조정, 기타포괄손익누계액 및 이익잉여금(또는 결손금)으로 구분한다.
④ 부채는 유동부채와 비유동부채로 구분한다.

12 다음 중 자산과 부채의 유동성과 비유동성 구분에 대한 설명으로 옳지 않은 것은?

97회 기출문제

① 정상적인 영업주기 내에 판매되거나 사용되는 재고자산과 회수되는 매출채권 등은 보고기간종료일로부터 1년 이내에 실현되지 않을 경우 비유동자산으로 분류하고, 1년 이내에 실현되지 않을 금액을 주석으로 기재한다.
② 장기미수금이나 투자자산에 속하는 매도가능증권 또는 만기보유증권 등의 비유동자산 중 1년 이내에 실현되는 부분은 유동자산으로 분류한다.
③ 비유동부채 중 보고기간종료일로부터 1년 이내에 자원의 유출이 예상되는 부분은 유동부채로 분류한다.
④ 보고기간종료일로부터 1년 이내에 상환기일이 도래하더라도 기존의 차입약정에 따라 보고기간종료일로부터 1년을 초과하여 상환할 수 있고 기업이 그러한 의도가 있는 경우에는 비유동부채로 분류한다.

정답 및 해설

07 ② 자본조정 중 자기주식은 별도의 항목으로 구분하여 표시하고 주식할인발행차금 등은 기타자본조정으로 통합하여 표시할 수 있다.(문단2.38)

08 ③ 재무제표 항목의 표시나 분류방법이 변경되는 경우에는 당기와 비교하기 위하여 전기의 항목을 재분류한다.(일반기업회계기준 2.14)

09 ③ 목적적합성의 하부 속성 중 피드백가치는 과거의 의사결정을 확인 또는 수정하도록 해줌으로써 유사한 미래에 대한 의사결정에 도움을 주는 속성이다.

10 ① 일반기업회계기준 제2장
　나. 영업활동으로 인한 현금흐름은 일반적으로 제품의 생산과 상품 및 용역의 구매·판매활동을 말한다.
　라. 영업활동으로 인한 현금흐름은 직접법 또는 간접법으로 표시한다.

11 ① 자산과 부채는 유동성이 높은 항목부터 배열하는 것을 원칙으로 한다.

12 ① 정상적인 영업주기 내에 판매되거나 사용되는 재고자산과 회수되는 매출채권 등은 보고기간종료일로부터 1년 이내에 실현되지 않더라도 유동자산으로 분류한다. 이 경우 유동자산으로 분류한 금액 중 1년 이내에 실현되지 않을 금액을 주석으로 기재한다.(일반기업회계기준 2.21)

13 다음은 자산과 부채의 유동성과 비유동성 구분에 대한 설명이다. 가장 옳지 않은 것은?

103회 기출문제

① 보고기간종료일로부터 1년 이내에 상환되어야 하는 채무는 보고기간종료일과 재무제표가 사실상 확정된 날 사이에 보고기간종료일로부터 1년을 초과하여 상환하기로 합의한 경우에는 비유동부채로 분류한다.
② 투자자산에 속하는 매도가능증권 또는 만기보유증권 등의 비유동자산 중 1년 이내에 실현되는 부분은 유동자산으로 분류한다.
③ 정상적인 영업주기 내에 판매되거나 사용되는 재고자산은 보고기간종료일로부터 1년 이내에 실현되지 않더라도 유동자산으로 분류한다.
④ 단기차입금 및 유동성장기차입금 등은 보고기간종료일로부터 1년 이내에 상환되어야 하므로 영업주기와 관계없이 유동부채로 분류한다.

14 다음 중 일반기업회계기준상 재무제표에 대한 설명으로 틀린 것은?

98회 기출문제

① 정상적인 영업주기 내에 판매되는 재고자산은 보고기간 종료일부터 1년 이내에 실현되지 아니하면 유동자산으로 분류할 수 없다.
② 손익계산서 작성시 제조업, 판매업 및 건설업 외의 업종에 속하는 기업은 매출총손익의 구분표시를 생략할 수 있다.
③ 자본변동표 작성시 자본금은 보통주자본금과 우선주자본금으로 구분하여 표시한다.
④ 현금흐름표 작성시 사채발행으로 인한 현금유입 금액은 발행금액으로 표시한다.

15 다음 중 일반기업회계기준상 재무제표에 대한 설명으로 잘못된 것은?

104회 기출문제

① 유동자산은 당좌자산과 재고자산으로 구분하고, 비유동자산은 투자자산, 유형자산, 무형자산, 기타비유동자산으로 구분한다.
② 정상적인 영업주기 내에 판매되는 재고자산은 보고기간종료일부터 1년 이내에 실현되지 않더라도 유동자산으로 분류한다.
③ 자본은 자본금, 자본잉여금, 자본조정, 기타포괄손익누계액 및 이익잉여금(또는 결손금)으로 구분한다.
④ 원칙적으로 당기 재무제표에 보고되는 모든 계량정보에 대해 전기 비교정보를 공시하지만 비계량정보의 경우에 비교정보는 재무제표에 이를 포함할 수 없다.

16 다음 중 재무회계 개념체계에 대한 설명으로 가장 틀린 것은?

105회 기출문제

① 개념체계와 일반기업회계기준이 상충될 경우에는 일반기업회계기준이 개념체계보다 우선한다.
② 회계정보의 질적특성 중 신뢰성은 예측역할과 관련이 있다.
③ 회계정보의 질적특성 중 목적적합성은 적시성과 관련이 있다.
④ 재무제표의 기본가정 중 하나는 계속기업의 가정이다.

17 다음 중 회계상 보수주의의 개념과 거리가 먼 사례는? *99회 기출문제*

① 저가주의에 의한 재고자산의 평가
② 전기오류수정사항을 손익으로 인식하지 않고 이익잉여금에 반영
③ 물가상승 시 후입선출법에 따른 재고자산 평가
④ 발생 가능성이 높은 우발이익을 주석으로 보고

정답 및 해설

13 ① [일반기업회계기준 문단 2.24] 보고기간종료일로부터 1년 이내에 상환되어야 하는 채무는 보고기간종료일과 재무제표가 사실상 확정된 날 사이에 보고기간종료일로부터 1년을 초과하여 상환하기로 합의하더라도 유동부채로 분류한다.

14 ① 정상적인 영업주기 내에 판매되는 재고자산은 보고기간 종료일부터 1년 이내에 실현되지 않더라도 유동자산으로 분류한다.

15 ④ 전기의 비계량정보가 당기 재무제표 이해에 필요한 경우 이를 당기와 비교하여 주석에 기재할 수 있다.

16 ② [일반기업회계준 재무회계개념체계 문단 46] 회계정보의 질적특성 중 신뢰성은 표현의 충실성, 중립성, 검증가능성과 관련된 개념이다.
이익잉여금으로 구분하여 표시하여야 한다.

17 ② 보수주의는 두 가지 이상의 대체적인 회계처리 방법이 있을 경우 재무적 기초를 견고히 하는 관점에서 이익을 낮게 보고하는 방법을 선택하는 것으로, 전기오류수정사항을 이익잉여금에 반영하는 것은 보수주의와는 무관하다.

02 전표입력

기업의 경영활동에서 거래가 발생하면 전표입력(분개)을 한다. KcLep프로그램에서는 부가치세신고와 관련없는 거래를 일반전표입력 메뉴를 입력하여 관련된 장부 및 재무제표에 자동반영한다.

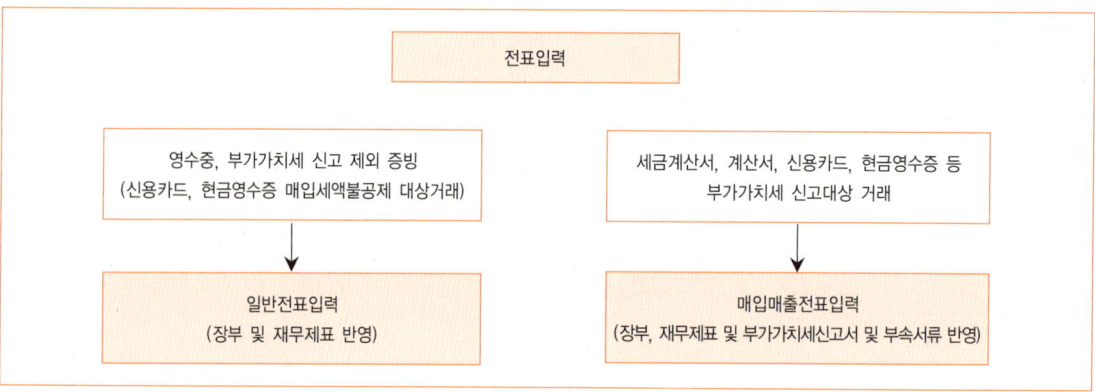

전표입력 시 유의사항

- 일반적인 적요의 입력은 생략하지만, **타계정 대체거래는 적요번호를 선택하여 입력**한다.
- **채권·채무와 관련된 거래**는 별도의 요구가 없는 한 반드시 기 등록되어 있는 거래처코드를 선택하는 방법으로 거래처명을 입력한다.
- **제조경비는 500번대** 계정코드를, **판매비와 관리비는 800번대** 계정코드를 사용한다.
- 회계처리시 계정과목은 별도제시가 없는 한 등록되어 있는 계정과목 중 가장 적절한 과목으로 한다.

* **타계정 대체거래**는 기업이 제조나 판매를 목적으로 보유하고 있는 재고자산(원재료, 재공품, 제품, 상품 등)을 제조나 판매로 소비하지 않고 다른 용도(복리후생비, 기업업무추진비, 기부금, 재해손실 등)로 감소하는 것을 말한다. 타계정 대체거래는 적요를 반드시 입력한다.

* **채권·채무와 관련된 거래**

채권	채무
외상매출금, 받을어음, 미수금, 단기대여금, 장기대여금, 선급금, 가지급금, 임차보증금	외상매입금, 지급어음, 미지급금, 단기차입금, 장기차입금, 유동성장기부채, 선수금, 가수금(거래처명 있을시), 임대보증금

01 일반전표입력

월	작업하고자 하는 월을 선택한다.
일	거래일자를 상단의 일 란에 직접 입력하거나, 월 란에만 입력하고 Enter↵ 후 아래 입력 란에서 거래의 일자를 입력한다.
번호	자동으로 부여된다. *전표번호의 수정을 원할 때는 상단의 '번호수정(Shift + F2)'를 사용하여 수정
구분	전표의 유형을 입력한다. [1.출금, 2.입금, 3.차변, 4.대변, 5.결산차변, 6.결산대변] **구분1) 출금 거래** (차변) 계정과목　×××　　　　(대변) 현금(자동)　××× **구분2) 입금 거래** (차변) 현금(자동)　×××　　　　(대변) 계정과목　××× **구분3,4) 대체 거래** (차변) 계정과목　×××　　　　(대변) 계정과목　××× *5.결산차변,6.결산대변은 자동전표 발행시 생성된다.
계정과목	F2 로 도움창에서 이용하거나, 코드 란에 계정과목의 두 글자를 입력하고 Enter↵ 를 하여 나타나는 도움창에서 선택한다. 계정과목 코드번호를 직접 입력도 가능하다.
거래처코드	• F2 키를 누르거나 거래처명의 두 글자를 입력하여 나타나는 보조창에서 선택한다. • 새로운 거래처를 일반전표입력시 등록하고자 할 때에는 전표입력 화면 거래처 란에 "+"키와 거래처명을 입력하여 등록한다.
거래처명	채권, 채무가 있는 거래처와 예금 등 관리가 필요한 거래처는 반드시 거래처 등록을 하여 코드번호를 부여한다.
적요	거래의 내용을 요약하여 입력 *실무에서는 꼭 입력하여야 하는 사항이나 자격증시험에서는 대부분 생략한다.(재고자산 타계정 대체거래는 예외)
금액	거래금액을 입력한다. ("+"키를 누르면 "000"이 입력됨)
전표의 삭제	전표의 삭제는 상단 바의 X 를 클릭한다.

02 매입매출전표입력

월	작업하고자 하는 월을 선택한다.
일	거래일자를 상단의 일 란에 직접 입력하거나, 월 란에만 입력하고 Enter 후 아래 입력 란에서 거래의 일자를 입력한다.
번호	자동으로 부여된다.

유형	매출유형		내용
	11.과세	과세매출	과세매출(10%)_**세금계산서 발행**
	12.영세	영세율	**영세율**매출(0%)_**영세율세금계산서 발행** (내국신용장, 구매확인서에 의한 간접수출)
	13.면세	계산서	면세매출_**계산서 발행**
	14.건별	무증빙	과세매출(10%)_**적격증빙이 발급되지 않은 매출**(예: 간이영수증, 간주공급) 공급가액란에공급대가를 입력하고 Enter를 치면 공급가액과 부가세가 자동으로 구분되어 계산된다.
	15.간이	간이과세	세금계산서가 발급되지 않는 과세매출(간이과세자) 공급가액과 세액이 자동 구분계산 되지 않는다.
	16.수출	수출	**영세율**매출(0%)_직접 수출하는 경우(**직수출**)
	17.카과	카드과세	과세매출(10%)_**신용카드매출전표 발행**(세금계산서가 같이 발행된 경우 11.과세입력)[17: 카과]로 입력된 자료는 신용카드매출발행집계표의 과세분에 자동 반영
	18.카면	카드면세	면세매출_**신용카드매출전표를** 발행 [17: 카면]으로 입력된 자료는 신용카드매출발행집계표의 면세분에 자동 반영
	19.카영	카드영세	영세율 대상 거래_**신용카드매출전표를 발행**
	20.면건	무증빙	면세매출_계산서가 발급되지 않은 면세거래
	21.전자	전자화폐	전자적결제 수단에 의한 매출
	22.현과	현금과세	과세매출(10%)_**현금영수증 발행** [22: 현과]로 입력된 자료는 신용카드매출발행집계표의 과세분에 자동 반영
	23.현면	현금면세	면세매출_**현금영수증 발행** [22: 현면]으로 입력된 자료는 신용카드매출발행집계표의 면세분에 자동 반영
	매입유형		내용
	51.과세	과세매입	과세매입(10%)_**세금계산서 수취**
	52.영세	영세율	**영세율**매입(0%)_**영세율세금계산서 수취**
	53.면세	계산서	면세매입_**계산서 수취**
	54.불공	불공제	과세매입(10%)으로 세금계산서 수취하였으나 불공제 ① **필요적 기재사항 누락** ② **사업과 직접 관련 없는 지출** ③ **개별소비세법 제1조 제2항 제3호에 따른 구입, 유지 및 임차** ④ **기업업무추진비 및 이와 유사한 비용 관련** ⑤ **면세사업과 관련** ⑥ **토지의 자본적 지출 관련** ⑦ 사업자등록 전 매입세액 ⑧ 금거래계좌 미사용 관련 매입세액 ⑨ 공통매입세액 안분계산 분 ⑩ 대손처분받은 세액 ⑪ 납부세액 재계산분
	55.수입	수입	과세매입(10%)_**수입세금계산서 수취(세관장 발행)** * 수입세금계산서의 공급가액은 부가가치세 신고서의 과세표준으로 회계처리 대상이 아니다. 따라서 프로그램에서 수입세금계산서를 선택하여 입력하는 경우하단의 분개화면에 부가가치세만 표시된다.

	56.금전	금전등록	금전등록기 영수증을 받은 매입
	57.카과	카드과세	과세매입(10%)_**신용카드매출전표 수취**
	58.카면	카드면세	면세매입_**신용카드매출전표 수취**
	59.카영	카드영세	영세율매입(0%)_**신용카드매출전표 수취**
	60.면건	무증빙	면세매입_계산서를 수취하지 않은 면세거래
	61.현과	현금과세	**과세매입(10%)_현금영수증 수취**
	62.현면	현금면세	면세매입_**현금영수증 수취**

* 거래증빙에 따른 부가가치세신고 유형을 입력한다. (표의 색이 짙은 유형이 출제빈도가 많음)
* 카과나 현과를 선택한 경우 환경등록에서 ④부가세 포함여부가 0.미포함인지 1.포함인지에 따라 입력이 달라진다. 0.미포함인 경우에는 공급가액을 입력하여야 하고, 1.포함인 경우에는 공급대가(공급가액 + 부가가치세)를 입력하여야 한다.

품목	해당 거래의 품목을 입력한다. 품목이 두 가지 이상인 경우에는 상단툴바의 F7복수거래를 클릭하고 나타나는 화면 하단에 품목별로 거래내용을 입력한다.
수량, 단가, 공급가액	해당 거래의 수량, 단가, 공급가액을 입력한다. 카과,건별,현과의 경우에는 공급대가를 입력한다. * 공급가액: 부가가치세를 포함하지 않은 금액 * 공급대가: 부가가치세를 포함한 금액(공급가액 + 부가가치세)
부가세	수량, 단가 또는 공급가액 입력시 자동으로 계산된다.(영세율, 면세거래는 금액이 표시되지 않는다)
공급처명	거래처 코드번호 입력을 통해 기입한다. F2키를 누르거나 거래처명의 두 글자를 입력하여 나타나는 보조창에서 선택한다. 새로운 거래처를 입력시 등록하고자 할 때에는 전표입력 화면 거래처 란에 "+"키와 거래처명을 입력하여 등록한다.
전자	자격시험에서 전자세금계산서 또는 전자계산서 발행 및 수취시 "1: 여"를 입력하고, 종이세금계산서 또는 종이계산서 거래시에는 공란으로 둔다.
분개	재무회계 장부에 반영될 분개를 입력한다. 0번 분개없음: 분개할 필요가 없거나 생략하려고 할 때 선택 1번 현금: 현금거래인 경우 선택 2번 외상: 외상거래인 경우 선택(외상매출금, 외상매입금) 3번 혼합: 차변, 대변 계정과목을 직접 입력하는 경우 선택 4번 카드: 신용카드 거래인 경우 선택 5번 추가: 환경등록에서 추가로 설정한 경우 사용 * 제시된 화면은 기초정보관리〉환경등록 메뉴이다. **전산회계 1급은 제조업 회계를 다루기 때문에 화면의 분개유형 설정을 매출_404.제품매출, 매입_153.원재료로 설정한다.** 설정된 계정과목은 매입매출전표의 분개입력시 자동으로 반영된다.(도소매기업은 401.상품매출, 매입_146.상품으로 설정) ② 분개유형 설정 매 출　　　0404　제품매출 매 출 채 권　0108　외상매출금 매 입　　　0153　원재료 매 입 채 무　0251　외상매입금 신용카드매출채권　0108　외상매출금 신용카드매입채무　0253　미지급금

CHAPTER

03 유동자산

유동자산	당좌자산	현금 및 현금성자산(현금, 당좌예금, 보통예금, 현금성자산), 단기매매증권, 미수금, 선급금, 매출채권(외상매출금, 받을어음), 단기금융상품, 단기대여금, 미수수익, 선급비용 등
	재고자산	상품, 원재료, 재공품, 제품, 반제품, 저장품 등
비유동자산	투자자산	투자부동산, 매도가능증권, 만기보유증권, 지분법적용주식, 장기대여금, 장기성매출채권 등
	유형자산	건물, 비품, 토지, 차량운반구, 기계장치, 선박, 건설중인자산, 구축물 등
	무형자산	영업권, 산업재산권(특허권, 상표권, 실용신안권, 의장권), 개발비, 소프트웨어 등
	기타비유동자산	임차보증금, 장기외상매출금, 장기선급금, 장기선급비용, 장기미수수익, 이연법인세자산

01 현금및현금성자산계정

(1) 현금 계정

현금(통화 및 통화대용증권)의 수입과 지출을 기입하는 자산계정이고, 현금(통화대용증권)의 수입은 차변에, 지출은 대변에 기입한다.

현금	통화: 지폐(한국 은행권) 및 주화
	통화 대용 증권: 타인 발행 수표, 자기앞 수표, 송금 수표, 가계 수표, 우편환 증서, 공·사채 만기 이자표, 배당금 지급통지서, 일람출급어음 등

구분	차변		대변	
통화대용증권을 받으면	현 금	×××	상품매출	×××
통화대용증권을 지급하면	상 품	×××	현 금	×××

* **현금 출납장**: 현금의 수입과 지출의 내용을 상세히 기록하는 보조 기입장이며, 수입란은 현금 계정의 차변, 지출란은 현금 계정의 대변 금액과 같이 기입한다.

(2) 요구불예금

① 당좌예금
　은행과 당좌 거래 계약을 맺어 은행에 현금 등을 미리 예입하고 당좌수표를 발행하여 현금을 인출할 수 있는 예금이다.

② 보통예금
　예입과 인출을 자유로이 할 수 있는 통장식 은행예금이다.

(3) 현금성자산

현금 그 자체는 아니지만 큰 거래비용 없이 현금으로 전환이 쉽고 이자율 변동에 따른 가치변동의 위험이 중요하지 않은 단기매매금융자산 및 단기금융상품으로서 취득시 만기(또는 상환일)가 3개월 이내인 것을 말한다.
① 취득시 만기가 3개월 이내에 도래하는 공·사채권, 정기예금 및 기타 단기금융상품
② 취득시 상환일까지의 기간이 3개월 이내인 상환 우선주
③ 취득시 만기가 3개월 이내의 환매조건인 환매채

(4) 현금과부족

현금의 장부 잔액과 실제 잔액이 일치하지 않을 때에는 원인이 판명될 때까지 일시적으로 처리하는 임시 계정이다. 원인이 밝혀지면 해당 계정에 대체하고, 결산 때까지 그 원인이 판명되지 않으면 부족액은 잡손실, 초과액은 잡이익의 계정에 대체한다.

구분	차변		대변	
장부잔액 > 실제잔액	현 금 과 부 족	100,000	현 금	100,000
결산시	잡 손 실	100,000	현 금 과 부 족	100,000
장부잔액 < 실제잔액	현 금	100,000	현 금 과 부 족	100,000
결산시	현 금 과 부 족	100,000	잡 이 익	100,000

(5) 소액 현금

소액 경비의 지급을 위해 회계과(경리과)는 용도계에 수표를 발행하여 선급해 준 경우 처리하는 계정이다.

① 정액자금전도제도

일정한 금액을 미리 해당부서에 전도하여 주고, 월말, 월초에 다시 사용액만큼 재 전도하여 주는 방법을 말하며 가장 많이 쓰이는 방법이다.

구분	차변		대변	
소액현금 지급시	소 액 현 금	100,000	현 금	100,000
소액현금 정산	여 비 교 통 비 수 도 광 열 비 통 신 비 기 업 업 무 추 진 비 잡 비	10,000 10,000 10,000 20,000 10,000	소 액 현 금	60,000
소액현금 재지급시	소 액 현 금	60,000	현 금	60,000

② 부정액자금전도제도

소액의 지출이 있을 때 마다 지출결의서를 승인받아 지출한다. 빈번한 소액지출의 경우가 있을 때 업무의 효율성이 없으므로 단점이 지적되고 있다.

02 단기투자자산

(1) 단기금융상품계정

금융기관이 취급하는 정기예금·정기적금·사용이 제한되어 있는 예금 및 기타 정형화된 상품 등으로 단기적 자금운용 목적으로 소유하거나 만기가 결산일로부터 1년 이내에 도래하는 것을 단기금융상품이라 한다.

1) 정기예금·정기적금
만기가 결산일로부터 1년 이내에 도래하는 것

2) 사용이 제한되어 있는 예금
감채기금(만기가 결산일로부터 1년 이내에 도래하는 것)

3) 기타 정형화된 상품

양도성예금증서(CD)	금융기관의 정기 예금에 대하여 발행하는 예금 증서로서 무기명 선이자 형태의 양도가 가능한 예금을 말한다.
어음관리구좌(CMA)	금융기관이 투자자로부터 예탁 받은 자금을 운용하고, 예탁기간에 따라 투자자에게 그 운용 수익을 되돌려 주는 금융 상품
기업금전신탁(MMF)	금융 기관이 금전을 신탁받아 유가 증권 투자나 신탁 대출 등으로 운용하고, 그 신탁 원금과 이익을 금전 신탁자에게 되돌려 주는 금융 상품
기업어음(CP)	금융 기관이 고객에게 우량 기업이 발행한 융통 어음에 투자하도록 중개하는 형태의 금융 상품을 말한다.
환매채(RP)	금융 기관이 일정 기간 후에 다시 일정한 이자를 가산한 가격으로 매입할 것을 조건으로 하여 고객에게 채권을 판매하는 형태의 금융 상품을 말한다.
표지어음	종합금융회사가 기업이 발행하는 어음이나 매출채권 또는 무역어음을 매입하였다가 이를 근거로 발행하는 어음

(2) 단기매매증권

기업의 여유 자금이 있을 때 단기적 자금운용 목적으로 시장성이 있는 주식과 국채, 공채, 사채 등의 채권을 구입하고 자금이 필요할 때 처분한다. 이러한 주식과 국채, 공채, 사채 등을 총칭하여 유가증권이라 하고 취득한 유가증권은 단기매매금융자산, 매도가능금융자산 및 만기보유금융자산 중 하나로 분류한다.

<유가증권의 분류>

구분	증권구분		분류기준	재무상태표 일반적 표시
	지분증권	채무증권		
단기매매증권	○	○	단기차익, 빈번한거래	당좌자산
매도가능증권	○	○	다른 증권에 해당하지 않는 경우 (장기투자목적)	투자자산
만기보유증권	×	○	만기까지 보유	
지분법적용주식	○	×	의결권 주식 20%(중대한 영향력)	

(3) 단기매매증권의 취득과 처분

① 구입시 취득 금액으로 차변에 기입한다. 취득과정에 발생한 수수료비용은 영업외비용 처리한다.
② 처분시 장부 금액으로 대변에 기입하고 처분 금액과 장부 금액과의 차액은 단기매매금융자산 처분손익 계정으로 기입한다.

구분	차변		대변	
취득시	단기매매증권 수수료비용 (영업외비용)	××× ×××	현금	×××
처분시 (장부가액 < 처분액)	현금	×××	단기매매증권 단기매매증권처분이익	××× ×××
처분시 (장부가액 > 처분액)	현금 단기매매증권처분손실	××× ×××	단기매매증권	×××

(4) 단기매매증권의 평가

기말 결산시 소유하고 있는 단기매매증권의 장부가액과 공정가액(시가)이 다를 경우 재무상태표일 현재의 공정가액(시가)으로 평가한다.

구분	차변		대변	
장부가액 < 공정가액	단기매매증권	×××	단기매매증권평가이익	×××
장부가액 > 공정가액	단기매매증권평가손실	×××	단기매매증권	×××

(5) 단기매매증권의 이자수익와 배당금 수익

소유하고 있는 공채, 사채에 대한 이자를 받으면 이자수익계정으로 처리하고, 주식에 대한 금전 배당을 받으면 배당금수익계정으로 처리한다. 단, 주식으로 배당을 받을 경우에는 분개하지 않는다.

03 매출채권과 기타채권

매출채권이란 상거래에서 발생한 외상매출금과 받을어음의 통합계정이다.

(1) 외상매출금

외상으로 상품을 판매하고 대금을 나중에 회수하는 것을 외상매출금이라 한다.
- **차변 기입 내용**: 전기이월액, 외상매출액
- **대변 기입 내용**: 외상매출금 회수액, 매출환입액, 매출에누리, 대손발생액

(2) 받을어음

1) 어음의 종류

① 약속어음

발행인(채무자)이 수취인(채권자)에게 일정 기일에 일정 장소에서 일정 금액을 지급할 것을 약속한 증권(즉, 발행인=지급인, 지명인=수취인)
- **발행인**: 어음금액의 지급인으로 채무자가 된다(지급어음의 대변계정).

- **수취인**: 어음금액의 수취인으로 채권자가 된다(받을어음의 차변계정).

② 환어음

발행인이 지명인에게 일정 기일에 일정 장소에서 일정 금액을 수취인에게 지급해 줄 것을 위탁하는 증권(발행인 ≠ 수취인 ≠ 지급인)

- **발행인**: 환어음의 발행인은 어음상의 채권·채무가 발생하지 않는다(매출처에 대한 채권과 매입처에 대한 채무가 상계된다).
- **지명인**: 지명인은 환어음을 인수하면 어음상의 채무자가 된다(지급어음의 대변계정).
- **수취인**: 어음금액의 수취인으로 채권자가 된다(받을어음의 차변계정).

2) 받을어음 계정

↑	받을어음	↓
(어음 채권의 증가)		(어음 채권의 감소)
① 약속어음의 수취		① 어음대금의 회수
② 환어음의 수취		② 어음의 배서양도
		③ 어음의 할인
		④ 어음의 부도

3) 받을어음 관련 거래

① 추심 위임 배서

소유하고 있는 어음을 만기일 전에 거래은행에 어음 대금 추심(회수)을 의뢰하는 경우 어음 뒷면에 배서를 하는 것을 추심위임배서라 한다.

거래 은행 등에 추심 의뢰한 어음 채권은 소멸하는 것이 아니기 때문에 분개는 없다. 그러나 타지어음인 경우 추심 위임 배서시 수수료만 분개한다.

구분	차변		대변	
추심의뢰·수수료지급	수 수 료 비 용	×××	현 금	×××
입금통지 받으면	보 통 예 금	×××	받 을 어 음	×××

② 어음의 배서 양도

어음 채권을 만기일 이전에 타인에게 양도하는 것으로 어음 채권이 소멸된다.

구분	차변		대변	
배서양도	원 재 료	×××	받 을 어 음	×××

③ 어음의 할인(매각거래)

자금 융통을 위해 어음 만기일 전에 거래 은행에서 만기일까지의 이자(할인료)를 차감하고, 어음 대금을 미리 회수하는 것을 어음의 할인이라 한다.

구분	차변		대변	
소유하고 있는 어음할인	보 통 예 금 매출채권처분손실	××× ×××	받 을 어 음	×××

* 차입거래

구분	차변		대변	
소유하고 있는 어음할인	보 통 예 금 이 자 비 용	××× ×××	단 기 차 입 금	×××

구분	차변		대변	
어음의 만기도래시	단기차입금	×××	받을어음	×××

<어음할인액 계산>

① 어음의 만기금액 계산	**이자부어음** 만기금액 = 액면가액 + 액면이자 **무이자부 어음** 만기금액 = 액면가액
② 어음의 할인액 계산	만기금액 × 할인율 × 만기일까지 미경과기간/12개월
③ 할인시 현금수취액	① 어음의 만기금액 - ② 어음의 할인액
④ 할인일까지의 이자수익	만기금액 × 액면이자율 × 만기일까지 경과기간/12개월
⑤ 매출채권처분손실	할인시점 어음장부금액* - ④ 할인시 현금수취액 * 이자부어음의 장부금액 = 액면가액 + 할인일까지의 경과기간에 대한 액면이자 * 무이자부어음의 장부금액 = 액면가액

예제

만기가 6개월이고 액면이자율이 연 6%인 받을어음 100,000,000원을 발행일에 수취하여 4개월간 보유하다가 거래은행에 연 12%의 이자율로 할인한 경우 매출채권처분손실은 얼마인가? 단, 월할계산할 것.

해설

① 어음의 만기금액 계산: 100,000,000원 + (100,000,000 × 6% × 6/12) = 103,000,000원
② 어음의 할인액 계산: 103,000,000원 × 12% × 2/12 = 2,060,000원
③ 할인시 현금수취액: 103,000,000원 - 2,060,000원 = 100,940,000원
④ 할인일까지의 이자수익: 100,000,000 × 6% × 4/12 = 2,000,000원
⑤ 매출채권처분손실: (100,000,000원 + 2,000,000원) - 100,940,000원 = 1,060,000원

구분	차변		대변	
회계처리	현금 매출채권처분손실	100,940,000원 1,060,000원	받을어음 이자수익	100,000,000원 2,000,000원

▶ [참고] 일반기업회계기준 6.5

다음 요건을 모두 충족하는 경우에는 양도자가 금융자산에 대한 통제권을 이전한 것으로 보아 매각거래로, 이외의 경우에는 금융자산을 담보로 한 차입거래로 본다.
(1) 양도인은 금융자산 양도후 당해 양도자산에 대한 권리를 행사할 수 없어야 한다. 즉, 양도인이 파산 또는 법정관리 등에 들어갈 지라도 양도인 및 양도인의 채권자는 양도한 금융자산에 대한 권리를 행사할 수 없어야 한다.
(2) 양수인은 양수한 금융자산을 처분(양도 및 담보제공 등)할 자유로운 권리를 갖고 있어야 한다.
(3) 양도인은 금융자산 양도후에 효율적인 통제권을 행사할 수 없어야 한다.

④ 어음의 부도

만기일에 어음대금의 지급제시를 하였으나 지급인·인수인 또는 발행인이 지급을 거절한 어음을 부도어음이라고 한다.

구분	차변		대변	
받을어음 부도	부도어음과 수표	×××	받 을 어 음	×××

⑤ 어음의 개서

만기일에 당사자(지급인, 수취인)간에 합의에 의하여 어음 기일을 연장하여 새로운 어음을 작성하는 것을 말한다.

구분	차변		대변	
받을어음 개서	받 을 어 음(신) 현 금	××× ×××	받 을 어 음(구) 이 자 수 익	××× ×××

⑥ 금융 어음(융통 어음)

상거래 없이 자금 융통의 목적으로 발행한 어음을 말하며 단기대여금과 단기차입금으로 분개한다.

구분	차변		대변	
현금 대여·약속어음 받으면	단 기 대 여 금	×××	현 금	×××

⑦ 어음 미수금과 어음 미지급금

상거래 이외의 거래에서 발행된 어음은 상거래에서 발행된 어음과 구별하기 위하여 어음 미수금이나 어음 미지급금 계정으로 처리한다.

구분	차변		대변	
어음 수취(상거래이외)	미 수 금	×××	토 지	×××

04 매출채권의 대손

거래처의 파산, 폐업, 행방불명, 사망 등의 이유로 외상매출금, 받을어음 등이 회수불가능하게 된 것을 대손이라 하며 이것을 비용처리하는 것을 대손상각이라 한다.

① 대손상각비

대손사유로 인해 매출채권(외상매출금, 받을어음)이 회수 불가능하게 되면
(차) 대손상각비(판매비관리비) ×××   (대) 외상매출금 ×××
* 기타채권(미수금, 대여금)의 회수 불가능시에는
  (차) 기타의 대손상각비(영업외비용)××× (대) 단기대여금 ×××

② 대손의 예상과 대손 충당금 설정

구분	차변		대변	
대손을 예상	대 손 상 각 비	×××	대 손 충 당 금	×××
대손예상시(추정액 > 대손충당금)	대 손 상 각 비	×××	대 손 충 당 금	×××
대손예상시(대손충당금 > 추정액)	대 손 충 당 금	×××	대 손 충 당 금 환 입	×××

③ 대손 발생시 회계처리

영업 기간 중에 대손이 발생한 경우는 대손 충당금 계정 잔액이 있으면 대손 충당금으로 충당하고 대손 충당금 계정 잔액이 없거나 부족한 부분은 대손 상각비로 처리한다.

구분	차변		대변	
대손충당금계정잔액이 없는 경우	대 손 상 각 비	×××	외 상 매 출 금	×××
대손충당금계정잔액 ≥ 대손액	대 손 충 당 금	×××	외 상 매 출 금	×××
대손충당금계정잔액 < 대손액	대 손 충 당 금 대 손 상 각 비	××× ×××	외 상 매 출 금	×××

05 기타채권

(1) 단기대여금

차용 증서를 받고 빌려 준 금전을 처리하는 계정이다.

구분	차변		대변	
차용증서를 받고 대여	단 기 대 여 금	×××	현　　　　　금	×××
대여금과 이자를 회수	현　　　　　금	×××	단 기 대 여 금 이 자 수 익	××× ×××

(2) 미수금

상거래 이외의 거래(유가 증권, 토지, 건물, 비품 등의 거래)에서 발생하는 채권계정이다.

구분	차변		대변	
건물을 외상으로 처분	미　수　금	×××	비　　　　품	×××
미수금을 회수	현　　　　　금	×××	미　수　금	×××

(3) 선급금

계약을 맺고 거래 대금의 일부를 미리 지급하는 경우 처리하는 채권계정이다.1

구분	차변		대변	
계약금 지급	선　급　금	×××	현　　　　　금	×××
매입시	원　재　료	×××	선 급 금 외 상 매 입 금	×××

(4) 가지급금

계정 과목이나 금액이 미확정인 상태로 현금의 지급이 있는 경우에 일시적으로 처리하는 가계정(假計定)이다. 내용이 밝혀지면 해당 계정에 대체하여 소멸시킨다.

구분	차변		대변	
여비조로 미리 지급	가　지　급　금	×××	현　　　　　금	×××
여비지급 내용이 확정시	여 비 교 통 비	×××	가　지　급　금	×××

(5) 선납세금

회계 기간 중 법인이 납부한 수시납부, 원천징수, 중간예납 세금에 대하여 처리하는 계정이다.

구분	차변		대변	
수시납부, 원천징수, 중간예납 시	선 납 세 금	×××	현 금	×××
법 인 세 계 상 시	법 인 세 등	×××	선 납 세 금 미 지 급 세 금	××× ×××

06 외화채권·채무

구분	회계처리
최초측정	외화거래 발생시점의 환율을 적용하여 기록한다.
후속측정(기말평가)	보고기간 종료일 현재의 환율로 환산한 금액을 재무상태표에 계상하고 장부금액과의 차액을 외화환산이익·외화환산손실로 회계처리 한다.
외환차손익 실현	결제시점의 환율로 환산한 금액과 장부금액과의 차액을 외환차익·외환차손으로 회계처리한다.

예제1

㈜이패스는 미국 달러(USD)로 보유하고 있는 외화예금 $10,000을 장부에 1USD = 1,200원으로 기록하고 있었다. 보고기간 종료일 현재 환율이 1USD = 1,250원으로 상승하였다. 이 경우 발생한 환산차이를 반영한 회계처리를 하시오.

해설
- **기말 환산금액**: 10,000 × 1,250원 = **12,500,000원**
- **장부금액**: 10,000 × 1,200원 = **12,000,000원**
- **차이(환산이익)**: 12,500,000원 - 12,000,000원 = **500,000원**

[회계처리]
(차변) 외화예금　　　　　　　　500,000　　(대변) 외화환산이익　　　　　　500,000

예제2

(주)이패스는 외화외상매입금 $10,000을 장부에 1USD = 1,200원으로 기록하고 있었다. 보고기간 종료일 현재 환율이 1USD = 1,250원으로 상승하였다. 이 경우 발생한 환산차이를 반영한 회계처리를 하시오.

해설
- **기말 환산금액**: 10,000 × 1,250원 = **12,500,000원**
- **장부금액**: 10,000 × 1,200원 = **12,000,000원**
- **차이(환산손실)**: 12,500,000원 - 12,000,000원 = **500,000원**

[회계처리]
(차변) 외화환산손실　　　　　　500,000　　(대변) 외상매입금　　　　　　　500,000

07 재고자산

(1) 재고자산 의의

재고자산이란 정상적인 영업활동에서 제조나 판매를 목적으로 보유하는 실물자산을 말하며 상품, 제품, 반제품, 재공품, 원재료, 저장품(소모품)등이 있다.
① 취득시의 취득원가를 결정(원가결정): 매입시 들어간 모든 제비용을 포함하여 계상한다.
② 회계기간중에 판매된 상품등의 매출원가결정(원가배분)
③ 가격하락등에 따른 평가손실 계상(재고자산의 평가)
* 재고자산은 시가로 평가하는 것이 회계정보이용자들에게 목적적합성이 있으나, 회계실무에 있어서는 보수주의 관점에서 "저가법"을 일반적으로 사용하며 기업회계기준에서도 규정하고 있다.

(2) 재고자산의 범위

거래의 종류	재고자산의 인식(수익인식 전)	계정과목
일반적인 상거래	재고자산의 인수 및 보유(운반불가능 경우 사용시점)	상품, 제품, 반제품, 재공품, 원재료, 저장품
국제거래	선적지 인도기준: 선적시부터 구매자의 재고자산 도착지 인도기준: 인수시부터 구매자의 재고자산	미착상품
위탁판매	위탁자가 수탁자에게 상품을 인도시에는 위탁자의 재고자산	적송품
시용판매	구매자가 구매의사를 밝혀 오기 전까지 판매자의 재고자산	시송품

<기말재고자산의 포함여부>

구분	기말재고자산 포함 항목			
미착상품	선적지 인도조건 매입 상품, 도착지인도조건 판매 상품			
시송품	매입의사 표시하지 않은 상품			
적송품	수탁자 미판매 상품			
저당상품	저당권이 실행되지 않은 상품			
반품가능 판매상품	반품률이 합리적으로 추정가능한 경우는 이를 반영하고 수익인식을 하지만, 그렇지 않은 경우는 재고자산에 포함			
	반품률 추정 가능 여부	수익 인식 여부	기말 재고자산 포함 여부	회계 처리 특징
	합리적 추정 가능	추정 가능한 반품률만큼 차감하여 순매출 인식	반품예상상품은 재고에서 제외	• 반품추정부채 및 자산환입권 계정 사용 • 매출총이익 조정 필요
	합리적 추정 불가능	수익 인식 유보 (매출을 아직 확정하지 않음)	반품가능상품은 재고에 포함	• 아직 소유권의 위험과 편익이 고객에게 이전되지 않았다고 판단됨
할부판매 상품	기말재고에 포함되지 않음			

(3) 재고자산의 매입

재고자산의 매입시 장부금액은 매입가액에 취득부대비용을 가산하여 기록한다.

① **취득부대비용**
- 매입상품과 관련된 운임, 취득, 보관을 위한 지출비용 등의 부대비용
- 제조가능한 장소의 이동에 소요되는 보험료와 수수료, 세금등
- 자가제조한 재고자산에 관련된 금융비용

> 재고자산 순매입액 = 당기매입 + 취득부대비용 - 매입환출, 에누리, 매입할인

② **매입환출**: 매입한 원재료나 상품을 반품한 경우
③ **매입에누리**: 원재료나 상품을 매입시 또는 매입 후 할인 받은 경우
④ **매입할인**: 외상매입금을 약정기일 전에 지급하므로 인하여 할인받은 경우
⑤ 매입환출, 매입에누리, 매입할인은 모두 "매입액에서 차감" 한다.
⑥ **관세환급금**: 수입한 재고자산을 다시 수출할 경우 수입시 납부한 관세를 환급받는다.
이때, 상품은 "149.관세환급금" 제품은 "151.관세환급금"회계처리하여 매출원가에서 차감한다.

0146	상	품	1.일 반 재 고	
0147	매 입 환 출 및 에 누 리		3.환 출 차 감	0146
0148	매 입 할 인		4.할 인 차 감	0146
0149	관 세 환 급 금		5.관 세 차 감	0146

0150	제	품	1.일 반 재 고	
0151	관 세 환 급 금		5.관 세 차 감	0150

0153	원	재 료	1.일 반 재 고	
0154	매 입 환 출 및 에 누 리		3.환 출 차 감	0153
0155	매 입 할 인		4.할 인 차 감	0153

<재고자산의 취득원가>

구분	재고자산의 취득원가
외부구입	매입원가 + 기타원가
자가제조	매입원가(직접재료원가) + 전환원가(직접노무원가와 제조간접원가 배부액) + 기타원가
농립어업수확물	수확시점의 순공정가치
용역제공	노무원가 + 기타간접원가

(4) 재고자산의 수량 결정

① **실지재고조사법**

출고량은 기입하지 않고 입고량만 기입하여 나중에 실지 재고수량을 확인하여 결정하는 방법

> 소비량 = 월초수량 + 순매입수량 - 월말실제수량

② **계속기록법**: 입고 및 출고수량을 계속적으로 기록하여 재고수량을 산출

> 소비량 = 출고수량 또는 (월초수량 + 순매입수량 - 월말장부수량)

③ **혼합법**

계속기록법과 실지재고조사법을 병행하는 방법이다. 만약 계속기록법만 사용하고 기말에 재고 실사를 하지 않으면 도난, 부패, 파손, 증발 등의 사유에 의한 감모손실을 파악할 수 없어서 감모손실에 해당하는 금액만큼 기말재고액이 과대계상되고, 그 금액만큼의 이익이 과대계상될 수 있다. 또한 실지재고조사법만 사용하면 판매가능액에서 재고자산의 실사 금액이 매출원가에 포함되어 실제 이익보다 장부상의 이익이 과소계상된다.

(5) 재고자산감모손실

재고자산을 영업활동 과정에서 파손, 마모, 도난, 분실 등으로 인하여 실제재고수량이 장부상보다 작은 경우 처리되는 계정과목이다.

정상적 감모손실	(차)매출원가	×××	(대)재고자산	×××
비정상적 감모손실	(차)재고자산감모손실 (영업외비용)	×××	(대)재고자산	×××

(6) 재고자산의 단가 결정방법

매입시기 및 매입가격의 변동으로 상품을 어떻게 기록하느냐에 따라 당기순이익과 재고자산의 금액이 달라질 수 있다.

1) **개별법**
   각 개별적으로 상품의 가격이 결정되며 종류가 많은 경우에는 불합리하다.
   귀금속 및 자동차, 선박 등에 적용가능

2) **가정법**
   ① 선입선출법(FIFO): 먼저들어온 상품을 먼저 판매하는 것
      물가의 상승시 당기순이익이 과대계상되고 기말재고자산도 과대계상된다.
      객관적이고 물량흐름과 일치하나 수익과 비용이 대응되지않는 단점이 있다.
   ② 후입선출법(LIFO): 나중에 매입한 상품부터 먼저 판매하는 것
      물가의 상승시 당기순이익이 과소계상되고 기말재고자산도 과소계상된다.
      물량흐름과 일치하지 않으나 수익과 비용이 대응된다.
   ③ 이동평균법: 매입시마다 현재까지 매입액을 총매입수량으로 나눔(계속기록법 적용가능)
   ④ 총평균법: 총매입가격을 총매입수량으로 나누어 계산(실지재고조사법 적용가능)

$$\text{단위당 원가} = \frac{(\text{기초원가} + \text{당기 순매입액})}{(\text{기초재고수량} + \text{당기 순매입수량})}$$

   ⑤ 매출가격환원법(소매재고법): 매가로 표시된 기말재고액에 당기의 원가률을 곱하여 계산한다.

   기말재고액 = 매가로 기록된 기말재고액 × 원가율
   매출원가 = 당기판매가능상품 - 기말재고

<재고자산 단가 평가방법>

평가방법	정의 및 요약	장점	단점
개별법	각 자산을 개별적으로 구입가격에 따라 식별하여 평가하는 방법	• 정확한 원가 반영 • 고가의 개별 품목에 적합	• 관리 복잡 • 대량 생산품에는 부적합
선입선출법	먼저 구입한 재고부터 먼저 판매되었다고 가정하는 방법	• 기말재고가 최근 시세에 근접 • 물가상승 시 이익 증가	• 물가상승 시 세금 부담 증가 • 매출원가가 과거 원가 반영
후입선출법	나중에 구입한 재고부터 먼저 판매되었다고 가정하는 방법	• 최근 원가가 매출원가에 반영 • 물가상승 시 세금 감소 가능	• IFRS 및 일반기업회계기준에서 허용되지 않음 • 자산가치 왜곡 가능
이동평균법	매 입고 시마다 평균 단가를 새로 계산하여 적용하는 방법	• 가격 변동 완화 • 실지재고 조사 시 유용	• 계산이 복잡 • 수시 계산 필요

총평균법	일정 기간 전체 매입액과 수량을 기준으로 평균 단가를 계산하여 적용하는 방법	• 계산이 간단 • 정기재고 조사 시 유리	• 가격 변동 시 정확성이 떨어질 수 있음
소매재고법	판매가격과 원가율을 이용하여 기말재고의 원가를 추정하는 방법	• 실지재고 조사 없이도 신속한 기말재고 추정 가능 • 소매업에 적합	• 추정 방식이므로 정확성 낮음 • 할인·손실 등 반영 어려움

<인플레이션에 따른 원가흐름>

① 매출원가
   선입선출법 < 이동평균법 < 총평균법 < 후입선출법
② 매출총이익
   선입선출법 > 이동평균법 > 총평균법 > 후입선출법
③ 기말상품재고
   선입선출법 > 이동평균법 > 총평균법 > 후입선출법

(7) 재고자산의 평가

저가법(저가주의): 원칙적으로 재고자산은 취득원가 즉, 구입한 가격이나 제조원가로 계상한다. 그러나 시장에서 재고자산의 가치가 크게 떨어져서 취득원가만큼도 받을 수 없는 경우에는 재고자산의 시가가 장부금액 이하로 하락하여 발생한 평가손실은 '재고자산평가손실'로 인식하고 매출원가에 가산한다.

구분	시가
원재료	현행대체원가(현재 시점에서 매입 또는 재생산시 발생하는 금액) * 완성된 제품의 시가가 원가보다 높을 경우 원재료는 저가법을 적용하지 않는다.
상품, 제품 등	순실현가능가치(추정판매금액 − 추가발생원가 − 판매비용)
시가하락 (취득원가 > 순실현가능가치)	(차)재고자산평가손실　×××　(대)재고자산 평가충당금　××× 　　(매출원가 가산)　　　　　　　　(재고자산 차감평가)
시가회복 (취득원가까지 회복가능)	(차)재고자산평가충당금　×××　(대)재고자산 평가충당금환입　××× 　　　　　　　　　　　　　　　　　　(매출원가 차감)

예제

㈜이패스는 다음과 같은 재고자산을 보유하고 있다. 저가법에 따라 기말 재고자산을 평가하고, 필요한 회계처리를 하시오.

항목	장부상 원가	시가	비고
원재료	10,000,000원	9,000,000원(현행대체원가)	관련 완제품의 시가가 원가보다 높음
제품	15,000,000원	13,000,000원(순실현가능가치)	

해설

원재료는 시가가 원가보다 낮지만, 관련 완제품의 시가가 원가 이상이므로 저가법을 적용하여 평가손실을 인식하지 않는다. → 평가액: 10,000,000원
제품은 순실현가능가치가 원가보다 낮으므로 저가법을 적용하여 평가손실을 인식한다. → 평가액: 13,000,000원

[회계처리]
(차변) 재고자산평가손실　　　2,000,000　　(대변) 재고자산평가충당금　　　2,000,000

기출 이론문제 | 당좌자산

01 다음 중 당좌자산에 대한 설명으로 옳지 않은 것은? 84회 기출문제
① 당좌자산에는 현금및현금성자산, 단기투자자산, 선급비용 등이 포함된다.
② 당좌자산은 회계연도 말부터 1년이내에 현금화되거나 실현될 것으로 예상되는 자산이다.
③ 당좌자산은 과거사건의 결과로 현재 회사가 통제하고 있지만, 미래에 경제적 효익이 회사로 유입될 가능성은 낮은 자원이다.
④ 매출채권, 대여금, 미수금, 미수수익 등에 대한 대손충당금은 해당 자산의 차감계정으로 재무상태표에 표시된다.

02 다음 중 현금성 자산의 요건을 모두 고르시오? 71회 기출문제

> 가. 확정된 금액의 현금으로 전환이 용이하다.
> 나. 가치변동의 위험이 중요하지 않아야 한다.
> 다. 만기일이 취득일로부터 3개월 이내에 도래하여야 한다.

① 가 ② 가, 나 ③ 나, 다 ④ 가, 나, 다

정답 및 해설

01 ③ 기업회계기준상 자산은 과거사건의 결과로 현재 회사가 통제하고 있지만, 미래에 경제적 효익이 유입될 가능성이 높은 자원을 말한다. 당좌자산 또한 자산에 포함되어 해당 정의를 충족한다.

02 ④ 가, 나, 다
현금성자산은 확정된 금액의 현금으로 전환이 용이하며 가치변동의 위험이 중요하지 않아야 한다. 또한 취득일 시점으로 만기일이 3개월 이내에 도래하여야 한다.

03 다음 자료를 이용하여 상품판매기업인 ㈜한결의 사업연도 말 재무상태표에 표시될 매출채권은 얼마인가?

76회 기출문제

- 당기 매출총이익은 1,800,000원이다.
- 전기말 매출채권 잔액은 800,000원이다.
- 당기 매출채권 회수액은 2,000,000원이다.
- 전기말 상품 잔액은 700,000원이다.
- 당기 상품 매입액은 2,500,000원이다.
- 당기말 상품 잔액은 850,000원이다.
- 당기 현금매출액은 750,000원이다.
- 현금매출을 제외하고는 모두 외상매출이고, 대손상각은 고려하지 않기로 한다.

① 1,600,000원   ② 1,750,000원   ③ 2,200,000원   ④ 2,350,000원

04 ㈜세무는 20X1년 2월 1일에 제품을 매출하고 받을어음(액면금액 10,000,000원, 만기6개월, 이자율 연6% 만기시지급)을 수령하여 보관하다가 20X1년 6월 1일에 연 12% 이자율로 은행에 할인하였다. 매각거래로 월할계산하는 경우 매출채권처분손실은?

71회 기출문제

① 105,000원   ② 106,000원   ③ 107,000원   ④ 108,000원

05 당사는 20X1년 5월 아름사(매출처)로부터 상품대금으로 받아 보관 중이던 어음 500,000원을 20X1년 6월 매입처인 다음사의 상품매입대금으로 배서양도(상환청구 가능조건)하였으나, 금일 부도가 발생되었다는 통지를 받았다. 다음사에는 당좌수표를 발행하여 어음대금 및 부도 관련 비용 30,000원을 지급하고, 아름사(매출처)에 그 지급을 청구한 경우 부도어음으로 회계 처리할 금액은?

94회 기출문제

① 530,000원   ② 500,000원   ③ 470,000원   ④ 0원

06 다음 중 유가증권에 대한 설명으로 옳지 않은 것은?

71회 기출문제

① 매도가능증권으로 분류되는 경우는 단기매매증권이나 만기보유증권으로 분류되지 아니하는 유가증권이다.
② 단기매매증권의 평가손익은 실현보유손익으로 당기손익항목으로 처리한다.
③ 매도가능증권의 평가손익은 미실현보유손익으로 자본항목의 기타포괄손익누계액으로 처리한다.
④ 매도가능증권의 취득원가는 유가증권을 취득하기 위하여 지출한 대가의 시장가격에 취득부대비용을 포함한 가액으로 한다.

07 다음 중 유가증권의 분류에 대한 설명으로 틀린 것은? 85회 기출문제

① 유가증권 중 채무증권은 취득한 후 만기보유증권, 단기매매증권, 매도가능증권 중의 하나로 분류한다.
② 단기매매증권은 유동자산으로 분류한다.
③ 보고기간종료일로부터 1년 내에 매도 등에 의하여 처분할 것이 거의 확실한 매도가능증권은 투자자산으로 분류한다.
④ 보고기간종료일로부터 1년 내에 만기가 도래하는 만기보유증권은 유동자산으로 분류한다.

정답 및 해설

03 ③
- 매출원가 = 700,000원 + 2,500,000원 − 850,000원 = 2,350,000원
- 매출액 = 2,350,000원 + 1,800,000원 = 4,150,000원
- 외상매출액 = 4,150,000원 − 750,000원 = 3,400,000원
- 기말매출채권 = 800,000원 + 3,400,000원 − 2,000,000원 = 2,200,000원

04 ②
- 만기금액 = 10,000,000원 + 10,000,000원 × 6% × 6/12 = 10,300,000원
- 할인료 = 10,300,000원 × 12% × 2/12 = 206,000원
- 현금수령액 = 10,300,000원 − 206,000원 = 10,094,000원
- 매출채권처분손실 = 10,200,000(10,000,000 + 10,000,000 × 6% × 4/12) − 10,094,000원 = 106,000원

(차) 현금등	10,094,000원	(대) 받을어음	10,000,000원
매출채권처분손실	106,000원	이자수익	200,000원

05 ① 어음이 부도되면 어음 소지인은 어음 채무자에게 어음금액 부도 관련 비용을 청구하며 이 금액을 정상적인 어음과 구분하기 위해 임시 계정인 부도어음과 수표로 처리한다.
500,000원 + 30,000원 = 530,000원

06 ② 단기매매증권의 평가손익은 미실현보유손익이지만, 그 실현이 단기에 이뤄질 것으로 예상되는 손익이기 때문에 당기손익항목으로 처리한다.

07 ③ 보고기간종료일로부터 1년 내에 만기가 도래하거나 또는 매도 등에 의하여 처분할 것이 확실한 매도가능증권은 유동자산으로 분류한다.

08 ㈜한국은 단기매매목적으로 다음과 같은 ㈜서울의 지분증권을 취득 및 처분하였다. ㈜한국의 결산일인 20X2년 12월 31일의 단기매매증권평가이익은 얼마인가? 74회 기출문제

> (1) 20X1. 10. 20. ㈜서울의 주식 500주를 주당 1,800원에 취득하고 증권회사 수수료로 12,000원을 현금 지급하였다.
> (2) 20X1. 12. 31. ㈜서울의 기말 주식의 공정가치는 주당 1,600원이었다.
> (3) 20X2. 8. 12. ㈜서울의 주식 100주를 주당 1,700원에 처분하였다.
> (4) 20X2. 12. 31. ㈜서울의 기말 주식의 공정가치는 주당 1,900원 이었다.

① 120,000원 ② 50,000원 ③ 80,000원 ④ 150,000원

09 다음은 매출채권과 대손충당금 관련 자료이다. 기업회계기준에 따라 회계처리하였을 때 당기 재무제표에 미치는 영향에 대한 설명으로 틀린 것은? 78회 기출문제

> • 20X1.1.1. 기초 대손충당금 잔액 300,000원
> • 20X1.6.30. 거래처의 파산으로 매출채권 50,000원을 대손처리함.
> • 20X1.8.25. 전기에 대손처리한 채권 중 30,000원을 현금으로 회수함.
> • 20X1.12.31. 현재 매출채권잔액은 10,000,000원, 충당금 설정율은 2%로 가정함

① 당기 대손상각비는 (-)80,000원이다.
② 기말 대손충당금 잔액은 200,000원이다.
③ 8월 25일자 분개는 (차)현금 30,000원 / (대)상각채권추심이익 30,000원이다.
④ 기말 재무상태표상에 매출채권에서 대손충당금을 직접 차감하여 순액으로 표시할 수 있다.

10 다음은 20X1년 중 매출채권에 대한 대손충당금에 관한 내용이다. 20X1년말 재무상태표에 표시할 대손충당금과 20X1년 손익계산서에 표시될 대손상각비는 각각 얼마인가? 83회 기출문제

> • 1월 1일 기초 대손충당금: 30,000원
> • 5월 27일 매출채권의 대손처리: 50,000원
> • 11월 3일 전년도 대손처리 된 매출채권의 회수: 5,000원
> • 12월 31일 기말 매출채권잔액에 대한 대손예상액: 27,000원

	대손충당금	대손상각비		대손충당금	대손상각비
①	27,000원	27,000원	②	22,000원	27,000원
③	22,000원	42,000원	④	27,000원	42,000원

11 다음 중 일반기업회계기준상 금융상품에 대한 설명으로 틀린 것은?

① 금융자산이나 금융부채는 최초인식시 공정가치로 측정한다.
② 최초인식시 금융상품의 공정가치는 일반적으로 거래가격이다.
③ 소멸하거나 제3자에게 양도한 금융부채의 장부금액과 지급한 대가의 차액은 당기손익으로 인식한다.
④ 금융자산을 양도한 후에도 양도인이 해당 양도자산에 대한 권리를 행사할 수 있는 경우, 해당 금융자산을 제거하고 양도인의 권리를 주석으로 공시한다.

12 ㈜성진의 당기 중 대손충당금의 변동내역은 아래와 같다. 당기 말 현재 매출채권 잔액의 1%를 대손충당금으로 설정한다고 가정할 때, 다음 중 옳지 않은 것은?

대손충당금

매출채권	250,000원	기초잔액	270,000원
기말잔액	250,000원	현금	80,000원
		대손상각비	150,000원

① 당기 말 매출채권 잔액은 25,000,000원이다.
② 전기 말 매출채권 잔액은 27,000,000원이다.
③ 당기 중 대손발생액은 170,000원이다.
④ 당기 말 손익계산서상 대손상각비는 150,000원이다.

정답 및 해설

08 ① 120,000원 = 400주 × (1,900원 − 1,600원)

09 ③ 20X1. 6.30 대손충당금 50,000원 / 매출채권 50,000원
20X1. 8.25 현금 30,000원 / 대손충당금 30,000원
20X1.12.31 대손상각비 △80,000원 / 대손충당금 △80,000원
대손상각비 = 10,000,000원 × 2% − 280,000원 = △80,000원
대손충당금은 해당 채권에서 차감하는 형태로 표시하거나 매출채권에서 직접 차감하여 표시할 수 있다.(문단2.43)

10 ④

5월27일	(차)대손충당금	30,000원	(대)매출채권	50,000원
	대손상각비	20,000원		
11월3일	(차)현금	5,000원	(대)대손충당금	5,000원
12월31일	(차)대손상각비	22,000원	(대)대손충당금	22,000원
	(= 27,000원 − 5,000원)			

11 ④ 금융자산을 양도한 후 양도인이 양도자산에 대한 권리를 행사할 수 있는 경우 해당 금융자산을 담보로 한 차입거래로 본다.

12 ③ 당기 중 대손발생액은 대손충당금과 상계한 매출채권 금액 250,000원이며, 상각채권을 회수한 금액은 80,000원이다.

13 다음의 자료를 참조하여 계산한 20X1년 대손상각비와 20X2년 대손상각비는 각각 얼마인가?

102회 기출문제

구분	20X0년 말	20X1년 말
외상매출금	550,000원	300,000원
대손충당금	40,000원	20,000원
장부가액	510,000원	280,000원

- 20X1년 기말 대손충당금 잔액은 기중에 외상매출금 50,000원이 대손 확정된 후의 잔액임.
- 20X2년 기중에 18,000원의 외상매출금이 대손 확정 후, 기말 대손충당금 잔액은 12,000원임.

	20X1년 대손상각비	20X2년 대손상각비
①	20,000원	12,000원
②	30,000원	12,000원
③	20,000원	10,000원
④	30,000원	10,000원

14 다음 중 현금및현금성자산과 장기금융자산에 대한 설명으로 틀린 것은?

103회 기출문제

① 현금성자산은 이자율의 변동에 따른 가치변동이 커야 한다.
② 취득일로부터 3개월 이내 만기가 도래하는 정기예금은 현금성자산으로 분류한다.
③ 결산일로부터 1년 이후 만기가 도래하는 금융상품은 장기금융자산으로 분류한다.
④ 타인발행수표는 현금으로 분류한다.

정답 및 해설

13 ④
- 20X1년 대손상각비: 20X1년 대손확정액 10,000원(50,000원 − 40,000원) + 대손충당금 설정액 20,000원 = 30,000원
- 20X2년 대손상각비: 기말 대손충당금 12,000원 − 기중 대손충당금 잔액 2,000원(20,000원 − 18,000원) = 10,000원

14 ① 현금성자산은 이자율의 변동에 따른 가치변동이 작아야 한다.

기출 이론문제 재고자산

01 다음은 ㈜한결의 상품과 관련된 자료이다. 기말 결산분개로 올바르게 회계처리 한 것은?

72회 기출문제

- 장부상 수량: 2,000개
- 실제 수량: 1,500개
- 장부상 단가: 4,000원
- 단위당 판매가능금액: 5,200원
- 단위당 판매비용: 1,500원
- 단, 재고자산의 감모는 전액 비정상적으로 발생하였다.

① (차) 재고자산감모손실	2,000,000원	(대) 상 품	2,000,000원
	매 출 원 가	450,000원	재고자산평가충당금	450,000원
② (차) 재고자산감모손실	2,000,000원	(대) 상 품	2,000,000원
③ (차) 재고자산감모손실	450,000원	(대) 상 품	450,000원
	매 출 원 가	2,000,000원	재고자산평가충당금	2,000,000원
④ (차) 재고자산감모손실	1,500,000원	(대) 상 품	1,500,000원
	매 출 원 가	450,000원	재고자산평가충당금	450,000원

02 ㈜중앙의 20X1년 1월 1일 현재 기초상품재고액은 300,000원이며, 20X1년 중 당기매입원가는 1,500,000원, 매출액은 1,760,000원이다. ㈜중앙의 매출총이익률은 매년 30%로 일정한데 재고자산실사결과 재고자산가액이 398,000원으로 밝혀졌다. 20X1년 말 실사결과 재고자산감모손실은 얼마인가?

73회 기출문제

① 200,000원   ② 170,000원   ③ 165,000원   ④ 161,000원

정답 및 해설

01 ① 재고자산의 수량부족을 단가하락 보다 먼저 인식한다. 재고자산의 비정상적인 감모손실은 영업외비용으로 처리하며, 단가 하락 분은 매출원가에 반영하여야 한다.
- 재고자산 감모손실 = (2,000개 − 1,500개) × 4,000원 = 2,000,000원
- 매출원가 = [4,000원 − (5,200원 − 1,500원)] × 1,500개 = 450,000원

02 ② 장부상재고자산 = 1,800,000원 − 1,760,000원 * 0.7 = 568,000원
재고자산감모손실 = 568,000원 − 398,000원 = 170,000원

03 다음은 재고자산에 대한 설명이다. 이에 대한 설명 중 가장 옳지 않은 것은?   75회 기출문제

① 판매 또는 처분이 목적이라고 해서 항상 재고자산으로 분류할 수는 없다.
② 재고자산의 취득원가는 매입원가, 전환원가 및 재고자산을 현재의 장소에 현재의 상태로 이르게 하는데 발생한 기타 원가를 모두 포함한다.
③ 재고자산의 매입원가는 매입가격에 수입관세, 매입운임 등 취득과정에 직접 관련된 기타 원가를 가산한 금액이다.
④ 특정한 고객을 위한 제품 디자인원가를 재고자산의 원가에 포함하는 것은 적절하지 아니하다.

04 창고의 기말상품재고액은 4,000,000원이며 아래의 사항은 고려되어 있지 않다. 아래에 제시된 사항을 추가로 고려하여 정확한 기말상품재고액을 계산하면 얼마인가?   79회 기출문제

- 목적지인도조건으로 매입하여 기말현재 운송 중인 미착상품: 150,000원
- 위탁판매로 수탁자에게 출고된 상품: 300,000원(현재 수탁 판매된 상품은 없다.)
- 구매자에게 시송판매된 상품으로 구매자가 보관 중인 상품: 500,000원
  (기말현재 100,000원에 대해서는 구매자가 매입의사 표시함)
- 할부로 판매한 할부판매상품은 2,100,000원이며 상품의 하자로 300,000원을 할인.

① 4,000,000원   ② 4,550,000원   ③ 4,700,000원   ④ 4,400,000원

05 20X1년에 개업한 ㈜세무의 기말재고자산 평가와 관련하여 다음 자료로 인하여 재무제표에 미치는 영향에 대한 설명으로 틀린 것은?   81회 기출문제

1. 기말재고자산 수량을 검토한 결과 감모 손실이 1,000,000원 발생하였으며 감모 손실의 90%는 정상적인 것이다.
2. 기말재고의 시가와 장부가액을 비교한 결과 시가가 500,000원 증가하였다는 사실을 확인하였다.

① 재무상태표상 재고자산가액이 500,000원 감소된다.
② 손익계산서상 당기순이익은 1,000,000원이 감소한다.
③ 손익계산서상 매출원가는 900,000원이 증가한다.
④ 재고자산감모손실(영업외비용)은 100,000원이다.

06 다음은 재고자산에 대한 설명이다. 올바른 설명을 모두 고르시오. 82회 기출문제

> 가. 매입과 관련된 할인, 에누리 및 기타 유사한 항목은 매입원가에서 차감한다.
> 나. 재고자산이 손상을 입은 경우에도 재고자산 시가가 원가 이하로 하락할 수 없다.
> 다. 재고자산은 취득원가를 장부금액으로 한다. 다만, 시가가 취득원가보다 낮은 경우에는 시가를 장부금액으로 한다.
> 라. 재료원가 중 비정상적으로 낭비된 부분은 원가에 포함되지 않고 발생기간의 비용으로 인식한다.

① 가, 다   ② 가, 나, 다   ③ 가, 나, 다, 라   ④ 가, 다, 라

07 다음의 재고자산에 대한 설명 중 틀린 것은? 85회 기출문제

① 평가손실을 초래했던 상황이 해소되어 새로운 시가가 장부금액보다 상승한 경우에는 최초의 장부금액을 초과하지 않는 범위 내에서 평가손실을 환입한다.
② 재고자산평가손실의 환입은 영업외수익으로 분류한다.
③ 재고자산은 정상적인 영업과정에서 판매를 위하여 보유하거나 생산과정에 있는 자산 및 생산 또는 서비스 제공과정에 투입될 원재료나 소모품의 형태로 존재하는 자산을 말한다.
④ 재고자산의 매입원가는 매입금액에 매입운임, 하역료 및 보험료 등 취득과정에서 정상적으로 발생한 부대원가를 가산한 금액이다.

정답 및 해설

03 ④ 특정한 고객를 위한 디자인원가등은 제품원가에 포함시킨다.

04 ③ 기말상품재고액: 4,000,000원 + 300,000원 + 400,000원 = 4,700,000원
- 목적지인도조건의 미착상품은 매입자의 재고자산에 포함되지 않으며, 위탁판매의 경우 수탁자가 보관중인 상품은 재고자산에 포함된다. 시송품은 매입자가 매입의사표시를 하기 전까지 판매자의 재고자산에 포함한다. 할부판매상품은 대금이 회수되지 않았더라도 인도시점에 판매자 재고자산에서 제외한다.(일반기업회계기준 실7.5)

05 ① 재고자산은 이를 판매하여 수익을 인식한 기간에 매출원가로 인식한다. 재고자산의 시가가 장부가액 이하로 하락하여 발생한 평가손실은 재고자산의 차감계정으로 표시하고 매출원가에 가산한다. 그러나 시가가 장부가액보다 상승한 평가이익은 반영하지 아니한다. 재고자산의 장부상 수량과 실제 수량과의 차이에서 발생하는 감모손실의 경우 정상적으로 발생한 감모손실은 매출원가에 가산하고 비정상적으로 발생한 감모손실은 영업외비용으로 분류한다. 관련사례에 대한 회계처리는 다음과 같다.

(차)매출원가   900,000원   (대)재고자산   1,000,000원
   재고자산감모손실   100,000원

따라서 재고자산가액은 1,000,000원 감소한다.(기준서 10호 문단 29)

06 ④ 재고자산의 시가가 취득원가보다 하락한 경우에는 저가법을 사용하여 재고자산의 장부금액을 결정한다. 손상을 입은 경우 재고자산 시가가 원가 이하로 하락할 수 있다.(기업회계기준서 제7장 재고자산 문단7.16)

07 ② 재고자산평가손실의 환입은 매출원가에서 차감한다.(일반기업회계기준서 제7장 재고자산(7.19))

08 다음 중 발생기간의 비용으로 인식하지 않고 재고자산의 원가에 포함하여야 하는 것은 무엇인가?

87회 기출문제

① 취득에 직접적으로 관련되어 있으며, 정상적으로 발생되는 기타원가
② 추가 생산단계에 투입하기 전에 보관이 필요한 경우 외의 보관비용
③ 재고자산을 현재의 장소에 현재의 상태로 이르게 하는데 기여하지 않은 관리간접원가
④ 판매원가

09 다음의 재고자산에 대한 설명 중 잘못된 것은?

88회 기출문제

① 재고자산이란 정상적 영업활동과정에서 판매목적으로 보유하고 있거나 판매를 목적으로 제조, 생산과정에 있거나 사용될 자산을 말한다.
② 재고자산은 1년 이내의 기간에 생산에 사용되거나 판매되는 것으로 보기 때문에 유동자산으로 분류한다.
③ 재고자산의 취득원가는 매입원가 또는 제조원가를 말하며, 취득과 관련하여 발생하는 운임 및 수입관세 등은 취득원가와는 별도로 판매관리비로 인식한다.
④ 적송품이란 위탁자가 수탁자에게 판매를 위탁하기 위하여 발송한 재고자산을 말한다.

10 다음 중 재고자산에 대한 설명으로 옳지 않은 것은?

91회 기출문제

① 정상적인 영업과정에서 판매를 위하여 보유하거나 생산과정에 있는 자산 또는 서비스 제공과정에 투입될 원재료나 소모품의 형태로 존재하는 자산을 말한다.
② 재고자산은 취득원가를 장부금액으로 한다. 다만, 시가가 취득원가보다 낮은 경우에는 시가를 장부금액으로 한다.
③ 보험료는 재고자산의 취득과정에서 정상적으로 발생했다 하더라도 매입원가에 가산하지 않는다.
④ 성격이 상이한 재고자산을 일괄하여 구입한 경우에는 총매입원가를 각 재고자산의 공정가치 비율에 따라 배분하여 개별 재고자산의 매입원가를 결정한다.

11 다음은 ㈜신흥의 20X1년 1월 1일부터 12월 31일까지 재고자산과 관련한 자료이다. 매출원가는 얼마인가?

95회 기출문제

항목	금액(취득원가기준)	비고
기초재고자산	50,000원	
당기매입액	250,000원	미착상품 포함금액
기말재고자산실사액	20,000원	창고보유분
미착상품(매입)	30,000원	선적지인도조건으로 현재 운송중
적송품	50,000원	70% 판매완료
저당상품	10,000원	차입금관련 담보제공자산이며, 기말재고실사시 포함하지않음.
반품가능판매	15,000원	반품액의 합리적 추정 불가함.

① 185,000원　② 200,000원　③ 210,000원　④ 245,000원

12 다음 중 재고자산의 분류와 공시에 대한 설명으로 가장 옳지 않은 것은?

96회 기출문제

① 재고자산은 총액으로 보고하거나 상품, 제품, 재공품, 원재료 및 소모품 등으로 분류하여 재무상태표에 표시한다.
② 재고자산을 총액으로 보고한 경우 그 내용을 재무제표의 주석으로 기재한다.
③ 선입선출법을 사용하여 재고자산의 원가를 결정한 경우에는 재무상태표가액과, 후입선출법 또는 평균법에 저가법을 적용하여 계산한 재고자산평가액과의 차이를 주석으로 기재한다.
④ 재고자산의 원가결정방법은 재무제표의 주석으로 기재한다.

정답 및 해설

08 ① 재고자산 취득원가의 측정 7.5 재고자산의 취득원가에는 취득에 직접적으로 관련되어 있으며, 정상적으로 발생되는 기타원가를 포함한다.
② 제조원가 7.10 (2), ③ 제조원가 7.10 (3), ④ 제조원가 7.10 (4)

09 ③ 재고자산의 취득원가는 매입원가 또는 제조원가를 말하며, 취득에 직접적으로 관련되어 있고 정상적으로 발생하는 운임, 수입관세 등 기타원가를 포함한다.

10 ③ 취득과정에서 정상적으로 발생한 보험료는 매입원가에 가산한다. (일반기업회계기준 7.6)

11 ③ 기초재고 50,000 + 당기매입액 250,000 − (실사액 20,000 + 선적지인도 30,000 + 적송품(30%) 15,000 + 저당상품 10,000 + 반품가능판매 15,000) = 210,000원

12 ③ 후입선출법을 사용하여 재고자산의 원가를 결정한 경우에는 재무상태표가액과, 선입선출법 또는 평균법에 저가법을 적용하여 계산한 재고자산평가액과의 차이를 주석으로 기재한다. (일반기업회계기준 7.23)

13 재고자산의 회계처리에 대한 다음의 설명 중 옳지 않은 것은? 98회 기출문제

① 재고자산의 시가가 취득원가보다 하락한 경우에는 총평균법을 사용하여 재고자산의 재무상태표가액을 결정한다.
② 후입선출법은 한국채택국제회계기준에서 인정되지 않는다.
③ 장부상 수량과 실제 수량과의 차이에서 발생하는 재고자산감모손실 중 원가성이 있다고 판단되는 부분은 매출원가에 가산한다.
④ 도착지인도기준의 미착상품에 대한 운송비, 보험료 등을 판매자가 부담한 경우에 판매자의 손익계산서에 판매비와 관리비로 보고한다.

14 다음은 ㈜유민의 상품과 관련된 자료이다. 기말 결산분개로 올바른 회계처리는? 99회 기출문제

- 장부상 수량: 1,000개
- 실제 수량: 900개
- 장부상 단가: 1,900원
- 단위당 판매가능금액: 2,000원
- 단위당 판매비용: 200원

단, 재고자산의 감모는 전액 비정상적으로 발생하였다고 가정한다.

① (차) 재고자산감모손실   190,000원   (대) 상품   190,000원
     매출원가   90,000원   재고자산평가충당금   90,000원
② (차) 재고자산감모손실   90,000원   (대) 상품   90,000원
③ (차) 재고자산감모손실   190,000원   (대) 재고자산평가충당금   190,000원
④ (차) 재고자산감모손실   90,000원   (대) 재고자산평가충당금   90,000원
     매출원가   190,000원   상품   190,000원

15 다음 중 재고자산에 대한 설명으로 가장 옳지 않은 것은? 101회 기출문제

① 재고자산이란 정상적인 영업활동 과정에서 판매를 목적으로 보유하고 있는 상품 또는 제품, 생산과정에 있는 자산 또는 생산이나 용역 제공과정에 사용될 자산을 말한다.
② 재고자산의 매입원가는 매입가격에 수입관세, 매입운임 등 취득과정에서 정상적으로 발생한 부대원가를 가산한 금액이다.
③ 재고자산의 가격이 계속 상승하고 재고자산 매입 수량이 판매 수량보다 큰 경우에 재고자산을 가장 낮게 보수적으로 평가하는 방법은 선입선출법이다.
④ 기초재고 수량과 기말재고 수량이 같고 물가가 상승할 때 선입선출법은 현재의 수익에 과거의 원가가대응되므로 후입선출법보다 높은 이익을 계상하게 된다.

16 재고자산에 대한 설명 중 옳지 않은 것은? 　　　　　　　　　　　　　　104회 기출문제

① 원재료의 현행대체원가는 순실현가능가치에 대한 최선의 이용가능한 측정치로 활용될 수 있다.
② 저가법 적용에 따라 평가손실을 초래한 상황이 해소되어 시가가 최초의 장부금액을 초과하는 경우 시가금액으로 평가손실을 환입한다.
③ 정상적으로 발생한 감모손실은 매출원가에 가산한다.
④ 특정 프로젝트별로 생산되는 제품의 원가는 개별법을 사용하여 결정한다.

17 20X1년 12월 31일 현재 다음 자료를 통하여 기말 재무상태표상 재고자산으로 기록될 금액은 얼마인가? 　　　　　　　　　　　　　　45회 기출문제

> 가. 회사에 보관 중인 재고자산실사에 의한 가액(라 항의 상품가액 포함): 55,000,000
> 나. 매입한 상품 중 FOB 선적지인도기준에 의한 운송 중인 상품: 5,000,000
> 다. 위탁판매를 위한 수탁자가 보관 중인 미판매 상품: 7,000,000
> 라. 수탁판매를 위하여 보관하고 있는 미판매 상품: 8,000,000
> 마. 시용매출을 위하여 고객에게 인도한 상품(구입의사표명일: 2011.1.3): 4,000,000

① 55,000,000원　　② 63,000,000원　　③ 64,000,000원　　④ 71,000,000원

정답 및 해설

13 ① 재고자산의 시가가 취득원가보다 하락한 경우에는 저가법을 사용하여 재고자산가액을 결정한다.

14 ①
- 재고자산감모손실: (장부 수량 1,000개 – 실지 수량 900개) × 장부가액 1,900원 = 190,000원
- 재고자산평가손실(매출원가): 실지 수량 900개 × 장부가액 1,900원 – 순실현가능가치 1,800원 = 90,000원
- 순실현가능가치: 단위당 판매가능금액 2,000원 – 단위당 판매비용 200원 = 1,800원
- [일반기업회계기준 제7장 문단 7.20] 재고자산의 장부상 수량과 실제 수량과의 차이에서 발생하는 감모손실의 경우 비정상적으로 발생한 감모손실은 영업외비용으로 분류하므로 이는 재고자산감모손실로 회계처리한다. 한편 재고자산의 시가가 장부금액 이하로 하락하여 발생한 평가손실은 재고자산의 차감계정으로 표시하고 매출원가에 가산한다.

15 ③ 재고자산의 원가흐름 가정 중 후입선출법은 현행수익에 대하여 현행원가가 대응되는 평가방법으로 기말재고액이 오래전에 구입한 원가로 계상되므로 물가 상승 시 기말재고액이 낮게 계상된다.

16 ② 최초의 장부금액을 초과하지 않는 범위 내에서 평가손실을 환입한다.

17 ② 기말재고자산의 포함여부를 결정하는 문제는 소유권의 존재여부로 결정한다.
　나: 선적지인도기준의 상품은 선적시점에서 소유권이 이전되므로 기말재고자산에 포함된다.
　다: 위탁판매의 경우 소유권의 이전없이 판매의뢰한 상태이므로 수탁자가 판매하기전까지의 재고자산은 위탁자의 소유이므로 기말재고자산에 포함된다.
　라: 수탁판매를 위하여 보관 중인 상품은 위탁자의 재고자산이므로 재고실사시 포함되어 있으므로 재고자산가액에서 제외하여야 한다.
　마: 시용매출을 위하여 고객에게 인도한 상품은 고객의 구입의사표명시점에서 소유권이 이전되므로 기말재고자산가액에는 포함한다.
　기말재고자산가액 = 55,000,000 + 5,000,000 + 7,000,000 – 8,000,000 + 4,000,000 = 63,000,000원

18 다음 중 재고자산에 대한 설명 중 잘못된 것은? 49회 기출문제

① 재고자산의 가격이 계속 상승하고 재고자산 매입수량이 판매수량보다 큰 경우에 재고자산을 가장 낮게 보수적으로 평가하는 방법은 후입선출법이다.
② 후입선출법에 의해 원가배분을 할 경우 기말재고는 최근에 구입한 상품의 원가로 구성된다.
③ 실지재고조사 중 정상적인 재고감모손실이 발생하는 경우에는 손익계산서상 매출원가에 가산한다.
④ 재고자산의 시가가 취득원가보다 하락한 경우에는 저가법을 사용하여 재고자산의 재무상태표 가액을 결정한다.

19 실지재고조사법을 적용하는 기업에서 연말에 상품을 외상으로 구입하고, 이에 대한 기록은 다음 연도 초에 하였다. 또한 기말 재고실사에서도 이 상품이 누락되었다. 이러한 오류가 당기의 계정에 미치는 영향으로 옳은 것은 50회 기출문제

	자산	부채	자본	당기순이익
①	영향없음	과소계상	과대계상	과대계상
②	영향없음	과대계상	과소계상	과소계상
③	과소계상	과소계상	영향없음	영향없음
④	과소계상	과소계상	영향없음	과대계상

20 다음은 성격과 용도가 다른 3가지 품목의 기말제품과 기말원재료 관련 자료이다. 다음 자료를 이용하여 저가법에 의한 재고자산평가손실을 계산하면 얼마인가? (단, 저가법을 적용할 수 있는 객관적 사유가 발생했다고 가정한다.) 50회 기출문제

(1) 기말제품

품목	취득원가	예상판매가격	예상판매비용
제품 갑	500,000원	550,000원	60,000원
제품 을	800,000원	850,000원	30,000원
제품 병	1,000,000원	900,000원	100,000원

(2) 기말원재료 금액은 600,000원이고 기말 현재 원재료는 500,000원에 구입할 수 있으며 완성될 제품은 원가 이상으로 판매될 것으로 예상되지 않는다.

① 200,000원　② 300,000원　③ 310,000원　④ 330,000원

21. 다음 내용을 반영하기 전 ㈜나성의 기말 재고자산은 600,000원(1,000개 × 600원)이었다. 다음 자료를 통하여 계산한다면 ㈜나성의 매출원가는 어떻게 변화하겠는가? 52회 기출문제

- 장부상 재고수량: 1,000개
- 재고의 시가: 540원
- 재고의 취득원가: 600원
- 실제 재고수량: 950개(이 중 20개는 비정상적 감모이다)

① 매출원가는 87,000원 증가한다.
② 매출원가는 75,000원 증가한다.
③ 매출원가는 57,000원 증가한다.
④ 매출원가는 18,000원 증가한다.

22. 수입육 도매업을 영위하는 ㈜신선유통은 8월 3일에 갑작스런 정전으로 인하여 보관 중이던 재고자산 중 7,400,000원을 제외한 금액이 부패하여 큰 피해를 입었다. 다음 자료에 의하여 ㈜신선유통의 정전으로 인한 재고자산 피해액을 계산하면 얼마인가? 52회 기출문제

- 기초 재고자산: 42,000,000원
- 당기 매출액: 832,000,000원
- 당기 매입액: 819,000,000원
- 당기 매출총이익률: 5%

① 39,200,000원 ② 44,600,000원 ③ 57,800,000원 ④ 63,200,000원

정답 및 해설

18 ② 후입선출법은 현행수익에 대하여 현행원가가 대응되므로, 기말재고는 과거의 상품원가로 구성된다.

19 ③ 자산과 부채가 동시에 누락되었으므로 자산과 부채는 과소계상되나 자본과 당기순이익은 영향이 없다.

20 ③ 제품의 시가는 순실현가능가액(= 정상적인 영업과정의 예상판매가격 − 예상추가원가와 판매비용)이고 원재료의 시가는 현행대체원가이다. 다만, 원재료의 경우 완성될 제품의 원가 이상으로 판매될 것으로 예상되는 경우에는 그 생산에 투입하기 위해 보유하는 원재료에 대해서는 저가법을 적용하지 않는다.[일반기업회계기준 문단 7.17 참고]

품목	취득원가	순실현가능가치	평가손익
제품 갑	500,000원	490,000원	(10,000)원
제품 을	800,000원	820,000원	−
제품 병	1,000,000원	800,000원	(200,000)원
원재료	600,000원	500,000원	(100,000)원
합계			(310,000)원

21 ② 정상감모에 의한 재고자산감모손실과 재고자산평가손실은 매출원가에 포함한다.
정상적인 재고자산감모손실: 30개 × 600원 = 18,000원
재고자산평가손실: 950개 × (600원 − 540원) = 57,000원
매출원가증가액: 18,000원 + 57,000원 = 75,000원

22 ④ 매출원가 = 매출액 * (1 − 매출총이익률) = 832,000,000 * 95% = 790,400,000원
8월3일 추정기말재고액 = 42,000,000 + 819,000,000 − 790,400,000 = 70,600,000원
재고자산 피해액 = 70,600,000 − 7,400,000 = 63,200,000원

04 비유동자산

기업의 유휴자금을 장기적으로 운용하거나, 다른 회사를 지배·통제할 목적으로 취득하는 자산을 말한다.

<유가증권의 계정분류방법>

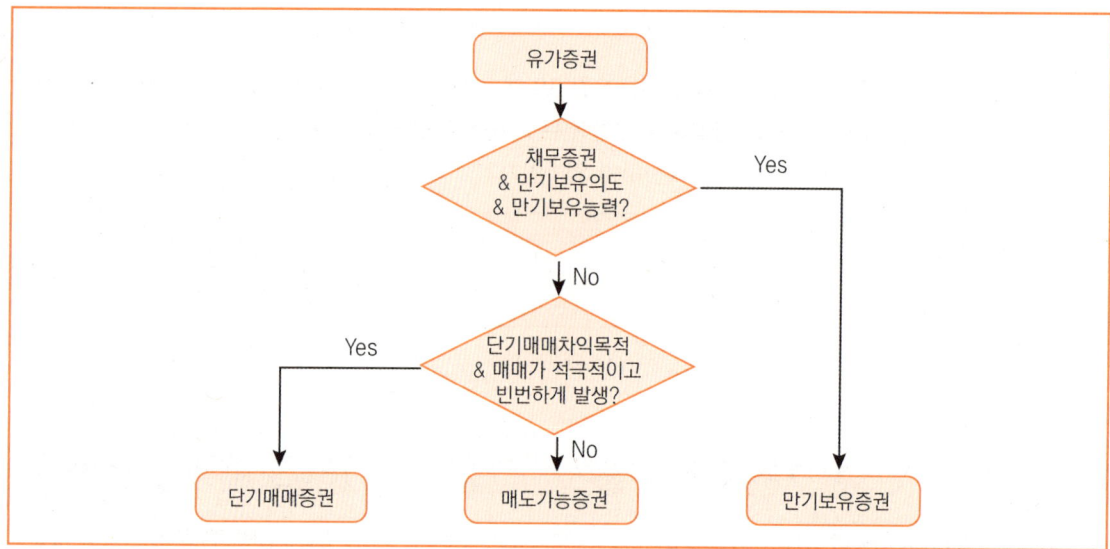

01 매도가능증권

유가증권 중 단기매매증권이나 만기보유증권 및 지분법적용투자주식으로 분류되지 않는 것을 말한다.

(1) 매도가능증권의 취득과 처분

① 구입시 취득 금액으로 차변에 기입한다. 취득과정에 발생한 수수료비용은 매도가능증권 원가에 포함한다.
② 처분시 장부 금액으로 대변에 기입하고 처분 금액과 장부 금액과의 차액은 단기매매금융자산 처분손익 계정으로 기입한다.

구분	차변		대변	
취득시	매 도 가 능 증 권	×××	현 금	×××
처분시 (장부가액 < 처분액)	현 금	×××	매 도 가 능 증 권 매도가능증권처분이익	××× ×××
처분시 (장부가액 > 처분액)	현 금 매도가능증권처분손실	××× ×××	매 도 가 능 증 권	×××

(2) 매도가능증권의 평가

기말 결산시 소유하고 있는 매도가능증권의 장부가액과 공정가액(시가)이 다를 경우 재무상태표일 현재의 공정가액(시가)으로 평가한다. 매도가능증권평가손익은 미실현손익으로 기타포괄손익누계액(자본계정)으로 분류된다. 단, 시장성이 없는 경우 원가법 적용이 가능하다.

구분	차변		대변	
장부가액 < 공정가액	매 도 가 능 증 권	×××	매도가능증권평가이익	×××
장부가액 > 공정가액	매도가능증권평가손실	×××	매 도 가 능 증 권	×××

예제

㈜이패스는 20X1년 6월 1일에 ㈜삼송의 주식 100주를 공정가치인 1,000,000원에 취득하여, 20X1년 12월 31일 현재 계속 보유 중이며 이 주식의 20X1년 12월 31일 현재 공정가치는 1,500,000원이다. 20X2년 2월 1일 주식 100주를 2,000,000원에 매각하였다. 이 경우 다음의 상황별로 ㈜이패스의 20X1년 1월 1일과 20X1년 12월 31일의 회계처리를 하시오.

해설

(1) 단기매매증권으로 분류되는 경우

20X1년 6월 1일	단기매매증권	1,000,000	현금	1,000,000
20X1년 12월 31일	단기매매증권	500,000	단기매매증권평가이익 (당기손익)	500,000
20X2년 2월 1일	현금	2,000,000	단기매매증권 단기매매증권처분이익 (당기손익)	1,500,000 500,000

(2) 매도가능증권으로 분류되는 경우

20X1년 6월 1일	매도가능증권	1,000,000	현금	1,000,000
20X1년 12월 31	매도가능증권	500,000	매도가능증권평가이익 (기타포괄손익_자본)	500,000
20X2년 2월 1일	현금 매도가능증권평가이익 (기타포괄손익_자본)	2,000,000 500,000	매도가능증권 매도가능증권처분이익 (당기손익)	1,500,000 1,000,000

02 만기보유증권

만기가 확정된 채무증권으로서 상환금액이 확정되었거나 확정이 가능한 채무증권을 만기까지 보유할 적극적인 의도와 능력이 있는 것을 말한다. 구입시 취득 금액으로 차변에 기입한다. 취득과정에 발생한 수수료비용은 만기보유증권 원가에 포함한다. 만기보유증권의 후속 측정 방법은 상각후 원가법이다.

<예제>

(1) 20X1년 1월 1일 기준 사채발행회사의 시장이자율: 12%, 액면이자율 10%
(2) 사채의 발행일로부터 만기까지의 기간: 20X1년 1월 1일부터 20X3년 12월 31일
(3) 사채의 액면금액: 1,000,000원
(4) 12%, 3기간 현가계수와 연금현가계수: 0.71178, 2.40183

날짜	유효이자(12%)	액면이자(10%)	차이금액 상각	장부금액
20X1.1.1				951,963
20X1.12.31	114,236	(100,000)	14,236	966,199
20X2.12.31	115,944	(100,000)	15,944	983,143
20X3.12.31	117,857	(100,000)	17,857	1,000,000
합계	348,037	(300,000)	48,037	

<회계처리>

20X1.1.1	(차) 만기보유증권	951,963	(대) 현금	951,963
20X1.12.31	(차) 현금 만기보유증권	100,000 14,236	(대) 이자수익	114,236
20X2.12.31	(차) 현금 만기보유증권	100,000 15,944	(대) 이자수익	115,944
20X3.12.31	(차) 현금 만기보유증권	100,000 17,857	(대) 이자수익	117,857
20X3.12.31	(차) 현금	1,000,000	(대) 만기보유증권	1,000,000

<유가증권의 계정분류>

구분	현금흐름의 특성	사업모형	유가증권의 계정분류
채무상품	원리금으로만 구성	현금흐름 수취목적	만기보유증권
		현금흐름 수취와 매도목적	매도가능증권
	원리금 이외	기타의 목적(시세차익 목적)	단기매매증권
지분상품	원리금 이외	기타의 목적(시세차익 목적)	단기매매증권

03 손상차손

손상차손이란 유가증권의 **공정가치 또는 회수가능금액이 장부금액보다 지속적으로 낮아질 경우**, 그 차이를 **회계상 손실로 인식**하는 것을 말한다. 유가증권으로부터 회수할 수 있을 것으로 추정되는 금액(이하 "회수가능액"이라 한다)이 채무증권의 상각후원가 또는 지분증권의 취득원가보다 작은 경우에는, 손상차손을 인식할 것을 고려하여야 한다. 손상차손의 발생에 대한 객관적인 증거가 있는지는 보고기간종료일마다 평가하고 그러한 증거가 있는 경우에는 손상차손이 불필요하다는 명백한 반증이 없는 한, 회수가능액을 추정하여 손상차손을 인식하여야 한다. 손상차손금액은 당기손익에 반영한다.

금융자산의 종류		손상차손의 인식여부
채무상품	단기매매증권	평가손실을 당기손익으로 인식하므로 손상회계의 대상이 아님
	매도가능증권	신용손실위험을 손상차손으로 당기손익으로 인식
	만기보유증권	신용손실위험을 손상차손으로 당기손익으로 인식
지분상품	단기매매증권	신용손실위험이 없으므로 손상회계의 대상이 아님
	매도가능증권	신용손실위험이 없으므로 손상회계의 대상이 아님

04 유가증권의 재분류

유가증권의 보유의도와 보유능력에 변화가 있어 재분류가 필요한 경우에는 다음과 같이 처리한다.

(1) 단기매매증권은 다른 범주로 재분류할 수 없으며, 다른 범주의 유가증권의 경우에도 단기매매증권으로 재분류할 수 없다. 다만, (일반적이지 않고 단기간 내에 재발할 가능성이 매우 낮은 단일한 사건에서 발생하는) 드문 상황에서 더 이상 단기간 내의 매매차익을 목적으로 보유하지 않는 단기매매증권은 매도가능증권이나 만기보유증권으로 분류할 수 있으며, 단기매매증권이 시장성을 상실한 경우에는 매도가능증권으로 분류하여야 한다.

(2) 매도가능증권은 만기보유증권으로 재분류할 수 있으며 만기보유증권은 매도가능증권으로 재분류할 수 있다.

(3) 유가증권과목의 분류를 변경할 때에는 재분류일 현재의 공정가치로 평가한 후 변경한다.

05 기타 투자자산

(1) **지분법적용투자주식**
피투자회사에 중대한 영향력을 행사할 수 있는 주식으로서 지분법으로 평가하는 것을 말한다.

(2) **장기금융상품**
유동자산에 속하지 아니하는 금융상품으로 하고, 사용이 제한되어 있는 예금에 대해서는 그 내용을 주석으로 기재한다.

(3) **장기대여금**
이자수익을 창출할 목적으로 타인에게 장기의 자금을 대여한 경우를 말한다.

(4) **투자부동산**
기업 본래의 영업활동에 사용되지 않고 투자목적으로 보유하는 토지나 건물을 말한다.

기출 이론문제 — 투자자산

01 회사가 보유하고 있는 유가증권에 대한 자료이다. 이에 대한 설명으로 틀린 것은?
_{76회 기출문제}

- ㈜한결물산 발행 주식: 1,000주
- 취득당시 주당취득가액: 5,000원
- 12월 31일 현재 주당 시가: 4,000원
- 단기매매증권이나 매도가능증권으로 분류가능하다.

① 유가증권의 분류방법과 상관없이 배당가능이익은 동일하다.
② 매도가능증권으로 분류할 경우 재무상태표상 자본이 1,000,000원이 감소한다.
③ 어떤 경우든 모두 당기말 재무상태표상의 유가증권의 장부가액은 동일하다.
④ 단기매매증권으로 분류할 경우 당기순이익이 1,000,000원이 감소한다.

02 다음의 자료는 회사가 보유하고 있는 시장성 있는 매도가능증권의 취득, 평가, 배당금 수령 및 처분에 대한 내용이다. 해당 매도가능증권의 거래와 관련하여 20X2년 회계연도의 당기순이익 증가액과 총자본의 증가액은 얼마인가?
_{77회 기출문제}

- 취득일: 20X1. 05. 02.
- 취득원가: 20,000,000원
- 20X1. 12. 31. 현재 시가: 22,000,000원
- 20X2. 3. 20. 매도가능증권 관련 현금배당금 수령액: 3,000,000원
- 20X2. 6. 7. 해당 매도가능증권처분에 의한 현금수령액: 25,000,000원
- 모든 사항은 일반기업회계기준에 따라 회계처리 하였으며, 취득 시나 처분 시에 추가적으로 발생한 비용은 전혀 없다고 가정한다.

	당기순이익 증가액	총자본의 증가액
①	8,000,000원	6,000,000원
②	6,000,000원	6,000,000원
③	8,000,000원	8,000,000원
④	6,000,000원	8,000,000원

03   다음 중 ㈜한결의 20X2년 매도가능증권 처분 손익은 얼마인가?   79회 기출문제

- 20X1년 3월 1일 ㈜한결은 매도가능증권(상장주식)을 1,200,000원에 취득하였다.
- 20X1년 12월 31일 현재 보유하고 있는 매도가능증권 관련 계정잔액은 다음과 같다.

재무상태표(재무상태표)

| 매도가능증권 | 1,500,000원 | 매도가능증권평가이익 | 300,000원 |

- 20X2년 9월 30일 매도가능증권 중 일부(70%)를 900,000원에 처분하였다.

① 150,000원 손실   ② 150,000원 이익   ③ 60,000원 손실   ④ 60,000원 이익

04   다음의 매도가능증권에 대한 회계처리 방법 중 잘못된 것은?   86회 기출문제

① 매도가능증권의 취득원가는 취득시점에 제공한 대가에 매입수수료나 이전비용 등의 거래원가를 가산한 금액으로 한다.
② 매도가능증권의 공정가치와 장부금액의 차액은 매도가능증권평가이익(손실)의 과목으로 자본항목(기타포괄손익누계액)으로 분류한다.
③ 매도가능증권을 매각하는 경우에는 매도가능증권평가이익(손실) 잔액을 먼저 상계시킨 후 투자자산처분이익(손실)또는 매도가능증권처분이익(손실)의 계정과목으로 인식한다.
④ 매도가능증권은 보고기간 종료일마다 평가하여 손상차손의 발생에 대한 객관적인 증거가 있는 경우 손상차손을 인식하고 해당 손상차손은 자본항목으로 분류한다.

정답 및 해설

01 ① 단기매매증권으로 분류되는 경우 배당가능이익이 1,000,000원만큼 감소하지만, 매도가능증권의 경우에는 변동이 없다.

02 ① • 20X1.05.02. 취득시 회계처리
  (차)매도가능증권   20,000,000원   (대)보통예금 등   20,000,000원
  • 20X1.12.31. 회계처리
  (차)매도가능증권   2,000,000원   (대)매도가능증권평가이익   2,000,000원
                                              (기타포괄손익누계액)
  • 20X2.3.20. 회계처리
  (차)현금   3,000,000원   (대)배당금수익   3,000,000원
  • 20X2.6.7. 회계처리
  (차)현금   25,000,000원   (대)매도가능증권   22,000,000원
      매도가능증권평가이익   2,000,000원   매도가능증권처분이익 5,000,000원
  • 20X2년 당기순이익 = 배당수익 + 매도가능증권처분이익 = 8,000,000원
  • 20X2년 자본의 증감 = 당기순이익 - 매도가능증권평가이익 = 6,000,000원

03 ④ 처분손익: 900,000원 - (1,500,000원 - 300,000원) × 70% = 60,000원(이익)

04 ④ 매도가능증권의 손상차손금액은 당기손익에 반영한다.

05 다음 중 ㈜세무가 취득한 매도가능증권의 최초 취득원가는 얼마인가?　　91회 기출문제

- 20X1년 3월 1일 ㈜세무는 매도가능증권(상장주식, 시장성 있음)을 취득하였다.
- 20X2년 12월 31일 현재까지 보유기간 중 추가취득 및 처분한 주식은 없으며, 공정가액으로 평가하였다.
- 20X1년과 20X2년의 부분 재무상태표는 다음과 같다.

부분 재무상태표
20X1년 12월 31일 현재

매도가능증권	1,500,000원	매도가능증권평가이익	200,000원

부분 재무상태표
20X2년 12월 31일 현재

매도가능증권	1,400,000원	매도가능증권평가이익	100,000원

① 1,300,000원　② 1,400,000원　③ 1,500,000원　④ 1,700,000원

06 다음 중 20X2년 매도가능증권 처분손익은 얼마인가?　　92회 기출문제

- 20X1년 3월 1일 매도가능증권(상장주식)을 1,800,000원에 취득하였다.
- 20X1년 12월 31일 현재 보유하고 있는 매도가능증권 관련 계정 잔액은 다음과 같다.

재무상태표

매도가능증권	2,100,000원	매도가능증권 평가이익	300,000원

- 20X2년 9월 30일 매도가능증권 중 일부(60%)를 1,200,000원에 처분하였다.

① 60,000원 손실　② 60,000원 이익　③ 120,000원 손실　④ 120,000원 이익

07 다음 자료를 보고 해당 국채의 취득원가를 구하시오.　　94회 기출문제

- 국채 액면가액 및 액면이자율: 1,000,000원, 연 12%(월할계산)
- 국채 발행일 및 발행가액: 20X1년 1월 1일, 950,000원
- 취득일 및 취득가액: 20X1년 7월 1일, 1,020,000원

① 1,000,000원　② 950,000원　③ 1,020,000원　④ 960,000원

08 다음 중 일반기업회계기준상 유가증권에 대한 설명으로 틀린 것은? 　　　　99회 기출문제

① 만기보유증권은 공정가치법으로 평가한다.
② 유가증권은 취득한 후에 단기매매증권, 매도가능증권, 만기보유증권, 지분법적용투자주식 중의 하나로 분류된다.
③ 매도가능증권의 평가손익은 미실현보유손익이므로 자본항목으로 처리하여야 한다.
④ 단기매매증권의 취득원가는 매입가액(최초 인식 시 공정가치)으로 한다. 단, 취득과 관련된 매입수수료, 이전비용 등의 지출금액은 당기 비용으로 처리한다.

09 다음 중 유가증권에 대한 설명으로 가장 틀린 것은? 　　　　101회 기출문제

① 만기까지 보유할 적극적인 의사와 능력이 있는 채무증권을 만기보유증권이라 한다.
② 단기매매증권을 취득하기 위하여 부담한 증권거래수수료 등은 취득원가에 포함하지 않는다.
③ 단기매매증권과 매도가능증권은 공정가치로 평가한다.
④ 공정가치로 평가한 매도가능증권의 평가손익은 당기손익으로 인식한다.

정답 및 해설

05 ① 취득원가: 1,400,000원(공정가액) − 매도가능증권평가이익 100,000원 = 1,300,000원

06 ④ 120,000원 이익: 1,200,000원 − (2,100,000원 − 300,000원) × 60%

07 ④ 일반기업회계기준 실6.74
국·공채를 발행일 이후에 취득한 경우에 기일 경과분 이자에 해당하는 금액은 지급한 대가에서 차감하여 미수수익으로 계상하고, 그 나머지 금액을 그 유가증권의 취득원가로 한다.
1,020,000원 − (1,000,000원 × 12% × 6 / 12) = 960,000원

08 ① 만기보유증권은 상각후원가법으로 평가한다.

09 ④ [일반기업회계기준 문단 6.31] 매도가능증권에 대한 미실현보유손익은 기타포괄손익누계액으로 처리하고, 당해 유가증권에 대한 기타포괄손익누계액은 그 유가증권을 처분하거나 손상차손을 인식하는 시점에 일괄하여 당기손익에 반영한다.

06 유형자산

유형자산은 재화나 용역의 생산이나 제공, 타인에 대한 임대 또는 관리활동에 사용할 목적으로 보유하는 물리적 형태가 있는 자산으로서 한 회계기간을 초과하여 사용할 것이 예상되는 자산인 토지, 건물, 기계장치, 선박, 항공기, 차량운반구, 집기, 사무용비품 등을 말한다.
* 대부분의 유형자산은 감가상각대상자산이나 토지, 건설중인자산은 감가상각대상자산이 아니다.

(1) 유형자산의 취득원가 결정

1) 취득부대비용

유형자산의 취득시 매입대금외에 매입수수료, 운송비, 하역비, 설치비, 시운전비, 취득세, 등록세, 토지의 정지비 등 유형자산을 목적에 따라 사용하기까지 취득과정 중 발생한 직접관련원가를 가산한다. 유형자산의 취득과 관련하여 차입한 부채의 이자비용도 유형자산의 취득원가에 포함한다. (* 자본화 대상인 차입원가)

직접관련원가 (취득과정 중 발생)	직접관련이 없는 원가 (취득과정 중 발생)	직접관련원가 (취득완료 후 발생)
• 취득관련 종업원 급여 • 취득관련 전문가 수수료 • 운송 및 설치원가, 조립원가 • 시험원가(시험과정에서 생산된 재화의 순매각금액은 당해 원가에서 차감)	• 새로운 시설 개설하는데 소요되는 원가 • 광고원가 • 직원 교육훈련비 • 관리원가	• 가동수준이 완전조업도 수준에 미치지 못하는 경우에 발생하는 원가 • 수요가 형성되는 과정에서 발생하는 초기 가동 손실 • 재설치관련

경영진이 의도하는 사용목적과의 관련성	처리방법
의도하는 방식으로 사용가능하게 하기 위해 발생한 원가	순지출을 당해 유형자산의 원가에 차가감
의도하는 방식과 상관없는 부수적인 영업에서 발생하는 원가	순지출을 당기손익으로 인식

* 자본화대상 차입원가

1. 적격자산(Qualified Asset)이란 **상당한 기간(일반적으로 1년 이상)** 동안 건설·제작 또는 획득에 소요되는 자산을 말한다.
   예시: 건설 중인 건물, 제조 중인 대형 기계, 개발 중 무형자산 등
2. 차입원가 자본화란 적격자산을 취득·건설하는 데 소요된 차입금에 대한 이자를 **취득원가(자산)에 포함시키는 것**이다.
3. 자본화 요건(3가지 조건 모두 충족 시)은 다음과 같다.

요건	설명
① 지출 발생	자산 건설·제작 등과 관련된 실제 비용이 발생해야 함
② 차입원가 발생	차입금에 대해 실제 이자가 발생하고 있어야 함
③ 자산 활동 진행	자산이 실제로 건설·제작되고 있는 상태여야 함

4. 자본화 방식은 차입금의 종류에 따라 다르다.

차입금 종류	자본화 방식
특정 차입금	자산 취득에 직접 사용된 차입금 → 발생한 **실제 이자 전액 자본화**
일반 차입금	직접 연관되지 않은 차입금 → 자산 관련 지출에 **자본화이자율**을 곱해 계산

   자본화이자율 = 일반차입금의 평균 이자율

5. 자본화 종료 시점
   자산이 **실질적으로 사용 가능하거나 완성된 시점**에 자본화 종료하고, 이후 발생하는 이자는 **이자비용**으로 처리한다.

> **예제**
>
> ㈜이패스는 20X1년 1월 1일부터 공장을 건설 중이며, 다음과 같은 차입금이 있다.
>
> - 특정차입금: 100,000,000원 (이자율 5%)
> - 일반차입금: 200,000,000원 (이자율 4%)
> - 20X1년 중 건설중인자산 관련 실제 지출:
>   ① 1월 1일: 80,000,000원
>   ② 7월 1일: 40,000,000원
>
> 해당 자격자산의 차입원가 자본화 금액을 계산하고 회계처리하시오. (단, 연도 말에 결산하며, 자산은 연말까지 완성되지 않음)
>
> **해설**
>
> ① 특정차입금 이자
>   전액 자본화 가능
>   100,000,000 × 5% = **5,000,000원**
> ② 일반차입금 자본화이자율 = 4%
>   자격자산 관련 지출 중 특정차입금 초과 금액:
>   총 지출 120,000,000원 − 특정차입금 100,000,000원 = **20,000,000원**
>   일반차입금 자본화 계산(기간 가중평균): 7월 1일 지출 20,000,000원 (6개월 적용)
>   20,000,000 × 4% × 6/12 = **400,000원**
>   ∴ 총 자본화 이자 = 5,000,000 + 400,000 = **5,400,000원**
>
> [회계처리]
> (차변) 건설중인자산　　5,400,000　　(대변) 미지급비용　　5,400,000

2) 자가건설

건설에 소요된 원가 및 취득 완료시까지 발생한 비용을 유형자산에 포함한다. 완공전에는 건설중인자산 계정을 사용하고 완공시 건물이나 기계장치 계정으로 대체한다.

구분	차변		대변	
건물 완공전지급액	건 설 중 인 자 산	×××	현　　　　　금	×××
건물완공시	건　　　　　물	×××	건 설 중 인 자 산	×××

* 건물 신축을 목적으로 토지 취득 후 구건물을 철거하는 경우 구건물의 철거비용은 토지의 취득원가에 포함한다.(구건물 철거 시 폐기물 매각으로 발생한 수익은 토지가액에서 차감한다.)

3) 토지와 건물의 일괄구입

일괄구입은 두 종류 이상의 자산을 한 가격에 구입하는 것을 말한다. 일괄구입의 경우 원가배분은 개별자산의 공정가치를 기준으로 배분하는 것이 원칙이다.

구입목적	취득원가 결정
토지와 건물을 모두 사용하는 경우	일괄구입원가를 안분하여 자산별 취득원가를 인식
건물 철거 후 토지만 사용하는 경우	일괄구입원가와 순철거원가를 토지 취득원가로 인식
사용중인 기존 건물을 철거하는 경우	기존 건물의 잔여장부금액과 순철거원가를 당기비용으로 인식

4) 채권의 강제매입

유형자산의 취득시 불가피하게 채권을 매입하는 경우 채권의 장부금액은 공정가액으로 기입하고, 채권 매입금액과의 차액은 유형자산의 취득가액에 가산한다.

구분	차변		대변	
차량운반구 구입시 채권구입하여 단기매매증권으로 분류한 경우 (액면가액 100,000원, 공정가액 80,000원)	단기매매증권 차량운반구	80,000 20,000	현금	100,000

5) 교환

① 동종자산 간의 교환: 제공한 자산의 장부가액을 취득원가로 한다.
② 이종자산 산의 교환: 제공한 자산의 공정가액을 취득원가로 한다. 다만, 제공한 자산의 공정가치가 불확실한 경우에는 교환으로 취득한 자산의 공정가액을 취득원가로 한다.

구분		취득한 자산의 원가
원칙	제공한 자산의 공정가치가 명확한 경우	제공한 자산의 공정가치 ±현금지급액(수령액)
	취득한 자산의 공정가치가 명확한 경우	취득한 자산의 공정가치
교환거래에 상업적실질이 결여된 경우		제공한 자산의 장부금액 ±현금지급액(수령액)
공정가치를 모두 측정할 수 없는 경우		제공한 자산의 장부금액 ±현금지급액(수령액)

6) 무상취득

증여를 통한 무상취득시는 증여시점의 공정가액을 취득원가로 한다.

구분	차변		대변	
무상취득	토지	×××	자산수증이익	×××

7) 현물출자에 의한 취득

기업이 자산을 취득하면서 그 대가로 지분증권인 주식을 발행해 주는 것을 현물출자라 한다. 현물출자로 취득한 유형자산은 증여나 무상으로 취득한 유형자산과 마찬가지로 취득하는 당해 자산의 공정가치를 원가로 측정하면 된다. 그러나 취득하는 자산의 공정가치가 명확하지 않은 경우에는 예외적으로 발행하는 주식의 공정가치를 주식의 발행가액으로 하는 것이 타당하다.

구분	차변		대변	
현물출자	토지	×××	자본금 주식발행초과금	××× ×××

(2) 정부보조금

정부보조금이란 국가 또는 지방자치단체가 정책적인 목적으로 기업에게 자금을 지원하는 것이다. 정부보조금은 정부보조금에 부수되는 조건의 준수와 보조금 수취에 대한 합리적인 확신이 있을 경우에만 인식한다. 자산차감법의 경우 관련자산의 감가상각비와 상계하면서 수익으로 인식한다.

> (1) 자산관련보조금: 정부지원의 요건을 충족하는 기업이 장기성 자산을 매입, 건설하거나 다른 방법으로 취득해야 하는 일차적 조건이 있는 정부보조금
> (2) 수익관련보조금: 자산관련보조금 이외의 정부보조금으로 비용보전목적의 정부보조금
> (3) 부채관련보조금: 상환의무가 있는 정부보조금

<자산차감법의 회계처리>

보조금수령	(차) 보통예금	×××	(대) 정부보조금(보통예금차감계정)	×××
자산취득시	(차) 기계장치 정부보조금(보통예금차감계정)	××× ×××	(대) 보통예금 정부보조금(기계장치차감계정)	××× ×××
감가상각시	(차) 감가상각비 정부보조금(기계장치차감계정)	××× ×××	(대) 감가상각누계액 감가상각비	××× ×××

(3) 취득 후 지출

자본적 지출 (자산 회계처리)	수익적 지출 (비용 회계처리)
생산성증대, 내용연수연장, 가치증대를 위한 지출, 용도변경을 위한 지출	부품교체, 벽도장 등 원상회복 및 능률유지를 위한 지출

<유형자산 관련 지출에 따른 회계처리>

구분	차변		대변	
건물의 엘리베이터설치비용 (자본적지출)	건 물	×××	현 금	×××
건물의 벽도장 비용 (수익적지출)	수 선 비	×××	현 금	×××

(4) 유형자산의 감가상각

기업의 영업활동에 사용할 목적으로 취득한 유형자산은 기업의 영업활동에 수익을 창출하는데 기여한다. 따라서 취득한 유형자산의 원가를 내용연수에 걸쳐 체계적이고 합리적인 방법으로 원가를 배분하여 수익에 대응하고 유형자산에서 차감한다.(토지, 건설중인자산 제외)

1) 감가상각의 3요소: 취득원가, 내용연수, 잔존가액

<세법상 법정내용연수>

구분	법정 기준내용연수
철골구조의 건물가 구축물 (철골구조 이외)	40년(20년)
선박과 항공기	12년
기계장치	7년
차량운반구	5년
공구와 각종비품	5년

2) 감가상각 방법

감가상각방법은 해당 자산에 내재되어 있는 미래경제적효익의 예상 소비형태를 가장 잘 반영하는 방법에 따라 선택한다.

> (1) 균등상각법: 정액법
> (2) 체감상각법: 연수합계법, 정률법, 이중체감법
> (3) 활동기준법: 생산량비례법, 작업시간비례법

① 정액법
내용연수동안 정액으로 균등하게 상각한다.

$$\text{계산방법}: \frac{\text{감가상각대상금액(취득원가 − 잔존가치)}}{\text{내용연수}}$$

② 정률법
내용연수동안 정률로 상각하여 매기 상각금액이 줄어든다.

$$\text{계산방법}: \text{장부가액(취득원가 − 감가상각누계액)} \times \text{상각률}^*$$

$$^*\text{상각률} = 1 - \sqrt[n]{\frac{\text{잔존가액}}{\text{취득가액}}}, n = \text{내용연수}$$

③ 연수합계법
정률법과 유사한 방법으로 매기 상각금액이 줄어든다.

$$\text{계산방법}: \frac{\text{감가상각대상금액(취득원가 − 잔존가치)}}{\text{내용연수합계액}} \times \text{잔여내용연수(기초시점)}$$

④ 이중체감법

$$\text{계산방법}: \text{장부가액(취득원가 − 감가상각누계액)} \times \text{상각률}^*$$

$$^*\text{상각률} = \frac{2}{\text{내용연수}}$$

⑤ 생산량비례법, 작업시간비례법
생산량(작업시간)에 비례하여 상각한다. (광업, 채굴등에 사용)

$$\text{계산방법}: \text{감가상각대상금액(취득원가 − 잔존가치)} \times \frac{\text{실제생산량(작업시간)}}{\text{예정총생산량(작업시간)}}$$

3) 유형자산 감가상각 회계처리(간접법)

구분	차변		대변	
결산시	감 가 상 각 비 (제조원가 또는 판매비관리비)	×××	감 가 상 각 누 계 액 (자산의 차감적평가계정)	×××

(5) 유형자산의 손상차손

자산의 진부화 또는 시장가치의 급격한 하락 등으로 인하여 유형자산의 미래 경제적 효익이 장부금액에 현저하게 미달하는 경우에는 실현된 손실로 보아 손상차손으로 인식한다. 유형자산은 매 보고기간말마다 자산손상을 시사하는 징후가 있는지를 검토한다. 만약 그러한 징후가 있다면 당해 자산의 회수가능액을 추정한다. 손상징후가 있으며, 유형자산의 회수가능액이 당해 유형자산의 장부금액에 미달하는 경우 장부금액을 회수가능액으로 조정하고 감소금액은 손상차손으로 처리하여 당기손익으로 인식한다.

① 회수가능액
자산의 회수가능액은 당해 자산의 순공정가치와 사용가치 중 큰 금액으로 한다.

② 장부금액

장부금액은 정상적인 감가상각을 한 후 손상차손을 인식하기 직전 시점에서의 장부금액을 의미한다.

$$손상차손 = MAX\begin{bmatrix}순공정가치\\사용가치\end{bmatrix} - 손상전 장부금액$$

③ 회계처리

구분	차변		대변	
손상일	유형자산손상차손	×××	손상차손누계액	×××

또한, 매 보고기간말마다 유형자산에 대해 과거에 인식한 손상차손이 더 이상 존재하지 않거나 감소된 것을 시사하는 징후가 있는지를 검토하여 손상차손환입의 인식여부를 고려해야 한다. 손상차손환입을 시사하는 징후는 손상을 시사하는 징후와 서로 대칭적이다. 손상된 자산의 회수가능액이 당해 장부금액을 초과하는 경우에는, 과거에 손상차손을 인식하기 전 장부금액의 감가상각 후 잔액을 한도로 하여 그 초과액을 손상차손환입의 계정으로 당기손익으로 인식한다.

$$손상차손환입 = MAX\begin{bmatrix}회수가능액\\손상되지 않았을 경우의 장부금액\end{bmatrix} - 환입전 장부금액$$

㉠ 환입전 장부금액

환입전 장부금액은 손상차손을 인식한 후의 장부금액을 기준으로 잔존내용연수에 걸쳐 정상적으로 감가상각비를 인식한 후의 환입 직전의 장부금액을 의미한다.

㉡ 손상되지 않았을 경우의 장부금액

손상차손을 인식하지 않고 정상적으로 계속 감가상각 했을 경우의 장부금액을 의미한다.

㉢ 회계처리

구분	차변		대변	
환입일	손상차손누계액	×××	손상차손환입	×××

(6) 유형자산의 평가방법

구분	원가모형(원가법)	재평가모형(재평가법)
정의	유형자산을 **취득원가에서 감가상각누계액과 손상차손을 차감**한 금액으로 평가	공정가치로 재평가한 후 감가상각누계액과 손상차손을 차감하여 평가
회계처리	• 감가상각 및 손상차손만 반영 • 공정가치 변동은 반영하지 않음	• 공정가치 변동 시 재평가손익 인식 • 증가분은 재평가잉여금(자본), 감소분은 손익 반영
재무제표 반영	취득 당시의 가치로 반영 → **과대 또는 과소 평가** 가능성 있음	현재 시점의 가치 반영 → **실질 가치에 근접**
장점	• 회계처리 간단 • 일관성 유지 용이	• 자산의 실제가치 반영 • 정보이용자에게 유용한 정보 제공
단점	• 자산가치 변동 반영 어려움 • 정보 유용성 및 비교가능성 낮을 수 있음	• 공정가치 평가 필요 • 회계처리 복잡 • 변동성 반영 우려
적용 시 주의점	• 회계정책 변경 시 정당한 사유 필요	• 동일 자산군에 **일괄 적용** • 정기적 재평가로 **공정가치 유지** 필요

(7) 유형자산의 재평가

재평가모형이란 취득일 이후 공정가치를 신뢰성있게 측정할 수 있는 유형자산에 대하여는 재평가일의 공정가치로 해당 자산금액을 수정하고, 당해 공정가치에서 재평가일이후의 감가상각누계액과 손상차손누계액을 차감한 금액을 장부금액으로 공시하는 방법을 말한다.

① **재평가이익**

자산의 장부금액이 재평가로 인하여 증가된 경우에 재평가잉여금의 계정으로 기타포괄이익으로 인식하고 기타포괄손익누계액에 가산한다.

② **재평가손실**

자산의 장부금액이 재평가로 인하여 감소된 경우에 그 감소액을 재평가손실의 계정으로 당기손실로 인식한다.

구분		수익인식방법
재평가이익	최초발생	재평가잉여금으로 기타포괄손익누계액 인식
	추후발생	과거에 당기손실로 반영한 재평가손실과 우선상계 후 기타포괄손익누계액 인식
재평가손실	최초발생	당기손실로 인식
	추후발생	과거에 인식한 재평가잉여금과 우선상계 후 당기손실로 인식

> **예제**
>
> ㈜이패스는 토지를 20X1년 1월 1일에 취득원가 100,000,000원으로 취득하였고, 재평가모형을 적용하고 있다. 매년 12월 31일마다 공정가치를 기준으로 재평가하며, 다음과 같은 공정가치 변동이 발생하였다.
>
> | 연도 | 공정가치(시가) | 장부금액 |
> |---|---|---|
> | 20X1 | 120,000,000 | 100,000,000 |
> | 20X2 | 90,000,000 | 120,000,000 |
> | 20X3 | 95,000,000 | 90,000,000 |
>
> 위의 정보에 따라 각 연도의 재평가 회계처리 분개를 작성하시오.
>
> **해설**
>
> [20X1년 회계처리]
> **공정가치 상승(120,000,000 − 100,000,000 = 20,000,000)**
> (차변) 토지　　　　　　20,000,000　　(대변) 재평가잉여금　　　20,000,000
>
> [20X2년 회계처리]
> **공정가치 하락(120,000,000 → 90,000,000 = 30,000,000 감소)**
> 기존 재평가잉여금 20,000,000이 있으므로 그 범위까지는 **자본에서 차감**, 초과분 10,000,000은 **재평가손실로 손익에 인식**
> (차변) 재평가잉여금　　20,000,000　　(대변) 토지　　　　　　30,000,000
> 　　　　재평가손실　　10,000,000
>
> [20X3년 회계처리]
> **공정가치 상승 (90,000,000 → 95,000,000 = 5,000,000 증가)**
> 전년도에 인식한 재평가손실 10,000,000 중 일부(5,000,000)를 **손익으로 환입 가능**
> (차변) 토지　　　　　　5,000,000　　(대변) 재평가이익　　　　5,000,000

(8) 유형자산 제거

유형자산을 처분하는 경우에는 보통 처분금액과 장부금액이 다르기 때문에 처분이익이나 처분손실이 발생하게 된다. 유형자산을 제거할 경우에는 당기 회계연도의 제거시점까지의 유형자산의 감가상각누계액을 고려하여 유형자산 처분손익을 인식해야 한다.

<유형자산 제거시의 회계처리>

장부금액(취득금액-감가상각누계액) > 처분금액				장부금액(취득금액-감가상각누계액) < 처분금액			
(차) 현금	xxx	(대) 유형자산	xxx	(차) 현금	xxx	(대) 유형자산	xxx
감가상각누계액	xxx	유형자산처분이익	xxx	감가상각누계액	xxx		
				유형자산처분손실	xxx		

기출 이론문제 — 유형자산

01 한국채택 국제회계기준하에서 유형자산 관련 용어에 대한 설명 중 틀린 것은? 72회 기출문제

① 감가상각: 자산의 감가상각대상금액을 그 자산의 내용연수에 걸쳐 체계적으로 배분하는 것
② 내용연수: 기업이 자산을 사용할 수 있을 것으로 예상하는 기간이나 자산에서 얻을 것으로 예상하는 생산량 또는 이와 비슷한 단위 수량
③ 잔존가치: 자산이 이미 오래되어 내용연수 종료시점에 도달하였다는 가정하에 자산의 처분으로부터 현재 획득할 금액에서 추정 처분부대원가를 차감한 금액의 추정치
④ 회수가능액: 자산을 취득하기 위하여 자산의 취득시점이나 건설시점에서 지급한 현금 또는 현금성자산이나 제공한 기타 대가의 공정가치

02 다음은 기계장치와 관련된 12월 31일 현재의 계정내용이다. 20X2년 아래의 건설기계의 처분손익은 얼마인가? 72회 기출문제

- 기계장치는 20X1.1.1. 취득하였으며, 내용연수는 5년, 상각방법은 정액법을 적용한다.
- 국고보조금은 건설기계 취득 시 즉시 수령하였다.
- 건설기계 취득원가: 2,000,000원
- 20X2년 12월 31일 현재 감가상각누계액 계정 잔액: 800,000원
- 20X2년 12월 31일 현재 국고보조금 계정 잔액: 600,000원
- 20X2년 12월 31일에 건설기계를 1,100,000원에 처분하였다.

① 처분이익 100,000원 ② 처분손실 500,000원
③ 처분이익 500,000원 ④ 처분손실 100,000원

03 ㈜세무는 20X1년 3월 1일 업무용 건물을 취득하면서 관련 원가 또는 비용을 다음과 같이 지출하였다. 20X1년 말 업무용 건물에 대한 감가상각비를 계산하면 얼마인가? (단, 토지 없이 건물만을 취득한것으로, 감가상각방법은 정액법으로 하고, 월할계산하며, 내용연수는 20년으로 계산한다) 73회 기출문제

일자	내역	금액
20X1.03.01.	업무용 건물 취득대금	50,000,000원
20X1.03.01.	업무용 건물 취득세	1,000,000원
20X1.03.08.	업무용 건물 이사대금	1,200,000원
20X1.03.08.	업무용 건물 중개수수료	3,000,000원
20X1.03.09.	업무용 건물 출입문 도어락 설치비	500,000원
20X1.03.11.	업무용 건물 선불 관리비	800,000원

① 2,700,000원   ② 2,083,333원   ③ 2,320,833원   ④ 2,250,000원

04 ㈜한결은 사용하던 승용차를 ㈜승원의 기계장치와 교환하기로 하였다. 동 승용차의 장부가액은 1,500,000원(취득가액 10,000,000원)이고, 추가로 400,000원을 현금으로 지급하였다. 승용차의 공정가액이 1,700,000원인 경우 당기의 유형자산처분손익은 얼마인가? 73회 기출문제

① 이익 600,000원   ② 손실 600,000원   ③ 이익 200,000원   ④ 손실 200,000원

05 ㈜한결은 사용하던 기계장치를 ㈜승원의 차량과 교환하기로 하였다. 동 기계장치는 취득가액 10,000,000원, 감가상각누계액 8,500,000원이고, 추가로 500,000원을 현금지급 하였다. 제공한 기계장치의 공정가액이 1,700,000원인 경우 취득한 차량운반구의 취득가액은 얼마인가 75회 기출문제

① 2,200,000원   ② 1,700,000원   ③ 1,500,000원   ④ 1,300,000원

정답 및 해설

01 ④ 회수가능액: 자산의 순공정가치와 사용가치 중 더 많은 금액(K-IFRS 제1016호)

02 ③ 20X2년 건설기계의 처분이익: 1,100,000원 − 600,000원 = 500,000원

03 ④ 감가상각대상금액 = 취득대금 + 취득세 + 중개수수료 = 54,000,000원,
감가상각비 = 감가상각대상금액 ÷ 20년 × 10/12 = 2,250,000원

04 ③ 다른 종류의 자산과의 교환으로 취득한 유형자산의 취득원가는 교환을 위하여 제공한 자산의 공정가치로 측정한다. 자산의 교환에 현금수수액이 있는 경우에는 현금수수액을 반영하여 취득원가를 결정한다.(일반기업회계기준 10장 10.18)

(차) 기계장치	2,100,000원	(대) 차량운반구	10,000,000원
감가상각누계액	8,500,000원	현금	400,000원
		유형자산처분이익	200,000원

05 ①

(차) 차량운반구	2,200,000원	(대) 기계장치	10,000,000원
감가상각누계액	8,500,000원	현금	500,000원
		유형자산처분이익	200,000원

06 12월 말 결산인 ㈜정한은 20X1년 7월 1일 기계장치를 500,000원에 취득(추정내용년수 10년, 잔존가치 없음, 정액법 상각)하였으며, 정부로부터 상환의무가 없는 50,000원의 보조금을 받았다. 20X3년 7월 1일에 동 기계장치를 300,000원에 처분 시 유형자산 처분손익은 얼마인가?(단, 기계장치의 장부금액을 결정할 때 취득원가에서 정부보조금을 차감하는 원가차감법을 사용한다.)

76회 기출문제

① 처분이익 40,000원
② 처분손실 40,000원
③ 처분이익 60,000원
④ 처분손실 60,000원

07 다음 중 유형자산 취득원가에 포함되지 않는 것은?

77회 기출문제

① 당해 취득자산의 설치비
② 당해 취득자산의 취득세 등 취득과 직접 관련된 제세공과금
③ 당해 취득자산으로 생산되는 제품을 소개하는데 소요되는 원가
④ 당해 취득자산이 정상적으로 작동되는지 여부를 시험하는 과정에서 발생되는 원가

08 다음의 자료에서 20X2년 결산서에 반영된 감가상각비와 감가상각누계액은 얼마인가?

78회 기출문제

- 취 득 일: 20X1년 1월 1일
- 취득금액: 1,000,000원
- 상각법: 정률법
- 정률: 20%

① 감가상각비 160,000원, 감가상각누계액 360,000원
② 감가상각비 200,000원, 감가상각누계액 360,000원
③ 감가상각비 160,000원, 감가상각누계액 400,000원
④ 감가상각비 200,000원, 감가상각누계액 400,000원

09 다음 중 유형자산의 취득원가를 증가시키는 항목에 포함되는 것은?

80회 기출문제

① 건물 신축과 관련해서 기존건물 철거과정에서 발생하는 폐자원의 판매 수익
② 유형자산과 관련하여 새로운 고객층을 대상으로 영업을 하는데 소요되는 직원 교육훈련비
③ 유형자산이 정상적으로 작동되는지 여부를 시험하는 과정에서 발생하는 원가
④ 경영진이 의도하는 방식으로 가동할 수 있으나 아직 실제로 사용되지 않는 경우 발생하는 원가

10 ㈜백두산이 전기 7월 1일에 구입한 기계장치의 감가상각비(정률법상각)에 대한 내용은 다음과 같다. 기계장치의 취득가액은 얼마인가?
80회 기출문제

- 회계연도: 1월 1일부터 12월 31일까지
- 내용연수: 10년
- 당기 감가상각비: 1,800,000원
- 취득 후 월할계산방식에 따라 감가상각비를 계상하였다.
- 기계장치 취득가액: ?원
- 정률법에 의한 상각율: 0.2
- 당기말 감가상각누계액: 2,800,000원

① 9,000,000원 ② 10,000,000원 ③ 14,000,000원 ④ 20,000,000원

11 다음 중 자본적 지출을 수익적 지출로 회계처리했을 때의 효과가 아닌 것은?
81회 기출문제

① 당기순이익이 과대계상된다.
② 자산이 과소계상된다.
③ 주당순이익이 감소한다.
④ 수익, 비용의 대응이 이루어지지 않는다.

정답 및 해설

06 ④ 20X3년 7월 1일 감가상각 후 기계장치: 500,000원 − (500,000원−0) × 2/10 = 400,000원
  20X3년 7월 1일 정부보조금잔액: 50,000원 − (50,000원 × 2/10) = 40,000원
  20X3년 7월 1일 유형자산처분손익: 300,000원 − (400,000원−40,000원) = △ 60,000원

07 ③ 당해 취득자산으로 생산되는 제품을 소개하는데 소요되는 원가는 광고 및 판촉활동과 관련된 비용으로 판매관리비에 해당한다.(일반기업회계기준 제10장 유형자산)

08 ① 20X1년말: 1,000,000원 × 0.2 = 200,000원
  20X2년말: 800,000원 × 0.2 = 160,000원

09 ③ 유형자산이 정상작동여부를 확인하는 시운전비는 취득원가에 포함된다.(일반기업회계기준 10.8)

10 ② 1) 취득가액 = A, 2) (취득가액 − 전기말감가상각누계액) × 상각율 = 당기 감가상각비
  [A − (2,800,000원 − 1,800,000원)] × 0.2 = 1,800,000원
  0.2A − 200,000원 = 1,800,000원
  0.2A = 2,000,000원 ∴ A = 10,000,000원

11 ① 비용이 과대 계상되어 당기순이익이 과소계상 된다.

12 다음은 ㈜세무의 차량구입에 대한 내역이다. 차량의 취득원가와 20X1년 감가상각비로 맞는 것은

- ㈜세무는 20X1년 10월 1일 영업목적 승용차를 50,000,000원에 취득하다.
- 차량취득세 및 등록부대비용이 1,750,000원 발생하다.
- 차량 구입 후 자동차 타이어를 스노우타이어(1,000,000원)로 교체하였으며 이중 50%를 자동차 대리점으로부터 지원받다.
- ㈜세무의 차량운반구의 잔존가액은 "0원"이고, 내용연수는 5년이며 감가상각방법은 정액법이며 월할 상각한다.
- ㈜세무의 회계처리는 기업회계기준에 따르되 이익을 최소화 하는 방향으로 한다.

	취득원가	감가상각비		취득원가	감가상각비
①	52,750,000원	2,637,500원	②	51,750,000원	2,587,500원
③	51,750,000원	10,350,000원	④	52,250,000원	2,612,500원

13 ㈜백두산이 전기 7월 1일에 구입한 기계장치를 20X2년 12월 31일 6,000,000원에 매각하였다. 기계장치와 관련된 자료가 다음과 같을 때 기계장치의 처분손익은 얼마인가?

- 회계연도: 1월 1일부터 12월 31일
- 내용연수: 5년
- 당기 감가상각비: 1,800,000원
- 잔존가액: 0원
- 기계장치 취득가액: ?원
- 정액법에 의한 상각율: 0.2
- 당기말 감가상각누계액: 2,700,000원
- 취득 후 월할계산 방식에 따라 감가상각비를 계상하였으며 당기 감가상각비를 계상한 후 매각하였다.

① 처분손실 300,000원
② 처분이익 300,000원
③ 처분이익 3,000,000원
④ 처분손실 3,000,000원

14 다음 중 유형자산의 취득원가에 대한 설명으로 틀린 것은?

① 새 건물을 신축하기 위하여 기존 건물이 있는 토지를 취득하고 그 건물을 철거하는 경우 기존 건물의 철거 관련 비용은 건물의 취득원가에 포함한다.
② 현물출자, 증여, 기타 무상으로 취득한 유형자산은 공정가치를 취득원가로 한다.
③ 유형자산을 사용하거나 이전하는 과정에서 발생하는 원가는 당해 유형자산의 장부금액에 포함하여 인식하지 아니한다.
④ 새로운 상품과 서비스를 소개하는데 소요되는 원가는 유형자산의 취득원가에 포함하지 않는다.

15 ㈜세무는 보관 창고를 자가건설하기 위해 ㈜회계의 낡은 창고를 700,000,000원(토지가격: 500,000,000원, 건물가격: 200,000,000원)에 구입하였다. 기존건물을 철거하기 위하여 철거비용 20,000,000원과 토지정지비용 8,000,000원을 지출하였고 철거건물의 잔존폐물을 5,000,000원에 처분하였다. 토지와 건물의 취득원가는 얼마인가? *87회 기출문제*

① 토지: 528,000,000원, 건물: 200,000,000원
② 토지: 523,000,000원, 건물: 200,000,000원
③ 토지: 723,000,000원, 건물: 0원
④ 토지: 728,000,000원, 건물: 0원

16 다음 중 차입원가의 자본화에 대한 설명으로 옳지 않은 것은? *88회 기출문제*

① 차입원가 자본화는 유형자산, 무형자산 및 투자부동산과 특정요건을 충족하는 재고자산("적격자산")에 대하여 적용이 가능하다.
② 차입원가의 회계처리방법은 매 회계기간마다 각 적격자산별로 새로운 방법으로 반드시 변경하여 적용하여야 한다.
③ 차입원가의 자본화는 적격자산에 대한 지출이 있었고, 차입원가가 발생하였으며, 적격자산을 의도한 용도로 사용하거나 판매하기 위한 취득활동이 진행 중이라는 조건이 모두 충족되는 시기에 인식한다.
④ 차입원가의 자본화는 적격자산을 의도된 용도로 사용하거나 판매 가능한 상태에 이르게 하는데 필요한 대부분의 활동이 완료된 시점에서 종료한다.

정답 및 해설

12 ② 차량 취득원가 = 50,000,000원 + 1,750,000원 = 51,750,000원 (차량용 스노우타이어교체비용은 즉시비용)
감가상각비 = 51,750,000원/5년 × 3/12 = 2,587,500원 (법인세법에 따라 내용연수 5년, 정액법으로 감가상각)

13 ① 1. 취득가액 = A, 2. (취득가액−잔존가액) × 상각율 = 당기 감가상각비
A × 0.2 = 1,800,000원, A = 9,000,000원
처분손익 = 양도가액 − 기계장치의 장부가액(취득가액−당기말 감가상각누계액)
처분손익 = 6,000,000원 − (9,000,000원 − 2,700,000원) = △300,000원(처분손실)

14 ① 새 건물을 신축하기 위하여 기존 건물이 있는 토지를 취득하고 그 건물을 철거하는 경우 기존 건물의 철거 관련 비용에서 철거된 건물의 부산물을 판매하여 수취한 금액을 차감한 금액은 토지의 취득원가에 포함한다.(일반기업회계기준서 10.13)

15 ③ 토지의 취득원가: 700,000,000원 + 20,000,000원 + 8,000,000원 − 5,000,000원 = 723,000,000원, 건물의 취득원가: 0원

16 ② 차입원가의 회계처리방법은 모든 적격자산에 대하여 매기 계속하여 적용하고, 정당한 사유 없이 변경하지 않는다.

17 다음은 공장건설과 관련한 내역이다. 당사의 결산일은 12월 31일이다. 20X1년 4월 1일에 공사를 시작하여 20X3년 5월 31일 준공예정으로 특정차입금은 540,000원(차입기간: 20X1.4.1.-20X2.12.31.)이고 연이자율은 10%이다. 특정차입금 중 120,000원은 20X1년에 6개월간 연 8%의 투자수익률로 일시투자하였다. 특정차입금과 관련하여 20X1년도에 자본화대상 차입원가는 얼마인가?(이자비용은 월할상각한다.)   92회 기출문제

① 35,700원 　② 40,500원 　③ 49,200원 　④ 54,000원

18 ㈜세무는 사용하던 기계장치를 ㈜대한의 차량운반구와 교환하였다. 해당 기계장치의 장부가액은 5,000,000원이고, 추가로 200,000원을 ㈜대한으로부터 현금수령하였다. 기계장치의 공정가액이 4,500,000원인 경우 차량운반구의 취득가액은 얼마인가?   91회 기출문제

① 4,300,000원 　② 4,500,000원 　③ 4,800,000원 　④ 5,200,000원

19 다음의 자료를 바탕으로 건물 구입 후 즉시 철거한 경우 해당 토지의 취득원가를 구하면 얼마인가?   92회 기출문제

- 토지 구입가액: 80,000,000원
- 토지 취득세: 3,680,000원
- 토지 재산세: 240,000원
- 토지 등기비용: 400,000원
- 기존 건물 철거비용: 7,000,000원
- 기존 건물 폐자재 매각대금: 1,000,000원

① 84,080,000원 　② 90,080,000원 　③ 90,320,000원 　④ 91,080,000원

20 다음 중 유형자산의 인식요건에 해당하는 것을 모두 고른 것은?   95회 기출문제

가. 자산으로부터 발생하는 미래경제적효익이 기업에 유입될 가능성이 매우 높다.
나. 자산의 원가를 신뢰성 있게 측정할 수 있다.
다. 자산이 분리 가능하여야 한다.
라. 자산이 통제 가능하여야 한다.

① 가 　② 가, 나 　③ 가, 나, 다 　④ 가, 나, 다, 라

21 다음은 ㈜충현의 신축건물 건설과 관련한 내역이다. 당사의 결산일은 12월 31일이다. 20X2년도 공사대금평균지출액(공사기간 20X2.4.1~20X3.5.31)은 350,000원이며, 특정차입금은 720,000원(차입기간 20X2.4.1.~20X3.5.31., 연이자율 10%)이다. 20X2년도에 일반차입금의 자본화대상 차입원가는 얼마인가?(이자비용은 월할상각한다.) 96회 기출문제

일반차입금종류	차입금액	차입기간	연이자율
대한은행	300,000원	20X1.7.1.-20X2.12.31.	8%
신라은행	200,000원	20X2.1.1.-20X2.12.31.	10%

① 0원　　② 46,500원　　③ 45,756원　　④ 48,258원

22 다음 중 유형자산과 관련한 일반기업회계기준 내용으로 맞지 않는 것은? 97회 기출문제
① 정부보조 등에 의해 유형자산을 공정가치보다 낮은 대가로 취득한 경우 그 유형자산의 취득원가는 대가를 지급한 금액으로 한다.
② 자가건설 과정에서 원재료, 인력 등의 낭비로 인한 비정상적인 원가는 취득원가에 포함하지 않는다.
③ 다른 종류의 자산과의 교환을 위하여 제공한 자산의 공정가치가 불확실한 경우에는 교환으로 취득한 자산의 공정가치를 취득원가로 할 수 있다.
④ 새로운 상품과 서비스를 소개하는데 소요되는 원가는 유형자산의 원가로 포함하지 않는다.

정답 및 해설

17 ① 40,500원 { = 540,000원 * 0.1 * (9/12)} − 4,800원 { = 120,000원 * 0.08 * 6/12} = 35,700원

18 ① 다른 종류의 자산과의 교환으로 취득한 유형자산의 취득원가는 교환을 위하여 제공한 자산의 공정가치로 측정한다. 자산의 교환에 현금수수액이 있는 경우에는 현금수수액을 반영하여 취득원가를 결정한다.(일반기업회계기준 10.18)
취득원가 = 제공한 자산의 공정가치 + 현금지급액 − 현금수령액
즉 4,300,000원 = 4,500,000원 − 200,000원

19 ② 건물 구입 후 즉시 철거시 철거비용은 토지의 취득원가에 포함하고, 철거 폐자재 매각수입은 토지의 취득원가에서 차감한다. 취득시 각종 부대비용은 취득가액에 포함되지만 재산세는 취득과 관련이 없으므로 포함하지 않는다.(일반기업회계기준 10.13)

20 ② 다, 라는 무형자산의 인식요건에 해당한다.

21 ① 공사대금평균지출액(350,000) − 특정차입금평균지출액[720,000 × (9/12) = 540,000] = −190,000
특정차입금이 공사대금보다 크므로 일반차입금 자본화대상 차입원가를 계상할 필요가 없다.

22 ① 일반기업회계기준 10.21, 정부보조 등에 의해 유형자산을 무상, 공정가치보다 낮은 대가로 취득하는 경우 취득원가는 취득일의 공정가치로 한다.

23 ㈜세무는 사용하던 마스크제조기계를 ㈜회계의 차량과 교환하기로 하였다. 동 마스크제조기계의 취득가액은 200,000,000원, 감가상각누계액은 90,200,000원이고, 추가로 ㈜세무는 ㈜회계로부터 현금 100,000,000원을 수령하였다. 마스크제조기계의 공정가치가 120,000,000원인 경우 이 교환거래가 ㈜세무의 당기손익에 미치는 영향으로 올바른 것은?
98회 기출문제

① 당기순이익 10,200,000원 증가 ② 당기순이익 10,200,000원 감소
③ 당기순이익 9,800,000원 증가 ④ 당기순이익 9,800,000원 감소

24 다음 중 유형자산에 대한 설명으로 옳은 것은 모두 몇 개인지 고르시오.
100회 기출문제

㉠ 동종자산 간에 교환하는 경우에 취득하는 자산의 원가는 제공하는 자산의 장부금액으로 처리한다.
㉡ 감가상각비는 다른 자산의 제조와 관련된 경우에는 관련 자산의 제조원가로 처리하고, 그 밖의 경우에는 영업외비용으로 처리한다.
㉢ 건물을 신축하기 위하여 사용 중인 기존 건물을 철거하는 경우, 기존 건물의 장부가액은 제거하여 처분손실로 반영하고, 철거비용은 전액 당기비용으로 처리한다.
㉣ 정부보조금을 받아 취득하는 유형자산의 경우 취득원가는 취득일의 공정가액으로 한다.
㉤ 감가상각대상금액은 취득원가에서 취득부대비용을 차감한 금액을 말한다.

① 2개   ② 3개   ③ 4개   ④ 5개

25 ㈜세무는 20X2년 새로 취득한 차량의 감가상각방법으로 정률법을 채택하였으나 회계부서의 실수로 정액법으로 감가상각비를 인식하였다. 이로 인해 20X2년 기말 재무제표에 미치는 영향으로 옳은 것은?
101회 기출문제

	감가상각비	당기순이익	차량의 장부가액
①	감소	증가	감소
②	감소	증가	증가
③	증가	감소	감소
④	증가	감소	증가

26 다음은 ㈜세계의 20X2.12.31. 현재 고정자산명세서의 일부이다. 빈칸에 들어갈 금액으로 맞는 것은? 단, 해당 자산의 잔존가치는 없다.

102회 기출문제

고정자산명세서

(20X2.12.31. 현재)

㈜세계 (단위: 원)

자산명	취득일자	기초가액	당기증감	기말잔액	감가상각누계액	내용연수	상각방법
비품	20X2.10.01.	(1)	0	2,375,000	(2)	5년	정액법

	(1)	(2)		(1)	(2)
①	3,000,000원	625,000원	②	2,500,000원	125,000원
③	2,750,000원	375,000원	④	2,666,667원	291,667원

27 다음 중 유형자산의 취득원가에 포함되지 않는 것은?

103회 기출문제

가. 새로운 상품과 서비스를 소개하는 데에 발생하는 지출액
나. 유형자산이 정상적으로 작동하는지 여부를 시험하는 과정에서 발생하는 지출액
다. 유형자산의 설치장소 준비를 위하여 발생하는 지출액
라. 자산을 보유하면서 원상복구를 위해 발생되는 지출액

① 가 ② 나, 다 ③ 다, 라 ④ 가, 라

정답 및 해설

23 ① 다른 종류의 자산과의 교환으로 취득한 유형자산의 취득원가는 교환을 위하여 제공한 자산의 공정가치로 측정한다. 다만, 교환을 위하여 제공한 자산의 공정가치가 불확실한 경우에는 교환으로 취득한 자산의 공정가치를 취득원가로 할 수 있다. 자산의 교환에 현금수수액이 있는 경우에는 현금수수액을 반영하여 취득원가를 결정한다(일반기업회계기준 10.18).

(차) 차량운반구	20,000,000원	(대) 기계장치	200,000,000원
감가상각누계액	90,200,000원	유형자산처분이익	10,200,000원
현금	100,000,000원		

24 ② ⓒ 감가상각비는 제조와 관련된 경우는 제조원가로 처리하고, 그 밖의 경우에는 판매비와관리비로 처리한다.
ⓔ 감가상각대상금액은 취득가액에서 잔존가액을 차감한 금액을 말한다.

25 ② 유형자산을 신규로 취득한 회계연도의 감가상각비는 정률법보다 정액법이 작다. 그러므로 감가상각비는 감소하고, 당기순이익과 차량의 장부가액은 증가한다.

26 ② • (1) 기초가액: 기초가액을 A로 두면,
   기초가액 A − (기초가액 A × 1/5 × 3/12) = 기말잔액 2,375,000원
   ∴ A = 2,500,000원
• (2) 감가상각누계액: 기초가액 2,500,000원 − 기말잔액 2,375,000원 = 125,000원

27 ④ 가와 라는 유형자산의 취득원가에 포함되지 않는다.

28 유형자산 취득 후의 지출액은 자산(자본적지출) 또는 비용(수익적지출)으로 인식될 수 있다. 다음 중 가장 틀린 설명은?

105회 기출문제

① 자본적지출이란 내용연수의 연장 등 자산의 가치를 증대시키는 지출액을 말한다.
② 상가 건물 취득 후 지출된 벽면 도색을 위한 지출액은 수익적지출에 해당한다.
③ 자본적지출을 수익적지출로 처리한 경우 당기순이익은 과대계상된다.
④ 수익적지출을 자본적지출로 처리한 경우 자본은 과대계상된다.

29 기계장치에 대한 자료가 다음과 같을 때 20X2년 감가상각비로 계상하여야 할 금액은 얼마인가?

105회 기출문제

- 기계장치 취득원가: 1,000,000원
- 정부보조금 수령액: 300,000원
- 취득일자: 20X1년 7월 1일
- 내용연수: 5년
- 상각방법: 정액법
- 잔존가치: 없음
- 기계장치 취득과 관련하여 정부보조금을 수령하고, 이를 자산차감법으로 인식함.

① 70,000원　② 100,000원　③ 140,000원　④ 200,000원

30 다음은 건설기계와 관련된 12월 31일 현재의 계정내용이다. 이에 대한 설명으로 틀린 것은?

48회 기출문제

- 건설기계는 2X1.1.1. 취득하였으며, 내용연수는 10년, 상각방법은 정액법을 적용한다.
- 국고보조금은 건설기계 취득 시 즉시 수령하였다.
- 건설기계취득원가: 10,000,000원
- 20X1년 12월 31일 현재 감가상각누계액 계정잔액: 1,000,000원
- 20X1년 12월 31일 현재 국고보조금 계정잔액: 4,500,000원
- 20X2년 1월 1일에 건설기계를 5,500,000원에 처분하였다.

① 20X2년 건설기계의 처분이익은 500,000원이다.
② 20X1년 수령한 국고보조금 총액은 5,000,000원이다.
③ 20X1년 당기순이익에 미치는 영향은 500,000원이다.
④ 20X1년말 건설기계의 장부가액은 4,500,000원이다.

정답 및 해설

28 ③ 자본적지출을 수익적지출로 처리한 경우 비용이 과대계상되어 당기순이익은 과소 계상된다.

29 ③ 140,000원 = 기계장치 감가상각비 200,000원 − 정부보조금 상각비 60,000원
- 기계장치 감가상각비: 1,000,000원/5년 = 200,000원
- 정부보조금 상각비: 300,000원/5년 = 60,000원

30 ① 20X2년초 건설기계의 처분이익 = 5,500,000 − 4,500,000 = 1,000,000원

07 무형자산

무형자산이란 기업의 영업활동에 장기간 사용할 목적으로 취득하는 물리적 실체가 없는 자산으로 기업이 법률적 권리 또는 경제적인 효익을 얻을 수 있는 자산이다. 무형자산은 기업이 통제하는 자산으로 식별가능성이 있으며 내부창출이 가능한 비화폐성자산을 말한다.

> (1) 영업권
> (2) 저작권, 특허권 등의 산업재산권, 용역운영권
> (3) 컴퓨터소프트웨어, 브랜드명, 제호와 출판표제
> (4) 라이선스와 프랜차이즈, 기법, 방식, 모형, 설계 및 시제품
> (5) 개발중인 무형자산

무형자산으로 정의되기 위해서는 다음의 세가지 요건을 모두 만족하여야 한다.

① 식별가능성
   식별가능성은 특정 무형자산을 다른 자산과 구분하여 별도로 인식할 수 있음을 의미한다. 무형자산이 식별가능성 조건을 충족하기 위해서 당해 자산이 분리가능 하거나, 당해 자산이 계약상 권리 또는 기타 법적권리부터 발생하여야 한다.

② 자원에 대한 통제
   통제란 특정자원에서 유입되는 미래경제적 효익을 확보할 수 있고 그 효익에 대한 제3자의 접근을 제한할 수 있음을 의미한다. 이 때 법적인 권리가 없는 경우에도 다른 방법을 미래경제적효익을 통제할 수도 있다.

③ 미래경제적효익의 존재
   무형자산으로 인식하기 위해서는 미래에 현금유입을 증가시키거나 현금유출을 감소시키는 능력인 미래경제적 효익이 반드시 존재해야 한다.

(1) 영업권

영업권은 대표적인 무형자산으로 기업과 분리되어 독립적으로 발생되거나 거래될 수 없으며, 합병·영업양수 및 전세권취득 등의 경우에 유상으로 취득한 것만을 계상한다. 다른 무형자산과는 다르게 기업과 식별이 불가능하며 내부창출이 불가능하다.

(2) 산업재산권

산업재산권이란 법률에 의하여 일정기간 독점적·배타적으로 이용할 수 있는 권리로서 특허권·실용신안권·의장권 및 상표권 등이 있다. 이용할 수 있는 권리이다.

(3) 소프트웨어

컴퓨터 소프트웨어 구입을 위하여 지출한 금액으로 기업경영시스템 구축을 위한 ERP구입 등이 대표적인 예이다.

(4) 개발비

신제품 또는 신기술의 개발과 관련하여 발생한 비용(소프트웨어 개발과 관련된 비용 포함)으로 미래의 효익을 확실하게 기대할 수 있는 것을 말한다. 무형자산을 창출하기 위한 내부 프로젝트를 연구단계와 개발단계로 구분할 수 없는 경우에는 그 프로젝트에서 발생한 지출은 모두 연구단계에서 발생한 것으로 본다.

구분	내용	회계처리
경상연구개발비	연구활동과 관련된 비용	제조원가나 판매비와관리비
	자산인식요건을 충족하지 못한 개발비	
개발비	자산인식요건을 충족한 개발비	무형자산

(5) **기타**

① 광업권: 일정한 광구에서 광물을 채굴할 수 있는 권리
② 어업권: 일정한 해역에서 독점적, 배타적으로 어업을 경영할 수 있는 권리
③ 저작권: 저작물에 대하여 저작자가 독점적, 배타적으로 이용할 수 있는 권리
④ 라이선스: 타기업이나 타인이 소유하고 있는 제품 제조와 관련된 신기술과 노하우 등을 소유자의 허가를 얻어 생산하는 것을 말한다.
⑤ 프랜차이즈: 특정한 상품, 상표 등을 독점적으로 사용할 수 있는 권리

(6) **무형자산의 취득**

무형의 자원을 재무상태표에 무형자산으로 인식하기 위해서는 그 항목이 정의충족, 효익가능성, 측정가능성의 조건을 모두 충족한다는 사실을 기업이 제시하여야 한다. 미래경제적효익을 위해 지출이 발생하더라도 인식할 수 있는 무형자산이나 다른 자산이 획득 또는 창출되지 않는다면 관련된 지출은 즉시 비용으로 인식한다.

<무형자산의 범위>

구분		무형자산의 취득원가
개별취득	원칙	구입가격 + 직접관련원가
	장기연불구입	미래현금흐름의 현재가치인 현금가격상당액
사업결합으로 인한 취득	공정가치 측정가능	당해 공정가치를 영업권과 분리하여 별도로 인식
	공정가치 측정불능	영업권으로 통합하여 인식
정부보조에 의한 취득	원칙	취득한 무형자산을 공정가치로 인식
	예외	명목상금액 + 직접관련원가
교환에 의한 취득	원칙	① 제공한 자산의 공정가치 or ② 취득한 자산의 공정가치
	상업적실질 결여	제공한 자산의 장부금액
	공정가치 측정불능	제공한 자산의 장부금액
내부적으로 창출한 무형자산		인식요건을 만족하는 경우 원가를 자산으로 인식
내부적으로 창출한 영업권		무형자산으로 인식하지 않음

(7) **무형자산의 상각**

무형자산도 유형자산처럼 내용연수 동안에 정액법, 정률법, 생산량 비례법 등으로 상각이 가능하나 형체가 없으므로 감가상각이라는 용어 대신 무형자산을 상각한다고 표현한다. 무형자산의 상각방법은 합리적인 상각방법을 정할 수 없는 경우에 정액법을 사용한다. 잔존가치는 없는 것을 원칙으로 하며, 관계법력이나 계약에 정해진 경우를 제외하고 내용연수는 20년을 넘지 아니한다. 무형자산의 상각(손상)을 회계처리하는 방법에는 상각액을 자산가액에서 직접 차감하는 직접법과 무형자산상각누계액(무형자산손상차손누계액)을 별도로 사용하여 당해 자산에서 차감하는 형식으로 표시하는 간접법이 있다(자격시험에서는 직접법을 사용한다). 내용연수가 비한정인 무형자산은 상각하지 아니한다. 다만

매년 그리고 무형자산의 손상을 시사하는 징후가 있을 때마다 회수가능액과 장부금액을 비교하는 손상검사를 수행하여 손상차손을 인식한다.

<무형자산의 법적권리기간>

구분	법적권리기간	근거방법
특허권	출원일로부터 20년, 연장가능	특허권법
실용신안권	출원일로부터 10년, 연장불가능	실용신안법
의장권	출원일로부터 15년, 연장불가능	의장권법
디자인권	출원일로부터 15년, 연장불가능	디자인권법
상표권	등록일로부터 10년, 연장가능	상표법
저작권	저작자의 생존기간 + 사후 50년	저작권법

1) 무형자산 감가상각 회계처리(직접법)

구분	차변		대변	
결산시	무형자산상각비 (당기비용)	×××	개발비	×××

2) 무형자산 감가상각 회계처리(간접법)

구분	차변		대변	
결산시	무형자산상각비 (당기비용)	×××	개발비상각누계액 (자산의 차감적평가계정)	×××

(8) 기타비유동자산

기타비유동자산은 투자자산, 유형자산, 무형자산으로 분류되지 않는 비유동자산을 말한다.

임차보증금	임차보증금은 임차인이 임대인에게 건물이나 부동산을 임대할 때 보증 목적으로 지급하는 금액
장기외상매출금	보고기간 종료일로부터 회수기간이 1년 초과되는 외상매출금
장기받을어음	보고기간 종료일로부터 회수기간이 1년 초과되는 받을어음
부도어음과수표	만기일에 결제되지 않은 어음이나 수표
이연법인세자산	당기말 현재 다음의 항목들로 인하여 미래 회계기간에 회수될 수 있는 법인세금액 ① 차감할 일시적차이 ② 미사용 세무상 결손금의 이월액 ③ 미사용 세액공제 등의 이월액

기출 이론문제 — 무형자산

01 다음 중 개발활동과 관련된 지출에 해당하는 것은? 　　　　　74회 기출문제

① 생산이나 사용 전의 시제품과 모형을 설계, 제작 및 시험하는 활동과 관련된 지출
② 새롭거나 개선된 재료, 장치, 제품, 공정, 시스템, 용역 등에 대한 여러 가지 대체안을 제안, 설계, 평가하는 활동과 관련된 지출
③ 새로운 지식을 얻고자 하는 활동과 관련된 지출
④ 연구 결과 또는 기타 지식을 탐색, 평가, 최종선택 및 응용하는 활동

02 다음은 무형자산에 대한 설명이다. 올바른 설명을 모두 고르시오. 　　82회 기출문제

> 가. 자산에서 발생하는 미래경제적효익이 기업에 유입될 가능성이 매우 높고, 자산의 원가를 신뢰성 있게 측정할 수 있는 경우에만 무형자산을 인식한다.
> 나. 내부적으로 창출한 영업권은 자산으로 인식하지 아니한다.
> 다. 무형자산의 상각대상금액을 내용연수 동안 체계적으로 배분하기 위해 다양한 방법을 사용할 수 있다.
> 라. 무형자산의 사용이나 처분으로부터 미래경제적효익이 기대되지 않을 때 재무상태표에서 제거한다.

① 나, 라　　② 가, 나, 라　　③ 라　　④ 가, 나, 다, 라

03 다음 중 일반기업회계기준상 무형자산에 관한 설명으로 옳지 않은 것은? 　　86회 기출문제

① 무형자산의 상각기간은 독점적·배타적인 권리를 부여하고 있는 관계 법령이나 계약에 정해진 경우를 제외하고는 20년을 초과할 수 없다.
② 무형자산의 잔존가치는 취득가액의 5%를 원칙으로 한다.
③ 무형자산의 상각은 자산이 사용가능한 때부터 시작한다.
④ 무형자산의 공정가치 또는 회수가능액이 증가하더라도 상각은 원가에 기초한다.

04 일반기업회계기준 상 무형자산으로 인식하기 위한 요건이 아닌 것은? 　　90회 기출문제

① 권리의 법적 집행 가능성　　② 기업의 통제
③ 식별 가능성　　④ 미래 경제적 효익

05 다음 중 기업회계기준상 무형자산에 관한 설명으로 틀린 것은? *99회 기출문제*

① 프로젝트의 연구단계에서는 미래경제적효익을 창출할 무형자산이 존재한다는 것을 입증할 수 없기 때문에 연구단계에서 발생한 지출은 무형자산으로 인식할 수 없고 발생한 기간의 비용으로 인식한다.
② 새롭거나 개선된 재료, 장치, 제품, 공정, 시스템, 용역 등에 대한 여러 가지 대체안을 제안, 설계, 평가 및 최종 선택하는 활동은 연구단계에 속하는 활동이다.
③ 새롭거나 개선된 재료, 장치, 제품, 공정, 시스템 및 용역 등에 대하여 최종적으로 선정된 안을 설계, 제작 및 시험하는 활동은 개발단계에 속하는 활동이다.
④ 무형자산을 창출하기 위한 내부 프로젝트를 연구단계와 개발단계로 구분할 수 없는 경우에는 그 프로젝트에서 발생한 지출은 모두 개발단계에서 발생한 것으로 본다.

정답 및 해설

01 ① 개발 활동 지출
  1) 생산이나 사용 전의 시제품과 모형을 설계, 제작, 시험하는 활동
  2) 새로운 기술과 관련된 공구, 지그, 주형, 금형 등을 설계하는 활동
  3) 상업적 생산 목적으로 실현가능한 경제적 규모가 아닌 시험공장을 설계, 건설, 가동하는 활동
  4) 신규 또는 개선된 재료, 장치, 제품, 공정, 시스템이나 용역에 대하여 최종적으로 선정된 안을 설계, 제작, 시험하는 활동

02 ④ 일반기업회계기준 무형자산 제11장

03 ② ① 11.26, ② 11.33 무형자산의 잔존가치는 없는 것을 원칙으로 한다. ③ 11.26, ④ 11.27
  (일반기업회계기준 11.26, 11.27, 11.33)

04 ① 권리의 법적 집행가능성은 무형자산으로 인식하기 위한 요건은 아니다.(일반기업회계기준 11.5)

05 ④ [일반기업회계기준 제11장 문단 11.18] 무형자산을 창출하기 위한 내부 프로젝트를 연구단계와 개발단계로 구분할 수 없는 경우에는 그 프로젝트에서 발생한 지출은 모두 연구단계에서 발생한 것으로 본다.

05 유동부채

01 유동부채

부채란 과거사건에 의하여 발생하였으며 경제적 효익이 내재된 자원이 기업으로부터 유출됨으로써 이행될 것으로 기대되는 현재의무를 말한다. 유동부채는 미래 특정 실체에게 자산의 이전이나, 용역을 제공해야 할 현재의 의무로서 1년 이내에 만기가 도래하는 부채이다. 유동부채에는 매입채무(외상매입금, 지급어음), 미지급금, 단기차입금, 선수금 등이 있다.

(1) 부채는 과거의 거래나 사건의 결과로 발생
(2) 현재 부담하고 있는 의무
(3) 미래 경제적 효익의 유출

구분	내용
외상매입금	일반적 상거래에서 발생하는 외상으로 매입한 상품, 원재료 대금
지급어음	일반적 상거래에서 발생한 약속어음의 발행금액
미지급금	일반적인 상거래에서 발생한 상품이외의 미지급대금
단기차입금	1년 이내에 상환할 차입금과 금융기관의 당좌차월액
선수금	물품의 주문계약금, 수주공사, 수주품의 선수금
예수금	종업원등에게 일시적으로 예수한 금액
미지급비용	이미 발생된 비용으로 아직 지급하지 않은 것
미지급세금	법인세, 주민세등의 미지급액
미지급배당금	이익잉여금처분상의 현금배당액
유동성 장기부채	비유동부채중 1년 이내에 상환될 것
선수수익	이미 받은 수익중 차기 이후에 속하는 금액

(1) 매입채무

1) 외상매입금
원재료 및 상품을 외상으로 매입하고 대금을 나중에 지급하는 것을 외상매입금이라고 한다.

2) 지급어음
원재료, 상품 매입에 의하여 발생하는 어음상의 채무를 처리하는 부채계정이다.

↓	지 급 어 음	↑
(어음 채무의 감소)	(어음 채무의 증가)	
① 어음 금액의 지급	① 약속어음의 발행	
	② 환어음의 인수	
	③ 자기앞 환어음 발행	

(2) 기타채무

1) 미지급금
상거래 이외의 거래(유가 증권, 토지, 건물, 비품 등의 거래)에서 발생하는 채무계정이다.

2) 단기 차입금
차용 증서를 써 주고 금전을 차입한 경우 처리하는 계정이다.

3) 선수금
거래 계약을 맺고 대금의 일부를 미리 받은 경우 처리하는 채무계정이다.

4) 예수금
종업원들에게 급여 지급시 근로소득세, 지방소득세, 건강보험료, 고용보험료 등의 일시 예수액을 예수금 계정으로 처리한다.

5) 가수금
계정 과목이나 금액이 미확정인 상태로 현금의 수입이 있는 경우에 일시적으로 처리하는 가계정(假計定)이다. 내용이 밝혀지면 해당 계정에 대체하여 소멸시킨다.

6) 상품권 선수금
후일 상품을 인도한다는 약속으로 발행하는 것으로, 상품권을 발행한 때에는 상품권 선수금 계정의 대변에 기입하고 상품과 교환시 매출로 처리한다.

7) 미지급 배당금
배당결의일 현재 미지급된 현금배당액으로 미처분이익잉여금의 처분액이다.

06 비유동부채

01 비유동부채

재무상태표일로부터 만기가 1년 이후에 도래되는 부채로서 사채, 장기차입금, 장기성매입채무로서 퇴직급여충당금, 수선충당금, 판매보증충당금, 공사보증충당금 등이 있다.

(1) 사채

사채란 회사가 자금융통을 위하여 발행하는 부채로 만기일에 원금을 지급하고 일정한 이자를 지급할 것을 약속하는 채무를 말한다.

1) 사채의 발행

구분	차변		대변	
액면발행 (시장이자율 = 액면이자율)	보 통 예 금	×××	사 채	×××
할인발행 (시장이자율 > 액면이자율)	보 통 예 금 사채할인발행차금	××× ×××	사 채	×××
할증발행 (시장이자율 < 액면이자율)	보 통 예 금	×××	사 채 사채할증발행차금	××× ×××

* 사채의 발행가액 = 만기금액의 현재가치 + 이자지급액의 현재가치
* 사채발행비는 사채발행 금액에서 직접 차감하고, 별도로 비용처리 하지 않는다.

2) 이자비용

사채의 이자비용은 유효이자율법(사채의 장부금액 × 유효이자율)으로 계산한다. 이자지급시 채권자에게 지급하는 금액은 액면이자율로 (사채의 액면금액 × 액면이자율)계산하므로 이자율의 차이가 발생하는 할인발행이나 할증발행시 유효이자와 액면이자 사이에 차액이 발생한다. 유효이자율법은 유효이자와 액면이자 사이의 차액을 이자지급시 상각(환입)한다.

구분	차변		대변	
액면발행	이 자 비 용	×××	보 통 예 금	×××
할인발행	이 자 비 용	×××	보 통 예 금 사채할인발행차금	××× ×××
할증발행	이 자 비 용 사채할증발행차금	××× ×××	보 통 예 금	×××

> **공통사례**
>
> (1) 20X1년 1월 1일 기준 사채발행회사의 시장이자율: 12%
> (2) 사채의 발행일로부터 만기까지의 기간: 20X1년 1월 1일부터 20X3년 12월 31일
> (3) 사채의 액면금액: 1,000,000원
> (4) 12%, 3기간 현가계수와 연금현가계수: 0.71178, 2.40183

1. **사채의 액면발행**: 금융부채의 최초인식 사채의 시장이자율(12%)과 액면이자율(12%)이 동일한 경우에 사채는 액면금액으로 발행된다.

   $$\text{사채의 발행금액} = \frac{120{,}000원}{(1+12\%)^1} + \frac{120{,}000원}{(1+12\%)^2} + \frac{120{,}000원}{(1+12\%)^3} + \frac{1{,}000{,}000원}{(1+12\%)^3}$$
   $$= 1{,}000{,}000원$$

   (1) 사채의 장부금액의 변화

날짜	유효이자(12%)	표시이자(12%)	차이금액 상각	장부금액
20X1.1.1				1,000,000
20X1.12.31	120,000	(120,000)	–	1,000,000
20X2.12.31	120,000	(120,000)	–	1,000,000
20X3.12.31	120,000	(120,000)	–	1,000,000
합계	360,000	(360,000)		

   (2) 사채의 액면발행시 회계처리

날짜	차변		대변	
20X1.1.1	(차) 현금	1,000,000	(대) 사채	1,000,000
20X1.12.31	(차) 이자비용	120,000	(대) 현금	120,000
20X2.12.31	(차) 이자비용	120,000	(대) 현금	120,000
20X3.12.31	(차) 이자비용	120,000	(대) 현금	120,000
20X3.12.31	(차) 사채	1,000,000	(대) 현금	1,000,000

2. **사채의 할인발행**: 금융부채의 최초인식 사채의 시장이자율(12%)보다 액면이자율(10%)이 낮은 경우에 사채는 액면금액 이하로 발행된다.

   $$\text{사채의 발행금액} = \frac{100{,}000원}{(1+12\%)^1} + \frac{100{,}000원}{(1+12\%)^2} + \frac{100{,}000원}{(1+12\%)^3} + \frac{1{,}000{,}000원}{(1+12\%)^3}$$
   $$= 951{,}963원$$

   (1) 사채의 장부금액의 변화

날짜	유효이자(12%)	표시이자(10%)	차이금액 상각	장부금액
20X1.1.1				951,963
20X1.12.31	114,236	(100,000)	14,236	966,199
20X2.12.31	115,944	(100,000)	15,944	983,143
20X3.12.31	117,857	(100,000)	17,857	1,000,000
합계	348,037	(300,000)	48,037	

   (2) 사채의 할인발행시 회계처리

날짜	차변		대변	
20X1.1.1	(차) 현금 　　　사채할인발행차금	951,963 48,037	(대) 사채	1,000,000
20X1.12.31	(차) 이자비용	114,236	(대) 현금 　　　사채할인발행차금	100,000 14,236
20X2.12.31	(차) 이자비용	115,944	(대) 현금 　　　사채할인발행차금	100,000 15,944
20X3.12.31	(차) 이자비용	117,857	(대) 현금 　　　사채할인발행차금	100,000 7,857
20X3.12.31	(차) 사채	1,000,000	(대) 현금	1,000,000

3. **사채의 할증발행**: 금융부채의 최초인식 사채의 시장이자율(12%)보다 액면이자율(14%)이 높은 경우에 사채는 액면금액 이상으로 발행된다.

$$사채의 발행금액 = \frac{140{,}000원}{(1+12\%)^1} + \frac{140{,}000원}{(1+12\%)^2} + \frac{140{,}000원}{(1+12\%)^3} + \frac{1{,}000{,}000원}{(1+12\%)^3}$$

$$= 1{,}048{,}036원$$

(1) 사채의 장부금액의 변화

날짜	유효이자(12%)	액면이자(14%)	차이금액 환입	장부금액
20X1.1.1				1,048,036
20X1.12.31	125,764	(140,000)	(14,236)	1,033,800
20X2.12.31	124,056	(140,000)	(15,944)	1,017,856
20X3.12.31	122,144	(140,000)	(17,857)	1,000,000
합계	371,964	(420,000)	48,037	

(2) 사채의 할증발행시 회계처리

	차변		대변	
20X1.1.1	(차) 현금	1,048,036	(대) 사채 사채할증발행차금	1,000,000 48,037
20X1.12.31	(차) 이자비용 사채할증발행차금	125,764 14,236	(대) 현금	140,000
20X2.12.31	(차) 이자비용 사채할증발행차금	124,056 15,944	(대) 현금	140,000
20X3.12.31	(차) 이자비용 사채할증발행차금	122,144 17,857	(대) 현금 140,000	
20X3.12.31	(차)사채 1,000,000		(대)현금 1,000,000	

* **사채할인발행차금 상각 VS 사채할증발행차금 환입**

구분		사채할인발행차금 상각시		사채할증발행차금 환입시	
(매기)상각액		증	가	증	가
(매기)사채장부금액		사채−사채할인발행차금	증가	사채 + 사채할증발행차금	감소
(매기)이자비용	유효이자율 (사채장부금액 × 유효이자율)	증	가	감	소
	액면이자율 (사채액면금액 × 액면이자율)	일	정	일	정

3) 사채의 상환

구분			차변		대변	
만기상환			사 채	×××	보 통 예 금	×××
조기상환	할인발행	사채의 장부금액 > 상환금액	사 채	×××	보 통 예 금 사채할인발행차금 사채상환이익	××× ××× ×××
		사채의 장부금액 < 상환금액	사 채 사 채 상 환 손 실	××× ×××	보 통 예 금 사채할인발행차금	××× ×××
	할증발행	사채의 장부금액 > 상환금액	사 채 사채할증발행차금	××× ×××	보 통 예 금 사 채 상 환 이 익	××× ×××
		사채의 장부금액 < 상환금액	사 채 사채할증발행차금 사 채 상 환 손 실	××× ××× ×××	보 통 예 금	×××

(2) 부채성충당금

부채는 지출의 시기 또는 금액이 확정되어 있는지의 여부에 따라 확정부채와 추정부채로 분류한다.

<충당부채와 우발부채>

자원의 유출가능성	금액의 신뢰성 있는 추정가능성	
	가능	불가능
높음(probable)	충당부채로 인식	우발부채로 주석공시
높지않음(possible)	우발부채로 주석공시	우발부채로 주석공시
아주낮음(remote)	공시하지 않음	공시하지 않음

<우발자산>

자원의 유입가능성	금액의 신뢰성 있는 추정가능성	
	가능	불가능
높음(probable)	우발자산으로 주석공시	우발자산으로 주석공시
높지않음(possible or remote)	공시하지 않음	공시하지 않음

<충당부채, 우발부채, 우발자산>

구분	요건	공시
충당부채	과거사건 결과 현재의무 & 자원유출가능성↑ & 신뢰성 있는 측정가능	부채공시
우발부채	과거사건 결과 현재의무 & 자원유출가능성↓ & 신뢰성 있는 측정불능	주석공시
	과거사건 결과 잠재의무	
	자원의 유출가능성이 아주 낮은 우발부채	공시안함
우발자산	과거사건 결과 잠재자산	공시안함
	자원의 유입가능성이 높은 우발자산	주석공시

(3) 충당부채

① 과거사건의 결과로 현재의무의 존재
　　충당부채의 정의를 충족하기 위해서는 현재의무가 과거사건의 결과로 발생해야 한다.
② 당해 의무의 이행을 위하여 경제적효익을 갖는 자원의 유출가능성이 높아야 한다.
③ 충당부채를 인식하기 위해서는 현재의무를 이행하기 위해 필요한 금액을 신뢰성 있게 추정할 수 있어야 한다. 추정치를 사용하는 것은 재무제표 작성의 필수적인 과정이며 재무제표의 신뢰성을 손상시키지 않는다.

1) **퇴직급여충당금**: 장래 임직원의 퇴직시 지급되는 퇴직금에 대비하여 설정한 충당금

구분	차변		대변	
충당금설정시	퇴 직 급 여	×××	퇴직급여충당부채	×××
퇴직금지급시	퇴직급여충당부채 퇴 직 급 여	×××	보 통 예 금	×××

* 충당금 잔액 차감 후 초과금액은 "퇴직급여"로 기입한다.

2) **수선충당금**: 장래 대수선을 위하여 설정된 충당금

3) **판매보증충당금**: 물품의 판매후 품질보증과 사후관리를 위하여 설정된 충당금

4) **공사보증충당금**: 하도급이나 공사진행시 하자를 위하여 설정된 보증금

   * 부채성충당금은 사용시기에 따라 유동부채와 비유동부채로 구분하며, 예측불허시 비유동부채로 기재한다.

(4) 퇴직연금제도

종업원이 퇴직급여에 대한 수급권을 획득하는 시기가 근속기간 중이므로 기업은 수익비용대응논리에 따라 예상퇴직급여액을 당해 종업원의 근속기간 중에 비용으로 인식하고 이에 따른 부채를 계상해야 한다. 그러나 이러한 경우 기업의 파산이나 퇴직금 지급 거절 등의 사유로 종업원의 퇴직급여 수급권이 침해당할 수 있다. 이에 따라 퇴직연금제도는 퇴직금을 외부 금융기관에 적립하게 하여 종업원의 수급권을 보장하고 장기에 걸쳐퇴직급여를 활용한 금융상품을 운용 할 수 있도록 하는 것이다. 퇴직연금제도란 회사가 근로자의 퇴직급여를 금융기관에 맡겨 운용한 뒤 근로자가 퇴직할 때 연금이나 일시금으로주는 제도이다. 퇴직급여충당부채가 퇴직급여을 지급해야 할 의무를 기업 내부에 적립하는 것이라면 퇴직연금은 외부 금융기관에 퇴직급여를 적립하는 금융상품에 가입하는 것이다.

퇴직연금제도는 제도의 주요 규약에서 도출되는 경제적 실질에 따라 확정기여제도와 확정급여제도로 분류한다.

1) 확정기여제도

확정기여제도는 기업이 금융기관 퇴직연금 상품에 고정 기여금을 납부하고, 그 기금의 책임 하에 당기와 과거기간에 종업원이 제공한 근무용역과 관련된 모든 급여를 지급하는 퇴직급여제도이다.

<확정기여형 퇴직급여제도의 회계처리>

불입시	(차)퇴직급여	×××	(대)현금	×××
결산일	회계처리없음			
급여지급시	회계처리없음			

2) 확정급여제도

확정급여제도는 확정기여제도 이외의 모든 퇴직급여제도를 말한다. 이 방법은 퇴직 후 예상급여를 확정시키고 이에 대한 지급을 기업이 보증하는 형태이다.

<확정급여형 퇴직급여제도의 회계처리>

불입시	(차) 퇴직연금운용자산	×××	(대) 현금	×××
결산일	(차) 퇴직급여	×××	(대) 퇴직급여충당부채	×××
운용수익 발생시	(차) 퇴직연금운용자산	×××	(대) 퇴직연금운용수익(이자수익)	×××
급여지급시	(차) 퇴직급여충당부채	×××	(대) 퇴직연금운용자산	×××

<확정급여형과 확정기여형 퇴직연금>

구분	종업원 수령액	회사 부담금	퇴직연금소유권	계정과목
확정급여형(DB)	확정 (연금 또는 일시금)	불확정	회사	퇴직연금운용자산
확정기여형(DC)	불확정	확정	종업원	퇴직급여

기출 이론문제 — 비유동부채

01 ㈜한결은 20X1년 1월 1일에 아래와 같이 사채를 발행하였으며, 동 사채를 20X3년 12월 31일 980,000원에 조기 상환하였다. 20X1년 인식할 사채상환손실은 얼마인가? (사채할인발행 차금은 유효이자율법에 따라 상각하고 소수점 이하는 절사한다)
75회 기출문제

- 액면가액: 1,000,000원
- 이자는 매년 말 후급
- 사채 발행 시 유효이자율: 10%
- 액면이자율: 8%
- 만기: 3년
- 사채 발행가액: 950,263원

① 14,711원   ② 15,026원   ③ 95,026원   ④ 109,737원

02 ㈜강원은 자금조달의 목적으로 아래와 같은 사채를 발행하였다. 20X3년 12월 31일에 상각될 사채할인발행차금은 얼마인가?(단, 소수점 이하는 절사한다)
77회 기출문제

- 발행일: 20X1년 1월 1일
- 액면가액: 1,000,000원
- 발행가액: 927,880원
- 이자지급일: 매년 12월 31일
- 만기일: 20X5년 12월 31일
- 액면이자율: 10%
- 유효이자율: 12%

① 11,345원   ② 14,231원   ③ 12,707원   ④ 15,939원

정답 및 해설

01 ① (일반기업회계기준 6.29)
20X1.12.31 사채 장부가액: 950,263원 + (950,263원 × 10% − 80,000원) = 965,289원

20X1.12.31:	(차)이자비용	95,026원	(대)현금	80,000원
			사채할인발행차금	15,026원
	(차)사채	1,000,000원	(대)사채할인발행차금	34,711원
	사채상환손실	14,711원	현금	980,000원

02 ② 20X1년 말: 927,880원 × 0.12 − 100,000원 = 11,345원
20X2년 말: 939,225원 × 0.12 − 100,000원 = 12,707원
20X3년 말: 951,932원 × 0.12 − 100,000원 = 14,231원

03 ㈜세무는 아래와 같은 사채를 발행하였다. 20X3년 12월 31일에 사채의 장부가액은 얼마인가? (단, 사채할인발행차금은 유효이자율법에 따라 상각하고 소수점 이하는 절사한다.) 81회 기출문제

- 발행일: 20X1년 1월 1일
- 액면가액: 1,000,000원
- 발행가액: 927,880원
- 이자지급일: 매년 12월 31일
- 만기일: 20X5년 12월 31일
- 액면이자율: 10%
- 유효이자율: 12%

① 961,915원   ② 966,163원   ③ 1,000,000원   ④ 1,038,283원

04 ㈜현상은 액면금액 1,000,000원(표시이자율 연 8%, 사채권면상 발행일 20X1년 1월 1일, 만기 3년, 매년말 이자지급)인 사채를 20X1년 1월 1일에 발행하였다. 사채권면상 발행일인 20X1년 1월 1일의 시장이자율은 연 10%이다. 현가계수는 아래 표를 이용한다. 83회 기출문제

<현가계수표>

기간 \ 할인율	단일금액 1원의 현재가치		정상연금 1원의 현재가치	
	8%	10%	8%	10%
3년	0.7938	0.7513	2.5771	2.4868

㈜현상의 20X1년 12월 31일에 상각될 사채할인 발행차금은 얼마인가? (단, 단수차이로 인해 오차가 있다면 가장 근사치를 선택한다.)

① 15,024원   ② 19,996원   ③ 20,901원   ④ 25,151원

05 일반기업회계기준에 따른 충당부채에 대한 설명 중 가장 틀린 것은? 79회 기출문제

① 충당부채로 인식하는 금액은 현재의무의 이행에 소요되는 지출에 대한 보고기간말 현재 최선의 추정치이어야 한다.
② 충당부채를 발생시킨 사건과 밀접한 자산의 처분차익이 예상되는 경우에 동 처분차익은 충당부채 인식에 고려하여야 한다.
③ 충당부채를 인식하기 위해서는 과거 사건이나 거래가 발생하여 현재 의무가 존재하여야 한다.
④ 충당부채의 명목가액과 현재가치의 차이가 중요한 경우 의무이행을 위해 지출될 예상액의 현재가치로 평가한다.

06 다음은 사채 발행가액에 따른 상각액, 이자비용, 장부가액의 변동이다. 옳은 것은? 90회 기출문제

번호	구분	상각액	이자비용	장부가액
①	할인발행	매년증가	매년감소	매년증가
②	할증발행	매년증가	매년감소	매년증가
③	할인발행	매년감소	매년증가	매년감소
④	할증발행	매년증가	매년감소	매년감소

정답 및 해설

03 ② 20X1년 말 장부가액: 927,880원 + (927,880원 × 0.12 − 100,000원) = 939,225원
20X2년 말 장부가액: 939,225원 + (939,225원 × 0.12 − 100,000원) = 951,932원
20X3년 말 장부가액: 951,932원 + (951,932원 × 0.12 − 100,000원) = 966,163원

04 ① 15,024원
20X1년 1월 1일 사채의 현재가치: 1,000,000원 * 0.7513 + 80,000원 * 2.4868 = 950,244원
20X1년 말 사채할인발행차금: 950,244원 * 10% − 80,000원 = 15,024원

05 ② 일반기업회계기준(14.1~14.12) 자산의 예상처분차익은 고려하지 않는다.

06 ④ 사채를 유효이자율법에 따라 상각하는 경우, 할인발행과 할증발행 여부와 관계없이 상각액은 매년 증가한다. 사채를 할인발행하는 경우 이자비용은 매년 증가하는 반면, 할증발행하면 이자비용은 매년 감소한다. 사채의 장부가액은 할인발행하는 경우 매년 증가하고, 할증발행하는 경우 매년 감소한다.

07 20X1년 1월 1일에 아래의 조건으로 사채를 발행하였다. 20X1년 12월 31일 장부에 인식할 해당 사채와 관련된 사채할인발행차금 상각액은 얼마인가? (사채할인발행차금은 유효이자율법에 따라 상각하고, 소수점 이하는 절사한다.)

93회 기출문제

- 액면가액: 3,000,000원
- 만기: 3년
- 이자는 매년 말 지급
- 액면이자율: 연 7%
- 유효이자율: 연 10%
- 발행가액: 2,776,183원

① 67,618원　　② 194,332원　　③ 210,000원　　④ 277,618원

08 다음 중 우발부채와 충당부채에 대한 설명으로 가장 옳지 않은 것은?

96회 기출문제

① 우발부채는 의무를 이행하기 위하여 자원이 유출될 가능성이 아주 낮지 않는 한 부채로 인식한다.
② 충당부채는 과거사건이나 거래의 결과에 의한 현재의무로서, 지출의 시기 또는 금액이 불확실하지만 그 의무를 이행하기 위하여 자원이 유출될 가능성이 매우 높고 또한 당해 금액을 신뢰성 있게 추정할 수 있는 의무를 말한다.
③ 충당부채의 명목금액과 현재가치의 차이가 중요한 경우에는 의무를 이행하기 위하여 예상되는 지출액의 현재가치로 평가한다.
④ 충당부채로 인식하기 위해서는 현재의무가 존재하여야 할 뿐만 아니라 그 의무의 이행을 위한 자원의 유출 가능성이 매우 높아야 한다.

09 다음은 ㈜삼진이 발행한 사채와 관련한 자료이다. 사채발행과 관련한 설명으로 맞는 것은? (단, 단수차이로 인해 오차가 있다면 가장 근사치를 선택한다.)

97회 기출문제

○ 사채발행내역
- 사채액면금액: 2,000,000원
- 표시이자율: 10%, 시장이자율 8%
- 사채발행일자: 20X1년 01월 01일
- 사채만기일자: 20X3년 12월 31일

○ 현가계수표

기간	할인율	단일금액 1원의 현재가치		정상연금 1원의 현재가치	
		8%	10%	8%	10%
3년		0.7938	0.7513	2.5771	2.4868

① 사채발행시 사채 계정으로 계상할 금액은 2,103,020원이다.
② 사채발행시 사채할증발행차금은 103,020원이다.
③ 20X1년말 사채할증발행차금 환입액은 39,951원이다.
④ 20X2년말 사채할증발행차금 환입액은 37,582원이다.

10 사채의 시장이자율보다 액면이자율이 높은 사채를 발행하고, 매년 유효이자율법에 의해 사채할증발행차금을 상각하는 경우 다음 설명 중 가장 옳지 않은 것은? 104회 기출문제

① 사채는 할증발행되고, 사채의 장부가액은 액면가액보다 높다.
② 사채의 장부가액은 매년 감소한다.
③ 사채할증발행차금의 상각액은 매년 감소한다.
④ 유효이자율법에 의한 이자비용은 매년 감소한다.

11 사채가 할인발행되고 유효이자율법이 적용되는 경우 다음의 설명 중 옳지 않은 것은? 47회 기출문제

① 사채발행시점에 발생한 사채발행비는 비용으로 처리하지 않고, 사채의 만기 동안의 기간에 걸쳐 상각하여 비용화한다.
② 사채의 장부가액은 초기에는 적고 기간이 지날수록 금액이 커진다.
③ 매기간 계상되는 총사채이자비용은 초기에는 적고 기간이 지날수록 금액이 커진다.
④ 사채할인발행차금 상각액은 매기 감소한다.

정답 및 해설

07 ① 20X1. 12. 31.
  (차)이자비용   277,618   (대)현금   210,000
                          사채할인발행차금   67,618

08 ① 일반기업회계기준 14.5
  우발부채는 부채로 인식하지 아니한다. 의무를 이행하기 위하여 자원이 유출될 가능성이 아주 낮지 않는 한, 우발부채를 주석에 기재한다.

09 ② 사채발행가액 = (2,000,000 × 0.7938) + (200,000×2.5771) = 2,103,020원

10 ③ 할증발행시 사채할증발행차금의 상각액은 매년 증가한다.

11 ④ 유효이자율법에 의해 계산된 사채할인발행차금 상각액은 매기 증가한다.

12 다음은 ㈜터보의 사채발행에 대한 자료이다. 20X2년 12월 31일에 상각되는 사채할인발행차금은 얼마인가? (단, 소수점 이하는 절사한다)   51회 기출문제

- 사채발행일: 20X1년 1월 1일
- 사채만기일: 20X5년 12월 31일
- 이자지급일: 매년 12월 31일
- 액면가액: 1,000,000원(발행시 현재가치: 894,483원)
- 발행가액: 894,483원
- 사채의 표시이자율: 10%, 사채의 유효이자율: 13%

① 15,116원   ② 18,399원   ③ 115,116원   ④ 118,399원

13 다음 중 일반기업회계기준에 따른 충당부채에 대한 설명으로 옳지 않은 것은?   105회 기출문제
① 과거 사건이나 거래의 결과에 따른 현재의무가 존재하여야 한다.
② 충당부채의 명목금액과 현재가치의 차이가 중요한 경우에는 현재가치로 평가한다.
③ 충당부채는 보고기간 말 현재 최선의 추정치를 반영하여 증감 조정한다.
④ 충당부채와 관련된 내용은 주석에 기재하지 않는다.

14 다음 중 퇴직급여에 대한 설명으로 틀린 것은?   87회 기출문제
① 확정기여형 제도를 설정한 경우에는 당해 회계기간에 대하여 기업이 납부하여야 할 부담금(기여금)을 퇴직연금운용자산으로 인식한다.
② 확정급여형퇴직연금운용제도에서 퇴직급여충당부채는 보고기간말 현재 전종업원이 일시에 퇴직할 경우 지급하여야 할 퇴직금에 상당하는 금액으로 한다.
③ 확정급여형퇴직연금제도에서 퇴직연금운용자산이 퇴직급여충당부채와 퇴직연금미지급금의 합계액을 초과하는 경우에는 그 초과액을 투자자산의 과목으로 표시한다.
④ 확정급여형퇴직연금제도에서 운용되는 자산은 기업이 직접 보유하고 있는 것으로 보아 회계처리한다.

15 「근로자퇴직급여보장법」에 의한 퇴직연금에는 확정급여형(DB형)과 확정기여형(DC형)이 있다. 일반기업회계기준에 따른 확정급여형(DB)형의 회계처리 중 옳지 않은 것은? 93회 기출문제

① 회사가 퇴직연금의 부담금 2,000,000원을 납부하면서 운용관리수수료 50,000원을 퇴직연금 운용사업자에게 보통예금에서 계좌이체 하였다.

| (차) 퇴직연금운용자산 | 2,050,000원 | (대) 보통예금 | 2,050,000원 |

② 회사가 연금운용사업자로부터 퇴직연금 운용수익 560,000원을 퇴직연금운용자산 원본에 가산하였다.

| (차) 퇴직연금운용자산 | 560,000원 | (대) 퇴직연금운용수익 | 560,000원 |

③ 보고기간 종료일 현재 종업원이 퇴직하면서 퇴직일시금의 수령을 선택한다고 가정하고 이때 지급하여야 할 퇴직일시금에 상당하는 금액을 측정하여 퇴직급여 충당부채로 5,000,000원 인식하였다.

| (차) 퇴직급여 | 5,000,000원 | (대) 퇴직급여 충당부채 | 5,000,000원 |

④ 종업원이 퇴직연금에 대한 수급요건 중 가입기간 요건을 갖추고 퇴사하였으며, 일시금 3,000,000원을 선택하였다. 일시금 3,000,000원 중 퇴직연금 운용사업자가 지급한 금액은 1,600,000원이고 회사가 지급할 금액 1,400,000원을 계좌이체 하였다. (회사는 전 종업원의 퇴직급여충당부채를 설정하고 있다.)

| (차) 퇴직급여충당부채 | 3,000,000원 | (대) 퇴직연금 운용자산 | 1,600,000원 |
| | | 보통예금 | 1,400,000원 |

정답 및 해설

12 ② {894,483 + (894,483 × 13% − 100,000)} × 13% − 100,000 = 18,399원

13 ④ [일반기업회계기준 문단 14.19] 충당부채와 관련하여 필요한 내용은 주석에 기재하여 공시하여야 한다.

14 ① 21.6 확정기여제도를 설정한 경우에는 당해 회계기간에 대하여 기업이 납부하여야 할 부담금(기여금)을 퇴직급여(비용)로 인식하고, 퇴직연금운용자산, 퇴직급여충당부채 및 퇴직연금미지급금은 인식하지 아니한다.
② 21.8, ③ 21.12, ④ 21.11

15 ① 퇴직연금 운용사업자에게 지급하는 지급수수료는 부담금 납입시 운용관리회사에 납부하는 운용관리수수료이므로 당기 비용으로 처리한다.

16 근로자퇴직급여보장법에 의한 퇴직연금에는 확정급여형(DB형)과 확정기여형(DC형)이 있다. 다음의 설명 중 틀린 설명은 무엇인가?

48회 기출문제

① 확정기여형 퇴직연금에 가입하고 퇴직연금 100,000원을 현금으로 납부할 경우 회계처리는 다음과 같다.

| (차) 퇴 직 급 여 | 100,000원 | (대) 현금 | 100,000원 |

② 확정급여형 퇴직연금에 가입하고 퇴직연금 100,000원을 현금으로 납부할 경우 회계처리는 다음과 같다.

| (차) 퇴직연금운용자산 | 100,000원 | (대) 현금 | 100,000원 |

③ 확정기여형 퇴직연금에 가입하고 퇴직연금운용수익 100,000원을 지급받은 경우 회계처리는 다음과 같다.

| (차) 퇴직연금운용자산 | 100,000원 | (대) 퇴직연금운용수익 | 100,000원 |

④ 퇴직금추계액은 보고기간 말 현재 전임직원이 일시에 퇴직할 경우 지급하여야 할 퇴직금에 상당하는 금액으로 한다.

17 근로자퇴직급여보장법에 의한 퇴직연금에는 확정급여형과 확정기여형이 있다. 각 제도에 따른 회계처리로 알맞은 것은?

50회 기출문제

①	퇴직연금 납부시	확정기여형	(차)퇴직연금운용자산	500,000	(대)보통예금	500,000
②	퇴직연금 납부시	확정급여형	(차)퇴직급여	500,000	(대)보통예금	500,000
③	결산기말	확정기여형	(차)퇴직급여	100,000	(대)퇴직급여충당부채	100,000
④	퇴직연금 운용수익 수령시	확정급여형	(차)퇴직연금운용자산	100,000	(대)이자수익	100,000

18 다음 중 퇴직연금제도에 대한 설명으로 가장 틀린 것은?

101회 기출문제

① 확정기여제도에서 기업은 납부하여야 할 부담금을 퇴직급여비용으로 계상한다.
② 확정기여제도에서 기업은 추가적인 출연의무가 발생한다.
③ 확정급여제도에서 종업원은 확정된 퇴직급여를 받게 된다.
④ 확정급여제도에서 보고기간말 현재 모든 종업원이 일시에 퇴직할 경우 지급하여야 할 퇴직금이 부채로 확정된다.

19 ㈜세무는 아래의 조건으로 사채를 발행하였다. 사채의 발행방법 및 장부가액, 상각(환입)액, 이자비용의 변동으로 올바른 것은? (단, 사채이자는 유효이자율법에 따라 상각 및 환입한다.) 103회 기출문제

- 발행일: 20X2년 1월 1일
- 액면가액: 2,000,000원
- 만기: 3년
- 이자는 매년 말 지급
- 액면이자율: 연 12%
- 유효이자율: 연 10%

	발행방법	장부가액	상각(환입)액	이자비용
①	할인발행	매년 증가	매년 감소	매년 감소
②	할인발행	매년 증가	매년 증가	매년 증가
③	할증발행	매년 감소	매년 감소	매년 증가
④	할증발행	매년 감소	매년 증가	매년 감소

정답 및 해설

16 ③ ③은 확정급여형 퇴직연금에 가입하고 퇴직연금운용수익 100,000원이 지급된 경우 회계처리 내용이다.

17 ④ 확정급여형의 경우 운용되는 자산은 기업이 직접 보유하고 있는 것으로 보아 회계처리하며 퇴직연금운용자산으로 표시하고 퇴직급여충당부채를 차감하는 형식으로 표시한다. 또한 확정기여형의 경우 회사가 납부하여야 할 부담금을 퇴직급여(비용)로 인식하고 퇴직연금운용자산, 퇴직급여충당부채 및 퇴직연금미지급금은 인식하지 아니한다.

18 ② [일반기업회계기준 제21장 용어의 정리] 확정기여제도: 기업이 별개의 실체(기금)에 고정 기여금을 납부하고, 기여금을 납부할 법적의무나 의제의무가 더는 없는 퇴직급여제도이다. 즉 그 기금에서 당기와 과거 기간에 제공된 종업원 근무용역과 관련된 모든 종업원급여를 지급할 수 있을 정도로 자산을 충분히 보유하지 못하더라도 기업에는 추가로 기여금을 납부할 의무가 없다(확정기여형퇴직연금제도).

19 ④ 액면이자율이 유효이자율보다 높으므로 할증발행에 해당한다. 사채 할증발행의 경우 장부가액은 매년 감소하고, 상각액은 매년 증가하며, 이자비용은 매년 감소한다.

CHAPTER 07 자본

01 자본

주식회사의 자본은 자본거래와 손익거래로 이루어진다. 자본거래는 주주와의 거래로 인하여 발생한 주식발행에 의한 자본금, 자본잉여금, 자본조정이 해당되고 손익거래는 당기순이익의 유보금액인 이익잉여금과 미실현손익인 기타포괄손익누계액이 있다.

자본	자본금	1주액면금액 × 발행주식수 = 법정자본금
	자본잉여금	자본금을 초과해서 출자한 금액 등 주주와의 자본거래에서 발생한 잉여금 • 주식발행초과금, 감자차익, 기타자본잉여금(자기주식처분이익)
	자본조정	자본거래 중 자본금 및 자본잉여금으로 분류할 수 없는 항목 • 주식할인발행차금, 감자차손, 자기주식처분손실, 자기주식, 미교부주식배당금
	이익잉여금	이익 중 회사에 남아 있는 금액 ① 이익준비금(상법에 의한 적립금) ② 기타법정적립금: 재무구조개선적립금, 기업합리화적립금 　* 기타법정적립금은 현재 폐지됨 ③ 임의적립금: 사업확장적립금, 감채적립금, 결손보전적립금 등 ④ 미처분 이익잉여금: 이월이익잉여금과 당기순손익
	기타포괄손익누계액	당기 손익은 아니나 포괄적인 의미에서 잠재적인 손익에 해당하는 항목 • 재평가잉여금, 매도가능증권평가손익, 해외사업환산손익, 현금흐름위험회피 파생상품평가손익

(1) 주식의 발행

① 액면(평가)발행: 주식의 액면금액으로 주식을 발행하는 방법이다.

② 할증발행
주식을 액면금액 이상으로 발행하는 것을 말한다. 발행금액과 액면금액과의 차액은 주식발행초과금계정으로 처리한다.

③ 할인발행
주식을 액면금액 이하로 발행하는 것을 말한다. 발행금액과 액면금액과의 차액은 주식할인발행차금계정으로 처리하고, 자본에서 차감 형식으로 표시한다.

(2) 자본금

주식을 발행하여 자본이 증가하면 발행 주식 수에 1주의 액면 금액을 곱하여 자본금 계정의 대변에 기입하고, 발행한 주식을 매입하여 소각하여 자본금이 감소하면 자본금 계정의 차변에 기입한다.

<유상증자 회계처리>

구분	차변		대변	
평가발행 (액면가액 = 발행가액)	보 통 예 금	×××	자 본 금	×××
할증발행 (액면가액 < 발행가액)	보 통 예 금	×××	자 본 금 주 식 발 행 초 과 금	××× ×××
할인발행 (액면가액 > 발행가액)	보 통 예 금 주 식 할 인 발 행 차 금	××× ×××	자 본 금	×××

<유상감자 회계처리>

구분	차변		대변	
(액면가액 > 매입가액)	자 본 금	×××	현 금 감 자 차 익	××× ×××
(액면가액 < 매입가액)	자 본 금 감 자 차 손	××× ×××	현 금	×××

(3) 자본잉여금

자본잉여금은 자본거래에서 발생한 잉여금으로 자본을 증가시키는 잉여금을 말한다. 단, 자본잉여금은 결손금 보전, 자본 전입 이외는 사용할 수 없다.
① **주식발행초과금**: 주식의 발행금액이 액면금액을 초과하여 발행할 때 초과액
② **감자차익**: 자본금을 감자할 때 감자액이 결손보전을 하고 남은 금액
③ **자기주식처분이익**: 자기주식을 처분할 때 처분금액이 취득원가를 초과하는 금액

(4) 자본조정

자본거래에서 발생하였으나 자본금과 잉여금이 아닌 계정을 말한다. 자본거래의 차감(-) 계정인 경우가 대부분이다.
① **주식할인발행차금**: 주식의 발행금액이 액면금액에 미달하는 경우 차액
② **감자차손**: 자본금을 감자할 때 감자액이 결손보전에 미달하는 금액
③ **자기주식처분손실**: 자기주식을 처분할 때 처분금액이 취득원가를 미달하는 금액
④ **자기주식**: 기업이 기발행한 주식을 다시 매입하여 보유하는 경우 매입금액
⑤ **미교부주식배당금**: 배당결의일 기준으로 미지급된 주식배당액

(5) 이익잉여금

이익잉여금이란 기업이 본래의 목적을 위하여 수행한 영업활동의 결과 발생한 순이익 중 주주에게 배당을 하고 남은 금액으로 사내에 유보된 금액을 말한다.
① **이익준비금**: 상법의 규정에 자본금의 50%가 될 때까지 현금배당액의 10% 이상을 적립한다.
② **임의적립금**: 법률이 아닌 회사의 임의로 일정한 목적을 위하여 정관의 규정이나 주주총회의 결의에 따라 적립하는 것으로 적극적 적립금인 사업확장적립금, 감채기금적립금과 소극적 적립금인 결손보전적립금, 배당평균적립금, 퇴직급여적립금, 배당평균적립금, 별도적립금 등이 있다.
　*적극적적립금: 적극적 적립금은 자본의 영구적 증가, 즉 적극적으로 사업확장 등을 목적으로 설정하는 것
　*소극적적립금: 소극적 적립금은 사업확장을 목적으로 하지 않고 거액의 임시손실이나 비용 등이 발생하는 경우, 이것을 보충하거나, 또는 배당의 평균을 위하여 이익이 근소한 경우에 대비하는 것

③ **미처분이익잉여금**: 기업의 처분 가능한 이익잉여금 중 법정적립금이나 임의적립금으로 처분되지 않고 배당금 등으로 유출되지 않은 이익잉여금으로 전기이월미처분이익잉여금(전기이월결손금)에 회계정책변경의 누적효과, 전기오류수정, 중간배당액, 당기순손익 등을 가감하여 계산한다.

<미처분이익잉여금 계산방법>

	전기이월 미처분이익잉여금
±	회계정책변경의 누적효과
+	전기오류수정이익
−	전기오류수정손실
−	중간배당액
+	당기순이익
−	당기순손실
=	기말(결산일) 미처분이익잉여금
+	임의적립금 이입액
=	처분 가능한 미처분이익잉여금

<미처분이익잉여금 처분>

구분	내용	계정과목	설명
1	법정적립금	이익준비금	상법 규정에 따라 자본금의 50%가 될 때까지 현금배당액의 10% 이상을 적립한다.
2	이익잉여금에 의한 상각	주식할인발행차금	주식할인발행차금을 3년동안 정액법으로 상각한다.
3	배당	미지급배당금	주주에게 배당하는 현금 지급액
		미교부주식배당금	주주에게 배당하는 주식 교부금액
4	임의적립금	사업확장적립금	기업 정관에 따라 일정비율의 임의 적립금을 적립한다.
		감채적립금	
5	차기이월미처분이익잉여금		처분 후 남은 미처분이익잉여금은 차기이월한다.

<미처분이익잉여금 처분시 회계처리>

구분	차변	대변
이익잉여금의 처분	미처분이익잉여금　×××	이익준비금　××× 주식할인발행차금　××× 미지급배당금　××× 미교부주식배당금　××× 사업확장적립금　×××
현금 배당액 지급시	미지급배당금　×××	현금　×××
주식배당에 따른 주식 발행시	미교부주식배당금　×××	자본금　×××

(6) 기타포괄손익누계액

기타포괄손익누계액은 당기에 미실현된 손익의 집합계정이다.
① **재평가잉여금**: 유형자산이 재평가모형으로 평가시 공정가액이 장부가액보다 클 경우 차액
② **매도가능증권평가손익**: 결산시 매도가능증권의 공정가액이 장부가액보다 초과(미달)하는 경우 차액

③ **해외사업환산손익**: 해외지점, 해외사업소 또는 해외소재 지분법적용대상회사의 외화표시 자산·부채를 원화로 환산하는 경우에는 원칙적으로 화폐성·비화폐성법을 적용하지만, 영업·재무활동이 본점과 독립적으로 운영되는 해외지점, 해외사업소 또는 해외소재 지분법적용대상회사의 경우에는 예외적으로 현행환율법에 의해 원화로 환산할 수 있는데 이때 발생하는 환산손익은 해외사업환산손익의 과목으로 자본항목 중 기타포괄손익누계액에 포함하며 그 내용을 주석으로 기재한다.

④ **파생상품평가손익**: 파생상품은 미래의 특정 날짜에 금융 자산, 금융 지수, 상품 등의 교환을 약속하는 계약으로, 옵션, 선물, 스왑 등이 있으며, 이러한 상품의 가치는 기초 자산의 가격 변동, 이자율 변화, 통화 가치의 변동 등 다양한 시장 요인에 의해 영향을 받는다. 파생상품 평가손익은 파생상품의 시장 가치 변동에 따른 손익을 말한다.

※ 자본계정의 회계처리시 잔액이 있는 경우 먼저 상계처리하여야 할 계정과목은 아래와 같다.

자본계정 상계처리 계정과목		
자본잉여금 계정		자본조정 계정
341.주식발행초과금	⇔	381.주식할인발행차금
342.감자차익	⇔	389.감자차손
390.자기주식처분이익	⇔	343.자기주식처분손실
기타포괄손익누계액 계정		
394.매도가능증권평가이익	⇔	395.매도가능증권평가손실

기출 이론문제 자본

01 ㈜세무의 자본총액은 자본금 100,000,000원 뿐이다. 자기주식 100주(액면금액 주당 5,000원)을 주당 6,000원에 취득하여 50주는 주당 7,000원에 매각하고, 50주는 소각한 경우 자본총액은 얼마인가?　　　　　　　　　　　　　　　　　　　　　　　　　　　　　72회 기출문제

① 99,800,000원　　　　　　　　　　　② 99,750,000원
③ 99,900,000원　　　　　　　　　　　④ 99,850,000원

02 다음 중 자본금의 변동이 없는 거래를 모두 고른 것은?　　　　　　　72회 기출문제

> 가. 회사는 주식 1주를 2주로 분할 하였다.
> 나. 회사는 주주총회 결의를 통하여 이익잉여금을 적립하였다.
> 다. 회사는 주주총회 결의를 통하여 주주에게 현금배당을 하였다.
> 라. 회사는 주주총회 결의를 통하여 주식배당을 실시하였다.

① 가, 라　　　② 나, 다　　　③ 나, 다, 라　　　④ 가, 나, 다

03 자기주식의 회계처리에 대한 다음의 설명 중 옳지 않은 것은?　　　　71회 기출문제

① 자기주식 처분시 처분이익이 발생하는 경우 이전에 처분손실이 없는 경우 자본잉여금 총액의 증감은 발생하지 않는다.
② 자기주식처분손실은 자기주식처분이익으로 계상된 기타자본잉여금과 우선적으로 상계한다.
③ 자기주식을 소각할 경우 자기주식의 취득원가와 최초 액면가액의 차이를 감자차손 또는 감자차익으로 분류한다.
④ 자기주식을 취득하는 경우 취득원가를 자본조정으로 계상하고, 자본에서 차감하는 형식으로 기재하도록 하고 있다.

04 다음 보기의 자료 중 옳은 것을 모두 고르시오.   73회 기출문제

> 가. 무상증자는 발행주식수가 증가하고 주식병합은 그 수가 감소하나, 모두 총 자본에 영향은 없다.
> 나. 유상증자하는 경우 자본금이 증가하고 이익잉여금이 감소한다.
> 다. 주식분할은 총 자본에 영향을 주지 않지만, 주식배당은 총 자본을 증가시킨다.
> 라. 감자차손이 발생한 경우 감자차익이 먼저 계상되어 있으면 감자차익과 우선 상계하고, 미상계된 감자차손을 인식한다.

① 가, 라   ② 가, 나   ③ 나, 라   ④ 나, 다

05 다음은 일반기업회계기준에 따른 자본에 대한 설명이다. 가장 틀린 것은?   74회 기출문제

① 액면금액을 초과하여 주식을 발행하는 경우 그 액면금액을 초과하는 금액은 주식발행초과금으로 하여 자본잉여금으로 계상한다.
② 일반기업회계기준의 자본은 자본금, 자본잉여금, 자본조정, 기타포괄손익누계액, 이익잉여금(또는 결손금)으로 구성된다.
③ 자기주식은 자본조정에 표시하고 자본의 가산항목이다.
④ 자기주식처분손실은 자기주식처분이익이 있는 경우 우선 상계처리하고, 잔액은 자본조정으로 계상한다.

정답 및 해설

01 ② 자본총액 = 100,000,000원 − 600,000원 + 600,000원 − 250,000원 + 50,000원 − 50,000원 = 99,750,000원

(차)자기주식	600,000원	(대)현금등	600,000원
(차)현금등	350,000원	(대)자기주식	600,000원
자본금	250,000원	자기주식처분이익	50,000원
감자차손	50,000원		

02 ④ 주식배당은 자본총계는 변동없으나 자본금이 증가한다. 주식분할과 이익잉여금 적립은 자본과 자본금의 변동이 없으며, 현금배당은 자본금은 변동 없으며 자본총계는 감소한다.

03 ① 자기주식처분이익은 자본잉여금에 해당하므로 총액은 증가하게 된다.

04 ① 가, 라
나. 유상증자는 자본금이 증가하지만 이익잉여금은 불변이다.
다. 주식분할과 주식배당은 총자본에 변화를 주지 않는다.

05 ③ 자기주식은 자본의 차감항목이다.

06 다음 중 자본회계에 대한 설명으로 틀린 것은? 76회 기출문제

① 자기주식처분손실은 자기주식처분이익으로 계상된 기타자본잉여금과 우선적으로 상계하고, 그 잔액은 자본조정으로 계상한다.
② 주식을 할인 발행하는 경우에는 자본을 실질적으로 증가시킨다.
③ 무상증자와 주식배당은 총자본에 영향을 주지 않는다.
④ 자기주식을 소각할 경우 자기주식의 취득원가와 최초 발행가액의 차이를 감자차손 또는 감자차익으로 분류한다.

07 20X1년 기말 ㈜백두산의 당기 이익잉여금처분계산서의 내용이다. 설명 중 틀린 것은? 76회 기출문제

이익잉여금처분계산서
제5기 20X1.01.01.부터 20X1.12.31.까지
처분예정일: 20X2.02.25.

과목	금액	
Ⅰ. 미처분이익잉여금		550,000,000
1. 전기이월미처분이익잉여금	500,000,000	
2. 전기오류수정손실	50,000,000	
3. 당기순이익	100,000,000	
Ⅱ. 임의적립금 등의 이입액		30,000,000
1. 사업확장적립금	30,000,000	
Ⅲ. 이익잉여금처분액		( )
1. 이익준비금	( )	
2. 현금배당	100,000,000	
Ⅳ. 차기이월미처분이익잉여금		( )

※ 자본금은 10억원, 이익준비금의 잔액은 3억원이며, 상법규정에 의하여 최소한의 금액으로 이익준비금을 적립하기로 한다.

① 당기 말(20X1. 12. 31.) 재무상태표상 미처분이익잉여금은 550,000,000원이다.
② 당기 말(20X1. 12. 31.) 재무상태표상 사업확장적립금의 잔액은 전기보다 30,000,000원 감소한다.
③ Ⅲ. 이익잉여금처분액 총액은 110,000,000원이다.
④ 손익계산서상 당기순이익은 100,000,000원이다.

08 ㈜서울은 이익준비금을 재원으로 한 무상증자를 실시하였다. 이로 인해 발생되는 변화에 대하여 옳게 설명한 것은? 77회 기출문제

① 자본금이 감소한다.
② 이익잉여금이 증가한다.
③ 자산총계가 감소한다.
④ 자본총계의 변화가 없다.

09 다음은 ㈜세무의 자본내역이다. ㈜세무가 보유하고 있는 자기주식(취득가액은 주당 40,000원) 100주를 주당 60,000원에 처분한 경우 분개 시 자기주식처분이익 계정과목의 금액은 얼마인가?

77회 기출문제

- 보통주 자본금: 49,500,000원(9,900주, 주당 5,000원)
- 자기주식처분손실: 1,000,000원
- 자기주식: 4,000,000원
- 감자차손: 1,300,000원
- 처분전 이익잉여금: 39,300,000원

① 1,000,000원   ② 2,000,000원   ③ 3,000,000원   ④ 4,000,000원

10 다음의 설명 중 맞는 것으로 묶여진 것은?

78회 기출문제

가. 주식배당액의 10% 이상을 자본금의 1/2까지 적립하여야 한다.
나. 자본 증자시 발생한 등록세는 세금과공과로 처리한다.
다. 주식발행초과금은 주식을 액면금액보다 초과 발행하는 경우 발생한다.
라. 매도가능증권평가손익은 자본 항목이다.

① 가, 다, 라   ② 나, 라   ③ 가, 다   ④ 다, 라

정답 및 해설

06 ④ 자기주식을 소각할 경우 자기주식의 취득원가와 최초 액면가액의 차이를 감자차손 또는 감자차익으로 분류한다.

07 ② 이익잉여금처분계산서상 임의적립금 등의 이입액과 이익잉여금처분액에 대한 회계처리는 처분예정일인 20X2년 2월 25일에 이루어진다. 따라서 당기말 재무상태표상 사업확장적립금의 잔액은 변동이 없다. 이익준비금은 현금배당액의 10%를 적립하도록 상법에 규정되어 있다.

08 ④ 이익준비금을 재원으로 무상증자를 하는 경우, 자본금의 증가, 이익잉여금의 감소가 발생하고, 자본총계와 자산총계는 변화가 없다.

09 ① 자기주식에 대한 처분손실에서 먼저 상계처리하고 나머지는 자기주식처분이익으로 처리한다.(일반기업회계기준 15.11)

(차)현금 등	6,000,000원	(대)자기주식	4,000,000원
		자기주식처분손실	1,000,000원
		자기주식처분이익	1,000,000원

10 ④ 가. 주식배당이 아닌 현금배당의 10% 이상을 자본금의 1/2까지 적립하여야 함
나. 자본 증자시 발생한 등록세는 주식할인발행차금으로 처리하여야 함

11 다음 중 기타포괄손익누계액에 해당하는 것을 모두 고른 것은?   79회 기출문제

(가) 매도가능증권평가손익	(나) 재평가잉여금
(다) 해외사업환산손익	(라) 자기주식처분이익
(마) 현금흐름위험회피 파생상품평가손익	(바) 주식할인발행차금

① (가), (나), (바)
② (가), (나), (다), (라)
③ (가), (나), (다), (마)
④ (가), (나), (다), (마), (바)

12 다음 사례 중 재무상태표상 자본금 총액이 변동하는 경우가 아닌 것은?   80회 기출문제

① 회사가 보유하고 있던 자기주식을 유상으로 소각한 경우
② 주주총회 결의로 유상감자를 실시한 경우
③ 주주총회 결의로 주식액면분할을 실시한 경우
④ 전환사채의 전환권 행사로 추가 주식을 발행한 경우

13 다음 중 이익잉여금 처분계산서상 "III. 이익잉여금처분"란에 표시되는 항목이 아닌 것은?   81회 기출문제

① 주식배당
② 상환주식상환액
③ 주식할인발행차금의 상각
④ 중간배당

14 다음은 재무상태표상 자본금이 증가하거나 감소하는 거래이다. 이에 해당하지 아니하는 것은?   82회 기출문제

① 당사는 주식을 할인발행하였다.
② 당사는 주식을 할증발행하였다.
③ 당사가 미처분이익잉여금으로 주식배당하였다.
④ 당사는 주식 10주를 5주로 병합하였다.

15 다음 중 자본항목의 구성요소에 대한 예시로 틀린 것은?   83회 기출문제

① 자본잉여금: 주식발행초과금, 감자차익
② 자본조정: 감자차손, 자기주식처분손실
③ 기타포괄손익누계액: 매도가능증권평가이익, 출자전환채무
④ 이익잉여금: 이익준비금, 미처분이익잉여금

16 ㈜한결은 20X1년 2월에 자기주식 100주를 주당 6,000원에 취득하였으며, 3월에 자기주식 200주를 주당 7,000원에 취득하였다. 한편 4월에는 자기주식 100주를 특수관계인으로부터 무상증여 받았다. 이후 ㈜한결은 9월에 보유하고 있던 자기주식 중 200주를 주당 5,100원에 매각하였다. 처분한 자기주식의 단가를 총평균법으로 계산할 경우 ㈜한결이 인식해야 할 자기주식처분손익은 얼마인가?

85회 기출문제

① 처분이익 20,000원
② 처분이익 33,333원
③ 처분손실 280,000원
④ 처분손실 333,333원

17 ㈜세금의 자본항목은 자본금으로만 구성되어 있다. 자기주식 1,000주(액면금액 주당 500원)을 주당 600원에 취득하여 500주는 주당 700원에 매각하고, 나머지 500주는 소각한 경우 증감 등 변동사항이 없는 자본항목은 무엇인가?

86회 기출문제

① 자본금   ② 자본잉여금   ③ 자본조정   ④ 기타포괄손익누계액

정답 및 해설

11 ③ 자기주식처분이익-자본잉여금, 주식할인발행차금-자본조정

12 ③ 자기주식 소각이나 유상감자의 경우 자본금이 감소하며, 전환사채의 전환권 행사의 경우 자본금이 증가한다. 그러나 주식액면분할의 경우 자본금 총액은 변동 없으며 단지 발행주식수만 증가한다.

13 ④ 중간배당은 미처분이익잉여금란에 기재한다. 한편 상환주식상환액은 기중에 미처분이익잉여금(또는 임의적립금)의 감소로 회계처리하지만 이익잉여금처분계산서상에는 이익잉여금 처분란에 기재한다.

14 ④ 할인발행하거나 할증발행 및 주식배당은 모두 자본금이 증가한다. 그러나 주식을 병합하는 것은 주식수만 감소할 뿐 자본금은 변동이 없다.

15 ③ 출자전환채무는 자본조정 항목〈일반기업회계기준 2.30-33〉

16 ① 자기주식의 단가: (100주 × 6,000원 + 200주 × 7,000원) ÷ (100주 + 200주 + 100주) = 5,000원
자기주식처분이익: 200주 × (5,100원 - 5,000원) = 20,000원
* 무상으로 증여받은 자기주식의 취득원가는 없는 것으로 한다.

17 ④ 자기주식 소각 - 자본금 감소, 자기주식처분이익 - 자본잉여금, 감자차손 - 자본조정

(차)자기주식	600,000원	(대)현금등	600,000원
(차)현금등	350,000원	(대)자기주식	300,000원
		자기주식처분이익	50,000원
(차)자본금	250,000원	(대)자기주식	300,000원
감자차손	50,000원		

18 다음 중 자본에 대한 설명으로 옳지 않은 것은? 88회 기출문제

① 이익잉여금(결손금) 처분(처리)으로 상각되지 않은 주식할인발행차금은 향후 발생하는 주식발행초과금과 우선적으로 상계한다.
② 기업이 현물을 제공받고 주식을 발행한 경우에는 제공받은 현물의 공정가치를 주식의 발행금액으로 한다.
③ 중도에 포기한 자본거래 비용은 주식할인발행차금에 가산한다.
④ 자본잉여금 또는 이익잉여금을 자본금에 전입하여 기존의 주주에게 무상으로 신주를 발행하는 경우에는 주식의 액면금액을 주식의 발행금액으로 한다.

19 제10기(20X1. 1. 1. ~ 20X1. 12. 31.)재무상태표상 자본금은 1억원, 이익준비금은 없으며 처분예정(확정)일이 20X2년 3월 20일인 이익잉여금처분계산서는 다음과 같다. 다음의 설명 중 가장 틀린 것은? 93회 기출문제

Ⅰ. 미처분이익잉여금		105,000,000원
1. 전기이월이익잉여금	70,000,000원	
2. 전기오류수정손실	(-)5,000,000원	
3. 당기순이익	40,000,000원	
Ⅱ. 임의적립금 이입액		20,000,000원
1. 연구인력개발준비금	20,000,000원	
Ⅲ. 이익잉여금 처분액		22,000,000원
1. 이익준비금	2,000,000원	
2. 현금배당	20,000,000원	
Ⅵ. 차기이월미처분이익잉여금		103,000,000원

① 20X1년도 손익계산서상 당기순이익은 40,000,000원이다.
② 이익준비금 2,000,000원은 임의적립금에 해당한다.
③ 20X2년 3월 20일, 현금배당과 관련된 회계처리를 하여야 한다.
④ 20X1년에 전기 오류수정사항을 발견하였으며, 이는 중대한 오류에 해당한다.

20 ㈜다우의 주식을 단기간 매매차익을 목적으로 하지 않고 20X1년 6월 5일에 10,000원에 취득하였다. 동 주식의 20X1년 12월말 공정가치는 10,700원, 20X2년 12월말 공정가치는 10,300원이다. 20X2년 12월말 기타포괄손익으로 분류되는 평가손익의 잔액은 얼마인가? 94회 기출문제

① 평가이익 300원   ② 평가이익 400원
③ 평가손실 300원   ④ 평가손실 400원

21 다음 중 자본에 대한 설명으로 가장 옳지 않은 것은? 95회 기출문제

① 자본잉여금 또는 이익잉여금을 자본금에 전입하여 기존의 주주에게 무상으로 신주를 발행하는 경우에는 주식의 액면금액을 주식의 발행금액으로 한다.
② 자본잉여금에는 주식발행초과금, 자기주식처분이익, 감자차익 등이 포함된다.
③ 매입 등을 통하여 취득하는 자기주식은 액면금액을 자기주식의 과목으로 하여 자본조정으로 회계처리한다.
④ 현물을 제공받고 주식을 발행한 경우에는 제공받은 현물의 공정가치를 주식의 발행금액으로 한다.

22 자본에 대한 설명으로 틀린 것은? 97회 기출문제

① 주주로부터 현금을 수령하고 주식을 발행하는 경우에 주식의 발행금액이 액면금액보다 크다면 그 차액을 자본잉여금으로 회계처리한다.
② 기업이 주주에게 순자산을 반환하지 않고 주식의 액면금액을 감소시키거나 주식수를 감소시키는 경우에는 감소되는 액면금액을 이익잉여금으로 회계처리한다.
③ 기업이 매입 등을 통하여 취득하는 자기주식은 취득원가를 자본조정으로 회계처리한다.
④ 주식으로 배당하는 경우에는 발행주식의 액면금액을 배당액으로 하여 자본금의 증가와 이익잉여금의 감소로 회계처리한다.

정답 및 해설

18 ③ 중도에 포기한 자본거래 비용은 당기손익으로 인식한다.

19 ② 상법상 이익준비금은 임의적립금이 아니라 법정적립금이다.

20 ① 20X1년 기타포괄손익평가이익 700
20X2년 평가시 전년도 기타포괄손익평가이익 중 400원 대체한후 남은 잔액은 300원임

21 ③ 발행기업이 매입 등을 통하여 취득하는 자기주식은 취득원가를 자기주식의 과목으로 하여 자본조정으로 회계처리한다.(일반기업회계기준 15.8)

22 ② 일반기업회계기준 제2장
기업이 주주에게 순자산을 반환하지 않고 주식의 액면금액을 감소시키거나 주식수를 감소시키는 경우에는 감소되는 액면금액 또는 감소되는 주식수에 해당하는 액면금액을 감자차익으로 하여 자본잉여금으로 회계처리한다.

23 다음은 ㈜신속의 자본 내역이다. ㈜신속이 보유하고 있는 자기주식(1주당 취득가액 50,000원) 100주를 주당 80,000원에 처분하고 회계처리 하는 경우 자기주식처분이익 계정과목의 금액은 얼마인가?

99회 기출문제

- 보통주 자본금: 50,000,000원(10,000주, 주당 5,000원)
- 자기주식처분손실: 2,000,000원
- 자기주식: 5,000,000원
- 감자차손: 2,000,000원
- 처분전이익잉여금: 25,800,000원

① 500,000원   ② 1,000,000원   ③ 2,000,000원   ④ 3,000,000원

24 다음 중 자본금과 자본총계의 변동이 없는 거래를 모두 고른 것은?

102회 기출문제

| 가. 이익잉여금 적립 | 나. 주식병합 |
| 다. 주식배당 | 라. 현금배당 |

① 가, 나, 다, 라   ② 가, 나, 다   ③ 가, 나   ④ 가

25 재무상태표상의 자본에 대한 설명으로 맞는 것은?

47회 기출문제

① 자본금은 법정자본금으로서 발행주식수에 발행가액을 곱하여 계산한다.
② 자본잉여금은 증자나 감자 등 주주와의 거래에서 발생하여 자본을 증가시키는 잉여금이다.
③ 자본조정은 당해 항목의 성격으로 보아 자본거래에 해당하나 최종 납입된 자본으로 볼 수 없거나 자본을 증가시키는 성격으로 자본금이나 자본잉여금으로 분류할 수 없는 항목이다.
④ 이익잉여금은 손익계산서에 보고된 손익과 다른 자본항목에서 이입된 금액과 배당 등으로 처분된 금액의 합계액이다.

26 다음 중 재무상태표상의 자본에 대한 설명으로 옳은 것은?

103회 기출문제

① 자본금은 법정자본금으로 발행주식 수에 발행금액을 곱하여 계산한다.
② 보통주자본금과 우선주자본금은 자본금으로 통합하여 표시할 수 있다.
③ 자본잉여금은 주주와의 거래에서 발생하여 자본을 증가시키는 잉여금으로, 주식발행초과금, 자기주식처분이익, 감자차익, 감자차손을 포함한다.
④ 자본조정은 당해 항목의 성격으로 보아 자본거래에 해당하나 최종 납입된 자본으로 볼 수 없거나 자본의 가감 성격으로 자본금이나 자본잉여금으로 분류할 수 없는 항목이다.

27 ㈜세무가 다음과 같은 거래를 한 경우 각각의 회계처리가 자본에 미치는 영향으로 틀린 것은?

48회 기출문제

주식발행 (액면발행)	• 증자일: 20X1년 6월 4일 • 발행주식수 : 1,000주 • 액면가액(= 발행가액): 5,000원 • 주식발행비용: 100,000원 • 20X1년 1월 1일 현재 재무상태표상 주식발행초과금: 5,000,000원

자기주식
(취득과 매각)
	• 자기주식 취득(20X1년 7월 4일)
	  100주, 취득가액: 주당 6,000원(액면가액 5,000원)
	  자기주식을 최초 취득하였다.
	• 자기주식 처분(20X1년 7월 20일)
	  100주, 처분가액: 주당 6,500원

① 주식발행으로 인하여 자본금은 증가하였다.
② 주식발행으로 인하여 자본잉여금은 변동이 없다.
③ 자기주식 취득으로 자본금은 변동이 없다.
④ 자기주식 처분으로 인하여 자본잉여금은 증가하였다.

정답 및 해설

23 ② 1,000,000원 = 처분가액 8,000,000원 − 취득가액 5,000,000원 − 자기주식처분손실 2,000,000원
• 자기주식처분이익은 자기주식처분손실이 있는 경우 자기주식처분손실과 우선 상계하고, 나머지 잔액을 자기주식 처분이익으로 처리한다.

24 ③ 주식배당은 자본금이 증가하고, 자본총계는 변동이 없다. 현금배당은 자본금의 변동은 없으나 자본총계는 감소한다.

25 ② 일반기업회계기준 2장 자본의 분류
① 자본금은 법정자본금으로서 발행주식수에 액면가액을 곱하여 계산한다.
③ 자본조정은 당해 항목의 성격으로 보아 자본거래에 해당하나 최종 납입된 자본으로 볼 수 없거나 자본의 가감 성격으로 자본금이나 자본잉여금으로 분류할 수 없는 항목이다.
④ 이익잉여금은 손익계산서에 보고된 손익과 다른 자본항목에서 이입된 금액의 합계액에서 배당 등으로 처분된 금액을 차감한 잔액이다.

26 ④ • 자본금은 발행주식 수에 액면가액을 곱하여 계산한다.
• 보통주자본금과 우선주자본금은 권리와 배당액이 틀리기 때문에 통합하여 표시할 수 없다
• 감자차손은 자본조정에 해당한다.

27 ② • 20X1년 6월 4일

(차)현금 등	5,000,000	(대)자본금	5,000,000
주식발행초과금	100,000	현금 등	100,000

주식발행으로 인하여 자본잉여금이 감소하였다.

• 20X1년 7월 4일

(차)자기주식	600,000	(대)현금 등	600,000

• 20X1년 7월 20일

(차)현금 등	650,000	(대)자기주식	600,000
		자기주식처분이익	50,000

자기주식 처분으로 인하여 자본잉여금은 증가하였다.

28 다음 중 일반기업회계기준상 재무상태표에 표시되는 분류가 서로 같지 않은 항목은? 49회 기출문제

① 자기주식
② 지분법적용투자주식
③ 주식발행초과금
④ 매도가능증권평가손실

29 회사의 이익잉여금을 주식배당으로 배당함에 있어, 배당의 종류별로 주식발행회사 입장에서의 자본변동사항과 주주인 투자법인의 배당수익 인식여부에 대한 설명으로 올바른 것은? 50회 기출문제

	주식발행회사 자본변동사항	주주인 투자법인 배당수익 인식여부
①	변동없음	수익인식
②	변동없음	수익불인식
③	감소수익	불인식
④	감소수익	인식

30 다음 내용 중 자본을 감소시키는 형태로 표시되는 기타포괄손익누계 항목은 몇 개인가? 52회 기출문제

- 감자차손
- 해외사업환산이익
- 매도가능증권평가손실
- 미처리결손금
- 감자차익
- 주식할인발행차금
- 자기주식처분손실
- 자기주식

① 1개　　② 2개　　③ 3개　　④ 4개

정답 및 해설

28 ② 지분법적용투자주식은 자산에 해당하고 나머지는 모두 자본에 해당하는 항목이다.

29 ② 주식발행회사의 입장에서 주식배당은 이익잉여금이 자본금으로 위치만 이동하므로 자본은 변동이 없다. 또한 주주인 법인(투자회사)의 입장에서 주식배당은 배당수익으로 인식하지 아니하며 주식수량을 증가시켜 주당취득가액을 낮추기만 한다.

30 ① 감자차손, 자기주식처분손실, 자기주식, 주식할인발행차금은 자본조정에 해당한다. 감자차익은 자본잉여금에 해당한다. 미처리결손금은 이익잉여금에 해당하며, 매도가능증권평가손실과 해외사업환산이익은 기타포괄손익누계에 해당한다. 해외사업환산이익은 자본을 증가시키는 형태로 표시하고, 매도가능증권평가손실은 자본을 감소시키는 형태로 표시한다.

08 수익과 비용

<제조기업의 손익계산서 구조>

	매출액	제품판매금액
(−)	매출원가	재료비, 노무비, 제조경비 등의 제품판매원가
=	매출총이익	
(−)	판매비관리비	제품완성 후 판매관리비용 (본사급여, 기업업무추진비, 광고선전비 등)
=	영업이익	
(+)	영업외수익	이자수익, 수수료수익, 배당금수익 등
(−)	영업외비용	이자비용, 수수료비용, 기부금 등
=	법인세차감전순이익	
(−)	법인세 등	
=	당기순이익	

01 수익

수익이란 주요 경영활동으로서 재화의 생산·판매, 용역의 제공 등에 따른 경제적효익의 유입으로 자본의 증가를 가지고 오는 것을 말한다.

재화의 판매로 인한 수익은 다음 조건이 모두 충족될 때 인식한다.
(1) 재화의 소유에 따른 유의적인 위험과 보상이 구매자에게 이전된다.
(2) 판매자는 판매한 재화에 대하여 소유권이 있을 때 통상적으로 행사하는 정도의 관리나 효과적인 통제를 할 수 없다.
(3) 수익금액을 신뢰성 있게 측정할 수 있다.
(4) 경제적 효익의 유입 가능성이 매우 높다.
(5) 거래와 관련하여 발생했거나 발생할 원가를 신뢰성 있게 측정할 수 있다.

용역의 제공으로 인한 수익은 용역제공거래의 성과를 신뢰성 있게 추정할 수 있을 때 진행기준에 따라 인식한다. 다음 조건이 모두 충족되는 경우에는 용역제공거래의 성과를 신뢰성 있게 추정할 수 있다고 본다.
(1) 거래 전체의 수익금액을 신뢰성 있게 측정할 수 있다.
(2) 경제적 효익의 유입 가능성이 매우 높다.
(3) 진행률을 신뢰성 있게 측정할 수 있다.
(4) 이미 발생한 원가 및 거래의 완료를 위하여 투입하여야 할 원가 를 신뢰성 있게 측정할 수 있다.

> 이자수익, 배당금수익, 로열티수익은 다음의 기준에 따라 인식한다.
> (1) 수익금액을 신뢰성 있게 측정할 수 있다.
> (2) 경제적 효익의 유입 가능성이 매우 높다.
> (3) 이자수익은 원칙적으로 유효이자율을 적용하여 발생기준에 따라 인식한다.
> (4) 배당금수익은 배당금을 받을 권리와 금액이 확정되는 시점에 인식한다.
> (5) 로열티수익은 관련된 계약의 경제적 실질을 반영하여 발생기준에 따라 인식한다.

(1) 매출액(상품매출, 제품매출)

① 기업에서 영업 활동을 통해 상품, 제품, 용역 등을 팔거나 제공하고 얻게 되는 대가를 매출액이라 한다.
② 매출은 회사가 영위하는 업종이 무엇이냐에 따라 달라진다.(예 은행의 이자수익, 부동산임대업의 임대업, 상품매매업의 상품판매액)
③ 매출액은 총매출액에서 매출 에누리와 환입 및 매출 할인액을 차감한 금액으로 한다.

> 순매출액 = 총매출액 - (매출 에누리 및 환입액 + 매출 할인액)

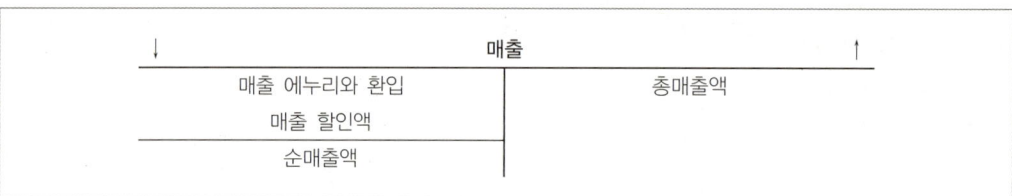

(2) 건설형 공사계약

건설형 공사계약은 건설업뿐만 아니라 공사계약의 형태가 유사한 경우에는 기타 산업에도 적용할 수 있다. 공사수익은 진행기준하에서 그 공사가 수행된 회계기간별로 인식한다. 공사원가도 일반적으로 공사가 수행된 회계기간의 비용으로 인식한다.

> ① 당기 공사수익 = (총도급금액 × 공사진행률) - 전기까지 인식된 공사수익
> ② 공사진행률 = 당기말 실제발생 공사원가 누적액(전기실제발생공사원가 + 당기실제발생공사원가) ÷ 당기말 총공사예정원가
> ③ 공사이익 = 공사수익 - 공사원가
> * 총공사예정원가에서 토지의 취득원가와 자본화대상 금융비용 등을 제외한다.
> * 공사수익의 실현이 작업시간이나 작업일수 또는 기성공사의 면적이나 물량 등과 보다 밀접한 비례관계에 있고, 전체공사에서 이미 투입되었거나 완성된 부분이 처 지하는 비율을 객관적으로 산정할 수 있는 경우에는 그 비율로 할 수 있다.

> **건설형 공사계약 - 특수한 경우**
> (1) 진행기준을 적용할 수 없는 경우
>   공사원가 중 회수가능한 범위 내에서 공사수익을 인식하고, 공사원가는 발생된 회계기간의 비용으로 인식한다.
> (2) 전체 공사손실 예상되는 경우
>   잔여공사기간 중에 발생이 예상되는 공사원가의 합계액이 동 기간 중 인식할 공사수익의 합계액을 초과할 경우 해당 초과액을 당기 비용인 공사손실충당금부채전입액(추정공사손실)으로 인식하고 공사원가에 포함하여 보고한다. 추정원가의 합계액이 총수익을 초과하는 경우에는 그 초과액과 이미 인식한 이익의 합계액을 전액 당기손실로 인식하는 것이다.
>   (차) 공사손실충당금부채전입액   ×××   (대) 공사손실충당금   ×××
>   (공사원가 가산)

공사수익
공사수익은 다음의 항목으로 구성된다.
(1) 최초에 합의된 계약금액
(2) 건설공사내용의 변경이나 보상금 또는 장려금의 지급에 따라 추가될 수익 중 발생가능성이 매우 높고 신뢰성 있는 측정이 가능한 금액

공사비용
공사원가는 다음의 항목으로 구성된다.
(1) 정공사에 관련된 공사직접원가*
(2) 특정공사에 개별적으로 관련되지는 않으나 여러 공사활동에 배분될 수 있는 공사공통원가
(3) 계약조건에 따라 발주자에게 청구할 수 있는 기타 특정공사원가

* 공사직접원가
(1) 건설공사에 사용된 재료원가
(2) 현장감독을 포함한 현장인력의 노무원가
(3) 생산설비와 건설장비의 감가상각비
(4) 생산설비, 건설장비 및 재료의 건설현장으로의 또는 건설현장으로부터의 운반비
(5) 생산설비와 건설장비의 임차료
(6) 공사와 직접 관련된 설계와 기술지원비
(7) 외주비
(8) 공사종료시점에서 추정한 하자보수와 보증비용
(9) 제3자에 대한 보상
(10) 이주대여비 관련 순이자비용
(11) 창고보관료, 보험료 등 특정공사 진행과정에서 직접적으로 발생한 기타 비용

(3) 영업외수익
매출수익을 얻기 위한 주된 영업활동 이외의 보조적 또는 부수적인 활동에서 발생하는 수익을 의미한다.

이자수익	금융상품이나 대여금에서 발생하는 이자
배당금수익	주식이나 출자금 등의 투자에서 분배 받은 이익
임대료	부동산 또는 동산을 타인에게 임대하고 받는 이익
유가증권처분이익	유가증권을 처분함에 따라 발생하는 이익
단기매매증권평가이익	단기매매증권을 공정가치로 평가함에 따라 발생하는 이익
외환차익	외화자산의 회수나 외화부채의 상환시에 환율의 변동으로 발생하는 이익
외화환산이익	외화자산이나 외화부채의 기말평가시 환율의 변동으로 발생하는 이익
투자자산처분이익	투자자산을 처분함에 따라 발생하는 이익
유형자산처분이익	유형자산을 처분함에 따라 발생하는 이익
사채상환이익	사채를 상환함에 따라 발생하는 이익
자산수증이익	주주나 제3자 등으로부터 자산을 무상으로 증여받은 금액
전기오류수정이익	전기에 발생했던 회계상의 오류를 수정한 후 발생하는 이익
채무면제이익	주주나 채권자로부터 회사채무의 전부 또는 일부를 면제받은 금액
잡이익	금액적으로 중요하지 않거나 계정의 분류가 명확히 밝혀지지 않은 이익

02 비용

비용이란 수익을 획득하기 위하여 소비된 경제가치로 영업활동의 결과 자본의 감소를 가져오는 것을 말한다.

(1) 매출원가(상품매출원가, 제품매출원가)

① 영업활동에서 판매한 제품 및 상품의 원가를 매출원가라 한다.
② 매출원가는 기초 상품 재고액과 당기 상품 매입액(순매입액)의 합계액에서 기말 상품재고액을 차감하여 계산한다.
③ 상품매출원가 = 기초상품재고액 + 당기상품매입액 − 기말상품재고액

* 당기상품매입액은 상품의 총매입액에서 매입 에누리와 환출액 및 매입 할인액을 차감한 순매입액

↑	상품	↓
기초상품재고액	**상품매출원가**(판매분)	
당기상품매입액	기말상품재고액(미판매분)	
판매가능금액		

④ 제품매출원가 = 기초제품재고액 + 당기제품제조원가 − 기말제품재고액

↑	제품	↓
기초제품재고액	**제품매출원가**(판매분)	
당기제품제조원가	기말제품재고액(미판매분)	
판매가능금액		

* 제조기업의 매출원가를 계산하기 위한 개념 및 절차는 원가회계 파트에서 다루도록 한다.

⑤ 매출총이익 = 매출액 − 매출원가

(2) 판매비와 관리비

제조기업의 경우 제품완성 후 판매 촉진 및 기업의 관리, 일반 사무를 위한 비용을 판매·관리비라 한다.

급여	급여, 임금, 제수당 등 근로의 대가로 지불하는 비용
퇴직급여	직원이 퇴직할 시 지급하여야 하는 비용
복리후생비	직원들의 근로환경 및 처우개선을 위하여 지출하는 비용
임차료	부동산이나 동산을 임차하고 그 소유자에게 지급하는 금액
기업업무추진비	사업상 필요에 의하여 지출하는 기업업무추진비용
감가상각비	유형자산의 사용에 따른 비용을 합리적인 방법으로 기간배분 하는 금액
무형자산상각비	유형자산의 사용에 따른 비용을 합리적인 방법으로 기간배분 하는 금액
세금과공과	국가 또는 지방자치단체 등에 지급하는 조세 등
광고선전비	광고선전 목적으로 지출하는 비용
경상연구개발비	연구 및 개발활동과 관련하여 경상적으로 발생한 비용
대손상각비	회수가 불가능한 채권의 비용, 대손추정액의 비용

(3) **영업외 비용**

영업 본래의 목적 이외의 활동에서 발생하는 비용이다.

이자비용	외부에서 조달한 부채에 대하여 지급하는 이자 등
기타의 대손상각비	매출채권 이외의 채권에 대한 대손상각비
유가증권처분손실	유가증권을 처분함에 따라 발생하는 손실
단기매매증권평가손실	단기매매증권을 공정가치(시가)로 평가함에 따라 발생하는 손실
재고자산감모손실	재고자산의 수량부족으로 인한 원가성이 없는 손실
외환차손	외화자산의 회수나 외화부채의 상환시에 환율변동으로 발생하는 손실
외화환산손실	외화자산이나 외화부채의 기말평가시에 환율변동으로 발생하는 손실
기부금	사업과 무관하게 무상으로 증여하는 금전, 기타 자산의 가액
투자자산처분손실	투자자산을 처분함에 따라 발생하는 손실
유형자산처분손실	유형자산을 처분함에 따라 발생하는 손실
사채상환손실	사채를 조기상환함에 따라 발생하는 손실
전기오류수정손실	전기에 발생했던 회계상의 오류를 수정한 후 발생하는 손실
잡손실	금액적으로 중요하지 않거나 계정의 분류가 명확히 밝혀지지 않은 손실

(4) **법인세 등**

법인의 각사업연도 소득에 대한 소득세 계산 금액을 "법인세 등" 계정과목으로 비용 처리한다.

기출 이론문제 : 수익과 비용

01 용역제공으로 인한 수익은 용역제공 거래의 성과를 신뢰성 있게 추정할 수 있을 때 진행기준에 따라 인식한다. 다음 중 용역제공 거래의 성과를 신뢰성 있게 추정할 수 있기 위한 조건은 모두 몇 개인가?

75회 기출문제

> (가) 거래 전체의 수익금액을 신뢰성 있게 측정할 수 있다.
> (나) 경제적 효익의 유입가능성이 매우 높다.
> (다) 진행률을 신뢰성 있게 측정할 수 있다.
> (라) 이미 발생한 원가 및 거래의 완료를 위하여 투입하여야 할 원가를 신뢰성 있게 측정할 수 있다.

① 1개 ② 2개 ③ 3개 ④ 4개

02 ㈜한결은 20X1년 1월 3일 ㈜서동의 사옥을 신축하기로 계약하였다. 총공사계약금액은 100,000,000원이며, 공사가 완료된 20X3년까지 사옥의 신축과 관련된 자료는 다음과 같다. ㈜한결의 수익인식에 진행기준을 적용할 경우 20X2년에 인식하여야할 공사수익은 얼마인가?

78회 기출문제

구분	20X1년	20X2년	20X3년
당기발생공사원가	16,000,000원	29,000,000원	47,000,000원
추가소요추정원가	64,000,000원	45,000,000원	
공사대금청구액	30,000,000원	50,000,000원	20,000,000원

① 10,000,000원 ② 20,000,000원 ③ 30,000,000원 ④ 50,000,000원

03 ㈜한결은 시립수영장 신축공사 도급계약을 광역시와 체결하였다. 도급금액은 500,000,000원이며, 20X1년 투입된 공사비는 60,000,000원, 20X2년에 투입된 공사비는 100,000,000원이다. 20X2년 누적진행률이 40%라고 할 경우, ㈜한결의 20X1년도 총공사예정원가는 얼마인가?

81회 기출문제

① 60,000,000원 ② 100,000,000원 ③ 160,000,000원 ④ 400,000,000원

04 다음의 용역제공거래에 대하여 진행기준을 적용하지 않는 경우에 대한 서술 중 잘못된 것은?

83회 기출문제

① 추정원가의 합계액이 총수익을 초과하는 경우에는 그 초과액과 이미 인식한 이익의 합계액을 전액 당기손실로 인식한다.
② 용역제공거래의 성과를 신뢰성 있게 추정할 수 없는 경우에는 발생한 비용의 범위 내에서 회수가능한 금액을 수익으로 인식한다.
③ 용역제공거래의 성과를 신뢰성 있게 추정할 수 없고 발생한 원가의 회수가능성이 낮은 경우에는 수익을 인식하지 않고 발생한 원가를 비용으로 인식한다.
④ 거래의 성과를 신뢰성 있게 추정하는 것을 어렵게 만들었던 불확실성이 해소된 경우라 하더라도 해당 거래에 대해서는 진행기준을 재적용할 수 없다.

정답 및 해설

01 ④ 용역의 제공으로 인한 수익은 용역제공거래의 성과를 신뢰성 있게 추정할 수 있을 때 진행기준에 따라 인식한다. 다음 조건이 모두 충족되는 경우에는 용역제공거래의 성과를 신뢰성 있게 추정할 수 있다고 본다.
(1) 거래 전체의 수익금액을 신뢰성 있게 측정할 수 있다.
(2) 경제적 효익의 유입 가능성이 매우 높다.
(3) 진행률을 신뢰성 있게 측정할 수 있다.
(4) 이미 발생한 원가 및 거래의 완료를 위하여 투입하여야 할 원가 를 신뢰성 있게 측정할 수 있다.

02 ③ 누적발생원가　　　　　45,000,000원
　　　총공사예정원가　　　　　90,000,000원
　　　공사진행률　　　　　　　　　50%
　　　공사수익　　　　　30,000,000원(= 100,000,000원 × 0.5 − 20,000,000원)
　　　공사원가　　　　　29,000,000원
　　　공사이익　　　　　　1,000,000원

03 ④ 20X1년 공사진행율 = (60,000,000원 + 100,000,000원) ÷ ? = 40%
　　　총공사예정원가 = 400,000,000(일반기업회계기준 16.20)

04 ④ 거래의 성과를 신뢰성 있게 추정하는 것을 어렵게 만들었던 불확실성이 해소된 경우에는 [문단 16.11][진행기준 적용]에 따라 수익을 인식한다. [문단 16.14]

05. ㈜세무는 20X1년 7월 1일부터 2년간 교량을 건설하는 계약을 체결하고 공사를 진행하고 있다. 총계약수익은 300,000원, 총계약원가는 240,000원이다. 다음의 진행기준에 따른 수익인식표를 참조하여 빈칸에 들어갈 정답을 구하시오. _{84회 기출문제}

<진행기준에 따른 수익인식>

회계연도	누적계약건설원가	누적건설계약진행률	수익	비용	이익
20X1년	72,000원	(1)	(3)	72,000원	18,000원
20X2년	192,000원	(2)	(4)	120,000원	30,000원
20X3년	240,000원	100%	60,000원	48,000원	12,000원

	(1)	(2)	(3)	(4)
①	30%	80%	90,000원	150,000원
②	24%	64%	72,000원	192,000원
③	30%	80%	90,000원	240,000원
④	24%	64%	72,000원	120,000원

06. ㈜세무는 20X1년 7월 1일 ㈜한라의 사옥을 신축하기로 계약하였는데, 총공사대금은 200,000,000원이며, 공사가 완료된 20X3년까지 사옥의 신축과 관련된 자료는 다음과 같다. ㈜세무의 수익인식에 진행기준을 적용할 경우 20X3년에 인식하여야 할 공사수익은 얼마인가? _{87회 기출문제}

구분	20X1년	20X2년	20X3년
당기발생공사원가	45,000,000원	90,000,000원	48,000,000원
추가소요추정원가	140,000,000원	45,000,000원	
공사대금청구액	60,000,000원	100,000,000원	40,000,000원

① 30,000,000원　② 40,000,000원　③ 50,000,000원　④ 100,000,000원

07. ㈜고양은 20X1년 1월 3일 ㈜민진의 사옥을 신축하기로 계약하였으며 관련 자료는 다음과 같다. ㈜고양의 수익 인식에 진행 기준을 적용할 경우 20X3년에 인식하여야 할 공사이익은 얼마인가? _{90회 기출문제}

1. 계약금액: 150,000,000원
2. 사옥 신축 관련 원가 자료는 다음과 같다.

구분	20X1년	20X2년	20X3년
당기발생공사원가	20,000,000원	52,000,000원	47,000,000원
추가소요추정원가	80,000,000원	48,000,000원	
공사대금청구액	40,000,000원	60,000,000원	50,000,000원

① 3,000,000원　② 8,000,000원　③ 13,000,000원　④ 39,000,000원

08 다음 중 보고기간말 외화환산방법에 대한 설명으로 가장 잘못된 것은?   85회 기출문제
① 화폐성 외화항목은 마감환율로 환산한다.
② 역사적원가로 측정하는 비화폐성 외화항목은 거래일의 환율로 환산한다.
③ 공정가치로 측정하는 비화폐성 외화항목은 공정가치가 결정된 날의 환율로 환산한다.
④ 화폐성항목에서 발생한 외화환산손익은 기타포괄손익으로 인식하여야 한다.

09 다음 중 수익의 인식에 관한 설명으로 틀린 것은?   88회 기출문제
① 상품권을 판매한 경우 수익은 물품 등을 제공 또는 판매하여 상품권을 회수한 시점에 인식한다.
② 배당금수익은 수익금액을 사전에 결정하기 어렵기 때문에 배당금을 수취한 시점에 인식한다.
③ 이미 수익으로 인식한 금액에 대해서는 추후에 회수가능성이 불확실해지는 경우에도 수익금액을 조정하지 아니하고 회수불가능하다고 추정되는 금액을 비용으로 인식한다.
④ 용역제공거래의 성과를 신뢰성 있게 측정할 수 없는 경우에는 발생원가의 범위 내에서 회수가능한 금액을 수익으로 계상하고 발생원가 전액을 비용으로 인식한다.

정답 및 해설

05 ① (1) 20X1년 누적진행률: 72,000원/240,000원 = 30%
(2) 20X2년 누적진행률: 192,000원/240,000원 = 80%
(3) 20X1년 수익: 300,000원 × 30% = 90,000원
(4) 20X2년 수익: 300,000원 × 80%-90,000원 = 150,000원

06 ③ 20X2년 누적공사진행률 = 누적발생원가 / 추정총원가
75% = 135,000,000원÷180,000,000원
20X3년 공사수익 50,000,000원 = 200,000,000원 × (1-75%)

07 ③ 누적발생원가   72,000,000원
총공사예정원가: 120,000,000원
20X2년까지 누적 공사진행률   60%
20X3년 공사수익   60,000,000원[= 150,000,000원 × (1-0.6)]
20X3년 공사원가   47,000,000원
20X3년 공사이익   13,000,000원

08 ④ 화폐성항목의 결제시점에 발생하는 외환차손익 또는 화폐성항목의 환산에 사용한 환율이 회계기간 중 최초로 인식한 시점이나 전기의 재무제표 환산시점의 환율과 다르기 때문에 발생하는 외화환산손익은 그 외환차이가 발생하는 회계기간의 손익으로 인식한다. 단, 외화표시 매도가능채무증권의 경우 동 금액을 기타포괄손익에 인식한다.

09 ② 배당금수익은 수익금액을 사전에 결정하기 어렵기 때문에 주주로서 배당을 받을 권리가 확정되는 시점에 인식한다.

10 다음은 일반기업회계기준에 따른 수익의 인식기준에 대한 설명이다. 가장 옳지 않은 것은?

92회 기출문제

① 이자수익은 원칙적으로 유효이자율을 적용하여 발생기준에 따라 인식한다.
② 공사진행률은 실제공사비 발생액을 토지의 취득원가와 자본화대상 금융비용 등을 포함한 총공사예정원가로 나눈 비율로 계산함을 원칙으로 한다.
③ 용역의 제공으로 인한 수익은 용역제공거래의 성과를 신뢰성 있게 추정할 수 있을 때 진행기준에 따라 인식한다.
④ 수익은 재화의 판매, 용역의 제공이나 자산의 사용에 대하여 받았거나 또는 받을 대가의 공정가치로 측정한다.

11 다음 자료를 보고 장기용역제공에 따른 20X2년 당기손익을 구하시오.

92회 기출문제

- 용역제공기간: 3년
- 계약기간 총수익: 1,200,000원
- 용역제공 관련 원가

구분	20X1년	20X2년	20X3년
당기발생원가	700,000원	500,000원	300,000원
추가소요추정원가	300,000원	300,000원	0원
손익인식액	이익 140,000원	?	

① 0원　　　　② 손실 240,000원　　　③ 손실 380,000원　　　④ 손실 440,000원

12 일반기업회계기준에 따른 아래의 수익인식기준 중 틀린 것은?

98회 기출문제

① 위탁판매의 경우 위탁자는 수탁자가 해당 재화를 제3자에게 판매한 시점에 수익을 인식한다.
② 구매자에게 제한적인 반품권이 부여된 거래에서 반품가능성이 불확실하여 추정이 어려운 경우에는 구매자가 재화의 인수를 공식적으로 수락한 시점 또는 재화가 인도된 후 반품기간이 종료된 시점에 수익을 인식한다.
③ 광고제작수수료는 광고 제작의 진행률에 따라 인식한다.
④ 수출업무를 대행하는 종합상사는 수출대금 전체를 수익으로 계상해야 한다.

13 ㈜디엘은 20X1년 1월 1일부터 3년간 ㈜미래의 사옥을 신축하는 계약을 체결하고 공사를 진행하고 있으며 관련 자료는 다음과 같다. 해당 공사의 수익인식기준으로 진행기준을 적용할 경우 ㈜디엘이 인식할 20X2년의 공사손실은 얼마인가?　　　　　　　　　　　　　　　　　101회 기출문제

1. 계약금액: 100,000,000원
2. 사옥 신축 관련 원가 자료는 다음과 같다.

구분	20X1년	20X2년	20X3년
당기발생공사원가	38,000,000원	46,000,000원	21,000,000원
추가소요추정원가	57,000,000원	21,000,000원	
누적 진행률	40%	80%	100%

3. 20X1년에 인식한 공사이익은 2,000,000원이다.

① 5,000,000원　　② 6,000,000원　　③ 7,000,000원　　④ 8,000,000원

정답 및 해설

10 ② 공사진행률은 실제공사비 발생액을 토지의 취득원가와 자본화대상 금융비용 등을 제외한 총공사예정원가로 나눈 비율로 계산함을 원칙으로 한다.(일반기업회계기준 16.47)

11 ④ 일반기업회계기준 16.12
1,200,000원 - (700,000원 + 500,000원 + 300,000원) - 140,000원 = △440,000원

12 ④ 수출업무를 대행하는 종합상사는 판매를 위탁하는 회사를 대신하여 재화를 수출하는 것이므로 판매수수료만을 수익으로 계상해야 한다.
[일반기업회계기준 제16장 수익, 재화의 판매 적용사례 10 (2)]

13 ③ 7,000,000원 = 총공사손실 5,000,000원 + 2021년 공사이익 인식액 2,000,000원
- 총공사손실: 총공사원가 105,000,000원 - 총공사수익 100,000,000원 = 5,000,000원
- [일반기업회계기준 문단 16.53] 공사와 관련하여 향후 공사손실이 예상되는 경우에는 예상손실을 즉시 공사손실충당부채로 인식하고 중요 세부내용을 주석으로 기재한다.
  (1) 당기에 계상하는 공사손실충당부채전입액(추정공사손실)은 잔여공사기간 중에 발생이 예상되는 공사원가의 합계액이 동기간 중 인식될 공사수익의 합계액을 초과하는 금액이며, 공사 전 기간에 걸쳐 예상되는 총공사손실액에 과거 기간 중에 인식한 공사이익이 있을 경우 이를 합계한 금액과 같다. 공사손실충당부채전입액은 당기의 비용으로 처리하고 실제발생공사원가에 부가하여 공사원가로 보고한다.

14 다음 중 일반기업회계기준에 따른 수익의 인식기준에 대한 설명으로 가장 틀린 것은? 102회 기출문제
① 상품권의 발행과 관련된 수익은 재화를 인도하거나 판매한 시점에 인식하여야 하므로 상품권을 판매한 시점에는 수익을 인식하지 아니하고 선수금으로 처리한다.
② 재고자산의 판매거래 이후에도 판매자가 관련 재화의 소유에 따른 위험의 대부분을 부담하는 경우에는 그 거래를 아직 판매로 보지 아니하며 수익을 인식하지 않는다.
③ 정기간행물은 구독신청에 의하여 판매하는 경우에는 구독신청시에 수익을 인식한다.
④ 광고제작수수료는 광고제작의 진행률에 따라 인식한다.

15 일반기업회계기준에 따른 수익인식기준에 대한 설명 중 옳지 않은 것은? 104회 기출문제
① 광고제작수수료는 광고 제작 진행률에 따라 인식한다.
② 할부판매는 판매시점에 인식한다.
③ 반품권이 부여된 거래의 경우 판매한 시점에 인식한다.
④ 부동산의 판매수익은 법적 소유권이 구매자에게 이전되는 시점에 인식한다.

16 기업회계기준(서)상 외화자산 및 부채의 환산 및 상환에 관한 설명 중 틀리는 것은? 45회 기출문제
① 화폐성외화자산은 재무상태표일 현재의 적절한 환율로 환산한 가액을 재무상태표가액으로 한다.
② 비화폐성외화부채는 원칙적으로 당해 부채를 부담한 당시의 적절한 환율로 환산한 가액을 재무상태표가액으로 한다.
③ 외환차익 또는 외환차손은 외화자산의 회수 또는 외화부채의 상환시에 발생하는 차손익으로 한다.
④ 외화환산손실은 결산일에 화폐성외화자산 또는 화폐성외화부채를 환산하는 경우 환율변동으로 인해 발생하는 환산손익으로 판매비와 관리비에 해당한다.

17 다음의 사례를 일반기업회계기준에서 정한 수익인식기준에 따라 회계처리할 경우에 대한 설명으로 틀린 것은? 48회 기출문제

> 1) 20X1년 5월 2일 회사는 ㈜서울에 태양광발전설비를 10,000,000원(원가: 7,000,000원)에 판매하고 현금으로 받았다.
> 2) 회사는 태양광발전설비를 판매 후 2년간 무상보증수리를 제공할 것을 약정하였다.
> 3) 회사는 무상보증수리비용의 발생액을 합리적으로 측정할 수 없다.
> 4) 20X3년 2월 3일 무상보증수리비용이 3,000,000원 발생하여 현금으로 지급하였다.

① 20X1년 손익계산서에는 영향이 전혀 없다.
② 20X1년 재무상태표상 부채가 증가한다.
③ 20X1년 재무상태표상 자본은 전혀 변동이 없다.
④ 20X1년 재무상태표상 판매보증충당금 3,000,000원이 증가한다.

18 일반기업회계기준에 의한 수익인식기준으로 틀린 것은? 52회 기출문제

① 상품권을 판매하는 경우 판매시에는 선수금의 계정으로 처리하고, 물품 등을 판매하여 상품권을 회수하는 때에 매출을 인식한다.
② 입장료수익은 행사가 개최되는 시점에 수익을 인식한다.
③ 정기간행물의 경우에는 그 가액이 비슷한 품목을 구독신청에 의하여 판매하는 경우에는 계약시점에 인식한다.
④ 용역제공으로 인한 수익은 용역제공거래의 성과를 신뢰성 있게 추정할 수 있을 때 진행기준에 따라 인식한다.

정답 및 해설

14 ③ 정기간행물 등과 같이 그 가액이 매기간 비슷한 품목을 구독신청에 의해 판매하는 경우에는 구독기간에 걸쳐 정액법으로 수익을 인식한다.

15 ③ 구매자가 인수를 수락한 시점 또는 반품 기간이 종료된 시점에 인식한다.

16 ④ 손익계산서상 영업외비용을 구성한다.

17 ④ 수익과 관련 비용은 대응하여 인식한다. 즉, 특정 거래와 관련하여 발생한 수익과 비용은 동일한 회계기간에 인식한다. 일반적으로 재화의 인도 이후 예상되는 품질보증비나 기타 비용은 수익인식시점에서 신뢰성 있게 측정할 수 있다. 그러나 관련된 비용을 신뢰성 있게 측정할 수 없다면 수익을 인식할 수 없다. 이 경우에 재화 판매의 대가로 이미 받은 금액은 부채로 인식한다.(실무지침 16.7)

20X1.5.2	(차) 현금	10,000,000	(대) 선수금	10,000,000
20X3.2.3	(차) 판매보증비	3,000,000	(대) 현금	3,000,000
20X3.5.2	(차) 선수금	10,000,000	(대) 매출	10,000,000
	(차) 매출원가	7,000,000	(대) 제품	7,000,000

18 ③ 정기간행물 등과 같이 그 가액이 매기간 비슷한 품목을 구독신청에 의해 판매하는 경우에는 구독기간에 걸쳐 정액기준으로 수익을 인식한다.

CHAPTER 09 회계변경과 오류수정

01 회계정책과 회계추정

(1) 회계변경의 의의

회계정책은 기업이 재무제표를 작성 표시하기 위하여 적용하는 구체적인 원칙, 근거, 관행, 규칙 및 실무이다. 회계추정은 예상되는 미래효익과 의무를 평가한 결과에 따라 재무상태상의 자산이나 부채의 장부금액과 기간별 자산의 소비액을 반영한 것을 말한다. 전기오류는 과거 기간 동안에 재무제표를 작성할 때 위의 조건을 만족하는 신뢰할만한 정보를 이용하지 못했거나 잘못 이용하여 발생한 재무제표에의 누락이나 왜곡표시를 뜻한다.

재무제표를 작성할 때에는 일잔 채택한 회계정책은 특정 범주별로 서로 다른 회계정책을 적용하도록 규정하거나 허용하는 경우를 제외하고는 유사한 거래, 기타 사건 및 상황에는 동일한 회계정책을 선택하여 일관성 있게 적용해야 한다. 그러나 보다 목적 적합하고 신뢰성 있는 정보를 제공하기 위해 회계변경이 필요한 경우가 있다.

구분	사례
(1) 회계정책의 변경	• 재고자산 평가를 선입선출법(FIFO)에서 후입선출법(LIFO)로 변경 • 유형자산의 후속측정에서 원가모형에서 재평가모형으로 변경(감가상각방법은 제외) • 단기매매증권 단가산정방법을 이동평균법에서 총평균법으로 변경
(2) 회계추정의 변경	• 채권의 회수 가능성에 대한 변경된 추정에 따라 대손충당금의 금액을 변경 • 추정내용연수, 추정잔존가치 변경 • 감가상각방법 변경 • 재고자산의 순실현가능가치변경 * 회계정책의 변경과 회계추정의 변경효과로 구분하기가 어려운 경우에는 회계추정의 변경으로 본다.

(2) 회계정책의 변경

회계정책의 변경은 일반적으로 인정하는 회계원칙에서 일반적으로 인정하는 또 다른 회계원칙으로의 변경만을 의미한다. 다음의 경우는 회계정책의 최초적용이므로 회계정책의 변경으로 보지 않는다.

> ① 실질이 다른 거래
> ② 새로운 거래

(3) 회계추정의 변경

회계추정의 변경은 자산과 부채의 현재 상태를 평가하거나 자산과 부채와 관련된 예상되는 미래효익과 의무를 평가한 결과에 따라 자산이나 부채의 장부금액 또는 기간별 자산의 소비액을 조정하는 것을 말한다. 한편 원래의 추정 당시에 부주의나 경험부족 등의 사유로 인하여 추정치를 잘못 측정하였던 것을 올바르게 하는 것은 추정의 변경이 아니라 오류의 수정이다.

(4) 회계변경의 회계처리

1) 소급법

소급법은 기초시점에서 회계변경의 누적효과 또는 오류수정의 누적효과를 계산하여 전기에서 이월된 미처분이익잉여금에서 수정하고 비교재무제표를 새로운 정책을 적용하여 재작성하는 방법이다. 소급법은 과거 데이터를 수정하여 새로운 회계 정책이나 정정된 수치를 이전 기간에도 적용함으로써 재무제표의 일관성을 유지하고, 비교가능성을 제고시킨다. 그러나, 소급법은 과거 기록을 다시 조사하고 수정해야 하기 때문에 시간 및 비용에 대한 부담이 있다.

2) 당기일괄처리법

당기일괄처리법이란 기초시점에서 회계변경의 누적효과 또는 오류수정의 누적효과를 계산하여 포괄손익계산서에 당기손익으로 반영하는 방법이다. 이 방법은 현재 기간의 포괄손익계산서에 모든 수정효과를 반영하기 때문에 실행이 간편하다. 하지만 과거 재무제표를 수정하지 않기 때문에, 이전 기간의 재무제표와 비교할 때 일관성이 결여될 수 있고, 당기에만 모든 수정 효과가 반영되기 때문에, 해당 기간의 손익이 일시적으로 왜곡될 수 있다.

3) 전진법

전진법이란 회계변경이 있더라도 회계변경의 누적효과를 따로 계산하지 않고 당기와 당기 이후기간에 반영하는 방법이다. 전진법은 회계 변경을 현재와 미래 기간에만 적용함으로써, 과거 기록에 대한 수정 없이도 변경을 진행할 수 있다.
반면에, 이전 기간의 데이터와의 일관성이 없기 때문에, 재무제표의 비교가능성이 저하된다.

<일반기업회계기준에 의한 회계변경의 회계처리>

구분		일반기업회계기준에 의한 회계처리
회계변경	회계정책의 변경	소급법
		전진법(누적효과를 실무적으로 결정할 수 없는 경우)
	회계추정의 변경	전진법

정당한 사유에 의한 회계정책 및 회계추정 변경의 예는 다음과 같다.
① 합병, 사업부 신설, 대규모 투자, 사업의 양수도 등 기업환경의 중대한 변화에 의하여 총자산이나 매출액, 제품의 구성 등이 현저히 변동됨으로써 종전의 회계정책을 적용할 경우 재무제표가 왜곡되는 경우
② 동종산업에 속한 대부분의 기업이 채택한 회계정책 또는 추정방법으로 변경함에 있어서 새로운 회계정책 또는 추정방법이 종전보다 더 합리적이라고 판단되는 경우
③ 일반기업회계기준의 제정, 개정 또는 기존의 일반기업회계기준에 대한 새로운 해석에 따라 회계변경을 하는 경우

반면에, 단순히 세법의 규정을 따르기 위한 회계변경은 정당한 회계변경으로 보지 아니한다. 그 이유는 세무보고의 목적과 재무보고의 목적이 서로 달라 세법에 따른 회계변경이 반드시 재무회계정보의 유용성을 향상시키는 것은 아니기 때문이다. 또한, 이익조정을 주된 목적으로 한 회계변경은 정당한 회계변경으로 보지 아니한다.

02 오류수정

오류는 재무제표 구성요소의 인식, 측정, 표시 또는 공시와 관련하여 발생할 수 있다. 기업의 재무 재무성과 또는 현금흐름을 특정한 의도대로 표시하기 위하여 중요하거나 중요하지 않은 오류를 포함 작성된 재무제표는 회계기준에 따라 작성되었다고 할 수 없다. 당기 중에 발견한 당기의 재적 오류는 재무제표의 발행 승인일 전에 수정한다. 그러나 중요한 오류를 후속기간에 발견하는 경우 이러한 전기오류는 해당 후속기간의 재무제표에 비교표시된 재무정보를 재작성하여 수정한다.

(1) 오류의 유형

구분	내용
자동조정오류	자동조정오류란 어떤 연도에 발생한 오류의 효과가 다음 연도 혹은 그 이후에 반대 효과로 나타나, 전체 회계연도의 총 효과를 기준으로는 오류가 아닌 것을 의미한다. 예) 선급비용, 선수수익, 미수수익, 미지급비용의 과대·과소계상, 기말재고자산의 과대·과소계상
비자동조정오류	비자동조정오류는 오류수정 회계처리가 없다면 자동조정오류와는 달리 영구적으로 재무제표가 수정되지 않는 오류이다. 예) 유형자산, 투자자산 관련 오류, 감가상각비 과대·과소계상

<자동조정오류의 회계연도별 영향: 재고자산 평가오류>

	전기	당기
기초재고액	–	과대계상
기말재고액	과대계상	–
매출원가	과소계상	과대계상
당기순이익	과대계상	과소계상

(2) 오류의 회계처리방법

	중대한 오류	중대하지 않은 오류
회계처리	전기오류수정손익 (이월이익잉여금)	전기오류수정손익 (당기 영업외손익)
비교재무제표	재작성(소급법)	해당없음

기출 이론문제 | 회계변경과 오류수정

01 일반기업회계기준에 따라 ㈜백두산은 기계장치에 대한 감가상각방법을 정률법에서 정액법으로 변경하고자 한다. 다음의 자료를 이용하여 당기 감가상각비를 계산하면 얼마인가?(단, 상각방법의 변경은 일반기업회계기준에 따른 정당한 사유에 의한 것이며, 정액법 적용 시 잔존가액은 없는 것으로 가정한다)

74회 기출문제

- 취득가액: 500,000,000원
- 내용연수: 10년
- 기초 감가상각누계액: 250,000,000원
- 경과연수: 2년
- 기초 감가상각누계액은 기업회계기준에 따라 정확히 계상한 것으로 가정한다.

① 25,000,000원 ② 50,000,000원 ③ 31,250,000원 ④ 62,500,000원

02 ㈜월드니스는 회계감사를 받으면서 다음과 같은 오류사항을 발견하였다. 오류수정 전 20X2년 회계연도 당기순이익은 500,000원이고 법인세 효과는 고려하지 않는다고 가정할 경우, 오류수정 후 당기순이익은 얼마인가?

74회 기출문제

(가) 기말재고자산: 20X1년 50,000원 과대계상, 20X2년 30,000원 과소계상
(나) 감가상각비: 20X2년 10,000원 과소계상

① 550,000원 ② 570,000원 ③ 600,000원 ④ 620,000원

정답 및 해설

01 ③ 감가상각방법의 변경은 회계추정의 변경으로서 회계처리는 전진법을 적용한다.(문단5.14)
감가상각비 = (500,000,000원 − 250,000,000원)/(10년 − 2년) = 31,250,000원

02 ② 수정후 당기순이익: 500,000원 + 70,000원 = 570,000원

오류유형	계정과목	손익계산서	
		20X1년	20X2년
재고자산오류	매출원가	(50,000원)	50,000원
			30,000원
감가상각비오류	감가상각비		(10,000원)
오류효과		(50,000원)	70,000원

03 회계변경과 오류수정에 대한 설명 중 옳은 것은? 78회 기출문제

① 유형자산의 감가상각방법을 정당한 사유로 인해 정률법에서 정액법으로 변경하는 것은 회계추정의 변경으로 본다.
② 매출채권에 대한 대손설정률을 2%에서 1%로 변경하는 것은 회계정책의 변경이다.
③ 당기에 발견한 전기 또는 그 이전 기간의 중요하지 않은 오류는 이월이익잉여금에 반영한다.
④ 회계정책의 변경과 회계추정의 변경을 구분하기가 어려운 경우에는 이를 회계정책의 변경으로 본다.

04 다음 중 회계 변경에 대한 설명으로 올바른 것은? 82회 기출문제

① 감가상각자산의 내용연수변경은 회계정책의 변경에 해당한다.
② 회계정책의 변경은 전진적으로 처리하여 그 효과를 당기와 당기 이후 기간에 반영한다.
③ 재고자산의 평가방법변경은 회계추정의 변경에 해당한다.
④ 회계추정 변경은 전진적으로 처리하여 그 효과를 당기와 당기 이후 기간에 반영한다.

05 일반기업회계기준을 따른 회계변경에 대하여 다음 기술된 내용 중 옳은 것은? 84회 기출문제

① 변경된 새로운 회계정책은 전진법을 적용한다.
② 회계정책 변경의 누적효과를 합리적으로 결정하기 어려워 전진적으로 처리하는 경우에는 그 변경의 효과를 다음해 회계연도 개시일부터 적용한다.
③ 회계변경의 속성상 그 효과를 회계정책의 변경효과와 회계추정의 변경효과로 구분하기가 불가능한 경우에는 이를 회계정책의 변경으로 본다.
④ 회계추정의 변경은 전진적으로 처리하여 그 효과를 당기와 당기이후의 기간에 반영한다.

06 다음 중 회계변경에 대한 설명으로 옳지 않은 것은? 88회 기출문제

① 회계정책의 변경에 따른 누적효과를 합리적으로 결정하기 어려운 경우에는 회계변경을 전진적으로 처리하여 그 효과가 당기와 당기이후의 기간에 반영되도록 한다.
② 회계정책의 변경과 회계추정의 변경이 동시에 이루어지는 경우에는 회계정책의 변경에 의한 누적효과를 먼저 계산하여 소급적용한 후, 회계추정의 변경효과를 전진적으로 적용한다.
③ 회계정책 변경을 전진적으로 처리하는 경우에는 그 변경의 효과를 당해 회계연도 종료일에 적용한다.
④ 변경된 새로운 회계정책은 소급하여 적용한다. 전기 또는 그 이전의 재무제표를 비교목적으로 공시할 경우에는 소급적용에 따른 수정사항을 반영하여 재작성한다.

07 다음은 회계변경과 오류수정에 대한 설명이다. 가장 옳지 않은 것은?   90회 기출문제

① 회계추정의 변경은 소급적으로 처리하여 그 효과를 전기와 그 이전의 기간에 반영한다.
② 매출채권에 대한 대손 설정률을 2%에서 1%로 변경하는 것은 회계추정의 변경으로 본다.
③ 당기에 발견한 전기 또는 그 이전 기간의 중요하지 않은 오류는 당기손익에 반영한다.
④ 회계정책의 변경과 회계추정의 변경을 구분하기가 어려운 경우에는 이를 회계추정의 변경으로 본다.

08 다음 중 회계변경에 대한 설명으로 옳지 않은 것은?   91회 기출문제

① 변경된 새로운 회계정책은 소급하여 적용한다.
② 회계정책의 변경과 회계추정의 변경이 동시에 이루어지는 경우에는 회계추정의 변경효과를 먼저 전진적으로 적용한 후 회계정책의 변경에 의한 누적효과를 적용한다.
③ 회계추정을 변경한 경우에는 변경내용, 그 정당성 및 그 변경이 당기 재무제표에 미치는 영향을 주석으로 기재한다.
④ 회계변경의 속성상 그 효과를 회계정책의 변경효과와 회계추정의 변경효과로 구분하기가 불가능한 경우에는 이를 회계추정의 변경으로 본다.

정답 및 해설

03 ① 대손설정률 변경은 회계추정의 변경이고, 당기에 발견된 과거의 중요하지 않은 오류는 당기손익에 반영하며, 회계정책의 변경과 추정의 변경의 구분이 모호할 경우는 회계추정의 변경으로 본다.

04 ④ (일반기업회계기준 5.17)
① 회계추정의 변경에 해당한다.
② 회계추정의 변경에 대한 설명이다.
③ 회계정책의 변경에 해당한다.

05 ④ ① 변경된 새로운 회계정책은 소급하여 적용한다.(일반기업회계기준 5.11)
② 회계정책 변경을 전진적으로 처리하는 경우에는 그 변경의 효과를 당해 회계연도 개시일 부터 적용한다.(일반기업회계기준 5.13)
③ 회계변경의 속성상 그 효과를 회계정책의 변경효과와 회계추정의 변경효과로 구분하기가 불가능한 경우에는 이를 회계추정의 변경으로 본다. (일반기업회계기준 5.16)
④ 회계추정의 변경은 전진적으로 처리하여 그 효과를 당기와 당기이후의 기간에 반영한다.(일반기업회계기준 5.14)

06 ③ 회계연도 개시일부터 적용한다.

07 ① 회계추정의 변경은 전진적으로 처리하며 그 효과를 당기와 당기 이후의 기간에 반영한다.(일반기업회계기준 5.14)

08 ② 회계정책의 변경과 회계추정의 변경이 동시에 이루어지는 경우에는 회계정책의 변경에 의한 누적효과를 먼저 계산하여 소급적용한 후, 회계추정의 변경효과를 전진적으로 적용한다.(일반기업회계기준 5.15)

09 회계변경은 회계정책의 변경과 회계추정의 변경을 말하는데, 다음 중 그 성격이 다른 것은?

95회 기출문제

① 광물자원에 대한 추정매장량의 변경
② 매출채권 등에 대한 대손추정률의 변경
③ 재고자산평가방법의 변경
④ 상각대상자산의 내용연수 및 잔존가액의 추정변경

10 장부의 오류 중 재무상태표와 손익계산서 오류는 자동조정오류와 비자동조정오류로 구분된다. 다음 중 자동조정오류가 아닌 것은?

96회 기출문제

① 미지급비용 오류
② 투자부동산 오류
③ 선수수익 오류
④ 재고자산 오류

11 다음 중 정당한 회계변경의 사유가 아닌 것은?

100회 기출문제

① 합병, 대규모 투자 등 기업환경의 중대한 변화로 종전의 회계정책을 적용하면 재무제표가 왜곡되는 경우
② 주식회사의 외부감사에 관한 법률에 의해 최초로 회계감사를 받는 경우
③ 일반기업회계기준의 제정, 개정 또는 기존의 일반기업회계기준에 대한 새로운 해석에 따라 회계변경을 하는 경우
④ 동종산업에 속한 대부분의 기업이 채택한 회계정책 또는 추정방법으로 변경함에 있어서 새로운 회계정책 또는 추정방법이 종전보다 더 합리적이라고 판단되는 경우

12 다음 중 회계변경으로 인정되는 구체적인 사례로 가장 적절하지 않은 것은?

102회 기출문제

① 과거에는 발생한 경우가 없는 새로운 사건이나 거래에 대한 회계정책을 선택하거나 회계추정을 하는 경우
② 기업환경의 중대한 변화에 의하여 종전의 회계정책을 적용하면 재무제표가 왜곡되는 경우
③ 동종산업에 속한 대부분의 기업이 채택한 회계정책 또는 추정방법으로 변경함에 있어서 새로운 회계정책 또는 추정방법이 종전보다 더 합리적이라고 판단되는 경우
④ 일반기업회계기준의 제·개정으로 인하여 새로운 해석에 따라 회계변경을 하는 경우

13 다음 중 회계변경에 관한 설명으로 틀린 것은? 105회 기출문제

① 일반기업회계기준에서 회계정책의 변경을 요구하는 경우 회계정책을 변경할 수 있다.
② 회계추정을 변경한 경우에는 변경내용, 그 정당성 및 그 변경이 당기 재무제표에 미치는 영향을 주석으로 기재한다.
③ 매기 동일한 회계정책 또는 회계추정을 사용하면 비교가능성이 증대되어 재무제표의 유용성이 향상된다.
④ 회계추정의 변경은 소급하여 적용하며, 전기 또는 그 이전의 재무제표를 비교목적으로 공시할 경우에는 소급적용에 따른 수정사항을 반영하여 재작성한다.

14 다음 중 기업회계기준(서)상 회계변경에 대한 설명으로 틀린 것은? 45회 기출문제

① 재고자산에 대한 평가방법을 최종매입원가법에서 기업회계기준상 평가방법인 선입선출법으로 변경하는 경우 이를 회계변경으로 본다.
② 판매제품에 대한 품질보증비용을 지출연도의 비용으로 처리하다가 그 중요성이 증대됨에 따라 이를 충당금설정법을 적용하여 회계처리하는 경우는 회계변경으로 보지 아니한다.
③ 유형자산 중 상각대상자산의 내용연수에 대한 추정을 새로운 정보의 획득으로 인하여 변경하는 회계추정의 변경도 회계변경에 해당한다.
④ 유형자산에 대한 감가상각방법을 정당한 사유에 의하여 정액법에서 정률법으로 변경하는 경우 이를 회계변경으로 본다.

정답 및 해설

09 ③ 재고자산평가방법의 변경은 회계정책의 변경이고, 나머지는 회계추정의 변경이다.(일반기업회계기준 5.7)

10 ② 자동조정오류는 회계오류가 발생한 다음 회계연도의 장부가 마감된 경우 회계오류가 자동적으로 상계되어 오류수정 분개가 필요없는 오류를 말하며 투자부동산 오류는 투자부동산이 판매될때까지 오류가 상계되지 않는다.

11 ② 주식회사의 외부감사에 관한 법률에 의해 최초로 회계감사를 받는 경우는 정당한 회계변경의 사유가 아니다.
- [일반기업회계기준 실5.1] 정당한 사유에 의한 회계정책 및 회계추정 변경의 예는 다음과 같다.
  (1) 합병, 사업부 신설, 대규모 투자, 사업의 양수도 등 기업환경의 중대한 변화에 의하여 총자산이나 매출액, 제품의 구성 등이 현저히 변동됨으로써 종전의 회계정책을 적용할 경우 재무제표가 왜곡되는 경우
  (2) 동종산업에 속한 대부분의 기업이 채택한 회계정책 또는 추정방법으로 변경함에 있어서 새로운 회계정책 또는 추정방법이 종전보다 더 합리적이라고 판단되는 경우
  (3) 일반기업회계기준의 제정, 개정 또는 기존의 일반기업회계기준에 대한 새로운 해석에 따라 회계변경을 하는 경우

12 ① 회계변경으로 인정되는 사유에 해당하지 않는다.

13 ④ 변경된 새로운 회계정책은 소급하여 적용하며, 전기 또는 그 이전의 재무제표를 비교목적으로 공시할 경우에는 소급적용에 따른 수정사항을 반영하여 재작성한다.

14 ① 기업회계기준상 인정되지 아니하는 최종매입원가법을 기업회계기준에서 인정되는 선입선출법으로 변경하는 것은 회계변경이 아니라 오류수정에 해당한다.

15 다음은 회계변경의 사례들이다. 성격이 다른 하나는?

① 재고자산 단가결정방법을 선입선출법에서 평균법으로 변경
② 매출채권에 대한 대손설정비율을 2%에서 1%로 변경
③ 건물의 내용연수를 20년에서 15년으로 변경
④ 산업재산권의 효익제공기간을 10년에서 5년으로 단축적용

16 일반기업회계기준상 회계정책, 회계추정의 변경, 오류수정에 대한 설명으로 잘못된 것은?

① 변경된 새로운 회계정책은 소급하여 적용한다. 전기 또는 그 이전의 재무제표를 비교목적으로 공시할 경우에는 소급적용에 따른 수정사항을 반영하여 재작성한다.
② 회계정책의 변경에 따른 누적효과를 합리적으로 결정하기 어려운 경우에는 회계변경을 전진적으로 처리한다.
③ 전기 이전기간에 발생한 중대한 오류의 수정은 자산, 부채 및 자본의 기초금액에 반영한다.
④ 회계정책 변경을 전진적으로 처리하는 경우에는 그 변경의 효과를 다음 회계연도 개시일부터 적용한다.

정답 및 해설

15 ① 〈일반기업회계기준 문단 5.7〉 ②번, ③번, ④번는 회계추정의 변경이고, ①번은 회계정책의 변경이다.

16 ④ ① (일반기업회계기준 5.11)
② (일반기업회계기준 5.12)
③ (일반기업회계기준 5.19)
④ ~ <u>당해</u> 회계연도 개시일부터 적용한다.(일반기업회계기준 5.13)

CHAPTER 10 특수회계

01 보고기간후 사건

'보고기간후사건'은 보고기간말과 재무제표가 사실상 확정된 날 사이에 발생한 기업의 재무상태에 영향을 미치는 사건이다. '재무제표가 사실상 확정된 날'은 정기주주총회 제출용 재무제표가 이사회에서 최종 승인된 날을 말하며, 다만 주주총회에 제출된 재무제표가 주주총회에서 수정·승인된 경우에는 주주총회일을 말한다.

(1) 수정을 요하는 보고기간후사건

수정을 요하는 보고기간후사건은 보고기간말 현재 존재하였던 상황에 대한 추가적 증거를 제공하는 사건으로서 재무제표상의 금액에 영향을 주는 사건을 말하며, 그 영향을 반영하여 재무제표를 수정한다. 재무제표에 이미 인식한 추정치는 그 금액을 수정하고, 재무제표에 인식하지 아니한 항목은 이를 새로이 인식한다.

> (1) 보고기간말 현재 이미 자산의 가치가 하락되었음을 나타내는 정보를 보고기간말 이후에 입수하는 경우, 또는 이미 손상차손을 인식한 자산에 대하여 계상한 손상차손금액의 수정을 요하는 정보를 보고기간 후에 입수하는 경우
> (2) 보고기간말 이전에 존재하였던 소송사건의 결과가 보고기간 후에 확정되어 이미 인식한 손실금액을 수정하여야 하는 경우
> (3) 보고기간말 이전에 구입한 자산의 취득원가 또는 매각한 자산의 금액을 보고기간 후에 결정하는 경우
> (4) 보고기간말 현재 지급하여야 할 의무가 있는 종업원에 대한 이익분배 또는 상여금지급 금액을 보고기간 후에 확정하는 경우
> (5) 전기 또는 그 이전기간에 발생한 회계적 오류를 보고기간 후에 발견하는 경우

(2) 수정을 요하지 않는 보고기간후사건

수정을 요하지 않는 보고기간후사건은 보고기간말 현재 존재하지 않았으나 보고기간 후에 발생한 상황에 대한 증거를 제공하는 사건을 말하며 그 사건에 대해서는 재무제표상의 금액을 수정하지 아니한다. 유가증권의 시장가격이 보고기간말과 재무제표가 사실상 확정된 날 사이에 하락한 것은 수정을 요하지 않는 보고기간후사건의 예이다. 이 경우 시장가격의 하락은 보고기간말 현재의 상황과 관련된 것이 아니라 보고기간말 후에 발생한 상황이 반영된 것이다. 따라서 그 유가증권에 대해서 재무제표에 인식한 금액을 수정하지 아니한다.

(3) 배당금

보고기간 후에 배당을 선언한 경우(즉, 적절히 승인되어 더 이상 기업의 재량이 없는 경우), 해당 보고기간말에는 어떠한 의무도 존재하지 않으므로 해당 보고기간말에 부채로 인식하지 아니한다. 그러한 배당금은 제2장 '재무제표의 작성과 표시I'에 따라 공시한다.

(4) 계속기업

보고기간 후에 기업의 청산이 확정되거나 청산 이외의 다른 현실적인 대안이 없다고 판단되는 경우에는 계속기업의 전제에 기초하여 재무제표를 작성하여서는 아니 된다. 또한 보고기간 후에 경영성과와 재무상태가 심각하게 악화된 경우에는 계속기업의 전제를 적용하는 것이 적절한가에 대해 판단할 필요가 있다.

02 환율변동효과

(1) 화폐성 항목과 비화폐성 항목

분류	내용	환율 변동 효과
화폐성 항목	보유하는 화폐단위들과 확정되었거나 결정가능한 화폐단위 수량으로 회수하거나 지급하는 자산·부채	환율 변동 시 발생한 이익 또는 손실을 실현 손익으로 즉시 인식. 매 기간 말 환율로 재평가하여 재무제표에 반영.
비화폐성 항목	보유하는 화폐단위들과 확정되었거나 결정가능한 화폐단위 수량으로 회수하거나 지급할 의무가 없는 자산·부채	환율 변동의 영향을 재평가 시점 또는 처분 시점에만 반영.

(2) 후속 보고기간말 외화환산

구분	외화환산방법
(1) 화폐성 항목	화폐성 외화항목은 마감환율로 환산한다. 화폐성항목의 결제시점에 발생하는 외환차손익 또는 화폐성항목의 환산에 사용한 환율이 회계기간 중 최초로 인식한 시점이나 전기의 재무제표 환산시점의 환율과 다르기 때문에 발생하는 외화환산손익은 그 외환차이가 발생하는 회계기간의 손익으로 인식한다. 단, 외화표시 매도가능채무증권의 경우 동 금액을 기타포괄손익에 인식한다.
(2) 비화폐성 항목	역사적원가로 측정한 경우 거래일 환율로 환산하여 외환차이가 발생하지 않는다. 반면에 공정가치로 측정하는 경우 공정가치가 결정된 날의 환율로 환산하여 공정가시평가손익을 당기손익으로 인식하는 경우 외환차이도 당기손익으로 인식하고, 기타포괄손익으로 인식하는 경우에는 외환차이도 기타포괄손익으로 인식한다.

03 법인세회계

현행 법인세법에서는 기중에 원천징수나 중간예납 등을 통하여 당기법인세 중 일부를 미리 납부하도록 규정하고 있는데 동 납부액은 선납세금의 계정으로 하여 자산으로 인식한다. 또한 회사가 납부하여야 할 법인세부담액인 당기법인세를 산정하여 선납세금과 상계하고 추정액이 더 큰 경우에는 차액을 당기법인세부채로 처리하며, 추정액이 더 작은 경우에는 당기법인세자산으로 처리 한다. 기업회계에서는 수익은 실현주의에 따라인식하고 비용은 수익비용대응주의에 따라 인식하여 회계이익을 산정하도록 규정하고 있는 반면에, 법인세법에서는 수익은 권리확정주의에 따라 인식하고 비용은 의무확정주의에 따라 인식하여 과세소득을 산정하도록 규정하고 있다.

법인세회계는 세법규정에 의한 과세소득에 기초하여 당기법인세를 산정하더라도 포괄손익계산서에는 회계이익에 대응되는 법인세비용을 인식하고, 재무상태표에는 법인세 관련 자산과 부채를 적정하게 인식하려는 과정을 말한다. 법인세회계는 회계이익이 인식되는 기간에 관련 법인세비용을 대응시키는 목적으로 도입되었다.

법인세의 기간간배분은 법인세부담액인 당기법인세를 회계이익에 대응하여 포괄손익계산서에 법인세비용으로 배분하는 시기를 조정해주는 회계처리를 말한다.

> 회계이익 = 수익 - 비용 = 법인세차감전이익
> 과세소득 = 익금 - 손금 = 각사업연도소득금액

(1) 일시적 차이

일시적 차이는 기업회계상 자산·부채와 법인세법상 자산·부채의 차이가 발생하는 경우로서 법인세법상 세무조정 소득처분에서 유보로 처분되는 금액으로 차이 이후 반대조정으로 소멸되는 차이이다. 이연법인세회계는 일시적인 차이를 대상으로 한다.

- 자산·부채의 장부금액과 세무기준액의 차이인 일시적차이에 대하여 원칙적으로 이연법인세를 인식하여야 한다.
- 가산할 일시적차이에 대하여 이연법인세부채를 인식하여야 한다. 다만 다음의 경우에는 이연법인세부채를 인식하지 아니한다.
  (1) 영업권의 상각이 과세소득을 계산할 때 손금으로 인정되지 않는 경우
  (2) 자산·부채가 최초로 인식되는 거래가 (ㄱ)사업결합거래가 아니고 (ㄴ)회계이익이나 과세소득에 영향을 주지 아니하는 경우
- 차감할 일시적차이에 대하여 인식하는 이연법인세자산은 향후 과세소득의 발생가능성이 매우 높은 경우에 인식한다. 다만 다음의 경우에는 이연법인세자산을 인식하지 아니한다.
  (1) 염가매수차익이 과세소득을 계산할 때 익금으로 인정되지 않는 경우
  (2) 자산·부채가 최초로 인식되는 거래가 (ㄱ)사업결합거래가 아니고 (ㄴ)회계이익이나 과세소득에 영향을 주지 아니하는 경우

(2) 이연법인세자산

이연법인세자산은 차감할 일시적차이로 인하여 미래기간에 경감될 법인세액을 말한다.

1) 이연법인세자산의 인식

차감할 일시적차이가 사용될 수 있는 과세소득의 발생가능성이 높은 경우에만 차감할 일시적차이에 대해 이연법인세자산을 인식한다.

2) 이연법인세자산의 평가손실

미래 예상납부세액이 부족한 경우에는 이연법인세자산에 대하여 평가손실을 인식해야 하며, 이를 법인세비용 계정으로 하여 당기손실로 즉시 인식한다. 만약 상황의 변화로 미래 예상납부세액이 충분해진 경우에는 이연법인세자산의 실현가능성이 높아진 범위까지 과거에 평가손실로 인식했던 이연법인세자산을 환입시켜야 하며, 이를 법인세비용에서 차감하여 당기이익으로 즉시 인식한다.

(3) 이연법인세부채

이연법인세부채는 가산할 일시적차이로 인하여 미래기간에 추가로 부담하게 될 법인세액을 말한다.

(4) 적용할 세율

1) 법인세효과에 적용할 세율
당기법인세자산과 부채는 보고기간 말까지 제정되었거나 실질적으로 재정된 현재의 세율을 사용하여 과세당국에 납부할 것으로 예상되는 금액으로 측정한다.

2) 누진세율이 적용되는 경우
일시적차이가 소멸될 것으로 예상되는 기간의 과세소득에 적용될 것으로 기대되는 평균세율을 사용하여 이연법인세자산과 부채를 측정한다.

3) 일시적차이의 회수 또는 결제방법에 따라 적용할 세율
이연법인세부채와 이연법인세자산을 측정할 때에는 보고기간 말에 기업이 관련 자산과 부채의 장부금액을 회수하거나 결제할 것으로 예상되는 방식에 따른 법인세효과를 반영한다.

(5) 다기간에서 법인세기간간배분의 절차

1) 당기법인세 효과
당기법인세는 당해 사업연도에 부담할 법인세 및 법인세에 부가되는 세액인 주민세 등을 가산한 금액을 말한다. 과세소득은 법인세차감전이익에 영구적차이 세무조정과 일시적차이 세무조정 모두를 가감하고, 비과세소득이나 소득공제, 이월결손금이 있는 경우에는 이를 차감하여 산출한다. 당기법인세는 당기 과세소득에 현행 세율을 적용하여 산정한다.

2) 이연법인세 효과
당기 말 이후의 납부세액이 증가하거나 감소할 수 있는데 이를 이연법인세라 한다. 기말의 법인세 이연효과를 이연법인세자산·부채로 인식하고 기초의 이연법인세자산·부채와의 차이금액인 증감액을 법인세비용에 반영한다.

3) 법인세비용
당기법인세에 이연법인세의 변동효과를 가감한 금액이 법인세비용이 된다.

기출 이론문제 특수회계

01 다음 중 외화자산 및 외화부채의 환율변동에 대한 내용으로 가장 옳지 않은 것은? <small>73회 기출문제</small>
① 화폐성 외화자산 및 외화부채는 보고기간 말의 마감환율로 환산한다.
② 외환차손익은 외화자산의 회수, 외화부채의 상환 등에 발생하는 손익을 말한다.
③ 외화환산손익은 결산일에 모든 외화자산 또는 외화부채를 환산하는 경우에 발생하는 환산손익을 말한다.
④ 역사적원가로 측정하는 비화폐성 외화자산 및 외화부채는 거래일의 환율로 환산한다.

02 다음 중 법인세 회계처리에 대한 설명으로 틀린 것은? <small>85회 기출문제</small>
① 차감할 일시적차이가 활용될 수 있는 가능성이 매우 높은 경우에만 이연법인세자산을 인식하여야 한다.
② 가산할 일시적차이란 자산·부채가 회수·상환되는 미래기간의 과세소득을 감소시키는 효과를 가지는 일시적차이를 말한다.
③ 원칙적으로 모든 가산할 일시적차이에 대하여 이연법인세부채를 인식하여야 한다.
④ 이연법인세자산과 부채는 보고기간말 현재까지 확정된 세율에 기초하여 당해 자산이 회수되거나 부채가 상환될 기간에 적용될 것으로 예상되는 세율을 적용하여 측정하여야 한다.

정답 및 해설

01 ③ 공정가치로 측정하는 비화폐성 외화자산 및 외화부채는 공정가치가 결정된 날의 환율로 환산한다.

02 ② ① 22.19 차감할 일시적차이는 미래기간의 과세소득을 감소시킨다. 그러나 차감할 일시적차이를 활용할 수 있을 만큼 미래기간의 과세소득이 충분할 경우에만 차감할 일시적차이의 법인세효과는 실현될 수 있다. 따라서 <u>차감할 일시적차이가 활용될 수 있는 가능성이 매우 높은 경우에만</u> 이연법인세자산을 인식하여야 한다.
② 가산할 일시적차이란 자산·부채가 회수·상환되는 미래기간의 과세소득을 증가시키는 효과를 가지는 일시적차이를 말한다.
③ 22.10 모든 가산할 일시적차이에 대하여 이연법인세부채를 인식하여야 한다.
④ 22.38 이연법인세자산과 부채는 보고기간말 현재까지 확정된 세율에 기초하여 당해 자산이 회수되거나 부채가 상환될 기간에 적용될 것으로 예상되는 세율을 적용하여 측정하여야 한다.

03 다음은 법인세회계의 측정에 대한 설명이다. 틀린 것은? 92회 기출문제

① 이연법인세자산은 보고기간말 현재까지 확정된 세율에 기초하여 당해 자산이 회수될 기간에 적용될 것으로 예상되는 세율을 적용하여 측정하여야 한다.
② 이연법인세자산과 부채는 현재가치로 할인하여 측정한다.
③ 회사가 납부할 법인세부담액은 각 보고기간말 현재의 세율과 세법을 적용하여 측정한다.
④ 이연법인세부채는 일시적차이의 소멸 등으로 인하여 미래에 추가적으로 부담할 법인세로 측정한다.

04 다음 자료에 의하여 20X1년도의 법인세비용을 구하면 얼마인가? 94회 기출문제

(1) 당기에 발생한 차이와 실현되는 시기는 다음과 같다.(단위: 원)

구분	20X1년	20X2년
재고자산평가감	40,000	(40,000)
업무추진비한도초과액	160,000	–
법인세율(단일세율임)	10%	20%

(2) 20X1년도 초 이연법인세 잔액은 없으며, 법인세비용 차감전 순이익은 2,000,000원이다.
(3) 미래의 과세소득은 충분하다고 가정한다.

① 196,000원   ② 208,000원   ③ 212,000원   ④ 228,000원

05 다음 중 이연법인세에 대한 설명으로 옳지 않은 것은? 95회 기출문제

① 차감할 일시적 차이에 대하여 인식하는 이연법인세자산은 향후 과세소득의 발생가능성이 매우 높은 경우에 인식한다.
② 공정가치로 평가된 자산의 장부금액이 세무기준액보다 크면 이연법인세자산으로 인식하여야 한다.
③ 영업권의 상각이 과세소득을 계산할 때 손금으로 인정되지 않는 경우에는 이연법인세부채를 인식하지 않는다.
④ 자산·부채의 장부금액과 세무기준액의 차이인 일시적 차이에 대하여 원칙적으로 이연법인세를 인식하여야 한다.

06 기업회계기준에 따른 외화자산·외화부채의 환산 및 상환에 관한 설명으로 옳지 않은 것은?

98회 기출문제

① 화폐성외화자산은 보고기간 종료일 현재 적절한 환율로 환산한 가액을 재무상태표가액으로 한다.
② 외환차익 또는 외환차손은 외화자산의 회수 또는 외화부채의 상환시에 발생하는 차손익으로 한다.
③ 외화환산손실은 결산일에 화폐성외화자산 또는 화폐성외화부채를 환산하는 경우 환율변동으로 인해 발생하는 환산손익으로 판매비와 관리비에 해당한다.
④ 비화폐성외화부채는 원칙적으로 당해 부채를 부담한 당시의 적절한 환율로 환산한 가액을 재무상태표가액으로 한다.

정답 및 해설

03 ② 일반기업회계기준 22.42, 이연법인세자산과 부채는 현재가치로 할인하지 않는다.

04 ③ (차) 법인세비용　　　　　　　　212,000원　　　(대) 미지급세금(미지급법인세)　　　220,000원
　　　　이연법인세자산　　　　　　　8,000원
* (2,000,000원 + 40,000원 + 160,000원) × 10% = 220,000원
** 이연법인세 자산 40,000원 × 20% = 8,000원

05 ② 공정가치로 평가된 자산의 장부금액이 세무기준액보다 크다면 그 차이가 가산할 일시적 차이이며 이연법인세부채로 인식하여야 한다. (일반기업회계기준 22.12)

06 ③ 외화환산손실은 결산일에 화폐성외화자산 또는 화폐성외화부채를 환산하는 경우 환율변동으로 인해 발생하는 환산손익으로 영업외손익에 해당한다.

07 다음 중 재무제표의 수정을 요하는 보고기간후사건으로 볼 수 있는 것은 모두 몇 개인가?

100회 기출문제

> 가. 보고기간말 현재 이미 자산의 가치가 하락되었음을 나타내는 정보를 보고기간말 이후에 입수하는 경우
> 나. 보고기간말 이전에 존재하였던 소송사건의 결과가 보고기간 후에 확정되어 이미 인식한 손실금액을 수정하여야 하는 경우
> 다. 유가증권의 시장가격이 보고기간말과 재무제표가 사실상 확정된 날 사이에 하락한 경우

① 0개   ② 1개   ③ 2개   ④ 3개

08 회계기간 중 환율변동의 유의적인 등락이 있는 경우로 가정할 때 일반기업회계기준상 화폐성 외화항목의 매 보고기간말 외화환산 방법으로 옳은 것은?

50회 기출문제

① 당해 화폐성 외화항목의 마감환율
② 당해 화폐성 외화항목의 거래일 환율
③ 당해 화폐성 외화항목의 공정가치가 결정된 날의 환율
④ 당해 화폐성 외화항목의 평균환율

정답 및 해설

07 ③ 가, 나
- [일반기업회계기준 24.3] 수정을 요하는 보고기간후사건은 보고기간말 현재 존재하였던 상황에 대한 추가적 증거를 제공하는 사건으로서 재무제표상의 금액에 영향을 주는 사건을 말하며, 그 영향을 반영하여 재무제표를 수정한다. 재무제표에 이미 인식한 추정치는 그 금액을 수정하고, 재무제표에 인식하지 아니한 항목은 이를 새로이 인식한다.
- [일반기업회계기준 24.6] 유가증권의 시장가격이 보고기간말과 재무제표가 사실상 확정된 날 사이에 하락한 것은 수정을 요하지 않는 보고기간후사건의 예이다. 이 경우 시장가격의 하락은 보고기간말 현재의 상황과 관련된 것이 아니라 보고기간말 후에 발생한 상황이 반영된 것이다. 따라서 그 유가증권에 대해서 재무제표에 인식한 금액을 수정하지 아니한다.

08 ① 일반기업회계기준 23.9

CHAPTER 11 기출테마학습 일반전표입력

㈜이패스(5000번)의 거래내역은 다음과 같다. 해당메뉴에 입력하시오.

일반전표 입력 연습하기 (회사코드: 5000. ㈜이패스, 입력된 자료는 무시하고 제시한 자료만 고려하여 입력할 것)

01 03월 01일
발생한 ㈜중도 상사의 외상매출금 7,260,000원에 대한 상법상 소멸시효가 완성되었으며 당기 1기 확정부가가치세 신고시 부가가치세법에 의한 대손세액공제신청도 정상적으로 이루어질 예정이다. 대손세액공제액을 포함하여 대손과 관련된 회계처리를 하시오.(단, 대손충당금 잔액은 없는 것으로 가정한다.)

정답
(차) 835.대손상각비	6,600,000원	(대) 108.외상매출금(㈜중도상사)	7,260,000원
255.부가세예수금	660,000원		

02 03월 02일
㈜골드로부터 2월 4일에 대손처리 하였던 3,200,000원을 보통예금으로 입금을 받았다. 참고로 2월 4일 매출처 ㈜골드의 부도로 외상매출금 잔액 3,200,000원이 회수 불가능하여 회계처리(대손처리)를 올바르게 하였다. 2월 4일 현재 대손충당금 잔액은 1,200,000원이다.(단, 금액을 음수(-)로 입력하지 말 것)

정답
(차) 103.보통예금	3,200,000원	(대) 109.대손충당금	1,200,000원
		835.대손상각비	2,000,000원

03 03월 03일
㈜제일에 1,000,000원의 제품을 매출하고 수령한 약속어음을 상업은행에서 할인하고 950,000원을 보통예금으로 수령하였다.(매각거래의 요건을 충족함)

정답
(차) 103.보통예금	950,000원	(대) 110.받을어음(거래처: ㈜제일)	1,000,000원
956.매출채권처분손실	50,000원		

04 03월 04일
단기매매목적으로 보유 중인 주식회사 최강의 주식(장부가액 15,000,000원)을 전부 20,000,000원에 매각하였다. 주식처분 관련 비용 15,000원을 차감한 잔액이 보통예금 계좌로 입금되었다.

정답
(차) 103.보통예금	19,985,000원	(대) 107.단기매매증권	15,000,000원
		906.단기매매증권처분이익	4,985,000원

05 03월 05일
견본용으로 신제품 30개(@120,000)를 거래처에 무상으로 제공하였다.

정답 (차)842.견본비　　　3,600,000원　　(대)150.제품　　　3,600,000원
　　　　　　　　　　　　　　　　　　　　　(적요:8.타계정으로 대체액)

06 03월 06일
기말 재고실사 과정에서 제조부문 종업원 복리후생으로 지급한 제품 7,250,000원의 처리가 누락되어 있는 것을 확인하였다.

정답 (차)511.복리후생비　　7,250,000원　　(대)150.제품　　　7,250,000원
　　　　　　　　　　　　　　　　　　　　　(적요:8.타계정으로 대체액)

07 03월 07일
기말 부재료에 대한 특별 실사결과 파손 및 도난에 의한 재고자산 감소액은 15,000,000원이고, 이 중 원가성이 있는 것이 60%라고 가정한다.

정답 (차)959.재고자산감모손실　6,000,000원　　(대)162.부재료　　6,000,000원
　　　　　　　　　　　　　　　　　　　　　(적요:8.타계정으로 대체액)

08 03월 08일
전기에 ㈜무지개상사로부터 받아 국민은행에서 할인받은 약속어음 5,000,000원이 부도처리되어 국민은행으로부터 상환청구를 받고 만기일 이후의 법정이자 100,000원 및 소송에 따른 법률수수료 200,000원을 포함하여 전액 현금지급하고, ㈜무지개상사에 전액 상환청구 하였다.

정답 (차)246.부도어음과수표　5,300,000원　　(대)101.현금　　　5,300,000원

09 03월 09일
보유하고 있는 매도가능증권을 다음과 같은 조건으로 처분하고 대금은 보통예금에 입금하였다. 전년도 기말 평가는 일반기업회계기준에 따라 처리하였다. 매도가능증권에 대한 기타포괄손익누적액의 누적금액은 그 유가증권을 처분하거나 손상차손을 인식하는 시점에 일괄하여 당기손익에 반영한다.

취득가액	시가(전년도말)	양도가액	비고
150,000,000원	145,000,000원	135,000,000원	시장성 있음

정답 (차)103.보통예금　　　　　135,000,000원　(대)178.매도가능증권　　145,000,000원
　　　　971.매도가능증권처분손실　15,000,000원　　　395.매도가능증권평가손실　5,000,000원

10 03월 10일

당사는 매도가능증권을 72,500,000원에 처분하고 그 대금은 보통예금에 입금되었다. 당사는 기업회계기준에 따른 회계처리를 하며, 매도가능증권의 원시 취득가액은 77,000,000원, 전기말 시가는 75,200,000원이다.

정답

(차) 103.보통예금	72,500,000원	(대) 178.매도가능증권	75,200,000원
971.매도가능증권처분손실	4,500,000원	395.매도가능증권평가손실	1,800,000원

11 03월 12일

당사가 보유하고 있던 매도가능증권을 다음과 같은 조건으로 처분하고 대금은 보통예금계좌로 입금되었다(단, 2024.12.31. 기말평가는 일반기업회계기준에 따라 적절히 이루어졌다).

취득원가	2024.12.31. 공정가액	2025.3.12. 양도가액	비고
15,000,000원	19,000,000원	17,000,000원	시장성 있음

정답

(차) 103.보통예금	17,000,000원	(대) 178.매도가능증권	19,000,000원
394.매도가능증권평가이익	4,000,000원	915.매도가능증권처분이익	2,000,000원

12 03월 13일

공장신축을 위하여 남상철로부터 건물과 토지를 현물출자 받고 즉시 그 토지에 있던 구건물을 철거하였다. 토지와 구건물 구입대금내역은 다음과 같다.

- 보통주 6,000주(주당 액면가액 5,000원, 시가 7,500원) 발행하였다.
- 구건물 일괄구입비용, 철거비용, 토지등기비 명목으로 5,000,000원은 보통예금으로 지급하였다.
- 토지 및 건물의 공정가치는 주식의 공정가치와 동일하다

정답

(차) 201.토지	50,000,000원	(대) 331.자본금	30,000,000원
		341.주식발행초과금	15,000,000원
		103.보통예금	5,000,000원

- 공장신축을 위해 건물이 있는 토지를 구입하고 기존건물을 철거시 일괄구입비용과 철거비용은 당해 토지의 취득원가로 처리한다.
  - 주식발행초과금 = 6,000주 × (7,500원 - 5,000원) = 15,000,000원

13 **03월 14일**

김수영으로부터 공장 신축을 위한 건물과 토지를 현물출자 받았으며, 즉시 그 토지에 있던 구건물을 철거하였다. 토지와 구건물 취득 관련 내역은 다음과 같다.

> - 현물출자로 보통주 7,000주(주당 액면가액 5,000원, 시가 6,000원)를 발행하였다.
> - 토지와 구건물의 취득 관련 비용, 구건물 철거비, 토지 정지비 등의 명목으로 3,000,000원을 보통예금 계좌에서 지급하였다.
> - 토지 및 구건물의 공정가치는 주식의 공정가치와 동일하다.

정답 (차) 201.토지 45,000,000원   (대) 331.자본금   35,000,000원
                                        341.주식발행초과금   7,000,000원
                                        103.보통예금   3,000,000원

- 일괄 취득가액: 보통주 7,000주 × 시가 6,000원 = 42,000,000원
- 토지 취득가액: 42,000,000원 + 토지 취득 부대비용 3,000,000원 = 45,000,000원

14 **03월 15일**

2024년 12월 31일 결산 법인인 당사는 2025년 3월 15일 정기주주총회에서 결산을 확정하고 10,000,000원 현금 배당결의를 하였다.(당사는 이익준비금이 법정 자본금의 1/2에 미치지 않는다)

정답 (차) 375.이월이익잉여금 11,000,000원   (대) 265.미지급 배당금   10,000,000원
                                                  351.이익준비금   1,00,000원

15 **03월 16일**

주주총회에서 주주들에게 200,000,000원의 현금배당과 50,000,000원의 주식배당을 하기로 결의하였다.(단, 이익준비금은 현금배당의 10%를 적립하기로 한다.)

정답 (차) 375.이월이익잉여금 270,000,000원   (대) 265.미지급배당금   200,000,000원
                                                    387.미교부주식배당금 50,000,000원
                                                    351.이익준비금   20,000,000원

16 전기의 이익잉여금처분계산서이다. 처분확정일의 회계처리를 하시오.

이익잉여금처분계산서
2024년 1월 1일부터 2024년 12월 31일까지
처분확정일 2025년 3월 17일

(단위:원)

과목	금액	
Ⅰ. 미처분이익잉여금		69,500,000
1. 전기이월미처분이익잉여금	46,500,000	
2. 당기순이익	23,000,000	
Ⅱ. 임의적립금 등의 이입액		500,000
1. 연구 및 인력개발준비금	500,000	
합　계		70,000,000
Ⅲ. 이익잉여금처분액		48,000,000
1. 이익준비금	3,000,000	
2. 배당금		
가. 현금배당	30,000,000	
나. 주식배당	15,000,000	
Ⅳ. 차기이월 미처분이익잉여금		22,000,000

정답 (차) 375.이월이익잉여금　47,500,000원　(대) 265.미지급배당금　30,000,000원
　　　　364.연구인력개발준비금　500,000원　　　387.미교부주식배당금　15,000,000원
　　　　　　　　　　　　　　　　　　　　　　351.이익준비금　3,000,000원

17 03월 18일
대표이사가 업무용으로 사용할 3,000cc 승용차를 구입시 이에 대하여 의무적으로 구입해야 하는 액면가액 1,000,000원, 공정가치 700,000원인 채권(매도가능증권으로 분류된다)을 액면가액으로 취득하면서 채권에 대한 대가는 현금으로 지급하였다.

정답 (차) 208.차량운반구　　　　　300,000원　(대) 101.현금　1,000,000원
　　　　178.매도가능증권(투자자산)　700,000원

18 03월 19일
산업자원부로부터 자산취득조건으로 국고보조금을 지원 받은 당사는 국고보조금 100,000,000이 보통예금에 입금되었음을 확인하였다. 다만, 30%는 해당 프로젝트를 성공하는 경우에 3년 거치 분할 상환해야 할 의무를 부담하며, 70%는 상환의무를 부담하지 아니한다.

정답 (차) 103.보통예금　100,000,000원　(대) 293.장기차입금(산업자원부)　30,000,000원
　　　　　　　　　　　　　　　　　　　　　122.국고보조금(보통예금차감)　70,000,000원

19 03월 20일

제조부에서 사용하던 기계장치가 화재로 인해 소실되어 동일 날짜에 안전보험으로부터 보험금을 청구하여 보험금 9,800,000원을 보통예금 계좌로 입금받았다. 소실 전까지의 관련 회계처리는 적정하게 되었으며 기계장치의 내용은 다음과 같다.

> - 기계장치: 18,000,000원
> - 감가상각누계액: 8,500,000원
> - 국고보조금: 3,000,000원

정답
(차) 103.보통예금	9,800,000원	(대) 206.기계장치	18,000,000원
207.감가상각누계액	8,500,000원	919.보험차익	3,300,000원
217.국고보조금(기계장치차감)	3,000,000원		

20 03월 21일

회사는 신제품X를 개발하기 위하여 개발비를 지출하여 왔고, 동 지출과 관련하여 개발비 계정으로 12,000,000원이 계상되어 있다. 개발이 완료되는 시기는 2025년말로 예상하고 있었는데, 경쟁기업에서 동일 종류의 신제품을 5월초에 출시하였으므로 더 이상 해당 제품의 개발을 하지 않기로 하였다. 개발비 계정잔액을 기업회계기준과 법인세법의 규정을 충족시키도록 회계처리를 하시오(무형자산손상차손 계정으로 처리할 것).

정답
(차) 981.무형자산손상차손 12,000,000원 (대) 226.개발비 12,000,000원

21 03월 22일

정기주주총회(2025년 3월 15일 개최)에서 확정한 10,000,000원 금전 배당액을 지분비율로 계산하여 보통예금에서 지급하였다. 다음의 당사 주주명부를 참조하여 전표입력하시오.(배당금 지급 시 배당소득세를 원천징수하였으며, 거래처코드는 해당문제에 한하여 국세의 경우 "세무서", 지방세의 경우 "구청"으로 각각 반영한다)

주주명부

2024년말 기준 (㈜남도상사)

성명	출자수	출자금액	비고
나주인	5,000주	150,000,000원	개인주주
㈜다른나라	5,000주	150,000,000원	법인주주
계	10,000주	300,000,000원	

정답
(차) 265.미지급배당금	10,000,000원	(대) 103.보통예금	9,230,000원
		254.예수금(세무서)	700,000원
		254.예수금(구청)	70,000원

- 법인주주의 경우 배당소득세 원천대상이 아니므로 제외한다.
- 개인주주는 배당금 10,000,000원에 대한 지분율 50%인 5,000,000원에 대해 배당소득세 14%, 지방소득세 1.4% 원천징수한다.

22 03월 23일

다음은 전기분 이익잉여금처분계산서 내역의 일부이다. 02월 28일에 열린 주주총회에서 확정된 배당을 실시하여 개인 주주에게 소득세 등 원천징수세액 3,080,000원을 차감한 16,920,000원을 보통예금에서 지급하였다.

과목	금액	
- 중간생략 -		
Ⅲ 이익잉여금 처분액		29,000,000원
1. 이익준비금	2,000,000원	
2. 기업합리화적립금	–	
3. 배당금	20,000,000원	
가. 현금배당	20,000,000원	
4. 사업확장적립금	7,000,000원	

정답 (차)265.미지급배당금　　20,000,000원　　(대)103.보통예금　　16,920,000원
　　　　　　　　　　　　　　　　　　　　　　　　254.예수금　　　3,080,000원

23 03월 24일

당사는 ㈜우일 발행한 다음의 사채를 2년 후 매각할 목적으로 현금취득하였다.

- 만기: 2028년 3월 23일(발행일: 2025년 3월 24일)
- 액면이자율: 8%(시장이자율: 10%)
- 액면가액: 10,000,000원(발행가액: 9,502,580원)
- 3년, 이자율 10%의 현가계수: 0.75131(3년, 이자율 10%의 연금현가계수: 2.48685)

정답 (차)178.매도가능증권(투자자산)　9,502,580　　(대)101.현금　　9,502,580

- 채발행가액 = 액면금액 × 현가계수(10,000,000 × 0.75131)
　　　　　 + 이자지급액 × 연금현가계수(800,000 × 2.48685) = 9,502,580원

24 03월 25일

만기 5년, 액면가 10,000,000원인 사채를 9,500,000원으로 대산상사에 할인발행하여 대금이 보통예금에 입금되었고 사채발행비 100,000원이 발생하여 현금으로 지급하였다.

정답 (차)103.보통예금　　9,500,000원　　(대)101.현금　　　100,000원
　　　　292.사채할인발행차금　600,000원　　　291.사채　　10,000,000원

25 **03월 26일**

당사는 액면금액 50,000,000원인 사채 중 40%를 18,000,000원에 중도상환하였다. 상환일 현재 사채할인발행차금 잔액은 4,500,000원이며, 회사의 다른 사채발행금액은 없는 것으로 가정한다. 상환대금은 보통예금 계좌에서 출금하였다.

정답	(차) 291. 사채	20,000,000원	(대) 292. 사채할인발행차금	1,800,000원
			103. 보통예금	18,000,000원
			911. 사채상환이익	200,000원

26 **03월 27일**

당사는 액면금액 20,000,000원인 사채 중 50%를 9,200,000원에 중도상환하였다. 회사의 다른 사채발행금액은 없으며 상환대금은 보통예금 계좌에서 출금하였다.(단, 사채할인발행차금은 3,700,000원이 있다고 가정한다.)

정답	(차) 291. 사채	10,000,000원	(대) 292. 사채할인발행차금	3,700,000원
	968. 사채상환손실	2,900,000원	103. 보통예금	9,200,000원

27 **03월 28일**

당사가 발행한 사채(액면가액 : 100,000,000원)의 70%를 상환하였으며, 상환대금 60,000,000원은 보통예금으로 지급하였다(단, 상환일 현재 사채할증발행차금 잔액은 5,000,000원이다).

정답	(차) 291. 사채	70,000,000원	(대) 103. 보통예금	60,000,000원
	313. 사채할증발행차금	3,500,000원	911. 사채상환이익	13,500,000원

28 **03월 29일**

액면가액이 20,000,000원인 사채를 21,000,000원에 발행하여 회사의 보통예금 계좌에 입금되었다. 사채발행에 관련된 수수료 800,000원은 현금으로 지급하였다.(하나의 전표로 입력하시오.)

정답	(차) 103. 보통예금	21,000,000원	(대) 291. 사채	20,000,000원
			101. 현금	800,000원
			313. 사채할증발행차금	200,000원

29 **03월 30일**

만기 3년짜리 액면금액 50,000,000원인 사채를 48,000,000원에 할인발행하여 50,000원의 사채발행비를 제외한 금액이 보통예금으로 입금되었다.

정답	(차) 103. 보통예금	47,950,000원	(대) 291. 사채	50,000,000원
	292. 사채할인발행차금	2,050,000원		

30 03월 31일

금융리스로 이용중인 기계장치의 상환내역서는 다음과 같으며, 매월 보통예금에서 이체되고 있다.

상환예정내역서				
				㈜싸용캐피탈
예정상환일	할부금	원금	이자	잔액
2025.4.30	500,000원	470,000원	30,000원	24,530,000원
2025.3.31	500,000원	480,000원	20,000원	24,050,000원
2025.6.30	500,000원	490,000원	10,000원	23,560,000원

정답 (차) 315.리스부채(㈜쌍용캐피탈) 480,000원   (대) 103.보통예금   500,000원
　　　951.이자비용　　　　　　　　 20,000원

31 04월 01일

㈜푸른캐피탈로부터 5년 할부 지급 조건으로 구입하고 장기미지급금으로 처리한 업무용 승용차의 매입대금과 이자를 아래의 예정상환일에 보통예금 계좌에서 이체하여 지급하였다.

원리금상환스케줄표				
				거래처: ㈜푸른캐피탈
회차	예정상환일	할부원리금	원금	이자	잔액
1회차	2024.04.01.	700,000원	650,000원	50,000원	29,350,000원

정답 (차) 297.장기미지급금(㈜푸른캐피탈) 650,000원   (대) 103.보통예금   700,000원
　　　951.이자비용　　　　　　　　　　 50,000원

32 04월 02일

확정급여형(DB) 퇴직연금제도를 실시하는 당사는 마케팅부서 직원 이현지의 퇴직금 15,000,000원 지급시 퇴직연금운용사에서 12,000,000원, 나머지는 회사에서 보통예금으로 이체하였다. 퇴직금 지급일 현재 관련 계정을 조회하여 회계처리한다.(퇴직소득에 대한 원천징수는 생략하고, 퇴직급여충당부채 잔액은 9,000,000원이다.)

정답 (차) 295.퇴직급여충당부채 9,000,000원   (대) 186.퇴직연금운용자산 12,000,000원
　　　806.퇴직급여(판)　　　 6,000,000원　　　　103.보통예금　　　　　 3,000,000원

33 04월 03일

당사는 확정급여형 퇴직연금제도를 선택하고 있다. 생산직 직원 김미나의 퇴사로 인해 퇴직연금운용계좌에서 3,000,000원과 보통예금에서 1,500,000원을 퇴직금으로 지급하였다. (퇴직일 현재 퇴직급여충당부채의 잔액은 4,000,000원이다. 퇴직소득원천징수는 생략한다.)

정답
(차) 295. 퇴직급여충당부채	4,000,000원	(대) 186. 퇴직연금운용자산	3,000,000원
508. 퇴직급여	500,000원	103. 보통예금	1,500,000원

34 04월 04일

당사의 확정급여형(DB형) 퇴직연금에 대하여 ㈜좋은은행(퇴직연금운용사업자)으로부터 계약에 따른 퇴직연금운용수익 1,000,000원이 지급되었음을 통지받았다. 단, 퇴직연금운용수익과 관련된 운용수수료는 없는 것으로 가정하며, 프로그램에 등록되어 있는 적절한 계정과목을 사용할 것.

정답
(차) 186. 퇴직연금운용자산	1,000,000원	(대) 901. 이자수익	1,000,000원

35 04월 05일

당사는 ㈜좋은은행과 확정급여형(DB형) 퇴직연금으로 매년 말에 퇴직금 추계액의 60%를 적립하고 적립액의 1%를 적립수수료로 지급하기로 계약하였다. 계약에 따라 올해 퇴직연금 부담금 30,000,000원과 적립수수료 300,000원을 보통예금 계좌에서 이체하였다.

정답
(차) 186. 퇴직연금운용자산	30,000,000원	(대) 103. 보통예금	30,300,000원
831. 수수료비용	300,000원		

36 04월 06일

거래은행에서 현금을 외화($)로 환전하여 일본 스즈끼사로부터 차입한 외화장기차입금 $14,000(장부가액 25,300,000원)를 상환하였다. (환전시의 적용환율: 1$당 1,230원)

정답
(차) 305. 외화장기차입금(스즈끼)	25,300,000원	(대) 101. 현금	17,220,000원
		907. 외환차익	8,080,000원

37 04월 07일

회사가 대표이사로부터 차입한 장기차입금 500,000,000원을 출자전환하기로 하고 주식 40,000주(액면가액 10,000원)를 발행하여 교부하였으며, 자본증자 등기를 마쳤다. 출자전환에 대한 전표입력을 하시오.(단, 증자관련 부대비용은 없는 것으로 하며, 차입금관련 계정은 "임직원등장기차입금"으로 하며 거래처등록은 생략한다, 주식할인발행차금 잔액은 없는 것으로 한다.)

정답
(차) 303. 임원등장기차입금	500,000,000원	(대) 331. 자본금	400,000,000원
		341. 주식발행초과금	100,000,000원

38 **04월 08일**

대구은행에서 차입한 장기차입금 800,000,000원을 대구은행과 협의하여 200,000,000원은 보통예금으로 바로 상환하는 대신 500,000,000원은 출자전환하기로 하고 잔액 100,000,000원은 면제 받았다. 출자전환을 위해 보통주 5,000주(액면가액 주당 50,000원)를 발행하여 교부하였으며, 자본증자 등기를 마쳤다. 주식할인발행차금 50,000,000원이 있으며, 하나의 전표로 입력하시오.

정답 (차)293.장기차입금(대구은행) 800,000,000원   (대)103.보통예금   200,000,000원
                                                   331.자본금   250,000,000원
                                                   381.주식할인발행차금   50,000,000원
                                                   341.주식발행초과금   200,000,000원
                                                   981.채무면제이익   100,000,000원

39 **04월 09일**

당사와 김부자 씨가 체결한 자본투자 계약의 약정에 따라 보통예금으로 자본납입을 받았다. (신주인수대금이 보통예금 계좌로 입금되었으며, 즉시 신주 교부와 증자등기를 완료하였다.) 다음은 투자계약서의 일부 내용이다.

제1조 (신주의 발행과 인수)
① 회사는 본 계약에 따라 다음과 같은 본 건 주식을 발행하여 증자등기를 하고, 투자자는 이를 인수한다.
1. 발행할 주식의 총수(수권주식수): 1,000,000주
2. 금회의 신주발행 내역
   가. 신주의 종류와 수: 기명식 (보통주) 10,000주
   나. 1주의 금액(액면가): 금 500원
   다. 본건 주식의 1주당 발행가액: 금 3,000원
   라. 본건 주식의 총 인수대금: 금 30,000,000원
   마. 본건 주식의 납입기일(증자등기일): 2025년 04월 09일

정답 (차)103.보통예금   30,000,000원   (대)331.자본금   5,000,000원
                                             341.주식발행초과금   25,000,000원

40 **04월 10일**

신주 10,000주(액면가액 1주당 5,000원)를 1주당 5,100원에 발행하고 전액 현금으로 납입받아 거래은행에 보통예입하였으며, 신주발행비 2,500,000원은 현금으로 지급하였다. 자본계정에 주식발행초과금 5,000,000원이 있다.

정답 (차)103.보통예금   51,000,000원   (대)331.자본금   50,000,000원
       341.주식발행초과금   1,500,000원   101.현금   2,500,000원

41 04월 11일
발행주식 중 보통주 1,000주를 주당 5,000원에 보통예금으로 유상매입하여 즉시 소각하였다.(단, 주당 액면가액은 10,000원이며 감자차손은 없다.)

> **정답** (차)331.자본금   10,000,000원   (대)103.보통예금   5,000,000원
>   342.감자차익   5,000,000원

42 04월 12일
당 회사의 감자 전 자본에 관한 자료는 다음과 같다. 당사는 사업축소를 위하여 발행중인 보통주 1,000주를 주당 800원에 매입하여 소각하고 대금을 보통예금에서 지급하였다.

- 보통주 자본금(100,000주, 500원/주당): 50,000,000원
- 주식발행초과금: 10,000,000원
- 감자차익: 100,000원

> **정답** (차)331.자본금   500,000원   (대)보통예금   800,000원
>   342.감자차익   100,000원
>   389.감자차손   200,000원

43 04월 13일
3월 2일에 취득하였던 자기주식(1,000주, 취득가액 주당 5,000원)을 모두 소각하였다. 액면가액은 주당 10,000원이며 감자차손 잔액이 2,000,000원 있다.

> **정답** (차)331.자본금   10,000,000원   (대)383.자기주식   5,000,000원
>   389.감자차손   2,000,000원
>   342.감자차익   3,000,000원

44 04월 14일
당사는 3월 5일에 1주당(보통주) 9,000원에 취득한 자기주식 100주(액면가액 5,000원)를 소각하고 기업회계기준에 의해 회계처리하였다.(단, 본 거래이외에는 자본상 감자차손익은 없음)

> **정답** (차)331.자본금   500,000원   (대)383.자기주식   900,000원
>   389.감자차손   400,000원

45 **04월 15일**

다음은 2024년 12월 31일 현재 자본구성을 표시한 것이다. 2025년 4월 15일에 보유하던 자기주식 300주를 1,700,000원에 처분하고 대금은 보통예금으로 수령하였다.

```
                        부분 재무상태표
                       2024년 12월 31일 현재

    자본금(보통주 12,000주, @5,000원)              60,000,000원
    자본잉여금                                      4,000,000원
        주식발행초과금           3,000,000원
        자기주식처분이익         1,000,000원
    자본조정                                       (3,000,000원)
        자기주식(500주, @6,000원)  3,000,000원
    기타포괄손익누계액
    이익잉여금                                    100,000,000원
    자본총계                                      161,000,000원
```

정답 (차)103.보통예금   1,700,000원   (대)383.자기주식   1,800,000원
         343.자기주식처분이익   100,000원

46 **04월 16일**

아래와 같이 전기에 취득한 자기주식 50주를 주당 6,000원에 처분하고, 대금은 전액 현금으로 수령하였다.

| 당기 12월 4일 | 자기주식 100주, 최초 취득(일시소유목적) | 1주당 7,000원 |
| 당기 12월 31일 | 자기주식 10주 처분 | 1주당 8,000원 |

정답 (차)101.현금   300,000원   (대)383.자기주식   350,000원
         343.자기주식처분이익   10,000원
         390.자기주식처분손실   40,000원

47 **04월 17일**

다음은 전기 이익잉여금처분계산서 내역의 일부이다. 4월 17일에 전기 이익잉여금처분계산서대로 주주총회에서 확정된 배당을 실시하여 개인 주주에게 소득세 등 원천징수액 1,540,000원을 차감한 8,460,000원을 현금으로 지급하고 주식배당 10,000,000원은 주권을 발행하여 발급하였다. 주권발행에 따른 제비용 200,000원은 현금으로 지급되었으며 처분확정일의 회계처리는 적절하게 회계처리하였다.

이익잉여금처분계산서
2024년 1월 1일부터 2024년 12월 31일까지
처분확정일 2025년 3월 2일

(단위: 원)

과목	금액	
- 중간 생략 -		
Ⅲ. 이익잉여금 처분액		26,000,000
1. 이익준비금	1,000,000	
2. 기업합리화적립금	0	
3. 배당금	20,000,000	
가. 현금배당	10,000,000	
나. 주식배당	10,000,000	
4. 사업확장적립금	5,000,000	

정답
(차) 265.미지급배당금 10,000,000원   (대) 101.현금   8,660,000원
    387.미교부주식배당금 10,000,000원   254.예수금   1,540,000원
    381.주식할인발행차금   200,000원   331.자본금   10,000,000원

---

48 **04월 18일**

이월결손금 150,000,000원의 보전을 위하여 주식 5주를 1주로 병합하는 감자를 실시하였다. 감자 전 당사의 자본은 자본금 200,000,000원(액면가액 @10,000원, 주식수 20,000주)과 이월결손금 뿐이다.

정답
(차) 331.자본금 160,000,000원   (대) 376.이월결손금 150,000,000원
                                     342.감자차익   10,000,000원

---

49 **04월 19일**

회사가 10%의 지분을 보유한 ㈜수성으로부터 현금배당금 10,000,000원과 주식배당금으로 ㈜수성 주식 500주(액면가액 5,000원)를 보통예금 및 주식으로 수령하였다. 배당금에 대한 원천징수여부는 세법규정에 따라 처리하였다. 배당금에 관한 회계처리는 기업회계기준을 준수하였다.

정답
(차) 103.보통예금 10,000,000원   (대) 903.배당금수익 10,000,000원

• 기업회계기준상 회사가 수령한 현금배당은 배당수익으로 인식하지만 주식배당은 배당수익으로 계상하지 아니하며 회사가 보유한 주식의 수량만 증가시키는 회계처리를 한다. 또한 법인에게 귀속되는 배당금에 대하여는 원천징수대상 소득이 아니므로 원천징수세액은 고려할 필요가 없다.

50 04월 20일

당사는 2월분 영업부 직원의 급여에 대한 건강보험료 · 국민연금의 본인부담분 900,000원(급여지급 시 차감지급 됨)과 건강보험료 · 국민연금의 사업자부담분(건강보험료: 400,000원, 국민연금: 500,000원)을 현금으로 해당 기관에 납부하였다.

정답 (차) 254. 예수금   900,000원   (대) 101. 현금   1,800,000원
         811. 복리후생비(811)   400,000원
         817. 세금과공과(817)   500,000원

51 04월 21일

당사의 동양은행의 보통예금에 입금된 내역을 확인한 결과 예금에 대한 이자소득이 입금되었다. 관련 원천징수영수증의 일부를 참조하여 회계처리하시오.

지급명세																	
⑭ 지급일			⑮ 귀속연월		⑯ 과세구분	⑰ 소득의 종류	⑱ 조세특례등	⑲ 금융상품코드	⑳ 유가등권 표준코드 (유가증권 발행사업자 등록번호)	㉑ 채권이자 구분	㉒ 지급대상 기간	㉓ 이자율등	㉔ 지급액 (소득금액)	㉕ 세율 (%)	원천징수세액			
연	월	일	연	월											㉖ 소득세	㉗ 법인세	㉘ 지방소득세	㉙ 농어촌특별세	㉚ 계
2024	04	21	2024	04	C	13	NN	A06					42,000	14	5,880		580		6,460

정답 (차) 103. 보통예금   35,540원   (대) 901. 이자수익   42,000원
         136. 선납세금   6,460원

52 04월 22일

당사의 전기말 재무상태표에는 일본 에스케이(社)의 외상매출금 USD $2,250가 남아있다. 당해 외상매출금이 보통예금에 입금되었다. 당사는 기업회계기준에 따른 회계처리를 하며, 1$당 환율은 외상매출 시 1,200원, 전기 말 1,150원, 외상매출금 회수 시 1,100원이다.

정답 (차) 103. 보통예금   2,475,000원   (대) 108. 외상매출금(에스케이)   2,587,500원
         952. 외환차손   112,500원

53 4월 23일

전기 10월 20일 Amazon.com사에 수출한 물품에 대한 외상매출금 $10,000가 당기 4월 23일에 보통예금 계좌에 입금되었다. 전기말 외화자산부채에 대한 평가는 기업회계기준에 따라 적정하게 이루어졌다. 관련 환율정보를 참조하여 외상매출금의 보통예금 입금에 대한 회계처리를 하시오.

구분	전기 10월 20일	전기말	당기 4월 23일
환율	1$ = 1,100원	1$ = 1,000원	1$ = 1,050원

정답 (차) 103. 보통예금   10,500,000원   (대) 108. 외상매출금(Amazon) 10,000,000원
                                                   907. 외환차익   500,000원

54 04월 24일

2월 24일에 2개월 후 상환조건으로 ㈜삼원에 외화로 단기 대여한 $5,000에 대하여 만기가 도래하여 회수한 후 원화로 환전하여 보통예금 계좌에 이체하였다(대여 시 환율은 $1당 1,800원, 회수 시 환율은 $1당 1,860원이다).

정답 (차)103.보통예금　　　　9,300,000원　　(대)114.단기대여금(㈜삼원)　9,000,000원
　　　　　　　　　　　　　　　　　　　　　907.외환차익　　　　　　300,000원

55 04월 25일

판매부서는 보험료(보험사: 고려보험)로 3,000,000원을 보통예금으로 납부하였다. 다음의 계약현황에 따라 회계처리를 하시오.(단, 자산으로 인식되는 부분은 정기예금으로 회계처리할 것)

계약현황	계약자	피보험자	수익자
계약현황	㈜이패스	판매부 임직원	㈜이패스
보험료납부내역	3,000,000원	보장성(상해보험) 100,000원, 저축성(만기환급) 2,900,000원	
계약기간	5년납입, 10년 만기	가입후 2년이 지난 상태임	

정답 (차)105.정기예금　　　　2,900,000원　　(대)103.보통예금　　　　3,000,000원
　　　821.보험료　　　　　100,000원

56 04월 26일

간이과세자인 골목식당에서 공장 직원들이 회식을 하고 식대 1,000,000원을 법인카드(비씨카드)로 결제하였다.

정답 (차)511.복리후생비　　　1,000,000원　　(대)253.미지급금(비씨카드)　1,000,000원

57 04월 27일

거래처 ㈜마음 원재료 구매팀 직원과 ㈜영의정에서 점심 식사를 하고 165,000원(공급대가)을 법인카드(국민카드)로 결제하였다.

정답 (차)513.기업업무추진비　　165,000원　　(대)253.미지급금(국민카드)　165,000원

58 **04월 28일**

당사는 저명한 학자 스미스씨(미국거주)를 국내로 초빙하여 임직원을 위한 강의를 개최하였다. 강의 당일 강의료 $3,300에 대하여 원천징수한 후 해외로 송금하였으며 송금수수료 15,000원을 포함하여 보통예금에서 인출하였다. 미국과의 조세조약을 살펴보니 강의료가 $3,000가 넘으면 국내에서 지방세 포함하여 22%를 원천징수해야 한다고 한다. (용역비 계정을 사용하고 하나의 전표로 처리할 것, 예수금 거래처는 국세의 경우 세무서, 지방세의 경우 구청으로 처리하며, 4월 28일 기준환율은 $1당 1,110원이다.)

 (차)851.용역비 3,663,000원   (대)103.보통예금 2,872,140원
　　　831.수수료비용 15,000원　　　　254.예수금(세무서) 732,600원
　　　　　　　　　　　　　　　　　　　254.예수금(구청) 73,260원

- 용역비: $3,300 × 1,110원 = 3,663,000원
- 예수금(세무서): 3,663,000 × 20% = 732,600원
- 예수금(구청): 732,600 × 10% = 73,260원

59 **04월 29일**

토지에 대한 전기분 재산세 납부액 중 870,000원에 대하여 과오납을 원인으로 구청으로부터 환급통보를 받았으며, 환급금은 한 달 뒤에 입금될 예정이다. (거래처명을 입력하고 당기의 영업외수익으로 처리할 것)

 (차)120.미수금(구청) 870,000원   (대)912.전기오류수정이익 870,000원

이패스 전산세무 1급

PART 02

부가가치세법

Chapter 01　부가가치세 총론
Chapter 02　매입매출전표입력
Chapter 03　부가가치세 신고

01 부가가치세 총론

01 부가가치세

부가가치세(VAT: Value Added Tax)란 재화나 용역이 생산되거나 유통되는 모든 거래단계에서 창출된 부가가치를 과세대상으로 하여 과세하는 간접세이다. **부가가치**라 함은 생산 및 유통 각 단계에서 발생하는 매출액에서 기업이 부담한 외부구입가액(매입액)을 차감한 금액을 말한다. 부가가치세액을 계산하는 방법은 전단계세액공제방법이다.

<전단계세액공제법>

> 납부세액 = 매출액 × 세율(10%) - 매입세액 = 매출세액 - 매입세액

* 전단계거래액공제법은 납부세액을 (매출액 - 매입액) × 세율(10%)로 계산한다.

(1) 부가가치세의 특징

(2) 과세대상

1) 재화의 범위
    ① 재산적 가치가 있는 모든 유체물
        ㉠ 상품, 제품, 원료 등 재고자산
        ㉡ 기계, 건물 등 고정자산
        ㉢ 기타 유형적 물건
    ② 관리 가능한 자연력: 동력, 열 등
    ③ 재산적 가치가 있는 무체물: 권리 등

2) 용역의 범위
    ① 재화 외의 재산적 가치가 있는 모든 역무 및 행위
    ② 주요 해당 업종: 건설업, 숙박 및 음식점업, 금융보험업, 부동산업 등

(3) 납세의무자 요건

① 모든 사업자(영리성 유무, 사업자등록 여부 무관)
② 주요 요건
    ㉠ 영리목적 불문(비영리법인, 국가도 납세의무 있음)
    ㉡ 사업상 인적·물적 독립성 필요
    ㉢ 과세대상 재화/용역을 계속적·반복적으로 공급(면세 제외)

<사업자의 분류>

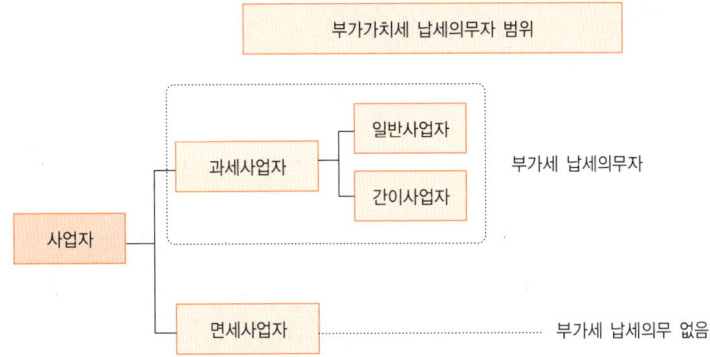

(4) 과세기간

과세기간이란 국세의 과세표준 계산을 위한 기간을 말한다. 일반 과세자 부가가치세의 과세기간은 1년을 기준으로 제1기와 제2기로 구분한다.

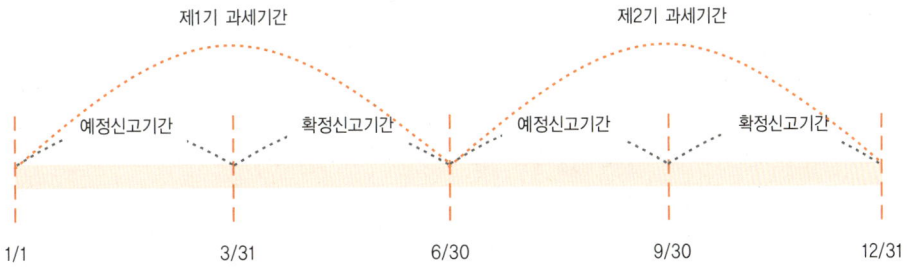

구분		과세기간	신고납부기한
일반과세자		예정신고기간 (1.1.~3.31.)	4.25. 신고·납부
		확정신고기간(4.1.~6.30.)	7.25. 신고·납부
		예정신고기간 (7.1.~9.30.)	10.25. 신고·납부
		확정신고기간(10.1.~12.31.)	1.25. 신고·납부
간이과세자		1.1.~12.31.	1.25. 신고·납부
		다만, 공급대가 변동으로 과세유형 변경시 과세기간은 다음과 같다. 7월1일 기준 일반과세자에서 간이과세자로 변경시 7.1.~12.31.이고, 간이과세자에서 일반과세자로 변경시 1.1.~6.30.이다.	다음달 25일
신규사업자		사업 개시일~당해 과세기간 종료일 (사업개시전 사업자등록신청시: 신청일~당해 과세기간 종료일)	다음달 25일
폐업자		과세기간 개시일~폐업일	폐업일이 속하는 달의 다음달 25일
간이과세 포기신고자	간이과세자 과세기간	해당 과세기간 개시일~포기신고일이 속하는 달의 말일	다음달 25일
	일반과세자 과세기간	포기신고일이 속하는 달의 다음 달 1일~그 과세기간의 종료일	

(5) 납세지

납세자와 국가·지방자치단체간의 법률관계의 이행장소를 결정하는 장소적 기준을 말한다. 납세지는 납세자의 신고, 신청, 청구 및 납부 등의 행위의 상대방이 되는 과세관청을 결정할 때의 기준이 된다.

1) 원칙

① 부가가치세는 **사업장별 과세제도**를 채택하고 있다. 따라서 다음의 사업장별로 각각 사업자등록을 신청하여야 하고 신고납부하여야 한다.

업종	사업장
광업	광업사무소의 소재지
제조업	최종제품을 완성하는 장소
건설업·운수업과 부동산매매업	법인사업자: 법인의 등기부상의 소재지 개인사업자: 업무를 총괄하는 장소
부동산임대업	부동산의 등기부상의 소재지
무인자동판매기를 통하여 재화·용역을 공급하는 사업	사업에 관한 업무를 총괄하는 장소
비거주자 또는 외국법인	비거주자 또는 외국법인의 국내사업장
사업장을 두지 않은 경우	사업자의 주소 또는 거소

② 사업장 여부

직매장	자기의 사업과 관련하여 생산 또는 취득한 재화를 직접 판매하기 위하여 판매장소를 갖춘 장소	사업장 O
하치장	사업자가 단순히 재화의 보관·관리시설만을 하는 장소	사업장 ×
임시사업장	각종 경기대회·박람회·국제회의 기타 이와 유사한 행사가 개최되는 장소에서 임시사업장을 개설한 경우	사업장 ×

* 임시 사업장 관련 규정
- 기존 사업장 외 경기대회, 전시회 등 이벤트 장소의 임시 사업장은 기존 사업장에 속하는 것으로 간주
- 신고 의무
  - 임시 사업 시작일로부터 10일 이내에 관할 세무서에 개설 신고
  - 단, 운영 기간이 10일 이하인 경우 신고 면제
  - 폐쇄 시 폐쇄일로부터 10일 이내에 폐쇄 신고서 제출

2) 사업장 특례

원칙: 부가가치세는 사업장별로 신고납부

① 주사업장총괄납부제도

  ㉠ 특례: 2개 이상의 사업장이 있는 경우, 사업자 신청으로 주된 사업장에서 총괄 납부 가능

  ㉡ 특징
  - 납부세액만 총괄
  - 사업자등록, 세금계산서 발행/수취, 부가가치세 신고는 각 사업장별로 이행

  ㉢ 예시
  - 주된 사업장 납부세액 1,000,000원
  - 종된 사업장 환급세액 400,000원
  - 주된 사업장에서 600,000원 납부

② 사업자단위과세제도

  ㉠ 특례: 2개 이상의 사업장이 있는 경우, 본점/주사무소 관할 세무서장에게 등록하여 사업자 단위로 과세 적용

ⓒ 특징
- 모든 사업장을 합하여 주된 사업장에서 처리
- 사업자등록, 세금계산서 발행/수취, 부가가치세 신고·납부 모두 통합
- 사업자등록번호는 주된 사업장 번호 한 개만 부여

	주사업장총괄납부	사업자단위과세
의의	주된 사업장에서 총괄 **납부** * 부가가치세 신고, 세금계산서 발행은 사업장별로 수행하고 납부만 총괄한다.	본점 또는 주사업장에서 모든 사업장의 부가가치세를 신고·납부 * 부가가치세 신고, 세금계산서 발행은 주사업장 사업자등록번호로 수행한다.
신청	신규사업자: 등록증 받은 날부터 20일이내 계속사업자: 총괄납부 적용 과세기간 개시 20일 전	신규사업자: 사업개시일로부터 20일이내 계속사업자: 사업자단위 적용 과세기간 개시 20일 전
포기	사업자가 다시 사업장별 과세를 적용받기 위해서는 과세기간 개시 20일 전에 포기신청	
법인	본점(주사무소) 또는 지점(분사무소)	본점(주사무소)
개인	주사무소	주사무소

(6) 사업자등록제도
사업자등록이란 납세의무자에 해당하는 사업자를 세무관서의 대장에 수록하는 것을 말한다.
① 미등록 시 처리
　㉠ 관할세무서장이 조사하여 직권등록 가능
　㉡ 사업 미개시가 인정되면 등록 거부 가능
② 미등록/타인명의 등록 시 불이익
　㉠ 미등록가산세(공급가액의 1%) 부과
　㉡ 명의위장가산세(일반과세자: 2%, 간이과세자: 1%)부과(2025년 개정)
　㉢ 매입세액 공제 불가
　　* 예외: 공급시기가 속한 과세기간이 끝난후 20일 이내에 등록신청한 경우 등록신청일로부터 공급시기가 속하는 과세기간 기산일(1.1. 또는 7.1.)까지 역산한 기간 이내의 매입세액은 공제가능

1) 사업자등록신청
　① 신규 사업개시자: 사업장마다 사업개시일로부터 20일 이내 등록
　② 사업 예정자: 사업 개시 전이라도 미리 신청 가능
　③ 목적: 과세관청의 납세의무자 파악

2) 사업자등록증의 교부
　① 원칙: 신청일로부터 2일 이내 교부
　② 예외: 사업장시설/사업현황 확인 필요 시 5일 한도로 연장 가능

3) 사업자등록증의 정정
정정 사유 발생 시 지체없이 사업자등록정정신고서와 사업자등록증 첨부하여 제출

사업자등록 정정사유	재교부기한
① 상호변경 ② 사이버몰에 인적사항 등의 정보를 등록하고 재화 또는 용역을 공급하는 사업을 하는 사업자(통신판매업자)가 사이버몰의 명칭 또는 인터넷 도메인이름을 변경	신청일 당일

③ 법인의 대표자를 변경 ④ 임대인, 임대차 목적물·그 면적, 보증금, 차임 또는 임대차기간의 변경이 있거나 새로이 상가건물을 임차한 경우 ⑤ 사업의 종류변경 ⑥ 사업장의 이전 ⑦ 공동사업자의 구성원 또는 출자지분 변경 ⑧ 상속으로 사업자의 명의가 변경 ⑨ 사업자단위과세제도 승인을 얻은 자가 총괄사업장을 이전 또는 변경 ⑩ 사업자단위과세제도 승인을 얻은 자가 종된 사업장을 신설하거나 이전 ⑪ 사업자단위과세제도 승인을 얻은 자가 종된 사업장을 휴업하거나 폐업	신청일부터 3일 내

02 과세거래

(1) 재화의 공급

실질적 공급		• 현금판매·외상판매·할부판매·장기할부판매·조건부 및 기한부판매, 위탁판매 기타 매매계약 • 교환계약, 가공계약 • 사인에 의한 경매, 현금출자, 수용
재화공급의 특례 (매입세액이 불공제되는 경우에는 공급으로 보지 않는다)	① 자가공급	1) 면세사업으로 전용
		2) 비영업용 소형승용자동차와 그 유지를 위한 관리유지비
		3) 판매목적 타사업장 반출
	② 개인적공급	
	③ 사업상증여	
	④ 폐업시 잔존재화	

1) 실질적 공급

'재화의 공급'은 계약상 또는 법률상의 모든 원인에 의하여 재화를 인도 또는 양도하는 것이다. '재화'란 재산적 가치가 있는 유체물과 무체물을 말한다.
- **유체물**: 상품, 제품, 원료, 기계 등
- **무체물**: 동력, 열, 권리, 기타 관리할 수 있는 자연력 등

구분	내용
현금판매·외상판매·할부판매· 장기할부판매·조건부 및 기한부판매, 위탁판매 기타 매매계약	현금판매·외상판매·할부판매·장기할부판매·조건부 및 기한부판매, 위탁판매 기타 매매계약에 의하여 재화를 인도 또는 양도하는 것. 다만, 재정경제부령이 정하는 창고증권의 양도로서 임차물의 반환이 수반되지 아니하는 경우를 제외한다.
교환계약	교환계약에 의하여 재화를 인도 또는 양도하는 것
가공계약	가공계약에 의하여 재화를 인도하는 것
사인에 의한 경매·현금출자	사인에 의한 경매·현금출자 기타 계약상 또는 법률상의 원인에 대하여 재화를 인도 또는 양도하는 것

2) 재화공급의 특례(간주공급)

다음은 공급으로 간주하기 때문에 과세거래에 해당된다. (매입세액이 불공제되는 경우와 면세물품은 제외)

구분	내용
자가공급	사업자가 자기의 사업과 관련하여 생산하거나 취득한 재화*를 자기의 사업을 위하여 직접 사용, 소비하는 것을 자가공급이라 하는데 다음의 경우에 한하여 과세된다. ㉠ 면세사업으로 전용 ㉡ 비영업용 소형승용자동차**와 그 유지를 위한 관리유지비 ㉢ 판매목적*** 타사업장 반출(총괄납부하는 경우는 제외) 　예외)하치장 반출: 하치장은 사업장이 아니므로 재화를 하치장으로 반출하는 것은 재화의 공급에 해당하지 않는다. * 자기생산·취득재화란 ㉠ 매입세액이 공제된 재화나 ㉡ 재화의 공급으로 보지 않는 사업양도로 취득한 재화로서 사업양도자가 매 입세액을 공제받은 재화, ㉢ 내국신용장(또는 구매확인서)으로 재화를 공급하는 경우로서 수출에 해당하여 영세율로 매입한 재화를 말한다. ** 「개별소비세법」제1조 제2항 제3호에 따른 자동차로 정원 8인 이하로 배기량 1,000cc 이상인 승용자동차와 배기량 125cc 를 초과하는 2륜자동차 등을 말한다. *** <table><tr><th>구분</th><th>내용</th></tr><tr><td>일반적인 경우</td><td>공급의제 ○ → 세금계산서 발행 ○</td></tr><tr><td>주사업장총괄납부사업자 또는 사업자단위과세사업자인 경우</td><td>세금계산서 발행 × → 공급의제 × 단, 주사업장총괄납부의 경우 세금계산서 발행 및 부가가치세 예정·확정 신고가 이루어진 경우 공급의제에 해당한다.</td></tr></table>
개인적 공급	사업자가 자기의 사업과 관련하여 생산하거나 취득한 재화를 사업과 직접 관련없이 개인적인 목적 또는 기타의 목적으로 사용·소비하거나 사용인이 재화를 사용 또는 소비하는 것으로서 사업자가 그 대가를 받지 아니하거나 현저히 낮은 대가를 받는 경우(예 명절날 종업원에게 지급되는 선물)에 과세된다. 단, 다음의 경우에는 개인적 공급으로 보지 않는다. <table><tr><th>내용</th><th>제외금액</th></tr><tr><td>1. 사업을 위해 착용하는 작업복, 작업모 및 작업화를 제공하는 경우</td><td>한도 없음</td></tr><tr><td>2. 직장 연예 및 직장 문화와 관련된 재화를 제공하는 경우</td><td>한도 없음</td></tr><tr><td>3. 아래의 어느 하나에 해당하는 재화를 제공하는 경우 　가. 경조사와 관련된 재화 　나. 설날·추석과 관련된 재화 　다. 창립기념일 및 생일 등과 관련된 재화</td><td>각 항목당 1인당 연간 10만원까지(단, 10만원을 초과하는 경우 해당 초과액에 대해서는 재화의 공급으로 봄) *2025년 개정</td></tr></table>
사업상의 증여	재화를 자기의 고객이나 불특정다수인에게 증여하는 경우에 증여되는 재화의 대가가 주된 거래인 재화공급의 대가에 포함되지 아니하고 사업자가 그 대가를 받지 아니하거나 현저히 낮은 대가를 받는 경우에는 과세된다. 다만, 다음의 것은 사업상 증여에 해당하지 않는다.

구분	내용
공급대가에 포함된 재화	증여되는 재화의 대가가 주된 거래인 재화의 공급대가에 포함되는 것
견본품 및 광고선전용 재화	무상으로 배포한 견본품 및 광고선전용 재화
특별재난지역 지원물품	「재난 및 안전관리 기본법」의 적용을 받아 특별재난지역에 공급하는 물품
마일리지 결제 재화	자기적립마일리지등으로만 전부를 결제받고 공급하는 재화

* 판매장려금 관련 과세 기준
판매장려금이란 사업자가 자신의 제품 판매를 촉진하기 위해 거래처의 판매 성과에 따라 일정 비율의 장려금품을 현금이나 물품으로 제공하는 것을 의미한다.

구분	과세 여부	비고
현금 지급 시	과세 대상에서 제외되지 않음	-
물품 제공 시	사업장에서의 증여로 간주되어 과세 대상	제공된 물품이 사업자 본인이 생산하거나 취득한 재화가 아닌 경우 과세되지 않음

폐업시의 잔존재화	사업자가 사업을 폐업하는 때 잔존하는 재화는 자기에게 판매를 한 것으로 본다. 또한 사업개시일 전에 등록을 한 자가 사실상 사업을 개시하지 아니하게 된 때 또한 같다.

3) 부가가치세 과세거래로 보지 않는 것

구분	내용
재화를 담보로 제공하는 경우	질권·저당권·양도담보 목적으로 동산, 부동산 및 부동산상의 권리를 제공하는 경우에는 재화의 공급으로 보지 아니한다.
신탁재산 소유권 이전	신탁재산이 위탁자에서 수탁자로, 또는 수탁자에서 위탁자로 이전되거나 수탁자가 다른 수탁자로 교체되어 이전할 때, 이는 재화의 공급으로 간주되지 않는다.
사업의 포괄양수도	사업의 포괄양수도란 사업장별(상법에 의하여 분할 또는 분할합병하는 경우에는 동일한 사업장안에서 사업부문별로 양도하는 경우를 포함한다)로 그 사업에 관한 모든 권리와 의무를 포괄적으로 승계시키는 것을 말한다. 다만, 사업을 양수받는 자가 대가를 지급하는 때에 그 대가를 받은 자로부터 부가가치세를 징수하여 납부한 경우는 재화의 공급으로 본다.
조세물납	사업용 자산을 상속세증여세법·지방세법 및 종합부동세법에 따라 물납하는 것은 재화의 공급으로 보지 않는다.
법률에 따른 경매, 공매, 수용	「국세징수법」에 따른 공매, 「민사집행법」에 따른 경매에 따라 재화를 인도하거나 양도하는 것은 재화의 공급으로 보지 않는다. 또한 「도시 및 주거환경정비법」, 「공익사업을 위한 토지 등의 취득 및 보상에 관한 법률」 등에 따른 수용절차에서 수용된 재화에 대한 대가를 받는 경우는 재화의 공급으로 보지 않는다.
자기의 과세사업을 위하여 사용한 경우	사업자가 자신의 사업에 필요하여 생산하거나 획득한 재화를 과세사업의 일환으로 다음과 같은 상황에서 사용하거나 소비할 때, 이를 재화의 공급으로 간주하지 않는다. ㉠ 다른 사업장으로 원료나 자재 등을 반출하여 사용하거나 소비하는 경우 ㉡ 사업상의 기술 개발을 위해 시험적으로 사용하거나 소비하는 경우 ㉢ 수선비 등을 대신하여 사용하거나 소비하는 경우 ㉣ 무료 서비스를 제공하기 위해 사용하거나 소비하는 경우 ㉤ 불량품 교환, 광고나 홍보 목적으로 다른 사업장으로 반출하는 경우

(2) 용역의 공급

1) 일반적인 용역의 공급

계약상 또는 법률상의 모든 원인에 의하여 역무를 제공하거나 재화, 시설물 또는 권리를 사용하게 하는 용역의 공급은 부가가치세가 과세된다.

여기에는 다음과 같은 경우가 포함된다.
- 인적용역 제공 (서비스 제공)
- 물적용역 사용 (부동산임대 등)
- 특허권 등의 대여
- 건설업자가 건설자재의 전부 또는 일부를 부담하는 경우
- 상대방으로부터 인도받은 재화를 주요자재 부담 없이 단순 가공만 해주는 경우
- 산업상, 상업상 또는 과학상의 지식·경험 또는 숙련에 관한 정보를 제공하는 경우

2) 용역공급의 의제

사업자가 자기 사업을 위해 직접 용역을 제공하는 자가공급의 경우에는 원칙적으로 과세하지 않는다. 다만, 다음의 경우는 용역의 공급으로 간주하여 과세한다.
- **사업자가 특수관계인에게 사업용 부동산의 임대용역 등을 공급하는 경우**
- 신탁관계에서 수탁자(신탁회사)가 위탁자의 특수관계인에게 재화, 용역을 공급하는 경우 (시가 과세 대상)

*고용관계에 따라 근로를 제공하는 것은 용역의 공급에 해당하지 않는다.

<재화와 용역의 공급사례>

구분	거래내용	과세거래
건설업	건설업자가 건설자재의 전부 또는 일부를 부담하는 것	용역의 공급
가공	사업자가 주요자재의 전부 또는 일부를 부담하고 인도받은 재화를 가공하여 재화를 인도하는 것	재화의 공급
	사업자가 주요자재를 전혀 부담하지 않고 인도받은 재화를 단순히 가공만 하는 것	용역의 공급
산업재산권	산업재산권의 양도	재화의 공급
	산업재산권의 대여	용역의 공급

(3) 재화의 수입

재화의 수입은 외국에서 한국으로 들어오는 물품과 수출신고가 완료되어 선적된 물품을 한국의 영토 또는 한국의 권한이 미치는 구역으로 반입하는 행위를 의미한다. 다음에 해당하는 물품을 우리나라에 인취하는 재화의 수입에 대하여도 부가가치세가 과세된다.
① 외국으로부터 우리나라에 도착된 물품으로 수입신고가 수리되기 전의 것
② 수출신고가 수리된 물품

▶ [참고]

- 수출신고 후 선적이 끝난 물품은 외국 물품으로 간주된다.
- 계약 취소 등의 이유로 수출되지 않고 국내로 다시 반입될 경우, 다시 수입 절차를 밟고 부가가치세의 과세 대상이 된다.
- 수출신고는 했으나 선적되지 않고 보세구역으로 반입되는 물품은 수입으로 간주하지 않는다.

(4) 부수되는 재화 및 용역의 공급

1) 주된 공급 VS 주된 사업

구분	주된 공급에 부수되는 경우	주된 사업에 부수되는 경우
공급의 독립성	독립된 거래 아님 → 주된 거래에 흡수됨	독립된 거래 → 별도 공급으로 봄
과세/면세 판정 기준	주된 공급의 공급유형(재화/용역, 과세/면세)에 따름	주된 사업의 과세/면세 여부에 따름

2) 공급유형 판단 기준

① 주된 공급에 부수되는 경우

주된 거래	부수 거래	최종 판단
재화	재화	재화
	용역	재화
용역	재화	용역
	용역	용역

② 주된 사업에 부수되는 경우에는 독립된 거래이므로 별도 판정함.

3) 유형별 사례

① 주된 공급에 부수되는 재화 또는 용역

유형	사례
해당 대가에 통상적으로 포함된 공급	• 의류 판매시 쇼핑백 • 가전제품의 배달용역
거래의 관행상 통상적으로 부수된 공급	• 아이스크림 판매시 드라이아이스 제공 • 화장품 판매시 화장법 강의

② 주된 사업에 부수되는 재화 또는 용역

유형	사례
필연적으로 생기는 부산물 등의 공급(※용역은 제외됨)	• 작업폐기물의 판매 • 복숭아 통조림 제조시 씨·껍질 판매
우연히 또는 일시적으로 공급	• 사업용 고정자산을 양도 • 판매용 부동산을 임시로 임대

4) 과세·면세 여부 판단 기준

① 주된 거래에 부수되는 경우

주된 거래	부수 거래	최종 판단
과세	과세	과세
	면세	과세
면세	과세	면세
	면세	면세

② 주된 사업에 부수되는 경우

주된 사업	부수 거래	필연적 발생인 경우	우연·일시적 공급인 경우
과세	과세	과세	과세
	면세	과세	면세
면세	과세	면세	면세
	면세	면세	면세

<주된 사업에 부수되는 재화 또는 용역 사례>

주된사업	부수되는 재화·용역	
과세(제조업)	과세(건물의 공급)	과세
면세(금융업)		면세
과세(제조업)	면세(토지의 공급)	면세
면세(금융업)		면세

03 공급시기

과세거래는 부가가치세가 부과되는 거래이다. 거래시기는 이 과세거래를 어느 시기에 귀속시킬 것인가를 결정하는 것을 말한다. 부가가치세법은 과세기간을 제1기와 제2기로 나누어 신고납부하도록 하고 있는데, 거래시기를 명확하게 귀속시키지 않으면 부가가치세 납부세액이 지연납부되어 가산세 대상이 될 수도 있다.

(1) 재화의 공급시기

원칙적인 재화의 공급시기	
① 재화의 이동이 필요한 경우	재화가 인도되는 때
② 재화의 이동이 필요하지 아니한 경우	재화가 이용 가능하게 되는 때
③ 위 ①호와 ②호의 규정을 적용할 수 없는 경우	재화의 공급이 확정되는때

거래형태별 구체적인 공급시기	
현금판매와 외상판매 또는 할부판매	재화가 인도되거나 이용가능하게 되는 때
반환조건부판매·동의조건부판매, 기타 조건부 및 기한부 판매	그 조건이 성취되거나 기한이 경과되어 판매가 확정되는 때
장기할부판매	대가의 각 부분을 받기로 한 때
완성도 기준지급 또는 중간지급조건부로 재화를 공급하거나 전력 기타 공급단위를 기획할 수 없는 재화를 계속적으로 공급하는 경우	대가의 각부분을 받기로 한 때(재화가 인도되거나 이용 가능하게 되는 날 이후에 받기로 한 대가의부분에 대해서는 재화가 인도되거나 이용 가능하게되는 날을 공급시기로 본다)
재화의 공급으로 보는 가공	가공된 재화를 인도하는 때
자가소비 및 사업상 증여에 의하여 재화의 공급으로 보는 경우 (간주공급)	재화가 사용 또는 소비되는 때
폐업시의 잔존재화	폐업하는 때
무인판매기를 이용하여 재화를 공급하는 경우	사업자가 무인판매기에서 현금을 인취하는 때

수출재화	선적일(위탁 판매 수출의 경우는 공급가액이 확정될 때, 외국인도 수출과 위탁 가공 무역 방식의 수출은 외국에서 인도될 때). 다만, 내국 신용장을 이용하여 재화를 공급하는 경우에는, 재화가 인도되는 시점이 공급시기로 이다.
사업자가 보세구역내에서 보세구역 이외의 국내에 재화를 공급하는 경우에 당해 재화가 수입재화에 해당하는 때	수입신고수리일

<할부판매와 장기할부판매 및 중간지급조건부의 기준>

① 할부판매: 할부판매란 재화를 공급하고 그 대가를 월부, 기타 부불방법에 따라 받는 것 중 다음에 해당하는 것을 말한다.
  ㉠ 2회 이상으로 분할하여 대가를 받는 것
  ㉡ 당해 재화의 인도기일이 속하는 달의 다음달부터 최종 부불금의 지급기일이 속하는 달까지의 기간이 3월 이상 1년 미만인 것
② 장기할부판매: 장기할부판매란 재화를 공급하고 그 대가를 월부·연부 기타 부불방법에 따라 받는 것 중 다음에 해당하는 것을 말한다.
  ㉠ 2회 이상으로 분할하여 대가를 받는 것
  ㉡ 당해 재화의 인도기일이 속하는 달의 다음달부터 최종의 부불금의 지급기일이 속하는 달까지의 기간이 1년 이상인 것
③ 중간지급조건부: 재화 또는 용역의 제공이 완료되기전에 계약금 이외의 대가를 분할하여 지급하는 경우로서 계약금을 지급하기로 한 날부터 잔금을 지급하기로 한 날까지의 기간이 6개월 이상인 경우

(2) 용역의 공급시기

원칙적인 용역의 공급시기	
① 역무의 제공이 완료되는 때	
② 설물, 권리 등 재화가 사용되는 때	

거래형태별 구체적인 공급시기		
장기할부조건부, 그 밖의 조건부, 공급단위를 구획할 수 없는 용역을 계속적으로 공급		대가의 각 부분을 받기로 한 때
완성도 기준지급 또는 중간지급조건부 공급		대가의 각 부분을 받기로 한 때(역무의 제공이 완료되는 날 이후에 받기로 한 대가의 부분에 대해서는 역무의 제공이 완료되는 날을 공급시기로 본다)
원칙적인 공급시기나 대가의 각 부분을 받기로 한 때를 공급시기로 적용할 수 없는 경우		역무의 제공이 완료되고 그 공급가액이 확정되는 때
부동산 임대 용역 공급	6전세금, 임대보증금의 간주임대료	예정신고기간, 과세기간 종료일
	둘 이상의 과세기간에 걸쳐 부동산 임대용역을 공급하고 그 대가를 선불 또는 후불로 받는 경우에는 월수로 안분 계산한 임대료	예정신고기간, 과세기간 종료일
다음 용역을 둘 이상의 과세기간에 걸쳐 용역을 계속적으로 공급하고 그 대가를 선불로 받은 경우 • 스포츠 센터나 헬스클럽을 운영하는 사업자가 회원들로부터 연회비를 사전에 수령하고, 이를 통해 회원들이 시설을 이용할 수 있게 하는 경우 • 사업자가 다른 사업자와 상표권 사용에 관한 계약을 체결하고, 사용 대가를 한 번에 전액 받아 상표권을 이용하게 하는 경우		예정신고기간, 과세기간 종료일
폐업전에 공급한 용역의 공급시기가 폐업일 이후에 도래하는 경우		폐업일

(3) 공급시기에 대한 특례규정

① 사업자가 공급시기가 도래하기 전에 재화 또는 용역에 대한 대가의 전부 혹은 일부를 받고 동시에 그 받은 대가 부분에 대한 세금계산서 또는 영수증을 교부하는 경우에는 그 교부하는 때를 당해 재화 또는 용역의 공급시기로 본다.

② 사업자가 할부로 재화 또는 용역을 공급하는 경우 등으로서 공급시기가 되기 전에 세금계산서 또는 영수증을 발급하는 경우에는 그 발급하는 때를 각각 그 재화 또는 용역의 공급시기로 본다.

(4) 재화와 용역의 공급장소

재화의 공급장소		용역의 공급장소	
재화의 이동이 필요한 경우	재화의 이동이 시작되는 장소	일반적인 공급	역무가 제공되거나 시설물, 권리 등 재화가 사용되는 장소
재화의 이동이 필요하지 않은 경우	재화가 공급되는 시기에 재화가 있는 장소	국내 및 국외에 걸쳐 용역이 제공되는 국제운송의 경우	사업자가 비거주자 또는 외국법인이면 여객이 탑승하거나 화물이 적재되는 장소

기출 이론문제 | 부가가치세 총론

01 다음은 부가가치세에 대한 설명이다. 타당하지 않은 것은?

① 부가가치세의 세부담자는 최종소비자이지만, 부가가치세의 납세의무자는 사업자이다.
② 이론상 부가가치세를 과세물건으로 하는 조세로서, 생산단계 또는 각 거래단계에서 생성한 부가가치에 과세하는 것이다.
③ 현행 부가가치세법은 전단계거래액공제법을 적용하여 매출액에서 매입액을 차감하여 세율을 적용한 후, 납부세액을 계산한다.
④ 부가가치세법에서 재화라 함은 재산적 가치가 있는 모든 유체물과 무체물을 말한다.

02 현행 부가가치세법에 대한 설명으로 가장 틀린 것은?

① 신규로 사업을 개시하는 자는 원칙적으로 사업장마다 사업개시일로부터 20일내에 등록하여야 하며, 판매시설을 갖춘 장소인 직매장도 별도사업장으로서 사업자등록 대상이다.
② 주사업장에서 총괄납부하고자 하는 사업자는 과세기간 개시 20일 전에 신청하여야 한다.
③ 간이과세포기신고는 일반과세자로 적용을 받고자하는 달의 전달 20일까지 신고하여야 한다.
④ 하치장 설치신고는 하치장 설치일로부터 10일 이내에 하치장 관할 세무서장에게 신고한다.

03 부가가치세법상 사업자단위과세제도에 대한 설명 중 옳지 않은 것은?

① 세금계산서 교부는 본점 또는 주사무소에서 일괄로 교부한다.
② 사업자단위과세사업자가 자기 사업과 관련하여 취득한 재화를 판매목적으로 타사업장에 반출하는 경우에도 원칙적으로 재화의 공급으로 보지 아니한다.
③ 법인의 경우 지점을 총괄사업장(=사업자단위과세사업장)으로 할 수는 없다.
④ 사업자단위과세사업자로 등록한날 로부터 3년이 경과하기까지는 사업자단위과세를 포기할 수 없다.

04 부가가치세법상 납세지에 관한 설명으로 가장 옳지 않은 것은?

① 부가가치세는 사업장마다 신고.납부하여야 하며 사업장소재지가 납세지가 된다.
② 건설업을 영위하는 법인사업자는 그 법인의 등기부상의 소재지를 납세지로 한다.
③ 부가통신사업자의 사이버몰을 이용하여 재화 또는 용역을 공급하는 통신판매업에 있어서는 당해 부가통신사업자의 주된 사업장소재지를 납세지로 하는 것이 원칙이다.
④ 무인자동판매기를 통하여 재화.용역을 공급하는 사업은 사업자의 신청에 의하여 무인자동판매기의 설치장소를 납세지로 할 수 있다.

05 부가가치세법상 일반과세자의 신고 및 납부에 관한 다음의 설명 중 가장 올바르지 않은 것은?

① 사업자는 예정신고 및 조기환급신고한 경우에는 이미 신고한 내용을 제외하고 과세표준과 납부세액을 확정신고해야 한다.
② 폐업하는 경우 폐업일이 속하는 달의 다음달 25일이내에 과세표준과 납부세액을 확정신고해야 한다.
③ 조기환급대상은 영세율이 적용되는 때와 사업설비를 신설, 취득 등을 하는 때에 한한다.
④ 총괄납부사업자는 주 사업장 관할세무서장에게 종된 사업장분을 합산하여 신고, 납부해야 한다.

06 일반과세자인 ㈜안동의 다음 거래 중 현행 부가가치세법상의 과세거래인 재화의 공급이 아닌 것으로 묶은 것은?

> 가. 회사 소유의 부동산을 불법 무단점유하여 사용한 대가를 소송을 통하여 100,000,000원을 수령하다.
> 나. 감가상각 내용연수가 경과한 차량(장부가액 0원)을 중고자동차 매매상에게 100,000원에 판매하다.
> 다. 회사가 구입한 비영업용소형승용차를 대표이사의 개인적인 용도로 사용하고 있다.
> 라. ㈜서울이 보유한 기계장치와 당사가 보유한 기계장치를 서로 교환하였다.

① 가, 나   ② 가, 다   ③ 나, 다   ④ 나, 라

정답 및 해설

01 ③ 우리나라 부가가치세법은 전단계세액공제법을 채택하고 있다.

02 ③ 간이과세포기신고는 일반과세자로 적용을 받고자하는 달의 전달 마지막날까지 신고하여야 한다.

03 ④ 과세기간 개시 20일 전 포기신고서를 제출하면 사업자단위과세를 포기할 수 있다.

04 ④ 무인자동판매기를 통하여 재화 또는 용역을 공급하는 사업에 있어서는 그 사업에 관한 업무를 총괄하는 장소가 사업장이다.

05 ④ 주사업장 총괄납부의 경우에는 납부만을 주된 사업장에서 하고, 신고는 각 사업장별로 한다.

06 ② 재화의 공급은 사업자가 계약상 또는 법률상 모든 원인에 의하여 재화를 인도 양도하는 것을 말한다.
가: 부동산 불법 무단점유 사유는 계약상 법률상 원인이 아니므로 과세거래가 아니다.
다: 간주공급 중 개인적 공급에 해당하는 당초 매입세액이 공제되지 아니한 재화의 경우에는 간주공급에 해당되지 않는다.

07 다음은 부가가치세법상의 간주공급에 대한 설명이다. 가장 틀린 것은?

① 간주공급은 자가공급, 개인적공급, 사업상증여, 폐업시 잔존재화로 분류한다.
② 간주공급(판매목적 타사업장 반출은 제외)은 세금계산서를 발급하지 아니한다.
③ 개별소비세 과세대상이 되는 차량과 그 임차 및 유지와 관련하여 이미 매입세액을 공제받은 경우 간주공급에 해당하지 않는다.
④ 폐업시 잔존재화의 공급시기는 폐업일이다.

08 다음 중 부가가치세법상 납세지에 대한 설명으로 틀린 것은?

① 판매시설을 갖춘 장소인 직매장은 별도의 사업장으로서 사업자등록의 대상이 된다.
② 사업자단위과세사업자의 경우에도 사업자등록은 사업장별로 각각 하여야한다.
③ 주사업장총괄납부의 경우 법인은 지점도 주사업장으로 선택이 가능하다.
④ 부가가치세는 사업장마다 신고 및 납부하는 것이 원칙이다.

09 부가가치세에 대한 다음 설명 중 맞지 않는 것은?

① 선박건조업자가 어선을 건조하여 자신이 경영하는 수산업에 직접 사용하는 경우 해당 선박의 공급에 대한 부가가치세가 과세된다.
② 택시회사에서 영업용으로 사용하기 위한 택시를 구입한 경우 매입세액을 공제받을 수 있다.
③ 의류생산회사에서 자체 생산한 의류를 무상으로 종업원의 작업복으로 제공하는 경우 부가가치세가 과세된다.
④ 사업자가 판매의 장려를 위하여 거래상대방 실적에 따라 재화를 제공하는 경우 부가가치세가 과세된다.

10 다음 중 부가가치세법상 재화의 공급에 대한 설명으로 틀린 것은?

① 과세사업을 위하여 취득하여 매입세액이 공제된 재화를 면세사업을 위하여 사용하는 경우에는 이를 재화의 공급으로 본다.
② 과세사업을 위하여 취득하여 매입세액이 공제된 재화를 자기의 고객에게 사업을 위한 견본품으로서 대가를 받지 아니하고 인도하는 경우 이를 재화의 공급으로 보지 아니한다.
③ 채무보증을 위한 담보로서 부동산을 제공하는 경우에는 이를 재화의 공급으로 보지 아니한다.
④ 포괄양수도의 경우에 사업양도인이 매입세액을 공제받은 재화를 사업양수인이 양도받아 사업을 영위하다 폐업하는 경우 이를 재화의 공급으로 보지 아니한다.

11 현행 부가가치세법상 재화의 간주공급에 대한 설명으로 틀린 것은?

① 사업자가 사업과 관련하여 취득한 재화를 자기의 다른 사업장에서 원료로 사용하기 위하여 반출하는 경우는 자가공급으로 보지 아니한다.
② 사업자가 사업과 관련하여 취득한 재화를 실비변상적 목적으로 자기의 사용인에게 무상으로 공급하는 것은 개인적공급으로 보지 아니한다.
③ 사업자가 사업과 관련하여 취득한 재화를 자기재화의 판매촉진을 위하여 거래상대자의 판매실적에 따라 장려금품으로 공급하는 것은 사업상증여로 보지 아니한다.
④ 사업자가 사업과 관련하여 취득한 재화로서 사업자가 사업의 종류를 변경하는 경우 변경전 사업에 대한 잔존재화는 폐업시 잔존재고로 보지 아니한다.

12 다음 중 당초에 매입세액이 불공제된 경우에도 부가가치세법상 재화공급의 특례(공급의제)가 적용되는 것은 무엇인가?

① 사업자가 폐업할 때 취득재화 중 남아있는 재화
② 판매목적으로 자기의 다른 사업장에 반출하는 재화(사업자단위과세사업자, 주사업장총괄납부 제외)
③ 취득재화를 사업과 직접적인 관례없이 자기의 개인적인 목적을 위하여 소비하는 것
④ 취득재화를 고객에게 증여하는 경우(견본품, 특별재난지역공급물품 제외)

정답 및 해설

07 ③ 개별소비세 과세대상이 되는 차량과 그 임차 및 유지 관련하여 이미 매입세액공제를 받는 경우 간주공급에 해당한다.

08 ② 사업자단위과세사업자의 경우에는 사업장별로 사업자등록을 하지 아니하고, 사업자의 본점 또는 주사무소에서 사업자등록을 한다.

09 ③ 사업자가 자기의 사업과 관련하여 복리후생적인 목적으로 자기의 사용인에게 무상으로 공급하는 작업복 등은 재화의 공급의제에 해당하지 아니한다.

10 ④ 포괄양수도의 경우에 사업양도인이 매입세액을 공제받은 재화를 사업양수인이 양도받아 사업을 영위하다 폐업하는 경우 이는 공급의제 중 폐업시 잔존재화에 해당된다.

11 ③

구분		내용
판매촉진 장려금품의 지급	금전의 지급	과세표준에서 공제하지 아니함.
	재화의 공급	사업상 증여에 해당됨.

12 ② 판매목적 타사업장 반출의 경우에는 세금계산서 발행으로 자기의 다른 사업장에서 매입세액공제를 받을 수 있으므로 반출하는 사업장에서 공급의제가 적용된다.

13 부가가치세법상 재화의 거래시기에 관하여 틀리게 기술한 것은?

① 수출재화의 경우에는 그 수출재화의 선적일
② 할부판매의 경우에는 재화가 인도되거나 이용가능하게 된 때
③ 완성도기준지급으로 재화를 공급하는 경우에는 그 대가의 각 부분을 받기로 한 때
④ 외상판매의 경우에는 그 대가의 각 부분을 받기로 한 때

14 다음 상황에서 부가가치세법상 원칙적인 공급시기와 공급가액으로 짝지어진 것은?

⑦ 가람건설㈜는 태양건설㈜에게 20X1년 1월 1일에 건물 8억원을 매각하기로 하였다.
④ 잔금청산과 함께 소유권이 이전되며 동일자로 사용가능하다.
⑤ 대금결제방법은 다음과 같다.

계약금	중도금	잔금
2억(20X1년 1월 1일)	3억(20X1년 3월 1일)	3억(20X1년 5월 20일)

	공급시기	공급가액		공급시기	공급가액
①	20X1년 5월 20일	8억	②	20X1년 1월 1일	2억
③	20X1년 3월 1일	3억	④	20X1년 5월 20일	3억

15 다음 중 부가가치세법상 세금계산서의 수취 및 발급시기에 대한 설명으로 틀린 것은?

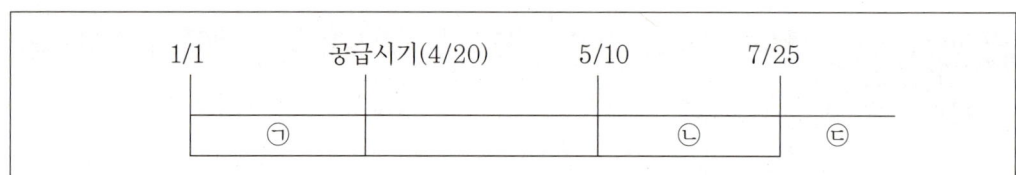

① ㉠의 시기에 세금계산서를 발급하는 경우, 발급일로부터 7일이내에 대가를 받으면 해당 세금계산서를 발급한 때를 재화의 공급시기로 본다.
② ㉡의 시기에 세금계산서를 발급하는 경우 공급자는 공급가액의 1%의 가산세가 적용된다.
③ ㉡의 시기에 발급된 세금계산서를 수취하는 경우 매입세액을 공제한 후 공급가액의 0.5%의 가산세를 부담하여야 한다.
④ ㉢의 시기에 발급된 세금계산서를 수취하는 경우 매입세액을 공제한 후 공급가액의 2%의 가산세를 부담하여야 한다.

16 다음 중 부가가치세법상 재화의 공급시기에 대한 설명으로 옳지 않은 것은?
① 재화의 이동이 필요한 경우에는 재화가 인도되는 때이고, 재화의 이동이 필요하지 에는 재화가 이용 가능하게 되는 때이다.
② 재화의 인도 전 또는 이용이 가능하기 전에 선수금을 받는 경우에는 선수금을 받 시기로 한다.
③ 조건부 판매 및 기한부 판매의 경우에는 그 조건이 성취되거나 기한이 지나 판마 때를 공급시기로 본다.
④ 상품권등 판매 후 그 상품권이 현물과 교환되는 경우 재화가 실제로 인도되는 로 한다.

17 부가가치세법은 공급시기가 되기 전에 대가를 받지 않고 세금계산서를 발급하는 경우 그 발급한 때를 재화 또는 용역의 공급시기로 보는 특례를 두고 있다. 다음의 공급시기 중 이에 해당하지 않는 것은?
① 중간지급조건부의 공급시기
② 장기할부판매의 공급시기
③ 전력 기타 공급단위를 구획할 수 없는 재화를 계속적으로 공급하는 경우의 공급시기
④ 장기할부 또는 통신 등 그 공급단위를 구획할 수 없는 용역을 계속적으로 공급하는 경우의 공급시기

정답 및 해설

13 ④ 현금판매, 외상판매, 할부판매의 공급시기는 재화가 인도되거나 이용 가능하게 되는 때이다.

14 ① 재화의 인도 이전에 계약금 외의 대가를 지급하였으나 계약금을 지급하기로 한 날부터 잔금을 지급하기로 한 날이 6월 미만이므로 중간지급조건부에 해당하지 아니한다. 따라서 재화 인도시점인 20X1년 5월 20일이 공급시기가 되며, 공급가액은 8억원이 된다.

15 ④ ⓒ의 시기에 발급된 세금계산서를 수취하는 경우 매입세액은 공제되지 아니하며 가산세는 적용하지 아니한다.

1/1	공급시기(4/20)	5/10		7/25	
	선발급		지연수취		미수취
	공제(○)		공제(○) + 가산세(○)		공제(×) + 가산세(×)

16 ② 현금판매·외상판매·할부판매의 경우에는 재화가 인도되거나 이용가능하게 되는 때를 공급시기로 한다. 따라서 재화 인도 전 또는 이용이 가능하기 전에 선수금을 받는 경우에는 재화의 공급시기에 당되지 않으며 선세금계산서를 발급한 경우에는 그 발급한 때를 공급시기로 본다.

17 ① ②, ③, ④는 그러한 공급시기로서 열거되어 있으나, ①은 열거되어 있지 않다.

04 영세율과 면세제도

(1) 영세율제도

① **영세율제도의 개념**: 영세율제도란 수출하는 재화 또는 국외에서 제공되는 용역 등에 대하여 부가가치세율을 0%로 적용하는 제도이다.

② **영세율 적용 이유**: 일반 부가가치세율이 10%인데 반해 수출 거래에 영세율(0%)을 적용하는 이유는 다음과 같다.
  ㉠ **소비지국 과세원칙**: 소비가 이루어지는 국가에서 과세한다는 원칙에 따른다.
  ㉡ **수출촉진의 효과**: 수출 경쟁력을 강화하기 위함이다.

③ **영세율 적용 대상**: 현행 부가가치세법에서는 다음과 같은 거래에 영세율을 적용한다.
  ㉠ 직접 수출하는 거래
  ㉡ 수출자에게 공급하는 국내거래

④ **영세율 적용 요건**: 영세율을 적용받기 위해서는 다음 요건을 충족해야 한다.
  ㉠ **과세사업자 등록**: 영세율을 적용받으려면 반드시 과세사업자로 등록되어 있어야 한다.
  ㉡ **면세사업자의 경우**: 면세사업자는 면세 혜택을 포기하지 않는 한 영세율 적용을 받을 수 없다.
  ㉢ **면세포기 절차**: 영세율 적용을 원할 경우 면세를 포기하는 절차를 거쳐야 한다.

▶ **[참고] 부가가치세 면세포기제도**

> 1. 면세포기 대상
>   - 영세율 적용대상이 되는 것
>   - 학술연구단체가 연구 관련하여 실비나 무상으로 재화 또는 용역을 공급하는 경우
> 2. 면세포기 절차:
>   ① 사업자의 인적사항, 면세 포기하려는 재화 또는 용역, 그 밖의 참고 사항을 적은 면세포기신고서를 관할 세무서장에게 제출해야 한다.
>   ② 면세포기신고서를 제출한 경우에는 지체없이 사업자등록을 해야 한다.
>   ③ 면세포기는 언제든지 가능하고 별도로 과세관청의 승인을 필요로 하지는 않는다.
> 3. 면세 재적용
>   면세 재적용은 면세 포기 신고한 날로부터 3년 간은 적용할 수 없다. 이는 면세포기 제도를 악용하는 경우를 방지하고 과세행정을 안정적으로 하기 위함이다.
> 4. 면세 재적용 절차
>   면세 포기를 한 날로부터 3년이 지난 후에 부가세 면세를 재적용 받고자 할 때에는 면세적용신고서와 함께 사업자등록증을 제출해야 한다.

⑤ **영세율 적용 대상자**: 영세율은 다음 대상자에게 적용된다:
  ㉠ **적용 가능**: 내국법인, 거주자
  ㉡ **적용 제외**: 외국법인, 비거주자 (원칙적으로)
  ㉢ **예외사항**: 외국에서 한국의 거주자나 내국법인에 대해 같은 면세 혜택을 제공하는 경우, 해당 외국의 비거주자나 외국법인도 영세율 적용 가능하다(영세율 상호주의).

⑥ **영세율 적용의 효과**
  ㉠ 매출세액이 0원이 된다.
  ㉡ 매입세액은 전액 환급받을 수 있다(조기환급대상).
  ㉢ 수출품의 가격 경쟁력 강화된다.

> 수출매출액 × 영세율(0%) - 재화·용역 구입 시 매입세액 = 0-매입세액 = 환급세액

1) 영세율 대상 거래

수출하는 재화	내국물품(우리나라 선박에 의하여 포획된 수산물을 포함한다)을 외국으로 반출하는 것은 수출에 해당한다. 또한 대외무역법에 의한 다음의 방식들도 수출로 인정된다. 1. 수출 방식 　① **중계무역** 방식의 수출 　　• 한 국가의 사업자가 다른 국가의 상품을 수입하여 제3의 국가에 수출하는 무역 형태이다. 　　• 중계무역 사업자는 상품을 직접 소유하거나 관리하지 않고, 주로 구매자와 판매자 사이에서 조정 및 매개 역할을 수행한다. 　② **위탁판매수출** 　　• 수출업자가 외국의 수탁자에게 물품을 무환(無換)으로 보내고, 그 물품이 판매되는 범위 내에서 대금을 결제받는 계약 형태이다. 　　• 판매되지 않은 물품은 수출업자에게 다시 재수입된다. 　　• 수출 시 선적되는 물품에 대한 자금 및 위험 부담은 수출업자 측에 있다. 　　• 수탁자는 물품의 보관과 관리에 대한 책임만을 지게 된다. 　③ **외국인도의 수출** 　　• 상품이 수출국 내에서 외국 구매자에게 인도되는 수출 방식이다. 　　• 상품이 실제로 국경을 넘지 않고, 수출국 내에서 외국 구매자의 지정 장소나 그 대리인에게 전달된다. 　　• 이러한 형태의 수출은 주로 대규모 산업 설비나 특정 프로젝트 관련 장비에 사용된다. 　④ **위탁가공무역** 방식의 수출 　　• 국내 사업자가 원자재나 부품을 외국에 보내어 그곳에서 제품을 가공하게 하고, 가공된 제품을 다시 국내로 수입하거나 제3국에 판매하는 무역 형태이다. 　　• 이 방식은 생산 비용을 절감하고, 특정 국가의 제조 기술을 활용할 수 있는 장점이 있다. 2. 수출로 간주되는 국내 거래 　⑤ **내국신용장 또는 구매확인서에 의한 공급** 　　• 사업자가 내국신용장 또는 구매확인서에 의하여 공급하는 재화는 수출로 간주된다. 　　• 단, 내국신용장과 구매확인서에 의하여 공급하는 금지금(金地金)은 제외된다. 　⑥ **한국국제협력단에 공급하는 재화** 　　• 사업자가 한국국제협력단에 사업을 위하여 다시 재화를 외국에 무상으로 공급하는 재화는 수출로 간주된다. 3. 수탁가공무역 　⑦ **수탁가공무역** 요건을 갖춘 공급다음 요건을 모두 충족하는 경우 수출로 간주된다. 　　＊ 수탁가공무역은 외국기업(위탁자)이 국내 사업자(수탁자)에게 원자재를 제공하거나 일부를 국내에서 구매하게 한 후, 가공된 제품을 다시 위탁자 또는 그가 지정한 제3자에게 인도하는 무역 형태이다. 이때 대금은 외국환은행을 통해 원화 또는 외화로 결제된다. 　　• 국외의 비거주자 또는 외국법인(비거주자 등)과 직접 계약에 의하여 공급할 것 　　• 대금을 외국환은행에서 원화로 받을 것 　　• 비거주자 등이 지정하는 국내의 다른 사업자에게 인도할 것 　　• 국내의 다른 사업자가 비거주자 등과 계약에 의하여 인도받은 재화를 그대로 반출 　　• 하거나 제조·가공 후 반출할 것
국외에서 제공하는 용역	용역의 수출에 대해서도 영의 세율을 적용
선박 또는 항공기의 외국항행용역	선박 또는 항공기에 의하여 여객이나 화물을 국내에서 국외로, 국외에서 국내로 또는 국외에서 국외로 수송하는 것과 당해 선박, 항공기에 공급하는 부수재화·용역에 대해서도 영의 세율을 적용
기타의 외화획득사업	수출업자와 직접도급계약에 의한 수출재화임가공용역, 외국선박 또는 항공기에 공급하는 재화·용역 및 관광알선용역과 관광기념품판매업, 국내에서 비거주자 등에게 공급하고 대금을 외국환은행을 통하여 공급받는 경우등에 대하여도 영의 세율을 적용

2) 영세율과 세금계산서
   ① 직접 수출과 간접 수출의 구분: 영세율이 적용되는 경우에도 간접수출인 경우 세금계산서 발급 의무가 존재한다.
      ㉠ 직접 수출: 세금계산서 발급 의무가 면제된다.
      ㉡ 간접 수출: 내국신용장이나 구매확인서에 의한 세금계산서 발급 의무가 있다.
   ② 영세율 세금계산서 작성 방법
      ㉠ "영세율"이라고 명시한다.
      ㉡ 매출세액란에는 "0"을 기입한다.
   이는 재화의 공급이 영세율 적용을 받는 것을 분명히 하기 위함이다.

구분	영세율 적용대상	세금계산서 발급
간접수출	① 내국신용장 또는 구매확인서에 의한 수출재화 ② 수출재화임가공용역 * 내국신용장(Local L/C)이란 수출업자가 받은 원신용장(Master L/C) 등을 바탕으로 수출물품 제조에 필요한 원자재를 국내에서 원활하게 조달하기 위해 국내 공급업자를 수혜자로 설정하여 개설하는 신용장이다. * 영세율 적용 시기 {구분 / 영세율 적용 시기} 내국신용장: • 재화나 용역이 공급된 후 해당 과세기간이 끝난 이후에도 영세율 적용이 가능하다. • 과세기간 종료 후 25일 이내에 개설될 경우 영세율을 적용받을 수 있다. 구매확인서: • 공급시기가 속하는 과세기간이 끝난 후 25일 이내에 발급될 경우 영세율 적용을 받을 수 있다.	O
직수출 외	① 직수출하는 재화 ② 국외에서 제공하는 용역 ③ 항공기의 외국항행용역 등	X

3) 영세율 첨부서류
   ① 영세율 적용 증빙서류 제출 의무: 영세율을 적용받기 위해서는 부가가치세 예정 또는 확정신고 시 영세율임을 증명하는 관련 서류를 제출해야 한다.
   ② 증빙서류 미제출 시 처리
      ㉠ 영세율 첨부 서류를 제출하지 않았다하더라도, 영세율 대상임이 확인될 경우에는 영세율을 적용받을 수 있다.
      ㉡ 그러나 이 경우 영세율 과세표준을 신고할 때 불성실가산세가 적용될 수 있다. 따라서 신고 시 첨부서류 제출에 유의해야 한다.

구분		영세율 첨부서류
재화의 수출	간접수출	내국신용장·구매확인서 전자발급명세서 등
	직수출	수출실적명세서, 수출계약서사본 또는 외화 입금증명서 등
용역의 국외공급		외화입금증명서 또는 국외에서 제공하는 용역에 관한 계약서

(2) 부가가치세 면세제도
   ① 면세제도의 의의: 부가가치세는 담세자의 인적사항을 고려하지 않아 조세의 역진성이 발생한다. 이러한 부가가치세의 역진성을 완화할 목적으로 부가가치세법상 면세 사업자가 공급하는 재화 또는 용역에 대하여 부가가치세 납세의무를 면제하여 준다.

② **면세제도의 개념**: 부가가치세법상 면세제도는 납세 의무가 면제된다는 것을 의미한다. 이에 따라 면세사업자는 다음의 의무가 없다.
  ㉠ 과세표준 신고 의무
  ㉡ 사업자 등록 의무
  ㉢ 세금계산서 발급 의무
③ **면세제도의 특징**
  ㉠ **매입세액 공제 불가**: 면세사업자는 영세율과는 다르게 매입한 재화나 용역에 대한 매입세액을 공제받지 못한다.
  ㉡ **부분 면세제도**: 면세제도는 거래에서 발생하는 부가가치에 대해서는 과세하지 않지만, 이전 단계에서 발생한 매입세액을 공제해주지 않기 때문에, 이를 부분 면세제도라고 한다.
④ **면세제도의 적용 대상**: 면세제도는 주로 다음과 같은 대상에 적용된다. 이는 최종 소비자의 세금 부담을 줄이기 위해 적용된다.
  ㉠ 기본적인 생활 필수품
  ㉡ 공익 서비스
⑤ **영세율과 면세의 비교**

구분	영세율	면세
매출세액	0	없음
매입세액	공제 가능	공제 불가
세금계산서	발급 의무 있음(간접수출의 경우)	발급 의무 없음(계산서 발행)
부가가치세 신고	필요	불필요

면세품 매출세액(0) - 재화·용역 구입 시 매입세액 = 0

1) 부가가치세 면세대상 거래

구분	면세대상	비고 (제외 대상 등)
1. 기초생활필수품	① 가공되지 아니한 식료품	식용으로 제공되는 농·축·수·임산물(외국산 포함)
	② 우리나라에서 생산된 비식용 농·축·수·임산물	원생산물의 물리적, 외형적 상태 또는 화학적 성질이 변화되는 경우는 과세(**외국산 제외**)
	③ 수돗물	
	④ 연탄과 무연탄	
	⑤ 여객운송용역	**항공기, 우등고속버스, 전세버스, 택시, 자동차대여사업, 특수선박 또는 고속철도에 의한 운송용역, 삭도·관광유람선업·관광순환버스업·관광궤도업 등에 제공되는 운송수단에 의한 여객운송용역은 제외**
	⑥ 영·유아 기저귀와 분유, 여성용 생리처리 위생용품	
2. 국민후생 관련	① 의료 및 유사 서비스	미용목적 성형수술, 미용목적 피부시술 등은 제외 • 의사, 간호사, 한의사, 수의사, 장의사 제공 용역 • 화장 및 묘지 분양과 관리 • 응급환자 이송 용역 • 산후조리원 급식과 요양 용역 • 사회적 기업 및 협동조합 제공 간병, 산후조리, 보육 서비스 • 정신건강복지센터 정신건강 증진 프로그램 등 • 혈액 사업자가 공급하는 혈액(치료, 예방, 진단목적의 동물혈액 포함(2025년 개정))

		② 교육용역	**무도학원, 자동차운전학원은 제외** • 정부 인·허가 받은 학교, 학원, 강습소, 훈련원, 교습소 • 비영리단체 및 청소년수련시설 • 산학협력단, 사회적기업, 사회적협동조합 • 과학관, 미술관, 어린이집(위탁 운영 포함)
3. 부가가치세 구성 요소		① 금융·보험용역	**보호예수, 부동산 등 투자 금전신탁, 부동산 신탁업 중 관리·처분·분양관리 신탁 투자자문업, 보험계리용역과 연금계리용역은 제외**
		② 토지의 공급	
		③ 저술가·작곡가 등이 제공하는 인적용역	
4. 문화관련		① 도서, 출판물, 통신	**광고는 제외** • 도서(실내 도서 열람 및 대여 용역 포함) • 신문, 잡지, 관보, 통신
		② 예술, 문화, 체육	• 예술창작품 • 비영리 예술행사 • 비영리 문화행사와 비직업운동경기
		③ 문화시설 입장	• 도서관, 과학관, 박물관, 미술관 • 동물원, 식물원, 민속문화관, 전쟁기념관
		④ 공익 단체 공급 재화·용역	• 종교, 자선, 학술, 구호 기타 공익 목적 단체
		⑤ 도서대여용역	
5. 부동산 관련		① 주택과 부수토지 임대용역	부수토지: 주택정착면적의 5배(도시지역 밖은 10배) 이내
		② 국민주택과 당해 주택의 건설용역	국민주택: 주거전용면적이 85제곱미터 이하인 상시주거용 주택
		③ 공동주택 어린이집의 임대용역	
		④ 주택 관리용역	• 국민주택, 전용면적 135제곱미터 이하 공동주택 • 수도권 외 읍·면 지역 주택, 노인복지주택 • 임대주택 난방용역 • 국민주택규모 초과 공동주택 관리용역(~2025.12.31)
6. 국가 및 공공기관 관련		① 국가, 지방자치단체, 지방자치단체조합 공급 재화·용역	**소포우편물 방문접수·배달 용역, 고속철도 여객운송용역, 부동산 임대업, 도·소매업, 음식점업, 숙박업, 스포츠 시설운영업 등은 제외**
		② 공익단체 공급 재화·용역	• 주무관청 인·허가, 등록된 상속·증여세법상 공익단체 • 기획재정부령이 정하는 단체(환경관리공단)
		③ 무상 공급 재화·용역	• 국가, 지방자치단체, 지방자치단체조합, 공익단체에 무상 공급
7. 기타		① 제조담배 중 일부	20개비 기준 200원 이하 또는 특수용담배
		② 우표, 인지, 증지, 복권, 공중전화	**수집용 우표 제외**
		③ 온실가스 배출권	외부사업 온실가스 감축량 및 상쇄배출권 포함(~2025.12.31)

2) 면세사업자의 제반의무

구분	면세사업자 의무 여부	비고
세금계산서 교부	없음	계산서 또는 영수증 발행
부가가치세 신고	없음	
매입처세금계산서합계표 제출	있음	과세기간 종료 후 25일 이내
매출·매입처별계산서합계표 제출	있음	다음 연도 1월 31일까지

3) 면세포기제도

면세사업자가 다음의 사항에 해당하는 경우 면세적용을 포기하고 과세로 전환할 수 있다.
① 영세율의 적용대상
② 학술 등 연구단체가 그 연구와 관련하여 실비 또는 무상으로 공급하는 재화 또는 용역의 공급

* 면세포기를 신청한 사업자는 3년간 부가가치세를 면제받지 못한다. 3년이 지난 후 면세적용을 받고자 하는 때는 면세적용신고를 하여야 한다.

<영세율과 면세제도>

구분	영세율	면세
목적	소비지국 과세원칙 구현(이중과세방지) 수출촉진	부가가치세의 역진성 완화
대상	수출하는 재화·용역	기초생활필수품 및 국민후생관련 용역 등 세법상 열거된 공급
면세	완전면세제도(매입세액 환급)	부분면세제도(매입세액 미환급)
사업자 의무	부가가치세법상 사업자임 (부가가치세법상 제반의무 이행)	부가가치세법상 사업자가 아님 (매입세금계산서합계표제출의무와 사업장현황신고의무 이행)

기출 이론문제 — 영세율과 면세

01 부가가치세 영세율과 관련하여 잘못된 설명은 어느 것인가?
① 사업자가 재화(견본품이 아님)를 국외로 무상으로 반출하는 경우에는 영의 세율을 적용한다.
② 사업자가 국가 및 지방자치단체에 직접공급하는 도시철도건설용역은 영의 세율을 적용한다.
③ 사업자가 국외에서 제공하는 용역은 영세율을 적용한다.
④ 사업자가 비거주자 또는 외국법인인 경우에도 거주자와 내국법인과 같이 모두 영세율을 적용한다.

02 다음 중 부가가치세법상 면세에 대한 설명으로 잘못된 것은?
① 면세사업자는 부가가치세법상 사업자는 아니지만 매입세금계산서합계표의 제출과 같은 협력의무는 이행하여야 한다.
② 면세는 부가가치세의 상대적인 역진성을 완화하기 위하여 주로 기초생활필수품 및 용역에 대하여 적용하고 있다.
③ 면세는 기초생활필수품 및 용역을 공급하는 영세사업자를 위한 제도이므로 당해 사업자의 선택에 따라 제한 없이 면세를 포기할 수 있다.
④ 면세사업자는 세금계산서를 발급할 수 없고 당해 과세사업자로부터 발급받은 세금계산서상 매입세액은 납부세액에서 공제받을 수 없다.

03 부가가치세법상 영세율과 면세에 대한 설명이다, 옳지 않은 것은?
① 부가가치세법은 주로 소비지국과세원칙을 구현하기 위해 영세율제도를 두고 있고, 부가가치세의 역진성을 완화하기 위해 면세제도를 두고 있다.
② 영세율은 영세율사업자의 매입세액을 전액 환급받을 수 있으므로 완전면세제도이다.
③ 면세는 면세사업자의 매입세액을 일부만 환급받을 수 있으므로 부분면세제도이다.
④ 영세율 적용대상자는 부가가치세법상 사업자이지만, 면세사업자는 부가가치세법상 사업자가 아니다.

04 다음은 부가가치세법의 영세율과 면세에 대한 설명이다. 적합하지 않은 것은?
① 부가가치세 면세는 세부담의 역진성 완화 등을 목적으로 기초생활필수품 등에 대하여 면세를 적용하고 있다.
② 부가가치세법 영세율은 소비지국과세주의를 중요한 근거로 삼고 있다.
③ 내국법인이 중계무역을 하는 것은 영세율신고 대상이 아니다.
④ 현행 부가가치세법은 국외에서 제공하는 용역도 부가가치세 영세율로 규정하고 있다.

05 부가가치세법상 영세율과 면세제도에 대한 설명으로 잘못된 것은?
① 영세율은 매입세액을 환급받을 수 있는 반면, 면세는 매입세액을 환급받지못한다.
② 영세율은 거주자 및 내국법인에 한하여 적용함을 원칙으로 한다.
③ 영세율은 수출 등 외화획득사업에 적용되고, 면세는 주로 가공되지 아니한 식료품, 수돗물 등 제한적으로 열거된 대상에 한하여 적용된다.
④ 영세율과 면세대상자는 모두 부가가치세법상 납세의무자이며, 양자는 부가가치세법상의 모든 의무를 동일하게 이행하여야 한다.

06 부가가치세법상 영세율과 면세에 대한 설명이다. 옳지 않은 것은?
① 영세율 및 면세사업자는 부가가치세법상 사업자에 해당한다.
② 영세율은 완전면세제도이고 면세는 부분면세제도이다.
③ 영세율을 적용받은 사업자는 부가가치세에 대한 누적효과와 환수효과가 발생하지 않는다.
④ 부가가치세법에서 영세율제도는 주로 국제적 이중과세방지와 소비지국과세원칙을 구현하기 위한 제도이고, 면세제도는 부가가치세의 역진성을 완화하기 위한 제도이다.

07 다음 중 부가가치세법상 면세대상에 해당 하는 것은?
① 프로야구경기의 입장료
② 수의사가 제공하는 애완동물 진료용역
③ 자동차운전학원의 자동차운전 교육용역
④ 형사소송법에 따른 국선변호인의 국선변호

정답 및 해설

01 ④ 사업자가 비거주자 또는 외국법인인 경우에 상호(면세)주의에 따른다.

02 ③ 면세는 소비자를 위한 제도이므로 영세율적용대상이 되는 등 일정한 경우에 한하여 포기할 수 있다.

03 ③ 면세는 매입세액의 환급제도가 없다.

04 ③ 국내의 사업장에서 계약과 대가수령 등의 거래가 이루어지는 것으로 중계무역 방식의 수출, 위탁판매수출, 외국인 도수출, 위탁가공무역 방식의 수출도 영세율 신고대상이다.

05 ④ 면세사업자는 부가가치세법상 사업자가 아니므로 원칙적으로 부가가치세법상 의무를 이행할 필요가 없다. 단, 매입처별세금계산서합계표의 제출의무와 대리납부의무는 있다.

06 ① 영세율 적용대상자는 부가가치세법상 사업자이지만, 면세사업자는 부가가치세법상 사업자가 아니다.

07 ④ 전문자격사의 일반적인 인적용역은 과세대상이나, 국선변호.법률구조는 면세대상이다.

08 다음 내용 중 부가가치세법상 면세에 해당하는 것은 몇 개인가?

㉠ 의사의 주름살제거수술용역	㉡ 볼룸댄스(무도)과정을 가르치는 학원
㉢ 자동차운전학원	㉣ 비식용 미가공 식료품(국산)
㉤ 수의사의 애완동물진료용역(질병예방목적)	㉥ 뉴스통신
㉦ 장의업자가 제공하는 장의용역	㉧ 공동주택 내 복리시설인 어린이집 임대용역

① 2개 ② 3개 ③ 4개 ④ 5개

09 다음 중 부가가치세가 면세되는 것은 무엇인가?
① 운행 형태가 고속인 시외버스 운송사업에서 제공되는 자동차에 의한 여객운송용역
② 주택건설촉진법상 국민주택규모를 초과하는 주택의 임대용역
③ 의료법에 따른 한의사가 제공하는 비급여탈모치료술 진료용역
④ 등록된 자동차운전학원에서 지식 및 기술 등을 가르치는 교육용역

10 다음 중 부가가치세법상 면세대상에 해당하는 것은 무엇인가?
① 겸용주택 임대시 주택면적이 사업용건물면적보다 큰 경우 사업용건물의 임대용역
② 운행 형태가 고속인 시외버스운송사업에 제공되는 자동차에 의한 여객운송용역
③ 의사가 제공하는 요양급여의 대상에서 제외되는 진료용역 중 탈모치료술
④ 지방자치단체에 취득원가 그대로 이익없이 공급하는 재화

11 다음 중 영세율이 적용되는 거래로 볼 수 없는 것은?
① 외국을 항행하는 선박, 항공기 또는 원양어선에 공급하는 재화 또는 용역
② 국내에서 비거주자에게 부동산임대용역을 제공하는 경우
③ 대외무역법상 중계무역에 의한 수출
④ 구매확인서에 의하여 공급하는 수출재화 임가공용역

12 다음은 부가가치세법상 면세에 대한 설명이다. 틀린 것은?
① 면세포기신고를 한 사업자는 신고한 날부터 3년간은 면세를 적용받지 못한다.
② 주택과 부수토지의 임대는 면세를 적용하고 있다.
③ 면세대상이 되는 재화가 영세율적용의 대상이 되는 경우에는 면세포기신청서를 제출하고 승인을 얻은 경우에 한하여 면세포기가 가능하다.
④ 신규로 사업을 개시하는 경우에는 면세포기신고서를 제출할 수 있다.

13 부가가치세법상 면세와 관련하여 잘못된 설명은 어느 것인가?

① 일반 토지 임대는 과세지만, 토지의 공급은 면세에 해당한다.
② 면세재화가 영세율 적용 대상이 되는 경우에는 면세포기를 통해 영세율 적용을 받을 수 있다.
③ 면세되는 교육용역 제공시 필요한 실습자재를 제공하고 대가를 별도로 받은 때에도 같이 면세된다.
④ 면세포기 후 3년이 경과하면 별도의 신청없이 자동 면세적용이 된다.

14 다음의 사례에 대한 설명으로 맞는 것은?

> ㉮ 회사는 식용수산물을 유통하는 법인이다.
> ㉯ 수입한 수산물은 국내 보관창고에서 보관한다.
> ㉰ 보관된 수산물의 일부는 국내에 유통되며, 일부는 수출된다.
> ㉱ 회사가 유통하는 수산물은 전부 면세가 적용이 된다.
> ㉲ 회사는 면세포기신고를 하였다.

① 면세포기는 과세기간 개시일전 20일내에 신고하여야 한다.
② 회사는 언제든지 다시 면세적용을 받을 수 있다.
③ 보관창고비용은 공통매입세액으로 안분계산하여 공제받을 수 있다.
④ 면세포기신고로 인하여 수산물매출은 전부 과세로 전환된다.

정답 및 해설

08 ④ ㉠, ㉡, ㉢은 과세이며, ㉣, ㉤, ㉥, ㉦, ㉧은 면세에 해당한다.

09 ② 주택의 임대용역은 국민주택규모에 관계없이 부가가치세 면세된다.
① 고속버스에 의해 제공되는 용역은 면세되는 여객운송용역에서 제외한다.
③ 비급여탈모치료술 진료용역은 면세되는 의료보건용역에서 제외한다.
④ 자동차운전학원에서 제공되는 교육용역은 면세되는 교육용역에서 제외한다.

10 ① 주택부분의 면적이 사업용건물 부분의 면적보다 큰 경우에는 그 전부를 주택의 금내로 임대로 보아 부가가치세가 면세된다.

11 ② 국내에서 비거주자 또는 외국법인에게 공급하는 일정한 재화 또는 사업에 해당하는 용역만 영세율을 적용한다. 이러한 용역에는 전문, 과학 및 기술서비스업, 임대업 중 무형재산권 임대업, 통신업 등이 해당되며 건설업, 부동산임대업, 음식 및 숙박용역 등은 해당되지 않는다.

12 ③ 면세포기는 신청이 아닌 신고에 해당하므로 과세당국의 승인을 요하지 않는다.

13 ④ 3년 후 다시 면세를 적용받고자하는 경우 면세적용신고를 하여야 하며, 신고없는 경우에는 계속 면세포기상태이다.

14 ③ ① 면세포기는 과세기간 중 어느 때에도 가능하며, ② 면세포기시 3년간 면세적용을 받을 수 없다. ④ 면세포기신고를 하면 수출하는 수산물에 대하여만 과세로 전환된다.

05 과세표준

과세표준이란 세액산출의 기준이 되는 과세물건의 금액 또는 수량을 말하는 것으로 부가가치세의 과세표준은 공급자의 매출액(공급가액)이 된다.

* 공급대가: 부가가치세를 포함한 매출액(매출액 + 부가가치세)

(1) 과세표준의 계산

1) 과세표준

재화 또는 용역의 공급에 대한 부가가치세의 과세표준은 다음 각호의 가액의 합계액으로 한다.

구분	과세표준
금전으로 대가를 받는 경우	그 대가
금전이외의 대가를 받는 경우	공급한 재화 또는 용역의 시가
• 재화의 공급에 대하여 부당하게 낮은 대가를 받거나 대가를 받지 아니하는 경우 • 용역의 공급에 대하여 부당하게 낮은 대가를 받은 경우(용역의 무상공급은 과세대상이 아님)	공급한 재화 또는 용역의 시가
간주공급	공급한 재화 또는 용역의 시가
폐업하는 경우	폐업시 남아있는 재화의 시가

2) 구체적인 과세표준의 계산방법

과세표준을 계산함에 있어서는 거래상대자로부터 받은 대금·요금·수수료 기타 명목여하에 불구하고 대가관계에 있는 모든 금전적 가치가 있는 것을 포함

구분	과세표준
장기할부판매	계약에 따라 받기로 한 대가의 각 부분
완성도기준지급 및 중간지급조건부로 재화 또는 용역을 공급하거나 계속적으로 재화 또는 용역을 공급하는 경우	대가의 각 부분
보세구역내에서 재화의 공급	재화의 공급가액−재화의 수입과세표준
수출(대가를 외국환으로 받은 때)	구분 / 과세표준 공급시기 도래 전에 원가로 환가한 경우 / 그 환가한 금액 공급시기 이후에 외국통화 기타 외국환의 상태로 보유하거나 지급받은 경우 / 공급시기(선적일) 기준환율 또는 재정환율로 계산한 금액
재화의 수입	재화의 수입에 대한 과세표준은 과세의 과세가액과 관세·개별소비세·주세·교육세·교통·에너지·환경세 및 농어촌특별세 등 모든 세금을 포함한 합계액

3) 과세표준 포함여부

과세표준에 포함된다는 것은 매출세액 산출에 포함된다는 것을 의미하므로 과세표준 포함여부를 구분하는 것이 중요하다.

과세표준 포함(○)	과세표준 미포함(×)
외상, 할부, 장기할부판매와 과세표준에 대한 이자상당액 포함	매출환입·매출에누리·매출할인
대가의 일부로 받은 운송비, 포장비, 하역비	공급받는 자에게 도달하기 전에 파손되거나 훼손되어 멸실된 재화의 가액
대가의 일부로 받은 보험료(운송보험료, 산재보험료 등)	재화 또는 용역의 공급과 직접관련되지 아니하는 국고보조금, 공공보조금
개별소비세·주세·교육세·교통·에너지·환경세 및 농어촌특별세가 과세되는 재화와 용역에 대한 개별소비세·주세·교육세·교통·에너지·환경세 및 농어촌특별세	확정된 공급에 대한 대가의 지급이 지체되어 받는 연체이자
사업자가 고객에게 매출액의 일정비율에 해당하는 마일리지를 적립해 주고 향후 해당 고객이 재화를 공급받고 그 대가의 일부 또는 전부를 적립된 마일리지로 결제하는 경우 해당 마일리지 상당액	통상적으로 용기 또는 포장을 당해 사업자에게 반환할 것을 조건으로 그 용개대금과 포장비용을 공제한 금액으로 공급하는 경우에는 그 용기대금과 포장비용
-	사업자가 음식·숙박용역이나 개인서비스용역을 공급하고 그 대가와 함께 받는 종업원(자유직업자를 포함한다)의 봉사료를 세금계산서·영수증 또는 신용카드 매출전표에 그 대가와 구분하여 기재한 경우로서 봉사료를 종업원에게 지급한 사실이 확인되는 경우 그 봉사료
-	임차인이 부담하여야 할 보험료, 공공요금 등을 별도로 징수하여 납부를 대행한 금액

* **과세표준에서 공제하지 않는 금액**
  - 대손금
  - 하자보증금
  - 사업자가 재화 또는 용역을 공급하는 자에게 지급하는 장려금이나 이와 유사한 금액

(2) 과세표준계산 특례

1) 간주공급

구분	과세표준		
자가공급	시가		
개인적 공급	시가		
사업상 증여	시가		
폐업 시 잔존재화	시가		
직매장 반출	취득가액(취득가액에 추가 비용이 발생할 경우, 추가된 금액을 포함하여 계산)		
개별소비세, 주세, 교육세, 농어촌특별세, 교통·에너지·환경세 등 부과 재화	개별소비세, 주세, 교육세, 농어촌특별세, 교통·에너지·환경세 등을 포함		
감가상각자산인 경우	간주시가		
		구분	간주시가
		건물 또는 구축물	취득가액 × (1 − 5*/100 × 경과된 과세기간의 수) * 2001년12월31일 이전 취득분은 10%
		기타 감가상각자산	취득가액 × (1 − 25/100 × 경과된 과세기간의 수)

> **실습예제 따라하기**

> **01** 과세사업을 영위하던 ㈜이패스는 20X7. 12. 1. 당해 사업을 폐업하였다. 다음 자료는 폐업 당시 잔존재화이다. 자료를 보고 부가가치세 과세표준을 계산하시오.(단, 과세대화는 모두 매입세액공제를 받았다고 가정한다.)
>
> | 구분 | 취득원가 | 취득일 | 시가 |
> |---|---|---|---|
> | 제품 | 9,000,000원 | 20X5. 7. 21 | 10,000,000원 |
> | 토지 | 400,000,000원 | 20X1. 8. 16 | 500,000,000원 |
> | 건물 | 100,000,000원 | 20X3. 5. 20 | 120,000,000원 |
> | 기계장치 | 50,000,000원 | 20X5. 9. 30 | 40,000,000원 |

실기 따라하기 01

구분	과세표준	
제품	시가	10,000,000원
토지	면세	
건물	100,000,000 × (1−5% × 9*) * 경과된 과세기간수는 취득시점부터 신고기한까지이다. (초기산입, 말기불산입: X3년 제1기, 제2기, X4년 제1기, 제2기, X5년 제1기, 제2기, X6년 제1기, 제2기, X7년 제1기)	55,000,000원
기계장치	50,000,000 × (1−25% × 4) (X5년 제2기, X6년 제1기, 제2기, X7년 제1기)	0
합계		65,000,000원

2) 부동산 임대용역을 공급하는 경우

① 부동산임대사업자 유형

사업자 유형	부가가치세 처리	신고 의무
주택임대사업자	부가가치세법상 면세 대상	부가세 신고의무 없음
상가임대사업자	부가가치세 과세대상	일반과세자 또는 간이과세자로 등록 후 정기적으로 신고
주택과 상가를 동시에 임대하는 경우(겸영사업자)	• 주택 부분: 면세 • 상가 부분: 과세	겸영사업자로 등록하고 상가에 대한 부가세 신고

② 임대료

㉠ 과세기준으로 임대료는 해당 과세기간 동안 받게 될 임대료로 설정된다.

㉡ 사업자가 여러 과세기간에 걸쳐 부동산 임대 서비스를 제공하고, 그 대가를 선불 혹은 후불로 한 번에 받는 경우 다음 공식을 적용한다.

$$\text{선불 또는 후불로 받는 임대료} = \frac{\text{과세대상기간의 월수}}{\text{기간의 월수}}$$

③ 관리비

㉠ 부동산 임대 서비스를 제공하면서 관리비를 수취하는 경우, 이 관리비는 과세표준에 포함된다.

ⓛ 임차인이 부담해야 하는 공공요금을 별도로 나누어 징수할 경우, 이러한 요금은 과세표준에서 제외된다.

④ 간주임대료
  ㉠ 간주임대료는 **임대보증금·전세금**을 받은 경우, 해당 금액을 일정 이자율로 계산해 **추가 임대수입**으로 간주하여 부가가치세를 부과하는 제도이다.
  ㉡ 정기예금이자율은 기획재정부령에 따라 정의된 1년 기간의 정기예금이자율을 사용한다.
  ㉢ 2025년 정기예금이자율: **3.1%** (2024년 3.5%에서 하향 조정).

$$\text{당해 과세기간 임대보증금 또는 전세금 적수} \times \text{정기예금이자율} \times \frac{\text{과세대상기간의 일수}}{365(\text{윤년 } 366)}$$

  ㉣ 세율: 간주임대료의 10% (일반과세자 기준).
  ㉤ 신고: 해당 과세기간의 부가세 신고 시 **포함해 납부** (세금계산서 발행의무 없음).
  ㉥ 증빙 서류: 임대계약서 사본, 보증금 입금증명서 등.
  ㉦ 부동산임대공급가액 명세서 미제출시 1%가산세
  ㉧ 간주임대료에 대한 부가가치세는 원칙적으로 임대인이 부담을 하지만 약정에 의해 임차인이 부담하기도 함.

구분	회계처리			
임대인 부담시	차) 세금과공과	×××	대) 부가세예수금	×××
임차인 부담시	차) 세금과공과	×××	대) 보통예금	×××

  ㉨ 사업자가 부동산을 임차한 후 재임대를 제공하는 경우, 해당 기간 동안의 전세금 또는 임대보증금은 임차 시 지불한 전세금이나 임차보증금을 빼고 남은 금액으로 계산

항목	과세표준 포함 여부	비고
임대료	포함	선불/후불 시 안분계산
관리비	포함	
공공요금 (별도 징수)	제외	임차인 부담분
간주임대료	포함	임대보증금/전세금에 정기예금이자율 적용
재임대 간주임대료	포함	(받은 보증금 − 지급한 보증금)에 이자율 적용

3) 토지와 건물을 일괄공급하는 경우

분류	세부 내용	계산 방법
원칙 (구분된 경우)	토지의 공급	면세
	건물 및 기타 구축물의 공급은 과세	실지거래가액
예외	토지와 건물의 일괄 양도 시 가액 구분이 불분명한 경우이거나 실지거래가액과 기준시가 안분 계산 금액 차이가 30% 이상인 경우(단, 건물 철거 후 토지만 사용하는 등 일정한 경우 제외)	① 감정가액이 있는 경우: 감정가액에 따라 안분 ② 감정가액이 없는 경우: 　㉠ 기준시가가 있는 경우: 기준시가에 따라 안분 　㉡ 기준시가가 없는 경우: 장부가에 따라 1차 안분 계산 후, 기준시가가 있는 자산에 대해서는 2차 안분 계산

4) 부동산 공급 및 임대의 부가가치세 과세 여부

구분	부동산의 공급	부동산의 임대
건물	• 과세 • 예외: 국민주택 등은 면세	• 과세 • 예외: 주택 임대는 면세
토지	• 면세	• 과세 • 예외: 전·답·임야·목장용지·과수원·염전의 임대는 과세 제외 • 주택 부수토지 임대는 면세

5) 공통사용재화를 공급하는 경우

① 사업유형별 부가가치세 처리

사업자 유형	매출세액	매입세액	부가가치세 처리
과세사업자	있음	공제 가능	매출세액 − 매입세액 = 납부세액
면세사업자	없음	불공제	매입세액 불공제로 원가 처리
겸영사업자	과세분만 해당	과세분 공제	과세/면세에 따라 구분 처리

② 겸영사업자의 공통사용재화 처리 방법

구분	처리 방법
원칙	실지귀속에 따라 과세사업분과 면세사업분을 구분
실지귀속이 불분명한 경우	• 과세표준의 안분 계산 • 공통 매입세액의 분배 계산
안분계산 공식	• 과세공급가액 = 총공급가액 × 과세사업비율 • 면세공급가액 = 총공급가액 × 면세사업비율 • 공제대상 매입세액 = 공통매입세액 × 과세사업비율

③ 안분계산 배제 사유

제외 사유	내용
기준	공통매입세액이 5백만원 미만이고 해당 과세기간 총공급가액 중 면세공급가액 비율이 5% 미만
	공통매입세액 5만원 미만
	신규사업자가 당해 과세기간에 공급받은 공통사용재화를 당해 공급한 경우

기출 이론문제 | 과세표준

01 부가가치세의 과세표준에 관한 다음 설명 중 옳지 않은 것은?
① 폐업시 잔존재화에 대해서는 시가를 과세표준으로 한다.
② 재화의 공급과 관련없는 국고보조금은 과세표준에 포함되지 않는다.
③ 공급받는 자에게 도달하기 전에 파손된 재화의 가액은 과세표준에 포함한다.
④ 판매장려금은 과세표준에서 공제하지 않는다.

02 부가가치세의 과세표준에 대한 설명 중 틀리는 것은?
① 매출에누리, 매출할인액, 할부판매 이자상당액은 과세표준에 포함하지 아니한다.
② 재화를 공급한 후의 그 공급가액에 대한 대손금 또는 장려금은 과세표준에서 공제하지 아니한다.
③ 폐업시 잔존재화에 대하여는 시가를 과세표준으로 한다.
④ 재화를 공급하고 받은 대가에 공급가액과 세액이 별도 표시되지 아니한 경우에는 거래금액 또는 영수할 금액의 100/110에 해당하는 금액을 과세표준으로 한다.

03 부가가치세법상 과세표준에 대한 다음 설명 중 옳지 않은 것은?
① 재화를 공급한 후의 그 공급가액에 대한 할인액, 대손금 또는 장려금은 과세표준에서 공제하지 아니한다.
② 재화의 공급에 대하여 부당하게 낮은 대가를 받거나 대가를 받지 아니하는 경우에는 자기 공급한 재화의 시가를 과세표준으로 한다.
③ 장기할부판매의 경우에는 계약에 따라 받기로 한 대가의 각 부분을 과세표준으로 한다.
④ 폐업시 잔존재화에 대하여는 시가를 과세표준으로 한다.

정답 및 해설

01 ③ 공급받는 자에게 도달하기 전에 파손된 재화의 가액은 과세표준에 포함하지 아니한다.

02 ① 할부판매 이자상당액은 과세표준에 포함한다.

03 ① 매출할인액은 과세표준에 포함하지 아니한다.

04 다음 중 부가가치세를 신고할 때 과세표준에 포함되는 것은?

① 폐업시 잔존재화 중에 기존에 매입세액을 불공제받은 재화
② 의류생산회사에서 자체 생산한 의류를 무상으로 종업원의 작업복으로 제공하는 경우
③ 과세 및 면세 겸업사업자가 부가가치세 면세대상인 재화를 외부에 공급하는 경우
④ 사업자가 사업과 관련하여 취득한 재화 중 매출세액에서 매입세액으로 공제된 재화를 자기 고객에게 증여한 경우

05 다음 중 부가가치세를 신고할 때 과세표준에 반영되는 것은?

① 의류생산회사에서 자체 생산한 의류를 무상으로 종업원의 작업복으로 제공하는 경우
② 회사가 생산한 과세대상 제품의 일부를 거래처에 접대용으로 무상제공하는 경우
③ 겸영사업자가 부가가치세가 면세대상인 재화를 외부에 공급하는 경우
④ 폐업을 하는 경우 잔존재화 중에 기존에 매입세액 불공제 받은 재화

06 다음 중 20X3년 1기 부가가치세 신고시 과세표준 및 매출세액에 반영되는 것은?

① 겸영사업자가 20X0년 2기에 과세사업에 사용하기 위해 취득하고 매입세액공제를 받은 기계장치를 20X3년 1기에 면세로 전용한 경우
② 회사가 생산한 제품의 일부를 거래처에 견본품으로 제공하는 경우
③ 겸영사업자가 부가가치세가 면세되는 재화나 용역을 공급하는 경우
④ 폐업을 하는 경우 잔존재화 중에 기존에 매입세액을 공제 받은 재화

07 20X2년 8월, 1억원에 취득한 차량운반구는 과세사업에 사용하여 왔으나, 20X3년 10월부터 과세사업에의 사용을 중지하고 면세사업에 전용하였다. 이로 인해 증가하는 20X3년 2기 부가가치세 과세표준은 얼마인가? (단, 해당 기계설비의 전용당시 장부가액은 8천만원이고, 시가는 9천만원이다.)

① 25,000,000원 　② 40,000,000원 　③ 45,000,000원 　④ 50,000,000원

08 다음 자료에 의하여 20X5년 12월 1일에 폐업한 일반과세자의 폐업시 재고재화(폐업시 남아있는 재화는 자기에게 공급하는 것으로 본다)에 대한 부가자치세 과세표준을 계산하면?

구분	취득일	취득가액	시가
건물	20X1년 12월 20일	100,000,000원	700,000,000원
상품	20X5년 6월 15일	3,000,000원	3,400,000원

① 72,500,000원 　② 62,250,000원 　③ 63,400,000원 　④ 103,000,000원

09 과세사업을 하는 ㈜인바상사는 20X3년 12월 1일 폐업하였다. 폐업시 재고자산과 유형자산 내역은 다음과 같다. 이 경우 부가가치세 과세표준은 얼마인가? (단, 과세재화는 모두 매입세액공제를 받았다고 가정한다.)

구분	취득시기	취득가액	시가
재고자산	20X2년 9월	5,000,000원	5,000,000원
토지	20X3년 1월	3,000,000원	8,000,000원
비품	20X2년 4월	2,000,000원	320,000원

① 5,500,000원　② 7,500,000원　③ 10,000,000원　④ 13,320,000원

정답 및 해설

04 ④ 부가가치세 공급의제인 사업상증여에 해당하므로 과세표준에 반영된다.

05 ② 부가가치세 공급의제인 사업상증여에 해당하므로 과세표준에 반영된다.

06 ④ ① 기계장치는 과세기간이 1회 지날때마다 25% 감가율이 적용되는데, 4회 이상 경과하였으므로 과세되지 않는다.
② 견본품의 제공은 재화의 간주공급 대상에서 제외된다.
③ 면세 재화나 용역을 공급하는 경우 부가가치세 과세대상에 포함되지 않는다.

07 ④ 취득가액 × (1 − 감가율 × 경과된 과세기간수)
100,000,000 × (1 − 25% × 2) = 50,000,000원
경과된 과세기간수: 과세기간 중에 취득 또는 공급의제될 경우 그 과세기간 개시일에 취득(공급의제)되었다고 보고 경과된 과세기간수를 계산한다(초기산입, 말기 불산입). 따라서 20X2년 7월 1일 취득 ~ 20X3년 7월 1일 공급의제되므로 경과된 과세기간 수는 총 2기(20X2년 제2기, 20X3년 제1기)이다.

08 ③ 건물 과세표준: 100,000,000 × (1 − 5% × 8기) = 60,000,000원
상품 과세표준(시가): 3,400,000원
과세표준: 60,000,000 + 3,400,000 = 63,400,000원

09 ① 과세표준: ① + ③ = 5,500,000원
① 재고자산 5,000,000원 ② 토지: 면세
③ 비품: 2,000,000 × (1 − 25% × 3기) = 500,000원

10 사무용품을 판매(과세사업)하는 ㈜세무가 20X3년 7월 4일 폐업하였다. 폐업시 재고자산과 고정자산 현황이 다음과 같은 경우 부가가치세 과세표준은 얼마인가? 단, 과세재화의 경우 모두 매입세액공제를 받았다고 가정한다.

구분	취득시기	취득가액	장부가액	시가
재고자산	20X2년 10월	5,000,000원	5,000,000원	6,000,000원
집기비품	20X2년 4월	2,000,000원	420,000원	300,000원
토지	20X2년 3월	1,000,000원	1,000,000원	2,000,000원

① 5,500,000원 ② 6,300,000원 ③ 6,500,000원 ④ 7,300,000원

11 다음은 20X3. 9. 3. 폐업한 ㈜광주의 제2기 과세기간에 대한 부가가치세 과세표준과 관련된 자료(부가가치세 별도)이다. ㈜광주의 부가가치세 과세표준은 얼마인가? (단 ㈜광주는 총괄납부 및 사업자단위과세를 적용하지 않는다.)

- 총매출액: 70,000,000원
- 직매장 반출액의 가액: 3,000,000원
- 폐업시 잔존재화(상품)의 시가: 4,000,000원(장부가액은 2,000,000원)
- 폐업시 잔존재화(비품)의 시가: 10,000,000원(20X2.12.31. 취득시 비품가액은 15,000,000원이었으며, 매입세액을 공제받았다.)

① 84,500,000원 ② 87,000,000원 ③ 88,250,000원 ④ 89,000,000원

12 다음 자료를 이용하여 부가가치세법상 일반과세자인 ㈜A의 부가가치세 과세표준을 계산한 것으로 옳은 것은?

- ㉮ ㈜A는 제품을 ㈜B에게 95,000,000원(부가가치세 별도)에 공급하였으나, 이 중 5,000,000원(부가가치세 별도)은 품질미달로 인하여 반품되었다.
- ㉯ ㈜A는 ㈜B에게 제품을 30,000,000원(부가가치세 별도)에 판매하였으나, 운송 중에 제품이 파손되어 훼손된 가액이 3,000,000원(부가가치세 별도)이 있었다.

① 117,000,000원 ② 120,000,000원 ③ 125,000,000원 ④ 90,000,000원

13 부가가치세 과세표준을 구하면 얼마인가? (단, 제시된 금액은 모두 공급가액이다.)

- 외상매출액(매출에누리 3,000원이 차감되어 있음): 100,000원
- 거래처에 무상증여한 견본품: 4,000원
- 상가의 건물 해당분의 처분액: 200,000원
- 거래처로부터 채무면제이익: 10,000원
- 하치장 반출액: 3,000원

① 100,000원 ② 300,000원 ③ 304,000원 ④ 317,000원

14 다음 자료를 이용하여 일반과세자인 ㈜나이스의 제2기 부가가치세 확정신고시 과세표준을 계산한 것으로 옳은 것은?

㉮ ㈜나이스는 12월 31일 티몬 등 소셜매출이 발생하여, 총매출액 25,000,000원(공급가액)이고, 이에 대하여 티몬에 지급하는 수수료는 3,750,000원(공급가액)으로 매입세금계산서 수령하였다.
㉯ ㈜나이스는 10월 1일 거래처에 10,000,000원(공급가액) 판매하였으나, 대금수령이 지연되어 연체이자 1,000,000원을 12월 20일에 함께 수령하였다.
㉰ ㈜나이스는 직수출 $1,000을 11월 5일 선적하였다. 대금은 11월 3일 수령하여 원화로 환가하였다(11월 5일 환율: 1,000원/$, 11월 3일 환율: 1,050원/$, 12월 31일 환율: 1,020원/$).

① 33,250,000원 ② 36,050,000원 ③ 32,300,000원 ④ 37,050,000원

정답 및 해설

10 ③ 과세표준: 6,000,000 + 2,000,000 × (1 − 25% × 3) = 6,500,000원
토지는 면세대상이다.

11 ① 과세표준: 70,000,000 + 3,000,000 + 4,000,000 × {15,000,000 × (1 − 25% × 2기)} = 84,500,000원
폐업시 잔존재화(상품)은 시가가 과세표준이며, 감가상각대상자산의 경우 의제시기를 적용하여 과세표준을 산정한다.

12 ① (95,000,000 − 5,000,000) + (30,000,000 − 3,000,000) = 117,000,000원
과세표준에 포함하지 않는 항목: 매출에누리, 매출환입, 매출할인, 공급받는 자에게 도달하기전에 파손, 훼손, 멸실된 재화의 가액

13 ② 외상매출액(100,000) + 상가건물 처분액(200,000) = 300,000원

14 ② 25,000,000원 + 10,000,000원 + 1,050,000원 = 36,050,000원
지급지연으로 인한 연체이자는 과세표준에서 제외하고, 공급시기 도래 전에 원화로 환가한 경우 환가한 금액이 과세표준이다.

15 보세구역 내에서 제조업을 영위하고 있는 사업자 나대로씨는 외국에서 도착한 물품을 원재료로 하여 생산한 제품을 보세구역 밖에서 사업을 하고 있는 안성실씨에게 15,0000,000원(부가가치세 별도)에 공급하였다. 그 관세의 과세가격이 6,000,000원, 관세가 1,200,000원이라고 할 때 나대로씨가 거래징수 해야 할 부가가치세는 얼마인가? (단, 세관장은 부가가치세를 적법하게 징수하였고, 예시된 것 이외의 세금은 부과되지 않은 것으로 간주한다.)

① 780,000원 ② 900,000원 ③ 1,500,000원 ④ 2,220,000원

16 다음 자료에 의한 부가가치세 과세표준은 얼마인가? (단, 모든 금액에는 부가가치세가 포함되어 있지 아니하다.)

- 재화의 수출액: 1,000,000원
- 국외에서 제공한 용역: 800,000원
- 주택과 그 부수토지의 임대용역: 400,000원

① 0원 ② 1,000,000원 ③ 1,800,000원 ④ 2,200,000원

정답 및 해설

15 ① 사업자가 보세구역 내에서 보세구역 이외의 국내에 재화를 공급하는 경우에 당해 재화가 수입재화에 해당되어 하나의 거래가 재화의 수입 및 재화의 공급에 동시에 해당하게 된다. 이 경우에는 공급가액 중 재화의 수입에 대해 세관장이 징수한 과세표준은 국내공급의 과세표준에 포함하지 않는다.
세관장이 징수할 부가가치세 (6,000,000 + 1,200,000) × 10% = 720,000원
나대로씨가 안성실씨에게 징수할 부가가치세: (15,000,000 − 7,200,000) × 10% = 780,000원

16 ③ 과세표준에서 과세란 10% 과세뿐 아니라 0%(영세율)을 포함하며 면세를 제외한다.
과세표준: 1,000,000 + 800,000 = 1,800,000원
주택과 이에 부수되는 토지의 임대용역은부가가치세가 면세된다.

06 매출세액과 매입세액

(1) 매출세액의 계산

1) 매출세액 계산
매출세액은 과세표준에 세율을 곱하여 산출된다. 부가가치세법은 해당 예정신고기간 또는 과세기간동안 발생한 거래를 다음과 같이 구분한다.
① 일반세율 적용 거래: 10% 세율 적용
② 영세율 적용 거래(수출하는 재화, 용역): 0% 세율 적용

2) 확정신고 시 매출세액 계산에 추가되는 항목
① 예정신고누락분
② 대손세액가감

3) 대손세액공제
대손세액공제란 부가가치세가 포함된 매출채권이 **회수불능**으로 확정될 경우, 이미 납부한 부가세를 공제받는 제도이다. 세법상 규정된 대손사유로 인해 회수할 수 없게 된 부가가치세를 **대손세액**이라 한다.
① 외상매출 시에도 부가가치세 납부 의무 있음
② 매출채권을 회수할 수 없게 되면 이미 납부한 부가가치세도 손실 발생

> ▶ [참고] 대손세액공제 적용 시기 및 방법
>
> - 세법이 정하는 사유에 한하여 인정
> - 대손이 확정된 날이 속하는 과세기간의 매출세액에서 차감
> - 확정신고 시에만 적용 가능

4) 대손세액의 계산

$$\text{대손세액공제액} = \text{대손금액(부가가치세포함)} \times \frac{10}{110}$$

5) 대손세액 공제사유

대손사유	비고
채무자의 파산, 강제집행, 형의 집행, 사업의 폐지, 사망, 실종, 행방불명으로 인하여 회수할 수 없는 채권	
소멸시효가 완성된 외상매출금 및 미수금	일반적 소멸시효 3년
소멸시효가 완성된 어음·수표	
각종 법에 따라 회수불능으로 확정된 채권	
채무자의 재산에 대한 경매가 취소된 압류채권	
부도발생일로부터 6월 이상 경과한 수표 또는 어음상의 채권 및 중소기업의 외상매출금	

중소기업의 외상매출금 및 미수금으로서 회수기일이 2년 이상 지난 외상매출금 등	특수관계인과의 거래로 인하여 발생한 외상매출금 등은 제외
회수기일을 6월 이상 경과한 채권 중 채무자별 합계액이 30만원 이하인 채권	

6) 대손세액공제의 범위

항목	내용
기본 요건	부가가치세가 과세되는 재화 또는 용역을 공급한 후 대손이 확정된 경우
공제 신청 가능 기간	공급일로부터 10년이 경과된 날이 속하는 과세기간에 대한 확정신고기한까지
대손 사유	법령에서 정한 대손세액 공제대상이 되는 사유로 인하여 확정되는 경우
공제 시기	대손이 확정된 날이 속하는 과세기간의 매출세액에서 차감

(2) 매입세액의 계산

부가가치세는 전단계세액공제법에 따라 매입세액을 매출세액에서 차감한다. 부가가치세법상 매입세액공제액은 다음과 같이 계산한다.

> 매입세액공제액 = 세금계산서를 수취한 매입세액 + 기타공제매입세액 - 공제받지 못할 매입세액

1) 세금계산서 수취분
① 세금계산서 수취분은 매입 시 세금계산서를 발급받은 매입세액을 말한다.
② 발급받은 모든 매입세금계산서로써 공제받지 못하는 매입세금계산서도 포함한다.

2) 매입자발행세금계산서에 의한 매입세액공제 특례
다음의 경우 매입자가 직접 세금계산서를 발행할 수 있다.
① 납세의무자로 등록한 사업자로서 세금계산서 교부의무가 있는 사업자가 재화 또는 용역을 공급하고 세금계산서 발급시기에 세금계산서를 발급하지 아니한 경우
② 사업자의 부도·폐업 등으로 사업자가 수정세금계산서 또는 수정세금계산서를 발행하지 아니한 경우 포함
　이 경우 그 재화 또는 용역을 공급받은 자는 대통령령으로 정하는 바에 따라 관할세무서장의 확인을 받아 세금계산서(매입자발행세금계산서)를 발행할 수 있다.

3) 기타공제매입세액
① 신용카드매출전표 등 수령금액합계표 제출분: 사업자가 다른 사업자로부터 재화 또는 용역을 공급받고 부가가치세액이 별도로 구분 가능한 신용카드매출전표 등을 발급받은 경우 다음 요건을 모두 충족하는 경우 그 부가가치세액은 공제할 수 있는 매입세액으로 본다.
　• 신용카드매출전표등 수령명세서를 제출할 것
　• 신용카드매출전표등을 보관할 것
　• 간이과세자가 영수증을 발급하여야 하는 기간에 발급한 신용카드매출전표 등이 아닐 것

▶ **[참고] 신용카드매출전표 등 수령금액합계표에 포함하지 않는 거래**

- 세금계산서 수취분 - 세금계산서 수취분은 매입과 세로 공제받음
- 간이과세자로부터의 매입액(세금계산서 발급하지 못하는 업종, 신규사업자 및 직전연도 공급대가 4,800만원 미만인 사업자)
- 면세사업자로부터의 매입액(의료비, 농축수임산물, 도서구입비 등)
- 목욕, 이발, 미용업에서의 사용액 여객운송업(전세버스는 제외)사용액
- 입장권을 발급하여 경영하는 사업자로부터의 매입액(입장권, 승차권 등)
- 매입세액 불공제사유에 해당되는 경우(기업업무추진비 관련, 사업무관, 면세사업관련 등)

② 의제매입세액 공제

항목	내용
개념	부가가치세 과세사업자가 면세되는 농·축·수·임산물을 구매하여 제조 또는 가공 후 과세 대상이 되는 재화나 용역을 공급하는 경우, 구입한 농산물 등의 매입가액에 정해진 비율을 적용해 계산한 금액을 매입세액으로 간주하여 매출세액에서 차감할 수 있는 제도
계산식	의제매입세액 = 면세 농·축·수·임산물 매입가액 × 의제매입세액 공제율

	기존 문제점	도입 효과
환수효과	과세 → 면세 → 과세의 흐름이 이루어지면, 면세의 효과가 상실됨	**면세효과 유지**: 면세 혜택을 주고 이후 단계에서 과세를 적용함으로써 면세의 중복된 효과를 제거
누적효과	면세 앞 단계에서 과세된 부분이 중복적으로 과세되어, 면세가 없는 경우보다 오히려 소비자의 부가가치세 부담이 커지는 현상	**조세부담 경감**: 소비자의 조세 부담을 줄이기 위해 도입

적용요건	세부 내용
사업자 요건	과세사업자가 면세사업자로부터 농/축/수/임산물(면세농산물 등)을 구입할 것
사용 요건	과세 대상인 재화 혹은 용역의 제조·창출에 직접적인 원재료로 사용할 것
증빙 요건	• 면세농산물 구입 시 수취한 계산서 또는 신용카드매출전표, 현금영수증 • 제조업의 경우: 계산서, 신용카드매출전표, 현금영수증 등을 받지 않고 농·어민으로부터 직접 구입하는 것도 인정됨

공제금액 = 면세로 구입한 농·축·수·임산물의 매입가격 × 공제율*

*공제율

구분		공제율
일반과세자		2/102
음식점업	법인사업자	6/106
	개인사업자	8/108 (과세표준 4억원 이하인 경우: 9/109)
	과세유흥장소	2/102
중소제조업(중소기업 및 개인사업자)		4/104

** 공제한도: MIN(①, ②)
① 해당 과세기간의 면세농산물 등의 매입가액(운임 등 부대비용은 제외)
② 해당 과세기간에 면세농산물 등과 관련하여 공급한 과세표준금액 × 한도율(법인사업자 50%)

③ 재활용폐자원 등에 대한 매입세액

항목	내용
적용 대상 사업자	재활용 폐자원이나 중고 자동차를 수집하는 사업자
매입처	과세사업을 하지 않는 자(겸영사업자 포함) 또는 간이과세자
대상 재화	재활용 폐자원 등
공제 조건	재활용 폐자원 등을 매입하여 제조나 가공, 또는 공급할 경우
제도 목적	재활용폐자원 수집 사업자가 과세사업자가 아닌 자로부터 매입 시 세금계산서를 미수취에도 매입세액을 공제받을 수 있도록 하기 위함

④ 공통매입세액의 안분계산

항목	내용
대상 사업자	과세사업과 면세사업(비과세사업 포함)을 함께 영위하는 겸영사업자
공제 원칙	• 과세사업에 관련된 매입세액: 공제 가능 • 면세사업에 관련된 매입세액: 공제 불가
안분 대상	과세와 면세 사업에 동시에 사용되는 재화나 용역(공통매입세액)

안분 방법	• 실지 귀속에 따라 계산
	• 실지 귀속이 불분명한 경우:
	  – 과세공급가액 비율에 따라 안분 계산
	  – 면세공급가액 비율에 따라 안분 계산

안분 계산식	• 공제 가능 매입세액 = 공통매입세액 × (과세공급가액 ÷ 총공급가액) < b • 공제 불가 매입세액 = 공통매입세액 × (면세공급가액 ÷ 총공급가액)
정산 시기	• 예정신고: 예정신고기간 동안의 총공급가액에 대한 면세공급가액 비율로 안분계산 • 확정신고: 해당 과세기간에 대해 정산

$$\text{면세사업 관련 매입세액} = \text{공통매입세액} \times \frac{\text{과세기간의 면세공급가액 등}}{\text{과세기간의 총공급가액}}$$

다음의 경우에 공통매입세액 안분계산을 배제하거나 재계산하여야한다.

구분	내용
안분계산 배제	다음 어느 하나에 해당하는 경우에는 해당 재화 또는 용역의 공통매입세액은 공제되는 매입세액으로 한다. ① 해당 과세기간의 총 공급가액 중 면세공급가액이 5% 미만인 경우의 공통매입세액. 다만, 공통매입세액이 5백만원 이상인 경우는 반드시 안분계산 해야한다. ② 해당 과세기간 중의 공통매입세액이 5만원 미만인 경우의 매입세액 ③ 해당 과세기간에 신규로 사업을 개시한 사업자가 해당 과세기간에 공급한 공통사용재화에 대한 매입세액
공통매입세액 납부세액재계산	다음에 모두 해당하는 경우 납부세액 또는 환급세액을 다시 계산하여 해당 과세기간의 확정신고와 함께 관할 세무서장에게 신고·납부 하여야 한다. ① 감가상각자산인 경우 ② 공통매입세액의 안분계산에 따라 매입세액이 공제 ③ 매입세액 안분기준에 따른 면세비율이 5% 이상 증감

4) 공제받지 못할 매입세액

다음의 사유에 해당하는 매입세액은 매입세액의 거래징수를 당한 경우라도 매출세액에서 공제하지 않는다.

구분		내용
세금계산서 관련	세금계산서 미수취 부실기재분	사업자가 재화 또는 용역을 공급받거나 재화의 수입시 세금계산서를 수취하지 않거나 받은 세금계산서를 부실기재한 경우에는 매입세액을 공제받지 못함
	매입처별 세금계산서합계표 미제출 부실기재분	사업자가 예정신고 또는 확정신고시에 매입처별 세금계산서합계표를 제출하지 않거나 매입처별세금계산서 합계표를 부실기재한 경우에는 매입세액을 공제받지 못함
사업과 직접 관련 없는 매입세액		사업주가 사업과 관련이 없는 지출에 대하여 지급한 매입세액은 매출세액에서 공제되지 않음
개별소비세법 제1조 제2항 제3호에 따른 자동차 구입·유지		사업자가 사업을 위하여 구입한 승용차라고 하더라도 세법이 정한 비영업용이면서 개별소비세가 과세되는 소형승용차에 해당이 되는 경우에는 그 차량을 구입할 때 지급한 매입세액과 그 차량을 유지하기 위하여 지불한 유류대 및 수선비, 소모품비, 주차료, 렌트비용, 리스료등의 매입세액도 공제받지 못함
기업업무추진비 및 이와 유사한 비용의 지출		교제비·기밀비·사례금 기타 명칭 여하에 상관이 없이 소득세법과 법인세법의 규정에 의한 기업업무추진비에 해당하는 항목에 대한 매입세액은 공제받지 못함
면세사업 및 토지 관련 매입세액	면세사업 및 그 투자와 관련된 매입세액	부가가치세가 면제되는 재화 또는 용역을 공급하는 사업에 관련된 매입 세액은 공제받지 못함
	토지의 자본적 지출과 관련된 매입세액	토지의 조성 등을 위한 자본적 지출에 관련된 비용 즉 토지의 취득 및 형질변경, 공장부지 및 택지의 조성 등에 관련된 매입세액은 공제받지 못함
사업자 등록전 매입세액	사업자 등록하기 전의 매입세액	공급시기가 속하는 과세기간이 지난후 20일이내 사업자등록 신청을 한 경우에 해당하는 것은 공제가능함.

07 거래증빙

(1) 세금계산서

세금계산서(Tax Invoice)란 공급자가 부가가치세 과세거래시(매출시) 거래상대방으로부터 부가가치세 10%를 징수하고 이에 대한 증빙으로 교부하는 세금영수증을 말한다.

기능	설명
세금영수증	부가가치세 10% 징수에 대한 거래증빙
매입세액 공제 근거	거래상대방(매입자)이 부가가치세 신고시 매입세액 공제를 받기 위한 근거
송장	물품 또는 서비스의 제공을 확인하는 서류
대금청구서 및 영수증	거래 대금 청구 및 수령에 대한 증빙
거래 증빙	해당 거래가 실제로 이루어졌음을 증명하는 서류

종류	발급자	비고
전자세금계산서	공급자	전자적 방식으로 발급되는 세금계산서
종이세금계산서	공급자	법인사업자 및 직전년도 공급가액 8천만원 이상인 개인사업자는 전자세금계산서 의무발급
영세율세금계산서	공급자	영세율 적용 거래에 사용, 세액란에 "0" 또는 "영세율"로 표시
수입세금계산서	세관장	수입재화에 대하여 세관장이 교부
매입자발행세금계산서	매입자	공급자가 세금계산서를 발급하지 않거나 폐업 등의 경우, 관할세무서장의 확인을 받아 발행
수정세금계산서	공급자	기존 거래내용에 오류가 있는 경우 (공급가액, 세액, 공급받는 자 등의 정보 수정)

전자세금계산서 (공급자 보관용)

승인번호		

공급자
- 등록번호: 107-81-31220
- 상호: ㈜이패스
- 성명(대표자): 주경진
- 사업장주소: 서울시 서대문구 충정로7길 31
- 업태: 제조, 도소매업
- 종목: 전자제품, 무역
- E-Mail: epass@naver.com

공급받는자
- 등록번호: 113-02-10230
- 상호: ㈜무성
- 성명(대표자): 박무성
- 사업장주소: 서울시 동작구 상도로 16(대방동)
- 업태: 도소매
- 종목: 전자제품
- E-Mail: Moosung@gmil.com

작성일자	공급가액	세액
20X1.02.10.	1,000,000	100,000

비고

월	일	품목명	규격	수량	단가	공급가액	세액	비고
02	10	제품 판매		100	10,000	1,000,000	100,000	

합계금액	현금	수표	어음	외상미수금	이 금액을	
1,100,000	1,100,000				○ 영수 / ● 청구	함

세금계산서로서 효력을 인정받기 위해서는 필요적기재사항을 사실과 다르지 않게 전부 기재되어야 한다.

필요적 기재사항	임의적 기재사항
① 공급하는 사업자의 등록번호와 성명 또는 명칭 ② 공급받는 자의 등록번호 (고유번호 또는 주민등록번호) ③ 공급가액과 부가가치세액 ④ 작성 연월일 (재화 또는 용역의 공급시기)	① 공급하는 자의 주소 ② 공급받는 자의 상호, 성명, 주소 ③ 공급하는 자와 공급받는 자의 업태와 종목 ④ 공급품목, 단가와 수량 ⑤ 공급연월일

1) 세금계산서 발급시기

구분	내용
원칙	재화와 용역의 공급시기를 작성일자로 하여 발급
선교부	사업자가 공급시기가 되기 전에 재화 또는 용역에 대한 대가의 전부 또는 일부를 받고 그 받은 대가에 대하여 세금계산서 발급
	사업자가 공급시기 이전에 세금계산서를 발급하고 그 세금계산서 발급일로부터 7일 이내에 대가를 받은 경우

		세금계산서를 발급받은 후 7일이 지난 후 대가를 지급한다고 하더라도 계약서상의 지급시기가 청구시기와의 기간이 30일 이내인 경우
		세금계산서 발급일이 속하는 과세기간에 재화 또는 용역의 공급시기가 도래하는 경우(공급받는 자가 조기환급을 받은 경우에는 세금계산서 발급일로부터 30일 이내에 발급)
		장기할부판매, 공급단위를 구획할 수 없는 재화를 계속적으로 공급하는 경우, 공급단위를 구획할 수 없는 용역을 계속적으로 공급하는 경우의 공급시기가 되기 전에 세금계산서를 발급하는 경우
후교부(재화 또는 용역의 공급일이 속하는 달의 다음달 10일까지 발급)		거래처별 1역월의 공급가액을 합계하여 당해 월의 말일자를 작성연월일로 하여 세금계산서를 작성하는 경우
		거래처별 1역월의이내에서 거래관행상 정하여진 공급가액을 합계하여 그기간의 종료일자를 작성연월일로 하여 세금계산서를 작성하는 경우
		관계증빙서류 등에 의하여 실제 거래사실이 확인되는 경우

2) 세금계산서 발급 특례

구분	내용
위탁판매	• 수탁자가 재화를 인도할 때 위탁자를 공급자로 하여 세금계산서를 발행 • 위탁자가 재화를 직접 인도하는 경우에는 위탁자가 세금계산서 발행 • 위탁매입에서는 공급자가 위탁자를 공급받는 자로 하여 세금계산서를 발행하며, 수탁자의 등록번호를 기재
리스 자산	납세 의무가 있는 사업자가 등록된 시설대여자로부터 시설을 임차하고, 이 시설을 공급자 또는 세관장으로부터 직접 인도받는 경우, 공급자 또는 세관장이 세금계산서를 직접 발행
공동매입	• 전력이나 도시가스의 경우, 공급받는 명의자와 실제 소비자가 다를 경우, 명의자를 공급받는 자로 하여 세금계산서를 발행하고, 명의자는 실제 소비자를 공급받는 자로 하여 다시 세금계산서를 발행. • 도시가스의 경우도 동일한 규정을 준용하여 명의자와 실제 소비자 간에 세금계산서가 재발행
세금계산서 분실	공급받는 자 보관용 세금계산서를 분실한 경우 공급자가 확인한 사본을 발급받아 보관

3) 전자세금계산서의 발급

① 전자세금계산서 발급의무자

구분	발급의무 대상
법인사업자	모든 법인사업자
개인사업자	직전연도 사업자별 공급가액이 8천만원 이상인 개인사업자

② 전자세금계산서 발급 및 전송

항목	내용
발급 방법	종이세금계산서 대신 전자적 방식으로 발급
전송 의무	세금계산서 발급명세를 발급일의 다음 날까지 세금계산서 발급명세를 국세청장에게 전송
전송 기한	발급일의 다음 날까지
미준수 제재	전송기한을 경과하거나, 전송하지 않은 전자계산서에 대해 가산세 부과

전자세금계산서 미발급 가산세	세금계산서 발급명세 전송기한까지 전송하지 않은 경우
원칙: 공급가액 × 2% 예외: 종이세금계산서를 발급한 경우 공급가액 × 1%	① 전송기한이 경과한 후 공급시기가 속하는 과세기간에 대한 확정 신고기한까지 전송하는 경우: 공급가액 × 0.3% ② 전송하지 않은 경우: 공급가액 × 0.5%

4) 세금계산서의 발급의무 면제

구분	면제 대상		비고
제한적 면제 대상 (요구 시 발급)	①	소매업 또는 미용, 욕탕 및 유사 서비스업	소매업의 경우 공급받는 자가 세금계산서 발급을 요구하지 않는 경우에 한함
	②	도로 및 관련시설 운용용역	공급받는 자로부터 세금계산서 발급을 요구받는 경우 제외
	③	국내사업장이 없는 비거주자 또는 외국법인에게 공급하는 재화·용역	해당 비거주자나 외국법인이 외국의 개인사업자 또는 법인사업자임을 증명하고 세금계산서 발급을 요구하는 경우 제외
	④	공인인증기관의 공인인증서 발급 용역	공급받는 자가 사업자로서 세금계산서 발급을 요구하는 경우 제외
면제 대상	①	택시운송사업자, 노점 또는 행상을 하는 사람	
	②	무인자동판매기를 이용한 재화·용역 공급	
	③	전력이나 도시가스 공급 시 특정 명의자	전기사업자 또는 도시가스사업자로부터 전력 또는 도시가스를 공급받는 명의자(사업자가 아닌 자에 한함)
	④	공급의제되는 재화	자가공급(판매목적 타사업장 반출 제외)·개인적 공급·사업상증여·폐업시 잔존재화
	⑤	영세율 적용대상 재화·용역	
	⑥	부동산임대용역 중 간주임대료 부분	

5) 수정세금계산서

세금계산서에 기재된 사항에 오류나 경미한 실수가 발견되었을 때 또는 수입자의 귀책사유가 없음을 입증하기위해 정부의 정정 통지가 나오기 전에도 수정 세금계산서를 발급할 수 있다. 수정세금계산서는 당초 세금계산서가 발급된 경우에만 발행하며, 폐업한 사업자는 폐업 이전의 거래에 대해 수정 세금계산서를 발급하거나 받을 수 없다.

구분		수정세금계산서 작성 및 교부방법		
		방법	작성일자	비고
작성일자 소급안됨	환입	환입금액분에 대하여 부(-)의 세금계산서 1장 발행	환입된 날	처음 세금계산서 작성일자
	계약의 해제	부(-)의 세금계산서 1장 발행	계약해제일	처음 세금계산서 작성일자
	공급가액의 변동	증감되는 금액만큼 정(+)부(-)세금계산서 발행	변동사유 발생일	처음 세금계산서 작성일자
작성일자 소급	내국신용장 사후개설(과세기간 종료 후 25일 이내 개설·발급된 경우)	부(-)의 세금계산서 1장과 영세율세금계산서 1장 발급	당초 세금계산서 작성일	내국신용장 작성일자
	기재사항 착오정정 등	부(-)의 세금계산서 1장과 정확한 세금계산서 1장 발급		-
	착오에 의한 이중발급 등	부(-)의 세금계산서 1장 발행		-
	면세 등 발급대상이 아닌 거래	부(-)의 세금계산서 1장 발행		-
	세율을 잘못 적용한 경우	부(-)의 세금계산서 1장과 정확한 세금계산서 1장 발급		-
	과세유형 전환에 따른 수정 (일반과세자 ↔ 간이과세자)	증감되는 금액만큼 정(+)부(-)세금계산서 발행		사유발생일

6) 매입자발행세금계산서

① 매입자발행세금계산서의 개념

매입자발행세금계산서는 사업자의 부도, 폐업, 계약해제 등의 사유로 세금계산서 발급 의무가 있는 사업자가 재화 또는 용역을 공급하고, 거래 시기에 세금계산서를 발급하지 않은 경우 그 재화 또는 용역을 공급받은 자(면세사업자 포함)가 관할 세무서장의 확인을 받아 세금계산서를 발행하는 것을 의미한다.

② 매입자발행세금계산서 발행 요건

항목	내용
발급 사유	• 공급자의 부도 • 공급자의 폐업 • 계약해제 • 기타 공급자가 세금계산서를 발급하지 않은 경우
적용 대상 금액	거래건당 공급대가가 5만원 이상인 경우
발급 주체	재화 또는 용역을 공급받은 자(면세사업자 포함)
사전 확인	관할 세무서장의 확인 필요

③ 매입자발행세금계산서 발행 절차

단계	내용
신청 기한	거래 시기가 속한 과세기간의 종료일부터 1년 이내
신청 서류	• 거래사실확인신청서 • 거래사실을 객관적으로 입증할 수 있는 서류
신청 기관	신청인의 관할 세무서장
확인 후 발행	세무서장의 확인을 받은 후 세금계산서 발행

④ 매입자발행세금계산서의 효력

구분	내용
매입세액 공제	적법하게 발행된 매입자발행세금계산서는 일반 세금계산서와 동일하게 매입세액 공제 가능
제출 의무	일반 세금계산서와 동일하게 매입처별세금계산서합계표에 포함하여 제출

(2) 영수증

영수증은 공급받는자의 사업자등록번호와 부가가치세액을 따로 구분 표시하지 않고 발행하는 증빙이다. 최종소비자 대상거래에서 주로 사용된다.

영수증	발급의무자
① 금전등록기계산서 ② 신용카드매출전표, 직불카드영수증, 기명식 선불카드영수증, 현금영수증 ③ 여객운송업자가 발급하는 승차권, 승선권, 항공권 ④ 전기사업법에 의한 전기사업자 또는 가스사업법에 의한 가스사업자가 가계소비자에게 발급하 는 전력 또는 가스 요금의 영수증 ⑤ 기타 위와 유사한 영수증 　* 단, 최종 소비자를 대상으로 하는 모든 일반과세자는 영수증 발급시 부가가치세액과 공급가액을 구분하여 표시하여야 함.	① 다음의 사업을 하는 사업자 　㉠ 소매업 　㉡ 음식점업(다과점업 포함) 　㉢ 숙박업 　㉣ 목욕, 이발, 미용업 　㉤ 여객운송업(전세버스운송사업자는 제외) 　㉥ 입장권을 발행하여 영위하는 사업 　㉦ 변호사, 공인회계사, 변리사 등 전문적 인적용역을 공급하는 사업(사업자에게 공급하는 분 제외)

◎ 주로 사업자가 아닌 소비자에게 재화 또는 용역을 공급하는 사업자로서 도정업, 양복점업 등의 사업
  * 공급받는 자가(목욕, 이발, 미용업, 여객운송업, 또는 입장권 발행 등을 하는 사업의 경우에는 감가상각자산 등을 공급받는 경우에 한함) 사업자등록증을 제시하며 세금계산서 발급을 요청하면, 공급자는 세금계산서를 발행하여야 한다.
② 간이과세자로서 다음 중 어느 하나에 해당하는 자
  ㉠ 직전 연도의 공급대가의 합계액(직전 과세기간에 신규로 사업을 시작한 개인사업자의 경우 환산한 금액)이 4,800만원 미만인 자
  ㉡ 신규로 사업을 시작하는 개인사업자로서 간이과세자로 하는 최초의 과세기간 중에 있는 자

다만, 일반과세자로서 영수증 발급대상 사업을 하는 자가 신용카드기 등을 이용하여 영수증을 발급하는 경우에는 공급가액과 세액에 별도 표시된다.

매입세액공제 가능	매입세액공제 불가능
• 신용카드매출전표와 현금영수증 (부가가치세액이 별도로 구분 기재되어 있고 법 소정 요건을 충족하는 경우)	간이영수증

(3) 전자세금계산서 발행

법인사업자와 직전연도 과세분과 면세분 공급가액의 합계액 8천만원(2024.7월 이후부터) 이상 개인사업자는 의무적으로 전자세금계산서를 발급하여야 한다. 전자세금계산서는 원칙적으로 공급시기에 발급하며, 발급일의 다음날까지 국세청에 전송하여야 한다.

(예외) 월합계 (세금)계산서 등의 경우 공급시기가 속하는 달의 다음달 10일까지 발급

① 「매입매출전표입력」에서 직접 전자세금계산서를 발행하기 위해서는 "전자"란을 비워둔다.
② 「전자세금계산서발행」 메뉴에서 전자세금계산서를 발행하고자 하는 기간의 「매입매출전표입력」 메뉴에 입력한 데이터를 불러온다. 이때에는 발행상태란에 미발행으로 표시된다.
  전자발행대상 세금계산서를 체크하여 선택하고 하단의 수신자 탭에 담당자의 이메일을 등록한다. (「거래처등록」 메뉴 13, 업체담당자연락처 등록시 자동반영된다) 수신자 담당자메일주소는 필수입력 사항이다. 화면 상단의 F3 전자발행을 클릭하여 전자세금계산서를 발행한다.
③ 전자세금계산서 발행 사이트인 베스트빌의 로그인 화면에서 교육용 프로그램에서는 아이디와 비밀번호를 kacpta로 입력하고 확인을 클릭한다. 교육용 프로그램의 경우 국세청에 전송하기 위한 e세로 인증서 암호가 미리 입력되어 있어 확인만 클릭한다.

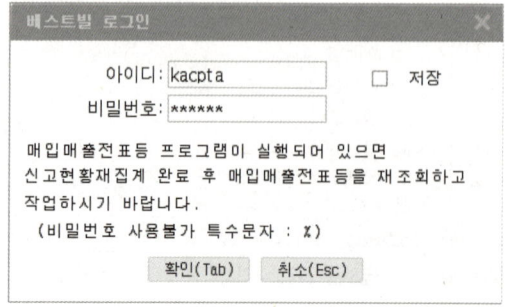

④ 확인 버튼을 클릭시 전자세금계산서가 발행 및 전송된다.
   * 매입매출전표 확인시 「전자」란에 자동으로 "여"로 바뀐 것을 확인할 수 있다.
⑤ 전자세금계산서를 발행한 매입매출전표는 「매입매출전표입력」 메뉴에서 수정 및 삭제를 할 수 없다. 「전자세금계산서발행」 메뉴에서 수정 및 삭제하고자 하는 전표를 검색하여 F4 발행취소(삭제)를 클릭하여 전자세금계산서 발행을 먼저 취소한 후에 매입매출전표입력에서 해당 전표를 수정 및 삭제하여야 한다.

기출 이론문제 : 거래증빙

01 부가가치세법상 세금계산서에 관한 설명으로 옳지 않은 것은?

① 법인사업자 및 직전 연도의 사업장별 재화 및 용역의 공급가액의 합계액이 8천만원 이상인 개인사업자는 반드시 전자적 방법으로 세금계산서를 발행하여야 한다.
② 택시운송 사업자, 노점 또는 행상을 하는 자가 공급하는 재화나 용역의 경우 세금계산서 발급의무가 면제된다.
③ 영세율이 적용되는 재화의 공급이 법령에서 정하는 내국신용장에 의한 수출인 경우에는 세금계산서 발급의무가 있다.
④ 소매업을 하는 사업자는 공급받는 자가 세금계산서 발급을 요구하지 아니하는 경우에도 반드시 세금계산서를 발행하여야 한다.

02 부가가치세법상 세금계산서에 관한 설명 중 옳지 않은 것은?

① 착오로 전자세금계산서를 이중으로 발급한 경우에는 당초 발급 세금계산서의 내용대로 음(陰)의 표시를 하여 발급한다.
② 직전연도 사업장별 재화.용역 공급가액의 합계액이 8천만원 이상인 개인사업자는 전자세금계산서를 발급해야 한다.
③ 전자세금계산서를 발급한 경우에는 전자세금계산서 발급일의 다음 날까지 세금계산서 발급에 관한 명세를 국세청장에서 전송하여야 한다.
④ 위탁매입의 경우 공급자는 수탁자를 공급받는 자로 하여 세금계산서를 발급하며, 수탁자의 등록번호를 덧붙인다.

03 현행 부가가치세법상 전자세금계산서에 대한 설명이다. 틀린 것은?

① 법인사업자가 부가가치세가 과세되는 재화나 용역을 공급한 경우에는 전자세금계산서를 발급하여야 한다.
② 전자세금계산서의 발급시기는 일반세금계산서의 발급시기와 동일하다.
③ 발급된 전자세금계산서는 발급일의 다음날까지 국세청으로 전송하여야 한다.
④ 전자세금계산서 수취의무자는 법인사업자이며 개인사업자는 제외된다.

04 다음 중 부가가치세법상 세금계산서에 대한 설명으로 맞는 것은?

① 과세거래를 면세거래로 혼동하여 계산서를 교부한 경우에는 공급시기를 작성일자로 하여 수정세금계산서를 교부하여야 한다.
② 재화 수입시 수입신고필증상 기재된 사업장과 당해 재화를 사용. 소비할 사업장이 상이한 때에는 수입재화를 실지로 사용. 소비할 사업장명의로 수입세금계산서를 교부 받을 수 있다.
③ 위탁판매의 경우에 수탁자가 재화를 인도하는 때에는 수탁자가 자신을 공급자로 하여 세금계산서를 교부하고 위탁자의 등록번호를 부기하여야 한다.
④ 간주임대료에 대한 부가가치세를 임차인이 부담하는 때에는 간주임대료에 대한 세금계산서를 임대인이 임차인에게 교부하여야 한다.

정답 및 해설

01 ④ 소매업 또는 미용, 욕탕 및 유사 서비스업을 경영하는 자가 공급하는 재화 또는 용역. 다만, 소매업의 경우에는 공급받는 자가 세금계산서 발급을 요구하지 아니하는 경우로 한정한다.

02 ④ 위탁매입의 경우에는 위탁자를 공급받는 자로 하여 세금계산서를 발급하며, 수탁자의 등록번호를 덧붙인다.

03 ④ 전자세금계산서 수취의무자는 법인과 거래하는 모든 사업자이므로 개인사업자도 당연히 수취하여야 한다.

04 ② ① 과세거래를 면세거래로 혼동하여 계산서를 교부한 경우에는 세금계산서를 미교부한 것이므로 수정세금계산서를 교부할 수 없다.
③ 위탁매매에 있어서는 위탁자가 직접 재화를 공급하거나 공급받은 것으로 보므로 위탁판매의 경우 공급자는 수탁자가 아닌 위탁자로 하여야 한다.
④ 간주임대료에 대한 부가가치세를 임대인과 임차인 중 누가 부담하였는지를 불문하고 세금계산서를 교부하거나 교부받을 수 없다.

05 부가가치세법상 세금계산서의 발행과 관련된 사항이다. 아래의 거래와 관련하여 적법하게 발행되지 않은 경우는?

> 당초발행내역: 20X3년 4월 11일에 재화를 공급하고 과세분 세금계산서(공급가액 1,000만원)를 발행하였다.

① 일부 재화(공급가액 200만원)가 5월 15일에 반품처리되어 5월 15일자로 수정세금계산서(공급가액: △200만원)를 발행하였다.
② 당초 계약이 6월 15일에 해제된 경우, 6월 15일자로 수정세금계산서(공급가액 △1,000만원)를 발행하였다.
③ 당초 거래와 관련하여 장려금 명목으로 100만원을 지급하기로 하고, 5월 30일에 매매대금 수령 시 장려금을 차감하여 수령하고, 동일자로 수정세금계산서(공급가액 △100만원)를 발행하였다.
④ 당초 거래와 관련하여 7월10일에 내국신용장이 개설되어, 4월 11일자로 영세율세금계산서를 발행하고, 4월 11일자로 과세분 수정세금계산서(공급가액 △1,000만원)를 발행하였다.

06 다음 중 부가가치세법상 수정세금계산서 발급가능한 것을 모두 고른 것은?

> 가. 처음 공급한 재화가 환입된 경우
> 나. 필요적 기재사항을 착오 외로 잘못 기재한 경우
> 다. 착오에 의한 전자세금계산서가 이중 발행 된 경우
> 라. 일반과세자에서 간이과세자로 과세유형이 전환된 후 과세유형전환 전에 공급한 재화 또는 용역에서 가, 나, 다의 상가 발생한 경우

① 가, 나   ② 가, 다   ③ 가, 나, 다   ④ 가, 나, 다, 라

07 부가가치세법상 재화 또는 용역의 공급이 다음과 같을 때, 세금계산서 발급의무 대상에 해당하는 공급가액의 합계액은 얼마인가?

> ㉠ 외국으로 직수출액: 10,000,000원
> ㉡ 내국신용장에 의한 수출액: 15,000,000원
> ㉢ 거래처에 무상으로 증여한 제품의 가액: 8,000,000원
> ㉣ 특수관계자에게 현물출자한 기계장치 금액: 30,000,000원
> ㉤ 부동산 간주임대료 용역: 350,000원

① 18,350,000원   ② 23,000,000원   ③ 38,000,000원   ④ 45,000,000원

08 부가가치세법상 재화 또는 용역의 공급이 다음과 같을 때, 세금계산서 발급가능 대상에 해당하는 공급가액의 합계액은 얼마인가?

> ㉠ 외국으로 직수출액: 5,000,000원
> ㉡ 구매확인서에 의한 수출액: 20,000,000원
> ㉢ 견본품 제공(시가 6,000,000원, 장부가액 5,000,000원)
> ㉣ 공급시기 전 선수금을 받은 그 대가: 4,000,000원
> ㉤ 부동산임대에 따른 보증금에 대한 간주임대료: 500,000원

① 24,000,000원 ② 24,500,000원 ③ 34,500,000원 ④ 35,500,000원

09 다음 중 부가가치세법상 공급받는 자가 세금계산서 발급을 요구하는 경우 세금계산서를 발급해야 하는 것은?

① 미용실의 미용용역
② 택시운송 사업자의 택시운송 용역
③ 공급의제 중 개인적공급
④ 소매업

10 부가가치세법에 의하여 수정세금계산서의 교부사유와 작성일자를 잘못 연결한 것은?

① 당초 공급한 재화가 환입된 경우: 재화가 환입된 날
② 계약의 해제로 인하여 재화가 공급되지 아니한 경우: 당초 세금계산서 작성일자
③ 공급가액이 추가되는 경우: 증가사유가 발생한 날
④ 필요적 기재사항 등이 착오로 잘못 기재된 경우: 당초 세금계산서의 작성일자

정답 및 해설

05 ③ 장려금은 과세표준에서 공제하지 않으므로 수정세금계산서 발행대상이 아니다.

06 ④ 모두 수정세금계산서 발급가능 사유에 해당한다.

07 ④ ㉠, ㉢, ㉤은 세금계산서 발급의무가 없다.

08 ① ㉡, ㉣은 세금계산서 발급가능하다.

09 ④ 소매업은 공급받는 자가 세금계산서의 발급을 요구하는 경우에는 세금계산서를 발급해야 한다.

10 ③ 계약의 해제로 인하여 재화가 공급되니 아니한 경우에는 그 작성일은 계약해제일을 적고, 비고란에 당초 세금계산서 작성을 덧붙여 적은 후 붉은색 글씨로 쓰거나 음(陰)의 표시를 하여 발급한다.

08 신고와 납부

매출세액		: 과세표준 × 세율 + 예정신고누락분 ± 대손세액가감
(−) 매입세액		: 매입처별세금계산서합계표상의 매입세액 + 그 밖의 공제매입세액 − 공제 받지 못할 매입세액
납부세액(환급세액)		
(−) 공제 · 경감세액		* 전자신고에 대한 세액공제
(−) 미환급세액 · 기납부세액		
(+) 가산세		
차가감납부(환급)세액		

부가가치세의 신고·납부는 일반과세자와 간이과세자의 각 유형에 따라 납부절차와 세율, 세금계산서 등의 발행 및 기장의무를 각각 달리있다.

(1) 일반과세자

① 납부세액의 계산: 일반과세자의 부가가치세의 납부세액은 다음과 같다.

> 납부세액 = 매출세액(과세표준 × 세율 10%) − 매입세액
> • 납부세액 = (과세표준 × 세율) − 매입세액
> • 차가감납부세액 = 납부세액 − 공제세액 + 가산세
> 매입세액이 매출세액을 초과하면 환급세액이 된다.

(2) 부가가치세신고와 납부

1) 부가가치세 과세기간과 신고기한

구분		과세기간	신고 납부 기한	비고
일반과세자				
제1기	예정신고	1월 1일 ~ 3월 31일	4월 1일 ~ 4월 25일	일반과세자 과세기간은 6개월 단위이다. 1기: 1월 1일 ~ 6월 30일 2기: 7월 1일 ~ 12월 31일
	확정신고	4월 1일 ~ 6월 30일	7월 1일 ~ 7월 25일	
제1기	예정신고	7월 1일 ~ 9월 30일	10월 1일 ~ 10월 25일	
	확정신고	10월 1일 ~ 12월 31일	익년 1월 1일 ~ 1월 25일	
특수한 경우				
간이과세자	예정신고	1월 1일 ~ 6월 30일	7월 1일 ~ 7월 25일	간이과세자 과세기간은 1년이다. 1월 1일 ~ 12월 31일
	확정신고	7월 1일 ~ 12월 31일	익년 1월 1일 ~ 1월 25일	
신규 사업자		사업개시일부터 과세기간의 종료일까지	해당 과세기간의 정상 신고기한	사업개시 전 등록 시 사업자등록일부터

폐업 사업자	과세기간 개시일로부터 폐업일	폐업일이 속하는 달의 다음 달 25일	• 사실상 사업을 개시하지 아니하게 되는 때에는 지체없이 폐업신고 • 다만, 사업자가 부가가치세확정 신고서에 폐업연월일 및 폐업사유를 기재, 사업자등록증을 첨부하여 제출한 경우 폐업신고서를 제출한 것으로 봄

2) 부가가치세 신고방법

사업자 유형	신고 방법
법인사업자	• 예정신고 • 확정신고
개인사업자	• 예정신고기간에 직전 과세기간 납부세액의 1/2 예정고지 • 예정고지된 금액 납부 시 별도 예정신고 불필요 • 조기환급 사업자와 사업부진 사업자(공급가액 또는 납부세액이 직전 과세기간의 1/3에 미달)는 예정고지에 불구하고 신고·납부 가능

(3) 부가가치세 예정고지 제도

1) 예정고지의 개념

항목	내용
정의	개인사업자 또는 소규모 법인 납세자의 편의를 위해 예정신고를 생략하고 세무서장이 납부 세액을 고지하는 제도
목적	• 사업자: 세금 납부 부담 분산 • 정부: 세금 조기 확보
고지 세액	사업자의 직전 과세기간 납부 세액의 50%
신고와의 차이	• 예정신고: 사업자가 직접 신고 • 예정고지: 세무서장이 고지
납부 횟수	개인 일반과세자는 확정신고 2회, 예정고지 2회로 연간 총 4회 납부

2) 예정고지 대상자

대상	상세 내용
개인사업자	예정신고 대상자를 제외한 개인 일반과세자
법인사업자	직전 과세기간 공급가액이 1억 5천만 원 미만인 법인사업자
고지 제외	예정고지 납부 세액이 50만 원 미만인 경우 별도 고지하지 않음

3) 예정고지 납부 의무

항목	내용
납부 의무	고지된 세액은 납부해야 함
미납 시 제재	정당한 사유 없이 미납 시 미납 세액의 3%가 가산세로 부과

4) 예정고지 대신 예정신고가 가능한 경우

사유	상세 내용
사업 부진	예정신고 기간의 공급가액이 직전 과세기간 공급가액의 1/3 미만인 경우
조기환급	시설 투자 등의 사유로 지출이 많아서 조기환급을 받고자 하는 경우
휴업	예정고지 기간 중 휴업한 경우

(4) 부가가치세 환급신고

부가가치세는 매출세액에서 매입세액을 공제하여 계산하므로 매입세액이 매출세액 보다 큰 경우에는 환급세액이 발생하며 이 경우에는 해당 세액을 납세자에게 환급한다. 환급에는 일반환급과 조기환급이 있다.

구분	환급대상	환급기한	비고
조기 환급	① 영세율을 적용받는 경우 ② 사업설비(건물 등 감가상각자산)를 신설·취득하는 경우 ③ 재무구조개선계획을 이행 중인 경우	예정신고기한, 확정신고기한, 조기환급신고기한 경과 후 15일 이내에 환급 * 예정신고(또는 과세기간)기간 중 매월 또는 매 2월을 조기환급기간이라 하고 조기환급기간이 끝난 후 25일 이내에 부가가치세 신고를 할 수 있다.	수출과 투자를 지원하기 위한 제도 첨부서류: 영세율 관련서류와 사업설비 투자실적명세서 제출
일반 환급	조기환급대상이 아닌 경우로서 매입세액이 매출세액보다 큰 경우	확정신고기한이 경과한 후 30일 이내에 환급 * 예정신고기간의 일반 환급세액은 예정신고 시 환급되지 않고, 확정신고 시 납부할 세액에서 예정신고 미환급세액으로 공제한다.	

기출 이론문제 : 신고와 납부

01 부가가치세법상 일반과세자의 신고납부와 관련한 설명 중 잘못된 것은?
① 개인사업자는 주사무소만을 총괄납부사업장으로 할 수 있다.
② 시설투자 등으로 인한 부가가치세 환급신청은 반드시 확정신고기한에만 가능하다.
③ 음식업을 영위하는 법인사업자도 의제매입세액공제가 가능하나 신용카드발행세액공제는 되지 않는다.
④ 자기의 사업과 관련하여 생산 취득한 재화를 사업과 관계없이 사용·소비하는 경우에는 세금계산서를 발행할 의무가 없다.

02 다음 중 부가가치세법상 환급과 관련된 설명으로 가장 옳지 않은 것은?
① 영세율 적용 사업자가 예정 또는 확정신고를 한 경우에는 조기환급 신고서를 제출한 것으로 본다.
② 특허권 등 무형고정자산을 취득하는 경우에도 조기환급을 받을 수 있다.
③ 초과 환급받은 세액이 있을 경우에는 환급불성실 가산세를 적용하지 아니한다.
④ 예정신고시 일반 환급세액이 있어도 환급되지 않고 확정신고시 납부할 세액에서 차감 된다.

03 다음 중 부가가치세 환급과 관련된 설명 중 틀린 것은?
① 영세율 적용으로 인한 부가가치세 조기환급신고에 오류가 있어 환급불성실가산세를 적용한다.
② 5월 10일에 사업설비 확장으로 환급세액이 발생한 법인사업자 려면 4월 1일부터 5월 31일까지를 조기환급기간으로 6월 25일까지 조기환급신고를 하여야 한다.
③ 일반적인 환급은 각 예정신고기간 또는 확정신고기간별로 당해 과세기간에 대한 환급세액을 신고기한 경과 후 30일 내에 환급하여야 한다.
④ 조기환급신고에 대한 환급은 조기환급신고기한 경과 후 15일 이내에 환급하여야 한다.

정답 및 해설

01 ② 예정신고기간 중(영세율 등 조기환급기간)에도 가능

02 ③ 초과 환급받은 세액이 있을 경우에는 환급불성실 가산세를 적용한다.

03 ③ 예정신고기간에 대하여는 조기환급을 제외하곤 환급이 이루어지지 아니한다.

04 다음 부가가치세와 관련된 내용 중 틀린 것은?

① 각 예정신고기간에 신규로 사업을 개시한 개인사업자는 예정신고의무가 없다.
② 직전 과세기간에 대한 납부세액이 없는 개인사업자는 반드시 예정신고를 하여야 한다.
③ 각 예정신고기간분에 대해 조기환급을 받고자 하는 개인사업자는 예정신고를 할 수 있다.
④ 재화 또는 용역의 공급에 대해 영세율이 적용되는 경우와 사업설비를 신설, 취득, 확장 또는 증축하는 경우에는 조기환급 신고기한 경과 후 15일 내에 환급세액을 환급받 을 수 있다.

05 부가가치세의 신고 및 예정고지와 관련된 내용 중 옳지 않은 것은?

① 폐업하는 경우 폐업일로부터 25일 이내에 신고하여야 한다.
② 사업부진으로 인해 예정신고기간의 공급가액이 직전과세기간의 공급가액 또는 납부세액의 3분의 1에 미달하는 개인사업자는 예정신고할 수 있다.
③ 영세율을 적용받는 경우에는 매월 또는 매2월별로 조기환급기간 내 신고할 수 있다.
④ 직전 과세기간 부가가치세 100만원을 납부한 간이과세자가 해당 하는 자가 일반과세자로 변경된 경우 예정고지 하지 않는다.

정답 및 해설

04 ② 개인사업자의 예정신고의무제도가 없다(일정한 조건을 갖춘 경우 자진신고는 가능).

05 ① 폐업하는 경우에는 폐업일이 속하는 달의 다음달 25일 이내 신고하여야 한다.

09 간이과세

(1) 간이과세자

1) 간이과세의 개념
간이과세란 주로 최종 소비자를 상대하는 업종을 영위하는 개인 사업자가 직전연도 공급대가가 1억 4백만원에 미달할 경우 부가가치세를 간편하게 계산하여 신고·납부하는 제도를 말한다.

2) 간이과세자의 자격 요건

항목	내용
사업자 유형	개인사업자에 한함 (법인 제외)
규모 기준	직전연도 공급대가가 1억 4백만원 미만
업종 제한	부동산임대업, 과세유흥업은 직전연도 공급대가 4,800만원 미만

3) 간이과세자의 특징

항목	내용
매입세액 공제	원칙적으로 매입세액공제를 적용할 수 없음
환급	환급세액이 있더라도 받을 수 없음
세금계산서 발행	공급대가가 4,800만원 미만의 간이과세자는 세금계산서를 발행할 수 없음
신고 방식	일반과세자에 비해 간편한 신고 방식 적용

<간이과세자 부가가치세의 납부세액계산>

납부세액 계산:	과세표준 × 업종별 부가가치율 × 세율 (10%·0%)	① 과세표준 = 공급대가(공급가액 + 부가가치세) ② 부가가치율 = 업종별 부가가치율 • 소매업, 재생용 재료수집 및 판매업, 음식점업: 15% • 제조업, 농업·임업·어업, 소화물 전문 운송업: 20% • 숙박업: 25% • 건설업, 운수업 및 창고업, 정보통신업: 30% • 금융 및 보험 관련 서비스업, 전문·과학 및 기술서비스업, 사업시설관리·사업지원 및 임대 서비스업, 부동산 관련 서비스업, 부동산임대업: 40% • 그 밖의 서비스업: 30%
세액공제 차감:	납부세액 − 세액공제	

재고 납부세액 가산:	+ 재고납부세액	③ 재고납부세액: 일반과세자가 간이과세자로 변경되는 경우
		㉠ 재고품
		  재고금액 × 10/100 × (1 − 공제율)
		㉡ 감가상각자산
		  취득가액 × (1 − 체감률 × 경과된 과세기간수) × 10/100 × (1 − 공제율)
		• 재고납부세액은 일반과세자였을 때 공제받았던 부분을 불공제하기 위해 계산한다.
		• 공제율 = 0.5% × 110/10 = 5.5%

예정부과세액 차감:	− 예정부과세액	
가산세 추가:	+ 가산세	
최종 납부할 세액 확정:	= 차감자진납부세액	

(2) 간이과세자의 과세기간

간이과세자는 1년을 과세기간으로 하여 신고·납부한다

과세기간	신고납부기간
1.1.~12.31.	다음 해 1.1~1.25

① **예정부과와 납부**: 관할세무서장은 **직전 과세기간에 대한 납부세액의 1/2**을 1월 1일부터 6월 30일(이하 "예정부과기간")까지의 납부세액으로 하여 고지·징수(**징수금액 50만원 미만은 징수하지 않음**)한다(단, 휴업 또는 사업부진 등으로 인하여 예정부과기간의 공급가액 또는 납부세액이 직전예정부과기간의 공급가액 또는 납부세액의 3분의 1에 미달하는 경우 예정기간에 대한 부가가치세를 신고납부할 수 있다). 그러나 예정부과기간에 세금계산서를 발급한 간이과세자는 예정부과기간의 과세표준과 납부세액을 예정부과기한까지 사업장 관할 세무서장에게 신고하여야 한다.
② **해당 과세기간에 대한 공급대가의 합계액이 4천800만원 미만이면 납부의무를 면제**한다. 다만, 재고납부세액은 그러하지 아니하다.
③ 7월 1일 기준 과세유형전환 사업자(간이→일반)와 예정부과기간(1.1.~6.30.)에 세금계산서를 발급한 간이과세자는 1.1.~6.30.을 과세기간으로 하여 7.25.까지 신고·납부하여야 한다.

(3) 간이과세자 배제업종

법인사업자는 간이과세를 적용할 수 없으며, 다음에 해당하는 경우에도 간이과세를 적용받을 수 없다.

> ① 간이과세가 적용되지 않는 다른 사업장을 보유하고 있는 경우
> ② 다음에 해당하는 사업을 경영하는 경우(공급대가와 무관)
> ㉠ 광업
> ㉡ 제조업(단, 최종 소비자에게 직접 재화 또는 용역을 공급하는 경우 제외)
> ㉢ 전기·가스·증기 및 수도 사업
> ㉣ 재화의 공급으로 보지 아니하는 사업양도 규정에 따라 양수한 사업(공급대가의 합계액이 간이과세기준금액에 미달하는 경우 제외)
> ㉤ 부동산매매업 및 부동산임대업
> ㉥ 도매업(소매업을 겸영하는 경우 포함, 재생용 재료수집 및 판매업 제외) 및 상품중개업
> ㉦ 건설업(단, 최종 소비자에게 직접 재화 또는 용역을 공급하는 경우 제외)
> ㉧ 사업시설 관리, 사업지원 및 임대 서비스업
> ㉨ 전문, 과학 및 기술서비스업(단, 최종 소비자에게 직접 재화 또는 용역을 공급하는 경우 제외)
> ㉩ 전문직 사업자(변호사업, 심판변론인업 등 다양한 전문 서비스 포함)
> ㉪ 과세유흥장소를 경영하는 사업
> ㉫ 소득세법상 복식부기의무자가 경영하는 사업(전년도 기준)
> ㉬ 국세청장이 정하는 기준에 해당하는 사업(사업장의 소재 지역 및 사업의 종류·규모 등 고려)
> ③ 직전연도 공급대가 합계액이 4,800만원 이상인 과세유흥장소 및 부동산임대업 사업자
> ④ 둘 이상의 사업장이 있는 사업자로서 그 둘 이상의 사업장의 직전 연도의 공급대가의 합계액이 1억4백만원 이상인 사업자.(다만, 부동산임대업 또는 과세유흥장소에 해당하는 사업장을 둘 이상 경영하고 있는 사업자의 경우 그 둘 이상의 사업장의 직전 연도의 공급대가(하나의 사업장에서 둘 이상의 사업을 겸영하는 사업자의 경우 부동산임대업 또는 과세유흥장소의 공급대가만)의 합계액이 4,800만원 이상인 사업자)

(4) 신규사업자의 간이과세

신규 개인 사업자는, 사업 시작 연도의 예상 공급대가가 1억4백만원 미만일 경우(부동산임대업이나 과세유흥장소 경영자의 경우 4,800만원 미만) 간이과세 적용을 신청할 수 있다. 이를 위해 사업자등록신청서와 함께 간이과세적용신고서를 제출해야 한다. 다만, 간이과세가 적용배제 대상이라면 간이과세 적용을 받을 수 없다.

(5) 세액공제

구분	금액
매입세금계산서 등 수취세액공제	매입처별세금계산서합계표 등에 기재된 공급대가 × 0.5%
신용카드매출전표 등 발행세액공제	발행금액 × 1.3%(한도 1,000만원) * 법인과 직전 연도의 재화·용역의 공급가액의 합계액이 사업장을 기준으로 10억을 초과하는 개인사업자는 제외한다.
전자세금계산서 발급세액공제	전자세금계산서 발급 건수 × 200원(한도 100만원)

* 간이과세자는 2021.7.1.부터 의제매입세액공제를 적용하지 않는다.

(6) 가산세

간이과세자(신규사업자와 직전 연도의 공급대가 합계액이 4,800만원 미만인 사업자는 제외)도 세금계산서의 발급이 가능하므로 다음의 가산세가 적용된다.

구분	금액
미등록 가산세	공급대가 × 0.5%
세금계산서 등 발급 관련 가산세	일반과세자에게 적용되는 세금계산서 관련 가산세 규정을 준용(세금계산서 지연발급 가산세, 세금계산서 미발급가산세, 전자세금계산서 미전송 가산세, 전자세금계산서 지연전송 가산세, 세금계산서 부실기재 가산세, 세금계산서 가공발급가산세, 세금계산서 위장발급가산세, 세금계산서 공급가액 과다기재 발급 가산세)
세금계산서 미수취 가산세	공급대가 × 0.5%
경정을 통한 매입세액 공제시 가산세	공급대가 × 0.5%
매출처별세금계산서 합계표 미제출·부실기재 가산세	공급대가 × 0.5%(예정부과기간에 대한 신고시 제출하지 못한 매출처별 세금계산서 합계표를 예정부과 기간이 속하는 과세기간의 확정신고시 제출하는 경우에는 0.3%)

(7) 간이과세 포기제도

간이과세자는 간이과세를 포기함으로써 일반과세자가 될 수 있다. 간이과세를 포기하고자 하는 자는 그 적용을 받고자 하는 달의 전달 말일까지 간이과세포기신고서를 제출하여야 한다.

간이과세자 과세기간	일반과세자 과세기간
과세기간 개시일~포기신고일이 속하는 달의 말일	포기신고일이 속하는 달의 다음달 1일~과세기간 종료일

* 간이과세자 적용을 포기하고 일반과세자에 관한 규정의 적용을 받던 개인사업자는 **간이과세의 포기 신고 후 3년이 되지 않더라도 직전 연도 공급대가의 합계액이 4800만원 이상 1억 4백만원 미만에 해당하면 간이과세자 재적용을 신청할 수 있다.**

<일반과세자와 간이과세자 비교>

구분	일반과세	간이과세
적용대상	간이과세자 이외의 사업자	직전 1역년의 공급대가가 1억 4백만원(부동산임대업 또는 과세유흥장소를 경영하는 경우에는 4,800만원) 미만인 개인사업자
과세기간	제 1기: 1.1.~6.30. 제 2기: 7.1.~12.31.	1.1.~12.31.

세금계산서	세금계산서 발급	세금계산서 발급세금계산서 발급 원칙(신규사업자와 직전 연도의 공급 대가의 합계액이 4,800만원 미만인 자는 영수증 발급)
매출세액	공급가액 × 세율	공급대가 × 업종별 부가가치율 × 세율
매입세액공제	매입세액 전액공제	공급대가 × 0.5%
대손세액공제	적용	적용하지 않음
의제매입세액공제	적용	폐지
가산세	세금계산서관련 가산세 미등록가산세: 공급가액 × 1%	좌동 미등록가산세: 공급가액 × 0.5%

기출 이론문제 간이과세

01 부가가치세법상 간이과세자에 대한 설명 중 틀린 것은?
① 간이과세자도 영세율 적용이 가능하며 음식 및 숙박업을 영위하는 간이과세자의 신용카드매출전표 등의 발행에 따른 세액공제율은 1.3%이다.
② 세금계산서를 발급한 간이과세자는 예정부과기간(1.1. ~ 6.30.)의 부가가치세 신고를 7.25.까지 해야 한다.
③ 부가가치세 과세기간에 대한 신고를 직접 전자신고하면 납부세액에서 만원을 공제 또는 환급해 준다.
④ 간이과세자는 면세농산물 등에 대한 의제매입세액공제를 적용받을 수 없다.

02 다음 중 부가가치세법상 간이과세자에 대한 설명으로 가장 옳지 않은 것은?
① 간이과세자 중 공급대가 4,800만원 이상인 사업자는 반드시 세금계산서를 발급하여야 한다.
② 간이과세자는 간이과세 포기제도를 통해서 일반과세자로 전환될 수 있다.
③ 간이과세자가 음식업을 영위할 때 직전연도 공급대가 합계액이 4,800만원 이상인 경우 공급받는 자가 사업자등록증을 제시하고 세금계산서 발급을 요구하면 교부해야 한다.
④ 간이과세자는 예정고지의 대상이 되지 않는다.

03 다음은 부가가치세법상 간이과세자에 대한 내용이다. 틀린 것은?
① 간이과세자의 적용기준 공급대가는 직전연도 공급대가 합계액이 1억 4백만원 미만인 개인사업자이다.
② 해당 과세기간에 발급받은 세금계산서상 공급대가의 0.5%를 매입세액공제 한다.
③ 도·소매업 겸업자의 경우에는 소매업에 대하여 간이과세를 적용받을 수 있다.
④ 예정부과 기간은 1월 1일부터 6월 30일까지이며 고지납부가 원칙이다.

정답 및 해설

01 ③ 간이과세자는 공제세액이 납부세액을 초과하는 경우 그 초과액은 없는 것으로 하므로 환급세액이 발생하지 않는다.

02 ④ 간이과세자도 예정고지 대상이 된다.

03 ③ 도매업은 간이과세가 배제되는 업종이므로 겸업자의 경우 소매업에 대하여 간이과세를 적용받을 수 없다.

CHAPTER 02 매입매출전표입력

매출유형별 분개 연습하기 (회사코드: 6000. ㈜합격전자, 입력된 자료는 무시하고 제시한 자료만 고려하여 입력할 것

01 04월 01일

당사는 사용 중이던 건물을 ㈜인천에 매각하였다. 토지와 건물을 합하여 매각대금은 300,000,000원(부가가치세 별도)이고 관련 자료는 다음과 같다. 계약조건에 따라 전자세금계산서와 전자계산서를 발행하였으며, 매각대금은 보통예금계좌에 입금되었다. 전자세금계산서와 전자계산서는 매입매출전표에서 입력하되 분개는 토지와 건물을 합하여 일반전표에서 입력하시오.

구분	토지	건물
기준시가	150,000,000원	50,000,000원

* 토지와 건물의 공급가액을 기준시가 비율로 안분 계산함.
* 장부가액: 토지 200,000,000원, 건물 500,000,000원, 건물 감가상각누계액 400,000,000원

 정답

유형	품목	공급가액	부가세	공급처명		전자	분개
11.과세	건물	75,000,000원	7,500,000원	00128	㈜인천	여	없음

유형	품목	공급가액	부가세	공급처명		전자	분개
13.면세	토지	225,000,000원	–	00128	㈜인천	여	없음

[일반전표입력]
04.01 (차) 203.감가상각누계액   400,000,000원   (대) 255.부가세예수금   7,500,000원
        103.보통예금   307,500,000원   201.토지   200,000,000원
                                          202.건물   500,000,000원

- 건물: 300,000,000 × (50,000,000/200,000,000) = 75,000,000원
- 토지: 300,000,000 × (150,000,000/200,000,000) = 225,000,000원
- 건물과 토지를 동시에 공급하는 경우 건물의 가액과 토지의 가액의 구분이 불분명한 경우 ① 감정가액, ② 기준시가, ③ 장부가액, ④ 취득가액 순서에 따라 안분계산한다. 본 문제에서는 기준시가로 계산한다.

02 04월 02일

비수출업체인 ㈜상대와 다음과 같은 임가공계약 내용에 의해 제품을 납품하고 세법에 적합한 전자세금계산서를 교부하였다. 대금은 3월 31일에 현금으로 입금된 착수금을 상계한 잔액을 보통예금으로 받았다. 다만, 착수금에 대해서는 선세금계산서를 교부한 바 있다.

계약내용(공급가액)		
총계약 금액(계약일자)	35,000,000원(3월 31일)	
착수금	3월 31일	5,000,000원
납품기일 및 금액	4월 2일	30,000,000원

[정답]

유형	품목	공급가액	부가세	공급처명	전자	분개
11.과세	제품	30,000,000원	3,000,000원	00129 ㈜상대	여	혼합
분개	(차) 103.보통예금 259.선수금		33,000,000원 5,000,000원	(대) 404.제품매출 255.부가세예수금		35,000,000원 3,000,000원

03 04월 03일

제품 5,000,000원(부가가치세 별도)을 ㈜예스에 매출하고 전자세금계산서를 발급한 후 즉시 전액을 국민카드로 결제받다.

[정답]

유형	품목	공급가액	부가세	공급처명	전자	분개
11.과세	제품	5,000,000원	500,000원	00131 ㈜예스	여	카드
분개	(차) 108.외상매출금(국민카드)		5,500,000원	(대) 404.제품매출 255.부가세예수금		5,000,000원 500,000원

04 04월 04일

㈜박우상사과 다음의 할부조건의 제품 판매계약을 체결하고 제품을 인도하였다. 제1회차 할부금액 및 부가가치세는 제품인도와 동시에 보통예금 계좌로 입금되었고, 전자세금계산서는 부가가치세법에 따라 발행되었으며 매출수입은 판매대가 전액을 명목가액으로 인식하였다. (단, 2 . 3회차 할부금 계정과목은 외상매출금을 사용할 것)

구분	계약서상 지급일	계약서상 지급액(부가가치세 별도)
제1회차 할부금	2025년 4월 4일	200,000,000원
제2회차 할부금	2025년 7월 4일	200,000,000원
제3회차 할부금	2025년 10월 4일	200,000,000원
총계		600,000,000원

[정답]

유형	품목	공급가액	부가세	공급처명	전자	분개
11.과세	제품	600,000,000원	60,000,000원	00133 ㈜박우상사	여	혼합
분개	(차) 103.보통예금 108.외상매출금		220,000,000원 440,000,000원	(대) 404.제품매출 255.부가세예수금		600,000,000원 60,000,000원

- 단기할부판매: 재화를 인도하는 때(과세표준: 600,000,000원)
- 장기할부판매: 대가의 각부분을 받기로 한 때(과세표준: 200,000,000원)

05 04월 05일

당사는 ㈜정연과 제품공급계약을 체결하였다. 제품은 잔금지급일인 2028년 4월 5일에 공급하기로 했다. 제품 공급가액은 500,000,000원이며 부가가치세는 50,000,000원이다. 대금은 지급 약정일에 보통예금으로 수령하였으며, 해당 제품의 공급과 관련 하여 전자세금계산서는 부가가치세법에 따라 정상적으로 발급하였다. 2025년에 해당하는 전자세금계산서에 대한 회계처리를 하시오.

구분	계약금	1차 중도금	2차 중도금	잔금
수령약정일	2025.04.05	2026.04.05	2027.04.05	2028.04.05
수령액(부가가치세 포함)	165,000,000원	55,000,000원	165,000,000원	165,000,000원

유형	품목	공급가액	부가세	공급처명	전자	분개
11.과세	제품	150,000,000원	15,000,000원	00138 ㈜정연	여	혼합

분개	(차) 103.보통예금	165,000,000원	(대) 259.선수금	150,000,000원
			255.부가세예수금	15,000,000원

- 중간지급조건부(재화가 인도되기 전 계약금 이외의 대가를 분할하여 지급받고, 계약금을 받기로 한 날로부터 재화가 인도되는 날까지의 기간이 6개월 이상인 경우)의 부가가치세법상 공급시기 및 세금계산서 발급시기는 대가의 각 부분을 받기로 한때이므로 계약금에 해당하는 부분만 2025년 귀속으로 처리한다.

06 04월 06일

정부보조금에 의해 취득한 기계장치를 ㈜가나에 매각대금 7,000,000원(부가가치세 별도)으로 처분하고 전자세금계산서를 발급하였으며 대금 중 5,000,000원은 어음(만기: 2025.6.1.)으로 받고, 나머지는 다음달에 받기로 하였다. 처분하기 전까지 감가상각비와 감가상각누계액은 적정하게 회계처리되어 있으며, 처분 전 기계장치의 내용은 다음과 같다.

- 기계장치: 25,000,000원
- 정부보조금(기계장치 차감): 8,000,000원
- 감가상각누계액: 7,000,000원

유형	품목	공급가액	부가세	공급처명	전자	분개
11.과세	제품	7,000,000원	700,000원	00148 ㈜가나	여	혼합

분개	(차) 207.감가상각누계액	7,000,000원	(대) 206.기계장치	25,000,000원
	217.정부보조금	8,000,000원	255.부가세예수금	700,000원
	120.미수금	7,700,000원		
	970.유형자산처분손실	3,000,000원		

07 04월 07일

3월 16일 ㈜예스의 매출 전자세금계산서(공급가액 20,000,000원. 부가가치세 별도)에 대한 외상매출금을 약속한 기일(4월 30일) 전에 결제할 경우 10%를 할인하기로 하였는데 ㈜예스가 외상매출금 중 할인액을 제외한 잔액을 보통예금계좌로 입금하였다. 따라서 당사는 부가가치세법에 따라 수정전자세금계산서를 발급하였다. 대금회수 및 수정전자세금계산서 관련 회계처리를 하시오. (본 수정전자세금계산서는 모두 매입매출전표입력에서 처리하기로 하며 할인액은 부가세예수금과 매출계정으로 처리한다).

유형	품목	공급가액	부가세	공급처명	전자	분개
11.과세	매출할인	-2,000,000원	-200,000원	00131	㈜예스	여	혼합

분개	(차) 103. 보통예금	19,800,000원	(대) 404.제품매출	-2,000,000원
			255.부가세예수금	-200,000원
			108.외상매출금	22,000,000원

08 04월 08일

회사가 표범전자에 2025년 3월 13일 공급한 제품매출(공급가액 9,000,000원, 부가가치세 900,000원)에 대하여 2025년 4월 9일 관련 계약이 해제되어 현행 부가가치세법에 따라 수정전자세금계산서를 발급하였다. (반드시 관련 자료를 조회한 후 회계처리 할 것)

유형	품목	공급가액	부가세	공급처명	전자	분개
11.과세	계약해제	-9,000,000원	-900,000원	00120	표범전자	여	외상

분개	(차) 108. 외상매출금	-9,900,000원	(대) 404.제품매출	-9,000,000원
			255.부가세예수금	-900,000원

09 04월 09일

당사는 수출업자인 이케아상사와 수출재화에 대한 임가공용역(공급가액 5,000,000원)을 제공하였다. 세금계산서는 부가가치세 부담이 최소화되는 방향으로 부가가치세법 규정에 맞게 전자발행하였으며, 대금은 다음달 10일에 받기로 하였다. (매출계정은 "용역매출"을 사용할 것)

유형	품목	공급가액	영세율구분	공급처명	전자	분개
12.영세	임가공용역	5,000,000원	⑩수출재화임가공용역	00103	이케아상사	여	외상

분개	(차) 108. 외상매출금	5,000,000원	(대) 420.용역매출	5,000,000원

10 04월 10일

당사는 ㈜한강무역에 제품 10,000,000원(부가가치세 별도)을 판매한바 (주)한강무역은 이 거래에 대하여 외국환은행장으로부터 7월 7일자 외화획득용 구매확인서를 발급받아 이를 당사에 제출하였다. 이와 관련하여 추가로 발행된 수정전자세금계산서에 대한 회계처리(4월 10일)를 하시오.

 정답

유형	품목	공급가액	부가세		공급처명	전자	분개
11.과세	제품	−10,000,000원	−1,000,000원	00156	㈜한강무역	여	외상
분개	(차) 108.외상매출금	−11,000,000원	(대) 404.제품매출 255.부가세예수금			−10,000,000원 −1,000,000원	

유형	품목	공급가액	영세율구분		공급처명	전자	분개
12.영세	제품	10,000,000원	③내국신용장구매확인서에 의해 공급하는 재화	00156	㈜한강무역	여	외상
분개	(차) 108.외상매출금	10,000,000원	(대) 404.제품매출			10,000,000원	

11 04월 11일

미국의 CAPTAIN에 제품을 선적지인도조건으로 직수출하고, 대금은 3개월 후에 받기로 하였다. 총신고가격(FOB)은 미화 $48,200이고, 결제금액은 CIF 미화 $50,000이며, 선적일 기준환율은 1$당 1,100원이다.

 정답

유형	품목	공급가액	영세율구분		공급처명	전자	분개
16.수출	제품	55,000,000원	①직접수출	00200	CAPTAIN	여	외상
분개	(차) 108.외상매출금	55,000,000원	(대) 404.제품매출			55,000,000원	

- 수출시 과세표준금액은 결제금액(CIF)이고, 총신고가격(FOB)는 수출통계를 위한 참고금액이다.

12 04월 12일

일본 쿄토에 소재하는 파낙소니사에게 다음의 소프트웨어 개발용역(국외에서 제공하는 용역)을 제공하고 용역대가인 ¥300,000을 보통예금으로 입금 받았다. (단, 매출액은 용역매출(코드번호: 420)로 반영하고, 하단의 영세율구분도 입력하시오.)

- 용역제공 장소: 일본국 쿄토시
- 용역제공기간: 4월 2일~4월 12일
- 용역제공 완료일: 4월 12일

일자	4월 10일	4월 11일	4월 12일
재정환율	1,050원/¥100	1,030원/¥100	1,060원/¥100

정답

유형	품목	공급가액	영세율구분		공급처명	전자	분개
16.수출	개발용역	3,180,000원	⑥국외에서 제공하는 용역	00202	파나소닉사	여	혼합
분개	(차) 103.보통예금	3,180,000원	(대) 420.용역매출			3,180,000원	

- ¥300,000 × 1,060/¥100 = 3,180,000원

13 04월 13일

원가 5,000,000원의 제품(시가는 부가가치세 포함 6,600,000원)을 접대목적으로 매출거래처 ㈜박우상사에 제공하였다. 회계처리는 매입매출전표입력에서 하나의 분개로 처리하도록 한다(공급처명 생략).

유형	품목	공급가액	부가세	공급처명	전자	분개
14.건별	제품	6,000,000원	600,000원			혼합
분개	(차) 813.기업업무추진비	5,600,000원	(대) 150.제품 (적요 8. 타계정으로 대체액) 255.부가세예수금		5,000,000원 600,000원	

14 04월 14일

도중전자㈜의 매출실적이 당초 목표를 초과하여 본사와의 약정에 따라 판매장려금을 본사의 제품(원가: 15,000,000원, 시가: 20,000,000원)으로 제공하였다. (재화의 공급에 해당하는 부분은 매입매출전표 메뉴에서 입력하고, 판매장려금계정으로 처리하기로 한다.)

유형	품목	공급가액	부가세	공급처명	전자	분개
14.건별	판매장려금	20,000,000원	2,000,000원	00133	도중전자㈜		혼합
분개	(차) 834.판매장려금	17,000,000원	(대) 150.제품 (적요 8. 타계정으로 대체액) 255.부가세예수금		15,000,000원 2,000,000원	

• 판매장려금을 현물로 지급하는 경우 사업상증여에 해당하는 간주공급이며 과세표준은 시가이다.

15 04월 15일

개인 소비자 김사부에게 제품을 4,400,000원(부가가치세 포함)에 판매하였고, 김 사부의 신용카드(신한카드)로 결제하였다. 외상매출금으로 회계처리 하시오.

유형	품목	공급가액	부가세	공급처명	전자	분개
17.카과	제품	4,000,000원	400,000원	00301	김사부		카드
분개	(차) 108.외상매출금	4,400,000원(신한카드)	(대) 404.제품매출 255.부가세예수금		4,000,000원 400,000원	

16 04월 16일

시용판매 중인 제품 15대(대당 공급가액 500,000원, 부가가치세 별도) 중 5대에 대한 구매의사표시를 받았다. 판매대금은 보통예금으로 입금받았으며 동 금액에 대하여 국세청 지정번호(010-0001-0000)로 현금영수증을 발행하였다(단, 거래처 입력은 생략한다).

유형	품목	공급가액	부가세	공급처명	전자	분개
22.현과	제품	2,500,000원	250,000원			혼합
분개	(차) 103.보통예금	2,750,000원	(대) 404.제품매출 255.부가세예수금		2,500,000원 250,000원	

17 07월 01일

하블㈜에서 제품 제조에 사용되는 원재료를 2,000,000원(부가가치세 별도)에 구 입하고 전자세금계산서를 발급 받았다. 그 대금 중 일부를 지난 3월 15일 ㈜쌍용에서 수취한 받을어음 1,200,000원을 지급하고 잔액은 현금 결제하다.

 정답

유형	품목	공급가액	부가세	공급처명		전자	분개
51.과세	원재료	2,000,000원	200,000원	00142	하블㈜	여	혼합
분개	(차) 153.원재료 135.부가세대급		2,000,000원 200,000원	(대) 110.받을어음 (거래처: ㈜쌍용) 101.현금			1,200,000원 1,000,000원

18 07월 02일

회사는 태양상사에 완성도지급기준에 의하여 2023년 1월 25일에 발주한 금형제작이 완성되어 2025년 7월 2일 인도받았다. 잔금 20,000,000원(부가가치세 별도)은 당초 지급약정일 보통예금으로 지급하였으며, 현행 부가가치세법에 의하여 부흥정밀으로부터 매입전자세금계산서를 수취하였다. (금형은 비품으로 회계처리 한다.)

완성도	완성도 달성일	대금지급 약정일	금액(부가가치세 별도)	비고
30%	2023. 11. 30	2023. 12. 5	30,000,000원	선급금 처리함
80%	2024. 11. 30	2024. 12. 5	50,000,000원	
100%	2025. 7. 2	2025. 7. 2	20,000,000원	

 정답

유형	품목	공급가액	부가세	공급처명		전자	분개
51.과세	금형	20,000,000원	2,000,000원	00143	태양상사	여	혼합
분개	(차) 212.비품 135.부가세대급금		100,000,000원 2,000,000원	(대) 131.선급금 103.보통예금			80,000,000원 22,000,000원

• 완성도지급기준지급조건부의 공급시기는 대가의 각 부분을 받기로 한 때이므로, 7월 2일 잔금에 대해서만 세금계산서를 발행한다.

19 07월 03일

관리팀 본사건물의 엘리베이터를 ㈜삼송엘리베이터로부터 신형으로 교체(공급가액 6,000,000원, 부가가치세 별도)하고 전자세금계산서를 교부받았다. 대금은 당사발행 약속어음으로 결재하다(본 시설교체 원가는 건물 원가에 산입한다).

 정답

유형	품목	공급가액	부가세	공급처명		전자	분개
51.과세	엘레베이터	6,000,000원	600,000원	00152	삼송엘리베이터	여	혼합
분개	(차) 202.건물 135.부가세대급금		6,000,000원 600,000원	(대) 253.미지급금			6,600,000원

20 07월 04일

정부로부터 7월 1일 무상지원 받은 정부보조금(현금, 예금차감항목)으로 반도체를 세척하는 기계장치를 도중전자㈜로부터 150,000,000원(부가가치세 별도)에 구입하면서 보통예금을 인출하여 지급하였으며 전자세금계산서를 수취하였다(정부보조금에 대한 내역은 조회하여 반영할 것)

정답	유형	품목	공급가액	부가세	공급처명	전자	분개
	51.과세	기계장치	150,000,000원	15,000,000원	00126 ㈜도중전자	여	혼합
	분개	(차) 206.기계장치 150,000,000원 135.부가세대급금 15,000,000원 129.정부보조금 100,000,000원			(대) 103.보통예금 165,000,000원 217.정부보조금 100,000,000원		

21 07월 05일

㈜인생테크와 5월 1일 30,000,000원에 당사의 업무관리S/W 개발계약을 체결하고 개발을 의뢰한 바 있으며, 당일 완성되어 인수하고 전자세금계산서(공급가액 30,000,000원 부가가치세 3,000,000원)를 교부받았다. 대금은 지급한 계약금을 차감하고 전액 현금으로 지급하였다(무형자산으로 계상할 것).

정답	유형	품목	공급가액	부가세	공급처명	전자	분개
	51.과세	업무관리 s/w	30,000,000원	3,000,000원	00154 ㈜인생테크	여	혼합
	분개	(차) 277.소프트웨어 30,000,000원 135.부가세대급금 3,000,000원			(대) 131.선급금 3,000,000원 101.현금 30,000,000원		

- 5월1일 일반전표 및 거래처원장에서 ㈜인생테크와의 선급금 계정금액을 확인한다.

22 07월 06일

㈜마마전자에 대한 외상매입금 2,750,000원을 전액 당좌수표 발행하여 상환하다. 외상매입금은 모두 10일내 상환시 2% 할인조건으로 7월 1일에 매입한 원재료에 대한 것이며, 이에 대해서는 (-)수정전자세금계산서를 교부받았다. (매입할인 계정과목을 사용하여 회계처리함)

정답	유형	품목	공급가액	부가세	공급처명	전자	분개
	51.과세	매입할인	-50,000원	-5,000원	00139 ㈜마마전자	여	혼합
	분개	(차) 251.외상매입금 2,750,000원 135.부가세대급금 -5,000원			(대) 155.매입할인 50,000원 102.당좌예금 2,695,000원		

- 매입할인액 계산 = 공급가액(2,500,000) × 2%=50,000
- 153.원재료에 대한 155.매입할인 계정으로 입력한다.

23 07월 07일

당사는 공장에서 사용할 운반용 트럭을 ㈜수성에서 33,000,000원(부가가치세 포함)에 구입하고 전자세금계산서를 발급받았으며 취득시 부가가치세는 현금으로 지급하고 나머지 잔액은 전액 외상으로 하였다.

정답	유형	품목	공급가액	부가세	공급처명	전자	분개
	51.과세	운반용 트럭	30,000,000원	3,000,000원	00149 ㈜수성	여	혼합
	분개	(차) 208.차량운반구 30,000,000원 135.부가세대급금 3,000,000원			(대) 101.현금 3,000,000원 253.미지급금 30,000,000원		

24 07월 08일

대박식당에서 공장 생산라인 직원들의 야근식사를 제공받고 전자세금계산서(공급가액 3,500,000원, 부가가치세 별도)를 수취하였다. 7월 8일 현재 현금 1,500,000원을 지급하였고, 나머지 금액은 미지급한 금액이다. 2기 예정 부가가치세 신고시 해당 세금계산서를 누락하여 2기 확정 부가가치세 신고서에 반영하려고 한다. 반드시 해당 세금계산서를 2기 확정 부가가치세 신고서에 반영시킬 수 있도록 입력/설정하시오.

유형	품목	공급가액	부가세	공급처명	전자	분개
51.과세	야근식사	3,500,000원	350,000원	00147 대박식당	여	혼합

분개	(차) 511.복리후생비
	    135.부가세대급금
		3,500,000원
		350,000원
			(대) 101.현금
			    253.미지급금
					1,500,000원
					2,350,000원	

• 해당 라인에 커서를 놓고 (F11간편집계표→예정누락분)을 선택한다. [확정신고 개시년월]란에 "2025년 10월 1일"을 입력한다.

25 07월 09일

대성상사에서 내국신용장에 의해 원재료를 매입하고 다음 영세율전자세금계산서를 발급받았다. 대금은 현금 6,000,000원과 당좌예금 4,000,000원으로 지급하고 나머지 금액 8,000,000원은 다음 달 말에 지급하기로 하였다.

유형	품목	공급가액	부가세	공급처명	전자	분개
52.영세	원재료	18,000,000원		00141 대성상사	여	혼합

분개	(차) 153.원재료	18,000,000원	(대) 101.현금
			    102.당좌예금
			    251.외상매입금
					6,000,000원
					4,000,000원
					8,000,000원	

26 07월 10일

매출거래처 직원의 결혼식에 보내기 위하여 신영화원에서 화환 80,000원을 현금으로 구입하고 전자계산서를 수취하였다.

유형	품목	공급가액	부가세	공급처명	전자	분개
53.면세	화환	80,000원		00155 신영화원	여	혼합
분개	(차) 813.기업업무추진비	80,000원	(대) 101.현금		80,000원	

27 07월 11일

화물운반용으로 사용하기 위하여 금융업을 영위하는 사랑은행 도곡동 지점에서 사용하던 차량을 다음과 같이 구입하기로 하고 대금은 당좌수표를 발행지급하였다.

〈차량매각회사인 사랑은행의 자료〉
① 차명: 1톤 포터
② 취득가액: 15,000,000원
③ 감가상각누계액: 8,000,000원
④ 판매가격: 5,000,000원
⑤ 사랑은행 도곡지점 담당자는 세법상의 전자세금계산서 또는 전자계산서를 발행하였다.

 정답

유형	품목	공급가액	부가세		공급처명	전자	분개
53.면세	1톤포터	5,000,000원		98005	사랑은행	여	혼합
분개	(차) 208.차량운반구	5,000,000원	(대) 102.당좌예금				5,000,000원

- 사업과 관련하여 일시적으로 공급하는 재화 및 용역은 주된 사업이 면세이면 과세재화일지라도 면세거래로 보아 계산서가 발급된다.

28 07월 11일

회사는 2025년에 본사사옥을 짓기 위해 토지를 매입하였는데, 2024년 7월 11일에 토지의 형질변경을 위한 공사를 진행하여 건물 건설에 적합하게 하였다. 동 공사와 관련하여 ㈜광성건설로부터 200,000,000원(부가가치세 별도)의 전자세금계산서를 발급받았다. 대금은 10일 후 지급할 예정이다.

정답

유형	품목	공급가액	부가세	공급처명	전자	분개
54.불공	토지 형질변경	200,000,000원	20,000,000원	00119	㈜광성건설	여	혼합
불공제사유	⑥토지의 자본적지출					
분개	(차) 201.토지		220,000,000원	(대) 253.미지급금		220,000,000원

29 07월 12일

호곡카센타에서 영업부의 업무용으로 사용중인 소형승용차를 수리한 후 전자세금계산서를 발급받고, 수리비(공급가액 1,300,000원, 부가가치세 별도)는 전액 외상으로 하였다(전액 승용차의 능률유지 목적의 수리비이다).

 정답

유형	품목	공급가액	부가세	공급처명	전자	분개
54.불공	수리비	1,300,000원	130,000원	00104	호곡카센타	여	혼합
불공제사유	③비영업용소형승용차 구입·유지 및 임차					
분개	(차) 822.차량유지비	1,430,000원	(대) 253.미지급금			1,430,000원

- 유형자산의 능률유지를 위한 지출은 수익적지출이므로 비용계정으로 회계처리 한다.

30 07월 13일

대표이사 박노훈이 자녀 대학입학 선물로 줄 노트북을 롯데전자에서 3,300,000원(부가가치세 포함)을 구입하고 전자세금계산서를 발급받고, 대금은 현금으로 지급하였다.

유형	품목	공급가액	부가세	공급처명		전자	분개
54.불공	대표이사 가지급금	3,000,000원	300,000원	00302	박노훈	여	현금
불공제사유	②사업과 직접 관련 없는 지출						
분개	(차) 134.가지급금 (거래처: 00302 박노훈)		1,430,000원	(대) 101.현금			3,300,000원

31 07월 14일

미국의 Amazon사에서 제품 생산용 검사기기를 수입하면서 인천세관장으로부터 전자발행한 수입세금계산서(공급가액 8,000,000원, 부가가치세 800,000원)를 수취하고 부가가치세와 통관제비용(관세 240,000원, 통관료 80,000원)을 현금으로 지급하였다(미착계정에 대한 회계처리는 고려 말 것, 관세 및 통관수수료에 대한 회계처리는 일반전표입력 메뉴에서 것).

유형	품목	공급가액	부가세	공급처명		전자	분개
55.수입	검사기기	8,000,000원	800,000원	00500	인천세관	여	현금
분개	(차) 135.부가세대급금		800,000원	(대) 101.현금			800,000원

[일반전표입력]
2024.07.14 (차) 206.기계장치   320,000원   (대) 101.현금   320,000원

32 07월 15일

사무실 직원들에게 제공할 명절선물세트를 ㈜신세계백화점에서 550,000원(공급대가)에 구입하고, 하나카드로 결제하였으며, 카드결제에 대하여 매입세액공제요건은 충족하였다.

유형	품목	공급가액	부가세	공급처명	전자	분개
57.카과	명절선물	500,000원	50,000원	00150	㈜신세계백화점	카드
분개	(차) 복리후생비 부가세대급금		500,000원 50,000원	(대) 미지급금		550,000원

33 07월 16일

㈜상곡전자로부터 영업분문에서 비품으로 사용할 컴퓨터를 1,100,000원(부가가치세 별도)에 현금결제하고 지출증빙용 현금영수증을 수취하였다.

유형	품목	공급가액	부가세	공급처명	전자	분개
61.현과	컴퓨터	1,100,000원	110,000원	00146	㈜상곡전자	현금
분개	(차) 212.비품 135.부가세대급금		1,100,000원 110,000원	(대) 101.현금		1,210,000원

34 07월 17일
영업부 사무실 신문구독료 50,000원을 주경일보사에 현금결제하고 지출증빙용 현금영수증을 교부받았다.

유형	품목	공급가액	부가세	공급처명		전자	분개
62.현면	신문구독료	50,000원		00153	주경일보		현금
분개	(차) 826.도서인쇄비		50,000원	(대) 101.현금			50,000원

CHAPTER 03 부가가치세 신고

01 부가가치세신고서

부가가치세신고서는 각 신고기간에 부가가치세 과세표준 및 납부세액(또는 환급세액) 등을 작성하여 관할 세무서에 신고하는 서식이다. 부가가치세 신고 종류에는 예정신고, 확정신고, 영세율등 조기환급신고, 수정신고, 기한후신고 등이 있다.

- 해당 과세기간을 입력하면 매입매출전표에 입력된 자료에 의해 자동으로 작성된다.
- 부가가치세신고서 제출 시 신고내용을 증명하는 부속서류를 함께 제출해야 한다.

과세기간	신고구분	조회기간
제1기	예정신고 확정신고	1월 1일 ~ 3월 31일 4월 1일 ~ 6월 30일
제2기	예정신고 확정신고	7월 1일 ~ 9월 30일 10월 1일 ~ 12월 31일

(1) 부가가치세신고서

부가가치세 신고시 해당 요건에 따라 부가가치세 부속서류를 작성하여 제출하여야 한다.

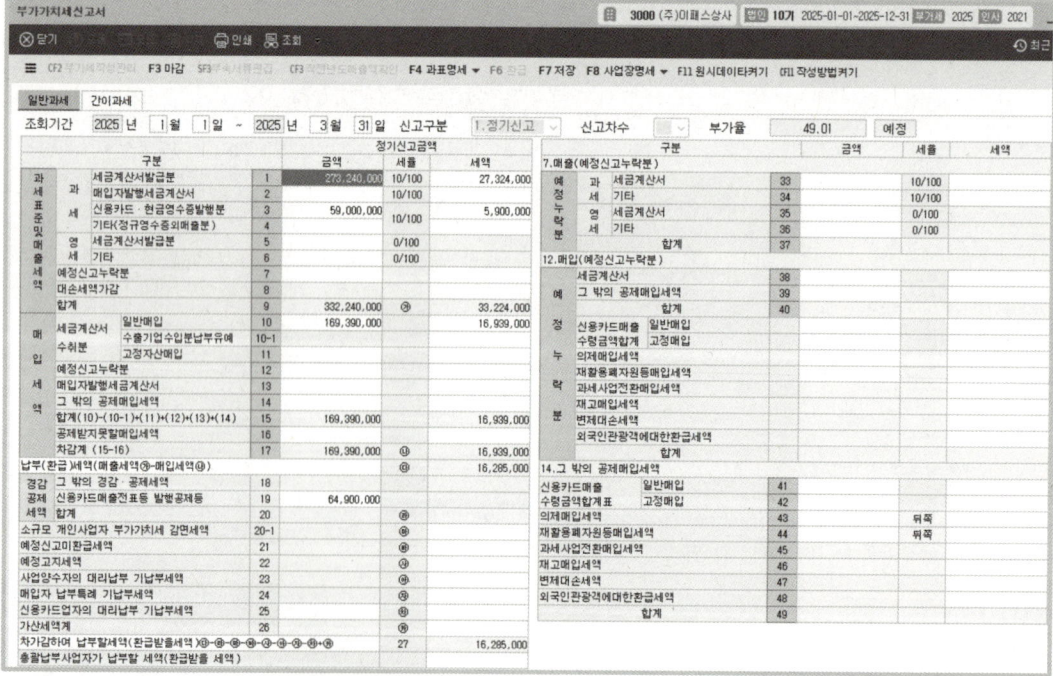

구분	코드			내용	
매출세액 (과세표준)	과세	• 세금계산서 발급분	1	① 과세(10%): 유형 11. 과세 ② 매출처별세금계산서합계표 제출	
		• 매입자발행세금계산서	2	① 매입자세금계산서 발급분: 유형 11. 과세 ② 매출처별세금계산서합계표 제출	
		• 신용카드현금영수증발행분	3	① 과세(10%): 유형 17. 카과, 22. 현과 ② 신용카드매출전표등발행집계표 제출	
		• 기타 (정규영수증외매출분)	4	① 과세(10%): 유형 14. 건별 (영수증 거래 및 간주공급, 간주임대료)	
	영세율	• 세금계산서발급분	5	① 영세(0%): 유형 12. 영세 ② 매출처별세금계산서합계표 및 내국신용장·구매확인서 전자발급명세서 등 제출	
		• 기타	6	① 영세(0%): 유형 16. 수출, 19. 카영, 24. 현영 ② 수출실적명세서, 영세율첨부서류제출명세서 등 제출	
	• 예정신고누락분		7	예정신고 누락분을 확정신고 시 반영	
	• 대손세액 가감		8	① 대손세액공제신청시 (−), 대손금 회수시 (+) ② 대손세액공제신고서 제출	
매입세액	세금 계산서 수취분	• 일반매입	10	① 과세(10%), 영세(0%): 유형 51. 과세, 52. 영세, 54. 불공, 55. 수입(하단 분개 란에 계정과목을 고정자산코드로 입력한 매입금액 및 세액은 11란에 자동반영)	② 매입처별세금계산서합계표 및 건물등감가상각자산취득명세서 제출
		• 고정자산매입	11	51~54 유형 중 하단 분개에서 고정자산 처리분	
	• 예정신고누락분		12	예정신고 시 누락한 매입 자료를 확정신고 시 반영	
	• 매입자발행 세금계산서		13	매입자발행세금계산서 발급분	
	• 그 밖의 공제 매입세액		14	기타 매입세액 공제를 받을 수 있는 거래	
				신용카드매출수령합계표	① 과세(10%): 유형 57. 카과, 61. 현과 신용카드매출전표등 수령명세서 및 건물등감가상각자산취득명세서 제출
				의제매입세액	의제매입세액공제신고서 제출
				재활용폐자원등 매입세액	재활용폐자원세액공제신고서 제출
				과세사업전환 매입세액	과세사업전환 감가상각자산신고서 제출
				재고매입세액	일반(간이)과세전환시의 재고품등 신고서 제출
				변제대손세액	대손세액공제신고서 제출
	• 공제받지못할 매입세액		16	① 유형 54. 불공 ② 공제받지못할매입세액명세서 제출	

(2) 과세표준명세

과세표준명세는 업태, 종목별로 과세표준 합계액을 반영한다. 부가가치세법상 과세표준이더라도 소득세법·법인세법상 수입금액과 다를 수 있으므로 이를 구분하기 위해 작성한다. 또한, 과세사업을 2 이상 영위하는 경우 업종별로 기장의무, 경비율, 성실신고의무 및 세액 감면 적용여부가 다르므로 이를 위해 과세표준명세를 작성한다.

구분	내용
과세표준명세	• 매입매출전표 입력시 면세 유형을 제외한 매출계정(401~430)이 반영된다. • 고정자산계정으로 입력한 경우에는 수입금액제외란에 반영된다. • 과세표준명세는 업태, 종목별로 과세표준 합계액을 반영한다.
면세사업수입금액	• 매입매출전표 입력시 면세 유형(13면세, 18카면, 23현면 등)으로 입력한 매출금액이 반영된다. • 계정과목이 매출이 아닌 고정자산계정으로 입력한 경우에는 수입금액제외란에 반영된다.
계산서발급 및 수취명세	• 계산서 발급금액(85번 란)은 매입매출전표 입력시 13.면세 유형으로 입력한 내용이 반영된다. • 계산서 수취금액(86번 란)은 매입매출전표 입력시 53.면세 유형으로 입력한 내용이 반영된다.

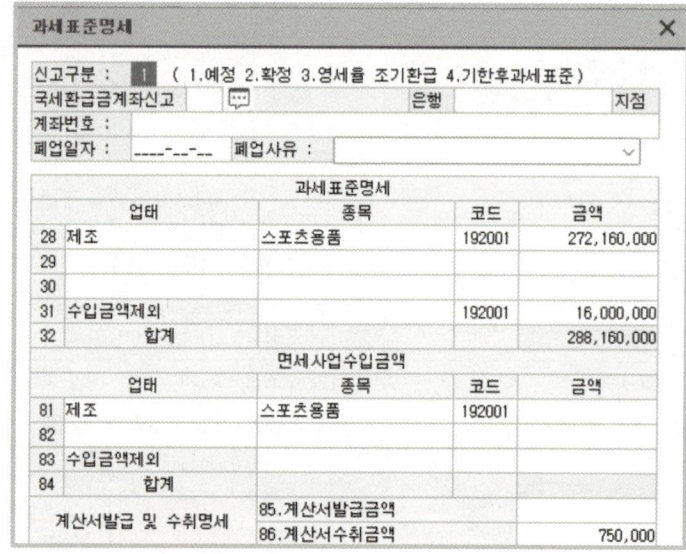

<부가가치세신고서 작성시 유의사항>

부가가치세신고서 구분	내용
4. 기타 (정규영수증외 매출분): (매출유형 14. 건별)	① 정규증빙(세금계산서, 카드전표, 현금영수증)이 발행되지 않은 과세(10%)매출(간이영수증, 무증빙, 현금매출) ② 간주임대료(세금계산서 발행 X) ③ 간주공급(세금계산서 발행 X) 간주공급: ㉠ 자가 공급 　　　　　㉡ 개인적 공급 　　　　　㉢ 사업상의 증여(접대비) 　　　　　㉣ 폐업시의 잔존재화 ④ 부가가치세 과세표준은 **시가**로 입력 ⑤ 단, 자가공급 중 "판매목적으로 타사업장 반출"은 예외적으로 **세금계산서 발행 O, VAT**는 **원가**로 입력

	※ 간주공급이 제외항목(부가가치세신고서에 반영 X)		
	자가공급 X	개인적 공급 X	사업상의 증여 X
	수선을 위해 사용된 자재 및 물품	직원 복지를 위한 **작업복, 안전화, 체육 활동용 물품** 등	제품 홍보용 샘플(**견본**) 제공
	기술 향상 또는 **연구개발** 목적으로 내부 사용된 재화	경조사·명절·창립기념일 등과 관련하여 1인당 연간 10만 원 이하로 제공한 물품	**광고 및 판촉**을 목적으로 사용된 재화
	상품 진열을 위해 타 사업장으로 반출한 물품		
	보관을 목적으로 한 **하치장 반출**		

8. 대손세액가감	① 대손이 발생했을 때는 마이너스(–)금액으로, 회수 시에는 플러스(+)금액으로 입력(대손세액공제신고서에서는 대손 발생이 양수, 회수는 음수로 표시) ② 세액만 입력하며, 부가세 포함 대손금액 × 10/110으로 산출
19. 신용카드 매출전표등 발행공제등	① 신용카드매출전표등 발행공제는 개인사업자가 신용카드, 현금영수증, 전자화폐 등 전자적 결제수단으로 재화나 용역을 공급하고, 이에 대한 매출전표를 발행한 경우 일정 금액을 부가가치세 납부세액에서 공제 ② 3번의 **금액**(매출유형 17. 카과, 22. 현과)**과** 세액을 합한 공급대가 금액 입력 ③ 공급대가 × 1.3%
10. 일반매입 (매입유형 51.과세)	세금계산서 매입분(감가상각대상 자산 외: 원재료, 상품, *토지의 자본적지출 등) * 토지의 자본적 지출은 54.불공에도 중복 반영한다.
11. 고정자산매입 (매입유형 51..과세)	세금계산서 매입분(감가상각대상 자산: 건물, 기계장치, 차량운반구, 비품 등)
14. 그밖의 공제매입세액 (매입유형 57카과, 61현과 등)	① 신용카드매출수령합계표 신용카드매출전표등 수령금액합계표 반영 X(중요) • **세금계산서 수취분** – 세금계산서 수취분은 매입과세로 공제받음 • **간이과세자**로부터의 매입액(세금계산서 발급하지 못하는 업종, 신규사업자 및 직전연도 공급대가 4,800만원 미만인 사업자) • **면세사업자**로부터의 매입액(의료비, 농축수임산물, 도서구입비 등) **목욕, 이발, 미용업에서의 사용액 여객운송업(전세버스는 제외)사용액** • **입장권**을 발급하여 경영하는 사업자로부터의 매입액(입장권, 승차권 등) • 매입세액 불공제사유에 해당되는 경우(**기업업무추진비관련, 사업무관한 지출, 면세사업관련 등**) ② 의제매입세액 ③ 재활용폐자원매입세액
16. 공제받지못할매입세액(54.불공)	① 필요적 기재사항 누락 등 ② 사업과 직접 관련 없는 지출 ③ 개별소비세법 제1조제2항제3호에 따른 자동차 구입·유지 ④ 기업업무추진비 및 이와 유사한 비용 관련 ⑤ 면세사업 등 관련 ⑥ 토지의 자본적 지출 관련 ⑦ 사업자등록 전 매입세액

	구분		내용
26. 가산세액계	세금계산서 지연발급 및 미발급 가산세	가산세 중복 배제 (세금계산서)	• **지연발급**: 공급가액 × 1% • **미발급**: 공급가액 × 2% (전자세금계산서 의무발급자가 전자 외로 발급한 경우: 공급가액 × 1%) ※ 공급일 다음날부터 확정신고기한 이내 발급하면 지연발급, 확정신고기한 이후 발급하면 미발급
	전자세금계산서 발급명세 지연전송 및 미전송 가산세		• **지연전송**: 공급가액 × 0.3% • **미전송**: 공급가액 × 0.5%
	매출처별 세금계산서 합계표 제출불성실 가산세		• **지연제출**: 공급가액 × 0.3% • **미제출**: 공급가액 × 0.5%
	신고불성실 가산세		무신고 가산세 ① 일반: 납세의무자가 법정신고기한까지 과세표준 신고(예정신고 포함)를 안 한 경우 → **무신고납부세액의 20%** ② 부당: 부정행위로 법정신고기한까지 과세표준 신고를 하지 않은 경우 → **무신고세액의 40%** ① 일반: 과소신고, 과다환급 가산세→ **미납세액 × 10%** ② 부당: 부정행위로 법정신고기한까지 과세표준 신고를 하지 않은 경우 → **미납세액 × 40%** ※ 예정누락분을 확정신고 시 할 경우 **3개월 이내에 신고한 것임 → 가산세 감면**
	납부지연 가산세		미납세액 × 2.2/10,000(0.00022) × 미납일수 고지서 납부기한 경과 가산금: 매월 0.75% **고지서 납부기한 경과 가산금: 1회 미납세액의 3%** ※ 미납일수 = 납부기한의 다음날 ~ 실제 납부일
	영세율 과세표준 신고불성실 가산세		공급가액 × 0.5% ※ 예정누락분을 확정신고 시 할 경우 **3개월 이내에 신고한 것임 → 가산세 감면**

① 수정신고 시 가산세 감면		② 기한 후 신고 시 가산세 감면	
법정신고기한 지난 후 1개월 이내에 수정신고	90% 감면	법정신고기한 지난 후 1개월 이내에 기한 후 신고	50% 감면
1개월 초과 3개월 이내에 수정신고	75% 감면		
3개월 초과 6개월 이내에 수정신고	50% 감면	1개월 초과 3개월 이내에 기한 후 신고	30% 감면
6개월 초과 1년 이내에 수정신고	30% 감면		
1년 초과 1년 6개월 이내에 수정신고	20% 감면	3개월 초과 6개월 이내에 기한 후 신고	20% 감면
1년 6개월 초과 2년 이내에 수정신고	10% 감면		

54. 전자신고 세액공제	부가가치세 확정신고시 납세자가 직접 신고하는 경우에 1만원을 공제
과세표준명세	업태 금액(28번): 입력과세표준명세 합계(32번) - 수입금액제외(31번) 과세표준명세 합계(32번): 과세표준및매출세액(9번) 금액과 **일치** **수입금액제외**(31번): 고정자산 매각금액, 간주임대료, 간주공급(부가가치세를 제외한 **공급가액만** 입력) 계산서발행금액(85번) 계산서수취금액(86번)

02 부가가치세 부속서류

(1) 신용카드매출전표등발행금액집계표

「신용카드매출전표등발행금액집계표」는 사업자가 신용카드, 직불카드 또는 선불카드 등의 결제수단을 통해 발생한 매출을 집계하는 서식이다. 조회하고자 하는 기간을 선택한 후 상단 툴바의 F4 새로불러오기 를 클릭하여 데이터를 반영한다.

입력 유형	증빙 발행	신용카드매출전표등발행금액집계표 반영
17.카과	카드매출전표	과세매출분: 신용·직불·기명식선불카드
18.카면	카드매출전표	면세매출분: 신용·직불·기명식선불카드
19.카영	카드매출전표	과세매출분: 신용·직불·기명식선불카드
11.과세(대금회수 4.카드)	세금계산서+카드매출전표	과세매출분+세금계산서발급금액
12.영세(대금회수 4.카드)	영세율세금계산서+카드매출전표	과세매출분+세금계산서발급금액
13.면세(대금회수 4.카드)	계산서+카드매출전표	면세매출분+계산서발급금액
22.현과	현금영수증	과세매출분: 현금영수증
23.현면	현금영수증	면세매출분: 현금영수증

* 부가가치세 부속서류 예제는 공통적으로 ㈜이패스상사(3000번)거래로 입력한다.

실습예제 따라하기

01 다음 거래를 추가로 입력하고 2025년 1기 확정신고기간(2025. 4. 1 ~ 2025. 6. 30)의 입력된 자료에 의하여 신용카드매출전표등발행금액집계표를 작성하시오.

4월 1일: 당사는 그린상사에 대한 제품 ₩2,000,000을 매출하고 전자세금계산서를 발급하고 대금은 비씨카드로 결제 받았다. 이 거래를 신용카드매출전표등발행금액집계표에 자동으로 반영되도록 전표입력을 하시오.

실기 따라하기 01

[매입매출전표입력 4월 1일]

유형	품목	수량	단가	공급가액	부가세	거래처	전자
11.과세	제품매출			2,000,000	200,000	01200 그린상사	여
분개 (4.카드)	(차변) 108.외상매출금			2,200,000	(대변) 404.제품매출 255.부가세예수금		2,000,000 200,000

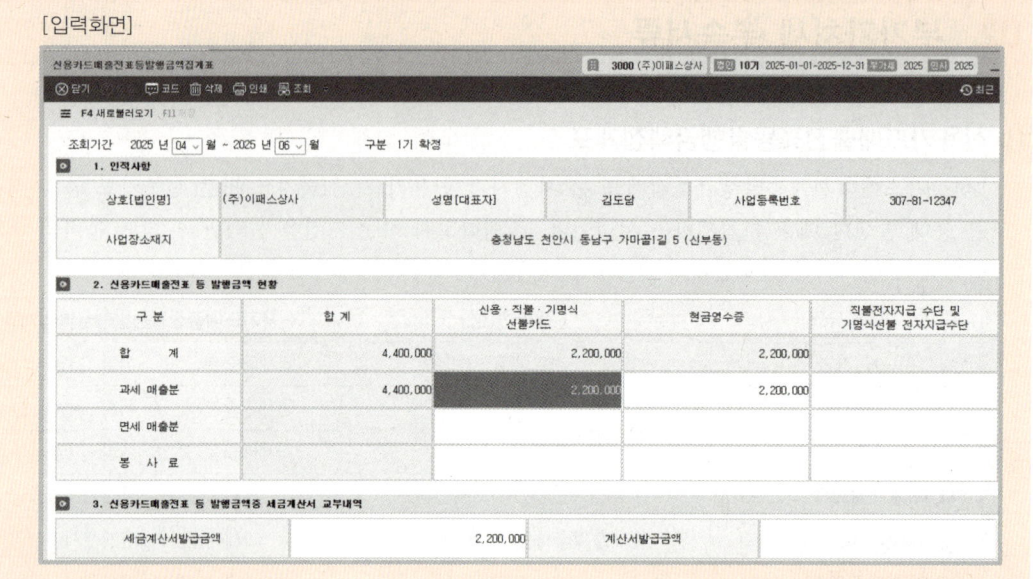

(2) 부동산임대공급가액명세서

「부동산임대공급가액명세서」는 부동산임대용역을 공급하는 사업자가 부동산 임대용역의 공급내역을 상세히 기록한 문서이다.

- 부동산임대용역을 공급하는 사업자는 부가가치세 신고 시 반드시 제출해야 한다.
- 성실신고여부를 판단하는 자료로 활용된다.
- 보증금에 대한 간주임대료 계산의 적정여부를 판단하는 자료로 활용된다.
- 미제출 시 가산세(1%)를 부과한다.

<보증금 등에 대한 간주임대료 계산방법>

① 부동산 임대용역의 과세표준
과세표준 = 임대료 + 관리비수입 + 간주임대료
임대료와 관리비는 계약에 따라 받기로 한 날에 세금계산서를 발급한다. 그러나 전세금이나 임대보증금은 보증금에 의한 별도의 간주임대료를 제시된 산식에 의해 계산하여 과세표준으로 한다.

② 간주임대료 계산

간주임대료 = 임대보증금(전세보증금) 적수 × 정기예금이자율 × $\dfrac{\text{과세대상일수}}{365(\text{윤년 }366)}$

간주임대료는 실제 대가의 수령여부와 무관하게 계산한다. 정기예금이자율은 2025년 현재 3.1%이다.

실습예제 따라하기

02 다음 자료를 이용하여 2025년 제2기 확정분(10월~12월) 부동산임대공급가액명세서를 작성하고 간주임대료를 부가가치세신고서에 반영하고 회계처리 하시오(간주임대료는 임대인이 부담한다). 월세와 관리비에 대한 전표입력은 적정하게 되었다고 가정한다(정기예금이자율은 3.1%).

층	호수	상 호 (사업자등록번호)	면적 (㎡)	용도	임 대 계약기간	보증금	월세	관리비	비고
지상 2	201	㈜마루기업 513-16-46968	89	사무실	2025. 12. 1~ 2027. 11. 30	100,000,000	2,000,000	300,000	

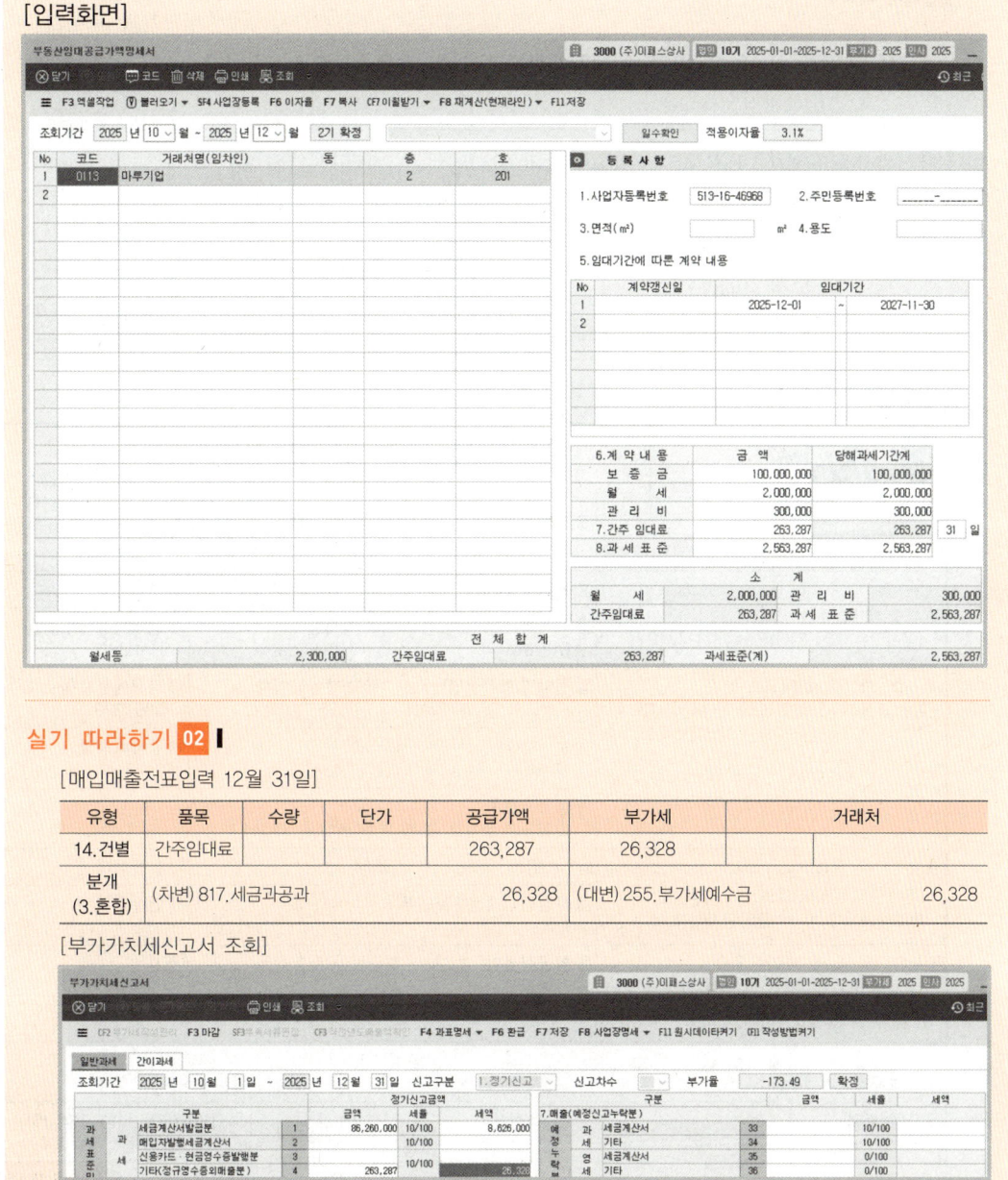

(3) 수출실적명세서와 영세율첨부서류제출명세서

1) 수출실적명세서

「수출실적명세서」는 부가가치세 신고시 수출신고필증을 근거로 작성해서 제출하는 부속서류이다. 영세율 조기환급 신고 시 세관장에게 수출신고를 한 후 재화를 외국으로 직접 반출하는 사업자는 '수출실적명세서'를 예정신고 및 확정신고 시에 신고기간 단위로 제출한다.

- $(달러)는 기준환율, 제3국 통화는 재정환율을 적용한다.
- 환가일은 선적일을 기준으로 한다.
- 예외적으로 선적일보다 환가일이 빠를 경우에는 환가일의 기준환율을 적용한다.
- ¥(엔화)는 1엔당으로 환산하여 계산한다.

실습예제 따라하기

03 다음 자료를 이용하여 2025년 제2기 확정분 수출실적명세서를 작성하시오.

1. 선하증권(B/L: Bill of Lading) 상의 선적일자는 2025년 11월 30일이다.
2. ㈜부가상사는 수출대금으로 $80,000을 결제받기로 계약하였다.
3. 기준환율은 다음과 같다.

기준환율	11월 10일	11월 30일
	$1 = 1,200원	$1 = 1,250원

[수출신고필증(갑지)]

수 출 신 고 필 증 (갑지) ※ 처리기간: 즉시

제출번호	12345-04-0001230	⑤신고번호 12356-22-413508-X	⑥신고일자 2025/11/10	⑦신고구분 H	⑧C/S구분

①신 고 자 대한 관세법인 관세사 최현정

②수 출 대 행 자 ㈜이패스
(통관고유부호) ㈜이패스-1-74-1-12-4
수출자구분 A
수 출 화 주 ㈜이패스
(통관고유부호) ㈜이패스-1-74-1-12-4
(주소) 서울특별시 강남구 강남대로 246, 3층
(대표자) 김종수
(소재지) 서울특별시 강남구 강남대로 246, 3층
(사업자등록번호) 120-81-32144

③제 조 자 ㈜이패스
(통관고유부호) ㈜이패스-1-74-1-12-4
제조장소 214   산업단지부호

④구 매 자 ㈜카운트
(구매자부호) CNTOSHIN12347

⑨거래구분 11	⑩종류 A	⑪결제방법 L./C
⑫목적국 JAPAN	⑬적재항 INC 인천항	⑭선박회사(항공사) HANJIN
⑮선박명(항공편명) HANJIN SAVANNAH	⑯출항예정일자 2025/11/30	⑰적재예정보세구역 03012202
⑱운송형태 10 BU		⑲검사희망일 2025/11/25
⑳물품소재지 한진보세장치장 인천 중구 연안동 245-1		
㉑L/C번호 868EA-10-55554		㉒물품상태 N
㉓사전임시개청통보여부 A		㉔반송 사유
㉕환급신청인 1 (1: 수출대행자/수출화주, 2: 제조자) 간이환급 NO		

• 품명 • 규격 (란번호/총란수: 999/999)

㉖품 명 기계부품 ㉗거래품명 기계부품	㉘상표명 NO			
㉙모델·규격 기계no.1	㉚성분	㉛수량 100(EA)	㉜단가(USD) 780	㉝금액(USD) 78,000
㉞세번부호 1234.12-1234	㉟순중량 900KG	㊱수량 100(EA)	㊲신고가격 (FOB)	$78,000 ₩97,500,000
㊳송품장번호 AC-2023-00620	㊴수입신고번호	㊵원산지 Y	㊶포장갯수(종류)	100(EA)
㊷수출요건확인(발급서류명)				
㊸총중량 950KG	㊹총포장갯수 100C/T	㊺총신고가격 (FOB)		$78,000 ₩97,500,000
㊻운임(₩)	㊼보험료(₩)	㊽결제금액 FOB-$80,000		
㊾수입화물관리번호		㊿컨테이너번호 CKLU7845013		Y

※신고인기재란
  수출자: 제조/무역, 판촉물

51세관기재란

52운송(신고)인 한진통운㈜ 최진우
53기간 2025/11/10 부터 2025/11/30 까지

54적재의무 기한	2025/11/30	55담당자	990101 (소지영)	56신고수리 일자	2025/11/10

*외화금액은 수출실적명세서의 ㊽결제금액에 있는 금액 FOB-$80,000를 입력한다.

실기 따라하기 03

[입력화면]

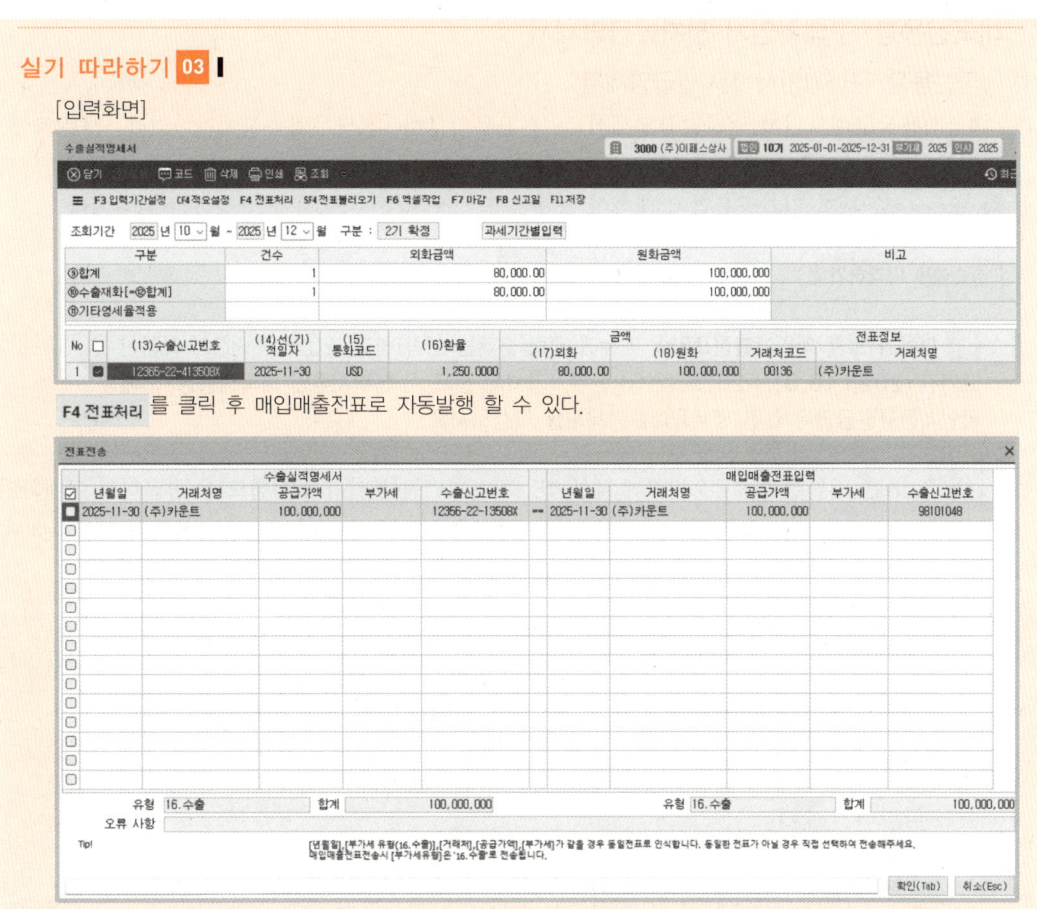

F4 전표처리 를 클릭 후 매입매출전표로 자동발행 할 수 있다.

2) 영세율첨부서류제출명세서

「영세율첨부서류제출명세서」는 사업자가 Local L/C 또는 구매확인서에 의해 재화나 용역을 공급하는 경우 작성하는 서류이다.

- 영세율을 적용하여 영세율 세금계산서를 발행한 경우 작성한다.
- 부가가치세 신고 시 함께 제출해야 한다.
- 개별소비세법에 따라 수출면세의 적용을 받기 위하여 수출신고필증, 우체국장이 발행한 소포수령증 등을 개별소비세 과세표준신고서와 함께 이미 제출한 사업자가 부가가치세 신고 시 당해 서류를 별도로 제출하지 아니하고자 하는 경우에 작성하여 제출한다.
- 수출실적명세서를 제외한 소포수령증, 외화입금증명서 등의 영세율첨부서류를 전산테이프 또는 디스켓으로 제출하고자 하는 경우에 작성하여 제출한다.

(4) 내국신용장·구매확인서 전자발급명세서

1) 내국신용장·구매확인서 전자발급명세서

「내국신용장구매확인서 전자발급명세서」는 전자무역문서(「전자무역촉진에관한법률」 제12조에 따른 전자무역기반시설을 이용한전자문서를 말함)로 발급된 내국신용장·구매확인서에 의해 공급하는 재화 또는 수출.재화 임가공용역에 대하여 영세율을 적용 받는 사업자가 작성하는 서식이다.

> **실습예제 따라하기**
>
> **04** 다음 자료를 매입매출전표입력 메뉴에 입력(분개는 생략)하고, 2025년 제2기 확정신고기간 (2025.10.01.~2025.12.31.) 부가가치세 신고 시 첨부서류인 내국신용장·구매확인서전자발급명세서 및 영세율매출명세서를 작성하시오.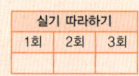
>
> - 2025년 10월 10일: 금오전자에 제품 48,000,000원(부가가치세 별도)을 공급하고 구매확인서(발급일: 2025년 10월 15일, 서류번호: 1111111)를 발급받아 제품공급일을 작성일자로 하여 2024.10.15.에 영세율전자세금계산서를 작성하여 전송하였다.
> - 2025년 11월 13일: ㈜해마루로부터 발급받은 내국신용장(발급일: 2025년 11월 10일, 서류번호: 2222222)에 의하여 제품 16,000,000원(부가가치세 별도)을 공급하고 제품공급일을 작성일자로 하여 2025.11.13.에 영세율전자세금계산서를 작성하여 전송하였다.

실기 따라하기 04

[입력화면]

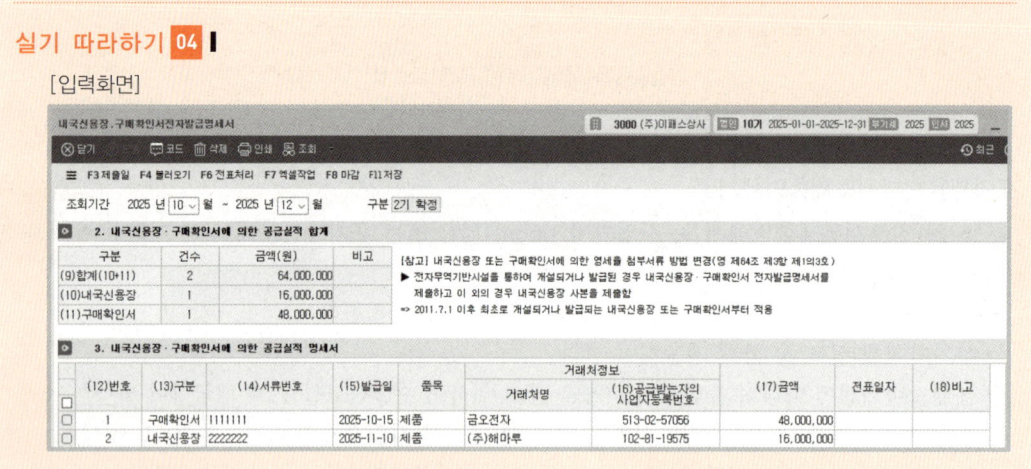

2) 영세율매출명세서

「영세율매출명세서」는 영세율 첨부서류의 확인검토 및 관련 조세지출 실적통계 파악을 위하여 예정신고 또는 확정신고 시 작성하는 부속서류이다. 부가가치세법 또는 조세특례제한법 상 영세율이 적용되는 재화 또는 용역을 공급한 경우 반드시 영세율매출명세서를 제출하여야 한다.

[입력화면]

(7)구분	(8)조문	(9)내용	(10)금액(원)
부가가치세법	제21조	직접수출(대행수출 포함)	
		중계무역·위탁판매·외국인도 또는 위탁가공무역 방식의 수출	
		내국신용장·구매확인서에 의하여 공급하는 재화	64,000,000
		한국국제협력단 및 한국국제보건의료재단에 공급하는 해외반출용 재화	
		수탁가공무역 수출용으로 공급하는 재화	
	제22조	국외에서 제공하는 용역	
	제23조	선박·항공기에 의한 외국항행용역	
		국제복합운송계약에 의한 외국항행용역	
	제24조	국내에서 비거주자·외국법인에게 공급되는 재화 또는 용역	
		수출재화임가공용역	
		외국항행 선박·항공기 등에 공급하는 재화 또는 용역	
		국내 주재 외교공관, 영사기관, 국제연합과 이에 준하는 국제기구, 국제연합군 또는 미국군에게 공급하는 재화 또는 용역	
		「관광진흥법 시행령」에 따른 일반여행업자가 외국인관광객에게 공급하는 관광알선용역	
		외국인전용판매장 또는 주한외국군인 등의 전용 유흥음식점에서 공급하는 재화 또는 용역	
		외교관 등에게 공급하는 재화 또는 용역	
		외국인환자 유치용역	
(11) 부가가치세법에 따른 영세율 적용 공급실적 합계			64,000,000
(12) 조세특례제한법 및 그 밖의 법률에 따른 영세율 적용 공급실적 합계			
(13) 영세율 적용 공급실적 총 합계(11)+(12)			64,000,000

(5) 대손세액공제신고서

1) 대손세액공제신고서

「대손세액공제신고서」는 대손이나 대손 변제가 발생한 경우 작성하는 부가가치세 부속서류이다. 사업자가 재화 또는 용역을 공급한 후 거래상대방의 부도, 파산 등으로 채권 및 그와 관련된 부가가치세의 전부 또는 일부를 회수할 수 없는 경우 대손이 확정되는 날이 속하는 과세기간의 매출세액에서 차감된다.

2) 대손세액공제의 처리

구분	공급자	공급받는자
대손 발생	대손이 확정된 날이 속하는 과세기간의 매출세액에서 대손세액 차감	대손이 확정된 날이 속하는 과세기간의 매입세액에서 대손세액 차감
대손 변제	매출세액에서 회수한 대손세액을 가산	매입세액에서 변제한 대손세액을 가산

3) 대손세액공제 요건

① 대손확정기한
   공급일로부터 10년이 되는 날이 속하는 과세기간에 대한 확정신고기한까지 대손확정시 대손세액공제 신청 대상이다.
② 공제요건
   ㉠ 채무자의 파산·강제집행·형의 집행 또는 사업의 폐지
   ㉡ 채무자의 사망·실종·행방불명
   ㉢ 상법·수표법·어음법 및 민법에 의한 소멸시효 완성
   ㉣ 회사정리법에 의한 정리계획인가 등으로 회수불능이 확정된 채권
   ㉤ 부도발생일로부터 6개월 경과한 수표 또는 어음상 채권과 중소기업의 외상매출금
   ㉥ 회수기일이 6개월 이상 지난 20만원 이하의 채권
   ㉦ 재판상 화해 등 확정판결과 같은 효력을 가지는 것에 따라 회수불능으로 확정된 채권

◎ 중소기업의 외상매출금 및 미수금으로서 회수기일이 2년 이상 지난 외상매출금(특수관계인과의 거래로 발생한 외상매출금 제외) 등
③ 공제율: 대손금액(부가가치세 포함) × 10/110
※ 예정신고 시에는 대손세액공제를 받을 수 없으며 확정신고 시에만 공제받는다.

실습예제 따라하기

05 다음 자료를 이용하여 2025년 제1기 확정기간 대손세액공제신청서를 작성하고 부가가치세신고서에 반영하시오(회계자료는 무시할 것).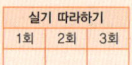

- 매출처인 정아기업의 부도발생으로 인해 받을어음 13,200,000원(공급일 2025년 1월 31일)을 대손처리하였다(부도발생일 2025년 4월 10일).
- 2025년 5월 24일에 청솔상사의 외상매출금 7,260,000원을 회수기일이 2년 경과하여 대손처리하였다(공급일 2023년 5월 24일, 상법상 소멸시효 완성일 2026년 5월 24일).
- 황금상사의 외상매출금 26,400,000원은 채무자 회생 및 파산에 관한 법률에 따른 회생인가 결정에 따라 회수불능파산채권으로 2025년 6월 3일에 확정되었다(당초 공급일 2023년 11월 8일).

실기 따라하기 05

[입력화면]

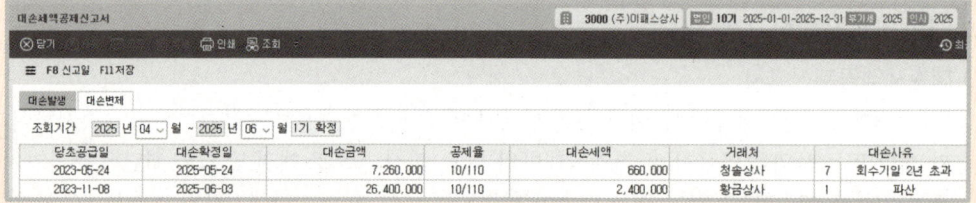

- 부도발생일로부터 6개월 이상 경과하지 아니한 수표, 어음, 중소기업의 외상매출금은 대손세액공제 대상에서 제외된다. 7:직접입력 을 선택하여 대손사유를 직접 입력한다.

*중소기업의 외상매출금으로 회수기일이 2년 경과한 채권은 대손세액공제가 가능하다.

(6) 신용카드매출전표등 수령명세서

「신용카드매출전표등 수령명세서」는 일반과세자로부터 부가가치세액이 별도 구분 기재된 신용카드매출전표 등을 수취한 경우 매입세액공제 요건을 충족하면 매입세액으로 공제받을 수 있다. 이 경우 신용카드매출전표등수령명세서를 작성 후 제출하여 관련 세액을 공제받을 수 있는 부가가치세 부속서류이다.
① 매입매출전표에 과세유형 57.카과, 61.현과, 63.복지로 입력된 전표가 자동반영된다.
② 세금계산서 발급 금지 업종은 제외된다.

공급자		매입세액공제 여부	
일반과세자	세금계산서 발급금지 업종*	불공제	일반전표입력
	일반 업종	공제	매입매출전표입력
간이과세자 중 신규사업자 및 직전연도 공급대가 합계액이 4,800만원 미만인 자		불공제	일반전표입력

* 세금계산서 발급 제외에 해당하는 카드전표 수취시 일반전표에 입력
- 미용, 욕탕 및 유사서비스업,
- 여객운송업(전세버스운송사업 제외),
- 입장권을 발행하여 경영하는 사업
- 직전연도 공급대가 4800만원 미만 간이과세자
- 매입세액 불공제(기업업무추진비, 면세사업관련, 사업무관)
- 부가가치세가 과세되는 미용목적 성형의 진료 용역을 공급하는 사업
- 부가가치세가 과세되는 자동차 운전학원 및 무도학원의 교육용역

실습예제 따라하기

06 다음은 2025년 2기 확정신고기간(2025.10.1.~2025.12.31.)의 자료이다. 신용카드매출전표 등 수령명세서를 작성하시오(다음의 자료에 대한 전표입력은 생략할 것)

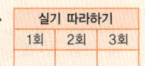

- 10월 20일: 영업부장의 제주 출장을 위하여 구입한 누리항공의 항공원대금(공급가액: 200,000원, 부가세: 20,000원)을 법인카드(국민카드)로 결제하였다(누리항공: 114-02-59269, 국민카드번호: 1234-5678-9100-0000, 누리항공은 일반사업자임)
- 11월 15일: 경리부 지현우씨는 사무용품(공급가액: 250,000원, 부가세: 25,000원)을 구입하면서 지현우 본인의 카드로 결제하고 추후 회사에서 정산받았다(지성문구: 120-07-33560, 개인카드번호: 1111-2222-3333-4444, 지성문구는 일반과세자임).
- 12월 1일: 기획팀의 사기진작을 위하여 지출한 회식비(공급가액: 500,000원, 부가세: 50,000원)에 대하여 현금영수증을 수령하였다. 동 현금영수증은 사업자지출증빙용으로 발급받았다(전주식당: 120-52-33333, 전주식당은 일반과세자임).
- 12월 5일: 사무실 컴퓨터 수리비(공급가액: 300,000원, 부가세: 30,000원)을 법인카드(국민카드)로 결제하였다(컴닥터: 132-08-80665, 국민카드번호: 1234-5678-9100-0000, 컴닥터는 직전연도 공급대가 4,800만원 미만의 간이과세자임)

실기 따라하기 06

[입력화면]

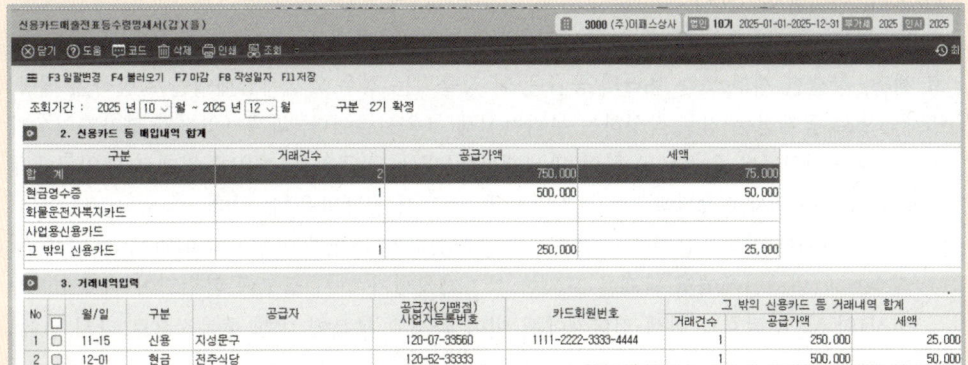

*10월 20일 항공권구입대금은 여객운송용역에 해당하고, 12월 5일 컴닥터의 수리비는 직전연도 공급대가 4,800만원 미만의 간이과세자거래이므로 서식에 입력하지 않는다.

(7) 건물등 감가상각자산취득명세서

「건물등 감가상각자산취득명세서」는 사업자가 사업설비를 신설, 취득, 확장 또는 증축하는 경우 부가가치세 신고시 조기환급을 받기 위해 작성하는 부가가치세 부속서류이다.

<조기환급대상>

① 영세율 적용받는 경우, ② 감가상각자산 건설, 취득, 확장. 증축, ③ 재무구조개선계획 이행중인 경우

- 매입매출전표입력 메뉴에서 매입유형을 51.과세, 52.영세, 54.불공, 55.수입, 57.카과
- 분개시 고정자산 계정과목으로 입력한 데이터가 자동 반영된다.

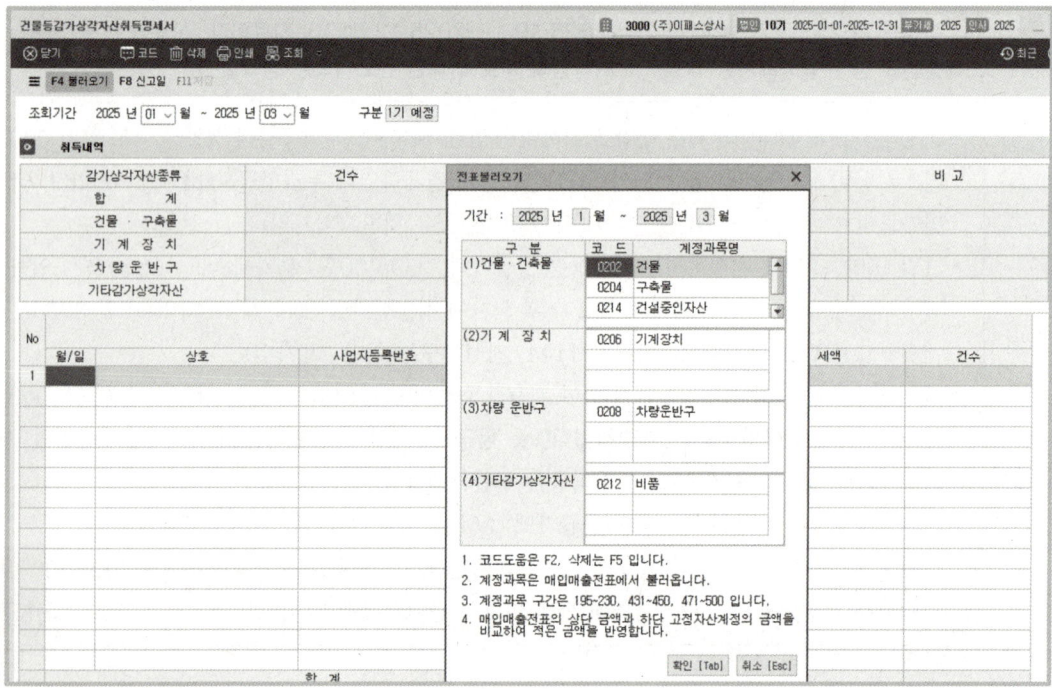

(8) 의제매입세액공제신고서

1) 의제매입세액공제신고서

「의제매입세액공제신고서」는 일반과세사업자가 부가가치세가 면세되는 농·축·수·임산물을 원재료로 제조, 창출한 재화 또는 용역의 공급 등이 창출되는 경우 의제매입세액을 계산하여 해당 금액을 매입세액으로 공제받는 경우 작성하는 부가가치세 부속서류이다. 과세사업자가 부가가치세가 면세되는 농·축·수·임산물을 원재료로 하여 과세재화를 생산·공급하는 경우에 원재료 매입금액에 공제율을 적용한 금액을 의제매입세액으로 부가가치세 신고 시 공제받을 수 있다.

① 부가가치세에서 중간단계에서 면세가 적용되었다가 과세가 이루어지면(과세 ⇒ 면세 ⇒ 과세) ㉠ 환수효과(면세단계에서 과세를 포기한 부가가치세가 다시 국고에 환수되어 면세효과가 취소되는 현상)와 ㉡ 누적효과(면세 전단계에서 이미 과세된 부분에 대해 중복적으로 다시 과세되는 현상)가 발생

② 이를 방지 또는 완화시키기 위해서 매입세금계산서를 수취하지 않았어도 매입세액으로 의제하여 공제

③ 일반전표입력, 매입매출전표입력에서 원재료계정의 적요코드 '06.의제매입세액신고서 반영분'으로 입력된 자료가 자동 반영되며, 수정 또는 추가입력이 가능

<의제매입세액 공제되지 않는 경우>

- 간이과세자 공제대상 X
- 세금계산서를 수취시 중복공제 이므로 의제매입세액 공제 X
- 취득시의 부대비용 공제대상 X
- 농·축·수·임산물을 제품 생산에 투입하지 않고 처분하게 되면 의제매입세액 공제 X

2) 공제요건

증빙서류	① 계산서 ② 신용카드·현금영수증 ③ 제조업자가 농·어민으로부터 면세농산물을 직접 공급받은 경우 별도의 증빙 필요하지 않음(제조업 특례)

의제매입세액 공제액 = 공제대상금액 × 공제율*

구분			*공제율
일반기업			2/102
제조업	중소기업 및 개인사업자		4/104
	과자점업, 도정업, 제분업 및 떡류제조업 중 떡방앗간을 경영하는 개인사업자		6/106
음식점업	개별소비세 과세유흥업		2/102
	법인사업자		6/106
	개인사업자	4억원 이하	9/109
		4억원 초과	8/108

공제대상금액: MIN(①, ②)
① 해당 과세기간의 면세농산물 등의 매입가액(운임 등 부대비용은 제외)
② 해당 과세기간에 면세농산물 등과 관련하여 공급한 과세표준금액 × 한도율**

구분		**한도율	
		음식점업	일반업종
개인사업자	과세표준 1억원 이하	75%	65%
	과세표준 2억원 이하		70%
	과세표준 2억원 초과	60%	55%
법인사업자		50%	

* 공제율: 음식점(법인) 6/106, 음식점(개인) 8/108, 개별소비세 과세유흥장소 2/102, 제조업 2/102~6/106, 음식점·제조업 외 2/102

예정신고시	예정신고기간의 면세농산물 등의 매입가액 × 공제율
확정신고시	해당 과세기간의 한도액 범위 내에서 공제 대상액 × 공제율 - 예정신고시 공제받은 의제매입세액

실습예제 따라하기

07 당사는 중소기업(제조업)을 영위하는 법인이고, 2025년 2기 확정(10.1.~12.31.) 부가가치세 신고시 의제매입세액공제신고서를 작성(전표입력은 생략)하시오. 단, 모든 원재료는 면세대상이며 모두 과세제품 생산에 사용된다.

매입일자	공급자	사업자번호 (주민등록번호)	물품명	매입가액(원)	증빙자료	수량
2025.10.05.	홍이린(농민)	650621-1036915	농산물	10,400,000	영수증	100
2025.12.09.	㈜한솔상사	565-25-00932	수산물	29,400,000	계산서	45

- 제2기 과세기간의 의제매입과 관련된 제품매출액은 예정신고기간에 150,000,000원, 확정신고기간에 100,000,000원이 발생하였다. 제2기 예정 부가가치세신고시 의제매입세액 적용 매입세액은 26,000,000원이며 의제매입세액 공제액은 1,000,000원이다.
- 제1기에 공급받은 면세농산물 등의 가액을 1역년에 공급받은 면세농산물등의 가액으로 나누어 계산한 비율은 60%이다.

실기 따라하기 07

[입력화면]

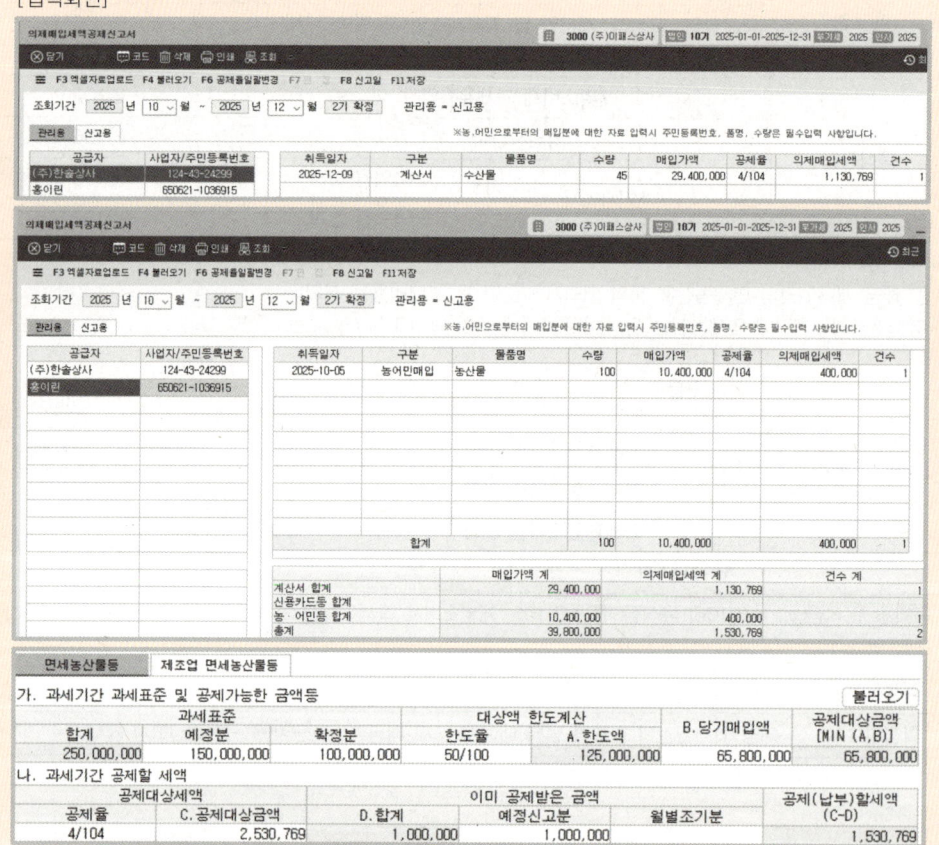

- 제조업의 경우 농어민과의 직접거래도 의제매입세액공제 대상이다.
- B. 당기매입액은 2기 예정 매입액 26,000,000원 + 당기 매입액 39,800,000 = 65,800,000원이다.
- 회계처리시: 일반전표 12월31일 (차)부가세대급금 1,530,769 (대)원재료(적요8) 1,530,769원

(9) 재활용폐자원세액공제신고서

「재활용폐자원세액공제신고서」는 재활용폐자원 및 중고품을 수집하는 사업자가 과세사업자가 아닌 자로부터 재활용폐자원 등을 취득하여 제조, 가공하거나 이를 공급하는 경우 매입세액 공제를 받기 위해 작성하는 부가가치세 부속서류이다.

재활용폐자원	매입세액공제액: 공제대상금액 × 3/103 * 공제대상금액: MIN(①, ②) ① 해당 과세기간 영수증과 계산서 수취분 재활용폐자원의 취득가액 ② 한도액 (해당 과세기간에 공급한 재활용폐자원 관련 과세표준 × 80% − 세금계산서 수취분 재활용폐자원 매입가액(사업용고정자산 제외))
중고자동차	매입세액공제액: 취득가액 × 10/110

실습예제 따라하기

08 본 문제에 한하여 당사는 재활용폐자원을 수집하는 사업자라고 가정한다. 다음 자료에 의하여 2025년 2기 확정신고기간의 재활용폐자원세액공제 신고서를 작성하시오(단, 공제(납부)할 세액까지 정확한 금액을 입력할 것).

거래자료	공급자	사업자번호	거래일자	품명	수량(KG)	취득금액	증빙	건수
	장고물상	120-04-78964	2025.10.6.	고철	400	7,800,000	영수증	1

추가자료	• 장고물상은 간이과세사업자로 사업자등록번호는 정확한 것으로 간주한다. • 매입매출전표입력은 생략하며, 예정신고기간 중의 재활용폐자원 거래내역은 없다. • 2기 과세기간 중 재활용관련 매출액과 세금계산서 매입액(사업용 고정자산 매입액은 없음)은 다음과 같다.

구분	매출액(공급가액)	매입공급가액(세금계산서)
예정분	62,000,000원	48,000,000원
확정분	70,000,000원	56,000,000원

실기 따라하기 08

[입력화면]

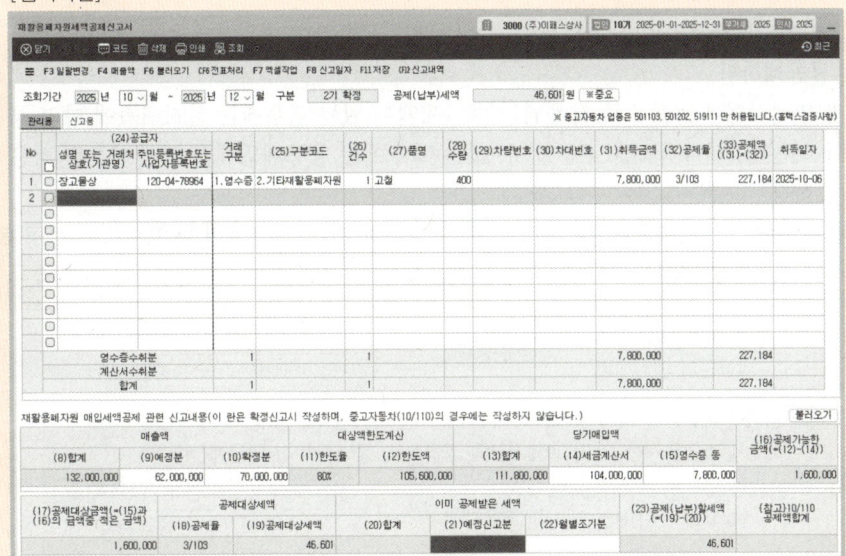

- (14) 세금계산서 금액은 예정분 매입액 48,000,000원 + 확정분 매입액 56,000,000 = 104,000,000원이다.
- 회계처리시: 일반전표 12월31일 (차)부가세대급금 46,601원 (대)원재료(적요.8) 46,601원

⑽ 공제받지 못할 매입세액명세서

「공제받지 못할 매입세액명세서」는 매입세액 불공제 대상 세금계산서의 내역을 작성하는 부가가치세 부속서류이다. 매입세액불공제 사유별 내역 작성, 공통매입세액안분계산, 공통매입세액정산 및 납부세액(또는 환급세액)재계산을 할 수 있다.

1) 매입세액 불공제 사유

- 다음 해당하는 매입세액은 매입매출전표입력 메뉴에서 유형을 54.불공으로 입력하고, 불공제 사유를 선택한 데이터가 자동 반영되며, 불공제사유를 직접 입력도 가능하다.
- 매입세액 불공제 사유에 해당하는 경우에는 부가가치세를 거래징수 후 세금계산서를 수취한 경우에도 매출세액에서 공제하지 아니한다.

① 세금계산서 미수취·필요적기재사항 누락 등 매입세액(기재착오로서 거래사실이 확인되는 경우 등은 공제)
② 매입처별세금계산서합계표 미제출·불분명 매입세액(기재착오로서 거래사실이 확인되는 경우 등은 공제)
③ 사업과 직접 관련없는 지출 매입세액
④ 개별소비세가 발생하는 비영업용 소형승용차 구입·유지 및 임차(렌트) 매입세액
  - 비영업용이란 운수업, 자동차판매, 임대업 및 운전학원업, 무인경비업 등에 영업으로 사용되는 경우 제외한 업무용으로 사용되는 경우에 해당된다.
  - 9인승 이상 승용자동차, 승합차, 화물차, 경차에 관련된 부가가치세는 매입세액이 공제된다.
⑤ 기업업무추진비 관련 매입세액
⑥ 면세사업 등에 관련 매입세액
⑦ 토지의 자본적 지출 관련 매입세액
  - 토지는 그 용도에 관계없이 항상 면세재화에 해당하므로, 토지 관련 매입세액은 불공제한다.
  - 토지의 평탄화작업 및 정지비, 토지와 건축물 일괄취득 후 그 건축물을 철거하는 경우 건축물의 취득 및 철거비용 매입세액은 공제되지 않는다.
⑧ 사업자등록을 신청하기 전의 매입세액
  - 본래 사업자등록신청 전의 매입세액은 공제하지 않으나, 공급시기가 속하는 과세기간이 끝난 후 20일 이내에 등록을 신청한 경우에는 등록신청일부터 공급시기가 속하는 과세기간 개시일(1.1. 또는 7.1.)까지 역산한 기간 이내의 것은 공제가 가능하다.

2) 공통매입세액의 안분(예정신고)

사업자가 과세사업과 면세사업을 겸영하는 경우, 과세사업 관련 매입세액은 공제하고 면세사업 관련 매입세액은 불공제한다.

- 과세사업과 면세사업에 공통으로 사용되는 매입세액이 있는 경우에는 실지귀속에 따라 공제 여부를 판단하여야 하는데, 실지귀속을 구분할 수 없는 경우에는 공통매입세액 안분기준을 적용하여 안분계산하여야 한다.
- 공통매입세액 중 면세사업과 관련한 매입세액은 다음과 같이 계산하여 매입세액을 불공제한다.

	공통매입세액 안분	
원칙	면세사업에 관련된 매입세액 (불공제 매입세액)	$= 공통매입세액 \times \dfrac{당기\ 과세기간의\ 면세공급가액}{당기\ 과세기간의\ 총공급가액}$
동일과세기간 매입·공급시	• **당기**에 매입한 공통사용재화→ **당기**에 처분 →안분계산하는 경우 • 매입세액 안분계산: **전기** 과세기간의 공급가액 실적에 따라 안분계산한다. 면세사업에 관련된 매입세액 (불공제 매입세액)	$= 공통매입세액 \times \dfrac{전기\ 과세기간의\ 면세공급가액}{전기\ 과세기간의\ 총공급가액}$

예외적인 안분계산 방법	과세사업 공급가액 또는 면세사업 공급가액이 없는 경우 공급가액 대신 다음의 면세사업에 관련된 대용치 비율 순서대로 적용한다.	
	원칙	건물신축시
	① 매입가액 비율	① 예정사용면적비율
	② 예정공급가액 비율	② 매입가액 비율
	③ 예정사용면적비율	③ 예정공급가액 비율
안분계산 배제	① 공통매입세액이 500만원 미만이고 당기 총공급가액 중 면세공급가액이 5% 미만인 경우 ② 당기 과세기간 중의 공통매입세액이 5만원 미만인 경우 ③ 당기 과세기간에 신규사업자로, 당기 과세기간에 처분한 공통사용재화인 경우	

실습예제 따라하기

09 2025년 1월 14일에 과세사업과 면세사업에 공통으로 사용하기 위해 정아기업에서 50,000,000원(부가가치세 별도)에 기계장치를 매입하였다. 이와 관련하여 기계장치 매입전자세금계산서 수취분에 대한 매입매출전표입력 및 공제받지 못할 매입세액명세서를 작성하시오.

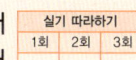

- 2월 28일: 동 기계장치를 42,000,000원(부가가치세 별도)에 ㈜원지에 매각하였다. 공통사용재화는 기계장치 하나만 존재한다고 가정한다.
- 매입매출전표입력시 하단 분개는 생략하고 별도의 고정자산등록은 하지 아니한다.
- 공급가액은 아래와 같다.

거래기간		면세공급가액	면세공급가액	과세공급가액	총공급가액
2024년 2기	7.1~9.30.		120,000,000원	200,000,000원	320,000,000원
	10.1~12.31.		320,000,000원	140,000,000원	460,000,000원
	합계		440,000,000원	340,000,000원	780,000,000원
2025년 1기	1.1~3.31.		140,000,000원	210,000,000원	350,000,000원
	4.1~6.30.		350,000,000원	150,000,000원	500,000,000원
	합계		490,000,000원	360,000,000원	850,000,000원

실기 따라하기 09

[매입매출전표입력 1월 14일]

유형	품목	수량	단가	공급가액	부가세	거래처	
54.불공	기계장치			50,000,000	5,000,000	00101	정아기업 (불공제사유: 9)

[입력화면]

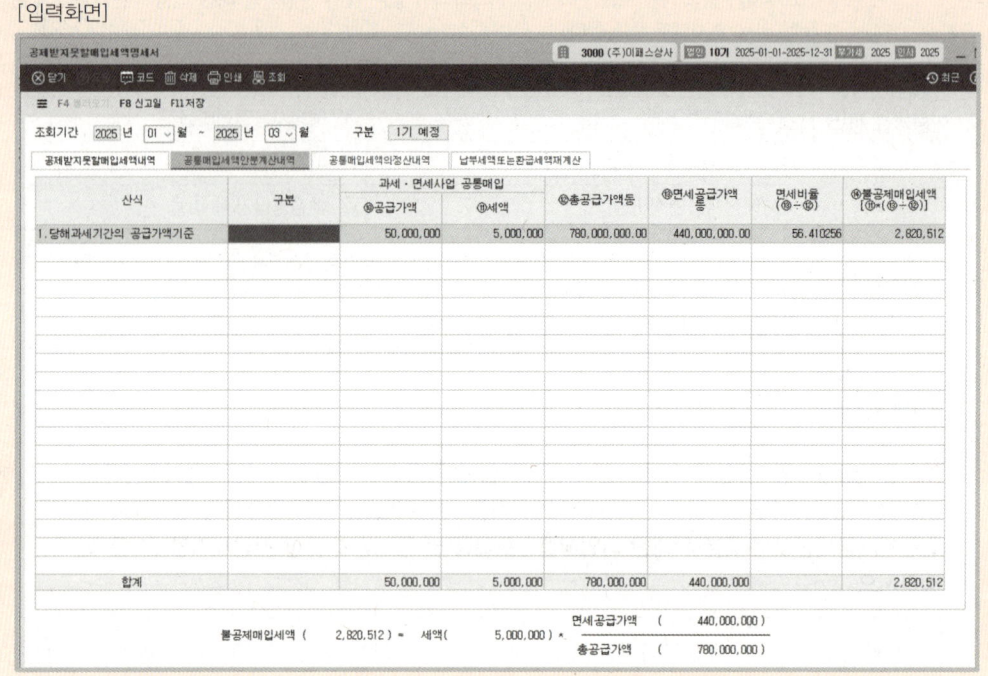

- 원칙적으로는 당기 과세기간의 공급가액 실적을 반영하여 안분계산한다.
- 그러나 해당문제는 동일 과세기간 매입 및 공급에 해당하므로 매입세액 안분계산시 직전 과세기간의 공급가액 실적에 따라 안분계산한다.
- 안분계산 결과 불공제 매입세액은 2,820,512원이다.
- 1월 14일 전표입력시 분개를 하였다면 54.불공제세액은 5,000,000이다.
- 따라서 5,000,000원-2,820,512원=2,173,488원은 공제가능하다.
- 회계처리시: 일반전표 3월31일 (차)부가세대급금 2,173,488 (대)기계장치 2,173,488

3) 공통매입세액의 정산(확정신고)

공통매입세액은 해당 과세기간(6개월)의 공급가액비율로 안분계산하는 것을 원칙으로 한다. 따라서 예정신고기간에 안분한 공통매입세액을 포함하여 확정신고시 과세기간의 공급가액비율로 정산한다.
- 공통매입세액정산은 확정신고를 할 때만 한다.
- 신고대상 과세기간 전체(6개월)의 공통매입세액에 대하여 불공제 매입세액을 계산한 후
- 예정신고 시 공통매입세액으로 불공제한 매입세액(기불공제매입세액)을 차감하여
- 양수(+)이면 매입세액불공제에 가산하고, 음수(−)이면 매입세액불공제에서 차감한다.

공통매입세액 정산					
예정공급가액비율로 안분계산시	면세사업에 관련된 매입세액 (불공제 매입세액)	=	총공통매입세액(6개월)	× $\dfrac{\text{당기 과세기간의 면세공급가액}}{\text{당기 과세기간의 총공급가액}}$	− 기불공제매입세액
예정사용면적비율로 안분계산시	면세사업에 관련된 매입세액 (불공제 매입세액)	=	총공통매입세액(6개월)	× $\dfrac{\text{당기 과세기간의 면세사용면적}}{\text{당기 과세기간의 총사용면적}}$	− 기불공제매입세액

실습예제 따라하기

10 당사는 과세사업과 면세사업을 겸영하는 사업자이다. 기장된 자료는 무시하고 다음 자료에 의하여 2025년 제1기 확정신고기간에 대한 공제받지못할매입내역, 공통매입세액의 정산내역을 작성하시오(단, 매입매출전표입력은 생략한다. 저장된 자료는 삭제 후 작성할 것).

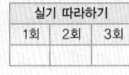

1. 2025년 제1기 확정(4월1일~6월30일) 매입자료에는 다음의 자료가 포함되어 있다.(모든 금액은 공급가액이고, 매수 입력은 생략한다.)
   ① 토지 자본적 지출 관련 매입세금계산서: 2,000,000원
   ② 기업업무추진비 및 이와 유사한 비용 관련 매입세금계산서: 600,000원

2. 공급가액 내역은 다음과 같다.

구분	2024년2기	2025년 제1기 예정신고기간	2025년 제1기 확정신고기간
면세사업	360,000,000원	100,000,000원	200,000,000원
과세사업	540,000,000원	400,000,000원	300,000,000원

   ① 2025년 제1기 과세사업과 면세사업 공통매입세금계산서: 50,000,000(공급가액)
   ② 2025년 제1기 예정신고기간(1월1일~3월31일)의 공통매입세액에 대한 불공제매입세액은 1,000,000원으로 가정한다.

실기 따라하기 10

[입력화면]

1) 공제받지못할 매입세액

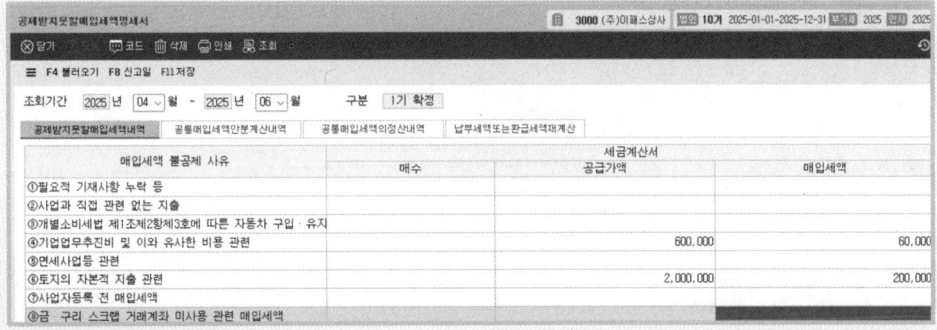

2) 공통매입세액의 정산내역

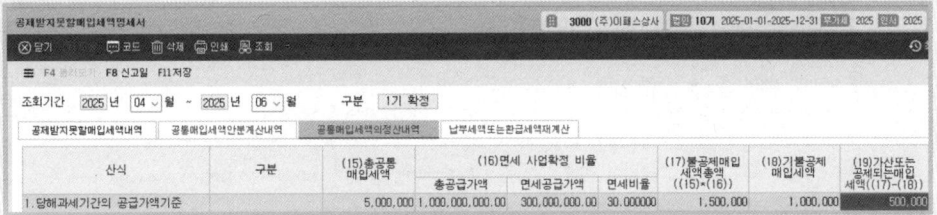

- 총공급가액: 2025년 1기 예정신고기간 50,000,000원 + 2025년 1기 확정신고기간 50,000,000원 = 1,000,000,000
- 면세공급가액: 2025년 1기 예정신고기간 10,000,000원 + 2025년 1기 확정신고기간 20,000,000원 = 300,000,000
- 기불공제매입세액 = 1,000,000원

4) 납부세액 재계산

과세사업과 면세사업에 공통으로 사용할 감가상각자산을 취득하여 공통매입세액 안분계산에 따라 매입세액이 공제된 후 나중에 면세사업의 비중이 증가하거나 혹은 감소하게 되면, 당초 매입세액공제가 과대 또는 과소해지므로 이를 확정신고 시 재계산한다.

구분	내용
재계산 요건	다음의 요건에 모두 해당되어야 한다. ① 공통사용재화 ② 감가상각자산 (상품, 제품, 토지 등은 제외) ③ 면세비율이 5% 이상 증감 차이
재계산 방법	다음 산식에 의해 계산한 금액을 납부세액에 가산(공제)하거나 환급세액에 가산(공제) 재계산세액 = 공통매입세액 × (1 - 감가율 × 경과된 과세기간 수) × 증감된 면세비율 * 감가율: 건물과 구축물은 5%, 기타 감가상각자산은 25% * 경과된 과세기간 수: 초기산입, 말기불산입
재계산 배제	재화의 공급의제에 해당하거나 공통사용재화를 공급하는 경우에는 재계산하지 아니한다.

실습예제 따라하기

11 다음 자료를 이용하여 매입세액불공제 내역을 검토하고 공통매입세액에 대한 납부세액을 재계산하여 2025년 2기 확정신고와 관련한 공제받지 못할 매입세액명세서를 작성하시오(전표데이터를 불러오지 말고 증가 또는 감소된 면세공급가액비율은 증가율만 입력한다).

1. 공통재화의 취득 및 사용내역

과목	취득연월일	공급가액	부가가치세
기계장치	2024.04.10.	80,000,000원	8,000,000원
건물	2024.07.22.	200,000,000원	20,000,000원

2. 면세비율

2024년		2025년	
1기	2기	1기	2기
14%	15%	18%	22%

실기 따라하기 11

[입력화면]

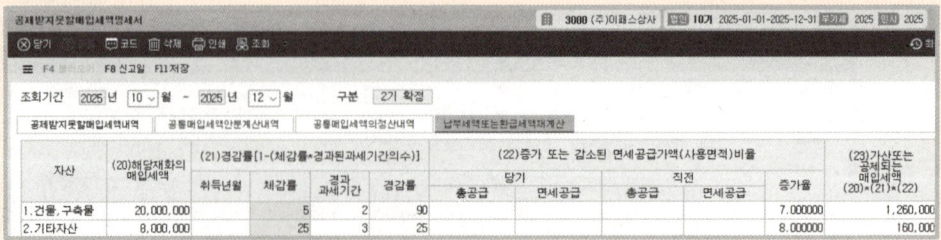

- 경과된 과세기간수: 초기산입, 말기불산입
- 건물: 취득시점 2024년 2기, 2025년 1기 → 경과과세기간 2기
- 기계장치: 취득시점 2024년 1기, 2024년 2기, 2025년 1기 → 경과과세기간 3기
- 건물: 취득시점 2024년 2기(면세비율 14%) → 2025년 2기(면세비율 22%): 면세비율 7% 증가
- 기계장치: 취득시점 2024년 1기(면세비율 14%) → 2025년 2기(면세비율 22%): 면세비율 8% 증가

03 수정신고 및 가산세

(1) 가산세

- 가산세는 세법상 규정하고 있는 각종 의무를 불이행한 경우 부과되는 금액으로 본래의 세금에 포함하여 과세한다.
- 가산세는 납세협력 의무위반에 따른 행정벌적 성격으로 보는 것이 통설이다.
- 가산세는 각종 의무의 불이행에 가해지는 벌금적 성격을 지니고 있어 벌금과 비슷하지만, 해당 세법이 정하는 세목에 포함되어 과세되어 법원에서 재판에 의하여 결정되는 벌금과는 다르다.
- 가산금(이란 국세를 납부 기한까지 내지 않은 때 국세징수법에 의해 고지세액에 가산하여 징수하는 금액과 납부기한 경과 후 일정 기한까지 납부하지 않은 때에 그 금액에 다시 가산하여 징수하는 금액을 말한다.
- 가산금은 과태료 또는 이자의 성격을 가지며 고지에 징수되는 세금에만 적용된다.

1) 가산세 명세

25. 가산세명세				
사업자미등록등		61		1/100
세금계산서	지연발급 등	62		1/100
	지연수취	63		5/1,000
	미발급 등	64		뒤쪽참조
전자세금발급명세	지연전송	65		3/1,000
	미전송	66		5/1,000
세금계산서합계표	제출불성실	67		5/1,000
	지연제출	68		3/1,000
신고불성실	무신고(일반)	69		뒤쪽
	무신고(부당)	70		뒤쪽
	과소·초과환급(일반)	71		뒤쪽
	과소·초과환급(부당)	72		뒤쪽
납부지연		73		뒤쪽
영세율과세표준신고불성실		74		5/1,000
현금매출명세서불성실		75		1/100
부동산임대공급가액명세서		76		1/100
매입자납부특례	거래계좌 미사용	77		뒤쪽
	거래계좌 지연입금	78		뒤쪽
신용카드매출전표등수령명세서미제출·과다기재		79		5/1,000
합계		80		

구분	내용
사업자 미등록	공급가액 × 1%(간이과세자는 공급대가 × 0.5%)
명의위장 등록	공급가액 × 2%(간이과세자는 공급대가 × 1%)(*2025년 개정)
세금계산서	세금계산서 부실기재: 부실기재한 공급가액 × 1% 세금계산서의 지연(예정분 → 확정분)발급: 공급가액 × 1% 세금계산서의 지연(예정분 → 확정분)수취: 공급가액 × 0.5% 세금계산서 미발급가산세: 공급가액 × 2% 종이세금계산서 발급가산세: 공급가액 × 1%
전자세금계산서발급명세서	전자세금계산서 발급명세서 지연전송 가산세: 공급가액 × 0.3% 전자세금계산서 발급명세서 미전송 가산세: 공급가액 × 0.5%
세금계산서합계표	지연제출(예정분 → 확정분): 공급가액 × 0.3% 미제출·기재내용 누락 및 부실기재: 공급가액 × 0.5%

신고불성실	무신고	일반 무신고납부세액 × 20% or 부당 무신고납부세액 × 40%
	과소신고(초과환급)	일반과소신고 납부세액 등 × 10% or 부당과소신고 납부세액 등 × 40%
납부지연		미납세액(초과환급세액) × 경과일수 × 이자율(1일 22/100,000)
영세율과세표준신고불성실		무·과소신고 영세율 과세표준 × 0.5%
매출처별세금계산서 합계표불성실		지연제출(예정분 → 확정분): 공급가액 × 0.3% 미제출·기재내용 누락 및 부실기재: 공급가액 × 0.5%
매입처별세금계산서 합계표불성실		세금계산서의 지연(예정분 → 확정분)수취: 공급가액 × 0.5% 미제출(경정 공제분)·기재내용 누락 및 부실기재·과다기재: 공급가액 × 0.5%
현금매출명세서 등 제출불성실		미제출 또는 과소기재 수입금액 × 1%
부동산임대공급가액명세서		미제출 또는 누락금액 × 1%
신용카드매출전표등수령명세서 미제출·과다기재		미제출 또는 과다기재금액 × 0.5%

2) 가산세 중복적용 배제

우선 적용되는 가산세	적용배제 가산세
세금계산서 지연발급 가산세	지연전송가산세 매출처별세금계산서합계표 불성실 가산세
세금계산서 미발급 가산세	미전송가산세 매출처별세금계산서합계표 불성실 가산세
전자세금계산서 지연전송 가산세	매출처별세금계산서합계표 불성실 가산세
	전자세금계산서 미전송 가산세

3) 가산세 감면

① 수정신고

법정신고기한 경과 후 2년 이내에 수정신고를 한 경우 신고불성실가산세, 영세율과세표준신고불성실가산세의 일정비율을 감면받을 수 있다.

② 기한후 신고

법정신고기한이 경과 후 기한후신고를 한 경우에는 무신고가산세의 일정비율을 감면받을 수 있다.

구분			감면율
법정신고기한후	수정신고	1개월 이내	90%
		1개월 초과 3개월 이내	75%
		3개월 초과 6개월 이내	50%
		6개월 초과 1년 이내	30%
		1년 초과 1년 6개월 이내	20%
		1년 6개월 초과 2년 이내	10%
	기한 후 신고	1개월 이내	50%
		1개월 초과 3개월 이내	30%
		3개월 초과 6개월 이내	20%
세법에 따른 제출·신고·가입·등록·개설의 기한 후		1개월이내	50%

실습예제 따라하기

01 ㈜부가상사(9000번)는 2025년 7월 25일 제1기 확정신고(4.1~6.30)시 아래 거래의 신고를 누락하여 2025년 9월 1일에 수정신고를 하고자 한다. 다음 거래내용에 따라 전표를 입력하고(분개생략), 수정신고서(1차)와 가산세명세서를 작성하시오. 전자세금계산서 미발급가산세가 적용되는 부분은 전자세금계산서 미전송가산세를 적용하지 아니하며, 신고불성실가산세는 일반가산세를 적용한다(과세표준명세서 생략).

- 5월 3일: 우리상사에 제품을 판매하고, 전자세금계산서(공급가액 32,000,000원, 부가가치세 3,200,000원)을 적법하게 발급하고 전송하였다.
- 5월 10일: ㈜동명상사에 제품을 판매하고, 종이세금계산서(공급가액 20,000,000원, 부가가치세 2,000,000원)을 발급하였다.
- 6월 21일: 달래상사에 제품을 판매하였으나, 세금계산서(공급가액 17,000,000원, 부가가치세 1,700,000원)을 발행하지 아니하였다.

실기 따라하기 01

1) 매입매출전표 입력

- 5월 3일

유형	품목	수량	단가	공급가액	부가세	거래처	
11.과세	제품판매			32,000,000	3,200,000	00103	우리상사(전자: 여)

- 5월 10일

유형	품목	수량	단가	공급가액	부가세	거래처	
11.과세	제품판매			20,000,000	2,000,000	00104	㈜동명상사(전자: 부)

- 6월 21일

유형	품목	수량	단가	공급가액	부가세	거래처	
14.건별	제품판매			17,000,000	1,700,000	00105	달래상사

2) 부가가치세신고서(조회기간: 2025년 4월~6월, 2.수정신고-신고차수: 1)

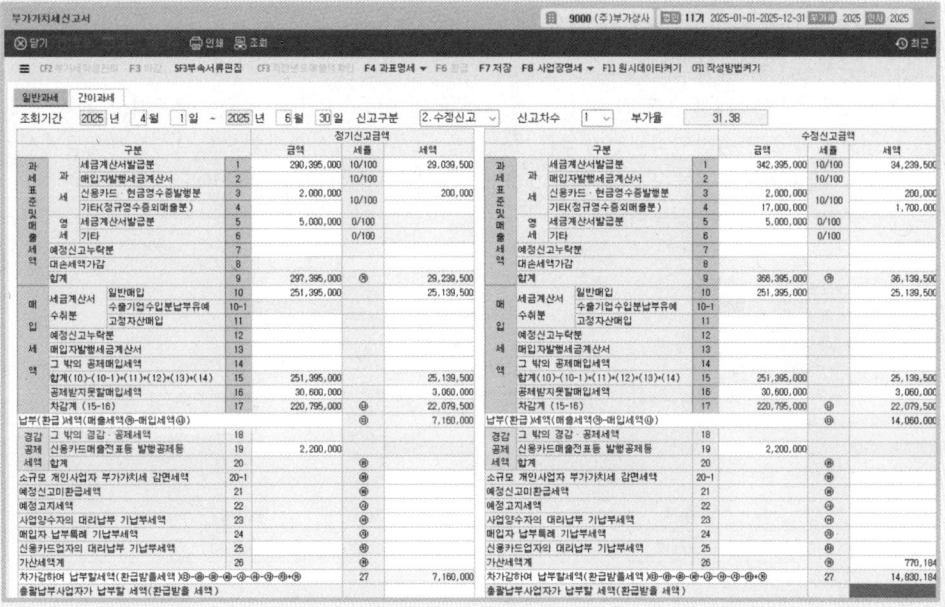

3) 가산세명세서

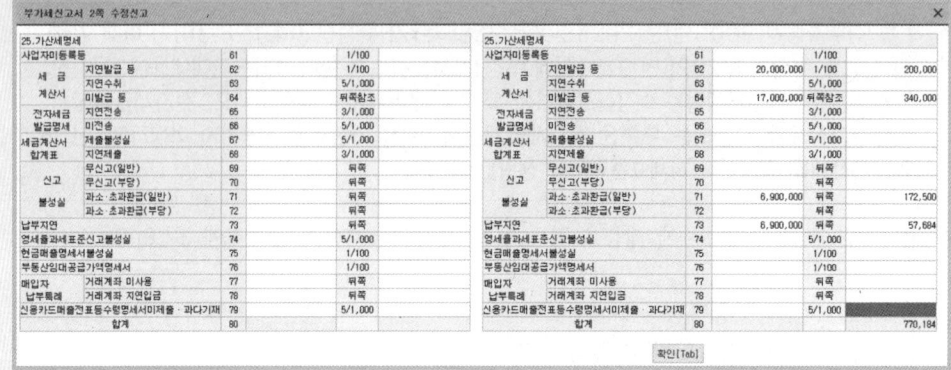

- 지연발급등: 20,000,000 × 1% = 200,000원(종이발급 1%)
- 세금계산서미발급가산세: 17,000,000 × 2% = 340,000원(미발급 2%)
- 수정신고분 부가가치세 합계액: 3,200,000원+2,000,000원+1,700,000원 = 6,900,000원
  - 신고불성실가산세(일반): 6,900,000원 × 10% × 25%(3개월 이내 감면율 75%) = 172,500원
  - 납부지연(납부불성실)가산세: 6,900,000원 × 2.2/10,000 × 38일 = 57,684원
- 당초납부기한: 2025.07.25. 납부일: 2025.09.01 → 미납일수 38일
- 가산세액계: 770,184원

실습예제 따라하기

02 ㈜부가상사(9000번)는 2025년 제 2기 부가가치세 확정신고를 하지 못하였으며, 2026년 2월 1일에 기한후 신고로 신고·납부하기로 하였다. 다음 자료를 매입매출전표에 입력(분개는 생략한다)하여 제 2기 확정신고기간에 대한 부가가치세 기한후신고서(과세표준명세는 신고구분만 할 것)를 작성하시오. 가산세는 일반무신고가산세를 적용하고 미납일수는 7일로 한다.

- 10월 29일: 제품 2,400,000원(부가가치세 별도)을 ㈜하남물류에게 매출하였으나 전자세금계산서 대신 종이세금계산서만 교부하였다.
- 12월 16일: 원재료 2,900,000원(부가가치세 별도)을 ㈜이천으로부터 매입하고 전자세금계산서를 수취하였다.
- 12월 25일: 제품 3,700,000(부가가치세 별도)을 우리상사에게 매출하고 전자세금계산서를 교부하고 전송하였다. 전자세금계산서를 교부하고 전송하였으므로, 전자세금계산서 가산세 및 매출처별세금계산서합계표 가산세는 적용하지 아니하도록 한다.

실기 따라하기 02

1) 매입매출전표 입력
   - 10월 29일

유형	품목	수량	단가	공급가액	부가세	거래처	
11.과세	제품판매			2,400,000	240,000	00101	㈜하남물류(전자: 부)

   - 12월 16일

유형	품목	수량	단가	공급가액	부가세	거래처	
51.과세	원재료			2,900,000	290,000	00102	㈜이천(전자: 여)

- 12월 25일

유형	품목	수량	단가	공급가액	부가세	거래처	
11.과세	제품판매			3,700,000	370,000	00103	우리상사(전자: 여)

2) 부가가치세신고서(조회기간: 2024년 10월~12월)

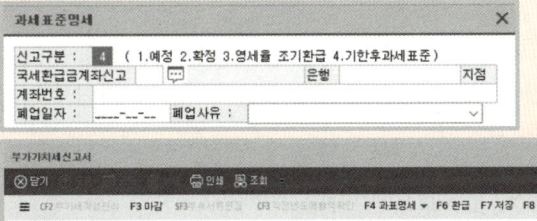

- 지연발급등: 2,400,000 × 1% = 24,000원(종이발급 1%)
- 수정신고분 부가가치세 합계액: 240,000 + 370,000 − 290,000원 = 320,000원
  - 신고불성실가산세(일반): 320,000원 × 20% × 50%(1개월 이내 감면율 50%) = 32,000원
  - 납부지연(납부불성실)가산세: 320,000원 × 2.2/10,000 × 7일 = 492원
- 당초납부기한: 2026.01.25. 납부일: 2026.02.01. → 미납일수 7일
- 가산세액계: 56,492원

04 부가가치세 전자신고

부가가치세 신고는 작성한 신고서를 관할세무서에 서면제출 또는 전자신고 하여야 한다. 전자신고는 부가가치세신고서를 전자신고용파일로 변환하여 국세청으로 전송하는 것으로, 확정신고 전자신고시 전자세액공제 10,000원을 받을 수 있다(세무대리인 신고시 제외). 부가가치세 전자신고는 다음의 순서로 진행한다.

(1) 각종 부속서류의 저장과 마감

부가가치세 전자신고시 신고서에 첨부할 부속서류를 저장 및 마감을 실행하여야 한다. 저장 또는 마감을 실행하지 않으면 전산에서 오류가 발생한다.

(2) 부가가치세 신고서 마감

부속서류 작성 및 마감 후 부가가치세 상단에 위치한 F3마감을 클릭한다. 만일 입력누락 및 오류가 있을시 F3 마감취소를 실행한 후 추가 또는 수정 입력하고 마감한다.

(3) 전자신고용 파일 제작

신고년월과 신고인구분(1.세무대리인,2.납세자 자진신고)을 선택하여 조회 후 상단 F4제작을 실행하면 비밀번호 입력 화면이 나타난다. 전자신고용 파일의 제작이 완료되면 C드라이브 바탕화면에 파일이 생성되면서 제작일자에 현재 날짜가 표시된다.

(4) 형식검증과 내용검증

전자신고 파일 제작 후 전자신고 메뉴에서 F6 홈택스바로가기 를 클릭한다. 홈택스 화면에서 전자신고를 위하여 형식검증부터 내용검증결과확인까지 차례대로 진행한다.

구분	내용
파일이 정상일 경우	내용검증에 오류항목 건수가 없다.
파일이 오류일 경우	① 내용검증에 오류항목 건수가 표시가 되며, 건수를 클릭 시 결과조회를 할 수 있다. ② 결과 조회에서 사업자등록번호를 클릭하면 오류내역 조회한다.
부가가치세신고서 마감시 경고 오류만 있는 경우	① 내용검증에 오류항목 건수가 표시가 되며, 건수를 클릭 시 결과조회를 할 수 있다. ② 결과 조회에서 내용검증(경고/안내)으로 표시되며, 사업자등록번호(주민등록번호)를 클릭하면 경고 내용을 확인할 수 있다.

(5) 전자제출

화면 하단의 전자파일 제출을 클릭하면 정상 변환된 제출 가능한 신고서 목록이 조회된다. 전자제출이 완료되면 접수내용을 확인할 수 있는 접수증을 출력할 수 있다.

> **실습예제 따라하기**
>
> **01** ㈜가치상사(9900번)의 2025년 제1기 부가가치세 예정신고기간의 [부가가치세신고서]를 마감하여 전자신고를 수행하시오(단, 저장된 데이터를 불러와서 사용할 것)
>
>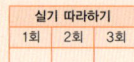
>
> 1. [전자신고] → [국세청 홈택스 전자신고변환(교육용)] 순으로 진행한다.
> 2. [전자신고]에서 전자파일 제작 시 신고인 구분은 2.납세자 자진신고로 선택하고, 비밀번호는 "12345678"로 입력한다.
> 3. [국세청 홈택스 전자신고변환(교육용)]에서 전자파일변환(변환대상파일선택) > 찾아보기
> 4. 전자신고용 전자파일 저장경로는 로컬디스크(C:)이며, 파일명은 "enc작성연월일.101.v4028507977"이다.
> 5. 형식검증하기 ➡ 형식검증결과확인 ➡ 내용검증하기 ➡ 내용검증결과확인 ➡ 전자파일제출 을 순서대로 클릭한다.
> 6. 최종적으로 전자파일 제출하기 를 완료한다.

실기 따라하기 01

1. [부가가치세신고서] 조회 및 마감

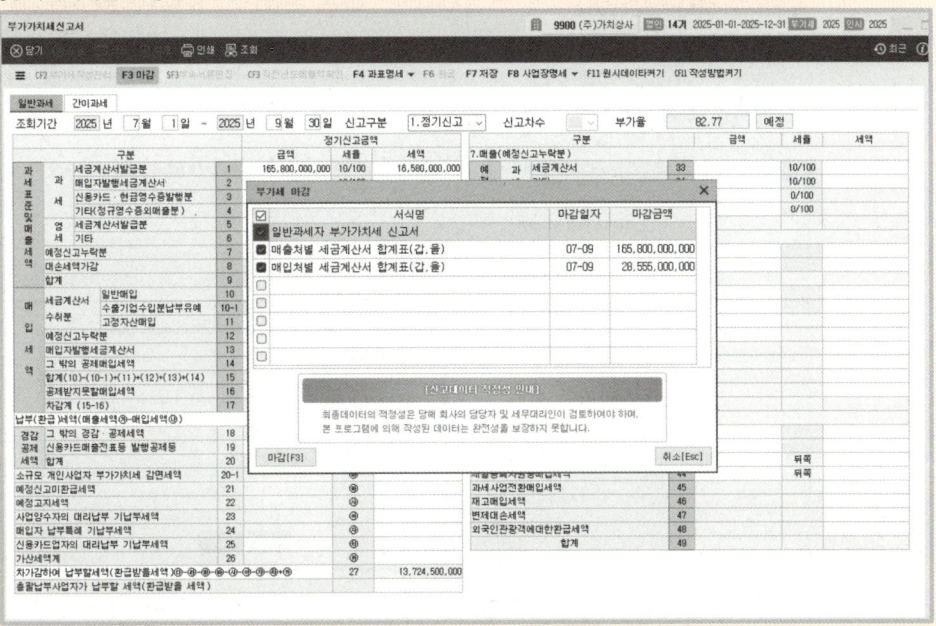

2. [전자신고] > [F4제작] 탭

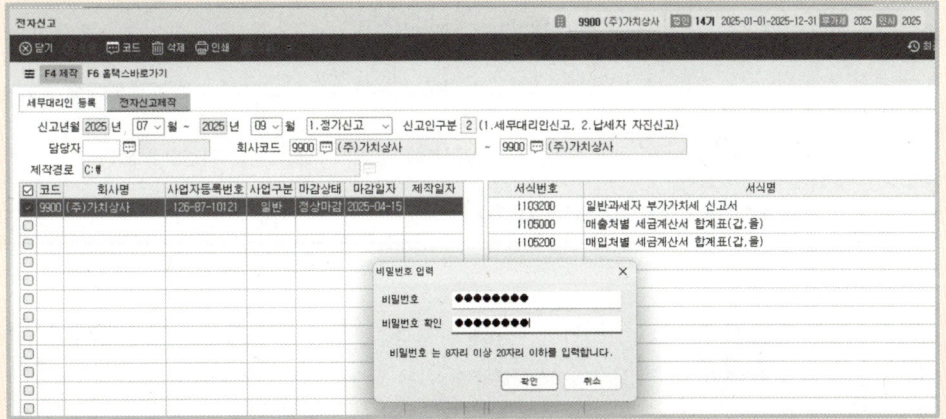

3. F6홈텍스 바로가기

   1) 전자파일변환을 위해 찾아보기 버튼을 클릭하여 변환대상파일(제작연월일에 따라 제작파일명이 달라짐)을 선택한다.

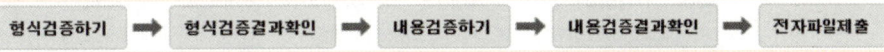

2) 전자파일 첨부 후 검증순서별로 버튼을 클릭하여 파일의 형식 및 내용을 검증한다.

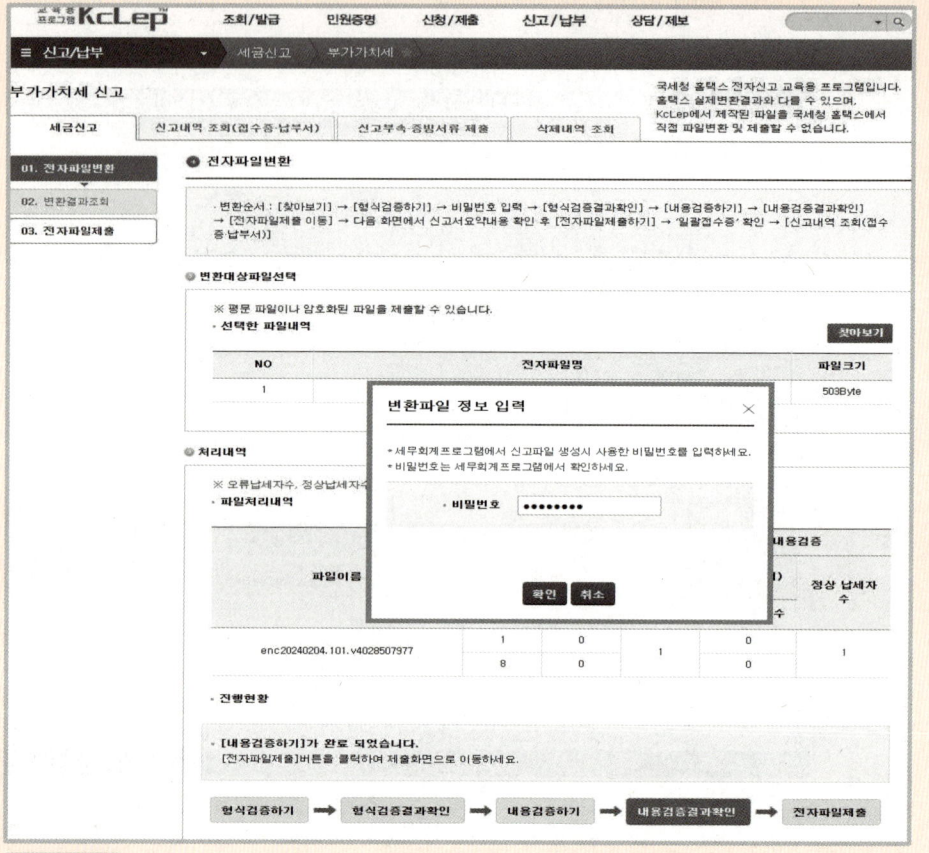

3) <전자파일 제출하기>를 클릭하면 부가가치세신고서 접수증에서 제출내역을 확인할수 있다.

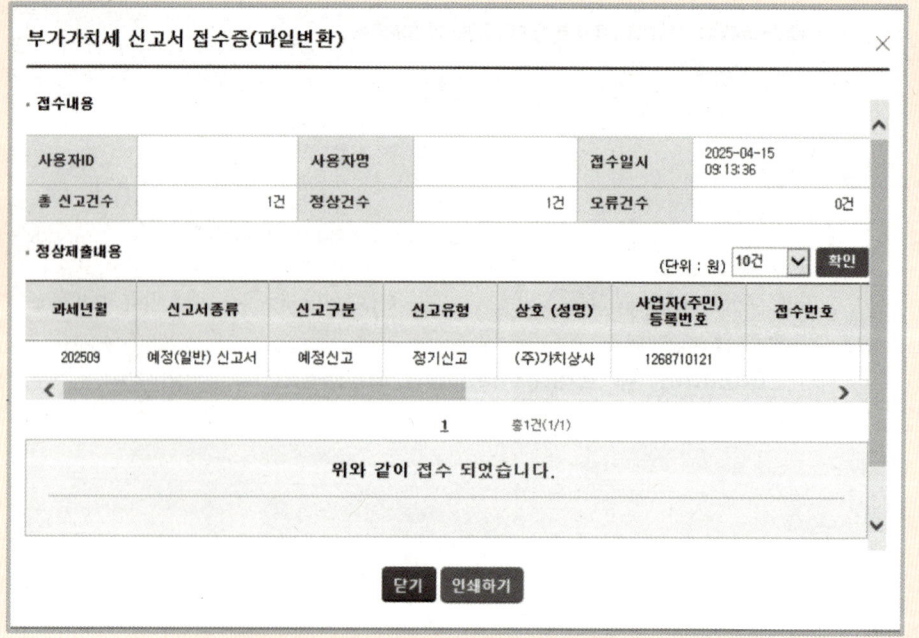

이패스 전산세무 1급

PART 03

결산 및 재무제표

Chapter 01 고정자산등록 및 감가상각
Chapter 02 결산프로세스
Chapter 03 재무제표 작성

CHAPTER 01 고정자산등록 및 감가상각

01 고정자산 및 감가상각

「고정자산 및 감가상각」모듈에서는 기업의 영업활동에 사용할 목적으로 취득하는 유형자산과 무형자산의 감가상각관리를 위한 자료를 입력한다(201.토지, 214.건설중인자산 제외). 당기 고정자산을 취득시 전표 입력을 하면서 고정자산등록 보조창을 통해 등록할 수도 있다.

구분	내용
① 자산 계정과목	F2 또는 말풍선을 클릭하여 나타나는 보조창에서 해당하는 계정과목을 선택하여 입력한다
② 자산코드/명	자산코드와 및 자산명을 입력한다.
③ 취득년월일	해당 자산의 취득일을 입력한다.
④ 상각방법	건물은 정액법, 그 외의 유형자산은 정률법이 자동으로 반영된다.(환경등록 설정)
⑤ 기본등록사항	1. 기초가액: 유형자산은 취득금액, 무형자산은 전기말 장부금액(상각 후 잔액)을 입력 2. 전기말상각누계액: 전기말재무상태표 상 감가상각누계액 3. 전기말 장부가액: 유형자산은 기초가액에서 전기말 감가상각누계액을 차감한 금액이 자동으로 반영된다. 10. 내용연수: 해당 자산의 감가상각 내용연수를 입력 14. 경비구분: 제조원가에 해당하면 코드 1. 500번대(제조)를 선택하고 판매관리에 해당하면 코드 6. 800번대(판관비)를 선택

실습예제 따라하기

01 ㈜이패스(1000번)의 고정자산내역은 다음과 같다. 고정자산등록메뉴에 등록하시오.

코드	계정과목	품명	취득일	취득가액	감가상각누계액	상각방법	내용연수	비고
1001	건물	본사건물	2025.1.15	100,000,000		정액법	20년	본사사용
2001	기계장치	프레스기	2025.7.10	20,000,000		정률법	5년	공장사용
3001	차량운반구	화물차	2022.3.15	40,000,000	26,000,000	정률법	5년	공장사용
4001	비품	에어컨	2023.7.31	3,000,000	1,000,000	정률법	4년	본사사용

실기 따라하기 01

[고정자산등록 화면]

1. 1001. 건물 입력: 당기분 감가상각비 ₩5,000,000

* 당기 중 취득이므로 〈4.당기중 취득 및 당기 증가〉에 취득금액 입력
* 본사건물이므로 경비구분 6.800번대(판관비)

2. 2001. 기계장치 입력: 당기분 감가상각비 ₩4,510,000

* 당기 중 취득이므로 〈4.당기중 취득 및 당기 증가〉에 취득금액 입력
* 공장 기계장치이므로 경비구분 1.500번대(제조)

3. 3001. 차량운반구 입력: 당기분 감가상각비 ₩6,314,000

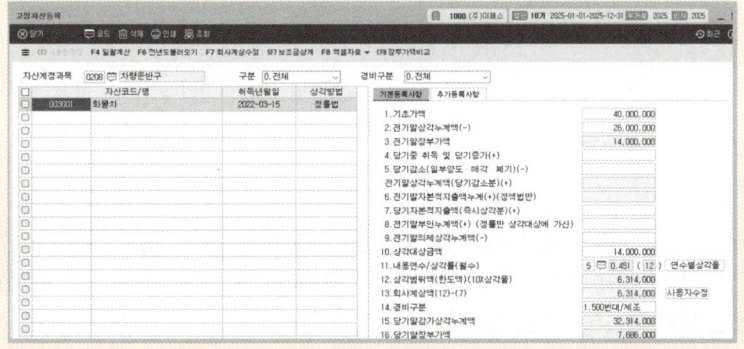

* 1.기초가액에는 취득원가, 2.전기말상각누계액에는 감가상각누계액 입력
* 공장 차량이므로 경비구분 1.500번대(제조)

4. 4001. 비품 입력: 당기분 감가상각비 ₩1,056,000

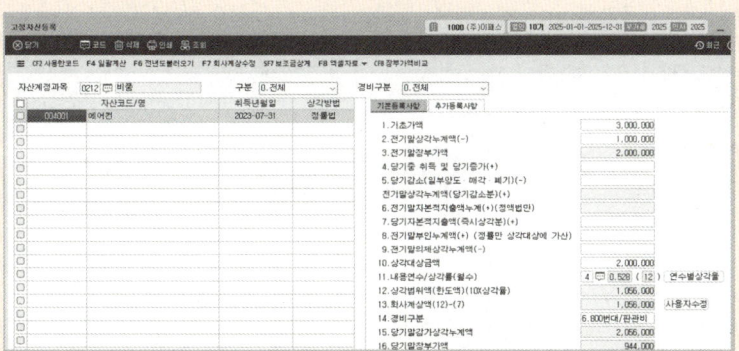

* 1.기초가액에는 취득원가, 2.전기말상각누계액에는 감가상각누계액 입력
* 본사사용분이므로 경비구분 6.800번대(판관비)

02 결산프로세스

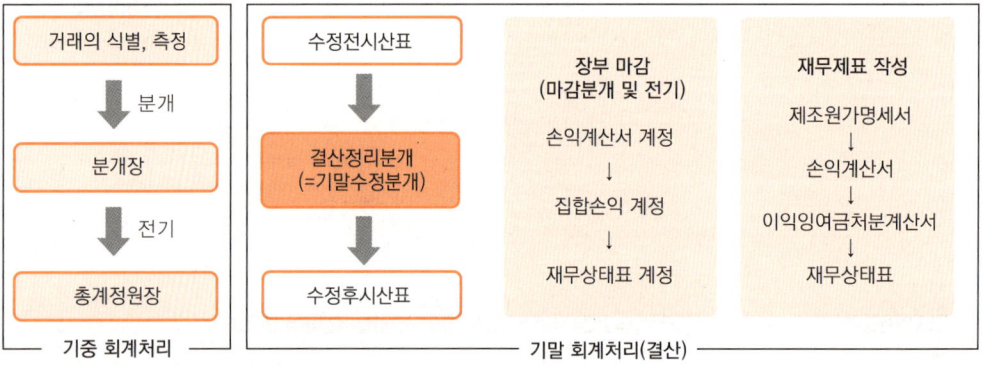

결산(closing)이란 회계기간 말에 장부를 마감하여 재무제표를 작성하는 절차를 말한다. 실무 프로그램에서의 결산은 결산예비절차의 기말수정분개를 입력하고 마감이월함(자동)으로써 재무제표를 작성한다. 실무시험에서의 결산문제는 기말수정분개 문제로 수동결산과 자동결산이 있다.

01 수동결산

수동결산	[일반전표입력] 메뉴에서 결산일(12월31일)에 결산분개를 직접 입력하는 방법(3.차변,4.대변을 이용하여 입력한다. 5.결차,6.결대는 자동결산전표를 구분하기 위한 것이다)

(1) 손익의 이연과 예상

발생주의 회계에서는 현금의 수수와 관계없이 회계 기간안에 귀속되는 수익 및 비용을 인식한다.

- **선급비용(비용의 이연)**: 차기에 귀속되는 비용이지만 당기에 지급하여 당기 비용으로 처리된 금액, 차기에 귀속되는 비용은 당기 자산인 선급비용이다.

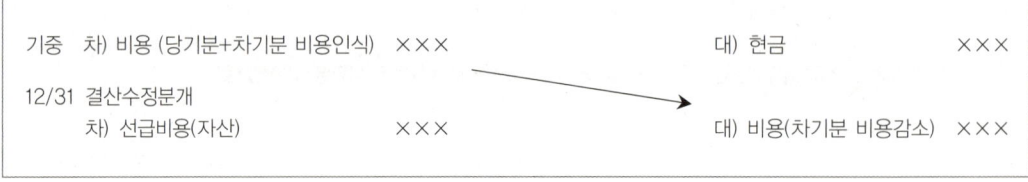

예제

20X1년 10월 1일 보험료 1년분(월 10,000원)을 현금으로 지급하다.

10월 1일 분개	결산수정분개
비용 회계처리 (차) 보험료　　120,000원　(대) 현금　　120,000원	12월31일: (차) 선급비용　90,000원　(대) 보험료　90,000원
자산 회계처리 (차) 선급비용　120,000원　(대) 현금　　120,000원	12월31일: (차) 보험료　　30,000원　(대) 선급비용　30,000원

해설

10월 1일 보험료 지급시 회계처리에 따라 결산수정분개가 달라진다. 당기비용처리 하였을 때에는 결산시 차기분 금액(9개월분)에 대해 선급비용(자산) 회계처리 하고, 차기비용처리 하였을 때에는 당기분 비용(3개월분)을 계상하여야 한다.

- **미지급비용(비용의 예상)**: 당기 비용이지만 당기에 미지급한 금액, 당기 미지급한 비용은 당기 부채인 미지급비용이다.

```
12/31 결산수정분개
       차) 비용(당기분 비용의 예상)    ×××    대) 미지급비용(부채)    ×××
```

예제

20X1년 12월분 급여 1,000,000원의 지급일은 차월 5일이다.

결산수정분개
(차) 급여　　　　　1,000,000원　(대) 미지급비용　　　　1,000,000원

해설

차기 지급일 도래시
(차) 미지급비용　　　　1,000,000원　(대) 현금　　　　　1,000,000원

- **선수수익(수익의 이연)**: 차기에 귀속되는 수익이지만 당기에 수취하여 당기 수익으로 처리된 금액, 차기에 귀속되는 수익은 당기 부채인 선수수익이다.

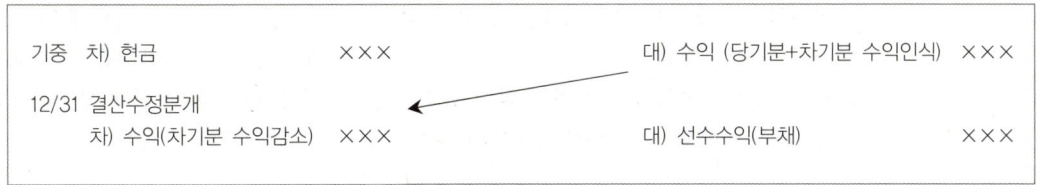

> **예제**
>
> 20X1년 10월 1일 임대료 1년분(월 10,000원)을 현금으로 수취하다.
>
> | 10월 1일 분개 | 결산수정분개 |
> |---|---|
> | 수익 회계처리
(차) 현금   120,000원 (대) 임대료   120,000원 | 12월31일:
(차) 임대료   90,000원 (대) 선수수익   90,000원 |
> | 부채 회계처리
(차) 현금   120,000원 (대) 선수수익   120,000원 | 12월31일:
(차) 선수수익 30,000원 (대) 임대료   30,000원 |
>
> **해설**
>
> 10월 1일 임대료 수취시 회계처리에 따라 결산수정분개가 달라진다. 당기수익처리 하였을 때에는 결산시 차기분 금액(9개월분)에 대해 선수수익(부채) 회계처리 하고, 차기수익처리 하였을 때에는 당기분 수익(3개월분)을 계상하여야 한다.

- **미수수익(수익의 예상)**: 당기분 수익이지만 당기에 수취하지 못한 금액, 당기 미수취한 수익은 당기 자산인 미수수익이다.

```
12/31 결산수정분개
         차) 미수수익(자산)     ×××         대) 수익(당기분 수익의 예상)   ×××
```

> **예제**
>
> 20X1년 12월분 이자수익 100,000을 수취하지 못하였다.
>
> | 결산수정분개 |
> |---|
> | (차) 미수수익   100,000원   (대) 이자수익   100,000원 |
>
> **해설**
>
> 차기 수취일 도래시
> (차) 현금   100,000원   (대) 미수수익   100,000원

(2) 소모품 대체

소모품 구입시 회계처리 방법(비용 또는 자산)에 따라 결산수정분개가 달라진다. 자산계정은 영구계정으로 그 잔액이 차기로 이월된다. 따라서 당기 사용분은 비용계정, 당기 미사용분은 자산계정으로 수정하여 장부를 정리한다. 구입시 비용처리 하였을 경우는 미사용분에 대해 자산(소모품)으로 대체하고, 구입시 자산 처리 하였을 경우에는 사용분에 대해 비용(소모품비)으로 대체한다.

> **예제**
>
> 20X1년 10/1 소모품 100,000원을 구입하였다.
>
> 결산시 소모품 미사용액은 30,000이다.
>
> | 구입시 | 결산수정분개 |
> |---|---|
> | 비용 회계처리
(차) 소모품비   100,000원 (대) 현금   100,000원 | 미사용분 소모품 대체
(차) 소모품   30,000원 (대) 소모품비   30,000원 |
> | 자산 회계처리
(차) 소모품   100,000원 (대) 현금   100,000원 | 사용분 소모품비 대체
(차) 소모품비   70,000원 (대) 소모품   70,000원 |

(3) 현금과부족 정리

현금과부족은 임시계정으로 재무제표에 반영하지 않고 그 원인을 밝혀야 한다. 결산 시까지 밝혀지지 않을 경우 잡손실 또는 잡이익 회계처리한다. 결산일 현재 현금시재액의 차이는 현금과부족 회계처리하지 않고, 바로 잡손실 또는 잡이익 회계처리한다.

> **예제**
>
> 〈현금부족시〉 현금의 장부금액 300,000원(실제 250,000원)
>
> 〈현금과잉시〉 현금의 장부금액 300,000원(실제 330,000원)
>
> | | 구입시 | 결산수정분개 |
> |---|---|---|
> | 기중 | 〈현금부족시〉
(차) 현금과부족 50,000 (대) 현금   50,000 | (차) 잡손실   50,000 (대) 현금과부족 50,000 |
> | | 〈현금과잉시〉
(차) 현금   30,000 (대) 현금과부족 30,000 | (차) 현금과부족 30,000 (대) 잡이익   30,000 |
> | 결산일 | 〈현금부족시〉 | (차) 잡손실   50,000 (대) 현금   50,000 |
> | | 〈현금과잉시〉 | (차) 현금   30,000 (대) 잡이익   30,000 |
>
> **해설**
>
> 회계기간중 현금시재액의 부족시 현금과부족은 차변에 잔액이 양수(+)이고, 과잉시에는 차변에 잔액이 음수(-)이다.

(4) 가지급금과 가수금 정리

결산 시에 임시계정인 가지급금과 가수금은 그 내용을 나타내는 적절한 과목으로 수정하여야 한다.

(5) 유가증권의 평가(공정가치법)

결산 시에 보유중인 단기매매증권과 매도가능증권은 공정가치로 평가하여 재무정보이용자에게 적시성있는 회계정보를 제공한다.(만기보유증권은 상각후원가법)

예제

20X1년 10/1 ㈜평화의 주식을 100,000원에 취득하였다.

취득시	단기투자목적	(차) 단기매매증권	100,000원	(대) 현금	100,000원
결산수정분개	공정가치 상승 (120,000원)	(차) 단기매매증권	20,000원	(대) 단기매매증권평가이익	20,000원
	공정가치 하락 (90,000원)	(차) 단기매매증권평가손실	10,000원	(대) 단기매매증권	10,000원
취득시	장기투자목적	(차) 매도가능증권	100,000원	(대) 현금	100,000원
결산수정분개	공정가치 상승 (120,000원)	(차) 매도가능증권	20,000원	(대) 매도가능증권평가이익	20,000원
	공정가치 하락 (90,000원)	(차) 매도가능증권평가손실	10,000원	(대) 매도가능증권	10,000원

해설
평가손익은 실현되지 않은 손익이나, 단기매매증권평가손익은 당기손익으로 인식하고, 매도가능증권평가손익은 당기 미실현손익으로 기타포괄손익누계액(자본) 계정으로 인식한다.

(6) 외화 자산·부채의 평가

외화자산 및 부채의 장부금액 계상시의 환율과 결산일의 환율의 변동에 의한 차액을 외화환산이익 또는 외화환산손실로 장부에 계상한다.

예제1

20X1년 10/1 ㈜S.co에 제품을 외상으로 직수출하다.($1,000)

10월 1일	외화자산(기준환율 1$=1,000원)	(차) 외상매출금 1,000,000원	(대) 제품매출 1,000,000원
결산수정분개	환율 상승(기준환율 1$=1,100원)	(차) 외상매출금 100,000원	(대) 외화환산이익 100,000원
	환율 하락(기준환율 1$=950원)	(차) 외화환산손실 50,000원	(대) 외상매출금 50,000원

해설
외화자산의 경우 결산시 환율상승시 외화환산이익, 환율 하락시 외화환산손실이 발생한다.

예제2

20X1년 10/1 BoA에서 $1,000를 장기차입하다.(외화장기차입금 처리할 것)

10월 1일	외화부채(기준환율 1$=1,000원)	(차) 현금 1,000,000원	(대) 외화장기차입금 1,000,000원
결산수정분개	환율 상승(기준환율 1$=1,100원)	(차) 외화환산손실 100,000원	(대) 외화장기차입금 100,000원
	환율 하락(기준환율 1$=950원)	(차) 외화장기차입금 50,000원	(대) 외화환산이익 50,000원

해설
외화부채의 경우 결산시 환율상승시 외화환산손실, 환율 하락시 외화환산이익이 발생한다.

(7) 장기차입금 유동성 대체

차입시에는 장기차입금이었으나 당기 결산일 현재 만기일이 1년 이내로 상환하여야 할 장기차입금은 유동성장기부채로 대체한다.

예제

20X1년 1월 1일 3년 만기의 차입금을 평화은행에서 100,000원 차입하다.

20X1년 1월 1일	20X2년 결산수정분개
(차) 현금 100,000원 (대) 장기차입금 100,000원	(차) 장기차입 100,000원 (대) 유동성장기부채 100,000원

해설

20X1년 1월 1일 시점에서는 만기가 3년으로 비유동부채인 장기차입금이었으나, 20X2년 12월 31일에는 만기가 1년 이내로 도래하였으므로 결산시 계정과목을 유동부채인 유동성장기부채로 대체한다.

(8) 대손충당금 환입

채권(매출채권, 미수금 등)에 대한 대손충당금 설정은 자동결산 항목이나, 대손추정액이 대손충당금보다 작을 경우 수동결산 항목에 해당된다.

예제

20X1년 12월 31일 외상매출금 잔액 1,000,000에 대한 1% 대손율을 추정한다.(대손충당금 잔액 12,000원)

20X1년 1월 1일	20X2년 결산수정분개
대손추정액 10,000 < 대손충당금잔액 12,000	(차) 대손충당금(109) 2,000원 (대) 대손충당금환입 2,000원

(9) 선납세금

회사가 기중에 납부한 법인세(법인의 소득에 대한 세금)를 정리한다. 기중에 납부한 법인세는 선납세금(수시납부, 원천징수, 중간예납)으로 회계처리 되어있으며, 결산시 수동결산으로 12월 31일 일반전표에 입력하거나 자동결산으로 정리하는 방법 중 하나를 선택할 수 있다.

예제 1

20X1년 4월 1일 정기예금에 대한 이자수익 100,000 중 14,000원을 원천징수분을 제외한 금액이 보통예금으로 입금되다.

예제 2

20X1년 8월 31일 법인세 중간예납분 1,000,000원을 보통예금으로 납부하다.

20X1년 4월 1일	20X2년 결산수정분개(선납세금 잔액확인)
(차) 선납세금 14,000원 (대) 이자수익 100,000원 　　보통예금 86,000원	(차) 법인세등 114,000원 (대) 선납세금 114,000원
20X1년 8월 31일	
(차) 선납세금 100,000원 (대) 보통예금 100,000원	

(10) 유형·무형자산 손상차손

유형·무형자산의 회수가능액이 당해 유형자산의 장부금액에 미달하는 경우 장부금액을 회수가능액으로 조정하고 감소금액은 손상차손으로 처리하여 당기손익으로 인식한다.

예제 1

결산일 현재 손상징후가 있다고 판단되는 건물의 장부금액은 30,000,000원이다. 해당 건물의 손상여부를 검토한 결과 건물의 사용가치는 25,000,000원이고 처분가치는 27,500,000원으로 판단되어 손상차손을 인식하였다.

결산수정분개			
(차) 유형자산손상차손	2,500,000원	(대) 손상차손누계액	2,500,000원

해설

손상차손 = 장부가액 − Max(사용가치 25,000,000, 처분가치 27,500,000)

예제 2

20X1년 7월 1일 재무제표에 계상한 개발비 20,000,000원에 대한 사업성이 20X3년말 완전히 소멸한 것으로 확인되었다. 당사는 개발비에 대하여 내용연수 20년에 정액법으로 상각하고 있다. 당해 감가상각분은 판매비관리비로 처리하고, 소멸분은 영업외비용으로 회계처리하기로 한다(단, 비망가액 1,000원은 남겨두기로 한다).

결산수정분개			
(차) 무형자산상각비	1,000,000원	(대) 개발비	18,499,000원
무형자산손상차손	17,499,000원		

해설

무형자산상각비	
20X1	500,000원
20X2	1,000,000원
20X3	1,000,000원

무형자산손상차손 = (20,000,000 − 2,500,000 − 1,000) = **17,499,000원**

(11) 장기제품보증부채

예제

당사는 제품 구입 후 1년 간의 하자에 대한 무상보증수리용역을 제공하고 있으며, 발생하는 제품보증비(판매비와 관리비)에 대하여 판매액의 1%를 장기제품보증부채로 설정하고 있다. 결산일 현재 무상보증수리기간이 남아있는 판매액이 180,000,000원이며 장기제품보증부채 잔액은 790,000원이다.

결산수정분개			
(차) 제품보증비	1,010,000원	(대) 장기제품보증부채	1,010,000원

해설

설정액: (180,000,000원 × 1%) − 790,000원 = 1,010,000원

(12) 사채의 상각

예제 1

당사가 기 발행한 사채에 대한 자료이다. 기말에 사채의 액면가액과 발행가액의 차액이 대한 상각비를 일반기업회계기준에 따라 회계처리 하시오.

① 사채액면가액: 100,000,000원
② 사채발행가액: 90,000,000원
③ 사채의 액면가액과 발행가액의 차액 상각비: 유효이자율법 적용시 3,000,000원
　　　　　　　　　　　　　　　　　　　　　정액법 적용시　　2,000,000원

결산수정분개

(차) 이자비용	3,000,000원	(대) 사채할인발행차금	3,000,000원

예제 2

당사가 기 발행한 사채에 대한 자료이다. 기말에 사채의 액면가액과 발행가액의 차액이 대한 상각비를 일반기업회계기준에 따라 회계처리 하시오.

① 사채액면가액: 80,000,000원
② 사채발행가액: 83,000,000원
③ 사채의 액면가액과 발행가액의 차액 상각비: 유효이자율법 적용시 320,000원 정액법 적용시 300,000원
단, 액면이자에 대해서는 전액 이자비용으로 회계처리 하였다고 가정한다.

결산수정분개

(차) 사채할증발행차금	320,000원	(대) 이자비용	320,000원

(13) 부가가치세정리

예제

제2기 확정신고기간의 부가가치세와 관련된 내용은 다음과 같다고 가정한다. 데이터는 무시하고, 다음 내용에 따라 12월 31일 부가세예수금과 부가세대급금 회계처리를 하시오(예정신고 미환급세액은 미수금으로 회계처리 되어있으며 납부세액은 미지급세금, 가산세는 판관비의 세금과공과로 처리한다).

- 부가세대급금: 51,000,000원
- 예정신고미환급세액: 5,000,000원
- 부가세예수금: 71,000,000원
- 예정신고누락분 세금계산서 관련 가산세: 300,000원

결산수정분개

(차) 부가세예수금	71,000,000원	(대) 부가세대급금	51,000,000원
세금과공과금	300,000원	미수금	5,000,000원
		미지급세금	15,300,000원

02 자동결산

자동결산	[결산자료입력] 메뉴에서 해당하는 란에 금액을 입력하여 F3 전표추가 키에 의하여 [일반전표입력] 메뉴에 결산분개를 자동으로 생성하는 방법 * 자동결산 항목이라도 12월 31일 분개를 직접 입력하는 수동결산이 가능함

① [결산자료입력] 메뉴에서 F4 원가설정을 클릭하여 자동설정(F3)을 이용하여 제품매출원가 사용여부를 1.여로 설정한다. 기간을 1월~12월로 설정한 후 각 입력란에 해당하는 금액을 기입한다.

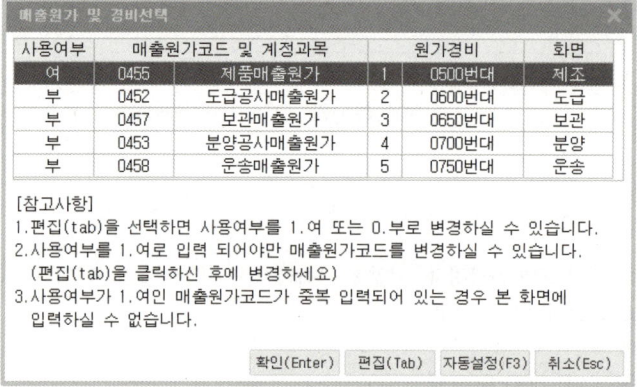

② 재고자산의 기말재고액 입력(원재료, 재공품, 제품, 상품): 재고자산의 기말재고액을 입력함으로써 원재료비, 당기제품제조원가 및 매출원가를 계상한다.

> ① 원재료비 = 기초원재료재고액 + 당기원재료매입액 - 기말원재료재고액
> ② 당기제품제조원가 = 기초재공품재고액 + 당기총제조원가 - 기말재공품재고액
> ③ 제품매출원가 = 기초제품재고액 + 당기제품제조원가 - 기말제품재고액
> ④ 상품매출원가 = 기초상품재고액 + 당기상품매입액 - 기말상품재고액

③ 감가상각비 입력 (제조원가(500번대), 판매비관리비(800번대)구분입력)
상단의 F7 감가상각을 클릭하면 나타나는 보조창에서 결산반영금액을 확인, 수정입력한 후 결산반영을 클릭하면 일괄 입력된다.

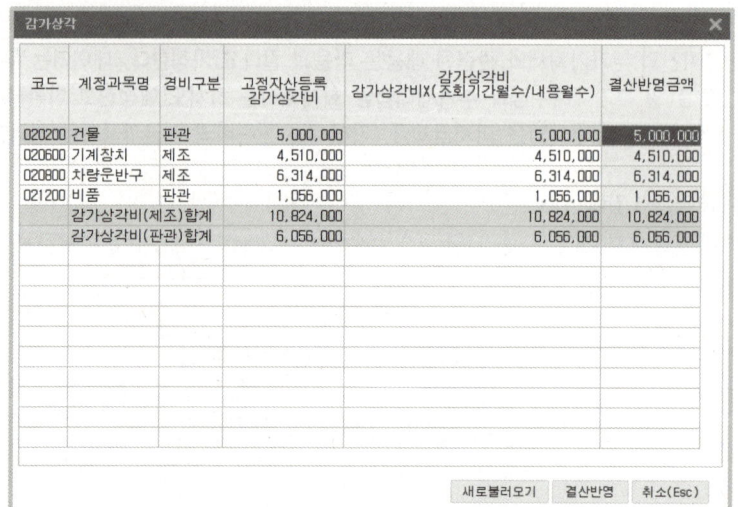

④ 대손상각비 입력

채권별로 대손상각란에 직접 입력 또는 F8 대손상각을 클릭하여 보조창에 대손율(1%, 수정가능) 확인 모든 채권에 대하여 대손충당금 설정액을 자동으로 불러온다. 대손충당금을 설정하지 않을 채권은 추가설정액을 삭제하고 결산반영을 클릭하면 결산자료입력에 일괄 입력된다.

대손상각						
대손율(%) 1.00						
			설정전 충당금 잔액		추가설정액(결산반영)	
코드	계정과목명	금액	코드	계정과목명	금액	[(금액×대손율)-설정전충당금잔액]	유형
0108	외상매출금	81,340,000	0109	대손충당금	270,000	543,400	판관
0110	받을어음	300,000	0111	대손충당금		3,000	판관
0120	미수금	660,000	0121	대손충당금		6,600	영업외
	대손상각비 합계					546,400	판관
	기타의 대손상각비					6,600	영업외

⑤ 퇴직급여충당부채 계상액 입력(제조원가(500번대), 판매비관리비(800번대)구분입력)

상단의 Ctrl F8 퇴직충당을 클릭하여 보조창에서 퇴직급여추계액 란에 퇴직급여추계액을 제조원가(508.퇴직급여)와 판매관리비(806.퇴직급여)로 구분하여 입력한다. 자동으로 계산된 추가설정액을 결산반영한다.

퇴직충당부채								
코드	계정과목명	퇴직급여추계액	설정전 잔액				추가설정액(결산반영) (퇴직급여추계액-설정전잔액)	유형
			기초금액	당기증가	당기감소	잔액		
0508	퇴직급여	70,000,000	45,000,000			45,000,000	25,000,000	제조
0806	퇴직급여	60,000,000	25,000,000			25,000,000	35,000,000	판관

⑥ 법인세비용의 입력

결산시 선납세금 정리방법	
1) 수동결산(일반전표 12월 31일 입력)	(차) 법인세비용 xxx (대) 선납세금 xxx
2) 자동결산(결산자료입력)	결산전금액에 있는 선납세금을 결산반영금액 줄에 입력

1) 화면상단의 F6 잔액조회를 클릭하거나 또는 합계잔액시산표에서 기중 납부한 법인세인 선납세금(수시납부, 원천징수, 중간예납분)계정을 조회하여 선납세금을 정리한다. 선납세금과 관련한 결산수정분개는 다음의 두 가지 방법 중 하나를 선택하여 전표에 반영한다.

* 법인의 소득세는 각사업연도분(회계기간)에 대하여 결산일 기준 3개월 이내에 신고납부한다. 이 때 기중 납부한 선납세금은 제외하고 납부한다.

2) 법인세 추산액에서 선납세금을 제외한 금액(미지급법인세)을 결산자료입력 화면의 추가계상액 결산반영금액에 입력한다.

⑦ 자동전표생성: 결산자료입력을 마치면 F3 전표추가를 클릭하고 나타나는 보조창에서 "결산분개를 일반전표에 추가하시겠습니까?"라는 질문에 예(Y)를 선택하여 일반전표에 결산분개를 자동반영한다.

⑧ 자동생성된 전표 수정: 결산자료입력 메뉴 화면 상단의 Ctrl + F5를 클릭하여 결산분개 일괄 삭제 및 결산자료 재입력 후 결산분개 재생성을 할 수 있다.

결산수정사항 정리	
수동결산	「일반전표메뉴」에서 결산일(12월 31일)에 분개 입력 ① 선급비용, 선수수익, 미지급비용, 미수수익 ② 소모품, 현금과부족, 가지급금, 가수금 등 정리 ③ 대손충당금 환입 ④ 단기매매증권·매도가능증권평가손익, 외화환산손익 계상 ⑤ 유동성대체, 유·무형자산 손상차손, 장기제품보증부채, 사채의 상각, 부가가치세 정리
자동결산	「결산자료입력메뉴」각 계정과목 해당란에 금액 입력 후 "전표추가" ① 재고자산의 기말재고액 입력(원재료, 재공품, 제품, 상품) ② 유·무형자산 감가상각비 ③ 퇴직급여충당부채 계상 ④ 매출채권의 대손상각금 설정 ⑤ 법인세등 입력 입력 종료 후 F3 전표추가 클릭 결산분개를 일반전표에 추가하시겠습니까? 예(Y) 선택 ?Check 결산분개를 일반전표에 추가하시겠습니까? 예(Y) 아니오(N)
재무제표 작성	① 제조원가명세서 조회 ② 손익계산서 조회 ③ 이익잉여금처분계산서 조회 저장된 데이터 불러오기 질문에 "아니오" 선택 잉여금처분내역이 없는 경우에도 반드시 F6 전표추가 클릭 일반전표에 대체분개를 추가하시겠습니까? 예(Y) 선택 ④ 재무상태표 조회

* 자동결산 항목이라도 수동결산이 가능하다.

기출 실무문제 — 결산정리사항(1)

㈜코리아(1500번)의 결산정리사항은 다음과 같다. 해당메뉴에 입력하시오.

* 결산순서) 수동결산(일반전표12/31일자 전표처리) → 자동결산자료 입력 후 F3전표추가

01 거래은행인 우리은행에 예금된 정기예금에 대하여 당기분 경과이자를 인식하다.

- 예금금액: 50,000,000원
- 연이자율: 10%, 월할계산으로 할 것
- 예금기간: 2025. 4. 1 ~ 2026. 3. 31
- 이자지급일: 2026년 3월 31일

[정답] 당기분 이자수익 예상
50,000,000 × 10% × 9/12 = 3,750,000(당기분 이자수익)

12월 31일 일반전표입력	(차) 미수수익(자산)　　3,750,000　(대) 이자수익(수익)　　3,750,000 → 누락시 자산과소, 수익과소, 이익과소

02 8월 1일 현금으로 받아 영업외수익인 공장임대료로 회계처리한 1,800,000원 중 임대기간(2025년 8월 1일 ~ 2026년 7월 31일)이 경과되지 아니한 것이 있다. (단, 월할 계산하며 음수로 입력하지 말 것)

[정답] 당기에 차기분 수익까지 수익으로 인식하였으므로 차기분 이자수익 이연
1,800,000원 × 5/12 = 750,000원(당기분)
1,800,000원 - 750,000원 = 1,050,000원(차기분)

12월 31일 일반전표입력	(차) 임대료(수익)　　1,050,000원　(대) 선수수익(부채)　　1,050,000원 → 누락시 부채과소, 수익과대, 이익과대

03 10월 1일 사무실 임대료 1년분 1,200,000원(2025.10.01.~2026.09.30.) 현금으로 수령 시 선수수익(부채)으로 처리하였다. 기간 경과분(당기분)에 대한 선수수익에 대하여 결산분개를 하시오.

[정답] 당기분 수익까지 선수수익(부채)으로 인식하였으므로 당기분 임대료(수익) 인식
1,200,000원 × 3/12 = 300,000원(당기분 임대료)

12월 31일 일반전표입력	(차) 선수수익(부채)　　300,000원　(대) 임대료(수익)　　300,000원 → 누락시 부채과대, 수익과소, 이익과소

04 12월분 급여(생산부: 2,000,000원, 영업부: 4,500,000원)의 지급일은 다음 달 5일이다.

> **정답** 당기분 급여 예상

| 12월 31일
일반전표입력 | (차) 임금(제) 2,000,000원   (대) 미지급비용(부채) 6,500,000원
　　급여(판) 4,500,000원
→ 누락시 부채과소, 비용과소, 이익과대 |

05 3월 1일 주주 이주한으로부터 장기차입한 금액 12,000,000원이 있으며, 이자는 매년 2월 말일 지급예정이다. 차입금에 대한 당기분 발생 이자에 대하여 결산분개를 하시오. (연이자율은 10%)

> **정답** 당기분 이자비용 예상
> 12,000,000원 × 10% × 10/12 = 1,000,000원(당기분 이자비용)

| 12월 31일
일반전표입력 | (차) 이자비용(비용) 1,000,000원   (대) 미지급비용(부채) 1,000,000원
→ 누락시 부채과소, 비용과소, 이익과대 |

06 6월 1일 전액 비용으로 회계처리된 보험료(제조부문 1,320,000원, 본사 관리부문 1,440,000원)는 1년분에 해당하므로 차년도분에 대한 회계처리를 하시오. 당기분과 차기분에 대한 계산은 월단위로 계산한다.

> **정답** 당기에 차기분 비용까지 비용으로 인식하였으므로 차기분 보험료 이연
> 1,320,000원 × 5/12 = 550,000 (차기분 보험료(제))
> 1,440,000원 × 5/12 = 600,000 (차기분 보험료(판))

| 12월 31일
일반전표입력 | (차) 선급비용(자산) 1,150,000원   (대) 보험료(제) 550,000원
　　　　　　　　　　　　　　　　　　　　보험료(판) 600,000원
→ 누락시 자산과소, 비용과대, 이익과소 |

07 월간기술지를 생산부서에서 1년 정기구독(정기구독기간 2025.10.01 ~ 2026.09.30, 정기구독비용 600,000원은 10월 1일에 전액 선지급하였음)하고 전액 선급비용으로 회계처리 하였다. 기간 경과분에 대한 회계처리를 하시오.

> **정답** 당기분 비용까지 선급비용(자산)으로 인식하였으므로 당기분 도서인쇄비(비용) 인식
> 600,000원 × 3/12 = 150,000원(당기분 도서인쇄비)

| 12월 31일
일반전표입력 | (차) 도서인쇄비(제) 150,000원   (대) 선급비용(자산) 150,000원
→ 누락시 자산과대, 비용과소, 이익과대 |

08 기말재고조사 결과 제품재고 2,000,000원이 부족하여 확인한 결과 매출거래처에 기업업무추진비로 제공된 것이다.(적요 중 타계정으로 대체액을 사용할 것)

> **정답**

| 12월 31일
일반전표입력 | (차) 기업업무추진비(판) 2,000,000원   (대) 제품(적요 8) 2,000,000원 |

09 기말재고조사 결과 상품재고 1,000,000원이 부족하여 확인한 결과 비정상적 수량부족으로 확인되다.(적요 중 타계정으로 대체액을 사용할 것)

> **정답**
>
> | 12월 31일 일반전표입력 | (차) 재고자산감모손실 1,000,000원 (대) 상품(적요 8) 1,000,000원 |
> |---|---|

10 기말현재 영업부서에서 구입시 비용(소모품비)처리한 소모품 중 미사용액이 2,800,000원이다.(회사는 미사용액에 대하여 자산처리 함)

> **정답** 구입시 비용처리 → 미사용분 자산처리
>
> | 12월 31일 일반전표입력 | (차) 소모품 2,800,000원 (대) 소모품비(판) 2,800,000원 |
> |---|---|

11 당사 생산부는 소모품 1,000,000원 구입 시 전액 자산으로 처리하였다. 결산일 현재 사용분 800,000원임을 통보받았다. 결산분개를 하시오.

> **정답** 구입시 자산처리 → 사용분 비용처리
>
> | 12월 31일 일반전표입력 | (차) 소모품비(제) 800,000원 (대) 소모품 800,000원 |
> |---|---|

12 기말 결산일 현재 현금과부족 계정의 원인을 발견하지 못하였다.

> **정답** 합계잔액시산표의 현금과부족 잔액 확인: -370,000원
> (음수(-) → 잡이익, 양수(+) → 잡손실)
>
> | 12월 31일 일반전표입력 | (차) 현금과부족 370,000원 (대) 잡이익 370,000원 |
> |---|---|

13 2023년 7월 1일 신한은행으로부터 차입한 장기차입금 50,000,000원은 2026년 6월 30일에 만기가 도래하고, 회사는 이를 상환할 계획이다.

> **정답** 장기차입금의 유동성대체 분개
>
> | 12월 31일 일반전표입력 | (차) 장기차입금 50,000,000원 (대) 유동성장기부채 50,000,000원 |
> | | (98000.신한은행) (98000.신한은행) |

14 당사는 원활한 입출금거래를 위해 마이너스통장을 개설하여 사용하고 있으며, 결산일 현재 신한은행에 당사의 보통예금계좌의 잔고를 확인한 결과 마이너스(−) 4,500,000원인 것으로 나타나 이를 단기차입금으로 대체하고자 한다.(입력된 데이터는 무시한다)

> **정답** 보통예금의 단기차입금 대체분개
>
> | 12월 31일
일반전표입력 | (차) 보통예금 4,500,000원 (대) 단기차입금 4,500,000원
(98000.신한은행) |
> |---|---|

15 외상매입금계정에는 홍콩 거래처 만리상사에 대한 외화외상매입금 2,400,000원($2,000)이 계상되어 있다.(회계기간 종료일 현재 적용환율: $1당 1,180원)

> **정답** 2,400,000원 ÷ $2,000 = 1,200원/$(장부상 환율)
> 외화환산이익 = $2,000 × (1,180원 − 1,200원) = 40,000원 (부채의 환율하락으로 인한 외화환산이익)
>
> | 12월 31일
일반전표입력 | (차) 외상매입금(만리상사) 40,000원 (대) 외화환산이익 40,000원 |
> |---|---|

16 당사가 보유하고 있는 유가증권의 기말 평가를 회계처리 하시오.

단기매매증권	취득원가	결산시 장부금액	기말공정가액
	20,000,000	22,000,000	29,000,000

> **정답** 단기매매증권 장부금액과 공정가액을 비교하여 평가이익 처리
>
> | 12월 31일
일반전표입력 | (차) 단기매매증권 7,000,000원 (대) 단기매매증권평가이익 7,000,000원
(단기투자자산평가이익) |
> |---|---|
>
> *당기매매증권처평가손익은 당기손익에 반영된다.

17 장기투자목적으로 당사가 보유하고 있는 유가증권의 기말 평가를 회계처리 하시오.

매도가능증권	당기취득가액	기말공정가액
	10,000,000	8,000,000

> **정답** 매도가능증권 장부금액과 공정가액을 비교하여 평가손실 처리
>
> | 12월 31일
일반전표입력 | (차) 매도가능증권평가손실 2,000,000원 (대) 매도가능증권 2,000,000원 |
> |---|---|
>
> *178.매도가능증권, 매도가능증권평가이익계정 잔액이 있을시 우선 상계한다.
> *매도가능증권평가손익은 기타포괄손익(자본)에 해당된다.

18 입력된 데이터는 무시하고 다음 자료를 이용하여 2025년 제2기 확정 부가가치세에 대한 부가가치세 예수금과 부가가치세 대급금 관련 회계처리를 하시오.(단, 부가가치세 예수금과 부가가치세 대급금의 상계 후 잔액에 대하여 미지급세금 또는 미수금으로 처리하며 거래처입력은 생략할 것)

- 부가가치세 대급금 잔액: 2,400,000원
- 부가가치세 예수금 잔액: 3,250,000원

정답 매도가능증권 장부금액과 공정가액을 비교하여 평가손실 처리

12월 31일 일반전표입력	(차) 부가세예수금	3,250,000원	(대) 부가세대급금	2,400,000원
			미지급세금	850,000원

19 결산일 현재 재고자산의 기말재고액은 다음과 같다.

> • 원재료: 4,000,000원   • 재공품: 3,000,000원   • 제품: 7,000,000원

정답 자동결산항목(기말재고자산금액 입력) 결산자료입력
① 결산자료입력 1월~12월 조회, 1)원재료비⑩기말원재료재고액 4,000,000원 입력
 〈기말원재료재고액 4,000,000원 입력화면〉

0455	제품매출원가			17,400,000
0501	1)원재료비		20,000,000	16,000,000
0153	원재료비		20,000,000	16,000,000
0153	① 당기 원재료 매입액		20,000,000	20,000,000
	⑩ 기말 원재료 재고액		4,000,000	4,000,000

② 8)당기총제조비용⑩기말재공품재고액 3,000,000원 입력
 〈기말재공품재고액 3,000,000원 입력화면〉

| 0455 | 8)당기 총제조비용 | | 23,400,000 | 19,400,000 |
| 0169 | ⑩ 기말 재공품 재고액 | | 3,000,000 | 3,000,000 |

③ 9)당기완성품제조원가⑩기말제품재고액 7,000,000원 입력
 〈기말제품재고액 7,000,000원 입력화면〉

0150	9)당기완성품제조원가		23,400,000	16,400,000
0150	⑥ 타계정으로 대체액		2,000,000	2,000,000
0150	⑩ 기말 제품 재고액		7,000,000	7,000,000

20 매출채권(외상매출금, 받을어음) 잔액에 대하여 1%의 대손충당금을 보충법으로 설정하다.

정답 자동결산항목(대손충당금 설정) 결산자료입력
① 결산자료입력 화면상단 F8 대손상각 클릭

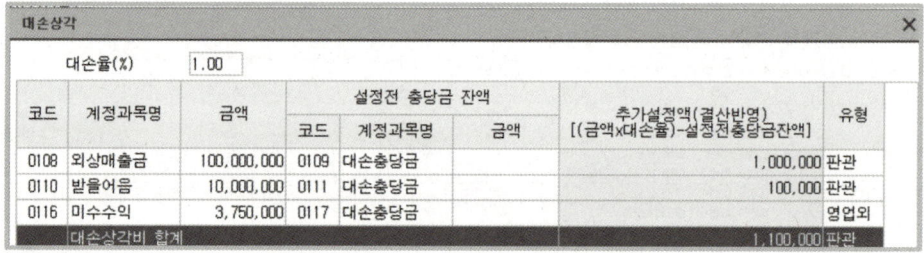

② 기타채권의 대손충당금 추가설정액은 스페이스 바로 삭제
③ 결산반영 클릭 → 5)대손상각 108.외상매출금: 1,000,000원, 110.받을어음: 100,000원 자동반영

21 당기의 감가상각비는 다음과 같이 계상하기로 하였다.

- 본사영업부 건물: 4,600,000원
- 생산공장 차량운반구: 1,300,000원
- 생산공장 기계장치: 2,000,000원
- 개발비 상각비: 300,000원

정답 자동결산항목(감가상각비) 결산자료입력
① 감가상각비를 7)경비(매출원가)와 4.판관비로 구분하여
② • 생산공장 기계장치: 2,000,000원
　• 생산공장 차량운반구: 1,300,000원은 7)경비 감가상각비에 입력한다.
〈7)경비(매출원가) 감가상각비 입력화면〉

		7)경 비	1,400,000	3,300,000	4,700,000
		1). 보험료 외	1,400,000		1,400,000
0521		보험료	450,000		450,000
0526		도서인쇄비	150,000		150,000
0530		소모품비	800,000		800,000
0518		2). 일반감가상각비		3,300,000	3,300,000
0202		건물		1,300,000	1,300,000
0206		기계장치		2,000,000	2,000,000

③ • 본사영업부 건물: 4,600,000원
　• 개발비 상각비: 300,000원은 4.판매비관리비 4)감가상각비 및 6)무형자산상각비의 결산반영금액을 각란에 입력한다.
〈4.판매비관리비 4)감가상각비, 6)무형자산상각비 입력화면〉

		4. 판매비와 일반관리비	9,100,000	6,000,000	15,100,000
		1). 급여 외	4,500,000		4,500,000
0801		급여	4,500,000		4,500,000
0806		2). 퇴직급여(전입액)			
0850		3). 퇴직연금충당금전입액			
0818		4). 감가상각비		4,600,000	4,600,000
0202		건물		4,600,000	4,600,000
0206		기계장치			
0208		차량운반구			
0835		5). 대손상각		1,100,000	1,100,000
0108		외상매출금		1,000,000	1,000,000
0110		받을어음		100,000	100,000
0840		6). 무형자산상각비		300,000	300,000
0226		개발비		300,000	300,000

22 당사는 일반기업회계기준에 의하여 퇴직급여충당부채를 설정하고 있으며, 기말 현재 퇴직급여추계액 및 당기 퇴직급여충당부채 설정 전의 퇴직급여충당부채 잔액은 다음과 같다. 결산시 회계처리 하시오.

부서	설정전 퇴직급여충당부채잔액	기말 현재 퇴직급여추계액
영업부	25,000,000원	30,000,000원
제조부	45,000,000원	48,000,000원

정답 자동결산항목(퇴직급여충당부채) 결산자료입력
① 퇴직급여를 3)노무비(매출원가)와 4.판관비로 구분하여
② 퇴직급여추계액 − 퇴직급여충당부채잔액 = 당기 퇴직급여충당부채 설정액 계산
제조부 48,000,000원 − 45,000,000원 = 3,000,000원
〈3)노무비 2)퇴직급여 3,000,000원 입력화면〉

		3)노 무 비			2,000,000	3,000,000	5,000,000
		1). 임금 외			2,000,000		2,000,000
	0504	임금			2,000,000		2,000,000
	0508	2). 퇴직급여(전입액)				3,000,000	3,000,000
	0550	3). 퇴직연금충당금전입액					

영업부 30,000,000원 − 25,000,000원 = 5,000,000원
〈4.판매비관리비 2)퇴직급여 5,000,000원 입력화면〉

		4. 판매비와 일반관리비			9,100,000	11,000,000	20,100,000
		1). 급여 외			4,500,000		4,500,000
	0801	급여			4,500,000		4,500,000
	0806	2). 퇴직급여(전입액)				5,000,000	5,000,000
	0850	3). 퇴직연금충당금전입액					

23 당기 '법인세등'을 9,500,000원으로 계상한다. (법인세 중간예납세액은 조회하여 입력할 것)

정답 자동결산항목(법인세등 계상) 결산자료입력
① 결산자료입력 화면상단 F6 잔액조회 → 136.선납세금 잔액 조회
〈136.선납세금 잔액 5,000,000원 확인〉

② 9. 법인세등 1)선납세금 5,000,000원을 결산반영금액에 입력
③ 법인세추계액 − 선납세금 = 법인세추가계상액
9,500,000원 − 5,000,000원 = 4,500,000원을 추가계상액에 입력
〈9.법인세등 1)선납세금 5,000,000원, 2)추가계상액 4,500,000원 입력화면〉

0998	9. 법인세등			9,500,000	9,500,000
0136	1). 선납세금	5,000,000	5,000,000		5,000,000
0998	2). 추가계상액			4,500,000	4,500,000

[20]~[23]. 자동결산 5문제에 대해 F3전표추가 하여 12월 31일 자동전표를 발행한다. 자동전표발행 후 CF5결산분개삭제 를 이용하여 결산분개삭제 후 수정 및 F3전표추가 를 다시 할 수 있다.
(다음의 전표를 직접 12월 31일 일반전표에 입력해도 된다)

12월 31일 일반전표 입력	[20]	(차) 대손상각비	1,410,400원	(대) 대손충당금(109) 대손충당금(111)	1,355,400원 55,000원
	[21]	(차) 감가상각비(제) 감가상각비(판)	3,300,000원 4,600,000원	(대) 감가상각누계액(207) 감가상각누계액(209) 감가상각누계액(203)	2,000,000원 1,300,000원 4,600,000원
		(차) 무형자산상각비	300,000원	(대) 개발비	300,000원
	[22]	(차) 퇴직급여(제) 퇴직급여(판)	3,000,000원 5,000,000원	(대) 퇴직급여충당부채	8,000,000원
	[23]	(차) 법인세 등	9,500,000원	(대) 선납세금 미지급세금	5,000,000원 4,500,000원

| F3전표추가 후 일반전표 12월 31일 자동전표 생성 화면(1) |

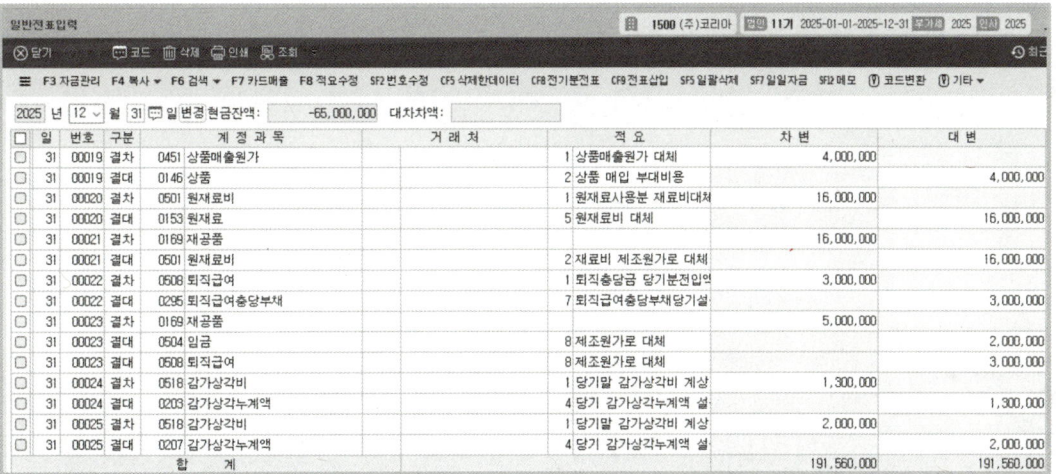

| F3전표추가 후 일반전표 12월 31일 자동전표 생성 화면(2) |

| **F3전표추가** 후 일반전표 12월 31일 자동전표 생성 화면(3) |

일	번호	구분	계정과목	거래처	적요	차변	대변
31	00027	결대	0169 재공품				22,700,000
31	00028	결차	0455 제품매출원가		1 제품매출원가 대체	13,700,000	
31	00028	결대	0150 제품				13,700,000
31	00029	결차	0806 퇴직급여		1 퇴직충당금 당기분전입액	5,000,000	
31	00029	결대	0295 퇴직급여충당부채		7 퇴직급여충당부채당기설		5,000,000
31	00030	결차	0818 감가상각비			4,600,000	
31	00030	결대	0203 감가상각누계액				4,600,000
31	00031	결차	0835 대손상각비			1,100,000	
31	00031	결대	0109 대손충당금				1,000,000
31	00031	결대	0111 대손충당금				100,000
31	00032	결차	0840 무형자산상각비			300,000	
31	00032	결대	0226 개발비				300,000
31	00033	결차	0998 법인세비용			4,500,000	
31	00033	결대	0261 미지급세금				4,500,000

기출 실무문제 | 결산정리사항(2)

㈜미라클(회사코드: 2000)의 결산정리사항은 다음과 같다. 해당메뉴에 입력하시오.

* 기 입력된 데이터는 무시하고 다음의 자료만 참고하여 회계처리 할 것.
* `F3 전표추가` 는 자동결산문제를 모두 입력 한 후 한번에 전표추가 할 것.

01 2025년 7월 1일 우진물산㈜에게 50,000,000원을 대여하고 연이율 10%를 받기로 하였다. 이자는 1년이 되는 날에 받기로 하였는데 2025년 12월 31일 현재 미수되었다(이자수익은 월할계산하기로 한다).

| 12월 31일 일반전표입력 | (차) 116.미수수익 | 2,500,000원 | (대) 901.이자수익 | 2,500,000원 |

* 50,000,000 × 10% × 6/12 = 2,500,000원

02 결산일 현재 손상징후가 있다고 판단되는 건물의 장부금액은 30,000,000원이다. 해당 건물의 손상 여부를 검토한 결과 손상차손을 인식하였다.(사용가치는 25,000,000원, 처분가치는 26,000,000원)

정답 일반전표

| 12월 31일 일반전표입력 | (차) 966.유형자산손상차손 4,000,000원 | (대) 217.손상차손누계액 4,000,000원 |

* 30,000,000 − MAX (사용가치 25,000,000원, 처분가치 26,000,000원) = 4,000,000원

03 당사는 제품홍보용 타올을 구입하여 전액 광고선전비로 계상하였으니, 결산시 미사용 잔액 2,500,000원을 소모품으로 대체한다.

| 12월 31일 일반전표입력 | (차) 173.소모품 2,500,000원 | (대) 833.광고선전비 2,500,000원 |

04 결산일 현재 장기투자 목적으로 보유중인 매도가능증권의 내역은 다음과 같다. 공정가액의 변동은 현저하게 하락한 것으로 보지 않는다(기 입력된 데이터는 무시하고 다음의 자료만 참고하여 회계처리 할 것).

수량	전기말 시가	당기말 시가	비고
5,000주 (@액면가 5,000원)	4,800원/주당	5,400원/주당	2024.1.1. 액면가액에 취득하여 평가손실이 있다.

정답

12월 31일 일반전표입력	(차) 178.매도가능증권 3,000,000원 (대) 395.매도가능증권평가손실 1,000,000원 394.매도가능증권평가이익 2,000,000원

* 2024년 기말시 매도가능증권 평가: 5,000주 × (4,800 - 5,000) = 1,000,000(평가손실)
* 2025년 기말시 매도가능증권 평가: 5,000주 × (5,400 - 5,000) = 3,000,000(평가이익)
* 당기 매도가능증권평가이익 계상시 매도가능증권평가손실 잔액 1,000,000원 먼저 상계 후 인식한다.

05 당사의 외화자산 및 부채와 결산일 현재의 환율은 다음과 같다. 회사는 기업회계 따라 회계처리하며 외화환산손실과 외화환산이익을 각각 인식한다. (다만, 자산·부채에 대한 거래처 코드 입력은 생략하기로 한다).

계정과목	거래처	발생일	발생일 현재 환율	2024년 12월 31일 환율
외화외상매출금 ($20,000)	파나소닉사	2025년 10월 22일	1,100원	1,200원
외화장기차입금 ($30,000)	노미노스즈끼	2025년 06월 02일	1,150원	
선수금 ($10,000)	㈜해피무역	2025년 12월 15일	1,200원	

정답
① 외화외상매출금 평가

12월 31일 일반전표입력	(차) 127.외화외상매출금 2,000,000원 (대) 910.외화환산이익 2,000,000원

* $20,000 × (1,200 - 1,100) = 2,000,000(외화환산이익)

② 외화장기차입금 평가

12월 31일 일반전표입력	(차) 955.외화환산손실 1,500,000원 (대) 305.외화장기차입금 1,500,000원

* $30,000 × (1,200 - 1,150) = 1,500,000(외화환산손실)
③ 선수금 평가: 기압회계기준에서는 화폐성 자산 및 부채에 대해 보고기간 종료일 현재 매매기준환율로 평가하도록 규정하고 있으나, 비화폐성항목인 선급금, 선수금, 재고자산, 유형자산, 무형자산 등은 평가대상에서 제외되므로 선수금은 평가하지 않는다.

06 기중에 회계담당자는 실제 현금잔액이 장부상의 현금잔액보다 1,200,000원이 부족하여 현금과부족 계정으로 처리하였으며 기말 결산시까지 그 원인을 발견하지 못하였다.

정답

12월 31일 일반전표입력	(차) 980.잡손실 1,200,000원 (대) 141.현금과부족 1,200,000원

07 당사는 12월 31일 생산부서 직원에 대한 퇴직연금을 확정급여형(DB)으로 35,000,000원을 보통예금으로 납입하였고, 퇴직연금운용자산(DB)의 운용결과 이자 400,000원이 발생하였다. 이에 대해 회계처리하며, 이자는 영업외수익으로 처리한다.

> **정답**
>
> | 12월 31일
일반전표입력 | (차) 186.퇴직연금운용자산 35,400,000원 | (대) 103.보통예금 35,000,000원
923.퇴직연금운용수익 400,000원
(901.이자수익) |
> |---|---|---|

08 2021년 2월 1일에 신한은행으로부터 차입한 장기차입금 30,000,000원이 2026년 1월 31일에 만기가 도래하여 당사는 만기일에 예정대로 상환될 예정이다.

> **정답**
>
> | 12월 31일
일반전표입력 | (차) 293.장기차입금 30,000,000원
(98000.신한은행) | (대) 264.유동성장기부채 30,000,000원
(98000.신한은행) |
> |---|---|---|

09 기말현재 장기투자목적으로 보유하고 있는 매도가능증권(시장성 있는 주식임)의 자료는 다음과 같다. 매도가능증권의 기말평가에 대한 회계처리를 하시오.

> 1) 2025년 자료
>
> | 회사명 | 취득가액 | 2025년 기초 기타포괄손익누계액 |
> |---|---|---|
> | A 사 보통주 | 1,000,000원 | 매도가능증권평가손실 500,000원 |
>
> 2) 7월 1일에 50%를 700,000원에 처분하였다.
> 3) 기말 자료: 기말시점의 공정가액은 550,000원이다.

> **정답**
>
> | 12월 31일
일반전표입력 | (차) 178.매도가능증권 300,000원 | (대) 395.매도가능증권평가손실 250,000원
394.매도가능증권평가이익 50,000원 |
> |---|---|---|
>
> * 7월 1일 매도가능증권처분시 처분비율(50%)만큼 매도가능증권평가손실 250,000원도 장부에서 제거된다.
> * 500,000 × 50% = 250,000원
>
> | 7월 1일
일반전표입력 | (차) 101.현금 700,000원
971.매도가능증권처분손실 50,000원 | (대) 178.매도가능증권 500,000원
395.매도가능증권평가손실 250,000원 |
> |---|---|---|
>
> * 매도가능증권평가손실 250,000원 먼저 상계후 매도가능증권평가이익 처리한다.

10 당사는 ㈜세무가 2025년 1월 1일 발행한 액면금액 20,000,000원인 채권(만기 3년, 표시이자율 연 7%, 유효이자율 연 10%)을 18,507,870원에 만기보유목적으로 현금을 지급하고 취득하였다. 2025년 12월 31일 회계처리를 하시오(단, 표시이자는 매년 말 현금으로 수령하고, 기말 공정가치 측정은 고려하지 않으며, 소수점 미만은 절사한다).

> **정답**
>
> | 12월 31일
일반전표입력 | (차) 101.현금 1,400,000원
124.만기보유증권 450,787원 | (대) 901.이자수익 1,807,787원 |
> |---|---|---|
>
> * 유효이자율법 이자수익 = 만기보유증권 장부가액(18,077,870) × 유효이자율(10%) = 1,807,787원
> * 표시이자 (수령금액)= 만기보유증권 액면금액 (20,000,000)×액면이자율(7%)= 1,400,000원
> * 만기보유증권 가산액 = 1,807,787원 − 1,400,000원 = 450,787원

11 아래와 같이 발행된 사채에 대하여 결산일에 필요한 회계처리를 하시오.

사채 발행일	액면가액	사채 발행가액	액면이자율	유효이자율
2025.01.01.	30,000,000원	28,000,000원	연 5%	연 7%

- 사채의 발행가액은 적정하고, 사채발행비와 중도에 상환된 내역은 없는 것으로 가정한다.
- 이자는 매년 말에 보통예금으로 이체한다

12월 31일 일반전표입력	(차) 951.이자비용 1,960,000원 (대) 103.보통예금 1,500,000원 292.사채할인발행차금 460,000원

* 유효이자율법 이자비용 = 사채 발행(장부)가액(28,000,000) × 유효이자율(7%) = 1,960,000원
* 표시이자 (지급금액) = 사채 액면금액 (30,000,000) × 액면이자율(5%) = 1,500,000원
* 사채할인발행차금 상각액 = 1,960,000원 − 1,500,000원 = 460,000원

12 수해로 인한 특별재난지역에 기부한 제품 10,000,000원이 누락되어 있는 것을 기말제품재고 실사 결과 확인하였다. (적요에 타계정으로 대체액을 사용할 것)

12월 31일 일반전표입력	(차) 953.기부금 10,000,000원 (대) 150.제품 10,000,000원 (적요 8 타계정으로 대체)

13 제2기 확정신고기간의 부가가치세와 관련된 내용은 다음과 같다. 입력된 데이터는 무시하고 다음에 주어진 내용에 따라 12월 31일 부가세예수금과 부가세대급금을 정리하는 회계처리하시오 (예정신고 미환급세액은 미수금으로 회계처리 되어있으며, 납부세액은 미지급세금, 가산세는 판매비와관리비의 세금과공과로 처리한다.)

- 부가세대급금: 51,000,000원
- 부가세예수금: 71,000,000원
- 예정신고미환급세액: 5,000,000원
- 예정신고누락분 세금계산서 관련 가산세: 300,000원

12월 31일 일반전표입력	(차) 255.부가세예수금 71,000,000원 (대) 135.부가세대급금 51,000,000원 817.세금과공과금 300,000원 120.미수금 5,000,000원 261.미지급세금 15,300,000원

14 기말현재 재고자산은 다음과 같다. 다음 거래 자료를 일반전표 또는 결산자료 입력 메뉴에 입력하시오. 재고자산별로 저가법 여부를 평가한다고 가정한다.

항목	실사수량	단위당 장부금액	단위당 시가
원재료	820개	500원/1개당	550원/1개당
제품B	1,000개	1,000원/1개당	980원/1개당

정답 ① 일반전표입력

12월 31일 일반전표입력	(차) 960.재고자산평가손실 20,000원 (대) 174.재고자산평가충당금 20,000원

② [결산자료입력]

> 기말제품재고액 1,000,000원, 기말원재료: 410,000원 입력

* 제품B 1,000개 × (1,000원 − 980원) = 20,000원

---

15 다음 재고자산 자료를 결산시점에 필요에 따라 일반전표입력메뉴와 결산자료입력메뉴에 반영하시오. 재고자산별로 저가법 여부를 평가한다고 가정한다.

구분	장부상			단위당 시가	실사후 수량
	수량	단가	합계		
상품	2,000개	1,000원	5,000,000원	1,100원	1,800개

*감모수량 중 50%만 정상임.

정답 ① 일반전표입력

12월 31일 일반전표입력	(차) 959.재고자산감모손실 100,000원 (대) 146.상품 100,000원 (적요 8 타계정으로 대체)

② [결산자료입력]

> 기말상품재고액 1,800,000원(1,800개 × 1,000원) 입력

* 2,000개 − 1,800개(감모수량 200개) × 1,000원 = 200,000원(총 재고자산감모손실)
* 비정상적인 감모손실 100,000원(감모수량의 50%)은 영업외 비용에 해당되므로 일반전표 12월 31일에 입력한다.
* 정상적인 재고자산감모손실은 매출원가에 가산되므로 별도의 회계처리 없이 감모수량금액을 차감한 기말재고금액을 입력하면 된다.

16 전기 및 당기의 퇴직급여추계액은 다음과 같다. 전기 말 현재 퇴직급여충당부채는 100,000,000원이며 당기 중 퇴직급여충당부채의 감소는 없었다. 회사는 퇴직급여충당부채를 기업회계기준에 따라 정확하게 계상하고자 한다. 전기 말 현재 기업회계기준에 따라 미설정된 부분을 추가로 설정하며 미설정분은 중요한 오류로 가정하고 회계연도 종료일(12/31)에 회계처리하기로 한다.

구분		퇴직급여추계액	퇴직급여충당부채잔액
2024년	생산부	10,000,000원	10,000,000원
	관리부	5,000,000원	0원
2025년	생산부	12,000,000원	?
	관리부	6,000,000원	?

정답 방법1)

① | 12월 31일 일반전표입력 | (차) 371.전기오류수정손실 5,000,000원 (대) 295.퇴직급여충당부채 5,000,000원 |

② [결산자료입력]

제품매출원가 3)노무비(퇴직급여(전입액)): 2,000,000원 입력
판매비관리비(퇴직급여(전입액)): 1,000,000원 입력

방법2)

12월 31일 일반전표입력	(차) 371.전기오류수정손실 5,000,000원 (대) 295.퇴직급여충당부채 8,000,000원
	508. 퇴직급여 2,000,000원
	806. 퇴직급여 1,000,000원

17 당사는 매기 말 외상매출금에 대한 대손충당금을 연령분석법으로 설정하고 있다. 보충법에 따라 대손충당금을 설정하고 장부에 반영하시오. 본 문제에서 기 입력된 데이터는 무시하고, 대손충당금 설정 전 잔액은 50,000원이라고 가정한다.

구분	당기말 외상매출금 잔액	대손설정율
30일 이내	5,000,000원	2%
31~60일 이내	1,500,000원	7%
61~90일 이내	1,000,000원	10%
91일 이상	500,000원	30%
	8,000,000원	

정답 | 12월 31일 일반전표입력 | (차) 835.대손상각비 405,000원 (대) 109.대손충당금 405,000원 |

또는 [결산자료입력]

판매비관리비 5)대손상각(외상매출금)란: 405,000원 입력

* 당기말 대손충당금 추정액: 5,000,000원 × 2% + 1,500,000원 × 7% + 1,000,000원 × 10% + 500,000원 × 30% = 455,000원
* 결산 시 대손충당금 설정액: 455,000원 − 50,000원 = 405,000원

18 다음의 유형자산만 있다고 가정하고, 아래 유형자산명세서에 의한 감가상각비를 결산에 반영하시오.

유 형 자 산 명 세 서

2025년 12월 31일 현재

담당	대리	과장	부장

계정과목	자산명	취득일	내용연수	감가상각누계액		원가구분
				전기이월	차기이월	
건물	본사사옥	2017.10.22	40년	14,080,000원	15,840,000원	판관비
차량운반구	포터Ⅲ	2022. 9.14	10년	1,804,000원	2,794,390원	제조원가

> **정답**

12월 31일 일반전표입력	(차) 818.감가상각비 1,760,000원 (대) 203.감가상각누계액 1,760,000원 518. 감가상각비 990,390원 209.감가상각누계액 990,390원

또는 [결산자료입력]

> 판매비관리비 4)감가상각비(건물)란: 1,760,000원   입력
> 제품매출원가 7)경비 2)일반감가상각비(차량운반구)란: 990,390원 입력

19 전기말 재무상태표상 개발비 미상각 잔액이 4,800,000원 있다. 개발비 상각에 대한 내용연수는 5년이며, 2024년 초부터 상각을 시작하였다.

> **정답**

12월 31일 일반전표입력	(차) 840.무형자산상각비 1,200,000원 (대) 226.개발비 1,200,000원

또는 [결산자료입력]

> 판매비관리비 6)무형자산상각비(개발비)란: 1,200,000원 입력

* 무형자산상각비: 4,800,000원(미상각잔액) ÷ 4년(잔여내용연수) = 1,200,000원

20 법인세등은 결산서상 법인세차감전순이익에 해당 법인세율을 적용하여 계산된 산출세액을 다음과 같이 계상한다.(기존입력자료는 무시하고 다음의 금액을 계산하시오. 장부상 선납세금계정은 5,000,000원이고, 법인세차감전순이익은 226,000,000원이다.)

> 법인세 등 = ① + ②
> ① 법인세 산출세액 – 법인세 감면세액(5,000,000원)
> ② 법인세분 지방소득세 = 법인세산출세액 × 10%

정답

12월 31일 일반전표입력	(차) 998. 법인세등 20,234,000원	(대) 136.선납세금 5,000,000원
		261.미지급세금 15,234,000원

또는 [결산자료입력]

> 9)법인세등(1)선납세금]란: 5,000,000원 입력
> 9)법인세등(2)미지급세금]란: 15,234,000원 입력

* 1) 법인세차감전이익 226,000,000원을 확인한다.
* 2) 법인세등 = ① [200,000,000원 × 9% + 26,000,000원 × 19%] – 5,000,000원 = 17,940,000원
  ② (22,940,000원 × 10%) = 2,294,000
  법인세등 = ① + ② = 20,234,000

자동결산 문제를[결산자료입력]에 모두 입력 후 [F3전표추가]

CHAPTER 03 재무제표 작성

01 재무제표 작성순서(1000.㈜이패스)

제조원가명세서 ➡ 손익계산서 ➡ 이익잉여금처분계산서 ➡ 재무상태표

(1) **제조원가명세서**: 당기제품제조원가 63,650,000원 확정

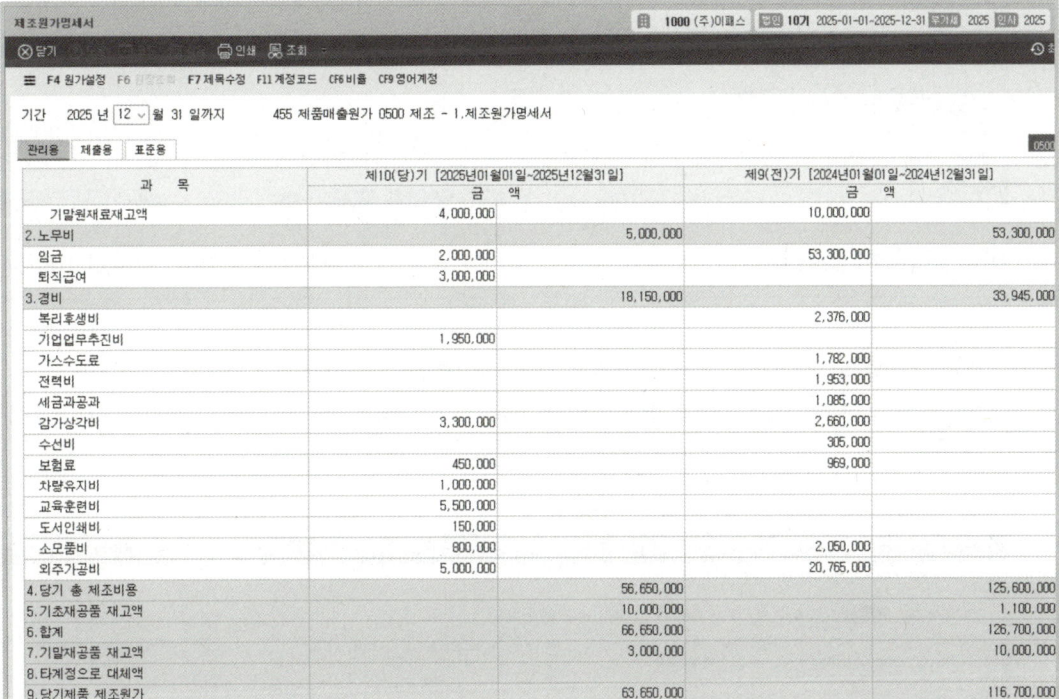

(2) **손익계산서**: 당기제품제조원가 63,650,000원 반영 → 당기순이익 26,692,100원 확정

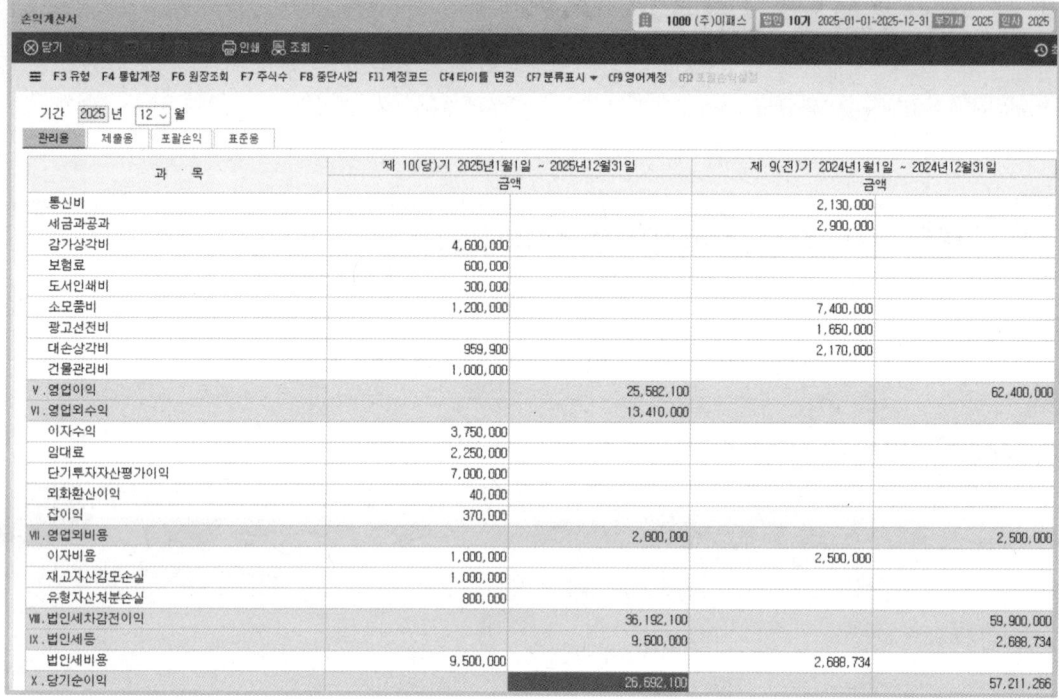

(3) **이익잉여금처분계산서**: 당기순이익 26,692,100원 반영 → 미처분이익잉여금 103,471,100원 확정

> 저장된 데이터 불어오시겠습니까? 아니요(N)선택후 당기 처분예정일 및 전기 처분확정일 입력한다(기입력시 생략). 상단 툴바에 F6 전표추가를 클릭하여 손익대체 분개 및 잉여금 대체분개를 자동반영시킨다.
>
> * 반드시 당기처분예정일과 전기처분확정일(전기분이익잉여금처분계산서와 동일)을 입력하여야 한다. 미입력시 결산오류가 발생한다.

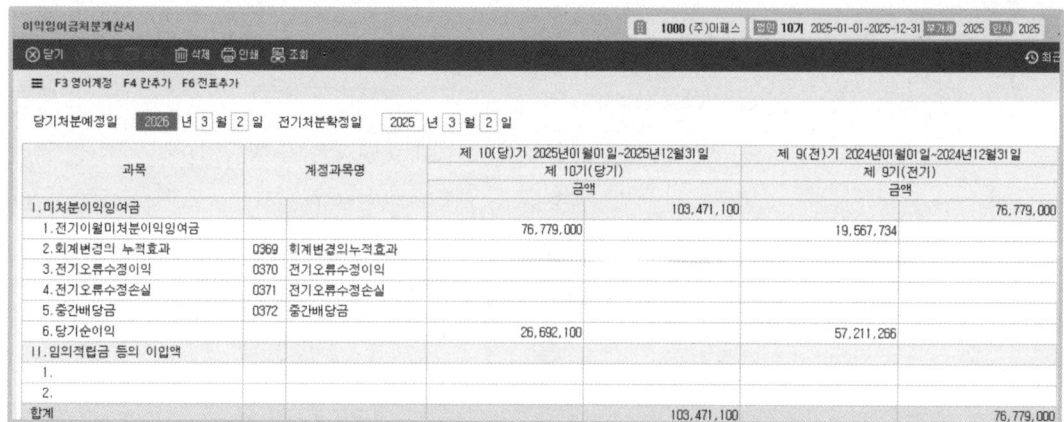

(4) 재무상태표: 미처분이익잉여금 103,471,100원 확정

과 목	제 10(당)기 2025년1월1일 ~ 2025년12월31일 금액	제 9(전)기 2024년1월1일 ~ 2024년12월31일 금액
부가세예수금	4,858,000	
단기차입금	4,500,000	
미지급세금	5,350,000	
미지급비용	7,500,000	
선수수익	750,000	
유동성장기부채	50,000,000	
Ⅱ.비유동부채	78,000,000	120,000,000
장기차입금		50,000,000
퇴직급여충당부채	78,000,000	70,000,000
부채총계	274,762,000	211,844,000
자본		
Ⅰ.자본금	150,000,000	150,000,000
자본금	150,000,000	150,000,000
Ⅱ.자본잉여금		
Ⅲ.자본조정		
Ⅳ.기타포괄손익누계액	△2,000,000	
매도가능증권평가손실	△2,000,000	
Ⅴ.이익잉여금	103,471,100	76,779,000
미처분이익잉여금	103,471,100	76,779,000
(당기순이익)		
당기: 26,692,100		
전기: 57,211,266		
자본총계	251,471,100	226,779,000
부채와자본총계	526,233,100	438,623,000

이패스 전산세무 1급

PART 04
소득세법

Chapter 01 소득세 총론
Chapter 02 원천징수 실무
Chapter 03 근로소득 연말정산

01 소득세 총론

01 소득세

(1) 소득세

소득세는 개인의 소득을 과세대상으로 하여 부과하는 조세이다. 소득세는 국가가 과세주체가 되어 개인의 소득금액을 과세표준으로 하는 조세로서 그 특징을 살펴보면 다음과 같다.

구분	내용	설명
열거주의 과세원칙	• 소득세법은 종합소득(이자, 배당, 사업, 근로, 연금, 기타소득), 양도소득, 퇴직소득으로 구분 • 각 소득별 과세대상을 개별적으로 열거	• 예시: 일반적인 상장주식, 채권의 양도차익 등 • 예외: 이자소득·배당소득은 유형별 포괄주의 채택(열거되지 않은 유사 소득도 포함)
개인단위 과세제도	• 개인별 소득을 기준으로 과세하는 제도	• 예외: 가족이 공동으로 사업 경영 시 지분 또는 손익분배비율을 허위로 정하는 등의 경우 합산 과세
인적공제·누진과세	• 개인의 인적사항을 고려한 부담능력별 과세 • 소득 증가에 비례하여 누진적 세율 적용	• 개인 상황에 따른 공제 적용 • 고소득자에게 높은 세율 적용
원천징수	• 세원 탈루 최소화 및 납세편의 도모 • 완납적 원천징수(분리과세) • 예납적 원천징수(종합과세)	• 소득 지급 시 원천징수의무자가 세금을 징수하여 납부 • 완납적: 원천징수로 과세 종결 • 예납적: 원천징수 후 추후 정산
신고납세제도	• 납세의무자의 확정신고로 과세표준과 세액이 확정	• 과세기간의 다음연도 5월 1일~5월 31일까지 과세표준확정신고

(2) 종합과세와 분류과세

종합과세	분류과세
현행 소득세법은 종합소득에 대해 종합과세 원칙을 기본으로 삼고 있다. 이는 다음과 같은 특징을 가진다: • 과세 방식: 소득의 종류와 관계없이 모든 종합소득을 1년 단위로 합산하여 과세 • 적용 범위: 이자소득, 배당소득, 사업소득, 근로소득, 연금소득, 기타소득 • 과세 기간: 1월 1일부터 12월 31일까지 • 목적: 납세자의 모든 소득을 합산하여 총체적 담세능력에 따라 과세	현행 소득세법은 특정 소득에 대해 분류과세 제도를 적용하고 있다. • 정의: 소득을 종류별로 구분하여 각각 별도로 과세하는 방식 • 적용 대상: 퇴직소득과 양도소득 • 과세 방법: 다른 소득과 합산하지 않고 별도로 분류하여 과세 퇴직소득과 양도소득은 다음과 같은 특징이 있어 분류과세가 필요하다. • 장기간에 걸쳐 발생한 소득이 일시에 실현됨 • 종합과세 시 누진세율 적용으로 실현 시점에 부당하게 높은 세율이 적용되는 문제 발생 • 이러한 불공평한 세부담을 방지하기 위해 별도 분류하여 과세함

(3) 분리과세

분리과세란 특정 소득에 대해 다음과 같은 방식으로 과세하는 제도이다. 분리과세는 세금 징수의 편의성과 효율성을 높이고, 특정 소득에 대한 과세를 간소화하는 역할을 한다.
① 정의: 소득을 기간별로 합산하지 않고 소득 지급 시점에 원천징수함으로써 과세를 종결하는 방식
② 특징
　㉠ 소득 발생 시 즉시 과세가 이루어짐
　㉡ 다른 소득과 합산되지 않음
　㉢ 원천징수로 납세의무가 종결됨 (완납적 원천징수)
　㉣ 별도의 종합소득세 신고가 불필요함

구분		분리과세 대상소득
거주자	이자소득	금융소득(이자소득 + 배당소득)의 연간 합계액 2천만원 이하
	배당소득	무조건분리과세 금융소득: 직장공제회 초과반환금, 비실명금융소득, 법원보증금 등의 이자 등
	사업소득	주택임대소득의 연간 합계액 2천만원 이하
	근로소득	일용근로자의 근로소득
	연금소득	사적연금소득의 합계액: 연간 1,500만원 이하 (선택적 분리과세) 무조건분리과세 연금소득: 이연퇴직소득을 연금으로 수령하는 경우, 부득이한 사유로 인출하는 연금소득
	기타소득	기타소득금액이 3백만원 이하(선택적 분리과세) 무조건분리과세 기타소득: 복권당첨소득, 서화·골동품의 양도소득, 연금외수령금액 등
비거주자		원천징수특례 대상 소득

(4) 납세의무자

소득세의 납세의무자는 다음과 같이 구분된다.
① 거주자
② 비거주자

* 국세기본법의 규정에 의하여 법인으로 보는 단체 외의 법인 아닌 단체는 그 단체를 개인(거주자 또는 비거주자)으로 보아 소득세 납세의무자가 된다.

구분	개념	납세의무 범위
거주자	• 국내에 주소를 두거나 • 1 과세기간 중 183일 이상 거소를 둔 개인	국내 및 국외 원천소득
비거주자	거주자가 아닌 개인	국내 원천소득

* **거소**: 주소지 외의 장소 중 상당기간에 걸쳐 거주하는 장소로서 주소와 같이 밀접한 일반적 생활관계가 형성되지 않는 장소
* 다음의 경우는 비거주자가 아닌 거주자로 간주한다.
　• 외국에서 근무하는 공무원
　• 거주자나 내국법인의 국외사업장 또는 해외현지법인 등에 파견된 임원 또는 직원 등

(5) 과세기간

구분	내용
과세기간의 개념	과세대상소득과 소득세를 계산하는 기초가 되는 한 단위의 기간
일반적인 과세기간	• 매년 1월 1일부터 12월 31일까지(역년 기준) • 개인은 선택에 따라 과세기간을 임의로 정할 수 없음
예외적인 과세기간	1. **거주자 사망시**: 1월 1일부터 사망한 날까지 2. **출국시**: 1월 1일부터 주소 또는 거소를 이전하여 출국한 날까지

(6) 납세지

구분	납세지
거주자	• **원칙**: 주소지 • **주소지가 없는 경우**: 거소지 • **예외**: 사업소득이 있는 거주자가 신청한 경우 사업장소재지를 납세지로 지정 가능
비거주자	• **국내사업장이 있는 경우**: 국내사업장의 소재지 • **국내사업장이 없는 경우**: 국내원천소득이 발생하는 장소 • **국내사업장이 2개 이상인 경우**: 주된 국내사업장의 소재지 • **주된 사업장을 판단할 수 없는 경우**: 국세청장 또는 관할지방국세청장이 납세지 지정

* 납세지가 변경된 경우에는 그 변경 후의 납세지 관할 세무서장에게 변경된 날로부터 **15일 이내**에 신고하여야 한다.

(7) 종합소득세 계산 구조

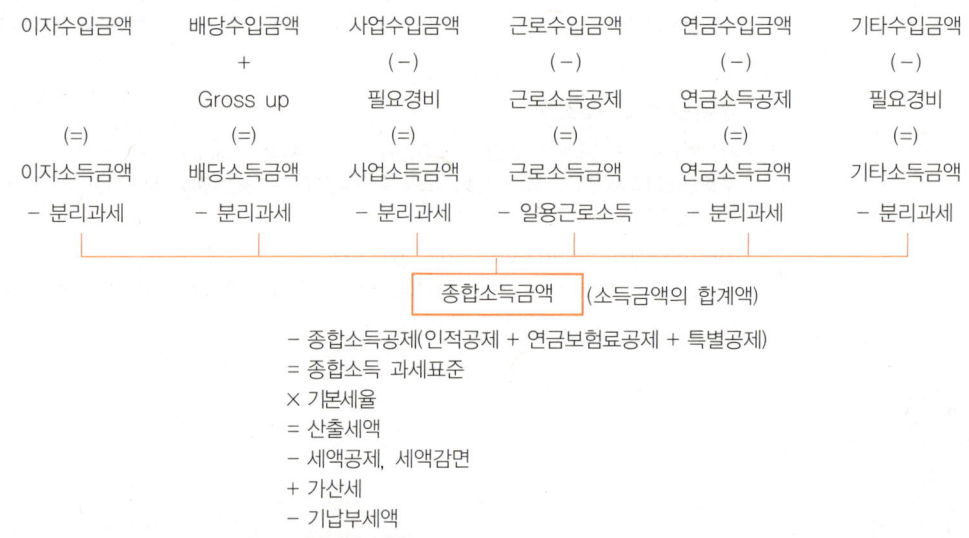

소득세는 소득의 증가에 비례하여 적용되는 누진세율을 채택하고 있다. 종합소득산출세액은 종합소득 과세표준에 기본세율을 곱하여 결정하는데, 기본세율은 다음과 같이 초과누진세율 구조로 되어 있다.

과세표준	세율
1,400만원 이하	6%
1,400만원 초과 ~ 5,000만원 이하	84만원 + 1,400만원 초과분의 15%
5,000만원 초과 ~ 8,800만원 이하	624만원 + 5,000만원 초과분의 24%
8,800만원 초과 ~ 1억 5천만원 이하	1,536만원 + 8,800만원 초과분의 35%
1억 5천만원 초과 ~ 3억원 이하	3,706만원 + 1억 5천만원 초과분의 38%
3억원 초과 ~ 5억원 이하	9,406만원 + 3억원 초과분의 40%
5억원 초과 ~ 10억원 이하	1억 7,406만원 + 5억원 초과분의 42%
10억원 초과	3억 8,406만원 + 10억원 초과분의 45%

기출 이론문제 — 소득세 총론

01 소득세법상 납세의무자에 대한 설명이다. 가장 옳지 않은 것은?
① 거주자는 국내에 주소를 두거나 183일 이상 거소를 둔 개인을 말한다.
② 비거주자는 원칙적으로 소득세 납세의무가 있다.
③ 계속하여 1년 이상 국내에 거주할 것을 통상 필요로 하는 직업을 가진 때는 국내에 주소를 가진 것으로 본다.
④ 거주자는 국내원천소득과 국외원천소득 모두에 대하여 소득세 납세의무를 진다.

02 다음은 소득세 납세의무와 관련된 설명이다. 옳지 않은 것은?
① 소득세법상 과세소득은 소득원천설을 도입하고 있으며 일부 소득에 대해서는 유형별포괄주의를 채택하고 있다.
② 기계장치를 처분하는 경우 그 처분이익은 소득세의 과세대상이 되지 아니한다.
③ 근로소득은 분리과세대상소득이 없다.
④ 거주자의 사업소득에 대한 신고 및 납부는 주소지 관할 세무서장에게 하여야 한다.

03 다음 중 소득세법상 합산과세되는 종합소득이 아닌 것은?
① 이자소득 ② 기타소득 ③ 연금소득 ④ 양도소득

04 다음 중 현행 소득세법상 분리과세되는 종합소득에 해당하지 않는 것은?
① 무조건 분리과세되는 경우 외의 이자소득과 배당소득으로서 그 소득의 합계액이 4천만원 이하이면서 원천징수된 소득
② 공적연금소득을 제외한 연금소득의 합계액이 연 1,500만원 이하인 경우 그 연금소득
③ 일용근로자의 근로소득
④ 이자소득 중 직장공제회 초과반환금

정답 및 해설

01 ③ 계속하여 183일 이상 국내에 거주할 것을 통상 필요로 하는 직업을 가진 때는 국내에 주소를 가진 것으로 본다.

02 ③ 일용근로소득은 분리과세대상이다.

03 ④ 양도소득, 퇴직소득은 분류과세대상이다.

04 ① 무조건 분리과세되는 경우 외의 이자소득과 배당소득으로서 그 소득의 합계액이 2천만원 이하이면서 원천징수된 소득

02 금융소득

(1) 이자소득

1) 이자소득의 범위

> ① 국가나 지방자치단체, 내국법인, 외국법인의 국내지점 또는 국내영업소, 외국법인이 발행한 채권 또는 증권의 이자와 할인액
> ② 국내·외에서 받는 예금(적금·부금·예탁금 및 우편대체를 포함)의 이자
> ③ 상호저축은행법에 따른 신용계 또는 신용부금으로 인한 이익
> ④ 채권 또는 증권의 환매조건부 매매차익
> ⑤ 저축성보험의 보험차익
> ⑥ 직장공제회 초과 반환금
> ⑦ 비영업대금의 이익
> ⑧ 위의 소득과 유사한 소득으로서 금전 사용에 따른 대가로서의 성격이 있는 것
> ⑨ 위의 이자소득을 발생시키는 거래 또는 행위와 파생상품이 결합된 경우 해당 파생상품의 거래 또는 행위로부터의 이익
>
> * 비과세 이자소득
> 공익신탁의 이익, 장기주택마련저축, 농어가목돈마련저축, 생계형저축, 재형저축 등에서 발생하는 이자소득, 장병내일준비적금 이자소득, 청년우대형 주택청약종합저축 이자소득 등

2) 이자소득금액의 계산

이자소득금액은 해당 과세기간의 비과세, 분리과세소득을 제외한 총수입금액으로 하며 필요경비는 인정되지 않는다.

> 이자소득금액 = 이자소득 총수입금액(비과세소득과 분리과세소득은 제외)

3) 이자소득의 수입시기

소득세법상 수입시기는 소득이 어느 과세기간에 속하는지를 결정하는 기준을 말한다. 이자소득의 수입시기(귀속시기)는 다음과 같다.

구분		수입시기
채권증권의 이자와 할인액	무기명 채권 등	그 지급을 받은 날
	기명 채권 등	약정에 의한 지급일
	채권 등의 환매조건부 매매차익	약정에 의한 당해 채권 또는 증권의 환매수일 또는 환매도일. 다만, 기일 전에 환매수 또는 환매도하는 경우에는 그 환매수일 또는 환매도일
보통예금·정기예금·적금 또는 부금의 이자	원칙	실제로 이자를 지급 받는 날
	원본에 전입하는 뜻의 특약이 있는 이자	특약에 의하여 원본에 전입된 날
	해약으로 인하여 지급되는 이자	그 해약일
	계약기간을 연장하는 경우	그 연장하는 날
	정기예금연결정기적금의 경우 정기예금의 이자	정기예금 또는 정기적금이 해약되거나 정기적금의 저축기간이 만료되는 날
통지예금의 이자		인출일
저축성보험의 보험차익		보험금 또는 환급금의 지급일. 다만, 기일 전에 해지하는 경우에는 그 해지일

	직장공제회 초과 반환금	약정에 의한 공제회반환금의 지급일
비영업대금의 이익	원칙	약정에 의한 이자지급일
	이자지급일의 약정이 없거나 약정에 의한 이자지급일전에 이자를 지급 받는 경우 또는 총수입금액 계산에서 제외하였던 이자를 지급받는 경우	그 이자지급일
이자소득이 발생하는 상속재산이 상속되거나 증여		상속개시일 또는 증여일
유사 이자소득 및 결합파생상품의 이익		약정에 따른 상환일. 다만, 기일 전에 상환하는 때에는 그 상환일

(2) 배당소득

1) 배당소득의 범위

① 내국법인으로부터 받는 이익이나 잉여금의 배당 또는 분배금
② 법인으로 보는 단체로부터 받는 배당금 또는 분배금
③ 의제배당(감자, 퇴사, 탈퇴, 해산, 합병, 분할로 인한 의제배당, 잉여금의 자본전입으로 인한 의제배당)
④ 법인세법에 따라 배당으로 처분된 금액(인정배당)
⑤ 국내 또는 국외에서 받는 집합투자기구로부터의 이익
⑥ 외국법인으로부터 받는 이익이나 잉여금의 배당 또는 분배금
⑦ 국제조세조정에 관한 법률에 따라 배당받은 것으로 간주된 금액
⑧ 출자공동사업자의 배당소득
⑨ 위의 소득과 유사한 소득으로서 수익분배의 성격이 있는 것
⑩ 위의 배당소득을 발생시키는 거래 또는 행위와 파생상품이 결합된 경우 해당 파생상품의 거래 또는 행위로부터의 이익
⑪ 동업기업과세특례에 따른 동업자의 배당소득

* 비과세 배당소득
 공익신탁의 이익, 장기주택마련저축의 배당소득, 생계형저축의 배당소득, 장기보유우리사주의 배당소득 등

2) 배당소득금액의 계산

배당소득금액은 비과세, 분리과세소득을 제외한 배당소득 총수입금액에 귀속법인세를 가산하여 계산하며(Gross-up 제도) 필요경비는 인정되지 않는다.

> 배당소득금액 = 배당소득 총수입금액(비과세소득과 분리과세소득은 제외) + 귀속법인세*
>
> *Gros-up = 배당소득 총수입금액 × 10%
> *법인의 소득에 대해 법인세가 과세되고 다시 주주에게 배당소득세가 과세되면 동일한 소득에 대한 이중과세가 발생한다. 이러한 이중과세를 조정하기 위하여 해당 배당소득에 대해 과세된 법인세상당액(귀속법인세)을 배당소득 총수입금액에 가산하여 소득세를 계산한 다음, 그 귀속법인세를 소득세 산출세액에서 공제한다.

3) 배당소득의 수입시기

구분		수입시기
일반적인 배당과 인정배당	잉여금의 처분에 의한 이익배당	당해 법인의 잉여금 처분결의일
	무기명주식의 이익배당	그 지급을 받은 날
	출자공동사업자 이익배당	과세기간 종료일
법인세법상 소득처분에의한 배당(인정배당)		당해 법인의 당해 사업연도의 결산확정일

의제배당	무상주 의제배당(잉여금 자본전입)	자본전입 결의일
	감자(퇴사·탈퇴)시 의제배당	감자 결의일(퇴사·탈퇴일)
	해산시 의제배당	잔여재산가액 확정일
	합병·분할시 의제배당	합병·분할등기일
집합투자기구로부터의 이익	원칙	이익을 지급받은 날
	원본에 전입의 특약이 있는 경우	원본에 전입되는 날

(3) 금융소득의 과세방법

1) 원천징수

거주자나 비거주자에게 이자소득 또는 배당소득을 지급하는 자는 지급액에서 소득세를 원천징수하여야 한다. 원천징수해야 할 소득세는 지급금액에 원천징수세율을 적용하여 계산한다.

구분	원천징수세율
일반적인 이자·배당소득	14%
비실명 이자·배당소득	45%(금융기관과의 거래분은 90%)
비영업대금의 이익	25%
출자공동사업자의 배당소득	25%
조세특례제한법에 따라 분리과세되는 이자·배당소득	5%~14%

2) 분리과세 또는 종합과세

이자소득과 배당소득 중 비과세 및 무조건 분리과세대상을 제외한 금융소득(무조건 종합과세 + 조건부 종합과세)을 합산하여 2천만원을 초과하면 종합과세하고 2천만원 이하이면 분리과세(조건부 종합과세 금융소득만 분리과세)된다.

구분	내용
무조건 분리과세	① 직장공제회 초과반환금 ② 비실명 이자와 배당소득 ③ 법원보관금의 이자소득 ④ 조세특례제한법에 따라 분리과세되는 이자와 배당소득
무조건 종합과세	① 원천징수 되지 않은 이자소득과 배당소득 ② 출자공동기업의 배당소득
조건부 종합과세	① 일반적인 이자소득 배당소득 ② 비영업대금의 이익

기출 이론문제 금융소득

01 다음 중 소득세법상 이자소득으로 과세되는 것은?
① 물품을 매입할 때 대금의 결제방법에 따라 에누리되는 금액
② 외상매입금을 약정기일 전에 지급함으로써 받는 할인액
③ 장기할부판매 조건으로 판매하고 통상적인 대금의 결제방법에 의한 경우보다 추가로 받는 금액
④ 외상매출금을 소비대차로 전환하여 주고 추가로 받는 금액

02 다음 소득 중 소득세법상 이자소득에 해당하는 것은?
① 외상매입금을 약정기일 전에 지급함으로써 받는 할인액
② 물품매입시 대금결제방법에 따라 에누리되는 금액
③ 대외표방한 대금업의 이익
④ 보험계약기간이 10년 미만인 저축성보험의 보험차익

03 다음은 소득세법상 국내에서 지급받은 이자 배당 소득으로 무조건 분리과세 되는 이자배당소득이다. 이에 해당하지 않는 것은?
① 출자공동사업자의 배당소득
② 직장공제회 초과반환금
③ 비실명 이자 배당소득
④ 법원보관금의 이자소득

04 다음은 소득세법상 이자소득 및 배당소득의 수입시기와 관련된 설명이다. 가장 옳지 아니한 것은?
① 기명채권의 이자: 실제 이자지급일
② 정기예금의 이자: 실제 이자지급일
③ 직장공제회초과반환금: 약정에 의한 지급일
④ 집합투자기구로부터의 이익: 이익을 지급받은 날

정답 및 해설

01 ④ 소비대차로의 전환은 매출채권이 대여금거래로 전환된 것으로 추가로 받는 금액은 비영업대금의 이익에 해당되고 이에 따라 이자소득으로 과세한다.

02 ④ 저축성보험의 보험차익은 이자소득으로 열거되어 있다

03 ① 출자공동사업자의 배당소득은 당연종합과세대상이고 나머지는 분리과세대상 금융소득이다.

04 ① 기명채권의 이자는 약정에 의한 지급일이 수입시기이다.

05 다음 중 보험차익에 대한 소득세의 과세에 대한 설명으로 틀린 것은?
① 저축성보험의 보험차익으로서 보험기간이 10년 이상인 경우 소득세가 과세되지 아니한다.
② 사업용 고정자산의 손실로 취득하는 보험차익은 사업소득으로 보아 소득세가 과세된다.
③ 사업주가 가입한 근로자퇴직급여보장법에 따른 퇴직보험계약의 보험차익은 이자소득으로 보아 소득세가 과세된다.
④ 피보험자의 질병이나 부상 등 신체상의 상해로 인한 보험차익은 소득세가 과세되지 아니한다.

06 다음 중 소득세법상 원천징수 세율로 틀린 것은?
① 이자소득 중 비영업대금의 이익: 25%
② 배당소득 중 출자공동사업자의 배당소득: 15%
③ 기타소득 중 복권당첨금: 소득금액이 3억원 초과시 초과분에 대하여는 30%
④ 기타소득 중 연금계좌납입액을 연금외수령한 소득: 15%

07 다음 소득 중 소득세법에 규정된 원천징수세율이 가장 높은 것은?
① 비실명금융소득
② 출자공동사업자의 배당소득
③ 기타소득
④ 3억원을 초과하는 복권당첨소득

정답 및 해설

05 ③ 사업주가 가입한 근로자퇴직급여보장법에 따른 퇴직보험계약의 보험차익은 사업소득에 해당된다.

06 ② 배당소득 중 출자공동사업자의 배당소득에 대한 원천징수세율은 25%이다.

07 ① ① 비실명금융소득: 45%(금융실명거래대상인 경우 90%)
② 출자공동사업자의 배당소득: 25%
③ 기타소득: 20%
④ 3억원을 초과하는 복권당첨소득: 30%

03 사업소득

(1) 사업소득

1) 사업소득의 범위

① 농업(작물재배업 중 곡물 및 기타 식량작물 재배업은 제외)·임업 및 어업에서 발생하는 소득
② 광업에서 발생하는 소득
③ 제조업에서 발생하는 소득
④ 전기, 가스, 증기 및 공기조절공급업에서 발생하는 소득
⑤ 수도, 하수 및 폐기물 처리, 원료 재생업에서 발생하는 소득
⑥ 건설업에서 발생하는 소득
⑦ 도매 및 소매업에서 발생하는 소득
⑧ 운수 및 창고업에서 발생하는 소득
⑨ 숙박 및 음식점업에서 발생하는 소득
⑩ 정보통신업에서 발생하는 소득
⑪ 금융 및 보험업에서 발생하는 소득
⑫ 부동산업에서 발생하는 소득. 다만, 공익사업과 관련하여 지역권·지상권(지하 또는 공중에 설정된 권리를 포함한다)을 설정하거나 대여함으로써 발생하는 소득은 제외 한다.
⑬ 전문, 과학 및 기술서비스업(연구개발업은 제외한다)에서 발생하는 소득
⑭ 사업시설관리, 사업 지원 및 임대 서비스업에서 발생하는 소득
⑮ 교육서비스업에서 발생하는 소득
⑯ 보건업 및 사회복지서비스업에서 발생하는 소득
⑰ 예술, 스포츠 및 여가 관련 서비스업에서 발생하는 소득
⑱ 협회 및 단체, 수리 및 기타 개인서비스업에서 발생하는 소득
⑲ 가구내 고용활동에서 발생하는 소득
⑳ 복식부기의무자가 차량 및 운반구 등 유형고정자산을 양도함으로써 발생하는 소득. 다만, 토지 및 건물의 양도에 따른 소득은 제외한다.
㉑ 위의 소득과 유사한 소득으로서 영리를 목적으로 자기의 계산과 책임 하에 계속적·반복적으로 행하는 활동을 통하여 얻는 소득

2) 비과세 사업소득

비과세 사업소득	논·밭을 작물 생산에 이용하게 함으로써 발생하는 소득
	1주택을 소유하는 자의 주택임대소득(기준시가 12억원 초과 주택은 과세)
	① 농가부업 규모의 축산에서 발생하는 소득 ② 농·어민이 영위하는 민박·음식물판매·특산·어로·양어 활동 등에서 발생하는 소득으로, 소득금액 합계액이 연 3,000만원 이하인 소득
	전통주 제조소득으로, 소득금액 합계액이 연 1,200만원 이하인 것
	조림기간 5년 이상 임지의 임목의 벌채 등으로 발생하는 연 600만원 이하
	식량작물재배업 외의 작물재배업에서 발생하는 소득으로, 연간 수입금액 합계액이 10억원 이하인 것

(2) 사업소득금액 계산

1) 사업소득금액계산의 구조

사업소득금액은 해당 과세기간의 총수입금액에서 이와 관련한 필요경비를 공제하여 계산한다. 하지만, 실무상으로는 결산서상의 당기순이익에 세무조정사항을 가감하여 계산한다.

사업소득금액 = 총수입금액 - 필요경비

기업회계	세무조정	소득세법
수익	(+) 총수입금액산입 (-) 총수입금액불산입	총수입금액
(-)		(-)
비용	(+) 필요경비산입 (-) 필요경비불산입	필요경비
(=)		(=)
당기순이익	(+) 총수입금액산입·필요경비불산입 (-) 필요경비산입·총수입금액불산입	사업소득금액

2) 부동산임대업

소득세법에서 부동산임대업은 크게 **주거용 건물 임대업**과 그 외 **비주택(상가, 오피스텔 등)**과 관련한 **부동산 임대업**으로 나뉜다.

구분	주거용 건물 임대업	부동산임대업
과세대상	• 주택 수, 임대소득, 주택가액에 따라 과세 여부 결정 • **1주택(12억 이하): 비과세** • 2주택: 월세만 과세 • 3주택 이상: 월세+보증금 간주임대료(3억 초과분) 과세	임대소득 전액 과세 (주택 수, 가액 무관)
과세방식	• 종합과세 또는 분리과세 선택 가능 (2천만원 이하) • 2천만원 초과: 종합과세	종합과세 (분리과세 불가)
필요경비율	사업자등록 시 60%, 미등록 시 50% 필요경비 인정	실제 필요경비 또는 기준경비율 적용
비과세 요건	1주택(12억 이하) 월세, 2주택 보증금 등 일부 비과세	비과세 없음
특별공제/감면	등록임대사업자에 한해 일부 소득공제, 세액감면 등 우대	해당 없음

구분		부동산 임대업 총수입금액
임대료		• 일반적인 경우: 약정액 • 선세금의 경우 해당연도 총수입금액: 선세금 × 해당연도 임대기간 월수/총 임대계약기간 월수(초월산입·말월불산입)
간주임대료	장부신고	(보증금 등 - 건설비 - 3억원)적수 × 60% × $\dfrac{1}{365(366)}$ × 정기예금이자율 - 금융수익
	추계신고	(보증금 등 - 3억원)적수 × 60% × $\dfrac{1}{365(366)}$ × 정기예금이자율
	\multicolumn{2}{l}{주택과 그 부수토지의 임대는 3주택 이상을 소유하고 전세보증금의 합계액이 3억원을 초과하는 경우에만 간주임대료를 계산한다. • 3주택 이상 소유(부부합산기준) • 소형주택*은 주택 수에 포함하지 않음(2026년 12월 31일까지, 간주임대료 계산시에만 주택수에서 제외하며 소형주택에서 발생한 월세는 수입금액에 포함됨) * 소형주택이란 주거전용 면적이 1세대당 40제곱미터 이하인 주택으로서 해당 과세기간의 기준시가가 2억원 이하인 주택}

관리비	① 임대료외의 청소, 난방과 관련한 관리비: 총수입금액에 산입하고 실제 들어간 경비는 필요경비로 차감함 ② 전기료, 수도료 등 공공요금 • 원칙: 총수입금액불산입 • 초과징수액: 총수입금액산입

구분	부동산임대업 수입시기
지급일이 계약 또는 관습에 의해 정해진 경우	그 정하여진 날(계약서상 약정일)
지급일이 정해지지 않은 경우	실제 지급받은 날
선세금(선불임대료) 수령 시	계약기간의 월수로 나누어 각 과세연도에 귀속
후불임대료 일시수령 시	계약기간의 월수로 나누어 각 과세연도에 귀속
1년 미만 임대료를 초일에 일시수령 시	그 지급일이 속하는 과세연도의 수입금액

* 주택의 경우 3억원이 초과하는 보증금만 보증금 적수로 하고 이 금액의 40%를 건설비적수로 본다.
* 보증금 등을 받은 주택이 2주택 이상인 경우에는 보증금 등의 적수가 가장 큰 주택의 보증금 등부터 순서대로 차감한다.
* 추계시 금융소득은 차감하지 않되 주택외 부동산의 경우는 건설비적수도 차감하지 않는다.

3) 간편장부대상자

간편장부란 영세사업자를 위해 국세청장이 제정·고시한 단순화된 세금신고용 장부이다. 직전연도 수입금액이 업종별로 일정금액 미만인 경우 간편장부대상자가 될 수 있다. 다만, 다음의 업종은 수입금액과 상관없이 간편장부대상자에서 제외된다.

간편장부배제 업종	① 부가가치세 간이과세배제 대상 사업서비스: 변호사, 심판변론인, 변리사, 법무사, 공인회계사, 세무사, 경영지도사, 기술지도사, 감정평가사, 손해사정인, 통관업, 기술사, 건축사, 도선사, 측량사, 공인노무사 ② 의료·보건용역을 제공하는 자: 의사, 치과의사, 한의사, 수의사, 약사, 한약사

<간편장부대상자와 복식부기의무자>

구분	복식부기의무자	간편장부대상자
유가증권 및 사업용 유형자산 처분손익	사업소득에 포함(부동산 제외)	사업소득에서 제외
업무용승용차 관련비용 특례적용	○	×
가산세 적용	재무상태표 등 미제출시 무신고 간주규정: ○	재무상태표 등 미제출시 무신고 간주규정: ×
	세금계산서 불성실가산세, 사업용 계좌 불성실가산세: ○	세금계산서 불성실가산세, 사업용 계좌 불성실가산세: ×
기장세액 공제	×	○

<법인세법과 소득세법 비교>

구분	법인세법	소득세법
작물재배업 소득	익금산입	총수입금액 불산입
이자수익과 배당금수익	익금산입	총수입금액 불산입 (분리과세 or 금융소득 종합과세)
결손금과 이월결손금공제	결손금 공제(×) 이월결손금 공제(○)	결손금 공제(○) 이월결손금 공제(○) (사업소득의 이월결손금을 다른 소득에서 공제 가능)
유가증권처분손익	익금산입·손금산입	총수입금액불산입·필요경비불산입 (상장사 대주주와 장외양도 주식, 비상장주식과 특정주식은 양도소득 과세)

유형자산처분손익 무형자산처분손익	익금산입·손금산입	총수입금액불산입·필요경비불산입 (복식부기의무자의 사업용 고정자산의 양도가액(양도소득세 과세대상제외)은 총수입금액산입, 양도당시 장부금액은 필요경비 산입)
		부동산 처분이익은 양도소득 과세
		산업재산권 등의 처분이익은 기타소득 과세
자산수증이익 채무면제이익	익금산입 (이월결손금 보전시 익금불산입)	**사업과 관련성(○): 총수입금액산입** 이월결손금의 보전에 사용하면 총수입금액불산입
		사업과 관련성(×): 총수입금액불산입 증여세 과세
소득처분	사외유출(귀속자 소득처분 소득세 납세의무 발생)	사외유출(귀속자 소득으로 처분하지 않음)
대표자 인건비	익금산입	필요경비불산입
재고자산의 자가소비	부당행위부인	총수입금액산입
지급이자부인순서	① 채권자불분명 사채이자 ② 비실명채권·증권이자 ③ 건설자금이자 ④ 업무무관자산이자	① 채권자불분명 사채이자 ② 건설자금이자 ③ 초과인출금이자 ④ 업무무관자산이자
기부금 한도	① 특례기부금: 50% ② 우리사주조합기부금: 30% ③ 일반기부금: 10%	① 특례기부금: 100% ② 우리사주조합기부금: 30% ③ 일반기부금: 30%(종교단체기부금 10%)
가지급금인정이자	대표자 등 가지급금에 대해 인정이자 계산 및 관련 지급이자 부인	가지급금 인정이자 없음 다만, 초과인출금에 대한 관련 지급이자 부인 * 초과인출금 = 부채합계 − 사업용자산가액합계
업무용승용차 관련비용	업무전용 자동차 보험 — 가입: 업무사용금액 손금산입 / 미가입: 전액손금불산입	복식부기의무자: 업무사용금액손금산입

(3) 사업소득 과세방법

사업소득금액은 원천징수 여부에 상관없이 모두 종합과세 되므로 다음해 5월 타소득 금액과 합산하여 확정신고한다.

다음의 소득에 대하여는 원천징수대상 사업소득을 지급하는 자가 일정한 세액을 원천징수하고 다음 달 10일까지 납부하도록 하고 있다. 원천징수대상 사업소득도 종합소득에 합산하고 원천징수세액은 기납부세액으로 공제한다.

구분	내용
의료보건용역 및 인적용역	지급금액의 3.3%(지방소득세 포함)를 원천징수 * 봉사료 지급금액의 5.5%(지방소득세 포함)를 원천징수: 사업자가 음식 숙박용역, 안마시술소·이용원·스포츠맛사지소·과세유흥장소 등에서 제공하는 용역을 제공하고 그 대가를 받을 때 봉사료를 함께 받아 해당 소득자에게 지급하는 경우에는 그 사업자가 봉사료에 대한 소득세를 원천징수
사업소득세액 연말정산	간편장부대상자인 보험모집인·방문판매원·음료품배달원 등에게 사업소득을 지급하는 원천징수의무자는 당해 사업소득에 대한 소득세의 연말정산을 다음 해 2월에 하여야 한다. * 연말정산된 사업소득 외에 다른 소득이 없는 경우에는 종합소득 과세표준 확정신고를 하지 않아도 됨.

기출 이론문제 사업소득

01 소득세법상 사업소득금액을 계산할 때 총수입금액에 산입되는 것은?
① 매출할인
② 사업과 관련없는 자산수증이익
③ 국세환급가산금
④ 거래상대방으로부터 받는 장려금

02 소득세법상 사업소득금액을 계산할 때 총수입금액에 산입되는 것은?
① 사업과 무관한 채무면제이익
② 소득세환급가산금
③ 사업자가 자기가 생산한 제품을 다른 제품의 원재료로 사용한 금액
④ 거래상대방으로부터 받는 장려금

03 다음 중 소득세법상 주택임대소득에 대한 설명으로 옳지 않은 것은?
① 주택임대소득에서 발생한 결손금은 부동산 임대소득에서만 공제 가능하다.
② 임대주택의 기준시가가 12억원을 초과하는 경우 1주택자이어도 월 임대소득에 대해 과세한다.
③ 주택임대소득 계산 시 주택 수는 본인과 배우자의 소유 주택을 합산하여 계산한다.
④ 간주임대료는 3주택 이상 소유자에 대해서만 과세하지만 2026년 12월 31일까지 기준시가 2억 이하이면서 40㎡ 이하인 소형주택에 대해서는 주택 수 산정과 보증금 계산에서 모두 제외한다.

정답 및 해설

01 ④ 사업수입금액에서 매출환입,에누리, 할인은 제외되며 거래상대방으로부터 받은 장려금은 포함된다. 또한 사업용 자산의 손실로 취득한 보험차익,복식부기의무자의 사업용 유형고정자산 처분이익(부동산 제외), 재고자산을 가사용으로 소비하거나 타인에게 지급한 경우의 그 가액, 화폐성 외화자산,부채의 외환차익도 사업수입금액에 포함한다

02 ④ 사업과 관련한 자산수증이익, 채무면제이익은 사업수입금액에 포함된다. 사업과 관련없는 자산수증이익, 채무면제이익은 증여세가 과세된다

03 ① 주택 임대소득에서 발생한 결손금은 다른 사업소득에서 공제 가능하다.

04 다음 중 소득세법상 주택임대소득에 대한 설명으로 틀린 것은?

① 1개의 주택을 소유하는 자의 주택임대소득은 고가주택이 아니면 비과세한다.
② 주택수 계산에 있어서 임차한 주택을 전대하는 경우에는 해당 임차한 주택을 임차인의 주택으로 계산한다.
③ 주택임대소득의 과세기준이 되는 고가주택은 실거래가액이 9억원을 초과하는 경우를 말한다.
④ 주택임대소득 계산에서의 주택 수의 계산은 본인과 배우자가 각각 주택을 소유한 경우 이를 합산한다.

05 다음의 손비 중 법인의 손금에 산입되고, 또한 개인사업소득자의 필요경비에도 산입되는 것은?

① 대표자 또는 사업자의 급료
② 재고자산 평가방법을 저가법으로 신고하고, 저가법에 따라 평가한 재고자산 평가차손
③ 유가증권평가손실
④ 기계장치의 처분시 장부가액

06 소득세법상 사업소득금액을 계산할 때 총수입금액에 산입되는 것은?

① 소득세환급액
② 매출할인
③ 사업과무관한 채무면제이익
④ 가사용으로 사용한 재고자산의 가액

07 복식부기의무자인 개인사업자 김선미씨의 손익계산서상 비용항목에는 아래의 비용이 포함되어 있다. 이 중 소득세법상 사업소득의 필요경비 불산입에 해당하는 것은 몇 개인가?

(가) 대표자 급여	(나) 건강보험료(직장가입자인 대표자 해당분)
(다) 소득세와 개인지방소득세	(라) 벌금·과료·과태료

08 다음은 소득세법의 내용이다. (㉮)와 (㉯)에 들어갈 말로 알맞은 것은?

초과인출금이란 (㉮) 합계액이 (㉯)의 합계액을 초과하는 금액을 의미한다. 초과인출금에 대한 지급이자는 필요경비를 불산입한다.

	(㉮)	(㉯)
①	부채(충당금과 준비금은 제외)	사업용자산
②	부채(충당금과 준비금은 포함)	사업용자산
③	사업용자산	부채(충당금과 준비금은 제외)
④	사업용자산	부채(충당금과 준비금은 포함)

09 다음은 소득세법상 기업업무추진비에 대한 설명이다. 이 중 가장 틀린 것은?

① 기업업무추진비한도액 계산에 있어서 수입금액이 90억원인 경우 적용되는 율은 1만분의 20(0.2%)이다.
② 1회의 접대에 지출한 기업업무추진비(경조사비 제외) 중 3만원을 초과하는 기업업무추진비로서 간이영수증을 수령한 경우 필요경비에 산입하지 않는다.
③ 업무와 관련하여 특정인에게 지출한 경우 원칙적으로 접대비로 본다.
④ 복수 사업장을 가진 사업자의 소득금액 계산시 각 사업장별 한도 미달액과 초과액은 통산한다.

10 현행 소득세법에 의한 기장의무자는 간편장부대상자와 복식부기의무자로 구분한다. 다음의 설명 중 간편장부대상자에 적용되는 것은 모두 몇 개인가?

> ㉮ 사업장 이전 사유로 임대차계약에 따라 임차사업장의 원상회복을 위하여 시설물을 철거하는 경우 장부가액과 처분가액의 차액을 필요경비로 산입한다.
> ㉯ 토지 및 건물을 제외한 사업용 유형고정자산을 양도함으로써 발생한 소득은 사업소득이다.
> ㉰ 업무용승용차를 매각하는 경우 그 매각가액을 매각일이 속하는 과세기간의 사업소득금액을 계산할 때에 총수입금액에 산입한다.

① 0개　　② 1개　　③ 2개　　④ 3개

11 다음 중 소득세법상 간편장부대상자(소규모사업자에는 해당하지 아니함)에게 적용되지 아니하는 가산세는 무엇인가?

① 증빙불비가산세
② 사업용계좌미사용가산세
③ 지급명세서보고불성실가산세
④ 무기장가산세

정답 및 해설

04 ③ 고가주택은 기준시가가 12억원 초과하는 경우를 말한다.

05 ② 재고자산의 저가법에 따라 평가한 평가차손은 필요경비와 손금 모두 인정된다.

06 ④ 재고자산을 가사용으로 소비하거나 타인에게 지급한 경우의 그 가액은 사업수입금액에 포함한다.

07 ③ 건강보험료(직장가입자인 대표자해당분)은 필요경비에 산입한다.

08 ① 초과 인출금이란 사업용 자산가액을 초과하는 부채액을 의미한다. 부채총액에서 사업용자산금액을 차감한 금액의 적수가 차입금 적수를 초과하는 경우 해당 비율의 이자를 필요경비에서 부인한다.

09 ④ 복수 사업장을 가진 사업자의 소득금액 계산시 각 사업장별 한도 미달액과 초과액은 통산하지 않는다.

10 ② ㉯와 ㉰는 복식부기의무자만 적용한다.

11 ② 사업용계좌에 대한 가산세는 복식부기의무자에 한하여 적용된다.

04 연금소득

(1) 연금소득의 범위

연금소득이란 노후 생활보장을 위해 매년 일정액을 불입하고 추후에 일정기간에 걸쳐서 지급받는 소득이다. 초고령사회 진입을 앞두고 정부에서도 연금저축 불입금액에 대해 연말정산 시 일정한도 내에서 세액공제제도를 시행하는 등의 혜택을 제공하고 있다.

연금소득 분류	내용	
공적연금소득: 국민연금, 공무원연금, 군인연금, 사립학교교직원연금 등	연금수령시	연금소득
	연금외수령시(일시금수령)	퇴직소득
사적연금소득: 개인연금, 퇴직연금, 퇴직보험연금	연금수령시	연금소득
	연금외수령시 (퇴직금 해당분)	퇴직소득
	연금외수령시 (자기불입분, 운용수익)	기타소득
비과세 연금소득	① 공적연금관련법 등에 따라 받는 연금 중 유족연금, 장애연금, 장해연금, 상이연금 ② 산업재해보상보험법에 따라 받는 각종 연금 ③ 「국군포로 대우 등에 관한 법률」에 따라 국군포로가 받는 연금	

(2) 연금소득금액 계산

연금소득금액 = 총수입금액 - 연금소득공제

총연금액	연금소득공제액
350만원 이하	전액공제
350만원 초과~700만원 이하	350만원 + 350만원 초과액 × 40%
700만원 초과~1,400만원 이하	490만원 + 700만원 초과액 × 20%
1,400만원 초과	630만원 + 1,400만원 초과액 × 10%

* 연금소득공제액의 한도액은 900만원까지 이다.
* 연금소득공제액은 필요경비적 성격으로 보아 총연금액에서 공제한다.

(3) 연금소득 수입시기

구분	수입시기
공적연금소득	연금을 지급받기로 한 날
사적연금소득	연금수령한 날

(4) 연금소득 과세방법

연금소득은 연금을 지급할 때 원천징수하여 다음 달 10일까지 납부하고 종합소득에 합산하여 종합과세하는 것이 원칙이다.

구분	내용
공적연금	매월 간이세액표에 의해 원천징수한 후 다음연도 1월분 연금소득을 지급하는 때 연말정산을 한다. * 공적연금소득외 다른소득이 없는 경우에는 확정신고를 하지 않아도 된다.
사적연금	연금소득자의 나이 및 소득유형에 따른 세율(3~5%)을 적용하여 원천징수하고 종합과세한다. * 사적연금으로 총연금액이 연간 1,500만원 이하인 경우에는 분리과세 선택가능

05 기타소득

(1) 기타소득의 범위

기타소득은 이자소득, 배당소득, 사업소득, 근로소득, 연금소득, 퇴직소득, 양도소득 외의 과세소득으로 다음의 열거된 소득이다.

구분	내용
양도·대여 및 사용료	저작자 외의 자가 저작권 등의 양도·사용대가로 받는 금품
	각종 무체재산권의 양도·대여 대가로 받는 금품
	물품(유가증권 포함) 또는 장소를 일시적으로 대여하고 사용료로서 받는 금품
	「전자상거래 등에서의 소비자보호에 관한 법률」에 따라 통신판매중개를 통한 대여 및 사용료
	공익사업 관련 지역권·지상권 설정 또는 대여로 발생하는 소득
	서화·골동품의 양도로 발생하는 소득
	가상자산을 양도하거나 대여함으로써 발생하는 소득 (2025.1.1. 이후 적용)
인적용역	문예·예술·미술·음악 또는 사진에 속하는 창작품에 대한 원작자로서 받는 원고료, 저작권 사용료, 인세 등
	일시적인 인적용역의 대가
	종교인소득 (근로소득으로 원천징수하거나 과세표준확정신고를 한 경우는 근로소득)
기타	사적 연금계좌에서 연금외수령한 소득 중 자기불입분과 그 운용수익
	주식매수선택권행사이익 (고용관계 없는 상태에서 행사한 경우)
	특수관계인으로부터 얻는 일정한 경제적 이익
	뇌물·알선수재·배임수재에 의하여 받은 금품
	계약의 위약 또는 해약으로 인한 위약금, 배상금, 부당이득반환시 지급받는 이자(주택입주지체상금 등)
	법에서 열거된 기타 소득 (사례금, 인정기타소득, 복권·경품권 당첨금, 퇴직 후 직무발명보상금, 상금·현상금·보상금, 영화필름·방송용테이프 양도·대여·사용 대가, 재산권에 관한 알선수수료 등)

기타소득이 다른 소득과의 구분이 어려울 경우에는 다른 소득으로 먼저 구분한다.

<다른소득과 기타소득과의 구분 사례>

구분	소득의 구분	
원고료	소설가	사업소득
	업무와 관련성 ○	근로소득
	업무와 관련성 ×	기타소득

강의료	사업자인 학원강사	사업소득
	대학교 강사	근로소득
	일시적인 강의료	기타소득
종교인	종교인단체가 근로소득으로 원천징수하거나, 종교인이 근로소득으로 신고한 경우	근로소득
	종교인단체로부터 받는 소득	기타소득
지상권·지역권의 설정 또는 대여	일반적인 경우	사업소득
	공익사업과 관련한 경우	기타소득
세액공제받은 연금계좌납입액과 운용실적에 따라 증가된 금액	연금수령요건을 갖추어 인출한 소득	연금소득
	의료목적, 천재지변 등 부득이한 인출요건으로 인출한 소득	연금소득
	연금외 수령한 소득	기타소득

(2) 비과세 기타소득

① 국가유공자 또는 보훈대상자가 받는 보훈급여금·학습보조비 및 북한이탈주민의 정착금·보로금과 그 밖의 금품
② 국가보안법에 따라 받는 상금과 보조금
③ 상훈법에 따른 훈장과 관련하여 받는 부상이나 그 밖에 대통령령으로 정하는 상금과 부상(예 예술원상 수상자, 미술대전 수상작품에 대한 수상자, 체육상 수상자, 노벨상 수상자 등이 받는 상금과 부상, 범죄신고자 보상금 등)
④ 종업원, 법인의 임원 등이 퇴직한 후에 지급받는 직무발명보상금으로서 연 700만원 이하의 금액
⑤ 국가지정문화재로 지정된 서화·골동품의 양도로 발생하는 소득
⑥ 서화·골동품을 박물관 또는 미술관에 양도함으로써 발생하는 소득
⑦ 종교인소득 중 일정한 소득
⑧ 법령·조례에 따른 위원회 등의 보수를 받지 아니하는 위원(학술원 및 예술원의 회원을 포함한다) 등이 받는 수당

(3) 기타소득금액의 계산

기타소득금액 = 총수입금액 - 필요경비(필요경비의제)

기타소득의 범위	필요경비 인정금액
공익법인이 주무관청 승인을 얻어 시상하는 상금 및 부상 다수가 경쟁하는 대회에서 받는 상금 및 부상 계약의 위약·해약으로 받는 위약금과 해약금 중 주택입주 지체상금 서화골동품* 등의 양도소득	MAX(ⓐ, ⓑ) ⓐ 해당 기타소득 수입금액의 80% ⓑ 실제 사용된 필요경비 <서화골동품 필요경비율> | 양도가액 | 필요경비율 | | 1억원 이하 | 90% | | 1억원 초과 | 1억원까지: 90% / 1억원 초과분: 80% | 단, 보유기간이 10년 이상 시 90%
일시적인 문예창작소득 일시적 인적용역을 제공하고 받는 대가 산업재산권, 영업권, 상표권 등의 양도·대여금액 공익사업 관련 지역권, 지상권 설정·대여금액	MAX(ⓐ, ⓑ) ⓐ 해당 기타소득 수입금액의 60% ⓑ 실제 필요경비
승마투표권 환급금	적중된 투표권의 단위투표금액
슬롯머신 당첨금	당첨직전 슬롯머신 투입금액

(4) 기타소득 과세방법

1) 종합과세원칙
기타소득은 종합과세하는 것이 원칙이나 다음의 경우에는 분리과세한다.

과세방법	내용	원천징수세율
선택적 분리과세	다음의 기타소득금액이 연 300만원 이하인 경우로써 분리과세를 선택한 경우 ㉠ 원천징수 분리과세 ㉡ 계약금이 위약금·배상금으로 대체되는 금액으로 원천징수 대상이 아닌 소득	20% (소기업·소상공인공제부담금의 해지일시금 15%)
무조건 분리과세	① 연금계좌 및 연금계좌 운용실적에 따라 증가된 금액을 연금외수령한 경우	15%
	② 서화·골동품의 양도로 발생하는 소득	20%
	③ 복권당첨소득, 슬롯머신 등의 당첨금품 등	20% (3억원 초과분은 30%)
무조건 종합과세	① 뇌물 ② 알선수재 및 배임수재에 의하여 받는 금품	–

2) 과세최저한
기타소득이 다음에 해당되는 경우 소득세를 과세하지 않는다.

구분		내용
과세최저한	① 일반적인 경우	**기타소득금액이 건별로 5만원 이하인 경우**
	② 승마투표권 등의 환급금	건별로 승마투표권 등의 합계액이 10만원 이하이고 다음의 어느 하나에 해당하는 경우 ㉠ 적중한 개별투표당 환급금이 10만원 이하인 경우 ㉡ 단위투표금액당 환급금이 단위투표금액의 100배 이하이면서 적중한 개별투표 당 환급금이 200만원 이하인 경우 건별로 200만원 이하인 경우
	③ 복권당첨금, 슬롯머신 등	건별로 200만원 이하인 경우

* 조세회피를 방지하기 위해서 **연금계좌에서 연금외수령한 기타 소득에 대해서는 과세최저한을 적용받지 않는다.**

(5) 기타소득 수입시기

기타소득	수입시기
일반적인 기타소득	그 지급을 받은 날
법인세법에 따라 기타소득으로 처분된 금액	해당 법인의 해당 사업연도 결산확정일
산업재산권 등을 양도한 경우	대금청산일, 인도일, 사용수익일 중 빠른 날
계약의 위약·해약으로 받은 위약금, 배상금	계약의 위약·해약이 확정된 날
연금계좌에서 연금 외 수령한 기타소득	연금 외 수령한 날

기출 이론문제 — 기타소득

01 소득세법상 기타소득 중 실제 소요된 필요경비가 없는 경우에도 수입금액의 60%를 필요 경비로 공제하는 것이 아닌 것은?

① 영업권의 양도소득
② 일시적인 원고료
③ 지상권의 대여소득
④ 재산권 알선수수료

02 다음 중 원천징수되는 소득세가 가장 적은 것은?

① 로또 복권 5장을 5,000원에 구입하여 그 중 1장이 1,800,000원에 당첨되었다.
② 공익지상권을 대여하고 1,000,000원을 받았다.
③ 대학생이 신문사에 글을 기고하고 원고료로 200,000원을 받았다.
④ 대학교수가 TV토론회에 출연하고 출연료 500,000원을 받았다.

03 거주자 이세무는 20X3년에 일시적으로 다음과 같은 소득이 발생하였다. 소득세법 적용에 대한 설명으로 틀린 것은? (단, 실제필요경비는 고려하지 않음.)

> ㉮ 다수에게 강연을 하고 받은 강연료: 5,000,000원
> ㉯ 현대백화점의 경품추첨에 당첨 되어 시가 10,000,000원 상당의 자동차를 받았다.
> ㉰ 로또복권에 당첨되어 50,000,000원을 받았다.

① ㉮의 소득은 고용관계여부에 따라 소득구분이 달라질 수 있다.
② ㉰의 경우 원천징수세율이 30%가 적용된다.
③ 모두 기타소득이라면 종합과세 할 수 있는 기타소득금액은 12,000,000원이다.
④ 모두 기타소득이라면 소득세 원천징수세액은 12,400,000원(지방소득세 별도)이다.

04 다음 자료를 이용하여 거주자 병의 20X4년 종합소득금액을 계산하면 얼마인가? (단, 모든 소득은 국내에서 발생한 것으로 세법에서 규정된 원천징수는 적법하게 이루어졌다.)

> ㉮ 국내 보통예금에서 발생한 예금이자 5,000,000원(이외 금융소득은 없는 것으로 가정한다)
> ㉯ 투자생명보험회사에서 일시적 강연을 통해 수령한 강연료 18,000,000원 ㉰ 만점학원에서 수학과목을 3년전부터 지속적으로 강의하고 있다. 올해 수령한 강의료는 10,000,000원이고 필요경비는 7,000,000원이다.

① 26,000,000
② 21,000,000원
③ 11,600,000원
④ 10,200,000원

05 다수인에게 강연을 하고 강연료 5,000,000원을 받는 사람의 경우 발생하는 소득세의 과세문제에 대한 설명으로 틀린 것은?

① 고용관계에 의하여 받은 강연료라면 근로소득으로 분류된다.
② 강의를 전문적으로 하고 있는 개인프리랜서라면 사업소득으로 분류된다.
③ 일시적이고 우발적으로 발생한 강연료라면 기타소득으로 분류된다.
④ 근로소득자의 경우, 강연료 소득 발생시 반드시 합산하여 종합소득세 신고해야 한다.

06 소득세법상 기타소득에 대하여 실제 소요된 필요경비가 없어도 일정금액을 필요경비로 인정하고 있다. 다음 설명 중 옳지 않은 것은?

① 서화·골동품의 양도로 발생하는 소득으로서 서화·골동품의 보유기간이 10년 이상은 100분의 90에 상당하는 금액을 필요경비로 한다.
② 계약의 위약 또는 해약으로 인하여 받는 소득으로서 주택입주 지체상금의 경우 거주 금액의 100분의 60에 상당하는 금액을 필요경비로 한다.
③ 종교인소득으로서 종교관련종사자가 해당 과세기간에 받은 금액이 2천만원 이하인 경우 100분의 80에 상당하는 금액을 필요경비로 한다.
④ 일시적인 인적용역으로서 고용관계 없이 다수인에게 강연을 하고 강연료 등 대가를 받은 경우에는 100분의 60에 상당하는 금액을 필요경비로 한다.

정답 및 해설

01 ④ 재산권 알선수수료는 실제 소요된 필요경비만 공제된다.

02 ① 복권 당첨금은 건별로 200만원 미만인 경우 기타소득의 과세최저한에 해당하여 원천징수 세금은 없다(소법 84조).

03 ② 복권당첨액의 원천징수세율은 3억원 이하는 20%, 3억원 초과분은 30%이다. 강연료는 필요경비가 60% 의제이므로 기타소득금액은 2,000,000원이고 기타소득금액이 300만원 이하인 경우 분리과세 선택이 가능하다.
원천징수세액: (2,000,000 + 10,000,000 + 50,000,000) × 20% = 12,400,000원이다.

04 ④ 국내 금융소득이 2천만원 이하는 분리과세대상소득이다. 일시적 강의로 인한 강연료는 무조건 필요경비 60% 인정되는 기타소득이지만 만점학원에서 받은 강의료는 사업소득에 해당하므로 실제 필요경비를 차감한 소득금액을 계산한다.
18,000,000 × (1 − 60%) + (10,000,000 − 7,000,000) = 10,200,000원

05 ④ 일시적 인정용역 제공대가로 필요경비가 60%인정되므로 소득금액은 200만원이다. 기타소득금액은 300만원 이하인 경우 분리과세 선택이 가능하므로 반드시 합산하여 종합소득세 신고하는 것은 아니다.

06 ② 계약의 위약 또는 해약으로 인하여 받는 소득으로서 주택입주 지체상금의 경우 거주 금액의 100분의 80에 상당하는 금액을 필요경비로 한다.

07 다음 중 소득세법상 기타소득의 과세방법이 다른 것은?

① 뇌물, 알선수재 및 배임수재에 의하여 받은 금품
② 연금계좌에서 연금외수령하는 기타소득
③ 복권, 승마투표권, 슬롯머신 등의 당첨금품
④ 서화, 골동품의 양도로 발생하는 소득

08 다음 중 무조건 분리과세대상 소득에 해당하지 않는 것은?

① 연금소득 중 사적연금액 1,500만원 이하인 경우
② 기타소득 중 복권당첨금액
③ 근로소득 중 일용근로자의 근로소득
④ 금융소득 중 직장공제회 초과반환금

09 소득세법상 원천징수세율과 관련된 다음 설명 중 가장 옳지 않은 것은?

① 기타소득금액에 대한 원천징수 세율은 4%이다.
② 비영업대금의 이익에 대한 원천징수 세율은 25%이다.
③ 공급대가와 구분 기재한 봉사료에 대한 원천징수세율은 5%이다.
④ 일용근로자의 급여에 대한 원천징수세율은 6%이다.

10 다음 자료는 국내 제약회사에 근무하는 거주자 A씨의 20X3년 소득내역이다. 소득세법상 거주자 A씨가 20X4년 5월말까지 신고해야 할 종합소득금액에 해당되지 않는 것은? (단, 거주자 A씨는 특정소득에 대하여 종합과세와 분리과세 중 하나의 방법을 선택할 수 있는 경우에는 분리과세를 선택한다.)

① 1년간 급여 100,000,000원
② 신문 및 잡지에 글을 기고하고 일시적으로 받은 원고료 7,500,000원
③ 상가임대료 5,000,000원
④ 국내은행 예금이자 39,000,000원

정답 및 해설

07 ① 뇌물, 알선수재 및 배임수재에 의하여 받은 금품은 무조건 종합과세이고 나머지는 무조건 분리과세이다.

08 ① 사적연금액 1,500만원 이하는 선택적 분리과세이다.

09 ① 기타소득금액에 대한 원천징수세율은 20%이다.(복권당첨금 3억 초과분은 30%, 부득이한 사유로 인한 연금외의 수령분은 15% 등)

10 ② 기타소득금액이 300만원 이하인 경우 종합과세와 분리과세를 선택할 수 있으므로 요구대로 분리과세를 선택한다.
① 근로소득, ③ 사업소득(부동산임대), ④ 이자소득

06 종합소득금액 계산 특례

(1) 결손금 및 이월결손금

1) 결손금 공제
결손금은 사업자가 사업소득금액을 계산할 때 해당 과세기간의 필요경비가 총수입금액을 초과하는 경우 그 초과금액을 말한다.

* 사업소득을 제외한 다른 소득의 결손금은 인정되지 않는다.

(1) 일반사업소득 및 주거용 건물 임대업

결손금	① 다음의 순서대로 공제한다. 　근로소득금액 → 연금소득금액 → 기타소득금액 → 이자소득금액 → 배당소득금액 ② 공제 후 남은 결손금은 다음연도로 이월시키는 것을 이월결손금이라고 하고, 이월결손금은 15년간(2020년 1월 1일 이전 발생한 결손금은 10년간) 이월공제 또는 중소기업에 한하여 소급공제
이월결손금	사업소득금액(부동산임대업 포함) → 근로소득금액 → 연금소득금액 → 기타소득금액 → 이자소득금액 → 배당소득금액

(2) 부동산 임대업

결손금	① 다른 소득금액에서 공제하지 않고 다음연도로 이월시킨다. ② 이월결손금은 15년간(2020년 1월 1일 이전 발생한 결손금은 10년간) 이월공제
이월결손금	부동산임대업 사업소득금액에서 공제

2) 결손금 소급공제
중소기업을 경영하는 거주자가 사업소득금액을 계산할 때 해당 과세기간에 이월결손금이 발생한 경우에는 직전연도 종합소득 결정세액을 한도로 결손금 소급공제세액을 환급받을 수 있다. 결손금 소급공제세액을 환급받기 위해서는 과세표준확정신고기한까지 신청하여야 한다.

구분	법인세	소득세
적용대상	중소기업	중소기업(부동산임대업 제외)
소급가능 결손금	제한없음	사업소득에서 발생한 결손금*
환급세액 한도	직전사업연도의 법인세액	직전연도 사업소득에 대한 종합소득세액

* 당기 사업소득 결손금을 다른 소득에서 공제하고 남은 금액을 말한다.

3) 이월결손금
① 결손금과 이월결손금이 있는 경우, 결손금을 우선하여 소득금액에서 공제한다.
② 해당 과세기간의 소득금액을 추계신고 시에는 이월결손금공제를 배제한다(천재지변 등으로 장부·증빙서류를 멸실한 경우 제외).
③ 종합소득에 금융소득이 포함된 경우 원천징수세율 적용분은 결손금과 이월결손금공제를 배제하고 기본세율 적용분은 납세자가 공제 여부를 선택할 수 있다.

(2) 공동사업에 대한 소득금액계산의 특례

1) 공동사업의 개념
공동사업이란 2명 이상이 재산 또는 노무를 출자하여 공동사업(출자공동사업자가 있는 공동사업을 포함)을 경영하고 그 사업에서 발생하는 손익을 약정된 분배비율에 따라 분배하는 형태의 사업을 말한다.

2) 소득금액 계산

구분	내용
소득금액 계산	공동사업장을 1거주자로 보아 공동사업장별로 소득금액을 계산
소득금액 분배	약정된 손익분배비율에 따라 각 공동사업자에게 분배
납세의무	각 공동사업자는 분배받은 소득을 자기의 다른 종합소득과 합산하여 각자 납세
한도액 계산	**기업업무추진비 및 기부금 한도액 등은 공동사업장 단위로 계산**

<출자공동사업자 과세 처리>

구분	내용
개념	공동사업의 경영에 참여하지 않고 출자만 하는 자(상법상 익명조합원)
처리방식	단독사업 형태이나 소득세법은 실질적인 공동사업으로 간주
소득 종류	**배당소득**으로 과세
과세 방법	• 원천징수세율: 25% • 종합과세 의무 • Gross-Up 제외

3) 공동사업 합산과세

① 합산과세 요건 및 방법
  ㉠ 거주자 1인과 그와 특수관계인이 공동사업자 중에 포함되어 있는 경우로서 조세회피목적으로 공동사업을 영위하는 경우에는, 약정된 손익분배비율이 있어도 해당 특수관계인의 소득금액은 손익분배비율이 큰 주된 공동사업자의 소득금액으로 본다.
  ㉡ 합산대상소득은 사업소득으로 공동사업장에서 발생한 다른소득은 제외된다.

<주된 공동사업자 결정 순서>

순위	결정 기준
1	손익분배율이 큰 공동사업자
2	이외의 종합소득금액이 많은 자
3	직전연도의 종합소득금액이 많은 자

② 연대납세의무: 공동사업 합산과세가 적용되면 특수관계인은 그 합산과세되는 소득금액을 한도로 주된 공동사업자와 연대하여 납세의무를 진다.

4) 공동사업장에 대한 특례

구분	내용
원천징수세액	공동사업장 손익분배비율에 따라 배분
가산세	공동사업장 손익분배비율에 따라 배분 (공동사업장과 관련없는 신고·납부가산세 등은 개인별 부담)

기출 이론문제 | 종합소득계산 특례

01 소득세법상 결손금과 이월결손금에 대한 설명으로 틀린 것은?

① 부동산임대업(주거용 건물, 임대업 제외)을 제외한 일반적인 사업에서 발생한 결손금은 근로소득금액, 연금소득금액, 기타소득금액, 이자소득금액, 배당소득금액, 부동산임대사업소득금액에서 순서대로 공제한다.
② 부동산임대업(주거용 건물 임대업 제외)에서 발생한 결손금은 다른 소득금액에서 공제하지 않고 다음 과세기간으로 이월된다.
③ 해당 과세기간에 일반사업소득에서 결손금이 발생하고 전기에서 이월된 이월결손금도 있는 경우에는 당해 과세기간에 발생한 결손금을 먼저 다른 소득금액에서 공제한다.
④ 중소기업을 영위하는 거주자의 부동산임대업을 제외한 사업소득 결손금 중 다른 소득금액에서 공제한 후의 금액이 있는 경우에는 소급공제하여 환급신청이 가능하다.

02 다음 중 소득세법상 종합소득세 계산에 대한 설명으로 틀린 것은?

① 부동산임대소득(주거용 건물 임대업 제외)에서 발생한 결손금은 다른 종합소득에서 공제할 수 없고 이후에 발생하는 부동산임대소득에서 15년간 이월하여 공제한다.
② 부동산매매업을 영위하는 거주자가 특수관계있는 자에게 시가 10억원인 재고자산을 9억원에 양도하는 경우에는 10억원에 양도한 것으로 보아 소득금액을 계산할 수 있다.
③ 피상속인의 소득금액에 대한 소득세를 상속인에게 과세할 경우 이를 상속인의 소득금액에 대한 소득세와 합산하여 계산하여야 한다.
④ 당해 연도의 사업소득금액에 대하여 추계신고하는 경우에는 천재·지변 기타 불가항력의 사유가 아닌 경우 이월결손금을 공제받을 수 없다.

정답 및 해설

01 ① 부동산임대업(주거용 건물, 임대업 제외)을 제외한 일반적인 사업에서 발생한 결손금은 근로소득금액, 연금소득금액, 기타소득금액, 이자소득금액, 배당소득금액 순서대로 공제한다.

02 ③ 피상속인의 소득금액에 대한 소득세를 상속인에게 과세할 경우 이는 납세의무의 승계에 해당하는 것으로 상속인의 소득금액에 대한 소득세와 합산하지 않는다.

03 다음 중 소득세법상 공동사업장에 대한 설명으로 가장 옳은 것은?

① 중소기업이 아닌 경우 기업업무추진비한도액은 연간 12,000,000원에 공동사업자수를 곱하여 계산된 금액으로 한다.
② 공동사업장에 대한 소득금액 경정은 원칙적으로 공동사업장 관할세무서장이 행하고, 국세청장이 중요하다고 인정하는 경우 대표공동사업자의 주소지 관할세무서장이 행한다.
③ 복식부기의무자 또는 간편장부대상자의 기장의무 규정은 공동사업자의 단독사업장과 관계없이 공동사업장을 1거주자로 보아 별도로 적용한다.
④ 삼촌은 생계를 같이하고 손익분배 비율을 허위로 정하는 경우에도 공동사업소득금액의 합산대상에 해당하지 아니한다.

04 손익분배비율의 허위나 조세회피의도가 전혀없이 아버지와 아들이 자동차 부품공장을 운영하고 있다. 이러한 공동사업과 관련된 소득세법에 대한 설명으로 맞는 것은?

① 아버지와 아들이 과세기간 종료일 현재 동일한 세계를 구성하고 생계를 같이 해도 각각 소득세 납세의무를 진다.
② 공동사업장을 1거주자로 보아 그 공동사업장의 소득금액을 계산하에 그 공동사업장의 소득만으로 소득세납세의무를 이행한다.
③ 공동사업상의 대표자인 아버지에 대한 급여는 필요경비로 인정된다.
④ 소득세법상의 모든 가산세는 거주자별로 각각 계산한다.

05 소득세법상 공동사업장에 대한 소득금액 계산과 관련한 다음의 설명 중 옳지 않은 것은?

① 사업소득이 있는 거주자의 공동사업장에 대한 소득금액 계산에 있어서는 그 공동사업장을 1거주자로 본다.
② 공동사업장에 관련되는 가산세는 각 공동사업자의 지분 또는 손익분배의 비율에 의해 배분한다.
③ 대표공동사업자는 당해 공동사업장에서 발생한 소득금액과 가산세액 및 원천징수된 세액의 각 공동사업자별 분배명세서를 제출하여야 한다.
④ 공동사업장의 소득금액을 계산하는 경우 기업업무추진비 및 기부금의 한도액은 각각의 공동사업자를 1거주자로 보아 적용한다.

06 다음은 소득세법상 공동사업과 관련한 설명이다. 올바른 설명을 모두 고르시오.

> 가. 공동사업자 각 구성원의 다른 개별사업장도 통합하여 하나의 사업장으로 본다.
> 나. 공동사업을 경영하는 각 거주자간에 약정된 손익분배비율이 없는 경우 지분비율에 의해 분배 한다.
> 다. 공동사업장에서 발생한 결손금은 공동사업장 단위로 이월되거나 이월결손금 공제 후 배분한다.
> 라. 구성원이 동일한 공동사업장이 3이상인 경우에는 각각의 공동사업장은 직전연도의 수입금액을 기준으로 기장의무를 판단한다.

① 없음   ② 나   ③ 가, 다   ④ 나, 라

07 소득세법상 결손금과 이월결손금의 공제에 관한 설명 중 올바르지 않은 것은?

① 당해연도에 결손금이 발생하고 이월결손금이 있는 경우에 당해연도의 결손금을 먼저 소득금액에서 공제한다.
② 사업소득의 결손금(2020년 이후 발생분)은 15년간 이월공제가 가능하다.
③ 중소기업에 해당하는 경우 소급공제가 가능하다.
④ 부동산임대업에서 발생한 결손금은 타소득에서 공제할 수 있다.

정답 및 해설

03 ③ ① 공동사업장을 1거주자로 보아 연간 12,000,000원을 기초금액으로 한다.
② 공동사업에서 발생하는 소득금액의 경정은 대표공동사업자의 주소지 관할세무서장이 한다.
④ 공동사업소득금액의 합산대상이 되는 특수관계자는 삼촌도 이에 해당한다.

04 ① 소득금액 계산은 공동사업장별로 계산하여 손익분배비율에 따라 배분된 소득금액에 대하여 거주자별로 각각 소득세 납세의무를 진다. 공동사업장의 대표자에 대한 급여는 필요경비가 인정 되지 아니하며 소득세법상 일부 가산세는 사업장별로 계산하여 손익분배비율에 따라 배분되는 것도 있다.

05 ④ 공동사업장에 대한 소득금액 계산은 그 공동사업장을 1거주자로 보고 행하므로 기업무추진비 및 기부금 한도액 계산은 공동사업장을 1거주자로 보고 계산한다.

06 ② 가. 각 구성원의 다른 개별사업장 또는 다른 공동사업장과는 별개로 본다.
다. 공동사업장에서 발생한 결손금은 공동사업장 단위로 이월되거나 이월결손금 공제 후 소득금액을 배분하는 것이 아니라 각 공동사업자별로 분배되어 공동사업자 각각의 다른 소득금액과 통산한다.
라. 구성원이 동일한 공동사업장이 2 이상인 경우에는 직전연도의 수입금액을 합산하여 기장의 무를 판단한다.

07 ④ 부동산임대업에서 발생한 결손금(2021년 이후 발생분)은 다른 종합소득에서 공제할 수 없고 이후에 발생하는 부동산업 사업소득에서 15년간 이월하여 공제한다.

08 소득세법상 결손금과 이월결손금의 공제에 대한 설명 중 적절하지 않은 것은?

① 주거용 건물의 임대사업에서 발생한 결손금은 다른 소득금액에서 공제하지 않고 다음 과세기간으로 이월시킨다.
② 2020년 1월 1일 이후 최초로 발생하는 결손금은 15년간 이월공제가 가능하다.
③ 결손금 및 이월결손금을 공제할 때 해당 과세기간에 결손금이 발생하고 이월결손금이 있는 경우에는 그 과세기간의 결손금을 먼저 소득금액에서 공제한다.
④ 추계신고나 추계조사결정의 경우 이월결손금 공제를 하지 않는다.

09 소득세법상 결손금과 이월결손금의 공제에 대한 설명 중 적절하지 않은 것은?

① 부동산임대업(주택임대업 제외)에서 발생한 결손금은 다른 소득금액에서 공제하지 않고 다음 과세기간으로 이월시킨다.
② 2020년 1월 1일 이후 최초로 발생하는 결손금은 15년간 이월공제가 가능하다.
③ 해당 과세기간에 결손금이 발생하고 이월결손금이 있는 경우에는 이월결손금을 먼저 소득금액에서 공제한다.
④ 추계신고나 추계조사결정의 경우 이월결손금 공제를 하지 않는다.

정답 및 해설

08 ① 주거용 건물에서 발생한 결손금은 해당 사업소득금액(부동산임대업 소득금액 포함)을 계산할 때 먼저 공제하고, 남은 금액은 ① 근로소득금액, ② 연금소득금액, ③ 기타소득금액, ④ 이자소득 금액, ⑤ 배당소득금액에서 순서대로 공제한다.

09 ③ 결손금 및 이월결손금을 공제할 때 해당 과세기간에 결손금이 발생하고 이월결손금이 있는 경우에는 그 과세기간의 결손금을 먼저 소득금액에서 공제한다.

07 종합소득세 납세절차

(1) 중간예납

사업소득이 있는 거주자는 중간예납기간에 대한 중간예납세액을 납부하여야 한다(고지납부원칙).

구분	내용
중간예납대상자	원칙: 사업소득이 있는 거주자 다음에 해당하는 경우는 제외한다. 이자소득, 배당소득, 근로소득, 연금소득, 기타소득만 있는 자 ① 사업소득 중 수시부과하는 소득만 있는 경우 ② 사업소득 중 속기·타자 등 사무관련 서비스업 등에서 발생한 소득만 있는 경우 ③ 보험모집인·방문판매원·음료배달원 등 연말정산대상 사업소득으로서 원천징수의무자가 직전 년도에 사업소득세의 연말정산을 한 경우 ④ 분리과세 주택임대소득 ⑤ 신규사업자, 납세조합가입자
중간예납기간	1월 1일~6월 30일
납부기한	11월 30일
중간예납세액	중간예납세액 = 중간예납기준액(직전과세기간의 종합소득세액) × 50%
중간예납추계액의 신고	① 중간예납추계액이 중간예납기준액의 30%에 미달하는 경우 ② 중간예납기준액이 없는 거주자가 당해 연도의 중간예납기간 중 종합소득이 있는 경우(복식부기의무자가 아닌 사업자는 제외)
소액부징수	50만원 미만인 경우

(2) 확정신고와 납부

구분	내용
확정신고 납부기한	그 과세기간의 다음연도 5.31.(성실신고대상사업자는 6.30.)까지 * 과세표준이 없거나 결손금이 발생하여도 신고하여야 한다.
제출서류	과세표준확정신고 및 납부계산서에 각종 공제관련 증빙서류와 소득금액계산명세서 및 재무제표(재무상태표, 손익계산서, 합계잔액시산표, 조정계산서 및 간편장부대상자의 경우 간편장부소득금액계산서) 등을 첨부하여 제출
확정신고 제외 대상	① 근로소득만 있는 자 ② 퇴직소득만 있는 자 ③ 공적연금법에 따른 연금소득만 있는 자 ④ 연말정산대상 사업소득만 있는 자 ⑤ 기타소득으로서 종교인소득만 있는 자 ⑥ 위 ①, ② 또는 ②, ③ 또는 ②, ④ 또는 ②, ⑤ 소득만 있는 자 ⑦ 분리과세(이자소득, 배당소득, 연금소득, 기타소득)만 있는 자 ⑧ 위 부터 에 해당하는 자로서 분리과세(이자소득, 배당소득, 연금소득, 기타소득)만 있 는 자
자진납부 및 분납	납부할 세액이 1천만원을 초과하는 경우에는 납부기한이 지난 후 2개월 이내에 다음과 같이 분납할 수 있다. {{SUBTABLE}}

구분	분할 납부할 세액
납부할 세액이 1천만원 초과~2천만원 이하	1천만원을 초과하는 금액
납부할 세액이 2천만원 초과	해당 세액의 50% 이하의 금액

소액부징수	① 원천징수세액이 1천원 미만인 경우(이자소득은 제외) ② 납세조합의 징수세액이 1천원 미만인 경우

(3) 성실신고확인제도

성실신고확인제도란 해당 과세기간의 수입금액이 일정규모 이상인 개인사업자가 세무대리인에게 신고내용 및 증빙서류 등을 검증받고 종합소득 과세표준 확정신고를 하게 하는 제도를 말한다.

구분		내용
성실신고 확인대상자	도소매업, 부동산매매업 등	기준수입금액: 15억원
	제조, 음식, 숙박업, 건설업, 금융보험업, 상품중개업 등	기준수입금액: 7.5억원
	부동산임대업, 부동산관련서비스업, 임대업, 전문·과학 및 기술서비스업 등	기준수입금액: 5억원
성실신고확인 주요 내용	① 수입금액누락 등 확인 ② 인건비 확인 ③ 경비지출 확인 ④ 기타 차량소유현황, 업무무관 자산 유무, 차입금 및 지급이자 확인, 사업용계좌 사용유무 등 점검	
혜택	① 의료비, 교육비세액공제액을 소득세에서 공제 ② 성실신고확인비용이 발생한 경우에는 다음의 금액을 세액공제 　　세액공제액 = MIN(성실신고 확인에 직접 사용한 비용 × 60%, 120만원 한도) ③ 확정신고기한을 그 과세기간의 다음연도 5월 1일부터 6월 30일까지 신고기한 연장	
제재	① 성실신고확인서 미제출 시는 다음의 금액을 무신고가산세 등과 별도로 징수한다. 　　성실신고확인서 미제출가산세 = 종합소득 산출세액 × (사업소득금액 / 종합소득금액) × 5% ② 성실신고확인서 제출의무를 이행하지 않은 경우에는 수시선정 세무조사를 할 수 있다.	

(4) 결정 및 경정

1) 결정과 경정의 개념

구분	정의
결정	무신고시 과세관청이 납세의무를 확정하는 것
경정	납세의무자가 신고한 과세표준액이나 세액 등이 과세관청에서 조사한 바와 서로 다를 경우에 과세관청이 조사한 바에 따라 이를 고치는 것

2) 추계소득금액의 계산

① 과세표준신고서 및 그 첨부서류 또는 기타첨부서류에 의하여 과세표준과 세액을 결정 또는 경정하는 실지조사하는 것이 원칙이다.
② 추계조사를 하는 경우

항목	추계조사 사유
장부·증빙 관련	과세표준 계산에 필요한 장부, 증빙서류가 없거나 중요부분이 미비 또는 허위인 경우
시설규모 등과 불일치	기장내용이 시설규모·종업원수·상품 또는 제품의 시가·각종 요금 등에 비추어 허위임이 명백한 경우
조업상황과 불일치	기장의 내용이 원자재사용량, 전력사용량, 기타 조업상황에 비추어 허위임이 명백한 경우

(5) 소득세 장부작성

소득세법에서는 원칙적으로 모든 사업자에게 **'복식부기에 의한 장부'** 또는 **'간편장부'** 기장 의무를 부여하고, 장부를 근거로 계산한 소득금액에 따라 소득세를 신고·납부하도록 규정하고 있다. 다만, 무기장사업자를 위한 특례 제도가 있다.

1) 장부작성 방법

구분	간편장부	복식부기
개념	소규모 개인사업자를 위한 간소화된 기장 방식	모든 거래를 차변과 대변으로 기록하는 완전한 회계처리 방식
대상자	• 당해 연도에 새로 사업을 개시한 자 • 직전 연도 수입금액이 업종별 기준 미만인 자	• 직전 연도 수입금액이 업종별 기준 이상인 자 • 전문직 사업자(수입금액 무관)

2) 복식부기 대상 기준

구분	판단기준
업종별 수입금액 기준(직전연도)	• 도·소매업, 부동산매매업 등: **3억원 이상** • 제조업, 음식·숙박업, 금융 및 보험업, 상품중개업 등: **1억 5천만원 이상** • 부동산임대업, 부동산관련서비스업, 임대업, 전문·과학 및 기술서비스업 등: **7천 5백만원 이상**
전문직 사업자	• 업종 및 수입금액과 무관하게 무조건 **복식부기 의무자**
복수의 사업장 운영 시	• 모든 사업장의 매출액을 합산하여 복식부기 의무 판단
두 개 이상의 업종 운영 시	• 다음 공식으로 계산된 금액이 주업종의 기준수입금액을 초과하면 복식부기 의무자 주업종수입금액 + 부업종수입금액 × (주업종기준수입금액 ÷ 부업종기준수입금액)
공동사업자인 경우	• 공동사업자는 **별도의 1거주자로 보아** 복식부기 의무 판단 • 지분비율이 동일한 공동사업자는 매출액을 합산하여 1거주자로 판단
기타 판단기준	• 당해 연도 신규 사업자: 해당 연도는 복식부기 의무 없음 • 폐업 후 재개업: 폐업 전 사업의 수입금액이 기준 이상이면 복식부기 의무자 • 사업 양도·양수: 양수인은 양도인의 직전 연도 수입금액에 따라 복식부기 의무 판단

3) 전문직 사업자의 범위(무조건 복식부기 의무자)

분류	해당 직종
부가가치세 간이과세배제 대상 사업서비스	변호사, 심판변론인, 변리사, 법무사, 공인회계사, 세무사, 경영지도사, 기술지도사, 감정평가사, 손해사정인, 통관업, 기술사, 건축사, 도선사, 측량사, 공인노무사
의료·보건용역을 제공하는 자	의사, 치과의사, 한의사, 수의사, 약사, 한약사

4) 무기장 가산세 적용

구분	간편장부 대상자	복식부기 의무자
적용 기준	직전 과세기간의 수입금액이 4,800만원 이상인 사업자가 추계신고할 경우	복식부기의무자가 추계신고할 경우
가산세율	산출세액 × 무기장소득금액 / 종합소득금액 × 20%	Max[①, ②, ③] ① 무신고 가산세: 납부세액의 20% ② 무신고가산세: 수입금액 - 기납부세액관련 수입금액) × 7/10,000 ③ 무기장가산세: 산출세액 × 무기장소득금액 / 종합소득금액 × 20%

면제 대상	• 해당년도 중 신규개업자 • 직전연도 수입금액이 4,800만원 미만자 • 과세표준확정신고의무가 면제되는 연말정산한 사업소득만 있는 보험모집인	없음
기장세액 공제	산출세액의 20%의 기장세액공제 적용	없음

5) 소규모 사업자의 추계신고

기준경비율제도란 무기장사업자도 기장사업자와 같이 수입금액에서 필요경비를 공제하여 정상적으로 소득금액을 계산하는 제도이다. 기준경비율제도에서는 주요경비의 증빙을 갖추어야 한다. 따라서 기장능력이 부족한 소규모 사업자의 경우에는 이들 사업자에게만 적용할 단순경비율을 별도로 정하여 사용한다.

	업종 구분	단순경비율 대상	기준경비율 대상
직전연도 수입금액	도·소매업, 부동산매매업 등	6천만원 미만	6천만원 이상
	제조업, 음식·숙박업, 금융 및 보험업, 상품중개업 등	3천6백만원 미만	3천6백만원 이상
	부동산임대업, 부동산관련서비스업, 임대업, 전문·과학 및 기술서비스업 등	2천4백만원 미만	2천4백만원 이상

구분	기준경비율제도	단순경비율제도
개념	무기장사업자도 기장사업자와 같이 수입금액에서 필요경비를 공제하여 정상적으로 소득금액을 계산하는 제도	업종별 총경비율을 적용하여 소규모사업자의 소득금액을 간편하게 계산하는 제도
적용 대상	일정 규모 이상의 무기장사업자	소규모 무기장사업자
주요 특징	• 주요경비의 증빙을 갖추어야 함 • 기타 경비는 정부가 정한 기준경비율로 인정	• 증빙 구분 없이 단순경비율만 적용 • 제도변경에 따른 혼란 최소화 목적
주요경비 범위	• **매입경비(고정자산 매입비용 제외)** • **사업용 고정자산에 대한 임차료** • **종업원의 급여, 임금, 퇴직급여**	별도 주요경비 구분 없이 단순경비율에 포함
소득금액 계산	수입금액 − 실지 지출한 주요경비 − (수입금액 × 기준경비율)	수입금액 − (수입금액 × 단순경비율)
필요경비 인정 방법	• 주요경비: 증빙서류에 의해 실제 지출액 인정 • 기타경비: 수입금액 − 기준경비율	수입금액 × 단순경비율(모든 비용 포함)
도입 배경	무기장사업자도 기장사업자와 유사하게 소득금액을 계산할 수 있도록 함	기장능력이 부족한 소규모 사업자의 제도변경에 따른 혼란을 최소화하기 위해 도입
추계소득계 산 공식	소득금액 = 수입금액 − 실지 지출한 주요경비 − (수입금액 × 기준경비율)	소득금액 = 수입금액 − (수입금액 × 단순경비율)

기출 이론문제 종합소득세 납세절차

01 다음 중 소득세법 규정에 관한 설명으로 틀린 것은?

① 근로소득과 연말정산 사업소득만 있는 자는 과세표준 확정신고를 하지 않아도 된다.
② 일용근로소득만 있는 자는 원천징수로서 납세의무가 종결된다.
③ 채무면제이익이나 자산수증이익으로 충당된 이월결손금은 종합소득금액 공제대상에서 제외된다.
④ 공동사업장에 대한 소득금액을 계산함에 있어서는 그 공동사업장을 1거주자로 본다.

02 소득세법 규정에 관한 다음 설명 중 잘못된 것은?

① 공동사업장에 대한 소득금액을 계산함에 있어서는 그 공동사업장을 1거주자로 본다.
② 자산수증익 또는 채무면제이익으로 충당된 이월결손금은 공제대상에서 제외된다.
③ 소득공제상 연금보험료공제는 근로소득의의 종합소득이 있는 거주자에게도 적용된다.
④ 근로소득과 연말정산되는 사업소득만 있는 자는 과세표준화정신고를 하지 않아도 된다.

03 소득세법상 기준경비율에 의하여 추계소득금액을 계산하는 경우 수입금액에서 공제하는 항목이 아닌 것은?

① 종업원의 급여와 임금 및 퇴직급여
② 사업용 고정자산의 임차료
③ 상품의 매입비용
④ 차량유지비

04 다음 중에서 현행 소득세법상 소득세를 납부하여야 하는 경우는 무엇인가?

① 근로소득에 대한 원천징수세액 합계액 800원
② 비실명 배당소득 50,000원
③ 기타소득인 원고료 10만원
④ 공익신탁의 이익

정답 및 해설

01 ① 소득세 과세표준의 계산시 근로소득과 연말정산의 사업소득이 동시에 있는 경우 합산하여 과세표준 확정신고를 하여야 한다.

02 ④ 근로소득과 연말정산되는 사업소득만 있는 자는 과세표준화정신고를 하여야 한다.

03 ④ 기준경비율법에 의한 추계소득금액 계산시 수입금액에서 공제하는 주요경비는 매입비용(사업용고정자산 매입비용 제외)과 사업용고정자산임차료, 종업원 인건비(급여와 퇴직급여)이다.

04 ② 비실명배당소득은 분리과세대상소득으로 45%(90%) 원천징수된다.

05 소득세법상 중간예납에 대한 설명 중 틀린 것은?

① 사업소득에 한하여 적용된다.
② 중간예납세액의 납부기한은 11월 30일이며 분납은 불가능하다.
③ 당해 과세기간 중 사업 개시자는 중간예납의무가 없다.
④ 중간예납추계액이 중간예납기준액의 30%에 미달하는 경우 중간예납추계액을 중간예납세액으로 하여 신고할 수 있다.

06 소득세법상 성실신고확인 제도에 대한 설명으로 틀린 것은?

① 성실신고확인대상 사업자가 성실신고확인서를 제출하는 경우 종합소득과세표준 확정신고는 그 과세기간의 다음연도 5월 1일부터 6월 30일까지 하여야 한다.
② 성실신고확인대상 사업자는 성실신고를 확인하는 세무사 등을 선임하여 해당 과세기간의 다음연도 4월 30일까지 납세지 관할 세무서장에게 신고하여야 한다.
③ 성실신고확인대상 사업자가 성실신고확인서를 제출하는 경우에는 성실신고 확인에 직접 사용한 비용의 60%를 120만원의 한도 내에서 세액공제 한다.
④ 성실신고확인대상 사업자가 소득세를 신고하지 않은 때에는 성실신고확인서 미제출가산세와 무신고가산세 중 큰 금액을 적용한다.

07 다음 중 소득세법상 성실신고확인제도에 대한 내용으로 옳지 않은 것은?

① 성실신고확인 대상 사업자는 당기 수입금액(사업용 유형자산을 양도함으로써 발생한 수입금액은 제외)의 합계액이 업종별로 법에 정한 금액 이상인 개인사업자를 말한다.
② 의료비세액공제와 교육비세액공제 및 월세세액공제를 적용받을 수 있다.
③ 성실신고확인대상 사업자가 성실신고확인서를 제출하는 경우에는 성실신고 확인비용에 대한 세액공제를 적용 받을 수 있다.
④ 성실신고확인대상 사업자가 성실신고확인서를 제출하는 경우 종합소득과세표준 확정신고를 그 과세기간의 다음연도 5월 1일부터 5월 31일까지 해야 한다.

정답 및 해설

05 ② 중간예납세액도 분납이 가능하다.

06 ④ 성실신고제도의 실효성을 높이기 위하여 성실신고확인서 미제출가산세를 신고불성실가산세와 별도로 적용한다(2018년 1월 1일 개정).

07 ④ 성실신고확인대상 사업자가 성실신고확인서를 제출하는 경우 종합소득과세표준 확정신고를 그 과세기간의 다음연도 5월 1일부터 6월 30일까지 해야 한다.

02 원천징수 실무

01 원천징수 제도

(1) 원천징수의 개념

구분	내용
정의	소득자가 자신의 세금을 직접 납부하지 아니하고, 원천징수 대상소득을 지급하는 원천징수 의무자 (국가, 법인, 개인사업자, 비사업자 포함)가 소득자로부터 세금을 미리 징수하여 국가(국세청)에 납부하는 제도
목적	• 세원의 탈루 방지 • 납세자의 편의 도모 • 세수의 조기 확보

<원천징수 흐름도>

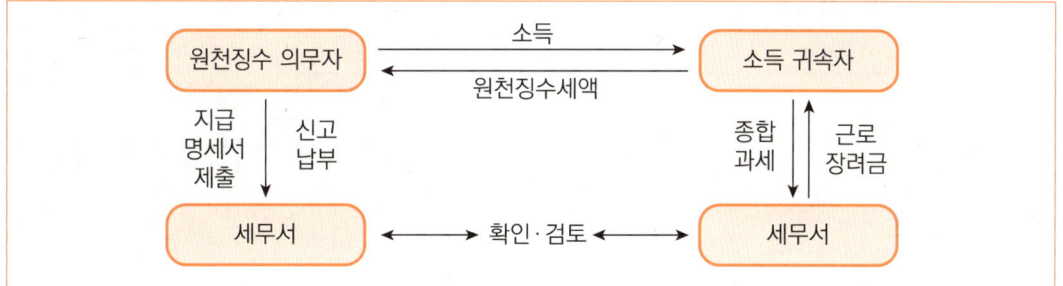

(2) 원천징수 의무자

구분	내용
원천징수 의무자 정의	국내에서 거주자나 비거주자, 법인에게 세법에 따른 원천징수 대상 소득 또는 수입금액을 지급하는 개인이나 법인
비사업자의 경우	이자·근로·퇴직·기타소득을 지급하는 자가 사업자등록번호 또는 고유번호가 없는 개인인 경우에도 원천징수의무자에 해당
예외	사업소득을 지급하는 자가 사업자가 아닌 개인인 경우 원천징수의무는 없음

<원천징수 대상 사례>

거래 유형	소득 분류	원천징수 대상 여부
사인간 금전거래	이자소득	원천징수 대상
경품 당첨금 지급	기타소득	원천징수 대상
뇌물	기타소득	원천징수 대상 아님

(3) 원천징수 대상 및 방법

적용 대상	대상 소득	납부 세목
소득세법		
거주자	이자소득, 배당소득, 사업소득, 근로소득, 연금소득, 기타소득(종교인 소득 포함), 퇴직소득	소득종류에 따라 달라짐(근로소득세, 퇴직소득세 등)
비거주자	국내원천소득 중 원천징수 대상 소득(이자소득, 배당소득, 부동산소득, 선박 등의 임대소득, 사업소득, 인적용역소득, 근로소득, 퇴직소득, 연금소득, 토지건물의 양도소득, 사용료소득, 유가증권양도소득, 기타소득)	-
법인세법		
내국법인	이자소득, 배당소득(집합투자기구로부터의 이익 중 투자신탁의 이익에 한정)	법인세
외국법인	국내원천소득 중 원천징수 대상 소득(이자소득, 배당소득, 부동산소득, 선박 등의 임대소득, 사업소득, 인적용역소득, 토지건물의 양도소득, 사용료소득, 유가증권양도소득, 기타소득)	-

(4) 원천징수 제외 및 배제

1) 원천징수 제외

제외 대상	내용
비과세·면제 소득	소득세(법인세)가 과세되지 아니하거나 면제되는 소득
과세최저한	과세최저한(건별 기타소득금액 5만원 이하 등) 적용 기타소득금액

2) 원천징수 배제

배제 요건	내용
적용 조건	원천징수대상 소득을 지급하면서 원천징수를 하지 않았으나 해당 소득자가 그 소득금액을 이미 종합소득 또는 법인세 과세표준에 합산하여 신고하였거나 과세관청에서 소득세 등을 부과·징수한 경우

구분	원천징수 배제 시 검토 사항
원천징수의무자 납부 여부	이미 소득자가 종합소득세 등 신고시 합산하여 납부한 경우 납부할 필요 없음
가산세 적용 여부	원천징수 등 납부지연가산세 부과대상임
지급명세서 제출 여부	원천징수대상 소득에 대해 원천징수 여부와 관계없이 지급명세서 제출해야 함
지급명세서 미제출시 불이익	지급명세서 미제출 가산세 적용대상임

3) 소액부징수

구분	내용
일반 원칙	소득세 또는 법인세의 원천징수에 있어서 당해 세액이 1,000원 미만인 때에는 원천징수를 하지 아니함
예외	거주자에게 지급되는 **이자소득, 인적용역 사업소득**('24.7.1. 이후 지급분부터)의 경우 당해 소득에 대한 원천징수세액이 1,000원 미만이더라도 원천징수를 하여야 함
일용근로자	일용근로자에게 일당을 한꺼번에 지급하는 경우 소득자별 지급액에 대한 원천징수 세액 합계액을 기준으로 소액부징수 대상 여부 판단

(5) 원천징수 시기
① 원천징수의무자가 원천징수대상 소득금액 또는 수입금액을 지급하는 때 원천징수
② 다만, 일정시점까지 지급하지 아니한 경우 원천징수시기 특례가 적용되어 특례 적용시기에 지급한 것으로 보아 원천징수함

구분	원천징수시기 특례 적용
근로소득	• 1월부터 11월까지 근로소득을 12월 31일까지 지급하지 않은 경우 → 12월 31일 • 12월분 근로소득을 다음연도 2월 말일까지 지급하지 않은 경우 → 2월 말일
이자·배당소득	• 법인이 이익 처분 등에 따른 배당·분배금을 처분을 결정한 날부터 3개월이 되는 날까지 지급하지 아니한 경우 → 3개월이 되는 날(다만, 11월 1일부터 12월 31일까지의 사이에 결정된 처분에 따라 다음 연도 2월 말일까지 배당소득을 지급하지 아니한 경우 → 처분을 결정한 날이 속하는 과세기간의 다음 연도 2월 말일)
법인세법 제67조에 따라 처분되는 배당과 기타소득	• (법인세 과세표준 결정 또는 경정) 소득금액변동통지서를 받은 날 • (법인세 과세표준 신고) 그 신고일 또는 수정신고일
사업소득	• 1월~11월의 연말정산 사업소득을 12월 31일까지 미지급 → 12월 31일 • 12월분 연말정산 사업소득을 다음연도 2월 말일까지 미지급 → 2월 말일
퇴직소득	• 1월~11월 퇴직자의 퇴직소득을 12월 31일까지 미지급 → 12월 31일 • 12월 퇴직자의 퇴직소득을 다음연도 2월 말일까지 미지급 → 2월 말일

02 근로소득

(1) 근로소득의 범위

근로소득이란 근로자가 고용계약에 따라 근로를 제공하고 받는 대가로 봉급, 급료, 임금, 상여금(인정상여 포함) 등 명칭 또는 지급방법을 가리지 않고 근로소득에 해당된다.

1) 근로소득

구분	내용
근로소득	• **일반적인 급여**: 근로 제공의 대가로 받는 봉급, 급료, 보수, 세비, 임금, 상여, 수당 및 이와 유사한 성질의 급여 • **의결기관 결의에 따른 상여**: 법인의 주주총회, 사원총회 또는 이에 준하는 의결기관의 결의에 따라 지급받는 상여 • **인정상여**: 법인세법에 의하여 상여로 처분된 금액 • **퇴직 관련 소득**: 퇴직함으로써 받는 소득 중 퇴직소득에 속하지 않는 소득 • **직무발명보상금**: 종업원 또는 대학 교직원이 재직 중에 지급받는 직무발명보상금 * 단, 퇴직 후에 지급받는 직무발명보상금은 기타소득으로 분류됨

2) 근로소득에 포함하는 것

• **불명확한 판공비**: 기밀비(판공비 포함), 교제비 기타 이와 유사한 명목으로 받는 것으로서 업무를 위하여 사용된 것이 분명하지 아니한 급여
• **복리후생 성격의 급여**: 종업원이 받는 공로금, 위로금, 개업축하금, 학자금, 장학금(종업원의 수학중인 자녀가 사용자로부터 받는 학자금·장학금 포함) 기타 이와 유사한 성질의 급여

- **각종 수당**:
  - 근로수당, 가족수당, 전시수당, 물가수당, 출납수당, 직무수당
  - 급식수당, 주택수당, 피복수당, 기술수당, 보건수당, 연구수당
  - 시간외근무수당, 통근수당, 개근수당, 특별공로금
  - 벽지수당, 해외근무수당 기타 이와 유사한 성질의 급여
- **정액 여비**: 여비의 명목으로 받는 연액 또는 월액의 급여
- **현물 및 대여 이익**:
  - 주택을 제공받음으로써 얻는 이익
  - 종업원이 주택(주택에 부수된 토지를 포함)의 구입·임차에 소요되는 자금을 저리 또는 무상으로 대여 받음으로써 얻는 이익
- **주식 관련 이익**: 주식매수선택권 행사로 얻은 이익
- **한도초과 퇴직급여**: 임원이 지급받는 퇴직소득으로서 법인세법에 따라 손금불산입된 임원퇴직급여 한도초과액

3) 근로소득으로 보지 않는 것

- **교육훈련비**: 사용자가 근로자의 업무능력향상 등을 위하여 연수기관 등에 위탁하여 연수를 받게 하는 경우에 근로자가 지급받는 교육훈련비
- **출퇴근 차량 운임**: 종업원이 출·퇴근을 위하여 차량을 제공받는 경우의 운임
- **사내근로복지기금 지원금**:
  - 사내근로복지기금으로부터 근로자 또는 근로자의 자녀가 지급받는 장학금(학자금)
  - 무주택근로자가 지급받는 주택보조금 등
- **사회통념상 타당한 경조금**: 근로자에게 지급한 경조금 중 사회통념상 타당하다고 인정되는 금액
- **특정 퇴직급여 적립금**: 퇴직급여로 지급되기 위하여 적립되는 급여(근로자가 적립금액 등을 선택할 수 없는 것으로서 기획재정부령으로 정하는 방법에 따라 적립되는 경우에 한정)

4) 비과세 근로소득

구분	내용	
	항목	내용 및 조건

(1) 실비변상적인 성질의 급여	일직·숙직료 또는 여비	• 실비변상정도의 지급액
		• 자가운전보조금 포함 조건:
		  - 종업원이 소유 또는 임차한 차량
		  - 사업주의 업무수행에 이용
		  - 업무에 소요된 실제비용을 지급받지 않음
		  - 별도로 지급받는 월 20만원 이내의 자가운전보조금

	제복·제모·제화	• 법령·조례에 의하여 제복을 착용해야 하는 자가 받는 것
	식료	• 선원법에 의하여 받는 것
	입갱·발파수당	• 광산 근로자가 지급받는 것
	취재수당	• 기자의 취재수당으로서 월 20만원 이내의 금액
	벽지수당	• 소득세법 시행령이 정하는 월 20만원 이내의 금액
	재해 관련 급여	• 천재·지변 기타 재해로 인하여 받는 급여
	특수 근무수당	• 소방공무원 등이 받는 월 20만원 이내의 함정근무수당, 항공수당, 화재진화수당
	교원 연구보조비	• 초·중등교육법에 의한 교육기관의 교원이 받는 연구보조비 중 월 20만원 이내의 금액
	이주수당	• 법령 등에 따른 의무 지방이전기관 종사자에게 한시적으로 지급되는 월 20만원 이내의 금액

	대상	비과세 한도
(2) 국외근로소득 (북한지역 포함)	국외에서 근로를 제공하고 받은 급여	월 100만원 이내 금액
	특수 국외근로 제공에 대한 급여 • 원양어업 선박에서의 근로 • 국외 등을 항행하는 선박에서의 근로 • 국외 등의 건설현장 등에서의 근로 (설계 및 감리 업무 포함)	월 500만원 이내 금액
	공무원 등의 국외근무 수당 • 국내에서 근무할 경우에 지급받을 금액을 초과하여 받는 금액 중 실비변상적 성격의 급여	외교부장관이 고시하는 금액

	구분	내용
(3) 생산직 근로자가 받는 연장시간근로·야간근로·휴일근로수당	**비과세 대상 및 조건**	
	월정액급여	210만원 이하
	직전 과세기간 총급여액	3,000만원 이하
	비과세 한도	연간 240만원
	비과세 대상 생산직근로자 범위	
	공장 근로자	공장 근로를 제공하는 생산 및 생산관련 종사자
	어업 근로자	어업을 영위하는 자에게 고용되어 근로를 제공하는 자
	서비스직 종사자	• 운전 및 운송 관련직 종사자 • 돌봄·미용·여가 및 관광·숙박시설·조리 및 음식 관련 서비스직 종사자 • 매장 판매 종사자 • 상품 대여 종사자 • 통신 관련 판매직 종사자 • 운송·청소·경비·가사·음식·판매·농림·어업·계기·자판기·주차관리 및 기타 서비스 관련 단순 노무직 종사자 중 기획재정부령으로 정하는 자
	월정액급여	
	포함되는 항목	매월 직급별로 받는 봉급·급료·보수·임금·수당과 그 밖의 이와 유사한 성질의 급여의 총액
	제외되는 항목	• 상여 등 부정기적인 급여 • 비과세하는 실비변상적 성질의 급여 및 복리후생적 성질의 급여 • 근로기준법에 따른 연장근로·야간근로 또는 휴일근로를 하여 통상임금에 더하여 받는 급여
(4) 비과세 식사대 등	• 근로자가 제공받는 식사 및 기타 음식물 • 근로자가 받는 월 20만원 이하의 식사대(음식물 제공X)	

	항목	조건
(5) 비과세 학자금	근로자 본인의 학자금	• 입학금·수업료 기타 공납금 • 요건: 　− 업무와 관련있는 교육·훈련일 것 　− 회사의 지급기준에 따라 받을 것 　− 교육·훈련기간이 6개월 이상인 경우 교육·훈련 후 당해 교육기간을 초과하여 근무하지 않는 경우 반환하는 조건일 것
	대학생 근로장학금	교육기본법에 따라 받는 장학금 중 대학생이 근로를 대가로 지급받는 장학금

	항목	조건 및 한도
(6) 육아 및 출산지원	고용보험법에 따른 급여	• 실업급여 • 육아휴직 급여 • 육아기 근로시간 단축 급여 • 출산전후휴가 급여 • 배우자 출산휴가급여 • 사립학교의 직원이 받는 육아휴직수당(월 150만원 한도)
	출산 및 보육 관련 급여	• 근로자 또는 그 배우자의 출산 • 6세 이하의 자녀 보육 관련 • 사용자로부터 지급받는 급여 • 월 20만원 이내의 금액
	사업주 부담 보육비용	•「영유아보육법시행령」에 따라 사업주가 부담하는 보육비용
	기업(사용자) 지급 출산지원금 (2025년 개정)	• **적용 시기**: 2025년 1월 1일 이후 지급분부터 적용 • **비과세 한도**: 한도 제한 없이 전액 비과세 • **지급조건**: 자녀 출생일 이후 2년 이내, 최대 2회까지 지급된 출산지원금 • **대상 기업**: 대기업, 중소기업 등 모든 기업에 적용

	구분	비과세 한도	적용 대상자	비고
(7) 연구보조비	연구보조비/활동비	월 20만원 이내	학교 교원, 연구소 연구원 등	실비변상적 급여에 한함
	기업부설연구소	월 20만원 이내	연구활동에 직접 종사하는 자	중소·벤처기업 연구소 포함
	초·중등 교육기관	월 20만원 이내	교원	육성회, 학교재단 등에서 지급

	항목	조건 및 한도
(8) 보험료 지원 (사용자 부담)	국가·지자체· 사용자 부담 보험료	•「국민건강보험법」에 따른 보험료 •「고용보험법」에 따른 보험료 •「노인장기요양보험법」에 따른 보험료
	사용자 부담 보험료·신탁부금· 공제부금	• 종업원이 계약자이거나 • 종업원 또는 그 배우자 및 기타의 가족을 수익자로 하는 보험·신탁·공제 • 다음에 해당하는 보험료 　− 단체순수보장성보험과 단체환급부보장성보험의 보험료 중 연 70만원 이하의 금액 　− 임직원의 고의(중과실 포함) 외의 업무상 행위로 인한 손해의 배상청구를 보험금의 지급사유로 하고 임직원을 피보험자로 하는 보험의 보험료

	항목	조건 및 한도
(9) 연금 외 지급액	근로 관련 상해 보상	• 근로의 제공으로 인한 부상·질병·사망과 관련하여 • 근로자나 그 유가족이 받는 연금 • 위자료의 성질이 있는 급여
	국민연금 관련	• 국민연금법에 따라 받는 반환일시금(사망시) • 사망일시금
	공무원 유족 급여	• 공무원연금법 등에 따른 퇴직자·사망자의 유족이 받는 급여
	공무원 상금	• 공무원이 국가 또는 지방자치단체로부터 • 공무 수행과 관련하여 받는 상금과 부상 • 연 240만원 이내의 금액

	근로소득 비과세 항목	내용	비과세 한도	비고
(10) 기타 비과세 근로소득	직무발명보상금	종업원, 법인의 임원, 공무원, 대학 교직원 또는 대학과 고용관계가 있는 학생이 지급받는 직무발명보상금	연 700만원 이하	**법인의 지배주주 및 그와 특수관계에 있는 자가 수령하는 금액은 제외**
	사택제공이익	**비출자임원, 소액주주 임원, 임원이 아닌 종업원, 국가·지방자치단체로부터 근로소득을 지급받는 사람이 사택을 제공받음으로써 얻는 이익**	전액	소액주주: 발행주식총액의 1%와 3억원 중 적은 금액 미만의 주식 소유자 (지배주주의 특수관계인 제외)
	주택자금 저리대여 이익	**중소기업 종업원이 주택 구입·임차에 소요되는 자금을 저리 또는 무상으로 대여 받음으로써 얻는 이익**	전액	법인의 지배주주이거나 개인사업자와 친족관계에 있는 자 제외
	주식매수선택권 행사이익	벤처기업의 임직원이 해당 벤처기업으로부터 2024.12.31. 이전에 부여받은 주식매수선택권을 행사함으로써 얻은 이익	연간 2억원 (누적한도 5억원)	코넥스상장기업으로부터 부여받은 경우로 한정, 퇴직 후 행사 시 기타소득으로 비과세되는 경우 포함
	자사(계열사) 제품 할인혜택 (2025년 개정세법)	임원 및 직원이 자사(또는 계열사) 제품을 시가보다 저렴하게 구입하는 경우	"시가의 20%" 또는 "연 240만원" 중 큰 금액	• 비과세 한도 초과 금액은 근로소득으로 과세 • 재판매 제한: 자동차, 대형가전, 고급 가방 등 (2년), 기타 재화(1년)

<근로소득 과세 구분>

구분	대상	과세구분	
사택제공이익	출자임원(소액주주임원 제외)	근로소득	
	비출자임원·소액주주임원·종업원	**비과세**	
주택자금대여이익	출자임원(소액주주임원 제외)	근로소득	
	비출자임원·소액주주임원·종업원(중소기업종업원 제외)	근로소득	
	중소기업 종업원	**비과세**	
주식매수선택권	근무기간 중 행사이익	근로소득	벤처기업 임원 등으로서 행사이익 비과세
	퇴직 후 행사 이익 또는 고용관계없이 부여받은 주식매수선택권 행사이익	기타소득	* 연간 2억원(누적한도 5억원) 이내의 금액

(2) 근로소득금액 계산

근로소득금액 = 총수입금액 - 근로소득공제액

총급여액	공제액
500만원 이하	총급여액 × 70%
500만원 초과~1,500만원 이하	350만원 + 500만원 초과액 × 40%
1,500만원 초과~4,500만원 이하	750만원 + 1,500만원 초과액 × 15%
4,500만원 초과~1억원 이하	1,200만원 + 4,500만원 초과액 × 5%
1억원 초과	1,475만원 + 1억원 초과액 × 2%
공제한도	근로소득 공제 한도 2,000만원

(3) 근로소득의 수입시기

구분	수입시기
급여	근로를 제공한 날
잉여금처분에 의한 상여	당해 법인의 잉여금 처분 결의일
인정상여	당해 사업연도 중에 근로를 제공한 날
주식매수선택권	주식매수선택권을 행사한 날
근로소득에 해당하는 임원 퇴직금 한도초과액 등	지급받거나 지급받기로 한날

(4) 일용근로자

일용근로자는 동일한 고용주에게 3개월 이상(건설업의 경우는 1년 이상, 하역근로자는 기간 제한 없음)계속하여 고용되어 있지 아니한 자를 말한다.

```
        일급여액
(−)     근로소득공제        ··· 일 150,000원
        과세표준            ··· 종합소득공제는 적용하지 않음.
(×)     세율               ··· 6%
        산출세액
(−)     근로소득세액공제     ··· 산출세액의 55%(한도 없음)
        원천징수할 세액
```

(5) 근로소득 과세방법

구분	내용			
	구분	내용	시기	비고
일반근로자: 종합과세 (예납적 원천징수)	월별 원천징수	「간이세액표」에 의해 소득세 계산 ➜ 계산된 소득세 원천징수·징수한 세액 납부	매월 원천징수 다음 달 10일까지 납부	요건 충족 시 반기별 납부 가능
	연말정산	1년간 총급여액에 대한 근로소득세액 계산 ➜ 원천징수납부한 세액과 비교 ➜ 세액 차이에 따라 추가 납부 또는 환급	다음 해 2월분 급여 지급 시	
	종합소득세 확정신고	근로소득 외에 타소득이 없으면 연말정산으로 납세의무 종결(별도의 종합소득세 확정신고 불필요)		
일용근로자: 분리과세 (완납적 원천징수)	일용근로자는 종합소득 과세표준에 합산하지 않고 원천징수로써 과세를 종결한다.			

기출 이론문제 근로소득

01 소득세법상 근로소득에는 다양한 비과세소득을 두고 있다. 다음 중 근로소득의 비과세소득에 해당하지 아니하는 것은?

① 근로자 김흥국 대리가 리스차량을 이용하여 회사업무를 수행함으로써 받는 월 20만원의 자가운전보조금
② 근로자 이휘재 과장이 받는 월 20만원의 식사대 (음식물 제공 없음)
③ 근로자 유재석 부장이 받는 월 20만원의 6세 이하 자녀보육급여
④ 중소기업(법인)의 김구라 이사가 주택 구입 자금을 무상으로 대여받은 이익 100만원

02 다음은 소득세법상 비과세근로소득에 관한 사항이다. 비과세 급여에 대한 설명 중 옳지 않은 것은?

① 방송기자가 받는 취재수당 월 20만원
② 직전년도 총급여 3,000만원 이하이면서 월정액급여 210만원 이하인 생산직 근로자가 받는 초과 근로수당 중 연 240만원 이내의 금액
③ 발명진흥법에 따른 직무발명보상금으로서 연 700만원 이내의 금액
④ 업무와 관련하여 지출한 통신비를 정산받지 아니하는 근로자가 받는 월 10만원 이하의 정액 통신비

03 다음 중 소득세법상 근로소득에 포함되지 않는 것은?

① 기술수당·보건수당 및 연구수당, 그 밖에 이와 유사한 성질의 급여
② 법인세법에 따라 임원퇴직급여 한도초과액에 해당되어 손금불산입으로 세무조정된 금액
③ 벽지수당·해외근무수당 기타 이와 유사한 성질의 급여
④ 근로자에게 지급한 경조금 중 사회 통념상 타당하다고 인정되는 범위 안의 금액

04 다음 중 근로소득에 해당하지 않는 것은?

① 해고예고수당으로 지급되는 급여
② 종업원이 주택자금을 저리 또는 무상으로 대여 받음으로서 얻는 이익
③ 종업원이 보험계약자이거나 종업원 또는 그 배우자, 가족을 보험수익자로 하는 보험과 관련하여 사용자가 부담하는 보험료
④ 임원 또는 사용인이 회사로부터 주식매수선택권을 부여받아 이를 근무기간 중 행사함으로써 얻은 이익

05 소득세법상 근로소득의 내용으로 맞지 않는 것은?
① 직원이 주택을 제공받음으로써 얻는 이익은 근로소득에 포함하지 않는다.
② 건설공사종사자의 일용근로자는 동일한 고용주에게 계속하여 1년 미만 고용된 사람을 말한다.
③ 월정액급여 210만원 이하인 생산직근로자가 받는 초과근로수당은 연 240만원 범위내에서 비과세가 된다. 단, 직전 과세기간의 총급여액이 3,000만원을 초과하는 자는 제외한다.
④ 월정액급여란 매월직급별로 받는 급여총액에서 상여등 부정기급여, 실비변상적급여, 복리후생적 급여, 초과근로수당을 차감한 금액을 말한다.

06 다음 중 소득세법상 비과세 근로소득에 해당하지 않는 것은?
① 종업원이 소유차량을 직접 운전하여 사용자의 업무수행에 이용하고 실제여비를 지급받는 대신 사업체 지급기준에 따라 받는 금액 중 월 20만원 이내의 금액
② 근로자 또는 그 배우자의 출산이나 6세 이하의 자녀보육관련 급여로서 월 20만원 이내의 금액
③ 발명진흥법상 지급받는 직무발명보상금으로서 7백만원을 초과하는 보상금
④ 일반근로자가 국외 등에서 근로를 제공하고 받는 보수 중 월 100만원(외항선원, 원양선원 및 해외건설 근로자는 500만원) 이내의 금액

정답 및 해설

01 ④ 주택의 구입 임차에 소요되는 자금을 저리 또는 무상으로 대여받은 이익은 중소기업의 종업원이 받은 경우 비과세이지만 법인의 임원인 이사가 받는 경우는 해당하지 아니 한다.

02 ④ 업무와 관련하여 지출한 통신비는 비과세 근로소득에 해당하지 않는다.

03 ④ 근로자에게 지급한 경조금 중 사회 통념상 타당하다고 인정되는 범위 안의 금액은 근로소득에 포함되지 않는다.

04 ① 해고예고수당으로 지급되는 급여는 퇴직소득에 해당된다.

05 ① 직원이 주택을 제공받음으로써 얻는 이익은 근로소득범위에 해당하는 비과세 근로소득이다.

06 ③ 발명진흥법상 지급받는 직무발명보상금으로서 7백만원을 초과하는 보상금은 근로소득으로 과세된다.

07 다음 중 소득세법상 근로소득으로 과세되지 않는 것은 무엇인가?
   ① 임원이 아닌 종업원이 사택을 제공받음으로써 얻는 이익
   ② 퇴직소득에 해당하지 않는 임원의 퇴직금한도초과액
   ③ 임원을 수익자로 하는 보험과 관련하여 사용자가 부담하는 보험료로 70만원 초과금액
   ④ 사업주가 전종업원에게 지급하는 휴가비

08 소득세법상 근로소득의 수입시기에 대한 설명 중 틀린 것은?
   ① 잉여금처분에 의한 상여의 경우 해당 법인의 잉여금처분 결의일
   ② 근로소득으로 보는 임원퇴직소득금액 한도초과액은 지급받거나 지급받기로 한 날
   ③ 주식매수선택권의 경우 근로를 제공한 날
   ④ 인정상여의 경우 해당 법인의 사업연도 중 근로를 제공한 날

09 소득세법상 근로소득의 수입시기로서 옳지 않은 것은?
   ① 급여를 소급인상하고 이미 지급된 금액과의 차액을 추가로 지급하는 소급인상분 급여: 지급한 날
   ② 퇴직소득에 속하지 아니하는 임원의 퇴직금한도초과액: 지급받거나 지급받기로 한 날
   ③ 잉여금처분에 의한 상여: 당해 법인의 잉여금처분 결의일
   ④ 근로계약 체결시 일시에 선지급하는 사이닝보너스 계약조건에 따른 급여: 근로기간동안 안분

10 소득세법상 근로소득의 수입시기에 대한 설명 중 틀린 것은?
   ① 잉여금처분에 의한 상여의 경우 해당 법인의 잉여금처분 결의일
   ② 근로소득으로 보는 임원퇴직소득금액 한도초과액은 지급받거나 지급받기로 한 날
   ③ 주식매수선택권의 경우 근로를 제공한 날
   ④ 인정상여의 경우 해당 법인의 사업연도 중 근로를 제공한 날

11 소득세법상 일용근로자의 근로소득에 대한 설명으로 옳지 않은 것은?
   ① 일용근로자는 근로소득 세액공제가 적용되지 않는다.
   ② 일용근로자는 6%의 최저세율이 적용된다.
   ③ 일용근로자가 연 100만원 이상의 부동산임대소 득금액이 발생하는 경우에도, 일용근로자 근로소득은 합산하여 과세되지 아니한다.
   ④ 일용근로소득은 완납적 원천징수로서 납세의무가 종결된다.

12 다음 중 소득세법상 일용근로자의 근로소득에 대한 설명으로 옳지 않은 것은?

① 건설업에 종사하는 자로서 동일한 고용주에게 1년 이상 고용된 자는 일용근로자에 해당하지 않는다.
② 일용근로자에 대한 근로소득공제는 1일 10만원으로 한다.
③ 일용근로자의 근로소득지급명세서는 매월 제출하여야 한다.
④ 일용근로소득을 원천징수하는 경우 산출세액의 100분의 55를 근로소득세액공제 한다.

정답 및 해설

07 ① 종업원이 사택제공이익은 비과세 근로소득이다.

08 ③ 주식매수선택권의 경우 주식매수선택권을 행사한 날

09 ① 근로제공일이 속하는 연 또는 월이 수입시기이다.

10 ③ 주식매수선택권의 경우 주식매수선택권을 행사한 날이다.

11 ① 근로소득세액공제를 적용한다.

12 ② 일용근로자에 대한 근로소득공제는 1일 15만원으로 한다.

03 근로소득 원천징수

(1) 원천징수

원천징수란 원천징수의무자가 소득 또는 수입금액을 지급할 때 납세의무자가 내야 할 세금을 미리 징수하여 정부에 납부하는 제도이다. 즉, 원천징수의무자는 납세의무자에게 소득금액에 대한 원천징수세액을 차감한 잔액만을 지급하고 그 원천징수한 세액은 과세관청에 납부한다.

(2) 급여자료입력

1) 사원등록

「사원등록」메뉴는 사원의 인사관리를 목적으로 사용하는 메뉴로 이에 필요한 사항들을 입력하는 메뉴이다. 이는 급여계산, 사원정보관리, 연말정산, 퇴직소득 등 상용직원에 대한 원천징수를 하기 위한 기본등록사항이다.

<기본사항>

항목	내용
사번	숫자를 이용하여 10자 이내로 입력한다.
성명	사원명을 입력한다.
주민(외국인)번호	"1"주민등록번호, "2".외국인등록번호, "3".여권번호를 입력한다.
입사연월일	해당사원의 입사연,월,일을 정확하게 입력한다.
내/외국인	「주민(외국인)번호」란에 입력한 내용에 따라 자동반영된다.
외국인국적	외국인사원에 경우 해당 국적을 입력한다.
주민구분	「주민(외국인)번호」란에 입력한 내용에 따라 자동반영된다.
거주구분	거주자이면 "1", 비거주자이면 "2"를 입력한다. ① 거주자: 국내에 주소나 183일 이상 거소를 둔 개인 ② 비거주자: 거주자가 아닌 개인
거주자국코드	비거주자인 경우 거주자국코드를 선택하여 전자신고시 반영한다.

국외근로제공	국외근로 비과세 해당사항이 있으면 다음의 코드를 선택하여 입력한다.		
	1.일반		월 100만원 비과세
	2.원양, 외항		월 500만원 비과세
	3.건설		월 500만원 비과세
단일세율적용	「내/외국인」이 "2"외국인 근로자의 경우 단일세율적용(0.부, 1.여)을 입력한다. 1.여를 선택하면 근로소득의 19%를 산출세액으로 계산한다. • "1.여"를 선택하면 근로소득의 19%를 산출세액으로 계산한다. • "0.부"를 선택하면 국내근로자와 같은 연말정산을 하게 된다.		
외국법인 파견근로자	외국법인에 파견하여 근무하는 외국인근로자로 단일세율을 적용하는 경우 외국법인의 소속 근로자 여부를 선택한다.		
생산직등여부	• 비과세 적용 조건 　- 생산직 근로자 　- 월정액급여 210만원 이하 　- 직전 과세기간의 총급여액이 3,000만원 이하 • 비과세 한도 　- 연간 240만원 • 입력 방법 　- 「연장근로비과세」 항목에 "1.여"를 입력		
주소	해당사원의 주소를 🗨 또는 F2키를 이용하여 입력한다.		
국민연금보수월액	보수월액을 입력하면 F6 기초등록 ▼ 에 등록된 요율에 따라 자동으로 계산하여 보여준다.		
건강보험료보수월액			
고용보험적용/산재보험 적용	고용·산재보험 적용 여부를 선택하면 급여 입력시 '1. 여'로 선택된 사원만 고용·산재보험료를 산정한다.		
고용보험보수월액	보수월액을 입력하면 F6 기초등록 ▼ 에 등록된 요율에 따라 자동으로 계산하여 보여준다.		
퇴사년월일	해당 사원이 퇴사한 경우 해당 "년 월 일"을 입력하며 퇴사년월일을 입력하면 중도퇴사 연말정산과 퇴직소득자료입력에 자동으로 반영된다.		

<부양가족명세>
제3절 근로소득 연말정산에서 기술하도록 한다.

<추가사항>

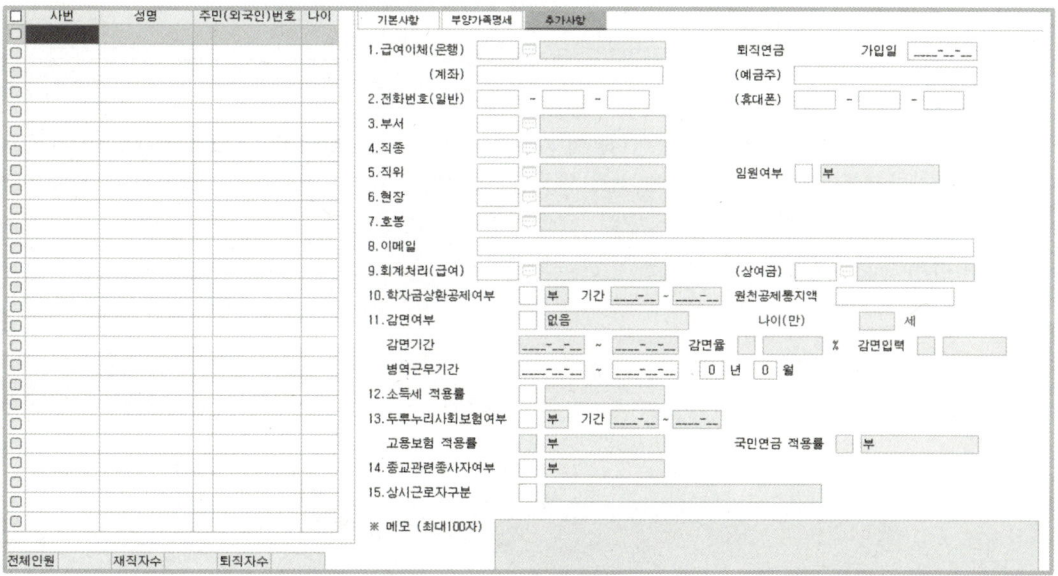

학자금상환공제여부	학자금 원천공제란 근로자가 대출한 학자금에 대하여 회사가 상환금액을 공제하여 급여를 지급하고(원천공제) 국가에 대신 납부하는 것을 말한다. 1. 학자금을 납부하는 근로자의 소득이 발생할 경우, 국가에서 '원천공제통지서'를 발송한다. 2. 원천공제통지서를 받은 고용주는 근로자의 급여에서 학자금을 원천공제한 후 대신 납부할 의무를 가진다. • 원천공제방식에 해당하는 근로자의 경우 "1.여"를 선택한다.
중소기업취업감면	중소기업 취업자 소득세 감면

	적용 대상 기업	「중소기업기본법」 제2조에 따른 중소기업
	적용 기한	2026년 12월 31일까지 취업하는 경우
	감면대상자	① 청년(15세 이상~34세 이하) ② 60세 이상인 근로자 ③ 장애인 근로자 ④ 경력단절 여성
	감면율 및 기간	• **일반 취업자**: 취업일부터 3년이 되는 날이 속하는 달까지 소득세의 70% 감면 • **청년 취업자**: 취업일부터 5년이 되는 날이 속하는 달까지 소득세의 90% 감면
	감면 한도	과세기간별 200만원
	시스템 입력 방법	감면대상자인 경우 "1.여"를 선택

소득세적용률	근로자가 근로소득 간이세액표 해당 란 세액의 120% 또는 80%의 비율에 해당하는 금액의 원천징수를 신청하는 경우에는 그에 따라 원천징수할 수 있다. 이는 연말정산으로 인한 과도한 환급 및 추가 납부세액이 발생하는 것을 방지하기 위한 조치이다. • 미선택 시: 100%가 자동 반영된다.
두루누리 사회보험여부	사회보험료 지원 대상자

	지원 대상 조건	• 지원신청일이 속하는 당월의 말일 근로자 수가 10명 미만 • 고용된 근로자 중 월평균 보수가 270만원 미만인 신규가입 근로자 • 해당 사업주
	지원 내용	• 대상자의 고용보험과 국민연금 보험료 부담분을 다음 달 보험료에서 차감 • 차감 후 나머지 금액을 고지하는 방법으로 지원
	지원 규모	사회보험료의 80%
	지원 기간	최대 36개월

2) 급여자료입력

사원의 월별 급여를 입력하는 메뉴이다. 이 기능을 통해 입력한 데이터는 [원천징수이행상황신고서], [연말정산자료입력], [소득자별 근로소득 원천징수부]에 반영된다. 급여 입력 전에 반드시 다음 두 가지를 먼저 입력해야 한다.

1. 툴바의 수당공제등록
2. [사원등록] 메뉴

<수당등록>

수당공제등록은 근로자에게 지급할 기본급과 수당 및 공제항목의 유형과 사용여부를 입력하는 화면이다.

구분	내용
수당등록 방법	1. 상단 툴바의 F4 수당공제 를 클릭한다. 2. 나타나는 수당등록 탭에서 다음 정보를 입력한다. • 과세구분: 근로소득 과세대상이면 "1", 비과세대상이면 "2"를 입력 • 수당명: 해당 수당의 이름 입력 • 근로소득 유형: 적절한 유형 선택
유의사항	• 과세구분은 한 번 입력하면 변경이 불가능하고 삭제할 수 없다. • 미사용 시에는 사용여부를 "부"로 선택한다. • 기본급을 제외한 모든 수당의 사용여부는 해당 근로소득 비과세여부를 판단하여 선택입력한다.

*기본설정 수당등록 화면

수당등록	공제등록								
No	코드	과세구분	수당명	근로소득유형			월정액	통상임금	사용여부
				유형	코드	한도			
1	1001	과세	기본급	급여			정기	여	여
2	1002	과세	상여	상여			부정기	부	여
3	1003	과세	직책수당	급여			정기	부	여
4	1004	과세	월차수당	급여			정기	부	여
5	1005	비과세	식대	식대	P01	(월)200,000	정기	부	여
6	1006	비과세	자가운전보조금	자가운전보조금	H03	(월)200,000	부정기	부	여

항목	내용
과세구분	과세수당이면 과세, 비과세수당이면 비과세를 입력한다.
수당명	기 등록된 수당명의 수정이 가능하며, 추가입력도 할 수 있다.
근로소득유형	**과세** 공통코드도움 전체 유형코드 / 과세유형명 1 급여 2 상여 3 인정상여 4 주식매수선택권행사이익 5 우리사주조합인출금 6 임원퇴직소득금액한도초과액 과세 선택시 F2코드 도움창에서 해당 과세유형을 등록한다. **비과세** 비과세코드도움 전체 코드 / 비과세명 / 한도 M01 국외근로 월100만원(소득령 §) (월)1,000,000 M02 국외근로 월300만원(소득령 §) (월)3,000,000 M03 국외근로 전액(소득령 §16①2) 전액 M04 국외근로 월500만원(소득령 §) (월)5,000,000 N01 국민연금 등 회사부담금 전액 O01 야간근로수당 (연)2,400,000 P01 식대 (월)200,000 P02 현물급식 전액 Q02 보육수당 (월)200,000 Q03 출산지원금(1회) 전액 Q04 출산지원금(2회) 전액 • 비과세 선택시 F2코드 도움창에서 해당 과세유형을 등록한다. • 출산지원금이 비과세 항목에 추가되었다.(2025년 개정세법 반영)

항목	내용
월정액여부	월정액급여 계산시 차감해야 하는 급여는 "0: 부정기"를 선택하고 포함하여야 하는 급여는 "1: 정기"를 선택한다.
사용여부	기본제공항목 및 등록한 항목 중 사용하지 않는 경우 "0: 부"로 설정하면 급여자료입력에서 조회되지 않는다.

<공제등록>

공제등록은 근로자의 급여에서 공제할 각종 공제항목을 등록하는 화면이다. 메뉴 상단의 F4 수당공제 를 클릭한 후 나타나는 공제등록 탭에서 공제항목명을 입력하고 F2 코드 도움창에서 공제소득유형을 등록한다.

* 기본설정 수당등록 화면

No	코드	공제항목명	공제소득유형	사용여부
1	5001	국민연금	고정항목	여
2	5002	건강보험	고정항목	여
3	5003	장기요양보험	고정항목	여
4	5004	고용보험	고정항목	여
5	5005	학자금상환	고정항목	여

항목	내용
공제항목명	기 등록된 수당명의 수정이 가능하며, 추가입력도 할 수 있다.
공제소득유형	공통코드도움 전체 유형코드 / 과세유형명 2 대출 3 기부금 4 기타 5 건강보험료정산 6 장기요양보험정산 7 고용보험정산 8 외국납부세액 9 사립학교교직원연금 10 국민연금정산 F2 코드 도움창에서 공제소득유형을 등록한다.

<급여자료입력>

항목	내용
귀속년월	지급하는 급여가 몇 월분의 급여인지를 입력한다.
지급년월일	급여를 지급하는 날짜를 입력한다. 지급일의 다음달 10일까지 원천징수이행상황을 하므로 정확하게 입력하여야 한다.
급여항목 및 공제항목	F4 수당공제 에서 설정한 항목이 자동으로 반영된다.
F6 지급일자	귀속 월별 급여 지급 내역을 확인할 수 있고, 정기적으로 동일한 급여나 상여금의 경우 복사 기능을 사용하여 쉽게 처리할 수 있다. 또한, 입력 실수 등으로 지급일자나 지급 구분을 변경해야 할 때는 [지급일자] 버튼을 이용해 해당 내역을 삭제하고 다시 등록할 수 있다.

F7 중도퇴사자정산	사원의 중도퇴사시 [사원등록]에서 퇴사일을 입력한 후 퇴사월의 급여자료입려 후 F7 중도퇴사자정산 버튼을 클릭하여 중도퇴사자에 대한 연말정산이 반영된다.
CF6 재계산	급여자료입력과 관련한 정보(과세여부, 부양가족 등)의 내용을 재반영하여 재계산한다.

3) 원천징수이행상황신고서

신고 의무자	원천징수 의무자
신고 대상	소득세법상 원천징수 대상인 근로소득·사업소득·기타소득·퇴직소득 등
신고 시기	• 소득 지급일이 속하는 다음 달 10일까지 • 10일이 공휴일(법정공휴일 및 근로자의 날 포함)인 경우 그 다음날까지 • 납부할 세액이 없는 경우에도 신고 의무 있음
신고 내용	• 원천징수의무자의 인적사항 • 원천징수 대상 소득에 대한 상세내역 • 납부세액 등
신고 목적	• 원천징수 이행 확인: 세무서는 이 신고서를 통해 원천징수의무자의 의무 이행 여부를 확인 • 과세자료 확보: 국세청은 이 신고서를 바탕으로 소득 지급 내역, 원천징수세액, 납부세액 등을 파악하여 과세 자료로 활용 • 가산세 방지: 납부할 세액이 없더라도 반드시 기한 내에 제출하여 가산세 방지

기출 실무문제: 근로소득 원천징수

> ✓ 주요 체크사항: 근로소득 비과세 여부

항목	비과세 한도	핵심 내용	KcLeP 입력 시 유의점
1. 식대	월 20만원	• 음식물 별도 제공 없는 경우 비과세	–
2. 자가운전보조금	월 20만원	• 근로자 본인 명의 차량(임차 포함) • 회사 업무에 사용 • 별도 여비 지급 없을 것	–
3. 연장·야간·휴일 근로수당	연 240만원	• 생산직만 비과세 대상(사무직은 항상 과세) • 직전연도 총급여 3,000만원 이하 • 월정액 급여 210만원 이하 • 광산/일용근로자는 한도 없음	• 사원등록 메뉴에서 '생산직 여부', '연장근로비과세 여부' 선택 • 수당등록에서는 수정 금지
4. 일숙직비	전액	• 일직료, 숙직료, 여비 모두 비과세	–
5. 자녀 보육수당	월 20만원	• 6세 이하 자녀 있는 경우만 비과세 • 6세 초과 시 과세로 전환	• 출산·보육수당(육아수당) 선택
6. 연구보조비	월 20만원	–	–
7. 국외근로제공	• 일반: 월 100만원 • 원양어선: 월 500만원	• 대부분의 경우 100만원 기준 적용	• 사원등록 메뉴에서 국외근로제공 유형 선택 • 공제등록 함께 입력 필요
8. 직무발명보상금	연 700만원	• 재직 중: 근로소득으로 처리 • 퇴사 후: 기타소득으로 처리	–
9. 결혼세액공제 (2025년 개정)	한도 없음	• 자녀 출생일 이후 2년 이내 • 최대 2회까지 지급된 출산지원금	–

실습예제 따라하기

01 다음 자료를 이용하여 4001.㈜경기산업의 3월 귀속분(지급일 4월 10일)에 대해서 사원등록 및 수당공제 등록 후 급여자료입력을 하시오.

성명	기본급	식대	자가운전 보조금	연구보조비	국민연금	건강 보험료	장기요양 보험료	고용 보험료
윤서이	2,500,000원	150,000원	300,000원	200,000원	119,250원	85,590원	11,080원	23,400원

1. 식대를 지급하는 대신 별도의 식사는 제공하지 않는다.
2. 자가운전보조금은 본인소유의 차량을 업무에 사용하고 정액으로 받는 수당이다.
3. 기업부설연구소의 연구원으로 재직중이다.
4. 국민연금, 건강보험료, 장기요양보험료, 고용보험료는 제시된 자료를 적용한다.
5. 소득세 및 지방소득세는 자동반영 되는 금액으로 한다.
6. 2022년 12월 1일에 입사한 자(장애인복지법에 따른 장애인, 주민번호 730401-1012345, 사번: 500번)로서 중소기업 취업자 감면(감면기간: 2022. 12. 1. ~ 2025. 12. 31, 감면율: 70%)을 적용받고 있다.

실기 따라하기 01

1. [사원등록]: 기본사항
   - 사번, 성명, 주민번호, 입사연월일 입력

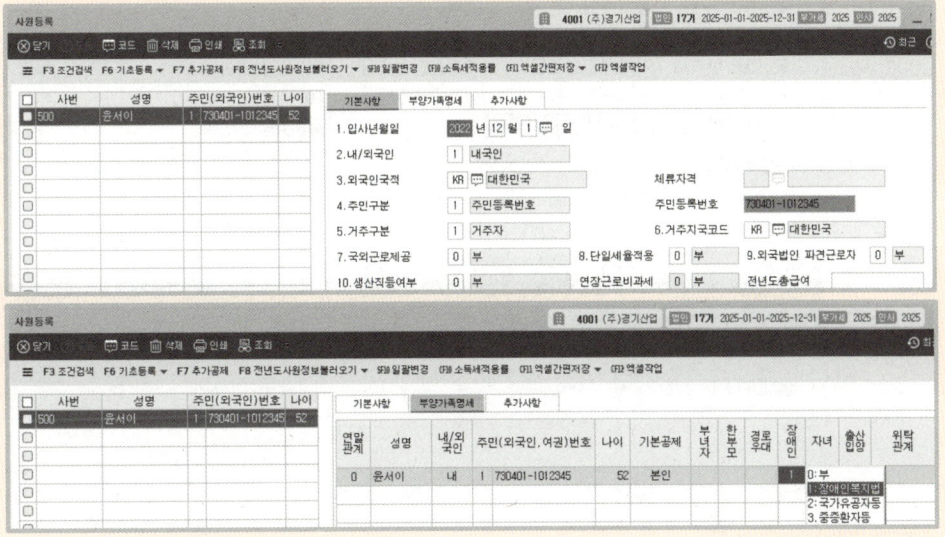

2. 추가사항
   - [추가사항]에서 중소기업취업감면여부(11.감면여부)를 반영

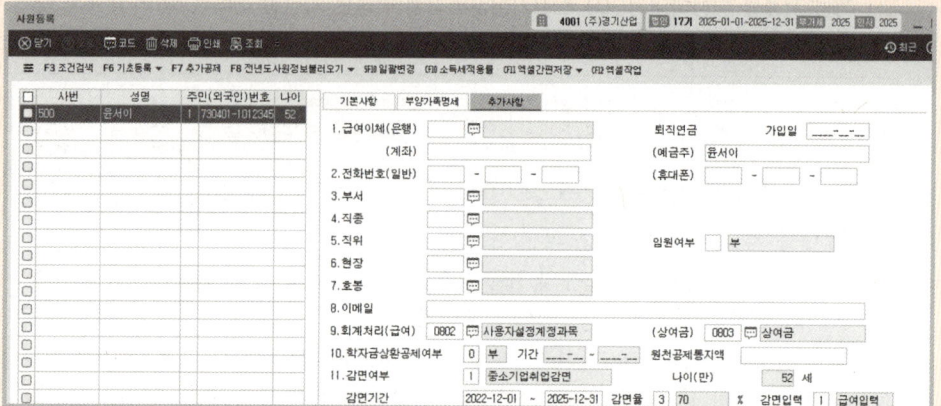

3. [수당공제등록]
   - [수당등록]에서 미사용 소득 유형의 사용여부를 "부"로 변경
   - 별도의 식사를 제공하지 않으므로 비과세 식대
   - 본인 차량을 업무에 사용하므로 비과세 자가운전보조금
   - 비과세 F2코드 도움창에 "연구보조비"를 입력하여 [기업연구소] 연구보조비 선택 입력

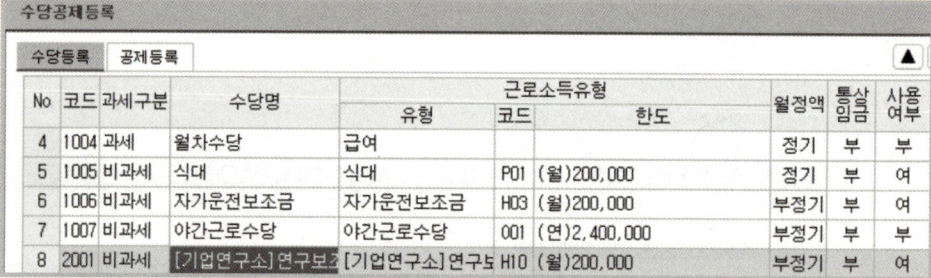

4. [급여자료입력]
   - 귀속년월 3월, 지급년월일 4월 10일
   - 기본급 및 각 급여항목 금액 입력

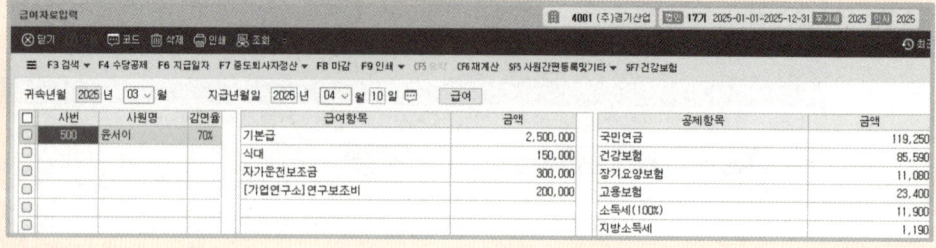

실습예제 따라하기

02 다음 자료를 이용하여 4002.㈜수락산업의 사원 이미란(사번: 500번, 사무직, 주민등록번호: 920426-2875651)씨의 원천징수 관련물음에 답하시오.

실기 따라하기 | 1회 | 2회 | 3회 |

1. 다음 자료를 이용하여 사원등록을 하시오.

   1) 입사일(최초 취업일): 2022년 5월 1일
   2) 4대 보험 모두 적용대상자로써 사원등록에 등록하도록 하며 기준금액은 2,500,000원이다.
   3) 부양가족은 다음과 같다.

관계	이름	주민등록번호	비고
배우자	주세영	871121-1812412	소득금액 없음
자녀	주민세	171211-3012417	

   4) 중소기업취업자 소득세 감면을 최대한 적용받고자 신청하였다.
   5) 중소기업취업자 감면은 연말정산 시 일괄 적용하기로 한다.

2. 다음 자료를 이용하여 5월 귀속 급여자료를 입력하고, 원천징수이행상황신고서를 작성하시오.

   1) 급여지급일: 2025년 6월 10일
   2) 수당 및 공제

급여	기본급	기타수당	식대
금액	2,100,000원	300,000원	200,000원

공제구분	국민연금	건강보험	장기요양보험	고용보험	대출금	소득세	지방소득세
금액	112,500원	88,620원	11,470원	21,600원	300,000원	2,030원	200원

   3) 기타
   - 회사는 구내식당을 운영하지 않고 있으며 별도의 식사 제공은 하지 않는다.
   - 필요한 수당공제항목은 등록한다.
   - 수당항목 중 기타수당은 과세에 해당한다.

실기 따라하기 02

1. [사원등록]: 기본사항
   - 사번, 성명, 주민번호, 입사연월일 입력
   - 12. 국민연금보수월액, 건강보험보수월액 2,500,000원 입력
   - 건강보험산정기준: 1.보수월액기준
   - 건강보험료경감: 0.부
   - 장기요양보험료적용: 1.여
   - 14.고용보험보수월액 2,500,000원 입력

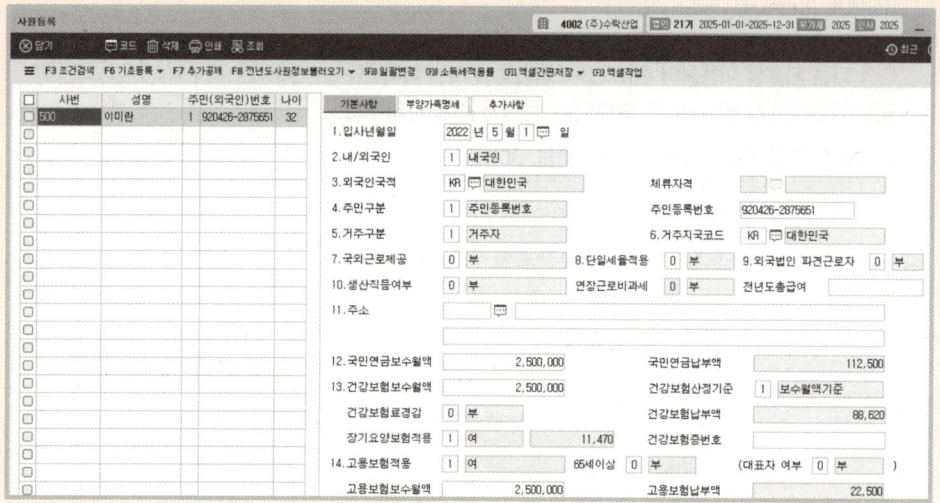

2. 부양가족명세
   - 부양가족 등록: 나이요건, 소득요건이 부양가족에 해당
   - 주민세는 8세 이상이므로 자녀세액공제대상(자동으로 표기됨)
   - 부녀자공제는 여성 근로자라면 반드시 확인해야 할 대표적인 추가공제 항목이지만, 해당문제에서는 공제요건을 제시하지 않았으므로 부녀자공제입력은 생략

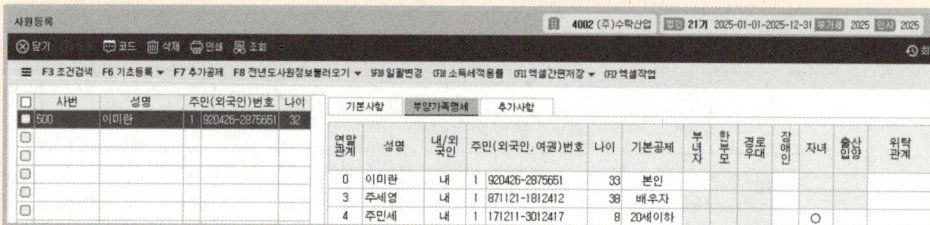

3. 추가사항
   - 청년(34세 이하)은 최초입사일로부터 5년, 이외의 자는 3년을 적용
   - 감면율은 청년은 90%, 이외의 자는 70%를 적용

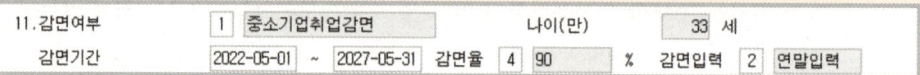

4. [수당공제등록]
   - [수당등록]에서 미사용 소득 유형의 사용여부를 "부"로 변경
   - 별도의 식사를 제공하지 않으므로 비과세 식대
   - 기타수당(비과세) 추가등록
   - [공제등록]에서 대출금 추가등록
   - 공제소득유형은 F2코드 도움을 이용하여 "대출" 선택

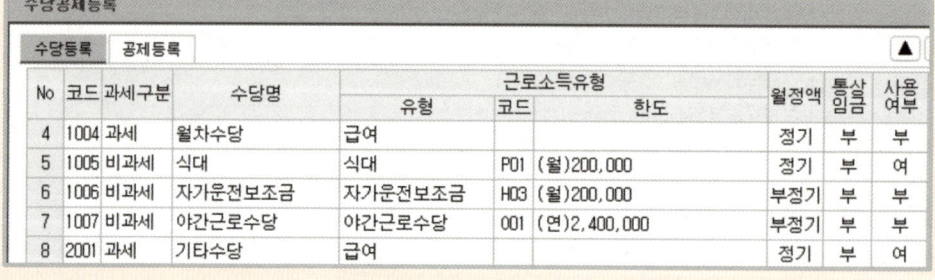

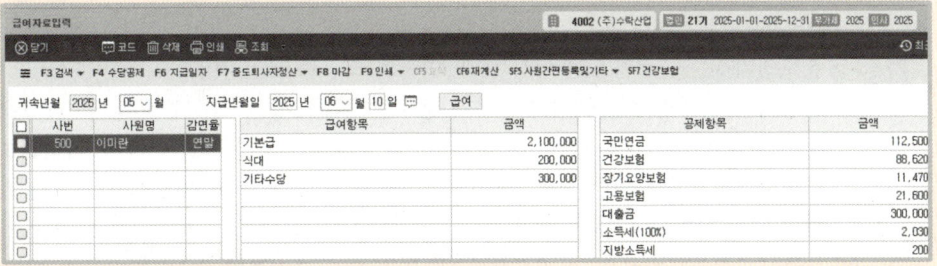

5. [급여자료입력]
   - 귀속년월 5월, 지급년월일 6월 10일
   - 기본급 및 각 급여항목, 공제항목 금액 입력

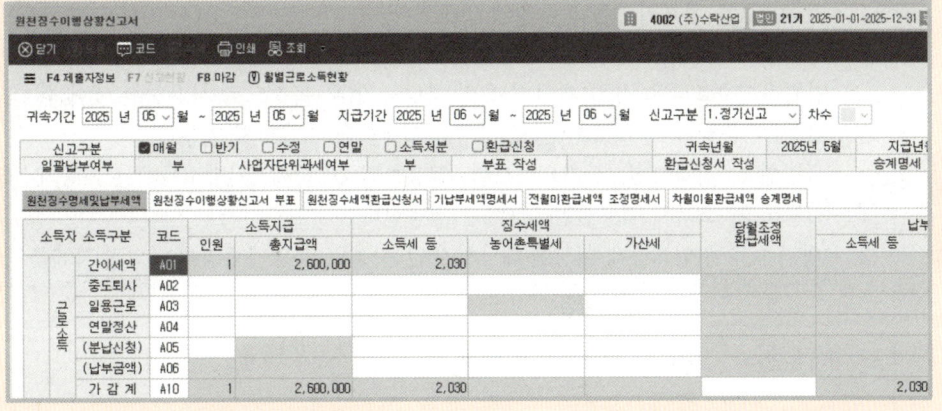

6. [원천징수이행상황신고서]
   - 원천징수이행상황신고서 조회(귀속기간: 5월, 지급기간: 6월)

실습예제 따라하기

03 다음 자료를 이용하여 4003.㈜홍도전기의 종업원 금나라를 [사원등록](사번: 102번)하고, 3월분 급여자료를 입력하시오. 다만, 사원등록 상의 부양가족명세를 금나라의 세부담이 최소화되도록 입력하고, 수당공제등록 시 사용하지 않는 항목은 '부'로 표시한다.

1. 3월분 급여자료(급여지급일: 3월 31일)

급여항목			
기본급	식대	자가운전보조금	육아수당
2,000,000원	100,000원	200,000원	100,000원

2. 추가 자료
   - 홍도전기㈜는 근로자 5인 이상 10인 미만의 소규모 사업장이다.
   - 금나라는 여태까지 실업 상태였다가 홍도전기㈜에 생애 최초로 입사한 것으로 국민연금 등의 사회보험에 신규 가입하는 자이며, 본인 명의의 재산은 전혀 없다. 금나라의 2025년 월평균급여는 위에서 제시된 급여와 정확히 같고, 위의 근로소득 외 어떤 다른 소득도 없다고 가정한다.
   - 두루누리사회보험여부 및 적용률(80%)을 반드시 표시한다.
   - 건강보험료경감은 부로 표시한다.
   - 건강보험료 산정기준은 보수월액 기준이다.
   - 회사는 구내식당에서 점심 식사(현물)를 지원한다.
   - 자가운전보조금은 직원 개인 소유의 차량을 업무 목적으로 사용하는 것에 대한 지원금으로 시내 출장 등에 소요된 실제 경비는 정산하여 지급하지 않는다.
   - 국민연금, 건강보험, 장기요양보험, 고용보험, 소득세, 지방소득세는 자동계산된 자료를 사용하고, 소득세 적용률은 100%를 적용한다.)

3. 부양가족 명세(인적공제 대상에 해당하지 않는 경우, 부양가족명세에 입력 자체를 하지 말 것)

관계	성명	비고
본인	금나라(900213-2234568)	• 입사일 2023.1.1. • 세대주
배우자	김철수(941214-1457690)	• 2025년 3월 부동산 양도소득금액 50,000,000원 발생 • 무직, 위 외의 어떠한 소득도 없음
자녀	김나철(200104-3511111)	• 소득 없음

실기 따라하기 03

1. **[사원등록]: 기본사항**
   - 사번, 성명, 주민번호, 입사연월일 입력
   - 12. 국민연금보수월액, 건강보험보수월액 2,100,000원 입력
   - 음식물을 제공받았으므로 식대는 과세
   - 자가운전보조금 및 6세 이하 육아수당은 비과세
   - 보수월액 = 기본급 + 식대(과세)
   - 국민연금보수월액, 건강보험보수월액, 고용보험보수월액 각각 2,100,000원 입력

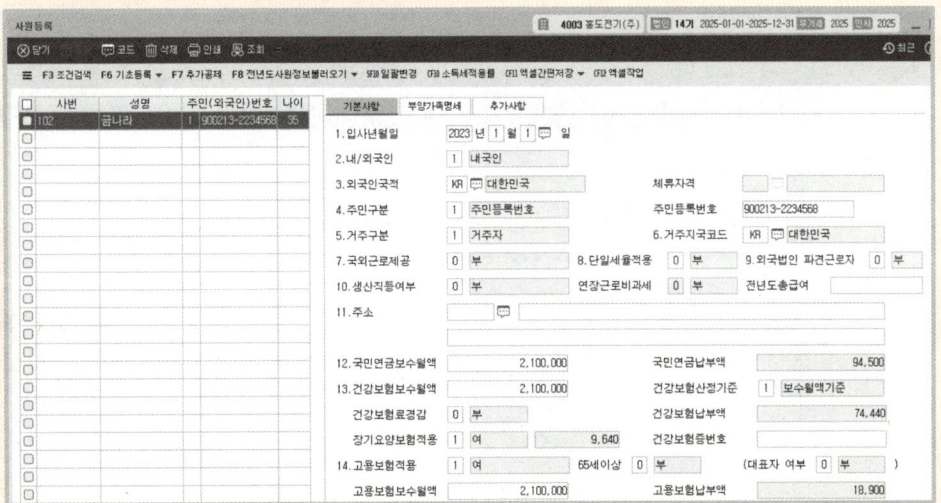

2. **부양가족명세**
   - 부양가족 등록: 나이요건, 소득요건이 부양가족에 해당여부 확인
   - 양도소득금액 100만원 초과 시 기본공제 대상자가 아님.
   - 거주자 본인이 배우자가 있는 여성으로 종합소득금액 3천만원 이하인 경우 부녀자공제 대상

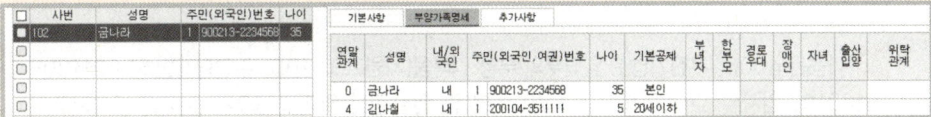

3. **추가사항**
   - 13.두루누리사회보험은 최대 36개월까지 지원

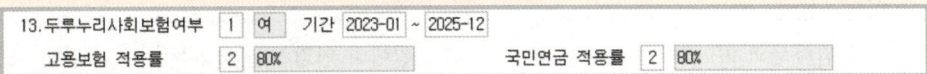

4. **[수당공제등록]**
   - 식대는 현물 식사를 무상으로 제공받으므로 과세
   - 비과세 식대는 사용 여부를 "부"로 설정하고 과세 식대를 신규 등록
   - 식대가 소정근로의 대가로서 정기적·일률적·고정적으로 지급된다면 통상임금에 해당
   - 종업원 소유의 차량을 업무에 사용하면서 시내 출장 등에 소요된 경비를 정산하지 않고 지급하는 자가운전보조금은 월 20만원까지 비과세
   - 6세 미만 자녀에 대한 보육수당은 월 20만원까지 비과세

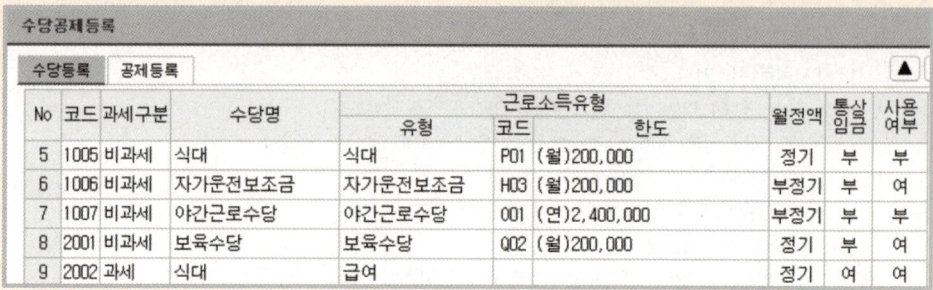

5. [급여자료입력]
   • 귀속년월 3월, 지급년월일 3월 31일

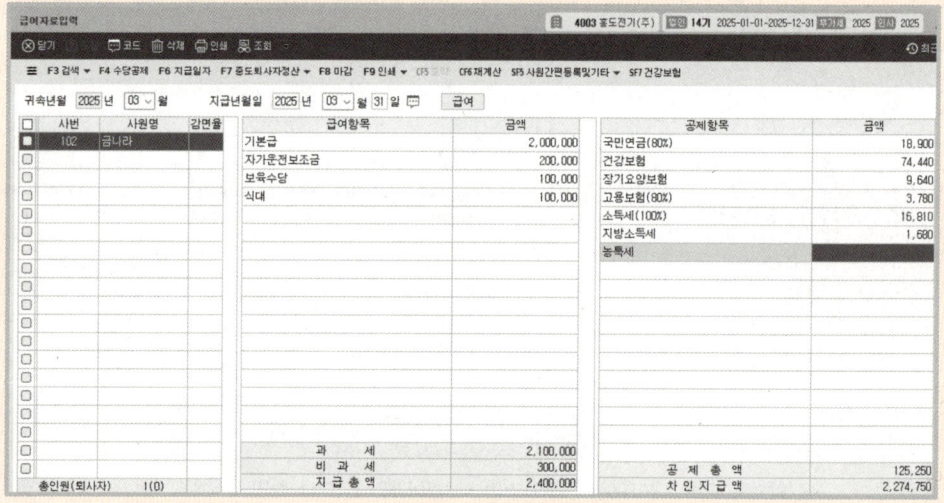

실습예제 따라하기

04 다음은 4006. 우진기업㈜ 영업부의 부장 김다움(사원코드: 100, 주민등록번호: 801130-1516310, 입사일: 2010.5.6.)의 2024년 말 연말정산 결과와 2025년 2월 급여자료이다. 자료를 바탕으로 2025년 2월분 급여대장과 원천징수 이행상황신고서를 작성하시오. 필요한 경우 수당 및 공제사항을 반드시 등록하시오.

1. 김다움의 2024년 총급여는 67,000,000원이며 연말정산 결과는 다음과 같다.

구분	소득세	지방소득세
결정세액	5,014,011원	501,401원
기납부세액	3,203,900원	320,390원
차감징수세액	1,810,110원	181,010원

2. 2025년 2월 급여명세서는 다음과 같다(급여 지급일은 2월 25일임).

구분		금액	비고
지급액	기본급	2,500,000원	
	가족수당	300,000원	
	야간근로수당	400,000원	
	월차수당	120,000원	
	식대	200,000원	별도 식사 제공 없음
	자가운전보조금	300,000원	본인 차량을 업무에 사용하고, 별도 여비를 지급하지 않음
공제액	국민연금	150,000원	국민연금, 건강보험료, 장기요양보험료, 고용보험료, 소득세, 지방소득세는 요율표를 무시하고 주어진 자료를 이용함
	건강보험료	200,000원	
	장기요양보험료	25,900원	
	고용보험료	30,780원	
	소득세	117,440원	
	지방소득세	11,740원	

3. 2024년 연말정산으로 인한 추가 납부세액은 3개월 간 균등하게 분납하여 납부하는 것으로 신고하였다.

실기 따라하기 04

1. [수당공제등록]
   - 가족수당 과세

No	코드	과세구분	수당명	근로소득유형 유형	근로소득유형 코드	근로소득유형 한도	월정액	통상임금	사용여부
4	1004	과세	월차수당	급여			정기	부	여
5	1005	비과세	식대	식대	P01	(월)200,000	정기	부	여
6	1006	비과세	자가운전보조금	자가운전보조금	H03	(월)200,000	부정기	부	여
7	1007	비과세	야간근로수당	야간근로수당	O01	(연)2,400,000	부정기	부	여
8	2001	과세	가족수당	급여			정기	부	여

2. [급여자료입력]
   - 귀속년월 2월, 지급년월일 2월 28일
   - 급여명세서 금액 입력
   - 연말정산 분납제도는 근로자가 연말정산 결과 추가로 납부해야 할 소득세가 10만원을 초과 시
   - 해당 세금을 한 번에 내지 않고 3개월(2월~4월) 동안 급여에서 원천징수 방식으로 나누어 납부할 수 있도록 한 제도
   - 메뉴 상단 툴바 F7중도퇴사자정산 ⊕ 화살표를 클릭한 후 F11분납적용을 선택
   - 분납적용 창에서 사원코드 '101.김다움'의 체크박스를 체크
   - 연말정산불러오기 ➔ 분납(환급)계산 ➔ 분납적용(Tab)

   1) 분납적용

No	사원코드	사원명	연말정산 소득세	연말정산 지방소득세	연말정산 농특세	1차분납/환급분(2월) 소득세	1차분납/환급분(2월) 지방소득세	1차분납/환급분(2월) 농특세	2차분납(3월) 소득세	2차분납(3월) 지방소득세
1	100	김다움	1,810,110	181,010		603,370	60,330		603,370	60,330

2) 분납적용 후 화면

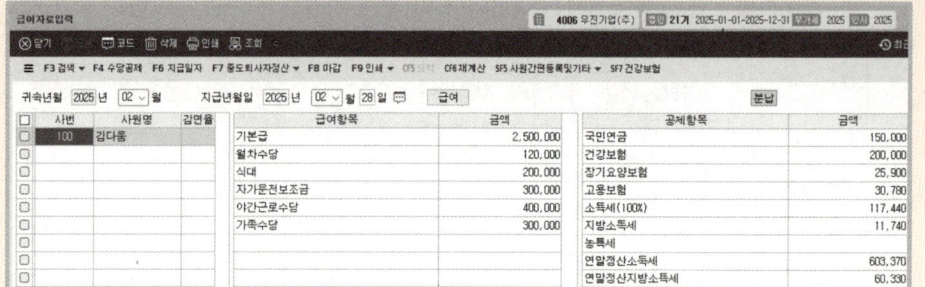

3. [원천징수이행상황신고서]
   - 귀속기간 2월, 지급기간 2월
   - 연말정산(A04) 추가 납부세액 분납 적용하시겠습니까? ➔ 예(Y)

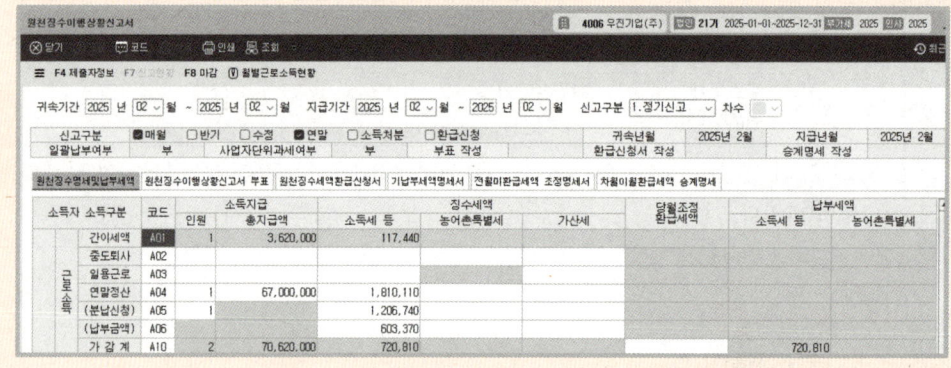

04 퇴직소득원천징수

(1) 퇴직소득의 범위

퇴직소득금액은 다음 각 호 소득의 합계액(비과세소득 금액 제외)으로 한다.

> ① 국민연금법, 공무원연금법, 군인연금법, 사립학교교직원연금법 또는 별정우체국법에 따라 받는 일시금
> ② 사용자 부담금을 기초로 하여 현실적인 퇴직을 원인으로 지급받는 소득

(2) 퇴직소득의 계산

퇴직금의 계산	근로자가 1년 이상 계속 근로하고 퇴사하는 경우 1년에 30일분 이상의 평균임금을 지급하여야 한다. 법정퇴직금 = 30일분의 평균임금 × 근로연수 $\left(\dfrac{\text{재직일수}}{365}\right)$

(3) 퇴직소득의 수입시기

구분	내용
원칙	퇴직을 한 날
① 퇴직일 현재 연금계좌에 있거나 연금계좌로 지급되는 경우 ② 지급받은 날부터 60일 이내에 연금계좌에 입금되는 경우	연금을 수령하는 시점까지 과세를 이연 (연금 외 수령하는 경우 퇴직소득으로 과세)

(4) 퇴직소득 원천징수

거주자의 퇴직소득산출세액은 다음 순서에 따라 계산한 금액으로 한다.

> ① 환산급여 = (해당 과세기간의 퇴직소득금액 − 근속연수에 따른 공제액)) × $\dfrac{12}{\text{근속연수}}$
> ② 퇴직소득과세표준 = 환산급여 − 환산급여에 따른 차등공제액
> ③ 퇴직소득산출세액 = 퇴직소득과세표준 × 기본세율 × $\dfrac{12}{\text{근속연수}}$

<근속연수공제>

근속연수	근속연수공제
5년 이하	100만원 × 근속연수
5년 초과~10년 이하	500만원 + 200만원 × (근속연수 − 5년)
10년 초과~20년 이하	1,500만원 + 250만원 × (근속연수 − 10년)
20년 초과	4,000만원 + 300만원 × (근속연수 − 20년)

<환산급여공제>

근속연수	환산급여공제
800만원 이하	환산급여의 100%
800만원 초과~7,000만원 이하	800만원 + (800만원 초과분의 60%)
7,000만원 초과~1억원 이하	4,520만원 + (7,000만원 초과분의 55%)

1억원 초과~3억원 이하	6,170만원 + (1억원 초과분의 45%)
3억원 초과	1억 5천 170만원 + (3억원 초과분의 35%)

(5) 퇴직소득자료입력

퇴직소득자료입력은 퇴사자, 퇴직금 중간정산자에게 지급할 퇴직금액을 입력하여 퇴직소득원천징수영수증 및 원천징수이행상황신고서을 작성하는 메뉴이다.

항목	내용
지급년월	퇴직금을 지급한 일자를 입력한다.
소득자구분	근로(상용직), 일용직, 종교인 중 퇴직소득자의 소득구분을 선택한다.
사번, 성명	F2코드도움 클릭하여 퇴사자를 선택하여 반영하며 소득자구분에 따라 조회된다.
귀속년월(신고서)	귀속년월은 원천징수이행상황신고서에 반영될 귀속년월로서 현실적으로 퇴사한 월을 입력한다.
영수일자	영수일자는 퇴직금 지급일자가 반영되며, 공란일 경우 지급년월의 마지막일자가 자동반영된다.
근무처명/등록번호	회사등록의 사업자등록번호가 반영된다.
퇴직사유	중간정산자 이면 "중간정산"으로 자동반영되고, 퇴사자인 경우 "자발적퇴직"으로 자동 반영되며 수정 가능하다.
입사일	[사원등록] 메뉴의 입사일이 반영된다.
기산일	[사원등록] 메뉴의 퇴직금 중간정산일의 정산일 시작일자가 반영된다.
퇴사일	[사원등록] 메뉴의 퇴직금 중간정산일의 정산일 종료일자가 반영된다.
지급일	퇴직금 지급일을 입력하며 영수일자와 동일하게 반영된다.
근속월수	입·퇴사일 기준으로 근속월수가 자동계산되어 반영된다.
제외월수	퇴직금 계산시 제외되어야 하는 월수를 입력한다.
가산월수	근속연수가 입·퇴사일로 계산한 근속연수와 다른 경우 퇴직금 계산시 근속월수에 가산해야 하는 월수를 입력한다.
과세퇴직급여	근로자퇴직급여보장법 등에 따라 지급하는 퇴직금, 퇴직위로금, 공로수당 등을 입력한다. (퇴직금계산) 메뉴를 작성한 경우에는 자동으로 반영된다.
비과세퇴직급여	퇴직소득 중 비과세 소득을 입력한다.
과세이연계좌명세	퇴직소득을 연금계좌(IRP계좌)로 이연(입금)하여 퇴직소득세를 이연하는 경우 해당 계좌번호 등을 입력한다.

기출 실무문제 | 퇴직소득 원천징수

✓ 주요 체크사항: 퇴직소득

구분		핵심 내용	유의사항
퇴직금 지급 규정	O	• 퇴직금 지급 규정이 있는 것만 퇴직소득으로 인정 • 규정 없으면 근로소득으로 처리	• 현실적 퇴직 시에만 퇴직소득으로 분류 가능 - 종업원이 임원으로 취임한 경우 - 법인의 조직변경, 분할, 합병이 이루어진 경우 - 사용자의 사망으로 상속인이 사업을 승계한 경우 - 퇴직금 중간정산 사유에 따라 실제로 퇴직금을 지급받는 경우
	×	• 근로기준법에 따라 계산: 일일평균임금 × 근로연수(재직일수/365)	• 퇴직 직전 3개월 기준 • 상여금 포함하여 계산
신분 변동 시 처리		• 종업원 → 임원: 퇴직금 지급 필요 • 상근임원 → 비상근임원: 퇴직금 지급 필요	• 미지급 시 퇴직으로 보지 않고 근로소득으로 처리
과세이연계좌명세		• 퇴직급여를 연금으로 전환 시 작성 • 세금 납부를 이연하는 경우 사용	—
KcLep 입력 순서		1. 사원등록에서 퇴사연월일 먼저 입력 2. 퇴직금 입력 3. 급여가 있으면 중도퇴사자 정산 처리	• 퇴사연월일 미입력 시 퇴직금 입력 불가

실습예제 따라하기

01 다음 자료는 2025년 9월 30일 퇴사한 4004.㈜운정산업 영업부 최유람에 관한 자료이다. 자료를 이용하여 사원등록내용 수정 및 퇴직소득자료를 입력하고, 퇴직소득원천징수영수증을 작성하시오.

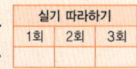

- 입사: 2006년 12월 1일
- 퇴사: 2025년 9월 30일
- 퇴직금: 74,300,000원(전액 과세)
- 퇴직사유: 자발적 퇴직
- 퇴직금 지급일: 2025년 10월 10일

실기 따라하기 01

1. [사원등록]
   - 16.퇴사년월일 2025년 9월 30일

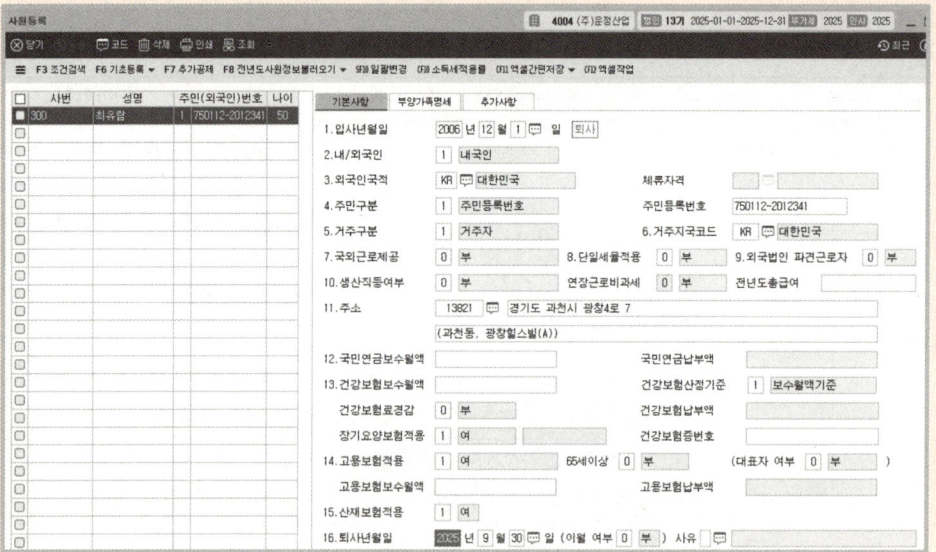

2. [퇴직소득자료입력]
   - 지급년월 2025년 10월
   - 소득자구분 1.근로
   - 사번 F2키 이용하여 최유람 불러오기
   - 구분 "퇴직" 선택
   - 지급일 2025/10/10로 수정 입력

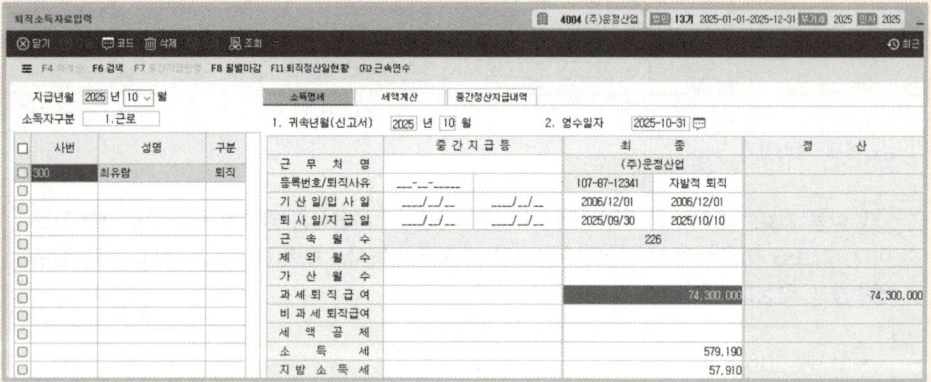

3. [퇴직소득원천징수영수증]
   - 지급년월 2025년 10월 조회

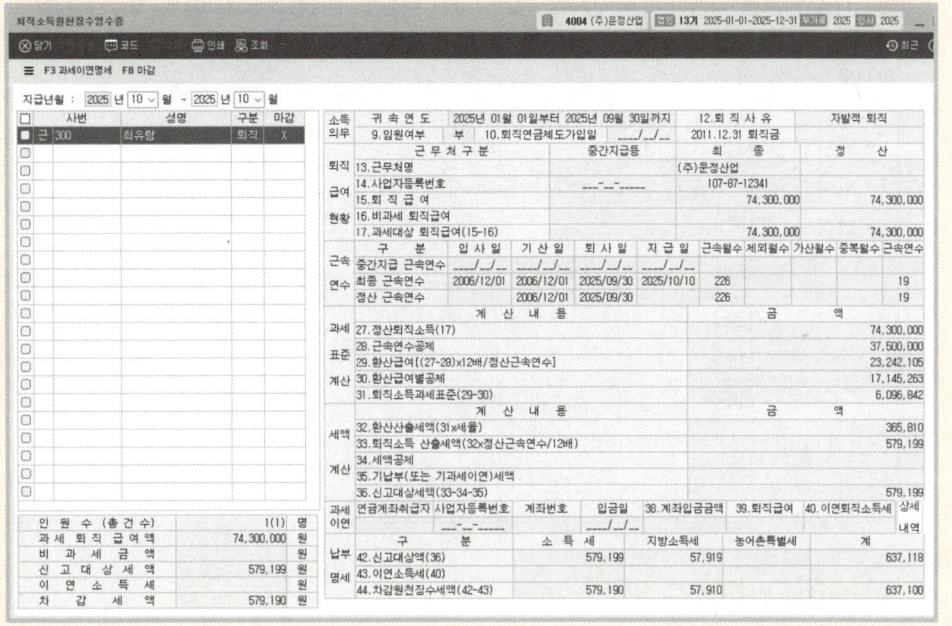

실습예제 따라하기

02 4004. ㈜운정산업은 확정급여형(DB형) 퇴직연금에 가입되어 있으며 12월 1일 퇴사한 직원 1명의 퇴직금산정액은 25,000,000원이다. 기불입된 퇴직연금액은 19,000,000원이며 추가로 6,000,000원을 불입하여 개인퇴직연금계좌(미산은행, 계좌번호 210-951478-11011, 입금일 12월 15일)에 지급하였다. 이에 대하여 원천징수이행상황신고서(매월 정기신고분)에만 반영하시오.

실기 따라하기 02

1. [원천징수이행상황신고서]
   - ㈜운정산업의 확정급여형(DB형) 퇴직연금을 퇴직자의 개인연금계좌로 이체
   - 퇴직연금액 1,900만원 + 추가불입 600만원 = 2,500만원
   - 퇴직소득세가 과세이연되므로 퇴직소득부분의 '그외(A22)'란에 퇴직소득 금액 2,500만원 입력
   - '소득세 등'란 0원
   - [원천징수이행상황신고서] 다음달 10일까지 제출

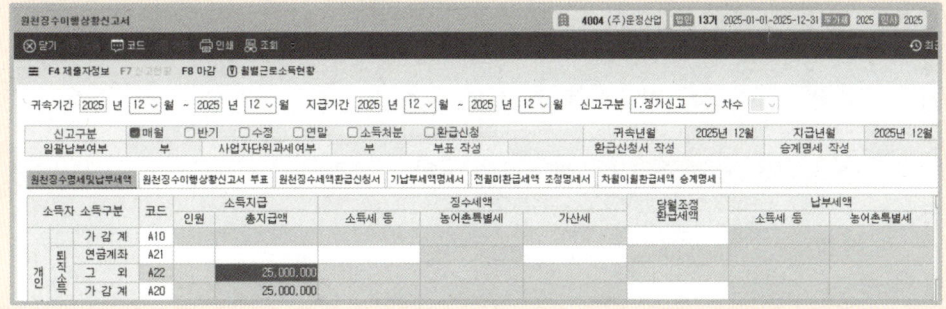

> **실습예제 따라하기**

03 다음 자료를 이용하여 4007.엔씨컴㈜ 사원 이장우씨(사원코드 100)의 퇴직금 계산 (퇴직금 계산방법은 5. 노동부 선택) 및 퇴직소득자료입력의 소득명세 및 세액계산을 작성하시오.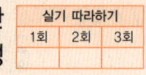

- 입사연월일: 2013. 9. 1.
- 퇴사연월일: 2025. 8. 31.(퇴사사유: 자발적퇴직)
- 퇴직금 계산자료

구분	2025.6.1.~6.30.	2025.7.1.~7.31.	2025.8.1.~8.31.
기본급	3,000,000원	3,000,000원	3,000,000원
직책수당	100,000원	100,000원	100,000원
식대	150,000원	150,000원	150,000원

- 1일 평균임금: 105,978원
- 퇴직과 동시에 퇴직금이 지급되었다고 가정한다.

실기 따라하기 03

1. [사원등록]
   - 16.퇴사년월일 2025년 8월 31일

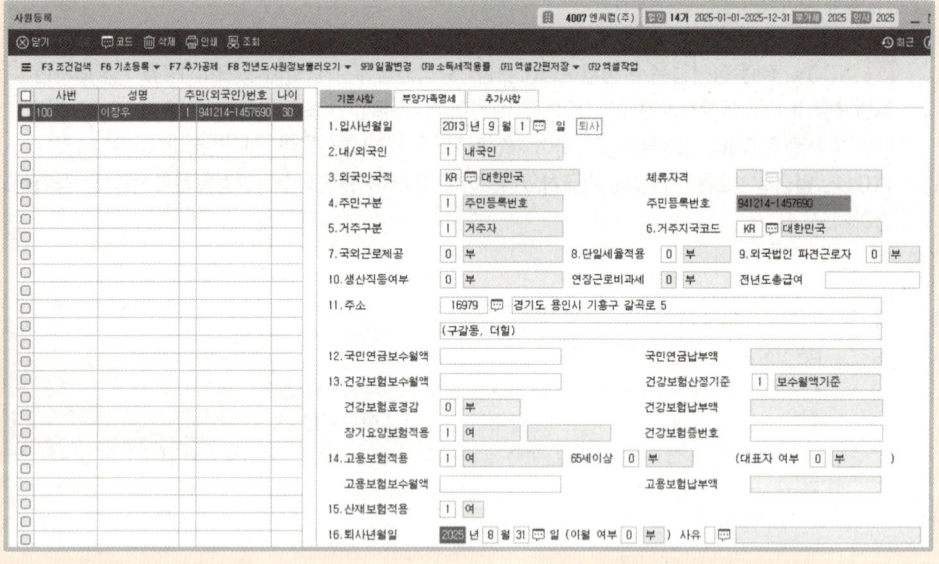

2. [퇴직급계산]
   - 퇴직금 계산방법 5.노동부 탭
   - 지급년월, 영수일자, 퇴직금지급일: 2025.08.31.
   - 일일평균임금 105,978은 퇴직 직전 3개월 간의 평균 일일 임금

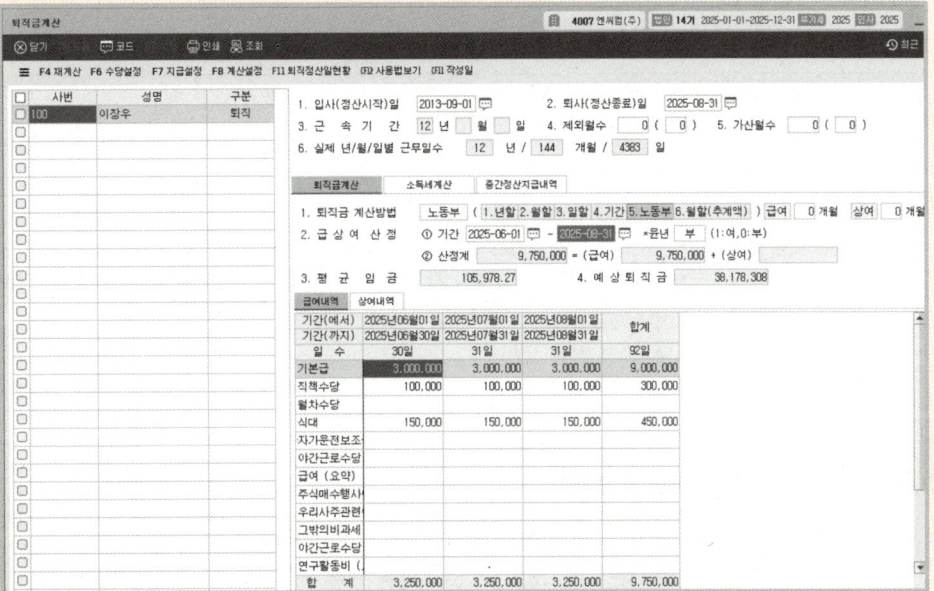

3. [퇴직소득자료입력]
   - 지급년월 2025년 08월
   - 소득자구분 1.근로
   - 사번 F2키 이용하여 이장우 불러오기
   - 구분 "퇴직" 선택

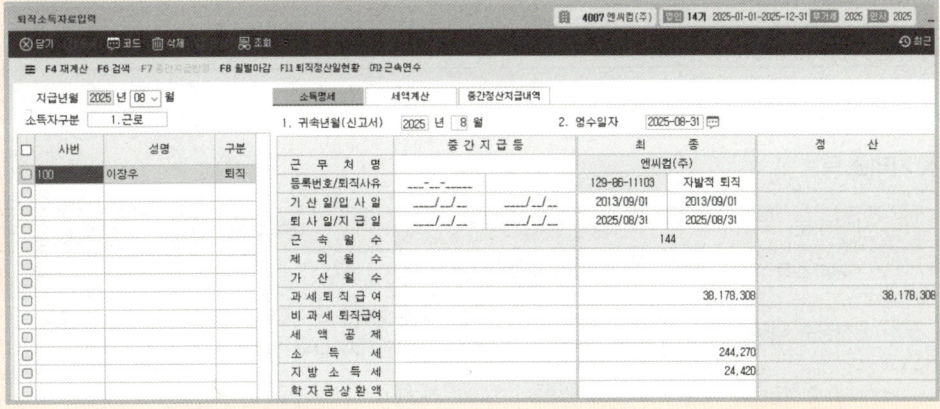

05 사업·기타·금융소득원천징수

(1) 사업소득 원천징수

1) 사업소득

구분	내용
사업소득	사업소득은 원칙적으로 원천징수 하지 않으나 다음의 일부 인적용역에 대해서는 세금징수의 편의성을 위하여 사업소득의 지급 시 원천징수 하도록 규정
원천징수 대상 소득	부가가치세 면세대상에 해당하는 다음의 용역 • 의료보건 용역(수의사의 용역을 포함한다)으로서 대통령령으로 정하는 것과 혈액 • 저술가·작곡가나 그 밖의 자가 직업상 제공하는 인적용역으로서 대통령령으로 정하는 것
원천징수 세율	• 기본 세율: 3% • 봉사료의 경우: 5% • 예외: 외국인 직업운동가가 프로스포츠구단과의 계약과 무관하게 용역을 제공하고 받는 소득은 20%(2025년 개정)

2) 사업소득자등록 및 소득자료 입력

항목	내용
사업소득자등록	• 거주자인 경우 코드 및 소득지명을 입력 • 소득구분란에서 F2코드도움으로 소득자를 입력 • 비거주자 사업소득은 [기타소득관리]에서 입력 • F2 소득구분에 따라 연말정산적용여부를 확인하여 "여"또는 "부"를 입력
사업소득자료입력	• F6 사업소득자 불러오기로 사업소득자를 반영 • 또는 F2코드도움으로 반영 • 귀속년월과 지급영수년월일을 입력 • 지급액을 입력하면 지급총액에 세율을 곱한 소득세와 지방소득세가 자동 계산

(2) 기타소득 원천징수

1) 기타소득

구분	내용
기타소득	주로 일시적이고 우발적으로 발생하는 소득
원천징수 의무	• 국내에서 거주자나 비거주자에게 기타소득 지급 시 원천징수 • 징수일이 속하는 달의 다음달 10일까지 납부 필요
제외 대상	다음 소득은 원천징수 대상에서 제외 • 계약의 위약 또는 해약으로 받는 위약금과 배상금(계약금이 위약금·배상금으로 대체되는 경우) • 뇌물, 알선수재 및 배임수재에 의하여 받는 금품
원천징수세율	• 일반적인 경우: 20% • 복권당첨금 등: 3억원 이하 20%, 3억원 초과 30% • 연금소득을 연금외수령한 소득 등: 15%

2) 기타소득자료입력

항목	내용
기타소득자등록	• F2코드도움으로 소득자를 입력 • F2 소득구분에 따라 연말정산적용여부를 확인하여 "여"또는 "부"를 입력
사업소득자료입력	• F2코드도움으로 기타소득자를 반영 • 귀속년월과 지급총액을 입력 • 해당 소득에 따라 필요경비 및 소득금액이 자동 계산 • 세율은 20%로 설정되어 있으며, 필요 시 수정가능 • 지급총액에 세율을 곱한 소득세와 지방소득세가 자동 계산

06 금융소득 원천징수

(1) 금융소득 원천징수

구분	원천징수세율
이자소득	• 일반 이자소득 14% • 비영업대금의 이익은 25% • 법원에 납부한 보증금 및 경락대금에서 발생하는 이자 14% • 실지명의가 확인되지 아니하는 소득 45% • 「금융실명거래 및 비밀보장에 관한 법률」이 적용되는 경우에는 90% • 직장공제회초과반환금: 기본세율
배당소득	• 일반 배당소득 14% • 실지명의가 확인되지 아니하는 소득 45% • 「금융실명거래 및 비밀보장에 관한 법률」이 적용되는 경우에는 90%

(2) 이자·배당소득자료입력

항목	내용
기타소득자등록	• F2코드도움으로 소득자를 입력한다. • 소득구분을 클릭하여 해당 소득을 선택 • 소득자 구분과 실명구분을 선택
이자배당 소득자료입력	• F2코드도움으로 기타소득자를 반영 • 귀속년월과 입력후 금융상품명을 선택 • 배당소득의 경우 유가증권코드를 입력(시험 시 생략가능) • 과세구분은 소득자가 개인 또는 법인인 경우로 구분 • 배당소득은 "일반과세T"와 "일반과세G" 구분 입력 • 이자소득은 "원천징수대상소득"과 "원천징수대상외의 소득" 구분 입력 • 조세특례제한법상 혜택을 받은 금융소득이므로 • 비영업대금의 이익인 경우에는 적용을 받지 않는 "NN"을 선택 • 채권이자구분: 일반적으로 "99 채권 등의 이자 등을 지급받은 경우"에는 해당 채권 등의 보유자의 이자기간 이자상당액을 선택 • 이자지급대상기간: 금융소득의 지급대상이 되는 기간을 입력 • 이자율: 이자소득의 약정된 이자율을 입력 • 세율: 원천징수세율을 입력

기출 실무문제 : 사업소득 원천징수

✓ 주요 체크사항: 사업소득

구분	핵심 내용	유의사항
사업소득 포함 항목	• 농업 • 부동산업 및 임대업(지역권 등 대여소득)	• 곡물 및 기타 식량재배업은 제외 • 논농사, 밭농사는 미열거됨 • 지역권 등 대여소득이 공익사업 관련 시 기타소득
유형자산 처분이익	• 복식부기의무자의 경우 과세 대상	• 사업소득으로 처리
비과세 사업소득	• 농·어민의 연 3,000만원 이하 농가부업소득 • 농지대여 • 1주택 소유자의 주택임대소득 • 작물재배업 (곡물·기타식량)	• 비수기 민박 운영 소득 포함 • 농지를 주차장 등 타목적 사용 시 과세 • 공시지가 12억원 초과 고가주택, 해외주택은 과세 • 작물재배업 중 기타는 10억 초과 시 과세
연말정산 및 회계처리	• 사업소득자는 연말정산 적용	• 음료배달원, 보험판매원, 방문판매원 등이 간편장부대상자에 해당

실습예제 따라하기

01 다음의 자료에 대한 2025년 6월 4001.㈜경기산업에서 발생한 사업소득의 사업소득자 등록과 사업소득자료입력을 하시오.

실기 따라하기
1회 2회 3회

코드	수령자	지급일	주민등록번호	지급금액(원)	내역
201	최관우	6. 5.	740505-1234781	1,500,000	자문료(자문/고문)
202	영탁	6.30.	840116-1789456	3,000,000	축하공연(가수)

실기 따라하기 01

1. [사업소득자 등록]
    - 코드, 성명 입력
    - 1.소득구분 F2 이용하여 자문, 가수 조회 입력
    - 3. 주민등록 입력
    1) 201.최관우

2) 202.영탁

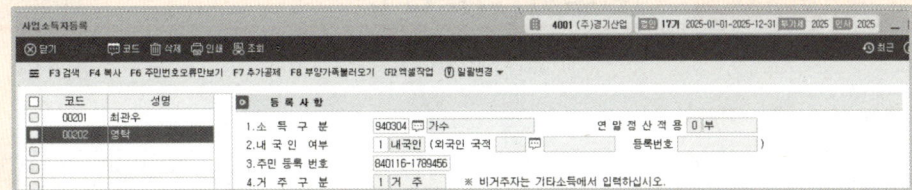

2. [사업소득자료 입력]
   - 지급년월일 6월 5일 입력
   - F2 201.최관우 불러오기
   - 지급액 1,500,000원 입력
   - 소득세, 지방소득세 자동계산

   201.최관우

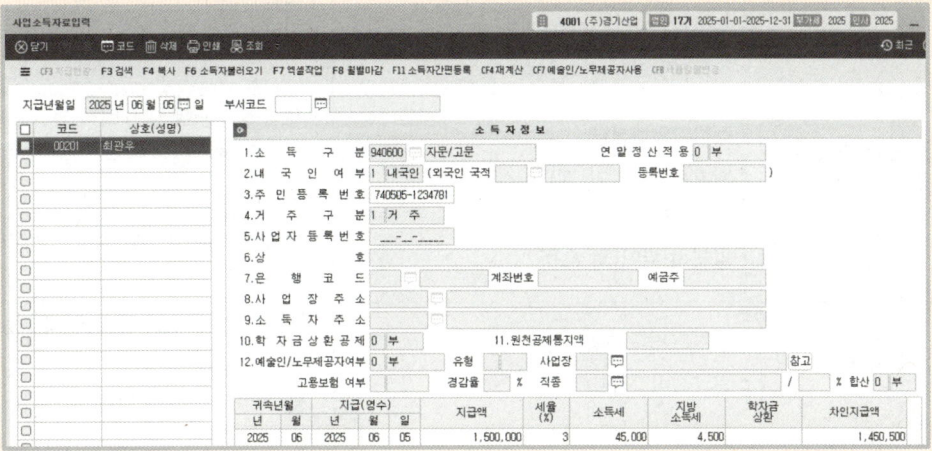

3. [사업소득자료 입력]
   - 지급년월일 6월 30일 입력
   - F2 202.영탁 불러오기
   - 지급액 3,000,000원 입력
   - 소득세, 지방소득세 자동계산

   202.영탁

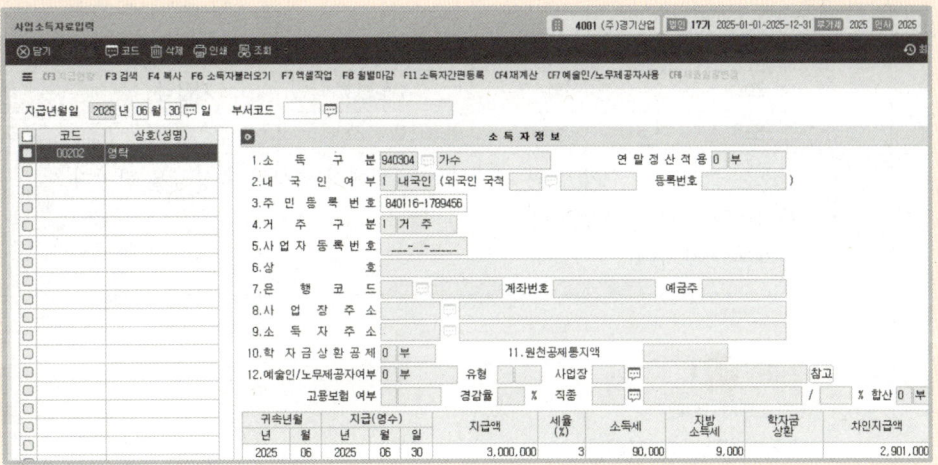

기출 실무문제 : 기타소득 원천징수

> ✓ 주요 체크사항: 기타소득

구분	핵심 내용	유의사항
기타소득 포함 항목	• 일시적 인적용역 • 일시적 문예 창작 소득 • 공익사업 관련 지역권·지상권 설정/대여 금품 • 상금·현상금, 복권 등 당첨금 • 승마/승자투표권 환급금 • 직무발명보상금(퇴직후)	• 일시적 강연료 • 일시적 원고료(소설가의 원고료는 사업소득) • 지역권·지상권은 사업소득이나 공익사업 관련 시 기타소득 • 직무발명보상금 한도 700만원까지 비과세
특별 구분	• 직무발명보상금 • 뇌물과 알선 및 배임수재	• 재직 중: 근로소득/퇴직 후: 기타소득 • 뇌물은 원천징수 대상 아님 (적발 시 기타소득세+압류)
성격 구분	• 일시적, 우연적 소득	• 계속적, 반복적, 영리추구 성격의 소득은 사업소득
과세 방식	• 무조건 분리과세 항목 • 필요경비 계산	• 복권 당첨, 서화·골동품 양도소득 등 • MAX(실제발생비용, 계산된 필요경비) → 세율 22%(기타소득세와 지방세)

> 실습예제 따라하기

01 4004. ㈜운정산업은 11월 중 아래와 같이 기타소득을 지급하였다. 아래의 자료를 이용하여 [기타소득자등록]과 [기타소득자자료입력] 및 [원천징수이행상황신고서]를 작성하시오.

실기 따라하기 | 1회 | 2회 | 3회

1. 기타소득자 자료

코드	성명	주민번호	지급액	내용
815	최천호	820218-1234560	950,000원	상금

• 최천호는 불특정 다수가 순위 경쟁하는 대회에서 입상하여 상금을 받았다.
• 소득지급일은 11월 28일이다.
• 소득자는 거주자이다.

> 실기 따라하기 01

1. [기타소득자 등록]
   • 코드, 성명, 거주구분 입력
   • 1.소득구분 F2 이용하여 상금 입력
   • 3. 내국인 선택
   • 5. 주민등록번호 입력

- 6.소득자 구분/실명: 소득자 구분 F2 111.주민번호 선택, 실명
- 개인 선택 입력

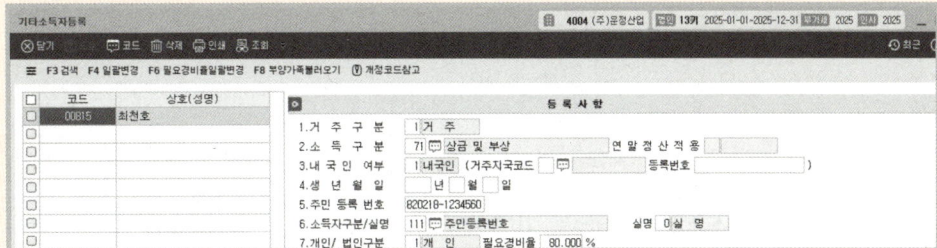

2. [기타소득자료 입력]
   - 지급년월일 11월 28일 입력
   - F2 이용하여 최천호 조회
   - 3. 지급총액 950,000원 입력
   - 소득세, 지방소득세 자동계산

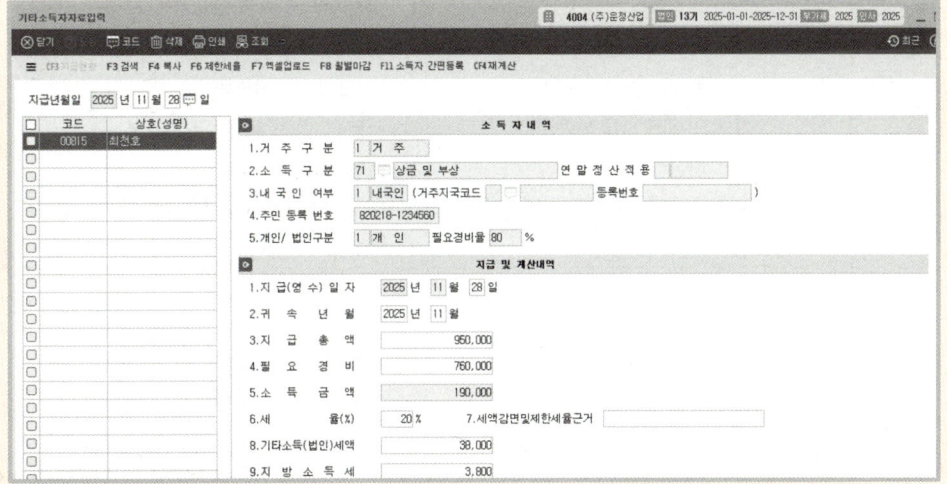

3. [원천징수이행상황신고서 조회]
   - 귀속기간 11월, 지급기간 11월 조회

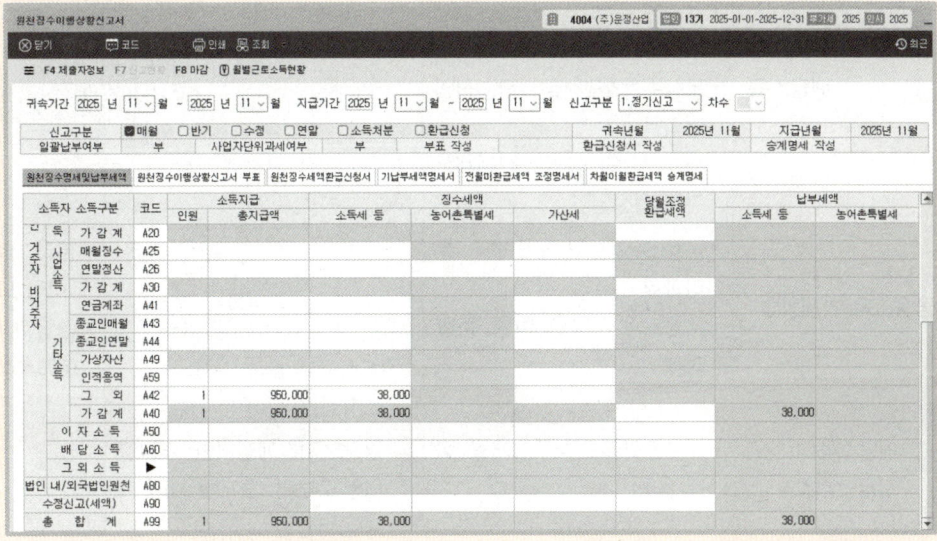

기출 실무문제: 금융소득 원천징수

✓ 주요 체크사항: 금융소득

구분		핵심 내용	유의사항	세율/과세방법
금융소득	이자소득	• 채권·증권의 이자와 할인액 • 예금의 이자 • 만기 10년 미만 저축성보험의 보험차익 • 직장공제회 초과반환금 • 비영업대금의 이익	✓ KcLep 입력 소득 구분: 100번대 이하(기타), 100번대(이자), 200번대(배당) ✓ 지급연월일과 귀속년월일 일치 여부 확인 ✓ 채권이자구분: 채권(회사채, 국공채) 경우 작성	• 일반 이자소득: **14%** • 비영업대금의 이익: **25%**
	배당소득	• 배당 또는 분배금 • 의제배당(무상증자) • 인정배당 • 펀드(집합투자기구)의 이자	✓ 의제배당: 잉여금↓, 자본금↑ (주식 총액 변동X) ✓ 자본금 증가 위한 무상주 발행도 배당 ✓ 펀드의 이자도 배당소득으로 분류	• 일반 배당소득: **14%** • 출자 공동사업자의 배당소득: **25%**
금융소득 수입시기	이자소득	• 무기명 채권: 실제 지급일 • 기명 채권: 약정에 의한 지급일 • 비영업대금의 이익: 약정에 의한 이자지급일 • 약정이 없는 경우: 실제 이자 지급/수령일	✓ 채권명부 기재 유무에 따라 무기명/기명 채권으로 구분	
	배당소득	• 잉여금 처분: 주주총회 결의일 • 무기명 주식 이익배당: 실제 지급받은 날 • 무상주 의제배당: 자본전입 결의일 • 해산 시 의제배당: 잔여재산가액 확정일	✓ 주식은 기명주식이 아닌 경우 주의	
금융소득 과세방법		• 금융소득 ≤ 2,000만원: **분리과세** • 금융소득 > 2,000만원: **종합과세**	✓ 사원등록과 연관	• 분리과세: 원천징수세율 (14% 또는 25%) • 종합과세: 기본세율 (6%~45%)
배당소득의 지급년월일		• 처분결의일로부터 3개월 이내(원칙)	✓ 주어지지 않았을 경우, 3개월 후 지급예정이면 '처분결의일'로부터 '3개월 이후'가 '지급년월일'	

실습예제 따라하기

01 다음은 4006.우진기업㈜의 이자 및 배당소득에 대한 원천징수자료이다. 다음의 자료를 이용하여 [기타소득자등록] 및 [이자배당소득자료입력] 메뉴에 관련 자료를 입력하고 [이자배당소득원천징수영수증]을 작성하시오.

1. 소득지급내역

구분	소득자			소득금액	소득구분	소득지급일/영수일
	코드	상호(성명)	사업자(주민등록)번호			
법인	101	㈜더케이	113-86-32442	12,000,000원	이자소득	2025.4.15
개인	102	연예인	800207-1234567	15,000,000원	배당소득	2025.4.30

2. ㈜더케이에 지급한 이자소득은 단기차입금에 대한 것이며, ㈜더케이는 내국법인으로 금융업을 영위하지 않는다. (단, 이자지급대상 기간과 이자율 입력은 생략한다.)
3. 연예인(거주자, 내국인)은 당사의 주주로 2024년도 이익잉여금 처분에 따라 배당금을 현금으로 지급하였다.

실기 따라하기 01

1. [기타소득자 등록]
   1) 101.㈜더케이
      - 드, 성명, 거주구분 입력
      - 1.소득구분 F2 이용하여 122.비영업대금의 이익 입력
      - 3.내국인 선택
      - 6.소득자 구분/실명: 소득자 구분 F2 211.사업자등록번호 선택, 실명
      - 법인 선택 입력
      - 8.사업자등록번호 입력

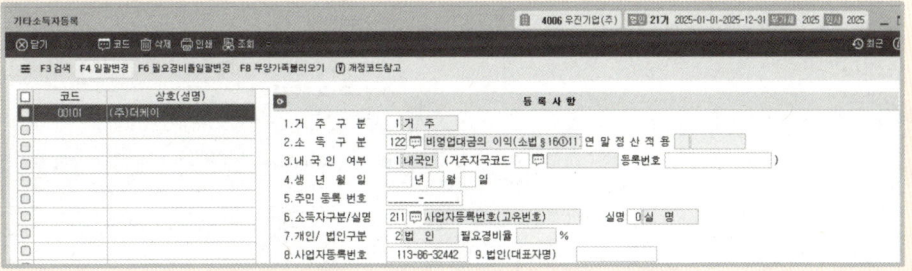

2) 102.연예인
- 코드, 성명, 거주구분 입력
- 1.소득구분 F2 이용하여 251.내국법인 배당 입력
- 3.내국인 선택
- 5.주민등록번호 입력
- 6.소득자 구분/실명: 소득자 구분 F2 111.주민등록번호 선택, 실명
- 개인 선택 입력

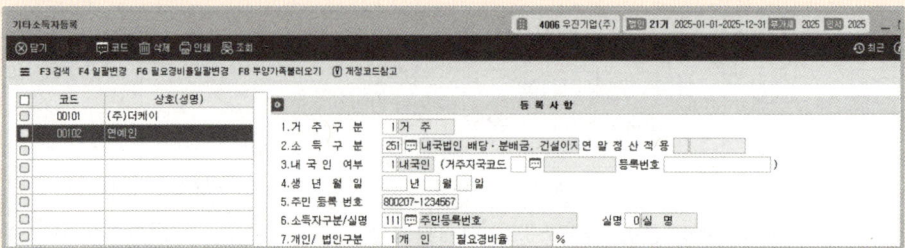

2. [이자배당 소득자료 입력]
   1) 101.(주)더케이
   - 지급년월일 4월 15일 입력
   - F2 이용하여 (주)더케이 조회
   - 지급 및 계산내역 금액 12,000,000원 입력
   - 원천징수세율 25%
   - 소득세, 지방소득세 자동계산

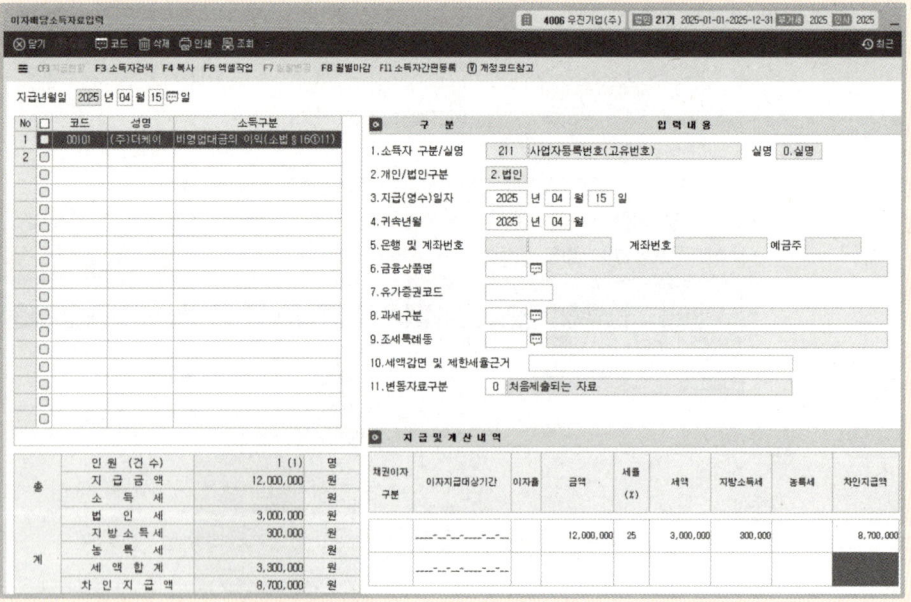

2) 102.연예인
- 지급년월일 4월 30일 입력
- F2 이용하여 연예인 조회
- 지급 및 계산내역 금액 15,000,000원 입력
- 원천징수세율 14%
- 소득세, 지방소득세 자동계산

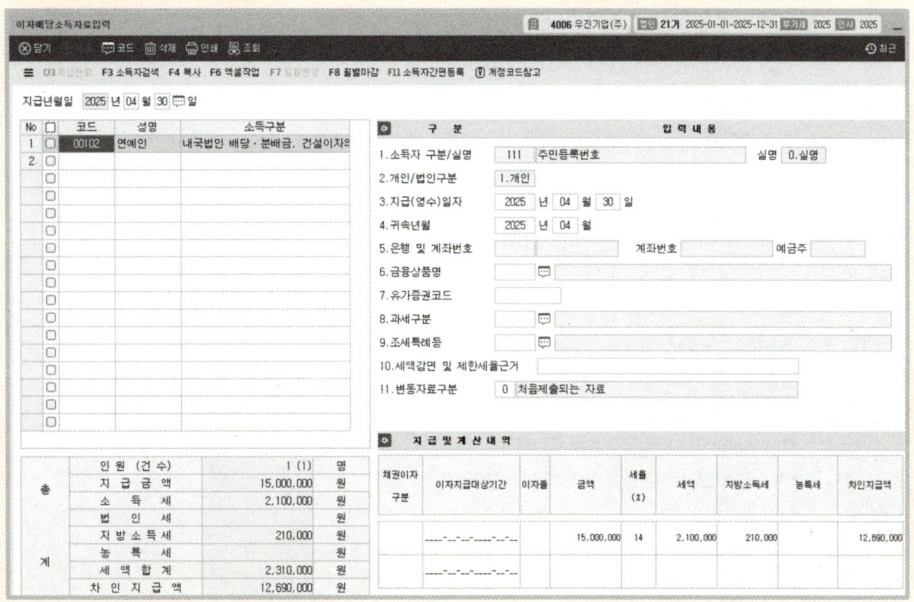

3. [이자배당소득원천징수영수증 조회]
- 지급년월 4월 조회

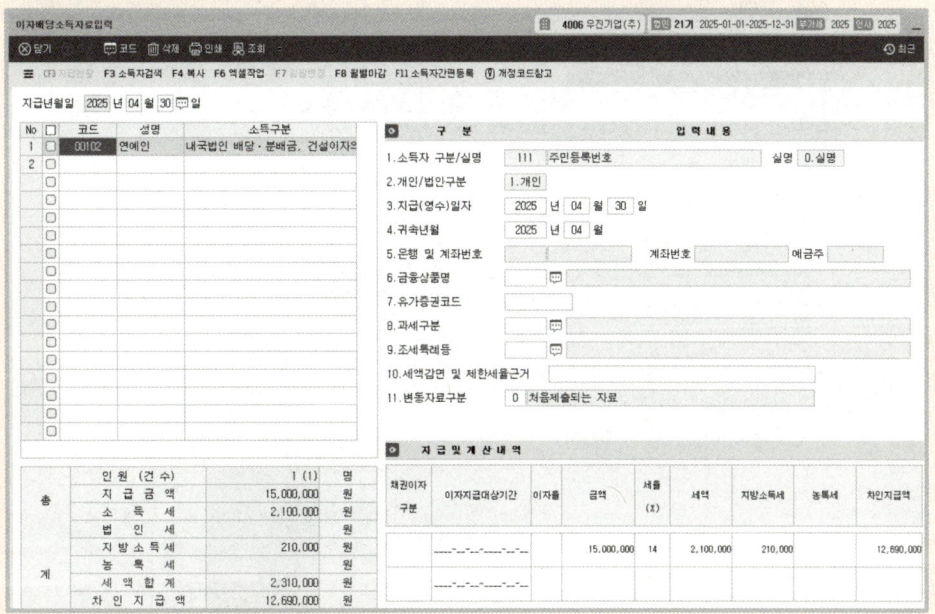

실습예제 따라하기

02 다음은 4001. (주) 경기산업 중간배당에 대한 원천징수 관련 자료이다. 다음 자료를 이용하여 [이자배당소득자료입력]을 하시오.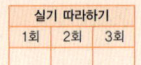

1. 배당소득자 관련 정보
   - 성명: 세무(코드: 101, 국적: 대한민국, 거주자)
   - 주민등록번호: 801111-1012342
   - 1주당 배당금: 1,000원
   - 소유 주식 수: 5,000주
2. 2022년 9월 1일 이사회의 결의로 중간배당을 결의하고, 즉시 배당금을 현금으로 지급함
3. 주어진 자료 이외의 자료입력은 생략함

실기 따라하기 02

1. [기타소득자 등록]
   - 코드, 성명, 거주구분 입력
   - 중간배당도 내국법인 배당에 해당
   - 1.소득구분 F2 이용하여 251.내국법인 배당 입력
   - 3.내국인 선택
   - 5.주민등록번호 입력
   - 6.소득자 구분/실명: 소득자 구분 F2 111.주민등록번호 선택, 실명
   - 개인 선택 입력

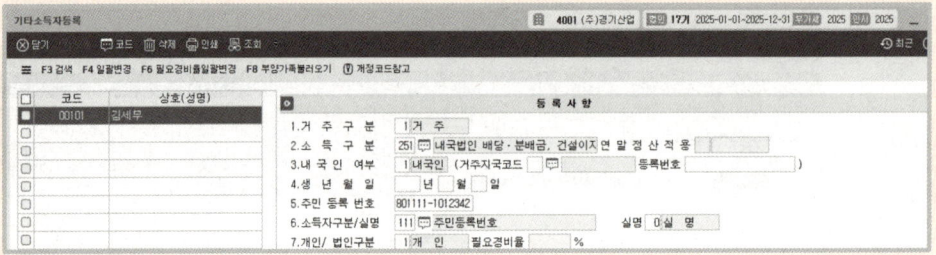

2. [이자배당 소득자료 입력]
   - 지급년월일 9월 1일 입력
   - F2 이용하여 김세무 조회
   - 지급 및 계산내역 금액 5,000,000원 입력
   - 5,000주 × 1,000원 = 5,000,000원
   - 원천징수세율 14%
   - 소득세, 지방소득세 자동계산

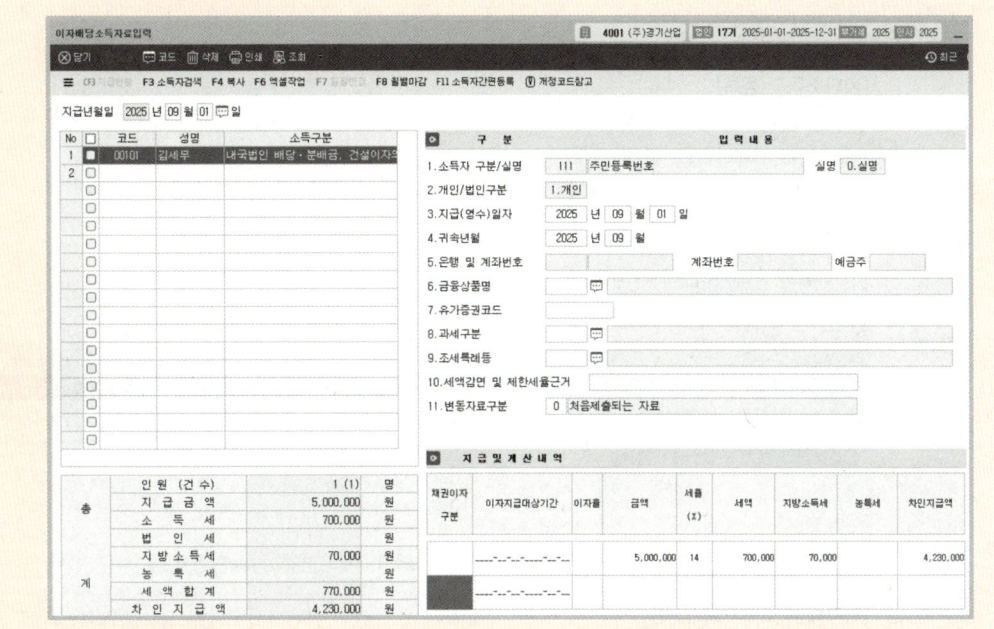

실습예제 따라하기

03 다음의 자료를 바탕으로 4003.홍도전기(주)의 배당소득자료를 입력하시오.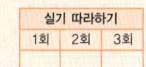

1. 홍도전기㈜의 소득자별 배당소득 지급내역
   - 홍도전기㈜의 주주는 다음과 같다.

소득자코드번호	주주	주민등록번호	거주자/비거주자 구분	지분율
00010	이사장	740102-1025122	거주자	100%

   - 제13기 배당금은 처분결의일에 지급할 예정이다.
   - 배당금을 결의한 이익잉여금처분계산서는 다음과 같다(전산에 입력된 자료는 무시할 것).

2. 2024년 이익잉여금처분계산서

이익잉여금처분계산서		
처분결의일 2025.03.25. 제13기 2024.01.01.~2024.12.31.		(단위: 원)
과목	금액	
I. 미처분이익잉여금		360,000,000
1. 전기이월 미처분이익잉여금	300,000,000	
2. 당기순이익	60,000,000	
II. 이익잉여금처분액		44,000,000
1. 이익준비금	4,000,000	
2. 배당금		
가. 현금배당	40,000,000	
나. 주식배당	0	
III. 차기이월 미처분이익잉여금		316,000,000

실기 따라하기 03

1. **[기타소득자 등록]**
   - 코드, 성명, 거주구분 입력
   - 중간배당도 내국법인 배당에 해당
   - 1.소득구분 F2 이용하여 251.내국법인 배당 입력
   - 3.내국인 선택
   - 5.주민등록번호 입력
   - 6.소득자 구분/실명: 소득자 구분 F2 111.주민등록번호 선택, 실명
   - 개인 선택 입력

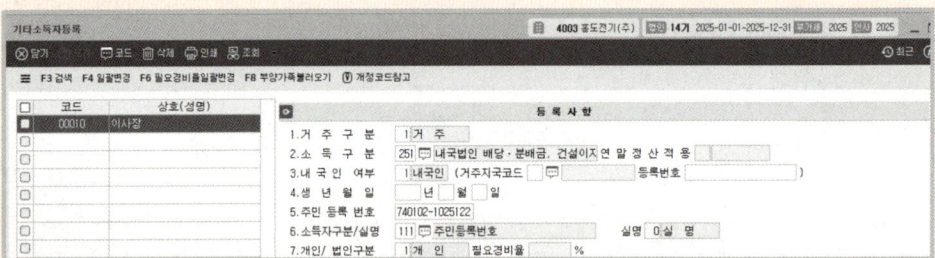

2. **[이자배당 소득자료 입력]**
   - 지급년월일은 처분결의일 3월 25일 입력
   - F2 이용하여 이사장 조회
   - 이익잉여금처분계산서상 현금배당액 40,000,000원
   - 지급 및 계산내역 금액 40,000,000원 입력
   - 원천징수세율 14%
   - 소득세, 지방소득세 자동계산

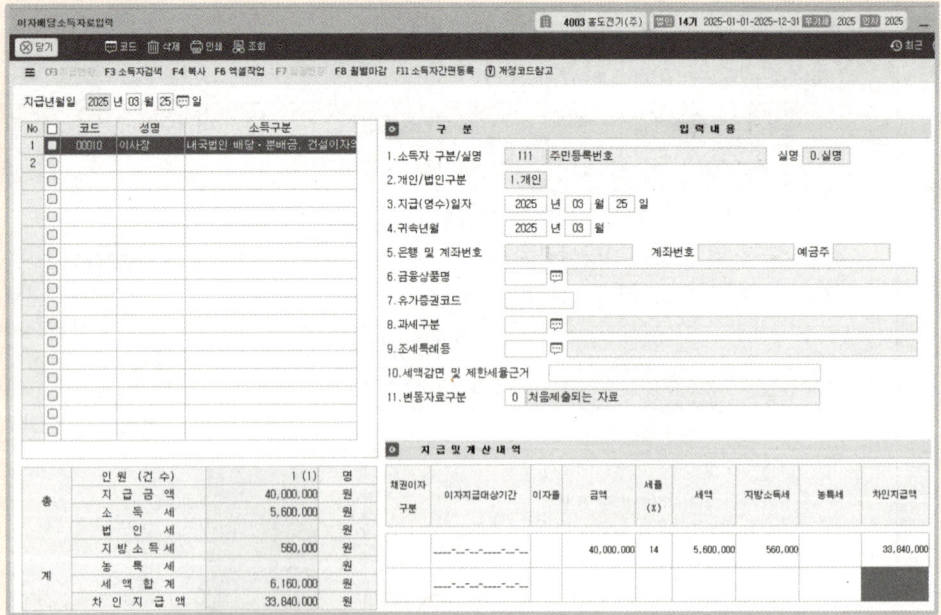

실습예제 따라하기

04 4007.엔씨컴(주)는 일시적 자금난 때문에 거래처인 ㈜대박으로부터 운용자금을 차입하고 이에 대한 이자를 매달 지급하고 있다. 다음의 자료를 참조하여 이자배당소득자료 입력은 하지 않고, 2025년 02월 귀속분 원천징수이행상황신고서(부표 포함)를 직접 작성하시오. (단, 당사는 반기별 사업장이 아니며, 다른 원천신고 사항은 무시한다.)

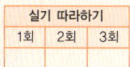

- ㈜대박 차입금: 150,000,000원
- 2월 귀속분 이자: 625,000원(연 이자율 5%)
- 지급일: 2021년 03월 10일
- 2월 귀속 3월 지급분으로 작성할 것

실기 따라하기 04

1. [원천징수이행상황신고서 부표 작성]
   - 원천징수이행상황신고서 부표를 먼저 작성

구분	설명
원천징수이행상황 신고서 부표	원천징수이행상황신고서(주신고서)에 기재한 내용 중, 이자소득, 배당소득, 법인원천소득, 비거주자 소득 등 특정 소득에 대한 세부 내역을 별도로 상세하게 작성하는 첨부 서류
부표 제출	• 이자소득(A50) • 배당소득(A60) • 법인원천소득(A80) • 저축 해지 추징세액(A69) 징수 시 • 연금저축 해지 가산세 징수 시 • 비거주자나 외국법인에게 국내 원천소득 지급 시 • 원천징수세액 환급을 신청하는 경우

- 원천징수이행상황신고서 귀속기간 2월, 지급기간 3월 조회
- 원천징수이행상황신고서 부표 탭 선택
  - ㈜대박으로부터 차입: 법인원천 → 내국법인 → 비영업대금의 이익(25%)
  - 소득지급액 625,000 × 25% = 소득세 156,250

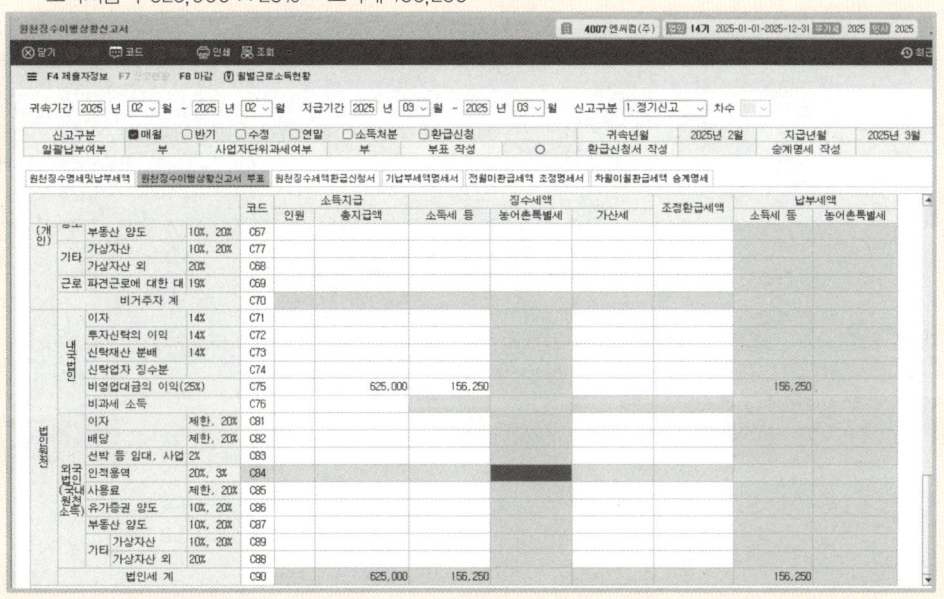

2. [원천징수명세및납부세액 조회]
   - 원천징수명세및납부세액 탭 선택
   - A80(법인원천) 총지급액 625,000원, 소득세 등 156,250원 자동 반영

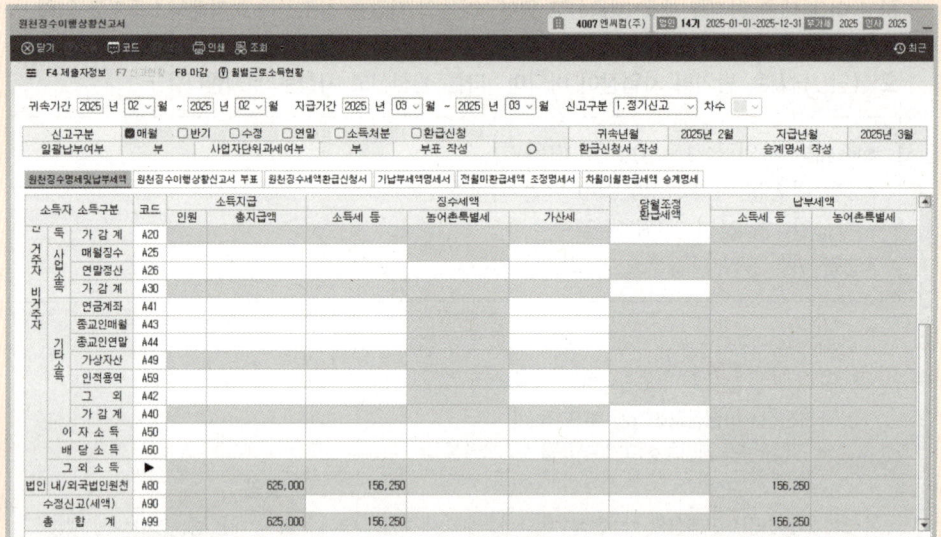

3. 이자배당소득자료입력

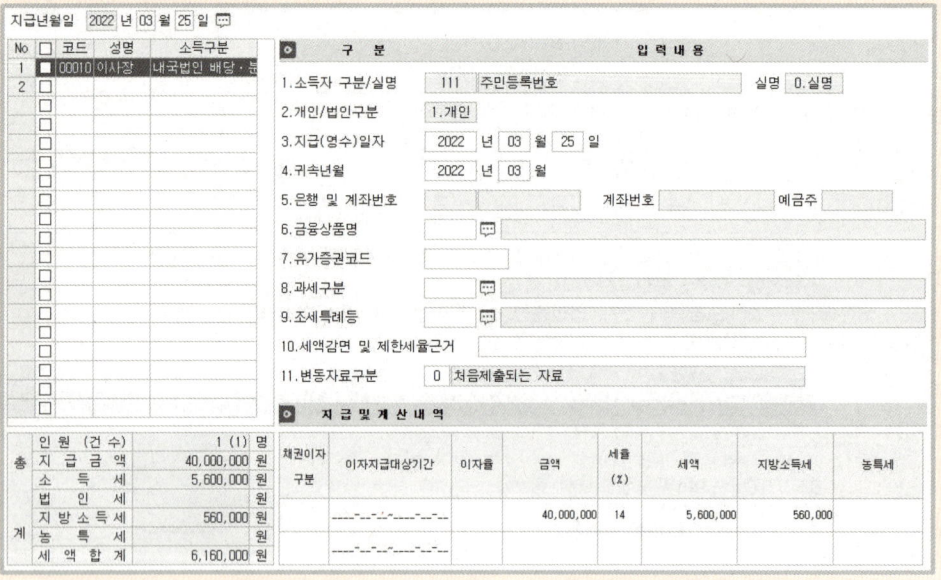

03 근로소득 연말정산

01 연말정산

구분	내용
연말정산	• 근로소득은 매월 발생하므로 매월 소득세를 근로소득 간이세액표에 의해 원천징수함 • 다음해 2월에 실제 부담할 세액을 정산 • 법령에서 정한 소득·세액공제 등을 반영하여 최종적으로 정확한 세액을 계산한 후 이미 납부한 세액과 정산하는 것
연말정산 시기	• 계속 근로자: 다음해 2월분 급여를 지급하는 때 • 연도 중 퇴직자: 퇴직하는 달의 급여를 지급하는 때 * 회사는 퇴직 근로자에 대해 연말정산을 하고 원천징수영수증을 교부
연말정산 제출서류	**기본서류** • 소득·세액공제가 가능한 해당 지출 비용에 대한 소득·세액공제 증명서류(국세청 연말정산간소화 서비스에서 제공하는 증명서류 또는 영수증 발급기관에서 발급받는 소득·세액공제용 영수증) • 주민등록표등본: 제출 후 인적공제 등에 대한 변동사항이 없으면 매년 추가로 제출할 필요 없음, 단, 주택자금공제의 공제항목에 따라 추가 제출이 필요한 경우 있음 * 주민등록표등본에 의해 가족관계가 확인되지 않는 경우 가족관계증명서 등을 제출

(1) 연말정산 세액계산 흐름도

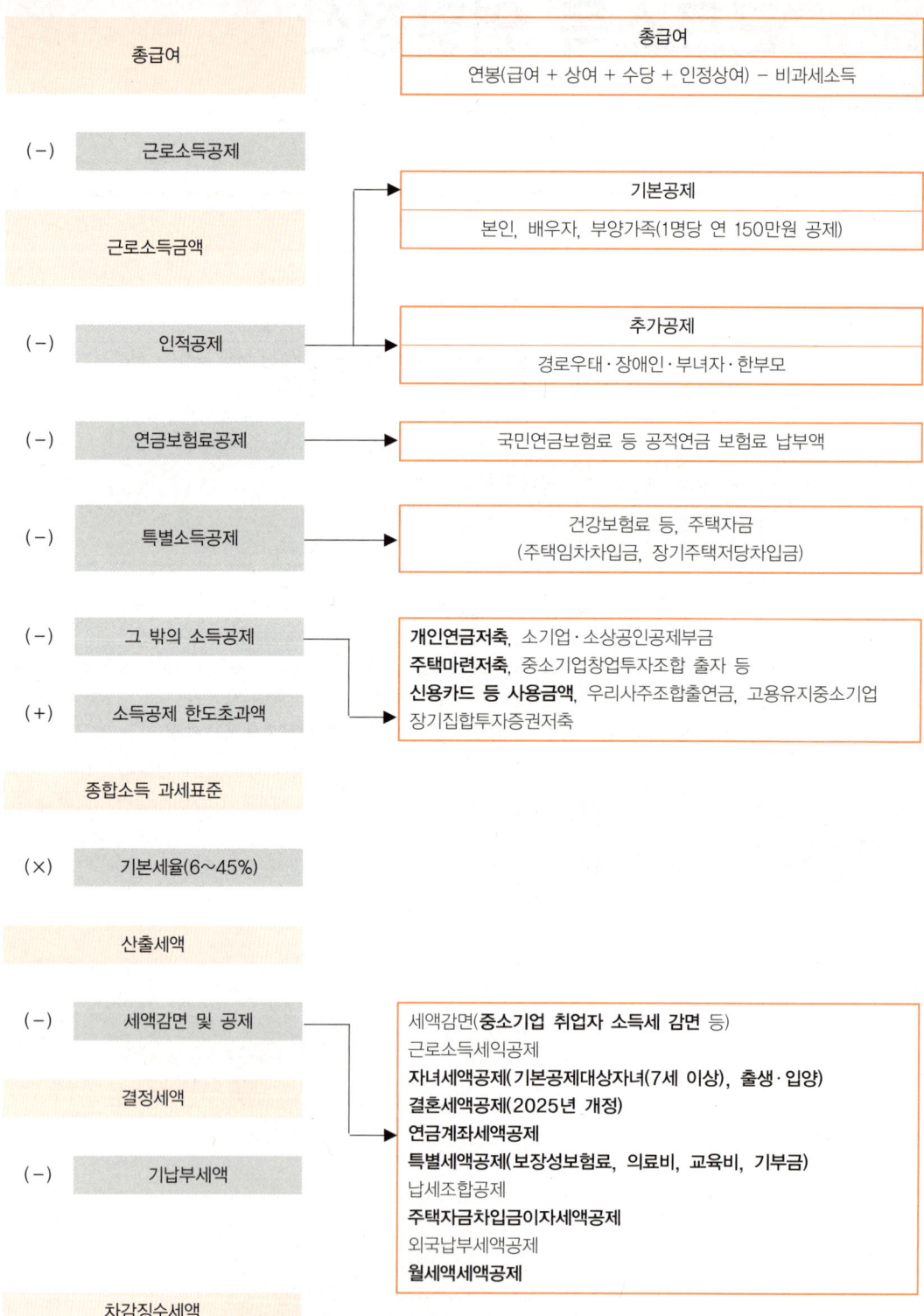

02 종합소득공제

(1) 인적공제

1) 기본공제

종합소득이 있는 거주자에 대하여는 다음 어느 하나에 해당하는 자의 1인당 연 150만원을 종합소득금액에서 공제한다.

구분	공제대상자	연령 요건	소득금액 요건
본인공제	해당 거주자	-	-
배우자공제	거주자의 배우자	-	연 100만원 이하 (기본공제대상자가 근로소득만 있으면 총급여액이 500만원 이하인 경우 포함)
부양가족공제	직계존속	60세 이상	
	직계비속	20세 이하	
	형제자매	20세 이하, 60세 이상	
	기초생활보장법상 생계급여 수급자	-	
	아동복지법상 위탁아동	만 18세 미만*	

유의사항	구분	내용
	부양가족공제 요건	• 원칙: 해당 거주자(배우자 포함)와 주민등록표상 동거가족으로 생계를 같이 하는 부양가족 • 예외: 학업·요양 등 일시적 퇴거나 직계존속의 경우 주거형편상 별거 등은 인정
	연령 및 소득 제한	• 연령 제한: 배우자나 장애인 등은 연령 제한 없음 • 소득 제한: 배우자, 장애인 포함 모든 부양가족에게 적용됨
	연간소득금액 판정	• 총수입금액에서 필요경비를 공제한 금액 • 비과세, 분리과세 소득을 제외한 종합소득금액, 퇴직소득금액, 양도소득금액의 합계액
	공제대상자 판정시기	• 원칙: 해당 과세기간 종료일 현재의 상황 • 연령: 해당 나이에 해당되는 날이 있는 경우 공제대상에 포함 • 사례: 2005.5.1.생 자녀는 2025.5.1.에 만 20세가 되므로 2025년 연말정산 시 기본공제 가능 • 사례: 2025.1.3.에 사망, 사망일 전일을 기준으로 소득, 나이 등 기본공제 요건을 충족하면 2025년 기본공제 가능
	중복공제 처리	• 1인이 동시에 2인 이상의 공제대상에 해당 시 1인에게만 공제 • 우선순위: 직전 과세기간에 공제대상을 부양가족으로 공제를 적용받은 자 당해 종합소득금액이 높은 자(직전 과세기간 공제받지 않은 경우)

* 아동복지법 §16 ④, 같은 법 시행령 §22에 따라 보호기간이 연장된 아동은 연장기간까지(만 20세 이하) 기본공제대상자에 해당함

2) 추가공제

기본공제대상자가 다음에 해당하는 경우에는 기본공제금액 외에 다음의 금액을 추가로 공제한다.

구분	추가공제요건	추가공제금액
경로우대자공제	기본공제대상자가 70세 이상인 경우	1인당 100만원
장애인공제	기본공제대상자가 다음에 해당하는 경우 ① 장애인복지법에 따른 장애인 ② 국가유공자등 근로능력없는자 ③ 항시치료를 요하는 중증환자	1인당 200만원
한부모공제	해당 거주자가 배우자가 없는 자로 기본공제대상자인 직계비속 또는 입양자가 있는 경우 * 한부모공제와 부녀자 공제가 동시 적용 시 한부모공제만 적용함.	연 100만원
부녀자공제	해당 과세기간 종합소득금액이 3,000만원 이하인 거주자가 • 배우자가 없는 여성으로 기본공제대상 부양가족이 있는 세대주 • 배우자가 있는 여성인 경우 　* 부녀자공제와 근로장려금은 중복하여 적용 가능	연 50만원

(2) [사원등록]부양가족명세 작성

항목	내용
연말관계	추가등록할 배우자 및 부양가족이 있는 경우 F2 키를 누르고 보조창에서 "연말관계명"을 선택하고 성명을 입력한다. 공통코드도움 전체 코드 / 연말관계명 여기를 클릭하여 검색 1 소득자의 직계존속 2 배우자의 직계존속 3 배우자 4 직계비속(자녀및손자녀.입양자) 5 직계비속(자녀·입양자 외) 6 형제자매 7 수급자(1 ~ 6 제외) 8 위탁아동(만 18세 미만)
내/외국인 /주민(외국인) 번호/나이	부양가족이 내국인이면 "1"을 외국인이면 "2"를 선택한다. 부양가족이 내국인이면 주민등록번호를 입력하고 외국인이면 외국인등록번호를 입력한다
기본공제	0.부 : 기본공제 대상자에 해당하지 않는 경우에 선택하며 의료비, 교육비 등 세액공제 대상자인 경우 반드시 선택
	1.본인 : 소득자 본인일 때 자동반영 된다.
	2.배우자 : 기본공제 대상이 배우자일 때
	3.20세 이하 : 기본공제 대상이 직계비속 및 형제자매일 때
	4.60세 이상 : 기본공제 대상이 직계존속 및 형제자매일 때
	5.장애인 : 부양가족이 장애인인 경우
	6.기초생활대상등 : 기초생활보장법에 따른 생계급여 등의 수급자인 경우
	7.자녀장려금 : 자녀장려금 대상인 경우 선택

부양가족명세	추가공제	부녀자	종합소득금액이 3,000만원 이하인 거주자가 배우자가 없는 여성으로 기본공제대상 부양가족이 있는 세대주이거나 배우자가 있는 여성인 경우
		한부모	배우자가 없는 자로 기본공제대상자인 직계비속 또는 입양자가 있는 경우
		경로우대	기본공제 대상자 중 만 70세 이상에 해당하는 경우
		장애인	기본공제 대상자 중 장애인에 해당하는 경우 (1.장애인복지법에 따른 장애인, 2.국가유공자등 근로능력없는 자, 3.항시치료를 요하는 중증환자)
	자녀세액공제	자녀	기본공제 대상자 중 만 8세 이상~20세 이하의 자녀(입양자 및 위탁아동 포함, 손자녀 제 외가 있는 경우) 	자녀 수	공제 금액(2025년 개정)	 |---|---| 	1명	25만원	 	2명	55만원	 	3명 이상	55만원 + 셋째부터 1인당 40만원 추가	
		출산입양	당해연도 출산하거나 입양한 자녀가 있는 경우 	자녀 순서	공제 금액	 |---|---| 	첫째	30만원	 	둘째	50만원	 	셋째 이상	70만원	
	위탁관계		부양가족과 본인과의 관계를 F2도움키를 이용하여 입력(시험 시 생략가능)
	세대주구분		본인이 세대주이면 1 "세대주", 세대원이면 "세대원" 입력

기출 실무문제 — 부양가족 등록

> ✓ 주요 체크사항: 기본공제 해당 여부

구분	세부항목	내용
기본요건	연령제한	20세 이하, 60세 이상
	소득금액 제한	연 100만원 이하(종합소득금액 + 퇴직소득금액 + 양도소득금액) **근로소득만 있을 시 총급여 500만원 이하**
	배우자와 장애인	연령 제한 ×, 소득금액 제한 ○
	근로자 본인	연령 제한 ×, 소득금액 제한 ×

- 분리과세는 원천징수로서 납세의무 종결
- 분리과세 대상소득이 있는 경우 기본공제자 해당 ○
- 시험에서는 세부담을 최소화하는 것으로 선택하므로 분리과세를 선택

구분	세부항목	내용
분리과세	복권당첨소득	무조건 분리과세
	일용근로소득	무조건 분리과세
	금융소득금액 (이자, 배당소득금액)	연 2,000만원 이하는 분리과세 대상
선택적 분리과세	사적연금소득	1,500만원 이하

	기타소득금액	연 300만원 이하일 경우
		• 계산식
		  - 총수입금액 − 필요경비 max(실제 비용, 필요경비율)
		• 필요경비율
		  - 주무관청승인 대회 상금, 주택입주지체상금: 80%
		  - 일시적 강연료, 일시적 원고료: 60%

실습예제 따라하기

01 다음 자료는 2025년 5월 2일 4008.㈜홍도산업에 입사한 여성근로자 김민경(사원코드 101)의 부양가족명세서이다. 김민경의 사원등록 메뉴의 부양가족명세탭을 완성하시오. 단, 부양가족은 요건이 충족되는 경우 김민경이 모두 소득공제 받기로 하며, 아래 주민등록 번호는 모두 올바른 것으로 가정한다.

관계	성명	주민등록번호	참고사항
본인	김민경	700820 - 2222224	세대주 아님, 장애인(장애인복지법), 근로소득금액 3,000만원 있음
배우자	김경래	681002 - 1222223	근로소득 600만원 있음(비과세소득 150만원 포함)
시모	이명자	420102 - 2222221	기타소득(일시적인 강연료) 600만원 있음(분리과세 신청)
딸	김진주	970205 - 2222224	대학생, 소득없음
아들	김진우	160305 - 3236142	

실기 따라하기 01

- 본인(김민경): 종합소득금액 3,000만원 이하 부녀자공제, 장애인복지법에 따른 장애인
- 배우자(김경래): 근로소득 600만원 – 비과세 150만원 = 450만원
  총급여 500만원 이하이므로 공제대상
- 시모(이명자): 기타소득금액 300만원 이하 분리과세 선택가능
  기타소득 600만원 – 필요경비의제(600 × 60%) = 기타소득금액 240만원
- 딸(김진주): 소득은 없으나 나이 20세 이상, 공제대상 ×
- 아들(김진우): 만8세 이상으로 자녀세액공제

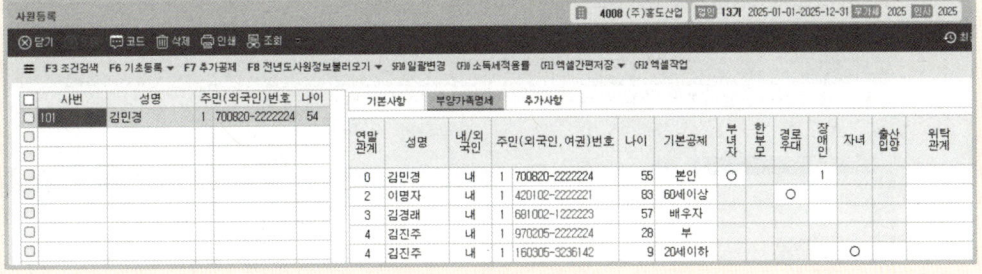

실습예제 따라하기

02 다음 자료를 이용하여 2025.07.01.에 4008.㈜홍도산업에 입사한 정석정씨(사원코드 102번) 사원등록메뉴의 부양가족명세탭을 작성하시오. 주민등록번호는 올바른 것으로 가정하며 가능한 모든 부양가족을 정석정씨가 공제받도록 한다.

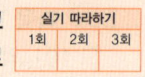

관계	성명	주민등록번호	참고사항
본인	정석정	790311-2222223	여성근로자, 세대주아님, 근로소득금액 5,000만원
배우자	송정수	751128-1111111	세대주, 로또당첨소득 500만원
시아버지	송경철	421009-1111111	소득없음, 장애인(항시치료를요하는자), 2025년 1월 3일 사망
동생	정민기	851203-1111111	일용근로소득 500만원
아들	송문기	080712-3333333	소득없음

실기 따라하기 02

- 본인(정석정)
  - 세대주가 아니므로 하단 부양가족공제현황에서 세대주구분 2.세대원으로 변경
  - 근로소득금액 3,000만원 초과했으므로 부녀자공제 ✕
- 배우자(송정수)
  - 부양가족공제현황에서 세대주구분 1.세대주로 변경
  - 복권당첨소득은 무조건 분리과세이므로 기본공제
- 시아버지(송경철): 사망 전일 기준 장애인복지법에 의한 추가공제
- 동생(정민기): 소득 기준은 충족하지만, 연령 기준이 충족되지 않으므로 기본공제대상자 ✕
- 아들(송문기): 20세 이하이고 기본공제, 8세 이상 자녀세액 공제

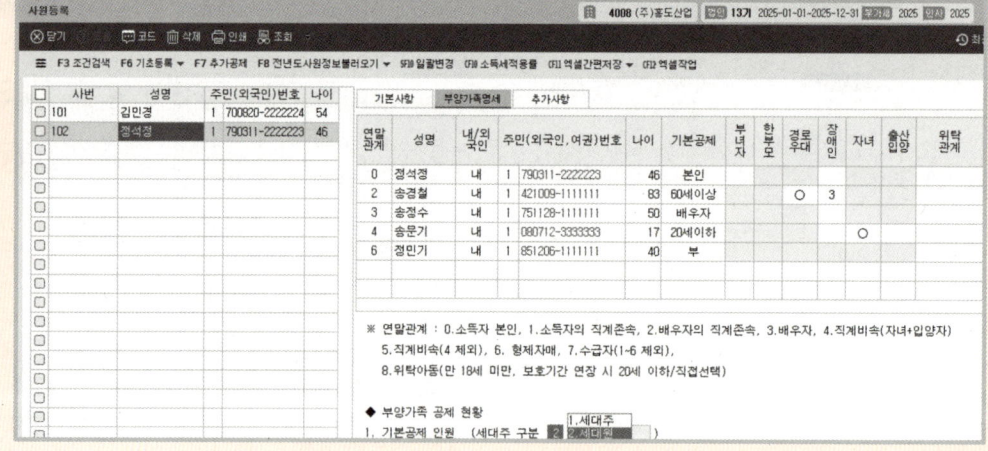

실습예제 따라하기

03 다음은 4008.(주)홍도산업 국내영업관리직인 엄익창(사번 103)씨의 급여관련자료이다. 사원등록을 입력하고 사원등록상의 부양가족명세를 세부담이 최소화되도록 입력하시오. (입력된 자료 및 주민등록번호 오류는 무시하고 다음 자료만을 이용하여 입력할 것)

관계	성명	비고
본인(세대주)	엄익창(710210-1354633)	입사일 2025.8.1
배우자	김옥경(761214-2457690)	부동산임대소득금액 3,500,000원
본인의 부	엄유석(400814-1557890)	-
본인의 모	진유선(430425-2631211)	일용근로소득금액 2,000,000원 장애인복지법상 장애인
장남	엄기수(990505-1349871)	대학생
장녀	엄지영(070214-4652148)	고등학생
본인의 형	엄지철(670415-1478523)	장애인(중증환자)에 해당함

실기 따라하기 03

- 배우자(김옥경): 사업소득금액이 100만원 초과하므로 기본공제대상자 ×
- 부(엄유석): 연령 및 소득금액이 충족하므로 기본공제, 70세 이상 경로우대 추가공제
- 모(진유선): 일용근로소득금액은 무조건 분리과세로 공제요건 충족, 장애인 추가공제
- 장남(엄기수): 만 20세 초과이므로 기본공제대상 ×
- 장녀(엄지영): 7세 이상 20세 이하, 소득도 없으므로 기본공제, 자녀세액공제
- 형(엄지철): 장애인은 연령제한 ×, 소득기준 ○, 기본공제, 장애인 추가공제

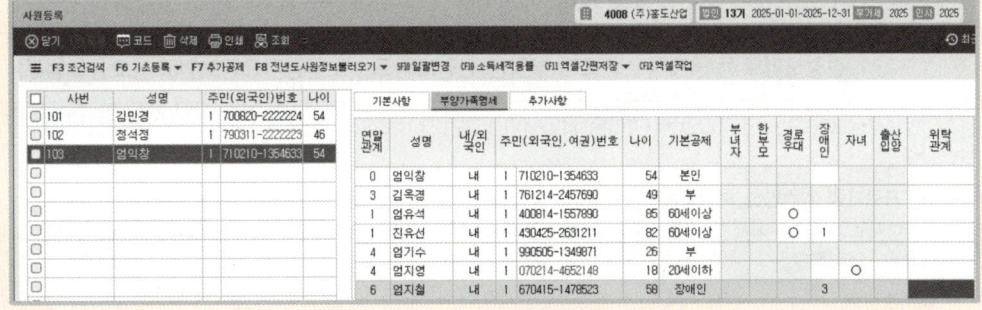

(3) 물적공제

1) 연금보험료 공제

종합소득이 있는 거주자가 국민연금법 등 공적연금 관련법에 따라 납부하는 연금보험료 등은 종합소득금액에서 전액 공제한다.

> 연금보험료 공제액 = 공적연금 관련법에 따른 연금보험료 납입액

* 개인연금계좌에 납입한 연금보험료 납입액(연 900만원 한도)은 납입액의 15%(12%) 연금계좌세액공제.

▶ 프로그램 입력방법_연금보험료공제
[급여자료입력]메뉴에서 입력한 자료가 자동반영되며, 수정 및 추가사항은 [부양가족소득공제]TAB의 해당 보험료 정산란에서 입력한다.

연금보험료공제	31.국민연금보험료		
	32. 공적연금보험공제	공무원연금		
		군인연금		
		사립학교교직원		
		별정우체국연금		

2) 주택담보노후연금에 대한 이자비용공제

연금소득이 있는 거주자가 주택담보노후연금을 받은 경우에는 그 받은 연금에 대해서 해당 과세 기간에 발생한 이자비용 상당액(200만원 한도)을 해당 과세기간 연금소득금액에서 공제한다.

3) 특별소득공제

근로소득이 있는 거주자(일용근로자는 제외)가 국민건강보험법, 고용보험법 등에 따라 근로자 부담 보험료를 지급한 경우, 그 금액을 해당 과세기간 근로소득금액에서 전액 공제한다.

> 건강보험료 등 공제액 = 근로자 부담분(건강보험료 + 노인장기요양보험료 + 고용보험료)

* 일반보장성보험료는 (연 100만원 한도)은 납입액의 15%(12%) 보장성보험료세액공제.

▶ 프로그램 입력방법_보험료공제
[급여자료입력]메뉴에서 입력한 자료가 자동반영되며, 수정 및 추가사항은 [부양가족소득공제]TAB의 해당 보험료 정산란에서 입력한다.

33.보험료		
건강보험료		
고용보험료		

4) 주택자금 소득공제

구분	세부항목	내용
대상	기본요건	근로소득이 있는 거주자로서 세대주
	주택청약저축	세대주 및 배우자(2025년 개정)
	주택임차자금차입금	세대주가 주택자금공제를 받지 아니하는 경우에는 세대의 구성원을 말하며, 일정한 요건을 갖춘 외국인을 포함
	장기주택저당차입금 • 기준시가 6억원 이하인 주택 • 실거주면적 85㎡ 이하	

공제율 및 한도	주택청약저축 + 주택임차자금차입금	합한 금액의 40%를 공제하며, 400만원 한도
	장기주택저당차입금 이자상환액	주택청약저축에서 계산한 금액과 합하여 최고 2,000만원 한도 (법정요건 충족 시)

구분	공제금액	공제한도	비고
① 주택마련저축(청약저축 등)	청약저축납입액의 40%	① + ②: 연간 400만원	불입금액 연 300만원 한도
② 주택임차 차입금	원리금상환액의 40%		국민주택규모 이하
③ 장기주택 저당차입금이자상환액	이자상환액	① + ② + ③ 합계 연간 600만원~2000만원 한도	

▶ 프로그램 입력방법_청약저축 등

주택마련저축 공제: 청약저축, 주택청약종합저축이 있는 경우 [연금저축 등 I]에서 저축종류를 선택 입력하면 [연말정산입력]TAB의 [40.주택마련저축소득공제]란에 자동반영

4 주택마련저축 공제(연말정산탭의 40.주택마련저축소득공제)						크게보기
저축구분	코드	금융회사 등	계좌번호(증권번호)	납입금액	소득공제금액	
청약저축						
주택청약종합저축						
근로자주택마련저축						

▶ 프로그램 입력_주택임차 차입금원리금 상환액

[연말정산입력] TAB의 [34.주택차입금원리금상환액: 대출기관]란 더블클릭하여 입력한다. 거주자분은 [월세액]TAB란에서 입력한 내용이 반영된다.

1.주택마련저축공제계(①-③)		연 400만원 한도	
주택임차차입금 원리금상환액	①대출기관	납입액의 40%	
	②거주자(총급여 5천만원 이하)		

▶ 프로그램 입력_장기주택 저당차입금 이자상환액

2.주택차입금원리금상환액(①-②)			1+2 ≤ 연 400만원	
장기주택 저당차입금 이자상환액	2011년 이전 차입금	㉠15년 미만	1+2+㉠ ≤ 600만원	
		㉡15년~29년	1+2+㉡ ≤ 1,000만원	
		㉢30년 이상	1+2+㉢ ≤1,500만원	
	2012년 이후 차입금	㉣고정금리OR비거치상환	1+2+㉣ ≤1,500만원	
		㉤기타대출	1+2+㉤ ≤500만원	
	2015년 이후 차입금	15년 이상	㉥고정AND비거치	1+2+㉥ ≤2,000만원
			㉦고정OR비거치	1+2+㉦ ≤1,800만원
			㉧기타대출	1+2+㉧ ≤800만원
		10년~15년	㉨고정OR비거치	1+2+㉨ ≤600만원

5) 신용카드 등 사용금액 소득공제

구분	세부항목	내용
공제 대상	사용자 범위	신용카드, 체크카드, 선불카드, 현금영수증 등 사용금액 근로자 본인 및 기본공제 대상자 • 연령 제한 × • 소득금액 제한 ○ • 형제·자매 ×
공제 기준	최소 사용금액	총급여의 25%를 초과한 사용금액부터 소득공제 적용

공제율	신용카드	15%	
	체크·선불카드, 현금영수증	30%	
	도서·공연·영화·박물관·미술관	30%	
	전통시장	40%	
	대중교통	40%	총급여 7천만원 이하 근로자는 80%
	체력단련장 이용료 (2025년 개정)	30%	• 총급여 7천만원 이하 근로자 • 연 300만원 한도 • 레슨비 제외
추가 공제	전년 대비 증가분 (2025년 개정)		사용금액이 전년(또는 전년 상반기) 대비 5% 초과 증가한 경우, 증가분에 대해 10~20%의 추가 소득공제 적용 (한도: 최대 100만원)

(1) 신용카드 등 사용금액의 구분
 ㉠ 전통시장 구역 안의 법인 또는 사업자와 거래한 금액(전통시장사용분)
 ㉡ 대중교통의 육성 및 이용촉진에 관한 법률에 따른 대중교통 사용대가(대중교통이용분)
 ㉢ 도서·공연·신문·박물관·미술관·영화관람료 사용분(총급여 7천만원 이하인 경우)
 ㉣ 직불카드·현금영수증 사용분
 ㉤ 신용카드 등 사용금액(① + ② + ③)에서 ㉠, ㉡, ㉢, ㉣을 제외한 금액(신용카드사용분)
(2) 소득공제액: (㉠ + ㉡) × 40% + (㉢ + ㉣) × 30% + ㉤ × 15% − 차감금액
(3) 차감금액
 • 신용카드사용분(㉤) ≥ 최저사용금액(= 총급여액의 25%): 최저사용금액 × 15%
 • 신용카드사용분(㉤) < 최저사용금액이고, ㉢ + ㉣ + ㉤ ≥ 최저사용금액인 경우: ㉤ × 15% + (최저사용금액 − ㉤) × 30% ㉢ + ㉣ + ㉤ < 최저사용금액인 경우: ㉤ × 15% + (㉢ + ㉣) × 30% + {최저사용금액 − (㉢ + ㉣ + ㉤)} × 40%
(4) 한도액: 300만원(총급여액이 7천만원을 초과하는 경우 250만원)
(5) 추가공제(한도초과금액이 있는 경우): MIN①, ②
 ① 한도초과금액
 ② [(㉠ × 40% + ㉡ × 40% + ㉢ × 30%), 300만원(총급여가 7천만원을 초과하는 경우 200만원)]

구분	항목	내용	비고
공제대상 배제 신용카드 사용 항목	사업 관련 비용	사업소득 관련 비용, 법인의 비용에 해당하는 경우	
	비정상 사용액	가공신용카드 사용액, 위장가맹점명의 사용액 등 비정상적인 사용액	
	공과금	정부·지방자치단체에 납부하는 국세·지방세, 전기료·수도료·가스료·전화료·아파트관리비·텔레비전시청료 및 고속도로통행료	전화료와 함께 고지되는 정보사용료, 인터넷이용료 등 포함, 텔레비전시청료는 종합유선방송 이용료 포함
	교육비	어린이집, 유치원, 초·중·고 대학교 대학원	단, 사설학원 수강료, 미취학 아동에 대한 학원수강료·체육시설수강료는 공제 대상
	정치자금	정당에 대한 정치자금	기부정치자금세액공제를 적용받은 경우
	금융 관련 비용	현금서비스, 상품권 등 유가증권 구입비, 리스료	자동차대업사업의 자동차대여료 포함
	재산 취득	취득세가 부과되는 재산	차량, 부동산, 골프장회원권 등 단, **중고자동차 구입 시 구입금액의 10% 소득공제 가능**

공제대상 배제 신용카드 사용 항목	해외 사용액	국외사용액 및 면세점 사용금액	
	주거비	월세세액공제를 적용받은 월세액	
	국가 수수료	국가 등에 지급하는 사용료 수수료 등의 대가	예: 공영주차장 주차료, 휴양림 이용료 등, 단 부가가치세 과세업종 제외
중복공제 가능 항목	의료비 세액공제		
	교육비세액공제	중고생교복구입비, 취학전아동학원비, 장애인특수교육비	

▶ **프로그램 입력_신용카드 등**
[신용카드등] TAB에서 입력하고, [연말정산입력]TAB 상단 툴바에서 F8 부양가족탭불러오기 를 실행하여야 한다.

			소득명세	부양가족	**신용카드 등**	의료비	기부금	연금저축 등I	연금저축 등II	월세액	출산지원금	연말정산입력	
☐	성명 생년월일	자료 구분	신용카드	직불,선불	현금영수증	도서등 신용	도서등 직불	도서등 현금	전통시장	대중교통	합계		

6) 종합소득공제 적용 시 유의사항

구분	내용	비고
분리과세소득만 있는 경우	종합소득공제를 적용하지 않음	기본공제 중 거주자 본인분과 표준세액공제만 적용
증명서류 미제출		
소득공제 한도	신용카드 소득공제나 주택자금공제 등 항목의 공제금액 합계액이 **2,500만원을 초과**하는 경우	초과금액은 없는 것으로 함

03 세액공제

(1) 근로소득세액공제

구분	내용	
근로소득세액 공제	근로소득이 있는 거주자는 다음의 금액을 세액공제한다.	
	근로소득 산출세액	세액공제액
	130만원 이하 시	근로소득 산출세액 × 55%
	130만원 초과 시	715,000원 + (근로소득 산출세액 − 130만원) × 30%

* 총급여액의 구간별 한도 적용

▶프로그램 입력_근로소득세액공제

[연말정산입력]TAB [56.근로소득 세액공제]에 산출된 세액이 자동으로 반영된다.

55.근로소득 세액공제	▶			

(2) 결혼세액공제(2025년 개정)

구분	내용
공제대상	2024~2026년 혼인신고한 부부(생애 1회)
공제금액	1인당 50만원(부부 합산 100만원)
신청방법	연말정산 또는 종합소득세 신고 시 신청
필요서류	혼인관계증명서, 주민등록등본 등
유의사항	혼인신고 필수, 이월공제 불가, 생애 1회 한정

▶프로그램 입력_결혼세액공제

[사원등록]메뉴 [부양가족명세]TAB [결혼세액공제] 1.여 설정 시 [연말정산입력]TAB [56.결혼세액공제]에 자동으로 반영된다.

소득명세	부양가족	신용카드 등	의료비	기부금	연금저축 등 I	연금저축 등 II	월세액	출산지원금	연말정산입력

연말 관계	성명	내/외국인	주민(외국인)번호	나이	소득기준 초과여부	기본공제	세대주 구분	부녀자	한부모	경로 우대	장애인	자녀	출산 입양	결혼 세액
0	김국외	내	950101-2111111	30		본인	세대주							○

56.결혼세액공제	여		500,000

(3) 자녀세액공제

구분	세부항목	내용	비고
자녀세액공제 (2025년 개정)	공제.대상	만 8세 이상~만 20세 이하의 자녀	
		조부모가 부양하는 손자녀	동일 기준으로 공제 대상에 포함
		소득 요건	자녀가 근로소득 또는 기타소득이 연 100만원 이하(일반적인 학생 자녀는 별도 소득 확인 불필요)

자녀세액공제 (2025년 개정)	공제 금액	자녀 1명	25만원
		자녀 2명	55만원
		자녀 3명 이상	95만원 (3명 이상인 경우, 55만원에 셋째부터 자녀 1인당 40만원씩 추가)
	유의사항	부부 모두 근로소득이 있을 경우	한 명만 공제 신청 가능
출산·입양세액공제	공제 대상	해당 과세 기간(2025년)에 출산 또는 입양한 자녀	
	공제 금액	첫째 자녀	30만원
		둘째 자녀	50만원
		셋째 이상 자녀	70만원
	적용 방식	1회성 공제	출생 또는 입양한 해에 1회에 한해 적용
		중복 적용	자녀세액공제와 별도로 추가 공제 가능
	예시	2025년에 둘째 자녀 출산 시	자녀세액공제(자녀 2명 기준 55만원)와 출산공제(둘째 50만원)를 모두 적용 가능

▶ 프로그램 입력_자녀소득세액공제

[사원등록]메뉴 [부양가족명세]TAB [자녀] [출산입양] 란에 입력된 내용이 [연말정산입력]TAB [57.자녀세액공제]에 자동으로 반영된다.

57.자녀 세액공제	㉠자녀	명)			
	㉡ 출산.입양	명)			

(4) 연금계좌세액공제

	구분	내용	
연금계좌세액공제	공제 대상	종합소득이 있는 거주자가 본인명의 연금저축계좌와 IRP(개인형 퇴직연금계좌)에 납입한 금액 • **IRP**: 근로소득자, 자영업자 등 소득이 있다면 가입 가능 • **연금저축계좌**: 소득과 관계없이 누구나 가입 가능	
	계산식	세액공제 대상 연금계좌납입액 × 12%(15%)	
	세액공제 대상 납입한도	900만원 (IRP + 연금저축)	연금저축 납입한도 600만원
	세액공제율	15%	종합소득금액이 4,500만원 이하 (근로소득만 있는 경우 5,500만원 이하)
		12%	그 외 소득 구간

▶ **프로그램 입력_근로자퇴직급여보장법에 따른 근로자 부담금**
[연금저축 등 I]에서 입력하면 [연말정산입력 TAB]의 [연금계좌: 59.근로자퇴직연금]란에 자동반영

1 연금계좌 세액공제	- 퇴직연금계좌(연말정산입력 탭의 58.과학기술인공제, 59.근로자퇴직연금)					크게보기
퇴직연금 구분	코드	금융회사 등	계좌번호(증권번호)	납입금액	공제대상금액	세액공제금액
	1.퇴직연금 2.과학기술인공제회					
퇴직연금						
과학기술인공제회						

▶ **프로그램 입력_개인연금저축과 연금저축 불입액**
[연금저축 등 I]에서 입력하면 [연말정산입력 TAB]의 [연금계좌: 38.개인연금저축, 60.연금저축]란에 자동반영

2 연금계좌 세액공제	- 연금저축계좌(연말정산입력 탭의 38.개인연금저축, 60.연금저축)					크게보기
연금저축구분	코드	금융회사 등	계좌번호(증권번호)	납입금액	공제대상금액	소득/세액공제액
	1.개인연금저축 2.연금저축					
개인연금저축						
연금저축						

▶ **프로그램 입력_개인종합자산관리계좌(ISA)만기시 연금계좌로 전환한 금액**
[연금저축 등 I]에서 입력하면 [연말정산입력 TAB]의 [연금계좌: 60-1.ISA연금계좌전환]란에 자동반영

3 연금계좌 세액공제	- 개인종합자산관리계좌 만기 시 연금계좌 납입액 (연말정산입력 탭의 60-1 개인종합자산관리계좌만기시연금계좌납입액)					크게보기
연금구분	코드	금융회사 등	계좌번호(증권번호)	납입금액	공제대상금액	소득/세액공제액
	1.연금저축 2.퇴직연금					
연금저축						
퇴직연금						

(5) 특별세액공제

1) 특별세액공제의 적용

구분		공제금액

근로소득이 있는 자		①과 ② 중 선택
		① (표준세액공제(13만원) + 기부금 세액공제)
		② (항목별 세액공제, 특별소득공제, 월세 세액공제)
		   * 항목별 세액공제: 보장성 보험료, 의료비, 교육비, 기부금
		   * 특별소득공제: 건강보험료, 주택자금

근로소득이 없는 자	일반 종합소득이 있는 자	표준세액공제(7만원) + 기부금 세액공제
	성실사업자	표준세액공제(12만원) + 기부금 세액공제

2) 보장성보험료세액공제

구분	내용			
보장성 보험 세액공제	구분	내용		비고
	공제 대상자	근로자 본인 및 기본공제대상자		**나이제한 ○** **소득제한 ○**
	일반	공제대상 보험료 × 12%		100만원 한도 (최대 12만원)
	장애인 전용	공제대상 보험료 × 15%		100만원 한도 (최대 15만원)
	계약자와 납입자	원칙적으로 근로자 본인이 계약하고 보험료를 지급한 것을 공제		기본공제대상자인 배우자 또는 부양가족명의로 계약한 경우에도 근로자가 실제 납입한 보험료는 공제대상
	제외 대상	저축성보험, 연금보험		

▶ **프로그램 입력_보장성보험 세액공제**

[부양가족] TAB에 보험료 금액을 입력하고 [연말정산입력]TAB 상단 툴바에서 F8 부양가족탭불러오기 를 실행하여야 한다.

61.보장	일반				
성보험	장애인				

3) 의료비 세액공제

구분	내용		
의료비 세액공제	구분	내용	비고
	기본 요건 및 공제 대상	근로자 본인 및 기본공제 대상자의 의료비	
	기본공제 대상자 요건	기본공제대상자	**나이제한 ×** **소득제한 ×**
	최소 지출 요건	총급여의 3%를 초과하는 의료비만 공제 가능	예: 총급여 5,000만원 → 150만원 초과분부터 공제
	공제 한도 및 공제율	본인, 65세 이상, 장애인, 6세 이하 자녀	한도 없음, 15%
		기타 부양가족	연 700만원, 15%
		산후조리원 비용	**출산 1회당 200만원**, 15%
		시력보정용 안경/렌즈	**1인당 연 50만원**, 15%
		특정 의료비 • 미숙아선천성이상아의료비 • 난임시술비	한도 없음, 20%~30%
	2025년 개정	6세 이하 자녀 의료비	전액 공제 대상자
		산후조리원 비용	소득과 관계없이 모든 근로자에게 적용
	계산 방법	공제대상 의료비	의료비 총액 − (총급여 × 3%)
		세액공제액	공제대상 의료비 × 공제율(15% 또는 20%~30%)
	유의사항	실손보험금 수령액 의료비에서 차감 장애인활동지원급여 비용 중 실제 지출한 본인부담금 의료비 포함	
	제외 항목	건강증진관련, 외국의료기관, 재대혈보관, 진단서발급, 간병인, 미용목적	

▶ **프로그램 입력_의료비 세액공제**

[의료비] TAB에 보험료 금액을 입력하고 [연말정산입력]TAB 상단 툴바에서 F8 부양가족탭불러오기 를 실행하여야 한다.

의료비					×
구분	지출액	실손의료보험금	공제대상금액	공제금액	
미숙아,선천성 이상아 치료비					
난임시술비					
본인					
6세이하,65세,장애인,건강보험산정특례자					
그 밖의 공제대상자					

4) 교육비 세액공제

구분	내용		
교육비 세액공제	구분	내용	비고
	공제 대상 요건	근로자 본인 및 기본공제대상자	**나이제한 ×** **소득제한 ○**
		직계존속	교육비 세액공제 대상 아님 (단, 장애인 경우 공제대상)
	지출대상별 공제한도	부양가족(배우자, 직계비속, 형제자매, 입양자 등)	• 대학교: 1인당 연 900만원 • 초중고: 1인당 연 300만원 • 유치원 등: 1인당 연 300만원
		본인	교육비 전액
		• **장애인** • **나이제한 ×** **소득제한 ×** **직계존속 ○**	사회복지시설 등 교육기관 교육비 전액
	공제대상 교육비 포함 항목	교복구입비용	중·고등학생만 해당, **학생 1명당 연 50만원** 한도
		현장체험학습비	초·중·고등학교·특수학교, **학생 1명당 연 30만원** 한도
		학원, 체육시설 교육비	**취학전 아동**에 한해 공제가능
		대학원 학비	**본인만 가능**, 부양가족은 대학교까지 가능
		학자금대출 원리금상환액	본인의 상환액만 공제가능
		입시 관련 비용	대학수학능력시험 응시수수료 및 대학 입학전형료
	제외 항목	대학원(본인만 가능), 사설학원비(미취학아동은 가능), 학생회비, 학교버스이용료, 기숙사비, 학습지	

> ▶프로그램 입력_교육비 세액공제
>
> [부양가족] TAB에 교육비 금액을 입력하고 [연말정산입력]TAB 상단 툴바에서 F8 부양가족탭불러오기 를 실행하여야 한다.
>
> | 구분 | 지출액 | 공제대상금액 | 공제금액 |
> |---|---|---|---|
> | 학전아동(1인당 300만원) | | | |
> | 중고(1인당 300만원) | | | |
> | 학생(1인당 900만원) | | | |
> | 인(전액) | | | |
> | 애인 특수교육비 | | | |

5) 기부금 세액공제

구분	내용	
공제대상 요건	• 본인 및 기본공제대상자 • 정치자금기부금, 고향사랑기부금, 우리사주조합기부금은 본인만 가능	나이제한 × 소득제한 O
	• 개인사업자는 기부금을 필요경비로 인정받거나 세액공제를 받는 것 중 선택 가능 • 근로자 및 비사업자는 기부금 세액공제만 적용	
기부금 공제순서	① 정치자금기부금 ② 고향사랑기부금 ③ 특례기부금 ④ 우리사주조합기부금 ⑤ 일반기부금(종교단체 기부금 있는 경우) ⑥ 일반기부금(종교단체 기부금 없는 경우) 이 중 같은 기부금 유형 중 전기에 한도초과로 이월된 금액이 있다면 (특례기부금, 일반기부금만 이월 가능) 이월된 기부금을 먼저 공제(기부연도 빠른 순부터)	
정치자금기부금	근로소득금액 전액	• 10만원 이하: 100/110 • 10만원 초과: 15% • 3,000만원 초과: 25%
고향사랑기부금 (2025년 개정)	근로소득금액 전액 **(2,000만원 한도)**	• 10만원 이하: 100/110 • 10만원 초과: 15%
특례기부금	국가, 지방자치단체, 국립대학, 공공기관, 국방헌금, 천재지변 이재민 구호금품, 대한적십자사, 사회복지공동모금회, 바보의나눔 등 MIN(특례기부금, 기준소득금액) * 기준소득금액 = 종합소득금액 + 필요경비산입 기부금 − 원천세율적용금융소득	
우리사주 조합기부금	MIN{우리사주조합기부금, (기준소득금액 − 법정기부금공제액) × 30%}	

지정기부금	MIN(지정기부금, 지정기부금 한도액)
	* 지정기부금 한도액
	  종교단체기부금액 없는 경우: (기준소득금액−한도 내의 법정기부금) × 30%
	  종교단체기부금액 있는 경우: (기준소득금액−한도 내의 법정기부금) × 10% + MIN(①, ②)
	  ① (기준소득금액 − 한도 내의 법정기부금) × 20%
	  ② 종교단체 외에 지급한 금액	

세액공제율	1천만원 까지	15%
	1천만원 초과~3천만원 이하	30%
이월공제	기부금한도액을 초과하여 공제받지 못한 금액은 해당 과세기간의 다음 과세기간의 개시일로부터 10년 이내에 이월하여 공제 가능	

(기부금 세액공제)

▶**프로그램 입력_기부금 세액공제**

[기부금] TAB에 교육비 금액을 입력하고 [연말정산입력]TAB 상단 툴바에서 `F8 부양가족탭불러오기` 를 실행하여야 한다.

기부금			
구분	지출액	공제대상금액	공제금액
정치자금(10만원 이하)			
정치자금(10만원 초과)			
고향사랑기부금(10만원 이하)			
고향사랑기부금(10만원 초과)			

6) 월세액 세액공제

구분	내용		
	구분	내용	비고
월세 세액공제	공제 대상 요건	대상자	• 무주택 세대의 세대주 또는 세대원 • 근로소득자의 기본공제대상자가 임대차 계약을 체결한 경우에도 가능
		소득 기준	• 총급여 8,000만원 이하(근로소득만 있는 경우) • 종합소득금액 7,000만원 이하
	임차 주택 요건	규모 및 가액	국민주택규모(전용면적 85㎡ 이하) 또는 기준시가 4억원 이하 주택
		대상 주택	주거용 오피스텔, 고시원도 포함
		실제 거주	임대차계약서의 주소지와 주민등록등본의 주소지가 일치해야 함
	공제율 및 한도	총급여 5,500만원 이하	• 공제율: 17% • 연간 월세액 한도: 1,000만원 • 최대 공제액: 170만원
		총급여 5,500만원 초과~8,000만원 이하	• 공제율: 15% • 연간 월세액 한도: 1,000만원 • 최대 공제액: 150만원

▶**프로그램 입력_기부금 세액공제**

[월세액] TAB에서 입력한 자료가 [연말정산입력 TAB)의 [세액공제: 70.월세액]란에 자동반영

70.월세액				

기출 실무문제 연말정산

> ✓ 주요체크사항: 연말정산추가자료입력

항목	공제 대상 요건	핵심 내용	제외 항목
주택자금 (연령 ×, 소득금액 ×)	본인만 공제가능	• 주택마련저축(**청약**, 본인&배우자): 한도 300만원 • 주택임차차입금**원리금**상환액: 원금 + 이자 입력(본인만, 세대주만 공제) • 장기주택저당차입금**이자상환액**: 실거주면적 85㎡ 이하, 기준시가 6억 이하, **이자만 입력** (1주택자도 공제 O)	
신용카드 (연령 ×, 소득금액 O)	• 형제자매 사용분은 공제불가	• 중복 적용 가능 항목: **의료비, 중고생 교복구입비, 취학전 아동의 사설학원비, 장애인 특수교육비**	• 사업과 관련하여 사용한 금액 – 신규 자동차 및 상품권 구입 비용 (중고자동차는 구입액의 10% 공제가능) – 국세, 지방세, 전기료, 가스료, 전화료, 관리비, TV시청료, 통행료 등의 세금 – 국외에서 사용한 금액
연금저축 (연령 ×, 소득금액 ×)	• 본인명의 지출분만 공제가능	• 사적연금, 연금저축 • 퇴직연금 포함	
보험료 (연령 O, 소득금액 O)	• 보장성보험만 공제가능	• 보장성보험(**생명, 손해(자동차), 상해(화재)**보험 등)만 공제가능 • 일반 보장성보험(12%)과 장애인전용 보장성보험(15%)으로 분리 (각각 100만원 한도)	• 저축성보험
의료비 (연령 ×, 소득금액 ×)		• 산후조리원: **산후조리원 무조건 공제**, 연 200만원 한도로 공제(한도 계산할 필요 ×, 자동계산) • **안경, 콘택트렌즈** 1인당 **50만원 한도**(사용금액 50만원 초과시 50만원까지만 입력, 신용카드 사용금액은 입력시에는 전체금액 입력)	• 건강증진을 위한 의약품 구입비 (한의원, 보약 등) – 외국의료기관에 지출하는 비용 – 제대혈보관, 진단서발급비용, 간병인, 미용 목적의 성형수술비

구분			

교육비
(연령 ×,
소득금액 O)
	직계존속의 교육비는 공제 ×	• 장애인교육비(연령 및 소득금액의 제한 ×, 직계존속도 공제 O)
		• **교복구입비(1인당 50만원 한도, 중·고등학생)**, 방과후 수업료 및 특별활동비(교재비 포함), 급식비, 교과서대금
		  - 대학입학전형료, 수능응시료, **수학여행 등 현장학습체험비(1인당 연 30만원, 초·중·고등학생)**
		  - 학자금대출 원리금 상환액 ⇒ 학자금 대출을 상환시 원리금을 공제
		  - 해외 유치원 등 국외 교육기관도 요건 충족 시 공제 가능
			• 대학원(근로자 **본인만** 공제 가능)
			• 사설학원비는 공제불가능(단, 취학전 아동의 학원비 공제 가능)
			  - 학생회비, 학교버스이용료, 교육재료비, 기숙사비, 학습지 지출액

기부금
(연령 ×,
소득금액 O)
		• 특례기부금:
		  - 국방헌금, 이재민 구호금품, 천재지변, 대한적십자사, 사회복지공동모금회, 바보의 나눔, 대학교 장학금
		• 일반기부금
		  - 종교단체기부금, 종교단체외기부금(노동조합비, 고유목적사업)
		  - **정치자금기부금, 고향사랑기부금은 본인명의 지출분만** 공제 가능
			• 종친회, 동창회 기부금 등

실습예제 따라하기

01 다음 자료를 보고 4005.㈜한미전자 관리부과장 사번.101.박무영(901120-2063223, 총급여 75,000,000원, 입사일 2025년 3월 1일, 세대주)의 세부담 최소화를 위해 사원등록에서 [부양가족명세]를 작성하고, 2025년 귀속분 연말정산자료를 [연말정산추가자료입력]에 입력하시오. 단, 배우자(장애인)는 양도소득금액 5,000,000원이 있으며, 다른 부양가족의 소득은 없고 생계를 같이하고 있다. (신용카드 등 사용액 소득공제시 추가사용공제는 없는 것으로 가정할 것)

가족관계증명서

등록기준지		서울특별시 동작구 사당동 1712-24			
구분	성 명	출생연월일	주민등록번호	성별	본
본인	박무영	1990. 11. 20.	901120-2063223	여	

가족사항

구분	성 명	출생연월일	주민등록번호	성별	본
부	박석원	1950. 7. 12.	500712-1125423	남	
모	최기순	1952. 1. 30.	520130-2311767	여	
배우자	김종호	1985. 3. 25.	850325-1117531	남	
자녀	김우영	2016. 10. 11.	161011-3345825	남	
자녀	김상아	2025. 9. 15.	250430-3220111	여	

<국세청 자료>

지출내역	지출액	비고
주택임차차입금 원리금상환액	18,000,000원	2025년 3월 이후 지출액 15,000,000원, 공제요건을 모두 갖춤
연금저축	5,000,000원	새마을금고, 계좌번호 111-257-30
퇴직연금	2,000,000원	새마을금고, 계좌번호 222-494-70

2025년 귀속 소득·세액공제증명서류: 기본(지출처별)내역 [보장성보험, 장애인전용보장성보험]

■ 계약자 인적사항   ※ 보험료는 3월 이후에 지출된 것으로 가정

성명	박무영	주민등록번호	901120-2063223

■ 보장성보험(장애인전용보장성보험)납입내역   (단위: 원)

종류	상호	보험종류		납입금액 계
	사업자번호	증권번호	주피보험자	
	종피보험자1	종피보험자2	종피보험자3	
보장성	광명화재해상	자동차보험		800,000
	102-81-*****		901120-2063223 박무영	
보장성	햇빛해상보험	손해보험		1,500,000
	207-81-*****		161011-3345825 김우영	
인별합계금액				2,300,000

2025년 귀속 소득·세액공제증명서류: 기본(지출처별)내역 [의료비]

■ 환자 인적사항   ※ 의료비는 3월 이후에 지출된 것으로 가정

성명	박무영	주민등록번호	901120-2063223

■ 의료비 지출내역   (단위: 원)

사업자번호	상호	종류	납입금액 계
9-07-35*	나****	산후조리원	4,000,000
3-82-12*	미래****	일반	1,700,000
의료비 인별합계금액			5,700,000
인별합계금액			5,700,000

2025년 귀속 소득공제증명서류: 기본(지출처별)내역 [의료비]

■ 환자 인적사항   ※ 의료비는 3월 이후에 지출된 것으로 가정

성명	김종호	주민등록번호	850325-1117531

■ 의료비 지출내역   (단위: 원)

사업자번호	상호	종류	납입금액 계
7-86-12*	황****	일반	4,800,000
의료비 인별합계금액			4,800,000
인별합계금액			4,800,000

2025년 귀속 소득공제증명서류: 기본(지출처별)내역 [의료비]

■ 환자 인적사항   ※ 의료비는 3월 이후에 지출된 것으로 가정

성명	박석원	주민등록번호	500712-1125423

■ 의료비 지출내역 (단위: 원)

사업자번호	상호	종류	납입금액 계
4-10-42*	강****	일반	3,200,000
의료비 인별합계금액			3,200,000
인별합계금액			3,200,000

2025년 귀속 소득공제증명서류: 기본(지출처별)내역 [의료비]

■ 환자 인적사항   ※ 의료비는 3월 이후에 지출된 것으로 가정

성명	김상아	주민등록번호	250430-3220111

■ 의료비 지출내역 (단위: 원)

사업자번호	상호	종류	납입금액 계
2-81-87*	연****	일반	5,100,000
의료비 인별합계금액			5,100,000
인별합계금액			5,100,000

2025년 귀속 소득공제증명서류: [신용카드]

■ 사용자 인적사항

성명	박무영	주민등록번호	901120-2063223

■ 신용카드 사용내역 (단위: 원)

신용카드	종류	월별 공제대상금액				공제대상금액 합계
		1월	2월	3월	4월	
		5월	6월	7월	8월	
		9월	10월	11월	12월	
국민카드	일반	3,300,000	3,100,000	3,200,000	3,700,000	40,500,000
		3,400,000	3,500,000	3,200,000	3,600,000	
		3,250,000	3,100,000	3,350,000	3,800,000	
비씨카드	전통시장		300,000	500,000		2,800,000
			400,000	500,000	200,000	
		100,000		800,000		
신한카드	대중교통	220,000	180,000	290,000	410,000	3,600,000
		400,000	600,000	200,000	300,000	
		210,000	290,000	230,000	270,000	
일반 인별합계금액						40,500,000
전통시장 인별합계금액						2,800,000
대중교통 인별합계금액						3,600,000
인별합계금액						46,900,000

2025년 귀속 소득공제증명서류: [현금영수증]

■ 사용자 인적사항

성명	김우영	주민등록번호	161011-3345825

■ 신용카드 사용내역 (단위: 원)

신용카드	종류	월별 공제대상금액				공제대상금액 합계
		1월	2월	3월	4월	
		5월	6월	7월	8월	
		9월	10월	11월	12월	
국민카드	일반		110,000	200,000		910,000
		150,000		120,000	70,000	
			80,000	50,000	130,000	
일반 인별합계금액						910,000
인별합계금액						910,000

2025년 귀속 소득공제증명서류: 기본[지출처별]내역 [기부금]

■ 기부자 인적사항

성 명	주 민 등 록 번 호
박무영	901120-2063223

■ 기부금 납부내역 (단위: 원)

사업자번호	코드	상 호	공제대상금액합계
101-82-21513	일반 (종교단체외)	세이브더칠드런	600,000
106-89-99368	정치	선거관리위원회	110,000
인별합계금액			710,000

실기 따라하기 01

1. [부양가족명세]
    - 본인(박무영): 총급여가 7,500만원이므로 부녀자공제 공제대상 아님
        - 부녀자공제 공제대상 금액: 종합소득금액 3,000만원 이하,
          근로소득금액이 3,000만원 이하 해당 되는 총급여는 4,100만원 이하
    - 부모(박석원, 최기순): 기본공제, 경로우대 추가공제
    - 배우자(김종호): 양도소득금액이 500만원이므로 기본공제 대상이 아님
    - 자녀(김우영): 기본공제 대상, 만 8세 이상 자녀세액공제
    - 자녀(김상아): 출산·입양공제(둘째)

연말관계	성명	내/외국인	주민(외국인,여권)번호	나이	기본공제	부녀자	한부모	경로우대	장애인	자녀	출산입양	위탁관계
0	박무영	내	1 901120-2063223	35	본인							
1	박석원	내	1 500712-1125423	75	60세이상			○				
1	최기순	내	1 520130-2311767	73	60세이상			○				
3	김종호	내	1 850325-1117531	40	배우자							
4	김우영	내	1 161011-3345825	9	20세이하					○		
4	김상아	내	1 250430-3220111	0	20세이하						둘째	

2. [연말정산추가입력]

   1) 주택임차입금원리금상환액
      - [연말정산추가자료 입력] TAB의 [34.주택차입금원리금상환액: 대출기관]란 더블클릭하여 입력한다.
      - 입사일이 3월 1일이므로, 3월 이후 지출액인 15,000,000원을 입력

1.주택마련저축공제계(①~③)		연 400만원 한도		
주택임차입금 원리금상환액	①대출기관	납입액의 40%	15,000,000	4,000,000
	②거주자(총급여 5천만원 이하)			
2.주택차입금원리금상환액(①~②)		1+2 ≤ 연 400만원	15,000,000	4,000,000

   2) 연금저축, 퇴직연금
      - [연금저축 등 I]에서 퇴직연금, 연금저축 입력

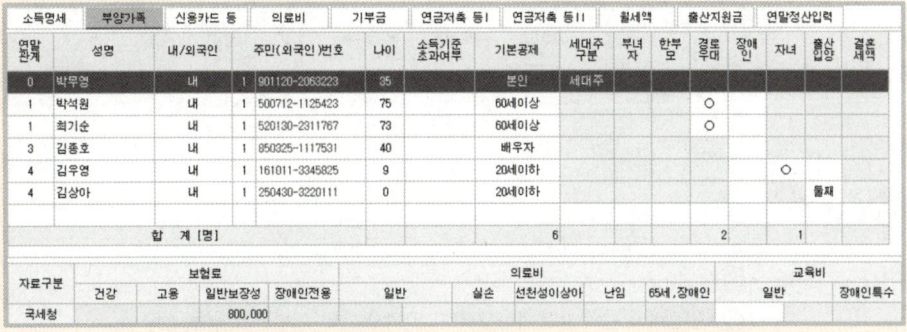

   3) 보험료 세액공제
      - [부양가족]탭 각 성명 클릭 후 보험료에 커서를 두고 더블클릭하여 보조창에 금액을 입력한다.
      - 본인(박무영) 보장성(일반) 800,000원, 자녀(김우영) 보장성(일반) 1,500,000원 입력
      - 자동으로 1,000,000원으로 조정

연말관계	성명	내/외국인		주민(외국인)번호	나이	소득기준초과여부	기본공제	세대주구분	부녀자	한부모	경로우대	장애인	자녀	출산입양	결혼세액
0	박무영	내	1	901120-2063223	35		본인	세대주							
1	박석원	내	1	500712-1125423	75		60세이상				O				
1	최기순	내	1	520130-2311767	73		60세이상				O				
3	김종호	내	1	850325-1117531	40		배우자								
4	김우영	내	1	161011-3345825	9		20세이하						O		
4	김상아	내	1	250430-3220111	0		20세이하							둘째	
	합 계 [명]						6				2		1		

자료구분	보험료				의료비					교육비	
	건강	고용	일반보장성	장애인전용	일반	실손	선천성이상아	난임	65세,장애인	일반	장애인특수
국세청			1,500,000								

4) 의료비 세액공제
- [의료비]탭에서 F2를 이용하여 공제대상인원별로 입력한다.
- 의료비: 연령 ×, 소득금액 ×
- 본인(박무영): 산후조리원비 4,000,000원과 나머지 의료비 1,700,000원을 각각 입력
- 자동으로 한도 200만원 자동 조정

	성명	내/외	5.주민등록번호	6.본인등해당여부	9.증빙코드	8.상호	7.사업자등록번호	10.건수	11.금액	11-1.실손보험수령액	12.미숙아선천성이상아	13.난임여부	14.산후조리원
	박무영	내	901120-2063223	1	0	1				2,000,000		X	X	O
	박무영	내	901120-2063223	1	0	1				1,700,000		X	X	X
	김종호	내	850325-1117531	3	X	1				4,800,000		X	X	X
	박석원	내	500712-1125423	2	0	1				3,200,000		X	X	X
	김상아	내	250430-3220111	2	0	1				5,100,000		X	X	X

5) 신용카드 등 소득공제
- 신용카드 사용분: 연령 ×, 소득금액 ○, 형제·자매사용분 ×
- [신용카드]탭에서 신용카드, 현금영수증 사용액 대상별로 입력한다.
- 입사일이 3월 1일이므로 1월, 2월 신용카드 사용분은 공제 대상에서 제외(가족포함)
- 박무영 사용분
  - 일반(국민카드) 40,500,000 − (3,300,000+3,100,000) = 34,100,000원 입력
  - 전통시장 사용분(비씨카드) 2,800,000 − 300,000 = 2,500,000원 입력
  - 대중교통 사용분(신한카드) 3,600,000 − (220,000 + 180,000) = 3,200,000원 입력
- 김우영 사용분
  - 현금영수증 910,000 − 110,000 = 800,000원 입력

	성명 / 생년월일	자료구분	신용카드	직불,선불	현금영수증	도서등신용	도서등직불	도서등현금	전통시장	대중교통	합계
	박무영	국세청	34,100,000						2,500,000	3,200,000	39,800,000
	1990-11-20	기타									
	박석원	국세청									
	1950-07-12	기타									
	최기순	국세청									
	1952-01-30	기타									
	김종호	국세청									
	1985-03-25	기타									
	김우영	국세청			800,000						800,000

6) 기부금 세액공제
- [기부금]탭에서 F2를 이용하여 기부자 인적사항 및 기부금 유형을 선택
- [기부금조정]탭으로 가서 공제금액계산을 클릭
- 보조창이 뜨면 불러오기, 공제금액반영을 눌러 기부금조정내역을 반영

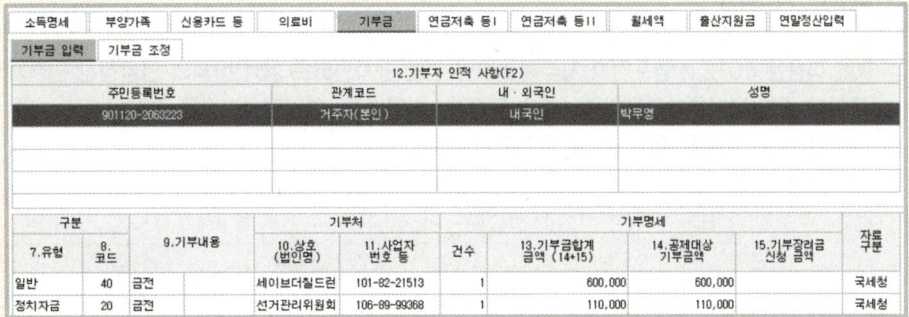

- [기부금조정]에서 공제금액 계산

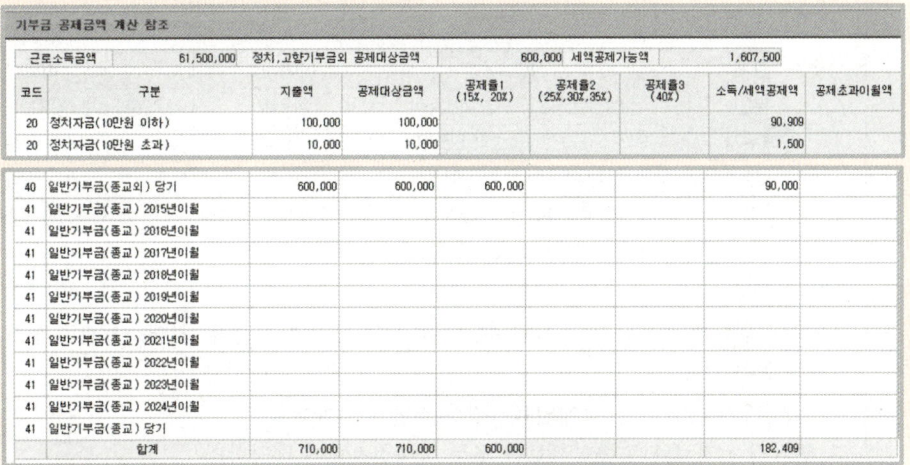

- [불러오기] ➜ [공제금액 반영]

7) 연말정산입력
- [연말정산입력]탭 상단툴바에 F8 부양가족탭 불러오기를 클릭 후 공제내역을 반영

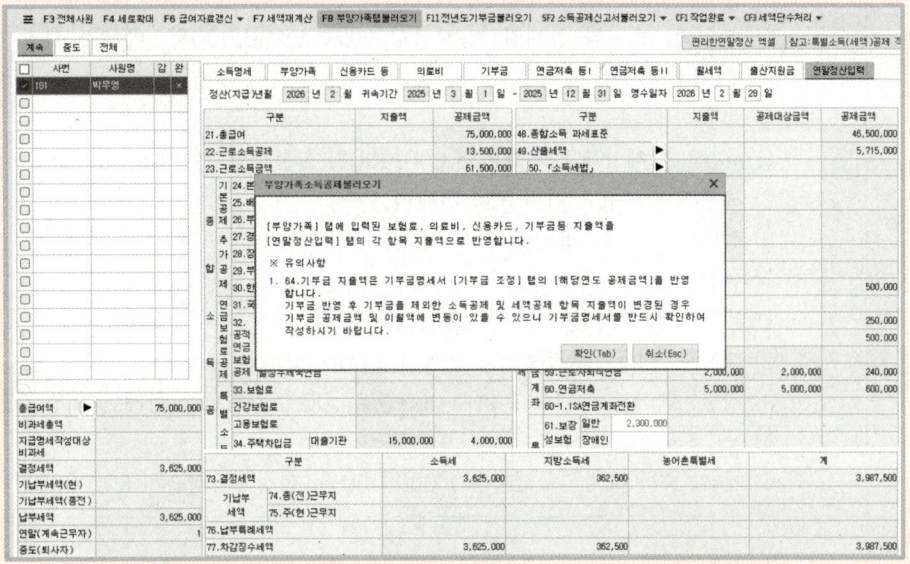

실습예제 따라하기

02 다음은 4012.㈜광운전자 사무관리직인 김태원(사원코드 201번)씨의 연말정산 관련자료이다. 연말정산추가자료입력상의 소득명세, 부양가족, 연말정산입력을 작성하시오. (단, 가능한 모든 공제를 김태원씨가 받고자 한다.)

1. 근무지현황(급여에는 기본급 외에는 없고, 급여일은 매달 25일임)

근무지	급여기간	월급여	연간 총급여	기타사항(단위: 원)
㈜중봉 412-81-24785	2025.1.1.~ 11.30. 퇴사	5,000,000원	55,000,000원	국민연금 2,400,000, 건강보험 1,826,000 장기요양보험 187,000, 고용보험 440,000 원천징수소득세 2,580,000, 지방소득세 258,000
㈜광운전자 105-81-23613	2025.12.1.~ 12.31. 입사	5,000,000원	5,000,000원	국민연금 225,000, 건강보험 177,250 장기요양보험 22,950, 고용보험 45,000 원천징수소득세 335,470, 지방소득세 33,540

2. 가족현황

관계	성명	나이(만)	비고
본인	김태원(751210-1254638)	49세	총급여 60,000,000원
배우자	이진실(801209-2458693)	45세	소득없음
부	김진석(460814-1547862)	79세	소득있음*
모	이명순(490428-2639217)	76세	소득없음(장애인)
장남	김찬원(010505-3569879)	28세	대학생
차남	김가원(110305-3111116)	18세	고등학생

* 부친인 김진석씨는 부동산임대수입금액(상가) 2,400만원, 임대소득관련 필요경비 1,500만원이 있음.
* 모친인 이명순씨는 장애인복지법상 장애인에 해당함

3. 연말정산 자료(관련증빙자료는 모두 국세청자료에 해당함)
   (1) 보험료
       1) 본인: 자동차보험료 840,000원, 보장성운전자보험료 360,000원
       2) 본인외: 모친의 장애인전용보장성보험료 1,200,000원, 배우자 보장성생명보험료 1,000,000원
   (2) 의료비
       1) 부친의 상해사고로 치료비 6,000,000원(실손보험수령액 2,000,000원)
       2) 모친의 휠체어 구입비 500,000원
       3) 장남의 시력보정용안경 600,000원
   (3) 교육비
       1) 본인: 경영대학원교육비 10,000,000원
       2) 배우자: 정규야간전문대학 교육비 6,000,000원
       3) 장남: 대학교 수업료 9,000,000원(2,000,000원은 장학재단 취업후상환학자금대출분)
       4) 차남: 중학교 교복구입비용 1,000,000원, 현장체험학습비 500,000원

실기 따라하기 02

1. **[사원등록] 확인**
   - 부(김진석)의 소득금액이 100만원을 초과하므로 공제대상 "부"로 수정
   - 부동산임대수입금액 2,400만원 – 필요경비 1,500만원 = 900만원
   - 모(이명순) 장애인(장애인복지법) 추가공제 체크

연말관계	성명	내/외국인	주민(외국인,여권)번호	나이	기본공제	부녀자	한부모	경로우대	장애인	자녀	출산입양	위탁관계
0	김태원	내 1	751210-1254638	50	본인							
1	김진석	내 1	460814-1547862	79	부							
1	이명순	내 1	490428-2639217	76	60세이상			○	1			
3	이진실	내 1	801209-2458693	45	배우자							
4	김찬원	내 1	010505-3569879	24	부							
4	김가원	내 1	110305-3111116	14	20세이하					○		

2. **[연말정산추가자료입력]**

   1) [소득명세]탭 종전근무지 ㈜중봉 자료입력
      - 소득세 및 지방소득세는 원천징수 소득세(결정세액) 입력(2,580,000원, 258,000원)

	구분	합계	주(현)	납세조합	종(전) [1/2]
소득명세	9.근무처명		㈜광운전자		㈜중봉
	9-1.종교관련 종사자		부		
	10.사업자등록번호		105-81-23613		412-81-24785
	11.근무기간		2025-12-01 ~ 2025-12-31	~	2025-01-01 ~ 2025-11-30
	12.감면기간		~	~	~
	13-1.급여(급여자료입력)	60,000,000	5,000,000		55,000,000
	13-2.비과세한도초과액				
	13-3.과세대상추가(인정상여추가)				
	14.상여				
	15.인정상여				
	15-1.주식매수선택권행사이익				
	15-2.우리사주조합 인출금				
	15-3.임원퇴직소득금액한도초과액				
	15-4.직무발명보상금				
	16.계	60,000,000	5,000,000		55,000,000
공제보험료	건강보험료(직장)(33)	2,003,250	177,250		1,826,000
	장기요양보험료(33)	209,950	22,950		187,000
	고용보험료(33)	485,000	45,000		440,000
	국민연금보험료(31)	2,625,000	225,000		2,400,000
공적연금보험료	공무원 연금(32)				
	군인연금(32)				
	사립학교교직원연금(32)				
	별정우체국연금(32)				
세액	기납부세액 소득세	2,915,470	335,470		2,580,000
	지방소득세	291,540	33,540		258,000
	농어촌특별세				

   2) [부양가족]: 보험료, 교육비 입력
      ① 보험료: [부양가족]탭 각 성명 클릭후 보험료에 커서를 두고 더블클릭하여 보조창에 금액을 입력
         - 본인: 자동차보험료 840,000원, 보장성운전자보험료 360,000원

보장성보험-일반	1,200,000		1,200,000
보장성보험-장애인			
합 계	1,200,000		1,200,000

   - 본인외
     – 모친의 장애인전용보장성보험료 1,200,000원

보장성보험-일반			
보장성보험-장애인	1,200,000		1,200,000
합 계	1,200,000		1,200,000

- 배우자 보장성생명보험료 1,000,000원

	보장성보험-일반	1,000,000		1,000,000
	보장성보험-장애인			
	합 계	1,000,000		1,000,000

② 교육비: [부양가족]탭 각 성명 클릭 후 하단 교육비세액공제란에 금액과 공제대상 기준을 입력
- 본인: 본인에 한해서 대학원까지 전액 교육비세액공제가 가능하다.

- 배우자: 배우자 소득이 없으므로 정규야간전문대학교육비 6,000,000원 세액공제 대상이다.

- 장남: 학자금대출금은 상환 시 원리금 교육비 공제
- 900만원 - 200만원 = 700만원 입력

- 차남: 교복비 50만원 + 체험학습비 30만원 = 80만원 입력

3) [의료비]
- F2를 이용하여 공제대상인원별로 입력
- 부친의 상해사고 치료비 6,000,000원과 실손보험수령액을 각각 입력
- 모친의 휠체어구입비는 의료비세액공제대상
- 장남의 시력보정용안경은 500,000원까지만 공제대상

4) [연말정산입력]
- [연말정산입력]탭 상단툴바에 F8부양가족탭 불러오기를 클릭 후 공제내역을 반영

04 원천세의 전자신고

원천세의 전자신고는 국세청 홈택스 전자신고 화면을 가상으로 이용하여 전자신고를 할 수 있는 메뉴이다.

실습예제 따라하기

01 4011.주신산업㈜에 입력된 다음의 자료를 이용하여 [원천징수이행상황신고서]를 작성 및 마감하고 국세청 홈택스에 전자신고를 하시오.

실기 따라하기		
1회	2회	3회

1. 소득자료

귀속월	지급월	소득구분	신고코드	인원	총지급액	소득세	비고
10월	11월	기타소득	A42	3명	6,000,000원	1,200,000원	매월신고, 정기신고

전월로부터 이월된 미환급세액 300,000원을 충당하기로 한다.

2. 유의사항

전자신고용 전자파일 제작 시 신고인 구분은 2.납세자 자진신고를 선택하고, 비밀번호는 자유롭게 설정한다.

실기 따라하기 01

- [원천징수이행상황신고서]에서 귀속기간 10월, 지급기간 11월, 1.정기신고 입력 후 조회
- 12. 전월미환급세액 300,000원 입력
- 상단 툴바에 F8마감을 눌러 신고서류를 마감

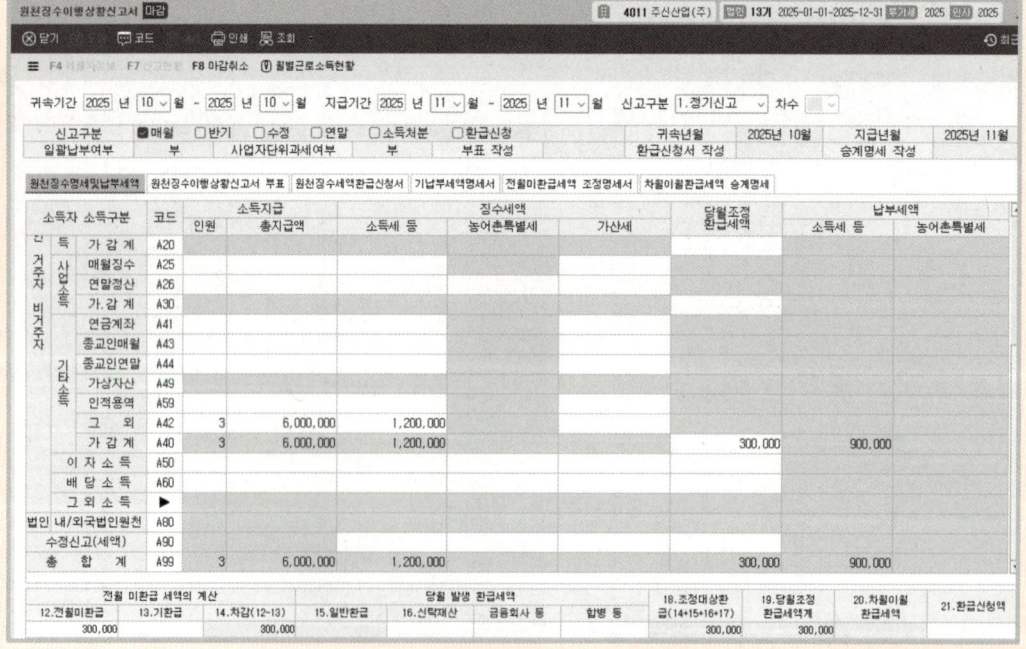

- [원천징수 전자신고]메뉴에 가서 전자신고 파일을 제작
- 납세자자진신고를 선택한 후 지급기간을 11월로 조회
- 상단 툴바에 F4제작을 눌러 신고 파일을 제작
- 비밀번호는 예제에 제시된 대로 자유롭게 8자리(12345678) 이상으로 설정

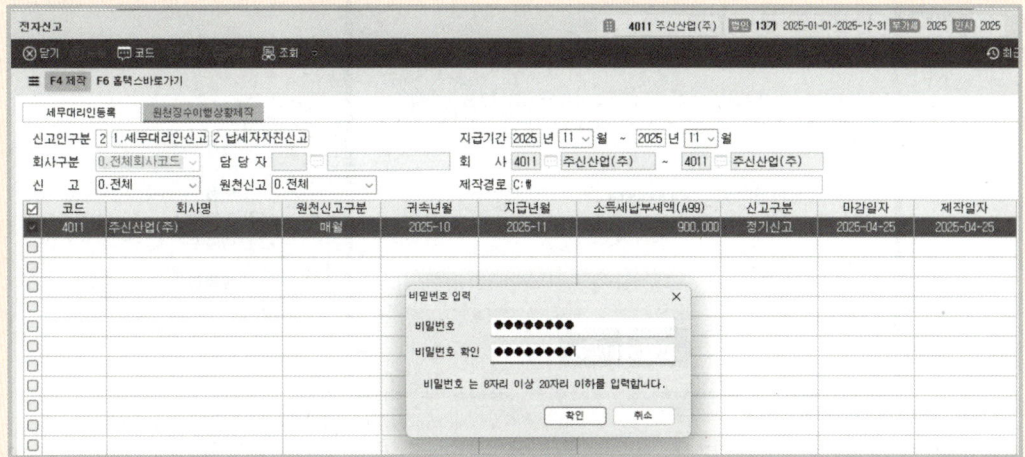

- 상단툴바에 F6 홈택스바로가기
- 첫 화면에서는 ⊗버튼을 누르고 원천세 신고화면에서 전자신고 파일변환을 시작
- 변환대상파일선택에서 찾아보기를 누르고 C:드라이브에서 오늘 날짜로 생성된 파일을 선택

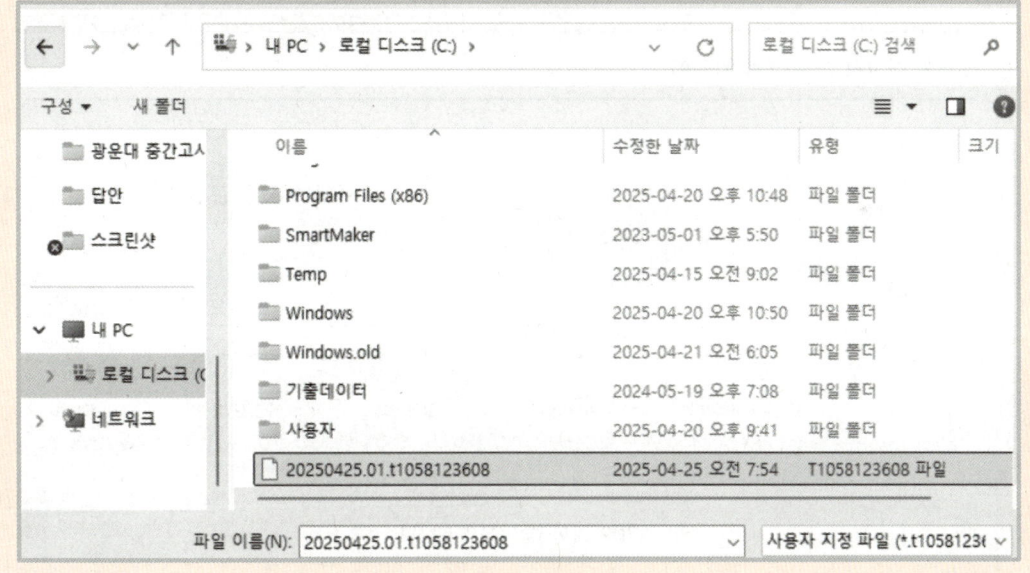

- 홈택스 전자신고
- 변환순서: [형식검증하기] → 비밀번호 입력 → [형식검증결과확인] → [내용검증하기] → [내용검증결과확인] → [전자파일제출 이동] → 다음 화면에서 신고서 요약 내용 확인 후 [전자파일제출하기]

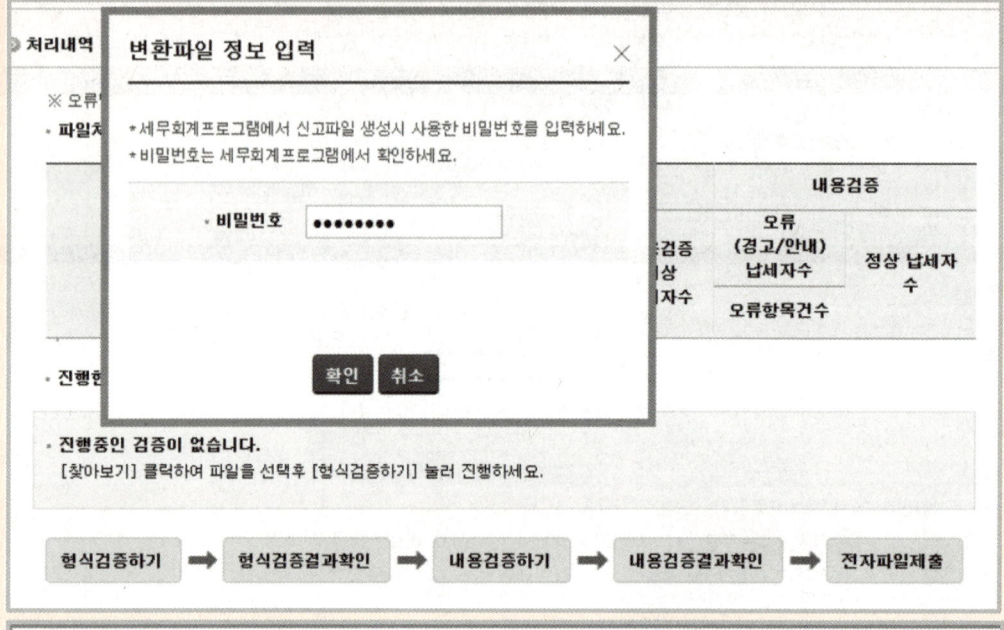

이패스 전산세무 1급

PART 05

원가회계

Chapter 01 원가의 개념 및 분류
Chapter 02 제조원가의 흐름
Chapter 03 부문별 원가계산
Chapter 04 제품별 원가계산
Chapter 05 표준원가계산

01 원가의 개념 및 분류

01 원가의 개념

원가(costs)란 특정 재화나 용역을 얻기 위해서 희생된 경제적 효익을 화폐단위로 측정한 것을 의미한다.

(1) 원가회계의 의의

제조기업에서의 원가회계는 제품 제조 과정에서 발생하는 다양한 비용을 정확히 측정, 배분, 관리하고 이를 바탕으로 경영 의사결정을 지원하는 데 중점을 둔다. 원가회계는 제품의 원가를 정확하게 산출하고 관리하는 것에서부터, 전반적인 경영 활동에 필요한 의사결정에 중요한 정보를 제공하는 핵심적인 역할을 수행한다.

(2) 원가회계의 목적

원가회계의 목적은 주로 기업의 경영 의사결정 과정을 지원하기 위해 원가 정보를 제공하고 관리하는 데 있다.

<원가회계의 목적>

재무회계 측면	관리회계 측면
① 재무제표 작성에 필요한 제품원가계산	① 예산편성을 위한 예측 원가자료의 제공
－ 재고자산평가를 위한 제품원가계산(B/S)	② 통제를 위한 예측 원가자료의 제공
－ 이익결정을 위한 제품원가계산(I/S)	③ 경영의사결정을 위한 원가자료의 제공

02 원가의 분류

원가는 분류기준에 따라 다음과 같이 다양하게 분류할 수 있다.

1. 추적가능성에 따른 분류	**직접원가**: 제조과정에서 발생한 원가가 특정원가집적대상에 직접적으로 부담(부과)하거나 직접적으로 추적할 수 있는 경우 그 원가를 직접원가라 한다. (예 직접재료원가, 직접노무원가, 직접제조경비)	
	간접원가: 제조과정에서 발생한 원가가 특정 원가집적대상과 관련을 맺고 있다 하더라도 여러 제품이나 부문에 공통적으로 발생하여 실질적 또는 경제적으로 특정 원가집적대상에 직접적으로 부담(부과)시키거나 직접적으로 추적할 수 없는 경우 그 원가를 간접원가라 한다. (예 간접재료원가, 간접노무원가, 간접제조경비)	
2. 제조활동과의 관련성에 따른 분류	제조원가 (원가의 3요소)	① **직접재료원가**: 직접재료원가란 완성품을 생산하는데 절대적으로 필요한 원재료의 사용액 중 특정 제품에 직접 추적할 수 있는 원가
		② **직접노무원가**: 직접노무원가란 특정제품에 직접 추적할 수 있는 노동력에 지출된 원가
		③ **제조간접원가**: 제조간접원가란 직접재료원가와 직접노무원가를 제외한 모든 제조원가를 말하는 바, 제조간접원가는 다음의 항목들로 구성된다. ㉠ 간접재료원가 　예 기계를 작동하기 위한 윤활유, 세척제, 수선을 위한 부품, 각종 접착제, 용접물질 등 ㉡ 간접노무원가 　예 공장건물 관리인이나 생산감독자, 수리공 등의 급여 ㉢ 기타 제조원가 　예 공장건물·설비자산에 대한 감가상각비, 수선유지비, 재산세, 보험료 및 난방비, 전기료 등
	기본원가(기초원가): 직접재료원가와 직접노무원가를 합계한 금액 → 완성품과 직접적인 관련성이 존재하여 직접재료원가와 직접노무원가의 발생액이 특정제품의 단위당 발생액으로 직접적 추적이 용이하기 때문에 구분함 * 기본원가 = ① 직접재료원가 + ② 직접노무원가 **가공원가(전환원가)**: 직접노무원가와 제조간접원가를 합계한 금액 → 제품제조과정에서 원재료를 가공하여 완성품을 만드는 일련의 과정을 가공과정이라 하며, 이러한 과정에서 원재료를 완제품으로 전환하거나 가공하는데 소요되는 원가를 가공원가(전환원가)라 함 * 가공원가 = ② 직접노무원가 + ③ 제조간접원가 **비제조원가(기간원가(비용))**: 비제조원가란 기업의 제조활동과 직접적인 관련없이 단지 판매활동 및 일반관리활동과 관련하여 발생하는 원가로서 보통 판매비와 관리비라는 두 항목으로 구성되어 있다.	

3. 원가행태에 따른 분류	변동원가	**변동원가**: 변동원가는 조업도수준의 증감에 따라 변동원가 총액은 증감하나 단위당 변동원가는 조업도수준의 변동에 관계없이 일정한 형태의 원가를 말한다. 예 직접재료원가, 직접노무원가 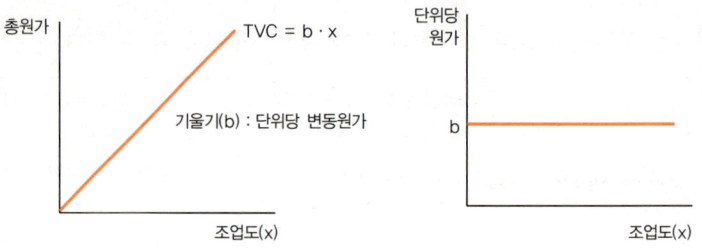 **준변동원가(혼합원가)**: 준변동원가는 조업도수준의 변화에 관계없이 발생하는 일정액의 고정원가요소와 조업도수준이 증가함에 따라 단위당 일정한 비율로 증가하는 변동원가요소의 두 부분으로 구성된 원가로서 혼합원가라고도 말한다. 예 전기료, 수선유지비, 전화요금 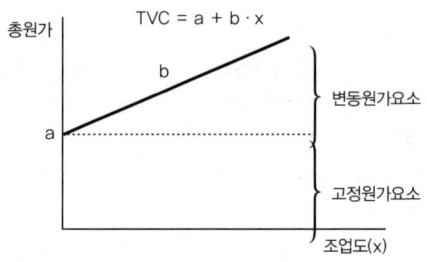
	고정원가	**고정원가**: 고정원가는 조업도 수준의 변동과 관계없이 총고정원가는 일정하나 단위당 고정원가는 조업도 수준의 증감에 반비례한 쌍곡선 형태의 원가이다. 예 공장건물의 임차료, 재산세, 정액법에 의한 감가상각비 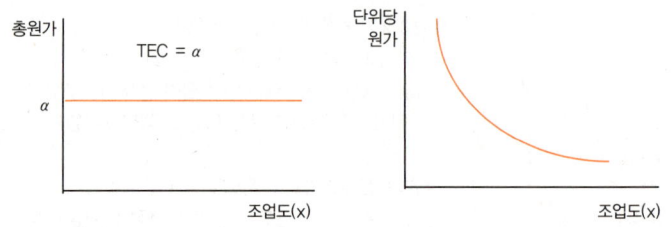 **준고정원가**: 준고정원가란 특정 범위의 조업도구간(관련범위)에서는 원가발생액이 변동없이 일정한 금액으로 고정되어 있으나, 조업도 수준이 그 관련범위를 벗어나면 일정액만큼 증가 또는 감소하는 원가로서 투입요소의 불가분성 때문에 계단형의 원가형태를 지니므로 계단원가라고도 말한다. 예 생산량을 증가시키기 위하여 구입한 생산설비자산, 생산감독자 급여, 수량단위별 포장비 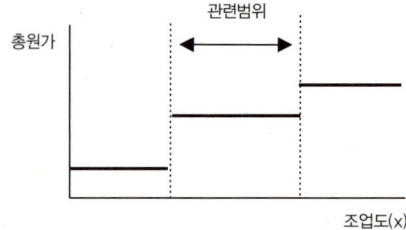

4. 의사결정과의 관련성에 따른 분류	**차액원가와 증분원가**: 차액원가는 의사결정을 위하여 두가지 대체안을 비교할 경우, 특정대체안과 다른 대체안과의 총원가의 차액을 말한다. 차액원가는 특정의사결정시 고래대상이 되는 관련원가가 되는 것이 일반적이다. 증분원가는 두 대체안을 비교할 경우 특정 대체안이 다른 대체안과 비교하여 증가되는 원가	
	매몰원가(기발생원가): 매몰원가는 과거의 의사결정 결과로 인하여 이미 발생한 기발생 원가이다. 이는 경영자가 더 이상 통제할 수도 없고, 현재 혹인 미래의사결정에 영향을 주지 못하며, 대체안간에 차이도 없는 원가이기 때문에 미래의 의사결정과정에서 고려할 필요가 없는 비관련원가이다.	
	기회원가 (기회비용): 기회원가는 자원을 현재의 용도가 아닌 대체적인 차선의 용도에 사용하였더라면 실현할 수 있었던 최대금액(이익 또는 효익)으로서, 차선의 대체안을 포기함으로 인하여 상실한 효익이라고도 말할 수 있다. 기회원가는 기업의 일반적인 회계보고시스템에서는 측정·기록되지 않지만, 대체안 평가와 관련된 의사결정과정에서 고려될 수도 있다.	
	관련원가와 비관련원가: 관련원가는 특정의사결정과 관련이 있는 원가, 즉 특정원가정보가 해당의사결정시 고려의 대상이 되는 원가로서 대안간에 차이가 있는 미래원가이다. 비관련원가는 특정의사결정에 관련이 없는 원가, 즉 특정의사결정시 고려대상이 되지 않는 원가이다.	
	회피가능원가와 회피불능원가: 특정대안을 선택한다면(이로 인한 조업도의 감소로) 절감될 수 있는 원가를 회피가능원가라고 하고, 특정대안의 선택여부와 관계없이 계속 발생할 수 있는 원가로 의사결정시 고려대상이 아니다.	
	현금지출원가와 연기가능원가: 현금지출원가는 특정의사결정의 결과 실제현금지출을 수반하고 회계장부에 기록되는 원가이고, 연기가능원가는 미래로 그 발생을 이연시킬 수 있는 원가이다.	
5. 원가를 집계하는 방식에 따른 분류	**개별원가계산**: 주문에 의해 제품을 개별 생산하는 경우 각 작업별로 발생한 원가를 집계하는 것을 개별원가계산이라 한다. 예 건설업, 조선업등 주문식 생산에 적합한 원가계산방법임	
	종합원가계산: 단일 공정 및 연속공정에 의해 제품을 대량생산하는 경우 일정 회계기간동안 발생한 모든 원가를 특정공정(부문)별로 집계하는 것을 종합원가계산이라고 한다. 예 제품을 대량생산하는 정유업, 화학약품업 등에 적합한 원가계산방법임	

6. 원가요소별 측정방법에 따른 분류	원가계산 방법 / 원가항목	실제원가계산 (actual costing)	정상원가계산 (normal costing)	표준원가계산 (standard costing)
	직접재료원가	실제금액	실제금액	표준금액 (표준수량×표준단가)
	직접노무원가	실제금액	실제금액	표준금액
	제조간접원가	실제배부율 ×실제배부기준	예정배부율 ×실제배부기준	표준배부율 ×표준배부기준

7. 고정제조간접원가를 제품원가에 포함시키는가의 여부에 따라	**변동원가계산**: 고정제조간접원가를 기간비용으로 하고 변동제조원가만을 제품원가에 포함한다. 따라서 비제조원가인 기간비용은 고정제조간접원가와 판매비 및 일반관리비이다.
	전부원가계산: 고정제조간접원가를 포함한 모든 제조원가를 제품원가에 포함한다. 따라서 비제조원가인 기간비용은 판매비 및 일반관리비이다.

기출 이론문제 — 원가의 개념 및 분류

01 다음 원가의 개념에 대한 설명 중 옳지 않은 것은? *85회 기출문제*

① 원가배분이란 공통원가 또는 간접원가를 합리적인 배부기준에 따라 원가대상에 대응시키는 과정을 말한다.
② 원가배분의 기준은 인과관계기준, 수혜기준, 부담능력기준 등이 있다.
③ 당기제품제조원가란 당기의 제조과정에 투입된 모든 제조원가를 의미하며, 직접재료비, 직접노무비, 제조간접비의 합으로 이루어진다.
④ 조업도란 일정기간 동안 기업의 설비능력을 이용한 정도를 나타내는 지표로 생산량, 판매량, 직접노동시간, 기계작업시간 등이 있다.

02 다음 원가회계에 대한 내용 중 틀린 것을 고르시오. *83회 기출문제*

① 고정원가는 조업도의 증감에 관계없이 그 총액이 일정하게 발생하는 원가이다.
② 당기제품제조원가는 기초재공품재고액과 당기총제조원가의 합에서 기말제품재고액을 차감한 후의 금액이다.
③ 정상원가계산은 직접재료비, 직접노무비는 실제원가로 계산하고, 제조간접비는 사전에 결정된 예정배부율을 이용하여 제품에 배부한다.
④ 표준원가계산은 미리 표준으로 설정된 원가자료를 사용하여 원가를 계산하는 방법으로 신속한 원가정보의 제공이 가능하다.

03 원가에 대한 다음의 설명 중 옳지 않은 것은? *86회 기출문제*

① 원가의 발생형태에 따라 변동비, 고정비, 준변동비, 준고정비로 분류된다.
② 매몰원가는 대표적인 비관련원가에 해당한다.
③ 회피가능원가란 의사결정에 따라 절약할 수 있는 원가로 관련원가에 해당한다.
④ 직접제조경비가 없는 경우 가공원가는 직접노무비와 제조간접비의 합이다.

04 아래 자료를 보고 A씨의 현재 의사결정에 관한 매몰원가를 구하여라. 80회 기출문제

> - A씨는 이번에 취업을 목적으로 전산세무 1급 자격증과 영어공부를 시작하려 한다.
> - 이미 A씨는 대학교 1학년 때 전산회계 1급 자격증을 취득하였고 그와 관련된 교재구입비로 30,000원을 지출하였다.
> - 현재는 전산세무 1급 자격증 취득과 영어공부를 위해 수험서적 및 어학서적을 각각 25,000원과 40,000원에 구입하려 한다.
> - 또한, 인터넷강의를 수강하기 위해 수강료를 알아 본 결과 6개월 수강료는 100,000원이며 인강을 신청할 경우 교재 구입비를 10% 할인받을 수 있다.

① 25,000원　　　② 30,000원　　　③ 40,000원　　　④ 100,000원

05 관련범위내에서 조업도가 변동할 때 변동비와 고정비에 대한 설명 중 틀린 것은? 82회 기출문제
① 총 고정원가는 변함이 없다.
② 단위당 변동원가는 일정한 값을 갖는다.
③ 단위당 고정원가는 비례 증감한다.
④ 총 변동원가는 비례 증감한다.

정답 및 해설

01 ③ 당기제품제조원가란 당기에 완성된 제품의 제조원가를 의미하며, 기초재공품원가에서 당기총제조원가를 더한 후 기말재공품원가를 차감하여 계산한다.

02 ② 당기제품제조원가 = 기초재공품재고액 + 당기총제조원가 − 기말재공품재고액

03 ① 원가의 발생형태에 따라 재료비, 노무비, 경비로 분류된다.

04 ② 매몰원가는 이미 과거에 발생한 원가로 의사결정에 영향을 미치지 않는 원가이다. 따라서, 대학교 1학년 때 수험서적 구매를 위해 지출한 30,000원이 매몰원가이다.

05 ③ 조업도가 변동하는 경우 단위당 고정원가는 반비례 증감한다.

06 다음 자료를 이용하여 당기총제조원가가 1,875,000원 일 때 직접재료원가와 직접노무원가를 계산하면 얼마인가?

83회 기출문제

구분	금액
직접재료원가	? 원
직접노무원가	? 원
제조간접원가	직접노무원가의 150%
가공원가	직접재료원가의 200%

	직접재료원가	직접노무원가		직접재료원가	직접노무원가
①	625,000원	500,000원	②	625,000원	750,000원
③	500,000원	750,000원	④	500,000원	625,000원

07 다음은 조업도 증감에 따른 총원가와 단위원가의 행태를 요약한 표이다. 빈 칸에 들어갈 올바른 것은?

85회 기출문제

조업도	총원가		단위원가	
	변동비	고정비	변동비	고정비
증가	증가	(1)	일정	(2)
감소	감소	(3)	일정	(4)

	(1)	(2)	(3)	(4)
①	일정	감소	일정	증가
②	감소	일정	증가	일정
③	증가	일정	감소	일정
④	일정	증가	일정	감소

08 다음의 원가 행태에 따른 원가 분류에 대한 설명 중 잘못된 것은?

90회 기출문제

① 원가 행태란 조업도 수준의 변동에 따라 일정한 양상으로 변화하는 원가 발생액의 변동 양상을 말한다.
② 조업도가 증가 또는 감소함에 따라 단위당 변동원가는 증가 또는 감소한다.
③ 특정 범위의 조업도 내에서는 총 원가가 일정하지만 조업도가 특정 범위를 벗어나면 일정액 만큼 증가 또는 감소하는 원가를 준고정원가라 한다.
④ 조업도의 변동에 관계없이 총 원가가 일정하게 발생하는 원가를 고정원가라 한다.

09 다음 중 원가를 의사결정과 관련하여 분류한 것으로 옳지 않은 것은? 91회 기출문제

① 관련원가란 특정의사결정과 관련이 있는 원가를 말하며, 비관련원가란 특정 의사결정과 관련이 없는 원가를 말한다.
② 매몰원가는 의사결정을 할 때 어떤 대안을 선택하든지 회복할 수 없으므로 미래의 의사결정에 고려하지 말아야 한다.
③ 기회비용은 자원을 현재 용도 이외의 다른 용도로 사용했을 경우 포기해야하는 대안들 중 효익이 가장 큰 것을 말한다.
④ 기회비용은 의사결정을 할 때 반드시 고려되어야 하며, 재무제표에 그 추정액을 주석으로 기재한다.

정답 및 해설

06 ① 가공원가 = 직접노무원가 + 제조간접원가 = 직접재료원가 × 200%
당기총제조원가 = 직접재료원가 + 직접노무원가 + 제조간접원가
당기총제조원가 = 직접재료원가 + 가공원가 = 직접재료원가 + 직접재료원가 × 200%
직접재료원가 = A라 가정할 때, 1,875,000 = A + A × 2, A = 625,000원, 가공원가 = 625,000 × 2 = 1,250,000원
가공원가 = 직접노무원가 + 제조간접원가 = 직접노무원가 + 직접노무원가 × 150%
직접노무원가 = B라 가정할 때, 1,250,000 = B + B × 1.5, B = 500,000원, 제조간접원가 = 500,000 × 1.5 = 750,000원

07 ① 조업도가 증가하면 총원가의 고정비는 일정하고 단위원가의 고정비는 감소한다. 조업도가 감소하면 총원가의 고정비는 일정하고 단위원가의 고정비는 증가한다.

08 ② 단위당 변동원가는 조업도의 변동에 관계없이 일정하다.

09 ④ 기회비용은 의사결정을 할 때에 반드시 고려되지만, 회계장부에는 기록되지 않는다.

10 다음은 원가의 분류에 대한 내용이다. 맞는 것은? 92회 기출문제

① 준변동원가는 혼합원가이며, 조업도수준이 '0'인 상태에서 일정수준의 원가가 발생되며 이후 조업도의 증감에 따라 총원가가 변동하는 원가이다.
② 준고정원가는 계단식 원가이며, 총원가가 조업도에 관계없이 고정적인 원가를 말한다.
③ 관련원가는 특정의사결정에 관련하여 의사결정의 대안 간에 차이가 있는 과거원가를 말한다.
④ 직접원가는 특정제품 등 추적이 불가능한 공통원가로서 직접재료원가, 노무원가 등을 말한다.

11 특정 의사결정에 필요한 원가로서 의사결정 대안간에 차이가 나는 원가가 아닌 것은? 93회 기출문제

① 매몰원가   ② 차액원가   ③ 기회원가   ④ 회피가능원가

12 다음 중 원가에 대한 설명으로 틀린 것을 모두 고른 것은? 95회 기출문제

> ㄱ. 고정원가란 관련 범위 내에서 조업도의 증감에 따라 단위당 원가가 증감하는 원가이다.
> ㄴ. 종합원가계산은 항공기 제작업, 건설업 등에 적합한 원가계산 방식이다.
> ㄷ. 특정 제품에 직접 추적할 수 있는 원가 요소를 직접원가라고 한다.
> ㄹ. 공통원가 또는 간접원가를 배분하는 가장 이상적인 배분 기준은 수혜기준이다.

① ㄱ   ② ㄱ, ㄷ   ③ ㄹ   ④ ㄴ, ㄹ

13 원가회계의 용어에 대한 다음의 설명 중 옳지 않은 것은? 98회 기출문제

① 변동원가는 일반적으로 단위당 변동원가에 조업도를 곱하여 계산한다.
② 매몰원가는 과거의 의사결정에 의해 이미 발생한 과거원가를 말하며 의사결정과 관계없이 변동될 수 없는 원가이다.
③ 간접원가의 경우 인과관계가 적은 배부기준을 사용해야 원가계산의 정확성이 높아진다.
④ 기회비용은 특정대안을 채택할 때 포기해야 하는 대안이 여러 개일 경우 대안들의 효익 중 가장 큰 것이다.

14 다음 중 관련 범위 내에서 단위당 변동원가와 총고정원가를 설명한 것으로 옳은 것은? 100회 기출문제

	단위당 변동원가	총고정원가
①	생산량이 증가함에 따라 감소한다.	각 생산수준에서 일정하다.
②	생산량이 증가함에 따라 증가한다.	생산량이 증가함에 따라 감소한다.
③	각 생산수준에서 일정하다.	생산량이 증가함에 따라 감소한다.
④	각 생산수준에서 일정하다.	각 생산수준에서 일정하다.

15 ㈜트리는 목재를 원재료로 하는 4가지 종류의 제품생산을 고려 중이다. 총 두 번의 공정을 거쳐 제품을 완성하는데 제2공정의 작업량에 따라 최종제품이 결정된다. ㈜트리가 완제품에 대한 최선안을 선택할 때 기회원가는 얼마인가?

101회 기출문제

구분	침대	책상	의자	연필
판매가격	200,000원	150,000원	100,000원	90,000원
제1공정 원가	50,000원	50,000원	50,000원	50,000원
제2공정 원가	110,000원	50,000원	15,000원	10,000원

① 30,000원 ② 35,000원 ③ 40,000원 ④ 110,000원

정답 및 해설

10 ① ② 준고정원가는 일정한 조업도의 범위 내에서만 총원가가 일정한 원가이다.
③ 과거원가가 아닌 미래원가임
④ 직접원가는 추적이 가능함

11 ① 매몰원가는 과거 의사결정결과로 이미 발생한 원가이며, 의사결정 대안간에 차이가 없다.

12 ④ ㄴ. 종합원가계산은 제지업, 제과업 등 단일 제품을 연속적으로 대량 생산하는 경우에 적합하고, 항공기 제작업, 건설업 등에 적합한 원가계산 방식은 개별원가계산이다.
ㄹ. 공통원가 또는 간접원가를 배분하는 가장 이상적인 배분기준은 인과관계기준이다.

13 ③ 간접원가의 경우 인과관계가 높은 배부기준을 사용할수록 원가계산의 정확성은 높아진다.

14 ④ 단위당 변동원가와 총고정원가는 각 생산수준에서 일정하다.

15 ③ 제품별 이익은 침대 40,000원, 책상 50,000원, 의자 35,000원, 연필 30,000원이므로 최선안은 책상이다. 따라서 기회원가는 최선안을 선택함으로써 포기해야하는 차선안이므로 침대의 이익인 40,000원이다.

16 다음 중 원가에 대한 설명으로 맞는 것은 모두 몇 개인가?   102회 기출문제

> ㄱ. 매몰원가는 이미 발생한 과거의 원가로서 의사결정과정에 영향을 주지 못하는 원가이다.
> ㄴ. 고정원가는 관련범위 내에서 조업도의 증감에 상관없이 단위당 원가는 동일하다.
> ㄷ. 종합원가계산은 제조원가를 직접재료비와 가공비로 구분하여 원가를 계산한다.
> ㄹ. 표준원가계산에서 유리한 차이란 실제원가가 표준원가보다 큰 것을 말한다.

① 1개　　　　　② 2개　　　　　③ 3개　　　　　④ 4개

17 다음 중 원가행태에 대한 설명으로 가장 틀린 것은?   103회 기출문제

① 변동원가는 조업도의 변동에 비례하여 총원가가 변동하는 원가로써 직접재료비, 직접노무비가 이에 해당한다.
② 변동원가는 조업도의 증감에 따라 총변동원가는 증감하지만, 단위당 변동원가는 조업도의 변동에 영향을 받지 않는다.
③ 고정원가는 조업도의 변동과 관계없이 총원가가 일정하게 발생하는 원가를 말한다.
④ 준고정원가는 변동원가와 고정원가가 혼합된 원가를 말한다.

18 일정기간 관련범위 내에서 조업도 수준의 변동에 따라 총원가가 일정한 모습으로 변동할 때 그 모습을 원가행태라고 한다. 원가행태에 대한 설명으로 틀린 것은?   104회 기출문제

① 변동원가는 관련범위 내에서 조업도의 변동에 정비례하여 총원가가 변동하는 원가를 말하며, 단위당 변동원가는 조업도의 변동에 관계없이 일정하다.
② 준고정원가는 조업도와 관계없이 발생하는 고정원가와 조업도의 변동에 비례하여 발생하는 변동원가로 구성된 원가를 말한다.
③ 고정원가의 단위당 원가는 조업도의 증감과 반대로 변동한다.
④ 관련범위 내에서 조업도의 변동에 관계없이 총원가가 일정한 원가를 고정원가라고 하며, 총원가가 조업도의 변동에 아무런 영향을 받지 않는다.

19 다음 중 원가에 대한 설명으로 맞는 것은?   105회 기출문제

① 가공원가란 직접재료원가를 제외한 모든 원가를 말한다.
② 특정 제품 또는 특정 부문에 직접적으로 추적가능한 원가를 간접비라 한다.
③ 변동원가 총액은 조업도에 비례하여 감소한다.
④ 직접재료원가와 직접노무원가는 가공원가에 해당한다.

정답 및 해설

16 ② ㄴ. 고정원가는 조업도의 증감에 따라 단위당 원가가 증감한다.
ㄹ. 실제원가가 표준원가보다 큰 것은 불리한 차이다.

17 ④ 변동원가와 고정원가가 혼합된 원가는 준변동원가이다. 준고정원가는 특정 범위 내의 조업도에서는 총원가가 일정하지만 조업도가 특정 범위를 벗어나면 일정액만큼 증감되는 원가를 말한다.

18 ② 준변동원가는 조업도와 관계없이 발생하는 고정원가와 조업도의 변동에 비례하여 발생하는 변동원가로 구성된 원가를 말한다.
• 준고정원가는 특정 범위의 조업도에서 일정하지만 조업도가 특정 범위를 벗어나면 일정액만큼 증가하는 원가를 말하며, 단계원가라고도 한다.

19 ① 가공원가는 직접재료원가를 제외한 모든 원가를 말한다.

02 제조원가의 흐름

01 원가의 구성

				판매이익	
			판매비와관리비		
		제조간접비			판매가격
직접재료비			제조원가	판매원가	
직접노무비	직접원가				
직접제조경비					

02 원가계산의 절차

원가계산은 원가요소별 → 부문별 → 제품별 원가계산 3단계로 이루어진다.

(1) **원가요소별 계산**: 제조원가의 3요소인 재료비, 노무비, 경비로 분류하여 계산한다.

(2) **부문별 원가계산**

원가요소별로 계산된 원가를 부문별로 집계한다. 부문별원가계산은 제조업에서 각 부문별로 원가를 계산하고 배분하는 체계적인 프로세스로, 크게 4단계로 구성된다. 이를 통해 제품별 정확한 원가 산정과 경영 의사결정 지원을 목적으로 한다.

① 1단계: 부문직접비를 각 부문에 부과

직접적 비용 할당 단계로, 각 부문에서 발생한 직접 원가(원재료, 직접노무비 등)를 해당 부문에 직접 배정한다. 예를 들어 조립부문의 전용 장비 유지비는 해당 부문에 직접 배부된다. 이 단계에서 사용되는 배부 기준은 물량적 측정치(사용량, 작업시간 등)가 주로 활용된다.

② 2단계: 부문간접비를 각 부문에 배부

공통적으로 발생한 간접비(전기료, 감가상각비 등)를 적절한 배부 기준에 따라 각 부문에 배분한다. 이 단계에서는 배부 기준 선택이 원가 계산의 정확성에 결정적 영향을 미친다.

예시) 전기료 → 기계 사용 시간 기준으로 배분, 감가상각비 → 기계의 장부가액 비율로 배분

③ 3단계: 보조부문비를 제조부문에 배부

보조부문에 배부된 제조간접비를 제조부문에 배분하는 단계이다. 주요 배분 방법은 직접배분법, 단계배분법, 상호배분법 세 가지가 있다. 이 단계에서 방법 선택 시 기업의 조직 구조와 비용 발생 패턴을 종합적으로 고려해야 한다.

④ 4단계: 제조부문비를 각 제품에 배부
   최종적으로 제조부문에 집계된 비용을 제품별로 배분하는 단계이다. 주로 사용되는 배부 기준은 단위당 배부(대량생산 제품), 작업시간 배부(맞춤생산 제품), 활동기준원가계산(ABC) 방식(복잡한 제품구성) 등이 있다. 이 단계에서는 원가 객체(제품)와 원가 동인 간의 인과관계 분석이 핵심적으로 요구된다.

(3) **제품별 원가계산**: 배부된 직접비와 제조부문비를 제품별로 집계하여 제품원가를 계산한다.

03 제조원가의 흐름

일반적으로 기업이 제품을 생산하기 위해서는 원재료를 창고에서 출고하여 제조 공정에 투입하며, 제조공정에서 이 원재료에 대하여 노동을 투입하고 기계작업을 수행하게 된다.
이러한 과정에서 발생하는 직접재료원가, 직접노무원가, 제조간접원가의 제조원가는 일단 미완성된 제품의 원가를 나타내는 재공품계정에 기록하며, 제품을 완성하면 완성품의 제조원가를 재공품계정에서 제품계정으로 대체한다. 그리고 판매시 제품의 원가를 제품계정에서 매출원가계정으로 대체한다.

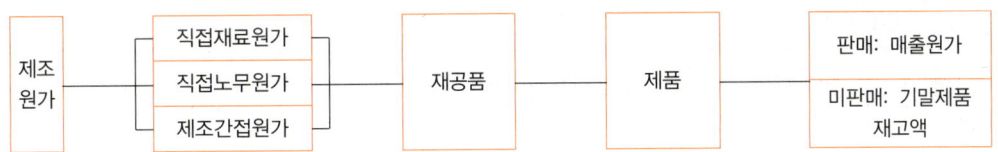

<제조원가흐름>

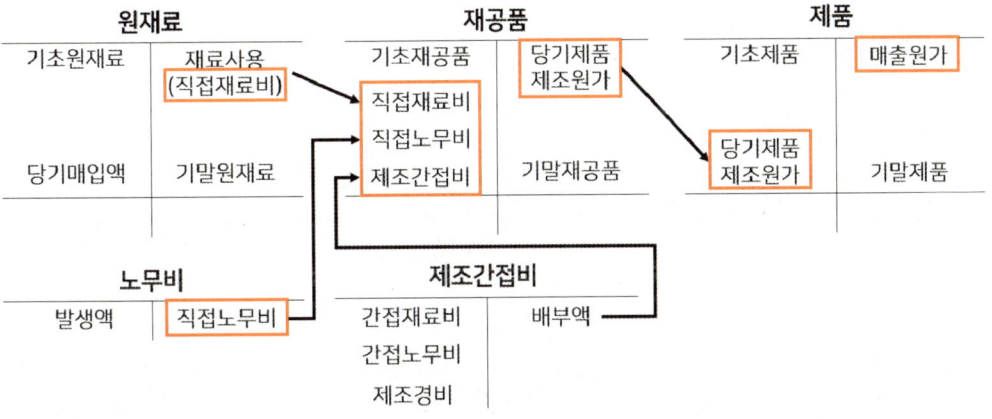

① 원재료 계정	당기재료비 = 기초원재료재고액 + 당기매입액 − 기말원재료 재고액
② 노무비 계정	노무비 발생액 = 당월지급액 + 당월미지급액 + 전월선급액 − 전월미지급액 − 당월선급액
③ 제조경비 계정	제조경비 발생액 = 당월지급액 + 당월미지급액 + 전월선급액 − 전월미지급액 − 당월선급액
④ 재공품 계정	* 당기총제조원가 = 직접재료비 + 직접노무비 + 제조간접비 당기제품제조원가 = 기초재공품재고액 + *당기총제조원가 − 기말재공품재고액
⑤ 제품 계정	매출원가 = 기초제품재고액 + 당기제품제조원가 − 기말제품재고액

04 제조원가명세서(a statement costs of goods manufactured)

제조원가명세서		
I. 재료비		
1. 기초원재료재고액	×××	
2. 당기원재료매입액	×××	
계	×××	
3. 기말원재료재고액	×××	×××
II. 노무비		
1. 기본금	×××	
2. 제수당등	×××	×××
III. 제조경비		
1. 감가상각비	×××	
2. 동력비	×××	
3. 보험료	×××	
4. 수선유지비등	×××	×××
IV. 당기총제조비용[*1]		×××
V. 기초재공품재고액		×××
합계		×××
VI. 기말재공품재고액		×××
VII. 당기제품제조원가[*2]		×××

제조기업의 제조원가명세서는 당기에 완성되어 제품으로 대체된 원가가 얼마인지를 표기하는 필수부속명세서이다.

*1 당기총제조비용: 당기 중 제조과정에 투입한 제조원가로서 직접재료원가, 직접노무원가 제조간접원가의 합계
*2 당기제품제조원가: 당기 중 완성되어 재공품계정에서 제품계정으로 대체된 완성품 원가

기출 이론문제 — 제조원가의 흐름

01 다음 제조원가명세서에 관련된 설명 중 틀린 것은? _{80회 기출문제}

제조원가명세서		
1. 재료비		12,000,000원
당기매입액	13,000,000원	
기말원재료재고	1,000,000원	
2. 노무비		8,000,000원
3. 제조간접비		6,000,000원
4. (　　　)		26,000,000원
5. (　　　)		1,000,000원
6. 합계		27,000,000원
7. (　　　)		4,000,000원
8. (　　　)		(　　　)

① 당기총제조원가는 26,000,000원이다.
② 기초재공품재고액은 1,000,000원이다.
③ 기말재공품재고액은 4,000,000원이다.
④ 당기제품제조원가는 26,000,000원이다.

02 20X1년 1월 5일에 영업을 시작한 ㈜세무는 사업부진으로 20X2년 6월 30일에 재공품 재고를 남겨두지 않고 모두 제품으로 생산한 뒤 전부 싼 가격으로 처분하고 폐업하였다. 20X1년 말 재공품 재고액 50,000원, 제품 재고액 100,000원을 가지고 있었다면 20X2년도 원가를 큰 순서대로 정리한 것으로 옳은 것은? _{80회 기출문제 수정}

① 매출원가 > 당기제품제조원가 > 당기총제조원가
② 매출원가 > 당기총제조원가 > 당기제품제조원가
③ 당기총제조원가 > 당기제품제조원가 > 매출원가
④ 모두 금액이 같다.

정답 및 해설

01 ④ 당기제품제조원가는 23,000,000원이다.

02 ① 기초제품재고액과 기초재공품재고액이 존재하고 기말 재고가 없으므로 원가의 크기는 매출원가>당기제품제조원>당기총제조원가 순서로 정리된다.

03 다음 자료를 이용하여 당기총제조원가를 계산하면 얼마인가? 82회 기출문제

구분	금액
직접재료원가	? 원
직접노무원가	500,000원
제조간접원가	직접노무원가의 150%
가공원가	직접재료원가의 200%

① 625,000원　② 750,000원　③ 1,125,000원　④ 1,875,000원

04 다음의 자료를 근거로 당기총제조원가를 계산하면 얼마인가? 86회 기출문제

- 기초 재공품 재고액: 23,000원
- 기초 제품 재고액: 25,000원
- 매출 원가: 550,000원
- 기말 재공품 재고액: 20,000원
- 기말 제품 재고액: 41,000원

① 527,000원　② 537,000원　③ 563,000원　④ 566,000원

05 다음 중 ㈜지리산의 제조원가명세서 자료에 대한 설명으로 틀린 것은? 87회 기출문제

제조원가명세서		
Ⅰ 원재료비		65,000,000원
( )	( )	
당기매입	68,000,000원	
기말원재료재고	7,000,000원	
Ⅱ 노무비		9,000,000원
Ⅲ 제조간접비		13,000,000원
Ⅳ ( )		( )
Ⅴ ( )		2,000,000원
Ⅵ 합계		( )
Ⅶ ( )		11,000,000원
Ⅷ ( )		( )

① 기초원재료재고는 4,000,000원이다.
② 당기총제조원가는 87,000,000원이다.
③ 기초재공품재고액은 2,000,000원이다.
④ 당기제품제조원가는 11,000,000원이다.

06 다음 중 매출원가와 당기총제조원가가 동일해지는 경우는? *88회 기출문제*

	기초재공품	기말재공품	기초제품	기말제품
①	13,000원	32,000원	43,000원	24,000원
②	15,000원	30,000원	40,000원	5,000원
③	18,000원	40,000원	18,000원	40,000원
④	22,000원	13,000원	15,000원	30,000원

정답 및 해설

03 ④ 제조간접원가 = 직접노무원가 × 150% = 500,000원 × 150% = 750,000원
가공원가 = 직접노무원가 + 제조간접원가 = 500,000원 + 750,000원 = 1,250,000원
가공원가 = 직접재료원가 × 200% = 1,250,000원
직접재료원가 = 1,250,000원 ÷ 2 = 625,000원
당기총제조원가 = 직접재료원가 + 직접노무원가 + 제조간접원가
= 625,000원 + 500,000원 + 750,000원 = 1,875,000원

04 ③ 당기제품제조원가 = 매출원가(550,000원) − 기초제품(25,000원) + 기말제품(41,000원) = 566,000원
당기총제조원가 = 당기제품제조원가(566,000원) − 기초재공품(23,000원) + 기말재공품(20,000원) = 563,000원

05 ④ 당기제품제조원가는 78,000,000원이다.

제조원가명세서		
Ⅰ 원 재 료 비		65,000,000원
기초원재료재고	4,000,000원	
당 기 매 입	68,000,000원	
기말원재료재고	7,000,000원	
Ⅱ 노 무 비		9,000,000원
Ⅲ 제 조 간 접 비		13,000,000원
Ⅳ 당기총제조원가		87,000,000원
Ⅴ 기초재공품재고액		2,000,000원
Ⅵ 합　　　　계		89,000,000원
Ⅶ 기말재공품재고액		11,000,000원
Ⅷ 당기제품제조원가		78,000,000원

06 ① 매출원가 = 기초제품 + 당기제품제조원가 − 기말제품
당기제품제조원가 = 기초재공품 + 당기총제조원가 − 기말재공품
즉 매출원가 = 기초제품 + 기초재공품 + 당기총제조원가 − 기말재공품 − 기말제품
이므로 기초재고(재공품+제품)와 기말재고(재공품+제품)가 동일할 경우 매출원가와 당기총제조원가는 동일하다.

07 다음 중 생산부서의 공장 임차료를 판매관리비로 회계 처리할 경우 발생되는 것으로 틀린 것은?(단, 기말재고자산은 없다.)   90회 기출문제

① 매출원가가 감소된다.
② 매출총이익이 증가된다.
③ 당기총제조원가가 감소된다.
④ 당기순이익이 감소된다.

08 다음의 자료를 바탕으로 당월의 기말제품재고액을 구하시오.   93회 기출문제

- 당월의 기말재공품재고액은 기초에 비해 100,000원 증가
- 당월의 기말제품재고액은 기초에 비해 50,000원 감소
- 당월의 총제조원가 3,100,000원
- 판매가능제품액 3,250,000원

① 100,000원   ② 150,000원   ③ 200,000원   ④ 300,000원

09 생산부서에서 사용하는 유형자산의 감가상각비를 판매비와 일반관리비로 회계처리할 경우 발생되는 것으로 올바른 것은?(단, 기말재고자산은 없음)   94회 기출문제

① 법인세가 증가된다.
② 매출원가가 증가된다.
③ 판매비와 관리비가 감소된다.
④ 매출총이익이 증가된다.

10 다음 자료를 참조하여 당기총제조원가를 구하면 얼마인가?   95회 기출문제

구분	금액
직접재료원가	250,000원
직접노무원가	? 원
제조간접원가	직접노무원가의 200%
가공원가	직접재료원가의 150%

① 625,000원   ② 750,000원   ③ 375,000원   ④ 1,000,000원

11 ㈜경기의 원가 관련 자료가 아래와 같을 때 당기제품제조원가는 얼마인가? 100회 기출문제

- 기초재공품: 20,000원
- 기초원가: 50,000원
- 기말재공품: 30,000원
- 가공원가: 70,000원
- 제조간접원가는 직접노무원가의 1.5배만큼 비례하여 발생한다.

① 79,000원   ② 80,000원   ③ 81,000원   ④ 82,000원

정답 및 해설

07 ④ 당기순이익은 변동없다.

08 ③ · 기초재공품재고액 + 3,100,000 − 기말재공품재고액 = 당기완성품제조원가
  ∴ 당기완성품제조원가 = 3,000,000
 · 판매가능제품액 = 기초제품재고액 + 당기완성품제조원가
  ∴ 기초제품재고액 = 250,000
 · 기말제품재고액 = 기초제품재고액 − 50,000 = 200,000

09 ④ 감가상각비가 당기총제조원가에 포함되지 않아 감소된다. 매출원가에 감가상각비가 포함되지 않아 감소된다. 판매비와 관리비에 감가상각비가 포함되어 증가된다.

10 ① 직접노무원가 = P
 가공원가 = 직접재료원가 × 150% = 250,000원 × 150% = 375,000원
 가공원가 = 직접노무원가 + 제조간접원가(직접노무원가 × 200%) = P + 2P = 3P = 375,000원
 직접노무원가(P) = 125,000원
 당기총제조원가 = 직접재료원가 + 직접노무원가 + 제조간접원가
       = 250,000원 + 125,000원 + 250,000원 = 625,000원

11 ④ 기초재공품 20,000원 + 당기총제조원가 92,000원 − 기말재공품 30,000원
 · 기초원가: 직접재료원가 + 직접노무원가 = 50,000원
 · 가공원가: 직접노무원가 + 제조간접원가 = 70,000원
 · 직접노무원가: 가공원가 70,000원 × 1/(1 + 1.5) = 28,000원
 · 직접재료원가: 기초원가 50,000원 − 직접노무원가 28,000원 = 22,000원
 · 제조간접원가: 가공원가 70,000원 − 직접노무원가 28,000원 = 42,000원
 · 당기총제조원가: 직접재료원가 22,000원 + 직접노무원가 28,000원 + 제조간접원가 42,000원 = 92,000원

12 아래의 제조원가명가명세서에 대한 설명으로 다음 중 틀린 것은?   102회 기출문제

제조원가명세서		
Ⅰ. 재료비		85,000,000원
기초원재료재고액	25,000,000원	
( )	? 원	
기말원재료재고액	10,000,000원	
Ⅱ. 노무비		13,000,000원
Ⅲ. 제조경비		20,000,000원
Ⅳ. ( )		? 원
Ⅴ. 기초재공품재고액		? 원
Ⅵ. 합계		130,500,000원
Ⅶ. ( )		3,000,000원
Ⅷ. ( )		? 원

① 당기원재료매입액은 70,000,000원이다.
② 당기제품제조원가는 133,500,000원이다.
③ 기초재공품재고액은 12,500,000원이다.
④ 당기총제조원가는 118,000,000원이다.

13 다음 자료를 이용하여 직접재료원가와 직접노무원가를 계산하면 얼마인가?   103회 기출문제

구분	금액
직접재료원가	? 원
직접노무원가	? 원
제조간접원가	직접노무원가의 150%
가공원가	직접재료원가의 300%
당기총제조원가	1,400,000원

	직접재료원가	직접노무원가
①	350,000원	420,000원
②	350,000원	630,000원
③	420,000원	630,000원
④	420,000원	350,000원

14 다음의 자료를 이용하여 직접재료원가와 직접노무원가를 구하시오.   105회 기출문제

- 기초 제품 재고액: 2,000,000원
- 기초 재공품 원가: 2,500,000원
- 가공원가: 직접재료원가의 150%
- 매출원가: 3,000,000원
- 기말 제품 재고액: 3,000,000원
- 기말 재공품 원가: 1,000,000원
- 제조간접원가: 직접노무원가의 200%

	직접재료원가	직접노무원가
①	500,000원	1,000,000원
②	800,000원	1,600,000원
③	1,000,000원	500,000원
④	1,600,000원	800,000원

정답 및 해설

12 ②

제조원가명세서		
I. 재료비		85,000,000원
기초원재료재고액	25,000,000원	
당기원재료매입액	70,000,000원	
기말원재료재고액	10,000,000원	
II. 노무비		13,000,000원
III. 제조경비		20,000,000원
IV. 당기총제조원가		118,000,000원
V. 기초재공품재고액		12,500,000원
VI. 합계		130,500,000원
VII. 기말재공품재고액		3,000,000원
VIII. 당기제품제조원가		127,500,000원

13 ①
- 당기총제조원가: 직접재료원가 A + 가공원가
  = 직접재료원가 A + 3A
  = 1,400,000원
  ∴ 직접재료원가: 350,000원
- 가공원가: 직접노무원가 B + 제조간접원가
  = 직접노무원가 B + 1.5B
  = 직접재료원가 350,000원 × 300%
  = 1,050,000원
  ∴ 직접노무원가: 420,000원

14 ③
- 당기제품제조원가: 기말 제품 3,000,000원 + 매출원가 3,000,000원 − 기초 제품 2,000,000원 = 4,000,000원
- 당기총제조원가: 당기제품제조원가 4,000,000원 + 기말 재공품 1,000,000원 − 기초 재공품 2,500,000원
  = 2,500,000원
- 당기총제조원가: 직접재료원가 + 가공원가 = 직접재료원가 + 직접재료원가 × 150% = 직접재료원가 × 250%
  = 2,500,000원
  ∴ 직접재료원가: 1,000,000원
- 당기총제조원가: 직접재료원가 1,000,000원 + 직접노무원가 + 제조간접원가
  = 직접재료원가 1,000,000원 + 직접노무원가 + 직접노무원가 200%
  = 직접재료원가 1,000,000원 + 직접노무원가 300%
  = 2,500,000원
  ∴ 직접노무원가: 500,000원

CHAPTER 03 부문별 원가계산

01 원가배분(cost allocation)의 정의

원가배분이라 함은 일정한 배분기준에 따라 공통적으로 발생한 원가(공통원가) 또는 원가집합을 하나 또는 둘 이상의 원가집적대상에 배부하거나 재배부하는 과정을 말한다. 여기서 원가집적대상이란 원가를 개별적으로 집적되는 활동이나 조직의 하부단위 등으로서 원가를 부담할 수 있는 대상을 말한다.

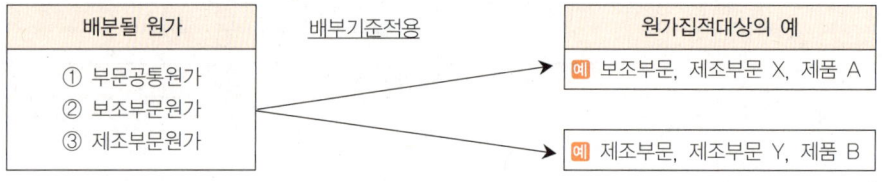

02 원가배분기준(cost allocation base)

원가배분기준이란 하나의 원가 또는 원가집합을 또 다른 하나 또는 둘 이상의 원가배분대상에 배부하거나 재배부할 때 사용하는 기준이다. 배부기준은 논리적으로 타당하여야 하며 경제적으로 이용가능하고, 합리적인 것이어야 한다.

(1) 인과관계기준(casuality crterion)
특정 활동의 수행으로 배분되어야 할 특정한 원가가 발생할 경우, 그 활동과 배분될 원가사이에 인과관계가 존재하도록 원가배분대상에 원가를 배분하는 방법이다. 이는 가장 이상적인 원가배분기준으로서 인과관계를 이용한 원가배분이 경제적으로 실현 가능한 경우에는 인과관계기준에 의해 원가를 배분하여야 한다.

(2) 부담능력기준(ability-to-bear criterion)
각 원가집적대상이 원가를 부담할 수 있는 능력에 비례하여 원가를 배분하는 방법이다. 일반적으로 부담능력을 평가하는 지표로서 매출액이 많이 사용되고 있다.

(3) 수혜기준(benefit received criterion)
배분되어야 할 원가를 발생시킨 용역제공부문으로부터 각 원가집적대상이 받은 경제적 효익의 정도에 비례하여 원가를 배분하는 방법으로 수익자부담기준이라고도 한다. 일반적으로 용역을 제공하는 부서로부터 각 원가집적대상이 실제로 제공받은 서비스정도를 효익을 측정할 수 있는 지표로서 많이 사용되고 있다.

(4) 공정성과 공평성기준(fairness and equity criterion)

하나의 원가나 집적된 원가를 각 원가집적대상에 배분할 때, 공정하고 공평하게 원가를 배분해야 한다는 방법이다.

이는 논리적으로 타당한 기준이지만, 공정성과 공평성의 개념이 매우 포괄적이어서 구체적인 지침으로서 원가를 배분하는 데는 한계가 있다.

03 제조간접원가의 배분

제조간접원가를 배부하는 가장 중요한 목적은 제품단위당 원가를 결정하는 데 있다. 제품원가는 재무상태표에 계상되는 재고자산의 평가기준이 되며, 손익계산서에 나타나는 매출원가를 결정하는 기준이 된다. 제품을 생산하는 과정에서 소요되는 제조원가는 직접재료원가, 직접노무원가, 제조간접원가로 구성된다. 직접재료원가나 직접노무원가는 특정제품이나 재공품에 직접추적이 가능하므로 원가발생시 특정제품이나 재공품에 직접부과하지만, 제조간접원가는 직접추적이 불가능하므로 직접 부과하지 못하고 별도의 합리적인 배부기준과 배부방법을 통하여 특정제품이나 제공품에 배부하여야 한다.

(1) 제조간접원가배부의 방법

기업의 하부조직은 수행하는 기능에 따라 크게 보조부문과 제조부문으로 나눌 수 있다. 일반적으로 생산이나 판매를 직접담당하지 않고 단지 다른 부문에 용역을 제공하는 일을 주요기능으로 하면서 생산이나 판매활동에는 간접적으로 기여하는 부문을 보조부문 또는 서비스부문이라고 하며, 보조부문의 용역을 제공받아 직접 제조활동을 수행하는 부문을 제조부문 또는 사용자부문이라고 한다.

이처럼 기업의 하부조직이 여러 개의 보조부문과 제조부문으로 구성되었을 때 제조간접원가를 제품에 부과하는 방법에는 공장전체 제조간접비배부율을 적용하는 방법과 제조부문별 제조간접비배부율을 적용하는 방법 두 가지가 있다.

(2) 제조간접원가 배부기준

제조간접원가를 배부하기 위한 배부기준은 제조간접원가의 발생과 배부기준사이에 인과관계가 밀접한 것을 적절히 선택하여 적용하여야 한다.

일반적으로 제조간접원가를 제품 및 재공품에 배부하기 위한 배부기준으로는 직접노동시간, 기계작업시간, 직접노무원가, 직접재료원가 등이 사용된다.

04 보조부문원가의 배분

제조부문별로 제조간접원가를 배부하기 위해서는 먼저 공장 내에서 발생한 제조간접원가를 각각의 원가집적대상인 보조부문과 제조부문에 집계한 후 보조부문의 제조간접원가를 제조부문의 제조간접원가계정에 배부하여 최종적으로 각 제조부문별로 배분된 보조부문원가와 제조부문 자체에서 발생한 제조간접원가를 집계하여야 한다.

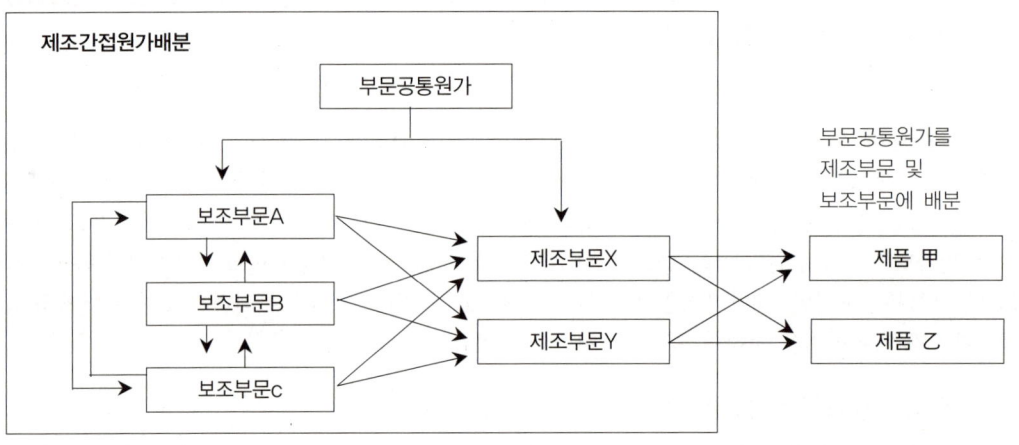

보조부문원가를 제조부문에 배분방법	제조부문원가를 제품에 배부방법
① 직접배분법	① 공장전체제조간접원가배부율법
② 단계배분법	② 부문별제조간접원가배부율법
③ 상호배분법	

부문간접비		배부기준
건물	건물감가상각비	면적
	임 차 료	
	건 물 보 험 료	
기계장치	기계감가상각비	기계의 사용시간
	기 계 보 험 료	
동 력 비(전 력 비)		마력수 × 운전시간, 전력소비량
간 접 재 료 비		각 부문의 직접재료비
간 접 노 무 비		각 부문의 직접노무비, 종업원수, 직접노동시간
수 선 비		각 부문의 수선횟수, 또는 시간
가 스 수 도 비		각 부문의 가스 수도 사용량
운 반 비		각 부문의 운반물품의 무게, 운반거리, 운반횟수
복 리 후 생 비		각 부문의 종업원수

05 보조부문원가의 배분

보조부문의 모든 활동은 본질적으로 제조부문의 생산활동을 보조하기 위한 것이므로, 보조부문에서 발생하는 모든 제조간접원가는 당연히 제품의 제조원가를 구성한다. 일반적으로 가장 많이 사용되는 보조부문원가 배분방법으로는 다음과 같은 세 가지가 있다.

(1) 직접배분법(direct method)

직접배분법은 보조부문간의 용역의 수수관계를 완전히 무시하고, 각 제조부문이 사용한 용역의 상대적 비율에 따라 보조부문원가를 제조부문에 직접 배분하는 방법이다. 이 방법은 보조부문의 용역이 제조부문에서만 전부 소비되거나 보조부문 상호간의 용역수수관계가 극히 적거나 별로 중요하지 않을 경우에는 매우 적절한 배분방법으로 그 배분절차가 가장 간단하다.

그러나 보조부문이 제조부문뿐만 아니라 다른 보조부문에도 용역을 제공하는 경우에는 보조부문간의 상호원가관련성을 고려하지 않기 때문에, 제조부문의 제조간접원가 배분율을 왜곡시킬 수 있다.

예제1

㈜이패스는 제조부문 A, B와 보조부문 X, Y가 있다. 각 보조부문의 서비스 용역수수관계는 다음과 같다. X, Y 부문의 변동원가는 ₩200,000, ₩240,000이며, 고정원가는 없다. 직접배분법에 의해 보조부문원가를 배분하는 경우, A와 B 제조부문에 배분되는 총보조부문원가는 얼마인가?

보조용역제공부문 \ 보조용역사용부문	보조부문		제조부문		합계
	X	Y	A	B	
X		40%	30%	30%	100%
Y	20%		60%	20%	100%

해설

보조부문원가의 제조부문에 배분

① 제조부문 A에 배분된 보조부문원가 = $(200,000원 \times \frac{30}{60}) + (240,000원 \times \frac{60}{80})$
　　　　　　　　　　　　　　　　= 100,000원 + 180,000원 = 280,000원

② 제조부문 B에 배분된 보조부문원가 = $(200,000원 \times \frac{30}{60}) + (240,000원 \times \frac{20}{80})$
　　　　　　　　　　　　　　　　= 100,000원 + 60,000원 = 160,000원

(2) 단계배분법(step method)

단계배분법은 보조부문들 간에 일정한 배분순위를 정한 다음, 그 배분순위에 따라 보조부문원가를 단계적으로 타 보조부문과 제조부문에 배분하는 방법이다.

이와 같은 단계배분법은 보조부문 사이의 용역수수관계를 일부만 고려하며 보조부문 간의 상호관련성을 완전하게 인식하는 방법은 아니다.

단계배분법에서는 어떤 순서로 보조부문원가를 배분하느냐에 따라 제조부문에 배분될 원가가 달라진다. 따라서 단계배분법에서는 배분순서를 합리적으로 결정하는 것이 매우 중요하다.

배분순서를 결정할 경우 다음과 같은 방법이 주로 사용된다.

① 용역제공비율이 큰 보조부문부터 배분
② 용역을 제공받은 다른 보조부문의 수가 많은 보조부문부터 배분
③ 보조부문의 총발생원가가 큰 보조부문부터 배분

> **예제2**
>
> ㈜이패스는 제조부문 A, B와 보조부문 X, Y가 있다. 각 보조부문의 서비스 용역수수관계는 다음과 같다. X, Y 부문의 변동원가는 ₩200,000, ₩240,000이며, 고정원가는 없다. 단계배분법에 의해 보조부문원가를 배분하는 경우, A와 B 제조부문에 배분되는 총보조부문원가는 얼마인가?(보조부문 X부터 배부한다.)
>
> | 보조용역제공부문 \ 보조용역사용부문 | 보조부문 X | 보조부문 Y | 제조부문 A | 제조부문 B | 합계 |
> |---|---|---|---|---|---|
> | X | | 40% | 30% | 30% | 100% |
> | Y | 20% | | 60% | 20% | 100% |
>
> **해설**
>
> X 보조부문원가 배분
> ① 보조부문 Y에 배분된 X부문원가 = 200,000원 × 40% = 80,000원
>   보조부문 Y원가 = 240,000 + 80,000 = 320,000원
> ② 제조부문 A에 배분된 보조부문원가 = (200,000원 × 30%) + (320,000원 × $\frac{60}{80}$)
>   = 60,000원 + 240,000원 = 300,000원
> ③ 제조부문 B에 배분된 보조부문원가 = (200,000원 × 30%) + (320,000원 × $\frac{20}{80}$)
>   = 60,000원 + 80,000원 = 140,000원

(3) 상호배분법(reciprocal method)

상호배분법은 각 보조부문 사이에 용역수수관계가 존재할 때 보조부문간 상호관련성을 완전히 고려하여 그에 따라 각 보조부문원가를 제조부문과 다른 보조부문에 배분하는 방법이다.

따라서 상호배분법에서 특정보조부문의 배분될 총원가는 연립 방정식을 세운 다음, 방정식을 풀어서 각 보조부문의 총원가를 계산한다.

앞에서 설명한 직접배분법과 단계배분법이 보조부문 상호간의 용역수수를 전혀 고려하지 않거나 일부만 고려하였던 것임에 반해 상호배분법은 보조부문 상호간의 용역수수를 전부 고려하는 것이므로 가장 정확한 원가배분방식이 된다.

예제3

㈜이패스는 제조부문 A, B와 보조부문 X, Y가 있다. 각 보조부문의 서비스 용역수수관계는 다음과 같다. X, Y 부문의 변동원가는 ₩136,000, ₩240,000이며, 고정원가는 없다. 상호배분법에 의해 보조부문 원가를 배분하는 경우, A와 B 제조부문에 배분되는 총보조부문원가는 얼마인가?

보조용역제공부문\보조용역사용부문	보조부문		제조부문		합계
	X	Y	A	B	
X		40%	30%	30%	100%
Y	20%		60%	20%	100%

해설

① 연립방정식
  X = 136,000 + 0.2Y
  Y = 240,000 + 0.4X
  X = 136,000 + 0.2(240,000 + 0.4X) = 136,000 + 48,000 + 0.08X
  ∴ X = 200,000원, Y = 320,000원

② 제조부문 A에 배분된 보조부문원가 = (200,000원 × 30%) + (320,000원 × 60%)
  = 60,000원 + 192,000원 = 252,000원

③ 제조부문 B에 배분된 보조부문원가 = (200,000원 × 30%) + (320,000원 × 20%)
  = 60,000원 + 64,000원 = 124,000원

방법	특징	장점	단점
직접배분법	보조부문 간의 상호 용역 관계를 완전히 무시하고, 원가를 제조부문에만 직접 배분하는 방법	계산이 간단하고 빠름	보조부문 간 상호작용을 고려하지 않아 배분의 정확성이 떨어질 수 있음
단계배분법	보조부문 간의 관계를 일부 고려하여, 정해진 순서에 따라 단계적으로 원가를 배분하는 방법	보조부문 간의 일부 상호작용을 반영하여 더 현실적인 배분 가능	배분 순서에 따라 결과가 달라질 수 있어 주관적일 수 있음
상호배분법	보조부문 간의 상호 용역 관계를 완전히 고려하여, 보조부문과 제조부문 모두에 원가를 배분하는 방법	가장 정확한 배분이 가능하며, 상호작용을 완벽히 반영함	계산이 복잡하고 시간이 많이 소요됨

06 원가행태에 의한 배분방법

(1) 단일배분율법

보조부문비를 변동비와 고정비로 구분하지 않고 하나의 기준으로 배부하는 방법으로 고정비도 변동비처럼 배부하는 방법이다.

> 보조부문비 = 보조부문원가(변동비 + 고정비) × 실제사용량

(2) 이중배분율법

보조부문비를 원가형태에 따라 각각 배부기준 적용하는 방법이다.
- 변동비 배부액 → 실제 용역사용량을 기준으로 배부
- 고정비 배부액 → 제조부문에 사용할 수 있는 최대 사용가능량을 기준으로 배부

> 변동비 배부액 = 보조부문원가(변동비) × 용역의 실제사용량
> 고정비 배부액 = 변동예산상의 고정비 × 최대 사용가능량

예제

(주)이패스의 보조부문(기계유지부) 원가는 다음과 같다.

- 변동비: 6,000원
- 고정비: 4,000원
- 제조부문 A가 실제 사용한 유지작업 시간: 60시간
- 제조부문 A의 최대 사용가능 유지작업 시간: 80시간

이 때, 제조부문 A에 배부되는 보조부문 원가를 ① 단일배분율법 ② 이중배분율법 으로 계산하시오.

해설

① 단일배분율법 풀이: 단일배분율법은 변동비와 고정비를 구분하지 않고 한꺼번에 배부한다.
전체 보조부문원가 = 변동비 + 고정비 = 6,000원 + 4,000원 = 10,000원
실제 사용량 = 60시간
☐ 보조부문비 = 10,000원 × 60시간 = 600,000원

② 이중배분율법 풀이: 이중배분율법은 변동비와 고정비를 구분하여 각각 기준에 따라 배부한다.
변동비 배부액 = 변동비 단가 × 실제 사용량
　　　　　　　 = 6,000원 × 60시간 = 360,000원
고정비 배부액 = 고정비 단가 × 최대 사용가능량
　　　　　　　 = 4,000원 × 80시간 = 320,000원
☐ 총 배부액 = 360,000원 + 320,000원 = 680,000원

구분	장점	단점
단일배분율법	계산이 간단하고 빠름	고정비 특성이 왜곡되어 원가 계산의 정확성 떨어질 수 있음
이중배분율법	원가 특성을 잘 반영하여 정확한 배부 가능	계산이 복잡하고 최대 사용량의 설정이 주관적일 수 있음

기출 이론문제 — 부문별 원가계산

01 다음 중 보조부문 원가를 제조부문에 배부하는 방법에 대한 설명으로 틀린 것은?　　91회 기출문제

① 직접배부법은 보조부문 상호간에 용역수수관계를 전혀 인식하지 않는 방법이다.
② 보조부문원가를 변동원가와 고정원가로 구분없이 배분하는 방법을 이중배분율법이라 한다.
③ 단계배부법을 사용하는 경우 가장 먼저 배부되는 보조부문 원가는 다른 보조부문에도 배부될 수 있다.
④ 상호배부법은 보조부문 상호간에도 원가를 배분하는 방법으로서 보조부문 상호간의 용역수수관계가 중요한 경우에 적용한다.

02 주식회사 산성의 공장에는 두 개의 보조부문(전력부, 급수부)과 두 개의 제조부문(어른폰, 어른패드)이 있다. 각 부문의 용역수수관계와 제조간접비가 아래와 같을 때 단계배부법(전력부부터 배부)에 따라 보조부문원가를 제조부문에 배부한 후 어른패드에 집계되는 제조원가는 얼마인가?　　83회 기출문제

사용 \ 제공	보조부문		제조부문		합계
	전력부	급수부	어른폰	어른패드	
전력부(%)	–	20%	50%	30%	100%
급수부(%)	50%	–	10%	40%	100%
발생원가(원)	200,000원	100,000원	300,000원	400,000원	1,000,000원

① 572,000원　② 428,000원　③ 445,000원　④ 555,000원

정답 및 해설

01 ② 보조부문원가를 변동원가와 고정원가로 구분하여 각각 다른 배분기준을 적용하여 배분하는 방법을 이중배분율법이라 한다.

02 ① 전력부 → 어른폰: 200,000원 × 50% = 100,000원, 전력부 → 어른패드: 200,000원 × 30% = 60,000원
전력부 → 급수부: 200,000원 × 20% = 40,000원, 급수부 → 어른패드: 140,000원 × 40%/50% = 112,000원
어른패드 제조원가: 400,000원 + 60,000원 + 112,000원 = 572,000원

03 ㈜세무는 두 개의 서비스부문과 두 개의 제조부문으로 구성되어 있다. ㈜세무는 서비스부문의 일반관리부문 원가를 종원업 수로 먼저 배부하고 배송부문 원가를 점유면적으로 배부하는 단계배분법을 사용하고 있다. 다음의 자료를 참조하여 서비스부문의 원가를 배부한 후 절삭부문의 총간접원가를 구하시오. (단, 자가소비용역은 무시한다.)

85회 기출문제

구분	서비스부문		제조부문	
	일반관리	배송	절삭	연마
간접원가	60,000원	80,000원	70,000원	85,000원
종업원수	10명	20명	30명	50명
점유면적	100평	50평	200평	300평

① 50,000원　　② 54,800원　　③ 120,000원　　④ 124,800원

04 ㈜스피드의 공장에는 두 개의 보조부문(식당부문, 전력부문)과 제조부문(절단부문, 조립부문)이 있다. 상호배분법에 의해 보조부문의 원가를 제조부문에 배부할 경우 절단부문에 배부될 보조부문의 원가는 얼마인가?

88회 기출문제

구분	보조부문		제조부문		합계
	식당부문	전력부문	절단부문	조립부문	
식당부문	–	20%	30%	50%	100%
전력부문	10%	–	60%	30%	100%
발생원가(원)	400,000원	900,000원	2,000,000원	2,500,000원	

① 500,000원　　② 550,000원　　③ 660,000원　　④ 750,000원

05 보조부문의 제조간접비 등이 존재할 때 제조간접비의 배부 등에 대한 설명으로 옳지 않은 것은?

92회 기출문제

① 직접배분법은 보조부문 간의 용역수수에 대한 관련성이 중요한 경우 완전히 파악하여 배분하는 것을 말한다.
② 보조부문원가를 배분할 때 변동원가와 고정원가로 구분하는가의 여부에 따라 단일배분율법과 이중배분율법으로 나눌 수 있다.
③ 제조부문에서 제품에 배분할 원가는 해당 부문에서 발생한 원가뿐만 아니라 보조부문에서 배분받은 제조간접비도 포함한다.
④ 어떤 원가동인을 원가배분기준으로 선택할 때 원가동인이 발생원가와의 인과관계를 잘 반영하지 못하는 경우 제품원가계산이 왜곡될 수 있다.

06
보조부문과 제조부문 간의 용역제공비율이 다음과 같을 때 제조부문 P1에 배분될 보조부문의 원가총액은 얼마인가? (단, 단계배부법을 사용하고, A1부문부터 배부한다.)   94회 기출문제

구분	제조부문		보조부문		발생원가
	P1	P2	A1	A2	
A1	30%	50%	–	20%	250,000원
A2	50%	40%	10%	–	310,000원

① 200,000원   ② 230,000원   ③ 255,000원   ④ 275,000원

07
다음 중 보조부문의 원가배분에서 배분기준으로 적합하지 않은 것은?   95회 기출문제

① 전력부분: 사용한 전력량   ② 수선유지부: 면적
③ 구매부분: 주문횟수   ④ 인사관리부: 종업원수

정답 및 해설

03 ④ (1) 일반관리부문에서 절삭부문의 배분: 60,000원 × 30명/(20명 + 30명 + 50명) = 18,000원
(2) 배송부문에서 절삭부문으로 배분(일반관리부문에서 배송부문으로 배분된 금액도 고려)
[60,000원 × 20명/(20명 + 30명 + 50명) + 80,000원] × 200평/(200평 + 300평) = 36,800원
* 절삭부문의 총간접원가 = 70,000원 + (1) + (2) = 124,800원

04 ④ 식당부문원가 = x, 전력부문원가 = y
x = 400,000원 + 0.1y y = 900,000원 + 0.2x
x = 400,000원 + 0.1(900,000원 + 0.2x)
 = 400,000원 + 90,000원 + 0.02x ⇒ 0.98x = 490,000원
따라서 x = 500,000원, y = 1,000,000원
절단부문에 배부될 보조부문원가 = (500,000원 × 0.3) + (1,000,000원 × 0.6) = 750,000원

05 ① 직접배분법은 보조부문 간의 용역수수에 대한 관련성을 완전히 무시하여 배부하는 방법이다.

06 ④ A1 → P1 배부액: 250,000 × 0.3 = 75,000
A1 → A2 배부액: 250,000 × 0.2 = 50,000
A2 → P1 배부액: (310,000 + 50,000) × 0.5 ÷ 0.9 = 200,000
∴ P1 배부액 = 75,000 + 200,000 = 275,000

07 ② 수선유지부는 면적보다는 수선횟수가 배분기준으로 적합하다.

08 ㈜세무의 제조공장에는 두 개의 보조부문과 두 개의 제조부문이 있다. 각 부문의 용역수수관계와 제조간접비가 다음과 같을 때 단계배부법(전력부부터 배부)에 따라 보조부문원가를 제조부문에 배부한 후 침대에 집계되는 제조원가는 얼마인가? 96회 기출문제

사용 \ 제공	보조부문		제조부문		합계
	전력부	절단부	책상	침대	
전력부(%)	–	10%	40%	50%	100%
절단부(%)	50%	–	20%	30%	100%
발생원가(원)	500,000원	400,000원	600,000원	800,000원	2,300,000원

① 1,230,000원 ② 1,290,000원 ③ 1,320,000원 ④ 1,350,000원

09 다음 중 부문별 원가계산에 대한 설명 중 가장 옳지 않은 것은? 97회 기출문제

① 제조간접비를 정확하게 배부하기 위해 부문별로 분류, 집계하는 절차이며 배부방법에 따라 총이익은 달라지지 않는다.
② 단계배부법은 보조부문 상호간의 용역수수 관계를 일부만 반영한다.
③ 보조부문이 하나인 경우 변동제조간접비와 고정제조간접비의 구분에 따라 단일배부율법과 이중배부율법이 있다.
④ 상호배부법은 보조부문비의 배부가 배부순서에 의해 영향을 받지 않는다.

10 ㈜두인의 공장에는 두 개의 보조부문 X, Y와 두 개의 제조부문 A, B가 있다. 상호배분법에 의해 보조부문의 원가를 제조부문에 배부할 경우 B에 배부될 보조부문의 원가는 얼마인가? 98회 기출문제

구분	X	Y	A	B	합계
X	–	10%	30%	60%	100%
Y	20%	–	40%	40%	100%
발생원가	200,000원	470,000원	3,000,000원	3,700,000원	

① 180,000원 ② 200,000원 ③ 290,000원 ④ 380,000원

11 다음 중 원가배분에 대한 설명으로 옳지 않은 것은? 99회 기출문제

① 부문관리자의 성과 평가를 위해서는 이중배분율법이 단일배분율법보다 합리적일 수 있다.
② 직접배분법은 보조부문 상호 간에 용역수수관계를 전혀 인식하지 않는 방법이다.
③ 원가배분기준으로 선택된 원가동인이 원가 발생의 인과관계를 잘 반영하지 못하는 경우 제품원가계산이 왜곡될 수 있다.
④ 공장 전체 제조간접비 배부율을 이용할 경우에도 보조부문원가를 먼저 제조부문에 배분하는 절차가 필요하다.

12 ㈜한세는 보조부문의 제조간접원가를 이중배분율법에 의해 제조부문에 배분하고자 한다. 보조부문에서 발생한 변동제조간접원가는 3,000,000원, 고정제조간접원가는 4,200,000원이다. 이 경우 수선부문에 배분될 보조부문의 제조간접원가를 구하시오.   101회 기출문제

제조부문	실제기계시간	최대기계시간
조립부문	2,000시간	3,000시간
수선부문	1,000시간	2,000시간

① 2,600,000원 ② 2,680,000원 ③ 3,080,000원 ④ 3,520,000원

13 다음 중 부문별 원가계산에 대한 설명으로 가장 틀린 것은?   103회 기출문제
① 단계배분법은 보조부문 상호 간의 용역수수 관계를 일부만 반영한다.
② 제조간접비를 정확하게 배부하기 위해 부문별로 분류 및 집계하는 절차이고, 재고가 존재할 경우 배분방법에 따라 총이익이 달라진다.
③ 상호배분법은 보조부문원가의 배분이 배분 순서에 의해 영향을 받는다.
④ 보조부문이 하나인 경우 변동제조간접비와 고정제조간접비의 구분에 따라 단일배부율법과 이중배부율법을 적용할 수 있다.

정답 및 해설

08 ③ 전력부 → 책상: 500,000원 × 40% = 200,000원, 전력부 → 침대: 500,000원 × 50% = 250,000원
전력부 → 절단부: 500,000원 × 10% = 50,000원, 절단부 → 침대: 450,000원 × 30%/50% = 270,000원
침대 제조원가: 800,000원 + 250,000원 + 270,000원 = 1,320,000원

09 ① 재고가 존재할 경우 배부방법에 따라 총이익이 달라진다.

10 ④ X = 200,000원 + 0.2Y, Y = 470,000원 + 0.1X
X = 300,000, Y = 500,000원
B에 배부될 보조부문원가: (300,000 × 0.6) + (500,000 × 0.4) = 380,000원

11 ④ 공장 전체 제조간접비 배부율을 이용할 때에는 공장 전체 총제조간접비를 사용하여 배부율을 계산하므로 보조부문의 제조간접비를 제조부문에 배분하는 절차가 필요하지 않다.

12 ② 2,680,000원 = 변동제조간접원가 3,000,000원 × $\dfrac{1,000시간}{3,000시간}$ + 고정제조간접원가 4,200,000원 × $\dfrac{2,000시간}{5,000시간}$

13 ③ 상호배부법은 보조부문비의 배부가 배부순서에 의해 영향을 받지 않는다.

14 부문별원가계산시 보조부문원가를 제조부문에 배분하는 방법에 대한 설명으로 틀린 것은?

104회 기출문제

① 보조부문 상호 간의 용역수수를 인식하는지 여부에 따라 직접배분법, 단계배분법, 상호배분법으로 구분된다.
② 보조부문 간의 용역수수관계가 중요한 경우 직접배분법을 적용하여 부문별원가를 배분하게 되면 원가배분의 왜곡을 초래할 수 있다.
③ 제조간접비를 부문별 제조간접비 배부율에 따라 배부하는 경우 각 제조부문의 특성에 따라 제조간접원가를 배부하기 때문에 공장 전체 제조간접원가 배부율에 따라 배부하는 것보다 정확한 제품원가를 계산할 수 있다.
④ 상호배분법은 보조부문의 원가배분 순서에 따라 배분원가가 달라진다.

15 보조부문의 원가를 단계배분법에 따라 제조부문에 배분할 때 조립부문에 배분될 보조부문의 원가는 얼마인가? (단, 동력부문의 원가를 먼저 배분한다.)

105회 기출문제

제공부문 \ 소비부문	보조부문		제조부문	
	동력부문	수선부문	절단부문	조립부문
배분 전 원가	200,000원	120,000원	350,000원	400,000원
동력부문		20%	50%	30%
수선부문	60%		10%	30%

① 90,000원　　② 96,000원　　③ 120,000원　　④ 180,000원

정답 및 해설

14 ④ 상호배분법은 원가배분 순서에 관계없이 배분원가가 일정하다.

15 ④ 180,000원 = 동력부문 60,000원 + 수선부문 120,000원
　　1. 동력부문 원가배분
　　　　• 수선부문 배분액: 200,000원 × 20% = 40,000원
　　　　• 절단부문 배분액: 200,000원 × 50% = 100,000원
　　　　• 조립부문 배분액: 200,000원 × 30% = 60,000원
　　2. 수선부문 원가배분
　　　　• 절단부문 배분액: (120,000원 + 40,000원) × 10%/40% = 40,000원
　　　　• 조립부문 배분액: (120,000원 + 40,000원) × 30%/40% = 120,000원

CHAPTER 04 제품별 원가계산

제1절 개별원가계산

01 개별원가계산과 종합원가계산

일반적으로 제품의 원가를 계산하는 방법에는 여러 가지가 있지만 각 기업이 수행하는 생산활동의 유형에 따라 크게 개별원가계산과 종합원가계산으로 나누어 볼 수 있다.
개별원가계산(job-order costing)은 조선업, 건설업 등 특별주문이나 특별수요에 따라 종류와 규격이 서로 다른 특정제품을 개별적으로 생산하는 기업에 적합한 원가계산방법이다.
종합원가계산(process costing)은 자동차, 전자제품, 화학공업, 식료가공업 등과 같이 시장수요에 따라 단일 종류의 제품을 연속적으로 반복하여 대량생산하는 기업에 적합한 원가계산방법이다.

02 제품원가의 계산

개별원가계산과 종합원가계산은 각 기업의 생산활동에 따라 분류된 것이지만, 제품의 원가계산의 본질은 재공품계정 차변에 집계된 기초재공품원가와 당기총제조원가를 재공품계정의 대변에서 완성품원가인 당기제품제조원가와 기말재공품원가로 배분하는 것이다. 이때 당기총제조원가는 개별원가계산인 경우에는 제조지령서별로 직접재료비, 직접노무비, 제조간접비로 구분하여 작업원가표에 의하여 집계하나, 종합원가계산에서는 직접재료비와 가공비로 구분하여 공정별로 집계한다.

03 개별원가계산

개별원가계산(job-order costing)이라 함은 앞에서 설명한 바와 같이 조선업, 건설업 등 특별주문이나 특별수요에 따라 종류와 규격이 서로 다른 특정제품을 개별적으로 생산하는 기업에 적합한 원가계산방법이다.
개별원가계산을 적용하여 제품의 원가를 계산하는 기업은 보통 제품마다 종류와 규격, 품질 및 생산량도 다르기 때문에 생산하고자 하는 제품에 대하여 작업별로 제조지령서를 발행하며 제품원가도 개별작업별로 구분하여 작업원가표에 집계한다. 여기서 작업이란 그것에 투입되는 재료나 노동력을 명백히 구분하여 인식할 수 있는 단위로서 하나의 제품 또는 여러 제품으로 구성될 수도 있다.

개별원가계산은 제품원가를 원가요소별로 직접재료비와 직접노무비 및 제조간접비로 구분하여 작업별로 **작업원가표**에 집계된다. 이때 특정 작업에 직접 추적할 수 있는 직접재료비와 직접노무비는 발생된 원가를 개별작업과 인과관계에 따라 대응시킬 수 있기 때문에 발생시점에 제품별로 직접 부과하여 작업원가표에 기록하여 집계한다. 그러나, 특정제품이나 작업에 직접 추적할 수 없는 제조간접비는 개별작업과 인과관계에 따라 대응시킬 수 없기 때문에 기말에 적절한 배분기준에 따라 각 제품별로 배부된 금액을 기록하여 집계한다. 따라서 제조간접비의 배부가 중요한 문제로 부각된다.

04 제조간접비 배부방법

(1) 제조간접비 배부의 개념

제조간접비는 여러 제품을 생산하기 위하여 공통적으로 발생된 제조원가로서 다양한 요소로 구성되어 있으므로 발생과 동시에 각 개별제품에 직접적으로 대응시키는 것이 불가능하다. 따라서 제조간접비는 적절한 배부기준을 선정하고 일정한 배부절차를 통해 간접적으로 제품에 배부시킨다.

일정한 배부절차를 통해 제조간접비를 제품원가에 배부하기 위해서는 제조공정을 거쳐가는 모든 제품의 작업을 공통적으로 측정할 수 있는 배부기준을 선택해야 한다. 즉, 제조간접비를 모든 작업에 공평하게 배부할 수 있는 적절한 배부기준을 선택해야 한다.

제조간접비 배부기준을 선정함에 있어서 고려할 요소는 다음과 같다.

① 제조간접비의 배부기준은 제조간접비와 높은 인과관계를 가져야 하고, 논리적으로도 타당하여야 한다.
② 제조간접비의 배부기준은 쉽게 적용할 수 있어야 한다.

일단 배부기준이 선택되면 각 공정을 통과하는 모든 개별작업에 제조간접비를 배부하기 위해서 제조간접비배부율(factory overhead rate)을 다음과 같이 계산한다.

$$제조간접비배부율 = \frac{제조간접비}{배부기준(조업도)}$$

제조간접비를 각 작업에 배부하는 경우에 무엇을 배부기준으로 결정할 것인지가 대단히 중요하다. 일반적으로 제조간접비 배부기준(조업도)에는 직접노동시간 기준, 직접노무비 기준, 기계작업시간 기준 등이 많이 사용된다.

제조간접비배부율이 결정되면 작업별로 배부기준(조업도)에 제조간접비배부율을 곱하여 각 작업별로 제조간접비를 배부하여 작업원가표에 집계한다.

제조간접비배부율은 제조간접비배부율을 계산하는 시점이 언제인가에 따라 실제제조간접비배부율과 예정제조간접비배부율로 구분할 수 있다.

1) 실제 제조간접비 배부율

실제 제조간접비 배부율은 실제 제조간접비 발생액을 실제로 발생한 배부기준(조업도)으로 나누어서 계산한다. 이를 산식으로 표시하면 다음과 같다.

$$실제제조간접비배부율 = \frac{실제 발생한 제조간접비}{실제 발생 배부기준(조업도)}$$

2) 예정 제조간접비 배부율

예정 제조간접비 배부율은 제조간접비예산액을 배부기준으로 나누어서 계산한다. 이를 산식으로 표시하면 다음과 같다.

$$\text{예정제조간접비배부율} = \frac{\text{제조간접비 예산액(추정액)}}{\text{배부기준(조업도) 예상액}}$$

예정 제조간접비 배부율은 제조간접비금액과 배부기준을 연초에 추정하여 산출한 제조간접비예산(예상 또는 추정)액과 추정직접노동시간, 추정직접노무비, 추정기계작업시간 등에 의하여 연초에 예정 제조간접비 배부율을 결정한다. 예정 제조간접비 배부율에 의하여 제조간접비를 제품에 배부하는 원가계산을 정상원가계산이라 한다.

정상원가계산에서도 각 작업별로 제조간접비를 배부하는 금액은 작업별로 실제배부기준(실제조업도)에 예정 제조간접비 배부율을 곱하여 하여 작업원가표에 집계한다.

$$\text{개별 제조간접비배부액} = \text{개별 실제배부기준(실제조업도)} \times \text{예정제조간접비배부율}$$

제조간접비를 예정 제조간접비 배부율에 의하여 배부하는 경우에는 다음과 같이 제조간접비계정의 차변에는 실제 발생한 제조간접비가 발생할 때마다 집계되고, 대변에는 원가회계기간 말일 또는 개별작업의 완성시 예정 제조간접비 배부율에 의하여 계산된 제조간접비 배부액이 재공품계정에 대체되는 금액이 기록된다.

따라서 제조간접비계정의 차변과 대변 금액이 일치하지 않는 경우가 대부분이다.

제 조 간 접 비	
실제제조간접비 발생액(집계액)	예정제조간접비 배부액

05 개별원가계산의 종류

개별원가계산은 각 제조지시서에 의하여 원가요소를 직접재료비와 직접노무비 및 제조간접비로 구분하여 작업원가표에 집계하여 제품의 원가를 계산하는 것을 말하는데 개별원가계산의 원가를 구성하는 원가요소의 금액을 어떻게 측정하느냐에 따라 실제원가계산, 정상원가계산, 표준원가계산의 세 가지로 분류할 수 있다.

(1) 실제원가계산

실제원가계산은 직접재료비와 직접노무비 및 제조간접비 모두를 실제 발생액을 기준으로 제품원가를 계산하는 방법이다. 따라서 실제직접재료비와 실제직접노무비를 개별제품별로 작업원가표에 집계할 뿐만 아니라 제조간접비도 실제발생액을 기준으로 개별제품별로 배부되는 원가계산방법이다.

(2) 정상원가계산

개별원가계산에서 직접재료비, 직접노무비는 작업이 이루어질 때마다 제조지시서를 발행하여 개별제품별로 작업원가표에 실제발생액을 기록하나, 제조간접비는 인위적인 기준에 따라 각 작업원가표에 배분하게 되는데 정상원가계산제도를 채택한 경우에는 사전에 결정된 예정제조간접비배부율을 통하여 작업별로 배부된 제조간접비를 작업원가표에 집계하여 제품원가를 계산한다.

(3) 실제원가계산과 정상원가계산과의 차이

정상원가계산은 예정제조간접비배부율을 사용한다는 점을 제외하고는 실제원가계산과 동일한데, 실제원가계산과 정상원가계산에서 집계되는 원가를 각각 표를 나타내어 비교해 보면 다음과 같다.

원가항목	제품원가계산방법	
	실제원가계산	정상원가계산
직접재료비	실제원가	실제원가
직접노무비	실제원가	실제원가
제조간접비	실제배부율 × 실제배부기준	예정배부율 × 실제배부기준

(4) 제조간접비 배부차이

정상원가계산에서 제조간접비계정의 차변에는 실제로 발생한 제조간접비를 기록하고 대변에는 제조간접비예정배부율에 따라 재공품계정에 배부된 제조간접비를 기록한다. 따라서 제조간접비계정의 차변과 대변은 일치하지 않는 것이 보통이다. 이와 같이 일정기간의 제조간접비배부액과 실제발생액과의 차이를 제조간접비 배부차이라 한다.

실제제조간접비 발생액이 제조간접비 배부액을 초과하는 경우에는 이를 과소배부라 하고, 그 차액을 제조간접비 배부차이 계정의 차변에 기록한다. 이와 반대로 제조간접비 배부액이 실제제조간접비 발생액보다 많은 경우에는 이를 과대배부라 하여 그 차액을 제조간접비 배부차이계정의 대변에 기록한다.

① 제조간접비 과소배부

② 제조간접비 과대배부

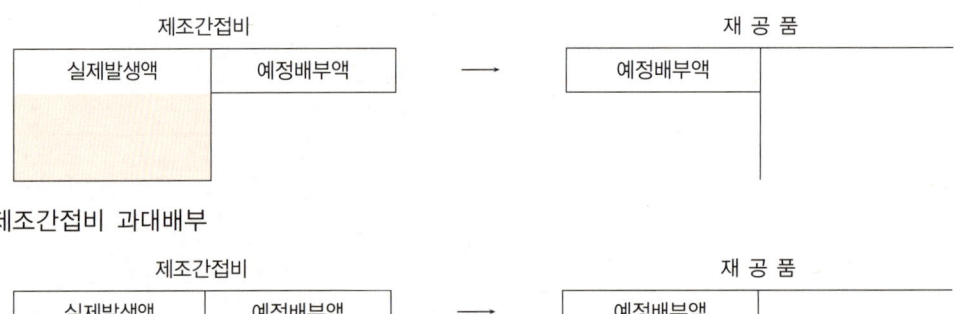

(5) 제조간접비 과대 또는 과소배부액의 처리

제조간접비 배부차이 조정방법은 다음과 같다.

제조간접비의 과대 또는 과소배부액의 처리방법에는 정상원가계산하에서 작성된 손익계산서만 수정하는 방법으로 매출원가조정법과 영업외손익법이 있고, 손익계산서와 재무상태표를 모두 수정하는 방법으로 비례배분법이 있다.

1) 매출원가조정법

이 방법은 제조간접비 배부차이를 손익계산서의 매출원가에 가감시키는 방법이다. 즉, 매출원가조정법에서는 제조간접비 과소배부액은 매출원가에 가산하고, 제조간접비 과대배부액은 매출원가에서 차감한다.

① 제조간접비 과소배부액의 조정: 매출원가에 가산

    (차) 매출원가　　　　　　　×××　　　(대) 제조간접비 배부차이　　×××

② 제조간접비 과대배부액의 조정: 매출원가에서 차감

    (차) 제조간접비 배부차이　×××　　　(대) 매출원가　　　　　　　×××

2) 영업외손익법

이 방법은 제조간접비 배부차이가 일상적인 영업활동과 관계없이 비정상적인 사건에 의하여 발생한 것으로 보고 제조간접비 배부차이를 손익계산서의 영업외손익으로 처리하는 방법이다. 즉, 영업외손익법은 제조간접비 과소배부액은 영업외비용으로 계상하고, 제조간접비 과대배부액은 영업외수익으로 계상한다.

① 제조간접비 과소배부액의 조정: 영업외 손실로 손익계산서에 계상

　　(차) 영업외손실　　　　　　×××　　　(대) 제조간접비 배부차이　　×××

② 제조간접비 과대배부액의 조정: 영업외이익으로 손익계산서에 계상

　　(차) 제조간접비 배부차이　　×××　　　(대) 영업외이익　　　　　　×××

3) 비례배분법(총원가기준법, 원가요소기준법)

이 방법은 제조간접비 배부차이를 기말재공품, 기말제품, 매출원가계정의 상대적인 비율에 따라 비례하여 배분하여 재무상태표의 재공품계정과 제품계정 및 손익계산서의 매출원가계정을 수정시키는 방법으로서 제조간접비 배부차이가 상대적으로 크고 중요한 경우에 사용된다. 총원가기준법에서는 기말의 재공품, 제품의 총원가(기말잔액) 및 매출원가 총액에 비례하여 과대배부 또는 과소배부된 제조간접비 배부차이를 재공품, 제품, 매출원가계정에 안분하여 각 계정을 수정하는 방법이다. 원가요소기준법에서는 기말의 각 계정(재공품, 제품, 매출원가)에 포함되어 있는 원가요소(제조간접비배부액)을 기준으로 하여 과대 또는 과소배부된 제조간접비 배부차이를 재공품, 제품, 매출원가에 안분하여 각 계정을 수정하는 방법이다.

① 제조간접비 과소배부액의 조정

　　(차) 재공품　　　　　　　　×××　　　(대) 제조간접비 배부차이　　×××
　　　　 제품　　　　　　　　　×××
　　　　 매출원가　　　　　　　×××

② 제조간접비 과대배부액의 조정

　　(차) 제조간접비 배부차이　　×××　　　(대) 재공품　　　　　　　　×××
　　　　　　　　　　　　　　　　　　　　　　　 제품　　　　　　　　　×××
　　　　　　　　　　　　　　　　　　　　　　　 매출원가　　　　　　　×××

<제조간접비 과대·과소배부 처리방법 비교>

처리방법	특징	장점	단점
매출원가 조정법	과대·과소배부 금액 전액을 당기 매출원가에 가감하여 처리	• 간단하고 신속하게 처리 가능 • 실무에서 많이 사용됨	• 제품재고(기말재공품·기말제품)에 반영되지 않아 **재무제표 왜곡** 가능성 있음
영업외 손익법	과대·과소배부 금액을 영업외수익 또는 영업외비용으로 처리	• 제조원가와 무관하게 독립 처리 가능 • **회계처리 분리 명확**	• **제조원가의 정확성 저하** • 원가통제 및 의사결정에 부적절할 수 있음
비례 배분법	과대·과소배부 금액을 **재공품, 제품, 매출원가에 비례하여 배분**	• 가장 합리적이고 정확한 처리 방법 • 재무제표에 미치는 왜곡이 적음	• **계산이 복잡**하고 번거로움 • 실무 적용에 시간이 많이 소요됨

제2절 종합원가계산

01 종합원가계산

종합원가계산은 정유회사와 같이 동종의 제품을 연속적인 생산공정을 통하여 대량으로 생산하는 기업에서 적용하는 제품원가계산방법이다.

종합원가계산에서는 일정한 원가계산기간을 기준으로 각 공정이나 부문별로 집계된 원가를 각 공정이나 부문에서 생산한 총산출물에 균등하여 산출물의 단위당 원가를 계산하는 것이다.

<개별원가계산과 종합원가계산의 비교>

개별원가계산	종합원가계산
이종제품을 주문에 의해 개별적 또는 묶음별로 소량 생산하는 건설업, 조선업, 항공기제조업 등	동종제품을 연속적으로 대량생산하는 철강업, 정유법, 화공약품제조업 등
제조지시서별로 원가계산	각 제조공정(부문)별로 원가계산
모든 원가요소를 직접재료비, 직접노무비와 제조간접비로 구분하여 제조지시서에 의하여 특정개별작업별로 원가를 집계하고 그 작업에서 생산된 제품단위에 원가를 배분	모든 원가요소를 일정한 기간단위로 직접재료비와 가공비 등으로 구분하여 특정공정(부문)별로 원가를 집계하며 일정기간동안 공정을 통과한 제품단위에 원가를 배분

02 종합원가계산의 기본적 가정

- 특정기간 동안 특정공정에서 생산된 제품은 원가측면에서 서로가 동일하다고 가정한다. 즉 제품원가를 평균개념에 의해서 산출한다.
- 원가의 집계가 개별작업별로 이루어지는 것이 아니라 공정별로 이루어지기 때문에 개별작업별로 작업지시서를 작성할 필요는 없다.
- 동일제품을 연속적으로 대량생산하지만 모든 생산공정이 특정원가계산 기간말에 종료되는 것은 아니므로 어떤 공정에 있어서든지 기말시점에는 부분적으로 가공이 완료되지 않은 재공품이 존재하게 된다.
- 원가통제와 성과평가가 개별작업별로 이루어지는 것이 아니라 공정별로 이루어진다.

완성품환산량(equivalent units)이란 공정에 투입된 원가가 모두 완성품을 생산하는데 사용되면 생산될 완성품수량을 말하며, 물량에 완성도를 곱하여 계산한다. 완성도(degree of completion)란 원가의 투입정도를 나타내는 개념으로써 완성품 1단위를 생산하는데 소요되는 원가의 몇 %가 투입되었는지를 의미한다.

> 1. 완성품에 대한 완성품환산량 = 완성품 수량 × 완성도
>   = 완성품 수량 × 가공도
>   = 완성품 수량 × 100%
>   = 완성품 수량(환산할 필요 없음)
> 2. 기말재공품에 대한 완성품환산량 = 기말재공품 수량 × 완성도
>   = 기말재공품 수량 × 가공도

03 종합원가계산 5단계법

기초재공품이 존재하는 경우 종합원가계산은 다음과 같은 다섯 단계를 거쳐 완성품원가와 기말재공품원가를 계산하는데 이를 종합원가계산 5단계법이라고 한다.

[1단계] **물량흐름의 파악**
다음과 같은 세 가지 물량의 흐름을 파악한다.
① 기초재공품
② 당기에 착수하여 당기에 완성된 제품
③ 기말재공품

[2단계] **완성품환산량의 계산**
위에서 파악한 세 가지 물량흐름에 대하여 각 원가요소별로 완성품환산량을 계산한다. 각 원가요소별로 세 가지 완성품환산량을 합계하여 총완성품 환산량을 계산한다.

[3단계] **원가의 집계**
원가요소별로 전기에 발생한 원가와 당기에 발생한 원가를 집계한다.

[4단계] **완성품환산량 단위당 원가의 계산**
3단계에서 원가요소별 집계한 원가를 2단계에서 계산한 원가요소별 총완성품환산량으로 나누어 원가요소별 완성품환산량 단위당 원가를 계산한다.

즉, 원가요소별 완성품환산량 단위당 원가 = $\dfrac{원가요소별당기발생총원가}{원가요소별총완성품환산량}$

[5단계] **완성품 및 기말재공품의 원가계산**
완성품환산량에 완성품환산량 단위당 원가를 곱하여 완성품 및 기말재공품의 원가를 계산한다.

04 선입선출법

기초재공품을 먼저 가공하여 완성시킨 다음, 당기 투입분의 제조에 착수한다는 가정 아래서 당기총제조비용을 배분하는 방법이다. 그러므로 선입선출법하에서 기말재공품의 원가는 모두 당기 제조비용의 일부로만 구성되어 있다고 가정을 하는 방법이다.

원가계산절차

선입선출법에 의한 원가계산절차를 요약하면 다음과 같다.

[1단계] **물량흐름의 파악**
다음과 같은 세 가지 물량의 흐름을 파악한다.
① 기초재공품
② 당기에 착수하여 당기에 완성된 제품
③ 기말재공품

[2단계] **완성품환산량의 계산**
각각의 원가요소별로 위에서 제시한 세 가지 물량에 대한 당기의 완성품환산량을 계산한 후, 이들 세 가지 완성품환산량을 각 원가요소별로 합계함으로써 원가요소별 총완성품환산량을 구한다.

[3단계] **당기 발생원가의 계산**
원가요소별로 당기에 발생한 총원가를 계산한다.

[4단계] 완성품환산량 단위당 원가의 계산

위의 3단계에서 계산한 원가요소별 총원가를 2단계에서 계산한 원가요소별 총완성품환산량으로 나누어 원가요소별로 당기의 완성품환산량 단위당 원가를 계산한다. 즉,

$$\text{원가요소별 완성품환산량 단위당 원가} = \frac{\text{원가요소별당기발생총원가}}{\text{원가요소별총완성품환산량}}$$

[5단계] 완성품의 총원가 및 기말재공품의 원가계산

선입선출법	
완성품총원가	기초재공품의 원가
	당기에 완성품에 대하여 각 원가요소별로 당기의 완성품환산량에 당기의 완성품환산량 단위당 원가를 곱하여 원가요소별 완성품의 원가계산
기말재공품원가	원가요소별로 기말재공품의 완성품환산량에 당기의 완성품환산량 단위당 원가를 곱하여 원가요소별 기말재공품의 원가계산

05 평균법

기초재공품의 제조는 당기 이전에 착수하였는데도 불구하고 당기에 착수한 것으로 가정한다. 따라서 기초재공품원가를 당기에 발생한 당기총제조원가와 동일하게 취급하여 완성품과 기말재공품에 배분하는 방법이다.

원가계산절차

평가법에 의한 원가계산절차를 요약하면 다음과 같다.

[1단계] 물량흐름의 파악

다음과 같은 세 가지 물량의 흐름을 파악한다.
① 기초재공품
② 당기에 착수하여 당기에 완성된 제품
③ 기말재공품

[2단계] 완성품환산량의 계산

각각의 원가요소별로 위에서 제시한 세 가지 물량에 대한 당기의 완성품환산량을 계산한 후, 이들 세 가지 완성품환산량을 각 원가요소별로 합계함으로써 원가요소별 총완성품환산량을 구한다.

[3단계] 총원가의 계산

원가요소별 당기에 발생한 원가와 기초재공품의 원가를 합한 총원가를 계산한다.
총원가 = 기초재공품원가 + 당기발생원가

[4단계] 완성품환산량 단위당 원가의 계산

위의 3단계에서 계산한 원가요소별 총원가를 2단계에서 계산한 원가요소별 총완성품환산량으로 나누어 다음과 같이 원가요소별로 완성품환산량 단위당 원가를 구한다. 즉, 원가요소별 완성품환산량 단위당 원가 =

$$\text{완성품환산량 단위당 원가} = \frac{\text{원가요소별기초재공품원가} + \text{원가요소별당기발생총원가}}{\text{원가요소별총완성품환산량}}$$

[5단계] 완성품의 총원가 및 기말재공품의 원가계산

평균법	
완성품총원가	완성품환산량 단위당 원가에 완성된 제품의 수량을 곱하여 완성품의 총원가를 계산
기말재공품원가	완성품환산량 단위당 원가에 기말재공품의 완성품환산량을 곱하여 기말재공품의 원가계산

06 선입선출법과 평균법의 차이

선입선출법과 평균법의 차이가 나는 이유는 기초재공품에 대한 가정이 서로 다르기 때문이다.

예제

㈜이패스는 단일공정에서 단일제품을 생산하는 회사로서 종합원가계산제도를 적용하고 있다. 재료는 공정초기시점에 모두 투입되고, 가공비는 공정전체에 걸쳐 평균적으로 발생하며, 20×1년 3월의 생산활동은 다음과 같다.

- 월초재공품원가(2,000단위, 가공도 50%) 재료비 ₩50,000 가공비 ₩33,000
- 당기투입원가(13,000단위) 재료비 ₩130,000 가공비 ₩240,000
- 완성품수량(10,000단위)
- 기말재공품수량(5,000단위, 가공도 60%)

1. 재공품을 선입선출법 및 평균법에 의해 평가한 경우 원가요소별로 각각의 완성품환산량을 계산하시오.
2. 재공품을 선입선출법 및 평균법에 의해 평가할 경우 원가요소별로 각각의 완성품환산량 단위원가를 계산하시오.
3. 재공품을 선입선출법 및 평균법에 의해 평가할 경우 기말재공품원가를 각각 계산하시오.
4. 재공품을 선입선출법 및 평균법에 의해 평가할 경우 완성품원가를 각각 계산하시오.

해설

1. 완성품 환산량
   (1) 물량흐름

기 초 재 공 품	2,000(50%)	완 성 품	2,000
당 기 투 입 수 량	13,000	기 초 재 공 품 완 성	8,000
		당 기 투 입 당 기 완 성	10,000
		소 계	5,000(60%)
	15,000	기 말 재 공 품	15,000

   (2) 완성품 환산량

물량흐름		완성품환산량			
		선입선출법		평균법	
		재료비	가공비	재료비	가공비
완 성 품					
기초재공품전월완성	2,000(50%)	0*	0*	2,000	1,000
기초재공품추가가공		0	1,000	0	1,000
당기투입당기완성	8,000	8,000	8,000	8,000	8,000
소　　　　　계	10,000	8,000	9,000	10,000*	10,000
기 말 재 공 품	5,000(60%)	5,000	3,000	5,000	3,000
계	15,000	13,000	12,000	15,000	13,000

   * 선입선출법의 경우 전월에 작업한 완성품환산량은 포함시키지 않는다. 그러나 평균법의 경우 전월에 작업한 완성품환산량도 당월에 작업한 것으로 간주하므로 완성품에 대한 완성품환산량은 항상 완성품 수량과 일치하게 된다.

2. 완성품 환산량 단위원가

	선입선출법		평균법	
	재료비	가공비	재료비	가공비
투 입 원 가				
기초재공품투입원가	₩0*	₩0*	₩50,000	₩33,000
단 기 투 입 원 가	₩130,000	₩240,000	₩130,000	₩240,000
계	₩130,000	₩240,000	₩180,000	₩273,000
완 성 품 환 산 량	13,000	12,000	15,000	13,000
완성품환산량단위원가	@₩10	@₩20	@₩12	@₩21

* 선입선출법의 경우 전월에 투입한 기초재공품원가는 완성품환산량 단위원가계산시 포함시키지 않는다. 반면에 평균법에서는 기초재공품원가도 당월에 투입한 것으로 간주하므로 기초재공품원가도 포함시켜 완성품환산량 단위원가를 계산한다.

3. 기말재공품 원가

	선입선출법	평균법
재 료 비	5,000 × @₩10 = ₩50,000	5,000 × @₩12 = ₩60,000
가 공 비	3,000 × @₩20 = ₩60,000	3,000 × @₩21 = ₩63,000
합 계	₩110,000	₩123,000

4. 완성품원가

	선입선출법	평균법
1. 기 초 재 공 품 원 가		
재 료 비	₩50,000*	2,000 × @₩12 = ₩24,000*
가 공 비	33,000*	1,000 × @₩21 = 21,000*
2. 기초재공품추가가공원가		
재 료 비	0 × @₩10 = 0	0
가 공 비	1,000 × @₩20 = 20,000	1,000 × @₩21 = 21,000
3. 당기투입당기완성원가		
재 료 비	8,000 × @₩10 = 80,000	8,000 × @₩12 = 96,000
가 공 비	8,000 × @₩20 = 160,000	8,000 × @₩21 = 168,000
4. 합 계	₩343,000	₩330,000

* 선입선출법에서는 기초재공품원가를 완성품원가에 직접 가산하나, 평균법에서는 기초재공품원가를 완성품환산량에 의해 계산한다. 평균법의 경우 최종적으로 완성품원가는 다음과 같이 계산할 수 있다.

완성품원가 = 10,000개 × (@₩12 + @₩21) = ₩330,000

완성품원가

재료비 10,000 × @₩12	=	₩120,000
가공비 10,000 × @₩21	=	₩210,000
합 계 10,000 × (@₩12 + @₩21) =		₩330,000

기초재공품원가와 당월에 투입원가의 합계액, 즉 재공품계정 차별금액이 재공품계정 대변에서 기말재공품과 완성품원가에 배부된다. 따라서 배분된 기말재공품원가와 완성품원가의 합계액이 기초재공품원가와 당월에 투입원가의 합계액과 일치하는지 검토하여 정확히 원가배분되었는지 확인할 수 있다.

투입원가		선입선출법		평균법	
월초재공품원가 ₩50,000 + 33,000 =	₩83,000	기말재공품원가	₩110,000	기말재공품원가	₩123,000
당기투입원가 130,000 + 240,000 =	370,000	완 성 품 원 가	343,000	완 성 품 원 가	330,000
합 계	453,000	합 계	₩453,000	합 계	₩453,000

07 공손품

(1) 공손품의 의의

공손품이란 생산과정에서 발생한 불량품, 품질검사의 불합격품이며, 이는 다시 정상공손과 비정상공손으로 구분된다.

(2) 공손이 있는 경우 원가계산

모든 공손은 당기 착수 물량에서만 발생한 것으로 본다.
① **정상공손**: 제품원가로 계상하여 기말재공품이 품질검사를 받지 않은 경우에는 "완성품에 모두 배분"하고, 품질검사를 받은 경우는 "완성품과 기말재공품에 각각 배분"한다.
② **비정상공손**: 영업외비용으로 처리한다.
③ **처분가치가 있는 공손품**: 공손원가에서 공손품의 순실현가치를 차감한 금액을 완성품과 기말재공품에 배분, 또는 영업외비용으로 처리

> 공손품의 순실현가치 = 공손품의 처분가치 - (공손품 추가가공원가 + 공손품판매비용)

결합원가계산

01 결합원가계산(standard costing system)

동일한 공정에서 동일한 재료를 사용하여 두종이상의 제품을 생산하는 경우 이들 제품을 결합제품(연산품)이라 한다.

원재료	결합제품
밀가루	빵, 케이크, 파이
우유	요구르트, 치즈, 버터
콩	두부, 된장, 콩나물
원유	휘발유, 경유, 등유
천연 가스	가스 난방, 가스 요리
곡물	시리얼, 곡물바
석유	플라스틱, 비료, 화학제품
산소	산소통, 산소마스크
철광석	철제품, 철강
나무	가구, 종이, 목재 바닥재

(1) 결합원가와 분리점

결합제품이 일정한 생산단계에 도달하면 개별제품으로 식별되는데 분리점이라 하며, 분리점에서 분리된 각 개별제품은 그 단계에서 중간제품으로 판매되기도 하고, 추가가공을 한후 완제품으로 판매되기도 한다. "결합원가"란 분리점에 도달하기까지 연산품의 생산원가이며, 추가가공과 관련하여 발생한 원가를 "분리원가", "추가가공원가"라고 한다.

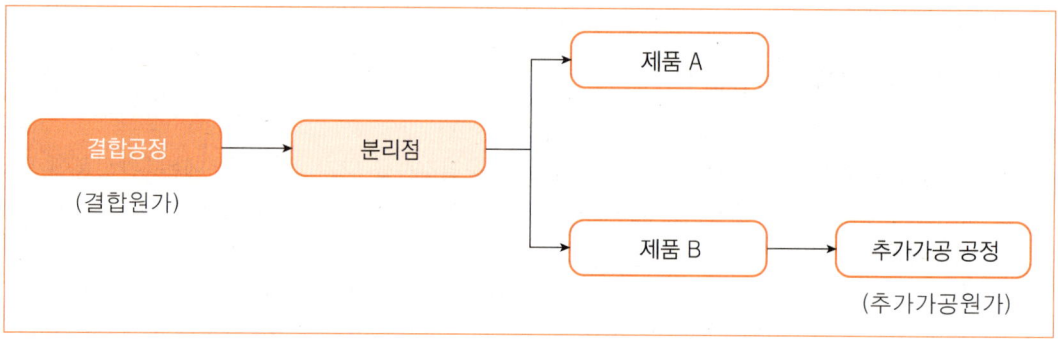

(2) 결합원가의 배분방법

① 상대적 판매가치법: 분리점에서 개별제품의 상대적 판매가치를 기준으로 배분한다.
② 순실현가치법: 분리점에서 개별제품의 순실현가치를 기준으로 배분한다.

> 순실현가치 = 개별제품의 최종판매가치 - 추가가공원가와 판매비

③ 물량기준법: 분리점에서 개별제품의 각 등급품의 무게, 부피, 면적 등을 기준으로 배분하는 방법이다.
④ 균등이익율법: 최종 제품의 매출총이익률이 같도록 결합원가를 배분하는 방법이다.

$$\text{매출총이익율} = \frac{\text{매출총이익}}{\text{총매출액}} = \frac{\text{총매출액} - (\text{결합원가총액} + \text{추가가공원가총액})}{\text{총매출액}}$$

(3) 작업폐물

작업폐물은 원재료를 결합공정에서 투입하여 가공하는 과정에서 부수적으로 생산되는 찌꺼기로서 투입된 원재료와 성질이 동일한 파생물을 말한다. 이는 공정 작업 중에 발생하는 폐기물로 예를 들어 가구제조업에서의 톱밥, 나무토막이나 금속 가공 업체에서는 금속 가공 과정에서 발생하는 금속 스크랩이 작업폐물의 한 예이다. 작업폐물이 특정 작업과 관련하여 발생하면 작업폐물의 평가액을 직접재료비에서 차감하고, 여러 제품의 제조과정에서 발생하면 제조간접비에서 작업폐물의 평가액을 차감한다.

(4) 부산물

부산품은 원재료를 결합공정에서 투입하여 가공하는 과정에서 부수적으로 생산되는 것이나 원재료의 물리적 성질이 변화되어 생산된 이질적 파생물을 말한다. 동일한 원재료에서 두 가지 이상의 제품이 생산될 때, 그 중에서 판매가치가 상대적으로 큰 제품을 주산품이라고 부르며, 판매가치가 상대적으로 낮은 제품을 부산품이라고 부른다. 부산품은 결합공정 과정에서 필연적으로 파생되는 부수적인 제품으로 판매가치나 이용가치는 있으나 판매가치가 상대적으로 낮거나 수량이 상대적으로 적은 제품을 말한다.

(5) 부산물회계처리

구분	생산기준법	판매기준법
적용 시점	부산물이 생산되는 시점에 회계처리	부산물이 판매되는 시점에 회계처리
회계처리 방식	• 부산물의 순실현가치를 결합원가에서 차감 후 자산으로 인식 • 이후 판매 시 자산에서 차감 처리	• 생산 시점에는 별도 자산으로 인식하지 않음 • 판매 시점에 판매이익을 잡이익으로 처리하거나 매출원가에서 차감
결합원가 배분	부산물의 순실현가치를 결합원가에서 차감하고, 나머지를 주산품에 배분	결합원가는 모두 주산품에 배분
적용 상황	부산물의 가치가 중요하여 재고자산이나 이익에 영향을 미치는 경우	부산물이 상대적으로 중요하지 않아 재고자산이나 이익에 큰 영향을 미치지 않는 경우
장점	• 부산물의 가치를 명확히 반영하여 정확한 원가 계산 가능 • 재고자산 및 이익에 대한 영향을 고려 가능	• 회계처리가 간단하고 효율적 • 모든 결합원가를 주산품에 배분하므로 주산품 원가 계산이 용이
단점	• 회계처리가 복잡할 수 있음 • 부산물의 순실현가치 평가가 필요	부산물의 가치를 무시하므로 정확한 원가 계산이 어려울 수 있음

기출 이론문제 — 제품별 원가계산

01 ㈜백두산이 거래처에 비행기 3대를 제작하여 납품하기로 계약을 하였는데 비행기의 제조원가계산에 적합한 원가계산방법은 무엇인가? *81회 기출문제*

① 정상원가계산　② 종합원가계산　③ 개별원가계산　④ 표준원가계산

02 ㈜백두산은 제조간접비를 직접노무시간기준으로 배부하고 있다. 추정 제조간접비총액은 1,000,000원이고, 추정직접노무시간과 실제사용직접노무시간이 50,000시간으로 동일하다. 제조간접비가 50,000원 과대배부되었을 경우 실제 제조간접비 발생액은 얼마인가? *82회 기출문제*

① 900,000원　② 950,000원　③ 1,000,000원　④ 1,050,000원

03 세무상사는 직접노동시간에 기준하여 제조간접원가를 예정배부하고 있다. 당기의 제조간접원가 예산액은 2,000,000원, 예산조업도는 1,000,000직접노동시간이다. 제조간접원가 실제발생액은 3,070,000원이고 실제조업도는 1,500,000시간이다. 제조간접원가 배부차액은 얼마인가? *82회 기출문제*

① 70,000원(과소배부)　② 70,000원(과대배부)
③ 50,000원(과소배부)　④ 50,000원(과대배부)

04 당기 초에 영업을 개시한 ㈜현화는 정상개별원가계산 방법을 채택하고 있으며, 당기말 재고자산가액 및 매출원가는 다음과 같다. 당기의 제조간접원가 배부차이가 1,000,000원 과소배부인 경우 각 배부차이조정 방법에 따라 당기손익에 미치는 영향을 바르게 연결한 것은? *84회 기출문제*

	재공품	제품	매출원가	합계
직접재료원가	1,000,000원	1,200,000원	800,000원	3,000,000원
직접노무원가	3,000,000원	4,000,000원	1,500,000원	8,500,000원
제조간접원가	1,500,000원	2,000,000원	1,000,000원	4,500,000원
합　계	5,500,000원	7,200,000원	3,300,000원	16,000,000원

① 매출원가조정법: 800,000원 감소, 총원가기준법: 281,250원 감소, 원가요소법: 200,000원 감소
② 매출원가조정법: 1,000,000원 감소, 총원가기준법: 222,222원 감소, 원가요소법: 206,250원 감소
③ 매출원가조정법: 1,000,000원 감소, 총원가기준법: 206,250원 감소, 원가요소법: 266,666원 감소
④ 매출원가조정법: 1,000,000원 감소, 총원가기준법: 206,250원 감소, 원가요소법: 222,222원 감소

05 ㈜오늘은 제조간접비를 직접노무시간으로 예정배부하고 있다. 당초 제조간접비 예산금액은 600,000원, 예산직접노무시간은 3,000시간이며 당기말 현재 실제 제조간접비는 640,000원이 발생하였다. 제조간접비의 배부차이가 발생하지 않을 경우 실제직접노무시간은 얼마인가? 87회 기출문제

① 3,200시간　　② 3,100시간　　③ 3,000시간　　④ 2,900시간

06 다음의 실제개별원가계산과 정상원가계산의 상대적인 비교내용 중 잘못된 것은? 87회 기출문제

구분	실제개별원가계산	정상개별원가계산
① 주요정보이용자	외부 및 내부 정보이용자	내부 정보이용자(경영자)
② 원가계산의 시점	회계연도 기말	제품생산 완료시점
③ 직접재료원가, 직접노무원가	실제발생액	예상발생액
④ 제조간접원가 배부방법	실제배부기준량 × 실제배부율	실제배부기준량 × 예정배부율

정답 및 해설

01 ③ 단일제품의 소량생산에 적합한 원가계산방법은 개별원가계산방법이다.

02 ② 예정배부율 = 1,000,000원/50,000원 = 20, 예정배부액 = 50,000원 × 20 = 1,000,000원
　　실제 제조간접비 발생액 = 예정배부액 − 과대배부액 = 1,000,000원 − 50,000원 = 950,000원

03 ① 예정배부율 = 2,000,000원 / 1,000,000시간 = 2원/시간
　　예정제조간접비 = 2원/시간 * 1,500,000시간 = 3,000,000원
　　실제제조간접비 = 3,070,000원
　　불리한차이(과소배부) 70,000원 = 3,070,000원 − 3,000,000원

04 ④ 당기손익에 미치는 영향은 매출원가에 추가로 배부되는 차액을 계산하여 산출한다.
　　(1) 매출원가조정법: 1,000,000원 전액 매출원가에 배부 → 당기손익 1,000,000원 감소
　　(2) 총원가기준법: 1,000,000원 × (3,300,000원/16,000,000원) = 206,250원 매출원가에 배부 → 당기손익 206,250원 감소
　　(3) 원가요소법: 1,000,000원 × (1,000,000원/4,500,000원) = 222,222원 매출원가에 배부 → 당기손익 222,222원 감소

05 ① 예정배부율: 600,000원/3,000시간 = 200원/시간당
　　실제발생 제조간접비(=예정배부액): 640,000원
　　실제직접노무시간: 640,000원 / 200원 = 3,200시간

06 ③ 정상개별원가계산의 경우에도 직접재료원가와 직접노무원가는 예상발생액이 아닌 실제발생액을 적용한다.

07 다음 중 원가계산에 대한 설명으로 틀린 것은?   88회 기출문제

① 개별원가계산은 단일 종류의 제품을 연속적으로 대량생산하는 기업의 원가계산에 적합하다.
② 종합원가계산은 각 제조공정별로 작성되는 제조원가보고서가 원가계산의 기초가 된다.
③ 정상원가계산에서 직접재료비, 직접노무비는 실제원가로 계산하고, 제조간접비는 사전에 결정된 예정배부율을 이용하여 제품에 배부한다.
④ 표준원가계산은 미리 표준으로 설정된 원가자료를 사용하여 원가를 계산하는 방법으로 신속한 원가정보의 제공이 가능하다.

08 ㈜사랑은 제조간접비를 직접 노무 시간으로 예정 배부하고 있다. 당기말 현재 실제 제조간접비 발생액이 3,500,000원이고, 실제 직접 노무 시간이 40,000시간일 때 당기의 제조간접비는 100,000원 과소 배부된다. 이 경우 제조간접비 예정 배부율은 직접 노무 시간당 얼마인가?   90회 기출문제

① 85원   ② 95원   ③ 110원   ④ 125원

09 ㈜세무는 제조간접비를 직접노무시간으로 예정배부하고 있다. 당초 제조간접비 예산금액은 800,000원이고, 예산직접노무시간은 1,000시간이다. 당기말 현재 실제 제조간접비는 860,000원이고, 실제 직접노무시간이 1,050시간일 경우 제조간접비의 배부차액은 얼마인가?   91회 기출문제

① 20,000원(과소배부)   ② 20,000원(과대배부)
③ 60,000원(과소배부)   ④ 60,000원(과대배부)

10 작업량 1,000개가 제시된 작업지시서 #108의 생산과 관련하여 다음과 같이 원가가 발생하였으며, 기초재고 및 기말재고는 없다. 작업지시서 #108과 관련하여 발생한 정상제품의 단위당 원가는?   92회 기출문제

- 직접재료원가: 80,000원
- 직접노무원가: 60,000원
- 제조간접원가 관련 자료
  - 예정배부율: 3원/기계시간
  - 예산조업도: 15,000 기계시간
  - 실제조업도: 10,000 기계시간

① 80원   ② 140원   ③ 170원   ④ 185원

11 당사는 기계시간을 기준으로 정상원가계산에 의하여 제품원가를 계산하고 있다. 다음의 자료를 이용하여 실제조업도를 계산하면 몇 시간인가?　　　　　　　　　　　　　　93회 기출문제

- 제조간접비 실제발생액: 1,000,000원
- 제조간접비 과소배부액: 400,000원
- 예정배부율: 5원/기계시간

① 120,000시간　　② 140,000시간　　③ 200,000시간　　④ 280,000시간

정답 및 해설

07 ① 개별원가계산은 여러 종류의 제품을 고객의 요구에 따라 소량으로 주문하는 기업의 원가계산에 적합하다.

08 ①
- 실제발생액 − 예정배부액 = 과소배부액
- 3,500,000원 − 예정배부액 = (+)100,000원 과소배부
- 예정배부액 = 3,400,000원 = 예정배부율 × 실제배부기준수 = 예정배부율 × 40,000시간
- ∴ 예정배부율 = 85원

09 ① 예정배부율 = 800,000원 / 1,000시간 = 800원/시간
예정제조간접비 = 800원/시간 * 1,050시간 = 840,000원
실제제조간접비 = 860,000원
불리한차이(과소배부) 20,000원 = 860,000원 − 840,000원

10 ③ (1) 작업지시서 #108의 원가합계

직접재료원가	80,000원
직접노무원가	60,000원
제조간접원가배부액	30,000원
합　　계	170,000원

(2) 정상제품의 단위당 원가 = 170,000원 / 1,000개 = 170원

11 ① 제조간접비 예정배부액 = 1,000,000원 − 400,000원 = 600,000원
실제조업도 = 600,000 ÷ 5 = 120,000시간

12 당 회사는 예정배부법을 사용하여 제조간접비를 배부하고 있다. 배부차이를 확인한 결과 과대배부금액이 300,000원 발생하였다. 해당 배부차이를 총원가비례법에 따라 처리할 경우 조정 후의 기말재공품 가액은 얼마인가?

93회 기출문제

구분	기말 재공품	기말 제품	매출원가
직접재료비	300,000원	400,000원	1,100,000원
직접노무비	500,000원	800,000원	1,500,000원
제조경비	200,000원	250,000원	950,000원
합계	1,000,000원	1,450,000원	3,550,000원

① 950,000원 ② 1,050,000원 ③ 3,372,500원 ④ 3,727,500원

13 다음 중 개별원가계산의 특징이 아닌 것은?

96회 기출문제

① 다품종을 주문에 의해 생산하거나 동종제품을 일정간격을 두고 비반복적으로 생산하는 업종에 적합하다.
② 개별원가계산은 제조간접비의 배부가 필요하므로 변동원가계산제도를 채택할 수 없다.
③ 조선업에서 사용하기 적당하며, 작업원가표를 사용하면 편리하다.
④ 제조간접원가는 작업별로 추적할 수 없어 배부율을 계산하여 사용한다.

14 ㈜예인은 기계시간에 비례하여 제조간접비를 예정배부하고 있다. 다음의 자료를 이용하여 제조간접비 배부차이를 구하시오.

96회 기출문제

- 제조간접비예산: 1,500,000원
- 예산조업도: 100,000기계시간
- 제조간접비 실제발생액: 1,200,000원
- 실제조업도: 90,000기계시간

① 150,000원 과대배부 ② 300,000원 과대배부
③ 150,000원 과소배부 ④ 300,000원 과소배부

15 ㈜부강은 제조부문 1과 제조부문 2를 가지고 제품 A와 B를 생산하고 있다. 20X1년 제조부문별 예정제조간접원가는 제조부문 1은 992,000원, 제조부문 2는 3,000,000원이며, 제품 A의 생산량은 300개 제품 B의 생산량은 400개이며, 제조부문 1의 제품 A와 B를 1단위 생산하는데 투입된 직접노동시간은 제품 A는 4시간, 제품 B는 5시간이다. 직접노동시간을 기준으로 제조간접원가를 예정배부시 제조부문 1의 직접노동시간당 예정배부율은 얼마인가?

97회 기출문제 수정

① 280원 ② 310원 ③ 360원 ④ 400원

16 개별원가제도 하에서 제품에 관련된 다음 자료에서 기말원재료 재고액을 구하면 얼마인가?

98회 기출문제

(1) 당기총제조원가: 3,000,000원
(2) 당기제품제조원가: 2,900,000원
(3) 기초원재료: 500,000원
(4) 당기원재료 매입액: 2,500,000원
(5) 제조간접비는 직접노무비의 80%가 배부되었으며, 이는 당기총제조원가의 25%에 해당한다.

① 750,000원   ② 937,500원   ③ 1,312,500원   ④ 1,687,500원

17 ㈜미래는 제조간접비를 직접노무시간을 기준으로 배부하고 있다. 당해 연도 초의 제조간접비 예상액은 5,000,000원이고 예상 직접노무시간은 50,000시간이다. 당기말 현재 실제 제조간접비 발생액이 6,000,000원이고 실제 직접노무시간이 51,500시간일 경우 당기의 제조간접비 과소 또는 과대배부액은 얼마인가?

99회 기출문제

① 850,000원 과소배부   ② 850,000원 과대배부
③ 1,000,000원 과소배부   ④ 1,000,000원 과대배부

정답 및 해설

12 ① 과대배부 300,000 기말재공품 배부액: 300,000 × 1,000,000 ÷ 6,000,000 = 50,000
∴ 조정 후 기말재공품: 1,000,000 − 50,000 = 950,000

13 ② 개별원가계산과 변동원가계산은 함께 적용가능하다.

14 ① • 예정배부율 = 1,500,000원/100,000시간 = 15원/기계시간
• 예정배부액 = 15원 × 90,000시간 = 1,350,000원
• 배부차이 = 1,350,000원 − 1,200,000원 = 150,000원 과대배부

15 ② 992,000원 / (300×4 + 400×5) = 310원

16 ④ 제조간접비 = 3,000,000원 × 25% = 750,000원
직접노무비 = 750,000원 / 0.8 = 937,500원
직접재료비 = 3,000,000원 − 937,500원 − 750,000원 = 1,312,500원
기말원재료 = 500,000원 + 2,500,000원 − 1,312,500원 = 1,687,500원

17 ① 850,000원 과소배부 = 실제 제조간접비 발생액 6,000,000원 − 제조간접비 예정배부액 5,150,000원
• 예정배부율: 제조간접비 예상액 5,000,000원 ÷ 예상 직접노무시간 50,000시간 = 100원/직접노무시간
• 예정배부액: 실제 직접노무시간 51,500시간 × 제조간접비 예정배부율 @100원 = 5,150,000원

18 다음 중 개별원가계산에 대한 설명으로 옳지 않은 것은?

① 개별원가계산은 조선업, 건설업 등 고객의 요구에 따라 소량으로 주문생산하는 기업의 원가계산에 적합한 원가계산 방식이다.
② 종합원가계산과는 달리 개별원가계산은 완성품환산량을 산정할 필요가 없다.
③ 개별원가계산은 제조원가가 각 작업별로 집계되며 그 작업에서 생산된 제품단위에 원가를 배분한다.
④ 개별원가계산은 상대적으로 원가계산과정이 부정확하다.

19 종합원가계산시 기말재공품의 완성도가 과소평가된 경우에 대한 설명으로 올바른 것은?

① 기말재공품의 완성품환산량이 과대계상된다.
② 당기순이익이 과대계상된다.
③ 기말재공품의 원가가 과대계상된다.
④ 완성품환산량 단위당 원가가 과대계상된다.

20 ㈜한결은 평균법에 의한 실제종합원가계산을 이용하여 재고자산 평가와 매출원가계산을 하였다. 기초에 비하여 기말에 재공품가액이 증가하였으나 재공품물량은 동일한 경우 이 현상을 설명하는 요소가 아닌 것은?

① 전년도에 비하여 노무비의 임률이 상승하였다.
② 전년도에 비하여 고정제조간접비가 증가하였다.
③ 기초보다 기말의 재공품재고에 대한 완성도가 높았다.
④ 전년도에 비하여 판매량이 증가하였다.

21 ㈜만리포는 공손품원가를 정상품의 제조원가로 처리하고 있으며 평균법을 사용하고 있다. 다음 자료에 의한 당기제품제조원가는?(단, 직접재료는 공정 초에 전부 투입하며, 가공비는 전 공정을 통해 균등하게 발생하고, 검사는 공정완료시에 실시한다.)

- 기초재공품: 없음
- 기말재공품: 250개(완성도: 40%)
- 당기착수량: 1,000개
- 당기투입가공비: ₩1,700
- 당기완성량: 500개
- 정상공손: 250개
- 당기투입직접재료비: ₩1,000

① ₩2,450 ② ₩2,080 ③ ₩2,250 ④ ₩2,200

22 종합원가계산 하에서, 평균법에 의한 경우 당기제품 제조원가가 다음과 같을 때 선입선출법을 적용할 경우와 비교한 설명으로 올바른 것은?

82회 기출문제

- 기초재공품: 0개
- 당기착수량: 10,000개
- 완성품: 7,000개
- 기말재공품: 3,000개(완성도 50%)
- 당기착수 재료비: 500,000원
- 가공비: ?원
- 당기제품제조원가: 1,050,000원
- 원재료는 공정 초기에 투입되며, 가공비는 일정하게 투입된다.

① 당기제품제조원가는 동일하다.
② 기말재공품의 완성품환산량은 작아진다.
③ 가공비 발생액은 800,000원이다.
④ 기말재공품가액은 작아진다.

정답 및 해설

18 ④ 개별원가계산은 원가계산과정이 복잡하나 원가의 정확성은 더 높다.

19 ④ 완성품환산량의 감소로 완성품환산량 단위당 원가가 과대계상된다.

20 ④ 기말재공품원가 = 기말재공품수량 × 완성도 × 완성품환산량당 단위원가 재공품수량은 동일하면서 '기초 재공품원가 < 기말 재공품원가'가 되기 위해서는
(1) 기말 재공품의 완성도가 증가 또는 (2) 완성품환산량당 단위원가가 전기보다 증가하여야 한다.
완성품환산량당 단위원가가 전기보다 증가하기 위해서는 평균법에 의한 완성품환산량 단위당 원가 = (기초재공품원가 + 당기투입원가) ÷ 총완성품환산량 분자에 해당하는 노무비와 고정제조간접비의 증가는 완성품환산량 단위당 원가를 증가하게 된다.

21 ③ 당기제품제조원가 = 750개/1,000개 * 1,000원 + 750개/850개 * 1,700원 = 2,250원

22 ① 기초 재공품 재고액이 없는 경우에는 평균법과 선입선출법에 의한 제품제조원가는 같다. 또한 기초 재공품 재고액이 없으므로 기말재공품의 완성품환산량이나 기말재공품가액은 모두 동일하다.
당기 가공비 발생액은 다음과 같이 850,000원이다.
재료비 완성품환산량 = 7,000개 + 3,000개 = 10,000개, 가공비 완성품환산량 = 7,000개 + 3,000개 * 50% = 8,500개
단위당 재료비원가 = 500,000원 ÷ 10,000개 = 50원, 당기 완성품의 재료비원가 = 50원 × 7,000개 = 350,000원
단위당 가공비원가 = (1,050,000원 − 350,000원) ÷ 7,000개 = 100원
당기발생 가공비 = 100원 × 8,500개 = 850,000원

23 ㈜한결은 단일제품을 대량으로 생산하고 있다. 원재료는 공정초기에 모두 투입되고 가공비는 공정전반에 걸쳐 균등하게 발생하며, 기말재공품의 평가는 평균법을 사용한다. 당기원가계산에 대한 자료는 다음과 같다. 당기완성품과 기말재공품 평가에 적용할 재료비와 가공비의 완성품환산량 단위당 원가는 각각 얼마인가?

83회 기출문제

구분	내용
기초재공품	• 수량: 400개 • 재료비: 100,000원 • 가공비: 40,000원 • 완성도: 60%
당기발생원가	• 착수량: 1,600개 • 재료비: 300,000원 • 가공비: 130,000원
당기완성량	1,500개
기말재공품	• 수량: 500개 • 완성도: 40%

	재료비	가공비			재료비	가공비
①	200원	150원		②	200원	200원
③	250원	200원		④	200원	100원

24 다음 중 공손에 대한 설명으로 틀린 것은?

84회 기출문제

① 공손품은 정상품에 비해 품질이나 규격이 미달하는 불량품을 말한다.
② 비정상공손은 효율적인 작업수행에서는 회피가능하고 통제가능한 공손이다.
③ 비정상공손원가는 제조원가에 가산한다.
④ 종합원가계산에서 기말재공품이 공손품의 검사시점을 통과하지 않은 경우 정상공손원가는 완성품에만 배부한다.

25 당 회사는 선입선출법에 의한 종합원가계산으로 제품원가를 계산한다. 당기발생 가공비는 7,200,000원이며, 가공비 완성품 단위당 원가는 8,000원이다. 다음 자료를 보고 기말재공품의 완성도를 구하시오. (단, 가공비는 공정 전반에 걸쳐 균등하게 발생한다.)

84회 기출문제

구분	수량	완성도
기초재공품	300개	30%
당기완성품	900개	100%
기말재공품	100개	?

① 60% ② 70% ③ 80% ④ 90%

26 ㈜한결은 20×1년 4월 중 작업량 1,000개가 제시된 작업지시서 #105의 생산과 관련하여 다음과 같이 원가가 발생하였으며, 기초재고 및 기말재고는 없다. 한편, 제품의 최종검사과정에서 150개의 불량품이 발생하였다. 불량품은 총원가 20,000원을 투입하여 재작업하여 정상제품으로 전환되었다. 작업지시서 #105과 관련하여 발생한 정상제품의 단위당 원가는? 84회 기출문제 수정

- 직접재료원가: 40,000원
- 직접노무원가: 25,000원
- 제조간접원가배부액: 30,000원

① 95원 ② 111.7원 ③ 115원 ④ 135.2원

정답 및 해설

23 ④

	재료비	가공비
당기완성 1,500	1,500	1,500
기말 500(40%)	500	200
계 2,000개	2,000개	1,700개
총원가	(100,000원 + 300,000원)	(40,000원 + 130,000원)
단위당 원가	@200	@100

24 ③ 비정상공손원가는 영업외비용으로 회계처리한다.

25 ④ 가공비 완성품 환산량 = 7,200,000원 / 8,000원 = 900단위
기말재공품의 완성도를 X라 하면, 300개 * (100% - 30%) + (900개 - 300개) + (100개 * X) = 900단위
X = 90%

26 ③ (1) 작업지시서 #105의 원가합계

직접재료원가	40,000원
직접노무원가	25,000원
제조간접원가배부액	30,000원
재작업원가	20,000원
합 계	115,000원

(2) 정상제품의 단위당 원가 = 115,000원 / 1,000개 = 115원

27 ㈜가나는 단일제품을 대량으로 생산하고 있다. 원재료는 공정초기에 모두 투입되고 가공비는 공정전반에 걸쳐 균등하게 발생하며, 기말재공품의 평가는 선입선출법을 사용한다. 당기원가계산에 대한 자료는 다음과 같다. 당기완성품과 기말재공품 평가에 적용할 재료비와 가공비의 완성품환산량 단위당 원가는 각각 얼마인가? (단, 생산과정 중 감손이나 공손 등 물량 손실은 없다.) *86회 기출문제*

기초재공품	• 수량: 200개 • 재료비: 54,000원 • 가공비: 105,600원 • 완성도: 20%
당기발생원가	• 착수량: 1,800개 • 재료비: 315,000원 • 가공비: 352,000원
당기완성량	1,600개
기말재공품	• 수량: 400개 • 완성도: 50%

	재료비	가공비		재료비	가공비
①	205원	260원	②	205원	200원
③	175원	200원	④	175원	260원

28 다음 공손에 관한 설명 중 틀린 것은? *87회 기출문제*

① 공손품은 품질이나 규격이 일정한 기준에 미달하는 불량품이다.
② 정상공손은 능률적인 생산조건 하에서는 회피가능하고 통제가능하다.
③ 비정상공손품원가는 발생된 기간에 영업외비용으로 처리한다.
④ 기말재공품이 공손품 검사시점을 통과하지 못한 경우 정상공손원가를 전액 완성품에만 배부한다.

29 ㈜한세는 단일 제품을 생산하고 있으며, 종합원가계산제도를 채택하고 있다. 재료는 공정이 시작되는 시점에 전량 투입되고 가공원가는 공정 전체에 걸쳐 균등하게 투입된다. 평균법에 의하여 계산된 기말재공품의 원가는 얼마인가? *87회 기출문제*

- 기초재공품 수량: 120단위(완성도: 50%, 직접재료원가: 36,000원, 가공원가: 66,480원)
- 당기투입 수량: 280단위(직접재료원가: 100,000원, 가공원가: 210,000원)
- 기말재공품 수량: 80단위(완성도: 80%)

① 70,180원   ② 73,280원   ③ 76,380원   ④ 79,480원

30 다음 자료를 참고하여 선입선출법에 의한 종합원가제도를 채택하고 있는 ㈜오늘의 직접재료비의 완성품 환산량을 구하시오.
88회 기출문제

- 직접재료는 공정 초기에 50%가 투입되고, 나머지는 공정이 50% 진행된 시점부터 공정진행에 비례적으로 투입된다.
- 공손은 없는 것으로 가정한다.
- 기초재공품은 100단위이며 완성도는 40%이다.
- 당기착수량은 5,000단위이고 완성품수량은 5,000단위이다.
- 기말재공품은 100단위이며 완성도는 45%이다.

① 4,950단위 ② 5,000단위 ③ 5,050단위 ④ 5,100단위

31 ㈜세무는 종합원가계산제도를 채택하고 있다. 모든 원가는 공정전체를 통하여 균등하게 발생되고 있으며, 당기의 제조활동에 대한 자료가 다음과 같은 경우, 기말재공품원가는 얼마인가?(단, 기말재공품의 평가는 평균법을 이용하며, 공손품은 발생하지 않았다.)
91회 기출문제

- 기초재공품: 300개, 45,000원(완성도 40%)
- 당기완성품수량: 700개
- 당기투입원가: 655,000원
- 기말재공품: 200개(완성도 50%)

① 67,500원 ② 75,000원 ③ 87,500원 ④ 90,000원

정답 및 해설

27 ③ 재료비 완성품환산량: 1,800개 가공비 완성품환산량: 1,760개
당기투입직접재료비: 315,000원 당기투입가공비: 352,000원
완성품환산량 단위당 원가:
- 재료비 175원
- 가공비 200원

28 ② 정상공손은 제조공정이 효율적으로 운영되더라도 발생하는 공손으로 정상품을 생산하기 위하여 불가피하게 발생된다.

29 ② 재료비 환산량 단위당 원가: 136,000원 ÷ (320단위 + 80단위) = 340원
가공비 환산량 단위당 원가: (66,480원 + 210,000원) ÷ (320단위 + 80단위 × 80%) = 720원
기말재공품 원가: 80단위 × 340원 + (80단위 × 80%) × 720원 = 73,280원

30 ② (100단위 × 50%) + (4,900단위 × 100%) + (100단위 × 50%) = 5,000단위

31 ③ • 완성품환산량 단위당 원가 = (655,000원 + 45,000원) / (700단위 + 200단위 × 50%) = 875원/개
• 기말재공품원가 = 100개 × 875원 = 87,500원

32 당사는 종합원가계산을 이용한 원가계산을 하고 있다. 선입선출법을 사용할 경우 당기 완성품원가는 얼마인가?

92회 기출문제

- 기초재공품: 500개(완성도 60%)
  직접재료비 600,000원, 가공비 700,000원
- 당기완성품: 4,000개
- 당기투입원가: 직접재료비 4,200,000원, 가공비 3,240,000원
- 기말재공품: 700개(완성도 50%)
- 재료비는 공정 초기에 모두 투입
- 가공비는 전 공정에 균등하게 투입

① 6,300,000원 ② 6,460,000원 ③ 7,600,000원 ④ 7,760,000원

33 원재료는 공정초기에 전량투입되고 가공비는 생산의 진행에 따라 균일하게 발생한다. 다음 자료를 통하여 평균법에 의한 기말 재공품의 재료비 완성품 환산량 단위당 원가는?

94회 기출문제

- 기초재공품 수량: 100개(완성도 60%)
- 원가정보

	기초	당기
재료비	500,000원	2,200,000원
가공비	300,000원	3,700,000원

- 당기완성품 수량: 700개
- 기말재공품 수량: 200개(완성도 50%)
- ※ 파손품이나 공손품은 없는 것으로 간주한다.

① 2,750원 ② 3,000원 ③ 3,142원 ④ 3,375원

34 다음 자료를 이용하여 ㈜원일의 직접재료비의 완성품 환산량을 구하면 얼마인가?

95회 기출문제

- 당사는 선입선출법에 의한 종합원가제도를 채택하고 있다.
- 직접재료는 공정 초기에 40%가 투입되고, 나머지는 공정이 70% 진행된 시점에 전부 투입된다.
- 공손은 없는 것으로 가정한다.
- 기초재공품은 300단위이며 완성도는 90%이다.
- 당기착수량은 6,000단위이고 완성품수량은 5,500단위이다.
- 기말재공품의 완성도는 50%이다.

① 5,200단위 ② 5,520단위 ③ 5,700단위 ④ 5,820단위

35 다음 중 공손품에 대한 설명으로 올바른 것은?　　　　　　　　　　　　96회 기출문제

> 가. 공손품이란 품질 및 규격이 표준에 미달하는 불합격품을 말한다.
> 나. 정상공손은 작업자의 부주의, 생산계획의 미비 등의 이유로 발생한다.
> 다. 비정상공손은 생산과정에서 불가피하게 발생하는 공손을 말한다.
> 라. 비정상공손에 투입된 원가는 영업외비용으로 처리한다.

① 가, 나, 다, 라　　② 가, 나, 다　　③ 가, 라　　④ 가

정답 및 해설

32 ④ 직접재료비 완성품 환산량 = 3,500개 + 700개 = 4,200개
　　　단위당원가 = 4,200,000원 ÷ 4,200 = @1,000
　　　가공비 완성품 환산량 = 200개 + 3,500개 + 350개 = 4,050개
　　　단위당원가 = 3,240,000원 ÷ 4,050원 = @800
　　　당기완성품원가 = 기초재공품원가 + 당기완성품배분원가
　　　　　　　　　 = 1,300,000원 + (1,000원 × 3,500개 + 800원 × 3,700개) = 7,760,000원

33 ② 재료비 완성품환산량: 700개 + 200개 = 900개
　　　재료비 완성품환산량 단위당원가: (500,000 + 2,200,000)원 / 900개 = 3,000원

34 ② (300단위 × 0%) + (5,200단위 × 100%) + (800단위 × 40%) = 5,520단위

35 ③ 정상공손은 생산과정에서 불가피하게 발생하는 공손을 말하고, 비정상공손은 작업자의 부주의, 생산계획의 미비 등의 이유로 발생한 공손을 말한다.

36 당사는 선입선출법에 의한 종합원가계산으로 제품원가를 계산한다. 다음 자료를 참조하여 계산한 기말재공품의 완성도는 얼마인가? 97회 기출문제

1. 재공품 완성도

구분	수량	완성도
기초재공품	550개	40%
당기완성품	1,300개	100%
기말재공품	600개	?

2. 기타
   - 당기 발생 가공비는 12,000,000원이다.
   - 가공비 완성품 단위당 원가는 10,000원이다.
   - 가공비는 공정 전반에 걸쳐 균등하게 발생한다고 가정한다.

① 10%　　② 20%　　③ 80%　　④ 90%

---

37 종합원가계산에 관한 설명으로 가장 잘못된 것은? 98회 기출문제

① 단일 종류의 제품을 연속적으로 대량 생산하는 업종에 적합한 원가계산방법이다.
② 제조간접비 배부가 핵심이다.
③ 제조원가는 각 공정별로 집계되며 그 공정을 통과한 제품 단위에 원가를 배분한다.
④ 선입선출법은 기초재공품을 먼저 가공하여 완성시킨 후에 당기 착수 수량을 가공한다고 가정한다.

---

38 다음 중 종합원가계산의 선입선출법 및 평균법에 대한 설명으로 틀린 것은? 99회 기출문제

① 기초재공품원가는 선입선출법 적용 시에 완성품환산량 단위당 원가계산에 영향을 미치지 않는다.
② 기초재공품의 완성도는 평균법에서 고려대상이 아니다.
③ 기말재공품의 완성도는 선입선출법에서만 고려대상이다.
④ 선입선출법과 평균법의 수량 차이는 기초재공품 완성품환산량의 차이이다.

---

39 다음은 선입선출법에 의한 종합원가계산을 적용하고 있는 ㈜한세의 당기 생산 관련 자료이다. 아래의 자료를 이용하여 기초재공품의 완성도를 계산하면 얼마인가? 단, 가공비는 균등하게 발생하고, 당기 발생 가공비는 200,000원, 완성품의 가공비 단위당 원가는 20원이다. 100회 기출문제

구분	수량	완성도
기초재공품	2,000개	?
당기착수	9,000개	
기말재공품	1,000개	80%

① 40%　　② 50%　　③ 60%　　④ 70%

40 선입선출법에 의한 종합원가계산을 적용할 경우 아래의 자료를 참고하여 당기 가공원가 발생액을 구하면 얼마인가?

101회 기출문제

- 당기 가공원가에 대한 완성품 단위당원가는 12원이다.
- 기초재공품은 250단위 (완성도 20%)이다.
- 기말재공품은 450단위 (완성도 80%)이다.
- 당기착수 수량은 2,300단위이며, 당기완성품 수량은 2,100단위이다.

① 21,480원 ② 28,920원 ③ 30,120원 ④ 36,120원

정답 및 해설

36 ② 가공비 완성품 환산량 = 12,000,000원 / 10,000원 = 1,200단위
기말재공품의 완성도 = X
550개 × (100% − 40%) + (1,300개 − 550개) + (600개 × X) = 1,200단위
X = 20%

37 ② 개별원가계산에서 제조간접비 배부가 핵심이다.

38 ③ 기말재공품의 완성도는 평균법과 선입선출법 모두에서 고려대상이다.

39 ① 40% = 1 − 1,200개/2,000개
- 당기완성품수량: 기초재공품 2,000개 + 당기착수 9,000개 − 기말재공품 1,000개 = 10,000개
- 가공비 완성품환산량: 당기 발생 가공비 200,000원 ÷ 완성품 가공비 단위당 원가 20원 = 10,000개
- 기초재공품 완성품환산량: 당기 완성품수량 10,000개 − 당기착수 당기완성품수량 8,000개 − 기말재공품 완성품환산량 800개 = 1,200개

40 ② 28,920원 = (당기완성품 수량 2,100단위 + 기말재공품 완성품환산량 450단위 × 80% − 기초재공품 완성품환산량 250단위 × 20%) × 완성품환산량 단위당원가 12원

41 ㈜세무는 선입선출법에 의한 종합원가제도를 채택하고 있다. 다음 자료를 참고하여 직접재료원가의 완성품환산량을 계산하면 얼마인가?   102회 기출문제

  • 직접재료는 공정초기에 40%가 투입되고, 나머지는 공정이 60% 진행된 시점에 투입된다.
  • 공손은 없는 것으로 가정한다.
  • 기초재공품은 2,000단위이며 완성도는 20%이다.
  • 당기착수량은 10,000단위이고 완성품 수량은 8,000단위이다
  • 기말재공품은 4,000단위이며 완성도는 50%이다.

① 8,800단위   ② 9,200단위   ③ 10,800단위   ④ 12,000단위

42 다음 자료를 이용하여 계산한 정상공손 수량과 비정상공손 수량은 각각 몇 개인가? 단, 정상공손은 완성품 수량의 2%라 가정한다.   102회 기출문제

  • 기초 재공품 수량: 25,000개   • 기초 제품 수량: 20,000개
  • 당기 착수량: 90,000개   • 제품 판매 수량: 90,000개
  • 기말 재공품 수량: 12,500개   • 기말 제품 수량: 30,000개

	정상공손	비정상공손
①	1,200개	1,300개
②	2,000개	500개
③	1,000개	1,000개
④	2,300개	200개

43 당사는 선입선출법에 따른 종합원가계산에 의하여 제품의 원가를 계산한다. 당기에 발생한 가공비는 15,000,000원이고 가공비 완성품 단위당 원가는 10,000원이다. 다음의 재공품 완성도를 참고하여 기말재공품 완성도를 구하시오(단, 가공비는 공정 전반에 걸쳐 균등하게 발생한다).   103회 기출문제

구분	수량	완성도
기초재공품	400개	30%
당기완성품	1,600개	100%
기말재공품	50개	?

① 20%   ② 30%   ③ 40%   ④ 70%

44 다음 중 개별원가계산과 종합원가계산에 대한 설명으로 가장 틀린 것은? 104회 기출문제

① 개별원가계산은 다품종소량생산에, 종합원가계산은 소품종대량생산에 적합한 원가계산방식이다.
② 개별원가계산은 정확한 원가계산이 가능하나, 종합원가계산은 원가계산의 정확도가 떨어진다.
③ 개별원가계산은 완성품환산량을 산정해야 하며, 종합원가계산은 제조간접비를 배부해야 한다.
④ 개별원가계산은 조선업, 항공기제조업 등의 업종에 주로 사용되나, 종합원가계산은 자동차, 전자제품 등의 업종에서 주로 사용되는 원가계산 방식이다.

45 다음의 자료에 의하여 종합원가계산에 의한 가공비의 완성품환산량을 계산하시오(단, 가공비는 가공과정 동안 균등하게 발생한다고 가정한다). 104회 기출문제

- 기초재공품: 400개(완성도 40%)
- 기말재공품: 300개(완성도 60%)
- 당기 착수량: 800개
- 당기 완성량: 900개

	평균법	선입선출법
①	1,000개	900개
②	1,080개	920개
③	920개	1,080개
④	1,080개	900개

정답 및 해설

41 ① 8,800단위 = 1,200단위 + 6,000단위 + 1,600단위
- 기초재공품 완성품환산량: 기초재공품 2,000단위 × 0.6 = 1,200단위
- 당기착수 당기완성 완성품환산량: 6,000단위 × 1 = 6,000단위
- 기말재공품 완성품환산량: 4,000단위 × 0.4 = 1,600단위

42 ② • 제품 완성품 수량: 90,000개 + 30,000개 − 20,000개 = 100,000개
- 공손수량: 25,000개 + 90,000개 − 100,000개 − 12,500개 = 2,500개
- 정상공손수량: 100,000개 × 2% = 2,000개
- 비정상공손수량: 2,500개 − 2,000개 = 500개

43 ③ • 가공비 완성품 환산량: 당기 발생 가공비 15,000,000원 ÷ 가공비 완성품 단위당 원가 10,000원
= 기초재공품 400개 × (100% − 30%) + (당기완성품 1,600개 − 기초재공품 400개) + 기말재공품 50개 × 기말재공품 완성도 A = 1,500단위
∴ 기말재공품 완성도 A = 40%

44 ③ 개별원가계산은 제조간접비의 배부를 해야 하며, 종합원가계산은 완성품환산량을 산정해야 한다.

45 ② • 평균법: 당기완성수량 900개 + 기말재공품 300개 × 60% = 1,080개
- 선입선출법: 기초재공품 400개 × 60% + 당기착수당기완성수량 500개 + 기말재공품 300개 × 60% = 920개

46 ㈜세무는 홍삼을 가공하여 건강기능식품원액과 화장품원액 및 비누원액을 생산한 후 추가가공을 거쳐 홍삼엑기스와 화장품 및 미용비누를 생산하고 있다. 세 가지 제품에 공통적으로 투입된 결합원가는 24,000,000원이다. 이 경우 순실현가치법에 의할 때 화장품에 배부될 결합원가는 얼마인가?

80회 기출문제

구분	홍삼엑기스	화장품	미용비누
생산수량	2,000개	4,000개	6,000개
최종판매가	13,000원	6,000원	2,000원
추가가공원가	4,000,000원	6,000,000원	2,000,000원

① 4,800,000원 ② 7,999,999원 ③ 8,640,000원 ④ 10,560,000원

47 ㈜결합은 나프탈렌을 원재료로 하여 고급비누와 저급비누 두 종류의 제품을 생산하고 있다. 당사는 결합원가 계산방식으로 순실현가치법을 적용하고 있다. 아래 주어진 자료를 이용하여 고급비누에 배분될 결합원가를 계산하시오.

81회 기출문제

- 결합원가: 10,000,000원
- 고급비누 순실현가능가치: 14,000,000원
- 저급비누 순실현가능가치: 6,000,000원

① 3,000,000원 ② 5,000,000원 ③ 7,000,000원 ④ 9,000,000원

48 ㈜서울은 다음과 같이 결합공정과 추가가공공정을 통해 제품을 생산하며, 분리점에서 순실현가능가치를 기준으로 결합원가를 배부한다. 각 공정의 기초 및 기말 재공품이 없는 경우 제품 '갑'에 배부될 결합원가는 얼마인가?(단, 원 단위 미만은 절사한다.)

86회 기출문제

	결합공정	추가가공공정
내용	• 결합공정에서는 원재료를 투입하여 '갑', '을' 두 종류의 제품을 생산하였으며, 결합원가는 총 50,000원이었다. • 제품 '갑'은 27,000원에 판매되고, 제품 '을'은 추가공정을 거쳐 제품 '병'으로 판매된다.	• 추가가공공정을 거쳐 제품 '병'이 생산되었으며 추가가공원가는 총 20,000원이 발생되었고 제품 '병'은 70,000원에 판매된다. • 추가가공공정 과정에서 부산물 '정'이 생산되었으며 '정'은 3,000원에 즉시 판매할 수 있다. 부산물은 생산시점에 순실현가능가치로 인식한다.

① 16,875원 ② 17,532원 ③ 32,467원 ④ 33,125원

49 당사는 결합 제품 A, B, C를 생산하고 있으며 결합 원가의 배부에는 순실현가치법을 사용하고 있다. 다음 원가 자료에 의한 결합 원가 총액이 350,000원이라면 C의 결합원가 배부액은 얼마인가?

90회 기출문제

구분	생산량(단위)	총판매가치(생산량 × 판매단가/단위)(원)	추가가공원가(원)
A	200	350,000	50,000
B	150	400,000	100,000
C	300	500,000	100,000

① 85,000원   ② 100,000원   ③ 140,000원   ④ 200,000원

정답 및 해설

46 ③ · 홍삼엑기스 순실현가치 = 2,000개 × 13,000원 − 4,000,000원 = 22,000,000원
· 화장품 순실현가치 = 4,000개 × 6,000원 − 6,000,000원 = 18,000,000원
· 미용비누 순실현가치 = 6,000개 × 2,000원 − 2,000,000원 = 10,000,000원

	홍삼엑기스	화장품	미용비누	계
순실현가치	22,000,000원	18,000,000원	10,000,000원	50,000,000원
배부율	44%	36%	20%	100%
결합원가배부액	10,560,000원	8,640,000원	4,800,000원	24,000,000원

47 ③ 고급비누에 배분될 결합원가 = 10,000,000원 × 14,000,000원 ÷ 20,000,000원 = 7,000,000원

48 ① 순실현가치 갑: 27,000원 병: 53,000원 (70,000원 + 3,000원 − 20,000원)
(27,000/80,000) × 50,000원 = 16,875원

49 ③ C의 결합원가배부액 = 140,000원

50 다음 중 결합원가계산에 대한 설명으로 잘못된 것은? 97회 기출문제

① 결합원가계산은 동일한 종류의 원재료를 투입하여 동시에 생산되는 서로 다른 2종 이상의 제품을 생산할 때 필요한 원가계산 방법이다.
② 결합원가계산에서 부산물이란 주산품의 제조과정에서 부수적으로 생산되는 제품으로서 상대적으로 판매가치가 적은 제품을 말한다.
③ 결합원가계산에서 분리점이란 연산품이 개별적으로 식별 가능한 시점을 가리킨다.
④ 결합원가를 순실현가치법에 따라 배분할 때 순실현가치란 개별제품의 최종판매가격에서 분리점 이후의 추가적인 가공원가만 차감하고, 판매비와 관리비는 차감하기 전의 금액을 말한다.

51 ㈜보람은 주산물 A와 부산물 B를 생산하고 있으며 부산물 B의 처분액을 전액 영업외수익으로 반영하고 있다. ㈜보람이 발생한 제조원가를 모두 주산물 A에만 부담시키는 회계처리를 하는 경우 이로 인하여 미치는 영향으로 옳지 않은 것은? 99회 기출문제

① 매출원가 과대계상
② 매출총이익 과소계상
③ 영업이익 과소계상
④ 당기순이익 과소계상

52 ㈜현상이 제품 A, B, C에 대한 결합원가 300,000원을 순실현가능가치(NRV)법에 의하여 배부하는 경우 제품 C의 매출총이익은 얼마인가?(단, 기초재고자산은 없다.) 85회 기출문제

제품	생산량	판매량	단위당 판매가격	분리점 후 추가가공원가(총액)
A	200단위	180단위	3,000원	90,000원
B	50단위	50단위	2,000원	40,000원
C	100단위	70단위	1,000원	70,000원

① 10,500원　② 24,500원　③ 38,500원　④ 50,500원

53 다음은 원가계산방법에 대한 설명으로 아래의 빈칸에 각각 들어갈 말로 옳은 것은? 101회 기출문제

동일한 제조공정에서 동일한 종류의 원재료를 투입하여 서로 다른 2종 이상의 제품이 생산되는 것을 연산품이라 한다. 이러한 연산품이 개별적으로 식별 가능한 시점을 (㉠)이라 하고, (㉠)에 도달하기 전까지 연산품을 제조하는 과정에서 발생한 원가를 (㉡)라 한다.

	㉠	㉡
①	식별가능점	결합원가
②	식별가능점	추가가공원가
③	분리점	추가가공원가
④	분리점	결합원가

54 다음 중 결합원가계산에 대한 설명으로 틀린 것은? 　　　　　　　　　　　105회 기출문제

① 부산물 회계처리에서 생산기준법은 부산물을 생산하는 시점에 부산물을 인식하나, 판매기준법은 부산물을 판매하는 시점에 부산물을 인식한다.
② 순실현가치법에서 배분 대상이 되는 원가는 분리점에 도달하는 시점까지 발생한 결합원가뿐만 아니라 분리점 이후에 발생한 추가가공원가도 포함된다.
③ 판매가치기준법은 연산품의 분리점에서의 판매가치를 기준으로 결합원가를 배분하는 방법이다.
④ 균등매출총이익율법은 모든 개별제품의 매출총이익률이 같아지도록 결합원가를 배분하는 방법이다.

정답 및 해설

50 ④ 결합원가를 순실현가치법에 따라 배분할 때 순실현가치란 개별제품의 최종판매가격에서 분리점 이후의 추가적인 가공원가와 판매비와 관리비를 차감한 후의 금액을 말한다.

제품	생산량	판매가액	추가가공원가	순실현가치	배부액
A	200	350,000	50,000	300,000	105,000
B	150	400,000	100,000	300,000	105,000
C	300	500,000	100,000	400,000	140,000
합계	650	1,250,000	250,000	1,000,000	350,000

51 ④ 주산물 A의 제조원가가 과대계상되어 영업이익이 과소계상되는 만큼 영업외수익이 과대계상되어 당기순이익은 영향을 받지 않는다.
- 주산물 A 제조원가 과대계상 → 매출원가 과대계상 → 매출총이익 과소계상 → 영업이익 과소계상
- 부산물 B 제조원가 미배분 → 영업외수익 과대계상
- 영업이익 과소계상+영업외수익 과대계상 → 당기순이익 영향 없음

52 ①

제품	순실현가능가치	배부액	단위당원가	매출총이익(원)
A	510,000원	255,000원	(255,000원+90,000원)/200단위 = 1,725원	(3,000원−1,725원) * 180단위 = 229,500원
B	60,000원	30,000원	(30,000원+40,000원)/50단위 = 1,400원	(2,000원−1,400원) * 50단위 = 30,000원
C	30,000원	15,000원	(15,000원+70,000원)/100단위 = 850원	(1,000원−850원) * 70단위 = 10,500원
합계	600,000원	300,000원		

- 제품A: 200단위 × 3,000원 − 90,000원 = 510,000원
- 제품B: 50단위 × 2,000원 − 40,000원 = 60,000원
- 제품C: 100단위 × 1,000원 − 70,000원 = 30,000원

53 ④ 연산품이 개별적으로 식별 가능한 시점을 분리점이라 하고, 분리점에 도달하기 전까지 연산품을 제조하는 과정에서 발생한 원가를 결합원가라 한다. 추가가공원가는 분리점 이후의 추가가공과 관련하여 발생하는 원가이다.

54 ② 순실현가치법에서 배부 대상이 되는 원가는 분리점에 도달하는 시점까지 발생한 결합원가이고, 분리점 이후에 발생한 추가가공원가는 포함되지 않는다.

05 표준원가계산

표준원가계산이란 과학적인 방법에 의해 책정된 원가로 정상적인 작업조건 하에서 달성되어야 하는 원가로 생산과정에서 나타날 수 있는 비능률, 낭비요인을 제거하기 위하여 사전에 설정된 원가목표이며 원가통제의 수단으로 사용되는 "사전원가" 또는 "예정원가"개념이다. 사전에 직접재료비, 직접노무비, 제조간접비가 설정되어 표준원가와 사후적으로 발생된 원가를 비교, 분석하여 원가관리 수단으로 활용된다.

(1) 표준원가의 유용성
① **계획**: 표준원가가 설정되면 현금조달계획, 원재료 구입계획 등의 계획과 예산반영을 쉽게 수립하므로서 특정생산량을 제조하기위한 재료구입 및 자금조달 빠르고 쉽게 편성할 수 있다.
② **통제**: 표준원가가 설정되면 작업이 진행되는 동안 실제투입량, 실제원가가 표준원가와 상이함을 발견할 수 있고, 실제원가가 표준원가의 허용범위를 벗어나면 경영자가 특별한 주의를 기울이므로서 원가통제를 원활히 하며, 종업원의 성과평가의 기준으로도 유용하다.
③ **제품원가계산**: 표준원가를 사용하여 제품원가계산을 하는 경우 생산제품에 표준단위원가를 곱하여 즉시 제품원가를 계산하기 때문에 회계처리가 용이하다.
물론, 선입선출법이나, 평균법과 같이 원가흐름을 가정할 필요도 없다.

(2) 표준원가계산의 한계
① 적정원가 산정에 객관성이 결여되고 많은 비용이 소요된다.
② 기업내,외적인 환경에 따라 수시로 수정을 필요로 하므로 사후관리를 하지 않으면 미래원가계산을 왜곡시킬 소지가 있다.
③ 표준원가 달성을 강조할 경우 제품품질의 저질성이나 지나친 원가절감을 요구시 관계를 악화시킬 수 있다.
④ 예외사항에 객관적인 기준이 없는 경우 질적인 예외사항을 무시하기 쉽고, 중요한 예외사항만을 관심 집중하면 표준원가의 허용범위 내의 실제원가의 증감추세를 간과하기 쉽다.
⑤ 성과평가 등이 중요한 예외사항에서 결정된다면 근로자는 숨기려할 것이고, 원가가 절감되는 예외사항 등에 보상이 없다면 불만이 누적되는 동기부여가 될 것이다.

(3) 표준원가의 종류
① **이상적 표준**: 기존의 설비와 제조공정에서 정상적인 기계고장, 정상감손 및 근로자의 휴식시간 등을 고려하지 않고 최적의 목표달성을 위한 표준원가로서 재고자산평가나 매출원가산정에 부적합하다.
② **정상적 표준**: 정상적인 조업이나 능률에 설정된 원가로 우발적인 상황을 제거한 것으로서 장기간의 실적치를 통계적으로 평균화하고 여기에 미래 예측가치를 감안하여 결정된다. 따라서 재고자산평가나 매출원가산정에 적합하다.
③ **현실적 표준**: 현재 표준원가로서 가장 많이 사용되는 것으로 열심히 노력하면 달성되는 목표치를 말하며, 여기에는 기계고장, 근로자의 휴식시간 등을 고려하여 산정하므로 실제원가가 표준원가와 차이가 발생하면 정상에서 벗어나는 비효율로서 경영자의 주의를 상기시켜주는 역할을 한다.

(4) 표준원가의 설정

① 표준직접재료비 = 표준직접재료수량 × 표준가격
② 표준직접노무비 = 표준직접노동시간 × 표준임률
③ 표준제조간접비: 변동제조간접비 ÷ 직접작업시간 = 변동제조간접비배부율
　　　　　　　　　고정제조간접비 ÷ 직접작업시간 = 고정제조간접비배부율
　　　　　　　　　변동비 = 허용표준시간 × 변동제조간접비배부율
　　　　　　　　　고정비 = 허용표준시간 × 고정제조간접비배부율

02 차이분석

<표준원가 차이분석의 모형>

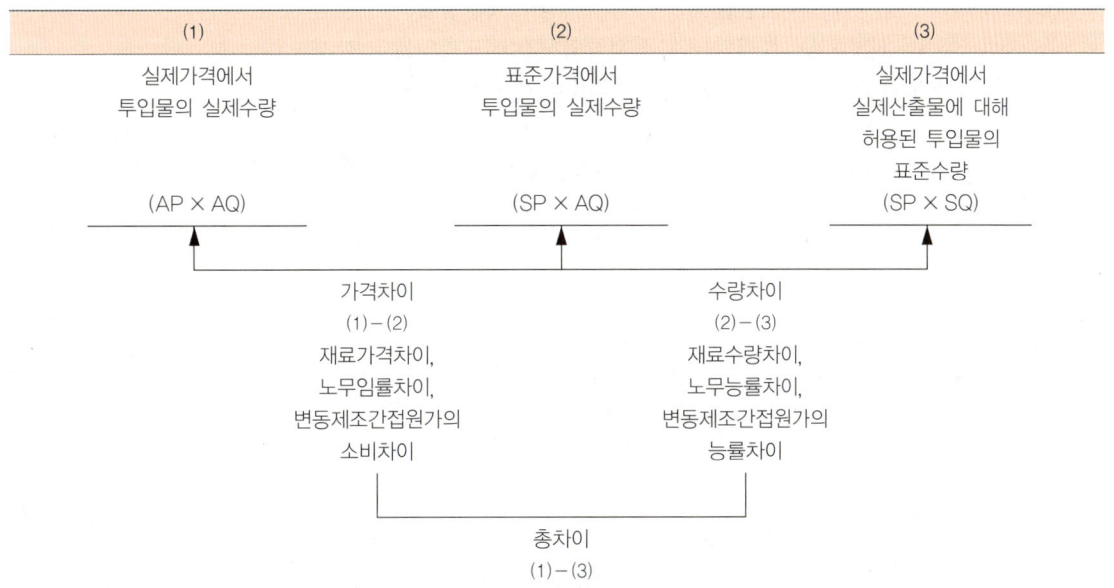

AQ: 실제수량, AP: 실제가격, SQ: 허용된 표준수량, SP: 표준가격

(1) 직접재료비차이: 실제직접재료비와 실제산출량에 허용된 표준직접재료비의 차이

① 직접재료비 총차이 = 실제가격 × 실제수량 − 표준가격 × 산출량의 표준수량
② 직접재료비 가격차이 = 실제가격 × 실제수량 − 표준가격 × 실제수량
③ 직접재료비 능률차이 = 표준가격 × 실제수량 − 표준가격 × 산출량의 표준수량

- 가격차이 발생원인
  - 원재료 시장의 수요와 공급의 원인
  - 구매담당자의 능력에 따라 유, 불리 가격차이
  - 표준설정시 원재료 품질과 상이한 원재료 구입시 가격차이
  - 표준설정시 경기와 현재 경기 변동에 따라 차이
- 능률차이 발생원인
  - 생산과정에서 효율적인 원재료 사용을 하지 못 할 때

- 표준설정시 원재료와 다른 원재료를 사용할 때
- 기술혁신에 의한 능률차이

<직접재료원가 차이분석>

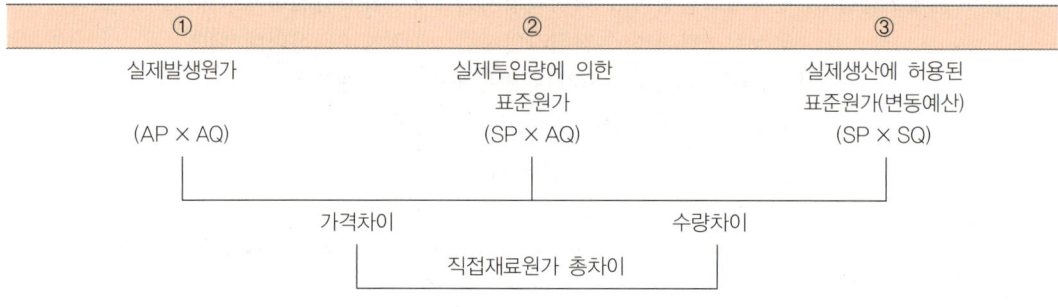

(2) 직접노무비차이

① 직접노무비 총차이 = 실제임률 × 실제작업시간 − 표준임률 × 산출량의 작업시간
② 직접노무비 가격차이 = 실제임률 × 실제작업시간 − 표준임률 × 실제작업시간
③ 직접노무비 능률차이 = 표준임률 × 실제작업시간 − 표준임률 × 산출량의 작업시간

- 가격차이 발생원인
  - 노동력의 질에 따라 발생(저임률의 비숙련공과 고임률의 숙련공등)
  - 작업량의 증가에 따라 초과근무수당을 지급시
  - 노사협상 등에 의해 임금 상승시
- 능률차이 발생원인
  - 숙련공과 비숙련공의 작업수행 능력
  - 생산투입된 원재료의 품질에 따라 노동시간의 영향
  - 책임자의 감독소홀, 일정계획의 차질 등

<직접노무원가 차이분석>

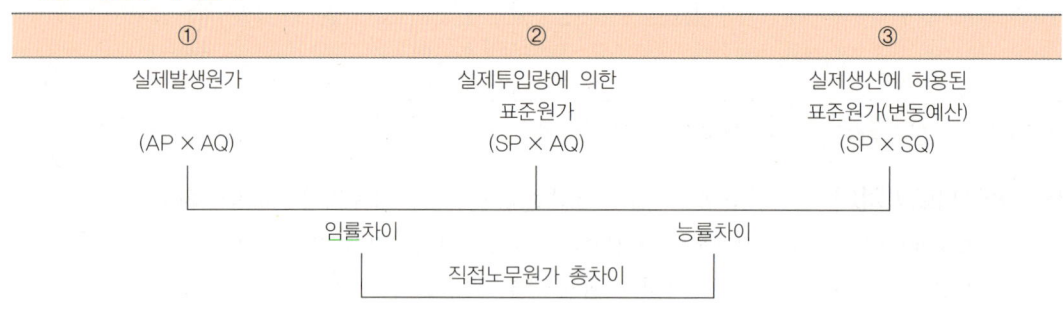

(3) 제조간접비차이

1) 변동제조간접비차이

① 변동제조간접비 총차이 = 실제배부율 × 실제조업도 − 표준배부율 × 산출량 조업도
② 변동제조간접비 소비차이 = 실제배부율 × 실제조업도 − 표준배부율 × 실제조업도
③ 변동제조간접비 능률차이 = 표준배부율 × 실제조업도 − 표준배부율 × 산출량조업도

- 변동제조간접비 소비차이 발생원인
  - 변동제조간접비의 배부와 관련되는 직접노동시간의 통제와 상관없이 각 항목의 통제수단에 영

향을 받으며 변동제조간접비의 능률적인 사용정도가 원인
- 표준배부율을 잘못 설정하여 발생
• 변동제조간접비 능률차이 발생원인
- 직접노무비의 능률차이와 발생원인이 동일

<변동제조간접원가 차이분석>

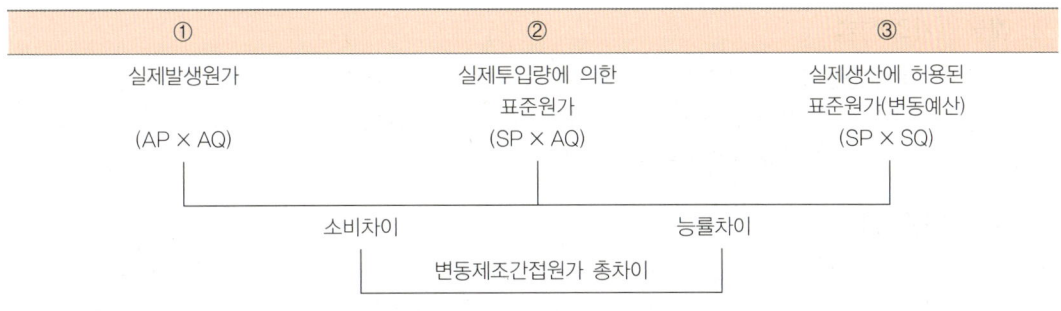

2) 고정제조간접비차이
① 고정제조간접비 소비(예산)차이 = 실제배부율 × 실제조업도 - 예정배부율 × 기준조업도
② 고정제조간접비 예정배부율 = 고정제조간접비 예산총액 ÷ 기준조업도(배부기준)
③ 고정제조간접비 조업도차이 = 예정배부율 × 기준조업도 - 예정배부율 × 산출량조업도
  • 차이의 발생원인
    - 원가통제목적상 실제 고정제조간접비의 발생과 고정제조간접비 예산을 비교하여 그 차이를 예산차이로 관리하며, 이것을 조업도차이라고도 한다.

<원가차이 분석 유형별 특성>

구분	비용의 성격	차이의 원인	주요 분석 항목	분석 특징
직접재료비차이	변동비	단가 차이, 사용량 차이	• 가격차이 • 수량차이	재료 구매 단가와 실제 사용량의 차이를 통해 구매 효율성과 낭비 여부를 평가
직접노무비차이	변동비	임금 단가 차이, 작업시간 차이	• 임률차이 • 능률차이	실제 임금과 작업 효율성을 비교하여 노무 통제 성과를 분석
변동제조간접비차이	변동비	변동비 단가 차이, 작업시간 차이	• 예산차이 • 능률차이	변동비 소비와 작업시간 기준 효율을 통해 간접비 관리 성과를 평가
고정제조간접비차이	고정비	예산과 실제비용 차이, 조업도 차이	• 예산차이 • 조업도차이	고정비는 생산량과 무관하므로, 고정비 통제력과 설비 활용도(조업도)로 분석

<고정제조간접원가 차이분석>

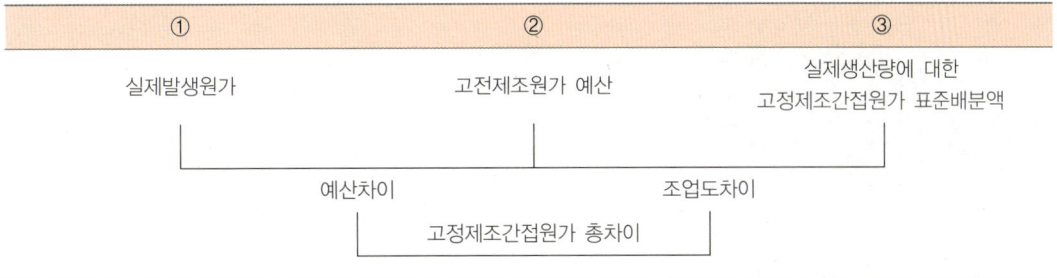

03 원가차이의 배분

기업회계기준은 실제원가계산만을 허용하므로 외부공표용 재무제표를 작성하기 위해서는 실제원가로 전환해야 한다.

(1) 매출원가조정법
원가차이를 매출원가에서 조정하는 방법으로 불리한 차이는 매출원가에 가산하고 유리한 차이는 매출원가에서 차감한다. 이 방법에 의하면 원가차이는 모두 매출원가에서 조정되므로 재무제표상의 재공품과 제품계정은 모두 표준원가로 기록된다.

(2) 영업외손익법
원가차이를 영업외손익에서 조정하는 방법으로 불리한 차이는 영업외손실 처리하고 유리한 차이는 영업외이익 처리한다. 이 방법에 의하면 원가차이는 모두 매출원가에서 조정되므로 재무제표상의 재공품과 제품계정은 모두 표준원가로 기록된다.

(3) 비례배분법(총원가기준법, 원가요소기준법)
원가차이를 재고자산과 매출원가 계정의 상대적 비율에 의하여 배분하는 방법으로 원가차이가 상대적으로 크고 중요한 경우에 사용한다. 총원가 비례배분법은 기말재고자산과 매출원가계정의 총원가 비율에 따라 배분하고, 원가요소별 비례배분법은 기말재고자산과 매출원가계정에 포함된 원가요소의 비율에 따라 배분한다. 직접재료 가격차이를 제외한 어느 원가차이도 원재료계정에 배분하지 않는다.

구분	정의	처리 방식	장점	단점
매출원가 조정법	원가차이를 전액 매출원가에 가감하여 처리	제조간접비 과대·과소배부액을 당기 매출원가에 직접 가감	• 회계처리 간단 • 실무에서 많이 사용됨	• 재고자산(재공품·제품)에는 반영되지 않아 재무제표 왜곡 우려
영업외 손익법	원가차이를 영업외수익 또는 영업외비용으로 처리	제조간접비 차이를 영업외 항목으로 구분하여 손익계산서에 반영	• 제조원가와 분리 가능 • 관리회계와 재무회계 구분 명확	• 제조원가 정보 왜곡 • 원가통제에 활용하기 어려움
비례 배분법	원가차이를 재공품, 제품, 매출원가에 비례하여 배분	원가차이를 각 항목에 비례하여 배분: ① 총원가기준법(전체 금액 기준) ② 원가요소기준법(재료비, 노무비, 경비 등 항목별 기준)	• 가장 합리적이고 정확 • 재무제표 왜곡 최소화	• 계산이 복잡 • 실무 적용 번거로움, 시간 소요됨

기출 이론문제 　 표준원가계산

01 다음 중 표준원가에 대한 설명으로 틀린 것은? 　　　　　　　　　　　　　　　　　82회 기출문제
① 표준원가란 사전에 합리적이고 과학적인 방법에 의하여 산정된 원가를 뜻한다.
② 표준원가가 설정되어 있으면 계획과 예산설정이 용이하다.
③ 표준원가와 실제원가가 차이 나는 경우 원가통제가 불가능하다.
④ 원가흐름의 가정 없이 제품의 수량만 파악되면 제품원가 계산을 신속하고 간편하게 할 수 있다.

02 다음 중 표준원가계산에 대한 설명으로 옳지 않은 것은? 　　　　　　　　　　　　84회 기출문제
① 표준원가계산이란 기업이 사전에 설정해 놓은 표준원가를 이용하여 제품원가를 계산하는 방법을 말한다.
② 실제원가와 표준원가의 차이가 명확하지 않기 때문에 성과평가에 사용하기 어렵다는 단점이 있다.
③ 기업이 연초에 수립한 계획을 수치화하여 예산을 편성하는데 기초가 된다.
④ 표준원가계산을 사용하면 실제원가계산의 문제점인 제품단위원가가 변동되지 않는다.

03 다음의 자료를 참조하여 직접노무비의 가격차이와 능률차이를 구하시오. 　　　　85회 기출문제

• 표준직접노무비 (@300, 10시간)	3,000원
• 이달의 실제자료	
- 제품생산량	120개
- 실제직접노무비(@330, 1,000시간)	330,000원

	가격차이	능률차이		가격차이	능률차이
①	30,000원 유리	60,000원 유리	②	30,000원 불리	60,000원 유리
③	30,000원 유리	60,000원 불리	④	30,000원 불리	60,000원 불리

정답 및 해설

01 ③ 표준원가와 실제원가의 차이를 효과적으로 통제할 수 있다.

02 ② 표준원가계산 방법은 실제원가와 표준원가의 차이를 분석함으로써 성과평가에 유용하다는 장점이 있다.

03 ② (1) AQ×AP = 330,000원
　　　(2) AQ×SP = 1,000시간 × @300 = 300,000원
　　　(3) SQ×SP = 120개×10시간×@300 = 360,000원
　　* 가격차이 = (1)−(2) = 30,000원 불리
　　* 능률차이 = (2)−(3) = 60,000원 유리

04 다음 중 표준원가계산에서 제조간접원가 차이분석에 대한 설명으로 옳지 않은 것은? 86회 기출문제
① 제조간접원가에 대한 차이 중 고정제조간접원가차이는 예산차이와 조업도차이로 분석한다.
② 제조간접원가에 대한 차이 중 변동제조간접원가차이는 소비차이와 능률차이로 분석한다.
③ 투입량기준 예산이란 제조간접원가 자체를 관리해서 달성할 수 있는 목표금액을 의미한다.
④ 산출량기준 변동예산은 노동시간 관리와 무관하게 제조간접원가만 관리하여 달성하는 예산이다.

05 다음은 ㈜한세의 20X1년 제조활동과 관련된 자료이다. 직접노무비 능률차이는 얼마인가? 86회 기출문제 수정

• 실제 직접노무비: 157,000원   • 실제 직접노동시간: 4,200시간
• 표준 직접노동시간: 4,000시간   • 직접노무비 임률차이: 6,800원(유리)

① 5,800원 유리   ② 5,800원 불리   ③ 7,800원 유리   ④ 7,800원 불리

06 표준원가제도 하에서 다음 자료를 참고하여 실제 발생한 노무 시간 및 실제 시간당 임률은 얼마인가? 90회 기출문제

• 시간당 표준임률: 5,000원   • 제품단위당 표준시간: 1시간
• 실제제품생산량: 2,000개   • 능률차이: 150,000원(불리)
• 임률(가격)차이: 609,000원(유리)

	실제노무시간	실제시간당 임률
①	2,030 시간	5,300원
②	2,030 시간	4,700원
③	1,970 시간	5,300원
④	1,970 시간	4,700원

07 ㈜세무는 표준원가계산제도를 채택하고 있다. 고정제조간접원가는 기계시간을 기준으로 배부하고 있는데, 제품 단위당 4시간의 기계시간이 소요된다. 다음 자료에 의해 기준조업도(정상조업도)를 구하면 얼마인가? 91회 기출문제

• 예산액: 20,000원   • 실제생산량: 900단위
• 실제발생액: 21,000원   • 예산차이: 1,000원(불리한 차이)
• 조업도차이: 2,000원(불리한 차이)

① 800단위   ② 900단위   ③ 1,000단위   ④ 1,100단위

08 다음은 표준원가계산제도를 사용하고 있는 당사의 10월 중 생산 활동과 관련된 직접노무비에 대한 자료이다. 직접노무비 임률차이는 얼마인가? *92회 기출문제*

- 실제 직접노동시간: 2,700시간
- 표준 임률: 28원/직접노동시간
- 표준 시간: 2시간/단위
- 실제 임률: 30원/직접노동시간
- 실제생산량: 1,500단위

① 8,400원(유리) ② 3,000원(유리) ③ 5,400원(불리) ④ 6,000원(유리)

정답 및 해설

04 ④ 산출량기준 변동예산이란 제조간접원가 자체만이 아니라 노동시간도 최적으로 관리되었을 때 달성되는 목표금액을 의미한다.

05 ④ 임률차이 6,800원 = 4,200시간 * 표준임률 − 157,000원
표준임률 = 39원/시간
능률차이 = 4,200시간 * 39원 − 4,000시간 * 39원 = 7,800원
그러므로, 7,800원 불리하다.

06 ② 능률차이(150,000원) = (실제시간 − 표준시간) × 표준임률 = (a − 2,000시간) × 5,000원
∴ a = 2,030시간
임률(가격)차이(609,000원) = [표준임률(5,000원) − 실제임률(b)] × 실제시간(2,030시간)
∴ b = 4,700원

07 ③
- 배부액: 20,000원 − 2,000원 = 18,000원
- 기계시간당 예정배부율: 5원/기계시간 (18,000 = 900단위 × 4시간 × 5원)
- 예산액: 20,000 = 기준조업도 × 4시간 × 5원/기계시간, 따라서, 기준조업도는 1,000단위이다.

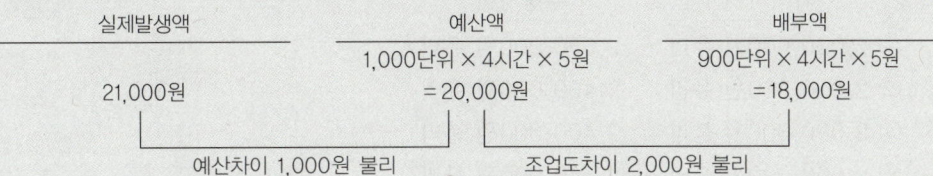

08 ③

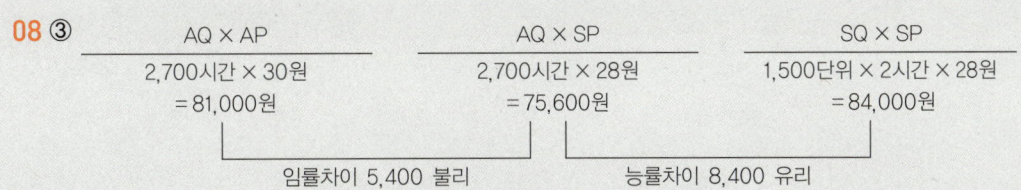

09 기초 및 기말재공품과 기초제품이 없고 판매량이 동일하다는 가정하에 표준원가계산에서 불리한 배부차이를 조정하는 방법 중 영업이익이 가장 크게 표시되는 방법은 무엇인가? *93회 기출문제*

① 매출원가조정법　② 영업외손익법　③ 총원가기준법　④ 원가요소기준법

10 당회사는 표준원가계산제도를 채택하여 사용하고 있다. 20X1년 10월에 제품을 2,500개 생산하였으며 직접노무비는 4,000,000원이 발생하였다. 시간당 실제임률은 1,000원이며, 시간당 표준임률은 900원이다. 제품단위당 표준직접노동시간은 2시간이다. 10월의 직접노무비 능률차이는 얼마인가? *94회 기출문제 수정*

① 400,000원 불리한 차이　　　　② 900,000원 유리한 차이
③ 400,000원 유리한 차이　　　　④ 900,000원 불리한 차이

11 표준원가계산제도를 채택하고 있는 ㈜운주의 직접노무비 관련자료는 다음과 같다. ㈜운주의 직접작업시간은 얼마인가? *95회 기출문제*

- 표준임률: 직접작업시간당 5,000원
- 표준직접작업시간: 2,000시간
- 실제임률: 직접작업시간당 6,000원
- 능률차이(유리): 1,000,000원

① 1,800시간　② 2,000시간　③ 2,200시간　④ 2,250시간

12 ㈜예인은 표준원가계산제도를 채택하여 화장품을 생산하고 있다. 다음의 자료에 따른 재료비의 가격차이와 수량차이는 얼마인가? *97회 기출문제*

- 예상생산량: 10,000단위
- 실제수량: 100,000kg
- 표준수량: 12kg/단위
- 실제생산량: 9,000단위
- 실제단가: 300원/kg
- 표준단가: 320원/kg

	가격차이	수량차이
①	2,000,000원 유리	2,560,000원 유리
②	2,000,000원 유리	2,400,000원 유리
③	2,000,000원 불리	2,400,000원 불리
④	2,000,000원 불리	2,560,000원 불리

13 다음 중 표준원가계산과 관련한 설명 중 틀린 것은? 98회 기출문제

① 예산과 실제원가의 차이분석을 통해서 효율적인 원가통제가 가능하다.
② 기말에 원가차이를 매출원가에서 조정할 경우 불리한 차이는 매출원가에서 차감하고 유리한 차이는 매출원가에 가산한다.
③ 원가발생의 예외를 관리하여 원가통제에 적절한 원가계산방법이다.
④ 직접재료원가 가격차이를 원재료 구입시점에서 분리하든 사용시점에서 분리하든 직접재료원가 능률차이에는 영향을 주지 않는다.

14 표준원가계산을 채택하고 있는 ㈜세무의 직접노무원가 관련 자료는 다음과 같다. 직접노무원가의 능률차이는 얼마인가? 101회 기출문제

- 직접노무원가 임률차이: 20,000원(불리)
- 실제 직접노무원가 발생액: 500,000원
- 실제 직접노동시간: 4,800시간
- 표준 직접노동시간: 4,900시간

① 10,000원 유리 ② 10,000원 불리 ③ 20,000원 불리 ④ 20,000원 유리

정답 및 해설

09 ② 기초 및 기말재공품과 기초제품이 없고 판매량이 동일하다면 매출원가조정법, 총원가기준법, 원가요소기준법은 불리한 배부차이가 매출원가로 배분되며, 영업외손익법만 영업외비용으로 배분된다. 따라서 영업이익이 가장 크게 표시되는 것은 영업외손익법이다.

10 ② (360만원 − 450만원 = 90만원 유리한 차이)

11 ① 능률차이(유리) = (실제작업시간 × 5,000) − (2,000시간 × 5,000) = −1,000,000원

12 ① • 가격 차이: 실제수량 100,000kg × (실제가격 300원 − 표준가격 320원) = 2,000,000원 유리
  • 수량 차이: (실제수량 100,000kg − 표준수량 9,000단위 × 12kg) × 표준가격 320원 = 2,560,000원 유리

13 ② 기말에 원가차이를 매출원가에서 조정할 경우 불리한 차이는 매출원가에 가산하고 유리한 차이는 매출원가에서 차감한다.

14 ① 10,000원 유리 = 표준배부액 490,000원 − 예정배부액 480,000원

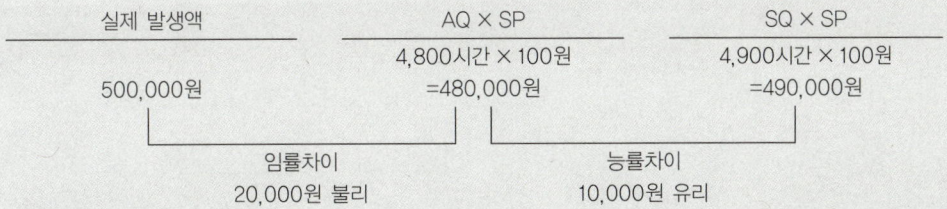

15 다음의 자료를 이용하여 계산한 직접재료원가의 가격차이와 수량차이로 올바른 것은? 102회 기출문제

- 실제 구입량: 22,000kg
- 실제 구입단가: 30원/kg
- 제품생산량: 10,000개
- 표준수량: 2kg
- 표준가격: 27.5원/kg
- 표준원가: 55원

	가격차이	수량차이
①	55,000원 불리	55,000원 불리
②	55,000원 유리	55,000원 유리
③	550,000원 유리	550,000원 유리
④	550,000원 불리	550,000원 불리

16 다음 중 표준원가계산에 대한 설명으로 가장 틀린 것은? 103회 기출문제

① 표준원가계산은 사전에 객관적이고 합리적인 방법에 의하여 산정한 원가를 이용하되 그 표준원가는 회사 사정을 고려하여 현실적으로 달성 가능하도록 설정하여야 한다.
② 표준원가계산제도는 내부 의사결정을 위한 제도이다.
③ 예산과 실제원가의 차이분석을 통하여 효율적인 원가 통제의 정보를 제공한다.
④ 기말에 원가차이를 매출원가에서 조정할 경우 불리한 차이는 매출원가에서 차감하고 유리한 차이는 매출원가에 가산한다.

17 ㈜시후의 20X2년 11월 직접노무비에 관한 내용이 다음과 같을 경우, 직접노무비 임률차이는 얼마인가? 104회 기출문제 수정

(1) 실제 직접노무비 발생액: 180,000원
(2) 실제 직접노동시간: 33,000시간
(3) 표준 직접노동시간: 34,000시간
(4) 직접노무비 능률차이: 5,000원(유리)

① 유리한 차이 5,000원
② 불리한 차이 5,000원
③ 불리한 차이 12,000원
④ 불리한 차이 15,000원

18 다음 중 표준원가계산과 관련된 설명으로 가장 거리가 먼 것은?   105회 기출문제

① 표준원가계산제도를 채택하면 실제원가와는 관계없이 언제나 표준원가로 계산된 재고자산이 재무제표에 보고된다.
② 표준원가계산은 예산과 실제원가를 기초로 차이를 분석하여 예외에 의한 관리를 통해 효율적인 원가통제가 가능하다.
③ 제품의 완성량만 파악하면 표준원가를 산출할 수 있으므로 신속하게 원가정보를 제공할 수 있다.
④ 직접재료원가가격차이를 원재료 구입시점에서 분리하든 사용시점에서 분리하든 직접재료원가 능률차이에는 영향을 주지 않는다.

정답 및 해설

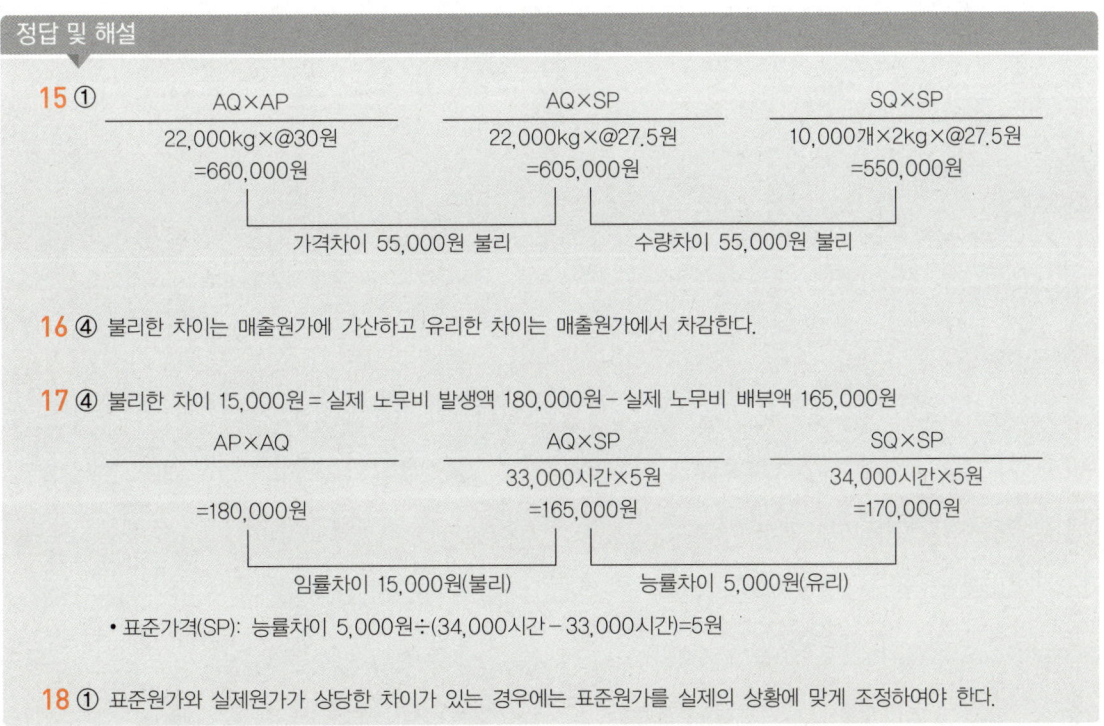

16 ④ 불리한 차이는 매출원가에 가산하고 유리한 차이는 매출원가에서 차감한다.

17 ④ 불리한 차이 15,000원 = 실제 노무비 발생액 180,000원 − 실제 노무비 배부액 165,000원

18 ① 표준원가와 실제원가가 상당한 차이가 있는 경우에는 표준원가를 실제의 상황에 맞게 조정하여야 한다.

[저자 소개]
정아름 교수
- 광운대학교 회계학 박사
- 숭실대학교 MBA 회계학 석사
- 서울미디어대학원대학교 인공지능응용소프트웨어학과 공학 석사

- 광운대학교 경영학부 강사
- 사이버한국외국어대학교 마케팅경영학과 강사
- 이패스코리아 전산세무회계 강사

2025 이패스코리아
전산세무 1급

개정2판 인쇄	2025년 06월 04일
개정2판 발행	2025년 06월 12일
지 은 이	정아름
발 행 인	이재남
발 행 처	이패스코리아
등 록	제318-2003-000119호 (2003년 10월 15일)
주 소	서울시 영등포구 경인로 775 에이스하이테크시티 2동 10층
홈페이지	www.epasskorea.com
이 메 일	epasstax@epasskorea.com
전 화	1600-0522
팩 스	(02)581-5376

ISBN 979-11-7209-236-8

본서의 무단 전재·복제 행위는 저작권법에 의거하여 5년 이하의 징역 또는 5천만원 이하의 벌금에 처하거나 이를 병과할 수 있습니다.

※ 잘못된 책은 교환해드립니다.

정가 38,000원

PART 08 최신기출문제

CHAPTER 01	119회 최신기출문제	330
CHAPTER 02	118회 최신기출문제	344
CHAPTER 03	117회 최신기출문제	358
CHAPTER 04	116회 최신기출문제	372
CHAPTER 05	115회 최신기출문제	387
CHAPTER 06	114회 최신기출문제	402

PART 09 정답 및 해설

- 119회 최신기출문제 ········ 418
- 118회 최신기출문제 ········ 437
- 117회 최신기출문제 ········ 455
- 116회 최신기출문제 ········ 473
- 115회 최신기출문제 ········ 490
- 114회 최신기출문제 ········ 506

이패스 전산세무 1급

PART 06

법인세법

Chapter 01   법인세 총론
Chapter 02   법인세무조정
Chapter 03   감가상각비 조정
Chapter 04   과목별 세무조정
Chapter 05   소득 및 과세표준 계산
Chapter 06   공제감면세액조정
Chapter 07   세액계산 및 신고서의 작성

01 법인세 총론

01 법인세

(1) 기본 개념

구분	내용
법인세 정의	법인이 얻은 소득에 대하여 부과하는 조세
소득 개념	순자산증가설 (포괄주의 과세방식)
소득금액 정의	각 사업연도의 법인 순자산증가액
법인세와 소득세 비교	• 법인세: 순자산증가설, 포괄주의 • 소득세: 소득원천설, 열거주의(금융소득은 유형별 포괄주의)

(2) 법인세 과세소득 종류

종류	내용
각 사업연도소득	• 회계학상 계속기업 가정 아래 매기마다 반복적으로 계산되는 소득 • 가장 기본적이고 전형적인 법인세 대상 • 회계상 수익에서 비용을 차감한 이익과 유사
청산소득	• 영리내국법인이 해산(합병/분할 제외)하는 경우 발생하는 소득 • 기업 해산시 잔여 재산가액이 자기자본총액 초과하는 금액
토지 등 양도소득	• 일정한 부동산(주택, 별장, 비사업용 토지 등) 양도로 발생하는 소득 • 각 사업연도 소득 법인세에 추가 과세 • 비과세법인 제외 모든 법인이 납세의무 있음
미환류소득	• 상호출자제한기업집단 법인이 기업소득 중 일정금액을 투자, 임금증가, 상생협력 등으로 환류하지 않은 소득 • 자기자본 500억원 초과 법인이나 상호출자제한기업집단 법인이 대상 • 각 사업연도 소득에 대한 법인세와 추가 과세

(3) 납세의무자별 과세범위

구분	각 사업연도 소득	토지 등 양도소득	청산소득
내국법인 (본점 국내 소재)	• 영리법인: 국내·국외 모든 소득 • 비영리법인: 국내·국외 수익사업 소득	영리법인: ○ 비영리법인: ○	영리법인: ○ 비영리법인: ×
외국법인 (본점 국외 소재)	• 영리법인: 국내원천소득 • 비영리법인: 국내원천 중 열거된 수익사업 소득	영리법인: ○ 비영리법인: ○	영리법인: × 비영리법인: ×
국가·지방자치단체	납세의무 없음	×	×

※ 외국정부(지방자치단체 포함)는 비영리외국법인으로서 우리나라의 법인세 납세의무가 있음

(4) 사업연도

구분	내용
법령·정관 규정 있는 경우	• 법령·정관에서 정하는 1회계기간 • 기간은 1년 초과 불가
법령·정관 규정 없는 경우	• 법인설립신고/사업자등록시 사업연도 신고 • 미신고시 매년 1/1~12/31을 사업연도로 간주
신설법인	• 설립등기일이 최초 사업연도 개시일 • 개시일 전 발생 손익은 최초 사업연도에 산입 가능 • 이 경우 최초 사업연도 개시일은 손익 최초 발생일
사업연도 변경	• 직전 사업연도 종료일로부터 3개월 이내 변경신고서 제출 필요

(5) 납세지

구분	내용
내국법인 납세지	• 등기부상 본점 또는 주사무소 소재지 • 국내에 본점/주사무소 없는 경우 사업의 실질적 관리장소
납세지 지정	• 본점 등의 소재지가 등기주소와 다르거나 • 본점 등이 자산/사업장과 분리되어 조세포탈 우려 시 • 관할지방국세청장이 납세지 지정(사업연도 종료 45일내 통지)
납세지 변경	• 본점 이전 등으로 납세지 변경 시 15일 이내 신고 필요 • 부가가치세법상 사업자등록 정정신고 시 제외

02 각 사업연도 소득금액

(1) 각 사업연도 소득에 대한 법인세의 계산구조

• 각 사업연도 소득에 대한 과세표준과 세액계산은 [법인세과세표준 및 세액조정계산서] 작성에 의해 이루어진다.

[법인조정 Ⅱ] >> [세액계산 및 신고서] >> [법인세과세표준 및 세액조정계산서]

결산서상당기순이익	손익계산서상 당기순이익
+ 익금산입, 손금불산입 - 손금산입, 익금불산입	「소득금액조정합계표」 반영
= 차가감소득금액	
+ 기부금한도초과액	「기부금조정명세서」 반영
- 기부금한도초과이월손금산입	
= 각사업연도소득금액	

− 이월결손금	「자본금과적립금조정명세서(갑)」 반영
− 비과세소득	
− 소득공제	
= 과세표준	
× 세율	과세표준 구간별로 9~24% 초과누진세율 적용
= 산출세액	토지 등 양도소득에 대한 법인세, 미환류소득에 대한 법인세가 있을 경우 가산
− 세액감면	「공제감면세액 및 추가납부세액합계표」 반영: 중소기업 특별세액감면 등
− 세액공제	「공제감면세액 및 추가납부세액합계표」 반영: 연구 및 인력개발비 세액공제 등
+ 가산세액	「가산세액계산서」 반영
+ 감면분추가납부세액	
= 총부담세액	
− 기납부세액	중간예납세액, 원천징수세액, 수시부과세액
= 차감납부할세액	
− 사실과 다른 회계처리로 인한 경정에 따른 세액공제	
− 분납할세액	납부할 세액이 1천만원 초과하는 경우 분납 가능
= 차감납부세액	

[법인세과세표준 및 세액조정계산서]

(2) 각사업연도소득의 계산구조 및 개념

1) 각사업연도소득의 기본 계산구조

구분	계산식
회계장부상 계산	당기순이익 = 수익 − 비용
세법상 계산(직접법)	각 사업연도 소득 = 익금총액 − 손금총액

2) 익금과 손금의 정의

구분	정의	계산식
익금	해당 법인의 순자산을 증가시키는 거래(자산의 증가, 부채의 감소)로 인하여 발생하는 수익(수입 또는 이익)의 금액	익금 = 순자산을 증가시키는 거래로 인하여 발생하는 수익의 금액 − 자본 또는 출자의 납입 − 익금불산입항목
손금	해당 법인의 순자산을 감소시키는 거래(자산의 감소, 부채의 증가)로 인하여 발생하는 손비(손실 또는 비용)의 금액	손금 = 순자산을 감소시키는 거래로 인하여 발생하는 손비의 금액 − 자본 또는 출자의 환급 − 손금불산입 항목

(3) 각사업연도소득금액의 계산방법

구분	내용
직접법	• 각사업연도에 속하는 익금총액에서 손금총액을 차감하여 계산 • 각 사업연도 소득 = 익금총액 − 손금총액
간접법 (실무적 방법)	기업회계상 당기순이익을 기초로 하여 기업회계와 세법 규정의 차이로 인한 금액을 조정 각 사업연도 소득 = 당기순이익 + 익금산입·손금불산입 항목 − 익금불산입·손금산입 항목
세무조정	결산서상의 당기순이익과 각 사업연도 소득금액과의 차이를 조정하는 과정

기업회계	세무조정	세무회계
수익	(+) 익금산입 (−) 익금불산입	익금
(−)		(−)
비용	(+) 손금산입 (−) 손금불산입	손금
(=)	[세무조정] (+) 가산조정 　익금산입·손금불산입 (−) 차감조정 　손금산입·익금불산입	(=)
당기순이익		각 사업연도 소득

① 익금산입과 익금불산입

구분	세무조정
장부상 수익 계상(×) vs 법인세법상 익금(○)	익금산입 (+)
장부상 수익 계상(○) vs 법인세법상 익금(×)	익금불산입 (−)
장부상 수익 계상(○) vs 법인세법상 익금(○)	세무조정 없음.

② 손금산입과 손금불산입

구분	세무조정
장부상 비용 계상(×) vs 법인세법상 손금(○)	손금산입 (−)
장부상 비용 계상(○) vs 법인세법상 손금(×)	손금불산입 (+)
장부상 비용 계상(○) vs 법인세법상 손금(○)	세무조정 없음.

1) 세무조정 유형(가산조정 Vs 차감조정)

구분	내용
가산조정	• 당기순이익에 가산(+)하는 세무조정 • 세무상 소득금액을 증가시키는 조정 • 익금산입, 손금불산입 항목
차감조정	• 당기순이익에서 차감(−)하는 세무조정 • 세무상 소득금액을 감소시키는 조정 • 손금산입, 익금불산입 항목
세무조정 서식	• 세무조정사항은 [소득금액조정합계표]에 작성 • 집계된 세무조정금액은 [법인세 과세표준 및 세액조정계산서]에 반영

<세무조정이 발생하는 주요원인>

구분	내용
회계와 세법과의 개념차이	회계에서는 자산부채의 평가이익과 평가손실을 인식하나 세법상에서는 원칙적으로 인정하지 않는다. 또한 의제배당, 간주임대료 등 회계상 수익으로 인식하지 않는 항목들을 세법상으로는 익금에 포함시킨다.
한도 규제	세법상 손금으로 인정을 하지만 한도 규제를 두고 있어 한도초과액에 대해서는 세무조정을 해야 한다. 대표적으로 기업업무추진비, 감가상각비, 기부금, 퇴직급여 등이 있다.
손익의 귀속시기	회계상에서는 발생주의에 의해 기간경과 미수수익을 계상하나 세법에서는 권리의무확정주의에 의해 현금으로 수입된 시기에 익금에 포함시킨다.
사업과의 관련성	업무와 관련 없는 비용지출이 있거나, 증빙 없는 비용은 세법상 손금으로 인정되지 않아 손금을 부인하는 세무조정을 해야 한다.
단순차이조정	결산서상에 수익과 비용을 누락하거나 과소, 과대하게 계상한 경우 세무조정을 해야 한다.

[소득금액조정합계표]

■ 법인세 시행규칙 [제15호서식] 〈개정 2013.2.23〉 (앞쪽)

사 업 연 도	. . . ~ . . .		법 인 명	
			사업자등록번호	

익금산입 및 손금불산입			손금산입 및 익금불산입		
①과 목	②금 액	③소득처분 || ④과 목	⑤금 액	⑥소득처분	
		처분	코드			처분	코드

2) 세무조정 방법(결산조정사항 Vs 신고조정사항)

구분	결산조정	신고조정
정의	반드시 장부에 기장처리해야만 세무회계상 손금으로 인정받을 수 있는 사항	결산서에 과소계상된 경우 반드시 세무조정해야 하는 사항
특징	• 결산과정에서 세무조정하는 항목 • 손금산입이 강제되지 않는 사항 • 결산서에 과소계상된 경우 손금산입 불가 • 과대계상된 경우 손금불산입 세무조정 필요	• 주로 객관적인 외부거래 • 반드시 익금산입·손금산입이 강제되는 사항 • 모든 익금항목과 결산조정사항 제외 손금항목 포함
손금산입방법	결산상 비용으로 계상해야만 손금으로 인정	결산상 비용으로 계상하지 않아도 인정
추후 손금인정 여부	당해 사업연도에 비용으로 계상하지 않은 금액도 이후 사업연도에 결산상 비용으로 계상하면 손금으로 인정됨 (손금귀속시기 선택가능)	당해 사업연도의 손금을 결산상 비용으로 계상하지 않고 세무조정시에도 손금산입을 누락하면 이후 사업연도의 손금으로 인정되지 않음 (손금귀속시기 선택불가)
유형	• 유·무형자산상각비(국제회계기준도입기업은 신고조정가능) • 퇴직급여충당금 등(퇴직연금충당금은 신고조정 가능) • 법인세법상 준비금 • 자산의 평가차손(재고자산, 유형자산의 평가차손, 대손금 중 일부)	• 단순신고조정사항: 결산시 기장처리하지 않은 항목에 대해 별도 절차 없이 세무조정계산서에서 직접 조정 • 잉여금처분에 의한 신고조정사항: 주주총회에서 이익잉여금을 처분할 때 일정액을 별도 적립금으로 적립해야 신고조정 가능(고유목적사업준비금, 비상위험준비금, 해약환급금준비금, 조세특례제한법상 준비금 등)

(4) 소득처분

1) 소득처분 개념

구분	내용
소득처분 정의	각 사업연도 소득에 대해 소득의 귀속을 확인하여 처분하는 절차
처분 대상	세무조정사항에 대해서만 소득의 귀속자를 확인하는 절차(기업회계상 당기순이익은 이미 소득의 귀속이 정해짐)

사외유출 처분	• 주주배당금, 임원상여금 등으로 처분 • 귀속자의 소득세 납세의무를 발생시킴
사내유보 처분	• 이익준비금 등으로 처분 • 세법상 자본을 계산하는 데 사용됨
처리 방법	「소득금액조정합계표」 처분란에 표시

2) 소득처분의 유형

세무조정	유형	소득처분 (귀속자)	비고
가산조정 (익금산입· 손금불산입)	사외 유출	배당 (주주: 임직원주주 제외)	소득귀속자에게 배당소득세 과세 (법인은 원천징수 의무)
		상여 (임원, 직원)	소득귀속자에게 근로소득세 과세 (법인은 원천징수 의무)
		기타사외유출 (법인, 사업자, 국가, 지방자치단체)	사후관리 불필요
		기타소득 (위 외의 자)	소득귀속자에게 기타소득세 과세 (법인은 원천징수 의무)
	사내 유보	유보	세무상 순자산이 증가 * 추후 반대 세무조정이 필요하며 「자본금과 적립금조정명세서(을)」에서 관리
		기타(잉여금)	사후관리 불필요
차감조정 (손금산입· 익금불산입)	사내 유보	△유보	세무상 순자산이 감소 * 추후 반대 세무조정이 필요하며 「자본금과 적립금조정명세서(을)」에서 관리
		기타 (△잉여금)	사후관리 불필요

3) 소득처분 유형

① 사외유출

구분	내용
사외유출	• 세무조정에 의해 발생한 익금산입 또는 손금불산입 금액이 기업 내부에 남아 있지 않고, 결과적으로 기업 외부로 유출되어 특정인에게 귀속된 경우 • 세무조정으로 인해 증가한 소득이 회사에 남아 있지 않고 외부로 나가서 누군가에게 귀속된 것이 명확한 경우
사외유출 처분 유형 (귀속자가 분명한 경우)	• 배당: 주주(출연자)에게 귀속된 경우 • 상여: 임원 또는 직원에게 귀속된 경우 • 기타사외유출: 법인, 개인사업자, 국가 및 지방자치단체에 귀속된 경우 • 기타소득: 그 외 기타의 경우

<무조건 대표자상여 또는 기타사외유출로 처분해야 하는 경우>

처분 유형	해당 사례
반드시 대표자상여로 처분하는 경우	• 사외유출된 것이 분명하나, 귀속자가 불분명한 경우 • 추계에 의해 결정된 과세표준과 결산서상 법인세비용 차감전 순이익과의 차액 • 경정이 있을 것을 미리 알고 사외유출된 금액을 익금산입하는 경우(귀속불분명시)
반드시 기타사외유출로 처분하는 경우	• 특례기부금 및 일반기부금 한도초과액 • 기업업무추진비 한도초과액 및 3만원(경조금 20만원) 초과 기업업무추진비로서 적격증명서류 미수취로 인한 손금불산입액(증빙누락기업업무추진비 및 사적사용기업업무추진비는 제외) • 업무무관자산 등 관련 지급이자 • 채권자불분명 사채이자 및 비실명 채권·증권이자에 대한 원천징수세액 상당액 • 임대보증금에 대한 간주임대료 • 사외유출된 금액의 귀속이 불분명하거나 추계로 과세표준을 결정·경정할 때 대표자에 대한 상여로 처분한 경우, 해당 법인이 그 처분 금액에 대한 소득세 등을 대납하고 이를 손비로 계상하거나 그 대표자와 특수관계인에 해당하지 아니할 때까지 회수하지 않음에 따라 손금불산입한 금액 • 천재지변 및 기타 불가항력으로 장부 기타 증빙서류가 멸실되어 추계결정하는 경우의 차액
예외: 유보로 처분하는 경우	• 법인이 수정신고기한 내에 매출누락·가공경비 등 부당하게 사외유출된 금액을 회수하고 세무조정으로 익금에 산입하여 신고하는 경우

> **예제**
>
> 다음 자료에 의해 세무조정을 하시오.
> ㈜이패스는 업무와 무관한 경비 100,000원을 비용처리하고 다음과 같이 회계처리하였다(귀속자 불분명).
> Book) (차) 복리후생비   100,000원   (대) 현금   100,000원
> Tax) (차) 사외유출   100,000원   (대) 현금   100,000원
>
> 세무조정: 〈손금불산입〉 업무무관경비 100,000원(대표자상여)
>
> **해설**
> 　세법에서는 업무무관경비를 손금으로 인정하지 않으며, 100,000원은 사외로 유출되었으므로 위와 같이 세무조정한다.

② 유보(또는 △유보)

구분	내용
유보	• 결산서상 자본과 세법상 자본의 차이 • 자본의 차이는 자산과 부채의 차이를 의미
처분 조건	• **유보**: 세무조정한 금액이 기업 내부에 남아 결산서상 자산보다 세법상 자산을 증가시키거나 결산서상 부채보다 세법상 부채를 감소시키는 경우 • **△유보**: 세무조정한 금액이 기업 내부에 남아 결산서상 자산보다 세법상 자산을 감소시키거나 결산서상 부채보다 세법상 부채를 증가시키는 경우

특징	• 당기에 유보(또는 △유보)로 소득처분된 사항은 당기 이후 언젠가는 반드시 반대의 세무조정과 소득처분이 발생되어 소멸(추인)됨 • 반대조정시 가감된 자산·부채의 가액으로 인하여 각종 손금한도액 계산시 영향 • 차기 이후의 각 사업연도 소득을 정확히 계산하기 위해서는 유보금액의 사후관리가 필요
사후관리	• [자본금과 적립금 조정명세서(을)]표 • 프로그램 작성 시: [법인조정 II] 》 [신고부속서류] 》 [자본금과 적립금 조정명세서(을)]

<유형별 반대 조정 시기>

구분	항목 예시	반대조정 시기	설명
즉시조정	• 재고자산 평가감(증) • 대손충당금 한도초과	다음 사업연도	회계와 세무의 시차가 1년 이내인 항목
양도·상각 시	• 자산의 과대상각 • 퇴직급여충당금 한도초과 • 준비금 한도초과 • 대손충당금 설정액 부인	양도 시, 상각 시, 회수 시, 초과상계 시 등	자산의 처분(양도), 감가상각의 완료, 충당금 초과액이 실제지급(초과상계)하는 시점
수정분개 시	• 유보로 분류되었으나 추후 수정분개하여 회계와 세법이 일치되었을 때	수정분개 시	회계가 나중에 수정되어 세법과 일치하게 되는 경우

<유보 소득처분 유형>

세무조정	과목
익금산입 (세무상 순자산 증가 → 유보)	• 재고자산 평가감
손금불산입 (세무상 순자산 증가 → 유보)	• 대손충당금 한도초과(대손금 부인액) • 감가상각비 한도초과 • 선급비용 과소계상 • 단기매매증권평가손실
손금산입 (세무상 순자산 감소 → △유보)	• 퇴직연금부담금 불입액 • 재고자산 평가증
익금불산입 (세무상 순자산 감소 → △유보)	• 미수이자 과대계상 • 단기매매증권평가이익

<자본금과적립금조정명세서(을) 작성내용>

① 과목	② 기초잔액	당기중증감		⑤ 기말잔액 (= ② − ③ + ④ +
		③ 감소	④ 증가	
자산·부채 계정과목	전기말 현재 유보금액	기초잔액 중 당기 추인되는 금액	당기 중 발생한 유보금액	당기말 현재 유보금액 (당기말 현재 세법상 자본과 회계상 자본의 차이금액)

> **예제**

다음 자료에 의해 ×1기와 ×2기의 세무조정을 하시오.

1. ×1기: ㈜이패스는 토지 100,000,000원을 취득하면서 발생한 토지의 취득세 4,000,000원을 지출하고 다음의 회계처리를 하였다.

   Book) (차) 토지   100,000,000원   (대) 현금   104,000,000원
              세금과공과금   4,000,000원
   Tax) (차) 토지   104,000,000원   (대) 현금   104,000,000원

   > 세무조정: 〈손금불산입〉 토지 4,000,000원(유보)

2. ×2기: ㈜이패스는 위 토지를 120,000,000원에 처분하고 다음의 회계처리를 하였다.

   Book) (차) 현금   120,000,000원   (대) 토지   100,000,000원
                                         유형자산처분이익   20,000,000원
   Tax) (차) 현금   120,000,000원   (대) 토지   104,000,000원
                                         유형자산처분이익   16,000,000원

   > 세무조정: 〈익금불산입〉 토지(유형자산처분이익) 4,000,000원(△유보)

해설

1. 기업회계기준에서도 자산의 구입시 취득세는 취득원가에 가산하여야 한다. 그러나 세무조정은 회사 장부와의 차이를 조정하는 것이므로 손금불산입한다. 세무조정은 다음의 수정분개로 이해할 수 있다.
   수정분개) (차) 토지   4,000,000원   (대) 세금과공과금   4,000,000원
              (순자산의 증가: 유보)   (비용의 감소: 손금불산입)

2. 토지의 회사 장부가액은 100,000,000원이고, 세법상으로는 104,000,000원이므로 처분시 유형자산이익에서 차이가 발생한다. 세무조정 과목은 법에 별도로 정해져 있는 것은 아니며, 세무조정 내역의 의미를 알 수 있도록 적당한 명칭을 기재하면 된다.
   수정분개) (차) 유형자산처분이익   4,000,000원   (대) 토지   4,000,000원
              (수익의 감소: 익금불산입)   (순자산의 감소: △유보)

<소득처분의 유형>

소득처분 항목			사외유출				사내유보	
			배당	상여		기타 사외유출	기타 소득	유보	기타
				사용인	대표자				
사외유출	귀속구분	출자자(출자임원 제외)귀속	○						
		사용인(임원 포함)에 귀속		○					
		법인 또는 개인사업자에 귀속(국가, 지방자치단체)				○			
		위 이외의 자에 귀속					○		
	귀속불분명분				○				
사내유보		미계상분						○	
		잉여금 계상분							○

				○			
	기부금 손금부인액				○		
	기업업무추진비 한도초과액				○		
예외 사례	채권자가 불분명한 사채이자와 수취자가 불분명한 채권·증권의 이자			○			
	채권자가 불분명한 사채이자와 수취자가 불분명한 채권·증권의 이자에 대한 원천징수액				○		
	업무무관자산 등의 이자				○		
	귀속불분명 또는 불가항력에 따른 추계결정시 대표자상여관련 소득세의 법인대납분 미회수시				○		
	자본거래의 부당행위부인액 중 귀속자에게 증여세가 부과된 금액				○		
추계 결정· 경정	과세표준과 법인세비용차감전순이익의 차이			○			
	천재지변 등 불가항력상 장부멸실시				○		

[자본금과적립금조정명세서(을)]

① ×1기

① 과목	② 기초잔액	당기중증감		⑤ 기말잔액 (=②-③+④+)
		③ 감소	④ 증가	
토지	–	–	4,000,000원	4,000,000원*

* 기말현재 회사장부상 토지가액과 세법상 토지가액의 차이가 4,000,000원이다.

② ×2기

① 과목	② 기초잔액	당기중증감		⑤ 기말잔액 (=②-③+④+)
		③ 감소	④ 증가	
토지	4,000,000원	4,000,000원	–	–

<유보소득처분 유형>

과목	당기 유보(또는 △유보) 발생
대손충당금 한도초과(대손금부인액)	손금불산입
감가상각비 한도초과	손금불산입
퇴직연금부담금 불입액	손금산입
미수이자 과대계상	익금불산입
선급비용 과소계상	손금불산입
재고자산 평가감	익금산입
재고자산 평가증	손금산입
단기매매증권평가이익	익금불산입
단기매매증권평가손실	손금불산입

③ 기타

구분	내용
기타	• 익금산입 또는 손금불산입 등 세무조정으로 발생한 소득이 사외유출이나 유보에 해당하지 않는 경우 • 세무조정한 금액이 기업 외부로 유출되지 않고 기업 내부에 남아있으나, 결산서와 세법간의 자산·부채의 차이가 없는 경우
적용 사례	• 세무조정으로 발생한 소득을 자본잉여금, 이익잉여금, 자본조정, 기타포괄손익 등 자본항목의 증가로 회계처리한 경우 • 손금항목을 당기순이익 이외의 자본항목의 감소로 처리한 경우 • 주로 익금·손금항목 잉여금의 증감으로 처리한 경우

예제

다음 자료에 의해 세무조정을 하시오.

㈜이패스는 자기주식(취득가액 1,000,000원)을 1,200,000원에 처분하고 다음의 회계처리를 하였다.

Book) (차) 현금 1,200,000원 (대) 자기주식 1,000,000원
　　　　　　　　　　　　　　　　　자기주식처분이익(자본잉여금) 200,000원
Tax) (차) 현금 1,200,000원 (대) 자기주식 1,000,000원
　　　　　　　　　　　　　　　　　자기주식처분이익(익금) 200,000원

세무조정: 〈익금산입〉 자기주식처분이익 200,000원(기타)

해설

세법상 자기주식처분이익은 익금에 포함한다. 자기주식처분이익 200,000원은 사외유출되지 아니하였고, 순자산의 차이(자산·부채의 차이)도 없으므로 유보처분되지 않는다. 이는 손익계산서상의 자본잉여금이 세법상 이익잉여금으로 변경된 것으로 장부상 자본과 세법상의 순자산은 일치한다. 이러한 경우 기타로 처분한다.

수정분개)
(차) 자기주식처분이익(자본잉여금) 200,000원 (대) 자기주식처분이익(익금) 200,000원
　　　　　　　　　　　　　　　　　　　　　　　　　(수익의 증가: 익금산입)

03 익금의 계산

(1) 익금의 범위

구분	내용
익금의 정의	• 자본 또는 출자의 납입 및 익금불산입항목으로 규정하는 것을 제외하고 당해 법인의 순자산을 증가시키는 거래로 인하여 발생하는 수익
법인세법 시행령 규정의 특징	• 익금에 해당되는 예시적인 규정을 열거 • 열거되지 않은 것이라도 원칙적으로 모두 순자산증가액은 익금에 해당 • 포괄주의 원칙 적용

익금산입 항목	내용
1) 사업수입금액	• 한국표준산업분류에 의한 각 사업에서 생기는 수입금액 • 기업회계기준상의 매출액에 해당 • 기업회계기준에 따른 매출에누리금액 및 매출할인금액은 제외

예제

다음 자료에 의하여 세무조정을 하시오.

제품(원가 1,200,000원)을 ㈜코리아에 2,000,000원(부가가치세 별도)에 외상판매하였으나 회계처리를 누락하였다.

Book)   –   –
Tax) (차) 외상매출금   2,200,000원   (대) 제품매출   2,000,000원
                                                   부가세예수금   200,000원
      (차) 매출원가   1,200,000원   (대) 제품   1,200,000원

> 세무조정: 〈익금산입〉 외상매출금 2,200,000원(유보)
>   〈손금산입〉 부가세예수금 200,000원(△유보)
>   〈손금산입〉 제품매출원가 1,200,000원(△유보)

해설
제품 판매로 인한 매출(2,000,000원)이 회계처리에 누락되었으므로, 세법상 익금산입(가산조정)한다.
또한, 제품의 매출원가(1,200,000원)도 회계상 누락되었으므로 손금산입(차감조정)한다. 결과적으로 과세소득은 매출액과 매출원가의 차액인 800,000원이 증가하게 된다.

2) 자산의 양도금액

구분	내용
자산의 양도 정의	• 주된 영업활동과 관련된 자산(재고자산)의 판매가 아닌 경우 • 유형자산, 무형자산이나 투자자산 등의 비경상적인 양도
법인세법의 처리방식	• 총액법 적용 • 자산의 양도금액을 전액 익금에 산입 • 양도한 자산의 장부가액을 전액 손금에 산입
기업회계와의 차이	• 기업회계: 처분손익만 표시(순액법) • 당기순이익에는 차이가 없으므로 세무조정 불필요

예제

다음 자료에 의하여 세무조정을 하시오.

차량운반구(취득가액 20,000,000원, 감가상각누계액 10,000,000)를 12,000,000원에 처분하고 다음과 같이 회계처리 하였다.

Book)	(차) 현금	12,000,000원	(대) 차량운반구	20,000,000원
	감가상각누계액	10,000,000원	유형자산처분이익	2,000,000원
Tax)	(차) 현금	12,000,000원	(대) 익금	12,000,000원
	감가상각누계액	10,000,000원	차량운반구	20,000,000원
	손금	10,000,000원		

세무조정 없음

해설

장부에서 유형자산처분이익은 2,000,000원이고, 세법상 익금 12,000,000원에서 손금 10,000,000원을 차감하면 소득금액은 2,000,000원이므로 결과적으로 차이가 발생하지 않는다. 따라서 세무조정을 하지 않는다.

3) 자기주식 양도금액

구분	내용
자기주식 양도금액	• 자기주식처분손익은 익금 또는 손금에 해당
기업회계와의 차이	• 기업회계: 자기주식처분이익과 자기주식처분손실은 각각 자본잉여금, 자본조정으로 처리 • 세법: 자기주식처분손익은 익금 또는 손금으로 처리 • 순자산의 증감변화는 없으므로 세무조정 기타 소득처분
자기주식소각손익 처리	• 자기주식소각손익은 감자차익 또는 감자차손에 해당하므로 • 익금 또는 손금으로 세무조정하지 않음

> **예제**

다음 자료에 의하여 세무조정을 하시오.

1. 자기주식(장부가액 50,000원)을 70,000원에 처분하고 다음과 같이 회계처리 하였다.

   Book) (차) 현금　　　　　　　　70,000원　(대) 자기주식　　　　　　　　50,000원
   　　　　　　　　　　　　　　　　　　　　　　　자기주식처분이익(자본잉여금)　20,000원

   Tax) (차) 현금　　　　　　　　70,000원　(대) 자기주식　　　　　　　　50,000원
   　　　　　　　　　　　　　　　　　　　　　　　자기주식처분이익(익금)　　　20,000원

   > 세무조정: 〈익금산입〉 자기주식처분이익 20,000원(기타)

2. 자기주식(장부가액 50,000원)을 40,000원에 처분하고 다음과 같이 회계처리 하였다.

   Book) (차) 현금　　　　　　　　40,000원　(대) 자기주식　　　　　　　　50,000원
   　　　자기주식처분손실(자본조정)　10,000원

   Tax) (차) 현금　　　　　　　　40,000원　(대) 자기주식　　　　　　　　50,000원
   　　　자기주식처분손실(손금)　　10,000원

   > 세무조정: 〈손금산입〉 자기주식처분손실 10,000원(기타)

3. 자기주식(액면가액 100,000원, 장부가액 50,000원)을 소각하고 다음과 같이 회계처리 하였다.

   Book) (차) 자본금　　　　　　100,000원　(대) 자기주식　　　　　　　　50,000원
   　　　　　　　　　　　　　　　　　　　　　　　감자차익(자본잉여금)　　　50,000원

   Tax) (차) 자본금　　　　　　100,000원　(대) 자기주식　　　　　　　　50,000원
   　　　　　　　　　　　　　　　　　　　　　　　자기주식소각이익(익금×)　50,000원

   > 세무조정 없음

해설
1, 2. 회계상 자기주식처분이익은 자본잉여금이고 자기주식처분손실은 자본조정 항목이지만 세법상으로는 각각 익금과 손금에 해당된다. 따라서 익금산입, 손금산입의 세무조정을 하고 순자산의 변동은 없으므로 기타로 소득처분한다.
3. 자기주식소각이익은 세법에서도 익금불산입항목이므로 세무조정이 발생하지 않는다.

익금산입 항목	내용
4) 자산의 임대료	• 임대업을 영위하지 않는 법인이 일시적으로 자산을 임대하고 받는 수입
5) 자산의 평가차익 중 법 소정 항목	• 원칙: 자산의 평가차익은 익금불산입 • 예외적 익금산입 항목: 　-「보험업법」이나 그 밖의 법률에 따른 유형자산 및 무형자산 등의 평가이익 　-「자본시장과 금융투자업에 관한 법률」에 따른 투자회사 등이 보유하고 있는 등의 평가이익 　- 기업회계기준에 따른 화폐성 외화자산·부채의 환율변동으로 인한 평가손익

6) 자산수증이익과 채무면제이익	• 정의: 법인이 주주나 채권자 등으로부터 무상으로 수증받은 자산가액 및 면제 받은 채무가액
	• 채무의 출자전환 시 채무면제이익도 익금항목에 포함
	• 회계처리: 회계상 수익으로 처리
	• 세법처리: 법인의 순자산을 증가시키므로 익금항목에 해당
	• 익금불산입:
	  - 이월결손금(세무상)의 보전에 충당된 금액
	  - 이월결손금의 발생연도에는 제한이 없음
	  - 법인사업자 및 복식부기의무자인 개인사업자가 지급 받은 국고보조금 등은 무상으로 받은 자산의 가액에서 제외

예제

다음 자료에 의하여 세무조정을 하시오.

1. ㈜이패스(회생계획인가의 결정을 받은 법인)는 장기차입금 1,000,000원을 출자전환함에 따라 주식(100주 액면금액 5,000원, 발행금액 8,000)을 발행하고 다음과 같이 회계처리 하였다.

   Book) (차) 장기차입금　　　1,000,000원　(대) 자본금　　　　　　500,000원
   　　　　　　　　　　　　　　　　　　　　　　　주식발행초과금　　500,000원
   Tax)　(차) 장기차입금　　　1,000,000원　(대) 자본금　　　　　　500,000원
   　　　　　　　　　　　　　　　　　　　　　　　주식발행초과금　　300,000원
   　　　　　　　　　　　　　　　　　　　　　　　채무면제이익　　　200,000원

   > 세무조정: 〈익금산입〉 채무면제이익 200,000원(기타)

2. ㈜이패스는 결손금 보전을 위해 주주로부터 현금 1,000,000원을 증여받고 다음과 같이 회계처리 하였다.

   Book) (차) 현금　　　　　　1,000,000원　(대) 자본잉여금　　　　500,000원
   　　　　　　　　　　　　　　　　　　　　　　　결손금　　　　　　500,000원
   Tax)　(차) 현금　　　　　　1,000,000원　(대) 자산수증이익　　1,000,000원

   > 세무조정: 〈익금산입〉 자산수증이익 1,000,000원(기타)
   > 　　　　　〈익금불산입〉 결손금 500,000원(기타)

해설

1. 장부에서 주식의 발행금액은 800,000원이고 기업회계기준상에서도 세법과 동일하게 주식발행초과금은 300,000원이다. 하지만 장부상 회계처리를 500,000원으로 하였으므로 200,000원을 익금산입하고 순자산의 변동이 없으므로 기타로 소득처분한다.
2. 주주로부터 증여 받은 1,000,000원은 자산수증이익이므로 익금산입하고 기타로 소득처분한다. 이때 결손금 보전액 500,000원은 익금불산입으로 세무조정한다.

7) 손금에 산입한 금액 중 환입된 금액(이월손금)

구분	내용	세무 조정	사례
지출 당시에 손금으로 인정된 금액의 환입	지출 당시 손금으로 산입된 금액이 환입되거나 환급된 경우	익금산입	재산세, 자동차세 등
지출 당시에 손금으로 인정받지 못한 금액의 환입	지출 당시 손금으로 인정받지 못한 금액이 환입된 경우	익금불산입	법인세비용, 가산세 등

> **예제**
>
> **다음 자료에 의하여 세무조정을 하시오.**
>
> 1. 재산세 과다징수에 따른 환급금 10,000원이 발생하여 다음과 같이 회계처리 하였다(전기 세금과공과 회계처리 함).
>   Book) (차) 현금   10,000원 (대) 잡이익   10,000원
>
>   > 세무조정 없음
>
> 2. 법인세 과다징수에 따른 환급금 1,000,000원이 발생하여 다음과 같이 회계처리 하였다.
>   Book) (차) 현금   1,000,000원 (대) 잡이익   1,000,000원
>
>   > 세무조정: 〈익금불산입〉 법인세과다납부 200,000원(기타)
>
> **해설**
> 1. 재산세는 기업회계기준상 비용이며 세무회계상 손금에 해당된다. 따라서 전기에 손금산입한 금액이 다시 환입되면 익금산입 한다. 기업회계상 수익으로 처리하였으므로 세무조정사항은 없다.
> 2. 법인세는 기업회계기준상 비용이나 세무회계상 손금에 해당되지 않는다. 따라서 전기에 손금산입한 금액이 다시 환입되면 익금불산입 한다. 기업회계상 자산과 세법상 자산이 일치하므로 기타로 처분한다.

익금산입 항목	내용
8) 자본거래로 인하여 특수관계인으로부터 분여받은 이익	• 법인이 자본거래(증자, 감자, 합병 등)를 통해 특수관계인으로부터 분여받은 이익은 익금으로 봄

9) 특수관계인인 개인으로부터 저가로 매입한 유가증권의 시가와의 차액	• 원칙: 특수관계인으로부터 자산을 시가보다 저가로 매입하는 경우, 매도자에게 부당행위계산의 부인 규정을 적용하여 시세차익 과세(매수자는 과세문제 없음)
	• 예외(익금산입 조건):
	  – 특수관계인인 개인으로부터
	  – 유가증권을
	  – 시가보다 낮은 가액으로 매입하는 경우
	• 익금산입: 매입가액과 시가의 차액을 익금으로 봄

예제

다음 자료에 의하여 세무조정을 하시오.

1. ×1기 ㈜이패스 주주(특수관계인)인 A씨에게 단기매매증권 200,000원(시가 1,000,000원)에 매입하고 다음과 같이 회계처리하였다.

    Book) (차) 단기매매증권   200,000원   (대) 현금   200,000원
    Tax) (차) 단기매매증권 1,000,000원   (대) 현금   200,000원
                                          익금   800,000원

    > 세무조정: 〈익금산입〉 단기매매증권 800,000원(유보)

2. ×2기 ㈜이패스는 ×1기 매입하였던 매도가능증권을 1,000,000원 매각하고 다음과 같이 회계처리하였다.

    Book) (차) 현금   1,000,000원   (대) 단기매매증권   200,000원
                                    단기매매증권처분이익   800,000원
    Tax) (차) 현금   1,000,000원   (대) 단기매매증권   1,000,000원

    > 세무조정: 〈익금불산입〉 단기매매증권 800,000원(△유보)

해설

1. 특수관계인인 개인으로부터 ② 유가증권을 ③ 시가보다 낮은 가액으로 매입하는 경우 시가와의 차액을 800,000을 익금산입하고 순자산의 증가(자산의증가)인 유보로 처분한다.
2. 특수관계인으로부터 유가증권을 저가로 매입한 경우, 매입시 익금에 산입하는 규정은 과세시점을 처분시점에서 매입시점으로 앞당기는 효과가 있다.

익금산입 항목	내용
10) 임대보증금 등의 간주익금	• 대상: 영리내국법인으로 부동산임대업을 주업으로 하는 차입금 과다법인 • 조건: 부동산 또는 그 부동산상의 권리 등을 대여하고 받은 보증금 등에서 발생한 수입금액이 동 보증금 등에 대한 정기예금 이자상당액에 미달하는 경우 • 익금산입: 시행령이 정하는 일정금액을 각사업연도 소득금액계산상 익금에 산입

11) 의제배당	• 정의: 상법상의 이익 배당이나 잉여금 분배절차에 의한 것은 아니지만 법인의 이익 적립금에 상당하는 자산이 주주 등에게 귀속되는 경우
	• 처리: 배당소득으로 간주하여 익금항목으로 규정
	• 유형:
	  – 잉여금의 자본전입으로 인한 의제배당(무상주)
	  – 자본감소·해산·합병 및 분할 등으로 인한 의제배당

12) 간접납부 외국법인세액	• 대상: 해외자회사로부터의 수입배당금에 대한 익금불산입 규정을 적용받지 않은 경우 • 목적: 국제적인 이중과세 방지 • 익금산입: 내국법인이 외국납부세액공제를 받는 경우 외국자회사의 소득에 대하여 부과된 외국법인세액 중 그 수입배당금액에 대응하는 금액으로서 세액공제의 대상이 되는 금액

13) 정당한 사유없이 회수하지 않은 가지급금 등의 금액	• 유형: – 특수관계가 소멸되는 날까지 회수하지 않은 가지급금 등(익금에 산입한 이자는 제외) – 특수관계가 소멸되지 않은 경우로서 가지급금의 이자를 이자발생일이 속하는 사업연도 종료일부터 1년이 되는 날까지 회수하지 않은 경우 그 이자
14) 그 밖의 수익으로서 그 법인에 귀속되었거나 귀속될 금액	• 예시: – 이자수익·배당금수익 – 자산 취득에 충당할 국고보조금·공사부담금 – 보험차익

(2) 익금불산입 항목

• 익금불산입항목은 법인의 순자산을 증가시키는 거래이긴 하나, 특정 목적을 위하여 익금에 산입하지 않는 항목

구분	익금불산입항목
자본충실화 목적	① 주식발행액면초과액(출자전환시 채무면제이익은 제외)
	② 감자차익
	③ 합병차익
	④ 분할차익
	⑤ 주식의 포괄적 교환차익
	⑥ 주식의 포괄적 이전차익
	⑦ 이월결손금보전에 충당된 자산수증이익과 채무면제이익
	⑧ 자본준비금을 감액하여 받는 배당(보유주식의 장부가액을 한도)
이중과세 방지	① 이월익금
	② 법인세 및 법인지방소득세의 환급액
	③ 수입배당금 중 일정한 금액
조세정책적 목적 및 기타	① 부가가치세 매출세액
	② 자산의 평가차익
	③ 국세 및 지방세의 과오납금의 환급금에 대한 이자

익금불산입 항목	내용
1) 주식발행액면초과액	• 정의: 주식을 액면금액 이상으로 발행한 경우 그 액면금액을 초과한 금액 • 익금불산입 이유: 납입자본인 주식발행액면초과액을 익금으로 과세하면 자본의 충실화를 기할 수 없음 • 회계처리: 회계기준에 따라 주식발행초과금으로 처리 시 별도 세무조정 불필요 • 제외사항: 출자전환 시 채무면제이익은 익금항목
2) 감자차익	• 정의: 주식을 소각하는 경우에 그 감소액이 주식의 소각, 주주에게 반환되는 금액과 결손금 보전에 충당한 금액을 초과한 경우의 그 초과금액 • 회계상 성격: 자본잉여금 항목 • 세법상 처리: 익금불산입 항목
3) 자산수증이익과 채무면제이익 중 이월결손금 보전에 충당된 금액	• 익금불산입: 자산수증이익과 채무면제이익(채무의 출자전환시 채무면제이익 포함) 중 이월결손금 보전에 충당된 금액 • 이월결손금 정의: 세무회계상 결손금(합병 분할시 승계받은 결손금은 제외)으로서 그 후의 각 사업연도의 과세표준을 계산할 때 공제되지 않은 금액 • 발생시점: 제한 없음

4) 이월익금	• 정의: 각 사업연도의 소득으로 이미 과세된 소득(법인세법과 다른 법률에 따라 비과세되거나 면제되는 소득을 포함) • 익금불산입 이유: 이중과세 방지

예제

다음 자료에 의하여 세무조정을 하시오.

㈜이패스는 제3기에 외상으로 판매한 매출액 1,000,000원을 제4기 현금으로 회수하고 다음과 같은 회계처리하였다. 제3기와 제4기의 세무조정을 수행하시오.

• 제3기
Book) −   (대)   −
Tax)   (차) 외상매출금   1,000,000원   (대) 매출   1,000,000원

> 세무조정: 〈익금산입〉 매출 1,000,000원(유보)

• 제4기
Book) (차) 현금   1,000,000원   (대) 매출   1,000,000원
Tax) (차) 현금   1,000,000원   (대) 외상매출금   1,000,000원

> 세무조정: 〈익금불산입〉 매출 1,000,000원(△유보)

해설

제3기에 세법상 익금인 매출액에 대해 회계처리 누락했으므로 익금산입한다. 제3기에 익금산입 세무조정된 매출액에 대해 제4기에 회계처리함으로써 동일한 소득에 대하여 법인세가 이중으로 과세되므로 익금불산입한다.

익금산입 항목	내용
5) 법인세 및 법인지방소득세의 환급액	• 법인세 및 법인지방소득세는 지출당시 손금으로 인정받지 못하였으므로 이에 대한 환급액도 익금불산입항목

예제

다음 자료에 의하여 세무조정을 하시오.

법인세 과다징수에 따른 환급금 1,000,000원이 발생하여 다음과 같이 회계처리 하였다.
Book) (차) 현금   1,000,000원   (대) 전기오류수정이익   1,000,000원

> 세무조정: 〈익금불산입〉 법인세과다납부 200,000원(기타)

해설

법인세는 기업회계기준상 비용이나 세무회계상 손금에 해당되지 않는다. 따라서 전기에 손금불산입(기타사외유출)한 금액이 다시 환입되면 익금불산입(기타) 소득처분 한다.

익금산입 항목	내용
6) 수입배당금	• 목적: 이중과세 방지 • 대상: 지주회사가 내국법인인 자회사로부터 받은 배당소득금액 중 일정한 금액

7) 자산의 평가차익	• 원칙: 자산의 평가이익은 일반적으로 익금으로 보지 않음
	• 예외(익금산입 항목):
	  - 보험업법이나 그 밖의 법률에 따른 유형자산과 무형자산의 평가이익
	  - 「자본시장과 금융투자업에 관한 법률」에 따른 평가이익 투자회사 등이 보유한 유가증권
	  - 화폐성 자산의 환율변동으로 인한 평가이익

예제

다음 자료에 의하여 세무조정을 하시오.

1. Book) (차) 단기매매증권 200,000원 (대) 단기매매증권평가이익 200,000원

   > 세무조정: 〈익금불산입〉 단기매매증권 200,000원(△유보)

2. ㈜이패스는 매도가능증권(장부가액 1,000,000원)을 기말 공정가액 1,200,000원에 평가하고 다음과 같이 회계처리 하였다.
   Book) (차) 매도가능증권 200,000원 (대) 매도가능증권평가이익 200,000원

   > 세무조정: 〈익금불산입〉 매도가능증권 200,000원(△유보)
   >   〈손금불산입〉 매도가능증권평가이익 200,000원(기타)

3. ㈜이패스는 보유중인 토지에 대해 기말에 재평가를 하고 다음과 같이 회계처리 하였다(임의평가이익에 해당함).
   Book) (차) 토지 200,000원 (대) 재평가잉여금 200,000원

   > 세무조정: 〈익금불산입〉 토지 200,000원(△유보)
   >   〈손금불산입〉 재평가잉여금 200,000원(기타)

해설

1. 단기매매증권평가이익은 회계상 수익이지만 세법에서는 익금에 해당하지 않으므로 익금불산입 한다. 또한 단기매매증권(자산)이 200,000원 과대계상되었으므로 순자산을 감소시키는 △유보로 소득처분한다.
2. 매도가능증권평가이익은 기업회계기준상 기타포괄손익누계액이며, 세무회계상 익금에 해당하지 않는다. 기업회계상 수익을 계상하지는 않았지만 자산을 200,000원 만큼 과대계상하여 자본을 과대계상 하였으므로 세무회계상 자본을 감소시키는 △유보로 처분한다. 이와 동시에 과세소득에 영향을 미치지 않도록 동일한 금액을 반대 세무조정 한다.
3. 유형자산의 재평가잉여금은 기업회계기준상 기타포괄손익누계액이며, 세무회계상 익금에 해당하지 않는다. 기업회계상 수익을 계상하지는 않았지만 자산을 200,000원 만큼 과대계상하여 자본을 과대계상 하였으므로 세무회계상 자본을 감소시키는 △유보로 처분한다. 이와 동시에 과세소득에 영향을 미치지 않도록 동일한 금액을 반대로 세무조정 한다.

익금산입 항목	내용
8) 국세 또는 지방세의 과오납금의 환급금에 대한 이자	• 국세 또는 지방세의 과오납금의 환급금에 대한 이자는 국가 등이 초과징수한 것에 대한 보상의 일종이므로 정책적으로 이를 익금에서 제외

> **예제**
>
> **다음 자료에 의하여 세무조정을 하시오.**
>
> (주)이패스는 제3기 재산세 5,000,000원을 제4기에 재산세 5,000,000원과 국세환급가산금 50,000원을 환급받고 다음의 회계처리를 하였다.
>
> Book) (차) 현금   5,050,000원   (대) 전기오류수정이익   5,000,000원
>   (이익잉여금)
>   잡이익   50,000원
>
> 세무조정: 〈익금산입〉 재산세환급 5,000,000원(기타)
>   〈익금불산입〉 환급가산금 50,000원(기타)
>
> **해설**
>
> 재산세는 손금항목으로 환급시 익금으로 산입하고, 환급가산금은 익금불산입한다. 재산세환급액을 이익잉여금 처리하였으므로 재산세는 익금산입하여 기타로 소득처분하고 환급가산금은 익금불산입하여 기타 소득처분 한다.

익금산입 항목	내용
9) 부가가치세 매출세액	• 부가가치세 매출세액은 회계상 부채(예수금)항목으로 세법상으로도 익금에서 제외

04 손금의 계산

(1) 손금의 범위

구분	내용
손금의 정의	• 자본 또는 지분의 환급, 잉여금의 처분 및 법에서 규정하는 것을 제외하고 당해 법인의 순자산을 감소시키는 거래에서 발생하는 비용 • 일반적으로 인정되는 통상적인 것이거나 수익과 직접 관련된 것
법인세법 규정의 특징	• 법인세법에서 손금으로 규정한 항목들은 예시적인 규정에 지나지 않음 • 손금으로 규정되지 않았더라도 순자산을 감소시키는 것은 원칙적으로 모두 손금에 해당 • 포괄주의 원칙 적용

손금항목	내용
1) 판매한 상품 또는 제품에 대한 재료비와 부대비용	• 익금항목 중 사업수입금액에 대응하는 손금 항목 • 회계상 매출원가 및 판매비에 해당
2) 양도한 자산의 양도당시의 장부가액	• 익금항목 중 양도자산의 양도금액에 대응하는 손금항목 • 자산 양도시 손금 처리되는 원가 부분

3) 인건비

구분	내용
인건비 정의	• 근로의 대가로서 근로자에게 지급하는 일체의 금품 • 이익처분에 의하여 지급되는 것이 아닌 한 원칙적으로 손금으로 인정

① 급여 및 보수	• 원칙: 일반 급여는 모두 손금으로 인정
	• 손금불산입 항목:
	  – 합명회사/합자회사의 노무출자사원에게 지급하는 보수
	  – 비상근임원에게 지급하는 보수 중 부당행위계산부인에 해당하는 것
	  – 지배주주 및 그와 특수관계가 있는 임직원에게 초과 지급한 인건비

② 상여금	• 원칙: 직원 상여금은 모두 손금산입 • 손금불산입 항목: – 임원에게 지급하는 상여금 중 정관/주주총회/이사회의 결의에 의한 급여지급기준을 초과하여 지급하는 금액

③ 퇴직급여	• 직원: 모두 손금산입
	• 임원: 한도액 이내 손금산입
	• 손금불산입 항목:
	  – 임원 퇴직급여 한도액 초과액
	  – 현실적 퇴직에 해당하지 않는 퇴직시 지급하는 퇴직급여(현실적 퇴직시까지 가지급금 처리)

임원퇴직급여 한도액	• 퇴직금지급규정이 있는 경우: 규정상의 금액
	• 퇴직금지급규정이 없는 경우:
	  – 퇴직 직전 1년간 총급여액 × 1/10 × 근속연수
	  – 총급여액은 비과세소득과 손금불산입된 상여 제외
	  – 근속연수는 역년 계산, 1개월 미만 기간 제외

현실적 퇴직 해당 사례	• 직원이 임원으로 취임한 경우 • 상근임원이 비상근임원으로 된 경우 • 조직변경·합병·분할·사업양도에 따라 퇴직한 때 • 근로자퇴직급여보장법에 따라 퇴직금을 중간정산하여 지급한 경우 • 임원에게 정관 규정에 따라 장기요양 등의 사유로 중간정산하여 퇴직급여를 지급한 때
현실적 퇴직 비해당 사례	• 임원이 연임된 경우 • 대주주 변동으로 전 직원에게 퇴직금을 지급한 경우 • 외국법인 국내지점 종업원이 본점으로 전출하는 경우 • 정부투자기관 민영화로 전 종업원 사표 수리 후 재채용하는 경우 • 퇴직급여를 중간정산하기로 하였으나 실제로 지급하지 않은 경우

손금항목	내용
4) 복리후생비	• 직장체육비, 직장문화비, 직장회식비, 우리사주조합 운영비 • 사용자부담 건강보험료·노인장기요양보험료 및 고용보험료 • 직장어린이집 운영비 • 사회통념상 타당한 범위의 경조금 등 이와 유사한 비용 • 근로자에게 공통적으로 적용되는 지급기준에 따라 지급하는 출산·양육 지원금
5) 유형자산의 수선비	• 수익적 지출에 해당하는 유형자산의 수선비는 손금에 산입
6) 유형자산 및 무형자산에 대한 감가상각비	• 세법상 일정한 한도범위 내에서 손금으로 인정
7) 자산의 임차료	• 법인이 자산을 임차하고 지급하는 임차료는 손금으로 인정
8) 차입금이자	• 원칙: 차입금이자는 손금으로 인정 • 예외: 일정한 요건에 의한 특정 차입금이자는 손금불산입

9) 대손금	• 법정화된 대손요건을 구비한 경우에만 대손금을 손금으로 인정
10) 자산의 평가차손 중 법 소정 항목	• 원칙: 자산의 평가차손은 손금으로 인정되지 않음 • 예외: 법인세법에서 규정한 특정사유에 해당하는 경우 손금으로 인정
11) 제세공과금	• 원칙: 제세공과금은 손금에 산입 • 예외: 제외사항에 대하여는 손금에 산입하지 않음
12) 영업자가 조직한 단체에 지급한 회비	• 법인이거나 주무관청에 등록한 협회·조합에 지급한 회비 • 조건: 법령·정관에 따른 정상적인 회비 징수방식에 의한 일반회비 • 특별회비나 임의로 조직된 조합·협회에 지급한 회비는 기부금으로 처리
13) 회수할 수 없는 부가가치세 매출세액 미수금	• 부가가치세법에 따라 대손세액공제를 받지 아니한 것에 한정
14) 기타 손금항목	• 광업의 탐광비(탐광을 위한 개발비 포함) • 업무유관 해외시찰 훈련비 • 사무실·복도 등에 항상 전시하는 미술품의 취득가액(거래단위별 1,000만원 이하, 취득한 날이 속하는 사업연도의 손비로 계상한 경우) • 광고선전 목적으로 기증한 물품의 구입비용(특정인에게 기증한 물품은 개당 3만원 이하, 연간 5만원 이내) • 그 밖의 손비로서 그 법인에 귀속되었거나 귀속될 금액

(2) 손금불산입항목

• 손금불산입항목은 법인의 순자산을 감소시키는 거래이기는 하나 그 손비의 성질 또는 조세정책적인 목적에서 이를 손금으로 인정하지 않는 경우

손금불산입 항목	내용
1) 자본거래 등으로 인한 손비	• 주식할인발행차금 • 감자차손 • 잉여금의 처분을 손비로 계상한 금액
2) 대손금	• 채무보증으로 발생한 구상채권 • 특수관계인에게 해당 법인의 업무와 관련없이 지급한 가지급금
3) 감가상각비	• 법인이 결산 시 계상한 감가상각비 중 상각범위액(대통령령으로 정하는 바에 따라 계산한 금액)을 초과하는 금액
4) 세금과공과금	• 사업연도에 납부하였거나 납부할 법인세 또는 법인지방소득세 • 세법에 규정된 의무 불이행으로 인하여 납부하였거나 납부할 세액(가산세 포함) • 벌금, 과료, 과태료, 가산금 및 체납처분비 • 법령에 따라 의무적으로 납부하는 것이 아닌 공과금 • 법령에 따른 의무불이행 또는 금지·제한 등의 위반에 대한 제재로서 부과되는 공과금

5) 자산의 평가손실	• 원칙: 자산의 평가손실은 미실현손실이므로 손금에 산입하지 않음
	• 예외적 손금인정:
	  – 화폐성외화자산·부채 등의 외화환산에 의한 평가손실
	  – 유가증권 등 특수한 경우에 인정되는 자산의 평가손실
	  – 파손·부패 등의 사유로 정상가격으로 판매할 수 없는 재고자산의 평가차손
	  – 천재지변·화재·수용·채굴예정량의 채진으로 인한 폐광에 따른 고정자산평가차손

6) 기업업무추진비	• 거래건당 3만원(경조금 20만원) 초과분 중 적격증명서류 미수취 기업업무추진비 • 기업업무추진비 한도초과액
7) 기부금	• 특례기부금·일반기부금의 한도초과액 • 비지정기부금(동창회, 동친회 기부금)

8) 지급이자	• 채권자가 불분명한 사채의 이자 • 지급받은 자가 불분명한 채권·증권의 이자 할인액 또는 차익 • 건설자금에 충당한 차입금의 이자 • 업무무관자산 등에 대한 지급이자 • 특정차입금 자본화대상 이자비용
9) 업무와 관련없는 비용	• 업무와 직접 관련이 없는 자산의 취득·관리 비용, 유지비, 수선비 및 관련 비용 • 법인이 직접 사용하지 않고 다른 사람(주주 등이 아닌 임원과 소액주주 등인 임원·직원 제외)이 주로 사용하는 장소·건축물·물건 등의 유지비·관리비·사용료 및 관련 지출금 • 주주 등(소액주주 등 제외)이거나 출연자인 임원 또는 그 친족이 사용하는 사택의 유지비·관리비·사용료 및 관련 지출금 • 업무와 직접 관련이 없는 자산 취득을 위한 차입 관련 비용
10) 업무용승용차 관련 비용	• 업무용승용차 관련 비용 중 업무에 사용하지 않는 금액 • 업무사용 감가상각비 중 연 800만원 초과액

<항목별 소득처분 사례>

구분	조정항목	내용	소득처분
수익 관련	수입금액	• 인도한 제품 등의 매출액 가산 • 대응되는 매출원가	• 익금산입(유보) • 손금산입(△유보)
		• 전기매출가산분 당기결산상 계상 • 대응되는 매출원가	• 익금불산입(△유보) • 손금불산입(유보)
	법인세 환급금	• 법인세 환급금 및 이자	• 익금불산입(기타)
비용 관련	기업업무추진비	• 한도초과액	• 손금불산입(기타사외유출)
		• 법인명의 신용카드 미사용액	
		• 증빙불비분(대표자)	• 손금불산입(상여)
	일반기부금	• 한도초과액	• 손금불산입(기타사외유출)
		• 당기 미지급 기부금 • 전기 미지급 기부금 당기 지급액	• 손금산입(유보) • 손금산입(△유보)
	법인세 등	• 법인세 등	• 손금불산입(기타사외유출)
	세금과공과금	• 벌과금, 가산세 등	• 손금불산입(기타사외유출)
	소득세 대납액	• 귀속불분명 대표자 소득처분한 소득세 대납액	• 손금불산입(기타사외유출)
	임원퇴직금	• 임원퇴직금 한도초과액	• 손금불산입(상여)
금융 거래 관련	가지급금 인정이자 (미계상시)	• 출자자(출자임원 제외)	• 익금산입(배당)
		• 사용인(임원 포함)	• 익금산입(상여)
		• 법인 또는 사업 영위 개인	• 익금산입(기타사외유출)
		• 위 이외의 자	• 익금산입(기타소득)
	채권자불분명사채이자	• 원천세 제외 금액(대표자)	• 손금불산입(상여)
		• 원천세 해당 금액	• 손금불산입(기타사외유출)
	수령자불분명채권증권이자	• 원천세 제외 금액(대표자)	• 손금불산입(상여)
		• 원천세 해당 금액	• 손금불산입(기타사외유출)
	비업무용부동산 등 지급이자	• 비업무용부동산 및 업무무관가지급금 관련 지급이자	• 손금불산입(기타사외유출)
	건설자금이자	• 건설중인자산분 • 건설완료자산 중 비상각 자산분	• 손금불산입(유보)
		• 전기부인 유보분 중 당기건설 완료, 상각비율분	• 익금불산입(△유보)

충당금 및 준비금 관련	각종 준비금	• 범위 초과액	• 손금불산입(유보)
		• 과소환입	• 익금산입(유보)
		• 과다환입	• 익금불산입(△유보)
		• 전기 범위 초과액 중 환입액	• 익금불산입(△유보)
		• 세무조정에 의하여 손금산입하는 준비금	• 손금산입(△유보)
	퇴직급여충당금	• 한도초과액	• 손금불산입(유보)
		• 전기부인액 중 당기지급액	• 손금산입(△유보)
		• 전기부인액 중 당기 환입액	• 익금불산입(△유보)
	대손충당금	• 당기 한도초과액	• 손금불산입(유보)
		• 전기 한도초과액	• 익금불산입(△유보)
자산 평가 관련	재고자산	• 당기평가증	• 손금산입(△유보)
		• 전기평가증 중 당기 사용분 해당액	• 손금산입(유보)
		• 당기평가감	• 익금산입(유보)
		• 전기평가감 중 당기 사용분 해당액	• 익금불산입(△유보)
	감가상각비	• 상각부인액	• 손금불산입(유보)
		• 기상각부인액 중 당기 시인액	• 손금산입(△유보)
기타	익금산입 특별항목	• 익금산입한 금액으로서 귀속자에게 증여세 과세되는 금액	• 익금산입(기타사외유출)
	잉여금 관련	• 잉여금 증가에 따른 익금산입	• 익금산입(기타)
		• 잉여금 감소에 따른 손금산입	• 손금산입(기타)

예제

〈자산의 차이로 인한 세무조정〉

1. 대손 인정 요건 불충족
   ㈜이패스가 보유한 매출채권 1,000,000원이 부도가 3개월 경과하여 이를 전액 대손처리하였다.

   > 세무조정: 〈손금불산입〉 대손부인액 1,000,000원 (유보)

2. 재고자산 평가차이
   ㈜이패스가 계상한 기말 재고자산은 5,000,000원이나 세법상 평가액은 6,000,000원이다.

   > 세무조정: 〈손금불산입〉 재고자산평가감 1,000,000원 (유보)

3. 자산 취득원가 구성
   ㈜이패스는 업무용 토지를 취득하고, 취득세 2,100,000원을 세금과공과금으로 회계처리 하였다.

   > 세무조정: 〈손금불산입〉 토지 취득세 2,100,000원 (유보)

4. 외화자산 평가

㈜이패스는 외화 외상매출금에 대한 외화환산이익 1,500,000원을 기업회계기준에 따라 회계처리하였다. 단, 외화의 환산방법을 과세기간 종료일의 환율이 아닌 발생시점의 환율로 평가하는 방법으로 신고하였다.

> 세무조정: 〈익금불산입〉 외화환산이익 1,500,000원 (△유보)

해설
1. 세법상 부도 발생 후 6개월이 경과해야 대손금으로 인정된다. 3개월 경과는 대손 요건 미충족으로 손금 불인정되며, 자산(매출채권)의 평가 차이에 따라 손금불산입(유보) 조정한다.
2. 세법상 평가액이 더 크므로, 세법 기준으로 재고자산을 가산하여야 하며, 차액 1,000,000원을 손금불산입(유보) 조정한다.
3. 토지를 취득하면서 발생한 취득세는 세법상 토지의 취득원가에 포함되어야 한다. 회계상 비용으로 처리했으나 세법상 자산으로 보아야 하므로 손금불산입(유보) 조정한다.
4. 결산 시 외화자산은 과세기간 종료일 환율로 평가 한다. 그러나 발생 시 환율로 평가하는 방법을 신고한 경우, 결산상 환산이익을 익금불산입하며, 환율 차이에 따라 자산이 작아진 만큼 △유보로 처리한다.

〈부채의 차이로 인한 세무조정〉

5. 퇴직급여충당부채

㈜이패스는 1,000,000원의 퇴직급여충당부채를 추가로 설정하였다.(세법상 인정되는 퇴직급여충당부채 한도액은 없다)

> 세무조정: 〈손금불산입〉 퇴직급여충당부채한도초과액 1,000,000원 (유보)

6. 어음기부금

㈜이패스는 20x1년(당기) 12월 30일 불우이웃돕기 성금으로 500,000원을 만기가 20x2년(차기) 1월 30일인 어음으로 지급하고, 기부금으로 회계처리 하였다.

> 세무조정: 〈손금불산입〉 어음기부금 500,000원 (유보)

7. 결산 미반영 퇴직연금

㈜이패스는는 확정급여형 퇴직연금으로 10,000,000원을 납입하고, 결산일에 장부에 반영하지 않았다.

> 세무조정: 〈손금산입〉 퇴직연금 10,000,000원 (△유보)

8. 선수금 처리

㈜이패스는 20x1년 12월 말에 상품권을 10,000,000원에 발행하고 장부에 매출로 인식하여 회계처리 하였다. 이 중 회수된 상품권은 2,000,000원이 있다.

> 세무조정: 〈익금불산입〉 상품권발행금액 8,000,000원 (△유보)

해설

5. 세법상 퇴직급여충당부채는 일정 요건 하에서만 손금 인정된다. 회계상 추가 설정분은 세법상 손금불산입 대상이므로 부채의 차이에 따라 유보 조정한다.
6. 기부금은 현금주의이므로 어음지급은 아직 인정되지 않음. 부채의 차이로 유보 처리
7. 회사가 퇴직연금 납입을 했음에도 결산에 미반영했다면, 세법상 손금 인정을 위해 손금산입(△유보) 조정한다. 회계상 부채가 적게 인식되었기 때문에 손금산입(△유보) 조정한다.
8. 상품권 발행액 중 회수되지 않은 금액은 선수금(부채)으로 보아야 한다. 회계상 전액 수익인식 했지만 세법상 일부는 부채로 보므로 익금불산입(△유보) 조정한다.

〈자본의 차이로 인한 세무조정〉

9. 자기주식처분손실

㈜이패스는 자기주식처분손실 1,000,000원을 기업회계기준에 따라 회계처리하였다.

세무조정: 〈손금산입〉 자기주식처분손실 1,000,000원 (기타)

10. 신주발행비

㈜이패스는 신주를 발행하면서 발생한 비용 1,000,000원을 세금과공과금(손금)으로 처리하였다.

세무조정: 〈손금불산입〉 주식발행비용 1,000,000원 (기타)

해설

9. 자기주식처분손실은 회계상 자본조정으로 처리하지만, 세법상 손금산입이 인정된다. 순자산의 변동은 없으므로 기타로 소득처분한다.
10. 신주발행에 대한 대가는 세법상 손금불산입 대상이다. 회계상 손금처리한 금액은 손금불산입(기타) 조정한다.

〈수익 인식 차이로 인한 세무조정〉

11. 인정이자

㈜이패스가 무이자로 지급한 귀속자별 대출금액은 아래와 같다.

출자임원: 1,000,000원
특수관계회사: 2,000,000원
개인주주: 3,000,000원

세무조정: 〈익금산입〉 출자임원 1,000,000원 (상여)
          〈익금산입〉 특수관계회사 2,000,000원 (기타사외유출)
          〈익금산입〉 개인주주 3,000,000원 (배당)

12. 위탁판매 귀속시기

㈜이패스가 상품을 수탁회사에 위탁하고, 수탁회사는 20x1년(당기) 12월 29일에 판매하였으나 회사는 이를 알지 못하여 결산서에 반영하지 못하였다. 위탁판매한 물품대금은 30,000,000원이고, 대응되는 매출원가는 21,000,000원이다.

> 세무조정: 〈익금산입〉 상품매출 30,000,000원 (유보)
> 　　　　　〈손금산입〉 매출원가 21,000,000원 (△유보)

13. 환급금

㈜이패스는 전기에 법인세를 과다 납부하여 당해 연도중에 법인세 500,000원과 환급금이자 20,000원을 환급받고, 이를 잡이익으로 회계 처리하였다.

> 세무조정: 〈익금불산입〉 잡이익 520,000원 (기타)

해설

11. 특수관계인에 대한 무이자 또는 저리 대출은 세법상 인정이자 계산에 따라 익금산입 대상이다. 수익 귀속자에 따라 상여, 배당, 기타사외유출로 각각 소득처분한다.
12. 위탁판매의 수익귀속 시기는 수탁자가 매출한 시점이다. 회계상 인식누락된 매출 및 매출원가를 각각 익금산입(유보) 및 손금산입(△유보)하여 조정한다.
13. 법인세 환급금 및 그 이자는 세법상 익금불산입 대상이다. 회계상 잡이익으로 인식된 금액을 전액 익금불산입(기타) 조정한다.

〈비용 인식 차이로 인한 세무조정〉

14. 법인세비용

㈜이패스의 결산서상 법인세비용은 20,000,000원이다.

> 세무조정: 〈손금불산입〉 법인세비용 20,000,000원 (기타사외유출)

15. 증빙불비 비용

㈜이패스가 기업업무추진비로 지출한 300,000원에 대하여 정규증빙을 수취하지 아니하였다.

> 세무조정: 〈손금불산입〉 증빙불비 기업업무추진비 300,000원 (상여)

16. 기업업무추진비 한도초과 비용

㈜이패스의 기업업무추진비 한도초과액은 1,200,000원이다.

> 세무조정: 〈손금불산입〉 기업업무추진비 한도초과액 1,200,000원 (기타사외유출)

17. 동창회비

㈜이패스가 계상한 기부금 중에는 대표이사 동창회비 2,000,000원이 포함되어 있다.

> 세무조정: 〈손금불산입〉 대표이사 동창회비 2,000,000원 (상여)

18. 감가상각비 차이

㈜이패스는 감가상각비로 3,000,000원을 인식하였다.(세법상 감가상각비 인정금액 5,000,000원) 단, 유형자산은 당기에 취득하였다.

> 세무조정 없음

19. 개인 세금 대납

대표이사의 사택에 대한 재산세 300,000원을 ㈜이패스에서 대신 부담하여 지급하였다.

> 세무조정: 〈손금불산입〉 대표이사 재산세 300,000원 (상여)

20. 채권자불분명사채이자

㈜이패스가 장부에 계상한 이자비용 중 1,000,000원은 채권자가 불분명한 사채이자에 해당한다.

> 세무조정: 〈손금불산입〉 채권자불분명사채이자 1,000,000원 (상여)

해설

14. 법인세는 세법상 손금불산입 항목이다. 회계상 인식한 법인세비용은 손금불산입(기타사외유출) 조정한다.
15. 적격증빙 없는 기업업무추진비는 세법상 인정되지 않으며, 해당 금액은 손금불산입(상여) 처리한다.
16. 기업업무추진비는 세법상 한도액 이내만 손금 인정된다. 한도초과액은 손금불산입하고 기타사외유출로 소득처분한다.
17. 대표이사 동창회비는 기부금으로 인정되지 않는 개인 성격의 지출이다. 세법상 손금불산입(상여) 조정한다.
18. 감가상각비는 결산조정사항으로 세법상 인정되는 감가상각비가 결산서에 미달하는 경우 손금으로 인정되지 않는다.
19. 대표이사 개인에 대한 재산세를 법인이 대납한 경우, 이는 법인의 비용이 아니므로 손금불산입(상여) 조정한다.
20. 채권자가 불분명한 이자지급액은 세법상 상여처분 대상이다. 다만, 원천징수한 경우에는 기타사외유출로 처리한다.

05 손익의 귀속시기

(1) 권리의무확정주의

구분	내용
권리의무확정주의 정의	• 익금과 손금을 권리와 의무가 확정된 시점의 사업연도에 인식하는 원칙
중요성	• 손익을 어느 사업연도에 귀속시키는가에 따라 과세대상 소득 및 납부할 세액이 달라질 수 있음 • 계속되는 기업활동의 손익을 사업연도간에 정확히 구분할 필요가 있음
적용 우선순위	• 1순위: 법인세법의 규정 우선 적용 • 2순위: 법인세법에 규정되지 않은 사항은 회계기준 등을 따름

(2) 거래 유형별 손익 귀속시기

거래유형	법인세법	기업회계
상품 등의 판매	상품 등을 인도한 날	인도기준
건설·제조 기타 용역의 제공	① 원칙: 진행기준(작업진행율기준) ② 특례: 인도기준 • 기업회계기준에 따라 그 목적물의 인도일이 속하는 사업연도의 수익과 비용으로 계상한 경우 • 중소기업이 수행하는 계약기간 1년 미만인 용역제공의 경우 • 작업진행률을 계산할 수 없는 경우	진행기준

$$작업진행률 = \frac{당해 사업연도말까지 발생한 총공사비 누적액}{총 공사예정비}$$

익금 = (도급금액 × 작업진행률) - 직전사업연도말까지의 수익계상액

손금 = 당해사업연도에 발생한 총비용

거래유형	법인세법	기업회계
상품 등 외의 자산의 양도(부동산 포함)	그 대금을 청산한 날 다만, 대금청산 전에 소유권 등의 이전등기·등록을 하거나 해당 자산을 인도하는 경우 또는 상대방이 해당 자산을 사용수익하는 경우에는 그 이전등기·등록일·인도일· 사용수익일 중 빠른 날	법인세법과 동일
시용판매	매입자가 구입의사를 표시한 날 다만, 일정기간 내에 반송하거나 거절의 의사를 표시하지 않으면 특약 등에 의하여 그 판매가 확정되는 경우에는 그 기간의 만료일	법인세법과 동일
위탁판매	수탁자가 위탁자산을 매매한 날	법인세법과 동일

예제

다음 자료에 의하여 세무조정을 하시오.

㈜이패스의 20×1년 말 현재 상품재고액 중 800,000원은 타인에게 위탁판매하기 위한 위탁품으로서 수탁자인 ㈜코리아가 20×1. 12. 31에 1,000,000원에 외상으로 판매한 것이다. ㈜이패스는 이와 관련하여 기업회계상 결산에 반영하지 못하였다.

> 세무조정: 〈익금산입〉 위탁매출 1,000,000원(유보)
> 〈손금산입〉 매출원가 800,000원(△유보)

해설

수탁판매는 수탁자가 상품 등을 판매한 날에 손익을 인식하여야 한다. 수탁자가 20×1년도에 해당 재고자산을 판매하였으므로 당기의 매출을 익금에 산입하고 관련원가를 손금에 산입해야 한다.

거래유형	법인세법		기업회계
장기할부판매의 귀속사업연도	① 원칙: 인도기준		인도기준
	② 특례: 회수기일도래기준 • 결산서에 회수하였거나 회수할 금액으로 계상한 경우 • 중소기업의 경우 결산상 인도기준으로 인식한 경우에도 회수기일도래기준 적용 가능		
기부금	현금주의		발생주의
일반법인의 수입이자 등	① 원칙: 소득세법상 이자소득 수입시기		현금주의
	② 특례: 기간경과분을 수입으로 계상한 경우(미수이자)에 이를 인정(법인세가 원천징수되는 이자수익은 제외)		
지급이자	① 원칙: 지급의무확정주의		발생주의
	② 특례: 기간경과분 비용(선급비용)을 계상한 경우 인정		
임대료 등 기타손익의 귀속사업연도	원칙: ① 계약 등에 의해 임대료 지급기일이 정해진 경우: 그 지급일 ② 계약 등에 의해 임대료 지급기일이 정해지지 않은 경우: 그 지급을 받는 날		발생주의
	특례: 기간경과분 수익을 결산에 반영한 경우 또는 장기임대(임대료 지급기한이 1년을 초과)의 경우 발생주의에 따라 익금·손금 인식		
기업회계기준과 관행의 보충적 적용	세법 등에서 달리 규정하고 있는 경우를 제외하고 익금과 손금의 귀속사업연도에 대해 기업회계기준이나 관행을 계속 적용하여 온 경우 기업회계기준 또는 관행을 인정하고 있다.		

〈소득세법상 이자소득 및 배당소득 수입시기〉

구분	세부 유형	수입시기	대상 소득/거래
이자소득	지급일 적용 (현금주의)	실제로 지급받는 날	• 무기명채권의 이자 • 각종예금의 이자 (정기예금 포함) • 저축성보험의 보험차익 • 소기업·소상공인 공제부금에서 발생하는 소득
	약정일 적용	이자지급 약정일	• 기명채권의 이자 • 직장공제회 초과반환금

		(약정일, 실제지급일 중 빠른 날)	약정일과 실제지급일 중 빠른 날	• 비영업대금의 이익 • 포괄적 이자소득
배당 소득	일반배당		잉여금처분 결의일	정상적인 이익배당금
			지급을 받은 날	무기명주식 배당금
	인정배당		결산확정일	법인세법상 인정되는 배당
	의제배당		잉여금의 자본전입 결의일	자본전입에 따른 의제배당
	투자기구 이익		지급 받은 날	국내외 집합투자기구로부터의 이익
	파생상품 거래		약정일	파생상품 거래로 인한 손익

(3) 전기오류수정손익

구분	내용
정의	• 회계의 기간손익을 계산함에 있어서 과거 사업연도의 회계상 오류가 발생했을 때, 전기 이전의 재무제표에 대한 오류를 수정하는 손익 회계처리 • 전기 손익의 과소·과대계상액 등을 당기에 회계 처리하는 것
회계기준의 처리방법	중요성에 따른 구분: • 중요한 오류: 자산, 부채 및 자본의 기초금액을 소급하여 재작성(이익잉여금 처리) • 중요하지 않은 오류: 해당연도의 손익으로 직접 반영(영업외손익)
법인세법의 처리방법	• 회계상 전기오류수정손익을 그대로 인정할 경우 법인이 귀속시기를 고의적으로 조작할 가능성 방지 • 별도의 규정을 두어 귀속시기 판단 • 전기오류수정손익은 순자산의 증가 또는 감소를 초래하므로 세법상 익금 또는 손금에 해당

구분	내용	세무조정	
전기오류수정이익 (영업외수익)	당기의 익금인 경우	세무조정 없음.	
	전기 이전의 익금인 경우	당기: 익금불산입(△유보, 기타) 전기: 수정신고(경정청구)	
전기오류수정손실 (영업외비용)	당기의 손금인 경우	세무조정 없음.	
	전기 이전의 손금인 경우	당기: 손금불산입(유보, 기타) 전기: 수정신고(경정청구)	
		1차 세무조정	2차 세무조정
전기오류수정이익 (이익잉여금)	당기의 익금인 경우	익금산입(기타)	세무조정 없음.
	전기 이전의 익금인 경우		당기: 익금불산입(△유보, 기타) 전기: 수정신고(경정청구)
전기오류수정손실 (이익잉여금 차감)	당기의 손금인 경우	손금산입(기타)	세무조정 없음.
	전기 이전의 손금인 경우		당기: 손금불산입(유보, 기타) 전기: 수정신고(경정청구)

> **예제**
>
> 다음 자료에 의하여 세무조정을 하시오.
> 1. ㈜이패스는 전기의 외상매출액 1,000,000원을 누락하여 당기에 다음과 같이 회계처리 하였다.
>   Book) (차) 외상매출금   1,000,000원   (대) 전기오류수정이익   1,000,000원
>   　　　　　　　　　　　　　　　　　　　　　　　　(영업외수익)
>
>   　세무조정: [익금불산입] 전기매출누락 1,000,000원(△유보)
>
> 2. ㈜이패스는 전기의 외상매출액 1,000,000원을 누락하여 당기에 다음과 같이 회계처리 하였다.
>   Book) (차) 외상매출금   1,000,000원   (대) 전기오류수정이익   1,000,000원
>   　　　　　　　　　　　　　　　　　　　　　　　　(이익잉여금)
>
>   　세무조정: [익금산입] 전기매출누락 1,000,000원(기타)
>   　　　　　　[익금불산입] 외상매출금 1,000,000원(△유보)
>
> **해설**
> 1. 세법상 당기의 수익으로 판단 되는 경우에는 세무조정이 없으나(당기 영업외수익 처리) 전기 수익이므로 익금불산입 조정한다.
> 2. 전기의 수익인 경우 먼저 이익잉여금계정을 당기 익금으로 익금산입(기타) 처분 후 익금불산입(△유보)처분한다.

06 부당행위계산부인

(1) 부당행위계산부인

구분	내용
개념	법인이 특수관계인과의 거래를 통해 세금 부담을 부당하게 감소시킨 경우, 과세관청이 법인의 행위나 계산방식과 무관하게 정상적인 소득금액으로 재계산하는 제도
요건 ①	해당 법인과 특수관계인과의 거래이어야 한다.
요건 ②	그 거래로 인하여 법인의 조세가 부당히 감소한 것으로 인정되어야 한다.
요건 ③	시가와 거래액과의 차이가 3억원 이상 또는 시가의 5% 이상의 상당하는 금액인 경우 현저한 이익의 분여로 본다.

(2) 특수관계인의 범위

구분	내용
기본개념	법인세법상 특수관계인의 범위는 당해 법인과 다음 중 어느 하나의 관계에 있는 자를 말하는데, 여기서 특수관계인이라 함은 그 쌍방관계를 각각 특수관계인으로 한다. 쌍방관계란 어느 일방을 기준으로 특수관계에 해당하기만 하면 이들 상호간은 특수관계인에 해당하는 것이다.
①	임원의 임면권행사, 사업방침결정 등 당해 법인의 경영에 대하여 사실상 영향력을 행사고 있다고 인정되는 자와 그 친족

②	주주 등(소액주주 등은 제외)과 그 친족. 소액주주란 발행주식총수의 1% 미만의 주식을 소유한 주주를 말하나, 지배주주와 특수관계인은 소액주주로 보지 아니한다.
③	법인의 임원·직원 또는 주주 등의 직원(비소액주주 등이 영리법인인 경우에는 그 임원을, 비영리법인인 경우에는 그 이사 및 설립자를 말한다)이나 법인 또는 주주 등의 금전기타 자산에 의하여 생계를 유지하는 자와 이들과 생계를 함께 하는 친족
④	해당 법인이 직접 또는 그와 ①부터 ③까지의 관계에 있는 자를 통하여 어느 법인의 경영에 대하여 지배적인 영향력*을 행사하고 있는 경우 그 법인
⑤	해당 법인이 직접 또는 그와 ①부터 ④까지의 관계에 있는 자를 통하여 어느 법인의 경영에 대하여 지배적인 영향력*을 행사하고 있는 경우 그 법인
⑥	당해 법인에 100분의 30 이상을 출자하고 있는 법인에 100분의 30 이상을 출자하고 있는 법인이나 개인
⑦	당해 법인이 「독점규제 및 공정거래에 관한 법률」에 의한 기업집단에 속하는 법인인 경우 그 기업집단에 소속된 다른 계열회사 및 그 계열회사의 임원

*지배적 영향력 판단 기준

구분	지배적 영향력 판단 기준
영리법인	• 법인의 발행주식총수의 30% 이상을 출자한 경우 • 임원의 임면권행사, 사업방침결정 등 당해 법인의 경영에 대하여 사실상 영향력을 행사하고 있다고 인정되는 경우
비영리법인	• 법인 이사의 과반수를 차지하는 경우 • 법인 출연재산의 30% 이상 출연하고 그 중 1인이 설립자인 경우

(3) 부당행위계산의 유형

유형	내용
①	자산을 시가보다 높은 가액으로 매입 또는 현물출자 받은 경우
②	자산을 무상 또는 시가보다 낮은 가액으로 양도 또는 현물출자한 경우
③	금전, 기타자산 또는 용역을 무상 또는 시가보다 낮은 이율 등으로 제공한 경우
④	금전, 기타자산 또는 용역을 시가보다 높은 이율 등으로 제공받은 경우
⑤	불공정 증자, 감자, 합병 등 자본거래로 특수관계인에게 이익을 분여한 경우 등

(4) 부당행위계산부인 금액의 세무조정

구분	내용
1) 세무조정	부당한 거래로 감소한 법인의 소득을 익금산입(또는 손금불산입)하고 그 소득을 분여받은 귀속자 등에게 배당, 상여 등의 사외유출 소득처분을 한다.

2) 부당행위계산의 판정기준	• 특수관계인과의 거래일 것
	• 법인의 세부담이 부당하게 감소되었을 것: 자산의 고가매입·저가양도 및 금전대차·자산임대차·용역제공의 부당거래
	• 현저한 이익의 분여: 시가와 거래가액의 차액이 3억원 이상 또는 시가의 5%에 상당하는 금액 이상인 경우에 한하여 적용
	① 일반적인 시가:
	  – 해당 거래와 유사한 상황에서 해당 법인이 특수관계인 외의 불특정다수인과 계속적으로 거래한 가격 또는 특수관계인이 아닌 제3자간에 일반적으로 거래된 가격
	  – 시가가 불분명한 경우: 감정평가법인의 감정가액이 있으면 감정가액, 없으면 상속세 및 증여세법상의 보충적 평가방법에 의한 가액

	② 금전대차거래의 시가:
	• 원칙: 가중평균차입이자율
	• 예외(당좌대출이자율 적용):
	  – 가중평균차입이자율의 적용이 불가능한 경우(해당 사업연도에 한정),
	  – 해당 법인이 법인세과세표준과 세액을 신고하는 때에 당좌대출이자율을 선택하여 신고하는 경우(선택한 사업연도와 이후 2개 사업연도)

3) 자산의 고가매입·저가양도	• 거래 상대방이 특수관계인: 시가와의 차액이 부당행위계산부인에 해당
	• 거래 상대방이 특수관계인이 아님: 정상가액(시가에 시가의 30%를 가감한 금액)과의 차액이 기부금에 해당
	① **자산의 고가매입**:
	  – 취득가액과 시가의 차액만큼 세무 자산이 과대계상 → 자산을 감액하는 세무조정으로 손금산입하고 △유보 소득처분
	  – 동시에 손금산입한 금액만큼을 손금불산입하면서 귀속자에 대한 유출로 소득처분(이중세무조정)
	  – 소득처분: 특수관계인이 주주 출자자이면 배당, 임원이나 사용인이면 상여로 처분
	② **자산의 저가양도**:
	  – 시가와 처분가액의 차이를 익금산입하고 귀속자에 대한 사외유출로 처분

> 예제

다음 자료에 의하여 세무조정을 하시오.

1. ㈜이패스는 당기에 당 회사의 대표이사로부터 시가 2억원인 건물을 3억원에 매입하고 동 건물의 신고내용연수(40년)에 따라 7,500,000원을 감가상각비로 계상하였다. 단, ㈜이패스는 건물매입대금을 매입시점에 현금으로 전액 지급하였다.

> 세무조정: 〈손금산입〉 건물 1억(△유보)
>   〈손금불산입〉 고가매입액 1억(상여)
>   〈손금불산입〉 감가상각비 2,500,000*(유보)

* $7,500,000 \times \dfrac{1억}{3억} = 2,500,000$

* 부인된 건물가액에 해당되는 감가상각비는 손금불산입으로 조정한다.

2. ㈜이패스는 당기에 당 회사의 대주주에게 시가 1,000,000원(장부가액 800,000원)인 차량운반구를 500,000원에 양도하였다.

> 세무조정: 〈익금산입〉 저가양도 500,000원(배당)

> 해설 |
> 1. ① 부당행위계산규정 적용여부 판단: 1억(3억 − 2억) ≥ 2억 × 5%
>   ② 부당행위계산부인액의 계산: 3억 − 2억 = 1억
> 2. ① 부당행위계산규정 적용여부 판단: 500,000원(1,000,000원 − 500,000원) ≥ 1,000,000원 × 5%
>   ② 부당행위계산부인액의 계산: 1,000,000원 − 500,000원 = 500,000원

4) 가지급금 인정이자

구분	내용
① 가지급금	• 법인이 특수관계인에게 금전을 무상이나 낮은 이율로 대여한 경우 자금의 대여액 명칭 여하에 불구하고 가지급금 • 가지급금에 대하여 법인세법이 정한 적정 자율로 계산한 이자를 가지급금 인정이자 • 가지급금 인정이자는 전액 익금산입하고 귀속자에 대한 사외유출로 소득처분함(약정이자가 있는 경우 차감) • 업무무관 자산관련 지급이자 손금불산입에서 가지급금으로 보지 않는 것은 부당행위계산부인 대상 가지급금으로 보지 않음
② 인정이자의 계산	$$가지급금적수 \times 인정이자율 \times \frac{1}{365(366)} - 실제이자수령액$$
③ 가지급금 적수	• 가지급금적수는 가지급금의 매일의 잔액을 합한 금액을 말함 • 가지급금적수계산은 가지급금 잔액으로 남아 있는 매일매일의 금액의 누적합계액으로 계산 • 가지급금이 발생한 초일은 산입하고 가지급금이 회수된 날은 제외

④ 인정이자율	• 원칙: 가중평균차입이자율
	• 예외(당좌대출이자율 적용):
	  – 가중평균차입이자율의 적용이 불가능한 경우(해당 대여금 또는 차입금에 한정)
	  – 법인이 당좌대출이자율을 시가로 선택하는 경우(선택한 사업연도와 이후 2개 사업연도에 계속 적용)
	
	$$가중평균차입이자율 = \frac{\Sigma(개별차입금잔액 \times 해당차입금이자율)}{차입금잔액의 총액}$$

예제

다음 자료에 의하여 세무조정을 하시오.

㈜이패스는 대표이사에게 업무무관가지급금을 대여하여 당기에 가지급금적수 100,000,000원이 발생하였다. 차입약정은 맺지 않았으며 대표이사로부터 수입한 이자도 없었다. ㈜이패스가 선택한 적정이자율은 3.6%라고 가정하면 필요한 세무조정은? (단, 1년은 365일로 가정한다.)

세무조정: 〈익금산입〉 가지급금인정이자 9,863원(상여)

해설

가지급금인정이자의 계산: $100,000,000 \times 3.6\% \times \frac{1}{365} = 9,863$

07 과세표준의 계산

(1) 과세표준 계산절차

법인의 각 사업연도 소득에 대한 과세표준은 결산서상 당기순이익에 세법상 정한 익금과 손금에 대한 세무조정을 거쳐 계산한 각 사업연도 소득금액에서 이월결손금과 비과세소득 및 소득공제액을 순차적으로 공제하여 계산한다.

```
  각사업연도소득금액
-   이월결손금    : 15년 이내 사업연도에서 발생한 이월결손금
-   비과세소득    : 공익신탁의 신탁재산에서 생기는 소득 등
-   소득공제      : 유동화전문회사 등에 대한 소득공제 등
=   과세표준
```

(2) 이월결손금의 공제

- 각 사업연도의 손금총액이 익금총액을 초과하는 경우, 그 초과하는 금액을 결손금이라 한다.
- 세무상 손실이 발생한 경우
- 결손금을 정리하는 방법: 이월공제와 소급공제

1) 결손금 이월공제

구분	내용
이월공제	각 사업연도의 개시일 전 15년 이내(2020.1.1. 이전 발생분은 10년, 2009.1.1. 이전 발생분은 5년)에 개시한 사업연도에서 발생한 결손금으로서, 그 후의 각 사업연도 과세표준 계산 시 공제되지 않은 금액을 말한다. • 먼저 발생한 사업연도의 결손금부터 순차적으로 공제 • 추계결정 시에는 공제하지 않음 • 천재지변 등의 사유로 추계결정하는 경우에는 공제
공제한도	① 중소기업, 회생계획·경영정상화계획 이행 중인 기업: 당해연도 소득의 100% ② 일반기업: 당해연도 소득의 80%
공제순서	먼저 발생한 결손금부터 순차적으로 공제
공제배제	① 결손금소급공제를 받은 결손금 ② 자산수증이익·채무면제이익에 충당된 이월결손금 ③ 과세표준 추계결정·경정하는 때(천재지변 등의 사유는 공제 가능)

2) 결손금 소급공제

구분	내용
소급공제	중소기업은 결손금이 발생한 경우 직전 사업연도 법인세를 한도로 법인세 환급을 받을 수 있다.
적용요건	① 조세특례제한법에 의한 중소기업에 대해서만 적용한다. ② 결손금이 발생한 사업연도와 그 직전 사업연도의 소득에 대한 법인세의 과세표준 및 세액을 각각 신고한 경우에 한하여 적용한다. ③ 전년도에 납부한 법인세가 있어야 한다. ④ 과세표준 신고기한까지 관할 세무서에 소급공제 환급신청을 하여야 한다(신청이 없는 경우에는 이월공제를 선택한 것으로 본다).

환급대상액	환급세액 = MIN(㉠, ㉡) ㉠ 환급대상액: 직전 사업연도 법인세 산출세액 - (직전 사업연도 과세표준 - 소급공제 결손금액) × 직전 사업연도 법인세율 ㉡ 한도액(직전 사업연도 법인세액): 직전 사업연도 법인세 산출세액 - 직전 사업연도 공제 또는 감면세액
공제배제	① 결손금소급공제를 받은 결손금 ② 자산수증이익·채무면제이익에 충당된 이월결손금 ③ 과세표준 추계결정·경정하는 때(천재지변 등의 사유는 공제 가능)

(3) 비과세소득

구분	내용
비과세소득	국가가 정책적인 목적 등을 위해 과세하지 않는 다음의 소득을 말한다.
① 공익신탁	공익신탁의 신탁재산에서 생기는 소득
② 창업투자 양도차익	중소기업창업투자회사 등이 직접 또는 중소기업창업투자조합 등을 통하여 창업자 등에게 출자하여 취득한 주식을 양도함으로써 발생하는 양도차익
③ 창업투자 배당소득	중소기업창업투자회사 등이 위 출자로 인하여 창업자 등으로부터 받는 배당소득

(4) 소득공제

구분	내용
소득공제	과세표준계산 시 과세소득 일부를 공제하여 세부담을 경감시켜주는 제도이다.
① 유동화전문회사 등	유동화전문회사 등에 해당하는 내국법인이 배당가능이익의 90% 이상을 배당한 경우 그 금액
② 중소기업 고용유지	중소기업이 고용유지 등 일정요건 충족 시 (직전 과세연도의 연간 임금총액 - 해당 과세연도의 연간 임금총액) × 50%

(5) 산출세액 계산

각 사업연도 법인세 산출세액은 과세표준 금액에 다음의 세율을 곱하여 계산한다.

과세표준	세율
2억원 이하	과세표준 × 9%
2억원 초과 200억원 이하	1,800만원 + (과세표준 - 2억원) × 19%
200억원 초과 3,000억원 이하	37억8천만원 + (과세표준 - 200억원) × 21%
3,000억원 초과	625억8천만원 + (과세표준 - 3,000억원) × 24%

추가사항	내용
추가과세	주택, 별장, 비사업용 토지의 양도소득, 미환류소득 10% 추가과세
사업연도가 1년 미만인 경우	법인세 산출세액 = $\left(\text{과세표준} \times \dfrac{12}{\text{사업연도 월수}} \times \text{세율}\right) \times \dfrac{\text{사업연도의 월수}}{12}$
성실신고 확인대상 소규모 법인 법인세율(2025년 개정)	적용대상: 아래 3가지 요건을 모두 충족하는 법인 1. 지배주주(및 특수관계인) 지분율이 50%를 초과 2. 부동산임대업이 주된 사업이거나, 부동산임대·이자·배당소득 합계가 매출의 50% 이상 3. 상시근로자 수가 5인 미만

세율 변경 내용

과세표준	기존 세율	개정 세율(2025년부터)
2억원 이하	9%	19%
2억원 초과~200억원 이하	19%	19%
200억원 초과~3000억원 이하	21%	21%
3000억원 초과	24%	24%

08 세액감면 및 세액공제

(1) 세액감면

1) 세액감면의 계산

세액감면은 특정한 소득에 대하여 세금을 면제하거나 일정한 비율만큼 경감해주는 것을 말하며, 일반적으로 다음과 같이 계산한다.

$$\text{감면세액(면제세액)} = \text{법인세 산출세액} \times \frac{\text{감면(면제)소득}^*}{\text{과세표준}} (100\% \text{ 한도}) \times \text{감면율}$$

* 감면(면제)소득에는 해당 소득금액에서 이월결손금, 비과세소득, 소득공제액을 공제한 금액으로 한다.

2) 세액감면의 종류

구분	내용
일반감면	감면대상소득이 발생하면 기간(시기)의 제한이 없이 감면한다.
기간감면	감면대상사업에서 최초로 소득이 발생한 사업연도와 그 다음 사업연도의 개시일부터 일정기간동안만 법인세를 감면한다.

구분	종류 및 감면대상자	감면대상소득 및 감면세액
일반감면	중소기업에 대한 특별세액감면 • 제조업 등을 경영하는 중소기업	해당 사업에서 발생한 소득에 대한 법인세 • 5~30% 　* 감면한도 1억원 • 고용인원 감소 시 1인당 500만원 한도 축소
기간감면	창업중소기업 등에 대한 세액감면 • 수도권과밀억제권역 외의 지역에서 창업한 중소기업과 창업벤처중소기업 등에 적용	해당 사업에서 발생한 소득 • 최초 5년간 법인세의 50% 감면
기간감면	수도권과밀억제권역 외 지역 이전 중소기업 감면 • 수도권과밀억제권역 외 지역으로 공장시설을 전부 이전하여 사업개시한 중소기업	이전한 공장에서 발생한 소득 • 7년·5년간 100% ⇒ 3년·2년간 50%
기간감면	공장 등을 수도권 밖으로 이전한 법인 감면 • 수도권 밖으로 공장의 전부 또는 본사 이전	이전한 해당 공장, 본사에서 발생한 소득 • 7년·5년간 100% ⇒ 3년·2년간 50%

3) 세액공제

세액공제란 산출세액에서 일정액을 공제하는 것을 말하며, 주요한 세액공제의 종류는 다음과 같다.

	종류	내용
법인세법	외국납부세액공제	내국법인이 국외에서 얻은 소득에 대해 외국에서 납부한 세액을 공제 공제한도: 법인세산출세액 × 국외원천소득/해당 사업연도 과세표준
	재해손실세액공제	천재지변, 그 밖의 재해로 자산총액의 20% 이상을 상실한 경우 공제세액: 공제대상 법인세액 × 재해상실비율(상실된 자산가액 한도) 재해상실비율: 상실된 자산가액/상실 전의 자산총액
	사실과 다른 회계처리로 인한 경정에 따른 세액공제	내국법인이 분식회계로 과세표준 및 세액을 과다계상하여 국세기본법에 규정된 절차에 따라 경정청구한 경우, 당초 신고한 과세표준에 대한 세액을 감액경정
조세특례제한법	연구·인력개발비에 대한 세액공제 (2025년 개정)	(아래 표 참조)

	통합투자세액공제	사업용 유형자산 투자에 대한 세액공제
		① 당기분 기본공제: 해당연도 투자액 × 기본공제율(중소 10%, 중견 5%,7.5%, 그 외 1%)
		  * 신성장기술 사업화 시설투자: (중소 12%, 중견 6% ,9%, 그 외 3%)
		  * 국가전략기술 시설투자: (중소 25%, 중견 15%, 20%, 그 외 15%)
		② 투자증가분 추가공제: (해당연도 투자액 − 직전 3년평균 투자액) × 추가공제율 (3%)
		  * 추가공제액 한도: 기본공제액의 2배
		• 2025년 개정: 중소기업 졸업 후 공제율 점감구조 도입, 추가공제율 상향
		• 중견기업이 최초로 중소기업에 해당하지 아니하게 된 경우 3개년은 7.5%, 9%, 20% 적용

	고용을 증대시킨 기업에 대한 세액공제	① 청년 정규직 근로자와 장애인 근로자 등 대통령령으로 정하는 상시근로자(이하 이 조에서 "청년 등 상시근로자"라 한다)의 증가한 인원 수(증가한 상시근로자의 인원 수를 한도로 한다)에 400만원[중견기업의 경우에는 800만원, 중소기업의 경우에는 1,100만원(중소기업으로서 수도권 밖의 지역에서 증가한 경우에는 1,200만원)]을 곱한 금액
		② 청년 등 상시근로자 외 상시근로자의 증가한 인원 수(증가한 상시근로자 인원 수를 한도로 한다) × 0원(중견기업의 경우에는 450만원, 중소기업의 경우에는 다음 각 목에 따른 금액)
		  ㉠ 수도권 내의 지역에서 증가한 경우: 700만원
		  ㉡ 수도권 밖의 지역에서 증가한 경우: 770만원

	통합고용세액공제	(아래 표 참조)

연구·인력개발비에 대한 세액공제 (2025년 개정):

구분	중소기업	중소기업 졸업 후 (3년 이내 세액공제율)
신성장·원천기술연구개발비	30%	25%
국가전략기술 연구개발비	40%	35%
일반연구·인력개발비	25%	20%

* 연구·인력개발비에 대한 세액공제시 중소기업은 최저한세 적용대상에서 제외

통합고용세액공제:

구분	기존	2025년 개정
개념	상시근로자 증가 시 소득세/법인세 공제	좌동
적용 대상 기업	소득세/법인세 납부 내국인 (소비성 서비스업 제외)	좌동

		적용 대상 근로자	상시근로자(정규직)만 해당	상시근로자 + 탄력고용 근로자(1개월 이상 기간제, 초단시간 근로자)
		경력단절 근로자	경력단절 여성만 해당	경력단절 남성도 포함
		중소기업 공제 금액	• 청년·장애인·경력단절: 1,450만원(비수도권 1,550만원) • 일반 근로자: 850만원 (비수도권 950만원) • 육아휴직 복귀: 1,300만원	• 계속고용(청년 등): 2,400만원 (지방) • 계속고용(일반): 1,500만원(지방) • 탄력고용: 인건비 증가분의 20% (3~20% 증가 시) • 탄력고용: 인건비 초과분의 40% (20% 초과 시)
		중견기업 공제 금액	• 청년·장애인·경력단절: 800만원 • 일반 근로자: 450만원 • 육아휴직 복귀: 900만원	• 계속고용(청년 등): 1,200만원 (지방) • 계속고용(일반): 700만원(지방) • 탄력고용: 인건비 증가분의 10% (3~20% 증가 시) • 탄력고용: 인건비 초과분의 20% (20% 초과 시)
		대기업 공제 금액	• 청년·장애인·경력단절: 400만원 • 일반 근로자: 0원 • 육아휴직 복귀: 0원	• 계속고용(청년 등): 400만원(지방) • 계속고용(일반): 0원 • 탄력고용: 0원
		지역 차등	일부 적용	수도권과 비수도권 간 차등 공제 확대
		사후 관리	근로자 수 감소 시 일부 공제 제한	• 고용 인원 감소 시 감소 인원에 대한 공제액만 차감 • 육아휴직 등 불가피한 사유는 제외 • 고용 유지·증가 시 1년 추가 공제 가능 • 2년 이내 근로자 수 감소 시 공제액 반환 의무 강화

09 최저한세

(1) 최저한세

최저한세제도는 정책목적상 조세특례의 혜택을 받더라도 세부담의 형평성 및 안정적인 재정확보의 측면에서 일정한 소득이 있으면 최소한의 세금을 부담하여야 한다는 취지이다. 감면 후 세액이 최저한세에 미달하는 경우 최저한세에 해당하는 세액만큼은 조세부담이 될 수 있도록 조세특례를 배제한다.

(2) 최저한세 적용대상 조세감면

최저한세는 조세특례제한법상 조세특례, 감면을 대상으로 하며 주요 세액감면 및 세액공제에 대해 다음과 같이 구분한다.

구분	최저한세 적용 대상	최저한세 적용 제외
세액감면	• 창업중소기업 등에 대한 세액감면 • 중소기업에 대한 특별세액감면 • 기술이전, 기술대여에 대한 세액감면	• 수도권 밖으로 이전하는 중소기업에 대한 세액감면 • 법인의 공장·본사를 수도권 밖으로 이전 시 세액감면 • 영농영어조합법인에 대한 세액감면 • 사회적 기업 및 장애인표준사업장에 대한 세액감면
세액공제	• 중소기업투자세액공제 • 기업의 어음제도개선을 위한 세액공제 • 연구·인력개발비 세액공제(비중소기업) • 연구·인력개발 설비투자 세액공제 • 생산성 향상 시설투자 세액공제 • 안전설비투자 세액공제 • 에너지절약 시설투자 세액공제 • 환경보전 시설투자 세액공제 • 고용창출투자 세액공제 • 근로소득을 증대시킨 기업에 대한 세액공제 • 정규직근로자 전환 세액공제 • 중소기업고용증가 인원에 대한 사회보험료 세액공제 • 근로자 복지증진시설 투자 세액공제 • 전자신고에 대한 세액공제	• 연구·인력개발비 세액공제(중소기업에 한함)

(3) 최저한세 계산

최저한세 적용대상 조세감면을 적용받은 후의 세액(감면 후 세액)이 최저한세에 미달하는 경우, 그 미달하는 세액만큼은 감면을 하지 않는다.

구분	비고
감면 후 세액 < 최저한세 (100)　　　(110)	감면 후 세액이 최저한세에 미달하는 10만큼 조세감면을 배제한다.
감면 후 세액 ≥ 최저한세 (100)　　　(90)	감면 후 세액이 최저한세 이상이므로 그대로 인정한다(조세감면 적용).

> 최저한세 = 조세감면전 과세표준 × 최저한세 적용 세율

* 저한세 적용대상인 조세특례제한법에 의한 준비금·특별감가상각비, 소득공제·익금불산입·비과세금액을 적용하지 않은 경우의 과세표준

* 최저한세 적용 세율

중소기업인 경우	일반기업
중소기업 및 중소기업 졸업 후 4년간: 7% 유예기간 경과 후 3년간: 8% 그 후 2년간: 9%	감면 전 과세표준 100억원 이하분: 10% 과세표준 100억원 초과 1,000억원 이하분: 12% 과세표준 1,000억원 초과분: 17%

* 최저한세 적용 또는 배제되는 세액감면과 공제는 [공제감면세액 및 추가납부세액합계표]에서 작성한다.

(4) 조세감면의 배제 순서

감면 후 세액이 최저한세에 미달하는 경우에는 감면 후 세액이 최저한세의 금액이 되도록 최저한세 적용대상 조세특례를 배제한다. 최저한세가 적용되는 조세특례의 배제순서는 납세의무자가 신고(수정신고 포함)하는 경우에는 납세의무자가 임의로 선택하고, 과세관청이 경정하는 경우에는 다음의 순서에 의한다.

① 연구인력개발준비금 및 특별감가상각비
② 손금산입 및 익금불산입
③ 세액공제
④ 세액감면
⑤ 소득공제 및 비과세

* 최저한세 적용으로 공제받지 못한 세액공제 대상액은 10년 이내에 이월하여 공제한다.

10 법인세 신고·납부

(1) 사업연도 중의 신고·납부

1) 중간예납

① **중간예납의 대상**: 각 사업연도기간이 6개월을 초과하는 법인은 사업연도 개시일부터 6개월간을 중간예납기간으로 하여 그 기간에 대한 법인세를 중간예납기간이 경과한 날로부터 2개월 이내에 신고·납부하여야 한다. 다만, 아래의 경우에는 중간예납신고·납부가 없다.

> ① 신설법인의 최초사업연도(다만, 합병 또는 분할에 의하여 신설된 법인은 최초 사업연도 에도 중간예납을 하여야 한다.)
> ② 사립학교를 경영하는 법인, 국립대학법인 서울대학교·인천대학교, 산학협력단
> ③ 중간예납세액이 50만원(직전연도 법인세액 1/2) 미만인 중소기업(내국법인)
> ④ 중간예납기간 중 휴업 등의 사유로 사업수입금액이 없는 법인에 대하여 그 사실이 확인되는 경우
> ⑤ 청산법인
> ⑥ 국내사업장이 없는 외국법인

② **중간예납세액의 계산**: 중간예납의무가 있는 법인은 아래의 두 가지 방법 중 선택하여 적용할 수 있는데, 직전 사업연도의 법인세로서 확정된 산출세액이 없는 경우에는 반드시 가결산 방법에 의해 중간예납세액을 계산하여 납부하여야 한다.

직전연도 산출세액 기준	직전 사업연도 납부세액의 50%를 중간예납세액으로 하는 방법
	중간예납세액 = [직전 사업연도 법인세 산출세액 - 직전 사업연도 공제감면세액·원천징수세액·수시부과세액] × $\frac{6}{\text{직전 사업연도 월 수}}$
가결산 기준	중간예납기간을 1 사업연도로 보아 세액을 계산하는 방법
	중간예납세액 = [(중간예납기간 과세표준 - 이월결손금 등) × $\frac{12}{6}$ × 세율] × $\frac{6}{12}$ - 중간예납기간 공제감면세액·원천징수세액·수시부과세액

③ **중간예납세액의 납부**: 중간예납기간이 지난 날부터 2개월 이내에 납부하여야 한다. 중간예납세액이 1천만원을 초과하는 경우 정규 법인세와 같이 분납이 가능하다.

④ **원천징수**: 내국법인에게 다음의 소득금액을 지급하는 자(원천징수의무자)는 그 지급금액에 다음의 세율을 적용하여 계산한 법인세를 원천징수하고, 그 징수일이 속하는 달의 다음 달 10일까지 납세지 관할 세무서 등에 납부하여야 한다.

① 이자소득금액: 14%(비영업대금의 이익 25%)
② 집합투자기구로부터의 이익 중 투자신탁의 이익: 14%

⑤ **수시부과**: 법인세 포탈의 우려가 있어 조세채권을 조기에 확보하여야 될 것으로 인정되는 일정한 정하고 그 요건에 해당되는 경우에는 사업연도 중이라도 당해 사업연도 법인세액의 일부를 수시로 부과할 수 있도록 규정하고 있다.

① 신고를 하지 않고 본점 등을 이전한 경우
② 사업부진 기타 사유로 인하여 휴업 또는 폐업상태에 있는 경우
③ 기타 조세를 포탈할 우려가 있다고 인정되는 상당한 이유가 있는 경우

(2) 법인세 신고·납부

1) 법인세 신고·납부

법인세는 각 사업연도 종료일이 속하는 달의 말일부터 3개월(성실신고확인대상 사업자는 4개월) 이내에 관할 세무서에 신고하고 납부하여야 한다. 각 사업연도의 소득금액이 없거나 결손금이 발생한 경우에도 신고는 하여야 하며, 외부회계감사대상법인이 감사가 종결되지 않아 신고기한 연장을 신청하는 경우에는 1개월까지 연장을 허용하되 연장기간만큼 이자상당액을 가산하여 납부하여야 한다.

2) 제출서류

법인세 과세표준 및 세액신고서에 다음의 서류를 첨부하여 신고하여야 한다.

구분	종류
필수첨부서류	① 재무상태표, 포괄손익계산서(또는 손익계산서) ② 이익잉여금처분계산서(또는 결손금처리계산서) ③ 세무조정계산서(법인세과세표준 및 세액조정계산서)
기타첨부서류	④ 세무조정계산서 부속서류 ⑤ 현금흐름표(외부감사대상법인에 한함) ⑥ 합병분할한 경우 합병·분할등기일 현재 피합병법인 등의 재무상태표와 승계한 자산 부채의 명세서 및 그 밖에 필요한 사항이 기재된 서류

3) 성실신고확인제도

다음의 내국법인은 성실한 납세를 위하여 세무사등이 과세표준금액의 적정성을 확인한 성실신고확인서를 납세지 관할 세무서장에게 제출하여야 한다. 내국법인이 성실신고확인서를 제출하는 경우에는 법인세의 과세표준과 세액을 각 사업연도의 종료일이 속하는 달의 말일부터 4개월 이내에 납세지 관할 세무서장에게 신고하여야 한다.

구분	

성실신고확인서 제출대상	① 소규모법인 요건에 해당하는 법인
	  • 해당 사업연도의 상시 근로자수가 5인 미만
	  • 지배주주 및 특수관계자 지분합계가 전체의 50% 초과
	  • 부동산임대업 법인 또는 이자·배당·부동산임대소득이 수입금액의 50% 이상인 법인
	② 성실신고확인대상인 개인사업자가 법인 전환 후 3년 이내인 법인

적용제외	외부회계감사를 받은 법인

4) 법인세 자진납부
① 법인은 각 사업연도의 소득에 대한 법인세 산출세액에서 감면세액과 기납부세액(중간 예납세액, 수시부과세액, 원천징수된 세액)을 공제한 금액을 과세표준신고기한 내에 납세지 관할세무서, 한국은행(그 대리점 포함) 또는 체신관서에 납부하여야 한다.
② 납부할 법인세액이(가산세액 제외) 1천만원을 초과하는 경우에는 다음의 금액을 납부기한 경과일부터 1개월(중소기업의 경우 2개월) 이내에 분납할 수 있다.

구분	내용
납부할 세액이 2천만원 이하 시	1천만원 초과 금액
납부할 세액이 2천만원 초과 시	납부할 세액의 50% 이하의 금액

5) 주식 등 변동상황명세서 제출
사업연도 중에 양도, 상속, 증여 등의 원인으로 주주의 변동이 있거나 증자, 감자 등의 원인으로 자본금액의 변동이 있는 법인은 법인세 신고 시 「주식 등 변동상황명세서」를 작성하여 제출하여야 한다. 주식 등 변동상황명세서를 제출하지 않거나 누락하여 제출하는 경우, 산출세액이 없어도 가산세(미제출, 누락, 불분명 액면금액의 1%)가 부과되므로 주의하여야 한다.

(3) 가산세

구분	내용
무신고가산세	법정신고기한까지 과세표준 신고서를 제출하지 않는 경우 • 무신고 가산세: Max[①, ②] 　① 무신고 납부세액 × 20%(부당 40%, 역외거래 60%) 　② 수입금액 × $\frac{7}{10,000}$ (부당 $\frac{14}{10,000}$) • 무신고 가산세 감면 　① 1개월 이내 신고: 50% 감면 　② 1개월 초과 3개월 이내 신고: 30% 감면 　③ 3개월 초과 6개월 이내 신고: 20% 감면
과소신고초과환급가산세	과세표준 신고서를 제출하였으나 신고하여야할 과세표준에 미달하는 경우 • 일반적인 과소신고 가산세: 과소신고 납부세액 × 10% • 부당행위로 인한 과소신고 가산세: Max[①, ②] + ③ 　① 과소신고납부세액 × 40%(역외거래 60%) 　② 수입금액 × $\frac{14}{10,000}$ 　③ (과소신고납부세액−부정과소신고납부세액) × 10% • 과소신고 가산세 감면 　① 1개월 이내 신고: 90% 감면 　② 1개월 초과 3개월 이내 신고: 75% 감면 　③ 3개월 초과 6개월 이내 신고: 50% 감면 　④ 6개월 초과 1년 이내 신고: 30% 감면 　⑤ 1년 초과 1년 6개월 이내 신고: 20% 감면 　⑥ 1년 초과 2년 이내 신고: 10% 감면

구분	내용
납부(환급)지연가산세	법정납부기한까지 법인세를 납부하지 않았거나 미달한 경우 ① 미납부·과소납부세액(초과환급세액) × 기간(일수) × $\frac{22}{10,000}$ ② 법정기한까지 미납부·과소납부세액 × 3%(국세를 납세고지서에 따른 납부기한까지 완납하지 아니한 경우에 한정)
무기장가산세	법인(비영리내국법인 제외)이 장부를 비치 기장하지 아니한 경우 Max[①, ②] ① 산출세액 × 20% ② 수입금액 × 0.07% 신고불성실가산세(무신고가산세, 과소신고가산세와 무기장가산세가 동시에 적용되는 경우에는 그 중 큰 가산세를 적용하고, 같을 경우에는 신고불성실가산세를 적용한다.
원천징수납부지연가산세	원천징수한 세액을 납부기한이 경과하여 납부하거나 원천징수납부하지 아니한 경우 Max[①, ②] ① 미달납부세액 × 3% + 미달납부세액 × $\frac{22}{10,000}$ × 경과일수 ② 미달납부세액 × 10%
지출증명서류미수취 가산세	사업자로부터 건당 3만원을 초과하는 재화 또는 용역을 공급받고 법정증빙 서류를 수취하지 아니하는 경우 또는 사실과 다른 증빙을 수취한 경우(손금불산입 되는 경우는 제외) 법정증빙서류 미수취금액(VAT 포함금액) × 2%
지급명세서제출불성실 가산세	지급명세서를 법정기한 내에 제출하지 아니하거나 제출된 지급명세서의 내용이 불분명한 경우 미제출·불분명 지급금액 × 1%(일용직 0.25%)* * 기한 후 3개월 이내 제출시 0.125%(사업소득은 1개월 이내 제출 0.125%)
간이지급명세서제출 불성실가산세	간이지급명세서를 미제출 또는 불분명하게 제출하는 경우 미제출·불분명 지급금액 × 0.25%* * 기한 후 3개월 이내 제출시 0.125%(사업소득은 1개월 이내 제출 0.125%)
성실신고확인서미 제출가산세	성실신고확인서 제출대상 법인이 성실신고 확인서를 제출하지 않은 경우 Max[① ,②] ① 산출세액 × 5%, ② 수입금액 × $\frac{2}{10,000}$
주주등명세서제출 불성실가산세	법인 설립등기일로부터 2개월 이내에 최초 법인세 신고시 제출등을 하지 않은 경우 미제출·누락제출·불분명하게 제출한 주식 등의 액면금액 × 0.5%* * 기한후 1개월 이내 제출 0.25%
주식등변동상황명세서미 제출가산세	주식 및 출자지분 변동상황명세서를 제출하지 아니하거나 변동 상황을 누락하여 제출한 경우와 필요적 기재사항이 불분명한 경우 미제출·누락제출·불분명하게 제출한 주식 등의 액면금액 × 1%* * 기한후 1개월 이내 제출 0.5%
계산서불성실가산세	계산서 작성 불성실 1% 매출매입처: 계산서 합계표 미제출불성실 0.5% 계산서 미발급: 가공·위장 발행 및 수취 2% 계산서 지연발급(다음 연도 1/25까지): 1%
전자세금계산서가산세	전자세금계산서 미발급: 2% 종이세금계산서 발급: 1%
전자계산서전송가산세	미전송: 0.5% 지연전송: 0.3%
신용카드발급불성실 가산세	신용카드매출전표 건별 발급거부금액 또는 미달발급금액 × 5%(건별 최소가산세 5천원)

현금 영수증 불성실 가산세	가맹하지 아니한 사업연도의 수입금액 × 1% 건별 발급거부 또는 미달발급 금액 × 5%(건별 최소가산세 5천원) 현금영수증 의무발급대상자의 미발급액 × 20% * 거래대금을 받은날로부터 10일 이내 자진신고 또는 자진발급한 경우 10%
업무용 승용차 관련 비용 명세서 제출 불 상실 가산세	미제출·사실과 다르게 제출한 금액 × 1%
기부금증명서류 불성실가산세	사실과 다르게 발급된 기부금 영수증 금액 × 5% 기부자별 발급명세를 작성·보관하지 아니한 금액 × 0.2%

[법인세 과세표준 및 세액신고서]

■ 법인세법 시행규칙 [별지 제1호서식] <개정 2018. 3. 21.>

홈택스(www.hometax.go.kr)에서도 신고할 수 있습니다.

법인세 과세표준 및 세액신고서

※ 뒤쪽의 신고안내 및 작성방법을 읽고 작성하여 주시기 바랍니다. (앞쪽)

①사업자등록번호		②법인등록번호	
③법인명		④전화번호	
⑤대표자성명		⑥전자우편주소	
⑦소재지			
⑧업태	⑨종목		⑩주업종코드
⑪사업연도	. . . ~ . . .	⑫수시부과기간	. . . ~ . . .

⑬법인구분		1. 내국 2.외국 3.외투(비율 %)					⑭조정구분	1. 외부 2. 자기
⑮종류별구분		중소기업	일반			당기순이익과세	⑯외부감사대상	1. 여 2. 부
			중견기업	상호출자제한기업	그외기업			
영리법인	상장법인	11	71	81	91		⑰신고구분	1. 정기신고
	코스닥상장법인	21	72	82	92			2. 수정신고(가.서면분석, 나.기타)
	기타법인	30	73	83	93			3. 기한후 신고
비영리법인		60	74	84	94	50		4. 중도폐업신고
								5. 경정청구
⑱법인유형별구분				코드			⑲결산확정일	
⑳신고일							㉑납부일	
㉒신고기한 연장승인		1. 신청일					2. 연장기한	

구분	여	부	구분	여	부
㉓주식변동	1	2	㉔장부전산화	1	2
㉕사업연도의제	1	2	㉖결손금소급공제 법인세환급신청	1	2
㉗감가상각방법(내용연수)신고서 제출	1	2	㉘재고자산등평가방법신고서 제출	1	2
㉙기능통화 채택 재무제표 작성	1	2	㉚과세표준 환산시 적용환율		
㉛동업기업의 출자자(동업자)	1	2	㉜국제회계기준(K-IFRS)적용	1	2
㊼내용연수승인(변경승인) 신청	1	2	㊽감가상각방법변경승인 신청	1	2
㊾기능통화 도입기업의 과세표준 계산방법			㊿미환류소득에 대한 법인세 신고	1	2
(51) 성실신고확인서 제출	1	2			

법 인 세

기출 이론문제 법인세

[법인세 총론]

01 다음 중 법인세법에 대한 내용 중 틀린 것은?
① 법인세는 법인을 납세의무자로 하고 법인의 소득을 과세대상으로 한다.
② 법인은 각 사업연도 종료 후 3개월 이내에 각 사업연도소득에 대한 법인세를 신고, 납부해야 한다.
③ 법인세과세표준 200억원 초과분에 적용되는 법인세율은 21%이다.
④ 비영리법인도 청산하는 경우 청산소득에 대한 법인세를 납부해야 한다.

02 다음 중 법인세 납세의무와 관련하여 설명한 것으로 틀린 것은?
① 법인세는 소득개념으로 순자산증가설을 채택하고 있다.
② 법인 아닌 단체가 법인세의 납세의무가 있는 경우도 있다.
③ 외국정부는 대한민국정부 대한민국지방자치단체와 마찬가지로 비과세 법인이다.
④ 비영리내국법인은 청산소득에 대하여 법인세 납세의무가 없다.

03 다음 중 법인세법상 납세지가 그 법인의 납세지로서 부적당하다고 인정되어 관할지방 국세청장이 납세지를 지정할 수 있는 사유에 해당하지 않는 것은?
① 내국법인의 본점 등의 소재지가 등기된 주소와 동일하지 아니한 경우
② 업종의 분류상 납세지 지정이 필요한 경우
③ 내국법인의 본점 등의 소재지가 자산 또는 사업장과 분리되어 있어 조세포탈의 우려가 있다 고 인정되는 경우
④ 2 이상의 국내사업장을 가지고 있는 외국법인 의 경우로서 법인세법시행령의 규정에 의하여 주된 사업장의 소재지를 판정할 수 없는 경우

04 다음 중 법인세상 설명으로 가장 옳은 것은?
① 합병으로 인하여 존속하는 법인은 청산소득에 대하여 법인세납부의무를 진다.
② 외국정부는 비영리외국법인으로 보아 수익사업 소득에 대하여 법인세가 과세된다.
③ 법인 설립등기 후 개업준비중인 신설 내국법인의 최초 사업연도의 개시일은 설립등기일로 한다.
④ 법인의 정관 등에 정한 1회계기간이 1년을 초과하는 경우 법인의 사업연도는 1년을 초과할 수 있다.

05 다음 중 법인세법상 사업연도에 대하여 틀린 것은?
① 사업연도는 법령 또는 법인의 정관 등에서 정하는 1회계기간으로 한다.
② 회사가 합병에 의하여 해산한 경우 사업연도 개시일부터 합병등기일까지를 1사업연도로 본다.
③ 내국법인(법인으로 보는 단체 아님)의 경우 최초의 사업연도 개시일은 설립등기일이다.
④ 신설법인은 최초 사업연도가 경과하기 전에 사업연도를 변경할 수 있다.

06 다음 중 법인세법상 토지 등 양도소득에 대한 납세의무가 없는 법인은 무엇인가?
① 국가 및 지방자치단체
② 비영리외국법인
③ 비영리내국법인
④ 영리내국법인

정답 및 해설

01 ④ 청산소득은 영리내국법인만 과세소득이며 비영리법인의 경우 청산소득에 대해서는 법인세를 과세하지 않는다.

02 ③ 외국의 정부와 지방자치단체는 비영리외국법인으로 분류 한다.

03 ② 납세지지정의 사유는 다음과 같다.
1) 내국법인의 본점 등의 소재지가 등기된 주소와 동일하지 아니한 경우
2) 내국법인의 본점 등의 소재지가 자산 또는 사업장과 분리되어 있어 조세포탈의 우려가 있다고 인정되는 경우
3) 둘 이상의 국내사업장을 가지고 있는 외국법인의 경우로서 주된 사업장의 소재지를 판정할 수 없는 경우
4) 국내사업장 없이 부동산소득 또는 부동산 등 양도소득이 발생하는 둘 이상의 자산이 있는 외국법인의 경우 로서 납세지의 신고를 하지 않은 경우

04 ③ 청산소득의 납세의무는 합병으로 소멸하는 법인이 지는 것이고, 비영리외국법인은 국내원천 수익사업소득에 대하여 납세의무를 진다. 법인세법상 사업연도는 1년을 초과할 수 없다.

05 ④ 신설법인은 최초 사업연도가 경과하기 전에 사업연도를 변경할 수 없다.

06 ① 국가 및 지방자치단체는 토지 등 양도소득에 대한 납세의무가 없다.

07 법인세에 관한 다음 설명 중 옳은 것을 모두 묶은 것은?

> ㉠ 영리외국법인은 청산소득에 대한 법인세 납세의무가 없다.
> ㉡ 외국의 정부·지방자치단체는 각 사업연도의 소득 및 청산소득에 대하여 납세의무를 지지 않는다.
> ㉢ 외국법인이란 외국의 법률에 의하여 설립된 법인을 말한다.
> ㉣ 청산 중에 있는 내국법인이 「상법」에 의하여 사업을 계속하는 경우에는 그 상업연도 개시일부터 종료일까지의 기간을 1사업연도로 본다.
> ㉤ 납세지가 변경된 법인이 「법인세법」에 따라 납세지 변경신고를 한 경우에는 그 법인이 「부가가치세법」에 의한 사업자등록 정정신고를 한 것으로 본다.

① ㉠　　② ㉠, ㉢　　③ ㉠, ㉢, ㉣　　④ ㉠, ㉡, ㉢, ㉣, ㉤

[각사업연도소득금액]

08 법인세법상 결산조정과 신고조정에 관련된 설명으로 잘못된 것은?

① 결산조정항목은 원칙적으로 결산서상 비용으로 계상하여야 손금으로 인정받을 수 있다.
② 신고조정항목은 결산서상 비용으로 계상하지 않은 경우 세무조정을 통하여 손금산입 할 것인지 여부를 법인이 결정할 수 있다.
③ 일시상각충당금(압축기장충당금)은 결산조정사항이지만 예외적으로 신고조정도 허용한다.
④ 소멸시효 완성된 대손금의 손금산입은 손금산입시기를 선택할 수 없다.

09 다음 중 법인세법상의 소득처분에 대한 설명으로 틀린 것은?

① 추계결정 시의 소득처분에서 천재지변이나 그 밖에 불가항력으로 장부나 그 밖의 증빙서류가 멸실되어 추계결정된 과세표준은 기타사외유출로 소득처분한다.
② 사외유출된 것은 분명하나 소득처분에 따른 소득의 귀속자가 불분명한 경우 대표자에 대한 상여로 소득처분한다.
③ 추계로 과세표준을 결정·경정할 때 대표자 상여처분에 따라 발생한 소득세를 법인이 대납하고 이를 손비로 계상한 경우 대표자 상여로 소득처분한다.
④ 소득처분에 따른 소득의 귀속자가 법인으로서, 그 분여된 이익이 내국법인의 각 사업연도소득을 구성하는 경우 기타사외유출로 소득처분한다.

10 다음 중 법인세법상 손금불산입된 경비의 귀속자가 당해 회사의 주주이면서 사원인 경우, 소득처분은?

① 상여　　② 배당　　③ 기타사외유출　　④ 유보

11 다음 중 법인세 세무조정 시 세무조정과 소득처분이 바르게 연결된 것은?

① 주주임원에 대한 익금산입: 배당처분
② 주주인 개인사업자의 사업소득을 구성하는 익금산입: 기타사외유출처분
③ 임직원인 개인사업자의 사업소득을 구성하는 익금산입: 상여처분
④ 소득이 사외유출 되었으나 귀속자가 불분명한 익금산입: 기타사외유출처분

12 다음은 법인세법상의 소득처분에 대한 설명이다. 옳지 않은 것은?

① 천재지변등의 예외를 제외하고, 법인세를 추계결정하는 경우 과세표준과 법인의 재무상태표상의 당기순이익과의 차액(법인세 상당액을 공제하지 아니한 금액)은 대표자에 대한 상여로 한다.
② 사외유출된 소득의 귀속이 불분명하여 대표자에 대한 상여로 처분함에 따라 법인이 그에 대한 소득세를 대납하고 이를 손비로 계상한 경우에는 이를 손금불산입하여 기타사외유출로 처분한다.
③ 유보(△유보 포함)의 소득처분은 조세부담의 영구적 차이이므로 차기 이후에 당초의 세무조정에 반대되는 세무조정이 발생하지 않는다.
④ 임·직원의 경우에는 상여로 처리하고, 귀속자의 근로소득으로 소득세를 부과하고 원천징수가 필요하다.

정답 및 해설

07 ① ⓒ 외국의 정부 지방지치단체는 비영리외국법인이므로 국내원천 수익사업소득에 대해서는 납세의무를 진다.
ⓒ 외국법인이란 본점 또는 사업의 실질적 관리장소를 외국에 둔 법인을 말한다.
ⓔ 청산 중에 있는 법인이 상법에 의하여 사업을 계속하는 경우에는 그 사업연도 개시일부터 계속 등기일, 계속등기일 다음날부터 사업연도 종료일까지를 각각 1사업연도로 본다.

08 ② 신고조정항목은 강제조정항목으로 손금시기를 선택할 수 없다.

09 ③ 추계로 과세표준을 결정·경정할 때 대표자 상여처분에 따라 발생한 소득세를 법인이 대납하고 이를 손비로 계상한 경우 기타사외유출로 소득처분한다.

10 ① 귀속자가 당해 회사의 주주이면서 사원인 경우 상여 소득처분한다.

11 ② ① 상여처분, ③ 기타사외유출처분, ④ 대표자상여처분

12 ③ 유보(△유보 포함)의 소득처분은 조세부담의 일시적 차이이므로 차후에 당초의 세무조정에 반대의 세무조정이 발생한다.

13 법인세법상 소득처분내용과 소득세법상 수입시기를 잘못 연결한 것은?

	법인세법상 소득처분	수입시기
①	기타소득	법인의 해당 사업연도의 결산확정일
②	상여	법인의 사업연도 중 근로를 제공한 날
③	배당	법인의 해당 사업연도의 결산확정일
④	기타사외유출	법인의 해당 사업연도의 결산확정일

14 다음 중 법인이 소득의 귀속자에게 소득세를 원천징수하여야 하는 대상이 아닌 것은?
① 출자임원이 사용하는 업무무관건물에 대한 수선비 손금불산입
② 대주주의 자녀(비사업자인 개인)에게 증여한 토지의 시가상당액 익금산입
③ 임원 또는 사용인에 해당하지 아니하는 지배주주에게 지급한 여비 손금불산입
④ 개인으로부터 구입한 유형자산인 토지에 대한 취득세 비용처리분 손금불산입

15 다음의 법인세법상 세무조정사항 중 소득처분이 나머지와 가장 다른 것은 어느 것인가?
① 부가가치세 납부불성실가산세 납부액
② 영업부장이 개인용도로 사용한 법인카드 금액
③ 기업업무추진비의 한도초과액
④ 업무상 과실로 구청에 납부한 벌과금

16 법인세법상 익금에 해당하는 것은?
① 부가가치세 매출세액
② 지방소득세 소득분 과오납금의 환급금에 대한 이자
③ 지방소득세 소득분 과오납금의 환급금
④ 특수관계가 소멸되는 날까지 회수하지 않은 가지급금

17 다음 중 조세 이중과세방지나 조정을 위한 내용이 아닌 것은?
① 이월익금에 대한 익금불산입
② 수입배당금의 익금불산입
③ 국세환급가산금의 익금불산입
④ 외국납부세액공제

18 다음의 손익계산서상 수익으로 계상된 내용 중 법인세법상 익금불산입액의 합계는?

• 지방세 과오납금의 환부이자	500,000원
• 손금산입된 금액 중 환입된 금액	1,500,000원
• 단기매매증권평가이익	3,350,000원
• 보험업법에 의한 고정자산 평가차익	25,000,000원

① 3,800,000원 ② 4,800,000원 ③ 5,300,000원 ④ 30,300,000원

19 법인세법상 손금의 범위에 대한 설명으로 잘못된 것은?
① 판매장려금의 경우 사전약정 없이 지급하는 경우 손금불산입한다.
② 우리사주조합에 출연하는 금품은 손금으로 인정한다.
③ 업무와 관련있는 훈련비는 손금인정하지만, 업무와 관련없는 훈련비는 손금불산입한다.
④ 회수할 수 없는 부가가치세 매출세액 미수금(대손세액공제를 받지 않은 것)은 손금으로 인정한다.

정답 및 해설

13 ④ 기타사외유출로 소득처분된 소득은 소득세법상의 소득으로 분류되지 않으므로 수입시기가 존재하지 않는다.

14 ④ ① 상여, ② 기타소득, ③ 배당으로 소득처분하고 소득세를 원천징수한다. 토지에 대한 취득세 비용처리분은 토지의 취득원가에 가산, 손금불산입 유보로 소득처분하고 이에 대한 원천징수는 없다.

15 ② ①, ③, ④는 기타사외유출로 소득처분, ②는 상여로 소득처분한다.

16 ④ 부가가치세 매출세액 및 지방소득세 소득분 과오납금의 환급금과 그 이자는 익금불산입 항목이다.

17 ③ 국세환급가산금의 익금불산입은 세금과다징수에 대한 보상적 성격이다.

18 ① 환부이자 500,000원 + 단기매매증권평가이익 3,350,000원 = 3,800,000원

19 ① 판매장려금의 경우 사전약정 없이 지급하는 경우에도 손금산입한다.

20 법인세법상 부가가치세의 매입세액에 대한 세무상 처리에 대한 설명 중 틀린 것은?

① 토지관련 지출 중 자본적 지출에 해당하는 토지정지비용과 관련된 부가가치세의 매입세액이 당기의 비용으로 회계처리된 경우 손금불산입하고 유보로 소득처분한다.
② 기업업무추진비 및 이와 유사한 지출관련 매입세액은 기업업무추진비 등으로 보아 기업업무추진비시부인계산을 하며 만약 기업업무추진비 한도금액을 초과한다면 손금불산입하고 기타사외유출로 소득처분한다.
③ 비영업용소형승용차의 구입·유지와 관련된 매입세액은 모두 자본적 지출로 보아 손금불산입하고 유보로 소득처분한다.
④ 면세농산물과 관련하여 의제매입세액공제를 받은 세액을 원재료의 매입가액에서 차감한 경우 세무조정과 소득처분은 발생하지 않는다.

21 다음 중 현행 법인세법상 한도에 관계없이 전액 손금불산입되는 항목이 아닌 것은?

① 벌금, 과료, 과태료, 가산금 및 체납처분비
② 대표이사를 위하여 지출한 비지정기부금
③ 법인인 협회에 지급하는 일반회비
④ 업무무관자산에 대한 재산세

22 다음 중 법인세법상 세무조정사항 중 귀속자를 따지지 않고 반드시 기타사외유출로 처분하여야 하는 것이 아닌 것은?

① 건당 3만원을 초과한 기업업무추진비 중 증명서류 미수취 기업업무추진비의 손금불산입액
② 특례기부금 또는 일반기부금 한도 초과액
③ 손금불산입한 채권자 불분명 사채이자 및 비실명채권증권이자에 대한 원천징수세액 상당액
④ 외국법인의 국내사업장이 각 사업연도의 소득에 대한 법인세의 과세표준을 신고함에 있어서 익금에 산입한 금액이 그 외국법인의 본점에 귀속되는 소득

23 다음은 법인세법상 손금불산입되는 세금과공과 항목에 대한 설명이다. 이에 해당하지 않는 것은?

① 법인세, 법인지방소득세, 농어촌특별세
② 세법에 따른 의무불이행으로 인한 세액(가산세 포함)
③ 개인정보보호법에 따른 손해배상액 중 실제 발생한 손해액을 초과하는 금액
④ 종업원분 지방소득세

24 다음 중 법인세법상 손금불산입 항목에 해당하지 않는 것은?

① 법인이 임원 또는 직원이 아닌 지배주주 등에게 지급한 여비 또는 교육훈련비
② 업무무관 자산의 유지비 또는 관리비
③ 소액주주임원이 아닌 출자임원에게 제공한 사택의 유지관리비
④ 파손, 부패된 재고자산의 감액손실

25 다음 자료에 의해 상여 또는 배당으로 소득처분 할 금액은 각각 얼마인가?

(가) 사용인 또는 임원이 아닌 주주(김)에 대한 가지급금 인정이자	2,000,000원
(나) 발행주식총수의 20%를 소유하고 있는 대표이사가 개인적으로 부담하여야 할 기부금을 법인이 지출한 금액	1,000,000원
(다) 퇴직한 주주임원(박)의 퇴직금 한도초과액	2,000,000원
(라) 소액주주인 사용인(병)에 대한 채무면제액	2,000,000원
(마) 손익계산서에 계상되지 아니한 매출누락액 (매출대금을로 수령한 금액은 사외로 유출되었으나 그 귀속이 불분명함)	5,000,000원

	상여	배당		상여	배당
①	11,000,000원	1,000,000원	②	10,000,000원	2,000,000원
③	11,000,000원	1,000,000원	④	10,000,000원	2,000,000원

정답 및 해설

20 ③ 비영업용소형승용차의 구입·유지와 관련된 매입세액 중 수익적 지출분은 손금으로 산입한다.

21 ③ 법인인 협회에 지급하는 일반회비는 세금과공과로 손금인정된다.

22 ① 지출증명서류 미수취기업업무추진비는 대표자 상여로 처분

23 ④ 종업원분 지방소득세는 손금산입되는 세금공과금이다.

24 ④ 파손, 부패된 재고자산의 감액손실

25 ② 가지급금 인정이자 2,000,000원는 배당, 나머지는 상여로 소득처분한다.

26. 복식부기의무자인 개인사업자의 총수입금액·필요경비 및 법인사업자의 익금·손금의 범위와 관련된 차이를 설명한 것이다. 틀린 것은?

구분		범위비교	
		법인사업자	개인사업자
①	고정자산처분이익(부동산 제외)	익금항목	총수입금액산입항목
②	유가증권평가이익	익금항목	총수입금액불산입항목
③	대표 및 대표이사의 급여	손금항목	필요경비불산입항목
④	사업용자산의 감가상각비	손금항목	필요경비해당항목

27. 다음 자료에서 법인세법상 각 사업연도 소득금액을 계산하면 얼마인가?

- 결산서상 당기순이익: 1,000,000원
- 대손충당금 한도초과액: 200,000원
- 지정기부금 한도초과액: 300,000원
- 기업업무추진비 한도초과액: 400,000원
- 퇴직급여충당금 한도초과액: 100,000원
- 이월결손금: 100,000원(15년 이내 결손금)

① 1,700,000원　② 1,800,000원　③ 1,900,000원　④ 2,000,000원

28. 다음 자료의 내용이 법인일 경우 각사업연도소득금액과 복식부기의무자인 개인사업자인 경우 사업소득금액을 정확히 계산한 것은?

- 손익계산서상 당기순이익: 10,000,000원
- 손익계산서상 반영된 인건비 중 대표자 본인 인건비 2,000,000원이 포함되어 있다.
- 당기 감가상각부인액은 2,000,000원이 발생하였다.
- 손익계산서상 영업이익에 이자수익이 1,000,000원 포함되어 있다.
- 손익계산서상 영업이익에 유형자산처분이익(토지 처분이익임)이 1,000,000원 포함되어 있다.

	법인의 각사업연도소득금액	개인의 사업소득금액
①	11,000,000원	10,000,000원
②	10,000,000원	9,000,000원
③	12,000,000원	12,000,000원
④	9,000,000원	12,000,000원

29 다음 중 법인세법상 손익의 귀속시기에 대한 설명으로 틀린 것은?

① 내국법인의 각 사업연도 익금과 손금의 귀속사업연도는 그 익금과 손금이 확정된 날이 속하는 사업연도로 한다.
② 도소매업을 영위하는 법인이 원천징수대상 이자에 대하여 결산상 미수이자를 계상한 경우에는 그 계상한 사업연도의 익금에 산입하지 않는다.
③ 금융보험업을 영위하는 법인이 이미 경과한 기간에 대응하는 보험료상당액(원천징수대상 아님) 등을 해당 사업연도의 수익으로 계상한 경우에는 그 계상한 사업연도의 익금으로 한다.
④ 내국법인이 결산을 확정할 때 이미 경과한 기간에 대응하는 미지급이자를 해당 사업연도의 손비로 계상하여도 그 계상한 사업연도의 손금에 산입하지 않는다.

정답 및 해설

26 ② 유가증권평가이익은 법인사업자도 익금불산입항목이다.

27 ④ 1,000,000원 + 400,000원 + 200,000원 + 100,000원 + 300,000원=2,000,000원
이월결손금은 과세표준 계산시 각사업연도소득금액에서 차감한다.

28 ③ • 법인의사업소득: 대표자 인건비는 손금사항이며 이자수익, 유형자산처분이익은 전부 익금항목이다. 따라서 각사업연도소득금액은 당기순이익에 감가상각부인액을 가산하여 12,000,000원이다.
• 개인의사업소득: 대표자 인건비는 필요경비로 인정되지 않고 이자수익은 이자소득으로 구분하여 과세한다. 복식부기의무자는 2018년 귀속분부터 사업용고정자산처분손익도 사업소득금액에 포함하나 부동산처분손익은 제외한다. 따라서 사업소득금액은 당기순이익에 감가상각부인액과 대표자인건비를 가산하고 이자수익과 유형자산처분이익은 차감하면 12,000,000원이다.

29 ④ • 법인이 수입하는 이자 및 할인액: 결산을 확정할 때 이미 경과한 기간에 대응하는 이자 및 할인액 (원천징수되는 이자 및 할인액은 제외)을 해당 사업연도의 수익으로 계상한 경우에는 그 계상한 사업연도의 익금으로 한다.
• 법인이 지급하는 이자 및 할인액: 결산을 확정할 때 이미 경과한 기간에 대응하는 이자 및 할인액을 해당 사업연도의 손비로 계상한 경우에는 그 계상한 사업연도의 손금으로 한다.

[세액의 계산]

30 다음 중 법인세법상 내국법인의 각 사업연도의 소득금액에 대한 법인세 과세표준 계산에 대한 설명으로 틀린 것은?

① 법인세 과세표준은 각 사업연도 소득금액에서 이월결손금·비과세소득·소득공제액을 순차로 공제한 금액으로 한다.
② 이월결손금이란 각 사업연도 개시일 전 15년(2020년 1월 1일 이전 발생분은 10년) 이내에 개시한 사업연도에서 발생한 결손금으로서 그 후의 각 사업연도의 과세표준 계산을 할 때 공제되지 아니한 금액을 말한다.
③ 이월결손금은 공제기한 내에 임의로 선택하여 공제받을 수 없으며, 공제 가능한 사업연도의 소득금액 범위 안에서 각 사업연도 소득금액의 80%(중소기업은 100%)를 한도로 한다.
④ 과세표준 계산시 공제되지 아니한 비과세소득 및 소득공제는 다음 사업연도부터 5년간 이월하여 공제받을 수 있다.

31 법인세법상 이월결손금과 결손금에 대한 다음의 설명 중 틀린 것은?

① 이월결손금은 먼저 발생한 사업연도의 결손금부터 차례대로 공제한다.
② 중소기업에 해당하는 내국법인은 각 사업연도에 세무상 결손금이 발생한 경우 그 결손금을 소급공제하여 감소되는 직전 사업연도 법인세액을 환급 신청할 수 있다.
③ 법인세 과세표준을 추계결정·경정하는 경우에는 특별한 사유가 있지 않는 이상 이월결손금 공제규정을 적용하지 않는다.
④ 중소기업 등이 아닌 일반기업의 이월결손금 공제한도는 공제대상 이월결손금과 각 사업연도 소득금액의 60% 금액 중 작은 금액으로 한다.

32 법인세법상 결손금소급공제에 대한 설명으로 옳은 것은?

① 결손금을 소급공제 받은 후 결손금이 발생한 사업연도의 법인세를 경정함에 따라 결손금이 감소된 경우 결손금 소급공제는 정당한 것으로 본다.
② 소급공제 받은 결손금은 법인세과세표준을 계산함에 있어서 이미 공제받은 결손금으로 보지 않는다.
③ 내국법인의 제조업에서 발생하는 결손금에 한하여 소급공제를 적용받을 수 있다.
④ 법인세 신고기한 내에 결손금소급공제신청서를 제출하지 못한 경우에는 경정청구할 수 없다.

33 현행 법인세법상 이월결손금에 대한 설명으로 옳지 않은 것은?

① 결손금 소급공제는 중소기업만을 대상으로 한다.
② 자산수증이익과 채무면제이익으로 보전된 이월결손금은 과세표준계산상 공제되지 않는다.
③ 당해연도 소득금액을 추계결정하는 경우에는 원칙적으로 이월결손금공제를 하지 않는다.
④ 2020년 1월 1일 이후 발생한 결손금의 이월결손금의 이월공제기간은 10년이다.

34 세법상 중소기업에 대한 조세지원 제도로서 올바르지 못한 것은?

① 중소기업은 각 사업연도에 세무상결손금이 발생한 경우 소급공제신청하여 직전 사업연도의 법인세를 환급받을 수 있다.
② 중소기업에 대해서는 소득세 및 법인세의 과소신고가산세를 경감한다.
③ 일정한 업종을 영위하는 중소기업은 해당업종에서 발생한 소득금액에 대해 소득세 또는 법인세를 감면한다.
④ 중소기업은 최저한세를 적용함에 있어서 낮은 세율을 적용받는다.

35 다음 중 법인세법상 세액공제가 아닌 것은?

① 연구·인력개발비에 대한 세액공제
② 외국납부세액공제
③ 재해손실세액공제
④ 사실과 다른 회계처리로 인한 경정에 따른 세액공제

정답 및 해설

30 ④ 과세표준 계산 시 공제되지 아니한 비과세소득 및 소득공제, 최저한세의 적용으로 인하여 송제되지 아니한 소득공제액은 다음 사업연도에 이월하여 공제받을 수 없다.

31 ④ 중소기업 등이 아닌 일반기업의 이월결손금 공제한도는 공제대상 이월결손금과 각 사업연도 소득금액의 80%금액 중 작은 금액으로 한다.

32 ④ 결손금 소급공제는 중소기업에 적용하는 것으로 신고기한 내에 결손금소급공제신청서를 제출하여야 한다. 결손금을 소급공제 받은 후 결손금이 발생한 사업연도의 법인세를 경정함에 따라 결손금이 감소된 경우 이자상당액을 포함하여 추징한다.

33 ④ 2020년 1월 1일 이후 발생한 결손금의 이월결손금의 이월공제기간은 15년이다.

34 ② 중소기업에 대해서는 소득세 및 법인세의 과소신고가산세를 경감규정은 없다.

35 ① 연구·인력개발비에 대한 세액공제은 조세특례제한법상 세액공제이다.

36 다음은 법인세법 또는 조세특례제한법상 세액공제이다. 다음 중 10년간 이월공제가 되지 아니하는 세액 공제는?

① 외국납부세액공제　　　　　　　　② 조세특례제한법상 투자세액공제
③ 재해손실세액공제　　　　　　　　④ 연구·인력개발비에 대한 세액공제

37 다음은 법인세법상 외국납부세액공제에 관한 설명이다. 가장 옳지 않은 것은?

① 외국정부에 납부하였거나 납부할 외국법인세액이 공제한도를 초과하는 경우 그 초과하는 금액은 당해 사업연도의 다음 사업연도의 개시일 부터 10년 이내에 종료하는 각 사업연도에 이월하여 그 이월된 사업연도의 공제한도 범위 안에서 이를 공제받을 수 있다.
② 국외원천소득에 대하여 납부하였거나 납부할 외국법인세액을 각 사업연도의 소득금액 계산에 있어서 손금에 산입하는 방법을 선택할 수 있다.
③ 국외원천소득이 있는 내국법인이 조세조약의 상대국에서 당해 국외원천소득에 대하여 법인세를 감면받은 세액상당액은 당해 조세조약이 정하는 범위 안에서 세액공제대상이 되는 외국법인세액으로 본다.
④ 외국정부의 국외원천소득에 대한 법인세의 결정·통지의 지연, 과세기간의 상이 등의 사유로 신고와 함께 제출할 수 없는 경우에는 외국 정부의 국외원천소득에 대한 법인세결정통지를 받은 날부터 3개월 이내에 외국납부세액공 제세액계산서에 증명서류를 첨부하여 제출할 수 있다.

38 다음 중 법인세법상 중간예납의무가 있는 법인으로서 반드시 가결산 방법에 의하여 중간 예납세액을 계산하여 납부하여야 하는 법인은 어느 것인가?

① 당해 사업연도 6월의 사업실적이 부진하여 전기의 1/2에 미달하는 경우
② 분할신설법인 및 분할합병의 상대방법인의 분할 후 최초의 사업연도의 경우
③ 직전연도의 산출세액이 있었으나 중간예납으로 인하여 납부할 세액이 없었던 경우
④ 당해 사업의 특수성 때문에 계절적 요인에 따라 매출의 등락이 30% 이상인 경우

39 조세특례제한법상 연구·인력개발비에 대한 세액공제의 설명 중 가장 올바르지 않은 것은?

① 중소기업의 경우 최저한세의 적용을 받지 않는다.
② 통합투자세액공제와 중복적용이 되지 않는다.
③ 소비성 서비스업을 영위하지 않는 내국인에게 적용한다.
④ 연구 및 인력개발비 세액공제규정을 적용받고자 하는 내국인은 과세표준신고와 함께「일반연구 및 인력개발비 명세서」를 납세지 관할세무서장에게 제출해야 한다.

40 다음은 조세특례제한법상의 최저한세에 대한 설명이다. 가장 옳지 않은 것은?

① 내국법인인 중소기업의 최저한세율은 7%이다.
② 중소기업특별세액감면은 최저한세 대상이다.
③ 최저한세는 거주자의 사업관련 소득세에도 적용된다.
④ 최저한세 적용으로 감면받지 못한 세액감면은 5년 이내 이월하여 감면한다.

41 다음은 법인세법상 가산세에 대한 설명이다. 올바른 항목을 모두 고른 것은?

> 가. 주식등변동상황명세서 제출 불성실 가산세는 산출세액이 없으면 적용하지 않는다.
> 나. 과세소득이 있는 내국법인이 복식부기 방식으로 장부로 기장을 하지 않으면 산출세액의 20%와 수입금액의 0.07% 중 큰 금액을 가산세로 납부해야 한다.
> 다. 내국법인이 기업업무추진비를 지출하면서 적격증명서류를 받지 않아 손금불산입된 경우에도 증명서류 수취 불성실 가산세를 납부해야 한다.
> 라. 이자소득을 지급한 법인이 지급명세서를 제출기한이 지난 후 3개월 이내에 제출하는 경우 지급금액의 0.5%를 가산세로 납부해야 한다.

① 가, 라   ② 나, 다   ③ 가, 다   ④ 나, 라

정답 및 해설

36 ③ 재해손실세액공제는 이월공제되지 않는다.

37 ② 10년간 이월공제 받고 미공제액은 이월공제기간 다음 사업연도에 손금산입할 수 있다.

38 ② 다음에 해당하는 법인은 중간예납기간을 1사업연도로 보아 반드시 가결산 방법에 의하여 중간예납세액을 계산하여 납부하여야 한다.
  ㉠ 직전사업연도의 법인세로서 확정된 산출세액이 없는 경우
     * 직전사업연도의 중간예납, 원천징수, 수시부과세액 등이 산출세액을 초과하여 납부할 세액이 없는 경우는 산출세액이 없는 경우에 해당하지 않고, 결손 등으로 산출세액 없이 가산세만 있는 법인은 산출세액이 없는 경우에 해당한다.
  ㉡ 해당 중간예납기간 만료일까지 직전 사업연도의 법인세액이 확정되지 아니한 경우
  ㉢ 분할신설법인 및 분할합병의 상대방법인의 분할 후 최초 사업연도의 경우

39 ② 통합투자세액공제와 중복적용이 된다.

40 ④ 세액감면과 최저한세 적용으로 감면받지 못한 세액감면은 이월되지 않는다.

41 ④ 가. 주식등변동상황명세서 제출 불성실 가산세는 산출세액이 없는 경우에도 적용한다.
     다. 적격증명서류를 구비하지 않은 기업업무추진비로서 손금불산입된 경우 증명서류 수취 불성실 가산세를 적용하지 않는다.

[법인세 신고·납부]

42 다음 중 영리내국법인의 법인세 신고 시 법인세과세표준 및 세액신고서와 함께 제출하지 않으면 무신고로 보아 가산세부과대상이 되는 필수 첨부서류에 해당하지 않는 것은?

① 이익잉여금처분계산서(또는 결손금 처리계산서)
② 재무상태표
③ 법인세과세표준 및 세액조정계산서(세무조정계산서)
④ 현금흐름표

43 법인세법상 세무조정계산서 작성시 소득금액조정합계표와 자본금과적립금조정명세서(을) 두 서식 모두의 작성과 관련되는 것은?

| ㉠ 감가상각비 한도초과액 | ㉡ 가지급금 인정이자 |
| ㉢ 적출된 현금매출누락 | ㉣ 재고자산평가감 |

① ㉠, ㉡   ② ㉠, ㉣   ③ ㉡, ㉢   ④ ㉢, ㉣

44 다음은 법인세법상 법정서식에 대한 설명이다. 옳지 않은 것은?

① 법인세 과세표준 및 세액조정계산서: 해당 사업연도의 소득금액 및 과세표준과 세액을 계산하는 서식
② 자본금과 적립금조정명세서(갑): 법인의 세무상 자기자본총액(순자산)을 알 수 있는 법정서식
③ 자본금과 적립금조정명세서(을): 유보소득의 기말잔액을 계산하기 위한 서식
④ 소득금액조정합계표: 모든 세무조정항목의 세부내용을 나타내는 서식

45 법인세법상 법인세과세표준 및 세액의 신고와 납부에 대한 설명으로 틀린 것은?

① 수익사업을 영위하는 비영리법인도 영리법인에 준하여 신고하여야 한다.
② 소득금액 없거나 결손 시에도 신고하여야 한다.
③ 법인은 법인세액이 1천만원 이하인 경우에도 분납할 수 있다.
④ 각사업연도가 6개월을 초과하는 법인만 중간예납의무가 있다.

46 다음 중 법인세법상 신고 및 납부에 대한 설명으로 가장 옳지 않은 것은?

① 내국법인이 납부할 세액이 1천만원을 초과하는 경우에는 일정 기한내에 분납할 수 있다.
② 영리내국법인이 법인세 신고 시 「법인세 과세표준 및 세액신고서」를 첨부하지 않은 경우에는 무신고에 해당한다.
③ 성실신고확인서를 제출한 내국법인의 법인세 신고기한은 각 사업연도 종료일이 속하는 달의 말일부터 4개월 이내이다.
④ 내국법인이 토지수용으로 인해 발생하는 소득에 대한 법인세를 금전으로 납부하기 곤란한 경우에는 물납할 수 있다.

정답 및 해설

42 ④ 필수 첨부서류는 재무상태표, 포괄손의계산서, 이익잉여금처분계산서(또는 결손금처리계산서), 세무조정계산서(법인세과세표준 및 세액조정계산서)이다.

43 ② 소득금액조정합계표에 세무조정에 의하여 소득처분된 내용이 작성되고, 그 중 유보처분된 항목이 자본금과적립금조정명세서(을)에 작성된다.

44 ④ 소득금액조정합계표는 세무조정 항목(익금산입·손금불산입, 손금산입·익금불산입항목)의 세부내용 및 합계금액을 나타내는 서식으로 해당 내용은 법인세과세표준 및 세액조정계산서에 반영된다. 단, 세무조정항목 중 기부금한도초과액 및 한도초과이월액 손금산입은 소득금액조정합계표에서 계산하지 않고 기부금조정명세서에서 계산한 후 법인세과세표준 및 세액조정계산서에 반영된다.

45 ③ 법인은 법인세액이 1천만원 초과하는 경우에 분납할 수 있다.

46 ④ 법인세법상 물납규정은 없다.

CHAPTER 02 법인세무조정

01 법인세무조정 기본사항

(1) 법인세무조정 시작화면

법인조정 I			
표준재무제표	**수입금액조정**	**소득및과표계산**	**과목별세무조정**
표준재무상태표	수입금액조정명세서	소득금액조정합계표및명세서	퇴직급여충당금조정명세서
표준손익계산서	조정후수입금액명세서	익금불산입조정명세서	퇴직연금부담금등조정명세서
표준원가명세서	수입배당금액명세서		대손충당금및대손금조정명세서
이익잉여금처분계산서	임대보증금등의간주익금조정명세서		기업업무추진비조정명세서
			재고자산(유가증권)평가조정명세서
			세금과공과금명세서
			선급비용명세서
			가지급금등의인정이자조정명세서
			업무무관부동산등에관련한차입금이...
			건설자금이자조정명세서
			외화자산등평가차손익조정명세서
			기부금조정명세서
			업무용승용차관련비용명세서
기초정보관리	**공제감면세액조정 I**	**공제감면세액조정 II**	**감가상각비조정**
회사등록	세액감면(면제)신청서	공제감면세액계산서(1)	고정자산등록
계정과목및적요등록	세액공제신청서	공제감면세액계산서(2)	미상각분감가상각비
업무용승용차등록	일반연구및인력개발비명세서	세액공제 조정명세서(3)	양도자산감가상각비
	소득공제조정명세서	공제감면세액계산서(4)	미상각자산감가상각조정명세서
	특별비용조정명세서	공제감면세액계산서(5)	양도자산감가상각조정명세서
		추가납부세액계산서(6)	감가상각비조정명세서합계표
		공제감면세액및추가납부세액합계표	

(2) 【세무조정의 흐름】

작성순서	관련서식
① 표준재무제표 작성 후 수입금액 확정	• 수입금액조정명세서 • 조정후수입금액명세서 • 임대보증금등의간주익금조정명세서 • 수입배당금액명세서
② 감가상각비조정 및 과목별세무조정	• 미상각자산감가상각조정명세서 • 양도자산감가상각조정명세서 • 감가상각비조정명세서합계표 • 퇴직급여충당금조정명세서 • 퇴직연금부담금등조정명세서 • 대손충당금및대손금조정명세서 • 기업업무추진비조정명세서 • 재고자산(유가증권)평가조정명세서 • 세금과공과금명세서선급비용명세서 • 가지급금등의인정이자조정명세서

		• 업무무관부동산등에관련한차입금이자조정명세서 • 건설자금이자조정명세서 • 외화자산등평가차손익조정명세서 • 업무용승용차관련비용명세서
③ 소득금액 확정		• 소득금액조정합계표 – 법정서식이 필요하지 않은 경우 직접입력
④ 기부금조정		• 기부금조정명세서
⑤ 과세표준 및 산출세액계산		• 자본금과적립금조정명세서(갑) • 비과세소득명세서 • 소득공제조정명세서
⑥ 납부할세액계산		• 공제감면세액계산서 및 세액감면(면제)신청서 • 세액공제조정명세서 및 세액공제신청서 • 연구및인력개발비명세서 • 공제감면세액 및 추가납부세액합계표 • 최저한세조정계산서 • 가산세액계산서 • 원천납부세액명세서
⑦ 법인세등신고서 확정		• 법인세과세표준 및 세액조정계산서(분납결정) • 지방세 과세표준 및 신고서 • 농어촌특별세 과세표준 및 세액조정계산서 • 기타부속 서류: [자본금과적립금조정명세서] 등

(3) 법인조정 프로그램 작성절차

단계	내용
작업순서	법인세무조정 프로그램의 작업절차를 정확히 숙지하여 선행 작업을 먼저하고, 선행 작업에서 계산된 데이터를 연결받아 다음 메뉴를 진행할 수 있도록 한다.
① 자료 조회 및 불러오기	각 메뉴의 기능키인 F2코드, F7원장조회 또는 F8잔액조회 등으로 회계관리에서 입력한 자료를 조회하고 검토한 다음 F12불러오기 버튼을 클릭하여 조정을 시작한다.
② 서식 작성순서	서식의 작성 순서는 붉은색 숫자 **1**, **2**, **3** 순서로 작성한다.
③ 조정 등록	각 메뉴별로 세무조정 작업이 완료되면 F3 조정등록 키를 눌러 해당 메뉴에서 작성된 세무조정사항을 [소득금액조정합계표]에 반영한다.
④ 저장	작성이 완료되면 화면 상단의 F11저장 키를 클릭하여 작업내용을 저장한다. 저장한 후에 변경사항이 발생하여 추가 작업을 하는 경우에는 마지막에 저장한 것이 저장된다.

(4) 【기능키(KEY)의 공통사항】

항목	내용
F1 도움	프로그램 사용에 대한 도움말을 인터넷에 연결하여 보여준다.
F2 코드	계정과목 검색 시 사용한다.
F3 조정등록	각의 세무조정명세서 항목에서 발생된 익금산입 및 손금불산입, 손금산입 및 익금불산입 사항을 해당 메뉴에서 나가지 않고 직접 소득금액조정합계표를 작성 할 때에 사용한다. 조정과목 입력은 직접입력 또는 F2코드를 이용해 기입력된 조정과목을 입력할 수 있다.
F4 매출조회	수입금액조정명세서에서 매출액을 조회 할 때에 사용한다.
F5 삭제	입력중이던 데이터나 기입력된 데이터를 삭제하고자 할 때 사용한다.

Ctrl + F5 전체삭제	F5삭제와는 다르게 작업 중이던 서식의 모든 데이터 또는 일정단위의 입력된 데이터를 모두 삭제하는 때에 사용한다.	
F7 원장조회	회계관리에서 기장한 계정과목의 계정별 원장을 조회 할 때에 사용한다.	
F8 잔액조회	각 계정과목별로 계정별원장의 기초잔액, 당기증가액, 당기감소액, 기말잔액을 조회 할 때에 사용한다.	
F11 저장	저장버튼을 클릭하면 작업중이던 세무조정서식의 입력 데이터를 저장한다.	
F12 불러오기	불러오기를 실행(클릭)하면 관련된 서식이나 기장된 원장에서 데이터를 새로 불러온다.	
Esc 종료	서식 작성을 끝내고자 할 때 종료키를 이용하여 메뉴로 복귀한다.	

(5) 표준재무제표

구분	내용	작성 방법	비고
개요	• 표준재무제표는 표준재무상태표, 표준손익계산서, 표준원가명세서, 이익잉여금처분계산서 등으로 구성 • 각 해당 재무제표 메뉴를 선택하여 작업하고 반드시 F11 저장 • 회계관리 모듈과 법인조정 모듈에서 모두 작성 가능	• 회계관리: 재무제표 조회 후 표준용 탭 클릭 • 법인조정: 해당 재무제표 클릭 시 자동 작성	• 표준용 저장 후 결산 수정 시 재무제표 변동 데이터를 표준재무제표에서 새로 F12불러오기 실행 필요
표준 재무상태표	• 규정서식이므로 계정과목을 임의로 바꿀 수 없음	• 결산 및 법인유형 설정 후 표준용 TAB 조회	• 계정과목 임의설정 또는 통합등록 시 Ctrl+F8 편집키로 수정 가능
표준 손익계산서	• 법인세비용에 대한 세무조정 수행	• 결산 및 법인유형 설정 후 표준용 TAB 조회	• 상단 메뉴바에서 F3 조정등록 클릭 시 소득금액조정합계표 창이 나타남
표준 원가명세서	• 업종별 원가명세서를 구분하여 선택 가능	• 결산 후 원가별 표준용 TAB 조회	• 전산세무회계 시험은 제조업 대상 • 제조원가명세서 작성으로 표준원가명세서 자동 불러옴
이익잉여금 처분계산서	• 이익잉여금처분(또는 결손금처리)계산서	• 결산 후 당기처분예정일 입력	• 회계관리 모듈의 이익잉여금처분계산서에 입력된 금액을 F12 불러오기 • 편집 필요 시 Ctrl+F8 편집키로 수정 가능 • 반드시 Ctrl+F7 클릭하여 처분(처리) 확정일 입력 필요

02 수입금액 조정

구분	내용
수입금액	• 기업회계기준에 의하여 계산한 매출액(매출환입 및 에누리와 매출할인을 차감한 금액) • 법인의 주된 영업활동으로부터 발생하는 수익 • 주된 영업활동 이외에서 발생하는 영업외수익은 수입금액에 포함하지 않음
중요성	중소기업해당 여부 및 기업업무추진비 한도계산 시 영향을 미치는 중요한 데이터
구성 및 작성순서	1. [수입금액조정명세서], [임대보증금등의간주익금조정명세서] 작성 2. [조정후수입금액명세서] 작성

(1) 수입금액조정명세서

<수입금액조정명세서 작성순서>

수입금액조정계산 결산서상 수입금액 ≫ 수입금액조정명세
• 작업진행률에 의한 수입금액
• 중소기업 등 수입금액 인식기준 적용 특례에 의한 수입금액
• 기타 수입금액 ≫ 수입금액조정계산 (조정 후 수입금액 확정)

1) 수입금액 조정 계산

수입금액에 포함하는 것	수입금액에 포함하지 않는 것
① 일반적인 상거래에서 발생한 수입금액(상품매출, 제품매출, 공사수입금 등) ② 작업폐물과 부산물 매각액(영업부수수익)	① 매출 환입 및 에누리·매출할인 <table><tr><th>거래</th><th>대상</th><th>사전약정</th><th>처리 방법</th></tr><tr><td rowspan="2">판매장려금</td><td>× (불특정 다수)</td><td>○ (있음)</td><td>매출에누리</td></tr><tr><td>○ (특정거래처)</td><td>× (없음)</td><td>기업업무 추진비</td></tr></table> ② 영업외수익 ③ 간주임대료

구분	내용
① 항목	• 결산서(손익계산서)상 수익 중 수입금액(기업회계기준에 의하여 계산한 매출액)에 해당하는 항목을 1.매출, 2.영업외수익 중에서 선택하여 입력
② 계정과목	• 수입금액 계정과목을 F2 또는 코드를 이용하여 입력 • 회계관리 메뉴에 입력데이타가 있는 경우 F4 매출조회 클릭하여 보조창에서 수입금액 해당항목을 확인하여해당과목을 선택

구분	내용
③ 결산서상 수입금액	• 결산서상 수익(영업수익, 영업외수익)으로 계상되어 있는 금액 중 수입금액에 해당하는 금액을 입력 • [회계관리] 메뉴에 입력된 Data가 있는 경우에는 F4 매출조회 클릭하여 계정과목을 선택하면 자동 반영 • 단, 영업외수익 중 영업수익이 일부 포함된 경우에는 해당 금액으로 수정(예 작업폐물과 부산물매각액).
④ 조정(가산) / ⑤ 조정(차감)	• [2.수입금액조정명세]를 작성한 후에 가산란과 차감란에 해당 항목별로 입력
⑥ 조정 후 수입금액	• 결산서상 수입금액에서 조정을 반영한 법인세법상 수입금액이 자동계산

2) 수입금액조정명세: 가. 작업진행률에 의한 수입금액

구분	내용
⑦ 공사명 / ⑧ 도급자	공사명과 도급공사를 의뢰한 원청사업자를 입력한다.
⑨ 도급금액	수입금액 계산의 기준이 되는 총도급금액을 입력한다.
⑩ 해당 사업연도말 총공사비 누적액(작업시간등)	해당 사업연도 말까지 발생한 총공사비누적액을 입력한다.
⑪ 총공사예정비(작업시간등)	해당 사업연도 종료일 현재 기업회계기준을 적용하여 계약 당시 추정한 공사원가에 해당 사 업연도 말까지의 변동상황을 반영하여 합리적으로 추정한 공사원가를 입력한다.
⑫ 진행률(⑩ / ⑪)	작업진행률은 해당 사업연도말까지 발생한 총공사비누적액에 총공사예정비를 나눈 값이 자동 계산된다.
⑬ 누적익금산입액(⑨ × ⑫)	도급금액에 진행률을 곱한 값이 자동계산된다. 해당 금액은 당해연도 말까지 수입금액으로 계상해야 할 금액의 누계액이다.
⑭ 전기말 누적수입계상액	전기 말까지 계상한 수입금액 누적액을 입력한다.
⑮ 당기 회사수입계상액	당기 손익계산서에 계상한 수입금액을 입력한다.
⑯ 조정액(⑬ - ⑭ - ⑮)	조정액 계의 금액이 양수(+)인 경우: 수입금액 과소계상액으로 익금산입(유보발생)으로 [1.수입금액조정계산]의 ④ 가산란에 입력한다. 조정액 계의 금액이 음수(-)인 경우: 수입금액 과대계상액으로 익금불산입(유보발생)으로 [1.수입금액조정계산]의 ⑤ 차감란에 입력한다.

3) 수입금액조정명세: 나. 중소기업 등 수입금액 인식기준 적용특례에 의한 수입금액

항목	내용
⑱ 계정과목	1. 매출, 2.영업외수익 중에서 선택, 과목란에는 계정과목코드를 입력한다.
⑲ 세법상 당기 수입금액	중소기업 특례에 의한 법인세법상 수입금액을 입력한다.
⑳ 당기회사 수입금액 계상액	결산서상의 수입금액을 입력한다.
㉑ 조정액	법인세법과 결산서상의 수입금액의 차이가 자동계산되며 조정액의 금액이 음수(-)인 경우 익금불산입(유보발생)으로 [1.수입금액조정계산]의 ⑤ 차감란에 입력한다.

4) 수입금액조정명세: 다. 기타수입금액

항목	내용
㉓ 구분	• 수입금액 이외의 영업외수익으로서 조정계산이 필요한 경우와 기타 수입금 누락된 경우에 작업하는 메뉴로 위탁판매, 시용판매, 상품권 등을 입력
㉕ 수입금액	• 당기분 매출누락 등은 익금산입 • 전기분에 대한 이월익금은 익급불산입 • 수입금액이 과소계상된 경우에는 양수(+)로 [1.수입금액조정계산] 탭의 ④ 가산란에 입력 • 과대계상된 경우에는 음수(-)로 [1.수입금액조정계산]탭의 ⑤ 차감란에 입력
㉖ 대응원가	• 결산서상 비용으로 반영하지 않은 대응원가가 있다면 해당 금액을 입력 • 대응원가가 과소계상된 경우에는 양수(+)로 입력 • 과대계상된 경우에는 음수(-)로 입력 • 대응원가는 수입금액을 증가 또는 감소시키는 성격이 아니므로 [1.수입금액조정계산] 탭의 [조정]란에 입력하지 않고 • F3 조정등록 키를 이용하여 [소득금액조정 합계표 및 명세서]에 반영

✓주요 체크사항: 수입금액조정명세서

구분	내용
법인세법상 매출액 (= 수입금액)	• 법인세법상 매출액을 산정하기 위한 서식 • 기업업무추진비 한도초과액 등을 계산하는데 필수적인 자료
수입금액 귀속시기 (수익의 인식시점)	• 일반적인 귀속시기: 인도기준 • 용역의 수익인식 기준(건설공사): 법인세법에서 장기는 진행기준, 단기는 완성기준 • 장기할부판매: 중소기업특례 ⇒ 인도기준으로 처리한 것을 회수기준으로 신고조정 가능 • 시용판매 계약(시송품): 구매자가 매입의사를 표시한 때 • 위탁판매(적송품)에 의한 계약: 수탁자가 상품을 판매한 때 • 상품권 매출: 상품권 회수 시 익금처리(상품권 판매 시에는 선수금으로 처리)

수입금액 추가 검토 항목	• 매출에누리, 매출환입, 매출할인: 수입금액에서 차감 • 판매장려금				
	구분	대상 거래처	사전 약정	세무 처리	영향
	기업업무추진비	특정 거래처 대상	없음	기업업무추진비	업무추진비 한도 계산에 포함
	매출에누리	불특정 다수	있음	매출액(수입금액) 에서 차감	순매출액 계산에 반영
	• 부산물(작업폐물) 매출: 회계상 잡이익이지만, 법인세법에서는 매출로 봄				

세무조정 유의사항	구분	고려사항	소득처분 방법
	익금산입·손금불산입	사외유출 여부	• 사외로 유출된 경우: 배당, 상여, 기타 사외유출로 처분 • 자산, 부채의 차이: 유보 • 그 외의 경우: 기타
	손금산입·익금불산입	유보 여부	• 유보 또는 기타로 처분 • 사외유출 고려 불필요

실습예제 따라하기

01 다음 자료를 보고 ㈜오공일(회사코드: 0501)의 [수입금액조정명세서]를 작성하고 필요한 세무조정을 하시오. (단, 세무조정은 각 건별로 한다)

1. 결산서상 수입금액은 다음과 같다.
   • 제품매출: 1,012,000,000원
   • 상품매출: 50,000,000원
2. 상품재고액 중 7,500,000원(판매가액 8,150,000원)은 시송품으로 거래처에 기반출한 것으로서, 상대방이 25. 12. 31 구입의사표시를 전달해 왔으나 결산서에는 시송매출이 아직 반영되지 않았다.
3. 제품재고액 중 X제품 5,000,000원(판매가액 8,000,000원)은 타인에게 위탁판매하기 위한 위탁품(적송품)으로서 25.12.31.에 수탁자가 판매한 것으로 결산서에는 위탁매출이 아직 반영되지 않았다.

실기 따라하기 01

[1] [수입금액조정계산]

항목란에서 1.매출을 선택 후 F2 키를 이용하여 결산서상 수입금액의 계정과목 제품매출, 상품매출을 선택하고 금액을 입력

No	계정과목		③결산서상 수입금액	조정		⑥조정후 수입금액 (③+④-⑤)
	①항 목	②계정과목		④가 산	⑤차 감	
1	매 출	상품매출	50,000,000			50,000,000
2	매 출	제품매출	1,012,000,000			1,012,000,000

[2] [기타수입금액조정]
- [기타수입금액조정 TAB]에서는 수입금액 및 대응원가 금액을 추가입력
- 법인세법상 시용판매한 상품의 손익 귀속시기는 매입자로부터 구입의사표시를 받은 날
- (25)란에 수입금액 8,150,000원을 입력하고 (26)대응원가 7,500,000원을 입력
- 법인세법상 위탁판매한 제품의 손익 귀속시기는 수탁자가 위탁품을 판매한 날
- (25)란에 수입금액 8,000,000원을 입력하고 동 (26)대응원가 5,000,000원을 입력

No	(23)구 분	(24)근 거 법 령	(25)수 입 금 액	(26)대 응 원 가
1	시용매출		8,150,000	7,500,000
2	위탁매출		8,000,000	5,000,000

[3] [수입금액조정계산]

수입금액에 상품 시용매출누락분 8,150,000원을 상품매출의 ④ 가산란에 입력하고, 제품 위탁매출누락분 8,000,000원을 제품매출의 ④ 가산란에 입력하여 법인세법상의 수입금액 확정

No	계정과목 ①항목	계정과목 ②계정과목	③결산서상 수입금액	조정 ④가산	조정 ⑤차감	⑥조정후 수입금액 (③+④-⑤)
1	매 출	상품매출	50,000,000	8,150,000		58,150,000
2	매 출	제품매출	1,012,000,000	8,000,000		1,020,000,000

[4] F3조정등록

익금산입 및 손금불산입			손금산입 및 익금불산입		
과 목	금 액	소득처분	과 목	금 액	소득처분
상품매출	8,150,000	유보발생	상품매출원가	7,500,000	유보발생
제품매출	8,000,000	유보발생	제품매출원가	5,000,000	유보발생

실습예제 따라하기

02 다음 자료와 기장된 자료를 이용하여 ㈜육공일(0601)의 수입금액조정명세서를 작성하고 필요한 세무조정을 하시오.

	손익계산서 2025.1.1.~2025.12.31. (단위: 원)
1. 손익계산서 일부분	Ⅰ. 매출액 　1. 제품매출액　　　　　　　　　　　2,000,000,000 　2. 상품매출액　　　　　　　　　　　1,800,000,000 Ⅱ. 영업외수익 　1. 이자수익　　　　　　　　　　　　　　2,500,000 　2. 잡이익　　　　　　　　　　　　　　　10,000,000
2. 내역분석	(1) 상품매출계정을 조사한 바 상품권을 매출한 금액 50,000,000원을 매출로 계상한 것이 발견되었다. 동 상품권은 기말 현재 물품과 교환되지 아니한 것이며 그에 대한 매출원가는 계상되지 아니하였다. (2) 영업외수익 중 잡이익에는 부산물매각액 4,000,000원이 포함되어 있다. (3) 당사는 제품을 시용매출하고 있다. 12월 28일에 거래처로부터 시송품에 대한 구입의사표시(외상)를 받았는데 결산재무제표에 반영하지 못하였다. 시송품(제품) 판매가 30,000,000원이며 매출원가는 적정하게 계상되어 있다.

실기 따라하기 02

[1] [수입금액조정계산]
- 항목란에서 1.매출을 선택 후 F2 키를 이용하여 결산서상 수입금액의 계정과목 제품매출, 상품매출, 영업외수익(잡이익)을 선택하고 금액을 입력
- 부산물매각대와 작업폐물은 법인세법에서 수입금액에 포함

수입금액조정계산	작업진행률에 의한 수입금액	중소기업 등 수입금액 인식기준 적용특례에 의한 수입금액	기타수입금액조정			
1 1.수입금액 조정계산						
No	계정과목		③결산서상 수입금액	조　　정		⑥조정후 수입금액 (③+④-⑤)
	①항　목	②계정과목		④가　산	⑤차　감	
1	매　출	제품매출	2,000,000,000			2,000,000,000
2	매　출	상품매출	1,800,000,000			1,800,000,000
3	영업외수익	잡이익	4,000,000			4,000,000

[2] [기타수입금액조정]
- 상품권매출금액은 매출액 미포함으로 -50,000,000원 입력
- 시송품판매 30,000,000원 입력
- 상품매출, 제품매출 계정과목 코드 입력 시 수입금액 조정내역 [수입금액조정계산 TAB]에 자동반영

수입금액조정계산	작업진행률에 의한 수입금액	중소기업 등 수입금액 인식기준 적용특례에 의한 수입금액	기타수입금액조정
2 2.수입금액 조정명세			
다.기타 수입금액			
No	(23)구　분	(24)근 거 법 령	(25)수 입 금 액	(26)대 응 원 가
1	제품매출		-50,000,000	
2	상품매출		30,000,000	

[수입금액조정계산]

수입금액조정계산	작업진행률에 의한 수입금액	중소기업 등 수입금액 인식기준 적용특례에 의한 수입금액	기타수입금액조정			
1 1.수입금액 조정계산						
No	계정과목		③결산서상 수입금액	조　　정		⑥조정후 수입금액 (③+④-⑤)
	①항　목	②계정과목		④가　산	⑤차　감	
1	매　출	제품매출	2,000,000,000		50,000,000	1,950,000,000
2	매　출	상품매출	1,800,000,000	30,000,000		1,830,000,000
3	영업외수익	잡이익	4,000,000			4,000,000

[3] F3조정등록

조정 등록						
익금산입 및 손금불산입			손금산입 및 익금불산입			
과　목	금　액	소득처분	과　목	금　액	소득처분
제품매출	30,000,000	유보발생	상품매출	50,000,000	유보발생

실습예제 따라하기

03 다음 자료와 기장된 자료를 이용하여 ㈜육공사(회사코드: 0604)의 수입금액조정명세서를 작성하고 필요한 세무조정을 하시오.

실기 따라하기 1회 2회 3회

1. 손익계산서에 반영된 매출액은 다음과 같다.

손익계산서	
2025.1.1.~2025.12.31.	(단위: 원)
Ⅰ. 매출액	
1. 제품매출	2,000,000,000
2. 공사수익	1,400,000,000
Ⅱ. 영업외수익	
1. 이자수익	2,500,000
2. 고정자산처분이익	10,000,000

2. 공사수익은 건설업 중 건축공사업과 관련된 수익으로 그 내역은 다음과 같다.

공사명/도급자	빌딩신축공사/㈜기린	도서관신축공사/별별학교
공사기간	2025.3.1.~2028.10.05.	2024.12.10.~2025. 9.30.
도급금액	10,000,000,000원	200,000,000원
총공사예정비	8,000,000,000원	160,000,000원
해당사업연말총공사누적액	1,000,000,000원	160,000,000원
당기손익계산서에 반영된 공사수익	1,200,000,000원	200,000,000원

3. 당사는 공사기간이 1년 이상인 경우 작업진행율에 의하여 공사수익을 인식하였으며 1년 미만인 경우 완성기준에 의하여 공사수익을 인식하였다.
4. 본 문제에 한하여 당사는 건설업 및 제조업을 운영하고 있는 것으로 가정한다.

실기 따라하기 03

[1] [수입금액조정계산]
- 항목란에서 1.매출을 선택 후 F2 키를 이용하여 결산서상 수입금액의 계정과목 제품매출, 공사수입금을 선택하고 금액을 입력

No	①항 목	②계정과목	③결산서상 수입금액	④가 산	⑤차 감	⑥조정후 수입금액 (③+④+⑤)
1	매 출	제품매출	2,000,000,000			2,000,000,000
2	매 출	공사수입금	1,400,000,000			1,400,000,000

[2] [작업진행률에 의한 수입금액]
- 1년 이상인 경우만 작업진행율에 의하여 공사수익을 인식한다고 하였으므로 빌딩신축공사 내역만 작업진행률에 의한 수입금액을 입력
- [수입금액조정계산 TAB] 공사수입금 ④가산 50,000,000원 자동 반영

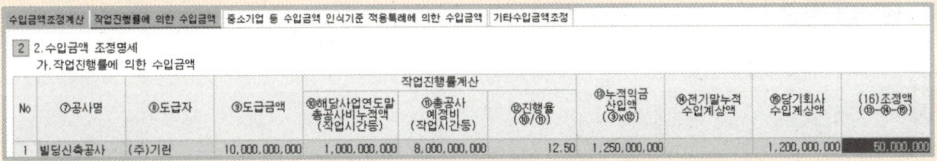

[수입금액조정계산]

No	①항 목	②계정과목	③결산서상 수입금액	④가 산	⑤차 감	⑥조정후 수입금액 (③+④+⑤)
1	매 출	제품매출	2,000,000,000			2,000,000,000
2	매 출	공사수입금	1,400,000,000	50,000,000		1,450,000,000

[3] F3 조정등록

익금산입 및 손금불산입			손금산입 및 익금불산입		
과 목	금 액	소득처분	과 목	금 액	소득처분
공사미수금과소	50,000,000	유보발생			

(2) 조정후수입금액명세서

구분	내용
정의	업종별 수입금액을 파악하고 [수입금액조정명세서]에서의 조정 후 수입금액과 부가가치세법상 신고한 과세표준과의 차액을 검토하는 서식
작성순서	[수입금액조정명세서]의 작성이 선행되어야 [조정후수입금액명세서]에서 법인세법상 수입금액과 부가가치세법상 과세표준을 일치시킴
과세표준 > 조정후수입금액 (차이가 양수(+)로 나는 경우)	① 과세표준 신고 시 작업진행률을 초과하여 공사수입금 과대계상액으로 수입금액을 감소시킨 경우 ② 부가가치세법상 간주공급(자가공급·개인적공급·사업상증여·폐업 시 잔존재화)은 과세표준에 포함되나 수입금액에 포함되지 않는 경우(기업업무추진비, 복리후생비 등) ③ 간주임대료의 수입금액 제외 ④ 고정자산 매각 시 부가가치세 과세표준에 포함하였으나 수입금액에 포함되지 않는 경우(유형자산처분손익)
과세표준 < 조정후수입금액 (차이가 음수(-)로 나는 경우)	① 과세표준 신고 시 작업진행률에 미달하게 공사수입금 과소계상액으로 수입금액을 증가시킨 경우 ② 위탁매출·시용매출 등을 누락하여 과세표준에 포함되지 않았으나 수입금액을 증가시킨 경우
과세표준 = 조정후수입금액 (과세표준과 조정후수입금액에 동일한 기준이 적용되는 경우)	• **포함항목(+)**: 상품매출, 제품매출, 부산물매각 • **제외항목(-)**: 상품권판매, 매출할인에누리할인

1) 업종별 수입금액 명세서

항목		내용
① 업태, ② 종목, ③ 기준(단순)경비율 번호		업태,종목은 회사등록에서 자동으로 반영된다(업종이 여러 개의 경우 구분하여 입력). 기준(단순)경비율코드를 입력하면 업태와 종목이 자동반영된다.
수입 금액	④ 계	수입금액계란의 입력은 F8수입조회를 클릭하면 [수입금액조정명세서]의 내용을 조회하여 자동반영된다. 업종이 여러 개인 경우에 위 작업을 반복 한다. [수입금액조정명세서]상의 "⑥ 조정후수입금액"과 일치되어야 한다.
	내수판매	수입금액계란을 입력한 후 내수의 국내생산품과 수입상품에 분리 입력하면 차액은 자동으로 수출란에 반영된다.
	⑦ 수출(영세율대상)	수출란은 직접입력되지 않고 내수판매 및 수입상품란의 금액 입력 시 잔액이 반영된다.

2) 과세표준과 수입금액 차액검토

구분	코드	(16)금액	비고	구분	코드	(16)금액	비고
자가공급(면세전용등)	21			거래(공급)시기차이감액	30		
사업상증여(접대제공)	22			주세·개별소비세	31		
개인적공급(개인적사용)	23			매출누락	32		
간주임대료	24				33		
자산매각 유형자산 및 무형자산 매각액	25				34		
자산매각 그밖의자산매각액(부산물)	26				35		
폐업시 잔존재고재화	27				36		
작업진행률 차이	28				37		
거래(공급)시기차이가산	29			(17)차 액 계	50		

구분	내용
부가가치세 과세표준 입력방법	• 부가가치세 신고서에서 저장된 금액이 [부가가치세신고서 내역보기]를 클릭하여 보조창에서 선택 확인하면 자동으로 반영
직접 입력해야 하는 경우	• 부가가치 신고내용을 저장하지 않은 경우 • 수정신고로 인하여 과세표준금액이 틀린 경우 • 회계관리에 데이터가 없는 경우
사업연도와 부가가치세 과세기간 불일치 시	• 사업연도 기간이 속하는 부가가치세 과세기간의 과세표준 합계액을 입력 • 그 차액은 "(2)수입금액과의 차액내역"란에 입력
차액확인	• 차액내역별로 구분하여 입력 • 상단의 "⑬차액"과 하단의 "(17)차액계"와 일치하는지 확인
추가 차액항목 입력	• 구분표시 되어 있지 않은 차액항목은 "⑭구분"란에 추가하여 입력 • 관련 금액을 입력할 수 있음

✓ 주요 체크사항: 조정후수입금액명세서

구분	내용	법인세법 조정후 수입금액	부가가치세법 과세표준	차액 조정
개요	• 법인세법상 조정 후 수입금액과 부가가치세법상 과세표준의 차이를 검토하는 서식	–	–	–
차액조정 원칙	• 법인세법상 수입금액 < 부가세법상 과세표준 ⇒ (+) 금액 • 법인세법상 수입금액 > 부가세법상 과세표준 ⇒ (−) 금액	–	–	–
고정자산매각	• 기계장치 매각 등 • 법인세법에서는 영업외수익으로 처리	×	○	+
재화의 간주공급	• 부가세법에서는 과세표준에 포함 • 법인세법에서는 수입금액 미포함 • 자가공급, 개인적공급, 사업상 증여, 폐업 시 잔존재화(14. 건별) • 시가로 입력	×	○	+

간주임대료	• 법인세법: 수입금액 제외 • 부가세법: 과세표준에 포함(14. 건별)		×	○	+
작업진행률 차이	• 법인세법: 진행기준(도급금액 × 작업진행률) • 작업진행률 = (당기공사누적액 ÷ 총공사예상액) − 전기까지 인식한 공사수익 • 부가가치세법: 대가의 각 부분을 받기로 한 때	작업진행률 미달 공사수입금 과소계상 수입금액 증가	+	×	−
		작업진행률 초과 공사수입금 과대계상 수입금액 감소	−	×	+
부산물매출	• 양쪽 모두 인정		+	○	×
매출누락	• 법인세법에만 수입금액 반영		+	×	−
	• 매출누락분 부가가치세 수정신고 시		+	○ (수정신고)	×

실습예제 따라하기

01 다음 자료를 이용하여 ㈜육공이(0602)의 [조정후수입금액명세서]를 작성하시오.

1. 손익계산서에 반영된 매출액과 영업외수익 자료

구분		업종코드	금액
매출액	제품매출	292203(제조/전자응용공작기계)	2,590,000,000원
	공사수입금	451104(건설/건축공사)	2,000,000,000원
	합계		4,590,000,000원

• 품매출과 공사수입금에는 영세율대상은 없으며 국내생산품의 국내 내수판매분이다.

2. 부가가치세법상 과세표준 내역(수정신고서 반영분)

구분	금액
공사수입금(과세)	1,500,000,000원
공사수입금(면세)	500,000,000원
제품매출	2,600,000,000원
기계장치 매각	50,000,000원
합계	4,650,000,000원

• 가가치세 신고내역은 관련규정에 따라 적법하게 신고하였으며, 수정신고내역도 정확히 반영되어 있다.
• 선수금 중 10,000,000원은 선수금을 수령함과 동시에 전자세금계산서를 발급한 것으로서 당기말 현재 제품공급은 이루어지지 아니하였다.

3. 수입금액조정명세서 작성 시 발생한 세무조정사항은 다음과 같다.
• 익금산입 공사수입금 50,000,000원(유보) − 작업진행률에 의한 수입금액 과소분임

실기 따라하기 01

[1] [업종별수입금액명세서]
- 건설 / 건축공사의 수입금액은 손익계산서상 공사수입금액 2,000,000,000원과 익금산입한 공사수입금 50,000,000원의 합계액을 입력
- 조정 후 수입금액 4,640,000,000원 확인

[2] [과세표준과 수입금액차액검토]
- 자동으로 불러오기가 안 될 경우 부가가치세 과세표준 내역에서 ⑧과세, ⑩면세 금액 입력
- 조정 후 수입금액 4,640,000,000원 입력
- 차액 10,000,000원 확인
- 수입금액과의 차액내역
- 고정자산 매각액: 50,000,000원
- 작업진행률 차이: 세무조정사항 50,000,000원이 부가가치세 과세표준에 포함되지 않았으므로 -50,000,000원 입력
- 거래시기 차이 가산: 선수금 10,000,000원

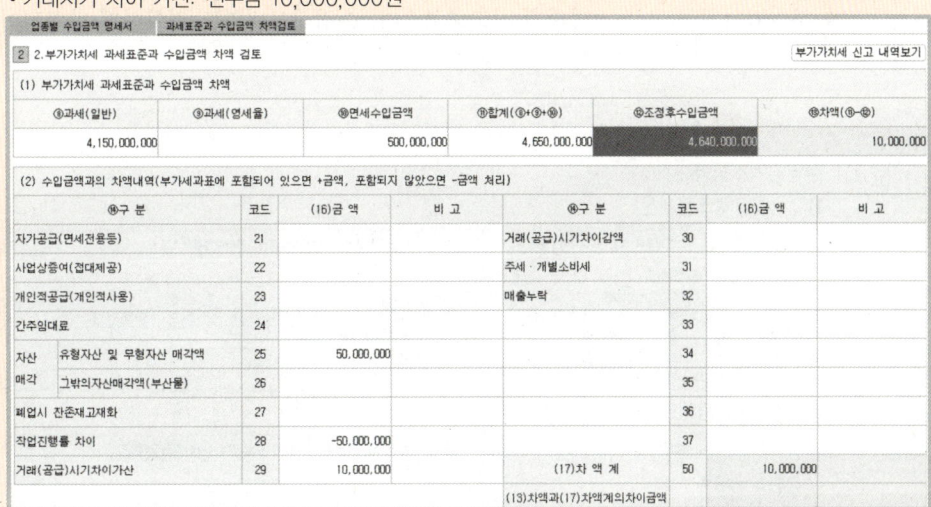

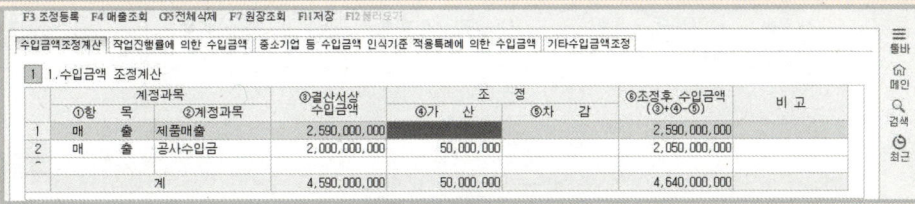

실습예제 따라하기

02 다음 자료를 이용하여 ㈜오공팔(회사코드: 0508) [수입금액조정명세서]와 [조정후수입금액명세서]를 작성하고 발생 가능한 사항에 대해 필요한 세무조정을 행하시오.

1. 수입금액조정명세서 관련사항
   - 아래의 누락된 매출관련 세무조정을 행하시오.
   - 부가가치세 수정신고서에는 반영되어 있으나 결산서상에는 포함되어 있지 않은 제품매출액

제품 외상매출액	10,000,000원
제품 매출원가	6,500,000원

2. 손익계산서 상 수익내역

구분	업태 및 종목		금액	비고
매출액	제품매출	343002	2,308,000,000원	직수출액 8,000,000원 포함
	공사수입금	451104	1,200,000,000원	
영업외수익	잡이익	343002	3,000,000원	부산물 매각대
합계			3,511,000,000원	

3. 부가가치세법상 과세표준 내역(수정신고서 반영분)

구분	금액
제품매출	2,321,000,000원
제품매출 선수금	3,000,000원
공사수입금	1,200,000,000원
고정자산 매각(기계장치)	50,000,000원
합계	3,574,000,000원

   ※ 부가가치세 신고는 적법하게 신고하였으며, 수정신고내역도 정확하게 반영되어있음

실기 따라하기 02

[1] 수입금액조정명세서

1) [수입금액조정계산]

No	계정과목		③결산서상 수입금액	조정		⑥조정후 수입금액 (③+④-⑤)
	①항 목	②계정과목		④가 산	⑤차 감	
1	매 출	제품매출	2,308,000,000			2,308,000,000
2	매 출	공사수입금	1,200,000,000			1,200,000,000
3	영업외수익	잡이익	3,000,000			3,000,000

2) [기타수입금액조정]

2. 수입금액 조정명세
다. 기타 수입금액

No	(23)구 분	(24)근 거 법 령	(25)수 입 금 액	(26)대 응 원 가
1	제품매출		10,000,000	6,500,000

3) [수입금액조정계산]
- 조정 후 수입금액 3,521,000,000원 확인

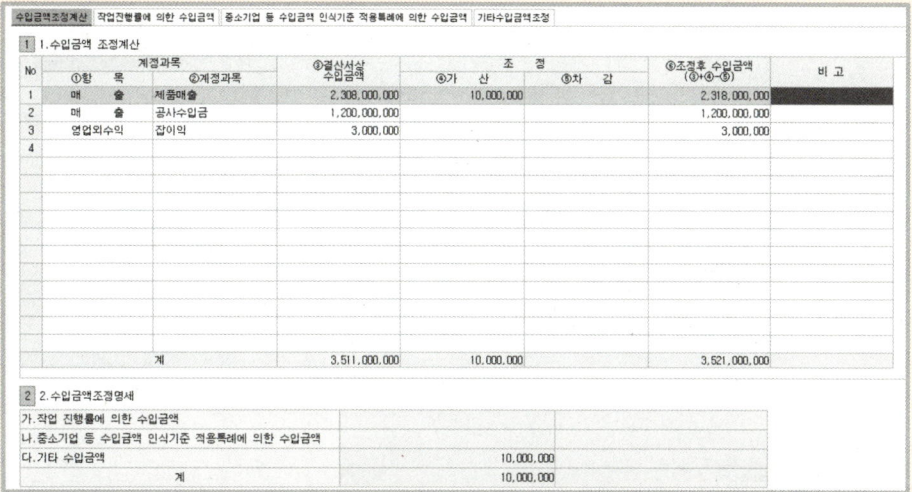

4) F3 조정등록

익금산입 및 손금불산입			손금산입 및 익금불산입		
과 목	금 액	소득처분	과 목	금 액	소득처분
제품매출	10,000,000	유보발생	제품매출원가	6,500,000	유보발생

[2] 조정후수입금액명세서

1) [업종별 수입금액 명세서]
- F12불러오기를 클릭하여 수입금액 조정 명세서 상의 '조정 후 수입금액'을 반영한다.
- "③ 기준(단순)경비율번호"란에 업종코드를 입력하여 업태와 종목 반영한다.
- 제품 부산물매각대는 법인세법상 수입금액에 포함되어야 하므로, 제품매출 "④ 계"의 금액을 2,321,000,000원(= 2,318,000,000원+3,000,000원)으로 수정 입력한다.
- 제품매출 금액 중 수출금액이 있으므로 국내생산품에 2,313,000,000원(= 2,321,000,000원 − 8,000,000원), 수입상품란에 0을 입력하여 ⑦ 수출(영세율대상)란에 8,000,000원 반영

①업 태	④종 목	순번	③기준(단순)경비율번호	수입금액계정조회 ④계(⑤+⑥+⑦)	수 입 금 액 내 수 판 매 ⑤국내생산품	⑥수입상품	⑦수 출 (영세율대상)
제조,도매,건설	자동차부품제조 외	01	343002	2,321,000,000	2,313,000,000		8,000,000
건설업	기타 비주거용 건물 건설업	02	451104	1,200,000,000	1,200,000,000		

2) [과세표준과 수입금액 차액검토]
- 상단의 F12불러오기를 클릭하여 부가가치세 신고서 자료를 반영
- 직접입력 시 부가가치세법상 과세표준을 참고하여 과세와 영세율 금액 입력
- '유형자산 및 무형자산 매각액'란에 고정자산 매각(기계장치) 50,000,000원, '거래(공급)시기차이가산'란에 제품매출 선수금 3,000,000원을 반영

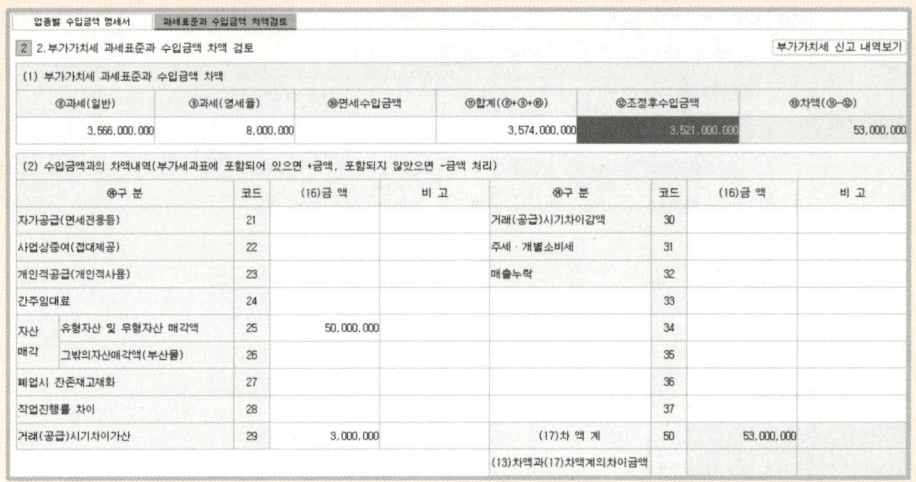

실습예제 따라하기

03 다음 자료를 이용하여 ㈜육공구(0609)의 [수입금액조정명세서] 및 [조정후수입금액명세서]를 작성하시오.

1. 손익계산서상 수입금액

구분	수입금액	업종코드
제품매출	2,400,000,000원	300101
상품매출	1,150,000,000원	515050
임대료수입	120,000,000원	701201

- 제품매출에는 직수출 50,000,000원이 포함되어 있다.
- 상품매출에는 면세수입 150,000,000원이 포함되어 있고, 그 외의 수입금액에는 면세수입이 없다.
- 임대료 수입에는 부가가치세법상 간주임대료 4,200,000원이 포함되어 있지 않다.

2. 당사는 매출거래처에 접대 목적으로 상품(매입원가 5,000,000원, 시가 8,000,000원)을 증여하고, 적정한 회계 처리를 하였다.
3. 부가가치세 신고 내역은 관련 규정에 따라 적법하게 신고하였다.

실기 따라하기 03

[1] 수입금액조정명세서

1) [수입금액조정계산]
- 임대료수입 업종코드가 있으므로 매출 임대료 수입으로 입력
- 사업상의 증여(간주공급)은 법인세법상 수입금액에는 포함하지 않고
- 부가가치세법상 과세표준에는 시가로 포함

No	계정과목		③결산서상 수입금액	조정		⑥조정후 수입금액 (③+④-⑤)
	①항 목	②계정과목		④가 산	⑤차 감	
1	매 출	제품매출	2,400,000,000			2,400,000,000
2	매 출	상품매출	1,150,000,000			1,150,000,000
3	매 출	임대료수입	120,000,000			120,000,000

[2] 조정후수입금액명세서
  1) [업종별 수입금액 명세서]
     • 제품매출 수출액 50,000,000원 입력

①업 태	②종 목	순번	③기준(단순)경비율번호	수입금액계정조회 ④계(⑤+⑥+⑦)	내 수 판 매 ⑤국내생산품	⑥수입상품	⑦수 출(영세율대상)
제조,도매,부동산	컴퓨터주변기기, 임대 외	01	300101	2,400,000,000	2,350,000,000		50,000,000
도매및 상품중개업	컴퓨터 및 주변장치, 소프트	02	515050	1,150,000,000	1,150,000,000		
부동산업	비주거용 건물 임대업(점포	03	701201	120,000,000	120,000,000		

  2) [과세표준과 수입금액 차액검토]
     • 부가가치세 신고내역 불러오기
     • 사업상증여 시가 8,000,000원
     • 간주임대료 4,200,000원 입력

2.부가가치세 과세표준과 수입금액 차액 검토

(1) 부가가치세 과세표준과 수입금액 차액

⑧과세(일반)	⑨과세(영세율)	⑩면세수입금액	⑪합계(⑧+⑨+⑩)	⑫조정후수입금액	⑬차액(⑪-⑫)
3,482,200,000	50,000,000	150,000,000	3,682,200,000	3,670,000,000	12,200,000

(2) 수입금액과의 차액내역(부가세과표에 포함되어 있으면 +금액, 포함되지 않았으면 -금액 처리)

⑭구 분	코드	(16)금 액	비 고	⑭구 분	코드	(16)금 액	비 고
자가공급(면세전용등)	21			거래(공급)시기차이감액	30		
사업상증여(접대제공)	22	8,000,000		주세·개별소비세	31		
개인적공급(개인적사용)	23			매출누락	32		
간주임대료	24	4,200,000			33		
자산매각 유형자산 및 무형자산 매각액	25				34		
그밖의자산매각액(부산물)	26				35		
폐업시 잔존재고재화	27				36		
작업진행률 차이	28				37		
거래(공급)시기차이가산	29			(17)차 액 계	50	12,200,000	
				(13)차액과(17)차액계의차이금액			

실습예제 따라하기

04 당사의 수입금액 자료 및 부가가치세 과세표준을 참조하여 ㈜칠공이(0702)의 [수입금액조정명세서]와 [조정후수입금액명세서]를 작성하시오.

1. 손익계산서상 매출 및 영업외수익 내역은 다음과 같다.

	수익내역	업태/종목	기준경비율코드	금액(원)
매출액	제품매출	제조/금속제품	281103	1,737,000,000
	상품매출	도매/기계	515030	210,000,000
	공사수입금액	건설/토목시설물	451207	565,000,000
영업외수익	이자수익			1,450,000
	채무면제이익			3,000,000
	잡이익		281103	3,000,000
	유형자산처분이익			50,000,000
	총계			2,569,450,000

※ 제품매출에는 직수출 150,000,000원이 포함되어 있다.

2. 영업외수익 중 잡이익은 제조작업 중 발생한 작업폐물의 매각대 3,000,000원이다.(세금계산서 발급분임)
3. 부가가치세 과세표준내역

과세구분	금 액
과세	2,424,000,000원
영세율(제품매출)	150,000,000원
합계	2,574,000,000원

- 제품매출과 관련하여 선수금 5,000,000원을 수령하고 선수금관련 세금계산서를 발행하였다.
- 당사 제품(원가 2,000,000원, 시가 4,000,000원)을 대표이사의 개인적목적을 위하여 무상으로 사용하였다.
- 당사의 차량운반구 매각대금 50,000,000원이 포함되어 있다.

실기 따라하기 04

[1] 수입금액조정명세서
  1) [수입금액조정계산]

No	계정과목		③결산서상 수입금액	조 정		⑥조정후 수입금액 (③+④-⑤)
	①항 목	②계정과목		④가 산	⑤차 감	
1	매 출	제품매출	1,737,000,000			1,737,000,000
2	매 출	상품매출	210,000,000			210,000,000
3	매 출	공사수입금	565,000,000			565,000,000
4	영업외수익	잡이익	3,000,000			3,000,000

[2] 조정후수입금액명세서
  1) [업종별 수입금액 명세서]
   - 제품매출액에 작업폐물 매각대 3,000,000을 합한 금액인 1,740,000,000원 입력
   - 수출금액 150,000,000원 입력

①업 태	②종 목	순번	③기준(단순) 경비율번호	수입금액계정조회 ④계(⑤+⑥+⑦)	내 수 판 매		⑦수출 (영세율대상)
					⑤국내생산품	⑥수입상품	
제조,도매,건설	금속제품외,도급공사	01	281103	1,740,000,000	1,590,000,000		150,000,000
건설업	항만, 수로, 댐 및 유사 구...	02	451207	565,000,000	565,000,000		
도매및 상품중개업	건설·광업용 기계 및 장비	03	515030	210,000,000	210,000,000		

  2) [과세표준과 수입금액 차액검토]
   - 부가가치세 과세표준 불러오기
   - 선수금 5,000,000원 거래(공급)시기차이가산에 입력
   - 개인적공급 시가 4,000,000원 입력
   - 유형자산매각액 50,000,000원 입력

(3) 수입배당금명세서

<수입배당금명세서 작성순서>

지주회사 또는 출자법인 현황 ≫ 자회사 또는 배당금 지급법인 현황 ≫ 수입배당금 및 익금불산입금액 명세

구분	내용
개요	• 법인이 출자한 피투자회사의 수입배당금은 피투자회사의 순이익에서 법인세를 납부하고 받은 잔여분으로 법인소득에 포함 • 피투자회사 소득에 1차 과세된 후 다시 과세되는 이중과세 발생 • 이중과세 조정을 위해 법인세법은 내국법인(비영리내국법인 제외)이 출자한 다른 내국법인으로부터 받은 수입배당금액(의제배당금액 포함) 중 일정비율을 익금불산입 처리
익금불산입 배제대상	① 배당기준일 전 3개월 이내에 취득한 주식 등으로 발생하는 수입배당금액(동일 종목 주식 일부 양도 시 먼저 취득한 주식을 먼저 양도한 것으로 봄) ② 유동화전문회사 및 프로젝트금융투자회사 등 소득공제를 적용받는 법인으로부터 받은 수입배당금액 ③ 법인세를 비과세·면제·감면받는 법인으로부터 받은 수입배당금액 ④ 지급한 배당에 대하여 소득공제를 적용받는 법인과세 신탁재산으로부터 받은 수입배당금액
익금불산입 비율	• 출자비율 50% 이상: 수입배당금액의 100% 익금불산입 • 출자비율 20%~50% 미만: 수입배당금액의 80% 익금불산입 • 출자비율 20% 미만: 수입배당금액의 30% 익금불산입
익금불산입 차감액	• 배당을 지급받은 내국법인이 각 사업연도에 지급한 차입금이자가 있는 경우 • 익금불산입대상 주식의 취득관련 차입금이자를 익금불산입 대상금액에서 차감

$$익금불산입차감액 = 차입금이자 \times 익금불산입률 \times \frac{익금불산입대상\ 자회사\ 주식의\ 장부가액\ 적수}{지주회사(출자법인)의\ 자산총액\ 적수}$$

구분	내용
① 출자법인 현황	• 출자법인의 현황은 회사등록 정보가 자동 반영
② 배당금 지급법인 현황	• 지주회사가 직접 당해 내국법인의 발행주식총수 또는 출자총액의 100분의 50(주권상장법인 또는 협회등록법인의 경우에는 100분의 30) 이상을 당해 내국법인의 배당기준일 현재 3개월 이상 계속하여 보유하고 있는 자회사 또는 배당금 지급법인에 대한 현황을 입력
③ 수입배당금액 및 익금불산입 금액 명세	• 자회사 또는 배당금 지급 법인명, 배당금액, 익금불산입비율, 지급이자, 보유주식의 장부액 및 출자법인의 자산총액을 입력하면 익금불산입액이 자동으로 계산 • 익금불산입율은 해당란에 커서를 놓으면 나타나는 보조창에서 선택 확인하여 입력
④ 익금불산입 조정	• [2.수입금액조정명세]를 작성한 후에 가산란과 차감란에 해당 항목별로 입력

실습예제 따라하기

01 다음 자료를 참조하여 ㈜오공칠(회사코드: 0507)의 [수입배당금액명세서]에 내용을 추가하여 작성을 완료하고 필요한 세무조정을 하시오.

1. 배당금 수취 현황

일자	회사명	사업자등록번호	대표자	소재지	배당액
2025.04.10.	㈜한다	106-85-32321	김서울	서울시 영등포구 국제금융로 8	5,000,000원
2025.04.30.	㈜간다	108-86-00273	이인천	서울시 마포구 마포대로 3	750,000원

2. ㈜한다 주식내역

발행주식총수	당사보유내역	지분율	비고
60,000주	60,000주	100%	• 일반법인 • 2022.10.15. 100% 지분 취득 • 취득일 이후 지분변동 없음

3. ㈜간다 주식내역

발행주식총수	당사보유내역	지분율	비고
1,000,000주	5,000주	0.5%	• 주권상장법인 • 2023.03.15. 0.5% 지분 취득 • 취득일 이후 지분변동 없음

4. 기타내역
   - 당사는 유동화전문회사 및 지주회사가 아니다.
   - 당사는 지급이자가 없는 것으로 가정한다.
   - 이에 따라 익금불산입 배제금액은 없다.

실기 따라하기 01

[1] [수입배당금명세서]
- ㈜한다는 지분율이 100%이므로 익금불산입비율 100%
- ㈜간다는 지분율이 20%미만이므로 익금불산입비율 30%

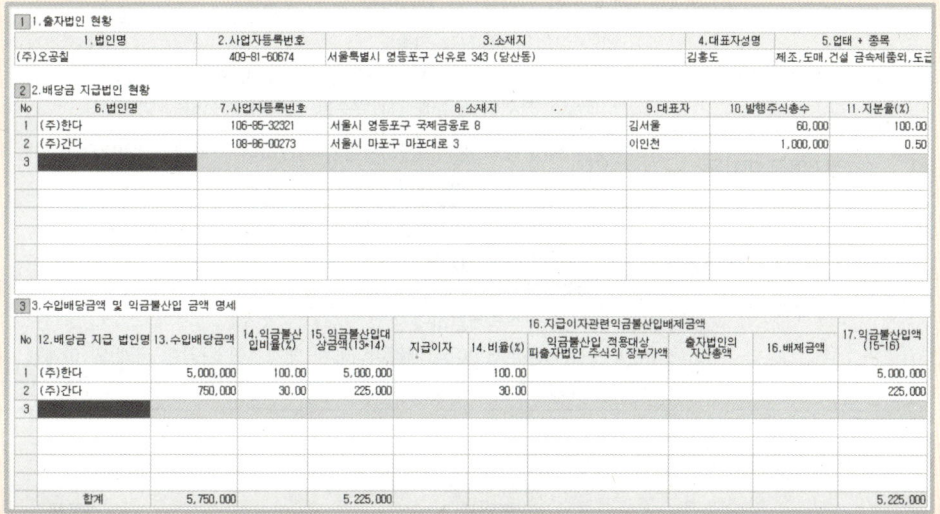

[2] F3 조정등록

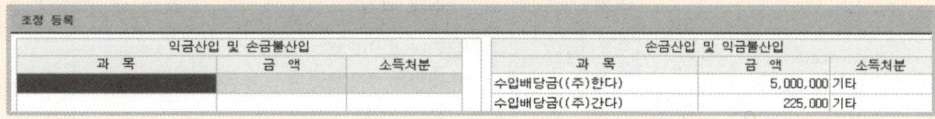

(4) 임대보증금등의 간주익금조정명세서

<임대보증금등의 간주익금조정명세서 작성순서>

2. 임대보증금 등의 적수계산 ≫ 3. 건설비 상당의 적수계산 ≫ 4. 임대보증금 등의 운용수입금액 계산서 ≫ 1. 임대보증금 등의 간주익금 조정

구분	내용
개요	• 내국영리법인 중 부동산임대업이 주업(자산총액 중 임대사업 자산가액 50% 이상)이면서 • 차입금을 과다 보유한 법인(차입금 적수가 자기자본 적수의 2배 초과)이 • 부동산 또는 부동산 권리 대여로 받은 보증금에 대해 • 정기예금이자 상당액을 임대료로 간주하여 익금산입 • 이를 "간주익금"이라 하며 [임대보증금등의 간주익금조정명세서]로 계산
간주익금 계산식	간주익금 = (보증금 등의 적수 − 건설비 상당액의 적수) × 1/365 × 적용이자율 − 금융수익 * 간주익금이 0보다 적은 경우에는 이를 없는 것으로 함
보증금 등	• 부동산 또는 부동산에 관한 권리 등을 대여하고 받은 보증금·전세금 또는 유사 성질의 금액 • 예외: 주택임대사업 지원을 위한 주택 및 주택 부수 토지(한계면적 이내)의 임대 　주택부수토지의 한계면적 = Max(①, ②) 　① 건물이 정착된 면적 × 5배(도시지역 밖의 토지는 10배) 　② 주택의 연면적(지하층 면적, 지상층 주차용 면적 및 주민공동시설 면적 제외)
임대용 부동산의 건설비 상당액	• 해당 건축물의 취득가액(자본적 지출액 포함, 재평가차액 제외) • 토지의 취득가액은 포함하지 않음
적수의 계산	법인은 다음 중 선택 가능: • 당해 사업연도 중 매일의 잔액을 합산하여 계산하는 방법 • 매월말 현재의 잔액에 경과일수를 곱하여 계산하는 방법
정기예금 이자율	• 금융회사 등의 정기예금이자율을 감안하여 기획재정부령으로 정하는 이자율 • 2025.1.1. 이후 개시하는 사업연도부터 연 3.1%
금융수익	• 해당 사업연도 임대사업 부분에서 발생한: 　− 수입이자와 할인료 　− 배당금 　− 신주인수권처분이익 　− 유가증권처분이익(매각이익에서 매각손실 차감한 금액)의 합계액 • 유가증권처분이익의 합계액이 음수(−)인 경우에는 "0"으로 하여 간주익금 계산

<간주임대료 관련 세법 간 비교정리>

구분	부가가치세	법인세		소득세	
		추계	추계 외	추계	추계 외
적용대상	부동산임대사업자	모든 법인	차입금과다 법인으로 부동산임대업을 주업으로 하는 영리내국법인	부동산임대사업자	부동산임대사업자
적용배제 (×)	주택과 부수토지 (주택임대는 면세)	없음 (법인 소유 부동산 주택 포함)	주택과 부수토지 (주택임대는 면세)	2주택 이하 소유자 또는 임대보증금 합계 3억 이하인 경우	2주택 이하 소유자 또는 임대보증금 합계 3억 이하인 경우
계산식	임대보증금 등의 적수 × 1/365 × 정기예금이자율	임대보증금 등의 적수 × 1/365 × 정기예금이자율	(임대보증금 등의 적수 − 건설비상당액 적수) × 1/365 × 정기예금이자율	임대보증금 등의 적수 × 1/365 × 정기예금이자율	(임대보증금 등의 적수 − 건설비상당액 적수) × 1/365 × 정기예금이자율

건설비 차감	–	–	실제 건설비 차감 (토지, 재평가차액 제외, 자본적지출액 포함)	– (주택은 보증금의 60%)	주택은 보증금의 60%를 건설비로 차감 주택 외의 부동산은 실제 건설비를 차감
금융수익 차감	–	–	수입이자와 할인료, 수입배당금, 유가증권처분이익, 신주인수권처분이익	–	수입이자와 할인료, 수입배당금

1) 2. 임대보증금등의 적수계산

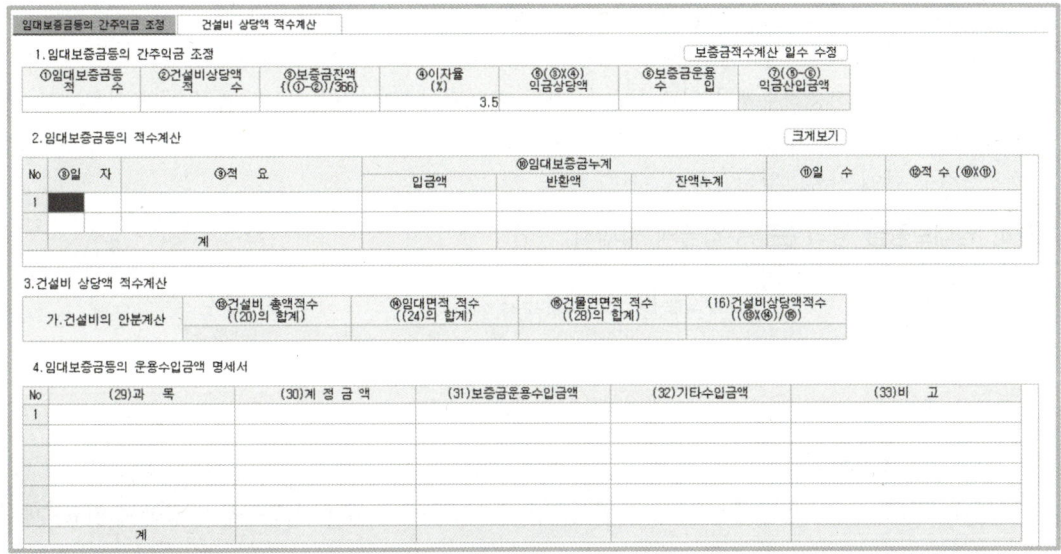

- 전기에서 이월된 임대보증금의 경우는 "⑨적요"란에 "0.입금: 전기이월"을 선택하여 입력
- 일자별로 임대보증금의 입금과 반환금액을 입력하면 임대보증금 누계와 일수 및 적수가 자동으로 계산
- "234. 임대보증금 계정"으로 결산서에 반영한 경우 상단의 F12불러오기를 클릭하여 반영

2) 나. 임대면적 등 적수계산

① 건설비 총액적수

항목	내용
일자	• 전기 이전에 취득(준공)하여 임대사업을 개시한 경우에는 1월 1일을 입력 • 당기 중에 취득(준공)하여 임대사업을 개시한 경우에는 임대사업 개시일을 입력
건설비 총액	• 임대용 부동산(토지 제외) 취득에 소요된 금액을 입력 • 건설비 총액누계와 일수 및 적수가 "가.건설비의 안분계산"의 ⑬ 란에 자동계산

② 건물임대면적 적수

나. 임대면적등적수계산 : (21)건물임대면적 적수(공유면적 포함)						
No	⑨일 자	입실면적	퇴실면적	(22)임대면적 누계	(23)일 수	(24)적 수 ((22)X(23))
1						
			계			

건물임대면적	• 실제로 임대에 제공된 건물면적(공유면적 포함)을 입력 • 변동이 있는 경우 퇴실면적과 입실면적을 각각 입력 • 임대면적 누계와 일수 및 적수는 "가.건설비의 안분계산"의 ⑭ 란에 자동계산

③ 건물연면적적수

나. 임대면적등적수계산 : (25)건물연면적 적수(지하층 포함)					
No	⑨일 자	건물연면적 총계	(26)건물연면적 누계	(27)일 수	(28)적 수 ((26)X(27))
1					

건물연면적	• 건축물관리대장상의 건물연면적(지하층 포함)을 입력 • 건물 연면적계와 일수 및 적수가 "가.건설비의 안분계산"의 ⑮ 란에 자동계산

④ 가. 건설비의 안분계산

3.건설비 상당액 적수계산				
가.건설비의 안분계산	⑬건설비 총액적수 ((20)의 합계)	⑭임대면적 적수 ((24)의 합계)	⑮건물연면적 적수 ((28)의 합계)	(16)건설비상당액적수 ((⑬X⑭)/⑮)

- [나.임대면적등적수계산]입력 내용이 자동 반영되어 "(16)건설비상당액적수"가 자동계산
- 이는 [임대보증금등의간주익금조정]TAB의 [1.임대보증금등의간주익금조정] "②건설비상당액 적수"란에 자동반영

3) 4. 임대보증금 등의 운용수입금액 명세서

4.임대보증금등의 운용수입금액 명세서					
No	(29)과 목	(30)계 정 금 액	(31)보증금운용수입금액	(32)기타수입금액	(33)비 고
1					
	계				

- 임대보증금 운용수입란에는 당해 사업연도에 임대보증금을 운용함으로써 발생한 할인료, 배당금, 신주인수권처분이익 및 유가증권처분이익(처분손실을 차감한 금액) 등의 금융수익을 입력

4) 1. 임대보증금 등의 간주익금조정
- 항목별 입력 시 익금상당액에서 보증금운용수입을 차감한 금액이 자동 반영
- 다만 동 금액이 음수(-)인에는 금액이 표시되지 않는다.
- 익금산입액이 있는 경우 기타사외유출로 소득처분

✓ 주요 체크사항: 간주익금조정명세서

구분	내용
기본 원칙	• 간주임대료는 익금으로 간주

적용 대상	• 추계결정을 하는 모든 법인
	• 추계결정 외의 경우:
	   - 부동산임대업을 주업으로 하면서
	   - 차입금과다법인인 영리내국법인

차입금과다법인 정의	• 임대사업에 사용된 자산가액이 50% 이상인 법인
건설비 상당액 계산 시	• 토지, 재평가차액 제외 • 자본적 지출액은 포함

실습예제 따라하기

01 다음의 자료를 이용하여 ㈜오공칠(회사코드: 0507)의 [임대보증금등의 간주익금조정명세서]를 작성하고 세무조정을 하시오. (단, 기존에 입력된 데이터는 무시하고 제시된 자료로 계산하며, 이 문제에 한정해서 부동산임대업을 주업으로 하는 영리내국법인으로서 차입금이 자기 자본의 2배를 초과하는 법인으로 가정한다)

1. 임대보증금의 내역

구분	금액	임대면적	비고
전기이월	600,000,000원	20,000㎡	
4월 30일 보증금 감소	200,000,000원	6,000㎡	퇴실 면적 계산 시 이용
6월 1일 보증금 증가	300,000,000원	6,000㎡	입실 면적 계산 시 이용
기말잔액	700,000,000원	20,000㎡	

2. 건설비상당액은 전기 말 400,000,000원으로 건물의 총 연면적은 20,000㎡이다.
3. 손익계산서상 이자수익 13,500,000원 중 임대보증금 운용수입은 2,800,000원이다. (1년 만기 정기예금이자율은 3.1%로 가정함)

실기 따라하기 01

[1] 임대보증금등의 간주익금조정명세서
  1) [임대보증금등의 간주익금 조정]
    • [2.임대보증금등의 적수계산]에 전기이월 일자는 1월 1일로 입력하고 4월 30일 보증금 감소는 반환액에, 6월 1일 보증금 증가액은 입금액에 각각 금액을 입력

No	②일자	③적요	입금액	반환액	잔액누계	⑤일수	⑥적수 (④×⑤)
1	01 01	전기이월	600,000,000		600,000,000	119	71,400,000,000
2	04 30	반환		200,000,000	400,000,000	32	12,800,000,000
3	06 01	입금	300,000,000		700,000,000	214	149,800,000,000

2) [건설비 상당액 적수계산 TAB]
- [나.임대면적등적수계산: (17)건설비 총액적수]에 전기이월(1월 1일) 건설비 총액 400,000,000원을 입력
- [나.임대면적등적수계산: (21)건물임대면적 적수]에 각 일자별 입실면적 퇴실면적을 입력
- [나.임대면적등적수계산: (25)건물연면적 적수]에 20,000㎡을 입력

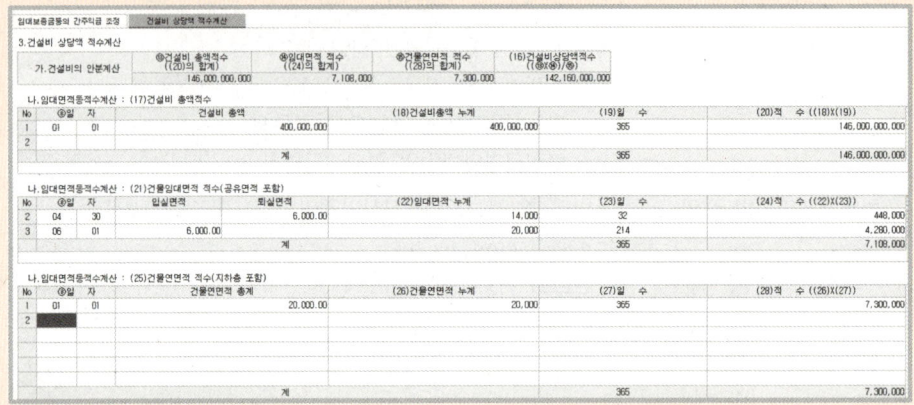

3) [임대보증금등의 간주익금 조정]
- [4.임대보증금등의 운용수입금액 명세서]에서 F2불러오기를 이용하여 이자수익계정을 불러오고 계정금액 및 보증금운용수입금액을 입력
- [1.임대보증금등의 간주익금 조정] 익금산입금액 5,000,109원 확인

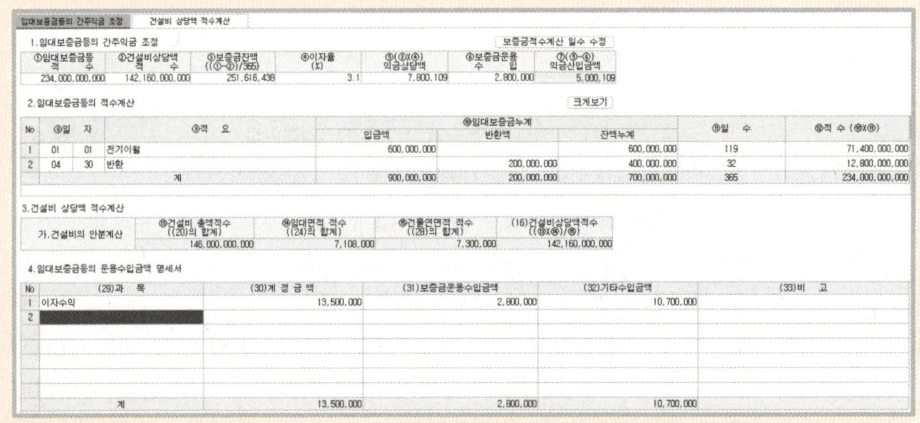

4) F3 조정등록

조정 등록						
익금산입 및 손금불산입			손금산입 및 익금불산입			
과 목	금 액	소득처분	과 목	금 액	소득처분	
간주익금	5,000,109	기타사외유출				

(5) **중소기업등기준검토표**

<중소기업등기준검토표 작성순서>

사업요건 및 규모요건	»	독립성요건 및 유예기간	»	소기업 중견기업

구분	내용
개요	• 중소기업 해당 여부를 중소기업기준검토표를 작성하여 검토 • 중소기업 요건: 조세특례제한법의 업종기준 충족 + 매출액이 주된 업종별 규모기준(중소기업기본법시행령) 이내 • 중소기업에 대해서는 법인세법과 조세특례제한법에 따라 다양한 세제혜택 부여

사업요건	• 조세특례제한법상 소비성 서비스업을 제외한 모든 업종
	• 소비성 서비스업(제외 대상):
	  – 호텔업 및 여관업(관광숙박업 제외)
	  – 일반유흥주점업
	  – 무도유흥주점 및 단란주점업(외국인전용유흥음식점과 관광유흥음식점업은 제외)

규모요건	• 해당 기업의 매출액과 자산총액(5천억원 미만)이 「중소기업기본법 시행령」, [별표1]의 중소기업기준 이내일 것 • 2개 이상 서로 다른 사업 영위 시: 사업별 수입금액(기업회계기준 손익계산서상 매출액)이 큰 사업을 주된 사업으로 봄 • 중소기업 졸업기준: 업종 및 규모 기준 충족해도 자산총액이 5천억원 이상인 기업은 중소기업에서 제외
독립성요건	• 소유 및 경영의 실질적인 독립성이 「중소기업기본법 시행령」 제3조 제1항 제2호의 규정에 적합할 것

1) 사업요건 및 규모요건

- F12불러오기를 클릭하여 [조정후수입금액명세서]의 업종별 수입금액이 "사업요건"에 자동반영
- "규모요건"은 표준재무제표의 자산총액과 매출액이 반영
- 중소기업 해당 규모요건을 확인하고자 하는 경우 - 「중소기업기본법 시행령」 별표 1의 규모기준 을 클릭하여 확인

2) 독립성 요건 및 유예기간

- 소유 및 경영의 실질적인 독립성이 갖춘 경우 "적합"을 선택
- 중소기업 졸업기준에 해당하는 경우 사유발생연도를 입력
- 유예(그 사유가 발생한 날이 속하는 사업연도 와 그 다음 5개 사업연도를 적용
- 2025년 개정: 중소기업 졸업 유예기간이 기존 3년에서 5년으로 개정(코스피, 코스닥 상장 기업의 경우 7년)

사업 요건 및 규모 요건	독립성 요건 및 유예기간	소기업	중견기업	
요건		검토 내용		적합 여부
(103) 독립성 요건	『조세특례제한법 시행령』 제2조 제1항 제3호에 적합한 기업일 것	• 「독점규제 및 공정거래에 관한 법률」 제31조제1항에 따른 공시대상기업집단에 속하는 회사 또는 같은 법 제33조에 따라 공시대상기업집단의 국내 계열회사로 편입·통지된 것으로 보는 회사에 해당하지 않을 것 • 자산총액 5천억원 이상인 법인이 주식등의 30%이상을 직·간접적으로 소유한 경우로서 최다출자자인 기업이 아닐 것 • 「중소기업기본법 시행령」 제2조제3호에 따른 관계기업에 속하는 기업으로서 같은 영 제7조의4에 따라 산정한 매출액이 「조세특례제한법 시행령」 제2조제1항제1호에 따른 중소기업기준((102)의① 기준) 이내일 것		적합
(104) 유예 기간	『조세특례제한법 시행령』 제2조 제2항 및 제5항에 따른 유예기간에 있는 기업일 것	① 중소기업이 규모의 확대 등으로 (102)의 기준을 초과하는 경우 최초 그 사유가 발생한 사업연도와 그 다음 3개 [2024년 11월이 속하는 사업연도에 최초로 사유가 발생한 경우부터는 5개 (『자본시장과 금융투자사업에 관한 법률』에 따른 유가증권시장 또는 코스닥 시장에 상장되어 있는 경우에는 7개)] 사업연도까지 중소기업으로 보고 그 후에는 매년마다 판단 ② 「중소기업기본법 시행령」 제3조제1항제2호, 별표 1 및 별표2의 개정으로 중소기업에 해당하지 아니하게 되는 때에는 그 사유가 발생한 날이 속하는 사업연도와 그 다음 3개 사업연도까지 중소기업으로 봄 ○사유발생 연도 년		
			중기업 적정여부	적합

3) 소기업
  • 소기업을 판정하기 위한 업종별 매출액을 입력

4) 중견기업
  • 중견기업은 중소기업을 졸업한 기업으로서 중소기업 업종을 영위하면서 직전 3년 평균 매출액이 3,000억원 이하일 때에 해당
  • 다만 개발비세액공제를 적용할 때에는 평균매출액 기준을 5,000억원으로 상향

03 감가상각비 조정

01 감가상각비

구분	내용
기본 개념	• 영업활동 사용목적 유형자산과 무형자산의 감가상각대상금액을 해당 자산의 내용연수에 걸쳐 합리적이고 체계적인 방법에 따라 원가로 배분하는 것 • 고정자산 감가상각비는 본래 손금산입이 타당하나, 법인세법에서는 일정한 상각범위액 내에서만 손금으로 인정

감가상각제도의 특징	1. **감가상각비 계산요소 및 상각방법의 법정화**
	   • 법인세법에서 인정하는 감가상각방법은 자산별로 구분되어 있으며 이 중 하나를 선택하여 납세지 관할세무서장에게 신고 필요
	   • 감가상각자산의 내용연수도 법인세법시행규칙의 〈별표〉에서 자산별·업종별로 세분하여 규정
	2. **결산조정사항**
	   • 법인이 손금으로 계상한 경우에 한하여 당해자산의 내용연수에 따른 상각률에 의하여 계산한 금액(상각범위액)을 한도로 손금산입
	   • 한도액 초과금액은 손금불산입(유보)
	3. **임의상각제도**
	   • 법인이 각 사업연도에 유형자산과 무형자산에 대한 감가상각 여부는 법인의 내부의사결정에 의함(감가상각의제 제외)
	4. **자산별 시부인계산**
	   • 감가상각비의 상각부인액 및 시인부족액 계산은 개별 자산별로 함

감가상각자산의 범위	1. **유형자산**
	   ① 건물(부속설비 포함) 및 구축물(이하 '건축물')
	   ② 차량 및 운반구, 공구, 기구 및 비품
	   ③ 선박 및 항공기
	   ④ 기계 및 장치
	   ⑤ 동물 및 식물
	   ⑥ 그 밖에 ①~⑤와 유사한 유형자산
	2. **무형자산**
	   ① 영업권, 디자인권, 실용신안권, 상표권
	   ② 특허권, 어업권, 「해저광물자원 개발법」에 의한 채취권, 유료도로관리권, 수리권, 전기가스공급시설이용권, 공업용수도시설이용권, 수도시설이용권, 열공급시설이용권
	   ③ 광업권, 전신전화전용시설이용권, 전용측선이용권, 하수종말처리장시설관리권, 수도시설관리권
	   ④ 댐사용권
	   ⑤ 개발비
	   ⑥ 사용수익기부자산가액
	   ⑦ 「전파업」에 의한 주파수이용권 및 「공항시설법」에 의한 공항시설관리권
	   ⑧ 「항만법」에 따른 항만시설관리권

항목		내용
감가상각에 포함되지 않는 자산		① 사업에 사용하지 아니하는 것(유휴설비 제외) * 유휴설비: 일시적 가동중단, 상시 재가동 가능상태 ② 건설 중인 것 ③ 시간의 경과에 따라 그 가치가 감소되지 아니하는 것(토지, 미술품 등)

02 감가상각의 계산요소

항목		내용
취득 가액	일반 원칙	• 취득당시의 자산가액과 법인이 자산을 취득하여 법인 고유의 목적사업에 직접 사용할 때까지의 제반비용을 포함 • 자산이 고유기능을 발휘할 수 있는 시점까지 투입된 비용은 자본화(건설자금이자 포함)
	자본적 지출이 있는 경우	자본적 지출 • 의의: 내용연수를 연장하거나 가치를 증대시키는 지출 • 회계처리: 자산의 장부가액에 가산 취득원가에 가산되어 이후 감가상각과정을 통해 손금산입 [사례] – 본래의 용도를 변경하기 위한 개조 – 엘리베이터, 냉난방장치 설치 – 빌딩 등 피난시설 등 설치 – 재해 등으로 멸실, 훼손된 건축물 등의 복구 – 그 밖의 개량, 확장, 증설 등 위와 유사한 성질의 것
		수익적 지출 • 의의: 원상을 회복시키거나 능률을 유지하기 위한 지출 • 회계처리: 당기의 비용처리 [사례] – 건물 또는 벽의 도장 – 파손된 유리나 기와 대체 – 재해를 입은 자산에 대한 외장의 복구, 도장 등 – 기계의 소모된 부속품 등 교체 – 기타 조업 가능한 상태의 유지 비용 등 위와 유사한 성질의 것
즉시상각의제		• 감가상각자산의 취득가액과 자본적 지출에 해당하는 금액을 비용으로 계상한 경우와 손상차손을 계상한 경우(천재지변, 화재 등으로 파손되거나 멸실된 경우 제외)에는 즉시 감가상각한 것으로 간주 • 원칙: 세법상 즉시상각의제 금액을 감가상각비로서 손금산입한 것으로 보아 상각시부인 • 특례: 다음의 경우 즉시상각의제 적용하지 않고 전액 손금인정

즉시상각 의제 특례항목		① 소액자산
		  • 자산의 취득가액이 거래단위별로 100만원 이하인 경우(아래 제외)
		    – 고유업무의 성질상 대량으로 보유하는 자산
		    – 사업의 개시 또는 확장을 위하여 취득한 자산
		  • 세무조정: 사업에 사용한 사업연도의 손금으로 계상한 경우 손금산입
		② 어구 등 단기사용자산
		  • 어업에 사용되는 어구(어선용구 포함)
		  • 영화필름, 공구(금형 제외), 가구, 전기기구, 가스기기, 가정용 기구·비품, 시계, 시험기기, 측정기기, 간판
		  • 대여사업용 비디오테이프 및 음악용 콤팩트디스크(취득가액 30만원 미만)
		  • 전화기(휴대용 포함) 및 개인용 컴퓨터(주변기기 포함)

		③ 소액수선비
		• 개별자산별로 수선비로 지출한 금액이 600만원 미만인 경우
		• 개별자산별로 수선비 지출액이 전기말 현재 재무상태표상 자산 장부가액의 5% 미달 경우
		• 3년 미만의 기간마다 주기적인 수선을 위하여 지출하는 경우
		• 세무조정: 지출한 사업연도의 손금으로 계상한 경우 손금산입
		④ 생산설비 폐기손실
		• 자산 장부가액에서 1천원을 공제한 금액을 폐기일이 속하는 사업연도의 손금산입 가능:
		  – 시설의 개체 또는 기술 낙후로 생산설비 일부 폐기 경우
		  – 사업 폐지 또는 사업장 이전으로 임대차계약에 따라 임차한 사업장의 원상회복을 위해 시설물 철거하는 경우

잔존가액	일반원칙: • 법인세법은 잔존가액을 "0"으로 규정	
	정률법 상각시: • 정률법의 경우 정률 계산을 위해 취득가액의 5%를 잔존가액으로 인정 • 해당 감가상각자산에 대한 미상각잔액이 최초로 취득가액의 5% 이하가 되는 사업연도의 상각범위액에 가산	
	비망가액: • 감가상각이 종료되는 자산의 실물관리를 위한 비망가액 • 취득가액의 5%와 1,000원 중 적은 금액을 해당 감가상각자산의 장부가액으로 설정 • 손금에 산입하지 않고 자산 처분시 손금산입	
내용연수	개념: • 감가상각자산이 법인의 영업활동에 이용될 수 있는 사용연수 • 세법에서는 법인이 감가상각시 적용할 내용연수를 구조 또는 자산별·업종별로 기획재정부령으로 규정 • 상각률까지도 기획재정부령으로 규정	
	기준내용연수: • 법인세법시행규칙의 〈별표〉에서 자산별·업종별로 내용연수를 세분하여 규정한 것	
	가속상각 특례: • 설비투자 자산의 감가상각 기간을 단축해 조기에 비용처리를 허용하는 제도 • 2025년부터 중소·중견기업의 시설투자에 대해 적용 범위가 확대 • 기준 내용연수의 50%~75% 이내에서 기업이 신고한 내용연수로 빠른 상각이 가능 • 중소 & 중견기업: 75%, 일반기업 50%	
	신고내용연수: • 기준내용연수의 상하 25% 범위 내에서 내용연수를 선택하여 납세지 관할세무서장에게 신고 • 예 기준내용연수가 8년이면 최저 6년에서 최고 10년 사이 법인이 선택 가능 • 단, 시험연구용자산과 개발비를 제외한 기타 무형자산은 법에서 정한 기준내용연수만 적용	

03 감가상각방법

(1) 감가상각방법의 종류

- 법인세법에서 인정하는 감가상각방법은 자산별로 구분되어 있으며 이 중 하나를 선택하여 납세 지 관할세무서장에게 신고
- 선택된 감가상각방법은 이후 사업연도에도 계속하여 적용

구분		상각방법	무신고 시
유형 자산	일반	정률법, 정액법	정률법
	건축물	정액법	정액법
	광업용 유형고정자산	생산량비례법, 정률법, 정액법	생산량비례법
무형 자산	일반	정액법	정액법
	광업권	생산량비례법, 정액법	생산량비례법
	개발비	정액법(20년 이내)	정액법(5년 이내)
	사용수익기부자산	사용수익기간에 따른 정액법	사용수익기간에 따른 정액법

* 법인은 자산별 구분에 따라 감가상각 방법 중 하나의 방법을 선택하여 신고하여야 한다.
* 내용연수는 자산별, 업종별로 구분하여 법으로 규정되어 있다.
* 다만, 업무용승용차는 내용연수 5년, 정액법을 적용해야 하며 연간 감가상각비 한도액은 800만원이다.

(2) 감가상각방법의 신고

구분	신고기한
① 신설법인	영업을 개시한 날이 속하는 과세표준신고기한까지
② 수익사업을 새로 개시한 법인	
③ ①과 ② 외의 법인이 선택가능한 상각방법의 자산별 구분이 다른 감가상각자산을 새로 취득한 경우	취득일이 속하는 과세표준신고기한까지

(3) 감가상각의제

- 법인세법상 감가상각제도는 임의상각제도로 손금계상 시기를 법인이 선택
- 법인이 임의상각제도를 악용하여 법인세를 면제 또는 감면받는 기간에는 감가상각비를 미계상 또는 미달 계상하여 법인의 조세회피가 발생
- 과세당국은 이를 방지하기 위해 "감가상각의 의제"라는 강제상각제도 시행

구분	내용
법인세를 면제받거나 감면받은 경우	각 사업연도소득에 대하여 법인세가 면제되거나 감면되는 사업을 영위하는 법인으로서 법인세를 면제받거나 감면받은 경우에는 개별자산에 대한 감가상각비가 상각범위액이 되도록 감가상각비를 손금에 산입하여야 한다.
추계결정·경정 시	① 정률법: 상각범위액계산시 취득가액에서 감가상각누계액과 감가상각의제액을 공제하므로 당기 이후부터 감가상각범위액이 줄어든다. $$상각범위액 = [취득가액 - (기초감가상각누계액 + 감가상각의제액)] \times 상각률$$ ② 정액법: 취득가액에 상각률을 곱하여 상각범위액을 계산하므로 상각범위액은 변함이 없으나 내용연수 후반기에 감가상각의제액만큼 손금이 인정되지 않는다.

(4) 감가상각비의 시부인계산

1) 상각범위액의 계산

① 정률법

> 상각범위액 = 세무상 미상각잔액* × 상각률
>
> * 세무상 미상각잔액 = 장부상 미상각잔액 + 상각부인액 + 당기 즉시상각의제 − 전기말의제상각누계액

미상각자산 감가상각 조정명세서(정률법)	
당기말 재무상태표상 취득가액	
(−) 당기말 재무상태표상 감가상각누계액	: 기말 장부가액
(+) 당기말 회사계상 감가상각비	: 기초 장부가액
(+) 전기말 부인누계액	
(−) 전기말 의제상각누계액	: 세무상 기초 장부가액
(+) 비용 계상한 자본적 지출액(당기발생분)	
(=) 세무상 미상각잔액	

② 정액법

> 상각범위액 = 기말세무상 취득가액* × 상각률
>
> * 기말세무상 취득가액 = 당기말 장부상 취득가액 + 전기·당기 즉시상각의제 상각

미상각자산 감가상각 조정명세서(정액법)	
당기말 재무상태표상 취득가액	
(−) 당기말 재무상태표상 감가상각누계액	: 기말 장부가액
(+) 당기말 회사계상 감가상각비	: 기초 장부가액
(+) 전기말 회사계상 감가상각비 누계	: 취득가액
(+) 비용 계상한 자본적 지출액(전기이전분)	
(+) 비용 계상한 자본적 지출액(당기발생분)	
(=) 세무상 미상각잔액	

③ 생산량비례법

> 상각범위액 = 취득가액 × $\dfrac{\text{해당 사업연도 채굴량}}{\text{총채굴예정량}}$

④ 특수한 경우의 상각범위액

구분	내용
신규취득자산	신규취득자산의 상각범위액 = 상각범위액 × $\dfrac{\text{사용월수}}{12}$
자본적지출	감가상각자산의 기초가액에 가산하여 기존 자산의 상각방법에 따라 상각한다.
유형자산평가증	법률에 따른 자산의 평가증을 한 경우 먼저 감가상각을 한 후 평가증을 하는 것으로 본다.

2) 감가상각 시부인계산

구분	내용
개념	• 감가상각 시부인이란, 기업이 장부에 계상한 감가상각비와 세법상 인정되는 감가상각비 한도(상각범위액)를 비교하여, 초과 또는 미달된 금액을 세무상 조정하는 절차 {하위표 참조}
회사계상 상각비 구성요소	회사계상 상각비 = 손익계산서상 감가상각비 + 즉시상각의제 + 전기오류수정손실 〈회사계상 상각비 주요 사례〉 • 판매비와 관리비 및 제조원가로 계상한 감가상각비 • 법인세법상 취득과 관련하여 지출된 금액을 비용처리한 경우 • 자본적 지출액을 수익적 지출로 처리한 경우(수선비 600만원 미만인 경우 제외) • 전기 이전에 과소계상한 감가상각비를 기업회계기준에 따라 전기오류수정손실(영업외비용)로 계상하거나 이익잉여금을 감소시킨 경우 • 감가상각방법을 변경하여 기업회계기준에 따라 이익잉여금을 감소시킨 경우
상각부인액	• 회사가 계상한 감가상각비가 법인세법상의 상각범위액을 초과한 경우 발생 • 초과액은 손금불산입(유보) 처분됨 • 차기 이후 시인부족액 발생 시 그 시인부족액 범위 내에서 손금산입(△유보)으로 추인 • 내용연수 중 자산 양도 시 상각부인액의 잔액을 손금에 산입하여 유보 소멸 필요
시인부족액	• 회사가 계상한 감가상각비가 법인세법상 상각범위액에 미달하는 경우 발생 • 감가상각비는 원칙적으로 결산조정사항이므로 회사가 결산서에 계상하지 않은 시인부족액을 손금에 산입하는 세무조정은 하지 않음 • 손금산입특례: 한국채택국제회계기준을 적용하는 내국법인 유형자산, 내용연수가 비한정인 무형자산의 감가상각비
시부인액의 계산단위	• 법인의 각 사업연도 감가상각액의 시부인은 개별 감가상각자산별로 계산 • 한 자산의 상각부인액과 다른 자산의 시인부족액은 서로 상계할 수 없음 • 각각 별도의 세무조정과정 필요

개념 세부표:

구분	상각부인액	시인부족액
개념	– 장부에 계상한 감가상각비가 세법상 상각범위액을 초과한 경우, 그 초과분 – 장부상 감가상각비 > 세법상 상각범위액	– 장부에 계상한 감가상각비가 세법상 상각범위액에 미달하는 경우, 그 미달분 – 장부상 감가상각비 < 세법상 상각범위액
세무처리	손금 불산입(유보)	원칙: 다음 연도로 이월되지 않고 소멸 단, 전기이월 상각부인액이 있는 경우: 당기 시인부족액 범위 내에서 손금산입(△유보)

04 감가상각비 조정명세서

고정자산등록 ≫ 미상각분(양도자산)감가상각조정명세서 ≫ 감가상각조정명세서합계표

(1) 고정자산등록

항목	내용
자산계정과목	고정자산의 계정과목코드 3자리를 입력하며, F2코드도움 또는 ⊡를 이용하여 해당계정과목을 입력한다.
자산코드/명	코드는 임의로 부여하고(시험에서는 제시됨), 자산명에 고정자산의 구체적인 품목을 입력한다.
취득년월일	해당자산의 취득년,월,일 또는 사용년,월,일을 입력한다.
상각방법	건물, 무형자산은 정액법, 이외의 유형자산은 정률법으로 자동 표시되는데 수정가능하다.
기초가액	해당자산의 취득원가를 입력한다. 다만, 무형자산의 경우 전기의 상각액이 차감된 장부상 금액을 입력한다.
전기말상각누계액	전기말까지 상각한 감가상각누계액을 입력한다. 무형자산의 경우 전기말상각누계액은 계정금액은 없으나 전기까지 상각한 누계금액을 입력한다.
당기중 취득 및 당기증가	신규취득자산의 취득원가 또는 고정자산의 자본적 지출액을 입력한다.
당기감소	감가상각자산의 일부가 양도·매각·폐기 등의 사유로 감소한 경우 해당금액을 입력한다.
전기말자본적지출액누계	해당자산의 상각방법이 정액법인 경우 전기말까지의 즉시상각의제 누계액을 입력한다.
당기자본적지출액	당기 법인세법상 자본적 지출액을 당기비용으로 처리한 즉시상각의제 금액을 입력한다.
전기말부인누계액	해당자산의 전기말까지 감가상각부인누계액을 입력한다(정액법, 정률법).
전기말의제상각누계액	전기말까지의 감가상각의제 금액을 입력한다

내용연수	해당 자산의 내용연수를 입력한다. 법인세법시행규칙에 따른 내용연수는 🔍를 클릭하면 「기준내용년수 도움표」보조창에서 확인할 수 있다.
회사계상액	상각범위액이 자동 반영되며, 회사계상액이 12.상각범위액과 금액이 다른 경우 사용자수정 버튼을 클릭하여 회사계상액을 직접 수정할 수 있다.
경비구분	감가상각자산의 용도에 따라 경비를 구분하며 결산에 반영하기 위한 선택이다.
당기의제상각비	각 사업연도의 소득에 대하여 법인세를 면제받거나 감면받은 경우 법인이 이를 계상하지 않거나 상각범위액에 미달하게 계상한 경우 해당 금액을 입력한다.
전체양도일자 전체폐기일자	감가상각자산을 사업연도 중에 양도(폐기)한 경우에 양도(폐기)일자를 입력한다.
업종	내용연수의 적정성과 업종별자산을 구분하기 위해 🔍를 클릭하여 「업종코드도움」 보조창에서 해당 업종을 선택한다.

(2) 미상각자산(또는 양도자산)감가상각조정명세서

- 상단 툴바의 F12불러오기를 클릭하여 고정자산등록메뉴에 등록한 자산 데이터를 자동으로 반영
- 감가상각방법에 따라 감가상각조정명세서 서식이 다르며,
- 감가상각조정명세서에서 조정액란을 확인하여 F3조정등록에 세무조정사항을 입력

1) 정액법

2) 정률법

구분	정액법	정률법
상각자산의 기초가액	상각계산의 기초가액: 재무상태표 자산가액 (5)기말현재액, (6)감가상각누계액, (7)미상각잔액(5)-(6) / 회사계산 상각비 (8)전기말누계, (9)당기상각비, (10)당기말누계(8)+(9) / 자본적지출액 (11)전기말누계, (12)당기지출액, (13)합계(11)+(12) / (14)취득가액((7)+(10)+(13)) (9)당기상각비, (11)전기말누계, (12)당기지출액 확인	상각계산의 기초가액: 재무상태표 자산가액 (5)기말현재액, (6)감가상각누계액, (7)미상각잔액(5)-(6) / (8)회사계산감가상각비, (9)자본적지출액, (10)전기말의제상각누계액, (11)전기말부인누계액, (12)가감계((7)+(8)+(9)-(10)+(11)) (8)회사계상감가상각비, (9)자본적지출액, (10)전기말의제상각누계액, (11)전기말부인누계액 확인
상각범위액 (세법규정에 의해 자동으로 계산된다)	상각범위액계산: 당기산출상각액 (16)일반상각액, (17)특별상각액, (18)계((16)+(17)) / (19) 당기상각시인범위액	상각범위액계산: 당기산출상각액 (14)일반상각액, (15)특별상각액, (16)계((14)+(15)) / 취득가액 (17)전기말현재취득가액, (18)당기회사계산증가액, (19)당기자본적지출액, (20)계((17)+(18)+(19)) / (21) 잔존가액 / (22) 당기상각시인범위액
부인액누계	부인액 누계 (25) 전기말부인누계액, (26) 당기말부인누계액 (25)+(23)-|24| (25)전기말부인누계액은 직접입력한다.	—
조정액	조정액 (23) 상각부인액((21)+(22)), (24) 기왕부인액중당기손금추인액	조정액 (26) 상각부인액 ((24)+(25)), (27) 기왕부인액중당기손금추인액
세무조정	세무조정 상각부인액: 손금불산입(유보발생) 기왕부인액중 손금추인액: 손금산입(유보감소) * 기왕부인액중 손금추인액은 시인부족액과 전기말 부인누계액 중 적은 금액을 한도로 전기말 부인누계액이 당기에 손금으로 추인되는 것을 의미한다.	

CHAPTER 03 감가상각비 조정

✓ 주요 체크사항: 감가상각비조정명세서

구분	세부 항목	주요 내용	세무처리	비고
상각방법 선택	무형자산 및 건축물	정액법만 허용	무신고 시 정액법	
	기타 유형자산	정액법, 정률법 중 선택 가능	무신고 시 정률법	상각방법 변경 시 신고요건 유의
내용연수	기준내용연수	법인세법 시행규칙 별표 5, 6에 규정된 자산별 기준내용연수	내용연수 적용 착오 시 세무조정 대상	
	신고내용연수	기준내용연수의 ±25% 범위 내 신고 가능	기준내용연수가 4년인 경우 3~5년 선택 가능	
감가상각의제	적용대상법인	법인세 면제·감면 적용 법인	상각범위액 전액을 감가상각한 것으로 의제처리	법인세 이연효과 방지 목적
	세무적용효과	미상각액의 이월공제 불인정	감가상각을 실제 하지 않았더라도 상각한 것으로 의제	
시부인계산	상각부인액	회사계상액 > 상각범위액 인 경우 초과액	손금불산입(유보)	향후 손금추인 가능
	시인부족액	회사계상액 < 상각범위액 인 경우 미달액	별도 세무조정 불필요 (결산조정사항)	당기 소멸, 이월 불가능
	전기상각 부인액 추인	당기 시인부족액 발생 + 전기상각부인액 존재 시	Min(당기 시인부족액, 전기상각부인액) 손금산입(△유보)	유보잔액에서 순차적으로 추인
회사계상액 가산항목	자본적지출의 수익적지출 계상	Max(600만원, 장부가액 × 5%) - 미만: 수선비 인정 - 이상: 즉시상각의제 (자본적지출 처리)	[고정자산 등록] 메뉴 6, 7번란 입력(Max(600만원, 장부가액 × 5%) 이상 시 시부인계산 포함)	
	전기오류수정 손실 계상액	영업외비용 또는 이익잉여금 감소로 회계처리	[고정자산 등록] 메뉴 13번 회사계상액에 가산 → 필수 세무조정: 손금산입 전기오류수정손실 (기타)	✓ 세무조정 직접입력 필수
	손상차손 계상액	자산가치 하락 시 계상	[고정자산 등록] 메뉴 13번 회사계상액에 가산 → 필수 세무조정: 손금산입 유형자산손상차손 (유보)	

실습예제 따라하기

01 다음 자료를 이용하여 ㈜육공이(0602)의 고정자산등록 메뉴에 등록하고, 미상각자산 감가상각조정명세서를 작성하여 감가상각에 대한 세무조정을 소득금액조정합계표에 반영하시오.

구분	코드	자산명	취득가액	전기말감가상각누계액	취득일자	회사계상감가상각비
기계장치	101	연삭기	25,000,000원	16,000,000원	2023.7.1.	9,000,000원
기계장치	102	밀링머신	40,000,000원	0원	2025.5.3.	13,000,000원

1. 회사는 제조업을 영위하고 있으며 해당자산은 제조공정에 사용하고 있다.
2. 회사는 감가상각방법을 신고하지 않았다.
3. 회사가 신고한 기계장치에 대한 내용연수는 5년으로 적법한 것으로 가정한다.
4. 수선비계정에는 연삭기에 대한 자본적 지출액 5,000,000원이 포함되어 있다.
5. 연삭기에 대한 전기말 상각부인액은 3,000,000원이다.
6. 자산별로 세무조정 하시오.

실기 따라하기 01

[1] [고정자산등록]

1) 연삭기
   - 연삭기에 대한 자본적 지출액은 6백만원 미만이므로 즉시상각의제에 미해당

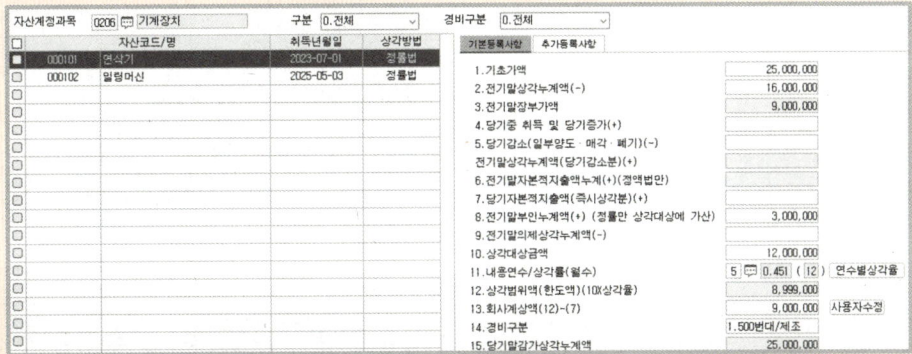

2) 밀링머신
   - 밀링머신은 당기에 취득하였으므로 "4.당기중 취득 및 당기증가" 탭에 취득가액 입력

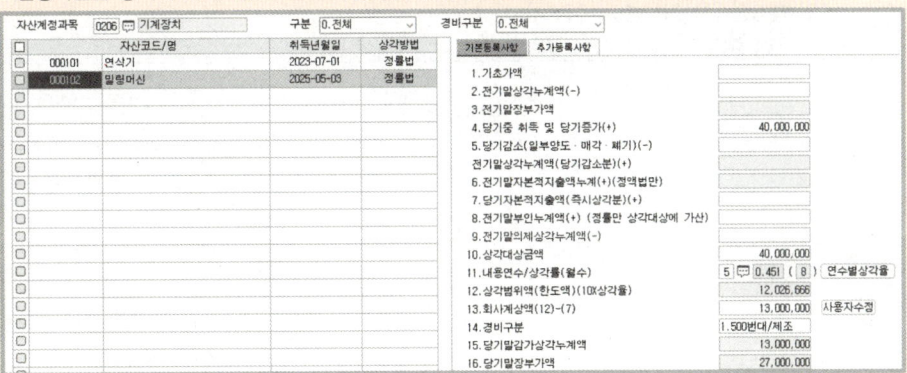

[2] [미상각자산감가상각조정명세서]
　1) 연삭기
　　• (26)상각부인액 3,588,000원 확인

계정	자산코드/명		취득년월일
0206	000101	연삭기	2023-07-01
0206	000102	밀링머신	2025-05-03

입력내용		금액	총계
업종코드/명			
합계표 자산구분	2. 기계장치		
(4)내용연수		5	
상각계산의 기초가액	재무상태표 자산가액	(5)기말현재액	25,000,000	65,000,000
		(6)감가상각누계액	25,000,000	38,000,000
		(7)미상각잔액(5)-(6)		27,000,000
	(8)회사계산감가상각비		9,000,000	22,000,000
	(9)자본적지출액			
	(10)전기말의제상각누계액			
	(11)전기말부인누계액		3,000,000	3,000,000
	(12)가감계((7)+(8)+(9)-(10)+(11))		12,000,000	52,000,000
(13)일반상각률.특별상각률		0.451	
상각범위액계산	당기산출 상각액	(14)일반상각액	5,412,000	17,438,666
		(15)특별상각액		
		(16)계((14)+(15))	5,412,000	17,438,666
	취득가액	(17)전기말현재취득가액	25,000,000	25,000,000
		(18)당기회사계산증가액		40,000,000
		(19)당기자본적지출액		
		(20)계((17)+(18)+(19))	25,000,000	65,000,000
	(21) 잔존가액		1,250,000	3,250,000
	(22) 당기상각시인범위액		5,412,000	17,438,666
(23)회사계상상각액((8)+(9))		9,000,000	22,000,000
(24)차감액((23)-(22))		3,588,000	4,561,334
(25)최저한세적용에따른특별상각부인액			
조정액	(26) 상각부인액((24)+(25))	3,588,000	4,561,334
	(27) 기왕부인액중당기손금추인액		
(28) 당기말부인누계액((11)+(26)-|(27)|)		6,588,000	7,561,334

　2) 밀링머신
　　• (26)상각부인액 973,334원 확인

계정	자산코드/명		취득년월일
0206	000101	연삭기	2023-07-01
0206	000102	밀링머신	2025-05-03

입력내용		금액	총계
업종코드/명			
합계표 자산구분	2. 기계장치		
(4)내용연수		5	
상각계산의 기초가액	재무상태표 자산가액	(5)기말현재액	40,000,000	65,000,000
		(6)감가상각누계액	13,000,000	38,000,000
		(7)미상각잔액(5)-(6)	27,000,000	27,000,000
	(8)회사계산감가상각비		13,000,000	22,000,000
	(9)자본적지출액			
	(10)전기말의제상각누계액			
	(11)전기말부인누계액			3,000,000
	(12)가감계((7)+(8)+(9)-(10)+(11))		40,000,000	52,000,000
(13)일반상각률.특별상각률		0.451	
상각범위액계산	당기산출 상각액	(14)일반상각액	12,026,666	17,438,666
		(15)특별상각액		
		(16)계((14)+(15))	12,026,666	17,438,666
	취득가액	(17)전기말현재취득가액		25,000,000
		(18)당기회사계산증가액	40,000,000	40,000,000
		(19)당기자본적지출액		
		(20)계((17)+(18)+(19))	40,000,000	65,000,000
	(21) 잔존가액		2,000,000	3,250,000
	(22) 당기상각시인범위액		12,026,666	17,438,666
(23)회사계상상각액((8)+(9))		13,000,000	22,000,000
(24)차감액((23)-(22))		973,334	4,561,334
(25)최저한세적용에따른특별상각부인액			
조정액	(26) 상각부인액((24)+(25))	973,334	4,561,334
	(27) 기왕부인액중당기손금추인액		
(28) 당기말부인누계액((11)+(26)-|(27)|)		973,334	7,561,334

[3] F3조정등록: 자산별로 세무조정

익금산입 및 손금불산입				손금산입 및 익금불산입		
과 목	금 액	소득처분		과 목	금 액	소득처분
감가상각비한도초과	3,588,000	유보발생				
감가상각비한도초과	973,334	유보발생				

실습예제 따라하기

02 ㈜육공오(0605)는 전자부품 제조업을 영위하는 사업장이다. 다음 자료를 참고하여 감가상각비조정 메뉴에서 고정자산을 등록하고 미상각분 감가상각 조정명세서를 작성하고 세무조정을 하시오.

1. 2024년말 고정자산대장

코드	계정과목	자산명	취득일	취득가액	당기말감가상각누계액	내용연수
101	건물(판관)	본사사옥	2024.01.01.	6억원	1,000만원	30년

2. 2025년말 고정자산대장

코드	계정과목	자산명	취득일	취득가액	당기말감가상각누계액	내용연수	감가상각방법
101	건물(판관)	본사사옥	2024.01.01.	6.15억원	5,000만원	30년	정액법
102	기계장치(제조)	밀링	2025.07.01.	3,000만원	1,000만원	3년	정률법

- 기계장치는 기준내용연수가 50% 이상 경과한 중고자산의 취득이다.

3. 기타
- 당기에 본사사옥에 엘리베이터 설치를 위해 1,500만원을 지출하였다.(자본적 지출)
- 당기에 건물에 대한 전기분 시인부족액을 다음과 같이 수정분개하였다.
  (차) 전기오류수정손실(이익잉여금) 10,000,000원   (대) 감가상각누계액   10,000,000원
- 감가상각방법 및 내용연수는 상기 자료에 제시된 내용으로 관할세무서에 신고하였다.
- 감가상각방법 및 내용연수는 법인세법상 기준을 적용한다.

실기 따라하기 02

[1] [고정자산등록]
  1) 건물
  - 당기 엘레베이터 설치로 1,500만원 지출, 자본적 지출 당기 중 증가분
  - 자본적 지출을 수선비로 처리했을 때 즉시상각의제에 해당하므로 당기증가분에 기입
  - 전기 건물의 감가상각누계액은 1,000만원과 당기 감가상각누계액 5,000만원의 차액은 당기 회사계상액 40,000,000원

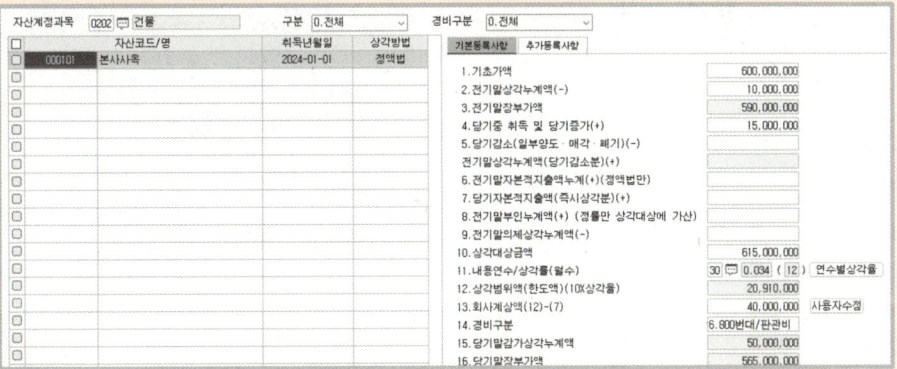

2) 기계장치
• 기준내용연수의 이상을 사용하는 경우, 수정내용연수를 새로 정할 수 있음

[2] [미상각자산감가상각조정명세서]
1) 건물
• (26)상각부인액 19,090,000원 확인

2) 기계장치
• (26)상각부인액 520,000원 확인

[3] F3조정등록
- 전기오류수정손실도 회사계상 감가상각비로 보고 한도초과액 계산
- 이익잉여금이므로 손금산입(기타)로 처분

조정 등록

익금산입 및 손금불산입			손금산입 및 익금불산입		
과 목	금 액	소득처분	과 목	금 액	소득처분
건물감가상각비한도초과	19,090,000	유보발생	전기오류수정손실	10,000,000	기타
기계장치감가상각비한도초과	520,000	유보발생			

실습예제 따라하기

03 다음 자료를 이용하여 기계장치를 ㈜육공팔(0608)고정자산등록 메뉴에 등록하고, 미상각자산감가상각조정명세서를 작성하여 세무조정하시오.

1. 감가상각대상자산

자산코드	계정과목	자산명	취득연월일	취득가액	전기말감가상각누계액	당기감가상각비계상액	경비구분
1	기계장치	부품검수기	2024.02.15.	8천만원	4천만원	1천만원	제조

(1) 회사는 감가상각방법을 신고하지 않았으며 기계장치의 내용연수는 5년으로 가정한다.
(2) 수선비계정에는 기계장치에 대한 자본적 지출액 10,000,000원이 포함되어 있다.
(3) 당사는 감면법인으로 2025년 귀속 감면세액은 12,700,000원이라고 가정한다.

2. 2024년 [자본금과 적립금 조정명세서(을)]

과목	기초	감소	증가	기말	비고
감가상각비 (기계장치)	-2,500,000원		-1,300,000원	-3,800,000원	감면법인으로 시인부족액에 대해 세무조정함

실기 따라하기 03

[1] [고정자산등록]
- 감면기업의 의도적인 과세이연을 방지하기 위해 의제상각 적용
- 전기말의제상각누계액 3,800,000원 입력
- 상각범위액 20,836,200에서 즉시상각의제 10,000,000원과 회사계상액 10,000,000원을 차감하면 시인부족액 836,200원
- 당기 감면 기업이므로 당기의제상각비 836,200원 입력
- 당기의제상각비를 입력하지 않아도 당기 세무조정에는 영향이 없으나 정확한 의제상각누계액의 계산을 위해 입력

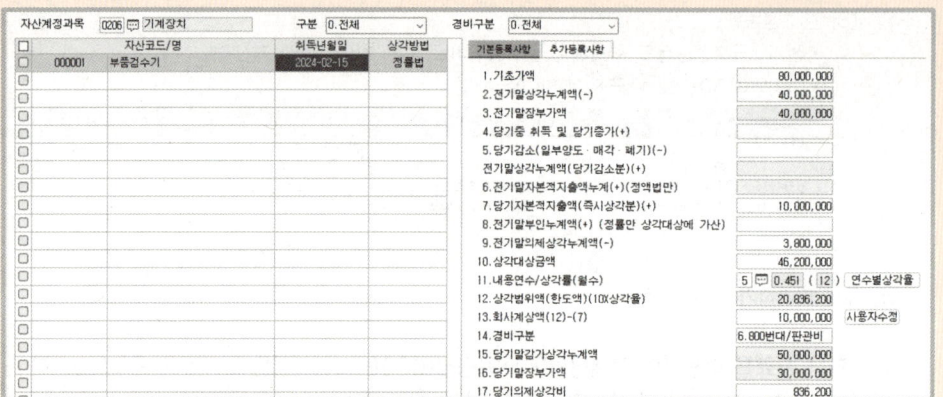

[2] [미상각자산감가상각조정명세서]

[3] F3조정등록

> **실습예제 따라하기**

04 다음 자료를 이용하여 해당 자산을 ㈜칠공일(0701)의 고정자산등록 메뉴에 등록하고, 미상각자산감가상각조정명세서를 작성하여 세무조정하시오.

1. 감가상각대상자산

자산코드	계정과목	자산명	취득일	취득가액	전기말감가상각누계액	당기감가상각비계상액	경비구분
1	기계장치	부품절단기	2024.01.20.	50,000,000원	23,000,000원	9,000,000원	제조

2. 회사는 감가상각방법을 신고하지 않았으며 기계장치의 내용연수는 5년으로 가정한다.

3. 수선비계정에는 기계장치에 대한 자본적 지출액 5,000,000원이 포함되어 있다.
4. 전기 감가상각비한도초과로 부인된 금액이 450,000원 있다.

실기 따라하기 04

[1] [고정자산등록]
- 자본적지출액 5,000,000원 < Max(6,000,000원, 27,000,000 × 5%), 소액수선비 요건 충족

[2] [미상각자산감가상각조정명세서]
- 전기에 한도초과 손금불산입 되어있던 금액 (27)당기 손금추인 450,000원

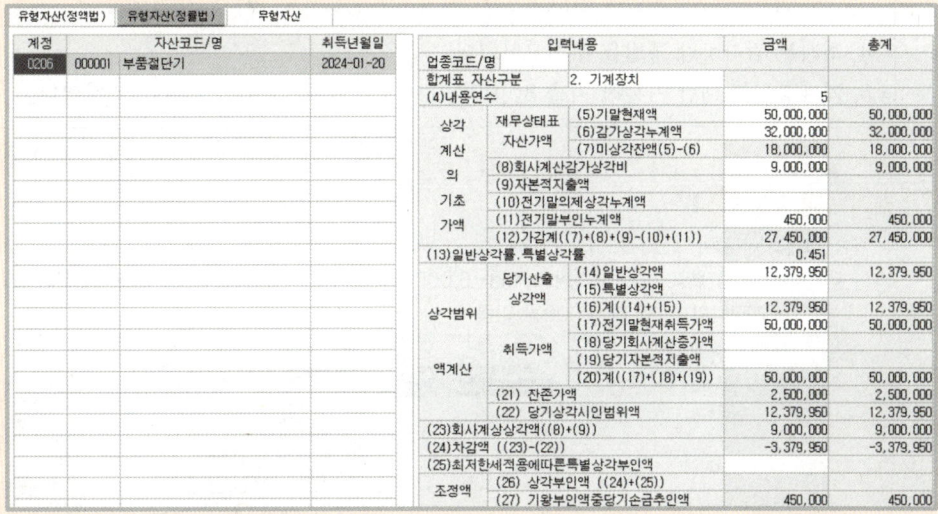

[3] F3조정등록

실습예제 따라하기

05 다음의 자료를 이용하여 감가상각비조정 메뉴에서 ㈜칠공이(0702)의 [고정자산등록]을 하고 [미상각자산감가상각조정명세서] 및 [감가상각비조정명세서합계표]를 작성하고 세무조정을 하시오.

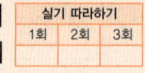

1. 고정자산
   공장에서 사용할 기계장치(자산코드 : 101, 자산명 : 기계설비)를 2024년 5월 2일에 취득하였으며 내용연수는 5년을 적용한다.

2. 부분 재무상태표

부분 재무상태표		
	2024.12.31.	2025.12.31.
취득가액	120,000,000원	120,000,000원
감가상각누계액	50,000,000원	80,000,000원[주1]

주1) 당기 감가상각비 금액을 반영한 감가상각누계액이다.

3. 2025년 12월 31일 현재 자본금과 적립금 조정명세서

①과목 또는 사항	②기초잔액	당기중증감		⑤기말잔액
		③감소	④증가	
기계장치 감가상각 부인액	13,920,000원			

4. 회사는 감가상각 방법을 무신고하였다.
5. 기계장치에 대한 자본적 지출 30,000,000원을 당기 수선비(제)로 처리하였다.

실기 따라하기 05

[1] [고정자산등록]
- 자본적지출액 30,000,000원 ≥ Max(6,000,000원, 70,000,000 × 5%), 소액수선비 요건 미충족 → "7.즉시상각의제" 30,000,000원 입력

[2] [미상각자산감가상각조정명세서]

계정	자산코드/명	취득년월일
0206	000101 기계설비	2024-05-02

업종코드/명	입력내용	금액	총계
합계표 자산구분	2. 기계장치		
(4)내용연수		5	
상각계산의 기초가액	재무상태표 자산가액 (5)기말현재액	120,000,000	120,000,000
	(6)감가상각누계액	80,000,000	80,000,000
	(7)미상각잔액(5)-(6)	40,000,000	40,000,000
	(8)회사계산감가상각비	30,000,000	30,000,000
	(9)자본적지출액	30,000,000	30,000,000
	(10)전기말의제상각누계액		
	(11)전기말부인누계액	13,920,000	13,920,000
	(12)가감계((7)+(8)+(9)-(10)+(11))	113,920,000	113,920,000
(13)일반상각률,특별상각률		0.451	
상각범위액계산	당기산출상각액 (14)일반상각액	51,377,920	51,377,920
	(15)특별상각액		
	(16)계((14)+(15))	51,377,920	51,377,920
	취득가액 (17)전기말현재취득가액	120,000,000	120,000,000
	(18)당기회사계산증가액		
	(19)당기자본적지출액	30,000,000	30,000,000
	(20)계((17)+(18)+(19))	150,000,000	150,000,000
	(21) 잔존가액	7,500,000	7,500,000
	(22) 당기상각시인범위액	51,377,920	51,377,920
(23)회사계상상각액((8)+(9))		60,000,000	60,000,000
(24)차감액 ((23)-(22))		8,622,080	8,622,080
(25)최저한세적용에따른특별상각부인액			
조정액	(26) 상각부인액 ((24)+(25))	8,622,080	8,622,080
	(27) 기왕부인액중당기손금추인액		
	(28) 당기말부인누계액 ((11)+(26)-|(27)|)	22,542,080	22,542,080

[3] F3조정등록

익금산입 및 손금불산입			손금산입 및 익금불산입		
과 목	금 액	소득처분	과 목	금 액	소득처분
기계장치감가상각비한도초과	8,622,080	유보발생			

[4] [감가상각비조정명세서합계표]

1.자산구분	코드	2.합계액	유형자산			6.무형자산
			3.건축물	4.기계장치	5.기타자산	
재무상태표 상가액	101.기말현재액	01	120,000,000		120,000,000		
	102.감가상각누계액	02	80,000,000		80,000,000		
	103.미상각잔액	03	40,000,000		40,000,000		
	104.상각범위액	04	51,377,920		51,377,920		
	105.회사손금계상액	05	60,000,000		60,000,000		
조정금액	106.상각부인액 (105-104)	06	8,622,080		8,622,080		
	107.시인부족액 (104-105)	07					
	108.기왕부인액 중 당기손금추인액	08					
	109.신고조정손금계상액	09					

실습예제 따라하기

06 다음 자료를 이용하여 ㈜칠공구(0709)의 감가상각비조정 메뉴에서 고정자산을 등록하고 미상각분감가상각조정명세서 및 감가상각비조정명세서합계표를 작성하고 세무조정을 하시오.

실기 따라하기 1회 2회 3회

1. 감가상각 대상 자산

- 계정과목: 기계장치
- 자산코드/자산명: 001/기계
- 취득한 기계장치가 사용 가능한 상태에 이르기까지의 운반비 1,000,000원을 지급하였다.

취득일	취득가액 (부대비용 제외한 금액)	전기(2020) 감가상각누계액	기준내용연수	경비구분 /업종	상각 방법
2023.09.18.	40,000,000원	12,000,000원	5년	제조	정률법

CHAPTER 03 감가상각비 조정 **117**

2. 회사는 기계장치에 대하여 전기에 다음과 같이 세무조정을 하였다.
   〈손금불산입〉   감가상각비 상각부인액   1,477,493원(유보발생)
3. 당기 제조원가명세서에 반영된 기계장치의 감가상각비 : 12,000,000원

실기 따라하기 06

[1] [고정자산등록]
- 취득가액에 운반비 1,000,000원 가산하여 기초가액 41,000,000원 입력
- 전기말 부인누계액 1,477,493원 입력

자산계정과목	0206 기계장치	구분	0.전체	경비구분	0.전체
	자산코드/명	취득년월일	상각방법	기본등록사항	추가등록사항
000001	기계	2023-09-18	정률법		

1. 기초가액	41,000,000
2. 전기말상각누계액(-)	12,000,000
3. 전기말장부가액	29,000,000
4. 당기중 취득 및 당기증가(+)	
5. 당기감소(일부양도·매각·폐기)(-)	
전기말상각누계액(당기감소분)(+)	
6. 전기말자본적지출액누계(+)(정액법만)	
7. 당기자본적지출액(즉시상각분)(+)	
8. 전기말부인누계액(+) (정률만 상각대상에 가산)	1,477,493
9. 전기말의제상각누계액(-)	
10. 상각대상금액	30,477,493
11. 내용연수/상각률(월수)	5 0.451 (12) 연수별상각율
12. 상각범위액(한도액)(10X상각율)	13,745,349
13. 회사계상액(12)-(7)	12,000,000 사용자수정
14. 경비구분	1.500번대/제조
15. 당기말감가상각누계액	24,000,000
16. 당기말장부가액	17,000,000

[2] [미상각자산감가상각조정명세서]

유형자산(정액법)	유형자산(정률법)	무형자산

계정	자산코드/명	취득년월일	입력내용		금액	총계
0206	000001 기계	2023-09-18	업종코드/명			
			합계표 자산구분		2. 기계장치	
			(4)내용연수		5	
			상각계산의 기초가액	재무상태표 자산가액	(5)기말현재액	41,000,000	41,000,000
					(6)감가상각누계액	24,000,000	24,000,000
					(7)미상각잔액(5)-(6)	17,000,000	17,000,000
				(8)회사계산감가상각비	12,000,000	12,000,000
				(9)자본적지출액		
				(10)전기말의제상각누계액		
				(11)전기말부인누계액	1,477,493	1,477,493
				(12)가감계((7)+(8)+(9)-(10)+(11))	30,477,493	30,477,493
			(13)일반상각률.특별상각률		0.451	
			상각범위액계산	당기산출상각액	(14)일반상각액	13,745,349	13,745,349
					(15)특별상각액		
					(16)계((14)+(15))	13,745,349	13,745,349
				취득가액	(17)전기말현재취득가액	41,000,000	41,000,000
					(18)당기회사계산증가액		
					(19)당기자본적지출액		
					(20)계((17)+(18)+(19))	41,000,000	41,000,000
				(21) 잔존가액		2,050,000	2,050,000
				(22) 당기상각시인범위액		13,745,349	13,745,349
			(23)회사계상상각액((8)+(9))		12,000,000	12,000,000
			(24)차감액 ((23)-(22))		-1,745,349	-1,745,349
			(25)최저한세적용에따른특별상각부인액			
			조정액	(26) 상각부인액 ((24)+(25))			
				(27) 기왕부인액중당기손금추인액		1,477,493	1,477,493

[3] F3조정등록

익금산입 및 손금불산입			손금산입 및 익금불산입		
과목	금액	소득처분	과목	금액	소득처분
			기계장치 감가상각비 손금추인	1,477,493	유보감소

[4] [감가상각비조정명세서합계표]

1.자산구분		코드	2.합계액	유형자산		5.기타자산	6.무형자산
				3.건축물	4.기계장치		
재무상태표상가액	101.기말현재액	01	41,000,000		41,000,000		
	102.감가상각누계액	02	24,000,000		24,000,000		
	103.미상각잔액	03	17,000,000		17,000,000		
	104.상각범위액	04	13,745,349		13,745,349		
	105.회사손금계상액	05	12,000,000		12,000,000		
조정금액	106.상각부인액 (105-104)	06					
	107.시인부족액 (104-105)	07	1,745,349		1,745,349		
	108.기왕부인액 중 당기손금추인액	08	1,477,493		1,477,493		
	109.신고조정손금계상액	09					

05 업무용승용차관련비용명세서

(1) 업무용승용차

구분	내용
업무용승용차의 정의	• 개별소비세 과세대상 승용자동차 • 부가가치세법 상 매입세액불공제 대상 자동차
업무용승용차 제외 대상	• 운수업, 자동차판매업, 자동차임대업, 운전학원업, 기계경비업 등이 사업에 직접 사용하는 승용 자동차 • 장의관련업의 운구용 승용차 • 연구개발 목적의 승용차(자율주행자동차 등)
업무용승용차 관련비용 범위	• 감가상각비 • 임차료, 리스료 • 유류비, 보험료, 수리비 • 자동차세, 통행료 • 승용차 금융리스에 대한 이자비용 등 • 승용차의 취득 및 유지를 위한 비용 일체

1) 감가상각비 계산방법

구분	내용
감가상각 방법	• 2016.11. 이후 개시하는 사업연도(과세기간)에 취득하는 업무용승용차는 5년 정액법으로 균등 강제상각
계산방법	• 감가상각비(상당액) × 업무사용비율 • 리스 또는 렌탈한 경우: 임차료 중 보험료, 자동차세, 수선유지비를 차감한 잔액을 감가상각비 상당액으로 함 • 리스차량 수선유지비 구분 어려울 경우: 임차료(보험료와 자동차세 제외한 금액)의 7%를 수선유지비로 계산 가능 • 렌트차량: 렌트료의 70%를 감가상각비 상당액으로 계산

감가상각비 한도액	• 해당 사업연도(과세기간)에 800만원(부동산 임대업 400만원) • 해당사업연도가 1년 미만인 경우: $$1년\ 미만\ 업무용승용차(임차료)\ 감가상각비 = 800만원 \times \frac{사업연도(임차기간)\ 월수}{12}$$
한도초과액 이월공제	• 감가상각비가 800만원에 미달하는 경우 그 미달하는 금액을 한도로 손금으로 추인

2) 업무용 승용차 손금인정 범위

구분	내용
업무용 사용금액	• 업무전용자동차보험에 가입한 경우: 업무용승용차 관련비용 × 업무사용비율 • 업무전용자동차보험 미가입: 전액 손금불산입 * 개인사업자는 전문직 종사자, 성실신고확인대상자만 가입의무 有 • 일부기간 가입 시: 가입일수에 비례하여 손금인정
업무사용 손금인정범위 (운행기록 작성·비치한 경우)	• 업무용 사용손금인정범위 = 업무용승용차관련비용 × (업무용주행거리 ÷ 총주행거리)

업무사용 손금인정범위
(운행기록 미작성·미비치)
	• 승용차 관련 비용이 연간 1,500(500*)만원 이하인 경우
	  * 부동산 임대업을 주업으로 하는 내국법인 등의 경우
	  ⇒ 운행일지 작성 없이 전액 비용 인정
	• 승용차 관련 비용이 연간 1,500(500)만원 초과인 경우
	  ⇒ 운행기록부 미작성 상태에서 1,500만원을 초과한 비용은 전액 손금불산입

가산세	업무용승용차 관련비용 명세서 미제출·부실제출 시 손금산입금액의 1% 가산세

3) 세무조정

구분	세무조정
업무미사용액	• 손금불산입(상여)
감가상각비 한도초과액	• 자가차량: 손금불산입(유보) • 임차료: 손금불산입(기타사외유출)
한도초과액이월공제	• 자가차량: 손금산입(유보) • 임차료: 손금산입(기타)
업무용승용차 처분손실 한도초과액	• 업무용승용차로 800만원(해당 사업연도가 1년 미만인 경우 800만원에 해당 사업연도의 월수를 곱하고 12로 나누어 산출한 금액)을 초과하는 금액(부동산임대업 400만원) • 처분손실 = (취득가액 − 감가상각누계액 + 감가상각비손금불산입액) − 양도가액 • 손금불산입(기타사외유출)

(2) 업무용승용차관련비용명세서

고정자산등록 ≫ 업무용승용차등록 ≫ 업무용승용차관련비용명세서

1) 업무용승용차등록

[기초정보관리] ≫ [업무용승용차등록]을 선택하여 입력한다.

항목	내용
코드/차량번호/차종/사용	업무용승용차의 관리에 필요한 코드("0001~9999" 범위 내) 및 차량번호, 차종을 입력하고 사용여부를 선택한다.
고정자산계정과목	고정자산등록에 사용된 차량운반구 계정코드를 F2코드도움 또는 💬를 이용하여 입력한다.
취득일자/경비구분	업무용승용차의 취득일자 또는 임차개시일을 입력하고, 용도에 따라 경비구분을 선택하여 관리한다.
사용자부서/사용자직책/사용자성명	사용자(운전자가 아닌 차량이용자)의 부서, 직책, 성명을 [근로소득관리] ≫[사원등록]에 입력데이터가 있을 경우 F2코드도움 또는 💬를 이용하여 입력하고, 직접입력도 가능하다.
임차여부/임차기간	업무용승용차의 임차여부(1. 자가 / 2. 렌트 3. 금융리스 4. 운용리스 등)를 선택하고, 렌트나 리스인 경우에는 임차기간을 입력한다.
보험가입여부/보험기간	업무용자동차보험의 가입여부(1.가입 / 2. 미가입 / 3. 일부가입) 및 보험의 보험기간을 입력한다.
운행기록부사용여부/전기이월누적거리	운행기록부 사용여부 및 전기 이전부터 사용한 내용이 있을 경우 당기 주행 전 계기판의 누적거리를 입력한다.
출퇴근사용여부/출퇴근거리	출퇴근 사용여부를 선택하고 사용 시 출퇴근거리를 입력한다.
자택/근무지	사용자(운전자가 아닌 차량이용자)의 자택주소와 근무지 주소를 입력한다.

2) 업무용승용차관련비용명세서

- 업무용승용차관련비용명세서에서 등록정보 F12불러오기를 클릭
- [업무용승용차등록] 메뉴에 입력한 데이터가 자동반영
- 업무용승용차등록실행 ▼을 이용하여 본 메뉴에서 직접 입력할 수도 있다.

항목	내용
업무용사용비율 및 업무용승용차 관련비용명세	① 운행기록여부가 "1.여"인 경우 해당 사업연도의 총주행거리를 입력한다. ② 운행기록 등을 작성한 경우 업무수행에 따라 주행한 거리를 입력한다. ③ 업무사용비율은 운행기록부를 미작성한 경우 업무용승용차 관련비용이 1천 5백만원 한도와 업무사용비율로 계산되며 운행일지를 작성한 경우 주행거리로 업무 사용비율이 계산된다. ④ 취득가액 및 보유 또는 임차월수, 감가상각비는 [고정자산등록] 및 [업무용승용차등록] 메뉴에 등록한 정보가 자동반영 되며 직접 입력도 가능하다. ⑤ 업무용승용차 관련비용은 전표입력에 입력한 자료가 반영되며 직접입력도 가능하다. {표: [업무용승용차등록] 메뉴 / 반영내용} 1. 자가 → (11)감가상각비: 세법상 당기상각범위액 2. 렌트 또는 4.운용리스 → (12)감가상각비(감가상각비 포함) 2.렌트 또는 4. 운용리스 → (13)감가상각비상당액 　렌트: 임차료의 70% 　운용리스: 임차료 중 감가상각비상당액 　(임차료 – 해당 임차료에 포함되어 있는 보험료·자동차세·수선유지비)
업무용승용차관련비용 손금불산입계산	직접 입력하지 않고 [업무사용비율 및 업무용승용차 관련비용명세]에서 입력한 자료에 의해 자동 반영된다. ① 업무사용금액: 업무용승용차 관련비용에 업무사용비율을 곱한 비율을 적용하여 자동 반영된다. {표: 항목 / 내용} 감가상각비(상당액): 　자가: (11)감가상각비 × (7)업무사용비율 　렌트: (13)감가상각비상당액 × (7)업무사용비율 관련비용: 　자가: (19)합계 – 감가상각비 × 업무사용비율 　렌트: (19)합계 – 감가상각비상당액 × 업무사용비율

	② 업무외사용금액: 업무용승용차 관련비용에서 업무사용금액을 차감한 금액이 자동 반영된다. ③ 감가상각비(상당액) 한도초과금액: 업무사용금액 중 감가상각비(상당액)이 800만원(부동산 임대가 주업인 경우 400만원) 또는 사업연도 중 취득 또는 처분(임차시 임차개시 또는 종료)하는 경우 800만원 × 보유 또는 임차기간 월수 12를 초과하는 금액이 계산된다.
	세무조정
	자가: 손금불산입(유보발생)
	렌트: 손금불산입(기타사외유출)
감가상각비(상당액) 한도초과금액 이월 명세	① 전기이월: 전기 본 명세서상의 감가상각비 한도초과액 차기이월액을 입력한다. ② 당기 감가상각비(상당액) 한도초과액: 당기에 발생한 감가상각비(상당액) 한도초과액이 (30)란에 자동 반영된다. ③ 감가상각비(상당액) 한도초과액 누계: (37)란의 금액과 (38)란의 금액을 합한 금액이 자동 반영된다. ④ 손금추인(산입액): (37)전기이월액 금액이 있는 경우 (24)당기 감가상각비(상당액) 금액이 800만원에 미달한다면 전기이월액 중 한도 내 금액을 손금으로 추인할 수 있으며 추인액을 입력한다. ⑤ 차기이월액: (39)란의 금액과 (40)란을 차감한 금액이 자동 반영된다.
	세무조정
	자가: 손금산입(유보감소)
	렌트: 손금산입(기타)
업무용승용차 처분손실 및 한도초과금액 손금불산입액 계산	① 양도가액: 업무용승용차의 양도가액을 입력한다. ② 세무상 장부가액 • 취득가액: 업무용승용차 취득가액을 입력한다. • 감가상각비누계액: 법인세법에 따른 상각범위액까지 손금산입한 상각범위액 누계액을 입력한다. • 감가상각비한도초과금액 차기이월액: 감가상각비 한도초과로 이월된 금액으로 (41)란의 금액이 자동 반영된다. ③ 처분손실: 업무용승용차의 처분손실이 발생한 경우 자동 반영된다. ④ 당기손금산입액: (50)처분손실의 금액이 800만원(부동산임대가 주업에 해당하는 경우에는 400만원) 이하인 금액이 자동 반영된다. ⑤ 처분손실 한도초과금액 손금불산입액: (50)처분손실의 금액이 (51)당기손금산입액을 초과하는 금액이 자동 계산된다.
	세무조정
	손금불산입(기타사외유출)
업무용승용차 처분손실 한도초과액 이월명세	① 처분일: 업무용승용차의 처분일자를 입력한다. ② 전기이월액: 전기에 처분손실이 발생한 경우 입력한다. ③ 손금산입액: (57)전기이월액 중 800만원(부동산임대업 400만원)을 한도로 손금에 산입할 금액을 입력한다.
	세무조정
	손금산입(기타)

실습예제 따라하기

01 다음 ㈜오공팔(회사코드: 0508)의 법인차량에 대한 자료에 의하여 업무용승용차 등록과 업무용승용차관련비용명세서를 작성하고 관련 세무조정을 반영하시오.(해당 차량들은 모두 관리부서에서 업무용으로 사용 중이고, 임직원 전용보험가입과 차량운행일지 작성을 이행하였다. 당사는 부동산임대업을 주된 사업으로 하지 않는다.)

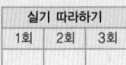

[26노6635]그랜져(자가) - 코드331
- 취득일: 2025년 10월 1일
- 취득가액: 54,000,000원
- 감가상각비: 2,700,000원
- 유류비: 1,300,000원
- 보험료: 1,200,000원(2025년 당기분)
- 자동차세: 630,000원
- 보험기간: 2025. 10. 1. ~ 2026. 9. 30.
- 2025년도 총 주행거리: 4,200km(업무용 사용거리 4,200km)

[12호4371]K5(운용리스) - 코드530
- 취득일: 2024년 5월 1일
- 월 리스료: 600,000원(보험료, 자동차세, 수선유지비 미포함)
- 리스기간: 2024. 5. 1. ~ 2026. 4. 30.
- 유류비: 8,100,000원
- 보험료: 720,000원
- 자동차세: 450,000원
- 수선유지비: 100,000원
- 보험기간: 2025. 1. 1. ~ 2025. 12. 31.
- 2025년도 총 주행거리: 21,000km(업무용 사용거리 19,950km)

실기 따라하기 **01**

[업무용승용차관련비용명세서]
[1] [업무용승용차등록실행]
- F2코드도움을 이용하여 차량운반구 계정과목을 불러와서 코드, 차량번호, 차종을 입력
- "8.임차여부"에서 자가/운용리스를 선택하여 입력
- 운용리스의 경우 임차기간 및 보험기간을 입력
- 자가인 경우에도 보험기간을 입력

1) 26노6635 그랜져

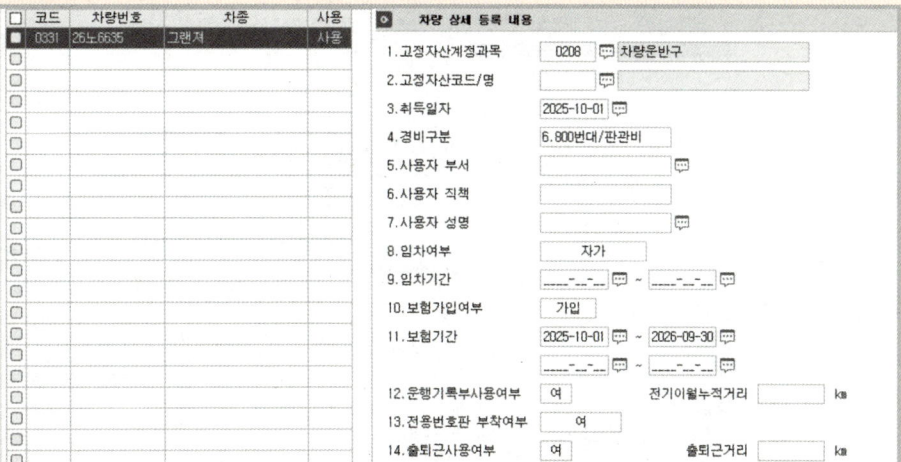

2) 12호4371

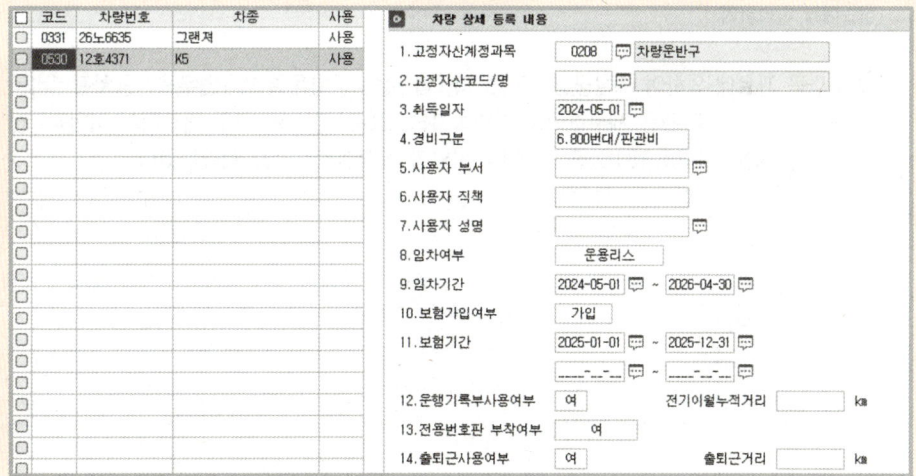

[2] [업무용승용차관련비용명세서]
- F12불러오기를 이용하여 등록된 업무용승용차를 불러와서 각각의 업무용승용차 비용을 입력
- K5임차료는 월리스료(600,000원) × 12개월인 = 7,200,000원을 입력
- 감가상각비 상당액은 보험료·자동차세·수선비가 별도로 산정되어 있으므로 연간 임차료 금액인 7,200,000원을 입력

> * 시설대여업자로부터 임차한 승용차의 임차료 중
>   감가상각비 상당액 = 임차료 – 임차료에 포함된 보험료 · 자동차세 · 수선비

1) 26노6635 그랜져
- 보유 월수가 3개월이므로 감가상각비 연간한도는 8,000,000/12개월 × 3개월 = 2,000,000원

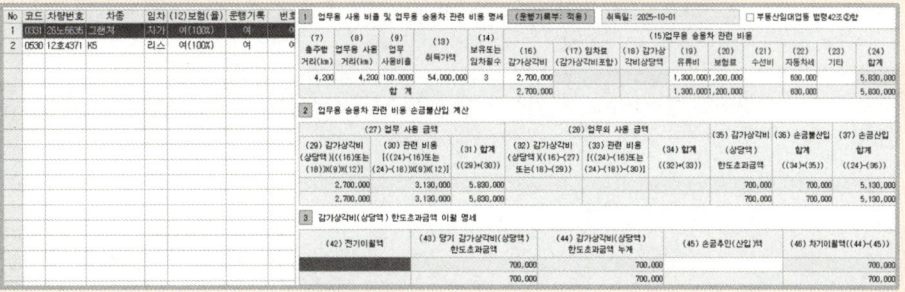

2) 12호4371

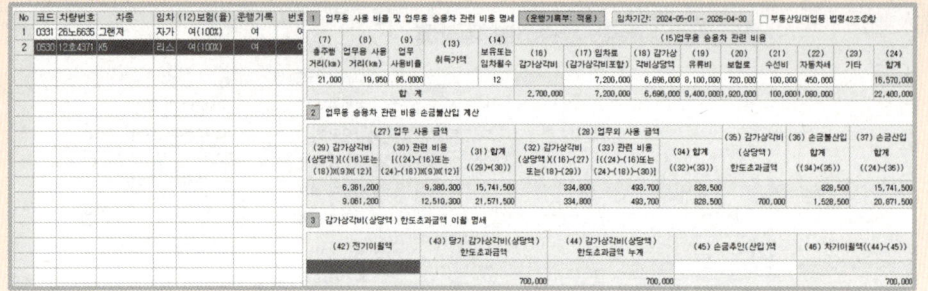

[3] F3조정등록

조정 등록						
익금산입 및 손금불산입			손금산입 및 익금불산입			
과 목	금 액	소득처분	과 목	금 액	소득처분
업무미사용분	828,500	상여			
감가상각비한도액초과	700,000	유보발생			

실습예제 따라하기

02 다음 자료에 의하여 ㈜칠공삼(0703)의 [업무용승용차등록]과 [업무용승용차관련비용명세서]를 작성하고 관련 세무조정을 반영하시오. 2024년 2월 12일 대표이사(이한강) 전용 5인승 승용차(22조8518)를 ㈜대여캐피탈과 장기렌트계약을 체결하였다.

실기 따라하기
| 1회 | 2회 | 3회 |

구분	금액	비고
렌트료	? 원	매월 2,000,000원(부가가치세 포함)세금계산서를 수령한다.
유류비	3,600,000원	
임차기간 (보험기간)	2024.02.12.~2026.02.11.	
거리		1. 전기이월누적거리 18,500km 2. 출퇴근거리 5,000km 3. 출퇴근 외 업무거리 1,000km 4. 당기 총주행거리 6,000km
운행기록부 작성여부	작성함	
기타		코드 0001, 판매 관리부의 차량으로 등록할 것 업무전용보험 가입

실기 따라하기 02

업무용승용차관련비용명세서

[1] [업무용승용차등록실행]

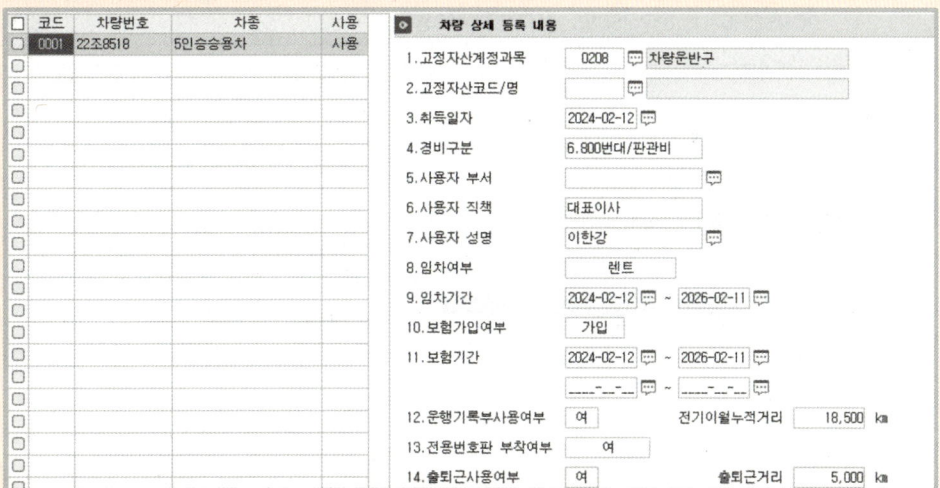

[2] [업무용승용차관련비용명세서]

임차료 2,000,000 × 12개월 = 24,000,000원 입력

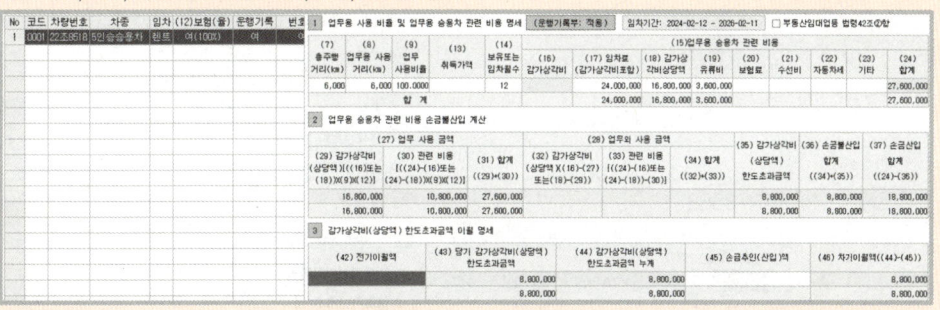

[3] F3조정등록

	익금산입 및 손금불산입			손금산입 및 익금불산입		
과 목	금 액	소득처분	과 목	금 액	소득처분
렌트차량감가상각비한도초과	8,800,000	기타사외유출			

실습예제 따라하기

03 다음 자료를 이용하여 ㈜팔공일(0801)의 [업무용승용차등록]과 [업무용승용차관련비용명세서]를 작성하고 관련 세무조정을 반영하시오. 다만, 아래의 업무용승용차는 모두 임직원전용보험에 가입하였으며, 출퇴근용으로 사용하였으나 당기 차량운행일지를 작성하지는 않았다.

실기 따라하기 1회 2회 3회

1. 운용리스계약기간 및 보험가입기간(계약기간과 보험가입기간은 같다.)

구분	계약기간 (보험가입기간)	보증금	자산코드
BMW	2025.06.01.~2028.06.01.	20,500,000원	0101
PORSCHE	2025.05.01.~2027.05.01.	21,000,000원	0102

2.

차종	차량번호	운용리스금액	감가상각비상당액	유류비	차량 비용 총액
BMW	04소7777	10,106,750원	8,000,375원	1,293,421원	11,400,171원
PORSCHE	357우8888	17,204,410원	16,833,975원	1,041,282원	18,245,692원

실기 따라하기 03

[업무용승용차관련비용명세서]
[1] [업무용승용차등록실행]

1) 04소7777

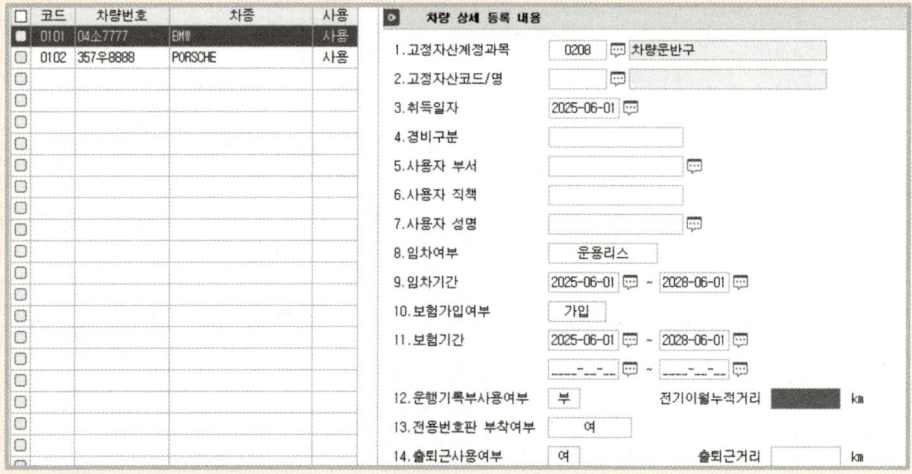

2) 357우8888

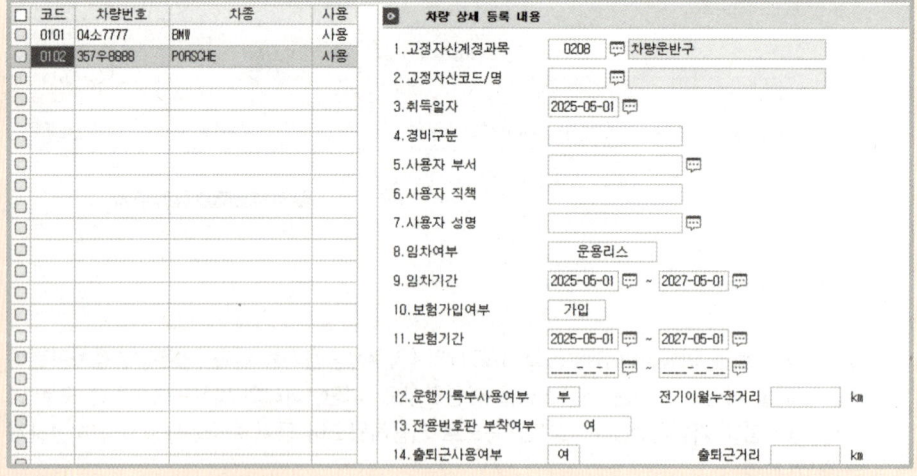

[3] F3조정등록

조정 등록					
익금산입 및 손금불산입			손금산입 및 익금불산입		
과 목	금 액	소득처분	과 목	금 액	소득처분
BMW업무외사용분	2,650,171	상여			
BMW감가상각비한도초과	1,473,881	기타사외유출			
PORSCHE업무외사용분	8,245,692	상여			
PORSCHE감가상각비한도초과	3,892,940	기타사외유출			

04 과목별 세무조정

법인세법상 수입금액의 확정 후 과목별세무조정을 하여야 한다. 과목별 세무조정 시 발생하는 세무조정사항은 F3조정등록을 이용하여 [소득금액조정합계표]에 반영한다.

```
                           과목별 세무조정
                    ┌──────────────────────────────┐
                    │ 퇴직급여충당금조정명세서      │
                    │ 퇴직연금부담금등조정명세서    │
                    │ 대손충당금및대손금조정명세서  │
┌──────────────┐    │ 기업업무추진비조정명세서     │    ┌──────────────┐
│              │    │ 재고자산(유가증권)평가조정명세서│    │              │
│수입금액조정  │ ≫ │ 세금과공과금명세서           │ ≫ │소득금액조정  │
│명세서        │    │ 선급비용명세서               │    │합계표        │
│              │    │ 가지급금등의인정이자조정명세서│    │              │
│              │    │ 업무무관부동산등에 관련한차입금이자조정명세서│    │              │
│              │    │ 건설자금이자조정명세서       │    │              │
│              │    │ 외화자산등평가차손익조정명세서│    │              │
│              │    │ 기부금조정명세서*            │    │              │
│              │    │ 업무용승용차관련비용명세서*  │    │              │
└──────────────┘    └──────────────────────────────┘    └──────────────┘
```

* 기부금은 소득금액을 기준으로 손금산입하므로 기부금을 제외한 과목별 세무조정 및 [소득금액조정합계표]를 반드시 먼저 작성하고 기부금조정을 하여야 한다.
* [업무용승용차관련비용명세서]는 고정자산에 해당되어 「3절 감가상각비 조정」에서 작성방법을 설명하였다.

01 퇴직급여충당금조정명세서

(1) 인건비 조정

1) 일반적인 급여 및 상여금

구분	내용	세무조정
일반적인 급여	원칙: 손금 인정	
	예외: ① 법인이 지배주주* 등(특수관계인 포함)인 임원 또는 직원에게 정당한 사유 없이 동일 직위에 있는 지배주주 등외의 임원 또는 직원에게 지급하는 금액을 초과하여 보수를 지급한 경우 * 법인의 발행주식총수(또는 출자총액)의 1% 이상의 주식(또는 출자지분)을 소유한 주주 등	초과금액은 손금불산입
	② 비상근임원에게 지급하는 보수 중 부당행위계산에 해당하는 경우	손금불산입

상여금	원칙: 손금인정	
	예외: ① 임원에게 지급하는 상여금 중 주주총회, 사원총회 또는 이사회의 결의에 따라 결정된 급여지급기준에 의한 금액을 초과하여 지급하는 금액	
	• 정관 등에 규정이 있는 경우	임원상여금 규정에 의한 한도금액을 초과하는 부분은 손금불산입(상여)
	• 정관 등에 규정이 없는 경우	임원상여금은 손금불산입(상여)
	② 임원 또는 직원에게 이익처분에 의해 지급하는 상여금	손금불산입
	③ 합명회사 또는 합자회사의 노무출자사원에게 지급하는 보수	이익처분에 의한 상여로 보아 손금불산입

(2) 퇴직급여

1) 현실적인 퇴직

현실적인 퇴직(손금O)	비현실적인 퇴직(손금X)
① 법인의 직원이 해당 법인의 임원으로 취임한 때	① 임원이 연임된 경우
② 법인의 임원 또는 직원이 그 법인의 조직변경·합병·분할 또는 사업양도에 의하여 퇴직한 때	② 법인의 대주주 변동으로 인하여 계산의 편의, 기타 사유로 전 사용인에게 퇴직급여를 지급하는 경우
③ 근로자퇴직급여보장법에 따라 퇴직급여를 중간정산하여 지급한 때 (직전 중간정산 대상기간 종료일의 다음날부터 새로 근무연수를 기산하여 퇴직급여를 계산하는 경우에 한정)	③ 외국법인의 국내지점 종업원이 본점(본국)으로 전출하는 경우
④ 정관 또는 정관에서 위임된 퇴직급여지급규정에 따라 장기 요양 등 기획재정부령으로 정하는 사유로 그 때까지의 퇴직급여를 중간정산하여 임원에게 지급한 때(직전 중간정산 대상기간 종료일의 다음날부터 새로 근무연수를 기산하여 퇴직급여를 계산하는 경우에 한정) * 인정되는 중간정산 사유: 주택구입, 파산, 장기요양	④ 정부투자기관 등이 민영화됨에 따라 전 종업원의 사표를 일단 수리한 후 재채용한 경우
	⑤ 근로자퇴직급여보장법에 의하여 퇴직급여를 중간정산하기로 하였으나 이를 실제로 지급하지 아니한 경우
세무조정 없음	① 손금불산입(유보발생) ② 부당행위계산의부인에 의해 가지급금에 대한 인정이자 계산(업무무관 가지급금)

2) 퇴직급여 한도액

구분	내용
직원	금액의 제한 없음
임원	정관 등에 규정이 있는 경우: 정관에 정해진 금액(정관에서 위임된 퇴직급여규정이 따로 있을 때에는 이에 규정된 금액)
	정관 등에 규정이 없는 경우: 임원퇴직금한도액 = 퇴직 직전 1년간의 총급여액* × 10% × 근속연수
세법상 손금산입 한도액	MIN(①, ②) ① 당기지급 총급여액 × 5% ② 퇴직급여추계액 × 0% - 세법상 퇴직급여충당금 잔액 + *퇴직금전환금 기말잔액 * 1993년~1998년 사이 국민연금제도 도입에 따라, 회사가 근로자를 대신해 국민연금공단에 납부한 금액

총급여액 산정	* 총급여액: 근로의 제공으로 인하여 받는 봉급·급료·상여·수당 등의 급여와 법인의 주주총회·사원총회 등 의결기관의 결의에 의하여 상여로 받는 소득 등이 포함됨
총급여액 제외항목	① 법인세법에 의하여 상여로 처분된 금액(인정상여) ② 확정기여형퇴직연금 등이 설정된 임원·사용인의 급여 ③ 손금불산입되는 인건비
퇴직급여충당금 세무조정 순서	[Step 1] 인건비 관련 조정 [Step 2] 퇴직급여 지급에 대한 세무조정 [Step 3] 퇴직급여충당금 설정에 대한 세무조정

(3) 복리후생비

구분	내용
손금산입 항목	① 직장체육비·직장문화비·직장회식비 ② 우리사주조합의 운영비 ③ 국민건강보험법 및 노인장기요양보험법에 따라 사용자로서 부담하는 건강보험료 및 부담금 ④ 영유아보육법에 따라 설치된 직장보육시설의 운영비 ⑤ 고용보험법에 따라 사용자로서 부담하는 보험료 ⑥ 그 밖에 임원 또는 직원에게 사회통념상 타당하다고 인정되는 범위 안에서 지급하는 경조사비 등 위 ①~⑤의 비용과 유사한 비용
손금불산입 항목	위 항목 외의 복리후생비

(4) 퇴직급여충당금 조정명세서

2. 총급여액 및 퇴직급여추계액 명세 ≫ [원천징수]≫[퇴직급여추계명세서] 또는 (20)란에 직접입력 ≫ 1. 퇴직급여충당금 조정

계정과목명	17. 총급여액		18. 퇴직급여 지급대상이 아닌 임원 또는 직원에 대한 급여액		19. 퇴직급여 지급대상이 되는 임원 또는 직원에 대한 급여액		20. 기말 현재 임원 또는 직원 전원의 퇴직시 퇴직급여추계액	
	인원	금액	인원	금액	인원	금액	인원	금액
							21.(근로퇴직급여보장법) 에 따른 추계액	
합계							22. 세법상 추계액 MAX(20, 21)	

1. 퇴직급여충당금 조정

『법인세법 시행령』 제60조 제1항에 따른 한도액	1. 퇴직급여 지급대상이 되는 임원 또는 직원에게 지급한 총급여액((19)의 계)	2. 설정률 5 / 100	3. 한도액 (① * ②)	비 고
『법인세법 시행령』 제60조 제2항 및 제3항에 따른 한도액	4. 장부상 충당금 기초잔액	5. 확정기여형퇴직연금자의 설정전기계상된퇴직급여충당금	6. 기중 충당금 환입액	7. 기초 충당금 부인누계액	8. 기중 퇴직금 지급액
	9. 차감액 (④-⑤-⑥-⑦-⑧)	10. 추계액 대비 설정액 ((22) * 0 / 100)	11. 퇴직금 전환금	12. 설정율 감소에 따른 환입을 제외하는금액(MAX(⑨-⑩-⑪,0)	13. 누적한도액 (⑩-⑨+⑪+⑫)
한도초과액 계산	14. 한도액 (③과 ⑬중 적은 금액)		15. 회사 계상액		16. 한도초과액 ((15)-(14))

CHAPTER 04 과목별 세무조정

항목	내용
총급여액	① F2키를 이용하여 급여·임금·상여금 계정과목을 입력한다. ② 총급여액을 계정과목별로 구분하여 인원과 금액을 입력한다. 다만, 손금불산입되는 인건비 및 규정초과 상여금은 제외한다. ③ 퇴직금지급대상이 아닌 임직원과 퇴직급여 지급대상이 되는 임직원에 대한 급여액을 구분한다. (17)란의 인원 및 금액에서 (18)란의 인원 및 금액을 차감한 인원수 및 금액이 자동반영되며, 해당 금액은 손금산입 한도액 계산시 필요한 "총급여"기준이 된다.
퇴직급여추계액명세서	① [원천징수] ≫ [퇴직급여추계명세서]의 데이터를 반영하는 경우에는 `2.퇴직금추계액명세서`을 클릭하여 반영한다. 또는 (20)란에 직접입력한다. ② 퇴직급여추계액 입력 | 구분 | 내용 | |---|---| | 일시퇴직기준 | (20)기말 현재 임원 또는 직원 전원의 퇴직시 퇴직급여추계액 | | 보험수리기준 | (21)근로퇴직급여보장법에 따른 추계액 | ③ 세법상 추계액((20), (21)) "(20)일시퇴직기준추계액"과 "(21)근로자퇴직급여보장법에 따른 추계액" 중 큰 금액이 "(22).세법상 추계액"에 자동 반영되며, 해당 금액은 손금산입한도액 계산 시 "퇴직급여추계액"을 계산하는 기준이 된다.
퇴직급여충당금 조정	① 상단의 F8잔액조회를 클릭하여 퇴직급여충당부채(295) 계정의 증감내역을 조회하여 입력한다. | 「퇴직급여충당부채」 잔액조회 | | 「퇴직급여충당금 조정」 입력 | |---|---|---| | 기초잔액 | → | 4.장부상 충당금 기초잔액 | | 당기증가 | → | 15.회사계상액 | | 당기감소 | → | 8.기중 퇴직금 지급액 | ② "4.장부상 충당금 기초잔액"에 세무상 부인액이 있는 경우 전기 [자본금과적립금조정명세서(을)]에 있는 부인액을 "7.기초 충당금부인액"에 입력한다. 다만, 당해 사업연도 중에 퇴직급여충당금을 임의로 환입한 금액이 있는 경우에는 "6.기중 충당금환입액"란을 차감한 금액을 입력하여야 한다. **세무조정** | | 항목 | 내용 | |---|---|---| | (1) | 16. 한도초과액 | 손금불산입(유보발생) | | (2) | 9. 차감액: 음수(-)인경우 | 손금산입(유보감소) | | (3) | 6.기중 충당금 환입액 | 익금불산입(유보감소) | | (4) | 추가 조정사항: 총 급여액에 포함되지 않는 손금불산입 되는 급여 등이 있는 경우 | 손금불산입(상여) |

✓ 주요 체크사항: 퇴직급여충당금조정명세서

구분	주요 내용	세무조정	비고
회계처리 원칙	• 기업회계기준: 퇴직급여충당부채 100% 설정 • 퇴직급여충당부채는 결산조정사항	결산조정사항이므로 무조건 세무조정 발생(100% 손금불산입)	• 시험에는 잘 출제되지 않는 서식
손금산입한도액 계산	• MIN(총급여액 기준, 퇴직금추계액 기준) • 총급여액 기준: 총급여액 × 5% • 퇴직금추계액 기준: 퇴직급여추계액 × 0% + 퇴직금전환금 − 퇴직급여충당부채잔액	값이 0이 될 수밖에 없으므로 손금불산입	
상여금 및 퇴직금 처리	• 종업원: 전액 손금처리 • 임원: 한도초과액만큼 손금불산입	임원의 경우 직접 세무조정 필수	
총급여액 제외 항목	• 이익처분에 의해 지급하는 성과금 • 임원상여금 중 상여금지급기준 초과금액 • 현실적퇴직이 아닌 경우	• 손금불산입 • 손금불산입(상여) • 가지급금으로 처리 ⇒ 손금불산입(유보)	직접 세무조정 필수
퇴직급여충당부채 원장	퇴직급여충당부채		

당기 퇴직금 지급액	기초잔액
기말잔액 (퇴직금추계액 × 0%)	퇴직급여(전입액) = 회사계상액(결산시) ➔ 손금불산입

실습예제 따라하기

01 다음 ㈜오공일(회사코드: 0501)의 자료를 이용하여 퇴직급여충당금조정명세서를 작성하고, 관련된 세무조정을 하시오.

1. 퇴직급여충당부채 내역

전기이월	기말잔액	당기지급액	당기설정액
48,000,000원	51,000,000원	35,000,000원	38,000,000원

• 전기이월 중에는 세무상 한도초과액 3,000,000원이 포함되어 있다.
• 당기 지급액은 모두 현실적 퇴직으로 발생한 것이다.

2. 급여내역

구분	총급여액	
	인원	금액
급여(판)	21	500,000,000원
상여(판)	21	250,000,000원
임금(제)	42	1,020,000,000원
상여(제)	42	330,000,000원
계	63	2,100,000,000원

- 급여(판)에는 영업부 소속 근속기간이 1년 미만인 3명의 급여 30,000,000원이 포함되어 있다.
- 상여(판)에는 영업부 소속 근속기간이 1년 미만인 3명의 급여 20,000,000원이 포함되어 있다.

3. 기타 사항
- 사업연도 종료일 현재 퇴직급여 지급대상 임원 및 사용인에 대한 퇴직금 추계액은 400,000,000원이고, 보험수리적 퇴직급여추계액은 350,000,000원이다.
- 영업이사에게 지급한 상여금 중 10,000,000원은 정관상 급여지급기준을 초과한 것이다.
- 당사의 퇴직금지급규정상 1년 미만 근속자에게는 퇴직금을 지급하지 않는다.
- 당사는 퇴직연금에 가입한 적이 없다.

실기 따라하기 01

[1] [퇴직급여충당금조정명세서]
- [2.총급여액 및 퇴직급여추계액 명세] 제시된 자료에 따라 "17,18"란과 [퇴직금추계액명세서] "20,21"란을 입력
- 회사의 임원상여금 지급규정을 초과한 지급액 10,000,000원은 "17"란에서 제외하고 240,000,000원을 입력
- 퇴직급여 지급대상이 아닌 1년 미만인 3명의 급여와 상여는 "18"란에 입력
- [1.퇴직급여충당금조정] "4.장부상 충당금 기초잔액"에 퇴직급여충당부채 전기이월 금액을 입력
- "7.기초충당금 부인누계액"에 전기이월 중 세무상 한도초과액을 입력
- "8.기중 퇴직금지급액"에 당기지급액을 입력
- "15.회사계상액"에 당기 설정액을 입력

[2] F3조정등록
- 퇴직급여추계액 설정율이 0%이므로 회사가 설정한 퇴직급여충당금 전액이 부인
- 회사의 임원상여금 지급규정을 초과한 지급액은 손금불산입(상여)

조정 등록							
익금산입 및 손금불산입				손금산입 및 익금불산입			
과 목	금 액		소득처분	과 목	금 액		소득처분
임원상여금 한도초과	10,000,000		상여				
퇴직급여충당금한도초과	38,000,000		유보발생				

02 퇴직연금부담금등조정명세서

(1) 퇴직연금제도

구분	내용	
퇴직연금제도	• 법인의 도산 등으로부터 종업원의 퇴직금 보호 • 퇴직급여추계액에서 세무상 퇴직급여충당금을 차감한 잔액에 대하여 확정급여형 퇴직연금부담금 불입액을 손금으로 인정	
확정기여형 (DC형)	• 사용자가 매년 근로자의 연간 임금총액의 일정비율을 근로자 개별 계좌에 불입 • 근로자가 적립금 운용방법 결정	불입 시: (차)퇴직급여 ××× (대)현금 ×××	• 전액 손금산입 • 결산조정 필요 없음
확정급여형 (DB형) 손금산입 범위액	확정급여형 퇴직연금 손금산입 범위액: 　MIN(①, ②) - 이미 손금산입한 부담금 ① 추계액 기준 = 기말 퇴직급여추계액* - 기말 세무상 퇴직급여충당금 잔액 - 이미 손금산입한 부담금 ② 예치금 기준 = 기초 퇴직연금운용자산 잔액 - 기중 감소액 + 기중 납입금 - 이미 손금산입한 부담금 * 일시퇴직기준과 보험수리기준 추계액 중 큰 금액	• 퇴직급여추계액에서 세무상 퇴직급여충당금을 차감한 잔액에 대해 손금산입 • DB형은 결산조정 및 신고조정이 모두 가능
DB형 퇴직연금 세무조정	[Step 1] 퇴직급여충당금한도에 대한 세무조정 　　　　(퇴직급여충당금조정명세서와 연계 필요) [Step 2] 퇴직연금부담금 수령 및 해약에 대한 세무조정 [Step 3] 퇴직연금부담금 납입에 대한 세무조정	

<DB형 퇴직연금 세무조정 방식>

구분	외부감사대상법인	비외부감사대상법인
회계처리 방식	퇴직연금충당금을 결산조정으로 처리	신고조정 시 직접 손금산입 처리
세무조정 방법	결산조정 (재무제표 반영 후 세무조정)	신고조정 (재무제표와 무관하게 세무신고 시 직접 조정)
불입 시	회계처리: (차) 퇴직연금운용자산　××× 　　(대) 현금　××× 세무조정: 없음	회계처리: (차) 퇴직연금운용자산　××× 　　(대) 현금　××× 세무조정: 없음
결산 시	회계처리: (차) 퇴직급여　××× 　　(대) 퇴직급여충당부채　××× 세무조정: • 퇴직급여충당부채 손금불산입(유보) • 퇴직연금예치금 손금산입(유보)	회계처리: 없음 세무조정: • 퇴직연금예치금 손금산입(유보)
퇴직발생 예치금 수령 및 지급시	회계처리: (차) 퇴직급여충당부채　××× 　　(대) 퇴직연금운용자산　××× 　　　　보통예금　××× 　　　　예수금　×××	회계처리: (차) 퇴직급여충당부채　××× 　　(대) 퇴직연금운용자산　××× 　　　　보통예금　××× 　　　　예수금　×××

	세무조정: • 퇴직연금수령액 익금산입(유보추인) • 퇴직급여충당부채 손금산입(유보추인): 퇴직연금을 수령하여 퇴직급여충당금과 상계하여 지급한 금액	세무조정: • 퇴직연금수령액 익금산입(유보추인)

* 외부감사대상법인 판단 기준

유형	판단 기준
자산 규모	직전 사업연도 말 자산총액 500억원 이상인 회사
매출 규모	직전 사업연도 매출액 500억원 이상인 회사
복합 기준	다음 네 가지 항목 중 2개 이상 해당하는 회사: • 자산총액 120억원 이상 • 부채총액 70억원 이상 • 매출액 100억원 이상 • 종업원 수 100명 이상 (종업원 수 산정 시 파견근로자 등 일부 인원은 제외)

▶ [참고] 중소기업퇴직연금기금제도

구분	내용
제도 개요	상시 근로자 30명 이하 중소기업 대상, 사업주와 근로자가 부담금을 납입하여 공동기금 조성·운영해 퇴직급여 지급
가입대상	상시근로자 30인 이하 사업장
재정지원	있음
부담금	연간임금총액의 1/12 이상, 납입주체: 사용자
운용주체	근로복지공단 (확정기여형은 근로자)
급여수준	부담금 합계액 + 운용수익
급여형태	일시금 또는 연금 (중도인출 가능)
사업주 혜택	• 월평균보수 최저임금 120% 미만 근로자 10% 지원 • 0.2% 이하 낮은 수수료 ('23년 신규가입 시 3년간 무료) • 간편한 가입절차 (3종 서류) • 사용자부담금 손금산입 가능 • 분할적립으로 부담 경감 및 장기근속 유도
근로자 혜택	• 공적 기금형 제도 (근로복지공단 운영) • 퇴직금 안정적 보장 • 전문가 운용으로 안정적 수익 추구 • 노사/전문가로 구성된 투자위원회 • 미래에셋증권, 삼성자산운용의 전문 운용

(2) **퇴직연금부담금 세무조정**

> 2. 이미 손금산입한 부담금 등의 계산 ≫ 1. 퇴직연금 등의 부담금조정

[퇴직연금부담금등 조정명세서] 작성 시 [퇴직급여충당금 조정명세서]를 반영하여 작성한다(시험 시 직접입력도 가능하다).

2. 이미 손금산입한 부담금 등의 계산

1 나. 기말 퇴직연금 예치금 등의 계산

19.기초 퇴직연금예치금 등	20.기중 퇴직연금예치금 등 수령 및 해약액	21.당기 퇴직연금예치금 등의 납입액	22.퇴직연금예치금 등 계 (19 - 20 + 21)

2 가. 손금산입대상 부담금 등 계산

13.퇴직연금예치금 등 계 (22)	14.기초퇴직연금충당금등 및 전기말 신고조정에 의한 손금산입액	15.퇴직연금충당금등 손금부인 누계액	16.기중퇴직연금등 수령 및 해약액	17.이미 손금산입한 부담금등 (14 - 15 - 16)	18.손금산입대상 부담금 등 (13 - 17)

1. 퇴직연금 등의 부담금 조정

		당기말 현재 퇴직급여충당금			6.퇴직부담금 등 손금산입 누적한도액 (① - ⑤)
1.퇴직급여추계액	2.장부상 기말잔액	3.확정기여형퇴직연금자의 설정전 기계상된 퇴직급여충당금	4.당기말 부인 누계액	5.차감액 (② - ③ - ④)	
7.이미 손금산입한 부담금 등 (17)	8.손금산입액 한도액 (⑥ - ⑦)	9.손금산입 대상 부담금 등 (18)	10.손금산입범위액 (⑧과 ⑨중 적은 금액)	11.회사 손금 계상액	12.조정금액 (⑩ - ⑪)

항목	내용
기말퇴직연금 예치금 등의 계산	F8잔액조회로 장부상 "퇴직연금운용자산" 또는 "퇴직연금충당금"의 내역을 조회하여 입력한다. 신고조정을 하는 경우 "20란"의 퇴직연금운용자산계정의 감소액은 세무조정 대상이 되며 "16란"에 자동 반영된다.
손금산입대상 부담금등의 계산	① "14.기초충당금 및 손금산입액": 직전 사업연도 세무조정계산서상 퇴직연금부담금 등의 손금 산입누계액을 입력한다. ② "15.퇴직연금충당금 등 손금부인누계액": 결산조정으로 손금산입한 경우에는 퇴직연금충당금 부인누계액(전기 [자본금과적립금조정명세서(을)]상의 기말잔액)을 입력한다. ③ "17.이미손금산입한 부담금 등": 당기말 세무상 퇴직연금충당금 및 퇴직연 금예치금의 잔액을 의미한다. ④ "18.손금산입대상 부담금 등": "퇴직연금예치금 기준"의 손금산입 한도액을 의미한다.
퇴직연금 등의 부담금 조정	① "1.퇴직급여추계액": 당해 사업연도 종료일 현재 재직하고 있는 임원 또는 사용인이 모두 퇴직할 경우에 지급해야 할 금액을 입력한다. [퇴직급여충당금조정명세서]를 작성한 경우 상단의 F12불러오기를 클릭하여 반영할 수 있다. ② "4. 당기말부인누계액"은 현재 퇴직급여충당금 부인누계액인 당기말 [자본금과적립금조정명세서(을)]상의 기말잔액을 입력한다. ③ "11.회사손금계상액": 회사가 결산시 장부상에 계상한 당기의 퇴직연금충당부채(또는 퇴직연금 충당금 전입액)가 있는 경우 입력한다(기업회계기준에 따른 회계처리시 손금계상액은 없다). ④ "12.조정금액": 조정금액란이 양수(+)인 경우에는 손금산입하고, 음수(-)인 경우에는 손금불산 입 한다. | | 세무조정 | | |---|---|---| | 신고조정 | 양수(+)금액 | 손금산입(유보발생) | | | 음수(-)금액 | 손금불산입(유보발생) |

✓ 주요 체크사항:퇴직연금부담금조정명세서

구분	내용	
세무조정 방법	• 납입액: 손금산입 ⇒ 조정등록에서 자동으로 처리 • 해지 시(지급액): 익금산입(직접 세무조정)	
퇴직연금운용자산원장	퇴직연금운용자산	
	기초잔액	당기 퇴직금 지급액
	당기 납부액	기말잔액

실습예제 따라하기

01 다음 자료를 이용하여 ㈜오공이(회사코드: 0502)의 퇴직연금부담금조정명세서를 작성하고, 이와 관련한 세무조정을 소득금액조정합계표에 반영하시오.

1. 기말 현재 임직원 전원 퇴직 시 퇴직금 추계액: 280,000,000원
2. 퇴직급여충당금 내역
   - 기초퇴직급여충당금: 25,000,000원
   - 전기말 현재 퇴직급여충당금부인액: 4,000,000원
3. 당기 퇴직 현황
   - 2025년 퇴직금지급액은 총 16,000,000원이며, 전액 퇴직급여충당금과 상계하였다.
   - 퇴직연금 수령액은 3,000,000원이다.
4. 퇴직연금 현황
   - 2025년 기초 퇴직연금운용자산 금액은 200,000,000원이다.
   - 확정급여형 퇴직연금과 관련하여 신고조정으로 손금산입하고 있으며, 전기분까지 신고조정으로 손금산입된 금액은 200,000,000원이다.
   - 당기 회사의 퇴직연금불입액은 40,000,000원이다.

실기 따라하기 01

[1] [퇴직연금부담금조정명세서]
- [나.기말 퇴직연금 예치금 등의 계산] "19"란에 기초 퇴직연금운용자산금액을 입력하고 "20"란에 퇴직연금수령액과 "21"란에 당기 회사의 퇴직연금불입액을 입력
- [가.손금산입대상 부담금 등의 계산] "14"란에 신고조정으로 손금산입된 금액 200,000,000원을 입력
- 기중 퇴직연금 수령액 3,000,000원 입력
- [퇴직연금 등의 부담금 조정]에서 "1"란에 임직원전원퇴직시 퇴직금추계액을 입력하고 "2"란에 퇴직급여충당금의 기말잔액 9,000,000원(기초금액 25,000,000 - 당기지급액 16,000,000원)을 입력
- "4"란에 전기말 퇴직급여충당금부인액 4,000,000원에서 퇴직연금운용자산 상계액 3,000,000원을 차감한 1,000,000원을 입력
- 퇴직급여충당부채로 손금인정받은 금액은 9,000,000원- 1,000,000원인 8,000,000원
- 신고조정이므로 "11. 회사 손금 계상액"은 0원

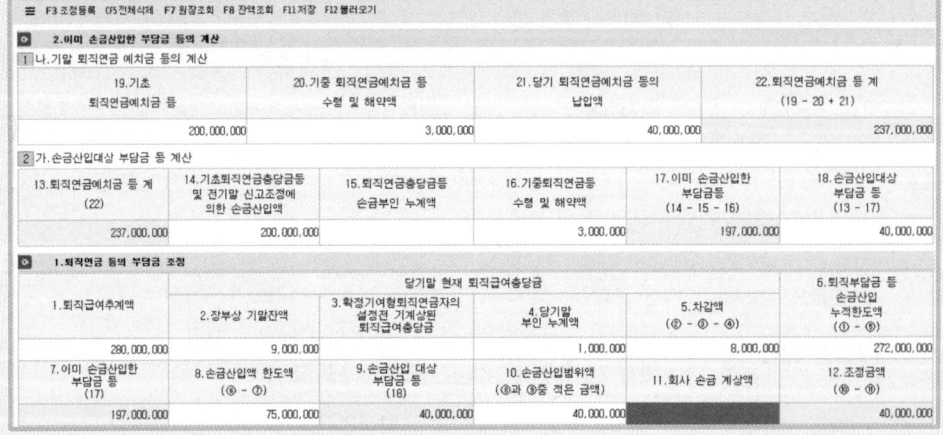

[2] F3 조정등록
- 퇴직연금은 신고조정으로 손금산입하고 있으므로 당기 수령액 3,000,000원은 익금산입(유보감소)
- 퇴직연금을 수령하여 퇴직급여충당금과 상계하여 지급한 금액 3,000,000원 손금산입(유보감소)
- 당기 퇴직연금 손금산입 범위액 40,000,000원 손금산입(유보)

조정 등록					
익금산입 및 손금불산입			손금산입 및 익금불산입		
과 목	금 액	소득처분	과 목	금 액	소득처분
퇴직연금수령액	3,000,000	유보감소	퇴직연금부담금	40,000,000	유보발생
			퇴직급여충당부채	3,000,000	유보감소

실습예제 따라하기

02 [다음 자료를 이용하여 ㈜육공이(0602)의 퇴직연금부담금조정명세서를 작성하고, 관련된 세무조정을 소득금액조정합계표에 반영하시오.

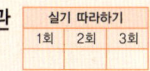

1. 퇴직금추계액
   - 기말 현재 직원, 임원 전원 퇴직 시 퇴직금추계액: 320,000,000원
2. 퇴직급여충당금내역
   - 기초퇴직급여충당금: 30,000,000원
   - 전기말 현재 퇴직급여충당금부인액: 6,000,000원
3. 당기퇴직현황
   - 2025년 퇴직금지급액은 총 20,000,000원이며 전액 퇴직급여충당금과 상계하였다.
   - 퇴직연금 수령액은 4,000,000원이다.
4. 퇴직연금현황
   - 2025년 기초 퇴직연금운용자산 금액은 230,000,000원이다.
   - 확정급여형 퇴직연금과 관련하여 신고조정으로 손금산입하고 있으며, 전기분까지 신고조정으로 손금산입된 금액은 230,000,000원이다.
   - 당기 회사의 퇴직연금불입액은 50,000,000원이다.

실기 따라하기 02

[1] [퇴직연금부담금조정명세서]
- 기말잔액 *10,000,000원 입력
  * 기초퇴직급여충당금 3,000,000원 − 퇴직급여충당금과 상계한 지급액 10,000,000원
- 퇴직급여충당금 당기말 부인누계액 *2,000,000원 입력
  * 전기말 퇴직급여충당금 부인액이 6,000,000원 − 퇴직연금을 수령하여 퇴직급여충당금과 상계하여 지급한 금액 4,000,000원 = 2,000,000원

2. 이미 손금산입한 부담금 등의 계산

1. 나. 기말 퇴직연금 예치금 등의 계산

19. 기초 퇴직연금예치금 등	20. 기중 퇴직연금예치금 등 수령 및 해약액	21. 당기 회직연금예치금 등의 납입액	22. 퇴직연금예치금 등 계 (19 - 20 + 21)
230,000,000	4,000,000	50,000,000	276,000,000

2. 가. 손금산입대상 부담금 등 계산

13. 퇴직연금예치금 등 계 (22)	14. 기초퇴직연금충당금등 및 전기말 신고조정에 의한 손금산입액	15. 퇴직연금충당금등 손금부인 누계액	16. 기중퇴직연금등 수령 및 해약액	17. 이미 손금산입한 부담금등 (14 - 15 - 16)	18. 손금산입대상 부담금 등 (13 - 17)
276,000,000	230,000,000		4,000,000	226,000,000	50,000,000

1. 퇴직연금 등의 부담금 조정

1. 퇴직급여추계액	2. 장부상 기말잔액	당기말 현재 퇴직급여충당금		5. 차감액 (②-③-④)	6. 퇴직부담금 등 손금산입 누적한도액 (①-⑤)
		3. 확정기여형퇴직연금자의 설정전 기계상된 퇴직급여충당금	4. 당기말 부인 누계액		
320,000,000	10,000,000		2,000,000	8,000,000	312,000,000

7. 이미 손금산입한 부담금 등 (17)	8. 손금산입 한도액 (⑥ - ⑦)	9. 손금산입 대상 부담금 등 (18)	10. 손금산입범위액 (⑧과 ⑨중 적은 금액)	11. 회사 손금 계상액	12. 조정금액 (⑩ - ⑪)
226,000,000	86,000,000	50,000,000	50,000,000		50,000,000

[2] F3 조정등록

조정 등록

익금산입 및 손금불산입			손금산입 및 익금불산입		
과 목	금 액	소득처분	과 목	금 액	소득처분
퇴직연금수령액	4,000,000	유보감소	퇴직급여충당부채	4,000,000	유보감소
			퇴직연금납입액	50,000,000	유보발생

실습예제 따라하기

03 다음의 퇴직연금관련 자료에 따라 ㈜칠공육(0706)의 [퇴직연금부담금등조정명세서]를 작성하고 세무조정사항이 있는 경우 [소득금액조정합계표]에 반영하시오.

1. 퇴직연금운용자산 계정내역은 다음과 같다.

퇴직연금운용자산

기초잔액	100,000,000원	당기감소액	30,000,000원
당기납입액	50,000,000원	기말잔액	120,000,000원
	150,000,000원		150,000,000원

2. 전기 자본금과 [적립금조정명세서(을)]에는 퇴직연금운용자산 100,000,000원(△유보)이 있다.

3. 당기 퇴사자에 대하여 퇴직금 40,000,000원 중 30,000,000원은 퇴직연금에서 지급하고 나머지 금액은 당사 보통예금 계좌에서 이체하여 지급하였으며, 회계처리는 다음과 같다.

　(차) 퇴직급여　　　　40,000,000원　　(대) 퇴직연금운용자산　　30,000,000원
　　　보통예금　　　　10,000,000원

4. 당기말 현재 퇴직급여추계액은 130,000,000원이다.

실기 따라하기 03

[1] [퇴직연금부담금조정명세서]
- 퇴직금 지급 시 퇴직급여 처리(퇴직급여충당부채 계정 사용 ×)
  * 기초퇴직급여충당금 3,000,000원 - 퇴직급여충당금과 상계한 지급액 10,000,000원
- 전기이월 퇴직연금운용자산 100,000,000원(△유보) "14. 손금산입액" 입력

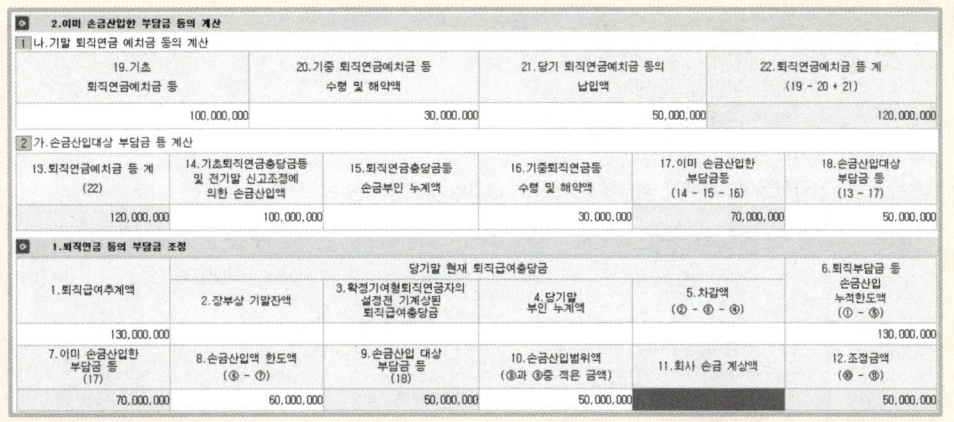

[2] F3 조정등록

익금산입 및 손금불산입			손금산입 및 익금불산입		
과 목	금 액	소득처분	과 목	금 액	소득처분
퇴직연금수령액	30,000,000	유보감소	퇴직연금손금산입액	50,000,000	유보발생

실습예제 따라하기

04 다음의 퇴직급여 관련 자료에 따라 ㈜칠공일(0701) [퇴직연금부담금조정명세서]를 작성하고 필요한 세무조정을 행하시오. 당사는 확정급여형 퇴직연금에 가입하였으며, 장부상 퇴직급여충당부채 및 퇴직연금충당부채를 설정하지 아니하고 전액 신고조정에 의하여 손금에 산입하고 있다.

1. 퇴직연금운용자산

   퇴직연금운용자산

기초잔액	37,000,000원	당기감소액	10,000,000원
당기납부액	53,000,000원	기말잔액	80,000,000원
	90,000,000원		90,000,000원

   ※ 당기 감소액에 대한 회계처리는 다음과 같다.
   (차) 퇴직급여   10,000,000원   (대) 퇴직연금운용자산   10,000,000원

2. 퇴직급여추계액

   해당 사업연도 종료일 현재 퇴직급여 지급 대상이 되는 임원 및 사용인에 대한 퇴직급여추계액은 100,000,000원이다. 보험수리적 퇴직급여추계액은 90,000,000원이다.

3. 기타자료
   - 직전 사업연도말 현재 손금산입한 퇴직연금부담금: 37,000,000원
   - 당기에 회사가 손금산입한 퇴직연금부담금: 0원

실기 따라하기 04

[1]. [퇴직연금부담금조정명세서]
- 퇴직연금운용자산의 기초잔액 37,000,000원 직전 사업연도 말에 손금산입한 퇴직연금부담금 37,000,000원과 동일
- 퇴직급여추계액은 회사에서 계상한 금액과 보험수리적 금액 중 큰 금액을 입력

2. 이미 손금산입한 부담금 등의 계산

① 나. 기말 퇴직연금 예치금 등의 계산

19. 기초 퇴직연금예치금 등	20. 기중 퇴직연금예치금 등 수령 및 해약액	21. 당기 퇴직연금예치금 등의 납입액	22. 퇴직연금예치금 등 계 (19 - 20 + 21)
37,000,000	10,000,000	53,000,000	80,000,000

② 가. 손금산입대상 부담금 등 계산

13. 퇴직연금예치금 등 계 (22)	14. 기초퇴직연금충당금등 및 전기말 신고조정에 의한 손금산입액	15. 퇴직연금충당금등 손금부인 누계액	16. 기중퇴직연금등 수령 및 해약액	17. 이미 손금산입한 부담금등 (14 - 15 - 16)	18. 손금산입대상 부담금 등 (13 - 17)
80,000,000	37,000,000		10,000,000	27,000,000	53,000,000

1. 퇴직연금 등의 부담금 조정

1. 퇴직급여추계액	2. 장부상 기말잔액	3. 확정기여형퇴직연금자의 설정전 기계상된 퇴직급여충당금	4. 당기말 부인 누계액	5. 차감액 (②-③-④)	6. 퇴직부담금 등 손금산입 누적한도액 (①-⑤)
100,000,000					100,000,000

7. 이미 손금산입한 부담금 등 (17)	8. 손금산입액 한도액 (⑥-⑦)	9. 손금산입 대상 부담금 등 (18)	10. 손금산입범위액 (⑧과 ⑨중 적은 금액)	11. 회사 손금 계상액	12. 조정금액 (⑩-⑪)
27,000,000	73,000,000	53,000,000	53,000,000		53,000,000

[2]. F3 조정등록

조정 등록						
익금산입 및 손금불산입			손금산입 및 익금불산입			
과 목	금 액	소득처분	과 목	금 액	소득처분
퇴직연금수령액	10,000,000	유보감소	퇴직연금손금산입액	53,000,000	유보발생

실습예제 따라하기

05 당사는 확정급여형 퇴직연금에 가입하고 있으며, 장부상 퇴직급여충당부채 및 퇴직연금충당부채를 설정하지 않고 있다. 다른 문제 및 기존자료 등을 무시하고 다음의 자료만을 이용하여 ㈜오공육(0506)의 [퇴직연금부담금등조정명세서]를 작성하고 세무조정 하시오.

실기 따라하기 1회 2회 3회

1. 퇴직연금관련 내역
   - 퇴직연금운용자산 기초잔액: 100,000,000원
   - 당기 퇴직연금불입액: 30,000,000원
   - 당기 퇴직금 지급액: 20,000,000원(퇴직연금에서 지급 15,000,000원, 당사 현금지급 5,000,000원)
   - 퇴직연금운용자산 기말잔액: 115,000,000원
2. 전기 [자본금과적립금조정명세서(을)] 기말잔액에는 퇴직연금운용자산 100,000,000원(△유보)가 있다.
3. 당기말 현재 퇴직급여추계액은 140,000,000원이다.

실기 따라하기 05

[1] [퇴직연금부담금조정명세서]

2. 이미 손금산입한 부담금 등의 계산				
나. 기말 퇴직연금 예치금 등의 계산				
19.기초 회직연금예치금 등	20.기중 퇴직연금예치금 등 수령 및 해약액	21.당기 퇴직연금예치금 등의 납입액	22.퇴직연금예치금 등 계 (19 - 20 + 21)	
100,000,000	15,000,000	30,000,000	115,000,000	
가. 손금산입대상 부담금 등 계산				
13.퇴직연금예치금 등 계 (22)	14.기초퇴직연금충당금등 및 전기말 신고조정에 의한 손금산입액	15.퇴직연금충당금등 손금부인 누계액	16.기중퇴직연금등 수령 및 해약액	17.이미 손금산입한 부담금등 (14 - 15 - 16)	18.손금산입대상 부담금 등 (13 - 17)
115,000,000	100,000,000		15,000,000	85,000,000	30,000,000

1.퇴직연금 등의 부담금 조정					
		당기말 현재 퇴직급여충당금			6.퇴직부담금 등 손금산입 누적한도액 (① - ⑤)
1.퇴직급여추계액	2.장부상 기말잔액	3.확정기여형퇴직연금자의 설정전 기계상된 퇴직급여충당금	4.당기말 부인 누계액	5.차감액 (② - ③ - ④)	
140,000,000					140,000,000
7.이미 손금산입한 부담금 등 (17)	8.손금산입액 한도액 (⑥ - ⑦)	9.손금산입 대상 부담금 등 (18)	10.손금산입범위액 (⑧과 ⑨중 적은 금액)	11.회사 손금 계상액	12.조정금액 (⑩ - ⑪)
85,000,000	55,000,000	30,000,000	30,000,000		30,000,000

[2] F3 조정등록

조정 등록					
익금산입 및 손금불산입			손금산입 및 익금불산입		
과 목	금 액	소득처분	과 목	금 액	소득처분
퇴직연금수령액	15,000,000	유보감소	퇴직연금손금산입액	30,000,000	유보발생

03 대손충당금및대손금조정명세서

(1) 대손금

구분	내용
대손금 개념	• 채무자의 파산 등 일정 사유로 회수할 수 없는 채권금액 • 순자산감소액이므로 본래 손금으로 인정 • 법인세법에서는 대손추산액 산정에 대한 법인의 임의성을 배제하고 세무행정의 편의 등을 위해 실제 대손율에 근거한 대손충당금 설정 규정
대손요건 (신고조정사항)	• 회계처리와 무관하게 세무신고 시 손금인정 ① 상법·민법·어음수표법에 따라 소멸시효가 완성된 채권 ② 「채무자 회생 및 파산에 관한 법률」에 의한 회생계획인가의 결정 또는 법원의 면책 결정에 따라 회수불능채권으로 확정된 채권 ③ 민사집행법의 규정에 의하여 채무자의 재산에 대한 경매가 취소된 압류채권 ④ 재판상 화해 등 확정판결과 같은 효력을 가지는 것에 따라 회수불능으로 확정된 채권 ⑤ 물품의 수출 또는 외국에서의 용역제공으로 발생한 채권으로서 한국무역보험공사로부터 회수 불능으로 확인된 채권
대손요건 (결산조정사항)	• 결산상 회계처리를 해야만 손금인정 ① 채무자의 파산, 강제집행, 형의 집행, 사업의 폐지, 사망, 실종, 행방불명으로 인하여 회수할 수 없는 채권 ② *부도발생일로부터 6개월 이상 지난 수표 또는 어음상의 채권 및 중소기업의 외상매출금(부도 발생일 이전의 것) ③ 회수기일을 6개월 이상 지난 채권 중 채권가액이 30만원 이하(채무자별 합계액 기준)의 채권

	④ 중소기업 외상매출금으로서 회수기일로부터 2년 이상 지난 외상매출금 및 미수금(특수관계인 제외) * 부도발생일: 소지하고 있는 부도어음이나 수표의 지급기일(지급기일 전 부도확인 시 확인일)
손금산입 시기	• 신고조정사항: 대손요건을 구비한 사업연도(이후 불가) • 결산조정사항: 대손요건을 구비하고 결산상 회계처리한 사업연도

대손금액 처리	• 대손요건 구비 시 회수불능채권을 전액 대손처리
	• 부도발생일로부터 6개월 경과 수표/어음/외상매출금:
	  – 비망계정(어음·수표 1매당 1천원, 외상매출금은 채무자별 1천원) 제외 금액을 대손처리
	  – 비망계정은 소멸시효 완성 사업연도에 대손처리

대손충당금 설정 대상채권	① 외상매출금 ② 대여금 ③ 어음상 채권(받을어음, 융통어음), 미수금 ④ 미회수 부가가치세 매출세액 미수금(대손세액공제 제외) ⑤ 대손부인된 채권액 ⑥ 세무조정 시 익금산입된 채권액
대손충당금 설정제외채권	① 업무무관가지급금 ② 할인어음, 배서어음 ③ 보증채무 대위변제로 발생한 구상채권 ④ 부당행위계산부인 적용 시가초과액 채권 ⑤ 세무조정 시 손금산입된 채권액
대손충당금 손금한도액	• 해당 사업연도 종료일 현재 설정대상채권의 세무상 장부가액 × 대손율 • 세무상 장부가액 = (B/S상 채권잔액 − 설정제외 채권잔액) ± 채권에 대한 유보잔액 • 대손율: MAX(1%, 대손실적률) • 대손실적률 = 해당 사업연도 대손금 / 직전 사업연도 종료일 현재 채권잔액
손금산입 방법	• 환입법(총액법) 사용 • 기초의 대손충당금 중 대손금과 미상계된 잔액은 전액 산입 • 당해 사업연도의 전입액은 전액 손금산입
세무조정	• 한도초과액: 손금불산입(유보발생) → 차기 손금산입(유보감소) • 한도미달액: 세무조정 없음
대손금 회수액	• 손금산입한 대손금 중 회수한 금액 • 회수한 날이 속하는 사업연도의 소득금액 계산 시 익금에 산입

(2) 대손충당금 설정방법

구분	보충법(회계기준)	총액법(법인세법)
정의	회계 대손충당금 설정방법	세법의 대손충당금 설정방법
계산공식	기말금액 − 기초금액 − 상계금액 = 설정금액	기말금액 − 기초금액 − 환입금액 = 설정금액
대손충당금 원장	대손 발생 시 대손충당금과 먼저 상계 **대손충당금** 상계금액 3,000 | 기초금액 10,000 기말금액 9,000 | 설정금액 2,000	전액 환입 후 기말 예상액 다시 설정 **대손충당금** 환입금액 10,000 | 기초금액 10,000 기말금액 9,000 | 설정금액 9,000
기초 대손충당금	10,000원	10,000원
기초 회계처리	회계처리 없음	(차) 대손충당금 10,000 (대) 대손충당금환입 10,000

대손발생 시	(차) 대손충당금 3,000
	     (대) 외상매출금 3,000
		(차) 대손상각비 3,000
		     (대) 외상매출금 3,000

기말 대손추정액
9,000원
	(차) 대손상각비 2,000
	     (대) 대손충당금 2,000
		(차) 대손상각비 9,000
		     (대) 대손충당금 9,000

기말 대손충당금	9,000	9,000
당기비용	2,000	*2,000 *환입액 10,000원 - 대손상각비 12,000원
주요특징	• 부족한 금액만 보충 • 대손충당금 상계 회계처리	• 전액 환입 후 재설정 • 대손상각비 회계처리

(3) 대손충당금및대손금조정명세서

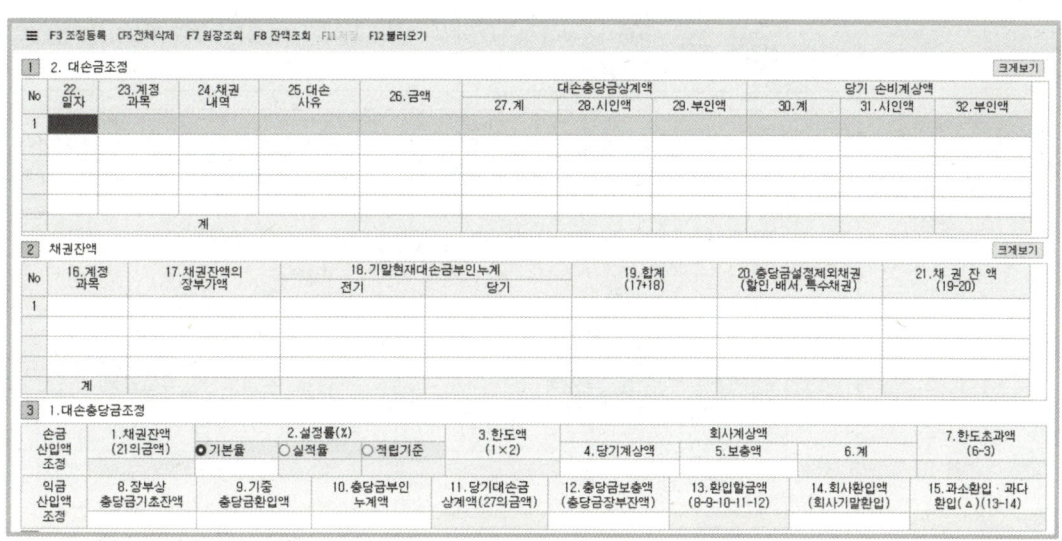

항목	내용
대손금 조정	① 일자: 회계처리 일자를 입력한다. ② 계정과목: F2키를 이용하여 대손처리한 채권의 계정과목을 입력한다. ③ 채권내용 및 대손사유: 하단의 메시지를 참고하여 대손사유를 (1.파산/2.강제집행/3.사망실종/4.정리계획/5.부도(6개월경과)/6.소멸시효완성)중에서 선택 입력하며 직접 입력도 가능하다. ④ 금액: 당기 대손발생 채권금액을 입력한다.

	구분	내용
대손금 조정	대손충당금상계액	"26.금액"란의 금액 중 대손충당금과 상계한 금액을 입력한다. 법인세법상 대손 사유에 해당하는 금액은 "28.시인액"란에 입력하고, 대손사유에 해당하지 아니하는 금액은 "29.부인액"란에 입력한다. "29부인액"란은 세무상 채권으로서 존속하는 것으로 간주하여 대손충당금 설정대상에 포함되므로 [채권잔액]의 "18.기말 현재 대손금부인누계(당기)"란에 입력한다.

	당기손비계상액	"26.금액"란의 금액 중 대손상각비로 계상한 금액을 입력한다. 이 경우 법인세법상 대손사유에 해당하는 금액은 "31.시인액"란에 입력하고, 대손사유에 해당하지 아니하는 금액은 "32.부인액"란에 입력한다. 「32.부인액」란은 세무상 채권으로서 존속하는 것으로 간주하여 대손충당금 설정대상에 포함되므로 [채권잔액]의 "18.기말 현재 대손금부인누계(당기)"란에 입력한다.
채권잔액		① 계정과목: F2키를 이용하여 재무상태표상 기말 채권의 계정과목을 입력한다. ② 채권잔액의 장부가액: 상단의 F8잔액조회를 이용하여 각 채권의 기말채권금액을 확인하여 입력한다. ③ 기말현재대손금부인누계: 전기부인누계액과 당기부인액의 합계를 입력한다. ④ 충당금실정제외채권: 할인, 배서, 특수채권 등의 설정 제외 채권을 입력한다.
대손충당금 조정		① 채권잔액: "21.채권잔액"이 자동 반영된다. ② 설정률: 대손실적률이 "1%"보다 큰 경우 실적율을 체크하고 입력한다.

구분	내용
익금산입액 조정	장부상 충당금 기초잔액 등을 순차적으로 입력하며, "12.충당금보충액"을 입력하면 손금산입액 조정 "5.보충액"란에 자동 반영된다. "14.회사환입액"을 입력하면 과소·과다환입액이 자동으로 계산된다.
손금산입액 조정	회사계상액 중 당기계상액만 입력한다. 설정률은 기본율(1%)와 실적율 중 큰 비율을 선택한다.

$$실적율 = \frac{당해\ 사업연도의\ 대손금(대손사유\ 충족분)}{직전\ 사업연도종료일\ 현재의\ 채권잔액} = \frac{당해\ 사업연도의\ 28.시인액과\ 31.시인액}{직전\ 사업연도종료일\ 현재의\ 1.채권잔액}$$

	세무조정		
	항목		내용
(1)	29. 부인액		손금불산입(유보발생)
(2)	32. 부인액		손금불산입(유보발생)
(3)	15.과소환입 ·과다환입(△)	양수(+)	익금산입(유보발생)
		음수(-)	"10.충당금부인누계액" 한도 내에서 익금불산입(유보감소)
(4)	7.한도초과액		손금불산입(유보발생)
(5)	9.기중충당금환입액		익금불산입(유보감소)

✓ 주요 체크사항:대손충당금및대손금조정명세서

구분	주요 내용	비고
회계처리 방식	• 회계처리 대손충당금 vs 대손상각비 구분 필수 • 보충법(일반기업회계기준): 대손추정액 - 대손충당금 잔액 • 총액법(법인세법): 기초 대손충당금 중 미계상된 잔액은 모두 익금산입, 당해 사업연도의 전입액은 손금산입	
대손충당금 한도액	• 한도액(법인세법상) = 기말 대손충당금 설정대상채권 × Max(1%, 대손실적율) • 대손실적율 = 당해 사업연도의 세법상 대손금 ÷ 직전 사업연도 종료일 현재의(전기말) 채권가액	

	• 보통은 대손실적율이 주어지나, 대손실적율은 직접 계산 • 대손충당금설정액(회계상 금액) 　- 기말잔액을 기준으로 • 한도초과액: 손금불산입(유보), 다음연도: 손금산입(△유보), 신고조정항목이므로 무조건 직접 세무조정 • 한도미달액: 결산조정항목이므로 세무조정 ×	
대손금의 범위 (신고조정사항)	• 소멸시효가 완성된 채권	• 결산조정하지 않았을 때 신고조정(직접 세무조정)
대손금의 범위 (결산조정사항)	• 파산, 강제집행, 사망, 실종, 행방불명, 사업폐지 등 • 부도발생일로부터 6개월 이상 경과한 어음·수표 및 외상매출금 　- 단, 저당권이 설정된 경우는 제외 　- 비망금액으로 1,000원을 제외한 금액만 • 어음(만기일), 부도확인일이 있으면 부도발생일 날짜가 6개월 경과했는지 확인 필요 • 회수기일 6개월 이상 경과한 30만원 이하의 채권 • 회수기일 2년 이상 경과한 중소기업의 외상매출금 및 미수금 (단, 특수관계인과의 거래는 제외)	• 1,000원 비망금액으로 손금불산입처리
기말 대손충당금 설정 대상 제외 채권	• 할인어음 및 배서양도어음 • 특수관계자에 대한 업무무관 가지급금 • 신고조정에 의해서 대손처리해야 할 채권(소멸시효 완성) 　- 기말현재대손금부인누계(당기란)에 음수로 입력	• 소멸시효 완성: 손금산입(유보)으로 직접 세무조정 • 전기 대손금 부인액은 가산
세무조정	• 대손금부인액: 손금불산입(유보) • 대손충당금 한도초과액: 손금불산입(유보) • 전기대손충당금 한도초과액: 손금산입(△유보) ➔ 당기 유보추인	

> **실습예제 따라하기**

01 다음 자료에 의하여 ㈜오공삼(회사코드: 0503)의 [대손충당금 및 대손금조정명세서]를 작성하고 필요한 세무조정을 하시오.

실기 따라하기 1회 2회 3회

1. 당기 대손충당금과 상계된 금액의 내용
   • 2025년 5월 1일: ㈜민국이 발행한 약속어음으로 부도 발생일로부터 6개월이 경과한 부도어음 13,000,000원(비망계정 1,000원을 공제한 후의 금액이라고 가정함)
   • 2025년 4월 1일: 법원의 면책결정에 따라 회수불능으로 확정된 ㈜만세에 대한 미수금 20,000,000원
2. 대손충당금 내역

대손충당금

받을어음	13,000,000원	전기이월	40,000,000원
미수금	20,000,000원	대손상각비	1,000,000원
차기이월	8,000,000원		
계	41,000,000원	계	41,000,000원

3. 기말대손충당금 설정 대상 채권잔액
   - 외상매출금: 600,000,000원(이 중 2025년 7월 2일 소멸시효 완성 분 2,500,000원 포함)
   - 받을어음: 200,000,000원(특수관계인에 대한 업무무관가지급금 4,000,000원 포함)
4. 전기 [자본금과적립금조정명세서(을)] 기말잔액 내역은 다음과 같다.
   - 대손충당금 한도초과 2,000,000원(유보)
5. 대손설정률은 1%로 가정한다.

실기 따라하기 01

[1] [대손충당금및대손금조정명세서]
- [2.대손금조정] "22"란에 대손일자, "23"란에 F2코드도움을 이용하여 계정과목을 입력
- "24"란에서 미수금을 선택하고 대손사유는 7.직접입력
- "26"란에 채권금액을 입력하고, 대손사유를 충족하였으므로 "28"란에 입력
- 받을어음에 대해서도 위와 동일한 방식으로 입력(비망가액 1,000원 공제한 후의 금액이므로 "29"란은 제외)
- [채권잔액]에서도 F2코드도움을 이용하여 계정과목을 입력하고 채권의 기말채권잔액을 입력
- 당기 소멸시효가 완성된 외상매출금은 18.당기 대손금부인액 -2,500,000원 입력하여 장부가액을 감소
- 특수관계인에게 지급한 업무무관가지급금 4,000,000원은 "20"란에 반영하여 채권잔액을 감소
- [1.대손충당금조정] "8"란에 기초잔액에는 대손충당금 전기이월액을 입력
- "10"란에는 전기 대손충당금 한도초과 유보액을 입력
- 대손상각비 당기계상액은 "4"란에 입력하고 "5"란에는 "8"란에서 "11"란과 "14"란을 차감한 금액을 "12"란에 입력하면 "5"보충란에 자동 반영

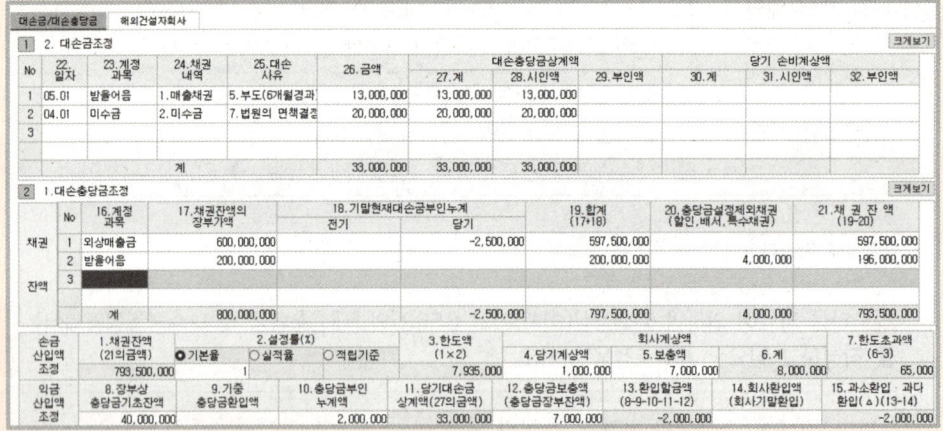

[2] F3 조정등록
- 당기 소멸시효 완성분 2,500,000원은 신고조정사항이므로 직접 세무조정

조정 등록					
익금산입 및 손금불산입			손금산입 및 익금불산입		
과 목	금 액	소득처분	과 목	금 액	소득처분
대손충당금 한도초과	65,000	유보발생	전기대손충당금환입액	2,000,000	유보감소
			소멸시효완성분	2,500,000	유보발생

실습예제 따라하기

02 다음 자료를 통하여 ㈜오공이(0502)의 [대손충당금 및 대손금조정명세서]를 작성하고 세무조정하시오. 단, 대손설정율은 1%로 가정한다.

실기 따라하기		
1회	2회	3회

1. 당해연도 대손충당금 변동내역
   (1) 전기이월 대손충당금은 10,000,000원이다.(전기 부인액 4,000,000원)
   (2) 회사는 4월 10일 대손충당금 1,500,000원을 회수가 불가능한 외상매출금과 상계했으며, 이는 상법상에 따른 소멸시효가 완성된 채권이다.
   (3) 당기에 회사는 대손충당금 3,500,000원을 설정하였다.
   (4) 기말대손충당금잔액은 12,000,000원이다.
2. 채권잔액으로 당기말 외상매출금 잔액은 210,000,000원, 미수금 잔액은 15,000,000원이다.
3. 전기 이전에 대손처리한 외상매출금에 대한 대손요건 불충족으로 인한 유보금액 잔액이 전기 [자본금과적립금조정명세서(을)]에 5,400,000원이 있으며 아직 대손요건은 충족되지 아니하였다.

실기 따라하기 02

[1] [대손충당금및대손금조정명세서]
- 외상매출금 전기 대손부인액 5,400,000원 입력
- "12.충당금보충액" *8,500,000원 입력
- "8.충당금기초잔액" 10,000,000원 - "11.당기대손금" 1,500,000원
- "4.당기 대손충당금설정액" 3,500,000원 입력

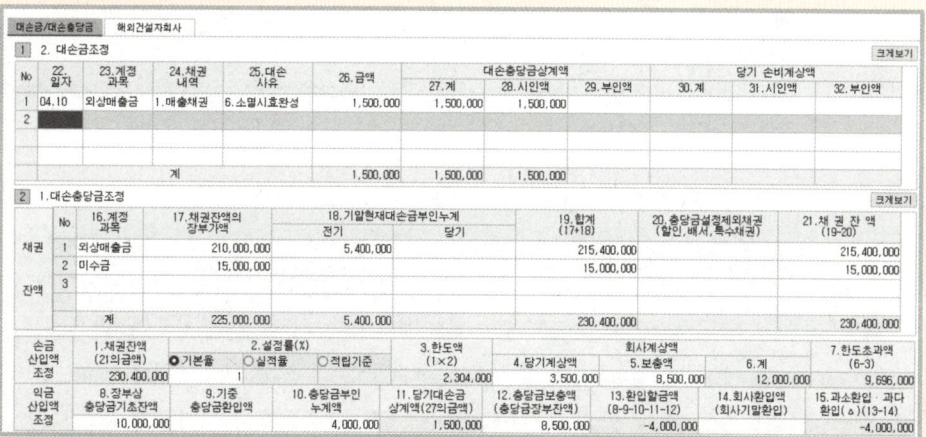

[2] F3 조정등록
- 당기 소멸시효 완성분 2,500,000원은 신고조정사항이나, 결산 시 장부에 이미 반영하였으므로 세무조정 대상 ×

조정 등록						
익금산입 및 손금불산입			손금산입 및 익금불산입			
과 목	금 액	소득처분	과 목	금 액	소득처분	
대손충당금 한도초과	9,696,000	유보발생	전기대손충당금환입액	4,000,000	유보감소	

실습예제 따라하기

03 다음은 대손충당금 관련 자료이다. ㈜육공구(0609)의 [대손충당금 및 대손금조정명세서]를 작성하고 필요한 세무조정을 하시오.(단, 세무상 유리한 방향으로 세무조정을 한다.)

	대손충당금			
1. 대손충당금 변동내역	9/10 외상매출금	3,000,000원	1/1 기초잔액	25,000,000원
	12/31 기말잔액	30,000,000원	12/31 대손상각비	8,000,000원
		33,000,000원		33,000,000원
2. 대손발생 내역	• 9/10: 당기 대손처리한 3,000,000원은 채무자 파산 종결에 따른 회수불가능액으로 확인된 채권(외상매출금) • 당기 중 소멸시효 완성된 외상매출금이 6,000,000원이 있고 신고조정으로 손금산입하기로 한다.			
3. 대손충당금 설정대상 채권내역	• 전기 말 외상매출금 잔액: 2,100,000,000원 • 당기 말 외상매출금 장부가액: 1,100,000,000원			
4. 전기말 자본금과 적립금 조정명세서(을)	• 대손충당금 한도초과액: 5,000,000원			

실기 따라하기 03

[1] [대손충당금및대손금조정명세서]
- 소멸시효 완성된 채권은 신고조정대상으로 당기 −6,000,000원 입력
- 실적률이 제시되지 않았으므로
- 대손실적률 계산 = (3,000,000원 + 6,000,000원) ÷ (2,100,000,000원) = 0.428%
- MAX(0.42%, 1%) = 1%

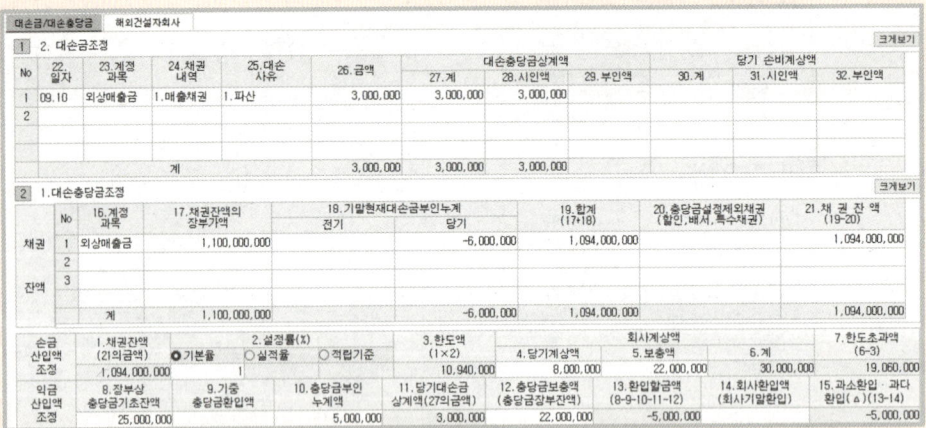

[2] F3 조정등록
- 당기 소멸시효 완성분 6,000,000원은 신고조정사항이므로 직접 세무조정

익금산입 및 손금불산입			손금산입 및 익금불산입		
과 목	금 액	소득처분	과 목	금 액	소득처분
대손충당금한도초과	19,060,000	유보발생	전기대손충당금한도초과	5,000,000	유보감소
			소멸시효완성채권	6,000,000	유보발생

실습예제 따라하기

04 [다음의 자료에 근거하여 ㈜칠공삼(0703)의 [대손충당금 및 대손금조정명세서]를 작성하고 대손충당금 및 대손금관련 세무조정을 하시오(단, 대손실적률은 1%이다).

실기 따라하기 1회 2회 3회

1. 매출채권내역
   (1) 외상매출금: 110,000,000원(부가가치세 매출세액 포함)
   (2) 받을어음: 20,000,000원(부가가치세 매출세액 포함)
   (3) 공사미수금: 32,000,000원(부가가치세 매출세액 포함)
2. 대손내역
   (1) 4월 5일 거래처 부도발생일부터 6개월 경과한 받을어음 1,000,000원을 대손충당금과 상계하였다.
   (2) 6월 10일 거래처 대표이사의 사망으로 회수할 수 없는 외상매출금 500,000원을 대손충당금과 상계하였다.
   (3) 7월 25일 거래처의 부도발생으로 받을어음 800,000원을 대손충당금과 상계하였다.
   (4) 9월 18일 회수기일이 6개월 경과한 특정 거래처의 소액채권인 외상매출금 150,000원을 대손충당금과 상계하였다.
3. 재무상태표상 대손충당금내역

대손충당금			
당기	2,450,000원	기초	3,200,000원
기말	2,920,000원	설정	2,170,000원

*전기말 대손충당금부인액 600,000원이 있음

실기 따라하기 04

[1] [대손충당금및대손금조정명세서]
- 04.05. 받을어음 비망금액 1,000원 부인
- 07.25. 받을어음 부도6개월 미경과 800,000원 부인
- 받을어음 당기 부인액 "18" 801,000원 입력

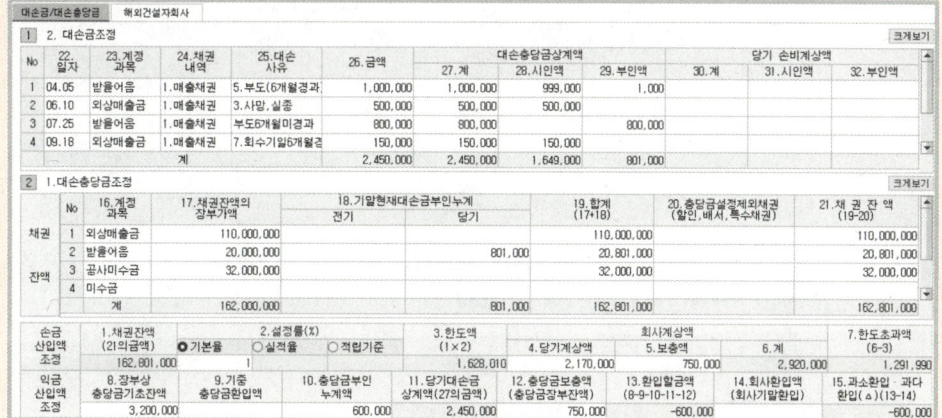

[2] F3 조정등록

익금산입 및 손금불산입			손금산입 및 익금불산입		
과목	금액	소득처분	과목	금액	소득처분
부도어음비망금액	1,000	유보발생	전기대손충당금한도초과	600,000	유보감소
부도어음 6개월 미경과	800,000	유보발생			
대손충당금 한도초과	1,291,990	유보발생			

실습예제 따라하기

05 다음 자료를 보고 ㈜육공육(0606)의 [대손충당금 및 대손금 조정 명세서]를 작성하고 세무조정하시오.(단, 대손설정률은 1%로 가정한다.)

1. 당해 연도 대손충당금 변동내역
   - 전기이월 대손충당금은 12,000,000원이다.(전기 부인액 3,000,000원 포함)
   - 회사는 5월 2일 대손충당금 3,800,000원을 회수가 불가능한 외상매출금과 상계했으며, 이는 채무자의 사망으로 더 이상 채무자의 소유 재산이 없음이 확인된 채권이다.
   - 당기에 회사는 5,000,000원을 대손상각비로 계상하였다.
   - 차기이월액은 13,200,000원이다.
2. 채권 잔액으로 당기 말 외상매출금 잔액은 320,000,000원, 미수금 잔액은 34,000,000원이며, 미수금에는 고정자산 처분 미수금 4,000,000원이 포함되어 있다.
3. 전기 이전에 대손처리한 외상매출금에 대한 대손요건 불충족으로 인한 유보금액 잔액이 전기 [자본금과 적립금 조정 명세서(을)]에 7,500,000원이 있으며, 아직 대손요건이 충족되지 아니하였다.

실기 따라하기 05

[1] [대손충당금및대손금조정명세서]
- 채권잔액을 F12불러오기를 했을 때 해당 채권 이외의 채권은 삭제
- 외상매출금에 전기 부인누계액 7,500,000원 입력

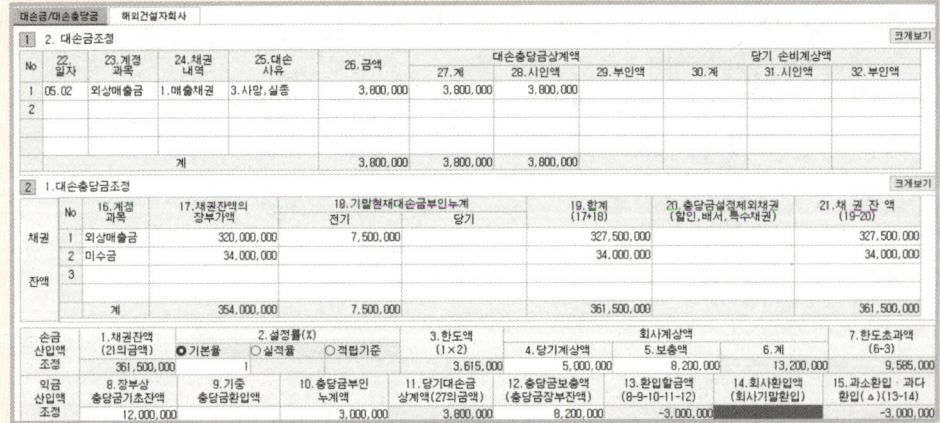

[2] F3 조정등록

익금산입 및 손금불산입			손금산입 및 익금불산입		
과목	금액	소득처분	과목	금액	소득처분
대손충당금 한도초과	9,585,000	유보발생	전기대손충당금	3,000,000	유보발생

실습예제 따라하기

06 당기 대손금 및 대손충당금 관련 자료는 다음과 같다. 당기 ㈜칠공칠(0707)의 [대손충당금 및 대손금조정명세서]를 작성하고 세부담이 최소화 되도록 세무조정을 하시오.(단, 기존자료는 무시하고 다음의 자료만을 이용할 것)

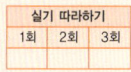

1. 당기 대손충당금 변동내역은 다음과 같다. 전기이월액에는 전기 대손충당금 한도초과액 5,000,000원이 포함되어 있다.

대손충당금

외상매출금 상계액	5,000,000원	전기이월액	20,000,000원
받을어음 상계액	5,000,000원	당기설정액	10,000,000원
차기이월액	20,000,000원		
	30,000,000원		30,000,000원

2. 당기 대손발생내역은 다음과 같고, 모두 대손충당금과 상계처리하였다.
   1) 3월 30일: 외상매출금 중 채무자가 연락되지 않아 회수가 불가능한 금액 5,000,000원을 대손처리하였다.
   2) 5월 6일: 매출거래처가 부도처리되어 부도일부터 6개월이 지난 부도어음 5,000,000원을 대손처리하였다.
3. 당기 대손충당금 설정대상 채권 내역은 다음과 같다.
   1) 외상매출금 250,000,000원
   2) 받을어음 200,000,000원
4. 대손실적률은 2%로 가정한다.

실기 따라하기 06

[1] [대손충당금및대손금조정명세서]
- 채권자연락불가는 법인세법상 대손사유에 미해당
- 부도어음 비망금액 1,000원 부인
- 실적율 2% 입력

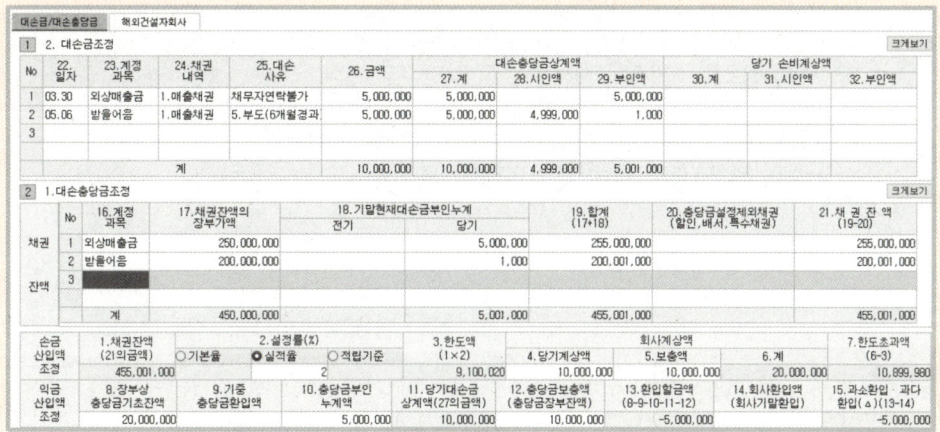

[2] F3 조정등록

익금산입 및 손금불산입			손금산입 및 익금불산입		
과목	금액	소득처분	과목	금액	소득처분
외상매출금대손부인액	5,000,000	유보발생	전기대손충당금환입액	5,000,000	유보감소
부도어음비망금액	1,000	유보발생			
대손충당금한도초과	10,899,980	유보발생			

실습예제 따라하기

07 다음 자료를 참조하여 ㈜팔공일(0801)의 [대손충당금및대손금조정명세서]를 작성하고 필요한 세무조정을 하시오.

1. 당기 대손충당금과 상계된 금액의 내역
   - 2025.02.10. : ㈜종민이 발행한 약속어음(받을어음)으로 부도 발생일로부터 6개월이 경과한 부도어음 15,000,000원(비망계정 1,000원을 공제하고 난 후의 금액으로 가정한다.)
   - 2025.06.10. : ㈜상민의 파산으로 인해 회수불능으로 확정된 미수금 8,000,000원
2. 대손충당금 내역

대손충당금

미수금	8,000,000원	전기이월	35,000,000원
받을어음	15,000,000원	대손상각비	2,000,000원
차기이월	14,000,000원		
계	37,000,000원	계	37,000,000원

3. 기말 대손충당금 설정 대상 채권잔액
   - 외상매출금: 500,000,000원(2025.09.01. 소멸시효 완성분 3,000,000원 포함)
   - 받을어음: 300,000,000원(할인어음 3,000,000원 포함)
4. 전기 자본금과적립금조정명세서(을) 기말잔액
   - 대손충당금 한도 초과 1,500,000원(유보)
5. 대손설정률은 1%로 가정한다.

실기 따라하기 07

[1] [대손충당금및대손금조정명세서]
- 비망금액 1,000원을 공제한 후의 금액이므로 별도의 세무조정 필요 ✕
- 외상매출금 18. 당기 소멸시효 완성분 −3,000,000원 입력
- 할인어음 "20.충당금제외채권" 3,000,000원 입력

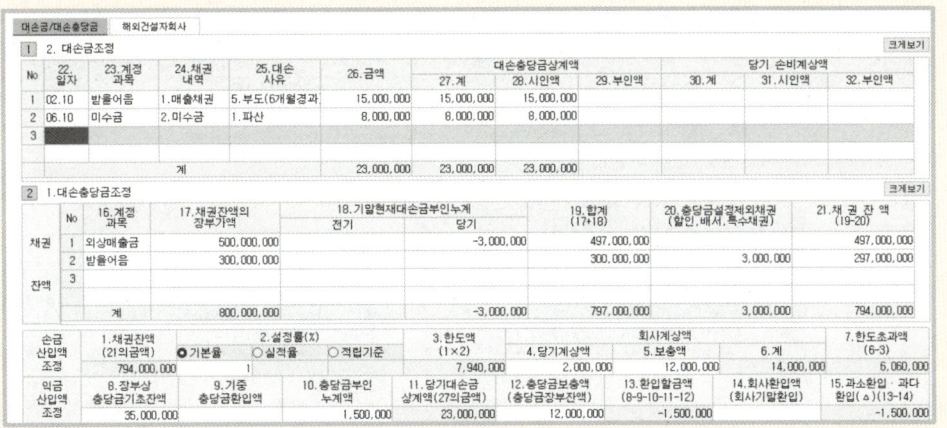

[2] 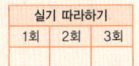 조정등록

익금산입 및 손금불산입			손금산입 및 익금불산입		
과목	금액	소득처분	과목	금액	소득처분
대손충당금 한도초과	6,060,000	유보발생	전기대손충당금	1,500,000	유보감소
			소멸시효완성채권	3,000,000	유보발생

실습예제 따라하기

08 다음 자료를 보고 ㈜육공일(0601)의 대손충당금 및 대손금조정명세서를 작성하고 필요한 세무조정을 하시오.(단, 대손실적률은 1%이다.)

1. 매출채권 내역(대손충당금 설정대상 채권은 외상매출금뿐이라고 가정한다.)
   • 외상매출금은 804,100,000원(부가가치세 매출세액: 54,100,000원 포함)이다.
2. 대손충당금(외상매출금 관련) 계정

대손충당금			
당기	3,000,000원	기초	3,000,000원
기말	8,500,000원	설정	8,500,000원

   ※ 전기 대손충당금 부인액 1,200,000원이 있음.
3. 대손발생 내역
   • 01/23: 소멸시효가 완성된 외상매출금 1,000,000원
   • 06/12: 부도발생일로부터 6개월 경과한 중소기업의 외상매출금 4,000,000원
4. 위 내용 중 필요한 경우 재무회계 메뉴의 계정별원장 등 내용을 확인한 후 반영한다.

실기 따라하기 08

[1] [대손충당금및대손금조정명세서]
• F7원장조회하여 외상매출금 당기 소멸시효 완성 1,000,000원 확인

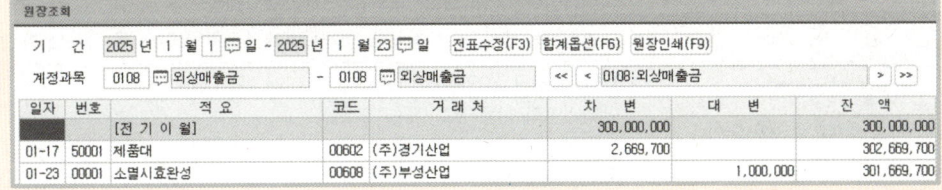

[일반전표 6월 12일]
- 일반전표 6월 12일 대손충당금 2,000,000원, 대손상각비 2,000,000원 회계처리 확인

12	00020	차변	0109	대손충당금			부도채권대손상계	2,000,000	
12	00020	대변	0108	외상매출금	00626	(주)삼진전자	부도채권대손상계		4,000,000
12	00020	차변	0835	대손상각비				2,000,000	

[대손충당금및대손금조정명세서]
- 부도 후 6개월이 지난 외상매출금에 대해 대손충당금 시인액 2,000,000원 당기손비계상액 1,999,000원(비망금액 1,000원 제외)를 입력

[2] F3 조정등록

익금산입 및 손금불산입			손금산입 및 익금불산입		
과 목	금 액	소득처분	과 목	금 액	소득처분
외상매출금비망금액	1,000	유보발생	전기대손충당금	1,200,000	유보발생
대손충당금 한도초과	458,990	유보발생			

04 기업업무추진비조정명세서

(1) 기업업무추진비

구분	내용
기업업무추진비 개념	• 기업업무추진비, 교제비, 사례금 등 명목 불문 • 법인의 업무와 관련하여 지출한 금액
세법상 기업업무추진비	• 계정과목과 관계없이 실질에 따라 판단 • 비용계상 뿐만 아니라 제조원가, 건설중인자산, 유/무형자산 원가 계상도 포함 • 포함 항목: – 직원 조합/단체(법인인 경우)에 지출한 복리시설비 – 약정에 의해 포기한 매출채권 – 기업업무추진비 관련 VAT 매입세액 불공제액 – 연간 5만원 초과 기증 광고선전물품(개당 3만원 이하 물품은 예외)
적격증명서류 수취	• 3만원(경조금 20만원) 초과 지출 시 아래 서류 필수: – 법인명의 신용카드 사용 – 현금영수증 – 계산서/세금계산서

	– 매입자발행세금계산서/원천징수영수증 • 미수취 시 손금불산입
적격증명서류 예외	• 국외지역 현금만 가능한 경우 • 농어민 직접 구매(금융회사 통한 지급, 경비등송금명세서 제출) • 법인 직접 생산 제품으로 제공 • 약정에 의한 업무 관련 채권 포기액
손금귀속시기	• 발생주의 원칙: 접대행위 발생 사업연도의 손금
이연계상 기업업무추진비	• 지출한 사업연도의 기업업무추진비로 시부인 계산 • 이후 사업연도에는 기업업무추진비로 보지 않음
자산계상 기업업무추진비	• 비용계상분과 자산계상분 합산하여 한도계산 • 한도초과액이 손비계상액보다 작으면 한도초과액만 손금불산입 • 한도초과액이 손비계상액보다 크면 손비계상액 전액 손금불산입 후 차액은 자산 감액 • 자산감액 시 손금산입(△유보) 및 손금불산입(기타사외유출) 동시 처리 • 자산 순위: 건설중인자산 → 고정자산(유형자산·무형자산) • 자산 처분 시 △유보잔액 전액 손금불산입(유보) [사례] | 구분	내용
기업업무추진비 지출 내역	• 비용계상액: 6,000원 • 건설중인자산 계상액: 12,000원 • 합계: 18,000원
한도액 계산	• 기업업무추진비 한도액: 10,000원 • 한도초과액: 8,000원
세무조정	• 〈손금불산입〉 기업업무추진비 한도초과 8,000원 • 〈손금산입〉 건설중인자산 2,000원(△유보) • 한도초과액(8,000원) 전액 손금불산입 • 장부상 비용계상액은 6,000원이므로 차액 2,000원은 건설중인자산에서 감액	
현물기업업무추진비	• 시가와 장부가액 중 큰 금액을 기업업무추진비로 인정

(2) 기업업무추진비의 세무조정

구분	세무조정
증빙불비 기업업무추진비	손금불산입(상여)
업무무관 기업업무추진비	손금불산입(상여 등)
적격증빙서류 미수취 기업업무추진비	• 건당 3만원 초과(경조사비 20만원): 손금불산입(기타사외유출) • 건당 3만원 이하(경조사비 20만원): 손금인정
적격증빙서류 수취분	• 한도초과액: 손금불산입(기타사외유출) • 한도내금액: 손금인정

(3) 기업업무추진비 한도초과액 계산

구분	내용
직접부인 기업업무추진비	• 증빙불비/업무무관 기업업무추진비: 한도계산 제외, 즉시 손금불산입, 지출자에게 귀속(불분명시 대표자 상여) • 건당 3만원(경조금 20만원) 초과 적격증빙 미수취분: 한도계산 제외, 즉시 손금불산입(기타사외유출)

기본한도금액	• 일반법인: 1,200만원 • 중소기업: 3,600만원 • 사업연도가 12개월 미만: 월수에 따라 안분(1개월 미만 일수는 1개월로 계산) 한도액: 기본한도금액 × (당해사업연도 월수 ÷ 12)
수입금액기준 한도액	한도액: 일반수입금액 × 적용률 + *특정수입금액 × 적용률 × 10% * 특정수입금액: 특수관계인과의 거래 [수입금액 적용률] | 수입금액 | 비율 | |---|---| | 100억원 이하분 | 0.3% | | 100억원 초과 500억원 이하 | 3천만원 + 100억원 초과분 × 0.2% | | 500억원 초과분 | 1억 1천만원 + 500억원 초과분 × 0.03% |
문화관련 추가 손금산입	• 문화예술 공연, 전시회, 박물관 입장권 구입 용도 지출 한도액: 일반한도액 + Min(문화기업업무추진비 지출액, 일반한도액 × 20%)
전통시장 추가 손금산입	• 전통시장에서 신용카드/현금영수증 지출 • 소비성서비스업 지출 제외 한도액: 일반한도액 + Min(전통시장 지출액, 일반한도액 × 10%)

(4) 기업업무추진비조정명세서

기업업무추진비조정명세서(을) 1.수입금액명세 ≫ 기업업무추진비조정명세서(을) 2.기업업무추진비해당금액 ≫ 기업업무추진비조정명세서(갑)

1.기업업무추진비 입력 (을)	2.기업업무추진비 조정 (갑)			
3 기업업무추진비 한도초과액 조정				
중소기업				
구분				
1. 기업업무추진비 해당 금액				
2. 기준금액 초과 기업업무추진비 중 신용카드 등 미사용으로 인한 손금불산입액				
3. 차감 기업업무추진비 해당금액(1-2)				
일반 기업업무추진비 한도		4. 12,000,000 (중소기업 36,000,000) X 월수(12) / 12		
	총수입금액 기준	100억원 이하의 금액 X 30/10,000		
		100억원 초과 500억원 이하의 금액 X 20/10,000		
		500억원 초과 금액 X 3/10,000		
		5. 소계		
	일반수입금액 기준	100억원 이하의 금액 X 30/10,000		
		100억원 초과 500억원 이하의 금액 X 20/10,000		
		500억원 초과 금액 X 3/10,000		
		6. 소계		
	7. 수입금액기준	(5-6) X 10/100		
	8. 일반기업업무추진비 한도액 (4+6+7)			
문화기업업무추진비 한도(「조특법」 제136조제3항)	9. 문화기업업무추진비 지출액			
	10. 문화기업업무추진비 한도액(9와 (8 X 20/100) 중 작은 금액)			
전통시장기업업무추진비 한도(「조특법」 제136조제6항)	11. 전통시장기업업무추진비 지출액			
	12. 전통시장기업업무추진비 한도액(11과 (8 X 10/100) 중 작은 금액)			
13. 기업업무추진비 한도액 합계(8+10+12)				
14. 한도초과액(3-13)				
15. 손금산입한도 내 기업업무추진비 지출액(3과 13중 작은 금액)				

항목	내용
수입금액명세	F12불러오기를 클릭하면 [수입금액조정명세서] 메뉴에 [수입금액 조정계산] 에 "결산서상 수입금액"이 자동 반영되며, 특수관계인과의 거래금액이 있을 경우 입력하면 일반수입금액에서 차감된다.
기업업무추진비 해당금액	① 계정과목 및 계정금액: 회계관리에서 기장한 경우 계정과목 코드 513, 613, 663, 713, 813, 843 등에 입력된 금액이 계정과목 및 계정금액에 자동으로 반영되며, 기업업무추진비에 해당하는 다른 계정과목이 있을 경우 직접 입력한다. ② 기업업무추진비계상액 중 사적사용경비: 법인지 지출한 사적사용 경비와 법정증빙 미수취에 해당하는 기업업무추진비 금액을 입력한다. ③ 기업업무추진비해당금액: 계정금액에서 기업업무추진비 사적사용 경비를 차감한 잔액이 자동 반영된다. ④ 신용카드미사용금액: F12불러오기를 클릭하면 기장시 적요입력에 따라 전표 적요선택에 따라 금액이 분모와 분자란에 자동반영 된다. ⑤ 신용카드 등 미사용부인액: 적격증명서류 미수취 기업업무추진비로 손금불산입(기타사외유출) 소득처분한다. ⑥ 기업업무추진비 부인액: 해당 부인액은 한도액 계산에 포함하지 않고 즉시 손금부인되는 "6란"과 "17란"의 합계으로 자동반영된다.
기업업무추진비 조정명세서	[기업업무추진비조정명세서(갑)]표는 (을)표 작성시 자동으로 작성된다. ① 법인이 "중소기업"으로 구분되면 "36,000,000원(1년 기준)"이 자동 반영된다. ② 문화기업업무추진비 지출액이 있는 경우 직접입력하며 또는 회계전표처리시 적요(7.신용카드등 사용 문화, 예술기업업무추진비)를 입력한 경우에는 자동으로 반영된다. 문화기업업무추진비 한도 = 일반기업업무추진비 × 20%

③ 전통시장 지출액이 있는 경우 직접입력한다.

> 전통시장기업업무추진비 한도 = 일반기업업무추진비 × 10%

④ "12"란의 기업업무추진비 한도초과액이 있는 경우 손금불산입(기타사외유출) 처분한다.

	세무조정		
	항목		내용
(1)	(을)표	6. 기업업무추진비계상액 중 사적사용 경비	손금불산입 (상여 등)
(2)		17. 신용카드 등 미사용부인액	손금불산입 (기타사외유출)
(3)	(갑)표	12. 한도초과액	손금불산입 (기타사외유출)

✓ 주요 체크사항: 기업업무추진비조정명세서

구분	내용
귀속시기	• 기업업무추진비: 발생주의(발생시점) • 현물기업업무추진비: 원칙 - 시가, 예외 - 취득원가(시가보다 클 경우) • 문화기업업무추진비: 관광공연장 입장권 가격 전액
손금불산입 처리	• 증빙불비/업무무관 기업업무추진비: 상여 • 3만원 초과 신용카드 등 미사용액: 기타사외유출 • 기업업무추진비 한도초과액: 기타사외유출 • 경조사비 건당 20만원 초과 금액: 기타사외유출
예외 적용	• 해외기업업무추진비(아프리카 지역 등): 법적증빙 면제
한도초과액 계산	• 한도초과액 = 해당액(지출액 - 증빙불비 - 3만원 초과 미사용액) - 한도액 • 한도액 = 일반한도액 + 문화기업업무추진비한도액 + 전통시장기업업무추진비한도액
대손금	• 약정에 의한 채권 포기: 기업업무추진비 • 불가피한 상황의 채권 포기: 대손금
판매장려금	• 특정 거래처에 사전 약정 없이 지급: 기업업무추진비 • 일반 거래처에 사전 약정에 의해 지급: 손금인정
총초과금액(16)	• 기업업무추진비해당액 - 3만원 이하 영수증 수취분 - 증빙불비(업무무관) - 20만원 이하 경조사비
기업업무추진비 여부	• 광고선전비, 복리후생비로 처리된 항목의 기업업무추진비 처리 여부 • 사업상 증여(복리후생비 처리): 시가로 처리 + VAT 포함
명세서 작성요령	• (갑)지: 문화, 전통시장분 기업업무추진비 직접 입력 • 나머지는 자동계산

실습예제 따라하기

01 아래의 내용을 바탕으로 ㈜구구일(회사코드: 0991)의 [기업업무추진비조정명세서]를 작성하고, 필요한 세무조정을 하시오.

1. 손익계산서상 매출액과 영업외수익은 아래와 같다.

구분	매출액	특이사항
제품매출	1,890,000,000원	특수관계자에 대한 매출액 200,000,000원 포함
상품매출	1,500,000,000원	
영업외수익	100,000,000원	부산물 매출액
합계	3,490,000,000원	

2. 손익계산서상 기업업무추진비(판) 계정의 내역은 아래와 같다.

구분	금액	비고
대표이사 개인경비	5,000,000원	법인신용카드 사용분
법인신용카드 사용분	46,900,000원	전액 3만원 초과분
간이영수증 수취분 (경조사비가 아닌 일반 기업업무추진비)	4,650,000원	건당 3만원 초과분: 4,000,000원 건당 3만원 이하분: 650,000원
합계	56,550,000원	

3. 한편 당사는 자사 제품(원가 2,000,000원, 시가 3,000,000원)을 거래처에 사업상 증여하고 아래와 같이 회계처리 하였다.

   (차) 복리후생비(제)   2,300,000원   (대) 제품   2,000,000원
                                                                               부가세예수금   300,000원

실기 따라하기 01

[1] [기업업무추진비조정명세서]
   (1) 기업업무추진비 입력 (을)
- [1.수입금액명세] F12불러오기로 수입금액과 기업업무추진비 계정을 반영
- 기업업무추진비 전표에 입력된 적요를 기준으로 불러옴
- 특수관계인과의 매출 200,000,000원 직접입력하여 수입금액에서 차감
- 사적사용경비 (대표이사 개인경비)5,000,000원 입력
- [2.기업업무추진비해당금액] 복리후생비로 회계처리한 사업상증여 금액 3,300,000원 반영
- 시가 + 부가가치세매출세액
- 금전외의 자산을 제공한 경우 시가와 장부가 중 큰 금액
* "(16)기업업무추진비 초과금액"을 50,900,000원으로 수정(55,900,000원도 정답 처리됨)
- (10), (12), (14)를 제외한 건당 3만원 초과 기업업무추진비 *법인카드 46,900,000원 + 간이영수증 4,000,000원 = 50,900,000원

| 1.기업업무추진비 입력 (을) | 2.기업업무추진비 조정 (갑) |

1 1. 수입금액명세

구 분	1. 일반수입금액	2. 특수관계인간 거래금액	3. 합 계(1+2)
금 액	3,290,000,000	200,000,000	3,490,000,000

2 2. 기업업무추진비 해당금액

4. 계정과목		합계	기업업무추진비(판관)	복리후생비	
5. 계정금액		59,850,000	56,550,000	3,300,000	
6. 기업업무추진비계상액 중 사적사용경비		5,000,000	5,000,000		
7. 기업업무추진비해당금액(5-6)		54,850,000	51,550,000	3,300,000	
8. 신용카드등 미사용금액	경조사비 중 기준금액 초과액	9. 신용카드 등 미사용금액			
		10. 총 초과금액			
	국외지역 지출액 (법인세법 시행령 제41조제2항제1호)	11. 신용카드 등 미사용금액			
		12. 총 지출액			
	농어민 지출액 (법인세법 시행령 제41조제2항제2호)	13. 송금명세서 미제출금액			
		14. 총 지출액			
	기업업무추진비 중 기준금액 초과액	15. 신용카드 등 미사용금액	4,000,000	4,000,000	
		16. 총 초과금액	50,900,000	50,900,000	
17. 신용카드 등 미사용 부인액		4,000,000	4,000,000		
18. 기업업무추진비 부인액(6+17)		9,000,000	9,000,000		

(2) 기업업무추진비 조정 (갑)

• [기업업무추진비조정(갑)](을)표의 내용 자동반영

| 1.기업업무추진비 입력 (을) | 2.기업업무추진비 조정 (갑) |

3 기업업무추진비 한도초과액 조정

중소기업				☐ 정부출자법인	
				☐ 부동산임대업등(법.령제42조제2항)	
	구분				금액
1. 기업업무추진비 해당 금액					54,850,000
2. 기준금액 초과 기업업무추진비 중 신용카드 등 미사용으로 인한 손금불산입액					4,000,000
3. 차감 기업업무추진비 해당금액(1-2)					50,850,000
기업업무추진비 한도	일반	4. 12,000,000 (중소기업 36,000,000) X 월수(12) / 12			36,000,000
		총수입금액 기준	100억원 이하의 금액 X 30/10,000	10,470,000	
			100억원 초과 500억원 이하의 금액 X 20/10,000		
			500억원 초과 금액 X 3/10,000		
			5. 소계	10,470,000	
		일반수입금액 기준	100억원 이하의 금액 X 30/10,000	9,870,000	
			100억원 초과 500억원 이하의 금액 X 20/10,000		
			500억원 초과 금액 X 3/10,000		
			6. 소계	9,870,000	
		7. 수입금액기준	(5-6) X 10/100	60,000	
		8. 일반기업업무추진비 한도액 (4+6+7)			45,930,000
문화기업업무추진비 한도(「조특법」 제136조제3항)	9. 문화기업업무추진비 지출액				
	10. 문화기업업무추진비 한도액(9와 (8 X 20/100) 중 작은 금액)				
전통시장기업업무추진비 한도(「조특법」 제136조제6항)	11. 전통시장기업업무추진비 지출액				
	12. 전통시장기업업무추진비 한도액(11과 (8 X 10/100) 중 작은 금액)				
13. 기업업무추진비 한도액 합계(8+10+12)					45,930,000
14. 한도초과액(3-13)					4,920,000
15. 손금산입한도 내 기업업무추진비 지출액(3과 13중 작은 금액)					45,930,000

[2] F3 조정등록

조정 등록

익금산입 및 손금불산입			손금산입 및 익금불산입		
과 목	금 액	소득처분	과 목	금 액	소득처분
사적사용경비	5,000,000	상여			
적격증빙미수취 기업업무추진비	4,000,000	기타사외유출			
기업업무추진비 한도초과액	4,920,000	기타사외유출			

실습예제 따라하기

02 다음 자료에 의하여 (주)육공팔(0608)의 [기업업무추진비조정명세서]를 작성하고 필요한 세무조정을 하시오.

1. 수입금액조정명세서 내역은 다음과 같다. 상품 및 제품매출 관련 조정사항은 없다.
   - 상품매출액은 15억원(특수관계인에 대한 매출액 5억원 포함)
   - 제품매출액은 19억원
2. 현물 기업업무추진비 내역은 다음과 같다.(원가 4,500,000원, 시가 6,000,000원)
   (차) 광고선전비(판)   5,100,000원   (대) 상품   4,500,000원
                                                    부가세예수금   600,000원
3. 장부상 기업업무추진비 내역은 다음과 같다.

	카드 사용내역	판매비와 관리비	제조경비
3만원초과	법인카드사용액	15,000,000원	21,000,000원
	임직원카드사용액	2,000,000원	3,000,000원
	합계	17,000,000원	24,000,000원
3만원이하		250,000원	400,000원

4. 복리후생비(판)계정에 기업업무추진비 8,000,000원이 계상되어 있고, 이는 전액 지출건당 3만원 초과금액이며 법인카드로 결제되었다.
5. 법인신용카드 등 미사용액에 대한 세무조정은 합계금액으로 하나의 세무조정으로 하시오.

실기 따라하기 02

[1] [기업업무추진비조정명세서]
  (1) 기업업무추진비 입력 (을)
  - [1.수입금액명세] F12불러오기로 수입금액과 기업업무추진비 계정을 반영
  - 특수관계인과의 매출 500,000,000원 입력
  - 임직원카드사용액 "15.신용카드미사용액"으로 자동반영
  - 광고선전비 6,600,000원(시가 + VAT) 입력
  - 복리후생비 8,000,000원 입력

1.기업업무추진비 입력 (을)	2.기업업무추진비 조정 (갑)				
1. 수입금액명세					
구 분	1. 일반수입금액		2. 특수관계인간 거래금액		3. 합 계(1+2)
금 액	2,900,000,000		500,000,000		3,400,000,000
2. 기업업무추진비 해당금액					
4. 계정과목	합계	기업업무추진비(제조)	기업업무추진비(판판)	광고선전비	복리후생비
5. 계정금액	56,250,000	24,400,000	17,250,000	6,600,000	8,000,000
6. 기업업무추진비계상액 중 사적사용경비					
7. 기업업무추진비해당금액(5-6)	56,250,000	24,400,000	17,250,000	6,600,000	8,000,000
8.신용카드미사용금액	경조사비 중 기준금액 초과액	9. 신용카드 등 미사용금액				
		10. 총 초과금액				
	국외지역 지출액 (법인세법 시행령 제41조제2항제1호)	11. 신용카드 등 미사용금액				
		12. 총 지출액				
	농어민 지출액 (법인세법 시행령 제41조제2항제2호)	13. 송금명세서 미제출액				
		14. 총 지출액				
	기업업무추진비 중 기준금액 초과액	15. 신용카드 등 미사용금액	5,000,000	3,000,000	2,000,000		
		16. 총 초과금액	41,000,000	24,000,000	17,000,000		
17. 신용카드 등 미사용 부인액	5,000,000	3,000,000	2,000,000		
18. 기업업무추진비 부인액(6+17)	5,000,000	3,000,000	2,000,000		

(2) [기업업무추진비 조정 (갑)]

구분	금액
1. 기업업무추진비 해당 금액	56,250,000
2. 기준금액 초과 기업업무추진비 중 신용카드 등 미사용으로 인한 손금불산입액	5,000,000
3. 차감 기업업무추진비 해당금액(1-2)	51,250,000
4. 12,000,000 (중소기업 36,000,000) × 월수(12) / 12	36,000,000
일반 총수입금액 기준: 100억원 이하의 금액 × 30/10,000	10,200,000
100억원 초과 500억원 이하의 금액 × 20/10,000	
500억원 초과 금액 × 3/10,000	
5. 소계	10,200,000
기업업무추진비 일반수입금액 기준: 100억원 이하의 금액 × 30/10,000	8,700,000
100억원 초과 500억원 이하의 금액 × 20/10,000	
500억원 초과 금액 × 3/10,000	
한도 6. 소계	8,700,000
7. 수입금액기준 (5-6) × 10/100	150,000
8. 일반기업업무추진비 한도액 (4+6+7)	44,850,000
문화기업업무추진비 한도 (「조특법」 제136조제3항) 9. 문화기업업무추진비 지출액	
10. 문화기업업무추진비 한도액(9와 (8 × 20/100) 중 작은 금액)	
전통시장기업업무추진비 한도 (「조특법」 제136조제6항) 11. 전통시장기업업무추진비 지출액	
12. 전통시장기업업무추진비 한도액(11과 (8 × 10/100) 중 작은 금액)	
13. 기업업무추진비 한도액 합계(8+10+12)	44,850,000
14. 한도초과액(3-13)	6,400,000
15. 손금산입한도 내 기업업무추진비 지출액(3과 13중 작은 금액)	44,850,000

[2] F3 조정등록

익금산입 및 손금불산입			손금산입 및 익금불산입		
과목	금액	소득처분	과목	금액	소득처분
적격증빙 미사용	5,000,000	기타사외유출			
기업업무추진비 한도초과액	6,400,000	기타사외유출			

실습예제 따라하기

03 당사의 기업업무추진비에 대한 다음의 내용을 바탕으로 (주)칠공사(0704)의 [기업업무추진비조정명세서]를 작성하고, 필요한 세무조정을 하시오.

기업업무추진비 계정내역은 다음과 같다. 기업업무추진비 지출액은 모두 건당 3만원 초과분이고 언급된 거래 외에는 모두 법인의 신용카드를 사용하였다.

구분	금액
기업업무추진비(판)	34,600,000원
기업업무추진비(제)	20,120,000원

- 기업회계기준상 매출액은 2,220,000,000원이고, 이 중에는 특수관계자에 대한 매출액 52,000,000원이 포함되어 있다.
- 판매비와 관리비의 기업업무추진비에는 다음의 금액이 포함되어 있다.
  - 대표이사가 업무와 무관하게 개인적으로 지출한 금액 2,310,000원
  - 임원 개인카드 사용금액 890,000원
- 복리후생비(제)에는 다음의 금액(부가세 별도)이 포함되어 있다.
  - 직접 생산한 원가 1,200,000원의 제품을 거래처에 사업상 증여하고, 아래와 같이 회계처리하였다. 부가가치세 수정신고는 정상적으로 이루어졌다.(해당 제품의 시가는 1,800,000원)
    (차) 복리후생비 1,380,000   (대) 제품   1,200,000
                                    부가세예수금   180,000

실기 따라하기 03

[1] [기업업무추진비조정명세서]

(1) [기업업무추진비 입력 (을)]
- [1.수입금액명세] F12불러오기로 수입금액과 기업업무추진비 계정을 반영
- 특수관계인과의 매출 52,000,000원 입력
- 대표이사 사적사용경비 2,310,000원 입력
- 임직원카드사용액 "15.신용카드미사용액"으로 자동반영
- 복리후생비 1,980,000원(시가 + VAT) 입력
- "(16)총초과금액" *32,290,000원 입력(34,600,000원도 정답 처리함)
- 모두 건당 3만원 초과금액이므로 *34,600,000원 − 사적사용경비 2,310,000원 = 32,290,000원

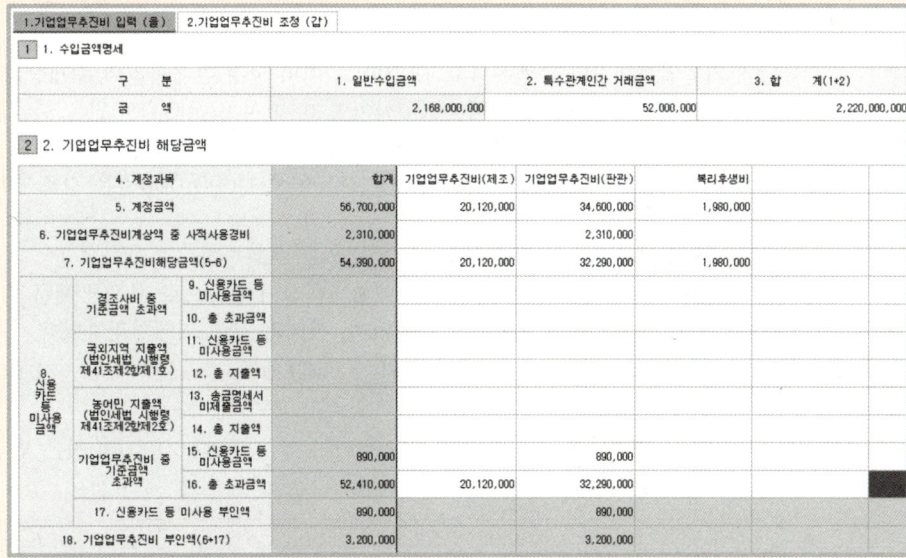

(2) [기업업무추진비 조정 (갑)]

[2] F3 조정등록

조정 등록						
익금산입 및 손금불산입			손금산입 및 익금불산입			
과 목	금 액	소득처분	과 목	금 액	소득처분
사적사용경비	2,310,000	상여			
적격증빙 미사용 기업업무추진비	890,000	기타사외유출			
기업업무추진비 한도초과액	10,980,400	기타사외유출			

실습예제 따라하기

04 다음 자료를 이용하여 [기업업무추진비 조정명세서]를 작성하고 관련 세무조정을 하시오. (주)칠공오(0705)

> 1. 손익계산서에 반영된 기업업무추진비계정의 내역은 다음과 같다.
>   (1) 당기 기업업무추진비 총액은 45,000,000원이며 모두 판매관리비로 계상되었다. 이 중 법인신용카드 사용분은 39,000,000원이며, 나머지 6,000,000원은 현금으로 지출하고 간이영수증을 발급받았다.
>   (2) 현금으로 지출한 기업업무추진비 6,000,000원중 1,000,000원은 경조사비로서 20만원 초과이다.
>   (3) 모든 기업업무추진비의 건당 지출액은 3만원을 초과한다.
> 2. 당기에 거래관계를 원만하게 할 목적으로 매출거래처에 무상으로 제공한 제품의 취득가액은 4,000,000원이고, 시가는 7,000,000원이며, 아래와 같이 회계처리하였다.
>   (차) 광고선전비(판)   4,700,000원   (대) 제품   4,000,000원
>   부가세예수금   700,000원
> 3. 기업회계기준상 매출액은 2,526,500,000원이며 이 중 100,000,000원은 법인세법상 특수관계인과의 매출이다.

실기 따라하기 04

[1] [기업업무추진비조정명세서]
   (1) [기업업무추진비 입력 (을)]
      • [1.수입금액명세] F12불러오기로 수입금액과 기업업무추진비 계정을 반영
      • 특수관계인과의 매출 1,00,000,000원 입력
      • 광고선전비 7,700,000원(시가 + VAT) 입력

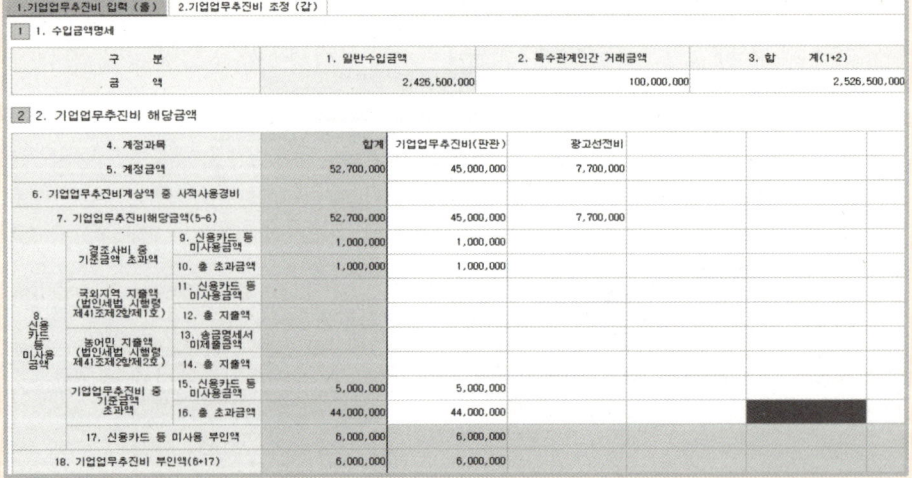

(2) [기업업무추진비 조정 (갑)]

구분			금액
1. 기업업무추진비 해당 금액			52,700,000
2. 기준금액 초과 기업업무추진비 중 신용카드 등 미사용으로 인한 손금불산입액			6,000,000
3. 차감 기업업무추진비 해당금액(1-2)			46,700,000
기업업무추진비 한도	4. 12,000,000 (중소기업 36,000,000) X 월수(12) / 12		36,000,000
	일반 / 총수입금액 기준	100억원 이하의 금액 X 30/10,000 100억원 초과 500억원 이하의 금액 X 20/10,000 500억원 초과 금액 X 3/10,000	7,579,500
		5. 소계	7,579,500
	일반수입금액 기준	100억원 이하의 금액 X 30/10,000 100억원 초과 500억원 이하의 금액 X 20/10,000 500억원 초과 금액 X 3/10,000	7,279,500
		6. 소계	7,279,500
	7. 수입금액기준	(5-6) X 10/100	30,000
	8. 일반기업업무추진비 한도액 (4+6+7)		43,309,500
문화기업업무추진비 한도(「조특법」 제136조제3항)	9. 문화기업업무추진비 지출액		
	10. 문화기업업무추진비 한도액(9와 (8 X 20/100) 중 작은 금액)		
전통시장기업업무추진비 한도(「조특법」 제136조제6항)	11. 전통시장기업업무추진비 지출액		
	12. 전통시장기업업무추진비 한도액(11과 (8 X 10/100) 중 작은 금액)		
13. 기업업무추진비 한도액 합계(8+10+12)			43,309,500
14. 한도초과액(3-13)			3,390,500
15. 손금산입한도 내 기업업무추진비 지출액(3과 13중 작은 금액)			43,309,500

[2] F3 조정등록

조정 등록

익금산입 및 손금불산입			손금산입 및 익금불산입		
과 목	금 액	소득처분	과 목	금 액	소득처분
적격증빙 미수취	6,000,000	기타사외유출			
기업업무추진비 한도초과액	3,390,500	기타사외유출			

실습예제 따라하기

05 다음 자료를 이용하여 (주)육공삼(0603)의 [기업업무추진비조정명세서(갑)(을)]을 작성하고 필요한 세무조정을 하시오.

1. 수입금액 조정명세서 내역은 다음과 같다.
   - 상품매출액: 830,000,000원
   - 제품매출액은: 1,390,000,000원 (특수관계자에 대한 매출 200,000,000원 포함되어 있음)
   - 상품 및 제품매출 관련 조정사항은 없다.
2. 장부상 기업업무추진비 내역은 다음과 같다.

계정	금액	법인카드 사용액	개인카드사용액	합계
기업업무추진비 (판관비)	3만원 초과분	20,000,000원	1,000,000원	21,000,000원
	3만원 이하분	0원	0원	0원
	합계	20,000,000원	1,000,000원	21,000,000원
기업업무추진비 (제조경비)	3만원 초과분	30,000,000원	4,000,000원	34,000,000원
	3만원 이하분	0원	0원	0원
	합계	30,000,000원	4,000,000원	34,000,000원

- 기업업무추진비(판관비) 중에는 대표이사가 개인적인 용도로 사용하고, 법인카드로 결제한 금액 3,000,000원 (1건)이 포함되어있다.
- 위 표와는 별도로 판매거래처에 경조사비 500,000원(1건)을 현금으로 지출하고, 기업업무추진비(판)으로 계정처리하였다.

실기 따라하기 05

[1] [기업업무추진비조정명세서]
  (1) [기업업무추진비 입력 (을)]
  - [1.수입금액명세] F12불러오기로 수입금액과 기업업무추진비 계정을 반영
  - 특수관계인과의 매출 2,00,000,000원 입력
  - 사적사용경비 3,000,000원 입력
  - "(16)총초과금액" *18,000,000원 입력
    * 21,500,000원 − 사적사용경비 3,000,000 − "(10)경조사비초과액" 500,000원
  - 수험목적인 경우 자동계상된 21,000,000원 그대로 두어도 무방함

1. 수입금액명세

구 분	1. 일반수입금액	2. 특수관계인간 거래금액	3. 합 계(1+2)
금 액	2,020,000,000	200,000,000	2,220,000,000

2. 기업업무추진비 해당금액

4. 계정과목		합계	기업업무추진비(제조)	기업업무추진비(판관)
5. 계정금액		55,500,000	34,000,000	21,500,000
6. 기업업무추진비계상액 중 사적사용경비		3,000,000		3,000,000
7. 기업업무추진비해당금액(5-6)		52,500,000	34,000,000	18,500,000
경조사비 중 기준금액 초과액	9. 신용카드 등 미사용금액	500,000		500,000
	10. 총 초과금액	500,000		500,000
국외지역 지출액 (법인세법 시행령 제41조제2항제1호)	11. 신용카드 등 미사용금액			
	12. 총 지출액			
농어민 지출액 (법인세법 시행령 제41조제2항제2호)	13. 송금명세서 미제출금액			
	14. 총 지출액			
기업업무추진비 중 기준금액 초과액	15. 신용카드 등 미사용금액	5,000,000	4,000,000	1,000,000
	16. 총 초과금액	52,000,000	34,000,000	18,000,000
17. 신용카드 등 미사용 부인액		5,500,000	4,000,000	1,500,000
18. 기업업무추진비 부인액(6+17)		8,500,000	4,000,000	4,500,000

  (2) [기업업무추진비 조정 (갑)]

3 기업업무추진비 한도초과액 조정

중소기업 / □ 정부출자법인 / □ 부동산임대업등(법.령제42조제2항)

구분			금액
1. 기업업무추진비 해당 금액			52,500,000
2. 기준금액 초과 기업업무추진비 중 신용카드 등 미사용으로 인한 손금불산입액			5,500,000
3. 차감 기업업무추진비 해당금액(1-2)			47,000,000
기업업무추진비 한도	4. 12,000,000 (중소기업 36,000,000) × 월수(12) / 12		36,000,000
	일반	총수입금액 기준	100억원 이하의 금액 × 30/10,000	6,660,000
			100억원 초과 500억원 이하의 금액 × 20/10,000	
			500억원 초과 금액 × 3/10,000	
			5. 소계	6,660,000
		일반수입금액 기준	100억원 이하의 금액 × 30/10,000	6,060,000
			100억원 초과 500억원 이하의 금액 × 20/10,000	
			500억원 초과 금액 × 3/10,000	
			6. 소계	6,060,000
	7. 수입금액기준	(5-6) × 10/100	60,000
	8. 일반기업업무추진비 한도액 (4+6+7)		42,120,000
문화기업업무추진비 한도(「조특법」제136조제3항)	9. 문화기업업무추진비 지출액		
	10. 문화기업업무추진비 한도액(9와 (8 × 20/100) 중 작은 금액)		
전통시장기업업무추진비 한도(「조특법」제136조제6항)	11. 전통시장기업업무추진비 지출액		
	12. 전통시장기업업무추진비 한도액(11과 (8 × 10/100) 중 작은 금액)		
13. 기업업무추진비 한도액 합계(8+10+12)			42,120,000
14. 한도초과액(3-13)			4,880,000
15. 손금산입한도 내 기업업무추진비 지출액(3과 13중 작은 금액)			42,120,000

[2] F3 조정등록

조정 등록

익금산입 및 손금불산입			손금산입 및 익금불산입		
과 목	금 액	소득처분	과 목	금 액	소득처분
사적사용경비	3,000,000	상여			
적격증빙미수취	5,500,000	기타사외유출			
기업업무추진비 한도초과액	4,880,000	기타사외유출			

05 재고자산(유가증권)평가조정명세서

재고자산과 유가증권의 평가에 대해 법인세법 규정이 회계기준에 우선하여 적용되므로, 회계기준에 따라 회계처리한 경우에는 반드시 법인세법의 규정에 따라 세무조정을 하여야 한다.

(1) 재고자산의 평가

구분	내용
평가방법	• 원가법: 취득가액을 평가액으로 함 　- 개별법, 선입선출법, 후입선출법, 총평균법, 이동평균법, 매출가격환원법 • 저가법: 원가법과 시가법 중 낮은 가액 적용 　- 회계상 저가법 평가손실도 세법상 원가법 채택 시 손금불산입
평가방법 적용단위	• 영업종목별, 영업장별, 재고자산종류별로 각각 다른 방법 적용 가능 　(제품·상품, 반제품·재공품, 원재료, 저장품) ※ 부동산매매업자의 매매목적 부동산 포함, 유가증권 제외
평가방법 신고	• 설립일 속하는 사업연도의 과세표준 신고기한까지 신고 • 기한 후 신고: 신고일 속하는 사업연도까지 무신고 처리, 다음 사업연도부터 신고 방법 적용 • 무신고 평가법 변경: 적용 사업연도 종료일 3개월 전까지 변경신고
평가방법 변경신고	변경할 평가방법 적용 사업연도 종료일 3개월 전까지 신고
무신고/임의변경 시	• 무신고: 선입선출법 적용(매매목적 부동산은 개별법) • 임의변경: 선입선출법(매매목적 부동산은 개별법)과 당초 방법 중 큰 금액
재고자산 세무조정	<table><tr><th>구분</th><th>당기</th><th>차기</th></tr><tr><td>세법상 평가액 > 장부 평가액</td><td>손금불산입 재고자산평가감(유보)</td><td>손금산입 전기 재고자산평가감(유보)</td></tr><tr><td>세법상 평가액 < 장부 평가액</td><td>손금산입 재고자산평가증(유보)</td><td>손금불산입 전기 재고자산평가증(유보)</td></tr></table>당기 세무조정사항이 차기에 반대의 세무조정으로 바로 반영되는 이유: • 당기의 기말재고자산이 차기에 기초재고자산 • 차기에 전부 판매되었다고 보아 관련자산이 소멸 • 그와 관련된 유보잔액도 소멸하는 세무조정이 발생

(2) 유가증권의 평가

구분	내용
평가방법	• 채권: 개별법, 총평균법, 이동평균법 • 채권 외의 유가증권: 총평균법, 이동평균법
평가방법 신고	재고자산과 동일: 설립일 속하는 사업연도의 과세표준 신고기한까지 신고
평가방법 변경신고	재고자산과 동일: 변경할 평가방법 적용 사업연도 종료일 3개월 전까지 신고
무신고 시	총평균법 적용
임의변경 시	총평균법과 당초 신고한 방법으로 평가한 금액 중 큰 금액

유가증권 평가 세무조정	• 법인세법상 유가증권의 평가손익은 모두 인정되지 않음
	• 단기매매증권(당기순손익):
	   – 평가이익: 익금불산입(△유보)
	   – 평가손실: 손금불산입(유보)
	• 매도가능증권(기타포괄손익누계액) – 이중세무조정:
	   – 평가이익: 익금불산입(△유보) + 익금산입(기타)
	   – 평가손실: 손금불산입(유보) + 손금산입(기타)
	※ 매도가능증권평가손익: 법인세법상 평가손익 불인정으로 유보 처리 후, 실제 과세소득 변동이 없으므로 반대조정(기타처분) 필요

(3) 재고자산(유가증권)평가조정명세서

재고자산평가방법 검토 ≫ 평가조정계산

항목	내용
재고자산평가방법 검토	① 재고자산 평가방법의 신고연월일을 입력하고 무신고 시에는 신고일을 입력하지 않는다. ② 신고방법: 회사가 납세지 관할세무서장에게 신고한 재고자산 평가방법을 입력하며 평가방법을 신고하지 않은 경우는 무신고를 선택한다. ③ 평가방법: 회사가 실제로 재고자산을 평가한 방법을 입력하며 무신고 시는 선입선출법을 입력한다. ④ 적부: 신고방법대로 평가하였는지 여부를 선택한다.
평가조정계산	① 과목: F2코드도움 키를 이용하여 재고자산별로 입력한다. ② 회사계산(장부가): 회사의 평가방법에 의하여 단가와 금액을 입력하며 상단의 잔액조회 F8잔액조회 키를 이용하여 기말재고자산명세를 확인한다. ③ 조정계산금액/세법상신고방법: 신고방법에 의한 단가와 금액을 입력하며, 무신고 시에는 입력하지 않는다. ④ 조정계산금액/FIFO: 무신고 또는 임의평가에 해당하는 경우 선입선출법에 의한 단가와 금액을 입력한다. ⑤ 조정액: 자산별 신고방법에 의한 금액과 회사 계상금액과의 차이가 자동표시된다. 재고자산평가감은 (+)로 익금산입하고 재고자산평가증은 (–)로 손금산입하며 재고자산별로 조정액을 등록한다.

항목	세무조정	
		내용
18. 조정액	양수(+)	익금산입(유보발생)
	음수(−)	익금불산입(△유보발생)

✓ 주요 체크사항: 재고자산(유가증권)평가조정명세서

구분		내용
재고자산 저가법		• 법인세법상 저가법으로 신고한 경우만 손금인정 • 저가법 적용조건: 취득원가 > 시가(순실현가능가치) • 시가(순실현가능가치) = 추정판매가격 − 추정판매비용 • 예외: 부패, 파손 등의 경우 원가법도 손금인정
신고 시기		• 최초신고: 과세기간 종료 후 3개월 이내(법인세 신고기간) • 변경신고: 사업연도 종료일 이전 3개월까지 • 기한 미준수: 다음 사업연도부터 변경 신고한 평가방법 적용
무신고/임의변경		• 무신고 시: 선입선출법(FIFO) 적용 • 임의변경 시: Max(당초 신고 평가방법, FIFO)
세무조정	재고자산	• 회계상 < 세무상: 손금불산입 재고자산평가감(유보) • 회계상 > 세무상: 손금산입 재고자산평가증(△유보) • 다음연도 처리: 직접 세무조정 필요
	매도가능증권	• 평가이익: 익금산입(기타) + 익금불산입(△유보) • 평가손실: 손금산입(기타) + 손금불산입(유보) • 기타포괄손익을 익금/손금 인정 • 해당 매도가능증권을 불산입하여 상계처리
자동유보추인 항목		• 대손충당금한도초과액: 자동 • 재고자산평가감(증), 선급비용미계상액: 직접 세무조정 필요

실습예제 따라하기

01 다음 자료를 이용하여 ㈜오공삼(회사코드: 0503)의 [재고자산(유가증권)평가조정명세서]를 작성하고 필요한 세무조정을 하시오. 주어진 자료 이외에 신고일, 품명, 규격, 단위, 수량, 단가 등은 입력을 생략하도록 하고, 세무조정은 재고자산별로 조정하도록 한다.

1. 재고자산평가방법
   • 당사는 제품과 원재료에 대하여 저가법(비교원가법은 총평균법)을 세법상 적정하게 신고하였으나, 재공품에 대하여는 평가방법을 신고한 바 없다.
   • 당사는 제품과 재공품은 저가법(비교원가법은 총평균법)을 적용하여 평가하고, 원재료는 총평균법에 의하여 평가하였다.
2. 평가방법별 재고자산평가금액은 다음과 같다.

구분	장부금액	총평균법	선입선출법	시가
제품	30,500,000원	31,000,000원	32,000,000원	30,500,000원
재공품	7,100,000원	7,400,000원	7,600,000원	7,100,000원
원재료	8,100,000원	8,100,000원	8,300,000원	8,000,000원

실기 따라하기 01

[1] [재고자산(유가증권)평가조정명세서]
- 각 자산별로 재고자산의 평가방법의 신고방법, 평가방법, 적부를 입력
- 각 자산별 장부가와 조정계산금액란을 입력
- 재고자산의 평가방법을 무신고한 경우 선입선출법
- 임의변경한 경우 MAX(신고방법, 선입선출법)으로 평가 세무조정
- 제품은 신고방법(총평균법비교에의한저가법)에 의하여 평가하였으므로 조정 대상이 아님
- 재공품은 무신고하였으므로 선입선출법에 의한 평가액과 장부상평가액의 차이를 조정
- 원재료는 신고와 평가방법이 다른 원재료는 장부보다 시가가 낮으므로 저가법을 적용하여 시가 금액을 입력
- Max(선입선출법, 총평균법 비교에 의한 저가법)과 장부상평가액의 차이를 조정

1. 재고자산 평가방법 검토

1.자산별	2.신고일	3.신고방법	4.평가방법	5.적부	6.비고
제 품 및 상 품		74:저가법, 총평균법	74:저가법, 총평균법	○	
반제품및재공품		00:무신고	74:저가법, 총평균법	×	
원 재 료		74:저가법, 총평균법	04:총평균법	×	
저 장 품					
유가증권(채권)					
유가증권(기타)					

2. 평가조정 계산

No	7.과목 코드/과목명	8.품명	9.규격	10.단위	11.수량	회사계산(장부가) 12.단가 / 13.금액	세법상신고방법 14.단가 / 15.금액	조정계산금액 FIFO(무신고,임의변경시) 16.단가 / 17.금액	18.조정액
1	0150.제품					30,500,000	30,500,000		
2	0169.재공품					7,100,000		7,600,000	500,000
3	0153.원재료					8,100,000	8,000,000	8,300,000	200,000

[2] F3 조정등록
- 조정에서 (+)금액이 나오면 평가감, (−)금액이 나오면 평가증으로 세무조정

조정 등록

익금산입 및 손금불산입			손금산입 및 익금불산입		
과 목	금 액	소득처분	과 목	금 액	소득처분
재공품 평가감	500,000	유보발생			
원재료 평가감	200,000	유보발생			

실습예제 따라하기

02 당기 사업연도 ㈜육공사(0604)의 기말재고자산에 대하여 법인세법에 따라 [재고자산평가조정명세서]를 작성하고 세무조정사항을 소득금액조정합계표에 반영 하시오.(단, 재고자산별로 각각 세무조정 할 것)

실기 따라하기		
1회	2회	3회

1. 제품의 평가방법을 선입선출법으로 신고하고 평가하였다.
2. 재공품의 평가방법을 신고하지 아니하였으나, 2025년 10월 30일에 재공품의 평가방법을 총평균법으로 신고하였다.
3. 원재료의 평가방법을 총평균법으로 신고하고 평가하였으나, 계산착오로 인하여 300,000원을 과소평가 하였다.
4. 제품과 원재료는 1기 법인세신고기한(2020. 3. 31.)에 재고자산평가방법신고서를 제출하였다.

구분	회사평가액	선입선출법	후입선출법	총평균법
제품	9,000,000원	9,000,000원	5,000,000원	6,000,000원
재공품	6,500,000원	7,500,000원	5,500,000원	6,500,000원
원재료	2,200,000원	3,000,000원	2,200,000원	2,500,000원

실기 따라하기 02

[1] [재고자산(유가증권)평가조정명세서]
- 제품은 신고방법(선입선출법)에 의하여 평가하였으므로 조정 대상이 아님
- 재공품은 무신고(9월 30일 이후에 신고했으므로 인정×)
- 원재료는 신고와 평가방법이 총평균법으로 동일
- 과소평가액 300,000원 조정
- 기장 및 계산상의 착오는 재고자산의 평가방법을 임의변경한 것으로 보지 않음

1.자산별	2.신고일	3.신고방법	4.평가방법	5.적부	6.비고
제 품 및 상 품	2020-03-31	02:선입선출법	02:선입선출법	○	
반제품및재공품		00:무신고	04:총평균법	×	임의변경
원 재 료	2020-03-01	04:총평균법	04:총평균법	○	
저 장 품					
유가증권(채권)					
유가증권(기타)					

No	7.과목		8.품명	9.규격	10.단위	11.수량	회사계산(장부가)		조정계산금액				18.조정액
	코드	과목명					12.단가	13.금액	세법상신고방법		FIFO(무신고,임의변경시)		
									14.단가	15.금액	16.단가	17.금액	
1	0150	제품						9,000,000		9,000,000			
2	0169	재공품						6,500,000				7,500,000	1,000,000
3	0153	원재료						2,200,000		2,500,000			300,000

[2] F3 조정등록

익금산입 및 손금불산입			손금산입 및 익금불산입		
과 목	금 액	소득처분	과 목	금 액	소득처분
재공품 평가감	1,000,000	유보발생			
원재료 평가감	300,000	유보발생			

실습예제 따라하기

03 다음 자료에 따라 ㈜육공팔(0608)의 [재고자산(유가증권)평가조정명세서]를 작성하고 재고자산별로 각각 세무조정을 하시오. (단, 모든 금액은 단위당 단가로 한다.)

재고자산	수량	신고방법	평가방법	장부상 평가액	총평균법	후입선출법	선입선출법
제품 '가'	10개	선입선출법	총평균법	2,000원	2,000원	2,500원	1,800원
재공품 '나'	20개	총평균법	총평균법	1,500원	1,500원	1,800원	1,300원
원재료 '다'	15개	후입선출법	후입선출법	1,200원	1,000원	1,200원	900원

① 회사는 사업개시 후 2017.01.02.에 '재고자산 등 평가방법신고(변경신고)서'를 즉시 관할세무서장에게 제출하였다.(제품, 재공품, 원재료 모두 총평균법으로 신고하였다.)
② 2025년 9월 10일 제품 '가'의 평가방법을 선입선출법으로 변경 신고하였다.
③ 2025년 10월 20일 원재료 '다'의 평가방법을 후입선출법으로 변경 신고하였다.

실기 따라하기 03

[1] [재고자산(유가증권)평가조정명세서]
- 제품은 변경신고기한(9월 30일) 내에 신고했으므로 인정○
- 제품은 신고기간 내에 선입선출법 변경했으나,
- 장부상 총평균법으로 평가하였으므로 임의 변경
- 원재료는 변경신고기한(9월 30일) 이후에 변경하였으므로 인정×
- 차기부터 후입선출법 적용가능하므로 임의변경
- 임의변경시, Max(당초 신고한 평가방법, FiFo)

- 제품은 Max(선입선출법, 선입선출법) ➔ 선입선출법(1,800원)
- 원재료는 Max(총평균법, 선입선출법) ➔ 총평균법(1,000원)

[1] 1. 재고자산 평가방법 검토

	1.자산별	2.신고일	3.신고방법	4.평가방법	5.적부	6.비고
	제 품 및 상 품	2025-09-10	02:선입선출법	04:총평균법	×	임의변경
	반제품및재공품	2017-01-02	04:총평균법	04:총평균법	○	
	원 재 료	2025-01-02	04:총평균법	03:후입선출법	×	임의변경
	저 장 품					
	유가증권(채권)					
	유가증권(기타)					

2. 평가조정 계산

No	7.과목		8.품명	9.규격	10.단위	11.수량	회사계산(장부가)		세법상신고방법		FIFO(무신고,임의변경시)		18.조정액
	코드	과목명					12.단가	13.금액	14.단가	15.금액	16.단가	17.금액	
1	0150	제품				10.0000	2,000.0000	20,000	1,800.0000	18,000	1,800.0000	18,000	-2,000
2	0169	재공품				20.0000	1,500.0000	30,000	1,500.0000	30,000			
3	0153	원재료				15.0000	1,200.0000	18,000	1,000.0000	15,000	900.0000	13,500	-3,000

[2] F3 조정등록

조정 등록

익금산입 및 손금불산입			손금산입 및 익금불산입		
과 목	금 액	소득처분	과 목	금 액	소득처분
			제품평가증	2,000	유보발생
			원재료평가증	3,000	유보발생

> **실습예제 따라하기**

04 다음 자료를 이용하여 ㈜육공(0600)의 [재고자산(유가증권)평가조정명세서]를 작성하고 필요한 세무조정을 하시오.

실기 따라하기 1회 2회 3회

- 당사는 원재료에 대하여 총평균법을 세법상 적정하게 신고하였으나, 제품의 평가방법에 대하여 신고한 적이 없다.
- 당사의 재고자산 평가방법은 후입선출법에 의하고 있다.
- 전기의 재고자산평가감(제품) 1,800,000원이 유보처분 되어 있다.
- 재고자산 평가액은 다음과 같다.(당기 재고자산 평가에 대한 세무조정은 각 재고자산별로 하시오.)

구분	원재료	제품
평가방법 신고일	2016. 3. 31.	무신고
신고한 평가방법	총평균법	무신고
회사 평가방법	후입선출법	후입선출법
장부금액(후입선출법)	7,000,000원	8,000,000원
선입선출법 평가액	7,500,000원	8,300,000원
총평균법 평가액	7,530,000원	8,800,000원

실기 따라하기 04

[1] [재고자산(유가증권)평가조정명세서]
- 제품은 무신고
- 무신고는 선입선출법 평가액 적용
- 신고한 평가방법과 장부상 평가방법(후입선출법)이 다르므로 임의변경
- 임의변경시, Max(당초 신고한 평가방법, FiFo)
- 원재료 Max(선입선출법, 총평균법) ➔ 총평균법 7,530,000

1. 재고자산 평가방법 검토					
1.자산별	2.신고일	3.신고방법	4.평가방법	5.적부	6.비고
제 품 및 상 품		00:무신고	03:후입선출법	×	
반제품및재공품					
원 재 료	2016-03-31	04:총평균법	03:후입선출법	×	
저 장 품					
유가증권(채권)					
유가증권(기타)					

2. 평가조정 계산						회사계산(장부가)		조정계산금액				
No	7.과목		8.품명	9.규격	10.단위	11.수량	12.단가	13.금액	세법상신고방법		FIFO(무신고,임의변경시)		18.조정액
	코드	과목명							14.단가	15.금액	16.단가	17.금액	
1	0153	원재료						7,000,000		7,500,000		7,530,000	530,000
2	0150	제품						8,000,000				8,300,000	300,000

[2] F3 조정등록

- 전기 재고자산평가감은 당기에 직접 반대 세무조정(유보추인)

조정 등록

익금산입 및 손금불산입			손금산입 및 익금불산입		
과 목	금 액	소득처분	과 목	금 액	소득처분
원재료 평가감	530,000	유보발생	전기제품평가감	1,800,000	유보감소
제품 평가감	300,000	유보발생			

06 세금과공과금명세서

"조세"란 국가 또는 지방자치단체가 그 경비에 충당할 재정수입을 조달할 목적으로 법률에 규정된 과세요건을 충족한 모든 자에게 반대급부 없이 강제적으로 부과·징수하는 금전 또는 재물을 말한다. 조세는 법인의 업무와 관련된 것이면 원칙적으로 손금으로 인정되지만, 조세제도상의 이유 또는 정책적 이유 등으로 세금과공과금 중 일부는 손금으로 인정되지 않는다.

(1) 조세

구분		내용
손금으로 인정되는 조세	원가에 가산후 손금인정	취득세·등록면허세 등
	지출하는 사업연도에 손금인정	인지세, 재산세, 종합부동산세, 자동차세, 주민세 등
손금으로 인정되지 않는 조세		법인세, 법인지방소득세, 농어촌특별세(법인세 감면금액 × 20%) 부가가치세 매입세액 개별소비세, 주세, 교통·에너지 환경세 세법에 따른 의무불이행으로 인한 세액과가산세

(2) 부가가치세 매입세액

구분	내용	
부가가치세법상 공제되는 매입세액	일반적인매입세액	손금불산입
부가가치세법상 공제되지 않는 매입세액	본래부터 공제되지 않는 매입세액 • 영수증을 교부받은 거래분의 매입세액 • 부가가치세 면세사업 관련 매입세액 • 토지 관련 매입세액 • 개별소비세 과세대상 자동차의 구입, 유지 관련 매입세액 • 기업업무추진비 및 유사비용의 지출에 관련한 매입세액 • 간주임대료에 대한 부가가치세 의무불이행 또는 업무무관으로 인한 불공제 매입세액	손금산입 (자산의 취득원가 또는 자본적지출에 해당하는 경우는 자산계상 후 추후 손금인정)

	의무불이행 또는 업무무관으로 인한 불공제 매입세액 • 세금계산서의 미수취 • 부실기재분 매입세액 • 매입처별세금계산서합계표의 미제출 • 부실기재분 매입세액 • 사업과 관련이 없는 매입세액 • 사업자등록전 매입세액	손금불산입

(3) 공과금

공과금이란 국가 및 공공단체가 국민 또는 구성원에게 강제적으로 부과하는 공적 금전부담액을 말한다. 원칙적으로 공과금은 손금으로 인정되지만 일부는 손금으로 인정되지 않는다.

	손금산입	자본적지출	손금불산입
공과금	• 법령에 의하여 의무적으로 납부하는 것 • 법령에 의한 의무불이행 또는 금지·제한 등의 위반에 대한 제재로서 부과되는 것이 아닌 것 (예 상공회의소회비, 대한적십자회비, 사용자부담국민연금, 교통유발부담금, 환경개선부담금의 환경오염방지사업비용부담금, 폐기물처리부담금 등) • 영업자가 조직한 단체로서 법인이거나 주무관청에 등록된 조합 • 협회에 지급한 일반회비	• 원인자부담금 • 수익자부담금 • 개발부담금 • 과밀부담금	• 법령에 의하여 의무적으로 납부하는 것이 아닌 것(예 임의출연금) • 법령에 의한 의무불이행 또는 금자제한 등의 위반에 대한 제재로서 부과되는 것(예 폐수배출부담금, 장애인고용부담금) • 특별회비 및 임의로 조직된 조합 등에 지급한 회비

(4) 벌금·과료·과태료

국가 등이 정한 제반 법령이나 행정명령의 위반 시 납부하게 되는 벌금·과료·과태료는 징벌의 효과를 감소시키지 않기 위해 손금에 산입하지 않는다.

벌금 등에 해당하는 것(손금불산입)	벌금 등에 해당하지 않는 것(손금산입)
• 법인의 임원 또는 직원이 관세법을 위반하고 지급한 벌과금 • 업무와 관련하여 발생한 교통사고 벌과금 • 「산업재해보상법」의 규정에 의하여 징수하는 산업재해보상보험료의 가산금 • 금융기관의 최저예금지급준비금 부족에 대하여 『한국은행법』의 규정에 의하여 금융 기관이 한국은행에 납부하는 과태금 • 「국민건강보험법」의 규정에 의하여 징수하는 가산금 • 외국의 법률에 의하여 국외에서 납부하는 벌금 • 가산금: 지연일수와 관계없이 금전납무의무이행을 촉구하는 징벌적 요소가 있음	• 사계약상의 의무불이행으로 인한 지체상금(정부 와의 납품계약으로 인한 지체상금을 포함하며, 구상권을 행사하여 회수할 수 있는 지체상금은 제외) • 보세구역에 보관되어 있는 수출용 원자재가 관세법상의 장치기간 경과로 국고귀속이 확정된 자산의 가액 • 철도화차 사용료 미납액에 대하여 가산되는 연체이자 • 「고용보험 및 산업재해보상보험의 보험료 징수 등에 관한 법률」에 따른 산업재해보상보험료의 연체금 • 국유지 사용료의 납부지연으로 인한 연체료 • 전기요금의 납부지연으로 인한 연체가산금 • 국민연금 등 사회보험 연체가산금(건강보험 제외) • 연체금: 통상지연일수에 비례하여 징수

(5) 가산금 및 체납처분비

구분	내용	손금산입 여부
가산금	• 납세의무자가 납부의무가 있는 고지세액을 납부기한까지 납부하지 않을 때 해당 세액에 가산하여 징수하는 금액	손금불산입
체납처분비	• 제세공과금에 대한 체납에 대하여 국세징수법의 규정에 따라 행하는 체납처분(재산의 압류·보관·운반·공매)에 소요되는 비용	
손금불산입 이유	• 납세의무자의 세금 체납에 대한 제재효과를 경감시키지 않기 위함	

(6) 세금과공과금명세서

| 계정별원장 데이터 불러오기 | ≫ | 손금불산입표시 |

항목	구분
F4 과목추가	세금과공과금명세서에 계정과목을 추가입력 시 사용한다.
F12 불러오기	회계관리 데이터를 자동반영하고자 하는 경우 클릭하고 보조창에서 기간을 입력하면 계정과목의 내역이 반영된다.
손금불산입표시	세금과공과금 입력 내역을 검토하여 손금으로 인정되지 않는 세금과공과금만 "1: 손금불산입"을 표시한다.

✓ 주요 체크사항: 세금과공과금명세서

구분	손금산입	손금불산입
세금	• 인지세, 지역개발세, 균등할주민세 • 종합토지세, 재산세, 자동차세 • 등록면허세, 도시계획세 • 공공시설세, 사업소세 등	• 법인세와 법인지방소득세, 농어촌특별세 • 개별소비세, 교통세, 주세 • 가산세와 징수불이행 세액(의무불이행) • 건강보험료 연체금(예외적 손금불산입)
부가가치세 매입세액	• 간주임대료 관련 매입세액(부담하기로 한 자의 손금) • 토지관련 매입세액 • 비영업용소형승용차 구입/유지 매입세액 • 면세관련 매입세액 • 기업추진비 관련 매입세액	• 의무불이행: • 세금계산서합계표 미수취, 미제출, 부실기재 • 사업자 등록전 매입세액 • 업무무관 관련 매입세액(기타사외유출)
토지		• 취득세, 등록세는 자산의 취득원가에 가산 • 토지는 감가상각하지 않는 비상각자산으로 손금으로 인정되지 않음 • 토지 취득세 비용처리시 손금불산입(유보)로 처리

CHAPTER 04 과목별 세무조정

공과금/회비/벌과금	• 일반회비: 손금(세금과공과) • 협회비, 조합비 • 연체이자, 연체금, 연체가산금 　(건강보험료 연체금 제외) • 교통유발부담금, 폐기물처리부담금 • 직업훈련부담금, 환경개선부담금	• 특별회비: 일반(지정) 기부금. 기부금 한도내에서 손금인정 • 폐수배출부담금 • 장애인고용부담금 • 교통위반부담금 • 산재보험료가산금 • 국민연금가산금
명세서 작성요령	• 불러오기로 시작 • F6(손금불산입 표시)부터 입력	

실습예제 따라하기

01 세금과공과금의 계정별원장을 조회하여 ㈜오공팔(회사코드: 0508)의 [세금과공과금 명세서]를 작성하고 관련된 세무조정을 [소득금액조정합계표및명세서]에 반영하시오. (단, 세무조정은 각 건별로 행하는 것으로 한다.)

일자	적요	금액
2월 14일	폐수배출부담금	500,000원
3월 15일	토지에 대한 개발부담금	2,100,000원
4월 30일	법인세분 지방소득세 및 농어촌특별세	3,150,000원
5월 23일	산재보험료	2,000,000원
8월 20일	주민세	150,000원
9월 15일	산재보험료 가산금	150,000원
9월 15일	산재보험료 연체료	25,000원
10월 10일	환경개선부담금	50,000원

실기 따라하기 01

[1] [세금과공과금명세서]
- F12 전표내용 불러오기
- 폐수배출부담금: 배출허용기준 초과 시 부과되는 비용으로, 법령 위반이므로 손금불산입. 국가 귀속으로 기타사외유출 처분
- 토지개발부담금: 토지가격 상승으로 발생한 이익에 부과. 당기 비용이 아닌 토지원가에 해당하므로 손금불산입되며, 자산(토지원가) 증가로 유보 처분
- 법인세 등: 소득에 부과되는 세금으로 비용으로 인정되지 않아 손금불산입. 국가 귀속으로 기타사외유출 처분
- 5/23 산재보험료: 보험료 계정 대신 세금과공과금 계정을 사용해도 세금 영향 없어 세무조정대상 아님
- 산재보험료 가산금: 의무불이행에 따른 부과금으로 손금불산입. 근로복지공단 귀속으로 기타사외유출 처분

코드	계정과목	월	일	거래내용	코드	지급처	금 액	손금불산입표시
0517	세금과공과금	2	14	폐수배출부담금			500,000	손금불산입
0817	세금과공과금	3	15	토지에 대한 개발부담금			2,100,000	손금불산입
0817	세금과공과금	4	30	법인세분 지방소득세 및 농특세 납부			3,150,000	손금불산입
0817	세금과공과금	5	23	산재보험료		근로복지공단	2,000,000	
0817	세금과공과금	7	27	주민세			150,000	
0817	세금과공과금	9	15	산재보험료 가산금		근로복지공단	150,000	손금불산입
0817	세금과공과금	9	15	산재보험료 연체료		근로복지공단	25,000	
0817	세금과공과금	10	10	환경개선부담금		중랑구청	50,000	

[2] F3 조정등록

조정 등록

익금산입 및 손금불산입			손금산입 및 익금불산입		
과 목	금 액	소득처분	과 목	금 액	소득처분
폐수배출부담금	500,000	기타사외유출			
토지개발부담금	2,100,000	유보발생			
법인세등	3,150,000	기타사외유출			
산재보험료가산금	150,000	기타사외유출			

실습예제 따라하기

02 (주)육공이(0602)의 세금과공과금의 계정별원장을 조회하여 [세금과공과금명세서]를 작성하고 관련된 세무조정을 소득금액조정합계표에 반영하시오.(단, 세무조정은 각 건별로 행하는 것으로 한다.)

월일	적요	금액
1월 28일	자동차세	900,000원
2월 10일	증권거래세	2,500,000원
3월 26일	공장용지 취득세	10,000,000원
4월 30일	법인세분 지방소득세	5,300,000원
6월 25일	국민연금 회사부담분	950,000원
7월 1일	증자 관련 법무사비용	800,000원
8월 27일	주차위반과태료	130,000원
9월 30일	건강보험료 가산금(회사부담분)	300,000원
10월 2일	교통유발부담금	1,000,000원
12월 15일	종합부동산세	880,000원

실기 따라하기 02

[1] [세금과공과금명세서]
- F12 전표내용 불러오기
- 토지(공장용지)취득세: 당기비용이 아닌 토지원가에 해당 손금불산입. 자산(토지원가) 증가로 유보처분
- 법인세 등: 법인의 소득에 부과되는 세금으로 비용으로 인정되지 않아 손금불산입. 국가 귀속으로 기타사외유출 처분
- 증자관련 법무사비용: 신주발행비로 자본계정(주식발행초과금 차감/주식할인발행차금 가산)에 해당, 당기비용 계상 시 손금불산입. 자본 내 구성항목 간 차이만 발생하므로 기타 처분
- 주차위반과태료: 법 위반에 대한 제재목적이므로 손금불산입. 국가 귀속으로 기타사외유출 처분
- 건강보험료가산금: 의무불이행에 따른 부과금으로 손금불산입. 건강보험공단 귀속으로 기타사외유출 처분
- 교통유발부담금은 손금 인정

코드	계정과목	월	일	거래내용	코드	지급처	금 액	손금불산입표시
0517	세금과공과금	1	28	공장 자동차세 납부			900,000	
0817	세금과공과금	2	10	증권거래세		증권예탁원	2,500,000	
0517	세금과공과금	3	26	공장용지 취득세		서구청	10,000,000	손금불산입
0817	세금과공과금	4	30	법인세분 지방소득세 납부		서구청	5,300,000	손금불산입
0817	세금과공과금	6	25	국민연금 회사부담분		국민연금관리공단	950,000	
0817	세금과공과금	7	1	증자관련 법무사비용		홍법무사	800,000	손금불산입
0817	세금과공과금	8	27	주차위반과태료		서구청	130,000	손금불산입
0817	세금과공과금	9	30	건강보험료 가산금		건강보험관리공단	300,000	손금불산입
0817	세금과공과금	10	2	교통유발부담금		서구청	1,000,000	
0817	세금과공과금	12	15	종합부동산세		서구청	880,000	

[2] F3 조정등록

익금산입 및 손금불산입			손금산입 및 익금불산입		
과목	금액	소득처분	과목	금액	소득처분
공장용지 취득세	10,000,000	유보발생			
법인세등	5,300,000	기타사외유출			
증자비용	800,000	기타			
과태료	130,000	기타사외유출			
건강보험료가산금	300,000	기타사외유출			

실습예제 따라하기

03 ㈜육공오(0605)의 세금과공과금의 계정별원장을 조회하여 [세금과공과금명세서]를 작성하고 관련된 세무조정을 소득금액조정합계표에 반영하시오. 세무조정은 각 건별로 행하는 것으로 한다. 아래 항목 중 다른 세무조정명세서에 영향을 미치는 것은 관련 조정명세서에서 정상처리 되었다고 가정한다.

월일	적요	금액
2월 10일	국민연금 회사 부담분	2,000,000원
2월 10일	산재보험료	2,500,000원
4월 25일	부가가치세 신고불성실 가산세	300,000원
4월 30일	대표이사 주택 종합부동산세	3,000,000원
4월 30일	환경개선부담금	30,000원
6월 25일	토지에 대한 개발부담금	1,000,000원
8월 1일	주차위반과태료	500,000원
9월 15일	건강보험료 연체료	50,000원
10월 31일	대주주 주식양도분에 대한 증권거래세	100,000원
12월 15일	적십자회비	100,000원

실기 따라하기 03

[1] [세금과공과금명세서]
- F12 전표내용 불러오기
- 부가가치세법상 가산세: 세법 의무불이행에 대해 부과되므로 손금불산입. 국가 귀속으로 기타사외유출 처분
- 종합부동산세:
  - 법인의 부동산에 대한 종합부동산세: 손금산입 가능
  - 대표이사 종합부동산세를 법인이 부담: 업무 무관 비용으로 손금불산입, 임직원(대표이사) 귀속으로 상여 처분
- 토지개발부담금: 토지가격 상승으로 발생한 이익에 부과되는 것으로 당기 비용이 아닌 토지원가에 해당하므로 손금불산입. 자산(토지원가) 증가로 유보처분
- 주차위반과태료: 법 위반에 대한 제재목적이므로 손금불산입. 국가(시군구청) 귀속으로 기타사외유출 처분
- 건강보험료연체금: 손금불산입. 단체(건강보험공단) 귀속으로 기타사외유출 처분
- 증권거래세:
  - 법인의 주식양도에 대한 증권거래세: 손금산입 가능
  - 주주의 증권거래세를 법인이 부담: 업무 무관 비용으로 손금불산입, 주주 귀속으로 배당 처분
- 산재보험료: 보험료 계정 대신 세금과공과금 계정을 사용해도 세금 영향 없어 세무조정대상 아님.
- 적십자회비: 특례기부금으로 손금항목(한도 내). 기부금 계정 대신 세금과공과금 계정 사용해도 세무조정대상 아님.
- 단, 기부금 한도 시부인 계산 시 특례기부금지출액에 포함됨.

코드	계정과목	월	일	거래내용	코드	지급처	금 액	손금불산입표시
0817	세금과공과금	2	10	산재보험료			2,500,000	
0817	세금과공과금	2	10	국민연금회사부담분			2,000,000	
0817	세금과공과금	4	25	부가가치세 신고불성실 가산세			300,000	손금불산입
0817	세금과공과금	4	30	환경개선부담금			30,000	
0817	세금과공과금	4	30	대표이사 주택 종합부동산세			3,000,000	손금불산입
0817	세금과공과금	6	25	토지에 대한 개발부담금			1,000,000	손금불산입
0817	세금과공과금	8	1	주차위반과태료			500,000	손금불산입
0817	세금과공과금	9	15	건강보험료 연체금			50,000	손금불산입
0817	세금과공과금	10	31	대주주식양도분에대한증권거래세			100,000	손금불산입
0817	세금과공과금	12	15	적십자회비			100,000	

[2] F3 조정등록

조정 등록

익금산입 및 손금불산입			손금산입 및 익금불산입		
과 목	금 액	소득처분	과 목	금 액	소득처분
부가가치세 가산세	300,000	기타사외유출			
대표이사 종합부동산세	3,000,000	상여			
토지개발부담금	1,000,000	유보발생			
과태료	500,000	기타사외유출			
건강보험료 연체금	50,000	기타사외유출			
대주주 증권거래세	100,000	배당			

실습예제 따라하기

04 다음은 ㈜육공칠(0607)의 세금과공과금에 입력된 내용이다. 입력된 자료를 조회하여 [세금과공과금명세서]를 작성하고 필요한 세무조정을 하시오.(단, 세무조정 시 같은 소득처분인 경우에도 건별로 각각 세무조정 한다.)

월일	적요	금액
3월 26일	본사건물 정착 토지 취득세(판)	4,500,000원
3월 31일	법인세분 지방소득세	890,000원
7월 10일	국민연금 회사부담분	930,000원
7월 27일	제조부서 사용 화물차 자동차세	260,000원
8월 10일	재산분 주민세	670,000원
8월 31일	증권거래세	480,000원
9월 30일	산업재해보상보험료의 연체료	130,000원
10월 27일	마케팅부서 승용차 속도위반 과태료	60,000원

실기 따라하기 04

[1] [세금과공과금명세서]
- F12 전표내용 불러오기
- 토지취득세: 당기비용이 아닌 토지원가에 해당하므로 손금불산입. 자산(토지원가) 증가로 유보처분
- 법인세분 법인지방소득세: 소득에 부과되는 세금으로 비용으로 인정되지 않아 손금불산입. 국가귀속으로 기타사외유출 처분
- 속도위반과태료: 법 위반에 대한 제재목적이므로 손금불산입. 국가귀속으로 기타사외유출 처분

코드	계정과목	월	일	거래내용	코드	지급처	금 액	손금불산입표시
0817	세금과공과금	3	26	본사건물 정착 토지취득세			4,500,000	손금불산입
0817	세금과공과금	3	31	법인세분 지방소득세			890,000	손금불산입
0817	세금과공과금	7	10	국민연금 회사부담분			930,000	
0517	세금과공과금	7	27	제조부서 사용 화물차 자동차세		서구청	260,000	
0817	세금과공과금	8	10	재산분 주민세		서구청	670,000	
0817	세금과공과금	8	31	증권거래세		서인천세무서	480,000	
0817	세금과공과금	9	30	산업재해보상보험료의 연체료		근로복지공단	130,000	
0817	세금과공과금	10	27	마케팅부서 승용차 속도위반 과태료		인천서구경찰청	60,000	손금불산입

[2] F3 조정등록

조정 등록						
익금산입 및 손금불산입			손금산입 및 익금불산입			
과 목	금 액	소득처분	과 목	금 액	소득처분
토지취득세	4,500,000	유보발생			
지방소득세	890,000	기타사외유출			
과태료	60,000	기타사외유출			

실습예제 따라하기

05 다음은 손익계산서 및 제조원가명세서상 세금과공과로 비용 계상된 자료들이다. 관련 세무조정을 하고 ㈜육공구(0609)의 [세금과공과금명세서]를 작성하시오. (단, 반드시 모든 내용을 [세금과공과금명세서]에 입력하고 손금불산입표시를 하시오.)

계정과목	날짜	내용	금액	기타
세금과공과 (손익계산서)	4월 1일	취득세	6,500,000원	토지의 취득에 따른 취득세
	5월 1일	부가가치세	2,000,000원	세금계산서 불분명 매입세액
	6월 1일	부가가치세	700,000원	기업업무추진비 관련 매입세액
	12월 31일	간주임대료	420,000원	간주임대료에 대한 부가가치세
세금과공과 (제조원가명세서)	10월 30일	회비	3,000,000원	주무관청에 등록된 단체 회비로서 특별회비 1,000,000원 포함
	11월 1일	지체상금	2,000,000원	거래처에 대한 납품을 지연하고 부담한 금액
	11월 10일	부담금	10,000,000원	폐수배출부담금
	12월 10일	산재보험료	1,500,000원	납부 지체에 따른 연체료

실기 따라하기 05

[1] [세금과공과금명세서]
- F12 전표내용 불러오기
- 토지취득세: 당기비용이 아닌 토지원가에 해당하므로 손금불산입. 자산(토지원가) 증가로 유보처분
- 필요적기재사항이 불분명한 세금계산서의 부가가치세 매입세액: 법인 귀책사유로 인한 불공제매입세액이므로 당기비용(세금과공과) 계상 시 손금불산입. 국가귀속으로 기타사외유출 처분(상황에 따라 대표이사에게 책임을 물어 상여로 처분하는 경우도 있으나, 일반적으로는 기타사외유출로 처분)
- 폐수배출부담금: 배출허용기준 초과로 부과되는 비용으로, 법령 위반이므로 손금불산입. 국가(시군구청) 귀속으로 기타사외유출 처분
- 단체 회비:
  - 정상적 회비: 2,000,000원은 손금산입
  - 임의출연금(강제성이 없는 비경상적 회비): 1,000,000원은 손금불산입
- 해당 단체가 기부금단체 아닌 경우 손금불산입, 단체 귀속으로 기타사외유출 처분
- 기업업무추진비관련 부가가치세 매입세액(700,000원): 법인 귀책사유 없는 불공제매입세액으로 손금항목에 해당. 기업업무추진비 계정 사용이 적절하나 세금과공과금 계정 사용해도 세무조정대상 아님. (단, 기업업무추진비 한도시부인 계산 시 기업업무추진비 지출액에 포함)

□	코 드	계정과목	월	일	거래내용	코 드	지급처	금 액	손금불산입표시
□	0817	세금과공과금	4	1	토지취득에 따른 취득세납부			6,500,000	손금불산입
□	0817	세금과공과금	5	1	세금계산서불분명매입세액			2,000,000	손금불산입
□	0817	세금과공과금	6	1	접대비관련매입세액			700,000	
□	0517	세금과공과금	10	30	특별회비			2,000,000	
□	0517	세금과공과금	11	1	납품지연지체상금			2,000,000	
□	0517	세금과공과금	11	10	폐수배출부담금			10,000,000	손금불산입
□	0517	세금과공과금	12	10	산재보험료 연체료			1,500,000	
□	0817	세금과공과금	12	31	부동산 간주임대료			420,000	
□	0517	세금과공과금	10	30	임의출연금			1,000,000	손금불산입

[2] F3 조정등록

조정 등록

익금산입 및 손금불산입			손금산입 및 익금불산입		
과 목	금 액	소득처분	과 목	금 액	소득처분
토지취득세	6,500,000	유보발생			
세금계산서불분명매입세액	2,000,000	기타사외유출			
폐수배출부담금	10,000,000	기타사외유출			
임의출연금	1,000,000	기타사외유출			

실습예제 따라하기

06 ㈜칠공이(0702)의 세금과공과금의 계정별원장을 조회하여 [세금과공과금명세서]를 작성하고 관련된 세무조정을 [소득금액조정합계표및명세서]에 반영하시오.(단, 세무조정은 각 건별로 행하는 것으로 한다.)

일자	적요	금액
1월 28일	주무관청에 등록된 협회에 납부하는 협회비	900,000원
2월 10일	증권거래세	2,500,000원
3월 26일	토지 취득세	9,300,000원
4월 30일	법인세분 지방소득세 및 농어촌특별세	2,350,000원
6월 25일	국민연금 회사부담분	1,220,000원
8월 27일	주차위반과태료	130,000원
9월 30일	부가가치세 신고납부불성실 가산세	300,000원
12월 15일	사업용 부동산 관련 종합부동산세	880,000원

실기 따라하기 06

[1] [세금과공과금명세서]
- F12 전표내용 불러오기
- 토지취득세: 당기비용이 아닌 토지원가에 해당하므로 손금불산입. 자산(토지원가) 증가로 유보처분
- 법인세 등: 소득에 부과되는 세금으로 비용으로 인정되지 않아 손금불산입. 국가귀속으로 기타사외유출 처분
- 주차위반과태료: 법 위반에 대한 제재목적이므로 손금불산입. 국가귀속으로 기타사외유출 처분
- 부가가치세법상 가산세: 세법 의무불이행에 대해 부과되므로 손금불산입. 국가귀속으로 기타사외유출 처분

코드	계정과목	월	일	거래내용	코드	지급처	금 액	손금불산입표시
0817	세금과공과금	1	28	협회비			900,000	
0817	세금과공과금	2	10	증권거래세			2,500,000	
0517	세금과공과금	3	26	토지 취득세			9,300,000	손금불산입
0817	세금과공과금	4	30	법인세분 지방소득세 및 농특세 납부			2,350,000	손금불산입
0517	세금과공과금	6	25	국민연금 회사부담금			1,220,000	
0517	세금과공과금	8	27	주차위반과태료			130,000	손금불산입
0817	세금과공과금	9	30	부가세 신고납부불성실가산세			300,000	손금불산입
0517	세금과공과금	12	15	사업용부동산관련 종합부동산세			880,000	

[2] F3 조정등록

조정 등록

익금산입 및 손금불산입			손금산입 및 익금불산입		
과 목	금 액	소득처분	과 목	금 액	소득처분
토지취득세	9,300,000	유보발생			
법인세등	2,350,000	기타사외유출			
주차위반 과태료	130,000	기타사외유출			
부가가치세 가산세	300,000	기타사외유출			

07 선급비용명세서

(1) 선급비용

선급비용이란 차기에 귀속되는 비용을 당기에 지급한 것을 말한다. 법인이 기간 미경과분을 손금에 산입하는 경우 손금불산입 하고 유보로 소득처분한다.

$$\text{선급비용} = \text{지급일수} \times \frac{\text{선급일수(미경과일수)}}{\text{총일수}}$$

(2) 선급비용명세서

계정구분등록(생략가능) ≫ 선급비용 내역입력

항목	내용
계정구분등록	계정과목명과 기간계산원칙을 추가 및 설정할 수 있다.
계정구분	선급비용의 구분(1.미경과이자, 2.선급보험료, 3.선급임차료)을 선택한다.
거래내용/거래처	계정구분의 거래내용과 거래처를 입력한다.
대상기간	선급비용을 계산하기 위한 기간을 입력한다.
지급액	해당 계정과목의 총액을 입력한다.
선급비용	해당기간과 지급액을 입력하면 설정된 기준에 따라 자동 반영된다.
회사계상액	결산서상 선급비용으로 계상된 금액을 입력한다.

조정대상금액	양수(+)이면 선급비용의 과소계상으로 비용이 과대계상되었으므로 손금불산입(유보)이고, 음수(-)이면 선급비용의 과대계상으로 비용이 과소계상되었으므로 손금산입(△유보)처분한다.		
	세무조정		
	항목		내용
조정대상금액	양수(+)		손금불산입산입(유보발생)
	음수(-)		손금산입(△유보발생)

✓주요 체크사항: 선급비용명세서

구분	내용	
선급비용 명세서	• 선급비용 과소계상 시 손금불산입(유보) 처리하는 서식 • 다음 연도에 자동으로 유보추인되지 않으므로 직접 세무조정 필요 • 직접 세무조정 방법: 손금산입(유보감소)	
자동유보추인 항목 비교	• 대손충당금 한도초과액: 자동 유보추인 • 재고자산평가감(증): 직접 세무조정 필요 • **선급비용: 직접 세무조정 필요**	
세무조정	구분	누락/과소계상 시 세무조정
	자산(차기 귀속분)을 당기 비용으로 처리한 경우: 비용 → 자산 조정	선급비용 과소계상(누락): 손금불산입(유보)
	당기 비용을 자산(차기 귀속분)으로 처리한 경우: 자산 → 비용 조정	비용 과소계상(누락): 손금산입(유보)
작성 시 주의사항	• 선급비용을 자산으로 회계처리한 경우 → 회사계상액 입력 • 다음 연도에 직접 세무조정(손금산입, 유보감소) 필요	

실습예제 따라하기

01 다음의 자료를 이용하여 ㈜육공(회사코드: 0600)의 [선급비용명세서]를 작성하고 관련된 세무조정을 하시오. (단, 세무조정은 건별로 각각 처리한다)

1. 자본금과적립금조정명세서 잔액

사업연도	2025.01.01. ~ 2025.12.31.	자본금과적립금조정명세서(을)		법인명	㈜육공
세무조정유보소득계산					
① 과목 또는 사항	② 기초잔액	당기 중 증감		⑤ 기말잔액 (익기 초 현재)	비고
		③ 감소	④ 증가		
선급비용	560,000	?	?	?	

※ 전기에 기간미경과로 인해 유보로 처리한 보험료의 기간이 도래하였다.

2. 당기의 임차료 내역

구분	임차기간	선납 금액	임대인
평택 공장	2025.05.01.~2026.04.30.	84,000,000원	㈜성삼
제천 공장	2025.08.01.~2027.07.31.	120,000,000원	이근희

※ 임차료는 장부에 선급비용으로 계상된 금액은 없다.

실기 따라하기 01

[1] [선급비용명세서]
- 계정구분 "3.선급임차료" 입력
- 당기임차료 내역을 각각 입력하여 당기 기간미경과 비용을 손금불산입
- 장부에 선급비용 계상액이 없음

계정구분	거래내용	거래처	대상기간 시작일	대상기간 종료일	지급액	선급비용	회사계상액	조정대상금액
선급 임차료	평택공장	(주)성삼	2025-05-01	2026-04-30	84,000,000	27,692,307		27,692,307
선급 임차료	제천공장	이근희	2025-08-01	2027-07-31	120,000,000	94,979,423		94,979,423

[2] F3 조정등록
- 전기 미경과보험 대상액 당기 도래분 560,000원 당기 직접 손금산입 유보추인

익금산입 및 손금불산입			손금산입 및 익금불산입		
과 목	금 액	소득처분	과 목	금 액	소득처분
당기 기간미경과 임차료(평택공장)	27,692,307	유보발생	전기선급비용	560,000	유보감소
당기 기간미경과 임차료(제천공장)	94,979,423	유보발생			

실습예제 따라하기

02 다음은 제조경비 및 판매비와 관리비의 보험료계정원장의 일부이다. ㈜육공일(0601) [선급비용명세서]를 작성(세무조정 없는 거래도 작성)하고 관련된 세무조정을 [소득금액조정합계표]에 반영하시오.(단, 세무조정은 각 건별로 한다.)

실기 따라하기 1회 2회 3회

보험료계정원장
2025.01.01.~2025.12.31.

㈜육공일 (단위: 원)

월 일	적요	금액	계약기간
1월 31일	공장 화재보험료	1,200,000원	2025.01.31.~2026.06.30.
6월 27일	손해보상보험금	3,000,000원	2025.07.01.~2028.06.30.
8월 8일	이행보증보험	250,000원	2025.08.08.~2025.09.22.
10월 25일	생산부 자동차보험료	1,300,000원	2025.10.25.~2026.10.25.

실기 따라하기 02

[1] [선급비용명세서]
- 계정구분 "2.선급보험료" 입력
- 당기임차료 내역을 각각 입력하여 당기 기간미경과 비용을 손금불산입
- 8월 8일의 이행보증보험 건은 계약기간이 당기분이므로 선급비용이 아님
- 문제에서 세무조정 없는 거래도 작성을 요구했으므로 해당 거래를 입력.(자동으로 선급비용 입력 안됨)

	계정구분	거래내용	거래처	대상기간 시작일	종료일	지급액	선급비용	회사계상액	조정대상금액
☐	선급 보험료	공장화재보험료		2025-01-31	2026-06-30	1,200,000	420,930		420,930
☐	선급 보험료	손해보상보험금		2025-07-01	2028-06-30	3,000,000	2,496,350		2,496,350
☐	선급 보험료	이행보증보험		2025-08-08	2025-09-22	250,000			
☐	선급 보험료	생산부자동차보험료		2025-10-25	2026-10-25	1,300,000	1,058,469		1,058,469

[2] F3 조정등록

조정 등록

익금산입 및 손금불산입			손금산입 및 익금불산입		
과 목	금 액	소득처분	과 목	금 액	소득처분
공장화재보험료	420,930	유보발생			
손해보상보험금	2,496,350	유보발생			
생산부자동차보험료	1,058,469	유보발생			

실습예제 따라하기

03 다음의 자료를 이용하여 ㈜육공육(0606)의 [선급비용명세서]를 작성하고 세무조정을 하시오.(단, 세무조정은 보험건별로 하기로 한다.)

1. 보험료 내역

구분	내용	상호	납입액	보험기간	비고
2024년	계약이행 보증보험	미래보증보험	731,000원	2024.05.01.~2025.04.30.	
2025년	본사 자동차보험	다이렉트보험	1,250,000원	2025.07.01.~2026.06.30.	전액 선급비용 계상
	공장 화재보험	우리화재	2,400,000원	2025.03.01.~2026.02.29.	전액 당기비용 계상

2. 자본금과 적립금 조정명세서(을)(2024년)

과목	기초잔액	감소	증가	기말
선급비용			486,000원	486,000원

※ 전기분 선급비용은 위 보험료 외에는 없다.

실기 따라하기 03

[1] [선급비용명세서]
- 2024년 거래는 당기 2025년에 종료하는 거래이므로 선급비용으로 처리하지 않음
- 본사자동차보험 1,250,000원 전액 선급비용(자산)으로 계상하여 과대계상 발생
- 회사계상액에 선급비용(자산)으로 처리한 금액 전액을 입력
- 조정대상금액이 음수(-)로 발생
- 과대계상액을 손금산입(유보 발생)으로 처리

	계정구분	거래내용	거래처	대상기간 시작일	종료일	지급액	선급비용	회사계상액	조정대상금액
☐	선급 보험료	본사자동차보험	다이렉트보험	2025-07-01	2026-06-30	1,250,000	619,863	1,250,000	-630,137
☐	선급 보험료	공장화재보험	우리화재	2025-03-01	2026-02-28	2,400,000	387,945		387,945

[2] F3 조정등록
- 전기 선급비용 당기 도래분 486,000원 당기 직접 손금산입 유보추인

조정 등록

익금산입 및 손금불산입			손금산입 및 익금불산입		
과 목	금 액	소득처분	과 목	금 액	소득처분
공장화재보험	387,945	유보발생	전기분 선급비용	486,000	유보감소
			본사자동차보험	630,137	유보발생

실습예제 따라하기

04 다음 자료는 ㈜육공팔(0608)의 당기 보험료 자료의 일부이다. [선급비용명세서]를 작성하고 관련된 세무조정을 [소득금액조정합계표]에 반영하시오.(단, 세무조정은 각 건별로 한다.)

실기 따라하기		
1회	2회	3회

1. 보험료 내역

구분	상호	납입액	보험기간	비고
대표자 종신보험	PCA생명	4,000,000원	2025년 9월 1일~2026년 8월 31일 (1년 단위 갱신상품)	대표자 사적보험료를 회사에서 대납(전액 보험료(판)으로 처리)
공장 화재보험	DGC화재	2,400,000원	2025년 2월 1일~2026년 1월 31일	장부에 선급비용 200,000원 계상
본사 자동차보험	ABC화재	2,100,000원	2025년 8월 1일~2026년 7월 31일	전액 보험료(판)으로 처리

2. 자본금과 적립금 조정명세서(을)(2024년)

과목	기초잔액	감소	증가	기말
선급비용			800,000원	800,000원

※ 전기분 선급비용 800,000원이 당기에 손금 귀속시기가 도래하였다.

실기 따라하기 04

[1] [선급비용명세서]
- 대표자 사적보험료는 선급비용조정대상은 아니지만(입력×) 세무조정 대상임
- 공장화재보험 회사계상액 200,000원 계상

	계정구분	거래내용	거래처	대상기간 시작일	대상기간 종료일	지급액	선급비용	회사계상액	조정대상금액
□	선급 보험료	공장화재보험	DGC화재	2025-02-01	2026-01-31	2,400,000	203,835	200,000	3,835
□	선급 보험료	본사자동차보험	ABC화재	2025-08-01	2026-07-31	2,100,000	1,219,726		1,219,726

[2] F3 조정등록
- 대표자 사적보험료 직접 세무조정 손금불산입(상여)

조정 등록

익금산입 및 손금불산입			손금산입 및 익금불산입		
과 목	금 액	소득처분	과 목	금 액	소득처분
대표자사적보험료	4,000,000	상여			
공장화재보험료	3,835	유보발생			
본사자동차보험료	1,219,726	유보발생			

실습예제 따라하기

05 다음 자료는 당기 보험료 내역이다. (주)칠공육(0706)의 [선급비용명세서] 탭을 작성하고, 보험료와 선급비용에 대하여 세무조정하시오.(단, 기존에 입력된 데이터는 무시하고 제시된 자료로 계산하고, 세무조정은 각 건별로 할 것)

1. 보험료 내역(보험료는 전액 일시납입)
   (1) 건물(판매부서) 화재보험 내역

보험사	납입액	보험기간	비고
삼송화재	2,400,000원	2025.03.01.~2026.02.28.	보험료(판)로 처리함.

   (2) 자동차(판매부서) 보험 내역

보험사	납입액	보험기간	비고
국민화재	1,800,000원	2025.05.01.~2026.04.30.	장부에 선급비용 500,000원 계상

   (3) 공장(생산부서) 화재보험 내역

보험사	납입액	보험기간	비고
환하화재	3,000,000원	2025.07.01.~2026.06.30.	장부에 선급비용 1,800,000원 계상

2. 2024년 자본금과 적립금 조정명세서(을)(전기에 (2), (3)과 관련된 선급비용 내역)

과목	기초잔액	감소	증가	기말
선급비용			1,300,000원	1,300,000원

   ※ 전기분 선급비용 1,300,000원은 당기에 손금 귀속시기가 도래하였다.

실기 따라하기 05

[1] [선급비용명세서]
- 자동차보험 회사계상액 500,000원 계상
- 공장화재보험 회사계상액 1,800,000원 계상

계정구분	거래내용	거래처	대상기간 시작일	대상기간 종료일	지급액	선급비용	회사계상액	조정대상금액
선급 보험료	건물화재보험	삼송화재	2025-03-01	2026-02-28	2,400,000	387,945		387,945
선급 보험료	자동차보험	국민화재	2025-05-01	2026-04-30	1,800,000	591,780	500,000	91,780
선급 보험료	공장화재보험	환하화재	2025-07-01	2026-06-30	3,000,000	1,487,671	1,800,000	-312,329

[2] F3 조정등록
- 전기 선급비용 당기 도래분 1,300,000원 당기 직접 손금산입 유보추인

익금산입 및 손금불산입			손금산입 및 익금불산입		
과 목	금 액	소득처분	과 목	금 액	소득처분
건물화재보험	387,945	유보발생	전기 선급비용	1,300,000	유보감소
자동차보험	91,780	유보발생	공장자동차보험	312,329	유보발생

08 가지급금등의인정이자조정명세서

(1) 부당행위계산의 부인
- 부당행위계산이란 특수관계인과의 거래에서 당해 법인의 부당한 행위·계산으로 조세부담이 감소되었다고 인정되는 것
- 대표적인 부당행위계산의 부인: 고가매입, 저가양도, 가지급금인정이자 등
- 시가와 대가의 차액이 시가의 5% 이상이거나 3억원 이상인 경우에 한하여 부당행위계산부인규정을 적용

(2) 가지급금인정이자
- 법인이 특수관계인에게 금전을 무상 또는 낮은 이율로 대여한 경우 법인세법상 적정이자율로 계산한 이자상당액 또는 이자상당액과의 차액을 부당행위계산부인하여 익금산입
- 그 귀속자에 따라 배당·상여 등으로 소득처분

구분	내용
가지급금	법인세법상 가지급금의 범위는 일반적인 개념과는 달리 당해 법인의 업무에 직접적인 관련이 없는 자금의 대여는 명칭에 불구하고 가지급금으로 보고 있다. 다만, 다음에 해당되는 자금의 대여는 가지급금으로 보지 아니한다. ① 미지급소득에 대한 소득세를 법인이 납부하고 이를 가지급금 등으로 계상한 금액 ② 국외투자법인에 종사하거나 종사할 자의 여비·급료 기타 비용을 대신하여 부담하고 이를 가지급금 등으로 계상한 금액 ③ 법인이 우리사주조합 또는 그 조합원에게 당해 법인의 주식취득에 소요되는 자금을 대여한 금액 ④ 국민연금법에 의하여 근로자가 지급받은 것으로 보는 퇴직금전환금 ⑤ 소득의 귀속이 불분명하여 대표자에게 상여처분한 금액에 대한 소득세를 법인이 납부하고 이를 가지급금으로 계상한 금액 ⑥ 직원에 대한 월정액 급여액의 범위 안에서의 일시적인 급료의 가불금 ⑦ 직원에 대한 경조사비의 대여액 ⑧ 직원에 대한 학자금의 대여액 ⑨ 중소기업에 근무하는 직원(지배주주등인 직원은 제외한다)에 대한 주택구입 또는 전세자금의 대여액
인정이자의 계산	$$가지급금인정이자 = 가지급금등의 적수 \times \frac{1}{365(366)} \times 적정이자율 - 실제이자수령액$$ * 가지급금의 적수: 가지급금적수는 가지급금의 매일의 잔액을 합한 금액을 말한다. 이 때 가지급금적수계산은 가지급금 잔액으로 남아 있는 매일매일의 금액의 누적합계액으로 계산하여야 하므로 가지급금이 발생한 초일은 산입하고 가지급금이 회수된 날은 제외해야 한다(초일산입, 말일불산입). 또한 동일인과 가지급금 및 가수금이 같이 있는 경우에는 원칙적으로 상계하고 상계하지 않는다는 약정이 있는 경우에는 그에 따른다.
인정이자율 (시가)	가지급금인정이자 계산 시 적용할 이자율은 가중평균차입이자율을 시가로 한다. $$가중평균차입이자율 = \frac{\Sigma (자금대여시점의 개별차입금잔액^* \times 해당차입금이자율)}{자금대여시점의 차입금잔액의 총액}$$ * 특수관계인으로부터의 차입금은 제외

다음의 경우에는 구분에 따라 당좌대출이자율(4.6%)을 시가로 한다.
① 가중평균차입이자율의 적용이 불가능한 다음 중 어느 하나에 해당하는 사유가 있는 경우
  ㉠ 특수관계인이 아닌 자로부터 차입한 금액이 없는 경우
  ㉡ 차입금 전액이 채권자가 불분명한 사채 또는 매입자가 불분명한 채권·증권의 발행으로 조달된 경우
  ㉢ 대여한 법인의 가중평균차입이자율 또는 대여금리가 해당 대여시점 현재 자금을 차입한 법인의 가중평균차입이자율 보다 높아 가중평균차입이자율이 없는 것으로 보는 경우
② 대여한 날(계약을 갱신한 경우에는 그 갱신일)부터 해당 사업연도 종료일까지의 기간이 5년을 초과하는 대여금이 있는 경우: 해당 대여금(또는 차입금)에 한정하여 당좌대출이자율을 시가로 한다.
③ 해당 법인이 과세표준신고를 할 때 당좌대출이자율을 시가로 선택하는 경우: 당좌대출 이자율을 시가로 하여 선택한 사업연도와 이후 2개 사업연도는 당좌대출이자율을 시가로 한다.

가지급금인정이자의 세무조정

가지급금인정이자에서 수령한 이자를 차감한 금액을 익금에 산입하고 사외유출(특수관계자) 처분한다.
다만, 사전약정에 의한 미수이자가 있는 경우 인정이자에서 차감하여 익금산입한다.

가지급금인정이자	회사계상액	세무조정
미수이자 계상 (사전약정 O)	입력	익금산입(상여 등) (차액이 발생한 경우 조정)
미수이자 계상 (사전약정 X)	입력하지 않음	익금불산입(유보발생) 익금산입(상여 등)

(3) 가지급금등의인정이자조정명세서

1.가지급금·가수금입력 ≫ 2. 차입금 입력 ≫ 3. 인정이자 계산(을지) ≫ 3. 인정이자 계산(갑지)

1) 가지급금·가수금 입력

항목	내용
F11연일수변경	인정이자 계산 시 적용될 일수를 선택한다.(윤년인 경우 366일)
이자율 선택	(1)당좌대출이자율로 계산 (2)가중평균차입이자율로 계산 (3)당해 사업연도만 당좌대출이자율로 계산 (4)당해 대여금만 당좌대출이자율로 계산
가지급금,가수금 선택	가지급금 또는 가수금을 구분하여 선택한다.
적요/ 연월일/ 차변/ 대변/ 잔액	1.가지급금: [적요]란에서 거래내용에 따라 (1. 전기이월, 2.대여, 3. 회수) 중 선택입력하고, [년월일]란에는 가지급금 발생일을 입력한다(1. 전기이월인 경우에는 당기의 초일로 자동 입력됨). [차변]란은 적요 (1. 전기이월, 2. 대여), [대변]란은 적요 (3.회수)를 선택하여 입력한다. 2.가수금: [적요]란에서 거래내용에 따라 (1. 전기이월, 2.가수, 3. 반제) 중 선택입력하고, [년월일]란에는 가수금 발생일을 입력한다. [차변]란은 적요 (3.반제), [대변]란은 적요 (1. 전기이월, 2. 가수)중 선택하여 입력한다.
일수/적수	월일 및 잔액란에 입력된 내용에 따라 일수 및 적수란에 금액이 자동 계산된다.

2) 차입금 입력

가중평균이자율을 계산하기 위한 메뉴이므로 당좌대출이자율을 선택한 경우에는 입력할 필요가 없다.

항목	내용
거래처명	차입금의 거래처명을 입력한다.
적요/연월일	[적요]란에서 차입금 거래 내용에 따라 (1. 전기이월, 2.차입, 3. 상환) 중 선택 입력하고, [연월일]란에는 차입금의 차입일자 또는 상환일자를 입력한다(1. 전기이월인 경우에는 당기의 초일로 자동 입력됨). [차변]은 적요 (3. 상환), [대변]란은 적요 (1. 전기이월, 2.차입) 중 선택입력한다.
이자율 %	주어진 차입금의 이자율을 입력한다.
이자	이자대상금액과 이자율을 곱한 금액이 자동으로 계산된다.

3) 인정이자계산 (을)지

[1.가지급금·가수금입력] 내용이 자동으로 반영된다.

항목	내용
인정이자계산 (을)지	① 이자율 선택에 따라 [2]가중평균차입이자율로 계산, [1]당좌대출이자율로 계산 화면이 다르게 나타난다. ② 인정이자는 [1.가지급금 ·가수금입력]과 [2.차입금입력]에 있는 데이터로 자동계산된다.

4) 인정이자계산(갑)지

항목	내용
인정이자계산 (갑)지	이자율 선택에 따라 [2]가중평균차입이자율 계산, [1]당좌대출이자율로 계산 화면이 다르게 나타나며, 각 인명별 가지급금 인정이자가 계산된다. ① 회사계상액: 법인이 장부에 계상한 인정이자 입력 ② 차액/비율: 인정이자에 회사계상액을 차감한 금액이 자동계산되며, 인정이자에서 차액이 차지하는 비율이 기록된다. ③ 조정액: 인정이자와 수령한 이자와의 차액이 3억원 이상 또는 5% 이상인 경우에만 표시된다. | 세무조정 || |---|---| | 19. 조정액 | 익금산입(상여등) |

✓ 주요 체크사항: 가지급금등의인정이자조정명세서

구분	내용
가지급금인정이자 조정명세서	• 업무무관 가지급금에 대한 이자수익을 강제적으로 인식하기 위한 조정명세서
이자율	• 이자율 설정 중요: 가중평균차입이자율 또는 당좌대출이자율(4.6%) 중 신고 필수 • 가중평균차입이자율 계산 시 특수관계인, 채권자불분명 차입금 제외
세무조정 순서	1. 채권자 불분명 사채이자: 손금불산입(상여) 　• 원천징수 시 기타사외유출로 소득처분 2. 수령자 불분명 이자: 손금불산입(상여) 　• 원천징수 시 기타사외유출로 소득처분 3. 건설자금이자: 손금불산입(유보) 　• 금융비용 자본화 대상이므로 자산으로 세무조정 4. 업무무관자산의 취득: 손금불산입(기타사외유출)
가지급금 인정이자	• 가지급금: 업무와 관련 없는 자금의 대여액 • 인정이자: 이자수익을 강제적으로 익금으로 인식 • 적용기준: 시가의 5% 이상 또는 3억 이상 시 인정이자 적용 • 대표이사/임원 등에 저리로 대여 시 인정이자로 처리: 익금산입(상여)
가지급금 제외항목	• 미지급소득에 대한 원천납부세액 대납 • 월정액 범위 내 가불금 • 경조사비 대여액 • 학자금 대여액 • 중소기업의 근로자 주택구입/전세자금 대여금(임원/지배주주 제외)
인정이자율 선택	• 가중평균차입이자율 vs 당좌대출이자율(4.6%) 중 선택 • 무신고 시 가중평균차입이자율 적용 • 한번 선택한 기준은 3년 이상 적용 • 가중평균차입이자율 선택 시 차입금 명세 입력 필수 • 당좌대출이자율 선택 시 차입금 명세 입력 불필요
이자의 귀속시기	<table><tr><th>구분</th><th>귀속시기</th><th>회계처리</th><th>세무조정</th></tr><tr><td>미수이자 (이자수익)</td><td>현금주의</td><td>미수수익 xxx/ 이자수익 xxx</td><td>• 익금불산입(△유보) • 직접세무조정 필요</td></tr><tr><td>미지급이자 (이자비용)</td><td>발생주의</td><td>이자비용 xxx/ 미지급비용 xxx</td><td>• 전액 손금인정 • 세무조정 불필요</td></tr><tr><td>업무무관 대여금 (이자약정 없는 경우)</td><td>-</td><td>-</td><td>• 회사계상 이자수익 전액 익금불산입 • 법인세법상 계산된 인정이자 익금산입</td></tr></table>

세무조정 (인정이자)	• 익금산입 소득처분: – 주주이면서 임원: 상여 – 특수관계인: 기타사외유출 – 개인주주: 배당
명세서 작성요령	• 가지급금·가수금 먼저 입력 • 이자율 선택 및 관련 정보 입력 • 갑지 작성(을지는 자동계산)

실습예제 따라하기

01 다음 자료를 이용하여 (주)오공삼(0503)의 [가지급금등의인정이자조정명세서]를 작성하고, 관련된 세무조정을 [소득금액조정합계표]에 반영하시오.

1. 차입금과 지급이자 내역

연 이자율	차입금	지급이자	거래처	차입기간
2.9%	40,000,000원	1,160,000원	새마을은행	2024.07.06.~2026.07.05.
2.1%	25,000,000원	525,000원	시민은행	2025.03.01.~2026.02.28.
2.3%	10,000,000원	230,000원	㈜동호물산	2024.11.04.~2026.11.03.

※ ㈜동호물산은 당사와 특수관계에 있는 회사이다.

2. 가지급금 내역

직책	성명	가지급금	발생일자	수령이자
대표이사	유현진	85,000,000원	2025.03.02.	630,000원
사내이사	김강현	17,000,000원	2025.05.17.	265,000원

※ 수령한 이자는 장부에 이자수익으로 계상되어 있다.

3. 제시된 자료 외의 차입금과 가지급금은 없다고 가정하고, 가중평균차입이자율을 적용하기로 한다.

실기 따라하기 01

[1] [가지급금등의인정이자조정명세서]

1) [가지급금·가수금입력]
   • 대표이사 유현진과 사내이사 김강현의 적요, 연월일을 각각 입력

2) [차입금입력]
   • F2코드도움을 이용하여 새마을은행과 시민은행 장부 데이터를 반영하고 이자율을 각각 입력
   • 특수관계인과의 거래는 제외

3) [인정이자계산:(갑)지]
- 회사계상액 수령이자 630,000원, 265,000원 각각 입력
- 현저한 이익의 분여(시가와 대가의 차액이 시가의 5% 이상이거나 3억원 이상인 경우)가 아닌 경우 조정대상 아님

[2] F3 조정등록

익금산입 및 손금불산입			손금산입 및 익금불산입		
과 목	금 액	소득처분	과 목	금 액	소득처분
인정이자	1,211,243	상여			

실습예제 따라하기

02 다음의 자료를 이용하여 ㈜칠공삼(0703)[가지급금등의인정이자조정명세서]를 작성하고 필요한 세무조정을 하시오.

1. 가지급금 내역은 다음과 같다.

일자	직책	금액	내용
1월 1일	대표이사(이한강)	15,000,000원	전기 이월
3월 14일	대표이사(이한강)	10,000,000원	대여
9월 20일	대표이사(이한강)	7,000,000원	회수
11월 5일	대표이사(이한강)	5,000,000원	대여

- 제시된 자료 외의 가지급금 및 가수금은 없으며, 가지급금 관련하여 약정된 이율이나 수령한 이자는 없다고 가정한다.

2. 차입금 내역은 다음과 같다.

상호	차입금	이자율	이자비용	차입기간
모두은행	30,000,000원	연 3.5%	1,050,000원	2024. 7. 1.~2026. 6. 30.
㈜오케이	50,000,000원	연 2.7%	1,350,000원	2025. 3. 1.~2026. 2. 28.
우리저축은행	27,000,000원	연 4.5%	1,215,000원	2025. 11. 1.~2026. 10. 31.

- ㈜오케이는 당사와 특수관계에 있는 회사이다.
- 가중평균차입이자율을 적용하기로 한다.

실기 따라하기 02

[1] [가지급금등의인정이자조정명세서]
1) [가지급금·가수금입력]
   • 대표이사 이한강 [회계데이터불러오기]

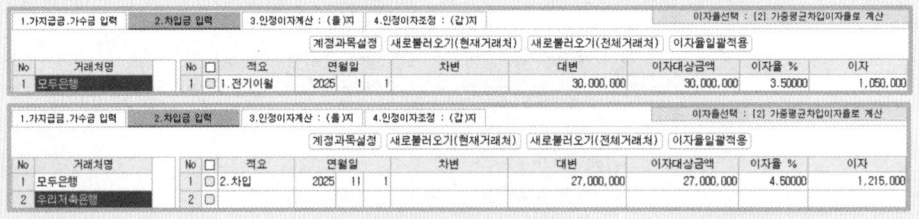

2) [차입금입력]
   • 특수관계인과의 거래는 제외

3) [인정이자계산:(갑)지]

[2] F3 조정등록

조정 등록						
익금산입 및 손금불산입			손금산입 및 익금불산입			
과 목	금 액	소득처분	과 목	금 액	소득처분
인정이자	767,847	상여			

실습예제 따라하기

03 다음의 자료를 이용하여 ㈜육공삼(0603)의 [가지급금등의 인정이자조정명세서]를 작성하고, 필요한 세무조정을 [소득금액조정합계표]에 반영하시오.

1) 손익계산서상 지급이자의 내역

금융기관	연이자율	지 급 이 자	비 고
목성은행	3.5%	7,000,000원	차입금 발생일: 2025. 3. 1.
수성은행	4.5%	22,500,000원	차입금 발생일: 2024. 5. 3.
합계		29,500,000원	

2) 대주주인 대표이사(백두산)에 대한 업무와 직접 관련 없는 대여금을 2월 5일과 5월 1일에 각각 100,000,000원을 지급하였으며 이자지급에 대한 약정이 없다.
3) 당사는 12월 31일 대주주인 대표이사의 대여금에 대한 이자수익을 다음과 같이 회계처리하여 결산하였다.
   (차) 미수수익   3,000,000원   (대) 이자수익   3,000,000원
4) 당사는 인정이자 계산 시 가중평균차입이자율을 적용하기로 한다.

실기 따라하기 03

[1] [가지급금등의인정이자조정명세서]
  1) [가지급금·가수금입력]

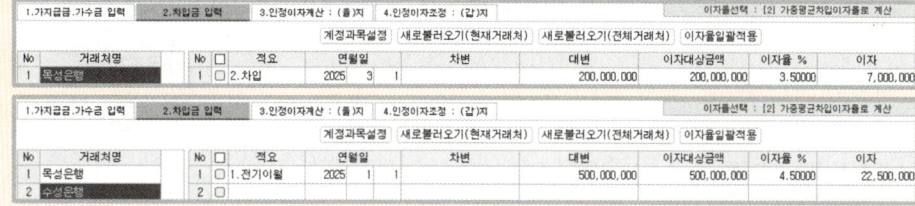

  2) [차입금입력]

  3) [인정이자계산: (갑)지]

[2] F3 조정등록
  - 가지급금에 대한 이자수익을 미수수익으로 회계처리한 것은 가공자산에 해당
  - 업무무관 대여금에 대한 이자지급 약정이 없는 경우 회사가 계상인 이자수익은 전액 익금불산입
  - 미수수익 3,000,000원 제거하는 세무조정 직접 등록

조정 등록						
익금산입 및 손금불산입			손금산입 및 익금불산입			
과 목	금 액	소득처분	과 목	금 액	소득처분
인정이자	6,897,256	상여	미수수익	3,000,000	유보발생

09 건설자금이자조정명세서

(1) 건설자금이자

- 건설자금이자는 사업용 유형자산 및 무형자산의 매입·제작·건설에 소요되는 차입금에 대한 건설기간 중의 지급이자 또는 이와 유사한 성질의 지출금
- 법인세법에서는 특정차입금의 경우 자산의 취득원가에 가산하도록 규정
- 발생기간의 비용으로 계상한 경우에는 이를 손금불산입

구분	내용	
차입금의 범위	특정차입금이자	취득원가 가산
	일반차입금이자	취득원가 가산 또는 당기 손금산입 중 선택
건설자금이자 대상자산	• 법인세법에서는 건설자금이자 규정을 사업용 유형자산 및 무형자산의 매입·제작·건설에 한하여 적용 • 재고자산·투자자산 등에 사용된 차입금의 이자는 취득원가에 산입하지 않는다.	

건설자금이자의 계산	토지를 매입하는 경우	그 대금을 청산한 날. 다만, 그 대금을 청산하기 전에 당해 토지를 사업에 사용하는 경우에는 그 사업에 사용 되기 시작한 날
	건축물의 경우	취득일과 사용개시일 중 빠른날
	그 밖의 사업용 유형·무형자산	사용개시일
특정차입금이자의 세무상 처리방법	• 특정차입금에 대한 지급이자 등은 건설 등이 준공된 날까지 이를 자본적 지출로 하여 취득원가에 가산 • 다만, 특정차입금의 일시예금에서 생기는 수입이자는 자본적 지출금액에서 차감 • 특정차입금의 일부를 운영자금으로 전용한 경우에는 그 부분에 상당하는 지급이자는 손금 • 특정차입금 중 해당 건설 등이 준공된 후에 남은 차입금에 대한 이자는 각 사업연도 손금	

구분		세무조정	
		당기	차기이후
비상각자산		손금불산입 (유보발생)	처분 시: 손금산입 (유보감소)
상각자산	건설중	손금불산입 (유보발생)	건설완료 후 상각부인액으로 의제
	건설완료	즉시상각의제 (감가상각비로 보아 시부인계산)	

(표 좌측 병합 라벨: 특정차입금이자를 비용계상한 경우 세무조정)

(2) 건설자금이자조정명세서

2.특정차입금 건설자금 이자계산 명세 》 1. 건설자금이자계산조정 》 업무무관부동산등의 차이금이자조정명세서(조정등록)

* 실무에서는 건설자금이자 손금불산입액을 [업무무관부동산등의 차입금이자조정명세서]에서 세무조정사항을 입력하나 시험에서 단독으로 출제되는 문제의 경우 [건설자금이자조정명세서]에서 F3조정등록으로 세무조정사항을 입력하도록 한다.

항목	내용

특정차입금 건설자금 이자명세	① 건설자산명: 사업용 유형자산 및 무형자산명을 토지, 건물, 기계장치 등의 순서로 입력한다.
	② 대출기관명·차입일: 건설자금 차입금 대출기관과 차입일자를 입력한다.
	③ 차입금액: 건설자금에 충당하기 위하여 차입한 자금의 총액을 기입한다. 다만, 그 차입금의 일부를 운영자금에 사용한 경우에는 동 금액을 차감한 금액 입력한다.
	④ 이자율: 차입금의 이자율을 입력한다.
	⑤ 지급이자: 당해 차입금의 지급이자 또는 이와 유사한 성질의 지출금의 합계액을 기입한다. 다만, 동 차입금의 일시예금에서 생기는 수입이자를 차감하여 입력한다.
	⑥ 준공일(또는 준공예정일)
	  ㉠ 토지를 매입하는 경우: 대금청산일과 사용일 중 빠른 날
	  ㉡ 건축물의 경우: 취득일 또는 사용개시일 중 빠른 날
	  ㉢ 기타사업용 유형·무형자산의 경우: 사용개시일
	⑦ 대상일수(공사일수): 건설등의 개시일부터 준공일까지의 일수 중 건설자금이자에 계산 대상 일수를 입력한다.
	⑧ 대상금액(건설이자): 당기 중에 건설완료된 자산은 그 준공일까지, 건설이 진행중인 자산은 당해 사업연도 종료일까지 발생한 지급이자를 각각 입력한다.

건설자금이자명세	① 건설자금이자: "⑬대상금액"란의 합계를 건설완료자산분과 건설중인자산분으로 나누어하여 입력한다.
	② 회사계상액: 회사가 장부상 "건설중인자산" 등으로 계상한 지급이자 금액을 입력한다.
	③ 상각대상자산분: 건설완료자산분은 즉시상각의제로 회사계상상각비에 가산한다. 회사의 상각방법에 따라 정률법인 경우에는 감가상각비조정명세서의 "⑨자본적지출액"란에 해당금액을 입력하고 정액법인 경우에는 감가상각비조정명세서의 "⑫당기 자본적지출액"란에 입력한다.
	④ 차감조정액
	  ㉠ 건설완료자산분은 당기에 매입완료한 비상각자산(토지 등)에 대한 건설자금이자의 세법상 금액과의 차이를 말한다.
	  ㉡ 건설중인자산분은 당기에 건설이 진행중인 자산에 대한 건설자금이자의 세법상 금액과의 차이를 말한다.
	  ㉢ 차감조정액란의 금액의 합계액이 양수(+)이면 건설자금이자 과소계상분으로 손금불산입 유보발생으로 처리하고, 음수(-)이면 건설자금이자 과대계상분으로 손금산입 유보발생으로 처리한다.

세무조정	세무조정		
세무조정	④ 차감조정액	양수(+)	손금불산입(유보발생)
		음수(-)	손금산입(유보발생)
	③ 상각대상자산분		즉시상각의제

✓주요 체크사항: 건설자금이자조정명세서

구분	내용
건설자금이자	• 본화대상 금융비용: 자산의 취득원가에 가산 • 법인세법상 손금처리 불인정(손금불산입)

자산 상태별 처리	• **완성된 자산**: 즉시상각의제 적용
	  – 취득 즉시 감가상각(비용처리)한 것으로 간주
	  – 비용처리한 금액은 손금으로 인정, 감가상각비 시부인계산
	• **건설중인 자산**: 손금불산입(유보) 처리

세무조정 순서	1. 채권자 불분명 사채이자: 손금불산입(상여)
	  • 원천징수 시 기타사외유출로 소득처분
	2. 수령자 불분명 이자: 손금불산입(상여)
	  • 원천징수 시 기타사외유출로 소득처분

	3. 건설자금이자: 손금불산입(유보)
	• 금융비용 자본화 대상이므로 자산으로 세무조정
	4. 업무무관자산의 취득: 손금불산입(기타사외유출)
건설자금이자 계산	• 건설자금이자(대상금액)는 직접계산 필요 • 시험은 주로 특정차입금에서만 출제
계산 순서	1. 이자비용 2. 일시이자수익 3. 지급이자 = 이자비용 - 일시이자수익 4. 건설자금이자액 ※ 일할계산 필요(당해 공사일수와 차입일수)

실습예제 따라하기

01 다음 자료는 당기에 도원2공장 신축을 위하여 신축자금을 교동은행에서 차입하였다. ㈜오공칠(회사코드: 0507)의 [건설자금이자조정명세서]를 작성하고 관련 세무조정을 하시오. (원단위 미만은 절사함)

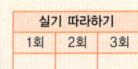

1. 도원2공장 신축공사관련 차입내역

차입기관	차입기간	연이자율	차입금액(원)	비 고
교동은행	25.7.1-26.10.31	3.5%	1,000,000,000	공장신축을 위한 특정차입금임

* 당해 공사일수는 153일이며, 차입일수는 184일에 해당함(1년은 365일로 계산할 것)
* 차입금액 중 100,000,000원을 차입일부터 일시투자하여 연 5%의 투자수익이 발생함.

2. 공사관련 내용
   • 도원2공장 신축관련공사로 공사기간은 2025.8.1.-2026.9.30.이며, 준공예정일은 2026.9.30.이다.
   • 신축공사관련 차입금에 대한 이자비용으로 17,643,835원, 일시이자수익은 2,520,547원을 손익계산서에 계상함.

실기 따라하기 01

[1] [건설자금이자조정명세서]
   • 2.특정차입금 건설자금이자계산명세]에서 건설자산명을 입력
   • F2를 이용하여 대출기관명 및 차입일, 차입금액, 이자율, *총지급이자, 준공일, 대상일수, **대상금액을 입력
      * 지급이자 계산:
         이자비용 17,643,835 - 일시이자수익 2,520,547 = 15,123,288원
         만일 이자비용과 일시이자수익 직접 계산 시:
            이자비용 = 1,000,000,000 × 3.5% × 184/365 = 17,643,835원
            일시이자수익 = 1,000,000,000 × 5%(일시투자수익율) × 184/365 = 2,520,547원
      ** 건설이자계산:
         15,123,288(지급이자) × 153/184(대상일수/차입일수) = 12,575,342원
   • [1.건설자금이자계산조정] 완공 전이므로 건설중인자산분 "①건설자금이자"란에 12,575,342원을 입력

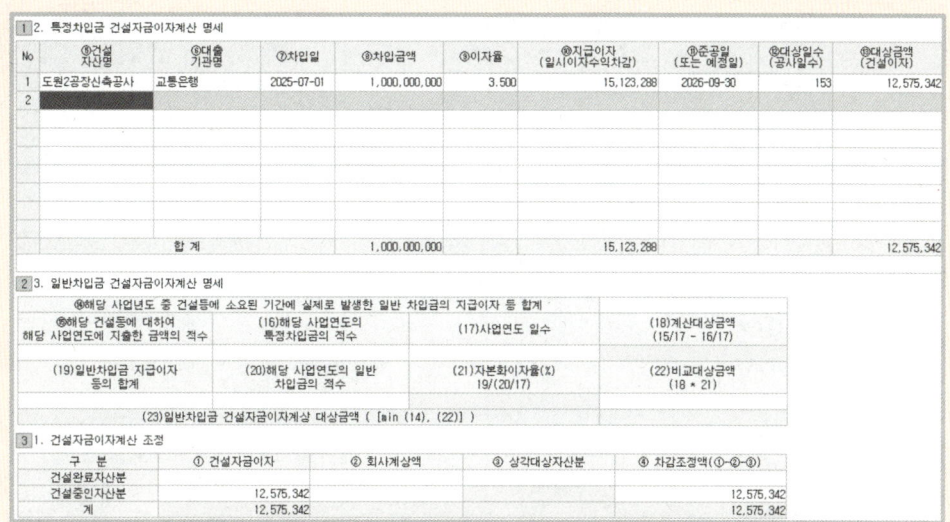

[2] F3 조정등록

익금산입 및 손금불산입			손금산입 및 익금불산입		
과 목	금 액	소득처분	과 목	금 액	소득처분
건설자금이자	12,575,342	유보발생			

실습예제 따라하기

02 ㈜오공이(0502)는 당기에 파주 공장신축을 위하여 아래와 같은 조건으로 봉은행에서 시설자금을 차입하였다. 기입력된 자료를 활용하여, [건설자금이자조정명세서]를 작성하고 관련한 세무조정을 하시오.(단, 당기 세무상 건설자금이자계산시 원단위 미만은 절사한다)

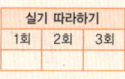

- 설자금 차입총액: 1,500,000,000원(단, 이중 1,200,000,000원만이 공장신축을 위해 사용됨)
- 차입기간: 2025. 04. 01.~2026. 03. 31.
- 공사기간: 2025. 06. 01.~2026. 12. 31.(당기 공사기간일수: 214일)
- 이 자 율: 연 5%
- 당기 결산시에 장부상 이자비용을 60,000,000원을 계상하였다.
- 당기의 공사기간 중 이 자금의 일시예치로 인하여 이자 1,500,000원을 수령하였고 이를 당기의 손익계산서에 이자수익으로 계상하였다.

실기 따라하기 02

[1] [건설자금이자조정명세서]
- [2.특정차입금 건설자금이자계산명세]에서 건설자산명을 입력
- 차입금 중 공장신축 사용분 12억 입력
- 지급이자 계산:
  이자비용 60,000,000 − 일시이자수익 1,500,000 = 58,500,000원
- 건설이자계산:
  1,200,000,000 × 5% × 214/365 = 35,178,082
  35,178,082 − 이자수익 1,500,000 = 33,678,082
- [1.건설자금이자계산조정] 완공 전이므로 건설중인자산분 "①건설자금이자"란에 33,678,082원을 입력

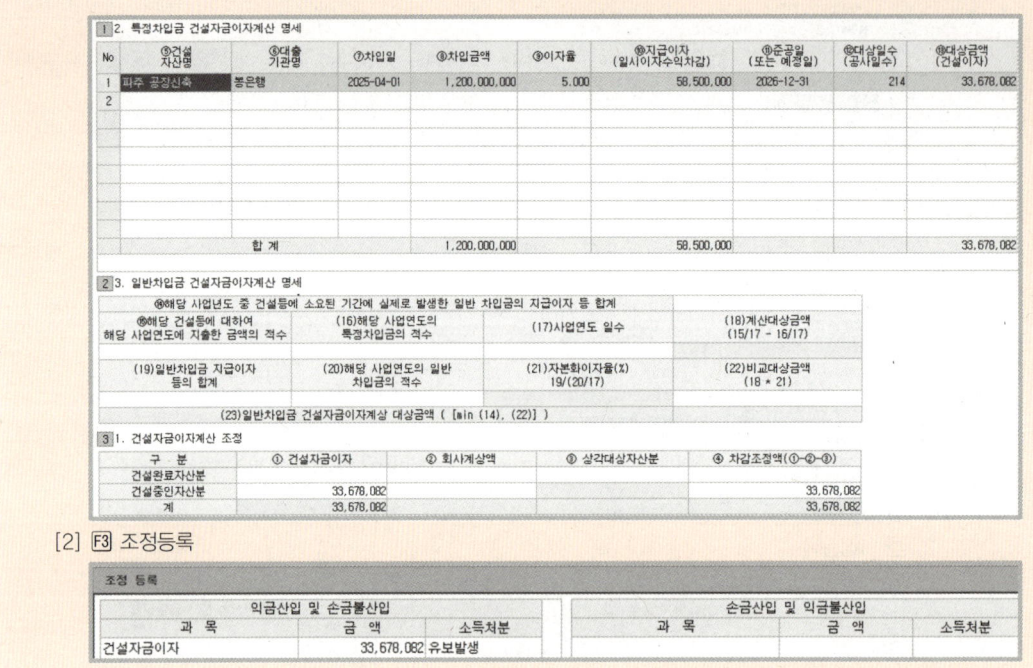

10 업무무관부동산등에관련한차입금이자조정명세서

구분	내용
지급이자 손금불산입	• 법인세법상 차입금 지급이자는 원칙적으로 손금인정 • 사채시장 양성화, 금융소득종합과세 실효성 제고, 재무구조 개선 유도 등을 위해 지급이자손금불산입 제도 운영
손금불산입 적용순서	① 채권자불분명 사채이자 　• 손금불산입액: 해당 지급이자 전액 　• 소득처분: 대표자상여(원천징수세액은 기타사외유출) ② 수령자불분명 사채이자 　• 손금불산입액: 해당 지급이자 전액 　• 소득처분: 대표자상여(원천징수세액은 기타사외유출) ③ 건설자금이자 　• 손금불산입액: 특정차입금의 해당 지급이자 　• 소득처분: 유보 ④ 업무무관자산 등 관련이자 　• 손금불산입액: 지급이자×일정비율 　• 소득처분: 기타사외유출
채권자불분명 사채이자	• 사채(私債): 금융기관 아닌 개인/법인으로부터 자금 차입 • 사채권자 불분명 처리 시 사채권자 소득에 과세 불가능 • 손금불산입 및 원천징수세액은 기타사외유출, 잔액은 대표자상여 처분

수령자불분명 사채이자	• 채권·증권 발행법인이 직접 지급하는 이자·할인액·차익의 지급사실 증명 안 되는 경우 • 손금불산입하고 대표자 상여 처분(원천징수세액은 기타사외유출)
건설자금이자	• 사업용 유형/무형자산 매입·제작·건설 소요 차입금의 건설기간 중 지급이자 • 자산 취득원가에 가산 규정 • 발생기간 비용계상 시 손금불산입 처리

업무무관자산 등 관련이자	업무무관자산의 범위:
	• 부동산:
	  – 법인 업무에 직접 사용하지 않는 부동산
	  – 유예기간 중 업무 미사용 후 양도하는 부동산
	• 동산:
	  – 서화 및 골동품
	  – 업무무관 자동차·항공기·선박
	  – 그 밖의 업무무관동산
	업무무관 가지급금:
	• 특수관계인에 대한 업무무관 가지급금
	손금불산입액 계산:
	
	$$\text{손금불산입액} = \text{지급이자} \times \frac{\text{업무무관자산가액적수} + \text{가지급금적수}}{\text{차입금적수}}$$
	
	• 분자합계액은 분모의 차입금적수 한도
	• 지급이자: 선순위 손금불산입된 지급이자 제외
	• 차입금적수: 선순위 손금불산입된 차입금적수 제외

(2) 업무무관부동산등에관련한차입금이자조정명세서

을지
1. 업무무관 부동산의 적수 – 직접입력
2. 업무무관 동산의 적수 – 직접입력
3. 가지급금등의 적수,
   가지급금인정이자 데이터반영 또는 직접입력
4. 가수금등의 적수
5. 그밖의 적수
6. 자기자본 적수계산 – 표준재무상태표 금액 반영

≫

갑지
2. 지급이자 및 차입금 적수계산
   건설자금이자조정명세서 차감조정액 입력

1. 업무무관 부동산 등에 관련한 차입금이자

* 건설자금이자와 가지급금이 있는 경위[건설자금이자조정명세서] 및 [가지급금등의 인정이자조정명세서]의 작성이 선행되어야 하며 해당 데이터가 [업무무관부동산등의 차입금이자조정명세서]에 반영된다.

항목	내용
적수입력(을)	① 업무무관부동산·동산의 적수: 업무무관부동산·동산의 취득일자 또는 매각일자를 입력하고 전기이전 취득자산인 경우 사업연도 초일을 입력한다. 이월된 부동산의 경우 반드시 적요 구분을 1.전기이월로 선택해야 하며 2.취득과 3.매각, 금액을 선택 입력하면 적수는 자동 계산된다. 오른쪽 상단의 [불러오기]를 이용하여 업무무관자산 계정과목을 설정하여 결산서상 장부금액을 반영할 수 있다. ② 가지급금·가수금 등의 적수: 오른쪽의 [불러오기]를 이용하여 [가지급금등 인정이자조정명세서(을)] 데이터를 자동반영할 수 있으며 직접입력이 가능하다. ③ 그밖의 적수: 그밖의 업무무관부동산에 관련된 적수를 입력한다. ④ 자기자본 적수개산: 불러오기를 이용하여 표준재무상태표의 금액을 자동으로 반영할 수 있다.
지급이자 손금불산입(갑)	① 지급이자 및 차입금 적수계산은 직접입력 하고 (을)표에서 입력된 적수는 자동 반영된다. ② 차권자불분명사채이자: 채권자불분명사채이자인 손금불산입한 지급이자 및 차입금적수를 (12)란의 상단에 각각 입력하고, 하단에는 수령자불분명사채이자로서 손금불산입한 지급이자 및 차입금적수를 입력한다. ③ 건설자금이자: 건설자금이자 중 손금불산입한 지급이자 및 차입금을 (15)의 상단에 각각 입력하고, 하단에는 손금불산입한 지급이자 및 차입금적수를 입력한다. ④ "⑧란"에서 업무무관자산 등의 손금불산입지급이자가 자동으로 계산된다.
세무조정	세무조정

	항목		내용
세무조정	(13)지급이자	채권자 불분명	채권자 불분명 사채이자 손금불산입(대표자 상여)
		수령자 불분명	수령자 불분명 사채이자 손금불산입(대표자 상여)
		원천징수세액상당액	원천징수 상당액 손금불산입(기타사외유출)
	(16)지급이자		건설자금이자 손금불산입(유보발생)
	⑧ 손금불산입 지급이자		업무무관 지급이자 손금불산입(기타사외유출)

✓ 주요 체크사항: 업무무관부동산등에관련한차입금이자조정명세서

구분	내용
지급이자 손금불산입 적용순서	• 1순위: 채권자불분명사채이자 　- 소득처분: 대표이사 상여(원천징수분은 기타사외유출) • 2순위: 수령자불분명 채권, 증권의 이자 　- 소득처분: 대표이사 상여(원천징수분은 기타사외유출) • 3순위: 건설자금이자 　- 소득처분: 유보 (자본화 대상 금융비용) • 4순위: 업무무관자산 등에 대한 지급이자 　- 소득처분: 기타사외유출 ※ 순위가 겹치는 경우, 이자율이 큰 것부터 입력

관련 명세서 연관성	• 가지급금과 업무무관자산 조정명세서는 서로 연관 • 두 개 서식이 동시 출제 시, 가지급금 내역 불러오기 가능		

특수관계인,
권자불분명
차입금 처리
	• 가지급금인정이자조정명세서(이자수익):
	  – 가중평균차입이자율 계산 시 제외
	• 업무무관지급이자조정명세서(이자비용):
	  – 특수관계인, 채권자불분명 차입금의 이자비용 반영		

법인세법상 지급이자 포함 여부	**구분**	**항목**	
	지급이자 포함 (O)	• 금융어음의 할인료 • 금융리스료 이자상당액 • 미지급이자 • 사채이자 • 사채할인발행차금 상각액	
	지급이자 미포함 (X)	• 상업어음할인료(매각거래만 해당) • 운용리스료 이자상당액 • 현재가치할인발행차금 상각액 • 연지급 수입이자 • 기업구매자금대출제도의 이자	

실습예제 따라하기

01 다음 자료에 의하여 ㈜오공팔(회사코드: 0508)의 [업무무관 부동산 등에 관한 차입금 이자 조정 명세서]를 작성하고 관련된 세무조정을 소득금액조정합계표 및 명세서에 반영하시오.

1. 차입금내역

차입금	차입기간	차입금 출처	2024년 지급이자	이자율(연)
100,000,000원	2025.4.1.~2026.3.31	채권자 불분명 사채이자	8,250,000원	11%
200,000,000원	2024.5.1.~2027.4.30	금융기관 일반 차입금	12,000,000원	6%
150,000,000원	2025.7.1.~2026.6.30	미완공 건물 신축에 사용	7,500,000원	5%

* 이자에 대한 원천징수는 고려하지 않기로 함

2. 대여금 현황

대표이사(문덕환)는 자택 인테리어를 위해 2025.5.1. 80,000,000원을 회사로부터 무이자로 차입하였다.

3. 자산취득 및 보유 현황

회사는 투자목적의 건물과 토지를 각각 150,000,000원, 200,000,000원에 2024..6.1.에 취득하여 지금까지 보유하고 있다.

실기 따라하기 01

[1] [업무무관부동산등에관한차입금이자조정명세서]

1) [1.적수입력(을)]

[1.업무무관부동산]
- 건물과 토지 입력 시 개별입력 또는 합계금액 입력

No	①월일	②적요	③차변	④대변	⑤잔액	⑥일수	⑦적수
1	1 1	전기이월	350,000,000		350,000,000	365	127,750,000,000

[3.가지급금]

No	①월일	②적요	③차변	④대변	⑤잔액	⑥일수	⑦적수
1	5 1	지 급	80,000,000		80,000,000	245	19,600,000,000

2) [지급이자손금불산입(갑)]
- 이자율 11%에 해당하는 "(12)채권자불분명 사채이자"를 입력
- 이자율 5%에 해당하는 미완공건물신축에 사용한 차입금의 이자를 "(15)건설자금이자란"에 입력

1. 업무무관부동산 등에 관련한 차입금 지급이자

①지급이자	②업무무관부동산	③업무무관동산	④가지급금 등	⑤계(②+③+④)	⑥차입금(=19)	⑦ ⑤와 ⑥중 적은 금액	⑧손금불산입 지급이자 (①×⑦÷⑥)
12,000,000	127,750,000,000		19,600,000,000	147,350,000,000	73,000,000,000	73,000,000,000	12,000,000

2. 지급이자 및 차입금 적수 계산 [연이율 일수 현재: 365일]

No	(9)이자율(%)	(10)지급이자	(11)차입금적수	(12)채권자불분명 사채이자 수령자불분명 사채이자		(15)건설 자금 이자 국조법 14조에 따른 이자		차 감	
				(13)지급이자	(14)차입금적수	(16)지급이자	(17)차입금적수	(18)지급이자 (10-13-16)	(19)차입금적수 (11-14-17)
1	11.00000	8,250,000	27,375,000,000	8,250,000	27,375,000,000				
2	6.00000	12,000,000	73,000,000,000					12,000,000	73,000,000,000
3	5.00000	7,500,000	54,750,000,000			7,500,000	54,750,000,000		

[2] F3조정등록

익금산입 및 손금불산입			손금산입 및 익금불산입		
과 목	금 액	소득처분	과 목	금 액	소득처분
채권자불분명사채이자	8,250,000	상여			
건설자금이자	7,500,000	유보발생			
업무무관자산관련지급이자	12,000,000	기타사외유출			

실습예제 따라하기

02 ㈜육공육(0606)의 다음 자료에 의하여 [업무무관부동산 등에 관련한 차입금이자조정명세서(갑,을)]를 작성하고 관련된 세무조정을 하시오.(단, 주어진 자료 이외의 자료는 무시한다.)

1. 차입에 대한 이자지급 내역(손익계산서에 모두 반영되어 있음)

이자율	지급이자	차입금	비고
연 12%	2,400,000원	20,000,000원	전액 채권자 불분명의 사채이자(원천징수세액: 660,000원)
연 4%	3,600,000원	90,000,000원	일반 차입금이자
연 6%	2,100,000원	35,000,000원	전액 미완공 건물신축에 사용
연 6%	1,500,000원	25,000,000원	기업운영자금 대출이자

2. 당기 말 현재 대여금 잔액 및 내역

구분	성명	내 용	잔 액	대여일
대표이사	안대표	업무와 직접 관련 없는 대여금	42,000,000원	1월 1일
직원	고대리	본인 학자금 대여액	20,000,000원	7월 1일

3. 기타
- 위 내역 외 가지급금, 가수금은 없다.
- 자기자본 적수 계산은 무시하고 [가지급금 인정이자조정명세서] 작성은 생략한다.
- 연일수는 365일이다.

실기 따라하기 02

[1] [업무무관부동산등에관한차입금이자조정명세서]
  1) [1.적수입력(을)]
     [3.가지급금]
     - 직원 본인의 학자금 대여액은 업무무관가지급금 대상이 아님

No	①월일	②적요	③차변	④대변	⑤잔액	⑥일수	⑦적수
1	1 1	지 급	42,000,000		42,000,000	365	15,330,000,000

  2) [지급이자손금불산입(갑)]

[2.1.업무무관부동산 등에 관련한 차입금 지급이자]

①지급이자	②업무무관 부동산	③업무무관 동산	④가지급금 등	⑤계(②+③+④)	⑥차입금(=19)	⑦⑤와⑥중 적은 금액	⑧손금불산입 지급이자 (①×⑦÷⑥)
5,100,000			15,330,000,000	15,330,000,000	41,975,000,000	15,330,000,000	1,862,60

[1. 2. 지급이자 및 차입금 적수 계산 [연이율 일수 현재: 365일]]

No	(9)이자율(%)	(10)지급이자	(11)차입금적수	(12)채권자불분명 사채이자 수령자불분명 사채이자		(15)건설 자금 이자 국조법 14조에 따른 이자		차 감	
				(13)지급이자	(14)차입금적수	(16)지급이자	(17)차입금적수	(18)지급이자 (10-13-16)	(19)차입금적수 (11-14-17)
1	12.00000	2,400,000	7,300,000,000	2,400,000	7,300,000,000				
2	4.00000	3,600,000	32,850,000,000					3,600,000	32,850,000,000
3	6.00000	2,100,000	12,775,000,000			2,100,000	12,775,000,000		
4	6.00000	1,500,000	9,125,000,000					1,500,000	9,125,000,000

[2] F3조정등록
- 채권자불분명사채이자 2,400,000원:
  - 채권자불분명사채이자(원천징수 제외) 1,740,000원 상여
  - 원천징수분 660,000원 기타사외유출

조정 등록

익금산입 및 손금불산입			손금산입 및 익금불산입		
과 목	금 액	소득처분	과 목	금 액	소득처분
채권자불분명사채이자	1,740,000	상여			
채권자불분명이자원천징수분	660,000	기타사외유출			
건설자금이자	2,100,000	유보발생			
업무무관자산관련지급이자	1,862,608	기타사외유출			

실습예제 따라하기

03 다음의 지급이자 관련 자료(2025년 12월 31일 현재)를 보고 ㈜칠공일(0701)의 [업무무관부동산등에관련한차입금이자조정명세서]의 1. 적수입력(을)과 2. 지급이자손금불산입(갑)을 작성하고 필요한 세무조정을 하시오.

1. 가지급금 명세

수령자	지급일	금액	비고
대표이사	2024년 5월 10일	50,000,000원	업무 무관 대여금
구매팀 팀장	2025년 8월 10일	4,500,000원	월정급여액의 범위에서의 일시적인 가불금

2. 그 외 자산 명세

구분	금액	비고
선박	500,000,000원	채권 변제받기 위하여 취득(2023년 10월 5일 취득)
토지	100,000,000원	투자목적(2025년 7월 1일 취득)

3. 대표이사에 대한 가수금 적수는 0원이다.
4. 손익계산서상 이자비용 명세

내용	연 이자율	금액
금융어음의 할인료	5%	2,500,000원
연지급수입이자	8%	8,000,000원
은행차입금이자	6%	3,000,000원

실기 따라하기 03

[1] [업무무관부동산등에관련한차입금이자조정명세서]
  1) [1.적수입력(을)]
    [1.업무무관부동산]
    - 저당권의 실행 기타 채권을 변제받기 위하여 취득한 선박으로서 3년이 경과되지 아니한 선박(취득시점 2023년 기준) 등 기획재정부령이 정하는 부득이한 사유가 있는 자동차·선박 및 항공기는 업무무관부동산에서 제외

No	①월일	②적요	③차변	④대변	⑤잔액	⑥일수	⑦적수
1	7 1	취 득	100,000,000		100,000,000	184	18,400,000,000

    [3.가지급금]
    - 직원 월정액급여액 범위 내에서의 일시적인 가불금은 업무무관가지급금이 아님

No	①월일	②적요	③차변	④대변	⑤잔액	⑥일수	⑦적수
1	1 1	전기이월	50,000,000		50,000,000	365	18,250,000,000

2) [지급이자손금불산입(갑)]
  • 연지급수입이자는 법인세법상 지급이자로 보지 않음

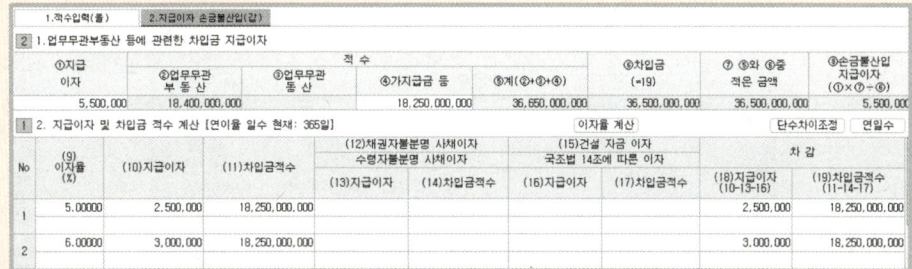

[2] F3조정등록

조정 등록					
익금산입 및 손금불산입			손금산입 및 익금불산입		
과 목	금 액	소득처분	과 목	금 액	소득처분
업무무관자산지급이자	5,500,000	기타사외유출			

실습예제 따라하기

04 다음의 자료에 의하여 ㈜칠공사(0704)의 [업무무관부동산등에 관련한 차입금이자조정명세서(갑)(을)]서식을 작성하고 관련 세무조정을 하시오.

1. 손익계산서상 지급이자 내역

차입기관	연이자율	지급이자	차입금적수
갑은행	8%	8,000,000원	36,600,000,000원
을은행	6%	9,000,000원	54,900,000,000원
병은행	4%	7,000,000원	64,050,000,000원
합계		24,000,000원	155,550,000,000원

※ 갑은행의 지급이자 중 2,000,000원은 토지의 건설자금이자에 해당함(자본화대상임)

2. 업무무관자산내역
   대표이사의 사용목적으로 별장을 전년도에 200,000,000원에 취득하였다.

실기 따라하기 04

[1] [업무무관부동산등에관한차입금이자조정명세서]
  1) [1.적수입력(을)]
    [1.업무무관부동산]

No	①월일	②적요	③차변	④대변	⑤잔액	⑥일수	⑦적수
1	1 1	전기이월	200,000,000		200,000,000	365	73,000,000,000

2) [지급이자손금불산입(갑)]
- 갑은행 지급이자 중 건설자금이자분 2,000,000원 입력

1.적수입력(을)	2.지급이자 손금불산입(갑)						
2 1.업무무관부동산 등에 관련한 차입금 지급이자							
①지급이자	적수			⑤차입금(=19)	⑥⑤와 ⑥중 적은 금액	⑧손금불산입지급이자 (①×⑦÷⑤)	
	②업무무관부동산	③업무무관동산	④가지급금 등	⑤계(②+③+④)			
22,000,000	73,000,000,000			73,000,000,000	146,000,000,000	73,000,000,000	11,000,000

2. 지급이자 및 차입금 적수 계산 (연이율 일수 현재: 365일)						이자율 계산	단수차이조정	연일수
No	(9)이자율(%)	(10)지급이자	(11)차입금적수	(12)채권자불분명 사채이자		(15)건설 자금 이자 국조법 14조에 따른 이자	차 감	
				(13)지급이자	(14)차입금적수	(16)지급이자	(17)차입금적수	(18)지급이자 (10-13-16)	(19)차입금적수 (11-14-17)
1	8.00000	8,000,000	36,500,000,000			2,000,000	9,125,000,000	6,000,000	27,375,000,000
2	6.00000	9,000,000	54,750,000,000					9,000,000	54,750,000,000
3	4.00000	7,000,000	63,875,000,000					7,000,000	63,875,000,000

[2] F3조정등록

조정 등록						
익금산입 및 손금불산입			손금산입 및 익금불산입			
과 목	금 액	소득처분	과 목	금 액	소득처분	
건설자금이자	2,000,000	유보발생				
업무무관자산지급이자	11,000,000	기타사외유출				

실습예제 따라하기

05 다음의 자료를 이용하여 ㈜오공사(0504)의 [업무무관부동산 등에 관련한 차입금이자 조정명세서]를 작성하고 이와 관련한 세무조정을 하시오.

1. 차입금내역 및 이자지급 내역

대여	이자율	지급이자
공정형 아파트 관련 대출이자	5%	11,522,460원
채권자가 불분명한 이자	18%	7,800,000원
기업운영자금 대출이자	3%	9,065,800원

2. 가지급금 원장 내역 (단위: 원)

일자	차변	대변	잔액
전기이월	15,000,000		15,000,000
2025.06.23.	20,000,000		35,000,000
2025.09.03.		5,000,000	30,000,000
2025.11.22.		10,000,000	20,000,000

3. 기타내역
- 위 가지급금은 모두 업무무관 가지급금이다.
- 위 내역 외 가지급금, 가지급금으로 간주할 수 있는 금액은 없으며 회사는 결산서상 가지급금에 대한 이자수익으로 1,047,917원을 계산하였다.
- 자기자본 적수 계산은 무시하고 가지급금 인정이자조정명세서 작성은 생략한다.
- 채권자 불분명 이자에 대해서는 지급명세서를 제출할 수 없는 것으로 본다.

실기 따라하기 05

[1] [업무무관부동산등에관한차입금이자조정명세서]
   1) [1.적수입력(을)]
      [3.가지급금]
      - [업무무관부동산차입금이자명세서]는 업무무관자산에 대한 이자비용을 인정하지 않는 서식
      - 가지급금에 대한 이자수익으로 계상한 1,047,917원은 무시

No	①월일		②적요	③차변	④대변	⑤잔액	⑥일수	⑦적수
1	1	1	전기이월	15,000,000		15,000,000	173	2,595,000,000
2	6	23	지 급	20,000,000		35,000,000	72	2,520,000,000
3	9	3	회 수		5,000,000	30,000,000	80	2,400,000,000
4	11	22	회 수		10,000,000	20,000,000	40	800,000,000

   2) [지급이자손금불산입(갑)]

①지급이자	적수			⑥차입금(=⑲)	⑦ ⑤와 ⑥중 적은 금액	⑧손금불산입 지급이자 (①×⑦÷④)
	②업무무관 부동산	③업무무관 동산	④가지급금 등	⑤계(②+③+④)			
20,588,260			8,315,000,000	8,315,000,000	194,414,524,666	8,315,000,000	880,548

2. 지급이자 및 차입금 적수 계산 [연이율 일수 현재: 365일]

No	(9)이자율(%)	(10)지급이자	(11)차입금적수	(12)채권자불분명 사채이자 수령자불분명 사채이자		(15)건설 자금 이자 국조법 14조에 따른 이자		차 감	
				(13)지급이자	(14)차입금적수	(16)지급이자	(17)차입금적수	(18)지급이자 (10-13-16)	(19)차입금적수 (11-14-17)
1	5.00000	11,522,460	84,113,958,000					11,522,460	84,113,958,000
2	18.00000	7,800,000	15,816,666,666	7,800,000	15,816,666,666				
3	3.00000	9,065,800	110,300,566,666					9,065,800	110,300,566,666

[2] F3조정등록

조정 등록						
익금산입 및 손금불산입			손금산입 및 익금불산입			
과 목	금 액	소득처분	과 목	금 액	소득처분
채권자불분명사채이자	7,800,000	상여			
업무무관자산지급이자	880,548	기타사외유출			

실습예제 따라하기

06 다음 자료에 의하여 ㈜오공삼(0503)의 [업무무관부동산 등에 관련한 차입금이자조정명세서]를 작성하고 관련된 세무조정을 하시오.(단, 주어진 자료 이외의 자료는 무시한다)

1. 차입에 대한 이자지급 내역(손익계산서에 모두 반영되어 있음)

이자율	지급이자	비고
연 15%	1,500,000원	채권자 불분명의 사채이자 (원천징수된 세액 없음)
연 10%	1,000,000원	미완공 건물신축에 사용
연 6%	600,000원	

2. 업무무관 가지급금 증감내역

일자	차변	대변	잔액
전기이월	15,000,000원		15,000,000원
2025.10.01		15,000,000원	0원

3. 기타
   - 자기자본 적수 계산은 무시하고 가지급금 인정이자조정명세서 작성은 생략한다.
   - 연일수는 365일이다.

실기 따라하기 06

[1] [업무무관부동산등에관한차입금이자조정명세서]
  1) [1.적수입력(을)]
     [3.가지급금]

	1.적수입력(을)	2.지급이자 손금불산입(갑)					
	1.업무무관부동산	2.업무무관동산	3.가지급금	4.가수금	5.그밖의		불러오기 / 적요수정
No	①월일	②적요	③차변	④대변	⑤잔액	⑥일수	⑦적수
1	1 1	전기이월	15,000,000		15,000,000	273	4,095,000,000
2	10 1	회 수		15,000,000		92	

  2) [지급이자손금불산입(갑)]

1.적수입력(을)	2.지급이자 손금불산입(갑)					
2. 업무무관부동산 등에 관련한 차입금 지급이자						
①지급이자	적 수				⑥차입금 (=⑤)	⑦⑤와 ⑥중 적은 금액	⑨손금불산입 지급이자 (①×⑦÷⑥)
	②업무무관 부동산	③업무무관 동산	④가지급금 등	⑤계(②+③+④)			
600,000			4,095,000,000	4,095,000,000	3,650,000,000	3,650,000,000	600,000

1. 지급이자 및 차입금 적수 계산 [연이율 일수 현재: 365일]						이자율 계산	단수차이조정 / 연일수
No	(9)이자율(%)	(10)지급이자	(11)차입금적수	(12)채권자불분명 사채이자		(15)건설 자금 이자 국조법 14조에 따른 이자	차 감
				(13)지급이자	(14)차입금적수	(16)지급이자	(17)차입금적수	(18)지급이자 (10-13-16)	(19)차입금적수 (11-14-17)
1	15.00000	1,500,000	3,650,000,000	1,500,000	3,650,000,000				
2	10.00000	1,000,000	3,650,000,000			1,000,000	3,650,000,000		
3	6.00000	600,000	3,650,000,000					600,000	3,650,000,000

[2] F3 조정등록

익금산입 및 손금불산입			손금산입 및 익금불산입		
과 목	금 액	소득처분	과 목	금 액	소득처분
채권자불분명사채이자	1,500,000	상여			
건설자금이자	1,000,000	유보발생			
업무무관자산관련이자	600,000	기타사외유출			

11 외화자산등평가차손익조정명세서

(1) 외화자산·부채의 평가

구분	내용
외화환산손익	• 외화환산손익: 미실현손익으로 원칙적으로 세무상 손익 불인정 • 회계와 세법의 불일치 해소를 위해 일부 인정 규정 도입

법인 유형별 평가	• 금융기관:
	  – 평가대상: 화폐성외화자산·부채
	  – 강제규정으로 평가 의무
	• 일반법인:
	  – 평가대상: 화폐성외화자산·부채
	  – 선택규정(신고한 방법에 따라 평가)

화폐성/비화폐성 항목	• 평가대상이 되는 화폐성항목:
	  – 외화채권·채무, 외화현금·예금, 외화보증금 등
	  – 현금으로 상환하는 충당부채, 부채로 인식하는 현금배당 등
	• 평가대상이 아닌 비화폐성항목:
	  – 재화와 용역에 대한 선급금, 선수금
	  – 외화표시 주식, 영업권, 무형자산, 재고자산, 유형자산 등

외화 관련 거래 정의	• 통화선도: 장래 약정기일에 약정환율로 외화 매매계약 체결 • 통화스왑: 약정 시기/환율로 서로 다른 표시통화간 채권채무 상호 교환 • 환변동보험: 한국무역보험공사 운영 환변동위험 회피 선물환 보험계약

평가방법	• 거래일환율 평가방법:
	  – 취득일 또는 발생일 현재의 매매기준율 등으로 평가
	  – 취득(발생)시점 환율 계속 적용으로 평가손익 불인정
	• 마감환율 평가방법:
	  – 사업연도 종료일 현재의 매매기준율 또는 재정된 매매기준율로 평가
	  – 기업회계기준에 따른 평가손익 인정
	  – 외화평가손익 = (외화금액 × 종료일 매매기준율) – 환산전 원화장부가액

세무조정	• 외화평가이익:
	  – 당기: 익금산입(유보발생)
	  – 차기 이후: 손금산입(유보감소)
	• 외화평가손실:
	  – 당기: 손금산입(△유보발생)
	  – 차기 이후: 익금산입(△유보감소)

(2) 외화자산등평가차손익조정명세서

외화 자산·부채의 평가(을지)
통화선도, 스왑, 환변동보험등 평가(을지) ≫ 환율조정차,대등(갑지)

1) 외화자산·부채의 평가(을지)

2) 환율조정차,대등(갑지)

항목	내용
외화·자산부채의 평가(을지)	① 화폐성외화자산과 화폐성외화부채 중 해당되는 부분에 입력한다. ② 외화종류: 외화자산·부채 등의 종류별로 평가손익을 계산하게 되어 있으므로 국가별 화폐단위를 입력한다. ③ 외화금액: 소수점 두 자리까지 입력이 가능하며 외화종류별로 입력한다. ④ 장부가액: 결산상 평가 전에 장부상 금액에 대하여 적용된 환율(이월된 외화자산·부채는 직전 사업연도 종료일 환율, 당기 발생 외화자산·부채는 발생 시의 적용한 환율)을 입력한다. ⑤ 평가금액: 화폐단위별로 사업년도종료일 현재 외국환거래법에 의한 매매기준율을 기입한다. 외화금액과 적용환율을 입력하면 원화금액은 자동으로 계산된다. ⑥ 평가손익: 법인세법상 인식해야 할 외화환산손익으로 자산(평가원화금액−장부원화금액), 부채(장부원화금액 − 평가원화금액)으로 자동계산되고 총합계는 (갑)지에 "② 당기손익금해당"란으로 자동 반영된다.
환율조정차,대등 (갑지)	① 구분: 차익 또는 차손을 선택하고 구분란에서 외화자산·부채명을 기입한다. ② 전기이월액: 1999.1.1. 이후 개시하는 사업연도의 개시일 현재 환율조정계정의 잔액이 있는 법인의 직전 사업연도 본 서식(갑)상의 차기이월액을 입력한다. ③ 당기경과일수/잔존일수: 발생연월일을 입력하면 당해 사업년도중 경과일수와 잔존일수를 자동으로 계산한다. ④ 손익금해당액/차기이월액: 차익과 차손을 구분하여 자동으로 계산한다. ⑤ 회사손익금계상액: 회계관리에 입력한 데이터를 확인하여 외화환산이익은 양수(+)로 입력하고 외화환산손실은 음수(−)로 입력한다. ⑥ 조정: 차익조정란의 차익과소계상분은 익금산입, 차익과다계상분(−)은 익금불산입하 고, 차손조정란의 차손과다계상분은 손금불산입, 차손과소계상분(−)은 손금산입한다. 가. 화계성 외화자산·부채평가손익은 손익조정금액란의 금액이 음수(−)인 경우에는 손금산입하고 양수(+)인 경우에는 익금에 산입한다.
세무조정	(아래 표 참조)

구분		세무조정
(갑)지 ⑥ 손익조정금액	양수(+)	익금산입(유보발생)
	음수(−)	손금산입(△유보발생)

✓ 주요 체크사항: 외화자산등평가차손익조정명세서

구분	내용
평가 기준 비교	• 기업회계기준: 발생시 환율과 결산 시 환율 비교 • 법인세법: 발생일과 결산일 중 선택 가능(일반적으로 결산일 선택) • 회계상 평가액과 세무상 평가액 비교하여 세무조정 실시
조정 대상	• 화폐성 자산에 대해서만 조정 • 비화폐성 항목(선급금, 선수금 등)은 입력하지 않음
회사손익금계상액 계산	• 합계잔액시산표에서 확인 • 환율 비교 방식으로도 계산 가능 • 전기 세무조정 미실시 또는 임의 실시 경우 합계잔액시산표 조회 필요 • 전기 세무조정 적법 실시 경우 합계잔액시산표 조회 불필요
이월 세무조정	• 전기말에 있었던 세무조정은 당기말 세무조정에서 유보추인 필요

실습예제 따라하기

01 주어진 자료에 따라 ㈜육공칠(0607)의 [외화자산등평가차손익조정명세서(외화자산, 부채의평가 을지)]를 작성하고 필요한 세무조정을 각 계정과목별로 하시오.

계정	원금	발생일	발생일 매매기준율	사업연도 종료일 매매기준율	외화종류
장기차입금	¥20,000,000	2025.5.1.	8원/¥	10원/¥	JPY
단기차입금	¥30,000,000	2025.6.10.	9원/¥	10원/¥	JPY
외화보통예금	$600,000	2025.7.1.	1,000원/$	1,200원/$	USD

① 회사는 관할세무서장에게 화폐성외화자산등평가방법신고서를 사업연도 종료일 현재의 매매기준율 등으로 평가하는 방법으로 적정하게 신고하였다.
② 담당자의 착오로 장부가액은 발생일의 환율로 작성되어 있다.

실기 따라하기 01

[1] [외화자산등평가차손익조정명세서]
 1) [외화자산·부채의평가(을지)]
  • 외화예금(자산)과 외화차입금(부채)를 각각 입력
  • 장부가액 적용환율에는 발생일 적용환율을 입력
  • 평가금액 적용환율에는 사업연도 종료일 매매기준율 입력

No	②외화종류(자산)	③외화금액	④장부가액		⑦평가금액		⑧평가손익
			④적용환율	⑤원화금액	⑥적용환율	⑥원화금액	자 산(⑨-⑥)
1	USD	600,000.00	1,000.0000	600,000,000	1,200.0000	720,000,000	120,000,000
2							
	합 계			600,000,000		720,000,000	120,000,000

No	②외화종류(부채)	③외화금액	④장부가액		⑦평가금액		⑧평가손익
			④적용환율	⑤원화금액	⑥적용환율	⑥원화금액	부 채(⑥-⑨)
1	JPY	20,000,000.00	8.0000	160,000,000	10.0000	200,000,000	-40,000,000
2	JPY	30,000,000.00	9.0000	270,000,000	10.0000	300,000,000	-30,000,000

2) [환율조정차,대등(갑지)]
- 담당자의 착오로 장부가액은 발생일의 환율로 작성하였으므로 기말평가 하지 않음
- 3.회사손익금계상액 0원

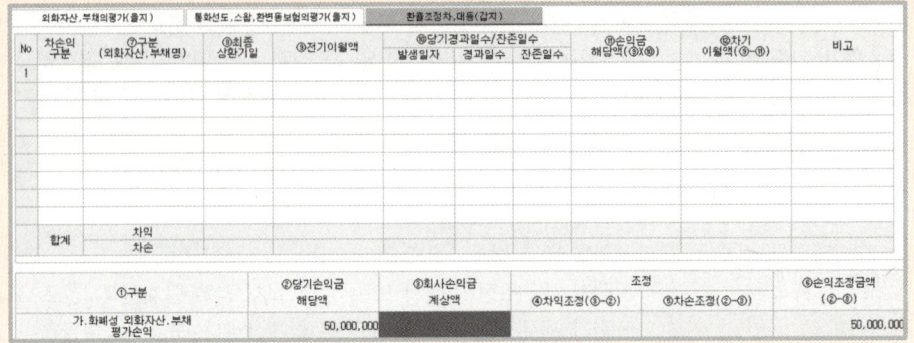

[2] F3조정등록
- 외화예금 익금산입 (유보발생): (1,200원 − 1,000원) × $600,000 = 120,000,000원
- 외화장기차입금 손금산입 (유보발생): (10원 − 8원) × ¥20,000,000 = 40,000,000원
- 외화장기차입금 손금산입 (유보발생): (10원 − 9원) × ¥30,000,000 = 30,000,000원

조정 등록

익금산입 및 손금불산입			손금산입 및 익금불산입		
과 목	금 액	소득처분	과 목	금 액	소득처분
외화예금평가이익	120,000,000	유보발생	외화장기차입금평가손실	40,000,000	유보발생
			외화장기차입금평가손실	30,000,000	유보발생

실습예제 따라하기

02 ㈜육공구(0609)은 전기 3월 30일에 제품을 USD 3,000에 외상으로 매출하고 당기 말 현재 회수하지 못한 상태이다. 다음 자료에 따라 당기 [외화자산등평가차손익조정명세서]를 작성하고 세무조정사항이 있는 경우 [소득금액조정합계표]에 반영하시오.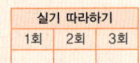

1. 알프스전자㈜는 기말 현재 매매기준율 등으로 평가하는 방법으로 관할세무서장에게 신고하였으나, 회사는 매년 외화자산 및 부채에 대해 기말 평가에 관한 회계 처리를 하지 않고 있다. 전기 세무조정은 법인세법상 적절하게 실시하였다.
2. 환율자료(기말 환율은 매매기준율에 따름)는 다음과 같다.
   - 전기 3월 30일: ₩1,100/$
   - 당기 말: ₩1,200/$
   - 전기 말: ₩1,300/$

실기 따라하기 02

[1] [외화자산등평가차손익조정명세서]
1) [외화자산·부채의평가(을지)]
- 전기 거래분이므로 "5.적용환율"은 기말환율 입력

No	②외화종류(자산)	③외화금액	④장부가액		⑦평가금액		⑧평가손익 자 산 (⑥−③)
			⑤적용환율	⑥원화금액	⑤적용환율	⑥원화금액	
1	USD	3,000.00	1,300.0000	3,900,000	1,200.0000	3,600,000	−300,000

2) [환율조정차,대등(갑지)]

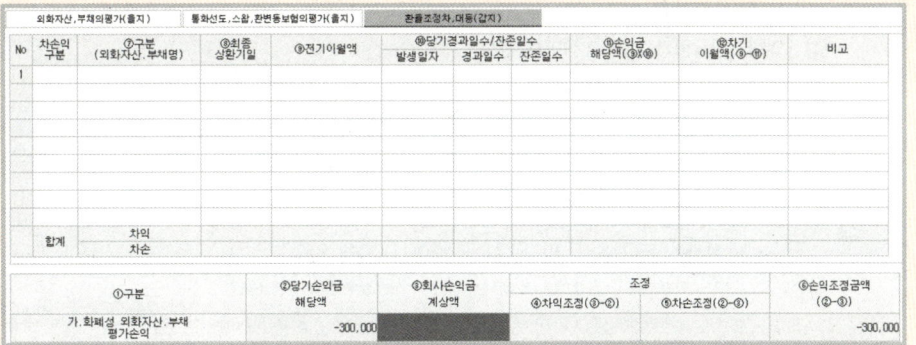

[2] F3조정등록
- 전기 세무조정 시 외화자산평가이익 600,000원(USD3,000 × 200/$) 익금산입(유보발생)
- 외화자산에 대한 유보발생 잔액이 있으므로 당기 외화자산평가손실 300,000원 손금산입(유보감소)

조정 등록					
익금산입 및 손금불산입			손금산입 및 익금불산입		
과 목	금 액	소득처분	과 목	금 액	소득처분
			외화자산평가손실	300,000	유보감소

실습예제 따라하기

03 다음의 자료를 이용하여 ㈜칠공육(0706)의 [외화자산등평가차손익조정명세서(갑, 을)]를 작성하고 필요한 세무조정을 하시오.

실기 따라하기
1회 2회 3회

1. 외화부채내역

구분	발생일자	외화종류	외화금액	2024년말 매매기준율	2025년말 매매기준율
외화장기차입금	2024. 7. 1.	USD	$20,000	$1 = 1,200원	$1 = 1,300원

2. 2024년 자본금과 적립금 조정명세서(을)

과목	기초잔액	감소	증가	기말
외화장기차입금			-1,000,000원	-1,000,000원

3. 기타
- 화폐성 외화부채는 위의 자료뿐이고, 상환은 없다.
- 발생시 적용환율은 회사와 법인세법상 차이가 없다.
- 회사는 2024년도 법인세 신고 시 기말 매매기준율 등으로 평가하는 방법으로 화폐성외화자산등평가방법신고서를 작성하여 적법하게 제출하였다.
- 2024년 결산 회계처리 시 $1 = 1,150원을 적용하여 외화부채를 평가하고 장부에 반영하였다.
- 2025년 결산 회계처리 시 $1 = 1,200원을 적용하여 외화부채를 평가하고 장부에 반영하였다.

실기 따라하기 03

[1] [외화자산등평가차손익조정명세서]

1) [외화자산·부채의평가(을지)]

No	②외화종류(부채)	③외화금액	장부가액		평가금액		⑧평가손익 부채(⑥-⑨)
			④적용환율	⑤원화금액	⑥적용환율	⑦원화금액	
1	USD	20,000.00	1,200.0000	24,000,000	1,300.0000	25,000,000	-2,000,000

2) [환율조정차, 대등(갑지)]

- 외화부채를 평가하고 장부에 반영하였으므로 $20,000 × (1,150원 − 1,200원) = −1,000,000
- "③회사손익금계상액" 평가손실 −1,000,000원 입력

구분	②당기손익금 해당액	③회사손익금 계상액	조정 ④차익조정(③-②)	조정 ⑤차손조정(②-③)	⑥손익조정금액 (②-③)
가. 화폐성 외화자산·부채 평가손익	-2,000,000	-1,000,000			-1,000,000

[2] F3조정등록

- 전기 세무조정 시 외화자산평가손실 1,000,000원 손금산입(유보발생)
- 상계할 외화자산평가이익이 없으므로 당기 외화자산평가손실 2,000,000원 손금산입(유보발생)

조정 등록

익금산입 및 손금불산입			손금산입 및 익금불산입		
과목	금액	소득처분	과목	금액	소득처분
			외화장기차입금평가손실	1,000,000	유보발생

실습예제 따라하기

04 [다음 자료에 의하여 ㈜육공사(0604)의 [외화자산등평가차손익조정명세서(갑,을)]를 작성하고 세무조정을 하여 소득금액조정합계표에 반영하시오.

계정과목	발생일자	외화종류	외화금액	발생시 적용환율	기말 매매기준율
장기대여금	2025. 7. 1.	USD	$5,000	$1 = 1,200원	$1 = 1,300원
단기차입금	2025. 3. 1.	USD	$20,000	$1 = 1,250원	$1 = 1,300원

- 당기 화폐성 외화자산과 외화부채는 위의 자료뿐이다.
- 발생 시 적용환율은 일반기업회계기준과 법인세법상 환율이다.
- 회사는 외화자산과 외화부채에 대한 평가손익을 기말환율로 인식하고 있으며, 화폐성 외화자산등 평가방법신고서를 작성하여 2025년도 법인세 신고 시 제출하였다.
- 2025년 결산 회계처리 시 $1 = 1,350원을 적용하여 외화자산과 부채를 평가하였다.
- 세무조정은 각 자산 부채별로 하기로 한다.

실기 따라하기 04

[1] [외화자산등평가차손익조정명세서]

1) [외화자산·부채의평가(을지)]

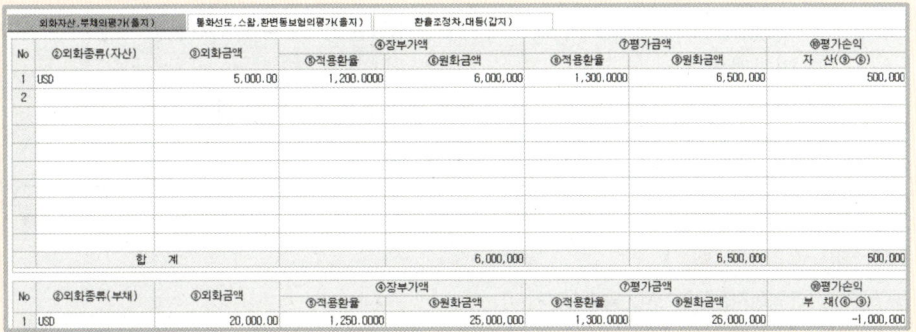

2) [환율조정차,대등(갑지)]

• 외화자산, 부채평가의 회사계상 손익 = (1,350원 − 1,200원) × $5,000 − (1,350원 − 1,250원) × $20,000
  = −1,250,000원(손실)

[2] F3 조정등록

• 외화단기차입금 익금산입 (유보발생): (1,300원 − 1,350원) × $5,000 = 250,000원
• 외화장기대여금 손금산입 (유보발생): (1,300원 − 1,350원) × $20,000 = 1,000,000원

조정 등록					
익금산입 및 손금불산입			손금산입 및 익금불산입		
과 목	금 액	소득처분	과 목	금 액	소득처분
외화단기차입금	1,000,000	유보발생	외화장기대여금	250,000	유보발생

실습예제 따라하기

05 다음 자료에 의하여 ㈜오공육(0506)의 ㈜외화자산 등 [평가차손익조정명세서(갑,을)]를 작성하고 세무조정을 하여 [소득금액조정합계표]에 반영하시오.

실기 따라하기
1회 2회 3회

계정과목	발생일자	외화종류	외화금액	발생시 적용환율	기말 매매기준율
외화예금	2025. 4. 5.	USD	$10,000	$1 = 1,300원	$1 = 1,400원
외화차입금	2025. 9. 10.	USD	$5,000	$1 = 1,330원	$1 = 1,400원

• 당기 화폐성 외화자산과 외화부채는 위의 자료뿐이다.
• 발생 시 적용환율은 일반기업회계기준과 법인세법상 환율이다.

- 2025년부터 법인세 신고 시 외화자산과 외화부채에 대한 평가손익을 기말환율로 인식하기로 하였으며, 이에 대한 신고를 위해 화폐성외화자산등 평가방법신고서를 작성하여 법인세 신고 시 제출하고자 한다.
- 2025년 결산 회계처리 시 대고객외국환매입율인 $1 = 1,370원을 적용하여 외화채권, 채무를 평가하였다.
- 법인세신고 시 적용되는 환율은 기말매매기준율로 신고하기로 한다.
- 세무조정은 각 자산 부채별로 하기로 한다.

실기 따라하기 05

[1] [외화자산등평가차손익조정명세서]

1) [외화자산·부채의평가(을지)]

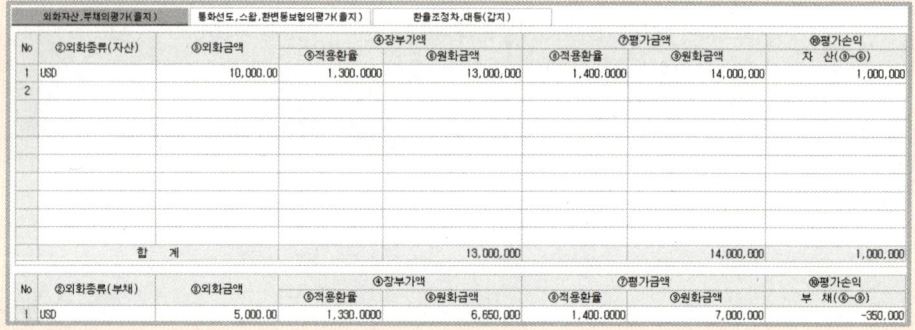

2) [환율조정차,대등(갑지)]
- 외화자산, 부채평가의 회사계상 손익 = (1,370원 − 1,300원) × $10,000 − (1,370원 − 1,330원) × $5,000 = 500,000원

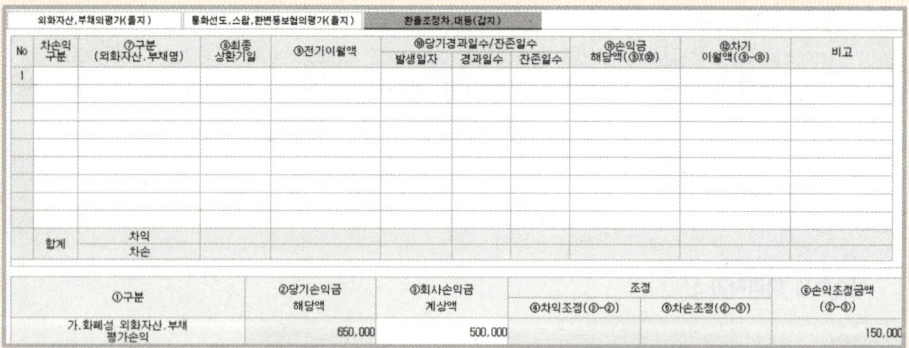

[2] F3 조정등록
- 외화예금 익금산입 (유보발생): (1,400원 − 1,370원) × $10,000 = 300,000원
- 외화차입금 손금산입 (유보발생): (1,400원 − 1,370원) × $5,000 = 150,000원

조정 등록						
익금산입 및 손금불산입			손금산입 및 익금불산입			
과목	금액	소득처분	과목	금액	소득처분	
외화예금	300,000	유보발생	외화차입금	150,000	유보발생	

12 기부금조정명세서

(1) 기부금

구분	내용
기부금	• 사업과 직접 관련 없이 무상으로 특수관계 없는 자에게 지출하는 재산적 증여가액 • 업무 관련성은 없으나 공익성 등을 고려해 일정 한도 내 손금인정
의제기부금	• 특수관계 없는 자에게 정당한 사유 없이 정상가액(시가 ± 30%)을 벗어난 거래로 증여한 금액 • 저가양도: 정상가액 하한(시가 × 70%) − 양도가액 • 고가매입: 매입가액 − 정상가액 상한(시가 × 130%) • 예 시가 10억 건물을 5억에 양도 시 의제기부금: 2억(정상가액 하한 7억 − 양도가액 5억)
기부금 평가방법	• 특례기부금, 특수관계인 아닌 자에게 기부한 일반기부금: 장부가액 • 특수관계인에게 기부한 일반기부금, 비지정기부금: Max(시가, 장부가액)
기부금 귀속시기	• 현금주의 적용(미지급 기부금(어음기부금)은 손금불산입, 유보처분)
기부금 분류	1. 특례기부금 　• 국가·지방자치단체 기부 　• 국방헌금, 국군장병 위문금품 　• 천재·지변 이재민 구호금품 　• 법정교육기관 시설비·교육비·장학금·연구비 　• 국립대학병원 등 병원 시설비·교육비·연구비 　• 전문모금기관(사회복지공동모금회, 바보의 나눔 등) 기부금 2. 우리사주조합기부금 　• 법인 주주가 우리사주조합에 지출: 소득금액 30% 한도 손금인정 　• 법인이 자사 우리사주조합에 직접 출연: 전액 손금인정 3. 일반기부금 　(1) 고유목적사업비 기부금 　　• 사회복지법인 　　• 어린이집·유치원·학교·평생교육시설 　　• 인허가 받은 학술·장학·문화예술·환경단체 　　• 종교단체 　　• 의료법인 　　• 기타 일반기부금단체(국민건강보험공단, 사내근로복지기금 등) 　　• 법률에 의한 특정 기관(대한적십자사, 근로복지공단 등) 　(2) 용도특정 기부금 　　• 교육기관장 추천 개인에게 지급하는 교육비·연구비·장학금 　　• 공익신탁 기부금 　　• 법인으로 보는 단체의 고유목적사업비 　　• 공익목적 기부금(불우이웃돕기성금, 근로복지기금출연금 등) 　(3) 기타 기부금 　　• 사회복지시설 기부금 　　• 해외일반기부금단체 기부금 　　• 국제기구 기부금 4. 비지정기부금 　• 신용협동조합·새마을금고 기부금 　• 주무관청 등록 협회 특별회비, 임의단체 회비 　• 정당 기부금(소득세는 정치기부금 인정) 　• 동창회·향우회·종친회·친목회 등 기부금 　• 아파트 등 미등록 경로당 기부금

손금산입 한도액	• 특례기부금: (기준소득금액 − 이월결손금)의 50% • 우리사주조합기부금: (기준소득금액 − 이월결손금 − 특례기부금 손금산입액)의 30% • 일반기부금: (기준소득금액 − 이월결손금 − 특례기부금·우리사주조합기부금 손금산입액)의 10%(사회적기업은 20%) • 비지정기부금: 전액 손금불산입 ※ 기준소득금액 = 차가감소득금액(합병·분할 양도손익 제외) + 특례기부금 + 우리사주조합기부금 + 일반기부금 ※ 이월결손금 80% 한도 공제 법인의 경우, 이월결손금 공제액은 기준소득금액의 80% 한도 (중소기업은 100%)
기부금 한도초과액 이월공제	• 이월기부금 우선공제 후 당해연도 기부금 공제 • 특례기부금 및 일반기부금 한도초과액: 10년간 이월공제 가능(2013.1.1. 이후)
세무조정 순서	1. 비지정기부금: 전액 손금불산입(상여 등) 　• 세무조정을 하여 [소득금액조정합계표]에 반영 2. 특례기부금 한도초과액: 손금불산입(기타사외유출) 　• [법인세과세표준및세액조정계산서]의 "기부금한도초과액"에 자동 반영 　• 별도 소득처분 불필요 3. 일반기부금 한도초과액: 손금불산입(기타사외유출) 　• [법인세과세표준및세액조정계산서]의 "기부금한도초과액"에 자동 반영 　• 별도 소득처분 불필요

(2) 기부금조정명세서

```
1.기부금명세서  »  소득금액조정합계표          »  2.기부금조정명세서
                  (비지정기부금 및 어음기부금 등)
```

[기부금조정명세서]는 모든 세무조정 항목의 작업이 완료된 후 마지막에 작업한다. 기부금한도계산을 위한 차가감소득금액 확정을 위해 [소득금액조정합계표]를 반드시 먼저 작성하고 기부금 세무조정을 하여야 한다. 따라서 손금불산입 되는 비지정기부금이 있는 경우 비지정기부금을 먼저 [소득금액조정합계표]에 작성한다. 기부금한도초과액은 [법인세과세표준 및 세액조정계산세] 기부금한도초과액란에 자동반영 되어 직접 부인이 되며, 이월공제를 적용한다.

1) 기부금입력

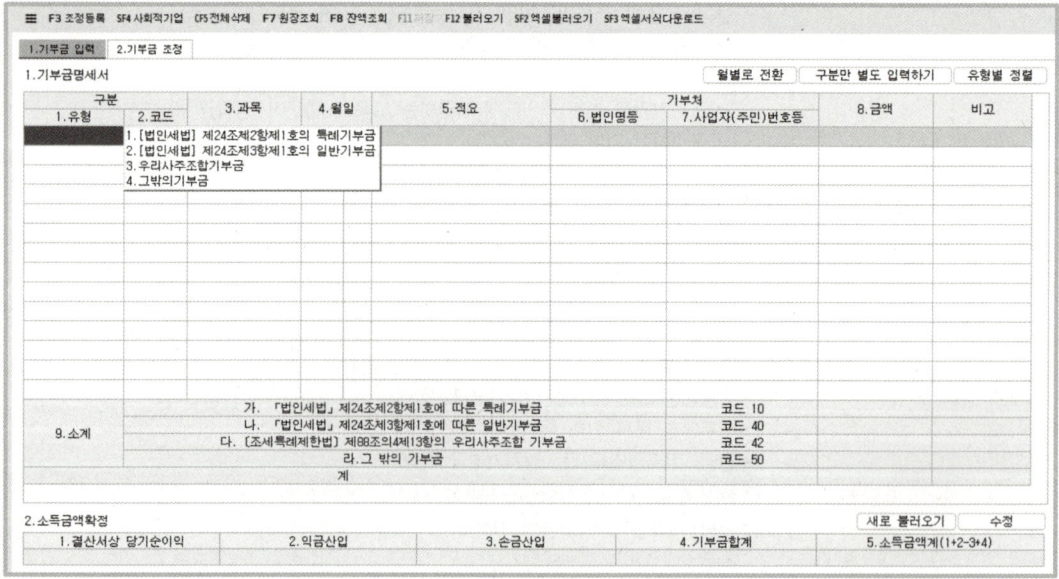

2) 기부금조정

항목	내용
기부금입력	① F12불러오기를 클릭하여 장부에 계상된 데이터를 반영하며, 직접 입력도 가능하다. ② 기부금유형을 구분하여 입력한다. 1.특례기부금과 2.일반기부금은 [기부금조정]에 반영되어 한도액 초과시 손금산입액이 결정된다. ③ 과목: 장부에 회계처리한 계정과목을 입력한다. ④ 기부처: 기부처명 및 사업자번호를 입력한다.(시험에서 지문에 주어지지 않은 경우 생략가능) ⑤ 금액: 기부금액을 입력하며 금전 외의 자산으로 제공한 경우 해당 자산의 가액은 기부했을 때의 장부가액과 시가 큰 금액을 입력한다. 다만, 특례기부금과 특수관계인이 아닌 자에게 기부한 일반기부금의 경우에는 기부했을 때의 장부가액을 입력한다. ⑥ 그 밖의 기부금에 집계된 금액은 F3조정등록을 이용하여 소득금액조정합계표에 손금불산입(가타사외유출) 처분한다. 2. 소득금액확정 [법인세과세표준및세액조정계산서]의 "차가감소득금액"이 자동반영되며 직접입력하고자 하는 경우 [수정]을 누른 후 입력한다.
기부금조정	① 기부금으로 입력된 자료가 자동반영 된다. ② 이월결손금 합계액에 세무상 15년 이내이월결손금을 직접 입력한다. ③ 기부금조정명세서는 기부금 한도초과를 제외한 모든 세무조정 항목의 작업이 완료 후 마지막으로 작업한다. ④ 기부금한도초과액은 서식작성이 되면 반드시 F11저장을 클릭하여 [법인세과세표준및세액조정계산서] "106.기부금한도초과이월액손금산입"란에 자동 반영된다.

✓ 주요 체크사항: 기부금조정명세서

구분	내용
의제기부금(±30%)	• 저가양도: (정상가액 × 70%) − 양도금액 • 고가매입: 양도금액 − (정상가액 × 130%) • 특수관계인에게 지급되는 금액은 기부금으로 불인정

기부금 구분	1. 특례기부금
	  • 국가/지방자치단체에 기부
	  • 천재지변(이재민, 수재민 등)
	  • 학교 등의 시설비, 교육비, 장학금
	  • 사회복지사업(사회복지공동모금회, 바보의 나눔)
	  • 국립병원
	  • 일정요건의 공공기관(대한적십자사)
	2. 일반기부금
	  • 고유목적관련 기부금(그린피스, 아프리카 기아)
	  • 종교단체
	  • 불우이웃돕기
	3. 비지정기부금(전액 손금불산입)
	  • 동창회, 종친회, 향우회 등: 대표자 상여로 소득처분
	  • 정치자금 기부금: 손금불산입(기타사외유출)

기부금 귀속시기	• 기업업무추진비: 발생주의 • 기부금: 현금주의 • 만기 미도래 어음기부금: 비지정기부금으로 손금불산입(유보)
현물기부금 평가	• 특례기부금, 일반기부금: 장부가액 • 특수관계인 일반기부금, 비지정기부금: Max(시가, 장부가액)
세무조정	• 적용순서: 이월기부금 → 당해기부금(특례기부금 → 일반기부금) • 기부금 한도초과액: 손금불산입(기타사외유출) • 한도초과액은 세무조정 불필요(소득금액조정합계표 반영 ×) − 법인세과세표준및세액조정계산서에 자동반영 • 비지정기부금: 전액 손금불산입(귀속자에 따라 소득처분) • 만기 미도래 어음기부금: 손금불산입(유보)

명세서 작성 유의사항	• 입력 금액이 세무조정 반영 전/후 여부 확인
	  − 반영 전: 익금산입 금액 + 기부금 손금불산입 금액
	  − 반영 후: 익금산입 금액만 입력
	• 이월결손금 유무 먼저 확인
	• 이월기부금 있을 경우 기부금 이월액 명세 작성(2013년 이후 10년간 이월공제)
	• 이월잔액 중 손금산입액과 해당연도 손금추인액은 동일
	• 한도초과액은 세무조정 불필요

실습예제 따라하기

01 다음 자료만을 이용하여(기존 자료 무시) ㈜칠공구(회사코드: 0709)의 [기부금조정명세서 및 기부금 명세서]를 작성한 후 필요한 세무조정을 하시오. (단, 당사는 세법상 중소기업에 해당한다)

1. 당기 기부금 내용은 다음과 같다. 기부처 입력은 생략한다.

일자	금액	지급내용
02월 20일	50,000,000원	지방자치단체에 의료용품 기부
08월 10일	20,000,000원	태풍으로 인한 이재민 구호금품
09월 25일	100,000,000원	사립대학교에 장학금으로 지출한 기부금
12월 25일	3,000,000원	정당에 기부한 정치자금

2. 기부금 계산과 관련된 기타자료는 다음과 같다.
   - 전기에서 한도 초과로 이월된 기부금은 2024년 특례기부금 한도초과액 10,000,000원이다.
   - 결산서상 당기순이익은 300,000,000원이며, 위에 나열된 기부금에 대한 세무조정 전 익금산입 및 손금불산입 금액은 30,000,000원, 손금산입 및 익금불산입금액은 4,500,000원이다.
   - 당기로 이월된 결손금은 2022년 발생분 150,000,000원이다.

실기 따라하기 01

[1] [기부금조정명세서]

  [1.기부금입력]
  - F12 불러오기
  - 10.특례기부금: 의료용품 기부, 이재민구호물품, 대학교 장학금
  - 50.비지정기부금: 정치기부금
  - 2.소득금액확정 [수정] 클릭 후 결산서상 당기순이익, 익금산입, 손금산입 금액 입력
  - 익금산입액은 30,000,000 + 비지정기부금 3,000,000 = 33,000,000원

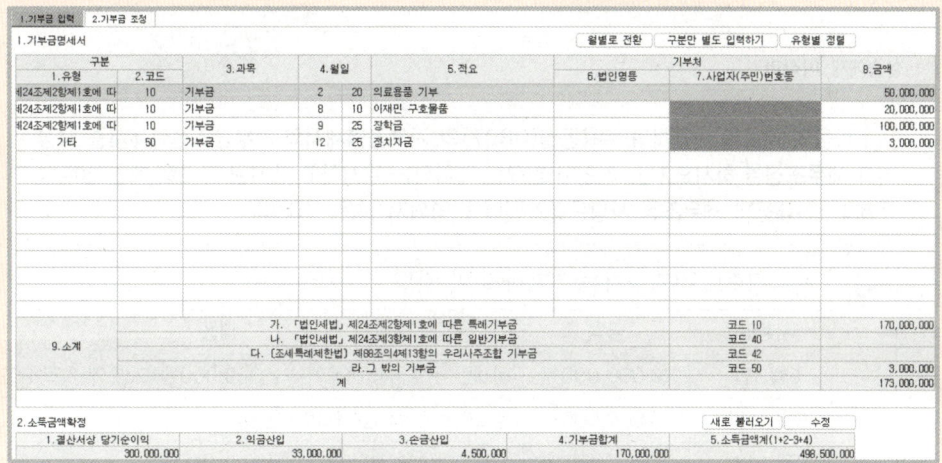

[2] F3조정등록
- 비지정기부금만 바로 조정 등록(기부금 조정은 자동반영)

익금산입 및 손금불산입			손금산입 및 익금불산입		
과 목	금 액	소득처분	과 목	금 액	소득처분
비지정기부금	3,000,000	기타사외유출			

[3] [기부금조정명세서]

[2.기부금조정]
- "2.이월결손금" 150,000,000원 입력
- "5.이월잔액 중 손금산입액" 10,000,000원 입력

[5.기부금 이월액 명세]
- 2024. 특례기부금 10,000,000원, "24.해당연도손금추인액" 10,000,000원 입력
- 특례기부금 손금산입액 10,000,000원, 특례기부금 한도초과액 5,750,000원
- 별도의 세무조정은 없음(법인세과세표준및세액조정계산서에 자동반영)

[1.기부금 입력] [2.기부금 조정]

1. 「법인세법」 제24조제2항제1호에 따른 특례기부금 손금산입액 한도액 계산			
1.소득금액 계	498,500,000	5.이월잔액 중 손금산입 MIN[4,23]	10,000,000
2.법인세법 제13조제1항제1호에 따른 이월 결손금 합계액(기준소득금액의 80% 한도)	150,000,000	6.해당연도지출액 손금산입액 MIN[(④-⑤)>0, ③]	164,250,000
3.「법인세법」 제24조제2항제1호에 따른 특례기부금 해당 금액	170,000,000	7.한도초과액 [(3-6)>0]	5,750,000
4.한도액 {[(1-2)]0}X50%	174,250,000	8.소득금액 차감잔액 [(①-②-⑤-⑥)>0]	174,250,000

2. 「조세특례제한법」 제88조의4에 따라 우리사주조합에 지출하는 기부금 손금산입액 한도액 계산			
9.「조세특례제한법」 제88조의4제13항에 따른 우리사주조합 기부금 해당 금액		11. 손금산입액 MIN(9, 10)	
10. 한도액 (8×30%)	52,275,000	12. 한도초과액 [(9-10)>0]	

3. 「법인세법」 제24조제3항제1호에 따른 일반기부금 한도액 계산			
13.「법인세법」 제24조제3항제1호에 따른 일반기부금 해당금액		16. 해당연도지출액 손금산입액 MIN[(14-15)>0, 13]	
14. 한도액 ((8-11)x10%, 20%)	17,425,000	17. 한도초과액 [(13-16)>0]	
15. 이월잔액 중 손금산입액 MIN(14, 23)			

4.기부금 한도초과액 총액			
18. 기부금 합계액 (3+9+13)	19. 손금산입 합계 (6+11+16)	20. 한도초과액 합계 (18-19)=(7+12+17)	
170,000,000	164,250,000	5,750,000	

5. 5.기부금 이월액 명세					
사업연도	기부금 종류	21.한도초과 손금불산입액	22.기공제액	23.공제가능 잔액(21-22)	'24.해당연도 손금추인액	25.차기이월액 (23-24)
합계	「법인세법」 제24조제2항제1호에 따른 특례기부금	10,000,000		10,000,000	10,000,000	
	「법인세법」 제24조제3항제1호에 따른 일반기부금					
2024	「법인세법」 제24조제2항제1호에 따른 특례	10,000,000		10,000,000	10,000,000	

6. 해당 사업연도 기부금 지출액 명세				
사업연도	기부금 종류	26.지출액 합계금액	27.해당 사업연도 손금산입액	28.차기 이월액(26-27)
합계	「법인세법」 제24조제2항제1호에 따른 특례기부금	170,000,000	164,250,000	5,750,000
	「법인세법」 제24조제3항제1호에 따른 일반기부금			

실습예제 따라하기

02 다음의 자료를 이용하여 ㈜육공칠(0607)의 기부금명세서와 기부금조정명세서를 작성하고 세무조정을 하시오.(단, 기존에 입력된 데이터는 무시하고 제시된 자료로 계산하며 당 문제의 (1)내용의 세무조정 사항은 (2)번에 반영되지 않은 상태임)

1. 기부금 지출내역(기부처는 기재하지 말 것)

지출일	금액	내용
5월 1일	10,000,000원	이재민 구호금품(어음기부 2,000,000원 포함, 만기일 2025.2.3.)
6월 15일	15,000,000원	불우이웃돕기성금(사회복지법인)
9월 21일	5,000,000원	사립대학교에 장학금으로 지출한 기부금

2. 법인세과세표준 및 세액조정계산서상 차가감소득금액

결산서상 당기순손익		200,000,000원
소득조정 금액	익금산입	10,000,000원
	손금산입	12,000,000원

3. 세무상 미공제 이월결손금 및 이월기부금

구분	이월결손금	이월기부금(지정기부금)
2024년	15,000,000원	1,000,000원
2013년	10,000,000원	2,000,000원

실기 따라하기 02

[1] [기부금조정명세서]

　[1.기부금입력]

- F12 불러오기
- 10.특례기부금: 이재민구호물품(어음기부금 2,000,000원 제외), 대학교 장학금
- 40.일반기부금: 불우이웃돕기성금
- 50.비지정기부금: 어음기부금
- 2.소득금액확정 [수정] 클릭 후 결산서상 당기순이익, 익금산입, 손금산입 금액 입력
- 익금산입금액은 10,000,000 + 어음기부금 2,000,000 = 12,000,000원

구분 유형	2.코드	3.과목	4.월일		5.적요	6.법인명등	7.사업자(주민)번호등	8.금액	비고
24조제2항제1호에	10	기부금	5	1	이재민구호금품			8,000,000	
24조제3항제1호에	40	기부금	6	15	불우이웃돕기성금			15,000,000	
24조제2항제1호에	10	기부금	9	21	사립대학교 장학금			5,000,000	
기타	50	기부금	5	1	어음기부금			2,000,000	

9.소계	가. 「법인세법」 제24조제2항제1호에 따른 특례기부금	코드 10	13,000,000
	나. 「법인세법」 제24조제3항제1호에 따른 일반기부금	코드 40	15,000,000
	다. (조세특례제한법) 제88조의4제13항의 우리사주조합 기부금	코드 42	
	라. 그 밖의 기부금	코드 50	2,000,000
	계		30,000,000

2.소득금액확정

1.결산서상 당기순이익	2.익금산입	3.손금산입	4.기부금합계	5.소득금액계(1+2-3+4)
200,000,000	12,000,000	12,000,000	28,000,000	228,000,000

[2] F3 조정등록

- 어음기부금은 유보발생 소득처분(만기 도래 시기에 따른 일시적차이)

조정 등록

익금산입 및 손금불산입			손금산입 및 익금불산입		
과목	금액	소득처분	과목	금액	소득처분
어음지급기부금	2,000,000	유보발생			

[3] [기부금조정명세서]
   [2.기부금조정]
   - [2.이월결손금] 15,000,000원만 입력(10년 이내 결손금만 공제 가능)
   - [5. 기부금 이월액 명세] 2024. 일반기부금 1,000,000원, "24.해당연도손금추인액" 1,000,000원 입력(10년 이내)

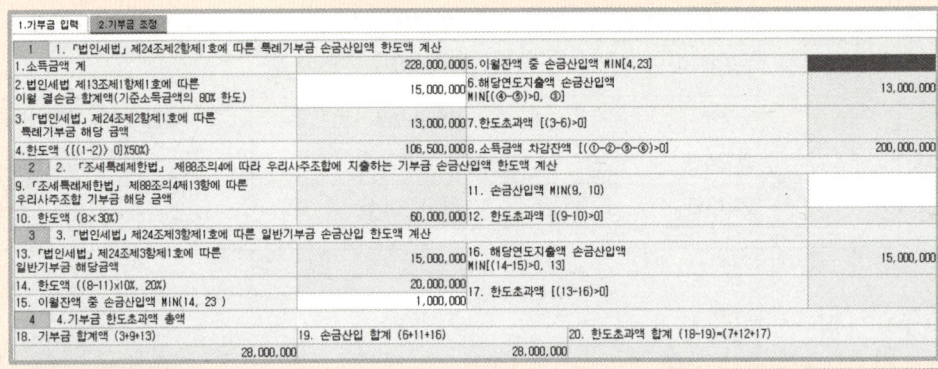

실습예제 따라하기

03 다음의 자료를 이용하여 중소기업인 ㈜칠공일(0701)의 [기부금조정명세서]와 [법인세과세표준및세액조정계산서]를 작성하고 관련 세무조정을 하시오.(단, 입력된 데이터는 무시하고 제시된 자료만을 사용하여 문제를 풀 것)

1. 전기 지정기부금한도초과액은 10,000,000원이었다.
2. 기부금 지출내역(기부처는 기재하지 말 것)
   - 4월 15일: 천재지변으로 인한 이재민에 대한 구호금품 9,000,000원(어음으로 발행하여 기부한 5,000,000원이 포함되어 있으며, 만기 2026년 1월 21일이다)
   - 5월 26일: 대표자의 종친회 기부금 700,000원
   - 10월 8일: 일반기부금단체인 아동복지시설에 대한 기부금 2,500,000원
3. 법인세과세표준 및 세액조정계산서상 차가감소득금액(위 '2. 기부금 지출내역'에서 발생한 세무조정사항은 반영되지 않은 상태임)
   - 결산서상 당기순이익: 212,000,000원
   - 익금산입, 손금불산입: 4,500,000원
   - 손금산입, 익금불산입: 1,500,000원
4. 법인세과세표준 및 세액조정계산서상 각사업연도소득금액 이후의 세액 등은 고려하지 않는다.

실기 따라하기 03

[1] [기부금조정명세서]
  [1.기부금입력]
  - F12 불러오기
  - 10.특례기부금: 이재민구호물품(어음기부금 5,000,000원 제외)
  - 40.일반기부금: 아동복지시설
  - 50.비지정기부금: 어음기부금, 종친회기부금
  - 2.소득금액확정 [수정] 클릭 후 결산서상 당기순이익, 익금산입, 손금산입 금액 입력
  - 익금산입금액은 4,500,000 + 어음기부금 9,000,000 + 종친회기부금 700,000 = 10,200,000원

[2] F3 조정등록

조정 등록					
익금산입 및 손금불산입			손금산입 및 익금불산입		
과 목	금 액	소득처분	과 목	금 액	소득처분
어음기부금	5,000,000	유보발생			
종친회기부금	700,000	상여			

[3] [기부금조정명세서]
  [2.기부금조정]
  - [5. 기부금 이월액 명세] 2024. 일반기부금 10,000,000원, "24.해당연도손금추인액" 10,000,000원 입력

[4] [법인세과세표준및세액조정계산서]

① 각 사 업 연 도 소 득 계 산	101. 결 산 서 상 당 기 순 손 익	01	212,000,000
	소 득 조 정 금 액 102.익 금 산 입	02	10,200,000
	103.손 금 산 입	03	1,500,000
	104. 차 가 감 소 득 금 액 (101+102-103)	04	220,700,000
	105. 기 부 금 한 도 초 과 액	05	
	106. 기 부 금 한 도 초 과 이 월 액 손 금 산 입	54	10,000,000
	107. 각 사 업 연 도 소 득 금 액 (104+105-106)	06	210,700,000

실습예제 따라하기

04 다음의 자료만을 이용하여 ㈜칠공이(0702)의 [기부금조정명세서]를 작성하고 세무조정을 하시오.(단, 불러온 자료는 무시하기로 한다.)

표준손익계산서
2025.1.1.~2025.12.31.

당기순이익	162,000,000원

소득금액조정합계표
※ 기부금에 대한 내용은 반영되어 있지 않음

익금산입 및 손금불산입	손금산입 및 익금불산입
14,300,000원	5,300,000원

- 영업외수익
  - 12월 30일: 서울시에 보유중인 토지를 양도함에 따른 유형자산처분이익 50,000,000원
    (양도시 장부가액 300,000,000원, 시가 600,000,000원)
- 영업외비용
  - 6월 30일: 천재지변 이재민 구호금품 10,000,000원
  - 10월 30일: 종교단체 기부금 12,000,000원
  - 11월 25일: 한국교육방송공사의 고유목적사업비 외로 지출하는 기부금 6,000,000원
- 2024년 이월결손금 100,000,000원 및 지정기부금 한도초과액 5,000,000원이 있음

실기 따라하기 04

[1] [기부금조정명세서]
  [1.기부금입력]
  - F12 불러오기
  - 10.특례기부금: 이재민구호물품, *토지간주기부금
    * (600,000,000 × 70%) − 350,000,000 = 70,000,000
  - 40.일반기부금: 종교기부금
  - 50.비지정기부금: 고유목적사업외 지출(고유목적사업비는 일반기부금)
  - 2.소득금액확정 [수정] 클릭 후 결산서상 당기순이익, 익금산입, 손금산입 금액 입력
  - 익금산입금액은 14,300,000+고유목적사업외 기부금 6,000,000=20,300,000원

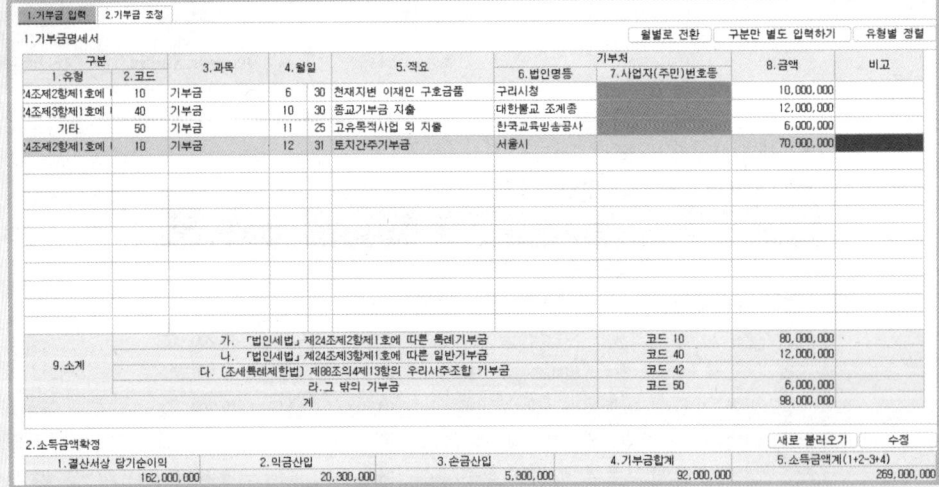

[2] F3조정등록

익금산입 및 손금불산입			손금산입 및 익금불산입		
과 목	금 액	소득처분	과 목	금 액	소득처분
비지정기부금	6,000,000	기타사외유출			

[3] [기부금조정명세서]

　[2.기부금조정]
- [2.이월결손금] 100,000,000원만 입력(
- [5. 기부금 이월액 명세] 2024. 일반기부금 5,000,000원, "24.해당연도손금추인액" 5,000,000원 입력

1. 「법인세법」 제24조제2항제1호에 따른 특례기부금 손금산입액 한도액 계산		
1.소득금액 계	269,000,000	5.이월잔액 중 손금산입액 MIN[4,23]
2.법인세법 제13조제1항제1호에 따른 이월 결손금 합계액(기준소득금액의 80% 한도)	100,000,000	6.해당연도지출액 손금산입액 MIN[(④-⑧)>0, ⑨] 80,000,000
3. 「법인세법」 제24조제2항제1호에 따른 특례기부금 해당 금액	80,000,000	7.한도초과액 [(3-6)>0]
4. 한도액 {[(1-2)]×50%}	84,500,000	8.소득금액 차감잔액 [(①-②-⑤-⑥)>0] 89,000,000

2. 「조세특례제한법」 제88조의4에 따라 우리사주조합에 지출하는 기부금 손금산입액 계산		
9.「조세특례제한법」 제88조의4제13항에 따른 우리사주조합 기부금 해당 금액		11. 손금산입액 MIN(9, 10)
10. 한도액 (8×30%)	26,700,000	12. 한도초과액 [(9-10)>0]

3. 「법인세법」 제24조제3항제1호에 따른 일반기부금 손금산입 한도액 계산		
13. 「법인세법」 제24조제3항제1호에 따른 일반기부금 해당금액	12,000,000	16. 해당연도지출액 손금산입액 MIN[(14-15)>0, 13] 3,900,000
14. 한도액 ((8-11)×10%, 20%)	8,900,000	17. 한도초과액 [(13-16)>0] 8,100,000
15. 이월잔액 중 손금산입액 MIN(14, 23)	5,000,000	

4. 기부금 한도초과액 총액		
18. 기부금 합계액 (3+9+13) 92,000,000	19. 손금산입 합계 (6+11+16) 83,900,000	20. 한도초과액 합계 (18-19)=(7+12+17) 8,100,000

5. 기부금 이월액 명세					
사업연도	기부금 종류	21.한도초과 손금불산입액	22.기공제액	23.공제가능 잔액(21-22)	24.해당연도 손금추인액	25.차기이월액 (23-24)
합계	「법인세법」 제24조제2항제1호에 따른 특례기부금					
	「법인세법」 제24조제3항제1호에 따른 일반기부금	5,000,000		5,000,000	5,000,000	
2024	「법인세법」 제24조제3항제1호에 따른 일반	5,000,000		5,000,000	5,000,000	

6. 해당 사업연도 기부금 지출액 명세				
사업연도	기부금 종류	26.지출액 합계금액	27.해당 사업연도 손금산입액	28.차기 이월액(26-27)
합계	「법인세법」 제24조제2항제1호에 따른 특례기부금	80,000,000	80,000,000	
	「법인세법」 제24조제3항제1호에 따른 일반기부금	12,000,000	3,900,000	8,100,000

CHAPTER 05 소득 및 과세표준 계산

01 과세표준의 계산구조

과세표준이라 함은 세법에 의하여 직접적으로 세액산출의 기초가 되는 과세대상의 수량 또는 가액을 말한다. 법인세 과세표준은 다음과 같이 계산한다.

[법인세과세표준 및 세액조정계산서]

① 각 사 업 연 도 소 득 계 산	101. 결산서상 당기순손익	01		④ 납부할 세액 계산	120. 산 출 세 액 (120=119)		
	소득조정 금액	102. 익 금 산 입	02			121. 최저한세 적용대상 공제감면세액	17	
		103. 손 금 산 입	03			122. 차 감 세 액	18	
	104. 차 가 감 소 득 금 액 (101+102-103)	04			123. 최저한세 적용제외 공제감면세액	19	
	105. 기 부 금 한 도 초 과 액	05			124. 가 산 세 액	20	
	106. 기부금한도초과 이월액 손금산입	54			125. 가 감 계 (122-123+124)	21	
	107. 각 사업연도 소득금액 (104+105-106)	06		기 납 부 세 액	기 한 내 납 부 세 액	126. 중 간 예 납 세 액	22	
② 과 세 표 준 계 산	108. 각 사업연도 소득금액 (108=107)					127. 수 시 부 과 세 액	23	
	109. 이 월 결 손 금	07				128. 원 천 납 부 세 액	24	
	110. 비 과 세 소 득	08				129. 간접 회사등 외국 납부세액	25	
	111. 소 득 공 제	09				130. 소 계 (126+127+128+129)	26	
	112. 과 세 표 준 (108-109-110-111)	10				131. 신 고 납부전 가 산 세 액	27	
	159. 선 박 표 준 이 익	55				132. 합 계 (130+131)	28	
③ 산 출 세 액 계 산	113. 과 세 표 준 (113=112+159)	56			133. 감면분 추가 납부세액	29	
	114. 세 율	11			134. 차 가 감 납부할 세액 (125-132+133)	30	
	115. 산 출 세 액	12		⑤토지등 양도소득, ⑥미환류소득 법인세 계산 (TAB로 이동)			
	116. 지 점 유 보 소 득 (법 제96조)	13		⑦ 세 액 계	151. 차감 납부할 세액계 (134+150+166)	46	
	117. 세 율	14			152. 사실과 다른 회계처리 경정 세액공제	57	
	118. 산 출 세 액	15			153. 분 납 세 액 계 산 범 위 액 (151-124-133-145-152+131)	47	
	119. 합 계 (115+118)	16			154. 분 납 할 세 액	48	
					155. 차 감 납 부 세 액 (151-152-154)	49	

02 소득금액조정합계표및명세서

법인조정 I » 소득및과표계산 » 소득금액조정합계표및명세서

소득금액조정합계표는 계정과목별 조정명세서에 의한 세무조정결과 결과 익금산입 및 손금불산입사항과 손금산입 및 손금불산입사항, 소득처분을 입력하여 집계하는 명세서이다. 다만, 기부금 한도초과액은 소득금액조정합계표에 입력하지 않고 법인세과세표준및세 조정계산서에 직접 입력하여야 한다.

항목	내용
입력방법	① 프로그램에서는 각 과목별 세무조정이 완료되면 각 세무조정 메뉴에서 F3조정등록을 이용하여 과목별 세무조정 사항을 본 서식 집계한다. 또한 직접 본 메뉴에서 입력 가능하다. ② 전기자본금과적립금조정명세서(을)서식의 유보금액 중 당기에 유보소득을 상쇄시키는 경우나(예 전기 재고자산평가감)이나, 세무조정명세서가 없는 항목(예 법인세비용)의 세무조정 사항은 본 메뉴에서 직접 입력한다.
과목	F2코드를 이용하여 계정과목을 입력하거나 F4조정코드를 이용하여 조정과 목을 입력할 수 있다. 과목란에는 정답이 있는 것은 아니므로 상단의 F6 직접입력을 클릭한 후 과목을 직접 입력할 수 있다.
소득처분	다음의 처분사항을 선택한다. • 익금산입 및 손금불산입은 1.유보발생, 2.유보감소, 3. 배당, 4.상여, 5.기타소득 기타사외유출 7.기타 중 하나를 선택한다. • 손금산입 및 익금불산입은 1. 유보발생, 2.유보감소, 3.기타 중 하나를 선택한다.

✓주요 체크사항: 소득금액조정합계표

구분	세부 내용
세무조정 일반사항	• 익금산입/손금불산입: 유보/기타 외에 사외유출도 고려 필요 • 손금산입/익금불산입: 유보/기타만 고려 • F4로 세무조정, 직접 조정 항목 이해 필수

매도가능증권평가손익	**평가이익 발생시:**
	• 회계처리: 매도가능증권 ××× / 매도가능증권평가이익 ×××
	• 세무조정:
	  - 익금산입 매도가능증권평가이익 (기타)
	  - 익금불산입 매도가능증권 (△유보)
	평가손실 발생시:
	• 회계처리: 매도가능증권평가손실 ××× / 매도가능증권 ×××
	• 세무조정:
	  - 손금산입 매도가능증권평가손실 (기타)
	  - 손금불산입 매도가능증권 (유보)
	※ 기타포괄손익을 익금/손금 인정, 해당 자산을 불산입하여 상계처리

특수관계인 유가증권 거래	• 특수관계인으로부터 유가증권 저가매입 시: 익금산입(유보)
유효이자율법 관련	• 유효이자율법에 의한 상각(환입)액: 이자수익 불인정, 익금불산입(유보) • 사채이자 회계처리: 만기보유증권 ××× / 이자수익 ×××
사택유지비(건물관리비)	• 임원(소액주주 아닌 경우): 손금불산입(상여) • 임원(소액주주): 손금인정, 세무조정 불필요
국세환급금 이자	• 국세환급금에 대한 이자(보상금): 익금불산입(기타)
대표이사 연임	• 대표이사 연임 시: 손금불산입 업무무관가지급금(유보) • 현실적 퇴직이 아니므로 퇴직금 지급 불가

임원 퇴직금	• 퇴직금 지급규정 없는 경우 한도:
	  – 퇴직직전 1년간 총급여 × 1/10 × 근속연수
	  – 한도초과액: 손금불산입(상여)

임원상여금(퇴직금)	• 한도 내: 손금산입, 세무조정 불필요 • 한도초과액: 손금불산입(상여)

실습예제 따라하기

01 다음의 자료를 이용하여 ㈜육공삼(0603)의 소득금액조정합계표를 완성하시오. 재무상태표 및 손익계산서에는 다음과 같은 계정과목이 포함되어 있으며 기업회계기준에 따라 정확하게 회계처리 되었다.

계정과목	금액	비고
법인세등	13,500,000원	
퇴직급여	40,000,000원	임원에 대한 퇴직금으로서 규정없이 지급한 금액으로서 법인세법상 임원퇴직금 한도액은 35,000,000원이다.
감가상각비	5,000,000원	업무용승용차(2025.1.1., 취득분)으로서 상각범위액은 7,000,000원이다.
지급임차료	7,000,000원	전액 대표이사 사택에 대해 지출된다.

실기 따라하기 01

[소득금액조정합계표]
- [손금불산입] 법인세등 13,500,000원(기타사외유출)
  - 법인세는 법인의 소득에 과세되는 세금으로 손금불산입 처리
- [손금불산입] 임원퇴직금한도초과액 5,000,000원(상여)
  - 임원퇴직금을 규정없이 지급하는 경우에 법인세법상 한도액은 손금으로 인정함
- [손금산입] 감가상각비 과소계상액 2,000,000원(유보발생)
  - 2016.1.1 이후 취득한 업무용승용차의 감가상각비는 내용연수 5년, 정액법 적용
  - 감가상각비 한도는 8,000,000원이며 과소계상액은 손금산입 처리함
- [손금불산입] 지급임차료 7,000,000원(상여)
  - 업무무관비용으로서 대표자의 귀속
  - 업무와 관련없는 비용은 손금으로 인정되지 않음

익금산입 및 손금불산입			손금산입 및 익금불산입		
과목	금액	소득처분	과목	금액	소득처분
법인세등	13,500,000	기타사외유출	감가상각비 과소계상액	2,000,000	유보발생
임원퇴직금한도초과	5,000,000	상여			
지급임차료	7,000,000	상여			

실습예제 따라하기

02 다음의 자료를 이용하여 ㈜육공구(0609)의 소득금액조정합계표를 완성하시오.

재무상태표 및 손익계산서에는 다음과 같은 계정과목이 포함되어 있으며 기업회계기준에 따라 정확하게 회계 처리 되었다.
- 기업업무추진비: 한도초과액 28,000,000원
- 국고보조금: 정부로부터 국고보조금 30,000,000원을 지원받고 자본조정 계정으로 회계 처리함. 이 국고보조금은 상환의무가 없고 일시상각충당금이나 압축기장충당금의 설정 대상이 아니다.
- 전기오류수정이익: 전기 법인세 과다납부로 환급 받은 금액 4,000,000원이 포함되어 있으며, 영업외수익으로 처리하였다.

실기 따라하기 02

[소득금액조정합계표]
- [손금불산입] 기업업무추진비 한도초과 28,000,000원 (기타사외유출)
  - 기업업무추진비 한도초과액은 기타사외유출로 처리
  - 증빙불비 기업업무추진비(업무무관 경비)는 대표자의 상여로 처리
  - 3만원 초과 신용카드 등 미사용액은 기타사외유출로 처리
- [익금산입] 국고보조금 30,000,000원 (기타)
  - 자본 계정으로 회계처리했으므로 기타로 소득처분
- [익금불산입] 전기오류수정이익 4,000,000원(기타)
  - 전기에 발생한 오류를 수정한 이익으로 익금불산입 처리

익금산입 및 손금불산입			손금산입 및 익금불산입		
과 목	금 액	소득처분	과 목	금 액	소득처분
기업업무추진비 한도초과	28,000,000	기타사외유출	전기오류수정이익	4,000,000	기타
국고보조금	30,000,000	기타			

실습예제 따라하기

03 ㈜칠공일(0701)의 재무상태표 및 손익계산서에는 다음과 같은 계정과목이 포함되어 있으며 기업회계기준 에 따라 정확하게 회계 처리되었다. 이와 관련하여 소득금액조정합계표를 완성하시오.

계정과목	금액	비고
상여금	12,000,000원	임원상여금으로 상여금 지급규정 없이 지급한 금액이다.
유형자산 손상차손	5,000,000원	비품의 회사계상 감가상각비는 10,000,000원이며, 세법상의 감가상각 범위액은 10,000,000원이다.
매도가능증권 평가이익	7,000,000원	기말 현재 기타포괄손익누계액에 계상된 금액이다.
법인세비용	24,000,000원	

실기 따라하기 03

[소득금액조정합계표]
- [손금불산입] 임원상여금한도초과액 12,000,000원 (상여)
  - 임원퇴직금 및 상여금은 규정없이 지급하는 경우에 법인세법상 한도액은 손금으로 인정
- [손금불산입] 비품 상각부인액 5,000,000원 (유보발생)
  - 유형자산손상차손액은 회사계상감가상각비로 보아 감가상각시부인계산 필요
  - 회사계상액 15,000,000 − 법인세한도 10,000,000 = 상각부인액 5,000,000
  - 감가상각비 상각부인액(한도초과액)은 손금불산입(유보) 처리

- [익금산입] 매도가능증권평가이익 7,000,000원 (기타)
- [익금불산입] 매도가능증권 7,000,000원(유보발생)
  - 법인세법에서는 임의평가손익을 인정하지 않으므로 평가이익을 익금불산입
  - 매도가능평가이익은 자본계정이므로 우선 매도가능평가이익을 익금산입하여 익금을 만든 후에 다시 매도가능증권을 익금불산입하여 자산 장부가액을 평가 전 금액으로 줄임
- [손금불산입] 법인세비용 24,000,000원(기타사외유출)
  - 법인세는 법인의 소득에 과세되는 세금으로 손금불산입 처리

익금산입 및 손금불산입			손금산입 및 익금불산입		
과목	금액	소득처분	과목	금액	소득처분
임원상여금한도초과액	12,000,000	상여	매도가능증권	7,000,000	유보발생
비품상각부인액	5,000,000	유보발생			
매도가능증권평가이익	7,000,000	기타			
법인세비용	24,000,000	기타사외유출			

실습예제 따라하기

04 다음 자료를 보고 ㈜칠공삼(0703)의 소득금액조정합계표를 작성하시오.

과목	장부상 금액	비고
세금과공과	2,135,000원	대표이사 개인차량 취득세
세금과공과	3,157,400원	간주임대료 부가가치세
세금과공과	517,200원	법인의 사업용 부동산 재산세
보험료	5,800,000원	화재보험기간 2025.7.1.~2026.6.30.(월할계산할 것)
이자수익	864,000원	국세환급금 이자
기부금한도초과액	3,400,000원	지정기부금 한도초과액

- 자본금과 적립금조정명세서(을) 기초잔액
  - 재고자산평가증(제품): 2,700,000원
  - 선급비용: 2,600,000원(화재보험료이며 보험기간은 2024.7.1.~2025.6.30.)
- 건물에 대한 자본적 지출액 30,000,000원을 손익계산서에 수선비로 회계처리함
  - 장부상 건물 취득가액 800,000,000원, 기초 감가상각누계액 360,000,000원, 정액법, 내용 년수 40년
  - 손익계산서 건물 감가상각비 계상액 20,000,000원

실기 따라하기 04

[소득금액조정합계표]
- [손금불산입] 대표이사 개인차량 취득세 2,135,000원(상여)
  - 대표이사 개인 차량에 대한 취득세는 법인의 비용으로 인정되지 않음
- [손금불산입] 보험료 과대계상분 2,900,000원(유보)
  - 실제 지출액보다 과대하게 계상된 보험료는 손금불산입
- [익금불산입] 국세환급금 이자수익 864,000원(기타)
  - 이자수익은 자산/부채의 증감이 아님
- [익금산입] 전기 제품평가증 2,700,000원(유보감소)
  - 자본금과적립금조정명세서 기초(전기분)액에 제품평가증으로 계상 → 당기 유보추인
  - 전기 재고자산평가감 → 당기 손금산입(유보감소)
  - 전기 재고자산평가증 → 당기 익금산입(유보감소)

- [손금산입] 전기분 선급비용 2,600,000원(유보감소)
  - 자본금과적립금조정명세서 기초(전기분)액에 이미 선급비용으로 계상 → 당기 유보추인
- [손금불산입] 건물 감가상각비 한도초과액 29,250,000원(유보)
  - 건물에 대한 자본적지출을 수선비로 회계처리한 것은 즉시상각의제
  - 즉시상각의제 요건 확인: 장부가액 4억4천 × 5% = 22,000,000원 < 수선비 30,000,000원
  - 즉시상각의제는 취득원가와 감가상각비에 가산
  - 취득원가 800,000,000 + 즉시상각의제 30,000,000 = 830,000,000(회사계상 취득원가)
  - 장부상 감가상각비 20,000,000 + 즉시상각의제 30,000,000 = 50,000,000(회사계상 감가상각비)
  - (830,000,000 − 0) ÷ 40 = 20,750,000(감가상각비 한도)
  - 50,000,000 − 20,750,000 = 29,250,000원 한도초과했으므로 손금불산입(유보) 처리
  - 간주임대료는 손금산입 세무조정 불가
  - 업무관련 자산의 재산세 손금산입 세무조정 불가
  - 기부금 한도초과액의 세무조정은 소득금액합계표가 아닌, 법인세표및세액조정에서 자동 반영

익금산입 및 손금불산입			손금산입 및 익금불산입		
과목	금액	소득처분	과목	금액	소득처분
대표이사개인차량취득세	2,135,000	상여	이자수익	864,000	기타
선급보험료	2,900,000	유보발생	전기선급비용	2,600,000	유보감소
전기재고자산평가증	2,700,000	유보감소			
감가상각비한도초과	29,250,000	유보발생			

실습예제 따라하기

05 (주)오공사(0504)의 판매비와 관리비에 계상된 인건비 내역이 아래와 같을 때 이와 관련된 세무조정을 하고 소득금액조정합계표도 작성하시오.

지급구분	급여	상여	퇴직급여
대표이사	42,000,000원	15,000,000원	15,000,000원
전무이사	30,000,000원	12,000,000원	29,000,000원
상무이사	25,000,000원	11,000,000원	−
총무과장	18,000,000원	9,000,000원	−

1) 대표이사의 퇴직급여는 주주총회에서 대표이사를 연임하기로 결정하여 지난 임기에 대한 퇴직급여를 지급한 것으로 확인되었다.
2) 전무이사(근속연수 5년)의 퇴직급여는 개인적 사정으로 사직함에 따라 지급한 것이고, 회사는 퇴직급여지급규정을 두고 있지 않다. 전무이사의 퇴직직전 1년간 총급여와 상여는 당기분 포함하여 50,000,000원이다.
3) 주주총회결의에 따라 결정된 급여지급기준에는 모든 임직원에 대한 상여는 급여의 40%를 지급하도록 규정하고 있다.

실기 따라하기 05

[소득금액조정합계표]
- [손금불산입] 업무무관가지급금 15,000,000원(유보발생)
  - 비현실적퇴직으로 인한 퇴직금으로 현실적퇴직시까지 업무무관가지급금으로 본다.
  - 대표이사의 연임은 현실적 퇴직에 해당하지 않음 ⇒ 현실적 퇴직일 때까지 업무무관가지급금으로 봄
- [손금불산입] 임원퇴직금 한도초과액 4,000,000원(상여)
  - 법인세법상 임원 퇴직금한도액 = 50,000,000원 × 5년 × 1/10 = 25,000,000원
  - 법인세법상 퇴직금 규정이 없는 임원의 퇴직금 한도액

- 50,000,000원(퇴직 직전 1년간 총급여) × 1/10 × 5(근속연수) = 25,000,000원
- 초과분 4,000,000원에 대해 손금불산입(상여) 처리
• [손금불산입] 임원상여 한도초과액 1,000,000원(상여)
  - 임원상여한도액 = 25,000,000원(상무이사) × 40% = 10,000,000원
  - 상여금 한도 초과 계산:
  - 대표이사: 한도 16,800,000원 / 지급액 15,000,000원(한도 내)
  - 전무이사: 한도 12,000,000원 / 지급액 12,000,000원(한도 내)
  - 상무이사: 한도 10,000,000원 / 지급액 11,000,000원 → 1,000,000원 한도초과분(임원이므로 손금불산입)
  - 총무과장: 한도 7,200,000원 / 지급액 9,000,000원 → 1,800,000원 초과(직원이므로 손금산입)

익금산입 및 손금불산입			손금산입 및 익금불산입		
과 목	금 액	소득처분	과 목	금 액	소득처분
업무무관가지급금	15,000,000	유보발생			
임원퇴직금 한도초과	4,000,000	상여			
임원상여 한도초과	1,000,000	상여			

실습예제 따라하기

06 재무상태표 및 손익계산서에는 당기 발생하는 거래에 대하여 다음과 같은 계정과목이 포함되어 있으며 기업회계기준에 따라 정확하게 회계처리되었다. 이와 관련하여 ㈜칠공사(0704)의 소득금액조정합계표를 완성하시오.

계정과목	금액	비고
잡이익	10,000,000원	이 중 법인세 과다납부분 환급받은 금액이 8,000,000원이 포함되어 있다.
수수료비용	5,000,000원	대주주인 출자임원이 사용하고 있는 사택의 유지비 4,000,000원을 포함되어 있다.
퇴직급여	15,000,000원	임원에게 지급한 퇴직금으로서, 정관 규정에 의한 임원 퇴직금 한도액은 10,000,000원이다.
자기주식처분이익	700,000원	
매도가능증권평가이익	3,500,000원	기말 현재 기타포괄손익누계액에 계상된 금액이다.
법인세비용	20,000,000원	

실기 따라하기 06

[소득금액조정합계표]
• [익금불산입] 잡이익 8,000,0000원(기타)
  - 법인세납부액의 환급액은 익금불산입 항목
• [손금불산입] 수수료비용 4,000,000원(상여)
  - 대주주인 출자임원의 사택유지비는 손금불산입 항목
• [손금불산입] 임원퇴직금한도초과액 5,000,000원 (상여)
  - 임원퇴직금한도초과액은 손금불산입 항목
• [익금산입] 자기주식처분이익 700,000원(기타)
  - 자기주식처분이익은 회계에서는 자본에 해당하지만 법인세법에서는 익금항목에 해당하므로 익금산입
• [익금산입] 매도가능증권평가이익 3,500,000원(기타)
• [익금산입] 매도가능증권 3,500,000원(유보발생)
  - 법인세법상의 유가증권평가는 원가법만 적용
  - 법인세법에서는 임의평가손익을 인정하지 않으므로 평가이익을 익금불산입
  - 매도가능평가이익은 자본 계정이므로 다시 매도가능증권을 익금불산입하여 자산의 장부가액을 평가 전 금액으로 줄이는 양편조정
• [손금불산입] 법인세비용 20,000,000원(기타사외유출)
  - 법인세비용은 손금불산입항목

익금산입 및 손금불산입			손금산입 및 익금불산입		
과 목	금 액	소득처분	과 목	금 액	소득처분
수수료비용	4,000,000	상여	잡이익	8,000,000	기타
임원퇴직금 한도초과	5,000,000	상여	매도가능증권	3,500,000	유보발생
자기주식처분이익	700,000	기타			
매도가능증권평가이익	3,500,000	기타			
법인세비용	20,000,000	기타사외유출			

실습예제 따라하기

07 다음의 자료를 참조하여 ㈜칠공오(0705)의 [소득금액조정합계표]메뉴를 작성하시오.

계정과목	금액(원)	비고
잡이익	750,000	당해(전기귀속) 법인세신고납부 후 경정청구로 환급된 법인세임.
이자수익	100,000	공장건물 재산세과오납 환급금에 대한 이자임.
세금과공과	800,000	공장용트럭 취득에 따른 취득세임.
보험차익	1,250,000	공장창고화재로 인한 보험차익임.
자기주식처분이익	500,000	자기주식처분이익으로 기타자본잉여금에 계상됨.

실기 따라하기 07

[소득금액조정합계표]
- [익금불산입] 잡이익 750,000원(기타)
  - 법인세납부액의 환급액은 익금불산입 항목
- [익금불산입] 이자수익 100,000원(기타)
  - 세금 환급이자는 익금불산입 항목
- [익금산입] 자기주식처분이익 500,000원(기타)
  - 자기주식처분이익은 회계에서는 자본에 해당하지만 법인세법에서는 익금항목에 해당하므로 익금산입
  - 트럭 취득세는 즉시상각의제에 해당, 직접 손금불산입 하지 않고 감가상각비 한도초과 계산시 감가상각비에 포함
  - 공장창고화재로 인한 보험차익은 익금항목이므로 세무조정이 없음

익금산입 및 손금불산입			손금산입 및 익금불산입		
과 목	금 액	소득처분	과 목	금 액	소득처분
자기주식처분이익	500,000	기타	법인세환급액	750,000	기타
			이자수익	100,000	기타

실습예제 따라하기

08 다음의 자료를 이용하여 ㈜칠공팔(0708)의 소득금액조정합계표를 완성하시오.

재무상태표 및 손익계산서 등에는 다음과 같은 계정과목이 포함되어 있으며 기업회계기준에 따라 정확하게 회계처리 되었다.

[계정과목]
- 전기오류수정이익: 7,000,000원, 영업외수익에 포함되어 있는 것으로 전기의 법인세 과다납부액을 환급받은 금액이다.
- 기계장치 감가상각비: 30,000,000원, 세법상 감가상각범위액은 35,000,000원이고, 전기감가상각부인액은 4,500,000원이 있다.
- 보험료: 화재보험료 1,500,000원(2025.6.1.~2026.5.31.)
  차기이월분(선급비용) 620,547원을 재무제표에 반영하지 아니하였다.

실기 따라하기 08

[소득금액조정합계표]
- [익금불산입] 전기오류수정이익 7,000,000원 (기타)

법인세납부액의 환급액은 익금불산입 항목
- [손금산입] 전기상각부인액 손금추인 4,500,000원 (유보감소)

당기발생 시인부족액 5,000,000원과 전기상각부인액 4,500,000원 중 적은 금액을 손금에 산입
- [손금불산입] 선급비용 과소계상 620,547원 (유보발생)

선급비용이 과소계상된 경우 실제 발생액과의 차이를 손금불산입하고 유보 소득처분

익금산입 및 손금불산입			손금산입 및 익금불산입		
과 목	금 액	소득처분	과 목	금 액	소득처분
선급비용	620,547	유보발생	전기오류수정이익	7,000,000	기타
			전기감가상각비	4,500,000	유보감소

03 자본금과적립금조정명세서(갑)(을)

법인조정 II » 신고부속서류 » 자본금과적립금조정명세서

자본금과적립금조정명세서는 기업회계와 세무회계상의 자기자본의 차이에 대하여 그 원인을 밝혀주는 서식이다.

(1) 자본금과적립금조정명세서(을)

(2) 자본금과적립금조정명세서(갑)

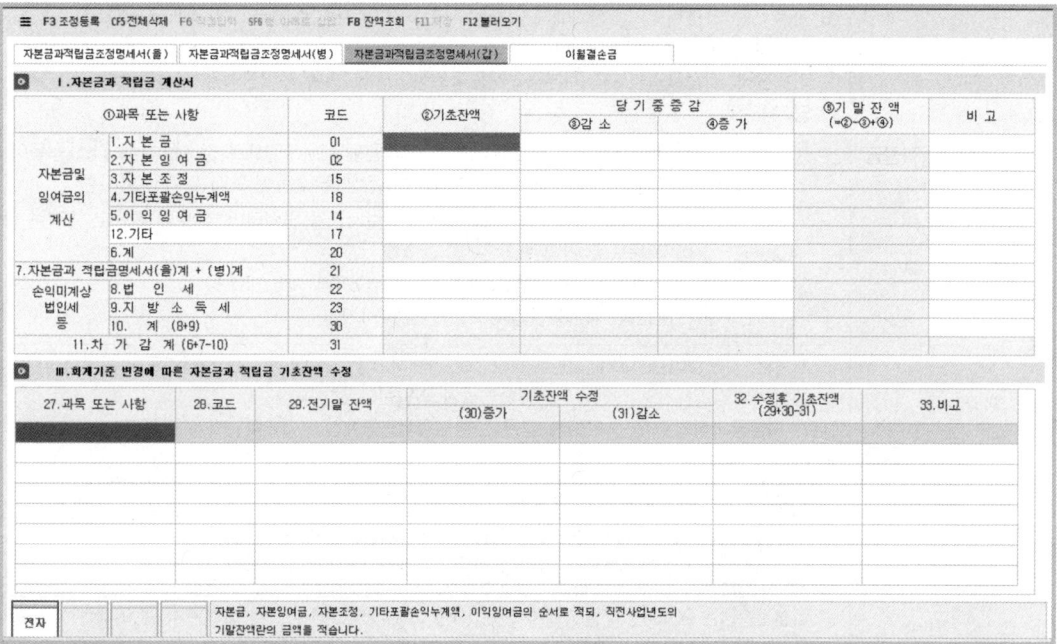

(3) 이월결손금

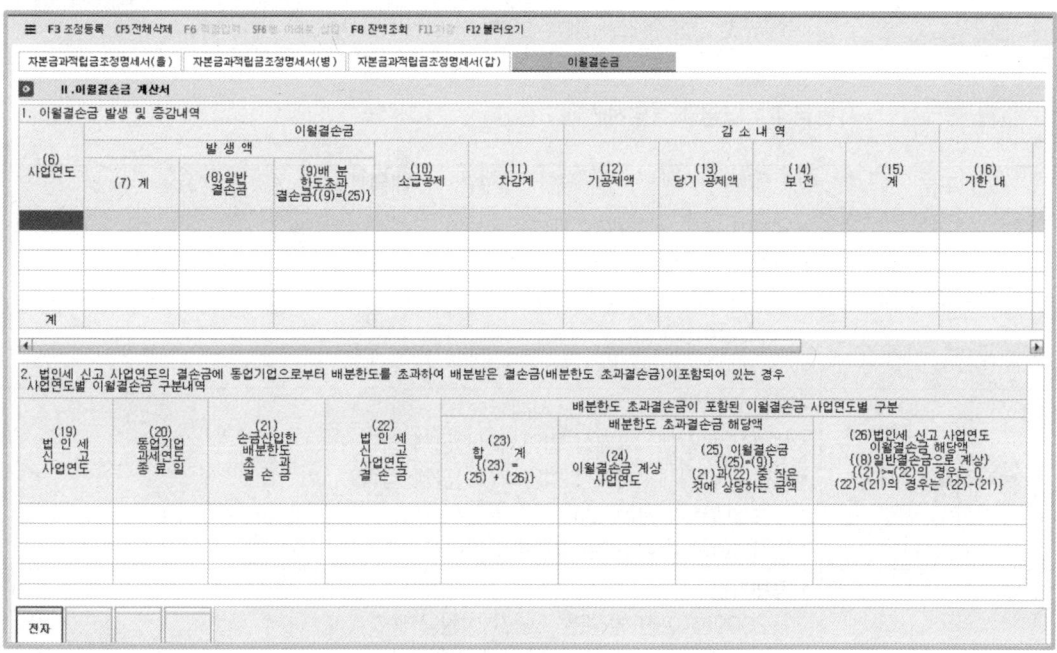

구분	내용		
자본금과적립금 조정(을)	① 과목 또는 사항의 입력: 전기에서 이월된 사항 이외의 사항은 한글로 입력하거나 F2코드도움을 이용하여 계정과목 코드를 입력한다. ② 기초잔액: 직전사업연도의 자본금과적립금조정명세서(을)의 기말잔액을 직접입력한다. ③ 당기중증감		
		감소	전기말 현재의 유보금액이 당해 사업연도 세무조정으로 감소된 "유보감소"항목이 자동반영되며, 기초잔액의 부호와 감소란의 부호는 반드시 일치하여야 한다.
		증가	당해 사업연도에 처음으로 발생한 유보사항을 입력하며 "유보발생"으로 입력한 항목이 자동으로 반영된다. 익금산입·손금불산입(유보) → 양수(+)기입 손금산입·익금불산입(유보) → 음수(-)기입
자본금과적립금 조정(갑)	① 자본금, 자본잉여금, 이익잉여금 등 순서로 기재하되 기초잔액은 직전 사업연도의 자본금과적립금조정명세서(갑)의 기말 잔액란의 금액을 옮겨 기입한다. ② 7. 자본금과적립금계산서(을)계 란은 자본금과적립금계산서(을)에서 자동 반영된다. ③ 손익미계상법인세를 기재한다.		
		당기감소	당기납부액을 입력한다.
		당기증가	• 손익계산서상 법인세〈법인세신고서상법인세 → 양수(+)입력 • 손익계산서상 법인세〉법인세신고서상법인세 → 음수(-)입력
이월결손금	① 이월결손금은 2019년 12월31일 이전은 10년 이내, 2020년 1월1일 이후는 15년 이내 발생한 결손금을 공제받을 수 있다. 사업연도별로 결손금 발생액과 감소액을 입력하면 잔액은 자동으로 계산되는데 이 중에서 10년 또는 15년 이내의 결손금은 기한내에 입력한다. ② 이월결손금 입력시 [법인세과세표준및세액조정계산서]에 자동반영된다. 이월결손금 반영 후 [법인세과세표준및세액조정계산서]에서 손익미계상법인세를 산출한다.		

✓ 주요 체크사항: 자본금과적립금조정명세서(갑)(을)

구분	내용
자적표(을)지	• 유보에 대한 사후관리 서식 • **자동 유보추인 항목**: - 대손충당금 한도초과액 - 선급비용 - 재고자산평가감(증)
자적표(갑)지	• 세법상 자본을 계산하는 서식 • 세법상 법인세〉회계상 법인세: (+)금액 입력 • 세법상 법인세〈회계상 법인세: (-)금액 입력 • 재무상태표의 자본 참고 • 이익잉여금 차이 = 당기순이익 차이
이월결손금 계산서	• **공제기간**: - 2009년 이전 발생분: 5년간 이월공제 - 2009년 이후 발생분: 10년간 이월공제 - 2020년 이후 발생분: 15년간 이월공제 • **공제한도**: - Min(공제대상 결손금, 각사업연도소득금액 × 80%) - 중소기업은 100% • **자산수증이익, 채무면제이익**: - 이월결손금에 충당 시 익금불산입(기타) - 보전(14)에 입력

작성 요령	• 기초잔액 = 전기말 잔액 • 대손충당금, 선급비용, 재고자산은 당기 중 무조건 추인(유보감소) • 을지 먼저 작성(계정과목보다 유보인 항목만 기재) • 갑지 기초금액은 재무상태표 전기말 금액 복사 • 증가분/감소분 계산하여 기말잔액을 재무상태표 당기분과 일치 • 이익잉여금 증가분 = 당기순이익

실습예제 따라하기

01 입력된 자료는 무시하고 다음의 자료만을 이용하여 2025년말 ㈜오공오(회사코드: 0505)의 [자본금과적립금조정명세서(을)]를 작성하시오. (단, 세무조정 입력은 생략할 것)

1. 2024년말 [자본금과적립금조정명세서(을)]

과목	기초	감소	증가	기말
대손충당금한도초과	3,000,000원	3,000,000원	5,000,000원	5,000,000원
선급비용(보험료) 과소계상	1,500,000원	1,500,000원	1,800,000원	1,800,000원
기계장치 감가상각비한도초과	4,000,000원	2,500,000원		1,500,000원
단기매매증권평가이익			-2,800,000원	-2,800,000원

2. 2025년 중 유보금액과 관련된 내역은 다음과 같다.
   (1) 당기 대손충당금한도초과액은 7,000,000원이다.
   (2) 전기 유보된 선급비용은 전액 2025.1.1.~2025.6.30. 비용분이다.
   (3) 당기 기계장치의 감가상각비 시인부족액은 2,000,000원이다.
   (4) 당기에 단기매매증권의 50%를 처분하였다. 그 외에 단기매매증권의 취득 및 처분은 없고, 당기는 별도의 단기매매증권평가를 회계처리하지 않았다.
   (5) 당기 기부금 중 어음으로 발행하여 기부한 금액은 4,000,000원이고, 만기일은 2026.12. 31.이다.

실기 따라하기 01

[자본금과적립금조정명세서(을)]
- 문제에 제시된 자료만 [F6. 직접입력], 자동반영된 내용은 [CF5. 전체삭제]
- 각 계정과목별 유보감소액과 유보증가액을 입력
- 대손충당금은 전기이월 잔액을 전액 유보감소하고 당기 초과액을 유보발생
- 전기유보된 선급비용은 당기분 귀속 손금이므로 유보 감소
- 기계장치감가상각비 한도초과액과 시인부족액 중 더 작은 금액인 1,500,000원을 감소
- 단기매매증권의 50%를 처분하였으므로 평가이익의 50%만 유보감소
- 어음기부금은 당기 익금불산입 유보증가

①과목 또는 사항	②기초잔액	당 기 중 증 감		⑤기말잔액 (=②-③+④)	비 고
		③감 소	④증 가		
대손충당금	5,000,000	5,000,000	7,000,000	7,000,000	
선급비용	1,800,000	1,800,000			
감가상각비	1,500,000	1,500,000			
단기매매증권평가이익	-2,800,000	-1,400,000		-1,400,000	
기부금			4,000,000	4,000,000	

실습예제 따라하기

02 다음 자료를 참고하여 당기 ㈜칠공사(0704)의 「자본금과 적립금 조정명세서(갑)(을)」을 작성하시오.(단, 기존자료 및 다른 문제 내용은 무시하고 아래 자료만을 이용하도록 하고 세무조정은 생략한다.)

실기 따라하기 1회 2회 3회

1. 재무상태표 요약

전기말 요약 재무상태표		
㈜칠공사		(단위: 원)
	자본금	200,000,000
	자본잉여금	2,520,000
	이익잉여금	219,600,450
계	계	422,120,450

당기말 요약 재무상태표		
㈜칠공사		(단위: 원)
	자본금	300,000,000
	자본잉여금	3,220,000
	이익잉여금	302,712,585
계	계	605,932,585

2. 기타
   (1) 전기 말 자본금과적립금조정명세서(을) 잔액은 다음과 같다.
      - 대손충당금 한도초과액 6,000,000원
      - 재고자산평가감 1,000,000원
   (2) 당기 중 유보금액 변동내역은 다음과 같다.
      - 당기 대손충당금한도초과액은 5,000,000원이다.
      - 재고자산평가감된 재고자산이 모두 매각되었고, 당기말에는 재고자산평가감이 발생하지 아니하였다.
      - 당기 세금과공과금 손금불산입 유보발생액은 700,000원이었다.

실기 따라하기 02

[1] [자본금과적립금조정명세서(을)]
- 문제에 제시된 자료만 [F6. 직접입력], 자동반영된 내용은 [CF5. 전체삭제]
- 대손충당금과 재고자산평가증(감)은 당기 자동 유보감소
- 대손충당금 5,000,000원 유보증가
- 세금과공과금 700,000원 유보증가
- [자본금과적립금조정명세서(을)] 먼저 작성하여 [자본금과적립금조정명세서(갑)]에 (을)합계액 반영

①과목 또는 사항	②기초잔액	당기 중 증감		⑤기말잔액(=②-③+④)	비 고
		③감 소	④증 가		
대손충당금	6,000,000	6,000,000	5,000,000	5,000,000	
재고자산평가감	1,000,000	1,000,000			
세금과공과금			700,000	700,000	

[2] [자본금과적립금조정명세서(갑)]
- [CF5. 전체삭제] 클릭시 [자본금과적립금조정명세서(을)]표도 삭제되므로 주의할 것
- 기초(전기말) 재무상태표에 자본항목 입력
- 당기중증감:
  - 기말(당기말) 재무상태표에 자본항목에서 기초 자본항목을 차감한 차액 입력
  - 양수 (+) 증가란에 차액 입력
  - 음수 (-) 감소란에 차액 입력
- 기말(당기말) 재무상태표 자본항목 금액확인
- 장부상 자본은 605,932,585, 조정후 세무상 자본은 611,632,585원

과목 또는 사항	코드	②기초잔액	당 기 중 증 감		⑤기 말 잔 액 (=②-③+④)	비 고
			③감 소	④증 가		
자본금및 잉여금의 계산	1. 자 본 금	01	200,000,000		100,000,000	300,000,000	
	2. 자 본 잉 여 금	02	2,520,000		700,000	3,220,000	
	3. 자 본 조 정	15					
	4. 기타포괄손익누계액	18					
	5. 이 익 잉 여 금	14	219,600,450		83,112,135	302,712,585	
	12. 기타	17					
	6. 계	20	422,120,450		183,812,135	605,932,585	
7. 자본금과 적립금명세서(을)계 + (병)계		21	7,000,000	7,000,000	5,700,000	5,700,000	
손익미계상 법인세 등	8. 법 인 세	22					
	9. 지 방 소 득 세	23					
	10. 계 (8+9)	30					
11. 차 가 감 계 (6+7-10)		31	429,120,450	7,000,000	189,512,135	611,632,585	

실습예제 따라하기

03 다음 자료를 이용하여 ㈜팔공일(0801)의 [자본금과적립금조정명세서](갑), (을)을 작성하시오(단, 불러온 기존자료 및 다른 문제의 내용은 무시하고 아래 자료만을 이용하도록 하며, 세무조정은 생략한다).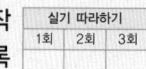

1. 다음은 자본금과적립금조정명세서(갑) 상의 변동 내용이다.
   (1) 전기 자본금 기말잔액: 50,000,000원
   (2) 당기 자본금 증가액: 50,000,000원
   (3) 전기 자본잉여금 기말잔액: 4,000,000원(당기 중 자본잉여금의 변동은 없음)
   (4) 전기 이익잉여금 기말잔액: 65,000,000원
   (5) 당기 이익잉여금 증가액: 72,000,000원
2. 전기 말 자본금과적립금조정명세서(을) 잔액은 다음과 같다.
   (1) 대손충당금 한도초과액 12,000,000원
   (2) 선급비용 2,500,000원
   (3) 재고자산평가감 1,000,000원
3. 당기 중 유보금액 변동내역은 다음과 같다.
   (1) 당기 대손충당금한도초과액은 11,000,000원이다.
   (2) 선급비용은 모두 2025.1.1.~2025.3.31. 분으로 전기 말에 손금불산입(유보)로 세무조정된 금액이다.
   (3) 재고자산평가감된 재고자산은 모두 판매되었고, 당기말에는 재고자산평가감이 발생하지 않았다.
   (4) 당기 기계장치에 대한 감가상각비 한도초과액이 4,000,000원 발생하였다.
4. 전기 이월 결손금은 없는 것으로 가정한다.

실기 따라하기 03

- [1] [자본금과적립금조정명세서(을)]
  - 문제에 제시된 자료만 [F6. 직접입력], 자동반영된 내용은 [CF5. 전체삭제]
  - 대손충당금과,선급비용,재고자산평가증(감)은 당기 자동 유보감소
  - 대손충당금 11,000,000원 유보증가
  - 감가상각비한도초과액 4,000,000원 유보증가
  - [자본금과적립금조정명세서(을)] 먼저 작성하여 [자본금과적립금조정명세서(갑)]에 (을)합계액 반영

[2] [자본금과적립금조정명세서(갑)]
- [CF5. 전체삭제] 클릭시 [자본금과적립금조정명세서(을)]표도 삭제되므로 주의할 것
- 전기 자본금, 자본잉여금, 이익잉여금 기말잔액 입력
- 당기 자본금, 이익잉여금 증가액 입력
- 장부상 자본은 241,000,000원, 조정후 세무상 자본은 256,000,000원

실습예제 따라하기

04 다음 자료를 이용하여 ㈜육공삼(0603)의 자본금과적립금조정명세서(갑), (을)을 작성하시오.(단, 기존자료 및 다른 문제 내용은 무시하고 아래 자료만을 이용하도록 하고 세무조정은 생략한다.)

실기 따라하기 1회 2회 3회

1. 전기 말 자본금과적립금조정명세서(을) 잔액은 다음과 같다.
   (1) 대손충당금 한도초과액 5,000,000원
   (2) 선급비용 10,000,000원
   (3) 재고자산평가감 5,000,000원
2. 당기 중 유보금액 변동내역은 다음과 같다.
   (1) 당기 대손충당금한도초과액은 3,000,000원이다.
   (2) 선급비용은 전액 2025.1.1.~3.31.분으로 전기 말에 손금불산입 유보로 세무조정된 금액이다.
   (3) 재고자산평가감된 재고자산이 모두 매각되었고, 당기말에는 재고자산평가감이 발생하지 아니하였다
   (4) 당기 건물에 대한 감가상각비 한도초과액이 10,000,000원 발생하였다.
3. 재무상태표상 자본변동내역은 재무회계 재무상태표를 조회하도록 한다.

실기 따라하기 04

[1] [자본금과적립금조정명세서(을)]
- 문제에 제시된 자료만 [F6. 직접입력], 자동반영된 내용은 [CF5. 전체삭제]
- 대손충당금과, 선급비용, 재고자산평가증(감)은 당기 자동 유보감소
- 대손충당금, 감가상각비 한도초과액 당기 유보증가

자본금과적립금조정명세서(을)	자본금과적립금조정명세서(병)	자본금과적립금조정명세서(갑)	이월결손금

Ⅰ. 세무조정유보소득계산

①과목 또는 사항	②기초잔액	당 기 중 증 감 ③감 소	당 기 중 증 감 ④증 가	⑤기말잔액 (=②-③+④)	비 고
대손충당금한도초과	5,000,000	5,000,000	3,000,000	3,000,000	
선급비용	10,000,000	10,000,000			
재고자산평가감	5,000,000	5,000,000			
감가상각비한도초과			10,000,000	10,000,000	

[2] [자본금과적립금조정명세서(갑)]

- [재무상태표]에서 전기의 자본 항목 금액을 기초잔액에 입력
- [재무상태표]에서 당기와 전기의 자본금액 비교
- 자본금: 당기와 전기 모두 300,000,000원으로 변동 없음
- 자본잉여금: 당기와 전기 모두 2,520,000원으로 변동 없음
- 기타포괄손익누계액: 당기 −1,500,000원, 전기 −1,000,000원(−500,000원 증가)
- 이익잉여금: 당기 381,516,243원, 전기 300,017,008원(당기순이익 81,499,235원 증가)

자본				
Ⅰ.자본금		300,000,000		300,000,000
자본금		300,000,000		300,000,000
Ⅱ.자본잉여금		2,520,000		2,520,000
주식발행초과금		2,520,000		2,520,000
Ⅲ.자본조정				
Ⅳ.기타포괄손익누계액		△1,500,000		△1,000,000
매도가능증권평가손		△1,500,000		△1,000,000
Ⅴ.이익잉여금		381,516,243		300,017,008
미처분이익잉여금		381,516,243		300,017,008
(당기순이익)				
당기: 81,499,235				
전기: 121,748,687				

자본금과적립금조정명세서(을)	자본금과적립금조정명세서(병)	자본금과적립금조정명세서(갑)	이월결손금

Ⅰ. 자본금과 적립금 계산서

	①과목 또는 사항	코드	②기초잔액	당 기 중 증 감 ③감 소	당 기 중 증 감 ④증 가	⑤기 말 잔 액 (=②-③+④)	비 고
자본금및 잉여금의 계산	1.자 본 금	01	300,000,000			300,000,000	
	2.자 본 잉 여 금	02	2,520,000			2,520,000	
	3.자 본 조 정	15					
	4.기타포괄손익누계액	18	−1,000,000		−500,000	−1,500,000	
	5.이 익 잉 여 금	14	300,017,008		81,499,235	381,516,243	
	12.기타	17					
	6.계	20	601,537,008		80,999,235	682,536,243	
7.자본금과 적립금명세서(을)계 + (병)계		21	20,000,000	20,000,000	13,000,000	13,000,000	
손익미계상 법인세 등	8.법 인 세	22					
	9.지 방 소 득 세	23					
	10. 계 (8+9)	30					
	11.차 가 감 계 (6+7-10)	31	621,537,008	20,000,000	93,999,235	695,536,243	

04 주식등변동상황명세서

법인조정Ⅱ ≫ 신고부속서류 ≫ 주식등변동상황명세서

법인의 사업연도 중에 주식 및 출자지분의 변동사항을 기록한 것을 주식등변동상황명세서라 하는데 법인은 사업연도 중에 주식 및 출자지분의 변동사항이 있는 경우에는 과세표준신고기한 내에 주식등변동상황명세서를 납세지관할세무서장에게 제출하여야 한다. 이를 미제출, 누락제출 및 불분명하게 제출한 경우에는 가산세가 부과된다.

(1) 주식등 변동상황명세서

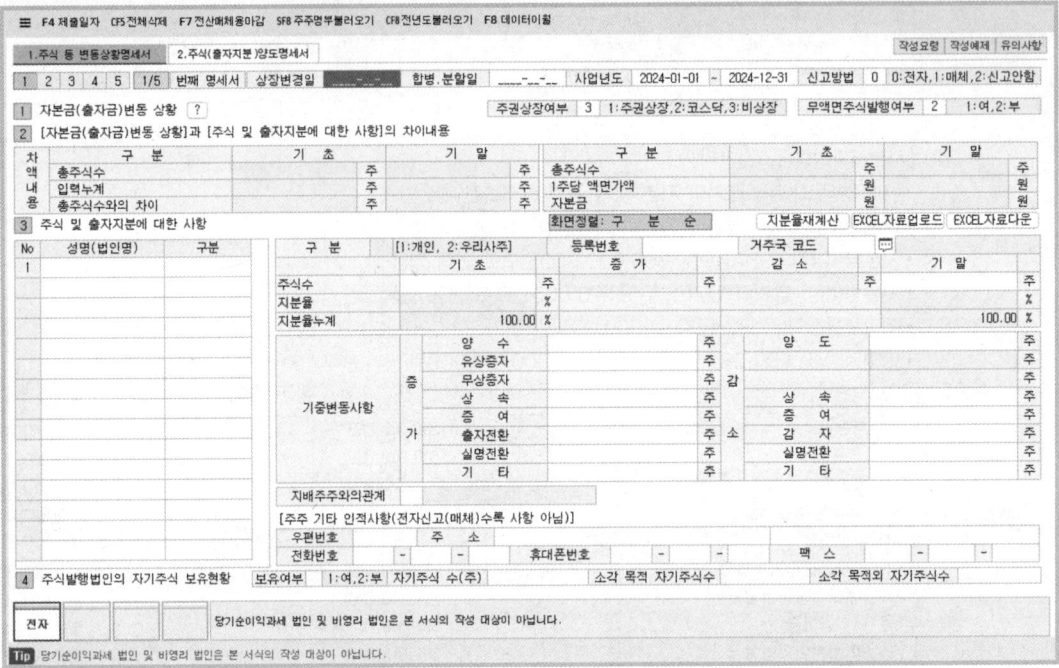

(2) 주식(출자지분)양도명세서

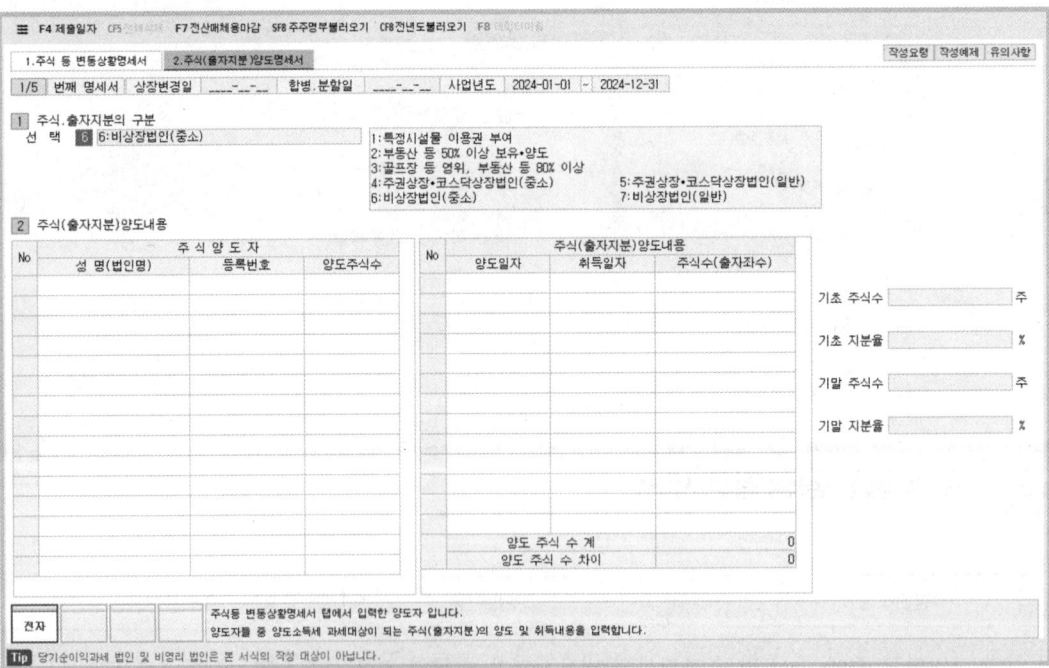

구분	내용
주식등 변동상황 명세서	① 당해 사업연도 중에 주권상장여부 또는 합병, 분할한 경우에는 해당 날짜를 입력하고 당일을 기준으로 이전, 이후의 서식을 입력한다. ② 신고방법: 전자신고를 하는 경우 "0" 매체신고하는 경우 "1", 신고를 하지 않는 경우 "2" 중 선택한다. ③ 주권상장여부: 주권상장, 코스닥상장, 비상장 중 선택한다 ④ 무액면주식발행여부: 무액면주식발행여부 있는 경우 "1", 아니면 "2"를 선택한다. (1) 자본에 대한 사항 　기초자본과 자본금의 증감변동을 원인코드별로 입력한다. 유상증자는 사업연도 중 유상증자에 따라 증가한 주식수, 무상증자는 사업연도 중 자본준비금 및 재평가적립금에 자본전입·주식배당 등에 의한 증가된 주식수를 입력한다. 전환사채 등 출자전환은 사업연도 중 전환사채, 신주인수권부사채 등 회사채의 주식전환에 따라 증가된 주식수를 입력한다. (2) 주식 및 출자지분에 대한 사항 　주주의 성명(법인명) 및 주민(사업자)등록번호, 지배주주와의 관계를 입력한다. 기중 증감주식수를 입력하면 기말사항의 지분율이 자동계산된다. (3) 주식발행법인의 자기주식 　발행법인의 자기주식보유여부, 자기주식수, 소각 목적 자기주식수, 소각 목적외 자기주식수를 입력한다.
주식(출자지분) 양도명세서	[주식등 변동상황명세서] 작성후 [주식(출자지분)양도명세서] 서식에서 비상장주식 출자지분 양도내역을 작성한다. 양도자의 성명은 자동반영되며 양도일자와 취득일자 및 주식수에 해당되는 내용을 직접 입력한다.

실습예제 따라하기

01 입력된 자료는 무시하고 ㈜오공오(0505)다음의 자료를 참조하여 [주식등변동상황명세서]를 작성하시오.

1. 1. 등기사항전부증명서 일부

1주의 금액	금 5,000원	. .
		. .
발행할 주식의 총수	1,000,000주	. .
		. .

발행주식의 총수와 그 종류 및 각각의 수	자본금의 액	변 경 연 월 일
		등 기 연 월 일
발행주식의 총수　~~10,000주~~ 보통주식　　　　~~10,000주~~	~~금 50,000,000원~~	
발행주식의 총수　20,000주 보통주식　　　　20,000주	금 100,000,000원	2025.04.18. 변경 2025.04.18. 등기

2. 주주내역
　(1) 2024년 말 주주내역

성명	주민등록번호	지배주주관계	주식수
장세억	660813-1953116	본인	5,000주
인재율	690327-1082111	없음	5,000주

(2) 2025년 말 주주내역

성명	주민등록번호	지배주주관계	주식수
장세억	660813-1953116	본인	10,000주
인재율	690327-1082111	없음	8,000주
우민오	691115-1173526	없음	2,000주

- 장세억과 인재율은 2025.4.18. 유상증자에 참여하였다. 유상증자는 액면가액으로 진행되었다.
- 인재율은 2025.11.15. 본인의 주식 2,000주를 우민오에게 액면가액으로 양도하였다.

실기 따라하기 01

[주식증변동상황명세서]
[1] [자본금변동상황]

- "?"버튼을 눌러 [자본금 변동상황]자본금 변동상황에 기초주식수 액면가와 유상증자 내역을 입력, 재계산을 클릭한 후 종료

⑧일자	주식종류	⑨원인코드	증가(감소)한 주식의 내용			⑭증가(감소) 자본금(⑪×⑫)
			⑪주식수	⑫주당액면가	주당발행(인수)가액	
기초	보통주		10,000	5,000		50,000,000
	우선주					
2025-04-18	1 보통주	1 유상증자(증)	10,000	5,000		50,000,000
----_-_--						
----_-_--						
----_-_--						
----_-_--						
----_-_--						
----_-_--						
----_-_--						
----_-_--						
----_-_--						
----_-_--						
----_-_--						
----_-_--						
기말	보통주		20,000	5,000		100,000,000
	우선주					

[2] [주식및출자지분에대한사항]
- 자본금 변동사항 자동반영

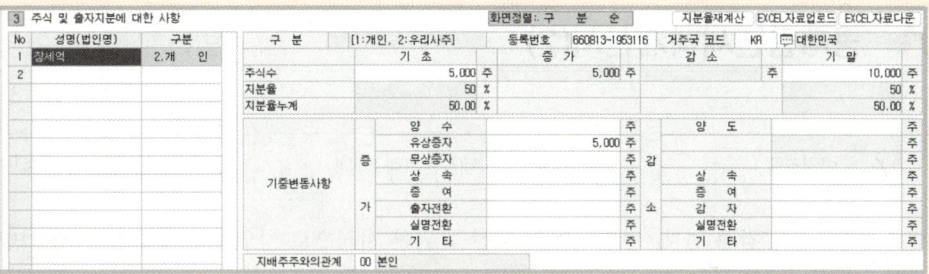

- 장세억: 2.개인 선택 후 주민번호를 입력, 기초 주식수 5,000주를 입력하고 유상증자란에 5,000주를 입력, 지배주주와의 관계는 "00: 본인"을 선택

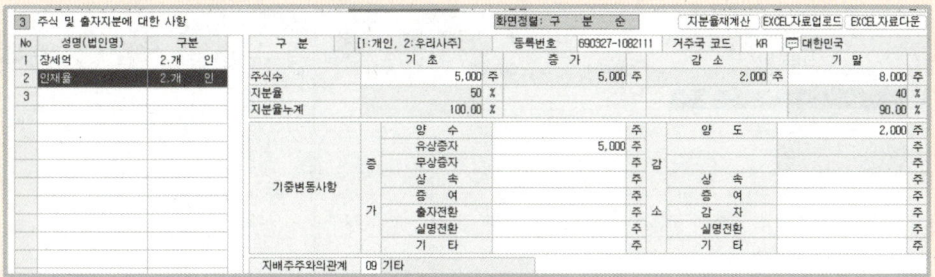

- 인재율: 2.개인 선택 후 주민번호를 입력, 기초 주식수 5,000주를 입력하고 유상증자란에 5,000주를 입력 후 양도란에 2,000주를 입력, 지배주주와의 관계는 "09: 기타"을 선택

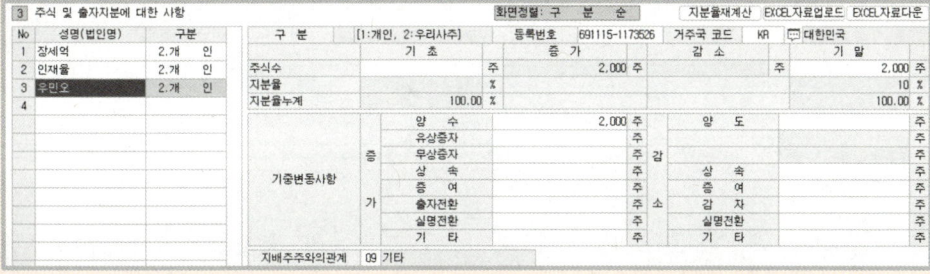

- 우민오: 2.개인 선택 후 주민번호를 입력, 양수란에 2,000주를 입력, 지배주주와의 관계는 "09: 기타"을 선택

06 공제감면세액조정

01 공제감면세액계산서(2)

법인조정 I ≫ 공제감면세액조정 II ≫ 공제감면세액계산서(2)

조세특례제한법상 각종 면제·감면세액의 계산을 위한 서식으로 창업중소기업 등 세액감면과 중소기업특별세액감면 등이 이에 해당된다.

항목	내용
구분	F2코드도움을 이용하여 세액감면을 선택입력한다.
계산명세	[법인세과세표준및세액조정계산서]의 산출세액과 과세표준을 F12 불러오기로 반영하며 직접입력도 가능하다.
감면대상세액	계산기준에 의해 산출된 감면세액을 입력한다. 실무적으로는 소득구분계산서를 작성하여 감면소득을 계산한다.
최저한세적용감면배제금액	각 구분별로 최저한세적용 감면배제금액을 조정하여 입력한다.
감면세액	최저한세적용감면배제금액을 제외한 금액이 자동반영된다.
적용사유발생일	창업일·전환일 또는 이전일을 입력한다.

02 세액조정명세서(3)

조세특례제한법상 각종세액공제액을 계산하는 서식으로 중소기업투자세액공제 등이 해당된다.

법인조정Ⅰ ≫ 공제감면세액조정Ⅱ ≫ 세액조정명세서(3)

(1) 세액공제

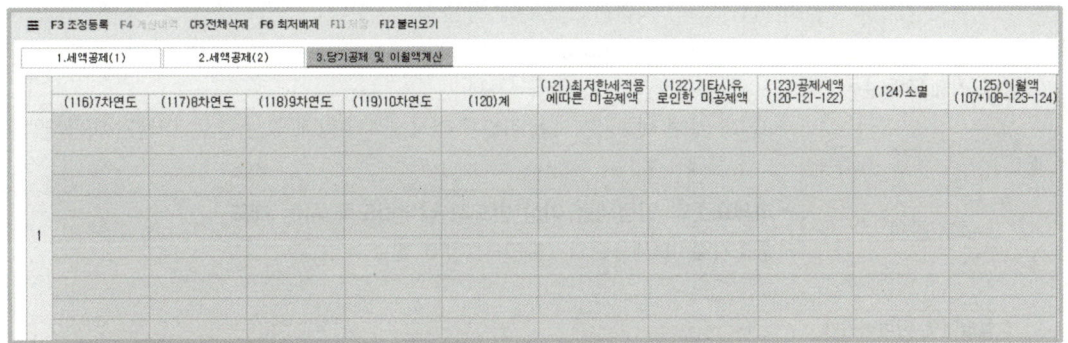

(2) 당기공제 및 이월액계산

항목	입력내용
공제대상 세액	계산명세서에서 투자액과 공제율을 입력하면 공제대상세액이 자동계산된다. 연구·인력개발비세액공제는 [일반연구및인력개발비명세서] 내용을 자동으로 반영하거나 F4 계산내역에 직접입력한다.
당기공제 및 이월액계산	공제항목을 F2 코드를 이용하여 입력하고, 공제할목의 사업연도 및 당기분 공제대상금액을 입력하면 공제세액이 자동계산된다. 10년간 이월공제가 가능한 세액공제는 전기이월공제세액이 있는 경우 이월분란에 입력하고 당기공제세액 및 이월공제세액은 해당연도에 입력한다. F6 최저배제 키를 이용하여 최저한세 적용배제를 하고, 서식적용시 [공제감면세액및추가납부세액합계표]에 최저한세 배제세액공제 및 감면으로 반영된다.

CHAPTER 06 공제감면세액조정

✓ **주요 체크사항: 공제감면 및 추납세액, 세액계산 및 신고서**

구분	세부 내용
세액감면	• **개념**: 세액의 일정 비율을 감면하는 제도 • **이월공제**: 불가능(해당 연도에만 적용) • 예 중소기업특별세액감면(최저한세적용대상, 부동산업/금융업 제외)
세액공제	• **개념**: 일정 금액만큼 세액을 공제해주는 제도 • **이월공제**: 가능(대부분 공제항목 이월 가능)

법인세법상 세액공제	• **외국납부세액공제**:
	  - 10년간 이월공제 가능
	  - 산출세액에서 공제
	  - 최저한세 배제대상(이중과세 방지)
	• **재해손실세액공제**:
	  - 사업용 자산총액(토지 제외)의 20% 이상 상실 시 적용
	  - 한도: 상실된 자산가액
	  - 최저한세 배제대상

조특법상 세액공제	• 대부분 중고품은 공제대상 제외
	• **중소기업투자세액공제**:
	  - 사업용자산, POS기, 정보보호시스템 등 투자금액
	  - 중고품과 리스 제외
	  - 공제율: 3%
	  - 최저한세 적용대상
	• **연구 및 인력개발비세액공제**:
	  - 중소기업은 전액 최저한세 적용 배제

감면/공제 적용순서	1. 법인의 각 사업연도 소득에 대한 직접 감면 2. 이월공제가 인정되지 않는 세액공제 3. 이월공제가 인정되는 세액공제 ※ 당해 발생 세액공제액과 이월된 미공제액이 함께 있는 경우, 이월된 미공제액을 먼저 공제
최저한세	• 과세표준의 일정세율 이상 반드시 납부하도록 하는 제도 • **중소기업**: 과표준의 7% 이상 납부 필수

> **실습예제 따라하기**

01 ㈜육공칠(0607)은 고용을 증대시킨 기업에 대한 세액공제를 적용받고자 한다. 정규직 근로자 변동 내역이 아래와 같을 때, 세액공제조정명세서(3) 및 세액공제신청서를 작성하시오. 2024년 사업연도는 세액공제 요건을 충족하지 못하였다. (세액공제조정명세서(3)는 세액공제 탭과 당기공제 및 이월액 계산을 각각 작성할 것)

직전 과세연도 대비 상시근로자 증가인원은 다음과 같다.
• 청년 등: 2.5명
• 청년 외: 4명

실기 따라하기 01

[1] [세액공제조정명세서(3)]

1) [세액공제(1)]
   - "F4-계산내역"을 실행하여 관련자료 입력

1.세액공제(1)	2.세액공제(2)	3.당기공제 및 이월액계산

구분	계산기준	계산명세		공제대상 세액
		투자액	공제율	
경력단절여성고용 기업 등에 대한 세액공제	경력단절 여성 재고용 인건비 × 중소30(중견15)/100			
육아휴직 후 고용유지 기업에 대한 인건비 세액공제	육아휴직 복귀자 인건비 × 중소10(중견5)/100			
근로소득을증대시킨기업에대한세액공제	평균 초과 임금증가분 × 5(중견10,중소20)/100 정규직 전환 근로자의 임금 증가분 × 5(10,20)/100	F4-계산내역		
청년고용을증대시킨기업에대한세액공제	청년정규직근로자 증가인원수×3백만원(7백만원,1천만원)	인원수입력		
고용을 증대시킨 기업에 대한 세액공제	직전연도 대비 상시근로자 증가수 × 4백만원(1천2백만원) '21.12.31.~22.12.31: 직전연도 대비 상시근로자 증가수 × 5백만원(1천3백만원)	F4-계산내역		

고용을 증대시킨 기업에 대한 세액공제

법인 구분	구분		직전 과세연도 대비 상시근로자 증가인원	1인당 공제금액	세액공제액
중소 기업	수도권 내	청년 등	2.5	1천1백만원	27,500,000
		청년 등 외	4	7백만원	28,000,000
	수도권 밖	청년 등		7백7십만원	
		청년 등 외			
		계	6.5		55,500,000
중견 기업		청년 등		8백만원	
		청년 등 외		4백5십만원	
		계			
일반 기업		청년 등		4백만원	
		청년 등 외			
		계			

1차년도 세액공제액	55,500,000
2차년도 세액공제액	
3차년도 세액공제액	
합 계	55,500,000

2) [당기공제및이월액계산]
   - F12불러오기로 반영
   - 당기 발생한 세액공제액이므로 "106.사업연도"에 2025.12.으로 입력, "107.요공제액:당기분", "109. 당기공제대 상세액:당기분"에 세액공제액 55,500,000원을 입력

1.세액공제(1)	2.세액공제(2)	3.당기공제 및 이월액계산						
(105)구분	(106) 사업연도	요공제액		(109)당기분	(110)1차연도	(111)2차연도	(112)3차연도	(113)4차연도
		(107)당기분	(108)이월분					
고용을 증대시킨 기업	2025-12	55,500,000		55,500,000				

[2] [세액공제신청서]
   - F12불러오기로 반영

(144)고용을 증대시킨 기업에 대한 세액공제	영 제26조의7제10항	18F	55,500,000	55,500,000
(145)통합고용세액공제	영 제26조의8제11항	16S		

03 일반연구및인력개발비명세서

법인이 연구 및 인력개발비에 대한 세액공제를 받고자할 때 세액공제를 신청하는 서식이다.

법인조정 I ≫ 공제감면세액조정 I ≫ 일반연구 및 인력개발비명세서

항목	내용
해당연도의 연구및인력개발비 발생명세	연구 및 인력개발비가 계상되어 있는 계정과목을 입력하고 계정과목별 자체연구개발비, 위탁및공동 연구개발비, 인력개발비 등을 구분입력한다.
연구및인력개발비의 증가발생액의 계산	해당과세연도 연구및인력개발비 발생액과 직전 4년간 연구및인력개발비을 입력한다.
공제세액	중소기업의 연구및인력개발비세액공제는 최저한세 적용을 받지 않는다. 공제세액은 [세액공제조정계산서(3)]에 반영된다.

✓주요 체크사항: 일반연구및인력개발비명세서

구분	내용
인건비 입력 시 주의사항	• 주주이면서 동시에 임원인 경우의 인건비는 인정되지 않음(제외 필요)
최저한세 적용	• 조세특례제한법에 따라 중소기업은 연구 및 인력개발비에 대해 전액 최저한세 배제
세액공제 계산	• 직전년도 평균과 직전 1년도를 비교 • 직전 1년도가 더 큰 경우 증가 발생액 계산(일반적인 경우) • 공제세액 = Max(당해연도 총발생액 × 25%, (당해 − 전기 발생액) × 50%) • 직전 1년도가 더 작으면 추가 계산 불필요

실습예제 따라하기

01 오공육(0506)의 기업부설연구소(2022년 2월 1일 설립)는 여러 연구원을 두고 기술개발을 위한 연구활동을 하고 있다. 이에 따라 관련 연구원 인건비에 대해 세액공제를 받고자 한다. 다음 자료를 참조하여 [일반연구및인력개발비명세서] 중 「1. 발생명세 및 증가발생액계산」, 「2. 공제세액」을 작성한 후, [세액공제조정명세서(3)] 중 「3. 당기공제 및 이월계산」을 작성하시오.

1. 기업부설연구소 연구개발인력 현황 신고서 중 일부

   <연구원 현황>

⑤ 구분	⑥ 일련번호	⑦ 직위	⑧ 성명	⑨ 생년월일	⑩ 소속부서	⑪ 최종학교	⑫ 최종학위	⑬ 병적사항	⑭ 발령일	⑮ 신규편입여부
연구소장	1	소장	나소장	19751103	연구소	서운대	박사	병역필	20210201	전입
전담요원	2	선임연구원	이대단	19850301	연구소	연센대	석사	병역필	20210201	전입
전담요원	3	연구원	박최고	19891202	연구소	고령대	학사	병역필	20220102	전입

2. 기업부설연구소 급여지급 내역(이익처분에 따른 성과급 미포함)

직위	성명	급여액	비고
연구소장	나소장	105,000,000원	당사 주식 15% 소유한 등기상 이사 겸 지배주주
전담요원	이대단	85,000,000원	주주임원 아님
전담요원	박최고	36,000,000원	주주임원 아님

3. 기타

   - 당사는 중소기업에 해당함
   - 기업부설연구소 인건비만 경상연구개발비(제조)로 처리함
   - 기업부설연구소 연구는 연구·인력개발비에 대한 세액공제(최저한세 적용 제외) 대상이며, 일반연구개발비에 해당함(신성장·원천기술 연구개발비는 아님)
   - 당기발생액 기준으로만 세액공제액을 계산함
   - 당기 법인세 산출세액은 20,250,000원이며, 공제받지 못한 세액공제는 이월공제함
   - 연구인력개발비 세액공제 외 다른 공제와 감면은 없다고 가정함

실기 따라하기 01

[1] [일반연구및인력개발비명세서]
  [1.발생명세 및 증가발생액계산]
  - 계정과목 F2 523.경상연구개발비 입력
  - 나소장에 대한 인건비(10% 초과, 출자임원)를 제외한 인건비 121,000,000원 입력

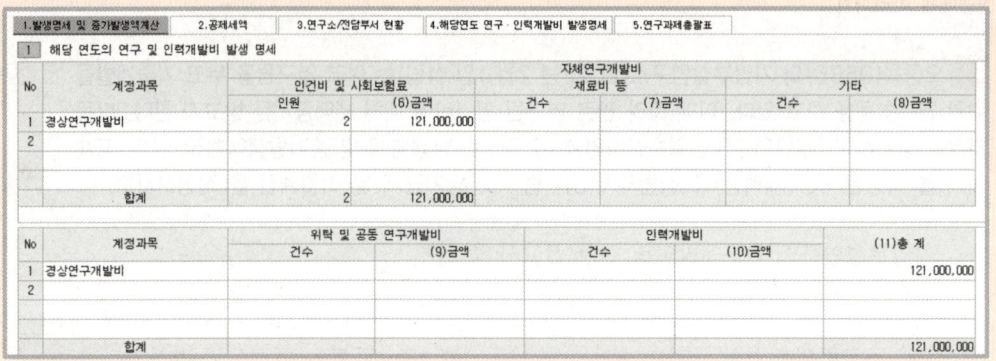

[2. 공제세액]
- 중소기업 "22. 대상금액 = 1" 121,000,000원에 대한 세액공제액 "24. 공제세액" 30,250,000원
- "21. 증가 발생"으로 산출한 세액공제액 "40. 공제세액" 0원 중 큰 금액 반영
- "41. 해당연도에 공제받을 세액"에 30,250,000원
- [최저한세 설정]는 회사등록메뉴에서 중소기업이면 [제외]가 자동선택

[2] [세액조정계산서(3)]
- F12불러오기 자동반영
- "105.구분"에서 [F2]로 세액공제 항목을 조회하여 직접 입력가능
- 당기 발생한 세액공제액이므로 "106.사업연도"에 2025.12.입력, "107.요공제액: 당기분", "109. 당기공제대상세액: 당기분"에 세액공제액 30,250,000원을 입력
- 당기 법인세 산출세액은 20,250,000원이므로 세액공제 중 10,000,000원은 "122. 기타사유로 인한 미공제액"에 입력, 차기이월

실습예제 따라하기

02 다음 자료를 보고 ㈜오공칠(0507)의 일반연구및인력개발비명세서를 작성하시오. 회사는 중소기업에 해당하며, 명세서 작성시에는 (1)발생명세 및 증가발생액계산과 (2)공제세액 명세만 반영하기로 한다.

1. 직전 4년간 연구 및 인력개발비 발생내역은 다음과 같고, 이는 모두 일반 연구 및 인력개발비에 해당한다.

  - 2021년(12개월): 22,000,000원
  - 2022년(12개월): 24,000,000원
  - 2023년(12개월): 32,000,000원
  - 2024년(12개월): 40,000,000원

2. 당해 사업연도 연구 및 인력개발비 발생내역은 다음과 같다.

구분	인건비	원재료비
개발비(무형자산)	22,000,000원	10,000,000원
경상연구개발비(손익/제조)	24,000,000원	6,000,000원

- 인건비는 연구전담부서로 신고된 연구요원(주주인 임원이 아님)의 인건비이다.
- 원재료비는 연구전담부서에서 시험 및 연구용으로 사용하는 재료비용이다.

실기 따라하기 02

[1] [일반연구및인력개발비명세서]
  [1.발생명세 및 증가발생액계산]
  - 계정과목 F2 226.개발비, 523.경상연구개발비 입력
  - 출자임원이 아니므로 인건비 모두 입력
  - 직전 4개년도 평균액이 29,500,000 < 직전 1년도 40,000,000: 직전 1년도가 평균보다 더 큼

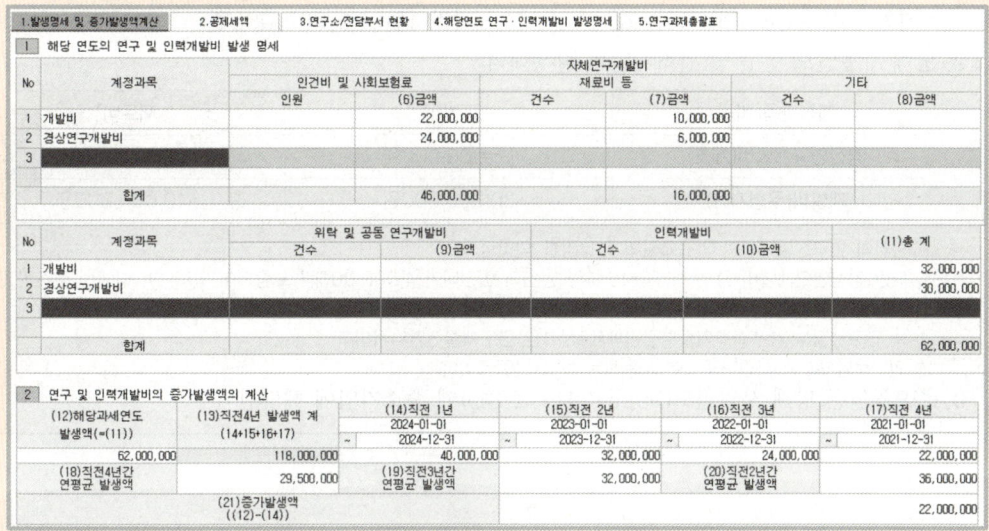

[2.공제세액]
- 당해연도 총 발생액: 62,000,000 × 25% = 15,500,000
- (당해 62,000,000 − 전기 40,000,000) × 중소기업 50% = 11,000,000
- 공제세액은 Max(15,500,000, 11,000,000) = 15,500,000(자동계산)

		(22)대상금액(=11)	(23)공제율				(24)공제세액
해당 연도 총발생금액 공제	중소기업	62,000,000	25%				15,500,000
	중소기업 유예기간 종료이후 5년내기업	(25)대상금액(=11)	(26)유예기간 종료연도	(27)유예기간 종료이후년차	(28)공제율		(29)공제세액

	중견기업	(30)대상금액(=11)	(31)공제율				(32)공제세액
			8%				
	일반기업	(33)대상금액(=11)	공제율				(37)공제세액
			(34)기본율	(35)추가	(36)계		
증가발생금액 공제		(38)대상금액(=21)	(39)공제율		(40)공제세액		
		22,000,000	50%		11,000,000		

※공제율
중소기업 : 50%
중견기업 : 40%
대 기업 : 25%

(41)해당연도에 공제받을 세액
- 중소기업(24과 40 중 선택)
- 중소기업 유예기간 종료이후 5년내 기업(29과 40 중 선택)
- 중견기업(32와 40 중 선택)
- 일반기업(37와 40 중 선택)

15,500,000

※ 최저한세 설정
○ 제외
○ 대상

> **실습예제 따라하기**

03 다음 자료에 의하여 ㈜오공팔(0508)의 연구 및 인력개발비 명세서를 작성하시오.

1. 직전 4년간 연구 및 인력개발비 발생합계(전부 일반비용)
   - 직전 1년: 42,000,000원
   - 직전 2년: 35,000,000원
   - 직전 3년: 24,000,000원
   - 직전 4년: 20,000,000원

2. 당해 사업연도 연구 및 인력개발비 발생내역

계정과목/비목	인건비[1]	재료비[2]
경상연구개발비(제조)	25,000,000원	5,000,000원
개발비(무형자산)	30,000,000원	10,000,000원

[1] 당사의 연구전담부서의 연구요원의 인건비를 의미함.
다만 경상연구개발비 중 주주(지분15%)인 임원의 인건비가 4,000,000원 포함되어 있다. 이 외에는 주주인 임원은 없다.
※ 연구전담부서는 과학기술부장관에게 신고한 연구개발전담부서이다.
[2] 연구전담부서에서 연구용으로 사용하는 재료비용 등이다.

3. ㈜오공팔은 당해 사업연도(2025.1.1.~12.31.)에 중소기업에 해당한다.

실기 따라하기 03

[1] [일반연구및인력개발비명세서]

[1. 발생명세 및 증가발생액계산]
- 계정과목 F2 226.개발비, 523.경상연구개발비 입력
- 출자임원인건비 4,000,000원 경상연구개발비에서 제외

1. 해당 연도의 연구 및 인력개발비 발생 명세

No	계정과목	인건비 및 사회보험료		자체연구개발비 재료비 등		기타	
		인원	(6)금액	건수	(7)금액	건수	(8)금액
1	개발비		30,000,000		10,000,000		
2	경상연구개발비		21,000,000		5,000,000		
3							
	합계		51,000,000		15,000,000		

No	계정과목	위탁 및 공동 연구개발비		인력개발비		(11)총 계
		건수	(9)금액	건수	(10)금액	
1	개발비					40,000,000
2	경상연구개발비					26,000,000
3						
	합계					66,000,000

2. 연구 및 인력개발비의 증가발생액의 계산

(12)해당과세연도 발생액(=(11))	(13)직전4년 발생액 계 (14+15+16+17)	(14)직전 1년 2024-01-01 ~ 2024-12-31	(15)직전 2년 2023-01-01 ~ 2023-12-31	(16)직전 3년 2022-01-01 ~ 2022-12-31	(17)직전 4년 2021-01-01 ~ 2021-12-31
66,000,000	121,000,000	42,000,000	35,000,000	24,000,000	20,000,000
(18)직전4년간 연평균 발생액	30,250,000	(19)직전3년간 연평균 발생액	33,666,666	(20)직전2년간 연평균 발생액	39,500,000
(21)증가발생액 ((12)-(14))					24,000,000

[2. 공제세액]

3 공제세액

해당 연도 총발생금액 공제	중소기업	(22)대상금액(=11)	(23)공제율			(24)공제세액
		66,000,000	25%			16,500,000
	중소기업 유예기간 종료이후 5년내기업	(25)대상금액(=11)	(26)유예기간 종료연도	(27)유예기간 종료이후년차	(28)공제율	(29)공제세액
			----	-		
	중견기업	(30)대상금액(=11)	(31)공제율			(32)공제세액
			8%			
	일반기업	(33)대상금액(=11)	공제율			(37)공제세액
			(34)기본율	(35)추가	(36)계	
증가발생금액 공제		(38)대상금액(=21)	(39)공제율		(40)공제세액	
		24,000,000	50%		12,000,000	
(41)해당연도에 공제받을 세액		중소기업(24과 40 중 선택)			16,500,000	
		중소기업 유예기간 종료이후 5년내 기업(29과 40 중 선택)				
		중견기업(32와 40 중 선택)				
		일반기업(37와 40 중 선택)				

※공제율
중소기업 : 50%
중견기업 : 40%
대 기업 : 25%

※ 최저한세 설정
● 제외
○ 대상

CHAPTER 07 세액계산 및 신고서의 작성

01 최저한세조정명세서

[공제감면세액및추가납부세액합계표]에서 최저한배제세액감면·세액공제 및 최저한세적용감면·세액공제 내용을 확인하여 법인이 최저한세조정대상 세액감면 및 공제를 받는 경우 작성하는 서식이다.

법인조정II ≫ 세액계산및신고서 ≫ 최저한세조정계산서

①구분	코드	②감면후세액	③최저한세	④조정감	⑤조정후세액
(101) 결 산 서 상 당 기 순 이 익	01				
소득조정금액 (102)익 금 산 입	02				
(103)손 금 산 입	03				
(104) 조 정 후 소 득 금 액 (101+102-103)	04				
최저한세적용대상 (105)준 비 금	05				
특 별 비 용 (106)특별상각, 특례상각	06				
(107) 특별비용손금산입전소득금액(104+105+106)	07				
(108) 기 부 금 한 도 초 과 액	08				
(109) 기부금 한도초과 이월액 손 금 산 입	09				
(110) 각 사업 년 도 소 득 금 액 (107+108-109)	10				
(111) 이 월 결 손 금	11				
(112) 비 과 세 소 득	12				
(113) 최저한세적용대상 비 과 세 소 득	13				
(114) 최저한세적용대상 익금불산입·손금산입	14				
(115) 차가감 소 득 금 액(110-111-112+113+114)	15				
(116) 소 득 공 제	16				
(117) 최저한세적용대상 소 득 공 제	17				
(118) 과 세 표 준 금 액 (115-116+117)	18				
(119) 선 박 표 준 이 익	24				
(120) 과 세 표 준 금 액 (118+119)	25				
(121) 세 율	19				
(122) 산 출 세 액	20				
(123) 감 면 세 액	21				
(124) 세 액 공 제	22				
(125) 차 감 세 액 (122-123-124)	23				

최저한세적용대상(조세특례제한법)	최저한세적용 제외대상
• 중소기업 특별 세액감면 (일반감면)	중소기업 연구 및 인력개발비 세액공제
• 창업 중소기업 등에 대한 세액감면 (기간감면)	법인세법상 세액공제
• 중소기업 투자 세액공제	(외국납부, 재해손실, 경정세액 세액공제)
• 고용창출 투자 세액공제	

내용
① F12불러오기를 이용하여 [법인세과세표준및세액조정계산서]에서 입력된 내용이 반영된다. ② (123)감면세액과 (124)세액공제는 「③ 최저한세」적용대상금액을 입력하면 ③ 조정감란의 금액과 ⑤ 조정 후 세액이 자동 산출된다. ③ 「② 감면후세액」은 (125)차감세액〈「③ 최저한세」인 경우 「④ 조정감」에서 준비금, 특별상각, 소득공제, 감면세액, 세액공제 순으로 자동 계산되며 최저한세 적용대상이 아닌 경우 수정할 수 있다. ④ 감면후세액의 차감세액(125)이 최저한세(122)보다 크면 조정감이 발생하지 않아 「⑤ 조정 후 세액」란은 작성되지 않는다.

실습예제 따라하기

01 아래의 자료를 이용하여 ㈜육공(회사코드: 0600)의 [법인세과세표준및세액조정계산서]와 [최저한세조정계산서]를 작성하시오. (단, 불러온 기존자료 및 다른 문제의 내용은 무시하고 아래의 자료만을 활용한다.)

1. 결산서상 당기순이익: 162,000,000원
2. 세무조정사항
   - 익금산입액(가산조정): 130,000,000원
   - 손금산입액(차감조정): 100,000,000원
3. 기부금 관련 사항은 아래와 같다.

지출연도	지정기부금지출액	지정기부금 한도액
2023년도	10,000,000원	7,000,000원
2025년도(당기)	18,000,000원	20,000,000원

4. 이월결손금: 10,000,000원(전액 2023년도 귀속분이다.)
5. 수도권 내 청년창업중소기업에 대한 세액감면(최저한세 적용대상): 9,000,000원
6. 중간예납세액: 3,000,000원
7. 원천납부세액: 1,200,000원

실기 따라하기 01

[1] [법인세과세표준및세액조정계산서]
- 당기 기부금 한도 적용 시 이월기부금을 당기 지출 기부금보다 우선 공제
- 이월기부금 3,000,000원을 기부금 한도초과 이월액 손금산입하고, 잔여 한도액을 초과하는 당기 지출 기부금 1,000,000원은 기부금한도초과액으로 이월
- * 당기기부금한도 20,000,000 - 전기이월기부금 3,000,000(손금추인) - 당기기부금 18,000,000 = -1,000,000원
- [법인세과세표준및세액조정계산서] 작성 후 F11저장
  - 「101」란에 손익계산서상의 당기순이익을 입력
  - 「102」란에 소득금액조정합계표 및 명세서의 익금산입 및 손금산입액을 입력
  - 「105」란에 기부금한도초과액과 「106」란에 기부금한도초과이월액 손금산입액을 입력
    * 당기 기부금 한도 적용시 이월기부금을 우선 공제
  - 「109」란에 10년 이내(2020.1.1. 이후 15년)에 발생한 이월결손금 입력

① 각사업연도소득계산	101. 결 산 서 상 당 기 순 손 익	01	162,000,000
	소득조정금액 102. 익 금 산 입	02	130,000,000
	103. 손 금 산 입	03	100,000,000
	104. 차 가 감 소 득 금 액 (101+102-103)	04	192,000,000
	105. 기 부 금 한 도 초 과 액	05	1,000,000
	106. 기 부 금 한 도 초 과 이월액 손금산입	54	3,000,000
	107. 각 사 업 연 도 소 득 금 액 (104+105-106)	06	190,000,000
② 과세표준계산	108. 각 사 업 연 도 소 득 금 액 (108=107)		190,000,000
	109. 이 월 결 손 금	07	10,000,000
	110. 비 과 세 소 득	08	
	111. 소 득 공 제	09	
	112. 과 세 표 준 (108-109-110-111)	10	180,000,000
	159. 선 박 표 준 이 익	55	

[2] [최저한세조정계산서]
- F12 불러오기
- 최저한세 적용대상: 청년창업중소기업에 대한 세액감면 9,000,000원 → 조정후세액 3,600,000원

①구분	코드	②감면후세액	③최저한세	④조정감	⑤조정후세액
(101) 결 산 서 상 당 기 순 이 익	01	162,000,000			
소득조정금액 (102)익 금 산 입	02	130,000,000			
(103)손 금 산 입	03	100,000,000			
(104) 조 정 후 소 득 금 액 (101+102-103)	04	192,000,000	192,000,000		192,000,000
최저한세적용대상 (105)준 비 금	05				
특 별 비 용 (106)특별상각, 특례상각	06				
(107) 특별비용손금산입전소득금액(104+105+106)	07	192,000,000	192,000,000		192,000,000
(108) 기 부 금 한 도 초 과 액	08	1,000,000	1,000,000		1,000,000
(109) 기부금 한도초과 이월액 손 금 산 입	09	3,000,000	3,000,000		3,000,000
(110) 각 사업 년 도 소 득 금 액 (107+108-109)	10	190,000,000	190,000,000		190,000,000
(111) 이 월 결 손 금	11	10,000,000	10,000,000		10,000,000
(112) 비 과 세 소 득	12				
(113) 최저한세적용대상 비과세 소득	13				
(114) 최저한세적용대상 익금불산입·손금산입	14				
(115) 차가감 소 득 금 액(110-111-112+113+114)	15	180,000,000	180,000,000		180,000,000
(116) 소 득 공 제	16				
(117) 최저한세적용대상 소 득 공 제	17				
(118) 과 세 표 준 금 액 (115+117)	18	180,000,000	180,000,000		180,000,000
(119) 선 박 표 준 이 익	24				
(120) 과 세 표 준 금 액 (118+119)	25	180,000,000	180,000,000		180,000,000
(121) 세 율	19	9 %	7 %		9 %
(122) 산 출 세 액	20	16,200,000	12,600,000		16,200,000
(123) 감 면 세 액	21	9,000,000		5,400,000	3,600,000
(124) 세 액 공 제	22				
(125) 차 감 세 액 (122-123-124)	23	7,200,000			12,600,000

[3] [법인세과세표준및세액조정계산서]
- [법인세과세표준및세액조정계산서] 작성 후 F11 저장
  - 「121」란에 최저한세적용대상공제감면세액 3,600,000원 입력
  - 「126」란에 중간예납세액 입력
  - 「128」란에 원천납부세액 입력

		120. 산 출 세 액 (120=119)		16,200,000
④ 납 부 할 세 액 계 산		121. 최저한세 적 용 대 상 공 제 감 면 세 액	17	3,600,000
		122. 차 감 세 액	18	12,600,000
		123. 최저한세 적 용 제 외 공 제 감 면 세 액	19	
		124. 가 산 세 액	20	
		125. 가 감 계 (122-123+124)	21	12,600,000
	기 한 내 납 부 세 액	126. 중 간 예 납 세 액	22	3,000,000
		127. 수 시 부 과 세 액	23	
		128. 원 천 납 부 세 액	24	1,200,000
		129. 간접 회사등 외국 납부세액	25	
		130. 소 계(126+127+128+129)	26	4,200,000
		131. 신 고 납 부 전 가 산 세 액	27	
		132. 합 계 (130+131)	28	4,200,000
	133. 감 면 분 추 가 납 부 세 액		29	
	134. 차 가 감 납 부 할 세 액(125-132+133)		30	8,400,000
⑤토지등 양도소득, ⑥미환류소득 법인세 계산 (TAB로 이동)				
⑦ 세 액 계	151. 차감 납부할 세액계 (134+150+166)		46	8,400,000
	152. 사 실 과 다 른 회계 처 리 경정 세액공제		57	
	153. 분 납 세 액 계 산 범 위 액 (151-124-133-145-152+131)		47	8,400,000
	154. 분 납 할 세 액		48	
	155. 차 감 납 부 세 액 (151-152-154)		49	8,400,000

실습예제 따라하기

02 불러오는 자료는 무시하고 아래의 자료만을 이용하여 ㈜육공팔(0608)의 법인세 과세표준 및 세액조정 계산서 및 최저한세 조정 명세서를 작성하시오.

1. 결산서상 당기순이익: 220,503,230원
2. 익금산입 총액: 13,450,200원
3. 기부금 한도 초과액: 450,000원
4. 공제가능 이월결손금: 15,000,000원
5. 소득공제 총액 50,000,000원 중 최저한세 대상 소득공제금액은 30,000,000원이다.
6. 당기 중소기업특별세액감면액은 5,000,000원이며, 최저한세 대상 세액감면금액에 해당한다.
7. 중간예납세액은 5,000,000원이며 원천납부세액은 250,000원이다.

실기 따라하기 02

[1] [법인세과세표준및세액조정계산서]
- [법인세과세표준및세액조정계산서] 당기순이익, 익금산입, 손금산입, 기부금한도관련 조정금액, 이월결손금 입력 후 F11저장

[2] [최저한세조정계산서]
- F12 불러오기
- 최저한세적용대상: 중소기업특별세액감면 5,000,000원
  소득공제 30,000,000원(최저한세로 인한 소득공제 배제금액 계산 후 수정)
  - 「116」소득공제 50,000,000원 입력
  - 「117」최저한세대상 소득공제 30,000,000원 입력: 50,000,000원 − 20,000,000원(최저한세제외) = 과세표준
  - 「123」감면세액 3,000,000원 입력
- 최저한세 적용대상 입력 후 ➔ 조정후세액 1,288,068원

①구분		코드	②감면후세액	③최저한세	④조정감	⑤조정후세액
(101) 결 산 서 상 당 기 순 이 익		01	220,503,230			
소득조정금액	(102) 익 금 산 입	02	13,450,200			
	(103) 손 금 산 입	03				
(104) 조 정 후 소 득 금 액 (101+102-103)		04	233,953,430	233,953,430		233,953,430
최저한세적용대상 특별비용	(105) 준 비 금	05				
	(106) 특별상각, 특례상각	06				
(107) 특별비용손금산입전소득금액(104+105+106)		07	233,953,430	233,953,430		233,953,430
(108) 기 부 금 한 도 초 과 액		08	450,000	450,000		450,000
(109) 기부금 한도초과 이월액 손 금 산 입		09				
(110) 각 사 업 년 도 소 득 금 액 (107+108-109)		10	234,403,430	234,403,430		234,403,430
(111) 이 월 결 손 금		11	15,000,000	15,000,000		15,000,000
(112) 비 과 세 소 득		12				
(113) 최저한세적용대상 비 과 세 소 득		13				
(114) 최저한세적용대상 익금불산입 손금산입		14				
(115) 차가감 소 득 금 액 (110-111-112+113+114)		15	219,403,430	219,403,430		219,403,430
(116) 소 득 공 제		16	50,000,000	50,000,000		50,000,000
(117) 최저한세적용대상 소 득 공 제		17		30,000,000		
(118) 과 세 표 준 금 액 (115-116+117)		18	169,403,430	199,403,430		169,403,430
(119) 선 박 표 준 이 익		24				
(120) 과 세 표 준 금 액 (118+119)		25	169,403,430	199,403,430		169,403,430
(121) 세 율		19	9 %	7 %		9 %
(122) 산 출 세 액		20	15,246,308	13,958,240		15,246,308
(123) 감 면 세 액		21	5,000,000		3,711,932	1,288,068
(124) 세 액 공 제		22				
(125) 차 감 세 액 (122-123-124)		23	10,246,308			13,958,240

[3] [법인세과세표준및세액조정계산서]
• [법인세과세표준및세액조정계산서] 작성 후 F11저장
- 「111」란에 소득공제 50,000,000원(조정후금액) 입력
- 「121」란에 최저한세적용대상공제감면세액 1,288,068원 입력
- 「126」란에 중간예납세액 입력
- 「128」란에 원천납부세액 입력

① 각사업연도소득계산	101. 결산서상 당기순손익	01	220,503,230
	소득조정금액 102. 익금산입	02	13,450,200
	103. 손금산입	03	
	104. 차가감소득금액 (101+102-103)	04	233,953,430
	105. 기부금한도초과액	05	450,000
	106. 기부금한도초과이월액 손금산입	54	
	107. 각사업연도소득금액 (104+105-106)	06	234,403,430
② 과세표준계산	108. 각사업연도소득금액 (108=107)		234,403,430
	109. 이월결손금	07	15,000,000
	110. 비과세소득	08	
	111. 소득공제	09	50,000,000
	112. 과세표준 (108-109-110-111)	10	169,403,430
	159. 선박표준이익	55	
③ 산출세액계산	113. 과세표준 (113=112+159)	56	169,403,430
	114. 세율	11	9%
	115. 산출세액	12	15,246,308
	116. 지점유보소득 (법 제96조)	13	
	117. 세율	14	
	118. 산출세액	15	
	119. 합계 (115+118)	16	15,246,308

④ 납부할세액계산	120. 산출세액 (120=119)		15,246,308
	121. 최저한세 적용대상 공제감면세액	17	1,288,068
	122. 차감세액	18	13,958,240
	123. 최저한세 적용제외 공제감면세액	19	
	124. 가산세액	20	
	125. 가감계 (122-123+124)	21	13,958,240
	기한내납부세액 126. 중간예납세액	22	5,000,000
	127. 수시부과세액	23	
	128. 원천납부세액	24	250,000
	129. 간접회사등 외국납부세액	25	
	130. 소계 (126+127+128+129)	26	5,250,000
	131. 신고납부전 가산세액	27	
	132. 합계 (130+131)	28	5,250,000
	133. 감면분추가납부세액	29	
	134. 차가감납부할세액 (125-132+133)	30	8,708,240
⑤ ⑥토지등양도소득, ⑥미환류소득 법인세 계산 (TAB으로 이동)			
⑦ 세액계	151. 차감납부할세액계 (134+150+166)	46	8,708,240
	152. 사실과 다른 회계처리 경정세액공제	57	
	153. 분납세액 계산 범위액 (151-124-133-145-152+131)	47	8,708,240
	154. 분납할세액	48	
	155. 차감납부세액 (151-152-154)	49	8,708,240

실습예제 따라하기

03 다음 자료만을 참조하여 ㈜칠공삼(0703)의 세액공제조정명세서(3) 중 3.당기공제 및 이월액계산 탭, 최저한세조정계산서, 법인세 과세표준 및 세액조정계산서를 완성하시오.(당사는 중소기업이며, 불러온 자료는 무시하고 아래의 자료만을 참조한다.)

• 결산서상 당기순이익: 312,500,000원
• 익금산입액: 27,850,000원
• 손금산입액: 110,415,000원
• 중소기업에 대한 특별세액감면: 5,197,400원
• 당기 발생 연구인력개발비 세액공제: 3,500,000원
• 고용증대세액공제액: 7,000,000원(전기 이월액은 3,500,000원, 당기분은 3,500,000원)
• 원천납부세액: 880,000원
• 최저한세에 따른 공제감면 배제는 납세자에게 유리한 방법으로 한다.
• 위 이외의 세무조정 자료는 없다.
• 당사는 분납을 하고자 한다.
• 고용인원은 전년도와 동일한 것으로 가정한다.

실기 따라하기 03

[1] [법인세과세표준및세액조정계산서]
- [법인세과세표준및세액조정계산서] 당기순이익, 익금산입, 손금산입, 기부금한도관련 조정금액, 이월결손금 입력 후 F11저장

[2] [최저한세조정계산서]
- F12 불러오기
- 최저한세 적용대상: 중소기업에 대한 특별세액감면: 5,197,400원, 고용증대세액공제액: 7,000,000원
- 최저한세 제외대상: 연구인력개발비 세액공제: 3,500,000원
- 중복적용 가능성:
  - 세액공제와 세액공제는 중복적용 가능
  - 세액공제와 세액감면은 원칙적으로 중복적용 불가
  - 예외: 이월된 세액공제와 당기분 세액감면은 중복적용 가능
  - 특별 예외: 연구인력개발비세액공제와 고용증대세액공제는 당기분 세액감면과도 중복적용 가능
  본 사례에서는 모든 세액감면과 세액공제에 대하여 중복적용이 가능함
- 최저한세 감면 배제 전략
  - 최저한세로 감면이 배제될 경우, 이월공제가 가능한 당기분 세액공제(고용증대세액공제)에서 감면을 배제하는 것이 납세자에게 유리
  - 세무 프로그램에서도 세액공제에서 감면을 배제하는 방식으로 자동 반영됨
- 최저한세 적용대상 입력 후 → 조정후세액 7,592,200원(5,197,400원 + 2,394,800원)

①구분		코드	②감면후세액	③최저한세	④조정감	⑤조정후세액
(101) 결산서상 당기순이익		01	312,500,000			
소득조정금액	(102) 익금산입	02	27,850,000			
	(103) 손금산입	03	110,415,000			
(104) 조정후 소득금액 (101+102-103)		04	229,935,000	229,935,000		229,935,000
최저한세적용대상 특별비용	(105) 준비금	05				
	(106) 특별상각, 특례상각	06				
(107) 특별비용손금산입전소득금액(104+105+106)		07	229,935,000	229,935,000		229,935,000
(108) 기부금 한도 초과액		08				
(109) 기부금 한도초과 이월액 손금산입		09				
(110) 각 사업년도 소득금액 (107+108-109)		10	229,935,000	229,935,000		229,935,000
(111) 이월결손금		11				
(112) 비과세소득		12				
(113) 최저한세적용대상 비과세소득		13				
(114) 최저한세적용대상 익금불산입·손금산입		14				
(115) 차가감 소득금액 (110-111-112+113+114)		15	229,935,000	229,935,000		229,935,000
(116) 소득공제		16				
(117) 최저한세적용대상 소득공제		17				
(118) 과세표준금액 (115-116+117)		18	229,935,000	229,935,000		229,935,000
(119) 선박표준이익		24				
(120) 과세표준금액 (118+119)		25	229,935,000	229,935,000		229,935,000
(121) 세율		19	19 %	7 %		19 %
(122) 산출세액		20	23,687,650	16,095,450		23,687,650
(123) 감면세액		21	5,197,400			5,197,400
(124) 세액공제		22	7,000,000		4,605,200	2,394,800
(125) 차감세액 (122-123-124)		23	11,490,250			16,095,450

[3] [법인세과세표준및세액조정계산서]
- [법인세과세표준및세액조정계산서] 작성 후 F11저장
  - 「121」란에 최저한세적용대상공제감면세액 7,592,200원 입력
  - 「123」란에 최저한세적용제외대상공제감면세액 3,500,000원 입력
  - 「128」란에 원천납부세액 입력
  - 「154」란에 분납할세액 입력

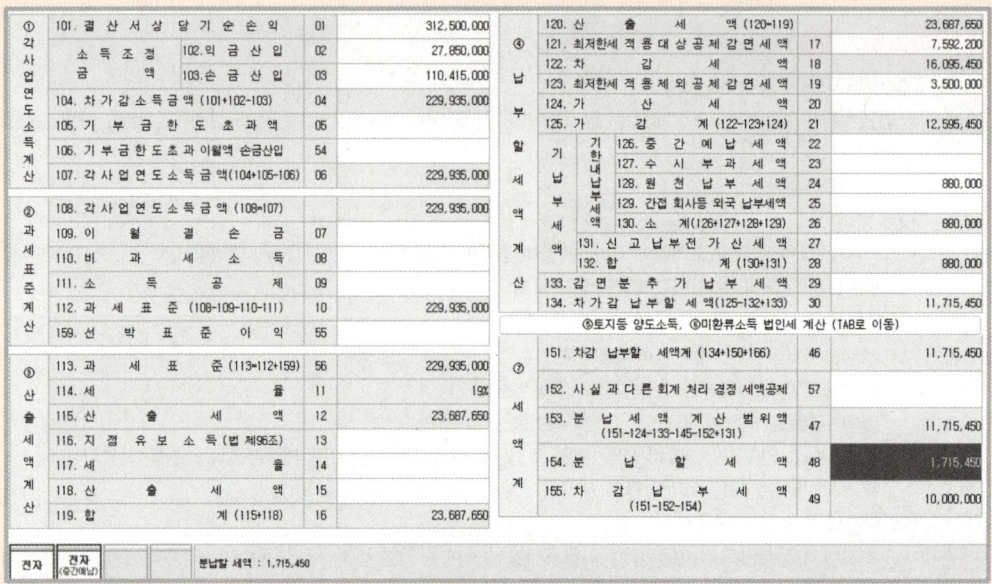

[4] [세액공제조정명세서(3)]

[3. 당기공제및이월액계산]

- "105. 구분"에서 F2로 세액공제 항목을 조회하여 직접 입력한다.(세액감면은 입력하지 않는다)
- 당기 발생한 세액공제액 "106. 사업연도"에 2025.12. 입력, "107.요공제액: 당기분", "109. 당기공제대상세액:당기분" 3,500,000원 입력
- 전기 발생한 세액공제액 "106. 사업연도"에 2024.12. 입력, "108.요공제액: 이월분", "110. 당기공제대상세액: 1차연도"에 2024년에서 이월된 세액공제액을 입력
- "121. 최저한세적용에 따른 미공제액"에는 최저한세를 적용받아 공제받지 못한 금액을 입력
  이월분 보다 당기분을 배제하는 것이 납세자에게 유리하므로 조정감세액 4,605,200원 중 고용증대세액공제 당기 발생액에 3,500,000원과 1차연도 에 1,105,200원을 입력

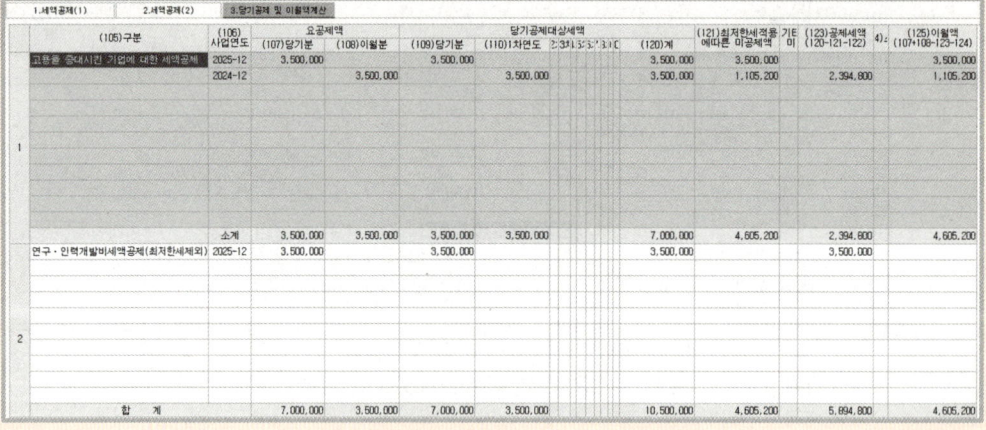

02 원천납부세액명세서

원천납부세액명세서는 원천징수되는 채권 등의 이자소득을 제외한 이자소득 및 증권투자 신탁수익의 분배금에 대하여 작성하는 서식으로 법인세 원천징수 내역을 작성하는 서식이다.

법인조정Ⅱ ≫ 세액계산및신고서 ≫ 원천납부세액명세서

항목	내용
적요	F12불러오기를 이용하여 이자금액관련계정과목을 반영할 수 있고, 직접입력할 수도 있다. 적요란에는 비영업대금의 이자, 정기예금 등의 이자소득발생하유를 입력한다.
원천징수의무자/원천징수일	적요사유 및 원천징수의무자별로 각사업연도의 합계액을 입력할 수 있으며, 원천징수일은 최초의 원천징수일로 한다.
이자·배당금액	이자금액란에 커서가 위치하면 계정별 원장에서 불러온 과세표준계정 동일일자 거래처와 금액이 나타나고, 이에 해당되는 과세표준을 선택한다.
세율	원천징수세율은 14%로 적용되며 직접입력할 수 있다.
법인세	법인세 금액이 1,000원 미만인 경우 소액부징수에 해당되어 "0"으로 계산된다(실제 원천징수하는 경우에는 1,000원 미만이라도 직접 입력).
지방세납세지	지방소득세특별징수세액명세서에 반영될 납세지명을 입력한다.

실습예제 따라하기

01 다음의 자료는 2025년 1월 1일부터 12월 31일까지의 원천징수와 관련한 자료이다. 주어진 자료를 이용하여 ㈜오공육(회사코드: 0506)의 원천납부세액명세서(갑)표를 작성하시오. (단, 지방세 납세지는 기재하지 말 것)

<원천징수내역> (단위: 원)

적요	원천징수 대상금액	원천징수일	원천징수세율	원천징수의무자	사업자등록번호
정기예금이자	1,000,000	6.30	14%	㈜한들은행	110-81-12345
보통예금이자	2,000,000	12.31	14%	㈜두리은행	210-81-12345
저축성보험차익[1]	10,000,000	8.31	14%	㈜신흥해상보험	123-81-25808

[1] 저축성보험차익은 만기보험금이 납입보험료를 초과한 금액으로 2021년 9월 30일에 가입하였으며 만기는 2026년 9월 30일에 도래하나, 회사사정상 당해연도 8월 31일에 해지하였다. 보험계약기간 중 저축성보험관련 배당금 및 기타 유사한 금액은 지급되지 않았다.

실기 따라하기 01

원천납부세액명세서 갑표

No	1.적요 (이자발생사유)	구분	2.원천징수의무자 사업자(주민)번호	상호(성명)	3.원천징수일	4.이자·배당금액	5.세율(%)	6.법인세
1	정기예금이자	내국인	110-81-12345	㈜한들은행	6.30	1,000,000	14.00	140,000
2	보통예금이자	내국인	210-81-12345	㈜두리은행	12.31	2,000,000	14.00	280,000
3	저축성보험차익	내국인	123-81-25808	㈜신흥해상보험	8.31	10,000,000	14.00	1,400,000

03 가산세액계산서

법인세 등에서 규정한 의무를 이행하지 아니한 경우에는 해당 항목에 대한 가산세를 납부하여야하는데 이를 계산하기 위한 서식이다. 「③ 기준금액」에 가산세대상금액을 입력하면 가산세율이 자동으로 적용되어 가산세액이 산출된다.

법인조정Ⅱ ≫ 세액계산및신고서 ≫ 가산세액계산서

①구분		②계산기준	③기준금액	④가산세율	⑤코드	⑥가산세액
무기장		산출세액		20/100	27	
		수입금액		7/10,000	28	
무신고	일반	무신고납부세액		20/100	29	
		수입금액		7/10,000	30	
	부정	무신고납부세액		40/100	31	
		무신고납부세액		60/100	80	
		수입금액		14/10,000	32	
과소신고	일반	과소신고납부세액		10/100	3	
	부정	과소신고납부세액		40/100	22	
		과소신고납부세액		60/100	81	
		과소신고수입금액		14/10,000	23	
납부지연		(일수) 미납세액		2.2/10,000	4	
합 계					21	

⑦구분		⑧과소신고 납부세액	과소신고 과세표준				과소신고납부세액			
			⑨계	⑩일반	⑪부정	⑫부정(국제거래)	⑬계	⑭일반(⑧)×(⑩/⑨))	⑮부정(⑧)×(⑪/⑨))	16 부정(국제거래)⑧)×(⑫/⑨))
각사업연도 소득	과소신고									
	기납부세액 과다등									
토지 등	과소신고									

✓ 주요 체크사항: 가산세액계산서

구분	내용
서식 위치 및 특징	• 법인조정Ⅱ에 있는 서식 • 세율은 자동 반영
법적증명서류 미수취 가산세	• 3만원 초과 거래 시 증빙 미수취 시 2%
지급명세서 가산세	• 제출기한: 　- 일반: 익월 10일까지 제출 필수 　- 일용근로자: 익월 말일까지 제출 • 가산세율: 　- 지급명세서 미제출/불분명: 1%(3개월 이내 제출 시 50% 감면) 　- 일용근로자 지급명세서 미제출: 0.25%(1개월 이내 제출 시 50% 감면 → 0.125%)

실습예제 따라하기

01 다음의 자료를 참조하여 법인세 수정신고서 작성시 ㈜오공오(회사코드: 0505)의 [가산세액계산서]를 작성하시오.

> 1. 당사 1인 주주인 나주주씨는 2025.12.30. 주식 전부를 액면가액인 50,000,000원으로 박상우씨에게 양도하였다. 하지만 법인세 신고시 주식변동이 없는 것으로 착각하여 주식등변동상황명세서를 제출하지 않았다.
> 2. 법인세법상 정규증빙을 수취하지 못한 내역이 다음과 같이 존재하는데 법인세 신고시 가산세를 반영하지 못하였다.
>   • 여비교통비: 총3건 2,000,000원(이 중 1건은 20,000원으로 간이영수증을 수취하였음)
>   • 소모품비: 총4건 3,200,000원(4건 모두 3만원 초과분)
> 3. 당사는 법인세 수정신고서를 법정신고기한 10일 후 제출하였다.

실기 따라하기 **01**

[가산세액계산서]
[미제출가산세]
• 주식등변동상황명세서가산세, 지출증명서류가산세를 입력한다.
• 주식등변동상황명세서를 법인세신고기한까지 제출하지 않은 경우 주식액면가액의 1%의 가산세 부과
• 단, 제출 기한 경과 후 1개월 이내 제출하는 경우 가산세를 50% 감면, 0.5%를 적용
• 거래 건당 3만원을 초과하는 경우 정규증빙 미수취 거래금액의 2% 가산세 부과

신고납부가산세	미제출가산세	토지등양도소득가산세	미환류소득				
구분		계산기준	기준금액	가산세율	코드	가산세액	
지출증명서류		미(허위)수취금액	5,180,000	2/100	8	103,600	
지급 명세서	미(누락)제출	미(누락)제출금액		10/1,000	9		
	불분명	불분명금액		1/100	10		
	상증법 82조 1 6	미(누락)제출금액		2/1,000	61		
		불분명금액		2/1,000	62		
	상증법 82조 3 4	미(누락)제출금액		2/10,000	67		
		불분명금액		2/10,000	68		
	법인세법 제75의7①(일용근로)	미제출금액		25/10,000	96		
		불분명등		25/10,000	97		
	법인세법 제75의7①(간이지급명세서)	미제출금액		25/10,000	102		
		불분명등		25/10,000	103		
	소 계				11		
주식등변동 상황명세서	미제출	액면(출자)금액	50,000,000	10/1,000	12	250,000	
	누락제출	액면(출자)금액		10/1,000	13		
	불분명	액면(출자)금액		1/100	14		
	소 계				15	250,000	

실습예제 따라하기

02 다음 자료를 이용하여 ㈜육공육(0606)의 "가산세액계산서"를 작성하시오.

1. 당사가 지출한 금액 중 10,000,000원을 제외한 모든 금액은 법인세법에서 요구하는 세금계산서 등의 적격증명서류를 갖추고 있다. 지출한 금액 10,000,000원에 대한 구체적인 내용은 다음과 같다.

구분	금액	비고
임차료	2,400,000원	일반과세자인 임대인에게 임차료를 금융기관을 통해 지급하고 법인세 신고 시 송금사실을 기재한 경비등의 송금명세서를 첨부하였다.
차량운반구	5,000,000원	종업원 개인 소유차량을 취득하고 거래명세서를 받았다.
세금과공과금	1,200,000원	회사부담분 국민연금을 지급한 지로 용지가 있다.
복리후생비	1,400,000원	전부 거래 건당 3만원초과 금액으로 간이영수증을 수취하였다.

2. 회계담당자의 실수로 1분기 일용근로자에 대한 지급명세서(일용근로자 임금 총액: 8,000,000원)를 법정제출기한까지 제출하지 못하여 2025년 7월 25일 제출하였다.

실기 따라하기 02

[가산세액계산서]
[미제출가산세]
- 지출증명서류가산세, 지급명세서미제출가산세를 입력
- 지출증명서류가산세 적용 기준:
  - 임차료: 상대방이 영수증발급대상 간이과세자인 경우에만 적격증명서류 수취의무 면제이므로 2,400,000원은 지출증명서류 미수취 가산세 대상
  - 차량운반구: 상대방이 사업자가 아니므로 적격증명서류 수취의무 면제
  - 복리후생비: 3만원초과 거래 1,400,000원 지출증명서류 미수취 가산세 대상
- 지급명세서미제출가산세 적용 기준:
  - 일용근로소득지급명세서는 지급월의 다음달 말까지 제출 필요
- 미제출시 가산세:
  - 미제출금액의 0.25% 부과, 제출기한 후 1개월 이내 제출시 0.125%로 감면
  - 예시: 4월지급분 6월말까지 제출 의무, 6월말까지 제출시 가산세 감면(0.125%)

구분		계산기준	기준금액	가산세율	코드	가산세액
지급명세서	지출증명서류	미(허위)수취금액	3,800,000	2/100	8	76,000
	미(누락)제출	미(누락)제출금액		10/1,000	9	
	불분명	불분명금액		1/100	10	
	상증법 82조 1 6	미(누락)제출금액		2/1,000	61	
		불분명금액		2/1,000	62	
	상증법 82조 3 4	미(누락)제출금액		2/10,000	67	
		불분명금액		2/10,000	68	
	법인세법 제75의7①(일용근로)	미제출금액	8,000,000	25/10,000	96	20,000
		불분명등		25/10,000	97	
	법인세법 제75의7①(간이지급명세서)	미제출금액		25/10,000	102	
		불분명등		25/10,000	103	
소　계					11	20,000

04 법인세과세표준 및 세액조정계산서

법인세과세표준 및 세액신고서는 법인세 확정신고 시 제출되는 서식의 표지에 해당하는 서식 으로 법인세과세표준 및 세액조정계산서를 먼저 작성하여 납부세액을 계산한 다음에 불러오기 하면 기본내용은 자동으로 반영되고 조정구분 등을 추가로 선택하는 방법으로 작성한다. 다만, 시험에서는 기 입력된 자료는 무시하고 주어진 자료로 직접 작성하는 문제가 출제되고 있다.

법인조정Ⅱ ≫ 세액계산및신고서 ≫ 법인세과세표준및세액조정계산서

실습예제 따라하기

01 아래의 자료만을 이용하여 세무조정사항을 ㈜칠공일(회사코드: 0701)의 소득금액조정합계표에 반영하고, 법인세과세표준 및 세액조정계산서를 작성하시오.(단, 주어진 자료 이외에는 없는 것으로 하고 기존에 입력된 자료는 무시한다.)

1. 손익계산서의 일부분이다.

손익계산서
2025.1.1.~2025.12.31.

중간생략	
Ⅷ 법인세차감전순이익	550,000,000원
Ⅸ 법인세등	50,000,000원
Ⅹ 당기순이익	500,000,000원

2. 위의 자료를 제외한 세무조정 자료는 다음과 같다.

> 당기 말에 전무이사의 퇴직으로 인하여 지급한 퇴직금 100,000,000원이 판매비와 관리비에 퇴직급여로 반영되어 있다. 회사는 임원에 대한 퇴직금지급 규정이 없다. 전무이사의 퇴직 전 1년간 받은 총급여액은 100,000,000원이며 근속기간은 8년 6개월이다.

3. 이월결손금의 내역은 다음과 같으며 당기이전에 공제된 내역은 없다.

발생연도	2011년	2019년	2022년
금액	100,000,000원	30,000,000원	5,000,000원

4. 세액공제 및 감면세액은 다음과 같다.
    - 중소기업특별세액감면: 1,000,000원
    - 연구인력개발세액공제: 5,000,000원
    - 외국납부세액공제: 3,000,000원
5. 기납부세액내역은 다음과 같다.
    - 중간예납세액: 15,000,000원
    - 이자수익에 대한 원천징수세액: 500,000원
6. 매출액 중 계산서를 미발급한 매출 5,000,000원이 있음을 발견하였다.(결산 시 매출액은 장부에 이미 반영함)
7. 납부세액은 분납이 가능한 경우 분납신청하고자 한다.

실기 따라하기 01

[1] [소득금액조정합계표]

- 임원퇴직금 한도 = 100,000,000원 × 10% × $8\frac{6}{12}$ = 85,000,000원

- 퇴직금한도초과액 = 10,000,000원 − 85,000,000원 = 15,000,000원

익금산입 및 손금불산입			손금산입 및 익금불산입		
과 목	금 액	소득처분	과 목	금 액	소득처분
법인세등	50,000,000	기타사외유출			
임원퇴직금 한도초과	15,000,000	상여			

[2] [법인세과세표준및세액조정계산서]
- 「101」란에 손익계산서상의 당기순이익을 입력
- 「102」란에 소득금액조정합계표 및 명세서의 [익금산입 및 손금불산입]란의 합계액을 입력
- 「109」란에 10년 이내(2020.1.1. 이후 15년)에 발생한 이월결손금을 입력.
- 「121」란에 최저한세적용 공제대상 감면세액인 "중소기업 특별세액감면" 금액을 입력
- 「123」란에 최저한세적용제외 공제대상 감면세액인 "연구 및 인력개발비에 대한 세액공제"와 "외국납부세액공제" 금액을 입력
- 「124」란에 계산서 미발급 가산세를 입력
  * 계산서 미발급 가산세: 공급가액(5,000,000) × 2% = 100,000원
- 「126」란에 중간예납세액을 입력
- 「128」란에 원천징수세액을 입력
- 「154」]란에 메뉴 하단에 보이는 분납할세액 28,100,000원을 입력

① 각사업연도소득계산	101. 결산서상 당기순손익	01	500,000,000	④ 납부할세액계산	120. 산 출 세 액 (120=119)	16	80,700,000
	소득조정 102. 익 금 산 입	02	65,000,000		121. 최저한세 적용 대상 공제 감면세액	17	1,000,000
	금액 103. 손 금 산 입	03			122. 차 감 세 액	18	79,700,000
	104. 차 가 감 소득금액 (101+102-103)	04	565,000,000		123. 최저한세 적용제외 공제 감면세액	19	8,000,000
	105. 기 부 금 한 도 초 과 액	05			124. 가 산 세 액	20	100,000
	106. 기부금 한도 초과 이월액 손금산입	54			125. 가 감 계 (122-123+124)	21	71,800,000
	107. 각사업연도소득금액 (104+105-106)	06	565,000,000	기한내납부세액	126. 중 간 예 납 세 액	22	15,000,000
② 과세표준계산	108. 각사업연도소득금액 (108=107)		565,000,000		127. 수 시 부 과 세 액	23	
	109. 이 월 결 손 금	07	35,000,000		128. 원 천 납 부 세 액	24	500,000
	110. 비 과 세 소 득	08			129. 간접 회사등 외국 납부세액	25	
	111. 소 득 공 제	09			130. 소 계 (126+127+128+129)	26	15,500,000
	112. 과 세 표 준 (108-109-110-111)	10	530,000,000		131. 신 고 납부전 가 산 세 액	27	
	159. 선 박 표 준 이 익	55			132. 합 계 (130+131)	28	15,500,000
					133. 감 면 분 추 가 납 부 세 액	29	
					134. 차 가 감 납 부 할 세 액 (125-132+133)	30	56,300,000
③ 산출세액계산	113. 과 세 표 준 (113=112+159)	56	530,000,000	⑤토지등 양도소득, ⑥미환류소득 법인세 계산 (TAB로 이동)			
	114. 세 율	11	19%	⑦ 세액계	151. 차감 납부할 세액계 (134+150+166)	46	56,300,000
	115. 산 출 세 액	12	80,700,000		152. 사실과 다른 회계처리 경정 세액공제	57	
	116. 지 점 유 보 소 득 (법 제96조)	13			153. 분 납 세 액 계 산 범 위 액 (151-124-133-145-152+131)	47	56,200,000
	117. 세 율	14			154. 분 납 할 세 액	48	28,100,000
	118. 산 출 세 액	15			155. 차 감 납 부 세 액 (151-152-154)	49	28,200,000
	119. 합 계 (115+118)	16	80,700,000				

이패스 전산세무 1급

PART 07

기출테마학습(세무조정)

Chapter 01　기출테마학습(세무조정) 1
Chapter 02　기출테마학습(세무조정) 2
Chapter 03　기출테마학습(세무조정) 3
Chapter 04　기출테마학습(세무조정) 4
Chapter 05　기출테마학습(세무조정) 5

01 기출테마학습(세무조정) 1

덕산기업㈜(회사코드:1051)은 안전유리 등을 생산하고 제조·도매업 및 도급공사업을 영위하는 중소기업이며, 당해 사업연도(제15기)는 2025.1.1.~2025.12.31.이다. [법인조정] 메뉴를 이용하여 기장되어 있는 재무회계 장부 자료와 제시된 보충자료에 의하여 해당 사업연도의 세무조정을 하시오.

─〈작성대상서식〉─
1. 수입금액조정명세서, 조정후수입금액명세서
2. 선급비용명세서
3. 대손충당금 및 대손금조정명세서
4. 업무무관부동산등에관련한차입금이자조정명세서
5. 업무용승용차관련비용명세서

01 다음 자료를 이용하여 [수입금액조정명세서] 및 [조정후수입금액명세서]를 작성하고, 필요한 세무조정을 하시오.

1. 손익계산서상 수입금액은 다음과 같다.

구분	계정과목	기준경비율코드	결산서상 수입금액
1	제품매출	261004	2,500,800,000원
2	공사수입금	452122	178,200,000원
계			2,679,000,000원

2. 손익계산서상 공사수입금액에는 다음과 같이 작업진행률에 의해 가산되어야 하는 공사수입금액이 누락되었다.

- 공사명: 제주도지하철공사
- 도급자: 제주도도지사
- 도급금액: 200,000,000원
- 총 공사예정비: 100,000,000원
- 해당연도 말 총공사비 누적액: 80,000,000원
- 전기말 누적수입계상액: 150,000,000원

3. 기말 결산 시 제품판매누락(공급가액 2,200,000원, 원가 2,000,000원)이 있었으나, 손익계산서에는 반영하지 못하였다(부가가치세 수정신고는 적정하게 처리함).

4. 부가가치세법상 과세표준 내역

구분	금액	비고
제품매출	2,510,000,000원	사업상증여 시가 7,000,000원 포함(매입세액공제를 정상적으로 받은 제품임)
공사수입금	178,200,000원	-
계	2,688,200,000원	-

02. 다음의 자료를 이용하여 [선급비용명세서]를 작성하고, 관련된 세무조정을 [소득금액조정합계표및명세서]에 반영하시오. (단, 세무조정은 각 건별로 행하는 것으로 한다)

1. 전기 자본금과적립금조정명세서(을)

사업연도	2024.01.01.~2024.12.31.	자본금과적립금조정명세서(을)		법인명	덕수기업㈜

세무조정유보소득계산

① 과목 또는 사항	② 기초잔액	당기 중 증감		⑤ 기말잔액	비고
		③ 감소	④ 증가		
선급비용	-	-	350,000원	350,000원	-

※ 전기분 선급비용 350,000원이 당기에 보험기간의 만기가 도래하였다.

2. 당기 화재보험료 내역

구분	보험기간	납부금액	거래처	선급비용 계상액
본사	2025.07.01.~2026.06.30.	60,000,000원	㈜한화보험	-
공장	2025.09.01.~2026.08.31.	90,000,000원	㈜삼성보험	15,000,000원

03. 다음 자료를 이용하여 [대손충당금및대손금조정명세서]를 작성하고 필요한 세무조정을 하시오. (단, 대손설정률은 1%로 가정한다)

1. 당해연도 대손충당금 변동내역

내역	금액	비고
전기이월 대손충당금	15,000,000원	전기대손충당금한도초과액: 6,000,000원
회수불가능 외상매출금 상계 대손충당금	2,000,000원	8월 16일 상계 처리하였으며, 이는 상법에 따른 소멸시효가 완성된 채권이다.
당기 설정 대손충당금	4,500,000원	
기말 대손충당금 잔액	17,500,000원	

2. 채권 잔액으로 당기말 외상매출금 잔액은 300,000,000원 당기말 미수금 잔액은 25,000,000원이다.

3. 전기 이전에 대손처리한 외상매출금에 대한 대손 요건 미충족으로 인한 유보금액 잔액이 전기 자본금과적립금조정명세서(을)에 7,000,000원이 남아있으며, 이는 아직 대손 요건을 충족하지 않는다.

04 아래의 자료를 바탕으로 [업무무관부동산등에관련한차입금이자조정명세서]를 작성하고, 필요한 세무조정을 하시오.

1. 재무상태표 내역
   - 자산총계: 1,000,000,000원
   - 부채총계: 300,000,000원
   - 납입자본금: 100,000,000원
2. 손익계산서상 이자비용 (당기에 상환된 차입금은 없다.)

이자율	이자비용	차입일	비고
8%	10,000,000원	2024.07.01.	국민은행이자
12%	15,000,000원	2024.06.13.	건설자금이자(현재 진행 중인 공장건설공사를 위한 이자비용)
10%	20,000,000원	2023.01.01.	금융어음할인료
4%	40,000,000원	2025.01.01.	신한은행이자
6%	30,000,000원	2025.01.01.	채권자 불분명사채이자(원천징수는 없는 것으로 가정한다.)

3. 대표이사 김세무의 가지급금 관련 자료
   - 2024년 10월 1일 대표이사 김세무의 개인 주택 구입 목적으로 600,000,000원을 대여하였다.
   - 대표이사 김세무의 전기이월 가수금은 100,000,000원이다.
   - 해당 가지급금 및 가수금은 상환기간 및 이자율 등에 관한 약정이 없다.
4. 업무무관부동산 내역 (결산일 말 현재 보유중인 부동산)
   - 2024년 11월 10일 회사는 업무와 관련없이 토지를 300,000,000원에 취득하고, 해당 토지의 취득세 50,000,000원을 세금과공과로 당기비용 처리하였으며, 이에 대한 세무조정은 적정하게 반영되었다.

05 다음은 덕산기업㈜의 법인차량 관련 자료이다. 아래의 차량은 모두 영업관리부에서 업무용으로 사용 중이며 임직원전용보험에 가입하였다. 다음 자료를 이용하여 [업무용승용차등록] 및 [업무용승용차관련비용명세서]를 작성하고 관련 세무조정을 하시오. (단, 당사는 부동산임대업을 영위하지 않는다)

[27로2727] 소나타 (자가)
- 코드: 101
- 취득일: 2024년 5월 1일
- 취득가액: 34,000,000원(부가가치세 포함)
- 감가상각비: 6,800,000원
- 유류비: 2,000,000원(부가가치세 포함)
- 보험료: 1,400,000원(2026년 01월~04월 보험료 400,000원이 포함되어 있다.)
- 자동차세: 520,000원
- 보험기간: 2024.05.01.~2025.04.30.
  2025.05.01.~2026.04.30.
- 2025년 운행일지: 미작성

[38호2929] 제네시스 (렌트)
- 코드: 102
- 임차일: 2025년 09월 01일
- 월 렌트료: 1,320,000원(부가가치세 포함)
- 렌트기간: 2025.09.01.~2026.08.30.
- 유류비: 2,200,000원(부가가치세 포함)
- 보험기간: 2025.09.01.~2026.08.30.
- 2025년 운행일지: 10,000km(업무용 사용거리 9,000km)

정답 및 해설

01 [수입금액조정명세서] 및 [조정후수입금액명세서]

1. [수입금액조정명세서]
(1) [수입금액조정명세서]: [작업진행률에 의한 수입금액] 탭
   • 작업진행률에 의한 공사수입금액 누락액을 조정액에 대해 익금산입 유보처분

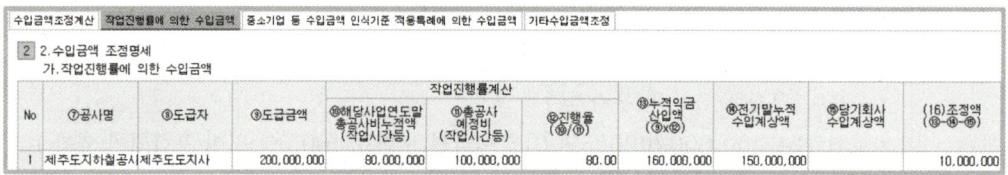

(2) [수입금액조정명세서]: [기타수입금액조정] 탭
   • 제품매출 누락분에 대한 수입금액 및 대응원가를 입력하고 익금산입 및 손금산입으로 유보처분

(3) [수입금액조정명세서]: [수입금액조정계산] 탭
   • "①항목"에서"1.매출"을 선택하고 상단의 F4매출조회를 이용하여 제품매출과 공사수입금을 결산정리사항 서상수입금액을 자동 반영
   • 누락된 제품매출 2,200,000원, 공사수입금 10,000,000원 금액을 "조정: ④가산"란에 입력

[F3 조정등록]

익금산입 손금불산입			손금산입 익금불산입		
과목	금액	소득처분	과목	금액	소득처분
공사수입금	10,000,000원	유보발생	제품매출원가	2,000,000원	유보발생
제품매출	2,200,000원	유보발생			

2. [조정후수입금액명세서]

(1) [업종별 수입금액 명세서] 탭
- F12불러오기를 이용하여 조정후수입금액을 자동반영
- 기준(단순)경비율번호를 입력하여 업태와 종목을 자동반영

①업 태	②종 목	순번	③기준(단순)경비율번호	수입금액계정조회 ④계(⑤+⑥+⑦)	내수판매 ⑤국내생산품	⑥수입상품	⑦수 출(영세율대상)
제조.도매업,도급공	안전유리	01	261004	2,503,000,000	2,503,000,000		
건설업	철도 궤도 전문공사업	02	452122	188,200,000	188,200,000		
		03					
		04					
		05					
		06					
		07					
		08					
		09					
		10					
(111)기	타	11					
(112)합	계	99		2,691,200,000	2,691,200,000		

(2) [과세표준과 수입금액 차액검토] 탭
- F12불러오기를 이용하여 조정후수입금액을 자동반영하고 부가가치세신고서 과세표준 금액과의 차이가 ⑬차액에 반영
- 사업상증여는 과세표준에 포함되어 있으므로 양수로 입력
- 공사수입금액 누락분은 부가가치세 신고를 하지 않았으므로 음수로 입력

부가가치세 과세표준〉조정후수입금액(+)	부가가치세 과세표준〈조정후수입금액(-)
사업상증여 7,000,000원	작업진행률차이 -10,000,000원

- 제품매출누락은 부가가치세 수정신고를 하였으므로 수입금액과의 차액내역에는 반영하지 않는다.

⑧과세(일반)	⑨과세(영세율)	⑩면세수입금액	⑪합계(⑧+⑨+⑩)	⑫조정후수입금액	⑬차액(⑪-⑫)
2,688,200,000			2,688,200,000	2,691,200,000	-3,000,000

(2) 수입금액과의 차액내역(부가세과표에 포함되어 있으면 +금액, 포함되지 않았으면 -금액 처리)

⑭구 분	코드	(16)금 액	비 고	⑭구 분	코드	(16)금 액	비 고
자가공급(면세전용등)	21			거래(공급)시기차이감액	30		
사업상증여(접대제공)	22	7,000,000		주세 · 개별소비세	31		
개인적공급(개인적사용)	23			매출누락	32		
간주임대료	24				33		
자산매각 유형자산 및 무형자산 매각액	25				34		
그밖의자산매각액(부산물)	26				35		
폐업시 잔존재고재화	27				36		
작업진행률 차이	28	-10,000,000			37		
거래(공급)시기차이가산	29			(17)차 액 계	50	-3,000,000	
				(13)차액과(17)차액계의차이금액			

02 [선급비용명세서]

1. [선급비용명세서]

계정구분	거래내용	거래처	대상기간 시작일	대상기간 종료일	지급액	선급비용	회사계상액	조정대상금액
선급 보험료	본사화재보험	(주)한화보험	2025-07-01	2026-06-30	60,000,000	29,753,424		29,753,424
선급 보험료	공장화재보험	(주)삼성보험	2025-09-01	2026-08-31	90,000,000	59,917,808	15,000,000	44,917,808

[F3 조정등록]

- 전기 선급비용은 당기에 기간이 경과하였으므로 당기 손금산입
- 조정대상액이 양수이면 손금산입하고 음수이면 손금불산입 유보 처분

익금산입 손금불산입			손금산입 익금불산입		
과목	금액	소득처분	과목	금액	소득처분
당기 선급보험료	29,753,424원	유보발생	전기선급비용	3,500,000원	유보감소
당기 선급보험료	44,917,808원	유보발생			

03 [대손충당금및대손금조정명세서]

1. 대손금조정

- 8월 6일 소멸시효가 완성된 채권은 대손사유에 해당하므로 시인액에 입력

No	22.일자	23.계정과목	24.채권내역	25.대손사유	26.금액	대손충당금상계액 27.계	28.시인액	29.부인액	당기 손비계상액 30.계	31.시인액	32.부인액
1	08.16	외상매출금	1.매출채권	6.소멸시효완성	2,000,000	2,000,000	2,000,000				
2											
				계	2,000,000	2,000,000	2,000,000				

2. 채권잔액

- F12 불러오기를 이용하여 자동반영하거나 직접입력
- 외상매출금 전기 대손금 부인액(대손요건 미충족) 7,000,000원을 "18.기말현재대손금부인누계(전기)"에 입력

No	16.계정과목	17.채권잔액의 장부가액	18.기말현재대손금부인누계 전기	18.기말현재대손금부인누계 당기	19.합계 (17+18)	20.충당금설정제외채권 (할인,배서,특수채권)	21.채권잔액 (19-20)
1	외상매출금	300,000,000	7,000,000		307,000,000		307,000,000
2	미수금	25,000,000			25,000,000		25,000,000
3							
	계	325,000,000	7,000,000		332,000,000		332,000,000

3. 대손충당금 조정

- 충당금 보충액 = 기말 대손충당금 잔액 17,500,000원 − 대손충당금 설정액 4,500,000원 = 13,000,000원
- "7.한도초과액" 14,180,000원을 확인
- 전기 대손충당금한도초과액은 반드시 당기에 환입조정
- "10.충당금부인누계액"에 6,000,000원을 입력하고 손금산입(유보감소)처분

손금산입액 조정	1.채권잔액 (21의금액)	2.설정률(%) ●기본율 ○실적율 ○적립기준			3.한도액 (1×2)	회사계상액 4.당기계상액	5.보충액	6.계	7.한도초과액 (6-3)
	332,000,000	1			3,320,000	4,500,000	13,000,000	17,500,000	14,180,000
익금산입액 조정	8.장부상 충당금기초잔액	9.기중 충당금환입액	10.충당금부인누계액	11.당기대손금상계액(27의금액)	12.충당금보충액(충당금장부잔액)	13.환입할금액 (8-9-10-11-12)	14.회사환입액 (회사기말환입)		15.과소환입·과다환입(△)(13-14)
	15,000,000		6,000,000	2,000,000	13,000,000	−6,000,000			−6,000,000

[F3] 조정등록

익금산입 손금불산입			손금산입 익금불산입		
과목	금액	소득처분	과목	금액	소득처분
대손충당금 한도초과	14,180,000원	유보발생	전기대손충당금 한도초과	6,000,000원	유보감소

04 [업무무관부동산등에관련한차입금이자조정명세서]
  (1) [1.적수입력(을)] 탭 > [1.업무무관부동산] 탭
    • 업무무관 토지의 금액을 취득세를 포함하여 350,000,000원 입력
    • "6.자기자본적수계산"에 재무상태표 내역 입력

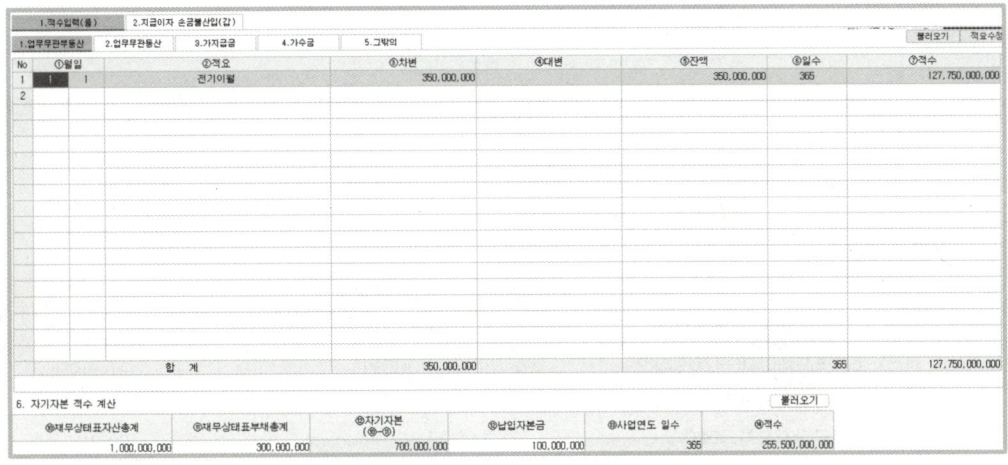

  (2) [1.적수입력(을)] 탭 > [3.가지급금] 탭

  (3) [1.적수입력(을)] 탭 > [4.가수금] 탭
    • 동일인에 대한 가수금은 별도의 약정이 없는 경우 가지급금과 상계 가능

  (4) [1.적수입력(을)] 탭 > [6.자기자본 적수 계산] 탭

(5) [2.지급이자 손금불산입(갑)] 탭

①지급이자	적 수			⑥차입금 (=⑨)	⑦ ⑤와 ⑥중 적은 금액	⑧손금불산입 지급이자 (①×⑦÷⑤)
	②업무무관 부동산	③업무무관 동산	④가지급금 등	⑨계(②+③+④)		
70,000,000	128,100,000,000		183,000,000,000	311,100,000,000	484,950,000,000	311,100,000,000 44,905,660

2. 지급이자 및 차입금 적수 계산 [연이율 일수 현재: 366일]

No	(9)이자율(%)	(10)지급이자	(11)차입금적수	(12)채권자불분명 사채이자		(15)건설 자금 이자 국조법 14조에 따른 이자		차 감	
				(13)지급이자	(14)차입금적수	(16)지급이자	(17)차입금적수	(18)지급이자(10-13-16)	(19)차입금적수(11-14-17)
1	8.00000	10,000,000	45,750,000,000					10,000,000	45,750,000,000
2	12.00000	15,000,000	45,750,000,000			15,000,000	45,750,000,000		
3	10.00000	20,000,000	73,200,000,000					20,000,000	73,200,000,000
4	4.00000	40,000,000	366,000,000,000					40,000,000	366,000,000,000
5	6.00000	30,000,000	183,000,000,000	30,000,000	183,000,000,000				
6									
합계		115,000,000	713,700,000,000	30,000,000	183,000,000,000	15,000,000	45,750,000,000	70,000,000	484,950,000,000

[F3 조정등록]

익금산입 익금불산입		
과목	금액	소득처분
채권자불분명사채이자(원천세 제외)	30,000,000원	상여
건설자금이자	15,000,000원	유보발생
업무무관자산지급이자	44,905,660원	기타사외유출

05 [업무용승용차관리비용명세서]

1. 업무용승용차등록

(1) 소나타(27로2727)

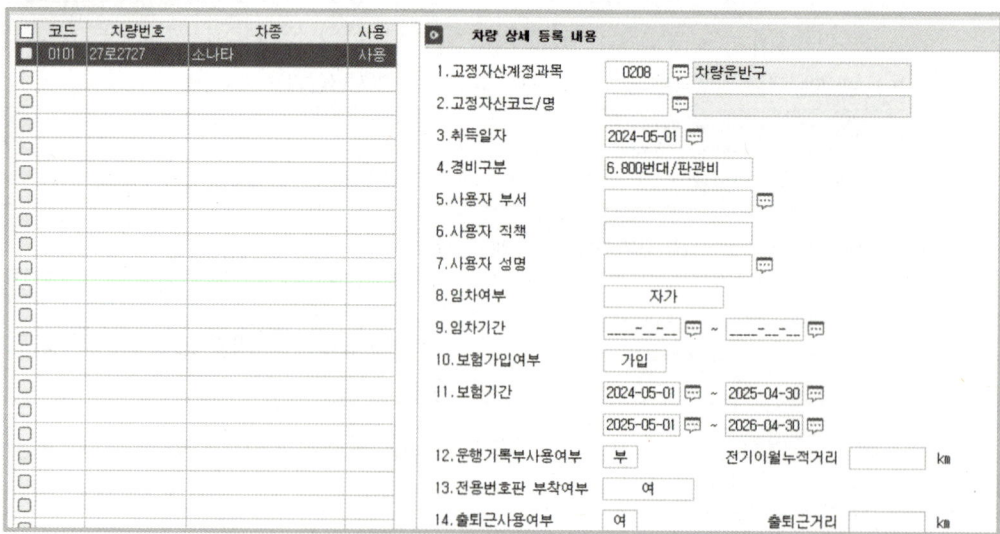

(2) 제네시스(38호2929)

2. [업무용승용차관련비용명세서]
(1) 소나타(27로2727)

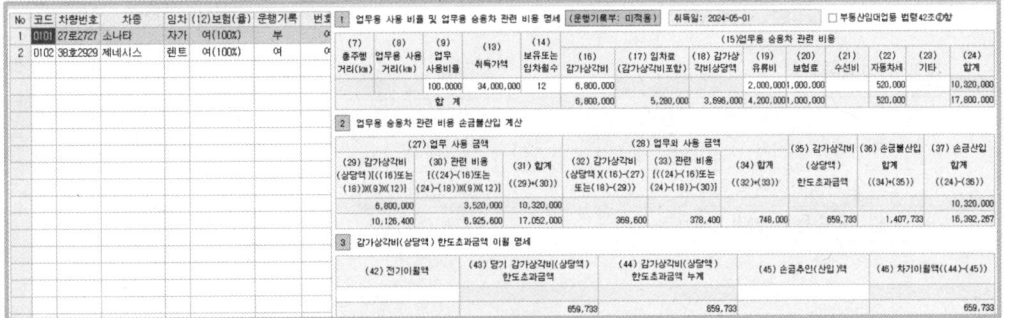

- 상단의 [새로불러오기]를 이용하여 업무용승용차등록에서 등록내용을 자동반영
- 운행일지는 작성하지 않았으므로 주행거리는 비활성화
- 소나타(자가) 차량의 취득가액(34,000,000원), 감가상각비(6,800,000원), 유류비(2,000,000원), 보험료(1,000,000원), 자동차세(520,000원)을 입력
- 업무사용비율은 자동계산되어 적용되며 "(29)업무외 사용금액" 및 "(30)감가상각비한도초과" 금액은 없다.
- 업무사용금액
  ① (24)감가상각비(상당액) = "(11)감가상각비" 6,800,000원 × 업무사용비율 100%
  　　　　　　　　　　　　 = 6,800,000원
  ② (25)관련비용 = 업무용 승용차 관련비용(감가상각비 상당액 제외) × 업무비율
  　　　　　　　 = ((19)합계 10,320,000원 - (11)6,800,000원) × 100%
  　　　　　　　 = 3,520,000원

(2) 제네시스(38호2929)

No	코드	차량번호	차종	임차	(12)보험(율)	운행기록	번호
1	0101	27로2727	소나타	자가	여(100%)	부	여
2	0102	38호2929	제네시스	렌트	여(100%)	여	

	업무용 사용 비율 및 업무용 승용차 관련 비용 명세	(운행기록부: 적용)	임차기간: 2025-09-01 ~ 2026-08-30	□ 부동산임대업등 법령42조⑵항

(7) 총주행 거리(km)	(8) 업무용 사용 거리(km)	(9) 업무 사용비율	(13) 취득가액	(14) 보유또는 임차월수	(15)업무용 승용차 관련 비용							
					(16) 감가상각비	(17) 임차료 (감가상각비포함)	(18) 감가상각비상당액	(19) 유류비	(20) 보험료	(21) 수선비	(22) 자동차세	(23) 기타	(24) 합계
10,000	9,000	90.0000		4		5,280,000	3,696,000	2,200,000					7,480,000
합 계					6,800,000	5,280,000	3,696,000	4,200,000	1,000,000		520,000		17,800,000

2 업무용 승용차 관련 비용 손금불산입 계산

(27) 업무 사용 금액			(29) 업무외 사용 금액			(35) 감가상각비(상당액) 한도초과금액	(36) 손금불산입 합계 ((34)+(35))	(37) 손금산입 합계 ((24)-(36))
(29) 감가상각비(상당액) ((16)또는 (18))X(9)X(12))	(30) 관련 비용 (((24)-(16)또는 (24)-(18))X(9)X(12))	(31) 합계 ((29)+(30))	(32) 감가상각비 상당액 X(16)+(27) 또는(18)+(29))	(33) 관련 비용 ((24)-(16)또는 (24)-(18))-(30))	(34) 합계 ((32)+(33))			
3,326,400	3,405,600	6,732,000	369,600	378,400	748,000	659,733	1,407,733	6,072,267
10,126,400	6,925,600	17,052,000	369,600	378,400	748,000	659,733	1,407,733	16,392,267

3 감가상각비(상당액) 한도초과금액 이월 명세

(42) 전기이월액	(43) 당기 감가상각비(상당액) 한도초과금액	(44) 감가상각비(상당액) 한도초과금액 누계	(45) 손금추인(산입)액	(46) 차기이월액((44)-(45))
	659,733	659,733		659,733
	659,733	659,733		659,733

- 운행일지는 작성하였으므로 총주행거리 및 업무용 사용거리를 입력하여 업무사용비율을 계산
- 제네시스(렌트) 차량의 임차료(월임차료 1,320,000원×4개월= 5,280,000원), 유류비(2,200,000원) 입력
- 업무사용금액
  ① (24)감가상각비(상당액) = ((12)임차료 5,280,000원 × 70%) × 업무사용비율
                          = 3,696,000원 × 90% = 3,326,400원
  ② (25)관련비용 = 업무용 승용차 관련비용(감가상각비 상당액 제외) × 업무비율
              = ((19)합계 7,480,000원 - (13)3,696,000원) × 90% = 3,405,600원
  "(29)업무외 사용금액"은 748,000원이고 "(30)감가상각비한도초과액"은 659,733원

[F3 조정등록]

익금산입 익금불산입		
과목	금액	소득처분
감가상각비한도초과액	659,733원	기타사외유출
업무용승용차 업무미사용분	748,000원	상여

02 기출테마학습(세무조정) 2

장수기업㈜(회사코드:1041)은 금속제품을 생산하고 제조·도매업을 영위하는 중소기업이며, 당해 사업연도(제15기)는 2025.1.1.~2025.12.31.이다. [법인조정] 메뉴를 이용하여 기장되어 있는 재무회계 장부 자료와 제시된 보충자료에 의하여 해당 사업연도의 세무조정을 하시오.

⟨작성대상서식⟩

1. 기업업무추진비조정명세서
2. 상각자산감가상각조정명세서, 감가상각비조정명세서합계표
3. 외화자산등평가차손익조정명세서
4. 소득금액조정합계표
5. 기부금조정명세서

01
아래의 내용을 바탕으로 당사의 [기업업무추진비조정명세서]를 작성하고, 필요한 세무조정을 하시오. (단, 세무조정은 각 건별로 행하는 것으로 한다)

1. 손익계산서상 매출액과 영업외수익은 아래와 같다.

구분	매출액	특이사항
제품매출	2,000,000,000원	
상품매출	1,202,000,000원	특수관계자에 대한 매출액 100,000,000원 포함
영업외수익	50,000,000원	부산물 매출액
합계	3,252,000,000원	

2. 손익계산서상 기업업무추진비(판) 계정의 내역은 아래와 같다.

구분	금액	비고
상무이사 개인경비	1,000,000원	현금 지출분
법인신용카드 사용분	45,000,000원	전액 3만원 초과분
법정증빙서류 없는 기업업무추진비	500,000원	간이영수증 수취 1건
합계	46,500,000원	

3. 한편 당사는 자사 상품(원가 1,000,000원, 시가 1,500,000원)을 거래처에 사업상 증정하고 아래와 같이 회계처리 하였다.

(차) 광고선전비(판)   1,150,000원   (대) 제품   1,000,000원
                                    부가세예수금   150,000원

02 다음의 고정자산에 대하여 감가상각비조정에서 [고정자산등록], [미상각자산감가상각조정명세서] 및 [감가상각비조정명세서합계표]를 작성하고 세무조정을 하시오.

구분	코드	자산명	취득일	취득가액	전기말 감가상각누계액	회사계상 상각비	구분	업종
건물	101	공장건물	2022.03.20.	400,000,000원	27,500,000원	8,000,000원	제조	연와조
기계장치	102	절단기	2023.07.01.	30,000,000원	20,000,000원	5,000,000원	제조	제조업

- 회사는 감가상각방법을 무신고하였다.
- 회사가 신고한 내용연수는 건물(연와조) 40년, 기계장치 5년이며, 이는 세법에서 정하는 범위 내의 기간이다.
- 회사는 공장건물의 승강기 설치비용(자본적지출) 30,000,000원을 당기 수선비로 회계처리하였다.
- 기계장치(절단기)의 전기말 상각부인액은 5,000,000원이다.

03 다음 자료를 토대로 [외화자산등평가차손익조정명세서(갑),(을)]를 작성하고, 관련 세무조정을 [소득금액합계표]에 반영하시오.

1. 외화예금
   - 발생일자: 2025년 07월 10일
   - 외화종류: USD
   - 외화금액: $12,000
   - 발생 시 적용환율: $1=1,800원
   - 사업연도 종료일 매매기준율: $1=1,960원
2. 외화차입금
   - 발생일자: 2025년 09월 17일
   - 외화종류: USD
   - 외화금액: $7,500
   - 발생 시 적용환율: $1=1,890원
   - 사업연도 종료일 매매기준율: $1=1,960원

1. 2025년 결산 회계처리 시 외화자산과 외화부채에 대한 평가를 하지 않았다.
2. 법인세 신고 시 외화자산 및 외화부채의 평가에 적용되는 환율은 사업연도 종료일의 매매기준율로 신고되어 있다.
3. 당기 화폐성 외화자산과 외화부채는 위의 자료뿐이다.
4. 세무조정은 각 자산 및 부채별로 한다.

04 다음의 자료를 이용하여 각 세무조정사항을 [소득금액조정합계표]에 반영하시오.

계정과목	금액	비고
임차료	12,600,000원	업무용승용차(렌트차량)에 대한 감가상각비상당액: 12,600,000원 업무용 승용차 감가상각비 한도액: 8,000,000원
매도가능증권평가손실	3,000,000원	기말 현재 자본에 계상되어 있다.
법인세비용	7,200,000원	당기 손익계산서상에는 법인세 및 법인분지방소득세 합계금액 7,200,000원이 계상되어 있다.
세금과공과금	72,000원	부가가치세 납부지연가산세가 계상되었다.
선급비용	1,200,000원	2025년 12월 1일 선불로 지급한 1년분(2025.12.01.~2026.11.30.) 사무실 임차료 총액이며, 전액 선급비용으로 계상하였다.

05 다음은 장수기업㈜의 기부금과 관련된 자료이다. 다음 자료를 보고 [기부금조정명세서]를 작성하고 필요한 세무조정을 하시오. (단, 기존 자료는 무시하고 주어진 자료만을 이용하도록 한다)

1. 손익계산서상 기부금 내역
   - 03월 20일 천재지변으로 피해를 입은 이재민 구호금 4,000,000원
   - 05월 08일 어버이날을 맞아 인근 아파트 경로당 후원 2,000,000원(노인복지시설이 아님)
   - 10월 10일 교회 건물신축을 위하여 교회에 당사가 발행하여 지급한 약속어음(만기 2026년 1월) 10,000,000원
   - 11월 11일 사회복지사업법에 따른 사회복지법인에 지급한 고유목적사업비 7,500,000원
2. 손익계산서상 당기순이익은 45,000,000원이다.
3. 기부금 세무조정 전 손금불산입액은 1,800,000원이며, 손금산입액은 0원이다.

정답 및 해설

01 [기업업무추진비조정명세서]

1. [기업업무추진비 입력(을)] 탭
- F12불러오기를 이용하여 수입금액과 기업업무추진비를 반영
- "2.특수관계인간 거래금액" 100,000,000원을 입력
- 상무이사 개인경비는 사적사용경비
- "6.기업업무추진비계상액 중 사적사용경비"에 1,000,000원을 입력하고 손금불산입(상여) 처분
- 간이영수증 수취분은 법정증빙 미수취에 해당
- "6.신용카드 등 미사용금액"란 500,000원 반영을 확인하고 손금불산입(기타사외유출) 처분
- 광고선전비(판) 중 현물기업업무추진비는 시가와 원가 중 큰 금액으로 반영(부가가치세포함)
- 광고선전비 중 기업업무추진비에 해당하는 1,650,000원을 입력
- 현물기업업무추진비는 부가가치세법상 세금계산서 발급면제대상으로 "16.초과금액"에 해당 금액을 입력

1.기업업무추진비 입력 (을)	2.기업업무추진비 조정 (갑)			
1 1. 수입금액명세				
구 분	1. 일반수입금액	2. 특수관계인간 거래금액	3. 합 계(1+2)	
금 액	3,152,000,000	100,000,000	3,252,000,000	
2 2. 기업업무추진비 해당금액				
4. 계정과목		합계	기업업무추진비(판관)	광고선전비
5. 계정금액		48,150,000	46,500,000	1,650,000
6. 기업업무추진비계상액 중 사적사용경비		1,000,000	1,000,000	
7. 기업업무추진비해당금액(5-6)		47,150,000	45,500,000	1,650,000
8. 신용카드등 미사용금액	경조사비 중 기준금액 초과액	9. 신용카드 등 미사용금액		
		10. 총 초과금액		
	국외지역 지출액 (법인세법 시행령 제41조제2항제1호)	11. 신용카드 등 미사용금액		
		12. 총 지출액		
	농어민 지출액 (법인세법 시행령 제41조제2항제2호)	13. 송금명세서 미제출금액		
		14. 총 지출액		
	기업업무추진비 중 기준금액 초과액	15. 신용카드 등 미사용금액	500,000	500,000
		16. 총 초과금액	48,150,000	46,500,000	1,650,000
	17. 신용카드 등 미사용 부인액		500,000	500,000
	18. 기업업무추진비 부인액(6+17)		1,500,000	1,500,000

2. [기업업무추진비조정(갑)] 탭

중소기업				정부출자법인 부동산임대업등(법.령제42조제2항)
구분				금액
1. 기업업무추진비 해당 금액				47,150,000
2. 기준금액 초과 기업업무추진비 중 신용카드 등 미사용으로 인한 손금불산입액				500,000
3. 차감 기업업무추진비 해당금액(1-2)				46,650,000
기업업무추진비 한도	일반	4. 12,000,000 (중소기업 36,000,000) X 월수(12) / 12		36,000,000
		총수입금액 기준	100억원 이하의 금액 X 30/10,000	9,756,000
			100억원 초과 500억원 이하의 금액 X 20/10,000	
			500억원 초과 금액 X 3/10,000	
		5. 소계		9,756,000
		일반수입금액 기준	100억원 이하의 금액 X 30/10,000	9,456,000
			100억원 초과 500억원 이하의 금액 X 20/10,000	
			500억원 초과 금액 X 3/10,000	
		6. 소계		9,456,000
		7. 수입금액기준	(5-6) X 10/100	30,000
		8. 일반기업업무추진비 한도액 (4+6+7)		45,486,000
	문화기업업무추진비 한도(「조특법」 제136조제3항)	9. 문화기업업무추진비 지출액		
		10. 문화기업업무추진비 한도액(9와 (8 X 20/100) 중 작은 금액)		
	전통시장기업업무추진비 한도(「조특법」 제136조제6항)	11. 전통시장기업업무추진비 지출액		
		12. 전통시장기업업무추진비 한도액(11과 (8 X 10/100) 중 작은 금액)		
13. 기업업무추진비 한도액 합계(8+10+12)				45,486,000
14. 한도초과액(3-13)				1,164,000
15. 손금산입한도 내 기업업무추진비 지출액(3과 13중 작은 금액)				45,486,000

[F3 조정등록]

익금산입 익금불산입		
과목	금액	소득처분
상무이사 개인경비	1,000,000원	상여
법정증빙서류 없는 기업업무추진비	500,000원	기타사외유출
기업업무추진비 한도초과액	1,164,000	기타사외유출

02 [감가상각조정명세서]

1. [고정자산등록]
(1) 건물
- 건물의 무신고시 상각방법은 정액법
- 수선비로 처리한 승강기 설치비용(자본적지출)의 소액수선비 여부 확인
  소액수선비: 30,000,000원 ≥ Max[6,000,000원,(400,000,000원 − 27,500,000원) × 5%]
- 소액수선비 요건 미충족으로 즉시상각의제 해당
- "7.당기자본적지출액(즉시상각분)"란에 30,000,000원을 입력
- [사용자수정] 키를 누르고 회사계상액 8,000,000원을 입력
- 입력 데이터에서 회사 계상 감가상각비 합계액은 8,000,000원 + 30,000,000원 = 38,000,000원

(2) 기계장치
- 기계장치의 무신고시 상각방법은 정률법
- "8.전기말부인누계액(정률만 상각대상에 가산)"란에 전기말 상각부인액 5,000,000원을 입력
- "13.회사계상액"에 사용자수정을 이용하여 5,000,000원을 입력

2. [미상각자산감가상각조정명세서]

(1) 건물

- F12 불러오기

계정	자산코드/명	취득년월일
0202	000101 공장건물	2022-03-20

입력내용		금액	총계
업종코드/명	02 연와조,블럭조		
합계표 자산구분	1. 건축물		
(4)내용연수(기준.신고)		40	
상각계산의 기초가액	재무상태표 자산가액	(5)기말현재액	400,000,000	400,000,000
		(6)감가상각누계액	35,500,000	35,500,000
		(7)미상각잔액(5)-(6)	364,500,000	364,500,000
	회사계산 상각비	(8)전기말누계	27,500,000	27,500,000
		(9)당기상각비	8,000,000	8,000,000
		(10)당기말누계액(8)+(9)	35,500,000	35,500,000
	자본적 지출액	(11)전기말누계		
		(12)당기지출액	30,000,000	30,000,000
		(13)합계(11)+(12)	30,000,000	30,000,000
(14)취득가액((7)+(10)+(13))		430,000,000	430,000,000
(15)일반상각률.특별상각률		0.025	
상각범위 액계산	당기산출 상각액	(16)일반상각액	10,750,000	10,750,000
		(17)특별상각액		
		(18)계((16)+(17))	10,750,000	10,750,000
	(19) 당기상각시인범위액		10,750,000	10,750,000
(20)회사계상상각액((9)+(12))		38,000,000	38,000,000
(21)차감액((20)-(19))		27,250,000	27,250,000
(22)최저한세적용에따른특별상각부인액			
조정액	(23) 상각부인액((21)+(22))	27,250,000	27,250,000
	(24) 기왕부인액중당기손금추인액		
부인액 누계	(25) 전기말부인누계액		
	(26) 당기말부인누계액 (25)+(23)-|24|	27,250,000	27,250,000

(2) 기계장치

계정	자산코드/명	취득년월일
0206	000102 기계장치	2023-07-01

입력내용		금액	총계
업종코드/명	13 제조업		
합계표 자산구분	2. 기계장치		
(4)내용연수		5	
상각계산의 기초가액	재무상태표 자산가액	(5)기말현재액	30,000,000	30,000,000
		(6)감가상각누계액	25,000,000	25,000,000
		(7)미상각잔액(5)-(6)	5,000,000	5,000,000
	(8)회사계산감가상각비		5,000,000	5,000,000
	(9)자본적지출액			
	(10)전기말의제상각누계액			
	(11)전기말부인누계액		5,000,000	5,000,000
	(12)가감계((7)+(8)+(9)-(10)+(11))		15,000,000	15,000,000
(13)일반상각률.특별상각률		0.451	
상각범위 액계산	당기산출 상각액	(14)일반상각액	6,765,000	6,765,000
		(15)특별상각액		
		(16)계((14)+(15))	6,765,000	6,765,000
	취득가액	(17)전기말현재취득가액	30,000,000	30,000,000
		(18)당기회사계산증가액		
		(19)당기자본적지출액		
		(20)계((17)+(18)+(19))	30,000,000	30,000,000
	(21) 잔존가액		1,500,000	1,500,000
	(22) 당기상각시인범위액		6,765,000	6,765,000
(23)회사계상상각액((8)+(9))		5,000,000	5,000,000
(24)차감액((23)-(22))		-1,765,000	-1,765,000
(25)최저한세적용에따른특별상각부인액			
조정액	(26) 상각부인액((24)+(25))		
	(27) 기왕부인액중당기손금추인액	1,765,000	1,765,000
	(28) 당기말부인누계액 ((11)+(26)-|(27)|)	3,235,000	3,235,000

[F3] 조정등록

익금산입 손금불산입			손금산입 익금불산입		
과목	금액	소득처분	과목	금액	소득처분
장건물 감가상각비 한도초과액	27,250,000원	유보발생	기계장치 감가상각비 시인부족액	1,765,000원	유보감소

3. [감가상각비조정명세서합계표]

- F12 불러오기 자동반영

1.자산구분		코드	2.합계액	유형자산			6.무형자산
				3.건축물	4.기계장치	5.기타자산	
재무상태표상가액	101.기말현재액	01	430,000,000	400,000,000	30,000,000		
	102.감가상각누계액	02	60,500,000	35,500,000	25,000,000		
	103.미상각잔액	03	369,500,000	364,500,000	5,000,000		
	104.상각범위액	04	17,515,000	10,750,000	6,765,000		
	105.회사손금계상액	05	43,000,000	38,000,000	5,000,000		
조정금액	106.상각부인액 (105-104)	06	27,250,000	27,250,000			
	107.시인부족액 (104-105)	07	1,765,000		1,765,000		
	108.기왕부인액 중 당기손금추인액	08	1,765,000		1,765,000		
	109.신고조정손금계상액	09					

03 [외화자산등평가차손익조정명세서(갑, 을)]

1. [외화자산,부채의 평가(을지)] 탭

- F2 코드도움을 이용하여 외화종류 및 금액, 장부가액 적용환율, 평가금액의 적용환율(기말매매기준율)을 외화자산과 부채를 구분하여 입력

구분	전기이월 화폐성자산·부채	당기 화폐성자산·부채
장부가의 적용환율	전년도매매기준율	발생시점의환율

- 외화자산 및 부채의 "⑩평가손익" 금액 자산 1,920,000원, 부채 -525,000원을 각각 확인

No	②외화종류(자산)	③외화금액	④장부가액		⑦평가금액		⑩평가손익 자산(⑥-⑨)
			⑤적용환율	⑥원화금액	⑧적용환율	⑨원화금액	
1	USD	12,000.00	1,800.0000	21,600,000	1,960.0000	23,520,000	1,920,000
2							
	합 계			21,600,000		23,520,000	1,920,000

No	②외화종류(부채)	③외화금액	④장부가액		⑦평가금액		⑩평가손익 부채(⑥-⑨)
			⑤적용환율	⑥원화금액	⑧적용환율	⑨원화금액	
1	USD	7,500.00	1,890.0000	14,175,000	1,960.0000	14,700,000	-525,000
2							
	합 계			14,175,000		14,700,000	-525,000

2. [환율조정차, 대등(갑지)]

- 결산정리사항 회계처리 시 외화자산과 외화부채에 대한 평가를 하지 않았으므로 "③회사손익금" 계상액은 없다.

①구분	②당기손익금 해당액	③회사손익금 계상액	조정		⑥손익조정금액 (②-③)
			④차익조정(⑤-③)	⑤차손조정(②-⑥)	
가. 화폐성 외화자산·부채 평가손익	1,395,000				1,395,000
나. 통화선도·통화스왑·환변동보험 평가손익					
다. 환율조정 계정손익 차익					
다. 환율조정 계정손익 차손					
계	1,395,000				1,395,000

[F3 조정등록]

익금산입 손금불산입			손금산입 익금불산입		
과목	금액	소득처분	과목	금액	소득처분
외화예금 환산	1,920,000원	유보발생	외화차입금 환산	525,000원	유보발생

04 [소득금액조정합계표]

- 임차료: 업무용승용차 감가상각비 한도초과액 계산
  한도액 8,000,000원 − 감가상각비상당액 12,600,000원 = 한도초과액 4,600,000원
- 매도가능증권평가손실: 유가증권의 임의평가는 손금불산입하고, 과세소득에 영향을 주지 않기 위해 반대조정 (기타)처분
- 법인세비용: 법인세비용은 손금불산입 항목
- 세금과공과금: 납부지연가산세는 손금불산입 항목
- 선급비용: 선급비용으로 회계처리한 임차료 중 당기분(1개월분) 손금으로 유보처분

익금산입 손금불산입			손금산입 익금불산입		
과목	금액	소득처분	과목	금액	소득처분
업무용승용차 감가상각비 한도초과액	4,600,000	기타사외유출	매도가능증권평가손실	3,000,000	기타
매도가능증권	3,000,000	유보발생	선급비용(임차료)	100,000원	유보발생
법인세비용	7,200,000	기타사외유출			
세금과공과금	72,000	기타사외유출			

05 [기부금조정명세서]

1. [1.기부금 입력] 탭

- 천재지변 이재민 구호금품: [법인세법] 제24조 제2항 제1호의 특례기부금(코드 10, 특례기부금)
- 아파트경로당 후원금: 그밖의기부금(코드 50, 기타기부금)으로 처리한 경우
- 어음기부금: 그밖의기부금(코드 50, 기타기부금)
- 사회복지법인 고유목적사업비: [법인세법] 제24조 제3항 제1호의 일반기부금(코드 40, 일반기부금)
- "2.소득금액확정" 당기순이익, *익금산입(손금불산입)금액 입력

*익금산입: 1,800,000원 + 어음기부금 10,000,000원 + 경로당 후원비 2,000,000원 = 13,800,000원

2. [2.기부금 조정] 탭

[F3 조정등록]

익금산입 익금불산입		
과목	금액	소득처분
기타기부금	2,000,000	기타사외유출
어음지급기부금	10,000,000	유보발생

03 기출테마학습(세무조정) 3

㈜신화정밀(회사코드:1031)은 자동차부품 제조 및 도매업을 영위하는 중소기업이며, 당해 사업연도(제15기)는 2025.1.1.~2025.12.31.이다. [법인조정] 메뉴를 이용하여 기장되어 있는 재무회계 장부 자료와 제시된 보충자료에 의하여 해당 사업연도의 세무조정을 하시오.

〈 작성대상서식 〉

1. 대손충당금및대손금조정명세서
2. 업무무관부동산등에관련한차입금이자조정명세서
3. 퇴직연금부담금등조정명세서
4. 미상각자산감가상각조정명세서
5. 법인세과세표준및세액조정계산서

01 다음 자료를 참조하여 [대손충당금및대손금조정명세서]를 작성하고 필요한 세무조정을 하시오.

1. 대손 관련 명세서 내용

일자	내역	비고
2025.01.22.	㈜부실의 외상매출금 25,000,000원 대손 확정	회수기일이 2년 경과
2025.07.01.	㈜한심의 받을어음 30,000,000원 부도 처리	부도발생일(25.7.1.)로부터 6개월 미경과
2025.11.05.	㈜대단의 외상매출금 20,000,000원 대손 확정	강제집행으로 인하여 회수할 수 없음

2. 대손충당금 계정내역

대손충당금

외상매출금	45,000,000원	전기이월	82,000,000원
받을어음	30,000,000원	당기설정액	30,000,000원
차기이월액	37,000,000원		
계	112,000,000원	계	112,000,000원

3. 당기말 채권잔액

내역	금액	비고
외상매출금	2,420,000,000원	
받을어음	125,500,000원	
계	2,545,500,000원	

4. 전기말 자본금과 적립금 조정명세서(을) 일부

①과목 또는 사항	②기초잔액	③감 소	④증 가	⑤기말잔액
대손충당금	15,250,500원	15,250,500원	8,820,000원	8,820,000원

5. 기타내역: 대손설정률은 1%로 가정한다.

02 아래 자료만을 이용하여 [업무무관부동산등에관련한차입금이자조정명세서(갑)(을)]을 작성하고 관련 세무조정을 하시오. (단, 주어진 자료 외의 자료는 무시할 것)

1. 차입금에 대한 이자지급 내역

이자율	지급이자	차입금	비고
4%	312,000원	7,800,000원	사채할인발행차금 상각액
5%	2,500,000원	50,000,000원	채권자 불분명 사채이자(원천징수세액 없음)
7%	14,840,000원	212,000,000원	

2. 대표이사(서태인)에 대한 업무무관 가지급금 증감내역

일자	차변	대변	잔액
전기이월	35,000,000원		35,000,000원
2025.03.05.	15,000,000원		50,000,000원
2025.10.20.		30,000,000원	20,000,000원

3. 대표이사(서태인)에 대한 가수금 증감내역

일자	차변	대변	잔액
2025.05.30.		7,000,000원	7,000,000원

4. 회사는 2025년 7월 1일 업무와 관련없는 토지를 100,000,000원에 취득하였다.
5. 기타사항
    - 대표이사 서태인의 가지급금과 가수금은 기간 및 이자율에 대한 별도의 약정은 없다.
    - 자기자본 적수 계산은 무시하고 가지급금 인정이자조정명세서 작성은 생략한다.
    - 연일수는 365일이다.

03 당사는 확정급여형(DB)퇴직연금에 가입하였다. 다음 자료를 이용하여 [퇴직연금부담금조정명세서]를 작성하고 이와 관련된 세무조정이 있는 경우 [소득금액조정합계표]를 작성하시오.

1. 퇴직급여추계액: 기말 현재 퇴직급여지급 대상이 되는 임·직원에 대한 퇴직급여 추계액은 60,000,000원이다.
2. 퇴직연금운용자산 현황
    - 기초 잔액: 23,000,000원
    - 당기납입액: 51,000,000원
    - 당기감소액: 16,000,000원
3. 당기 감소액에 대한 회계처리를 아래와 같이 하였다.
    (차) 퇴직급여   16,000,000원   (대) 퇴직연금운용자산   16,000,000원
4. 장부상 퇴직급여충당부채 및 퇴직연금충당부채를 설정하지 않고 신고조정에 의하여 손금에 산입하고 있으며, 직전 사업연도말 현재 신고조정으로 손금산입한 퇴직연금부담금은 23,000,000원이다.

04 아래의 고정자산에 대하여 [감가상각비조정] 메뉴에서 [고정자산등록] 및 [미상각자산감가상각조정명세서]를 작성하고 세무조정을 하시오.

구분	자산명/자산코드	취득일	취득가액	전기말상각누계액	회사계상상각비(제조)
건물	공장건물/1	2022.07.01.	300,000,000원	25,000,000원	10,000,000원
기계장치	기계장치/1	2021.07.01.	60,000,000원	26,250,000원	7,500,000원

1. 회사는 기계장치의 감가상각방법을 세법에서 정하는 적법한 시기에 정액법으로 신고하였다.
2. 회사는 감가상각대상자산의 내용연수를 세법에서 정한 범위 내의 최단기간으로 적법하게 신고하였다.
3. 회사의 감가상각대상자산의 내용연수와 관련된 자료는 다음과 같고, 상각률은 세법이 정한 기준에 의한다.

구분	기준내용연수	내용연수범위
건물	40년	30년 ~ 50년
기계장치	8년	6년 ~ 10년

4. 건물관리비 계정에는 건물에 대한 자본적 지출액 30,000,000원이 포함되어 있다.
5. 기계장치의 전기 말 상각부인액은 4,000,000원이다.

05 당사는 소기업으로써 「중소기업에 대한 특별세액감면」을 적용받으려 한다. 불러온 자료는 무시하고, 다음 자료만을 이용하여 [법인세과세표준및세액조정계산서]를 작성하시오.

1. 표준손익계산서 일부

Ⅷ. 법인세비용차감전손익	217	315,000,000원
Ⅸ. 법인세비용	218	42,660,000원
Ⅹ. 당기순손익	219	272,340,000원

2. 소득금액조정합계표

익금산입 및 손금불산입			손금산입 및 익금불산입		
과목	금액	소득처분	과목	금액	소득처분
법인세비용	42,660,000원	기타사외유출	선급비용	2,300,000원	유보감소
기업업무추진비	19,800,000원	기타사외유출			
잡손실	4,500,000원	기타사외유출			
합계	66,960,000원		합계	2,300,000원	

3. 감면소득금액은 337,000,000원이고 감면율은 20%이며, 당사는 전년 대비 상시근로자수는 변동없고 최저한세 적용 감면배제금액도 없다.
4. 법인세 중간예납세액은 10,000,000원이고, 분납을 최대한 적용받고자 한다.

정답 및 해설

01 [대손충당금및대손금조정명세서]

1. 대손금조정

일자	내용
2025.01.22.	중소기업의 회수기일이 2년 경과된 채권은 대손금 인정 → 28.시인액
2025.07.01.	부도발생일(25.7.1.)로부터 6개월 미경과 채권이므로 부인 → 29.부인액
2025.11.05.	강제집행으로 인하여 회수할 수 없는 채권은 대손금 인정 → 28.시인액

No	22.일자	23.계정과목	24.채권내역	25.대손사유	26.금액	대손충당금상계액 27.계	28.시인액	29.부인액	당기 손비계상액 30.계	31.시인액	32.부인액
1	01.22	외상매출금	1.매출채권	회수기일 2년 경과	25,000,000	25,000,000	25,000,000				
2	07.01	받을어음	1.매출채권	5.부도(6개월경과)	30,000,000	30,000,000		30,000,000			
3	11.05	외상매출금	1.매출채권	강제집행	20,000,000	20,000,000	20,000,000				
			계		75,000,000	75,000,000	45,000,000	30,000,000			

2. 채권잔액

- F12 불러오기 매출채권의 장부가액을 반영(직접입력 가능)
- 외상매출금의 "18.기말현재대손금부인누계" 당기분 30,000,000원은 외상매출금의 당기 대손금 부인액

No	16.계정과목	17.채권잔액의 장부가액	18.기말현재대손금부인누계 전기	당기	19.합계 (17+18)	20.충당금설정제외채권 (할인,배서,특수채권)	21.채 권 잔 액 (19-20)
1	외상매출금	2,420,000,000			2,420,000,000		2,420,000,000
2	받을어음	125,500,000		30,000,000	155,500,000		155,500,000
3	미수금						
	계	2,545,500,000		30,000,000	2,575,500,000		2,575,500,000

3. 대손충당금 조정

- "12.충당금보충액": 7,000,000원(아래 계산방법 중 선택)
  - 기말 대손충당금 잔액 37,000,000원 - 대손충당금 설정액 30,000,000원 = 7,000,000원
  - "8.기초잔액" 82,000,000원 - "11.대손금상계액" 75,000,000원 = 7,000,000원
- "10.충당금부인누계액"에 8,820,000원을 입력

손금산입액 조정	1.채권잔액 (21의금액)	2.설정률(%) ●기본율 ○실적률 ○적립기준	3.한도액 (1×2)	회사계상액 4.당기계상액	5.보충액	6.계	7.한도초과액 (6-3)
	2,575,500,000	1	25,755,000	30,000,000	7,000,000	37,000,000	11,245,000
익금산입액 조정	8.장부상 충당금기초잔액	9.기중 충당금환입액	10.충당금부인 누계액	11.당기대손 상계액(27의금액)	12.충당금보충액 (충당금장부잔액)	13.환입할금액 (8-9-10-11-12)	14.회사환입액 (회사기말환입)	15.과소환입·과다환입(△)(13-14)
	82,000,000		8,820,000	75,000,000	7,000,000	-8,820,000		-8,820,000

[F3 조정등록]

익금산입 손금불산입			손금산입 익금불산입		
과목	금액	소득처분	과목	금액	소득처분
대손금 부인액	30,000,000원	유보발생	전기 대손충당금 한도초과액	8,820,000원	유보감소
대손충당금 한도초과	11,245,000원	유보발생			

02 [업무무관부동산등에관련한차입금이자조정명세서(갑)(을)]

1. [업무무관부동산등에관련한차입금이자조정명세서(을)]: [1.적수입력(을)] 탭

(1) [1.업무무관부동산] 탭

No	①월일	②적요	③차변	④대변	⑤잔액	⑥일수	⑦적수
1	7 1	취 득	100,000,000		100,000,000	184	18,400,000,000

(2) [3.가지급금] 탭

No	①월일	②적요	③차변	④대변	⑤잔액	⑥일수	⑦적수
1	1 1	전기이월	35,000,000		35,000,000	64	2,240,000,000
2	3 5	지 급	15,000,000		50,000,000	229	11,450,000,000
3	10 20	회 수		30,000,000	20,000,000	73	1,460,000,000
합계			50,000,000	30,000,000		366	15,150,000,000

(3) [4.가수금] 탭

- 동일인에 대한 가수금은 별도의 약정이 없는 경우 가지급금과 상계 가능

No	①월일	②적요	③차변	④대변	⑤잔액	⑥일수	⑦적수
1	5 30	가 수		7,000,000	7,000,000	216	1,512,000,000

2. [업무무관부동산등에관련한차입금이자조정명세서(갑)]: [2.지급이자 손금불산입(갑)] 탭

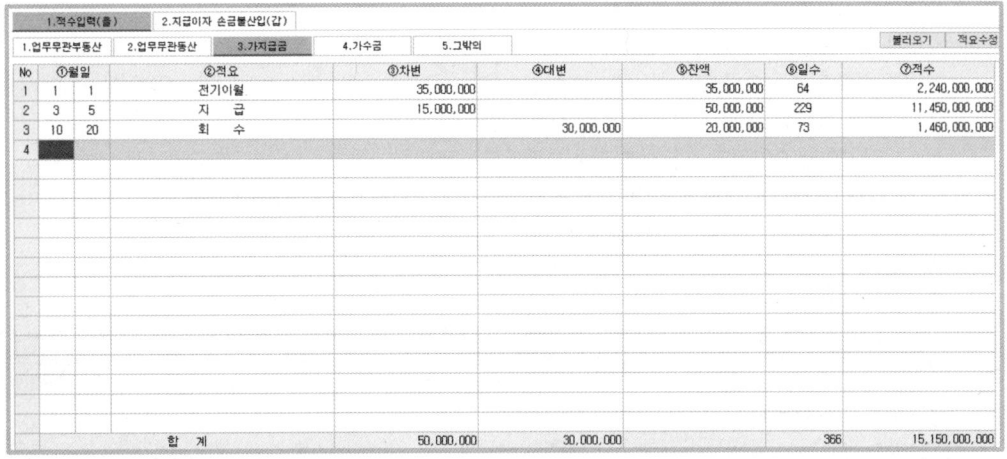

[F3 조정등록]

익금산입 익금불산입		
과목	금액	소득처분
채권자불분명사채이자	2,500,000원	상여
업무무관자산지급이자	6,044,217원	기타사외유출

03 [퇴직연금부담금조정명세서]

- 주어진 자료를 각 란에 직접 입력
- 전기 손금산입분 중 당기 수령한 1,6000,000원 손금불산입 직접 세무조정
  - 퇴직연금충당금 손금산입 한도액: min(㉠, ㉡) - 7,000,000원[주2] = 51,000,000원
    ㉠ 60,000,000원 - 0원 = 60,000,000원
    ㉡ 58,000,000원[주1]
    주1) 23,000,000원 + 51,000,000원 - 16,000,000원 = 58,000,000원
    주2) △23,000,000원 + 16,000,000원 = 7,000,000원

2.이미 손금산입한 부담금 등의 계산			
나.기말 퇴직연금 예치금 등의 계산			
19.기초 퇴직연금예치금 등	20.기중 퇴직연금예치금 등 수령 및 해약액	21.당기 퇴직연금예치금 등의 납입액	22.퇴직연금예치금 등 계 (19 - 20 + 21)
23,000,000	16,000,000	51,000,000	58,000,000
가.손금산입대상 부담금 등 계산			
13.퇴직연금예치금 등 계 (22)	14.기초퇴직연금충당금등 및 전기말 신고조정에 의한 손금산입액	15.퇴직연금충당금등 손금부인 누계액	16.기중퇴직연금등 수령 및 해약액	17.이미 손금산입한 부담금등 (14 - 15 - 16)	18.손금산입대상 부담금 등 (13 - 17)
58,000,000	23,000,000		16,000,000	7,000,000	51,000,000

1.퇴직연금 등의 부담금 조정					
	당기말 현재 퇴직급여충당금				6.퇴직부담금 등 손금산입 누적한도액 (① - ⑤)
1.퇴직급여추계액	2.장부상 기말잔액	3.확정기여형퇴직연금자의 설정전 기계상된 퇴직급여충당금	4.당기말 부인 누계액	5.차감액 (② - ③ - ④)	
60,000,000					60,000,000
7.이미 손금산입한 부담금 등 (17)	8.손금산입액 한도액 (⑥ - ⑦)	9.손금산입 대상 부담금 등 (18)	10.손금산입범위액 (⑧과 ⑨중 적은 금액)	11.회사 손금 계상액	12.조정금액 (⑩ - ⑪)
7,000,000	53,000,000	51,000,000	51,000,000		51,000,000

[F3 조정등록]

익금산입 손금불산입			손금산입 익금불산입		
과목	금액	소득처분	과목	금액	소득처분
전기퇴직연금충당금	16,000,000원	유보감소	퇴직연금운용자산	51,000,000원	유보발생

04 [감가상각조정명세서]
  1. [고정자산등록]
  (1) 공장건물
   - 건물의 무신고시 상각방법은 정액법
   - 소액수선비요건에 해당하는지 계산
     30,000,000원 ≥ MAX(6,000,000원, (300,000,000원 − 25,000,000원) × 5%)
   - 소액수선비요건에 미충족하므로 즉시상각의제 해당
   - "7.당기자본적지출액(즉시상각분)"에 30,000,000원을 입력
   - 사용자수정을 누른 후 "13.회사계상액" 10,000,000원을 입력

  (2) 기계장치
   - 회사는 기계장치의 감가상각방법을 세법에서 정하는 적법한 시기에 정액법으로 신고하였으므로 감가상각방법을 정액법으로 선택
   - 전기말부인누계액이 있는 경우 "(25)전기말부인누계액"에 4,000,000원을 입력하여 시인부족액 내에서 손금추인
   - 사용자수정을 누른후 "13.회사계상액" 7,500,000원을 입력

2. [미상각자산감가상각조정명세서]

- F12 불러오기

(1) 공장건물

- 조정액: "(23)상각부인액" 28,780,000원

계정	자산코드/명		취득년월일	입력내용		금액	총계
0202	000001	공장건물	2022-07-01	업종코드/명			
0206	000001	기계장치	2021-07-01	합계표 자산구분	1. 건축물		
				(4)내용연수(기준.신고)		30	
				상각계산의 기초가액	재무상태표 자산가액	(5)기말현재액	300,000,000	360,000,000
						(6)감가상각누계액	35,000,000	68,750,000
						(7)미상각잔액(5)-(6)	265,000,000	291,250,000
					회사계산 상각비	(8)전기말누계	25,000,000	51,250,000
						(9)당기상각비	10,000,000	17,500,000
						(10)당기말누계(8)+(9)	35,000,000	68,750,000
					자본적 지출액	(11)전기말누계		
						(12)당기지출액	30,000,000	30,000,000
						(13)합계(11)+(12)	30,000,000	30,000,000
				(14)취득가액((7)+(10)+(13))		330,000,000	390,000,000
				(15)일반상각률.특별상각률		0.034	
				상각범위액계산	당기산출 상각액	(16)일반상각액	11,220,000	21,180,000
						(17)특별상각액		
						(18)계((16)+(17))	11,220,000	21,180,000
				(19) 당기상각시인범위액		11,220,000	21,180,000
				(20)회사계상상각액((9)+(12))		40,000,000	47,500,000
				(21)차감액((20)-(19))		28,780,000	26,320,000
				(22)최저한세적용에따른특별상각부인액			
				조정액	(23) 상각부인액((21)+(22))	28,780,000	28,780,000
					(24) 기왕부인액중당기손금추인액		2,460,000
				부인액누계	(25) 전기말부인누계액		4,000,000
					(26) 당기말부인누계액(25)+(23)-|24|	28,780,000	30,320,000
				당기말 의제상각액	(27) 당기의제상각액 |△(21)|-|(24)|		
					(28) 의제상각누계액		

(2) 기계장치

- 조정액: "(24)기왕부인액중당기손금추인액" 2,460,000원

계정	자산코드/명		취득년월일	입력내용		금액	총계
0202	000001	공장건물	2022-07-01	업종코드/명			
0206	000001	기계장치	2021-07-01	합계표 자산구분	2. 기계장치		
				(4)내용연수(기준.신고)		6	
				상각계산의 기초가액	재무상태표 자산가액	(5)기말현재액	60,000,000	360,000,000
						(6)감가상각누계액	33,750,000	68,750,000
						(7)미상각잔액(5)-(6)	26,250,000	291,250,000
					회사계산 상각비	(8)전기말누계	26,250,000	51,250,000
						(9)당기상각비	7,500,000	17,500,000
						(10)당기말누계(8)+(9)	33,750,000	68,750,000
					자본적 지출액	(11)전기말누계		
						(12)당기지출액		30,000,000
						(13)합계(11)+(12)		30,000,000
				(14)취득가액((7)+(10)+(13))		60,000,000	390,000,000
				(15)일반상각률.특별상각률		0.166	
				상각범위액계산	당기산출 상각액	(16)일반상각액	9,960,000	21,180,000
						(17)특별상각액		
						(18)계((16)+(17))	9,960,000	21,180,000
				(19) 당기상각시인범위액		9,960,000	21,180,000
				(20)회사계상상각액((9)+(12))		7,500,000	47,500,000
				(21)차감액((20)-(19))		-2,460,000	26,320,000
				(22)최저한세적용에따른특별상각부인액			
				조정액	(23) 상각부인액((21)+(22))		28,780,000
					(24) 기왕부인액중당기손금추인액	2,460,000	2,460,000
				부인액누계	(25) 전기말부인누계액	4,000,000	4,000,000
					(26) 당기말부인누계액(25)+(23)-|24|	1,540,000	30,320,000
				당기말 의제상각액	(27) 당기의제상각액 |△(21)|-|(24)|		
					(28) 의제상각누계액		

[F3 조정등록]

익금산입 손금불산입			손금산입 익금불산입		
과목	금액	소득처분	과목	금액	소득처분
건물감가상각비 한도초과액	28,780,000원	유보발생	전기 기계장치 감가상각비 부인액	2,460,000원	유보감소

05 [법인세과세표준및세액조정계산서]

- 당기순이익과 익금산입, 손금산입 금액 입력
- "121.최저한세적용대상공제감면세액" 8,806,000원을 입력
  - "115.산출세액" $44,030,000 \times \dfrac{337,000,000 \times 감면율(20\%)}{337,000,000} = 8,806,000$원 입력

  * 계산식: 감면세액 = 산출세액 $\times \dfrac{감면소득}{과세표준}$

- "126.중간예납세액"에 10,000,000원 입력
- 하단에 자동계산된 분납할 세액을 확인, "154.분납할세액"에 12,612,000원 입력

101. 결산서상 당기순손익 01	272,340,000	120. 산 출 세 액 (120=119)	44,030,000
102. 익 금 산 입 02	66,960,000	121. 최저한세 적용 대상 공제 감면 세액 17	8,806,000
103. 손 금 산 입 03	2,300,000	122. 차 감 세 액 18	35,224,000
104. 차 가 감 소득 금 액 (101+102-103) 04	337,000,000	123. 최저한세 적용제외 공제 감면 세액 19	
105. 기 부 금 한 도 초 과 액 05		124. 가 산 세 액 20	
106. 기 부 금 한도초과 이월액 손금산입 54		125. 가 감 계 (122-123+124) 21	35,224,000
107. 각 사업 연도 소득 금 액 (104+105-106) 06	337,000,000	126. 중 간 예 납 세 액 22	10,000,000
108. 각 사업연도 소득 금 액 (108=107)	337,000,000	127. 수 시 부 과 세 액 23	
109. 이 월 결 손 금 07		128. 원 천 납 부 세 액 24	
110. 비 과 세 소 득 08		129. 간접 회사등 외국 납부세액 25	
111. 소 득 공 제 09		130. 소 계 (126+127+128+129) 26	10,000,000
112. 과 세 표 준 (108-109-110-111) 10	337,000,000	131. 신 고 납부전 가 산 세 액 27	
159. 선 박 표 준 이 익 55		132. 합 계 (130+131) 28	10,000,000
113. 과 세 표 준 (113=112+159) 56	337,000,000	133. 감 면 분 추 가 납 부 세 액 29	
114. 세 율 11	19%	134. 차 감 납 부 할 세 액 (125-132+133) 30	25,224,000
115. 산 출 세 액 12	44,030,000	151. 차감 납부할 세액계 (134+150+166) 46	25,224,000
116. 지 점 유 보 소 득 (법 제96조) 13		152. 사 실 과 다 른 회계 처리 경정 세액공제 57	
117. 세 율 14		153. 분 납 세 액 계 산 범 위 액 (151-124-133-145-152+131) 47	25,224,000
118. 산 출 세 액 15		154. 분 납 할 세 액 48	12,612,000
119. 합 계 (115+118) 16	44,030,000	155. 차 감 납 부 세 액 (151-152-154) 49	12,612,000

분납할 세액: 12,612,000

CHAPTER 04 기출테마학습(세무조정) 4

장흥기업㈜(회사코드:1021)은 전자부품을 생산하고 제조·도매업을 영위하는 중소기업이며, 당해 사업연도(제15기)는 2025.1.1.~2025.12.31.이다. [법인조정] 메뉴를 이용하여 기장되어 있는 재무회계 장부 자료와 제시된 보충자료에 의하여 해당 사업연도의 세무조정을 하시오.

─── 〈 작 성 대 상 서 식 〉 ───

1. 기업업무추진비조정명세서
2. 가지급금등의인정이자조정명세서
3. 업무용승용자동차관련비용명세서
4. 자본금과적립금조정명세서(을)
5. 세액공제조정명세서(3), 최저한세조정계산서, 법인세과세표준및세액조정계산서

01

다음의 자료를 이용하여 [기업업무추진비조정명세서(갑), (을)]를 작성하고 세무조정사항이 있는 경우 [소득금액조정합계표]를 작성하시오.

1. 당사는 중소기업이다.
2. 수입금액조정명세서 내역은 다음과 같다.
    (1) 상품매출액: 200,000,000원(특수관계인에 대한 매출액 50,000,000원 포함)
    (2) 제품매출액: 2,350,000,000원(특수관계인에 대한 매출액 20,000,000원 포함)
3. 손익계산서 및 제조원가명세서에 기업업무추진비로 회계처리된 금액은 다음과 같다. 단, 전액 건당 3만원 초과분에 해당한다.

계정과목	법인카드 사용액		현금 지출액	합계
	일반기업업무추진비	문화기업업무추진비	경조금	
기업업무추진비(판관비)	25,000,000원	2,300,000원[주1]	200,000원[주2]	27,500,000원
기업업무추진비(제조경비)	20,000,000원	3,500,000원	-	23,500,000원

주1) 문화기업업무추진비 사용액 중 300,000원은 대표자와 그 가족이 박물관 관람을 위하여 사용하였다.
주2) 주요 거래처에 현금으로 경조사비를 지출하고, 적격증빙서류를 받지 않았다.

02 다음 관련 자료를 이용하여 [가지급금등의인정이자조정명세서]를 작성하고, 관련된 세무조정사항을 [소득금액조정합계표및명세서]에 반영하시오.

1. 차입금과 지급이자 내역

이자율	지급이자	차입금	비고
15%	3,000,000원	20,000,000원	기업은행 차입금
10%	4,000,000원	40,000,000원	농협은행 차입금
8%	8,000,000원	100,000,000원	자회사인 ㈜일등으로부터 차입금
계	15,000,000원	160,000,000원	

2. 가지급금과 이자수익 내역

구분	일자	가지급금	받을 이자수익
대표이사: 장홍도	2025.05.01.	40,000,000원	1,600,000원
감사: 이감사	2025.07.15.	15,000,000원	1,575,000원

3. 기획재정부령으로 정하는 당좌대출이자율은 연간 4.6%이며, 당 회사는 금전대차거래에 대해 시가 적용방법을 신고한 바 없다고 가정한다.

03 2024년 5월 3일 ㈜굿모닝캐피탈과 대표이사(장홍도) 전용 5인승 승용차 제네시스(14러4813)의 장기운용리스계약을 체결하였다. 아래의 자료를 이용하여 [업무용승용차등록] 및 [업무용승용차관련비용명세서]를 작성하여 관련 세무조정을 [소득금액조정합계표및명세서]에 반영하시오.

구분	금액	비고
리스료	24,000,000원	• 매월 2,000,000원, 계산서 수령함 • 리스료에는 보험료 500,000원, 자동차세 350,000원, 수선유지비 1,620,500원이 포함됨.
유류비	4,100,000원	
리스계약기간	2024.05.03.~2026.05.02.	
보험기간 (업무전용자동차보험 가입)	2024.05.03.~2025.05.02. 2025.05.03.~2026.05.02.	
거리	1. 전기이월누적거리 21,000km 2. 출퇴근거리 6,400km 3. 출퇴근 외 비업무거리 1,600km 4. 당기 총주행거리 8,000km	
기타사항	• 코드 0003, 판매관리부의 차량으로 등록할 것 • 업무전용보험 가입하고, 운행기록부는 작성하였다고 가정함 • 전기 감가상각비(상당액) 한도 초과 이월액 18,000,000원 있음	

04 입력된 자료는 무시하고 다음의 자료만을 이용하여 2025년 말 [자본금과적립금조정명세서(을)]을 작성하시오.

1. 2025년 말 [소득금액조정합계표]

익금산입 및 손금불산입		
과목	금액	비고
법인세비용	12,000,000원	당기 법인세비용 계상액
선급비용	500,000원	전기 선급비용 과대계상액
대손충당금	5,000,000원	당기 대손충당금 한도초과액
임차료	3,500,000원	렌트한 업무용승용차 관련 감가상각비상당액 한도초과금액
단기매매증권	2,000,000원	당기 단기매매증권평가손실금액

손금산입 및 익금불산입		
과목	금액	비고
선급비용	1,000,000원	당기 선급비용 과대계상액
대손충당금	4,000,000원	전기 대손충당금 한도초과액
감가상각비	800,000원	전기 비품상각부인액
제품	2,700,000원	전기 제품평가감금액

2. 2024년 말 [자본금과적립금조정명세서(을)]

과목	기초	감소	증가	기말
선급비용	−800,000원	−800,000원	−500,000원	−500,000원
대손충당금	2,000,000원	2,000,000원	4,000,000원	4,000,000원
감가상각비			1,500,000원	1,500,000원
제품			2,700,000원	2,700,000원

05 다음의 자료를 참조하여 [세액공제조정명세서(3)] 중 [3.당기공제 및 이월액계산] 탭과 [최저한세조정계산서], [법인세과세표준및세액조정계산서]를 작성하시오(당사는 중소기업이며, 불러온 자료는 무시하고 아래의 자료만 참조한다).

1. 당기 표준손익계산서 일부

Ⅰ.매출액	01	5,330,600,000원
2.제품매출	05	5,330,600,000원
중략		
Ⅹ.당기순손익	219	272,385,400원

2. 당기 소득금액조정합계표및명세서 일부

익금산입 및 손금불산입				손금산입 및 익금불산입			
①과목	②금액	③소득처분		④과목	⑤금액	⑥소득처분	
		처분	코드			처분	코드
합계	12,400,200원			합계	17,326,000원		

3. 당기 공제감면세액및추가납부세액합계표(갑) 일부

1. 최저한세 적용제외 공제감면세액

① 구 분	② 근거법 조항	코드	③ 대상세액	④ 감면(공제)세액
⑫ 일반 연구·인력개발 비세액공제	「조세특례제한법」 제10조제1항제3호	16B	5,500,000원	5,500,000원

2. 최저한세 적용대상 공제감면세액

① 구 분	② 근거법 조항	코드	③ 대상세액	④ 감면세액
⑱ 중소기업에 대한 특별세 액감면	「조세특례제한법」 제7조	112	8,925,930원	8,925,930원

4. 선납세금 원장 일부

일자	적요	차변	대변	잔액
08-30	법인세 중간예납	1,360,000원		1,360,000원
[누 계]		1,360,000원		1,360,000원

5. 기타사항
   - 전기에서 이월된 중소기업 등 투자세액공제 잔액 6,650,000원이 있다.
   - 최저한세에 따른 공제감면 배제는 납세자에게 유리한 방법으로 한다.
   - 분납가능한 금액은 분납하기로 한다.
   - 위 자료 외에 세무조정, 세액공제감면은 없는 것으로 한다.

정답 및 해설

01 [기업업무추진비조정명세서]
(1) 기업업무추진비입력(을)
- F12불러오기, 수입금액과 기업업무추진비를 자동 반영하고 수입금액명세의 "2. 특수관계인간 거래금액"란에 70,000,000원 입력
- 대표자와 그 가족이 사용한 문화기업업무추진비는 사적사용 경비에 해당하므로 "6. 기업업무추진비계상액 중 사적사용경비"란 300,000원 입력, 손금불산입(상여)
- "16. 총초과금액"에서 사적사용경비 300,000원 차감, 3만원 총초과금액 27,000,000원을 입력(수정하지 않아도 무방)
- 현금으로 경조사비 지출 금액 20만원은 손금으로 인정

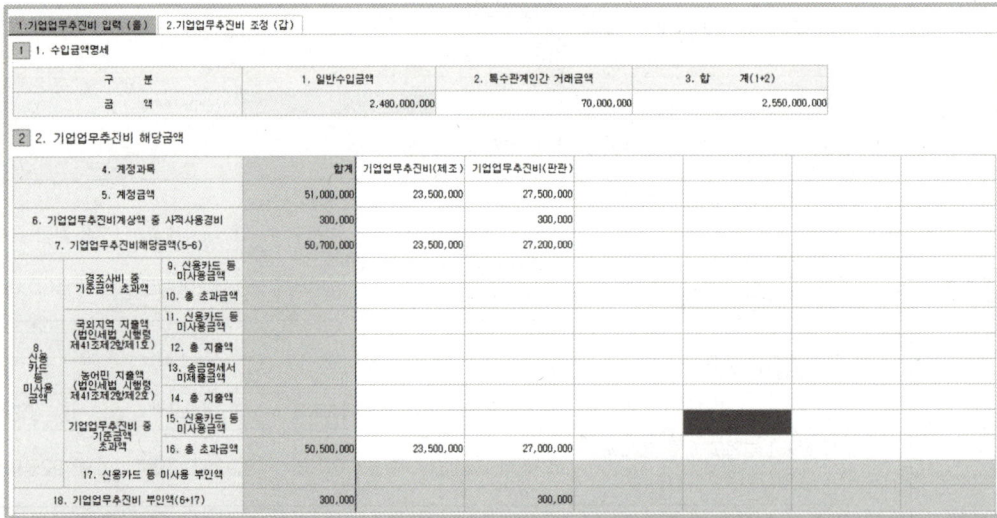

(2) 기업업무추진비조정(갑)
- "9. 문화기업업무추진비 지출액"에서 사적경비 300,000원을 차감한 5,500,000원을 수정하여 입력
  - 기업업무추진비 한도액: ① + ② = 48,961,000원
    ① 일반기업업무추진비한도액: 36,000,000원 + (2,480,000,000원 × 3/1,000) + (70,000,000원 × 3/1,000 × 10%) = 43,461,000원
    ② 문화기업업무추진비한도액: min(㉠, ㉡) = 5,500,000원
      ㉠ 2,000,000원 + 3,500,000원 = 5,500,000원
      ㉡ 43,461,000원 × 20% = 8,692,200원
- 기업업무추진비해당액: 25,000,000원 + 20,000,000원 + 2,000,000원 + 3,500,000원 + 200,000원 = 50,700,000원

[F3 조정등록]

익금산입 손금불산입		
과목	금액	소득처분
기업업무추진비 중 사적경비	300,000원	상여
기업업무추진비 한도 초과액	1,739,000원	기타사외유출

02 [가지급금등의인정이자조정명세서]

[1.가지급금·가수금 입력]

- 직책, 성명을 입력한 후 `회계데이터불러오기` 를 불러오거나 직접 입력
- 이자율 무신고시 가중평균차입이자율로 계산

1) 대표이사 장홍도

2) 감사 이감사

[2.차입금입력]

- 자회사인 ㈜일등으로부터 차입금은 특수관계인과의 거래이므로 제외
- F2코드도움을 이용하여 기업은행과 농협은행의 "차입금과 관련된 계정과목 선택"에서 확인을 눌러 관련 계정과목의 잔액을 자동반영하고 이자율은 직접 입력

No	거래처명
1	기업은행
2	농협은행

No	적요	연월일	차변	대변	이자대상금액	이자율 %	이자
1	1.전기이월	2025 1 1		40,000,000	40,000,000	10.0000	4,000,000

- 받을 이자수익이 있다는 것은 약정이 있는 것으로 간주: F7 원장조회(116.미수수익) 확인
- "6.회사계상액"란에 받을 이자수익(미수수익) 금액 입력
- F7 원장조회(116.미수수익)

[원장조회]

일자	번호	적요	코드	거래처	차변	대변	잔액
12-31	00054	가지급이자계상	00144	장홍도	1,600,000		1,600,000
12-31	00055	가지급이자계상	00145	이감사	1,575,000		3,175,000
		[월 계]			3,175,000		
		[누 계]			3,175,000		

[4.인정이자조정: (갑)지]

No	1.성명	2.가지급금적수	3.가수금적수	4.차감적수(2-3)	5.인정이자	6.회사계상액	시가인정범위 7.차액(5-6)	8.비율(%)	9.조정액(=7) 7>=3억,8>=5%
1	장홍도	9,800,000,000		9,800,000,000	3,132,418	1,600,000	1,532,418	48.92124	1,532,418
2	이감사	2,550,000,000		2,550,000,000	815,068	1,575,000	-759,932		

[F3 조정등록]

익금산입 손금불산입		
과목	금액	소득처분
대표이사 가지급금 인정이자	1,532,418원	상여

03 [업무용승용자동차관련비용명세서]

1. [업무용승용차등록]

코드	차량번호	차종	사용
0003	14러4813	제네시스	사용

차량 상세 등록 내용

1. 고정자산계정과목: 0208 차량운반구
2. 고정자산코드/명:
3. 취득일자: 2024-05-03
4. 경비구분: 6.800번대/판관비
5. 사용자 부서:
6. 사용자 직책: 대표이사
7. 사용자 성명: 장홍도
8. 임차여부: 운용리스
9. 임차기간: 2024-05-03 ~ 2026-05-02
10. 보험가입여부: 가입
11. 보험기간: 2024-05-03 ~ 2025-05-02
    2025-05-03 ~ 2026-05-02
12. 운행기록부사용여부: 여   전기이월누적거리: 21,000 km
13. 전용번호판 부착여부: 여
14. 출퇴근사용여부: 여   출퇴근거리: 6,400 km

2. [업무용승용차관련비용명세서]
- 새로불러오기
- 총주행거리(8,000)와 업무용사용거리(6,400)를 입력하여 업무용사용비율을 자동계산
- 임차료(1년분), 유류비입력

(7) 업무용사용비율: 6,400/8,000 = 80%
(13)감가상각비상당액: 리스료 24,000,000원 − (보험료 500,000원 + 자동차세 350,000원 + 수선유지비 1,620,500원) = 21,529,500원
(24)감가상각비상당액: [리스료 24,000,000원 − (보험료 500,000원 + 자동차세 350,000원 + 수선유지비 1,620,500원)] × 업무사용비율 80% = 17,223,600원

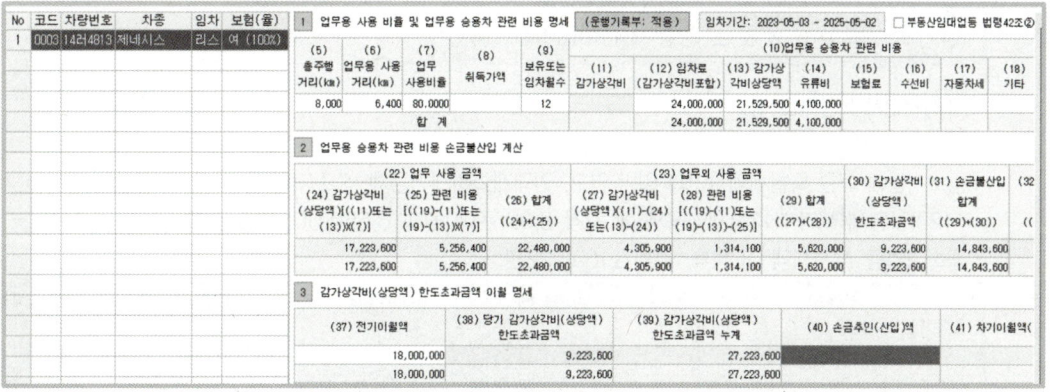

- "(37)전기이월액"에 전기 감가상각비(상당액) 한도 초과 이월액 18,000,000원을 입력

(29)업무용승용차 관련 비용 업무미사용분: (리스료 24,000,000원 + 유류대 4,100,000원) × (1 − 80%) = 5,620,000원
(30)업무용승용차 감가상각비상당액 한도 초과액: 감가상각비상당액 17,223,600원 − 8,000,000원 = 9,223,600원

[F3 조정등록]

과목	익금산입 손금불산입	
	금액	소득처분
업무용승용차 업무미사용분	5,620,000원	상여
업무용승용차 감가상각비상당액 한도 초과액	9,223,600원	기타사외유출

04 [자본금과적립금조정명세서(을)]

- 전기 [자본금과적립금조정명세서(을)]의 기말잔액을 당기 기초금액으로 입력
- [자본금과적립금조정명세서(을)]은 "유보"로 소득처분된 항목을 관리하는 서식으로 "③감소"에는 유보감소 금액을 "④증가"에는 유보증가 금액을 입력
- 법인세비용과 임차료는 기타사외유출에 해당되므로 입력하지 않는다.

[자본금과적립금조정명세서(을)]

①과목 또는 사항	②기초잔액	당 기 중 증 감		⑤기말잔액 (=②−③+④)	비 고
		③감 소	④증 가		
선급비용	−500,000	−500,000	−1,000,000	−1,000,000	
대손충당금	4,000,000	4,000,000	5,000,000	5,000,000	
감가상각비	1,500,000	800,000		700,000	
제품	2,700,000	2,700,000			
단기매매증권			2,000,000	2,000,000	

05 [최저한세조정계산서], [법인세과세표준 및 세액조정계산서], [세액공제조정명세서(3)]

1. [법인세과세표준 및 세액조정계산서]
- 당기순이익, 익금산입, 손금산입을 입력한 후 F11 저장

①각사업연도소득계산	101. 결산서상 당기순손익		01	272,385,400
	소득조정금액	102. 익 금 산 입	02	12,400,200
		103. 손 금 산 입	03	17,326,000
	104. 차가감소득금액 (101+102-103)		04	267,459,600
	105. 기 부 금 한 도 초 과 액		05	
	106. 기 부 금 한 도 초 과 이월액 손금산입		54	
	107. 각 사 업 연 도 소 득 금 액(104+105-106)		06	267,459,600

2. [최저한세조정계산서]
- F12 불러오기
- 중소기업에 대한 특별세액감면과 일반 연구·인력개발비세액공제, 중소기업 등 투자세액공제는 중복 공제 가능
- "(123)감면세액"과 "(124)세액공제"에 각각 8,925,930원과 6,650,000원을 입력
- 중소기업등 투자세액: 조정후 세액 3,169,222원

①구분		코드	②감면후세액	③최저한세	④조정감	⑤조정후세액
(101) 결산서상 당기순이익		01	272,385,400			
소득조정금액	(102) 익 금 산 입	02	12,400,200			
	(103) 손 금 산 입	03	17,326,000			
(104) 조정후소득금액 (101+102-103)		04	267,459,600	267,459,600		267,459,600
최저한세적용대상 특별비용	(105) 준 비 금	05				
	(106) 특별상각, 특례상각	06				
(107) 특별비용손금산입전소득금액(104+105+106)		07	267,459,600	267,459,600		267,459,600
(108) 기 부 금 한 도 초 과 액		08				
(109) 기부금한도초과 이월액 손 금 산 입		09				
(110) 각 사업년도 소득금액 (107+108-109)		10	267,459,600	267,459,600		267,459,600
(111) 이 월 결 손 금		11				
(112) 비 과 세 소 득		12				
(113) 최저한세적용대상 비과세 소득		13				
(114) 최저한세적용대상 익금불산입·손금산입		14				
(115) 차가감 소득금액 (110-111-112+113+114)		15	267,459,600	267,459,600		267,459,600
(116) 소 득 공 제		16				
(117) 최저한세적용대상 소 득 공 제		17				
(118) 과 세 표 준 액 (115-116+117)		18	267,459,600	267,459,600		267,459,600
(119) 선 박 표 준 이 익		24				
(120) 과 세 표 준 금 액 (118+119)		25	267,459,600	267,459,600		267,459,600
(121) 세 율			19 %	7 %		19 %
(122) 산 출 세 액		20	30,817,324	18,722,172		30,817,324
(123) 감 면 세 액		21	8,925,930			8,925,930
(124) 세 액 공 제		22	6,650,000		3,480,778	3,169,222
(125) 차 감 세 액 (122-123-124)		23	15,241,394			18,722,172

3. [법인세과세표준 및 세액조정계산서]
- "121. 최저한세 적용 대상 공제감면세액"란: 중소기업 특별세액감면(8,925,930원) + 중소기업 등 투자세액공제(3,169,222원) =12,095,152원 입력
- "123. 최저한세 적용 제외 공제감면세액"란: 일반연구인력개발비세액공제 5,500,000원 입력
- "126. 중간예납세액"에 1,360,000원 입력
- 분납가능한 최대 금액은 하단의 메시지를 참조하여 "154. 분납할세" 1,862,172원 입력

① 각 사 업 연 도 소 득 계 산	101. 결산서상 당기순손익	01	272,385,400
	소득조정 102. 익 금 산 입	02	12,400,200
	금액 103. 손 금 산 입	03	17,326,000
	104. 차 가 감 소 득 금 액 (101+102-103)	04	267,459,600
	105. 기 부 금 한 도 초 과 액	05	
	106. 기부금한도초과이월액 손금산입	54	
	107. 각 사 업 연 도 소 득 금 액 (104+105-106)	06	267,459,600

② 과 세 표 준 계 산	108. 각 사 업 연 도 소 득 금 액 (108=107)		267,459,600
	109. 이 월 결 손 금	07	
	110. 비 과 세 소 득	08	
	111. 소 득 공 제	09	
	112. 과 세 표 준 (108-109-110-111)	10	267,459,600
	159. 선 박 표 준 이 익	55	

③ 산 출 세 액 계 산	113. 과 세 표 준 (113=112+159)	56	267,459,600
	114. 세 율	11	19%
	115. 산 출 세 액	12	30,817,324
	116. 지 점 유 보 소 득 (법 제96조)	13	
	117. 세 율	14	
	118. 산 출 세 액	15	
	119. 합 계 (115+118)	16	30,817,324

④ 납 부 할 세 액 계 산	120. 산 출 세 액 (120=119)		30,817,324
	121. 최저한세 적용대상 공제감면세액	17	12,095,152
	122. 차 감 세 액	18	18,722,172
	123. 최저한세 적용제외 공제감면세액	19	5,500,000
	124. 가 산 세 액	20	
	125. 가 감 계 (122-123+124)	21	13,222,172
	기한내 납부세액 126. 중 간 예 납 세 액	22	1,360,000
	127. 수 시 부 과 세 액	23	
	128. 원 천 납 부 세 액	24	
	129. 간접 회사등 외국 납부세액	25	
	130. 소 계 (126+127+128+129)	26	1,360,000
	131. 신 고 납 부 전 가 산 세 액	27	
	132. 합 계 (130+131)	28	1,360,000
	133. 감 면 분 추 가 납 부 세 액	29	
	134. 차 가 감 납 부 할 세 액 (125-132+133)	30	11,862,172

⑤토지등 양도소득, ⑥미환류소득 법인세 계산 (TAB로 이동)

⑦ 세 액 계	151. 차감 납부할 세액계 (134+150+166)	46	11,862,172
	152. 사실과 다른 회계 처리 경정 세액공제	57	
	153. 분 납 세 액 계 산 범 위 액 (151-124-133-145-152+131)	47	11,862,172
	154. 분 납 할 세 액	48	1,862,172
	155. 차 감 납 부 세 액 (151-152-154)	49	10,000,000

4. [세액공제조정명세서(3)]

- 이월공제가 가능한 세액공제를 먼저 하는 것이 납세자에게 유리
- 중소기업 등 투자세액공제는 "(121)최저한세적용에 따른 미공제액"란에 최저한세 조정감 3,480,778원 입력

	(105)구분	(106)사업연도	요공제액		당기공제대상세액				1)최저한세 따른 미공제	(123)공제세액 (120-121-122)	(125)이월액 (107+108-123-124)
			(107)당기분	108)이월분	(109)당기분	110)1차연도	...	(120)계			
1	중소기업 등 투자세액공제	2024-12	6,650,000		6,650,000			6,650,000	3,480,778	3,169,222	3,480,778
	소계		6,650,000		6,650,000			6,650,000	3,480,778	3,169,222	3,480,778
2	연구·인력개발비세액공제(최저한세제외)	2025-12	5,500,000		5,500,000			5,500,000		5,500,000	
	합 계		5,500,000	6,650,000	5,500,000	6,650,000		12,150,000	3,480,778	8,669,222	3,480,778

05 기출테마학습(세무조정) 5

진주물산㈜(회사코드:1011)은 제조업을 영위하는 중소기업으로 전자부품을 생산하며, 당해 사업연도(제11기)는 2025.4.1.1.~2025.12.31.이다. [법인조정] 메뉴를 이용하여 기장되어 있는 재무회계 장부 자료와 제시된 보충자료에 의하여 해당 사업연도의 세무조정을 하시오.

〈 작성대상서식 〉
1. 수입금액조정명세서, 조정후수입금액명세서
2. 세금과공과금명세서
3. 외화자산등평가차손익조정명세서
4. 소득금액조정합계표및명세서
5. 기부금조정명세서

---

01 다음 자료를 참조하여 [수입금액조정명세서]와 [조정후수입금액명세서]를 작성하시오. (단, 세무조정은 각 건별로 처리한다)

1. 재고 실사 반영 전 손익계산서 일부

1. 매출액		3,730,810,900원
2. 제품매출	3,730,810,900원	

※ 제품매출액에는 수출액 582,809,400원이 포함되어 있다.

2. 2025년 제1기 예정 부가가치세신고서 중 과세표준명세

④ 과세표준명세			
업태	종목	업종코드	금액
(27) 제조	그 외 기타 전자 부품 제조	321001	872,400,600원
(28)			
(29)			
(30) 수입금액제외	그 외 기타 전자 부품 제조	321001	12,000,000원
(31) 합 계			884,400,600원

※ 과세표준명세상 수입금액제외는 업무용승용차 처분에 따른 전자세금계산서 발급분이다.

3. 2025년 귀속 부가가치세 신고 내역

기수	일반과표	영세율과표	면세수입금액	합계
제1기 예정	733,511,000원	150,889,600원	0	884,400,600원
제1기 확정	795,515,000원	138,591,200원	0	934,106,200원
제2기 예정	802,445,000원	147,600,500원	0	950,045,500원
제2기 확정	828,530,500원	145,728,100원	0	974,258,600원
계	3,160,001,500원	582,809,400원	0	3,742,810,900원

4. 재고 실사 보고서 일부

- 제품재고 중 15,200,000원(판매가 18,000,000원)은 시송품으로 거래처에 반출하였으며, 2025.12.29. 국내 구매자가 해당 제품의 구입의사를 전달했으나 재무제표에 반영되지 않았다.
- 제품재고 중 8,500,000원(판매가 10,000,000원)은 위탁판매를 위해 수탁자에게 전달되었으며, 2025.12.31. 국내 수탁자가 해당 제품이 판매되었다고 출고장을 보내왔으나 재무제표에 반영되지 않았다.

02 세금과공과금의 계정별원장을 조회하여 [세금과공과금명세서]를 작성하고 관련 세무조정을 [소득금액조정합계표및명세서]에 반영하시오. (단, 아래의 항목 중 다른 세무조정명세서에 영향을 미치는 사항은 관련된 조정명세서에서 적정하게 처리되었다고 가정하고, 세무조정은 건별로 처리하도록 한다)

월일	적요	금액
01월 12일	주민세(종업원분)	1,700,000원
02월 15일	산재보험료 연체금	300,000원
03월 12일	국민연금 회사부담분	3,200,000원
03월 24일	사업과 관련없는 불공제매입세액	1,200,000원
04월 30일	법인세분 법인지방소득세	3,500,000원
05월 08일	대표자 개인의 양도소득세 납부	5,000,000원
06월 25일	폐수 초과배출부담금	750,000원
07월 03일	지급명세서미제출가산세	1,500,000원
09월 15일	간주임대료에 대한 부가가치세	650,000원
10월 05일	업무상 교통위반 과태료	100,000원
12월 09일	법인분 종합부동산세	5,700,000원

03 아래 당기의 외화거래자료를 이용하여 [외화자산등평가차손익조정명세서](갑),(을)를 작성하고, 세무조정사항이 있는 경우 [소득금액조정합계표및명세서]를 작성하시오.

계정과목	발생일자	외화금액(USD)	발생일 매매기준율	기말 매매기준율
외상매출금	2023.03.02.	$20,000	$1=1,150원	$1=1,250원
외상매입금	2023.05.05.	$12,000	$1=1,200원	$1=1,250원

- 당사는 외화자산 및 부채의 평가방법으로 사업연도 종료일 현재의 매매기준율을 관할 세무서장에게 신고하였지만, 실제 결산 시 1,200원/$의 환율을 적용하여 외화자산 및 부채를 평가하였다.
- 화폐성외화자산 및 부채는 위에 제시된 자료뿐이다.
- 세무조정 발생 시 세무조정은 각 자산 및 부채별로 하기로 한다.

04 다음의 자료를 이용하여 [소득금액조정합계표및명세서]를 추가로 작성하시오.

1. 손익계산서상 임원 상여금 5,000,000원, 제조원가명세서상 직원 상여금 25,000,000원이 계상되어 있다. 단, 당사는 임원 및 직원에 대한 상여금 지급 규정이 없다.
2. 업무용 화물트럭의 자동차세 과오납금에 대한 환급금 200,000원과 환부이자 10,000원을 모두 잡이익으로 회계처리 하였다.
3. 당기 손익계산서상 법인세등 12,000,000원이 계상되어 있다.
4. 회사가 계상한 감가상각비는 20,000,000원이며, 세법상 감가상각범위액은 25,000,000원이다. 단, 전기 감가상각부인액 8,000,000원이 있다.
5. 채권자가 불분명한 사채이자를 지급하면서 다음과 같이 회계처리하고, 예수금은 원천징수세액으로 납부하였다
   - 이자 지급 시
     (차) 이자비용   2,000,000원   (대) 보통예금   1,450,000원
                                           예수금   550,000원
   - 원천징수세액 납부 시
     (차) 예수금   550,000원   (대) 현금   550,000원

05 다음 자료를 이용하여 [기부금조정명세서]의 [1.기부금입력] 탭과 [2.기부금조정] 탭을 작성하고 세무조정을 하시오. (단, 기부처의 사업자(주민)번호 입력은 생략하되, 기부금 입력 시 불러오기를 이용하고, 불러온 자료를 수정하여 완성할 것)

1. 기부금 등 관련 내역

발생일	금액	지출처[1)	내용
03월 11일	5,000,000원	지정기부금단체	종교단체 기부금
05월 23일	20,000,000원	법정기부금단체	국립대학병원에 연구비로 지출한 기부금
07월 21일	?	법정기부금단체	이재민 구호물품 (시가: 4,000,000원, 장부가액: 5,000,000원)
09월 10일	?	비지정기부금단체	보유 중인 토지를 양도 (시가: 100,000,000원, 양도가액: 60,000,000원)[2)

※ 특례기부금은 법인세법 제24조 제2항 1호, 일반기부금은 법인세법 제24조 제3항 1호에 해당한다.
주1) 당사와 특수관계가 없는 단체이며, 사업과 직접적인 관계가 없는 지출이다.
주2) 토지는 정당한 사유 없이 저가 양도하였다.

2. 법인세과세표준 및 세액조정계산서상 차가감소득금액

결산서상 당기순손익		270,000,000원
소득조정 금액	익금산입	25,000,000원
	손금산입	10,000,000원

※ 기부금에 대한 세무조정 전 금액이다.

3. 세무상 미공제 이월결손금 및 이월기부금

구분	이월결손금	이월기부금(일반기부금)
2024년 발생분	15,000,000원	3,000,000원

정답 및 해설

01 [수입금액조정명세서], [조정후수입금액명세서]
1. [수입금액조정명세서]
(1) [기타수입금액조정] 탭
- 시송품매출은 구매자가 구입의사 표시하였고 위탁매출은 수탁자가 소비자에게 판매하였으므로 모두 수입금액과 대응원가 입력

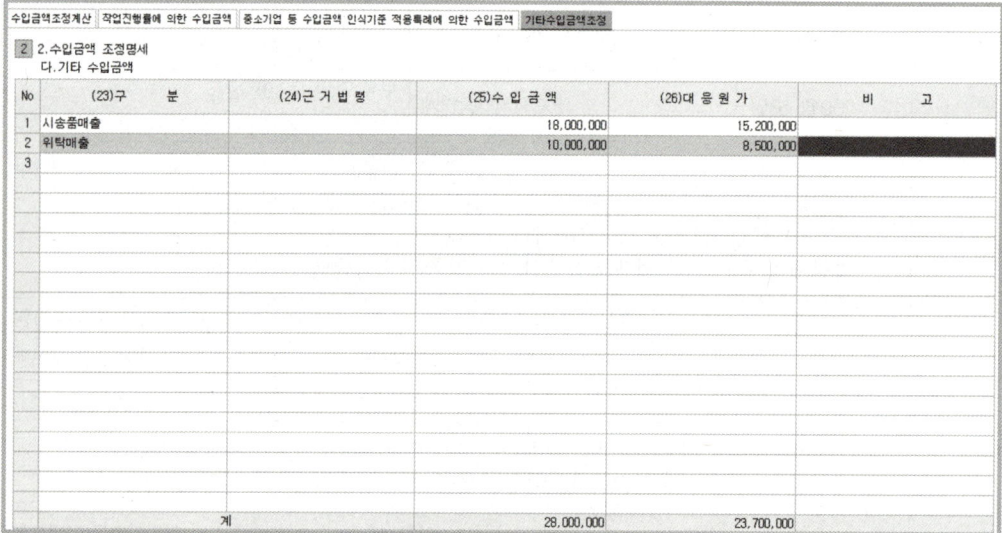

(2) [수입금액조정계산] 탭
- F4매출조회를 하여 제품매출액을 자동반영
- 시송품매출과 위탁매출누락분 28,000,000원을 "④가산"에 반영

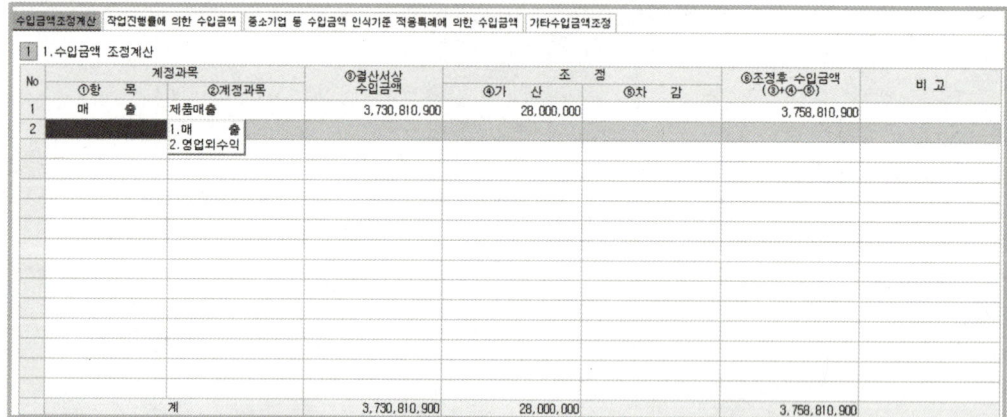

[F3 조정등록]

익금산입 손금불산입			손금산입 익금불산입		
과목	금액	소득처분	과목	금액	소득처분
제품매출(시송품매출)	18,000,000원	유보발생	제품매출원가	15,200,000원	유보발생
제품매출(위탁매출)	10,000,000	유보발생	제품매출원가	8,500,000	유보발생

2. [조정후수입금액명세서]
(1) [업종별 수입금액 명세서] 탭
- 수입금액조정명세서상의 조정후수입금액을 자동반영
- "⑦수출란" 금액이 직접 입력되지 않으므로 국내생산품금액(3,176,001,500원 = 3,758,810,900원 − 582,809,400원)을 입력

①업 태	②종 목	순번	③기준(단순)경비율번호	수입금액계정조회 ④계(⑤+⑥+⑦)	내수판매 ⑤국내생산품	⑥수입상품	⑦수 출(영세율대상)
제조	전자부품	01	321001	3,758,810,900	3,176,001,500		582,809,400

(2) [과세표준과 수입금액 차액검토] 탭
- F12불러오기로 데이터를 반영
- 업무용승용차 처분액 12,000,000원을 "25"란에 입력하고, 매출누락은 "32"에 음수로 입력

(1) 부가가치세 과세표준과 수입금액 차액

⑧과세(일반)	⑨과세(영세율)	⑩면세수입금액	⑪합계(⑧+⑨+⑩)	⑫조정후수입금액	⑬차액(⑪−⑫)
3,160,001,500	582,809,400		3,742,810,900	3,758,810,900	−16,000,000

(2) 수입금액과의 차액내역(부가세과표에 포함되어 있으면 +금액, 포함되지 않았으면 −금액 처리)

⑭구 분	코드	(16)금액	비고	⑯구 분	코드	(16)금액	비고
자가공급(면세전용등)	21			거래(공급)시기차이감액	30		
사업상증여(접대제공)	22			주세·개별소비세	31		
개인적공급(개인적사용)	23			매출누락	32	−28,000,000	
간주임대료	24				33		
자산매각 유형자산 및 무형자산 매각액	25	12,000,000			34		
그밖의자산매각액(부산물)	26				35		
폐업시 잔존재고재화	27				36		
작업진행률 차이	28				37		
거래(공급)시기차이가산	29			(17)차 액 계	50	−16,000,000	
				(13)차액과(17)차액계의차이금액			

02 [세금과공과금명세서]
- F12불러오기를 이용하여 세금과공과금 계정과목 내역을 반영하여 항목별로 손금불산입 표시

코드	계정과목	월	일	거래내용	코드	지급처	금 액	손금불산입표시
0817	세금과공과금	1	12	주민세(종업원분)			1,700,000	
0817	세금과공과금	2	15	산재보험료 연체금			300,000	
0817	세금과공과금	3	12	국민연금회사부담금		국민연금관리공단	3,200,000	
0817	세금과공과금	3	24	사업과 관련없는 불공제매입세액	00120	신세상백화점	1,200,000	손금불산입
0817	세금과공과금	4	30	법인세분 법인지방소득세			3,500,000	손금불산입
0817	세금과공과금	5	8	대표자 개인의 양도소득세 납부		강남구청	5,000,000	손금불산입
0517	세금과공과금	6	25	폐수 초과배출부담금		진주시청	750,000	손금불산입
0817	세금과공과금	7	3	지급명세서미제출가산세		진주세무서	1,500,000	손금불산입
0817	세금과공과금	9	15	간주임대료에대한부가세		진주세무서	650,000	
0817	세금과공과금	10	5	업무상 교통위반과태료		진주경찰서	100,000	손금불산입
0817	세금과공과금	12	9	법인분 종합부동산세			5,700,000	
				손금불산입계			12,050,000	
				합 계			23,600,000	

[F3] 조정등록

익금산입 익금불산입		
과목	금액	소득처분
사업과 관련 없는 불공제매입세액	1,200,000원	기타사외유출
법인지방소득세(법인세분)	3,500,000원	기타사외유출
대표자 개인 양도소득세	5,000,000원	상여
폐수 초과배출부담금	750,000원	기타사외유출
지급명세서 미제출가산세	1,500,000원	기타사외유출
업무상 교통위반 과태료	100,000원	기타사외유출

03 [외화자산등평가차손익조정명세서(갑)(을)]

1. [외화자산등평가차손익조정명세서]

(1) [외화자산,부채의평가(을지)] 탭
- F2코드도움으로 외화종류를 입력하고 장부가액의 적용환율(발생일 매매기준율)과 평가금액의 적용환율(기말 매매기준율)을 반영하여 외화자산과 외화부채의 평가손익을 계산

(2) [환율조정차,대등(갑지)]

- 실제 결산정리사항 시 1,200원/$의 환율을 적용하여 외화자산 및 부채를 평가하였으므로 외상매입금의 평가손익은 없고 외상매출금의 손익만 계상

> 회사손익금계상액: $20,000 × (1,200원 − 1,150원) = 1,000,000원

- 세무조정
  - 외상매출금: $20,000 × (1,250원 − 1,200원) = 1,000,000원(익금산입)
  - 외상매입금: $12,000 × (1,250원 − 1,200원) = 600,000원(손금산입)

[F3 조정등록]

익금산입 손금불산입			손금산입 익금불산입		
과목	금액	소득처분	과목	금액	소득처분
외상매출금	1,000,000원	유보발생	외상매입금	600,000원	유보발생

04 [소득금액조정합계표]
- 지급규정이 없이 지급하는 임원상여금은 전액 손금불산입
- 과오납금 환부이자는 익금불산입(가산세는 손금불산입)
- 법인세비용은 손금불산입
- 당기 시인부족액 발생시 전기감가상각부인액이 있으면 시인부족액 한도로 손금산입
  시인부족액: 25,000,000 − 20,000,000원 = 5,000,000원
- 채권자불분명사채이자는 손금불산입 대표자 상여로 처분, 원천징수세액분은 기타사외유출 처분

익금산입 손금불산입			손금산입 익금불산입		
과목	금액	소득처분	과목	금액	소득처분
임원상여금 한도초과액	5,000,000원	상여	자동차세 과오납금 환부이자	10,000원	기타
법인세등	12,000,00	기타사외유출	전기 감가상각비 손금부인액 추인	5,000,000	유보감소
채권자불분명사채이자	1,450,000	상여			
채권자불분명사채이자 원천징수세액	550,000	기타사외유출			

05 [기부금조정명세서]

1. [1.기부금 입력] 탭
(1) 1.기부금입력
- F12불러오기를 이용하여 기부금내역을 반영
- 특례기부금인 이재민 구호물품은 현물로 제공시 장부가액으로 입력
- 특수관계가 없는 자에게 시가와 양도가액의 차이가 30% 이상인 경우 의제(간주)기부금에 해당
- 해당 기부금을 비지정기부금단체에 기부 하였으므로 손금불산입하고 기타사외유출로 처분

> 의제(간주)기부금: (100,000,000원 × 70%) − 60,000,000원 = 10,000,000원

구분		3.과목	4.월일	5.적요	기부처		8.금액	비고
1.유형	2.코드				6.법인명등	7.사업자(주민)번호등		
24조제3항제1호에 (	40	기부금	3 11	종교단체기부금	종교단체		5,000,000	
24조제2항제1호에 (	10	기부금	5 23	연구비기부	국립대학병원		20,000,000	
24조제2항제1호에 (	10	기부금	7 21	이재민구호물품	이재민단체		5,000,000	
기타	50	기부금	9 10	간주기부금	비지정기부금단체		10,000,000	

[F3 조정등록]

익금산입 손금불산입		
과목	금액	소득처분
비지정기부금	10,000,000원	기타사외유출

(2) 소득금액 확정
- 수정 클릭, 결산정리사항서상 당기순이익 및 익금산입, 손금산입금액 입력
- 익금산입금액 25,000,000원에 손금부인한 비지정기부금 10,000,000원을 가산한 35,000,000원 입력

2.소득금액확정				새로 불러오기	수정
1.결산서상 당기순이익	2.익금산입	3.손금산입	4.기부금합계	5.소득금액계(1+2-3+4)	
270,000,000	35,000,000	10,000,000	30,000,000	325,000,000	

2. [2.기부금 조정] 탭
- 2024년 발생한 이월결손금은 중소기업의 경우 100% 공제가 가능, "2.이월결손금 합계액" 15,000,000원 입력
- 당해연도 지출 기부금과 이월된 기부금이 동시에 있는 경우 이월기부금 먼저 손금에 산입
- "5.기부금 이월액 명세" 2024년 2.법인세법 제24조 제2항 제1호에 따른 일반기부금을 선택
- "21.한도초과 손금불산입액"에 3,000,000원 입력, 해당금액을 "24.해당연도손금추인액"에 입력한다.
- "15.손금산입액" 자동반영

이패스 전산세무 1급

PART 08

최신기출문제

Chapter 01   119회 최신기출문제
Chapter 02   118회 최신기출문제
Chapter 03   117회 최신기출문제
Chapter 04   116회 최신기출문제
Chapter 05   115회 최신기출문제
Chapter 06   114회 최신기출문제

01 119회 최신기출문제

이론시험

다음 문제를 보고 알맞은 것을 골라 **이론문제 답안작성** 메뉴에 입력하시오. (객관식 문항당 2점)

───〈 기 본 전 제 〉───
문제에서 한국채택국제회계기준을 적용하도록 하는 전제조건이 없는 경우, 일반기업회계기준을 적용한다.

01 다음 중 자본에 대한 설명으로 틀린 것은?
① 자본은 기업의 자산에서 모든 부채를 차감한 후의 잔여지분을 말한다.
② 주식을 이익으로 소각하는 경우에는 소각하는 주식의 취득원가에 해당하는 이익잉여금을 증가시킨다.
③ 자기주식 처분 시 처분금액이 장부금액보다 크면 자본잉여금으로 회계처리한다.
④ 현금으로 배당결의를 하는 경우 배당액은 이익잉여금에서 차감한다.

02 다음은 사채 발행 후 기간 경과에 대한 상각 비교표이다. 이에 대한 내용으로 옳지 않은 것은?

구분	할인발행	할증발행
① 사채의 장부가액	증가	감소
② 이자비용	증가	감소
③ 할인(할증)액 상각	증가	증가
④ 현금 지급이자	증가	감소

03 다음 중 일반기업회계기준에 따른 수익의 인식에 대한 설명으로 옳지 않은 것은?
① 재화의 소유에 따른 위험과 효익을 가지지 않고 타인의 대리인 역할을 수행하여 재화를 판매하는 전자쇼핑몰의 경우에는 판매대금 총액을 수익으로 인식한다.
② 상품권을 판매한 경우 상품권을 회수하고 재화를 인도한 시점에 수익으로 인식한다.
③ 건설형 공사계약은 장단기 구분 없이 진행기준에 따라 수익을 인식한다.
④ 할부판매한 경우 장단기 구분 없이 재화를 인도한 시점에 수익으로 인식한다.

04 다음 중 재고자산의 원가흐름의 가정에 대한 설명으로 가장 틀린 것은?
   ① 개별법은 물량흐름을 직접 추적하여 원가를 대응시키는 방법이며, 수익 비용 대응에 가장 충실한 방법이다.
   ② 후입선출법은 물가 상승 시 재고자산 매입을 조절하여 이익을 조정할 가능성이 있다.
   ③ 선입선출법은 현재의 수익에 과거의 원가가 대응되므로 수익 비용 대응 원칙에 부적절한 방법이다.
   ④ 물가가 하락하면 기말재고액은 선입선출법이 가장 크고 후입선출법이 가장 작으며, 반대로 매출원가는 후입선출법이 가장 크고 선입선출법이 가장 작다.

05 다음은 ㈜아윤의 신축건물 건설과 관련된 자료이다. 당사의 결산일은 12월 31일이다. 2025년도 공사대금평균지출액(공사기간: 2025.4.1.~2025.12.31.)은 500,000,000원이다. 특정차입금은 700,000,000원(연이자율 10%, 차입기간: 2025.4.1.~2025.12.31.)이며 일반차입금은 아래 자료와 같다. 2025년도에 일반차입금의 자본화대상 차입원가는 얼마인가? 단, 이자비용은 월할상각한다.

일반차입금 종류	차입금액	차입기간	연이자율
대한은행	500,000,000원	2025.01.01.~2025.12.31	8%
신라은행	400,000,000원	2025.01.01.~2025.12.31	9%

   ① 0원   ② 27,000,000원
   ③ 30,000,000원   ④ 57,000,000원

06 다음 중 원가에 대한 설명으로 가장 옳지 않은 것은?
   ① 준변동원가는 조업도의 증감에 관계없이 발생하는 고정원가와 조업도의 변화에 따라 일정 비율로 증가하는 변동원가로 구성된 원가이다.
   ② 직접재료원가는 기초원재료재고액과 당기원재료매입액의 합계에서 기말원재료재고액을 차감한 금액을 말한다.
   ③ 제품생산량이 증가하여도 관련 범위 내에서 제품 단위당 고정원가는 감소한다.
   ④ 가공원가는 직접재료원가와 직접노무원가의 합을 의미한다.

07 다음 중 표준원가계산에 대한 설명으로 틀린 것은?

① 표준원가는 미리 설정해 놓은 표준원가를 이용하여 제품원가를 계산하는 제도이므로 종합원가계산에 적용하기 어렵다.
② 직접재료원가 가격차이를 원재료 구입시점과 사용시점 중 어느 시점에서 분리하든 직접재료원가 능률차이에는 영향이 없다.
③ 표준원가는 생산활동이 능률적으로 수행되는 경우에 제품 1단위를 생산하기 위하여 발생할 것으로 예상되는 원가를 말한다.
④ 원가차이에서 유리한 차이란 실제원가가 예산상의 원가보다 적게 발생하여, 실제 성과상의 이익을 증가시키는 차이를 말한다.

08 당사는 결합원가 계산방법을 채택하고 연산품 A와 B를 분리시점에서 순실현가능가치에 의하여 결합원가를 배부한다. 이 경우 연산품 B의 최종판매가치의 증가 시 발생 가능한 영향으로 옳은 것은?

① 연산품 A의 결합원가 배부액이 증가한다.
② 연산품 A의 순실현가능가치가 증가한다.
③ 연산품 B의 결합원가 배부액이 증가한다.
④ 연산품 B의 순실현가능가치가 감소한다.

09 ㈜황소는 예정배부법을 사용하여 제조간접원가를 배부하고 있다. 배부차이를 확인한 결과 과소배부 금액이 200,000원 발생하였다. 해당 배부차이를 총원가비례법에 따라 처리할 경우 조정 후의 기말제품 가액은 얼마인가?

구분	기말재공품	기말제품	매출원가
직접재료원가	250,000원	700,000원	1,400,000원
직접노무원가	400,000원	600,000원	1,600,000원
제조간접원가	350,000원	700,000원	2,000,000원
합계	1,000,000원	2,000,000원	5,000,000원

① 1,950,000원 ② 2,050,000원
③ 2,350,000원 ④ 2,450,000원

10 당사는 종합원가계산을 채택하고 있으며, 2025년 12월 중 생산과 관련된 자료는 다음과 같다. 재료는 공정의 80% 시점에서 전량 투입되고 가공원가는 공정의 진행 정도에 따라 균등하게 발생하며, 기초재공품의 완성도는 30%, 기말재공품의 완성도는 70%일 경우 선입선출법에 따른 직접재료원가의 완성품환산량은 얼마인가?

> • 기초재공품: 5,000개
> • 당기 투입량: 25,000개
> • 기말재공품: 3,500개

① 25,000개 ② 26,500개
③ 30,000개 ④ 33,500개

11 다음 중 부가가치세법상 신고·납부에 대한 설명으로 틀린 것은?
① 면세사업용 재화의 과세전환 매입세액공제는 예정신고 시 적용할 수 있다.
② 부가가치세 예정신고·납부 시 대손세액공제는 적용하지 않는다.
③ 예정고지로 징수하여야 할 금액이 50만원 미만인 경우에는 예정고지세액을 징수하지 않는다.
④ 개인사업자가 일정한 요건을 충족하여 예정신고를 하는 경우에는 예정고지세액의 결정은 없었던 것으로 본다.

12 다음 중 부가가치세법상 수정세금계산서 또는 수정전자세금계산서에 대한 설명으로 틀린 것은?
① 공급시기가 속하는 과세기간 종료 후 25일 이내에 내국신용장이 개설된 경우에는 수정세금계산서의 작성일을 처음 세금계산서 작성일로 적는다.
② 착오로 전자세금계산서를 이중으로 발급한 경우에는 처음에 발급한 세금계산서의 내용대로 음(陰)의 표시를 하여 발급한다.
③ 작성일자 오류 발급의 경우에는 수정세금계산서를 발급할 수 없다.
④ 계약이 해제된 경우 세금계산서의 당초 작성일자가 아닌 계약해제일로 작성하여 수정세금계산서를 발급한다.

13 다음 중 소득세법상 소득의 분류에 대한 설명으로 옳지 않은 것은?
① 근로자가 회사 업무와 관련된 내용의 원고를 회사에 제출하고 받은 원고료는 근로소득으로 분류한다.
② 근로자가 회사 업무와 전혀 관련이 없는 내용의 원고를 일시적이고 우발적으로 회사와 전혀 관련이 없는 곳에 제출하고 받은 원고료는 기타소득으로 분류한다.
③ 공동사업에서 발생한 소득금액 중 출자공동사업자(경영 미참가)가 받는 손익분배비율에 상당하는 금액은 사업소득으로 분류한다.
④ 글 쓰는 것을 주업으로 하는 사람이 프리랜서로 일하고 받는 원고료는 사업소득으로 분류한다.

14 다음은 김미미의 2025년도 소득자료이다. 김미미의 2025년 종합소득금액을 계산하면 얼마인가?

- 음식점을 창업하면서 발생한 사업소득금액: 51,000,000원
- 일시적으로 방송 프로그램에 출연하여 심사하고 받은 보수: 8,000,000원(실제 소요된 필요경비 없음)
- 상장법인에 대한 주식(소액주주 + 장내양도분) 양도소득금액: 3,000,000원
- 주택임대소득금액: 22,000,000원
- 김미미는 2주택자에 해당하며 이외의 소득은 없는 것으로 가정한다.

① 54,200,000원 ② 76,200,000원
③ 79,200,000원 ④ 84,000,000원

15 다음 중 법인세법상 재고자산 및 유가증권의 평가에 대한 설명으로 옳지 않은 것은?

① 법인세법은 재고자산 평가 시 후입선출법은 인정하지 않는다.
② 재고자산 평가 시 자산의 종류별로 구분하여 종류별, 영업장별로 각각 다른 방법으로 평가가 가능하다.
③ 유가증권의 평가 시 개별법, 총평균법 또는 이동평균법 중 관할세무서장에게 신고한 방법으로 하며, 무신고 시에는 총평균법으로 적용한다.
④ 재고자산 평가방법의 임의변경 시에는 무신고 시 평가방법에 따른 가액과 당초 신고방법에 따른 가액 중 큰 금액으로 평가한다.

실무시험

㈜길동상사(회사코드: 1190)는 제조·도소매업을 영위하는 중소기업이며, 당기(제13기) 회계기간은 2025.1.1.~2025.12.31.이다. 전산세무회계 수험용 프로그램을 이용하여 다음 물음에 답하시오.

---< 기 본 전 제 >---

- 문제에서 한국채택국제회계기준을 적용하도록 하는 전제조건이 없는 경우, 일반기업회계기준을 적용하여 회계처리 한다.
- 문제의 풀이와 답안작성은 제시된 문제의 순서대로 진행한다.

입력 시 유의사항

- 일반적인 적요의 입력은 생략하지만, 타계정 대체거래는 적요 번호를 선택하여 입력한다.
- 세금계산서·계산서 수수 거래 및 채권·채무 관련 거래는 별도의 요구가 없는 한 반드시 기등록된 거래처코드를 선택하는 방법으로 거래처명을 입력한다.
- 제조경비는 500번대 계정코드를, 판매비와관리비는 800번대 계정코드를 사용한다.
- 회계처리 시 계정과목은 등록된 계정과목 중 가장 적절한 과목으로 한다.
- 매입매출전표를 입력하는 경우 입력화면 하단의 분개까지 처리하고, 세금계산서 및 계산서는 전자 여부를 입력하여 반영한다.

문제 1 다음 거래에 대하여 적절한 회계처리를 하시오. (12점)

[1] 07월 05일

수년간 거래해 온 크크식당(직전 연도 공급대가가 6천만원인 간이과세자)에서 당사의 제품생산부 소속 직원들이 회식을 하고 식대 330,000원(공급대가)을 법인카드(하나카드)로 결제하였다. (3점)

[2] 08월 03일

당사가 보유중인 매도가능증권 중 ㈜해모수의 주식을 23,000,000원에 매각하고, 대금은 보통예금 계좌로 입금받았다. ㈜해모수 주식의 취득당시 가액은 30,000,000원이며, 해당 주식에 대한 매도가능증권평가손실은 10,000,000원이 있다. (3점)

[3] 08월 10일

2025년 1월 11일에 일본 소니뱅크로부터 차입하였던 외화장기차입금 ¥3,000,000과 이에 따른 이자 ¥100,000 및 조기중도상환수수료 ¥500,000을 8월 10일에 전액 보통예금 계좌에서 상환하였다. 단, 조기중도상환수수료는 영업외비용으로 처리한다. (3점)

- 2025년 1월 11일 환율: 900원/100¥
- 2025년 8월 10일 환율: 950원/100¥

[4] 09월 30일

지난해 거래처 ㈜나비카와 아래와 같은 조건으로 공급가액 60,000,000원의 제품 공급계약을 하였다. 매출대금은 지급 약정일에 보통예금으로 받기로 하였으며, 잔금 지급 시 제품이 인도되었다. 부가가치세법에 따라 적절하게 전자세금계산서를 발급하였다. 잔금일의 매입매출전표 입력 및 회계처리를 하시오. (3점)

구분	계약금	1차 중도금	2차 중도금	잔금
지급 약정일	2023.10.31.	2024.03.31.	2024.11.30.	2025.09.30.
지급액(부가가치세 별도)	10,000,000원	15,000,000원	15,000,000원	20,000,000원

문제 2 다음 주어진 요구사항에 따라 부가가치세신고서 및 부속서류를 작성하시오. (10점)

[1] 다음은 구매확인서에 근거한 ㈜번암에 대한 제품매출 세금계산서 및 구매확인서 내역이다. 매입매출전표입력(서류번호도 입력)에 입력하고, 2025년 제1기 확정신고기간의 [내국신용장, 구매확인서전자발급명세서]를 작성하시오. (4점)

전자세금계산서

승인번호	20250620-98514786-15896521

공급자
- 등록번호: 102-81-29258
- 상호(법인명): ㈜길동상사
- 성명: 김태건
- 사업장주소: 세종시 조치원읍 충현로 193
- 업태: 제조 등
- 종목: 전자제품 외
- 이메일:

공급받는자
- 등록번호: 101-81-24681
- 상호(법인명): ㈜번암
- 성명: 김동민
- 사업장주소: 경기도 안양시 만안구 경수대로 851
- 업태: 제조
- 종목: 전자기기
- 이메일:
- 이메일:

작성일자	공급가액	세액	수정사유	비고
2025.06.20	50,000,000원			
비고				

월	일	품목	규격	수량	단가	공급가액	세액	비고
06	20	TESTBOX				50,000,000원		

합계금액	현금	수표	어음	외상미수금	위 금액을 (청구) 함
50,000,000원			50,000,000원		

외화획득용 원료·기재구매확인서

※ 구매확인서번호: FVU2480256

공급자	상호	㈜길동상사
	주소	세종시 조치원읍 충현로 193
	성명	김태건
	사업자등록번호	102-81-29258
구매자	상호	㈜번암
	주소	경기도 안양시 만안구 경수대로 851
	성명	김동민
	사업자등록번호	101-81-24681

1. 구매원료의 내용

(3)HS부호	(4)품명규격	(5)단위수량	(6)구매일	(7)단가	(8)금액	비고
28597452	USED TESTBOX	1,000	2025.06.20	KRW 50,000	50,000,000원	
TOTAL		1,000			50,000,000원	

2. 세금계산서(외화획득용 원료.기재를 구매한 자가 신청하는 경우에만 기재

(10)세금계산서번호	(11)작성일자	(12)공급가액	(13)세액	(14)품목	(15)규격	(16)수량

(17) 구매원료.기재의 용도명세: 테스트

위의 사항을 대외무역법 제18조에 따라 확인합니다.

확인일자: 2025.06.20.
확인기관: (주)번암
전자서명: ***********
제출자: ㈜길동상사

[2] 다음은 당사 소유의 임대용 부동산과 관련된 임대차계약서이다. 2025년 12월 1일에 기존과 동일한 조건으로 2년간(2025.12.1.~2027.11.30.) 추가 연장하기로 상호 합의하였다. 다음 자료를 보고 2025년 제2기 부가가치세 확정신고 시 [부동산임대공급가액명세서]를 작성하시오. (4점)

부동산 월세 계약서

본 부동산에 대하여 임대인과 임차인 쌍방은 다음과 같이 합의하여 임대차계약을 체결한다.

1. 부동산의 표시

소재지	세종특별자치시 조치원읍 충현로 193, 401호				
건물	구조	철근콘크리트조	용도	사무실	면적	107㎡
임대부분	상동 소재지 전부				

2. 계약내용

제1조 위 부동산의 임대차계약에 있어 임차인은 보증금 및 차임을 아래와 같이 지불하기로 한다.

보증금	일금 삼천만 원정 (30,000,000원)
차 임	일금 일백오십만 원정 (1,500,000원)은 매월 말일에 지불한다. (VAT 별도)

제2조 임대인은 위 부동산을 임대차 목적대로 사용·수익할 수 있는 상태로 하여 2021년 12월 01일까지 임차인에게 인도하며, 임대차 기간은 인도일로부터 2025년 11월 30일까지 48개월로 한다.

··· 중략 ···

(갑) 임대인: ㈜길동상사(102-81-29258) (인)
(을) 임차인: 골드금거래소(803-11-12347) (인)

[3] 다음의 자료를 이용하여 ㈜길동상사의 2025년 제1기 부가가치세 예정신고기간(1월 1일~3월 31일)의 [부가가치세신고서] 및 관련 부속서류를 전자신고 하시오. (2점)

1. 부가가치세신고서와 관련 부속서류는 마감되어 있다.
2. [전자신고] → [국세청 홈택스 전자신고변환(교육용)] 순으로 진행한다.
3. [전자신고]의 [전자신고제작] 탭에서 신고인구분은 2.납세자 자진신고를 선택하고, 비밀번호는 "12341234"로 입력한다.
4. [국세청 홈택스 전자신고변환(교육용)] → 전자파일변환(변환대상파일선택) → 찾아보기 에서 전자신고용 전자파일을 선택한다.
5. 전자신고용 전자파일 저장경로는 로컬디스크(C:)이며, 파일명은 "enc작성연월일.101.v사업자등록번호"이다.
6. 형식검증하기 → 형식검증결과확인 → 내용검증하기 → 내용검증결과확인 → 전자파일제출 을 순서대로 클릭한다.
7. 최종적으로 전자파일 제출하기 를 완료한다.

문제 3 다음의 결산정리사항을 입력하여 결산을 완료하시오. (8점)

[1] 재무부서 직원을 대상으로 확정급여형(DB) 퇴직연금에 가입하였으며 50,000,000원을 운영한 결과 6%(연 이자율)의 이자수익이 발생하였다. 단, 퇴직연금 가입일은 2025년 4월 1일이며 이자수익은 월할 계산 하도록 한다. (2점)

[2] 당사는 2025년 1월 1일에 사채(액면가액 5,000,000원)를 발행하고 매년 결산일(12월 31일)에 이자비용을 보통예금으로 지급하고 있다. 만기 4년, 표시이자율 연 13%, 유효이자율 연 11%이며 발행시점의 발행가액은 5,310,060원이다. 2025년 12월 31일 결산일에 필요한 회계처리를 하시오. 단, 원단위 이하는 절사한다. (2점)

[3] 당해 연도 11월 1일에 기업은행으로부터 연 6%의 이자율로 50,000,000원을 차입하였으며 이자는 1년마다 지급하는 것으로 약정하였다. 단, 이자 계산은 월할 계산하며, 2025년 말 현재 발생이자는 미지급 상태이다. (2점)

[4] 전기 말 무형자산 명세서를 참조하여 당해 결산 시 회계처리를 하시오. (2점)

• 2024년 12월 31일 기준 무형자산 명세서						
NO	취득일자	무형자산 내역	취득가액	장부가액	내용연수	비고
1	2024.07.01.	특허권	200,000,000원	190,000,000원	10년	
2	2024.01.01.	개발비	50,000,000원	40,000,000원	5년	
• 추가사항: 2025년 결산일 현재 개발비에 대한 연구는 실패가 확실할 것으로 판단된다.						

문제 4 원천징수와 관련된 다음의 물음에 답하시오. (10점)

[1] 다음의 자료를 이용하여 [사업소득자등록]을 하고 [사업소득자료입력]을 작성하여 [원천징수이행상황신고서]에 반영하시오. (3점)

1. 소득자료

소득자				차인지급액	소득내용
구분	코드	성명	주민등록번호		
개인	00251	이규성	920301-1233428	1,934,000원	학원강사로서 받은 강의료

2. 상기 소득자는 내국인이며, 거주자에 해당한다.
3. 2025년 5월 귀속분 소득이며, 2025년 5월 31일에 지급되었다.
4. 차인지급액 = 총지급액 − 소득세 원천징수세액 − 지방소득세 원천징수세액
5. 원천징수이행상황신고는 매월 수행한다.
6. 위에 주어진 정보 외의 자료 입력은 생략한다.

[2] 다음은 이자 및 배당소득에 대한 원천징수 자료이다. 다음의 자료를 이용하여 [기타소득자등록] 및 [이자배당소득자료입력] 메뉴에 관련 자료를 입력하시오. (2점)

1. 소득지급내역

구분	소득자			소득금액	소득구분	소득지급일/영수일	과세구분
	코드	상호(성명)	사업자(주민등록)번호				
개인	102	주세용	900103-1234565	15,000,000원	배당소득	2025.3.31.	일반과세(Gross-up)

2. 주세용(거주자, 내국인)은 당사의 주주로 2025년도 이익잉여금 처분(잉여금처분결의일: 2025.3.25.)에 따라 배당금을 현금으로 지급하였다.

[3] 다음은 영업부 김종화 과장(사원번호: 105)의 2024년 말 연말정산 결과와 2025년 2월 급여자료이다. 아래의 자료를 이용하여 ① 2025년 2월 [급여자료입력]과 ② [원천징수이행상황신고서]를 작성 및 마감하고 ③ 국세청 홈택스에서 전자신고를 수행하시오. (5점)

1. 2024년 연말정산 결과

구분	소득세	지방세
결정세액	2,170,248원	217,024원
기납부세액	4,305,490원	430,450원
차감징수세액	(-)2,135,240원	(-)213,420원

- 김종화 과장의 2024년 총급여는 45,000,000원이었다.

2. 2025년 2월 급여명세서(연말정산 반영 전)

이름: 김종화		지급일: 2025년 2월 28일	
기본급	3,150,000원	국민연금	141,750원
직책수당	100,000원	건강보험	132,840원
(비과세) 식대	200,000원	장기요양보험	17,200원
(비과세) 자가운전보조금	200,000원	고용보험	26,000원
(비과세) 보육수당	200,000원	소득세	77,380원
		지방소득세	7,730원
급여 합계	3,850,000원	공제합계	402,900원
		차인지급액	3,447,100원

- 당사는 전년도에 대한 연말정산 반영을 2월 급여대장에 반영하여 처리한다. 반기별 신고 특례대상자가 아니며 정기분 신고에 해당한다.
- 수당 및 공제등록에서 위의 급여명세서에 기재되지 않은 항목은 사용여부를 '부'로 처리한다.
- 환급이 발생할 경우에는 환급신청하지 아니하고 차월로 이월시키는 것으로 한다.

※ 전자신고 관련 유의사항
1. [전자신고] → [국세청 홈택스 전자신고변환(교육용)] 순으로 진행한다.
2. [전자신고] 메뉴의 [원천징수이행상황제작] 탭에서 신고인구분은 2.납세자 자진신고를 선택하고, 비밀번호는 자유롭게 입력한다.

3. [국세청 홈택스 전자신고변환(교육용)] → 전자파일변환(변환대상파일선택) → 찾아보기 에서 전자신고용 전자파일을 선택한다.

4. 전자신고용 전자파일 저장경로는 로컬디스크(C:)이며, 파일명은 "작성연월일.01.t사업자등록번호"다.

5. 형식검증하기 → 형식검증결과확인 → 내용검증하기 → 내용검증결과확인 → 전자파일제출 을 순서대로 클릭한다.

6. 최종적으로 전자파일 제출하기 를 완료한다.

문제 5 ㈜남길상회(회사코드: 1191)는 금속제품 등을 생산하고 제조·도매업을 영위하는 중소기업이며, 당해 사업연도(제15기)는 2025.1.1.~2025.12.31.이다. [법인조정] 메뉴를 이용하여 기장되어 있는 재무회계 장부 자료와 제시된 보충자료에 의하여 해당 사업연도의 세무조정을 하시오. (30점)

※ 회사 선택 시 유의하시오.

┤ 작성대상서식 ├

1. 기업업무추진비조정명세서
2. 미상각자산감가상각조정명세서, 감가상각비조정명세서합계표
3. 업무무관부동산등에관련한차입금이자조정명세서
4. 소득금액조정합계표및명세서
5. 기부금조정명세서

[1] 다음의 자료에 근거하여 당사의 기업업무추진비에 대한 [기업업무추진비조정명세서]를 작성하고 [소득금액조정합계표및명세서]를 작성하시오. 단, 기업업무추진비는 판매비및일반관리비에만 계상되어 있으며 제조원가에는 없다. (6점)

※ 기업업무추진비 증빙내역

구분	건당 3만원 초과	건당 3만원 이하	합계
적격증빙서류 수취분	70,000,000원	5,000,000원	75,000,000원
일반영수증 수취분	1,500,000원	1,500,000원	3,000,000원
합계	71,500,000원	6,500,000원	78,000,000원

(1) 손익계산서상 기업업무추진비 지출 총액은 78,000,000원이며, 건당 3만원 초과 적격증빙서류 수취분 중에는 대표이사 사적 사용 기업업무추진비 2,500,000원이 포함되어 있다.

(2) 상기 적격증빙 수취 기업업무추진비에는 문화기업업무추진비 1,000,000원과 전통시장 기업업무추진비 5,000,000원이 포함되어 있다.

(3) 매출과 관련하여 손익계산서에 계상된 매출액은 11,500,000,000원이며, 해당 매출액에는 특수관계인에 해당하는 관계회사 매출 1,500,000,000원이 포함되어 있다.

[2] 다음 자료를 이용하여 [고정자산등록] 메뉴에 고정자산을 등록하고 [미상각자산감가상각조정명세서] 및 [감가상각비조정명세서합계표] 메뉴를 작성 후 필요한 세무조정을 하시오. (7점)

〈자료 1〉

자산코드	자산명	구분	취득일	취득가액
1	호이스트	기계장치 (업종코드:13)	2024.06.01. (기준내용연수:5년)	260,000,000원
2	레이저 절단기	공구와기구 (업종코드:13)	2024.12.01. (기준내용연수:5년)	27,500,000원

〈자료 2〉
- 회사는 감가상각방법과 내용연수를 세무서에 신고한 적이 없다.
- 수선비 계정에는 기계장치에 대한 자본적 지출액 4,500,000원과 수익적 지출액 5,000,000원이 모두 포함되어 있다.
- 자본금과적립금조정명세서(을)에 기초잔액은 없다.

[3] 아래의 자료만을 이용하여 [업무무관부동산등에관련한차입금이자조정명세서(갑),(을)]을 작성하고 관련 세무조정을 하시오. 단, 주어진 자료 외의 자료는 무시할 것. (6점)

1. 차입금에 대한 이자지급 내역

이자율	지급이자	차입금	비고
7%	2,100,000원	30,000,000원	채권자 불분명 사채이자(원천징수세액은 없음)
9%	7,200,000원	80,000,000원	
6%	18,000,000원	300,000,000원	

2. 대표이사(서형태)에 대한 업무무관 가지급금 증감 내역

일자	차변	대변	잔액
전기이월	80,000,000원		80,000,000원
2025.04.30.	40,000,000원		120,000,000원
2025.09.30.		50,000,000원	70,000,000원

3. 대표이사(서형태)에 대한 가수금 증감 내역

일자	차변	대변	잔액
2025.06.30.		30,000,000원	30,000,000원

4. 회사는 2025년 7월 1일 업무와 관련 없는 건물을 70,000,000원에 취득하였다.

5. 기타사항
   - 대표이사 서형태의 가지급금과 가수금은 기간 및 이자율에 대한 별도의 약정은 없다.
   - 자기자본 적수 계산은 무시하고 [가지급금등의인정이자조정명세서] 작성은 생략한다.
   - 연 일수는 365일이다.

[4] 다음의 자료를 참고하여 [소득금액조정합계표및명세서]에 세무조정 하시오. (4점)

구분	내용
재무상태표 내역	• 2025.05.05에 주주로부터 자기주식을 증여받았다. 이에 대한 회계처리는 기업회계기준에 따라 수행하였다. • 증여일 현재 상속세및증여세법에 따른 비상장주식의 평가액은 20,000,000원이다.
손익계산서 내역	• 업무용 차량에 대해 자동차세를 납부하였으나 과오납에 해당하여 자동차세 환급금 300,000원과 환급금에 대한 이자 12,000원을 돌려받았다. 회사는 312,000원을 잡이익으로 계상하였다. • 특수관계법인에게 업무와 관련 없이 지급한 대여금 5,000,000원이 특수관계법인의 파산으로 인해 회수가 불가능한 것으로 확정되었다. 회사는 5,000,000원을 대손상각비로 계상하였다. • 법인세비용은 7,500,200원이며, 법인지방소득세 521,000원이 포함되어 있다.

[5] 다음의 자료만을 이용하여 [기부금조정명세서]를 작성하고 필요한 세무조정을 하시오. (7점)

1. 당기(2025년) 결산서상 당기순이익은 65,000,000원이다.
2. 손익계산서에 계상된 기부금 내역은 아래와 같다.
   (1) 2025년 01월 02일: 2,000,000원(사립학교 부설 병원: 연구비 및 교육비)
   (2) 2025년 04월 05일: 700,000원(꿈꽃 어린이집 기부금)
   (3) 2025년 11월 14일: 2,000,000원(법인이 후원하고 있는 정당(지구당)에 지급하는 기부금)
   (4) 2025년 12월 25일: 1,500,000원(울산시청: 천재지변 구호금품)
3. 기부금 지출 외에 [소득금액조정합계표및명세서]상 계상된 내역은 아래와 같다.
   (1) 익금산입: 14,000,000원
   (2) 손금산입: 9,000,000원
4. 전기에 발생한 특례기부금 한도초과액은 6,000,000원이다.
5. 해당 회사는 중소기업이며, 2022년에 발생한 세법상 미공제 이월결손금은 60,000,000원이다.

02 118회 최신기출문제

이론시험

다음 문제를 보고 알맞은 것을 골라 이론문제 답안작성 메뉴에 입력하시오. (객관식 문항당 2점)

───〈 기 본 전 제 〉───
문제에서 한국채택국제회계기준을 적용하도록 하는 전제조건이 없는 경우, 일반기업회계기준을 적용한다.

01 다음 중 유가증권에 대한 설명으로 옳지 않은 것은?
① 유가증권은 취득 후 단기매매증권, 만기보유증권, 지분법 적용 투자주식 및 매도가능증권으로 분류된다.
② 단기매매증권은 최초 인식 시 공정가치로 측정하며, 취득 관련원가(증권거래소의 수수료 등)는 단기매매증권의 원가로 인식한다.
③ 단기매매증권은 보고기간 종료일 현재 보유하고 있으면 이를 공정가치(시가)로 평가하며 변동분은 평가손익(영업외손익)으로 처리한다.
④ 보고기간 종료일로부터 1년 이내에 만기가 도래하는 만기보유증권은 유동자산으로 분류한다.

02 다음의 자료를 이용하여 재무상태표상 재고자산으로 표시될 장부가액을 계산하면 얼마인가?

구분	장부상 수량	실제 수량	단위당 장부가액	단위당 순실현가능가치
상품	800개	700개	2,500원/개	3,000원/개
제품	2,100개	2,100개	5,000원/개	4,000원/개
재공품	1,000개	1,000개	800원/개	1,000원/개

① 10,950,000원　　② 11,200,000원
③ 11,500,000원　　④ 13,050,000원

03 신규로 취득한 기계장치에 대해 정률법을 사용하여 감가상각비를 계상하는 것이 ㈜전산의 정책이다. 신규 취득한 연도에 회계담당자의 실수로 정률법이 아닌 정액법을 사용하여 감가상각비 회계처리를 하였다면, 해당 회계처리가 기말 재무제표에 미치는 영향으로 옳은 것은? 단, 내용연수는 5년이고 잔존가치는 없으며, 정률법 상각률은 40%라고 가정한다.

	기계장치 장부가액	감가상각비	당기순이익
①	과소계상	과대계상	과소계상
②	과소계상	과소계상	과대계상
③	과대계상	과대계상	과소계상
④	과대계상	과소계상	과대계상

04 다음 중 일반기업회계기준상 충당부채의 측정에 대한 설명으로 옳지 않은 것은?
① 현재의무를 이행하기 위하여 소요되는 금액에 대한 최선의 추정치는 보고기간 말에 의무를 직접 이행하거나 이해관계가 없는 제3자에게 이전시키는 경우에 지급해야 하는 금액으로서 세전 금액이다.
② 화폐의 시간가치 효과가 중요한 경우 충당부채는 의무를 이행하기 위하여 예상되는 지출액의 현재가치로 평가한다.
③ 충당부채를 발생시킨 사건과 밀접하게 관련된 자산의 처분이익이 예상되는 경우 당해 처분이익은 충당부채 금액을 측정하는 데 고려해야 한다.
④ 충당부채에 대한 최선의 추정치를 구할 때에는 관련된 사건과 상황에 대한 불가피한 위험과 불확실성을 고려한다.

05 ㈜ABC전자는 2025년 7월 1일 소프트웨어를 1,000,000원, 해당 소프트웨어의 업데이트 수수료를 120,000원(유지보수기간: 2025년 7월 1일~2027년 6월 30일)에 판매하였다. 소프트웨어와 관련하여 2025년 수익으로 인식할 금액은 얼마인가? 단, 업데이트 수수료는 월할계산한다.
① 1,000,000원
② 1,030,000원
③ 1,060,000원
④ 1,120,000원

06 ㈜세무는 선입선출법에 의한 종합원가계산을 적용하고 있다고 가정할 때, 다음의 자료를 이용하여 기초재공품의 완성도를 계산하면 얼마인가? 단, 가공원가는 전 공정에 걸쳐 균등하게 발생하며 당기에 발생한 가공원가는 300,000원, 가공원가의 완성품 단위당 원가는 30원이다.

구분	수량	완성도
기초재공품	1,500개	?
당기착수완성품	7,250개	
기말재공품	2,500개	80%

① 40%
② 50%
③ 60%
④ 70%

07 다음 중 정상개별원가계산에 대한 설명으로 가장 옳지 않은 것은?

① 정상개별원가계산 하에서는 기말이 되어야 제조간접원가 배부율을 확인할 수 있으므로 기중에 작업이 완료되는 경우 제품원가를 추정할 수 없다.
② 제조간접원가 배부율을 결정하기 위해서 기초에 제조간접원가 예산과 배부기준수를 추정하여야 한다.
③ 예정배부율을 이용하여 제조간접원가를 배부하므로 실제 발생액과 예정 배부액 간에 차이가 발생하게 된다.
④ 직접재료원가와 직접노무원가는 실제개별원가계산과 같이 실제 발생액을 개별작업에 직접 추적하여 집계한다.

08 다음 중 원가에 대한 설명으로 옳은 것은?

① 기회비용은 자원을 현재 용도 이외의 다른 용도로 사용했을 경우 얻을 수 있는 최대금액을 의미하는 것으로 의사결정과 관계없는 비관련원가에 해당한다.
② 가공원가는 직접재료원가, 직접노무원가, 제조간접원가의 합으로 이루어진다.
③ 매몰원가는 과거의 의사결정으로 인해 이미 발생한 원가로서 의사결정에 영향을 미치는 관련원가이다.
④ 변동원가는 조업도가 증가함에 따라 총원가는 증가하지만 단위당 원가는 일정하다.

09 다음 중 표준원가계산에 대한 설명으로 가장 옳지 않은 것은?

① 표준원가는 과학적이고 객관적으로 간단하게 설정할 수 있다.
② 표준원가는 제품의 수량만 파악되면 원가 흐름의 가정 없이도 제품원가의 계산이 쉽다.
③ 표준원가와 실제원가의 차이를 분석하여 예외에 의한 관리가 가능하다.
④ 표준원가를 이용하면 실제원가를 집계하기 전에 제품의 원가를 계산할 수 있으므로 신속한 원가정보 제공이 가능하다.

10 다음의 자료를 이용하여 당기총제조원가를 계산하면 얼마인가?

구분	금액
직접재료원가	300,000원
직접노무원가	?
제조간접원가	직접재료원가의 120%
가공원가	직접노무원가의 300%

① 720,000원 ② 800,000원
③ 840,000원 ④ 900,000원

11 다음 중 의제매입세액공제에 대한 설명으로 옳지 않은 것은?
① 의제매입세액공제는 예정신고기간에도 적용된다.
② 음식점업(과세유흥장소 외)을 영위하는 법인사업자의 공제율은 8/108이다.
③ 음식점업(과세유흥장소 외)을 영위하는 개인사업자 중 과세표준 2억원 이하인 자의 공제율은 9/109이다.
④ 수입한 면세농산물은 의제매입세액공제 대상이다.

12 다음 중 간이과세자에 대한 설명으로 옳지 않은 것은?
① 직전 연도의 공급대가의 합계액이 1억 4백만원에 미달하는 개인사업자는 간이과세자에 해당 될 수 있다.
② 직전 과세기간에 신규로 사업을 시작한 개인사업자의 경우 그 사업개시일부터 과세기간 종료일까지의 공급대가를 합한 금액을 12개월로 환산한 금액 기준으로 간이과세자를 판단한다.
③ 간이과세자의 해당 과세기간에 대한 공급대가의 합계액이 8,000만원 미만이면 납부의무를 면제한다.
④ 일반과세자가 간이과세자로 변경되면 매입세액공제 받은 재고품 등에 대하여 계산한 금액을 납부세액에 더하여야 한다.

13 다음 중 소득세법에 대한 설명으로 옳은 것은?
① 신규로 사업을 등록한 거주자의 과세기간은 사업개시일부터 12월 31일까지이다.
② 거주자의 소득세 납세지는 주소지로 한다. 다만, 주소지가 없는 경우에는 거소지로 한다.
③ 거주자가 주소를 국외로 이전하여 비거주자가 되는 경우도 과세기간은 1월 1일부터 12월 31일까지이다.
④ 거주자가 사망한 경우 1월 1일부터 사망일까지의 과세기간에 대한 종합소득세 확정신고를 다음 해 5월 말까지 해야 한다.

14 다음 중 조세특례제한법상 최저한세에 대한 설명으로 옳지 않은 것은?
① 감면 후 세액이 최저한세에 미달하지 않는 경우 조세특례가 배제되지 않는다.
② 최저한세 적용으로 감면받지 못한 세액감면은 10년간 이월하여 감면받을 수 있다.
③ 중소기업의 연구·인력개발비 세액공제는 최저한세 적용 대상이 아니다.
④ 최저한세로 인하여 조세특례가 배제될 경우, 자진신고 시 납세의무자가 조세특례 배제 대상을 선택할 수 있다.

15 다음 중 법인세법상 세무조정 및 소득처분으로 옳지 않은 것은?

① 채권자 불분명 사채이자의 원천징수세액: 손금불산입(기타사외유출)

② 임원의 사적 사용 카드비용: 손금불산입(상여)

③ 세금과공과로 회계처리한 업무용 토지 취득세: 손금불산입(기타사외유출)

④ 특례기부금 한도 초과액: 손금불산입(기타사외유출)

실 무 시 험

㈜정진산업(회사코드: 1180)은 제조·도소매업을 영위하는 중소기업이며, 당기(제16기) 회계기간은 2025.1.1. ~2025.12.31.이다. 전산세무회계 수험용 프로그램을 이용하여 다음 물음에 답하시오.

― 〈 기 본 전 제 〉 ―

- 문제에서 한국채택국제회계기준을 적용하도록 하는 전제조건이 없는 경우, 일반기업회계기준을 적용하여 회계처리 한다.
- 문제의 풀이와 답안작성은 제시된 문제의 순서대로 진행한다.

입력 시 유의사항

- 일반적인 적요의 입력은 생략하지만, 타계정 대체거래는 적요 번호를 선택하여 입력한다.
- 세금계산서·계산서 수수 거래 및 채권·채무 관련 거래는 별도의 요구가 없는 한 반드시 기등록된 거래처코드를 선택하는 방법으로 거래처명을 입력한다.
- 제조경비는 500번대 계정코드를, 판매비와관리비는 800번대 계정코드를 사용한다.
- 회계처리 시 계정과목은 등록된 계정과목 중 가장 적절한 과목으로 한다.
- 매입매출전표를 입력하는 경우 입력화면 하단의 분개까지 처리하고, 세금계산서 및 계산서는 전자 여부를 입력하여 반영한다.

문제 1 다음 거래에 대하여 적절한 회계처리를 하시오. (12점)

[1] 03월 15일

당사는 확정급여형(DB형) 퇴직연금제도를 운용하고 있다. 마케팅 부서의 직원인 김세무의 퇴사로 퇴직금이 5,000,000원 발생했다. 보통예금 계좌에서 800,000원을 이체하고 나머지 금액은 퇴직연금운용계좌에서 지급하였다. 단, 당사에 퇴직급여충당부채로 설정된 잔액은 없고, 퇴직소득 원천징수는 생략하기로 한다. (3점)

[2] 04월 30일

당사는 4월 영업부 사무실 청소비에 대하여 아래의 전자세금계산서를 발급받았다. 1년간 청소비를 연초에 일시금으로 지급한 후 선급비용으로 회계처리 하였다. 단, 건물관리비 계정과목을 사용하며, 1월~3월 청소비 전자세금계산서는 무시하기로 한다. (3점)

전자세금계산서					승인번호	20250430-12345678-18748697		
공급자	등록번호	123-86-00103	종사업장 번호		공급받는자	등록번호	865-85-11124	종사업장 번호	
	상호 (법인명)	㈜바른청소	성명	김사랑		상호 (법인명)	㈜정진산업	성명	이정진
	사업장 주소	서울특별시 구로구 구로동 999				사업장 주소	서울특별시 동작구 국사봉길 13		
	업태	서비스	종목	청소		업태	제조, 도소매	종목	전자부품 제조
	이메일					이메일			
						이메일			

작성일자	공급가액	세액	수정사유
2025.04.30.	200,000	20,000	해당없음

비고								
월	일	품목	규격	수량	단가	공급가액	세액	비고
04	30	사무실 청소				200,000	20,000	

합계금액	현금	수표	어음	외상미수금	위 금액을 (영수) 함
220,000	220,000				

[3] 05월 23일

만기 3년, 액면금액 10,000,000원인 사채를 9,600,000원으로 ㈜영웅전자에 할인발행하여 보통예금 계좌에 입금되었고, 사채발행비 300,000원이 발생하여 현금으로 지급하였다(단, 사채에 대한 거래처코드를 입력할 것). (3점)

[4] 06월 10일

제조부서의 직원회식을 하고 옛골식당(세금계산서 발급 대상 간이과세자)에서 법인카드로 결제하였고 아래와 같이 신용카드매출전표를 수취하였다. (3점)

```
┌─────────────────────────────────────────────┐
│            신용카드매출전표                    │
│  가맹점명      :  옛골식당                     │
│  사업자번호    :  605-11-32531                │
│  대표자명      :  김하나                       │
│  주소         :  서울시 동작구 국사봉길 201     │
│                                              │
│  롯데카드      :  신용승인                     │
│  거래일시      :  2025-06-10  18:08:54        │
│  카드번호      :  1234-1111-****-5559         │
│  유효기간      :  12/24                       │
│  가맹점번호    :  123412341                   │
│  매입사       :  롯데카드(전자서명전표)         │
│                                              │
│        상품명            금액                  │
│                       2,200,000원             │
│      공급가액    :    2,000,000원             │
│      부가세액    :      200,000원             │
│      합계       :    2,200,000원              │
└─────────────────────────────────────────────┘
```

문제 2 다음 주어진 요구사항에 따라 부가가치세신고서 및 부속서류를 작성하시오. (10점)

[1] 다음의 자료를 바탕으로 2025년 제2기 부가가치세 예정신고기간(2025.07.01.~2025.09.30.)의 [수출실적명세서](거래처명 생략) 및 [영세율매출명세서]를 작성하시오. 단, 매입매출전표 입력은 생략한다. (4점)

1. 2025년 기준환율

일자	7월 20일	7월 26일	7월 30일	8월 30일
환율	1,350원/$	1,380원/$	1,400원/$	1,450원/$

2. 매출 내역

   (1) 수출실적내용

수출신고번호	선적일자	대금결제일	통화	금액
33852-22-458225X	2025년 7월 20일	2025년 7월 30일	USD	$100,000
85220-28-129820X	2025년 7월 26일	2025년 7월 30일	USD	$2,000

   (2) 기타영세율(국내에서 외국법인에게 공급한 재화로 영세율적용 대상)

서류명	발급자	발급일자	공급일자	통화	금액
외화입금증명서	한국은행	2025년 8월 30일	2025년 7월 30일	USD	$300,000

[2] 2025년 제2기 부가가치세 확정신고(신고기한 및 신고일: 2026년 1월 26일)에 대한 수정신고(1차)를 2026년 2월 14일에 하고자 한다. 수정신고와 관련하여 누락된 자료는 아래와 같으며, 일반과소신고로서 미납일수는 19일로 가정하고 계산하시오. 아래 자료를 이용하되 매입매출전표입력은 생략하고 제2기 확정신고기간의 [부가가치세신고서(과세표준명세 포함)]와 [과세표준수정신고서및추가자진납부]를 작성하시오(수정신고사유: 매입매출누락). (6점)

> ※ 누락 내역
> - 10월 15일 A거래처 외상 제품매출(공급가액 4,000,000원, 세액 400,000원, 전자세금계산서 발급함)
> - 11월 10일 B거래처에 신한카드로 결제받고 제품매출(공급대가 2,200,000원)
> - 12월 13일 개별소비세 과세대상인 5인승 업무용 승용차를 구입
>   (공급가액 25,000,000원, 세액 2,500,000원, 전자세금계산서 발급받음)

문제 3 다음의 결산정리사항을 입력하여 결산을 완료하시오. (8점)

[1] 다음 자료를 이용하여 로건은행으로부터 차입한 외화장기차입금 $40,000에 대한 결산일의 회계처리를 하시오. (2점)

> - 전기말 외화장기차입금 원화 환산액은 50,000,000원이다.
> - 당기말 환율은 1,200원/$이다.

[2] 당사의 인사부 직원이 사용하는 사무실의 1년치(2025.3.1.~2026.2.28.) 임차료로 3월 1일에 12,000,000원을 전액 지급하고 선급비용으로 회계처리 하였다. 당기분 임차료를 월할계산하여 결산일의 회계처리를 하시오. (2점)

[3] 다음 자료를 이용하여 결산일의 회계처리를 하시오. 단, 이자는 월할계산한다. (2점)

과목	거래처	발생일자	만기일자	금액	연이자율	비고
정기예금	신한금융	2025.11.01.	2027.10.31.	150,000,000원	3.5%	만기시 일시수령
단기차입금	국민은행	2025.09.01.	2026.02.28.	60,000,000원	4.5%	

※ 단기차입금의 이자지급일은 2025년 11월 30일과 2026년 2월 28일이다.

[4] 당기 말 재무상태표상 개발비 미상각 잔액 900,000원이 있다. 개발비 상각에 대한 내용연수는 5년이며, 2023년 1월 1일부터 상각을 시작했다. (2점)

문제 4 원천징수와 관련된 다음의 물음에 답하시오. (10점)

[1] 다음은 중소기업의 생산직 사원 김소라(사원코드: 107, 총급여: 30,000,000원, 당사에 2025.05.01. 입사한 여성근로자)에 대한 자료이다. 아래의 자료를 입력하여 [사원등록] 메뉴의 [기본사항] 탭, [부양가족명세] 탭, [추가사항] 탭을 작성하시오(단, 기본공제대상자가 아닌 경우에도 부양가족명세에 입력하며, 세부담 최소화를 가정한다). (4점)

관계	성명	주민등록번호	비고(참고사항)
본인	김소라	930701-2117527	• 세대주 • 생산직 근로자(직전연도 총급여: 2,800만원) • 2024년 11월 1일에 중소기업에 입사한 자로서 중소기업취업자감면(2024.11.01.~2029.10.31. 감면율 90%)을 적용받고 있음.
배우자	이선율	901025-1667524	근로소득자(총급여액: 7,000,000원)
자녀	이소율	230122-4901325	소득없음.
자녀	이지율	211010-4906326	소득없음.

[2] 다음은 2025년 10월분 사업소득 지급내역이다. 아래의 자료를 이용하여 ① [사업소득자등록] 및 사업소득자료입력]을 작성하고, ② [원천징수이행상황신고서]를 작성 및 마감하여 ③ 국세청 홈택스에 전자신고를 수행하시오(단, 당사는 반기별 신고 특례 대상자가 아니며 정기분 신고에 해당한다). (6점)

〈소득자료〉

코드	성명	주민등록번호	귀속(지급)일	세전 지급액	비고
101	이정이	951101-2984135	2025.10.30.	5,250,000원	자문
102	남주혁	000428-3548719	2025.10.30.	3,875,000원	1인 미디어콘텐츠 창작자

• 위의 소득자료에 대해서만 작성하고 다른 소득자는 없는 것으로 가정한다.
• 위의 소득자는 모두 내국인 및 거주자에 해당하고 주민등록번호는 옳은 것으로 가정한다.

〈전자신고 관련 유의사항〉

1. [전자신고]→[국세청 홈택스 전자신고변환(교육용)] 순으로 진행한다.
2. [전자신고]에서 전자파일 제작 시 신고인 구분은 2.납세자 자진신고로 선택하고, 비밀번호는 "12345678"로 입력한다.
3. [국세청 홈택스 전자신고변환(교육용)]에서 전자파일변환(변환대상파일선택) 〉 찾아보기
4. 전자신고용 전자파일 저장경로는 로컬디스크(C:)이며, 파일명은 "작성연월일.01.t8658511124"이다.
5. 형식검증하기 ➡ 형식검증결과확인 ➡ 내용검증하기 ➡ 내용검증결과확인 ➡ 전자파일제출 을 순서대로 클릭한다.
6. 최종적으로 전자파일 제출하기 를 완료한다.

문제 5 ㈜호두전자(회사코드: 1181)은 자동차부품 등을 생산하고 제조·도매업 및 도급공사업을 영위하는 중소기업이며, 당해 사업연도(제17기)는 2025.1.1.~2025.12.31.이다. [법인조정] 메뉴를 이용하여 기장되어 있는 재무회계 장부 자료와 제시된 보충자료에 의하여 해당 사업연도의 세무조정을 하시오. (30점)

※ 회사 선택 시 유의하시오.

작성대상서식

1. 기업업무추진비조정명세서
2. 대손충당금및대손금조정명세서
3. 가산세액계산서
4. 자본금과적립금조정명세서(갑, 을)
5. 주식등변동상황명세서

---

[1] 다음의 자료를 이용하여 [기업업무추진비조정명세서]를 작성하고 필요한 세무조정을 하시오(단, 세무조정은 각 건별로 입력할 것). (6점)

1. 손익계산서상 매출액
   - 제품 매출액: 2,173,980,000원(특수관계인에 대한 매출액 254,000,000원 포함된 금액)
   - 상품 매출액: 965,820,000원
2. 기업업무추진비 관련 지출액

계정	건당 금액	법인카드 사용액	개인카드 사용액	합계
기업업무추진비(제)	3만원 초과분	32,706,000원	324,000원	33,030,000원
	3만원 이하분	288,000원	27,000원	315,000원
	합계	32,994,000원	351,000원	33,345,000원
기업업무추진비(판)	3만원 초과분	10,040,000원	105,000원	10,145,000원
	3만원 이하분	480,000원	25,000원	505,000원
	합계	10,520,000원	130,000원	10,650,000원

   - 기업업무추진비(제조원가, 3만원 초과분, 개인카드 사용액)에는 경조사비 324,000원(1건)이 포함되어 있다.

3. 손익계산서상의 판매비와 관리비에서 광고선전비는 거래처에 당사 제품을 증정한 것으로 해당 제품의 원가는 5,000,000원이며 시가는 8,000,000원이다. 현물기업업무추진비에 대해 당사의 담당자는 아래와 같이 회계처리 하였다.

   (차) 광고선전비(판)   5,800,000원   (대) 제품   5,000,000원
                                              부가세예수금   800,000원

[2] 다음 자료를 이용하여 [대손충당금및대손금조정명세서]를 작성하고 필요한 세무조정을 하시오. 단, 대손실적률은 1.5%인 것으로 가정하고, 세부담 최소화가 되도록 세무조정하시오. (6점)

1. 당해연도 대손충당금 변동내역

내역	금액	비고
전기이월 대손충당금	18,000,000원	전기대손충당금한도초과액: 8,000,000원
회수불가능 외상매출금 상계 대손충당금	3,000,000원	7월 15일 상계 처리하였으며, 이는 상법에 따른 소멸시효가 완성된 채권이다.
당기 설정 대손충당금	5,500,000원	
기말 대손충당금 잔액	20,500,000원	

2. 채권 잔액으로 당기말 외상매출금 잔액은 500,000,000원 당기말 미수금 잔액은 35,000,000원이다.
3. 전기 이전에 대손처리한 외상매출금에 대한 대손 요건 미충족으로 인한 유보금액 잔액이 전기 자본금과적립금조정명세서(을)에 5,000,000원이 남아있으며, 이는 아직 대손 요건을 충족하지 않는다.

[3] 다음의 자료를 이용하여 [가산세액계산서]를 작성하시오(단, 주어진 자료 외에는 모두 없는 것으로 가정한다). (6점)

(1) 복리후생비: 11,500,000원(전부 건당 3만원을 초과하고, 간이영수증을 수취하였다.)
(2) 회계담당자의 실수로 2025년 8월분의 사업소득 간이지급명세서(총지급액 20,000,000원)를 2025년 12월에 제출하였다.
(3) 업무용승용차관련비용명세서를 제출하지 아니하였다. 업무용승용차관련비용 등으로 손금에 산입한 금액은 12,000,000원이다.

[4] 다음의 자료만을 이용하여 [자본금과적립금조정명세서(갑),(을)]를 작성하시오(단, 불러오는 자료는 무시할 것). (6점)

1. 전기(2024년) 자본금과적립금조정명세서(을)

과목 또는 사항	기초가액	당기중증감(원)		기말잔액
		감소	증가	
건물감가상각비 한도초과	3,000,000원		3,500,000원	6,500,000원
차량운반구 감가상각비 한도초과	1,500,000원		2,000,000원	3,500,000원
선급비용	2,000,000원	2,000,000원	1,500,000원	1,500,000원
단기매매증권 평가이익			△2,000,000원	△2,000,000원
합계	6,500,000원	2,000,000원	5,000,000원	9,500,000원

2. 당기(2025년) 소득금액조정합계표및명세서

〈익금산입 및 손금불산입〉		
과목	금액	조정이유
법인세비용	7,200,000원	손익계산서에 계상된 법인세비용
건물감가상각비 한도초과	3,500,000원	당기 감가상각한도초과액
전기 단기매매증권 평가이익	1,000,000원	단기매매증권 일부 처분

〈익금불산입 및 손금산입〉		
과목	금액	조정이유
차량운반구감가상각비 한도초과	3,500,000원	전기 감가상각비 한도초과차량 매각함
선급비용	1,500,000원	전기 선급비용계상액 중 당기비용 해당액

3. 자본금과적립금조정명세서(갑) 자료

과목 또는 사항	기초잔액	기말잔액	비고
자본금	200,000,000원	300,000,000원	증가로만 반영할 것
이익잉여금	154,000,000원	255,000,000원	

※ 법인세과세표준 및 세액신고서의 법인세 총부담세액이 손익계산서에 계상된 법인세비용보다 1,070,000원, 지방소득세는 107,000원 각각 더 많이 산출되었다(전기분은 고려하지 않음).

[5] 다음의 자료만을 이용하여 [주식등변동상황명세서]의 [주식 등 변동상황명세서] 탭과 [주식(출자지분)양도명세서] 탭을 작성하시오. 단, ㈜호두전자는 비상장 중소기업으로 무액면주식은 발행하지 않으며, 발행주식은 모두 보통주이고, 액면가액은 주당 3,000원으로 변동이 없다. 또한 당기 중 주식 수의 변동 원인은 양수도 이외에는 없다고 가정한다. (6점)

1. 2024년 말(제16기) 주주명부

성명	주민등록번호	지배주주관계	보유 주식 수	취득일자
김바로	630512-1125471	본인	95,000주	2018.01.01.
변우석	971031-1135644	없음(기타)	5,000주	2018.08.25.
합계			100,000주	

2. 2025년 말(제17기) 주주명부

성명	주민등록번호	지배주주관계	보유 주식 수	주식 수 변동일
김바로	630512-1125471	본인	70,000주	
변우석	971031-1135644	없음(기타)	15,000주	2024.05.31.
임솔	950531-2156471	없음(기타)	15,000주	2024.05.31.
합계			100,000주	

3. 참고사항
   - 김바로는 2025년 5월 31일 변우석에게 10,000주, 임솔에게 15,000주를 양도하였다.
   - ㈜호두전자의 주주는 위 3명 외에는 없는 것으로 하고, 각 주주의 주민등록번호는 올바른 것으로 가정하며 2024년 말 주주명부 내역은 전년도 불러오기 메뉴를 활용한다.
   - 위의 주어진 자료 외에는 입력하지 않는다.

03 117회 최신기출문제

이론시험

다음 문제를 보고 알맞은 것을 골라 **이론문제 답안작성** 메뉴에 입력하시오. (객관식 문항당 2점)

> **〈 기 본 전 제 〉**
> 문제에서 한국채택국제회계기준을 적용하도록 하는 전제조건이 없는 경우, 일반기업회계기준을 적용한다.

01 다음 중 재무제표 작성과 표시의 일반원칙에 대한 설명으로 옳지 않은 것은?
① 경영진은 재무제표를 작성할 때 계속기업으로서의 존속가능성을 평가해야 한다.
② 재무제표가 일반기업회계기준에 따라 작성된 경우에 그 사실을 주석으로 기재하여야 한다.
③ 재무제표의 항목은 구분하여 표시하여야 하기 때문에 중요하지 않은 항목은 성격이나 기능이 유사한 항목으로 통합하여 표시할 수 없다.
④ 재무제표는 전기 재무제표의 모든 계량정보를 당기와 비교하는 형식으로 표시한다.

02 다음 중 금융자산에 대한 설명으로 옳지 않은 것은?
① 금융자산은 금융상품의 계약당사자가 되는 때에만 재무상태표에 인식하는 것이 원칙이다.
② 양도자가 금융자산에 대한 모든 통제권을 상실하였다면 매각거래로 본다.
③ 단기매매증권은 최초 인식 시 공정가치로 측정하고, 후속 측정 시에는 상각후원가로 측정한다.
④ 금융자산의 이전이 담보거래에 해당하는 경우에는 해당 금융자산을 담보제공자산으로 별도 표시하여야 한다.

03 창고에 보관 중이던 재고자산 중 화재로 인해 1,800,000원을 제외한 금액이 파손되었다. 다음 자료를 이용하여 화재로 인한 재고자산 피해액을 계산하면 얼마인가?

- 기초 재고자산: 23,000,000원
- 당기 매입액: 56,000,000원
- 당기 매출액: 78,000,000원
- 당기 매출총이익률: 10%

① 7,000,000원　② 7,020,000원
③ 8,000,000원　④ 8,800,000원

04 다음 중 일반기업회계기준상 외화자산 및 외화부채에 대한 설명으로 옳지 않은 것은?
  ① 역사적 원가로 측정하는 비화폐성 외화 항목은 거래일의 환율로 환산한다.
  ② 비화폐성 항목에서 발생한 손익을 기타포괄손익으로 인식하는 경우 그 손익에 포함된 환율변동 효과는 당기손익으로 인식한다.
  ③ 공정가치로 측정하는 비화폐성 외화 항목은 공정가치가 결정된 날의 환율로 환산한다.
  ④ 화폐성 항목의 외환차손익은 손익계산서의 영업외손익으로 처리한다.

05 다음 중 퇴직급여에 대한 설명으로 가장 옳지 않은 것은?
  ① 확정급여형 퇴직급여 제도에서 퇴직연금 운용자산이 퇴직급여 충당부채를 초과하는 경우에는 그 초과액을 투자자산으로 표시한다.
  ② 확정급여형 퇴직급여 제도에서는 운용수익이 발생하는 경우에 이자수익으로 표시한다.
  ③ 확정기여형 퇴직급여 제도에서는 회사가 납부하여야 할 부담금을 퇴직급여(비용)로 인식한다.
  ④ 확정기여형 퇴직급여 제도에서는 운용에 관한 내용은 모두 회사가 결정하고 책임진다.

06 다음 중 원가에 대한 설명으로 옳지 않은 것은?
  ① 매몰원가: 자원을 다른 대체적인 용도로 사용할 경우 얻을 수 있는 최대금액
  ② 회피불가능원가: 의사결정과 무관하게 발생하여 회피할 수 없는 원가
  ③ 제품원가: 판매를 목적으로 제조하는 과정에서 발생한 원가
  ④ 관련원가: 여러 대안 사이에 차이가 있는 미래원가로서 의사결정에 직접적으로 관련되는 원가

07 매출원가율이 매출액의 75%일 때, 다음 자료를 이용하여 기초재공품 가액을 계산하면 얼마인가?

  - 당기매출액: 20,000,000원
  - 기말재공품: 2,200,000원
  - 직접노무원가: 4,500,000원
  - 기초제품: 3,000,000원
  - 기초재공품: ?
  - 직접재료원가: 3,200,000원
  - 제조간접원가: 4,000,000원
  - 기말제품: 2,800,000원

  ① 5,300,000원 ② 11,700,000원
  ③ 14,800,000원 ④ 17,000,000원

08 다음 중 표준원가계산에 대한 설명으로 옳지 않은 것은?

① 표준원가를 기초로 한 예산과 실제원가를 기초로 한 실제 성과와의 차이를 비교하여 성과평가에 이용할 수 있다.
② 원가흐름의 가정이 필요 없어 제품원가계산 및 회계처리가 신속하다.
③ 조업도 차이는 변동제조간접원가 차이분석 시 확인할 수 있다.
④ 외부보고용 재무제표를 작성할 때에는 표준원가를 실제원가로 수정하여야 한다.

09 ㈜세무는 직접노무시간을 기준으로 제조간접원가를 배부하고 있다. 해당 연도 초 제조간접원가 예상액은 3,000,000원이고 예상 직접노무시간은 10,000시간이다. 실제 직접노무시간이 11,500시간일 경우 당기의 제조간접원가는 250,000원 과대배부라고 한다. 당기 말 현재 실제 제조간접원가 발생액은 얼마인가?

① 3,000,000원   ② 3,200,000원
③ 3,250,000원   ④ 3,700,000원

10 다음 중 공손에 대한 설명으로 옳지 않은 것은?

① 정상공손은 제조원가(완성품원가 또는 기말재공품원가)에 포함된다.
② 비정상공손품은 발생 된 기간에 영업외비용으로 처리한다.
③ 공손품수량을 산정할 때는 원가 흐름의 가정과 상관없이 선입선출법에 의해 계산한다.
④ 정상공손은 능률적인 생산조건 하에서는 회피와 통제가 가능하다.

11 다음 중 지급일이 속하는 달의 다음 달 말일까지 간이지급명세서를 제출하여야 하는 소득으로 옳지 않은 것은?

① 고용관계 없이 일시적으로 다수인에게 강연을 한 강연자에게 지급한 강연료
② 원천징수 대상 사업소득
③ 계약의 위약이나 해약으로 인하여 지급한 위약금과 배상금
④ 라디오를 통하여 일시적으로 해설·계몽을 하고 지급한 보수

12 다음 중 법인세법상 소득처분 시 반드시 기타사외유출로 처분해야 하는 경우가 아닌 것은?

① 임대보증금 등의 간주익금
② 기업업무추진비 한도초과액의 손금불산입
③ 업무관련성 있는 벌금 및 과태료
④ 건설자금이자

13 다음 중 소득세법상 주택임대소득에 대한 설명으로 옳지 않은 것은?

① 3주택 이상 소유자로서 보증금 합계액이 1억원 이상인 경우 간주임대료 수입금액이 발생한다.
② 총수입금액이 2천만원 이하인 주택임대소득은 분리과세와 종합과세를 선택할 수 있다.
③ 임대주택이 등록요건을 모두 충족하였다면 분리과세 적용 시 필요경비는 총수입금액의 60%를 적용한다.
④ 주택 수는 본인과 배우자의 주택을 합하여 계산한다.

14 다음 중 부가가치세법상 세금계산서에 대한 설명으로 틀린 것은?

① 매입자가 거래사실을 관할세무서장의 확인을 받아 세금계산서를 발급하고 매입세액공제를 받으려면 재화 또는 용역의 공급시기가 속하는 과세기간의 종료일로부터 1년 이내에 신청해야 한다.
② 예정부과기간(1월 1일~6월 30일)에 세금계산서를 발급한 간이과세자는 7월 25일까지 예정부과기간의 과세표준과 납부세액을 사업장 관할세무서장에게 신고하여야 한다.
③ 대가 수령 전에 세금계산서를 발급하더라도 동일 과세기간 내에 공급시기가 도래한다면 적법한 세금계산서로 인정된다.
④ 모든 간이과세자는 부가가치세의 납세의무 중 일부만 부담하므로 세금계산서 발급도 허용되지 않는다.

15 다음 중 부가가치세법상 매입세액공제가 가능한 거래는 무엇인가?

① 직원들의 교육을 위한 도서 구입대금
② 출퇴근 시 사용하는 법인명의 2,500cc 5인승 승용차에 대한 유류비
③ 기존 건물을 철거하고 토지만을 사용할 목적으로 건물이 있는 토지를 취득한 경우 철거한 건물의 취득 및 철거비용
④ 직원 명의의 신용카드로 구입한 경리부서의 사무용품비

실무시험

㈜한둘상사(회사코드:1170)는 제조·도소매업을 영위하는 중소기업이며, 당기(제13기) 회계기간은 2025.1.1.~2025.12.31.이다. 전산세무회계 수험용 프로그램을 이용하여 다음 물음에 답하시오.

---⟨ 기 본 전 제 ⟩---

- 문제에서 한국채택국제회계기준을 적용하도록 하는 전제조건이 없는 경우, 일반기업회계기준을 적용하여 회계처리 한다.
- 문제의 풀이와 답안작성은 제시된 문제의 순서대로 진행한다.

입력 시 유의사항

- 일반적인 적요의 입력은 생략하지만, 타계정 대체거래는 적요 번호를 선택하여 입력한다.
- 세금계산서·계산서 수수 거래 및 채권·채무 관련 거래는 별도의 요구가 없는 한 반드시 기등록된 거래처코드를 선택하는 방법으로 거래처명을 입력한다.
- 제조경비는 500번대 계정코드를, 판매비와관리비는 800번대 계정코드를 사용한다.
- 회계처리 시 계정과목은 등록된 계정과목 중 가장 적절한 과목으로 한다.
- 매입매출전표를 입력하는 경우 입력화면 하단의 분개까지 처리하고, 세금계산서 및 계산서는 전자 여부를 입력하여 반영한다.

문제 1 다음 거래에 대하여 적절한 회계처리를 하시오. (12점)

[1] 03월 10일

㈜세명전기로부터 전기 원재료 매입 시 발생한 외상매입금 전액을 당좌수표를 발행하여 지급하였다(외상매입금을 조회하여 입력할 것). (3점)

[2] 04월 06일

당사는 면세사업에 사용하기 위하여 ㈜상희로부터 에어컨(비품)을 외상으로 구입하고, 설치비용은 330,000원(부가가치세 포함)을 현금으로 지급하였다. 전자세금계산서는 관련 거래 전부에 대해 아래와 같이 일괄 발급받았다. (3점)

전자세금계산서

| 승인번호 | 20250406-25457932-64411851 |

	공급자				공급받는자			
등록번호	123-81-56785	종사업장번호		등록번호	308-81-27431	종사업장번호	
상호(법인명)	㈜상희	성명	강연희	상호(법인명)	㈜한둘상사	성명	정수란
사업장주소	서울특별시 서초구 방배로 123			사업장주소	경상북도 경주시 내남면 포석로 112		
업태	도소매	종목	에어컨 외	업태	제조	종목	전자부품 외
이메일				이메일			
				이메일			

작성일자	공급가액	세액	수정사유	비고
2025.04.06	2,300,000	230,000		

월	일	품목	규격	수량	단가	공급가액	세액	비고
4	6	에어컨				2,000,000	200,000	
4	6	설치비용				300,000	30,000	

합계금액	현금	수표	어음	외상미수금	
2,530,000	330,000			2,200,000	위 금액을 (청구) 함

[3] 05월 30일

리스자산(기계장치)의 운용리스계약이 만료되어 리스자산(기계장치)을 인수하고 아래의 전자계산서를 발급받았다. 인수대금은 17,000,000원이고 리스보증금(계정과목: 기타보증금) 20,000,000원에서 충당하기로 하였으며 잔액은 보통예금 계좌로 입금되었다. (3점)

전자세금계산서

| 승인번호 | 20250530-15454645-58811886 |

	공급자				공급받는자			
등록번호	111-85-98761	종사업장번호		등록번호	308-81-27431	종사업장번호	
상호(법인명)	㈜라임파이낸셜	성명	김라임	상호(법인명)	㈜한둘상사	성명	정수란
사업장주소	서울특별시 관악구 신림동			사업장주소	경상북도 경주시 내남면 포석로 112		
업태	금융업	종목	리스	업태	제조	종목	전자부품 외
이메일				이메일			
				이메일			

작성일자	공급가액	수정사유	비고
2025.05.30.	17,000,000	해당 없음	

월	일	품목	규격	수량	단가	공급가액	비고
5	30	기계장치		1	17,000,000	17,000,000	

합계금액	현금	수표	어음	외상미수금	
					위 금액을 ( ) 함

[4] 08월 20일

당사가 지분을 소유한 ㈜세무사랑이 중간배당을 하기로 이사회 결의를 하고, 배당금 12,000,000원을 결의한 날에 보통예금 계좌로 입금받았다(원천세는 고려하지 않음). (3점)

문제 2 다음 주어진 요구사항에 따라 부가가치세신고서 및 부속서류를 작성하시오. (10점)

[1] 다음의 자료만을 이용하여 2025년 제2기 확정신고기간(2025.10.01.~2025.12.31.)에 대한 [재활용폐자원세액공제신고서]를 작성하시오. (4점)

거래일자	공급자	거래 구분	품명	건수	매입가액
2025.10.10.	김정민(830715-1234563)	영수증	폐유	1	20,000,000원
2025.11.10.	이수진(840918-2034561)	영수증	폐유	1	30,000,000원
2025.10.15.	전진유통(156-61-00207)	세금계산서	트럭(고정자산)	1	80,000,000원(부가세 별도)
2025.12.15.	꼬꼬치킨(301-33-12348)	세금계산서	폐유	1	60,000,000원(부가세 별도)

- 위에서 제시된 자료 이외에는 무시하기로 한다.
- 재활용폐자원세액공제를 받기 위한 공급자 요건은 모두 충족한다.
- 2025년 제2기 확정신고기간에 대한 매출공급가액은 135,000,000원이다. (제2기 예정신고기간의 관련 매출액 및 매입액은 없다고 가정한다.)

[2] 다음 자료를 이용하여 2025년 제2기 부가가치세 예정신고기간(2025.07.01.~2025.09.30.)의 [신용카드매출전표등수령명세서]를 작성하시오. (4점)

거래일자	거래처명(사업자등록번호)	공급가액	거래목적	과세유형	비고
7월 20일	아트문구(120-11-12349)	550,000원	사무용품 구입	일반과세자	현금영수증
8월 10일	㈜현대자동차(621-81-96414)	300,000원	업무용승합차 엔진오일교환(주1)	일반과세자	대표이사 개인신용카드(주2)
8월 31일	㈜하나식당(321-81-02753)	220,000원	영업부서 직원 회식비용	간이과세자(세금계산서 발급가능)	법인카드(주3) 결제
9월 10일	㈜아남전자(123-81-23571)	1,100,000원	영업부서 노트북구입	일반과세자	세금계산서 수취분 법인카드(주3) 결제

(주1) 업무용승합차는 11인승으로 개별소비세 과세대상이 아니다.
(주2) 대표이사 개인신용카드(국민카드 1230-4578-9852-1234)이다.
(주3) 법인카드(국민카드 5678-8989-7878-5654)이다.

[3] 2025년 제1기 부가가치세 예정(2025.01.01.~2025.03.31.) 신고서를 작성, 마감하여 전자신고를 수행하시오(단, 저장된 데이터를 불러와 사용할 것). (2점)

> 1. 부가가치세 신고서와 관련 부속서류는 작성되어 있다.
> 2. [전자신고] → [국세청 홈택스 전자신고변환(교육용)] 순으로 진행한다.
> 3. [전자신고] 메뉴의 [전자신고제작] 탭에서 신고인구분은 2.납세자 자진신고를 선택하고, 비밀번호는 "12345678"로 입력한다.
> 4. [국세청 홈택스 전자신고변환(교육용)] → 전자파일변환(변환대상파일선택) → 찾아보기 에서 전자신고용 전자파일을 선택한다.
> 5. 전자신고용 전자파일 저장경로는 로컬디스크(C:)이며, 파일명은 "enc작성연월일.101.v3088127431"이다.
> 6. 형식검증하기 ➡ 형식검증결과확인 ➡ 내용검증하기 ➡ 내용검증결과확인 ➡ 전자파일제출 을 순서대로 클릭한다.
> 7. 최종적으로 전자파일 제출하기 를 완료한다.

문제 3 다음의 결산정리사항을 입력하여 결산을 완료하시오. (8점)

[1] 다음은 단기 투자 목적으로 보유하고 있는 단기매매증권 관련 자료이다. 결산일 현재 필요한 회계처리를 하시오. (2점)

> • 2025년 7월 6일: 주당 10,000원에 주식 100주를 취득함.
> • 2025년 10월 31일: 주당 공정가치 11,000원에 주식 55주를 처분함.
> • 2025년 12월 31일: 주당 공정가치는 12,000원임.

[2] 당사는 1월 1일 제조공장에서 사용할 기계장치를 20,000,000원에 취득하였는데 취득 시 국고보조금 10,000,000원을 수령하였다. 해당 기계장치는 정액법(내용연수 5년, 잔존가치 없음)으로 월할 상각한다. (2점)

[3] 기말 현재 재고자산내역은 다음과 같다. 아래 자료를 근거로 결산 회계처리를 하시오(단, 제품에는 판매를 위탁하기 위하여 수탁자에게 보낸 후 판매되지 않은 적송품 12,000,000원이 제외되어 있음). (2점)

> • 제품: 13,000,000원   • 재공품: 10,000,000원   • 원재료: 7,000,000원

[4] 다음의 주어진 자료만을 참고하여 법인세비용에 대한 회계처리를 하시오. (2점)

> 1. 과세표준은 355,400,000원이고 세액감면과 세액공제는 없다.
> 2. 법인세율
>   - 과세표준 2억원 이하: 9%
>   - 과세표준 2억원 초과 200억 이하: 19%
>   - 법인지방소득세는 법인세 산출세액의 10%로 한다.
> 3. 8월 31일 법인세 중간예납 시 당사는 아래와 같이 회계처리하였다.
>   (차) 선납세금   26,537,000원   (대) 보통예금   26,537,000원

문제 4 원천징수와 관련된 다음의 물음에 답하시오. (10점)

[1] 다음의 자료를 이용하여 '인적용역' 사업소득에 해당하는 경우, [사업소득자등록] 및 [사업소득자료입력] 메뉴를 작성하시오. 단, 귀속월은 2025년 10월이며 지급연월일은 2025년 11월 5일이다. (4점)

코드	성명	거주 구분	주민등록번호 (외국인등록번호)	지급내역	차인지급액(주)
201	김태민	거주/내국인	840219-1879526	영어 강사 강의료 (학원 소속 강사)	3,384,500원
202	소준섭	거주/외국인(일본)	900719-5879869	일본어 강사 강의료 (학원 소속 강사)	4,061,400원
203	박지원	거주/외국인(중국)	910808-6789558	강연료 (일시·우발적 소득임)	2,900,160원

(주)차인지급액은 소득세 및 개인지방소득세 공제 후 금액이며 정상 입금 처리되었다.

[2] 다음은 영업부 상용직 근로자 김해리 과장(사번: 101, 퇴사일: 2025.08.31.)의 중도퇴사(개인사정에 따른 자발적 퇴직임)와 관련된 자료이다. 주어진 자료를 이용하여 김해리 과장의 8월 귀속 [급여자료입력], [퇴직소득자료입력]을 작성하시오. (4점)

> 1. 김해리 과장의 8월 급여 및 공제항목
>   - 기본급: 3,400,000원
>   - 상여: 800,000원
>   - 자가운전보조금 [비과세]: 200,000원
>   - 출산.보육수당(육아수당) [비과세]: 200,000원
>   - 국민연금: 153,000원
>   - 건강보험: 128,930원
>   - 장기요양보험: 16,690원
>   - 고용보험: 33,600원
> 2. 기타사항
>   - 당사의 급여 지급일은 다음 달 15일이며 퇴직한 달의 소득세 등은 정산 후의 금액을 반영하기로 한다.
>   - 김해리 과장은 4세의 자녀를 양육하고 있으나, 부양가족공제는 본인만 적용한다. 또한, 부녀자공제 대상이 아니며 주어진 자료만으로 퇴직정산을 한다.

- 수당공제등록 입력 시, 미사용 수당에 대해서는 사용 여부를 '부'로 입력하고 미반영된 수당은 새로 입력한다.
- 자가운전보조금과 출산.보육수당(육아수당)은 비과세 요건에 해당한다.

3. 퇴직금
   - 퇴직금 지급액은 13,000,000원이며 퇴직금 지급일은 2025년 9월 15일로, 10,000,000원은 퇴직연금계좌로 지급하였고 나머지는 현금 지급하였다(단, 퇴직소득의 귀속시기는 8월로 한다).

연금계좌 취급자	사업자등록번호	계좌번호	입금일
미래투자증권	208-81-06731	291-132-716377	2025.09.15.

[3] 다음 자료를 이용하여 [원천징수이행상황신고서]를 작성 및 마감하고, 국세청 홈택스에서 전자신고를 수행하시오(단, 제시된 자료 이외에는 없는 것으로 가정한다). (2점)

〈소득자료〉
(1) 6월 귀속 퇴직소득(6월 말 지급): 퇴직자 2인에게 5,300,000원 지급(소득세 82,000원)
(2) 6월 귀속 사업소득(6월 말 지급): 학원강사 1인에게 강사료 8,000,000원 지급(소득세 240,000원)
(3) 전월미환급세액: 10,000원

〈유의사항〉
1. [전자신고] → [국세청 홈택스 전자신고변환(교육용)] 순으로 진행한다.
2. 4[전자신고] 메뉴의 [전자신고제작] 탭에서 신고인구분은 2.납세자 자진신고를 선택하고, 비밀번호는 자유롭게 입력한다.
3. [국세청 홈택스 전자신고변환(교육용)] → 전자파일변환(변환대상파일선택) → 찾아보기 에서 전자신고용 전자파일을 선택한다.
4. 전자신고용 전자파일 저장경로는 로컬디스크(C:)이며, 파일명은 "작성연월일.01.t사업자등록번호"다.
5. 형식검증하기 ➡ 형식검증결과확인 ➡ 내용검증하기 ➡ 내용검증결과확인 ➡ 전자파일제출 을 순서대로 클릭한다.
6. 최종적으로 전자파일 제출하기 를 완료한다.

문제 5 ㈜사랑상회(회사코드: 1171)는 전자제품 등을 생산하고 제조·도매업 및 도급공사업을 영위하는 중소기업이며, 당해 사업연도(제14기)는 2025.1.1.~2025.12.31.이다. [법인조정] 메뉴를 이용하여 기장되어 있는 재무회계 장부 자료와 제시된 보충자료에 의하여 해당 사업연도의 세무조정을 하시오. (30점)

※ 회사 선택 시 유의하시오.

---- 작성대상서식 ----

1. 재고자산(유가증권)평가조정명세서
2. 선급비용명세서
3. 미상각자산감가상각조정명세서, 감가상각비조정명세서합계표
4. 기부금조정명세서
5. 법인세과세표준및세액조정계산서, 최저한세조정계산서

[1] 다음 자료에 따라 [재고자산(유가증권)평가조정명세서]를 작성하고 재고자산별로 각각 세무조정을 하시오. (6점)

재고자산	수량	신고방법	평가방법	장부상 평가액(단가)	총평균법(단가)	후입선출법(단가)	선입선출법(단가)
제품 A	20,000개	선입선출법	총평균법	3,000원/개	3,000원/개	2,500원/개	2,200원/개
재공품 B	20,000개	총평균법	총평균법	1,500원/개	1,500원/개	1,800원/개	1,300원/개
원재료 C	25,000개	총평균법	후입선출법	2,300원/개	1,000원/개	2,300원/개	1,100원/개

① 회사는 사업 개시 후 2017년 1월 5일에 '재고자산 등 평가방법신고(변경신고)서'를 즉시 관할세무서장에게 제출하였다(제품, 재공품, 원재료 모두 총평균법으로 신고하였다).
② 2025년 9월 15일 제품 A의 평가방법을 선입선출법으로 변경 신고하였다.
③ 2025년 10월 25일 원재료 C의 평가방법을 후입선출법으로 변경 신고하였다.
※ 임의변경 시에는 재고자산평가조정명세서상에 당초 신고일을 입력하기로 한다.

[2] 다음 자료는 당기 보험료 내역이다. [선급비용명세서]를 작성하고, 보험료와 선급비용에 대하여 세무조정 하시오(단, 기존에 입력된 데이터는 무시하고 제시된 자료만을 이용하여 계산하며, 세무조정은 각 건별로 할 것). (6점)

1. 당기 보험료 지출 내역

거래내용	지급액	거래처	보험기간	비고
공장화재보험	1,374,000원	KC화재	2025.02.16.~2026.02.16.	장부상 선급비용 110,000원을 계상함
자동차보험	798,420원	DG손해보험	2025.05.27.~2026.05.27.	운반 트럭에 대한 것으로 전액 보험료(제) 처리함
보증서보험	78,040원	서울보증보험	2025.10.11.~2028.10.10.	제조업과 관련 있으며 장부상 선급비용 미계상함

2. 자본금과적립금조정명세서(을)의 기초잔액은 324,165원으로 당기 기초금액이다. 해당 금액은 자동차보험과 관련된 것으로, 보험기간은 2024.12.26.~2025.05.26.이다.

[3] 불러온 데이터는 무시하고 다음의 자료만을 이용하여 기계장치를 [고정자산등록] 메뉴에 등록하여 [미상각자산감가상각조정명세서] 및 [감가상각비조정명세서합계표]를 작성하고 필요한 세무조정을 하시오. (6점)

1. 고정자산
  - 당사는 인건비 절감 및 시스템 자동화 구축을 위하여 기계장치(주1)(자산코드: 201, 자산명: 과자 분류기)를 2024년 11월 11일에 취득하였으며 2024년 12월 1일부터 해당 기계장치를 사용개시 하였다.
  - ※ (주1) 취득가액은 300,000,000원이다.

2. 전기(2024년) 말 현재 자본금과적립금조정명세서

① 과목	② 기초잔액	당기중증감		⑤ 기말잔액
		③ 감소	④ 증가	
기계장치 감가상각비 한도초과액			11,275,000원	11,275,000원

3. 감가상각대상자산

자산코드	계정과목	품목	취득일자	취득가액	전기(2024년) 말 감가상각누계액	당기(2025년) 감가상각비 계상액	경비구분
201	기계장치	과자 분류기	2024.11.11.	300,000,000원	22,550,000원	135,300,000원	제조

- 기계장치에 대한 지출액(자본적 지출의 성격) 14,735,000원(부가가치세 별도)을 당기(2025년) 비용처리 하였다.
- 기계장치의 내용연수는 5년을 적용하고, 감가상각방법은 신고하지 않은 것으로 가정한다.
- 기말 재고자산은 없는 것으로 가정한다.

[4] 다음 자료를 이용하여 [기부금조정명세서]를 작성하고 필요한 세무조정을 하시오. (6점)

1. 당기 기부금 내역은 다음과 같다. 적요 및 기부처 입력은 무시하고, 당기 기부금이 아닌 경우 기부금 명세서에 입력하지 않는다.

일자	금액	지급 내역
1월 12일	8,000,000원	국립대학병원에 연구비로 지출한 기부금
5월 9일	500,000원	향우회 회비(대표이사가 속한 지역 향우회기부금)
9월 20일	1,000,000원	태풍으로 인한 이재민 구호금품
12월 5일	3,000,000원	S 종교단체 어음 기부금(만기일: 2026.01.10.)

2. 기부금 한도 계산과 관련된 자료는 다음과 같다.
   - 2024년도에 발생한 세무상 이월결손금 잔액 20,000,000원이 있다.
   - 기부금 관련 세무조정을 반영하기 전의 [법인세과세표준및세액조정계산서]상 차가감소득금액 내역은 아래와 같다(단, 당사는 중소기업이며, 불러온 자료는 무시하고 아래의 자료만을 이용할 것).

구분		금액
결산서상 당기순이익		250,000,000원
소득조정금액	익금산입	30,000,000원
	손금산입	18,000,000원
차가감소득금액		262,000,000원

[5] 불러온 자료는 무시하고 다음의 주어진 자료만을 이용하여 [법인세과세표준및세액조정계산서] 및 [최저한세조정계산서]를 작성하시오(단, 당사는 세법상 중소기업에 해당한다). (6점)

1. 손익계산서의 일부분이다.
   (1) 법인세차감전순이익: 770,000,000원
   (2) 법인세등: 170,000,000원
   (3) 당기순이익: 600,000,000원

2. 소득금액조정합계표는 다음과 같다.

익금산입 및 손금불산입			손금산입 및 익금불산입		
법인세등	170,000,000원	기타사외유출	업무용승용차 감가상각비	5,000,000원	△유보
대손충당금 한도초과액	63,000,000원	유보			
벌과금등	3,000,000원	기타사외유출			
업무용승용차 업무미사용분	7,000,000원	상여			
합계	243,000,000원		합계	5,000,000원	

3. 기부금과 관련된 내역은 다음과 같이 가정하기로 한다.
   (1) 기부금 한도초과액: 20,000,000원
   (2) 기부금 한도초과 이월액 손금산입액: 8,000,000원

4. 납부할 세액 및 차감납부세액 계산 시 고려사항
   (1) 통합고용증대세액공제: 91,500,000원(최저한세 대상)
   (2) 법인세법상 가산세: 850,000원
   (3) 법인세 중간예납세액: 21,000,000원
   (4) 이자소득에 대한 원천납부세액: 3,800,000원
   (5) 최대한 많은 금액을 분납으로 처리하도록 한다.

04 116회 최신기출문제

이론시험

다음 문제를 보고 알맞은 것을 골라 **이론문제 답안작성** 메뉴에 입력하시오. (객관식 문항당 2점)

> 〈 기 본 전 제 〉
> 문제에서 한국채택국제회계기준을 적용하도록 하는 전제조건이 없는 경우, 일반기업회계기준을 적용한다.

01 회계정보의 질적특성인 목적적합성과 신뢰성은 서로 상충될 수 있고, 상충되는 질적특성간의 선택은 재무보고의 목적을 최대한 달성할 수 있는 방향으로 이루어져야 한다. 다음 중 상충되는 질적특성간의 선택의 성격이 나머지와 다른 것은 무엇인가?

① 자산의 평가방법을 원가법이 아닌 시가법으로 선택하는 경우
② 수익인식방법을 진행기준이 아닌 완성기준으로 선택하는 경우
③ 순이익의 인식방법을 현금주의가 아닌 발생주의로 선택하는 경우
④ 정보의 보고시점을 결산기가 아닌 분기나 반기로 하여 재무제표를 작성하는 경우

02 2025년 12월 31일 현재 회사 창고에는 재고가 없으며 다음의 금액이 포함되어 있지 않다. 재무제표상 기말상품 재고액을 구하면 얼마인가?

- 매입한 상품 중 선적지 인도기준에 의해 해상운송 중인 상품 7,000,000원
- 위탁 판매를 위해 수탁자가 보관 중인 상품 4,000,000원
- 시용판매를 위하여 소비자에게 인도한 상품 2,000,000원(매입의사 표시일: 2025년 1월 15일)
- 할부판매계약에 따라 고객에게 인도된 상품 3,000,000원(이 중 대금 미회수 금액은 2,000,000원이다.)

① 11,000,000원 ② 13,000,000원
③ 15,000,000원 ④ 16,000,000원

03 다음 중 유형자산에 대한 설명으로 가장 옳지 않은 것은?

① 무상으로 취득한 자산은 당해 자산의 공정가치에 취득 부대비용을 가산하여 취득원가로 계상한다.
② 토지와 건물을 모두 사용할 목적으로 일괄 구입한 경우 토지와 건물 각각의 공정가치를 기준으로 안분하여 취득원가를 계상한다.
③ 서로 다른 용도의 자산과 교환하여 취득한 유형자산의 취득원가는 교환을 위하여 제공한 자산의 장부가액으로 계상한다.
④ 유형자산 취득과 관련하여 국·공채를 불가피하게 강제 매입할 때 당해 채권의 매입금액과 일반기업 회계기준에 따라 평가한 현재가치와의 차액은 유형자산의 취득원가에 포함한다.

04 다음 중 자본에 대한 설명으로 가장 옳지 않은 것은?

① 자본은 기업활동으로부터의 손실 및 소유자에 대한 배당으로 인한 주주지분 감소액을 차감한 내용을 포함하고 있다.
② 이익잉여금(결손금) 처분(처리)으로 상각되지 않은 주식할인발행차금은 향후 발생하는 주식발행초과금과 우선적으로 상계한다.
③ 기업이 현물을 제공받고 주식을 발행한 경우에는 제공받은 현물의 공정가치를 주식의 발행금액으로 하는 것이 원칙이다.
④ 지분상품을 발행하거나 취득하는 과정에서 발생하는 자본거래 비용과 중도에 포기한 자본거래 비용은 주식발행초과금에서 차감하거나 주식할인발행차금에 가산한다.

05 다음 중 회계변경과 오류수정에 대한 설명으로 가장 옳지 않은 것은?

① 회계정책의 변경은 원칙적으로 소급하여 적용하고, 변경에 따른 누적효과를 합리적으로 결정하기 어려운 경우에는 전진적으로 처리한다.
② 회계추정의 변경은 전진적으로 처리하여 그 효과를 당기 이후의 기간에만 반영한다.
③ 회계정책의 변경과 회계추정의 변경이 동시에 이루어지는 경우에는 회계정책의 변경에 의한 누적효과를 먼저 계산하여 소급적용한 후, 회계추정의 변경효과를 전진적으로 적용한다.
④ 당기에 발견한 전기의 오류는 당기 손익계산서에 전기오류수정손익으로 반영하는 것이 원칙이다.

06. 다음의 각 내용이 설명하는 원가계산의 용어로 모두 옳은 것은?

> ㉠ 제조원가를 제조공정별로 구분하여 집계하는 원가계산제도로서 정유업, 화학공업 등과 같이 동일한 종류의 제품을 계속적으로 대량생산하는 연속생산형태의 기업에 적용된다.
> ㉡ 제조원가를 개별작업별로 구분하여 집계하는 원가계산제도로서 조선업, 건설업, 항공기산업 등과 같이 고객의 주문에 따라 개별적으로 제품을 생산하는 주문형태의 기업에 적용된다.
> ㉢ 동일한 제조공정으로 가공하면서 발생한 원가를 제품에 어떤 방법으로 배분할 것인가를 결정하고, 그에 따라 결합제품 각각에 대하여 제품원가를 결정하는 원가계산제도로서 낙농업, 정육업, 석유산업 등의 기업에 적용된다.

	㉠	㉡	㉢
①	개별원가계산	종합원가계산	결합원가계산
②	종합원가계산	결합원가계산	개별원가계산
③	개별원가계산	결합원가계산	종합원가계산
④	종합원가계산	개별원가계산	결합원가계산

07. 창고에 보관 중이던 오래된 제품 3,000,000원을 현재 상태로 처분하면 800,000원에 처분할 수 있으나 900,000원을 추가로 투입하여 수리한 후 1,900,000원에 처분할 수 있다고 할 때, 수리 후 처분에 따른 기회비용은 얼마인가?

① 800,000원　　　　　　　　② 900,000원
③ 1,000,000원　　　　　　　 ④ 1,900,000원

08. 제조부문과 보조부문 간의 용역 비율은 다음과 같다. 제조부문 P2에 배분될 보조부문의 원가총액은 얼마인가? (단, 단계배분법을 사용하며 S1 부문부터 배분함)

구분	제조부문		보조부문		발생원가
	P1	P2	S1	S2	
S1	40%	30%	–	30%	1,000,000원
S2	30%	50%	20%	–	1,500,000원

① 1,125,000원　　　　　　　② 1,200,000원
③ 1,425,000원　　　　　　　④ 2,000,000원

09 ㈜세무는 평균법에 의한 종합원가계산을 채택하고 있다. 가공원가는 공정 전반에 걸쳐 균등하게 발생하고 있다. 다음의 자료를 바탕으로 기말재공품 가공원가를 계산하면 얼마인가?

- 기초재공품: 4,000단위(가공원가: 64,000원)
- 당기착수량: 26,000단위(가공원가: 260,000원)
- 기말재공품: 5,000단위(완성도: 40%)

① 20,000원 ② 24,000원
③ 54,000원 ④ 60,000원

10 다음 중 결합원가에 대한 설명으로 옳지 않은 것은?
① 결합원가계산에서 분리점이란 연산품을 개별적으로 식별할 수 있는 시점을 말한다.
② 결합원가를 순실현가치법에 따라 배분할 때 순실현가치란 개별 제품의 최종 판매가격에서 분리점 이후의 추가 가공원가와 판매비와 관리비를 차감한 후의 금액을 말한다.
③ 결합원가를 균등이익률법에 따라 배분할 때 조건이 같다면 추가 가공원가가 높은 제품에 더 많은 결합원가가 배분된다.
④ 부산물을 판매기준법에 따라 회계처리 하는 경우 부산물에는 결합원가를 배분하지 않고 부산물이 판매될 때 판매이익을 잡이익으로 계상한다.

11 다음 중 소득세법상 아래의 소득 구분을 모두 옳게 고른 것은?

구분	판단	소득 구분
원고료	일시, 우발적인 경우	㉠
	프리랜서(자유직업, 작가)의 경우	㉡
	근로자가 업무와 관련하여 회사 사보를 게재한 경우	㉢

	㉠	㉡	㉢
①	사업소득	기타소득	근로소득
②	기타소득	근로소득	사업소득
③	근로소득	사업소득	기타소득
④	기타소득	사업소득	근로소득

12 다음 중 부가가치세법상 사업자등록에 대한 설명으로 가장 옳지 않은 것은?

① 신규로 사업을 개시하고자 하는 자는 사업개시일 전이라도 사업자등록이 가능하다.
② 사업자등록을 신청받은 관할 세무서장은 신청일로부터 2일 이내에 사업자등록증을 발급해야 하며, 사업현황을 확인하기 위해 필요하다고 인정되면 발급 기한을 5일 이내에서 연장할 수 있다.
③ 단독 개인사업자의 대표자를 변경하는 경우에는 지체없이 사업자등록정정신고를 해야 한다.
④ 사업자의 상호를 변경하기 위해 정정하는 경우는 신고일 당일 재발급사유이다.

13 다음 중 법인세법상 부당행위계산을 적용함에 있어 조세의 부담을 부당하게 감소시킨 경우가 아닌 것은? (단, 보기의 거래는 시가와 거래가액의 차이가 3억원 이상 또는 시가의 5% 이상 요건에 모두 해당한다고 가정함)

① 법인이 대표이사의 배우자로부터 자산을 시가보다 높은 가액으로 매입한 경우
② 법인이 주주나 출연자가 아닌 직원에게 사택을 무상으로 제공하는 경우
③ 법인이 대표이사의 자녀에게 무상으로 금전을 대여한 경우
④ 대주주인 임원의 출연금을 법인이 대신 부담하는 경우

14 다음 중 부가가치세법상 과세대상인 재화 또는 용역으로 옳은 것은?

① 반려동물에 대한 질병 예방 목적의 예방접종
② 주차장용 토지의 임대
③ 상가 부수토지의 매매
④ 시내버스 여객운송용역

15 다음 중 부가가치세법상 세금계산서에 대한 설명으로 옳지 않은 것은?

① 2024년의 공급가액(면세공급가액을 포함)이 5천만원 이상인 개인사업자는 2025년 7월 1일 이후부터 전자세금계산서 의무발급 대상자이다.
② 전체 사업장이 아니라 개별 사업장별 직전연도의 공급가액을 기준으로 전자세금계산서 의무발급 사업자를 판단한다.
③ 전자세금계산서 의무발급대상이 된 경우에는 이후 과세기간에 계속하여 전자세금계산서를 발급하여야 한다.
④ 관할 세무서장은 개인사업자가 전자세금계산서 의무발급자에 해당하는 경우에는 전자세금계산서를 발급해야 하는 날이 시작되기 1개월 전까지 그 사실을 해당 개인사업자에게 통지하여야 한다.

실 무 시 험

㈜한솔산업(회사코드:1160)은 제조·도소매업을 영위하는 중소기업이며, 당기(제13기) 회계기간은 2025.1.1.~2025.12.31.이다. 전산세무회계 수험용 프로그램을 이용하여 다음 물음에 답하시오.

〈 기 본 전 제 〉

- 문제에서 한국채택국제회계기준을 적용하도록 하는 전제조건이 없는 경우, 일반기업회계기준을 적용하여 회계처리 한다.
- 문제의 풀이와 답안작성은 제시된 문제의 순서대로 진행한다.

입력 시 유의사항

- 일반적인 적요의 입력은 생략하지만, 타계정 대체거래는 적요 번호를 선택하여 입력한다.
- 세금계산서·계산서 수수 거래 및 채권·채무 관련 거래는 별도의 요구가 없는 한 반드시 기등록된 거래처코드를 선택하는 방법으로 거래명을 입력한다.
- 제조경비는 500번대 계정코드를, 판매비와관리비는 800번대 계정코드를 사용한다.
- 회계처리 시 계정과목은 등록된 계정과목 중 가장 적절한 과목으로 한다.
- 매입매출전표를 입력하는 경우 입력화면 하단의 분개까지 처리하고, 세금계산서 및 계산서는 전자 여부를 입력하여 반영한다.

문제 1 다음 거래에 대하여 적절한 회계처리를 하시오. (12점)

[1] 05월 04일

미국TSL로부터 2024년 12월 5일에 외상으로 매입한 상품 $20,000에 대한 외상매입금 전액을 보통예금 계좌에서 지급하였다. 각각의 기준환율은 다음과 같으며 회사는 전기말 외화자산부채에 대한 평가를 일반기업회계기준에 따라 적절히 수행하였다. (3점)

구분	2024년 12월 5일	2024년 12월 31일	2025년 5월 4일
기준환율	1,400원/$	1,300원/$	1,200원/$

[2] 07월 02일

제품 10,000,000원(부가가치세 별도)을 ㈜유정에 매출하고 아래와 같이 전자세금계산서를 발급한 후 즉시 전액을 삼성카드로 결제받았다(단, 카드사에 대한 수수료는 고려하지 말 것). (3점)

전자세금계산서						승인번호	20250702-15454654-58811886		
공급자	등록번호	120-85-47000	종사업장 번호			공급받는자	등록번호	467-85-17021	종사업장 번호	
	상호 (법인명)	㈜한솔산업	성명	배정우			상호 (법인명)	㈜유정	성명	김유정
	사업장 주소	서울 강남구 밤고개로 337					사업장 주소	경기도 하남시 미사강변중앙로 123		
	업태	제조	종목	자동차부품			업태	도소매	종목	전자상거래
	이메일						이메일			
							이메일			
작성일자		공급가액		세액		수정사유		비고	
2025/07/02		10,000,000		1,000,000					
월	일	품목	규격	수량	단가	공급가액	세액	비고	
7	2	제품				10,000,000	1,000,000		
합계금액		현금		수표		어음	외상미수금	위 금액을 (청구) 함	
11,000,000							11,000,000		

[3] 07월 14일

받을어음(㈜교보상사) 3,000,000원을 진주은행에 할인 매각하여 2,760,000원을 보통예금 계좌로 즉시 입금받았다(단, 매각거래의 요건은 충족함). (3점)

[4] 08월 26일

영업부에서 사용하던 업무용 승용차(취득가액: 12,000,000원)를 중고거래 사이트에서 처분하고 아래와 같이 현금영수증을 발급하였으며 현금을 수취하였다. 해당 차량운반구의 처분시점 감가상각누계액은 7,200,000원이고, 하나의 전표로 처리하기로 한다. 현금영수증 발급 정보를 알려주지 않아 자진발급 처리하였다(단, 거래처는 자진발급(거래처코드: 00149)으로 선택할 것). (3점)

Hometax 국세청홈택스 **현금영수증**

● 거래정보

거래일시	2025.08.26.
승인번호	G13897246
거래구분	승인거래
거래용도	소득공제
발급수단번호	010-****-1234

● 거래금액

공급가액	부가세	봉사료	총 거래금액
5,000,000	500,000	0	5,500,000

● 가맹점 정보

상호	㈜한솔산업
사업자번호	125-85-47000
대표자명	배정우
주소	서울시 강남구 밤고개로 337

● 익일 홈택스에서 현금영수증 발급 여부를 반드시 확인하시기 바랍니다.
● 홈페이지 (http://www.hometax.go.kr)
 - 조회/발급>현금영수증 조회>사용내역(소득공제) 조회
  >매입내역(지출증빙) 조회
● 관련문의는 국세상담센터(☎126-1-1)

문제 2 다음 주어진 요구사항에 따라 부가가치세신고서 및 부속서류를 작성하시오. (10점)

[1] ㈜한솔산업은 2025년 제2기 부가가치세 확정신고를 기한 내에 마쳤으나, 신고기한이 지난 후에 아래의 오류를 발견하여 정정하고자 한다. 주어진 자료를 이용하여 [매입매출전표입력]에서 오류사항을 수정 또는 입력하고 제2기 확정신고기간의 [부가가치세신고서(1차 수정신고)], [과세표준및세액결정(경정)청구서]를 작성하시오. (6점)

> 1. 매입매출전표입력 오류사항
>   (1) 11월 30일: 현금영수증을 ㈜아림에 발급하였으나 이는 외상매출금(9월 30일 세금계산서 발급분)에 대한 회수로서 중복 매출신고로 확인되었다.
>   (2) 9월 30일: 제조부서의 기계 수리비 500,000원(공급가액)을 하나상사에 보통예금으로 지급하였고, 종이세금계산서를 발급받았으나 이를 누락하였다. 해당 누락분은 확정신고 시에 반영하기로 한다.
>   (3) 12월 5일: 영업부서의 운반비 300,000원(공급가액)의 종이세금계산서를 운송나라에서 발급받았으나 이를 누락하였다. 단, 운반비는 보통예금 계좌에서 지급하였다.
>   ※ 단, 오류사항에 대해서 음수로 입력하지 말 것.
> 2. 경정청구사유
>   (1) 사유1: 신용카드, 현금영수증 매출 과다신고(코드: 4102013)
>   (2) 사유2: 예정신고 누락분(코드: 4103003)
>   ※ 단, 국세환급금 계좌는 공란으로 비워두고, 전자신고세액공제는 적용하지 않는다.

[2] 다음의 자료는 2025년 제1기 부가가치세 확정신고기간(2025.4.1.~2025.6.30.) 중 수취한 전자세금계산서 내역이다. 주어진 자료를 이용하여 [공제받지못할매입세액명세서]를 작성하시오. (4점)

작성일자	품목	공급가액	매입세액
04월 02일	• 사업과 관련 없이 구매한 경차 차량	30,000,000원	3,000,000원
04월 10일	• 인테리어 공사 (1) 공사는 2025년 6월 29일에 완료되었다. (2) 대금은 2025년 7월 20일에 지급하였다.	17,000,000원	1,700,000원
05월 05일	• 전자제품(거래처에 선물할 목적으로 구매)	3,500,000원	350,000원
06월 01일	• 기존에 사용 중인 공장용 건물에 대한 철거비용	8,800,000원	880,000원
06월 30일	• 본사 사옥 신축공사비	250,000,000원	25,000,000원

문제 3 다음의 결산정리사항을 입력하여 결산을 완료하시오. (8점)

[1] 당사는 4월 1일에 공장의 1년치 화재보험료(보험기간: 2025.4.1.~2026.3.31.) 6,000,000원을 일시불로 지급하고 선급비용으로 회계처리 하였다(단, 보험료는 월할계산할 것). (2점)

[2] 다음의 자료를 이용하여 결산일의 매도가능증권과 관련된 회계처리를 하시오. (2점)

- 취득일: 2024년 10월 17일
- 주식수: 1,700주
- 1주당 취득가액: 30,000원
- 매도가능증권의 1주당 공정가치
  (1) 2024년 12월 31일: 25,000원
  (2) 2025년 12월 31일: 34,000원
- 매도가능증권(178)과 관련된 회계처리는 일반기업회계기준에 따라 적정하게 처리되었다고 가정한다.

[3] 다음은 2025년 제2기 부가가치세 확정신고와 관련된 자료이다. 주어진 자료를 이용하여 12월 31일 부가가치세 확정신고와 관련된 계정을 정리하는 회계처리를 하시오(단, 입력된 데이터는 무시하고 아래에 주어진 자료만을 이용하여 회계처리할 것). (2점)

(1) 2025년 12월 31일 계정별 잔액
  - 부가세예수금: 40,500,000원
  - 부가세대급금: 36,800,000원
(2) 제2기 부가가치세 예정신고 미환급세액 1,700,000원이 미수금 잔액으로 남아있다.
(3) 부가가치세 전자신고세액공제 10,000원과 가산세 15,000원이 발생하였다.
(4) 납부할 세금은 미지급세금, 가산세는 세금과공과, 전자신고세액공제는 잡이익으로 처리하기로 한다.

[4] 마케팅부 직원에 대한 확정급여형(DB) 퇴직연금을 당해 연도 4월 1일에 가입하였으며 60,000,000원을 운영한 결과 4%(연 이자율)의 이자수익이 발생하였다(단, 이자수익의 계산은 월단위로 계산할 것). (2점)

문제 4 원천징수와 관련된 다음의 물음에 답하시오. (10점)

[1] 다음 자료를 이용하여 [사원등록] 메뉴에서 영업팀 최이현(사원코드: 100, 입사일: 2025년 7월 1일)씨의 [부양가족명세] 탭을 수정하고, [연말정산추가자료입력] 메뉴를 이용하여 연말정산을 완료하시오. 전 근무지 자료는 [소득명세] 탭에 입력하고, 연말정산 관련 자료는 [부양가족], [신용카드 등], [의료비] 탭에 작성하여 [연말정산추가자료입력]을 완료하시오(단, 교육비와 보험료는 [부양가족] 탭에 반영할 것). (7점)

〈자료 1〉 부양가족 현황

관계	성명	주민등록번호	소득내역	비고
본인	최이현	850331-2025889	총급여 3,900만원	세대주/여성/배우자 없음
모	김희숙	531021-2021342	일용근로소득 500만원	
자녀	임희연	151031-4123543	소득없음	초등학생
자녀	임유한	190531-3021474	소득없음	유치원생

• 근로자 본인의 세부담 최소화를 가정한다.
• 위의 가족들은 모두 내국인으로 근로자 본인과 동거하면서 생계를 같이 하고 있으며, 기본공제대상자가 아닌 경우에도 부양가족명세에 등록하고 기본공제는 '부'로 작성한다.
• 제시된 자료 외의 다른 소득은 없다고 가정한다.

〈자료 2〉 전(前) 근무지 자료는 아래와 같으며, 당사에서 합산하여 연말정산을 진행하기로 한다.

- 근무처명: ㈜선재기획(사업자등록번호: 507-81-55567)
- 근무기간: 2025.01.01.~2025.06.30.
- 총급여액: 2,400만원(비과세소득 및 감면소득 없음)
- 국민연금보험료: 1,080,000원
- 장기요양보험료: 110,160원
- 건강보험료: 850,800원
- 고용보험료: 216,000원

구분		소득세	지방소득세
세액명세	결정세액	182,390원	18,230원
	기납부세액	1,175,760원	117,540원
	차감징수세액	△993,370원	△99,310원

〈자료 3〉 연말정산 추가자료(국세청 홈택스 연말정산간소화서비스 자료)

항목	내용
보험료	• 최이현(본인) – 자동차손해보험 200,000원 • 김희숙(모) – 일반보장성보험 500,000원 • 임희연(자녀) – 일반보장성보험 150,000원 • 임유한(자녀) – 일반보장성보험 150,000원
의료비	• 최이현(본인) – 질병치료비 1,600,000원, 한약구입비용(건강증진목적) 1,000,000원 • 김희숙(모) – 질병치료비 7,500,000원(실손의료보험 수령액: 2,300,000원) • 임희연(자녀) – 시력보정용 안경구입비용 800,000원 • 임유한(자녀) – 질병치료비 1,600,000원
교육비	• 김희숙(모) – 방송통신대학교 교육비 2,400,000원 • 임희연(자녀) – 방과후과정 수업료 900,000원, 학원수업료 3,600,000원 • 임유한(자녀) – 「유아교육법」에 의한 유치원 수업료 2,080,000원, 학원수업료 1,200,000원
신용카드 등 사용액	• 최이현(본인) – 신용카드 사용액 35,000,000원(자녀 학원수업료 4,800,000원 포함) • 영수증 사용액 5,000,000원(전통시장 사용분 2,000,000원 포함) • 최이현(본인)의 신용카드 사용액은 위의 의료비 지출액이 모두 포함된 금액이다. • 제시된 내용 외의 전통시장, 대중교통, 도서 등 사용분은 없다.

[2] 다음의 자료를 이용하여 [원천징수이행상황신고서]를 작성 및 마감하고 국세청 홈택스에서 전자신고를 수행하시오. (3점)

〈소득자료〉

귀속월	지급월	소득구분	신고코드	인원	총지급액	소득세	비고
9월	9월	사업소득	A25	1	3,000,000원	90,000원	매월(정기)신고

〈유의사항〉

1. [전자신고] → [국세청 홈택스 전자신고변환(교육용)] 순으로 진행한다.
2. [전자신고] 메뉴의 [원천징수이행상황제작] 탭에서 신고인구분은 2.납세자 자진신고를 선택하고, 비밀번호는 자유롭게 입력한다.
3. [국세청 홈택스 전자신고변환(교육용)] → 전자파일변환(변환대상파일선택) → 찾아보기 에서 전자신고용 전자파일을 선택한다.
4. 전자신고용 전자파일 저장경로는 로컬디스크(C:)이며, 파일명은 "작성연월일.01.t사업자등록번호"다.
5. 형식검증하기 ➡ 형식검증결과확인 ➡ 내용검증하기 ➡ 내용검증결과확인 ➡ 전자파일제출 을 순서대로 클릭한다.
6. 최종적으로 전자파일 제출하기 를 완료한다.

문제 5 상수기업㈜(회사코드: 1161)은 전자부품 등을 생산하고 제조·도매업 및 도급공사업을 영위하는 중소기업이며, 당해 사업연도(제14기)는 2025.1.1.~2025.12.31.이다. [법인조정] 메뉴를 이용하여 기장되어 있는 재무회계 장부 자료와 제시된 보충자료에 의하여 해당 사업연도의 세무조정을 하시오. (30점)

※ 회사 선택 시 유의하시오.

---작성대상서식---

1. 가산세액계산서, 법인세과세표준및세액조정계산서
2. 외화자산등평가차손익조정명세서
3. 가지급금등의인정이자조정명세서
4. 선급비용명세서
5. 자본금과적립금조정명세서

[1] 다음의 자료를 이용하여 [수입금액조정명세서], [조정후수입금액명세서]를 작성하고, 필요한 세무조정을 하시오. (6점)

1. 손익계산서상 수익금액

구분		업종코드	금액	비고
매출액	제품매출	321012	1,357,000,000원	
	공사수입금	451104	787,000,000원	과세와 면세를 합친 금액임

2. 수입금액조정명세서 관련 사항

   (1) 공사수입금 조정사항(작업진행률을 적용함)

   - 공사명: 아름건물공사
   - 도급자: 주식회사 아름
   - 도급금액: 300,000,000원
   - 총 공사예정비: 200,000,000원
   - 해당연도 말 총공사비 누적액: 150,000,000원
   - 당기 회사 공사수입 계상액: 70,000,000원(전기말 누적공사수입 계상액: 150,000,000원)

   (2) 기말 결산 시 제품매출 관련 거래(공급가액 5,500,000원, 원가 3,000,000원)가 누락된 것을 발견하고 부가가치세 수정신고는 적절하게 처리하였지만, 손익계산서에는 반영하지 못하였다.

3. 부가가치세법상 과세표준 내역(수정신고 반영되었음)

구분	금액
과세	1,799,500,000원(유형자산 매각금액 30,000,000원이 포함된 금액임)
면세	380,000,000원

[2] 세금과공과금 계정에 입력된 아래의 자료를 조회하여 [세금과공과금명세서]를 작성하고 관련된 세무조정을 하시오(단, 세무조정 유형과 소득처분이 같은 세무조정일지라도 건별로 각각 세무조정을 하고, 계정과목 코드는 모두 800번대로 할 것). (6점)

일자	적요	금액
01월 20일	업무용 승용차 자동차세(2025년도 발생분)	387,000원
01월 21일	본사 토지 취득세	8,910,000원
03월 16일	법인지방소득세	1,054,000원
09월 05일	주민세 사업소분	55,000원
09월 07일	본사 건물 재산세	3,420,000원
10월 09일	국민연금 회사부담액	789,000원
11월 15일	원천징수 등 납부지연가산세	87,000원
12월 22일	폐기물처리부담금	566,000원
12월 26일	업무용 승용차 자동차세(2024년도 발생분)	420,000원

[3] 다음의 자료를 보고 필요한 세무조정을 [소득금액조정합계표및명세서]에 반영하시오. (6점)

구분	내용
재무상태표 내역	• 7월 7일에 구입한 매도가능증권(취득가액 10,000,000원, 시장성 있음)의 기말 공정가액이 12,000,000원이고 이에 대한 회계처리를 기업회계기준에 따라 적절히 수행하였다. • 자기주식처분이익 5,000,000원은 자기주식을 처분함에 따라 발생한 것이다.
손익계산서 내역	• 특수관계법인에게 업무와 관련 없이 지급한 대여금 20,000,000원이 특수관계법인의 파산으로 회수불가능하게 됨에 따라, 대손상각비로 계상하였다. • 건물관리비로 계상한 금액에는 대표이사의 사택관리비 5,600,000원이 포함되어 있다. • 법인세비용은 9,540,600원이다.

[4] 다음의 자료는 2025년 1월 1일부터 2025년 12월 31일까지의 원천징수와 관련된 자료이다. 주어진 자료를 이용하여 [원천납부세액명세서] 메뉴의 [원천납부세액(갑)] 탭을 작성하시오(단, 불러오는 자료는 무시하며, 지방세 납세지까지 입력할 것). (6점)

적요	원천징수 의무자	사업자등록번호	원천징수일	원천징수 대상금액	원천징수 세율	지방세 납세지
정기예금이자	국민은행	113-81-02128	6.30.	3,000,000원	14%	종로구 가회동
정기적금이자	신한은행	210-81-87525	9.30.	12,000,000원	14%	강남구 대치동
비영업대금이익	㈜신흥산업	603-81-02354	11.30.	2,500,000원	25%	해운대구 중동

[5] 다음의 법인차량 관련 자료와 저장된 [업무용승용차등록] 메뉴를 이용하여, [업무용승용차관련비용명세서] 메뉴를 작성하고 관련 세무조정을 하시오(단, 아래의 차량은 모두 영업관리부에서 업무용으로 사용 중이며 임직원 전용보험에 가입함. 당사는 부동산임대업을 영위하지 않음). (6점)

〈차량 1〉

코드	차량번호	차종	차량등록내용	
101	157고1111	산타페 (7인승)	경비구분	판관비
			임차여부	자가
			취득일	2025.07.01.
			취득가액	44,000,000원(부가가치세 포함)
			감가상각비	4,400,000원
			유류비	2,200,000원(부가가치세 포함)
			보험료	500,000원
			자동차세	420,000원
			보험기간	2025.07.01.~2025.12.31.
			2025년 운행일지	총주행거리: 12,000km
				업무용사용거리: 12,000km
			출퇴근 사용	여
			전용번호판 부착여부	부

〈차량 2〉

코드	차량번호	차종	차량등록내용	
102	248거3333	K9 (5인승)	경비구분	판관비
			임차여부	운용리스
			리스개시일	2025.01.01.
			리스기간	2024.01.01.~2026.12.31.
			연간 리스료	15,600,000원
			유류비	4,500,000원(부가가치세 포함)
			보험기간	2025.01.01.~2025.12.31.
			감가상각비 상당액	12,741,000원
			2025년 운행일지	총주행거리: 8,000km
				업무용사용거리: 6,400km
			출퇴근 사용	부
			전용번호판 부착여부	여
			전기 감가상각비 한도초과액	2,000,000원

05 115회 최신기출문제

이론시험

다음 문제를 보고 알맞은 것을 골라 **이론문제 답안작성** 메뉴에 입력하시오. (객관식 문항당 2점)

― 〈 기 본 전 제 〉 ―
문제에서 한국채택국제회계기준을 적용하도록 하는 전제조건이 없는 경우, 일반기업회계기준을 적용한다.

01 주식을 발행한 회사의 입장에서 주식배당을 하는 경우, 다음 중 그 효과로 적절한 것은?
① 미지급배당금만큼 부채가 증가한다.
② 자본금은 증가하지만 이익잉여금은 감소한다.
③ 자본총액이 주식배당액만큼 감소하며, 회사의 자산도 동일한 금액만큼 감소한다.
④ 자본 항목간의 변동은 없으므로 주식배당은 회계처리를 할 필요가 없다.

02 다음 중 수익과 비용의 인식기준에 대한 설명으로 옳지 않은 것은?
① 로열티수익은 관련된 계약의 경제적 실질을 반영하여 발생기준에 따라 인식한다.
② 수익은 재화의 판매, 용역의 제공이나 자산의 사용에 대하여 받았거나 또는 받을 대가의 공정가치로 측정한다.
③ 용역제공거래에서 이미 발생한 원가와 추가로 발생할 것으로 추정되는 원가의 합계액이 총수익을 초과하는 경우에는 그 초과액과 이미 인식한 이익의 합계액을 전액 당기손실로 인식한다.
④ 용역제공거래의 성과를 신뢰성 있게 추정할 수 없고 발생한 원가의 회수가능성이 낮은 경우에는 수익을 인식하지 않으며 발생한 원가도 비용으로 인식하지 않는다.

03 다음은 기계장치와 관련된 자료이다. 이에 대한 설명 및 회계처리로 옳지 않은 것은?

- 01월 02일 정부보조금(상환의무 없음) 1,000,000원이 보통예금 계좌에 입금되었다.
- 01월 15일 기계장치를 2,000,000원에 취득하고 대금을 보통예금 계좌에서 이체하여 지급하였다.
- 12월 31일 잔존가치는 없으며 5년 동안 정액법으로 월할 상각하였다(1개월 미만은 1개월로 한다).
- 12월 31일 기계장치 취득을 위한 정부보조금은 자산차감법으로 인식하기로 한다.

① 01월 02일 정부보조금 1,000,000원은 보통예금의 차감 계정으로 회계처리한다.
② 01월 15일 (차) 기계장치   2,000,000원   (대) 보통예금   2,000,000원
              정부보조금(보통예금차감) 1,000,000원   정부보조금(기계장치차감) 1,000,000원
③ 12월 31일 (차) 감가상각비   400,000원   (대) 감가상각누계액   400,000원
              감가상각누계액   200,000원   정부보조금(기계장치차감) 200,000원
④ 12월 31일 재무상태표상 기계장치의 장부가액은 800,000원이다.

04 다음 중 사채의 발행에 대한 설명으로 옳지 않은 것은?

① 사채를 할인발행하여 정액법으로 상각하는 경우 매년 사채할인발행차금 상각액은 동일하다.
② 사채의 액면이자율이 시장이자율보다 큰 경우에는 할증발행된다.
③ 시장이자율이란 유효이자율로서 사채의 발행시점에서 발행가액을 계산할 때 할인율로 적용될 수 있다.
④ 사채를 할증발행하여 유효이자율법으로 상각하는 경우 매년 사채의 실질이자는 증가한다.

05 다음 중 이연법인세에 대한 설명으로 옳지 않은 것은?

① 이연법인세는 회계상의 이익과 세무상의 이익의 차이인 일시적차이로 인해 발생한다.
② 이연법인세자산은 미래기간의 과세소득을 감소시킨다.
③ 납부해야 할 법인세가 회계상 법인세비용을 초과하는 경우 이연법인세부채를 인식한다.
④ 2024년에 취득한 유형자산의 감가상각방법이 회계상 정률법을 적용하고, 세무상 정액법을 적용할 경우 2024년에는 이연법인세자산으로 인식한다.

06 다음 중 직접노무원가가 포함되는 원가를 올바르게 표시한 것은?

	기본원가	가공원가	제품원가	기간비용
①	○	○	○	○
②	○	○	○	○
③	○	×	○	×
④	×	○	×	○

07 다음 중 옳은 것으로만 짝지어진 것은?

> 가. 표준원가계산에서 불리한 차이란 실제원가가 표준원가보다 큰 것을 의미한다.
> 나. 종합원가계산은 다품종소량생산에 적합한 원가계산방식이다.
> 다. 조업도가 증가할 경우 고정원가의 단위당 원가는 감소한다.
> 라. 기회원가는 이미 발생한 과거의 원가로서 의사결정과정에 영향을 주지 못한다.

① 가, 나   ② 가, 다
③ 나, 다   ④ 다, 라

08 다음 자료를 이용하여 당기 가공원가 발생액을 계산하면 얼마인가?

> • 당사는 선입선출법에 의한 종합원가계산을 도입하여 원가계산을 하고 있다.
> • 재료원가는 공정의 초기에 전량 투입되고, 가공원가는 공정의 진행에 따라서 균일하게 발생한다.
> • 기초재공품: 1,000개(가공원가 완성도 60%)
> • 당기착수분: 9,000개
> • 기말재공품: 2,000개(가공원가 완성도 50%)
> • 가공원가에 대한 완성품환산량 단위당 원가: 10원

① 80,000원   ② 84,000원
③ 100,000원   ④ 110,000원

09 ㈜전산은 원가관리를 위하여 표준원가계산 방식을 채택하고 있다. 고정제조간접원가 표준배부율은 월 10,000개의 예산생산량을 기준조업도로 하여 계산하며 기준조업도 수준에서 월 고정제조간접원가의 예산은 500,000원이다. 제품 단위당 표준원가는 50원이며(표준수량 1시간, 표준가격 50원), 실제 생산량 및 실제 발생한 고정제조간접원가는 각각 9,000개, 600,000원일 경우 고정제조간접원가의 총차이는 얼마인가?

① 150,000원 불리   ② 150,000원 유리
③ 100,000원 불리   ④ 100,000원 유리

10 다음 중 개별원가계산과 종합원가계산에 대한 설명으로 옳지 않은 것은?

① 종합원가계산은 원가 집계가 공정별로 이루어진다.
② 개별원가계산은 대상기간의 총원가를 총생산량으로 나누어 단위당 제조원가를 계산한다.
③ 개별원가계산은 공통부문원가를 합리적으로 배분하는 것이 필요하다.
④ 개별원가계산의 단점은 상대적으로 과다한 노력과 비용이 발생한다는 것이다.

11 다음 중 법인세법상 납세의무에 대한 설명으로 옳지 않은 것은?

① 영리 내국법인은 국내외 모든 소득에 대하여 각 사업연도 소득에 대한 법인세 납세의무가 있다.
② 영리·비영리 또는 내국·외국법인 여부를 불문하고 토지 등 양도소득에 대한 법인세 납세의무가 있다.
③ 비영리 내국법인이 청산하는 경우 청산소득에 대한 법인세 납세의무가 있다.
④ 우리나라의 정부와 지방자치단체는 법인세를 납부할 의무가 없다.

12 다음 중 소득세법상 원천징수의무자가 간이지급명세서를 제출하지 않아도 되는 소득은?

① 원천징수대상 사업소득
② 인적용역 관련 기타소득
③ 일용직 근로소득
④ 상용직 근로소득

13 다음 중 소득세법상 근로소득으로 볼 수 없는 것은?

① 학교 강사로 고용되어 지급 받는 강사료
② 근무기간 중에 부여받은 주식매수선택권을 퇴직 후에 행사함으로써 얻는 이익
③ 근무 중인 종업원 또는 대학의 교직원이 지급 받는 직무발명보상금
④ 퇴직함으로써 받는 소득으로서 퇴직소득에 속하지 아니하는 소득

14 다음 중 부가가치세법상 납부세액의 재계산에 대한 설명으로 옳지 않은 것은?

① 재계산 대상 자산은 과세사업과 면세사업에 공통으로 사용하는 감가상각대상 자산이다.
② 재계산은 해당 과세기간의 면세비율과 해당 자산의 취득일이 속하는 과세기간(그 후의 과세기간에 재계산한 경우는 그 재계산한 과세기간)의 면세비율의 차이가 5% 이상인 경우에만 적용한다.
③ 면세비율이란 총공급가액에 대한 면세공급가액의 비율을 말한다.
④ 체감률은 건물의 경우에는 5%, 구축물 및 기타 감가상각자산의 경우에는 25%로 한다.

15 다음 중 부가가치세법상 면세가 적용되는 재화 또는 용역으로 옳지 않은 것은?

① 자동차운전학원에서 가르치는 교육용역
② 국가·지방자치단체·지방자치단체조합 또는 공익단체에 무상으로 공급하는 재화·용역
③ 겸용주택 임대 시 주택면적이 상가면적보다 큰 경우 상가건물 임대용역
④ 「노인장기요양보험법」에 따른 장기요양기관이 장기요양인정을 받은 자에게 제공하는 신체활동·가사활동의 지원 또는 간병 등의 용역

㈜재송테크(회사코드:1150)는 제조·도소매업을 영위하는 중소기업이며, 당기(제13기) 회계기간은 2025.1.1. ~2025.12.31.이다. 전산세무회계 수험용 프로그램을 이용하여 다음 물음에 답하시오.

―――――――――――――――――――< 기 본 전 제 >―――――――――――――――――――

- 문제에서 한국채택국제회계기준을 적용하도록 하는 전제조건이 없는 경우, 일반기업회계기준을 적용하여 회계처리 한다.
- 문제의 풀이와 답안작성은 제시된 문제의 순서대로 진행한다.

문제 1 다음 거래에 대하여 적절한 회계처리를 하시오. (12점)

입력 시 유의사항

- 일반적인 적요의 입력은 생략하지만, 타계정 대체거래는 적요 번호를 선택하여 입력한다.
- 세금계산서·계산서 수수 거래 및 채권·채무 관련 거래는 별도의 요구가 없는 한 반드시 기등록된 거래처코드를 선택하는 방법으로 거래처명을 입력한다.
- 제조경비는 500번대 계정코드를, 판매비와관리비는 800번대 계정코드를 사용한다.
- 회계처리 시 계정과목은 등록된 계정과목 중 가장 적절한 과목으로 한다.
- 매입매출전표를 입력하는 경우 입력화면 하단의 분개까지 처리하고, 세금계산서 및 계산서는 전자 여부를 입력하여 반영한다.

[1] 03월 20일

㈜가나로부터 당일 배당금 지급 결정된 배당으로서 현금배당금 5,000,000원을 보통예금 계좌로 입금받고, 주식배당금으로 ㈜가나의 주식 500주(1주당 액면가액 10,000원)를 주식으로 취득하였다. 배당금에 관한 회계처리는 기업회계기준을 준수하였고 배당금에 대한 원천징수는 세법 규정에 따라 처리하였다(단, 해당 회사는 ㈜가나의 주식을 5% 보유하고 있다). (3점)

[2] 07월 09일

㈜지수산업에 제품을 판매하고 다음의 전자세금계산서를 발급하였다. 대금은 4월 1일에 수령한 계약금을 제외하고 ㈜지수산업이 발행한 약속어음(만기 12월 31일)으로 받았다. (3점)

전자세금계산서						승인번호	20250709-4512452-4524554		
공급자	등록번호	605-81-33533	종사업장 번호		공급받는자	등록번호	405-81-86293	종사업장 번호	
	상호(법인명)	㈜재송테크	성명	강남순		상호(법인명)	㈜지수산업	성명	김지수
	사업장 주소	세종시 조치원읍 충현로 193				사업장 주소	서울시 서초구 명달로 105		
	업태	제조	종목	전자부품		업태	제조	종목	전자제품
	이메일					이메일			
						이메일			

작성일자	공급가액	세액	수정사유	비고
2025.07.09.	100,000,000	10,000,000		

월	일	품목	규격	수량	단가	공급가액	세액	비고
7	9	제품				100,000,000	10,000,000	

합계금액	현금	수표	어음	외상미수금	위 금액을 (청구) 함
110,000,000	10,000,000		100,000,000		

[3] 07월 10일

2023년 중 미국의 AAA에 제품 $50,000를 수출한 외상매출금이 2025년 7월 10일에 전액 회수되어 보통예금 계좌로 입금받았다. 전기 외상매출금과 관련된 회계처리는 일반기업회계기준을 준수하였으며, 관련 환율 정보는 다음과 같다. (3점)

구분	선적일	2024년 12월 31일	2025년 7월 10일
1달러당 환율 정보	1,400원/$	1,300원/$	1,250원/$

[4] 08월 24일

공장창고를 신축하기 위하여 토지를 취득하면서 국토정보공사에 의뢰하여 토지를 측량하였다. 토지측량비로 2,500,000원(부가가치세 별도)을 보통예금 계좌에서 지급하고 전자세금계산서를 수령하였다. (3점)

전자세금계산서

승인번호				20250824-365248-528489				

공급자	등록번호	307-85-14585	종사업장번호		공급받는자	등록번호	605-81-33533	종사업장번호	
	상호(법인명)	국토정보공사	성명			상호(법인명)	㈜재송테크	성명	강남순
	사업장주소	세종시 보람동 114				사업장주소	세종시 조치원읍 충현로 193		
	업태	서비스	종목	토지측량		업태	제조등	종목	전자부품
	이메일					이메일			
						이메일			

작성일자	공급가액	세액	수정사유	비고
2025.08.24	2,500,000	250,000		

월	일	품목	규격	수량	단가	공급가액	세액	비고
08	24	토지측량비				2,500,000	250,000	

합계금액	현금	수표	어음	외상미수금	위 금액을 (영수)함
2,750,000	2,750,000				

문제 2 다음 주어진 요구사항에 따라 부가가치세신고서 및 부속서류를 작성하시오. (10점)

[1] 2025년 제1기 부가가치세 확정신고(신고기한: 2025년 7월 25일)에 대한 수정신고(1차)를 2025년 8월 15일에 하고자 한다. 수정신고와 관련된 자료는 아래와 같고, 일반과소신고이며, 미납일수는 21일이다. 아래의 자료를 이용하여 [매입매출전표입력]에 누락된 매출내역을 반영하고 과다공제내역을 수정하여 제1기 확정신고기간의 [부가가치세수정신고서]를 작성하시오. (6점)

1. 당초 신고자료(마감된 입력자료)
   - 세금계산서 발급분: 공급가액 600,000,000원, 세액 60,000,000원
   - 세금계산서 수취분: 공급가액 300,000,000원, 세액 30,000,000원
2. 수정신고 관련 자료
   1) 누락된 매출내역
      - 04월 05일: ㈜성림에 제품을 매출하고 현대카드로 결제받았다(공급대가 2,200,000원).
   2) 과다공제내역
      - 06월 09일: 5인승 업무용 승용차(2,500cc)를 ㈜한국자동차에서 보통예금으로 구입하여 전자세금계산서를 수취하고, 대금은 보통예금 계좌에서 이체하여 지급하였다. 당초 신고 시에 매입세액을 공제하였다(공급가액 25,000,000원, 세액 2,500,000원).

[2] ㈜재송테크는 과세 및 면세사업을 영위하는 겸영사업자이다. 불러온 데이터는 무시하고 다음의 자료만을 이용하여 2025년 제2기 예정신고기간의 [공제받지못할매입세액명세서] 중 [공통매입세액안분계산내역] 탭과 2025년 제2기 확정신고기간의 [공제받지못할매입세액명세서] 중 [공통매입세액의정산내역] 탭을 입력하시오(단, 공급가액 기준으로 안분계산하고 있다). (4점)

구분		제2기 예정(7월~9월)		제2기 확정(10월~12월)		전체(7월~12월)	
		공급가액	세액	공급가액	세액	공급가액합계	세액합계
매출	과세	400,000,000원	40,000,000원	600,000,000원	60,000,000원	1,000,000,000원	100,000,000원
	면세	400,000,000원		100,000,000원		500,000,000원	
공통매입세액		100,000,000원	10,000,000원	200,000,000원	20,000,000원	300,000,000원	30,000,000원

문제 3 다음의 결산정리사항을 입력하여 결산을 완료하시오. (8점)

[1] 다음은 ㈜한국에 대여한 자금에 대한 자료이다. 결산일에 필요한 회계처리를 하시오. (2점)

대여기간	대여금	이자율
2025.04.01.~2026.03.31.	120,000,000원	5%

- 대여금의 이자계산은 월할계산한다.
- 이자는 대여기간 종료시점에 수령하기로 하였다.

[2] 당사는 생산부서의 부자재를 보관하기 위한 물류창고를 임차하고 임대차계약을 체결하였다. 10월 1일 임대인에게 1년분 임차료 12,000,000원(2025.10.01.~2026.09.30.)을 보통예금 계좌에서 이체하여 지급하고 전액 비용으로 처리하였다(단, 임차료는 월할계산할 것). (2점)

[3] 다음의 유형자산만 있다고 가정하고, 유형자산명세서에 의한 감가상각비를 결산에 반영하시오(단, 개별자산별로 각각 회계처리할 것). (2점)

유형자산명세서

담당	대리	과장	부장

2025년 12월 31일

계정과목	자산명	취득일	내용연수	감가상각누계액		원가구분
				전기이월	차기이월	
건물	공장건물	2015.10.01	40년	250,000,000원	275,000,000원	제조원가
차량운반구	승용차	2022.07.01	5년	25,000,000원	35,000,000원	판관비

[4] 다음은 회사의 실제 당기 [법인세과세표준및세액조정계산서] 작성서식의 일부 내용이다. 아래에 주어진 자료만을 이용하여 법인세비용에 대한 회계처리를 하시오. (2점)

법인세과세표준 및 세액조정계산서 일부내용	② 과세표준계산	⑱각사업연도소득금액(⑱=⑰)		350,000,000원
		⑨이월결손금	07	70,000,000원
		⑩비과세소득	08	
		⑪소득공제	09	
		⑫과세표준(⑧-⑨-⑩-⑪)	10	280,000,000원
세율정보	• 법인세율: 법인세과세표준 2억원 이하: 9% 　법인세과세표준 2억원 초과 200억원 이하: 19% • 지방소득세율: 법인세과세표준 2억원 이하: 0.9% 　법인세과세표준 2억원 초과 200억원 이하: 1.9%			
기타	위의 모든 자료는 법인세법상 적절하게 산출된 금액이고, 법인세중간예납세액 10,000,000원은 기한 내에 납부하여 선납세금으로 회계처리 하였다.			

문제 4 원천징수와 관련된 다음의 물음에 답하시오. (10점)

[1] 다음은 ㈜재송테크의 퇴직소득에 대한 원천징수 관련 자료이다. 아래의 자료를 바탕으로 [사원등록] 및 [퇴직소득자료입력] 메뉴를 작성하여 퇴직소득세를 산출하고, [퇴직소득원천징수영수증]을 작성하시오(단, 일반전표입력은 생략할 것). (4점)

- 이름: 김태자(사원코드: 102)
- 주민등록번호: 810503-1352687
- 입사년월일: 2017.06.13.
- 퇴사년월일: 2025.06.12.(퇴사사유: 개인 사정으로 인한 자진퇴사)
- 퇴직금: 24,000,000원(지급일: 2025.06.30.)
- 퇴직공로금: 1,000,000원(현실적인 퇴직을 원인으로 받는 소득, 지급일: 2025.06.30.)
- 퇴직금 중 확정급여형 퇴직연금 가입자로서 불입한 1,000만원은 과세이연을 적용하기로 한다.

연금계좌취급자	사업자등록번호	계좌번호	입금일	계좌입금액
대한은행	130-81-58516	123-45-6789	2025.06.30.	10,000,000원

[2] 2025년 5월 1일 입사한 사무직 정선달(거주자이며 세대주, 사원번호: 300)의 가족관계증명서이다. [사원등록] 메뉴의 [기본사항] 탭과 [부양가족명세] 탭, [연말정산추가자료입력] 메뉴의 [소득명세] 탭을 작성하시오(기본공제대상자 여부와 관계없이 부양가족은 모두 입력할 것). (4점)

〈자료 1〉 사원등록 참고자료
① 사회보험을 모두 적용하고 있으며, 사회보험과 관련한 보수월액은 2,800,000원이다.
② 모친 김여사는 부동산양도소득금액 20,000,000원이 있다.
③ 배우자 이부인은 장애인(항시 치료를 요하는 중증환자)으로서 현재 타지역의 요양시설에서 생활하고 있으며 소득은 없다.
④ 자녀 정장남은 지방 소재 고등학교에 재학 중이고, 일용근로소득 4,000,000원이 있다.
⑤ 자녀 정차남은 초등학교에 다니고 있다.

〈자료 2〉 정선달의 가족관계증명서

[별지 제1호서식] 〈개정 2010.6.3〉

가족관계증명서

| 등록기준지 | 서울시 송파구 도곡로 460(잠실동) | | | | |

구분	성명	출생연월일	주민등록번호	성별	본
본인	정선달(鄭先達)	1970년 11월 05일	701105-1032879	남	東萊

가족사항

구분	성명	출생연월일	주민등록번호	성별	본
모	김여사(金女史)	1943년 04월 02일	430402-2022341	여	慶州
배우자	이부인(李婦人)	1970년 09월 02일	700902-2045675	여	全州
자녀	정장남(鄭長男)	2005년 10월 01일	051001-3013458	남	東萊
자녀	정차남(鄭次男)	2012년 07월 01일	120701-3013456	남	東萊

〈자료 3〉 전근무지 근로소득원천징수영수증
① 근무처명(종교관련종사자 아님)

근무처명	사업자등록번호	근무기간
㈜스마트	120-81-34671	2025.01.01.~2025.03.31.

② 소득명세 등

급여총액	상여총액	비과세식대	국민연금	건강보험	장기요양보험	고용보험
10,500,000원	10,000,000원	600,000원	796,500원	723,180원	92,610원	184,000원

③ 세액명세 등

항목	소득세	지방소득세
결정세액	1,000,000원	100,000원
기납부세액	1,500,000원	150,000원
차감징수세액	△500,000원	△50,000원

[3] 다음의 자료를 이용하여 [원천징수이행상황신고서]를 작성 및 마감하고 국세청 홈택스에 전자신고를 하시오. (2점)

〈소득자료〉

귀속월	지급월	소득구분	신고코드	인원	총지급액	소득세	비고
6월	7월	사업소득	A25	2명	4,500,000원	135,000원	매월(정기)신고

• 전월로부터 이월된 미환급세액 55,000원을 충당하기로 한다.

〈유의사항〉

1. [전자신고] → [국세청 홈택스 전자신고변환(교육용)] 순으로 진행한다.
2. [전자신고] 메뉴의 [원천징수이행상황제작] 탭에서 신고인구분은 2.납세자 자진신고를 선택하고, 비밀번호는 자유롭게 입력한다.
3. [국세청 홈택스 전자신고변환(교육용)] → 전자파일변환(변환대상파일선택) → 찾아보기 에서 전자신고용 전자파일을 선택한다.
4. 전자신고용 전자파일 저장경로는 로컬디스크(C:)이며, 파일명은 "작성연월일.01.t사업자등록번호"다.
5. 형식검증하기 ➡ 형식검증결과확인 ➡ 내용검증하기 ➡ 내용검증결과확인 ➡ 전자파일제출 을 순서대로 클릭한다.
6. 최종적으로 전자파일 제출하기 를 완료한다.

문제 5 ㈜사선전자(회사코드: 1151)는 금속제품을 생산하고 제조·도매업 및 도급공사업을 영위하는 중소기업이며, 당해 사업연도는 제15기(2025.1.1.~2025.12.31.)이다. [법인조정] 메뉴를 이용하여 기장되어 있는 재무회계 장부 자료와 제시된 보충자료에 의하여 해당 사업연도의 세무조정을 하시오. (30점)

※ 회사 선택 시 유의하시오.

---| 작성대상서식 |---

1. 업무용승용차관련비용명세서
2. 기업업무추진비조정명세서
3. 법인세과세표준및세액조정계산서 및 최저한세조정계산서
4. 대손충당금및대손금조정명세서
5. 소득금액조정합계표및명세서

[1] 다음 자료는 영업부서에서 업무용으로 사용중인 법인차량(코드: 101) 관련 자료이다. 5인승 승용차 제네시스(55하4033)를 ㈜브라보캐피탈과 운용리스계약을 체결하여 사용 중이다. [업무용승용차등록] 메뉴 및 [업무용승용차관련비용명세서]를 작성하고, 관련 세무조정을 하시오(단, 당사는 부동산임대업을 영위하지 않으며, 사용자 부서 및 사용자 직책, 사용자 성명, 전용번호판 부착여부 입력은 생략할 것). (6점)

구분	금액	비고
운용리스료	14,400,000원	• 매월 1,200,000원, 전자계산서를 수령하였다. • 주어진 차량 관련 비용 외 다른 항목은 고려하지 않으며, 감가상각비상당액은 12,895,000원이다.
유류비	4,100,000원	
리스계약기간	2023.05.03.~2026.05.03.	
보험기간	리스계약기간과 동일하다.	
거리	1. 전기이월누적거리: 21,000km 2. 출퇴근거리: 6,400km 3. 업무와 관련 없는 사용거리: 1,600km 4. 당기 총 주행거리: 8,000km	
기타사항	• 취득일자는 2023.05.03.을 입력하기로 한다. • 임직원전용보험에 가입하고, 운행기록부는 작성하였다고 가정한다. • 전기 업무용승용차 감가상각비 한도초과 이월액 8,000,000원이 있다.	

[2] 다음의 자료만을 이용하여 [기업업무추진비조정명세서(갑),(을)] 메뉴를 작성하고 필요한 세무조정을 하시오. (6점)

1. 매출내역(상품매출 및 제품매출)

구분	특수관계인 매출액	그 외 매출액	합계
법인세법상 매출액	200,000,000원	1,810,000,000원	2,010,000,000원
기업회계기준상 매출액	200,000,000원	1,800,000,000원	2,000,000,000원

2. 기업업무추진비 계정 내역

구분	관련 내역	제조경비	판매비와관리비
건당 3만원 초과	법인카드 사용분	21,000,000원[주1]	25,900,000원
	직원카드 사용분	2,000,000원	5,000,000원
	거래처 현금 경조사비[주2]	3,000,000원	3,500,000원
건당 3만원 이하	간이영수증 수령	200,000원	100,000원
합계		26,200,000원	34,500,000원

주1) 기업업무추진비(제조경비, 법인카드 사용분)에는 문화비로 지출한 금액 2,000,000원이 포함되어 있다.

주2) 거래처 현금 경조사비는 전액 건당 20만원 이하이다.

3. 기타 계정 내역

계정과목	금액	관련사항
소모품비(판)	1,500,000원	현금영수증을 발급받아 구입한 물품(1건, 면세 대상 물품)을 거래처에게 선물하였다.
광고선전비(판)	1,400,000원	법인카드로 구입한 달력을 불특정 다수인에게 제공하였다.

4. 기업업무추진비는 모두 회사 업무와 관련하여 사용하였다.

[3] 다음의 자료만을 이용하여 [법인세과세표준및세액조정계산서]와 [최저한세조정계산서]를 작성하시오. (6점)

- 손익계산서상 당기순이익: 535,000,000원
- 익금산입 총액: 34,500,000원
- 손금산입 총액: 2,900,000원
- 기부금한도초과액: 1,800,000원
- 공제가능한 이월결손금: 3,522,000원
- 세액공제 및 세액감면
  ① 중소기업특별세액감면: 13,000,000원
  ② 고용증대세액공제: 35,000,000원
  ③ 사회보험료세액공제: 1,200,000원
- 지출증명서류 미수취 가산세: 190,000원
- 법인세 중간예납세액: 5,000,000원
- 원천납부세액: 7,000,000원
- 당사는 중소기업이며 분납 가능한 금액까지 분납 신청하고자 한다.

[4] 다음의 자료를 참조하여 [대손충당금및대손금조정명세서] 메뉴를 작성하고, [소득금액조정합계표및명세서]에 세무조정을 반영하시오(단, [소득금액조정합계표및명세서]의 소득명세는 생략함). (6점)

1. 당기 대손충당금 내역

차변		대변	
과목	금액	과목	금액
외상매출금	15,000,000원	전기이월	80,000,000원
받을어음	35,000,000원	당기설정	6,000,000원
미수금	15,000,000원		
차기이월	21,000,000원		

- 전기말 자본금과적립금조정명세서(을)에 전기대손충당금한도초과액 8,795,000원이 계상되어 있다.
- 당사는 중소기업에 해당하며, 대손설정율은 1%로 설정한다.

2. 당기에 대손충당금과 상계한 내용
   (1) ㈜김가의 외상매출금 10,000,000원을 소멸시효완성으로 인하여 3월 31일에 대손확정함.
   (2) ㈜유가의 파산으로 인하여 회수할 수 없는 외상매출금 5,000,000원을 6월 30일에 대손확정함.
   (3) ㈜최가의 받을어음 20,000,000원을 부도발생일 9월 1일에 대손확정함.
   (4) ㈜이가의 받을어음 15,000,000원을 11월 2일에 대손확정함(부도발생일은 당해연도 5월 1일임).
   (5) ㈜우가의 강제집행으로 인하여 회수할 수 없는 기계장치 미수금 15,000,000원을 6월 25일에 대손확정함.

3. 당기말 설정대상채권으로는 외상매출금 1,570,000,000원과 받을어음 100,000,000원이 계상되어 있다.

[5] 다음의 자료를 이용하여 [소득금액조정합계표]를 완성하시오. 재무상태표 및 손익계산서에는 다음과 같은 계정과목이 포함되어 있으며 기업회계기준에 따라 정확하게 회계처리 되었다. (6점)

계정과목	금액	비고
법인세등	18,000,000원	법인지방소득세 2,000,000원이 포함되어 있다.
퇴직급여	35,000,000원	대표이사의 퇴직급여로, 주주총회에서 대표이사를 연임하기로 결정하여 과거 임기에 대한 퇴직급여를 지급하고 계상한 것으로 확인되었다. (대표이사 퇴직급여 초과지급액이 발생하면 퇴직 시까지 가지급금으로 간주한다.)
세금과공과	10,000,000원	토지에 대한 개발부담금 3,000,000원이 포함되어 있다.
감가상각비	4,000,000원	업무용승용차(3,000cc, 2023.01.01. 취득)의 감가상각비로서 상각범위액은 6,000,000원이다.
건물관리비	5,000,000원	법인의 출자자(소액주주가 아님)인 임원이 사용하고 있는 사택유지비를 전액 건물관리비로 계상하였다.
잡이익	700,000원	업무용 화물트럭에 대한 자동차세 과오납금에 대한 환급금 600,000원과 환급금이자 100,000원을 모두 잡이익으로 회계처리 하였다.

06 114회 최신기출문제

이론시험

다음 문제를 보고 알맞은 것을 골라 **이론문제 답안작성** 메뉴에 입력하시오. (객관식 문항당 2점)

〈 기 본 전 제 〉
문제에서 한국채택국제회계기준을 적용하도록 하는 전제조건이 없는 경우, 일반기업회계기준을 적용한다.

01 다음 중 유가증권에 대한 설명으로 옳지 않은 것은?
① 유가증권은 증권의 종류에 따라 지분증권과 채무증권으로 분류할 수 있다.
② 지분증권은 단기매매증권과 매도가능증권으로 분류할 수 있으나 만기보유증권으로는 분류할 수 없다.
③ 단기매매증권, 매도가능증권, 만기보유증권은 원칙적으로 공정가치로 평가한다.
④ 만기보유증권으로 분류되지 않은 채무증권은 단기매매증권과 매도가능증권 중의 하나로 분류한다.

02 ㈜한국은 2025년 중에 신규 취득한 차량운반구의 감가상각방법을 정액법으로 채택하였으나 경리부서 담당자의 실수로 감가상각비를 정률법에 따라 회계처리하였다. 해당 오류가 2025년 기말 재무제표에 미치는 영향으로 옳은 것은?

	감가상각비	당기순이익	차량운반구의 장부가액
①	증가	감소	증가
②	증가	감소	감소
③	감소	증가	증가
④	감소	증가	감소

03 다음 중 회계변경의 회계처리방법에 대한 설명으로 옳지 않은 것은?
① 당기일괄처리법은 재무제표의 신뢰성이 높아지는 장점을 가지고 있다.
② 전진법은 변경된 새로운 회계처리방법을 당기와 미래기간에 반영시키는 방법이다.
③ 소급법의 경우 변경효과를 파악하기 어렵고 재무제표의 비교가능성이 저하된다.
④ 당기일괄처리법은 회계변경의 누적효과를 당기손익에 반영하는 방법이다.

04 다음 중 자본에 관한 설명으로 옳지 않은 것은?

① 재무상태표상의 자본조정에는 감자차손, 주식할인발행차금, 자기주식이 포함된다.
② 자기주식을 취득하는 경우 액면금액을 자기주식의 과목으로 하여 자본조정으로 회계처리한다.
③ 자기주식처분이익이 발생한 경우 자본조정의 자기주식처분손실의 범위 내에서 상계처리하고, 미상계된 잔액은 자본잉여금의 자기주식처분이익으로 회계처리한다.
④ 자기주식 소각 시 취득원가가 액면금액보다 작은 경우에는 그 차액을 감자차익으로 하여 자본잉여금으로 회계처리한다.

05 다음 중 사채가 할증발행되고 유효이자율법이 적용되는 경우에 대한 설명으로 옳지 않은 것은?

① 사채할증발행차금 상각액은 매년 감소한다.
② 사채 이자비용은 매년 감소한다.
③ 사채의 장부가액은 초기에는 크고, 기간이 지날수록 작아진다.
④ 사채발행 시점에 발생한 사채발행비는 비용으로 처리하지 않고, 사채의 만기일까지 잔여기간에 걸쳐 상각하여 비용화한다.

06 두 개의 보조부문과 두 개의 제조부문을 운영하고 있는 ㈜서울의 부문간 용역 수수관계는 다음과 같다. 제조부문 X에 배분될 보조부문원가의 총액은 얼마인가? 단, ㈜서울은 단계배분법에 의하여 보조부문원가를 배분하며, 보조부문 중 수선부문의 원가를 먼저 배분한다.

사용부문 제공부문	보조부문		제조부문		배분대상원가
	수선부문	전력부문	X 부문	Y 부문	
수선부문	-	40%	40%	20%	100,000원
전력부문	-	-	30%	70%	80,000원

① 36,000원 ② 40,000원
③ 60,000원 ④ 76,000원

07 다음 자료를 이용하여 직접재료원가의 완성품환산량을 계산하면 몇 단위인가?

- ㈜중부는 선입선출법에 따른 종합원가제도를 채택하고 있다.
- 직접재료의 1/2은 공정 초기에 투입되고, 나머지 1/2은 공정이 80% 진행된 시점에 투입된다.
- 공손은 발생하지 않았다.
- 당기 물량흐름은 아래와 같다.

기초재공품(완성도 60%)	400단위	당기완성품	5,000단위
당기착수량	5,000단위	기말재공품(완성도 30%)	400단위

① 4,880단위 ② 4,920단위
③ 4,960단위 ④ 5,000단위

08 다음 중 옳은 것으로만 짝지어진 것은?

> 가. 공손품은 생산에 사용된 원재료로부터 남아 있는 찌꺼기나 조각을 말한다.
> 나. 비정상공손은 발생한 기간에 영업외비용으로 처리한다.
> 다. 정상공손은 효율적인 생산과정에서도 발생하는 공손으로 원가성이 있다고 본다.
> 라. 정상공손은 작업자의 부주의, 생산계획의 미비 등의 이유로 발생한다.

① 가, 나 ② 나, 다
③ 다, 라 ④ 가, 라

09 다음 중 원가의 분류에 대한 설명으로 가장 옳지 않은 것은?

① 원가행태에 따른 분류로서 직접재료원가, 직접노무원가, 제조간접원가로 구성된다.
② 원가의 추적가능성에 따른 분류로서 직접원가와 간접원가로 구성된다.
③ 원가의 발생행태에 따른 분류로서 재료원가, 노무원가, 제조경비로 구성된다.
④ 의사결정의 관련성에 따른 분류로서 관련원가, 매몰원가, 기회원가 등으로 구성된다.

10 다음 중 종합원가계산의 선입선출법 및 평균법에 대한 설명으로 옳지 않은 것은?

① 종합원가계산의 평균법과 선입선출법 중 실제 물량흐름에 보다 충실한 방법은 선입선출법이다.
② 기초재공품이 없는 경우 종합원가계산에 의한 원가 배분 시 평균법과 선입선출법의 결과는 동일하다.
③ 선입선출법과 평균법 모두 완성품환산량을 계산하는 과정이 있다.
④ 기말재공품의 완성도는 선입선출법에서만 고려 대상이고, 평균법에서는 영향을 미치지 않는다.

11 다음 중 부가가치세법상 영세율과 면세에 관한 설명으로 옳지 않은 것은?

① 면세사업자라도 영세율 적용대상이 되면 면세를 포기하고 영세율을 적용받을 수 있다.
② 영세율은 완전면세제도이고 면세는 불완전면세제도이다.
③ 영세율과 면세 모두 부가가치세법상 신고의무는 면제되나 일정한 협력의무는 이행해야 한다.
④ 국내거래라 하더라도 영세율이 적용되는 경우가 있다.

12 다음 중 법인세법상 소득처분이 나머지와 다른 것은?

① 귀속 불분명한 증빙불비 기업업무추진비
② 임원의 퇴직금한도초과액
③ 주주인 직원의 가지급금 인정이자
④ 채권자 불분명 사채이자의 원천징수세액

13. 다음 중 부가가치세법상 과세 대상에 해당하는 경우는 모두 몇 개인가?

- 온라인 게임 서비스용역을 제공하는 사업자가 게임이용자에게 게임머니를 판매하는 경우
- 사업자가 점포를 임차하여 과세사업을 영위하던 중 점포의 임차권리를 판매하는 경우
- 사업자가 공급받는 자의 해약으로 인하여 재화 또는 용역의 공급 없이 손해배상금을 받은 경우
- 사업자가 흙과 돌을 판매하는 경우

① 1개 ② 2개
③ 3개 ④ 4개

14. 다음 중 소득세법상 근로소득 연말정산 시 「신용카드 등 사용금액 소득공제」의 대상에서 제외되는 것은? 단, 모두 국내에서 신용카드를 사용하여 지출한 것으로 가정한다.

① 의료비 ② 아파트관리비
③ 취학 전 아동의 학원비 ④ 교복구입비

15. 다음 중 소득세법상 결손금과 이월결손금에 대한 설명으로 가장 옳지 않은 것은?

① 2020년 1월 1일 이후 최초로 발생하는 결손금은 15년간 이월공제가 가능하다.
② 해당 과세기간의 소득금액에 대하여 추계신고를 하는 경우에는 이월결손금 공제 규정을 적용하지 아니한다(단, 천재지변·장부멸실 등에 의한 경우는 제외함).
③ 중소기업을 영위하는 거주자의 부동산임대업을 제외한 사업소득 결손금은 1년간 소급 공제하여 환급신청이 가능하다.
④ 주거용 건물의 임대업에서 발생한 결손금은 다른 소득금액에서 공제할 수 없고, 추후 발생하는 해당 부동산임대업의 소득금액에서만 공제 가능하다.

실 무 시 험

㈜희수전자(회사코드: 1140)는 제조·도소매업을 영위하는 중소기업으로, 당기(제14기) 회계기간은 2025.1.1.~2025.12.31.이다. 전산세무회계 수험용 프로그램을 이용하여 다음 물음에 답하시오.

―〈 기 본 전 제 〉―

- 문제에서 한국채택국제회계기준을 적용하도록 하는 전제조건이 없는 경우, 일반기업회계기준을 적용하여 회계처리 한다.
- 문제의 풀이와 답안작성은 제시된 문제의 순서대로 진행한다.

문제 1 다음 거래에 대하여 적절한 회계처리를 하시오. (12점)

입력 시 유의사항

- 일반적인 적요의 입력은 생략하지만, 타계정 대체거래는 적요 번호를 선택하여 입력한다.
- 세금계산서·계산서 수수 거래 및 채권·채무 관련 거래는 별도의 요구가 없는 한 반드시 기등록된 거래처코드를 선택하는 방법으로 거래처명을 입력한다.
- 제조경비는 500번대 계정코드를, 판매비와관리비는 800번대 계정코드를 사용한다.
- 회계처리 시 계정과목은 등록된 계정과목 중 가장 적절한 과목으로 한다.
- 매입매출전표를 입력하는 경우 입력화면 하단의 분개까지 처리하고, 세금계산서 및 계산서는 전자 여부를 입력하여 반영한다.

[1] 07월 06일

매출거래처에 접대할 목적으로 선물을 구입하고 아래의 전자세금계산서를 발급받았으며, 대금은 보통예금 계좌에서 이체하여 지급하였다. (3점)

전자세금계산서						승인번호	20250706-31000013-44346111		
공급자	등록번호	340-19-09385		종사업장번호		공급받는자	등록번호	132-86-19421	종사업장번호
	상호(법인명)	만물상사		성명	김만물		상호(법인명)	㈜희수전자	성명 최수완
	사업장주소	경기도 수원시 장안구 매화동 123					사업장주소	경기도 의정부시 가금로 53	
	업태	도소매	종목	잡화			업태	제조 외	종목 자동차부품
	이메일						이메일		
							이메일		
작성일자		공급가액		세액			수정사유		
2025/07/06		1,500,000		150,000			해당 없음		
비고									
월	일	품목	규격	수량	단가		공급가액	세액	비고
07	06	잡화세트					1,500,000	150,000	
합계금액		현금		수표		어음	외상미수금	위 금액을 (영수) 함	
1,650,000		1,650,000							

[2] 07월 20일

매입거래처인 ㈜대성의 외상매입금 중 54,000,000원은 보통예금 계좌에서 이체하여 지급하고, 나머지 금액은 면제 받았다(단, ㈜대성의 외상매입금 관련 데이터를 조회하여 회계처리할 것). (3점)

[3] 08월 20일

유상증자를 통해 신주(보통주, 1주당 액면금액 10,000원) 5,000주를 1주당 8,000원에 발행하고 대금은 보통예금 계좌로 전액 입금되었다(단, 유상증자일 현재 주식발행초과금 잔액은 5,000,000원으로 확인된다). (3점)

[4] 09월 01일

제품 생산에 사용하던 기계장치를 ㈜미누전자에 처분하고 아래의 전자세금계산서를 발급하였으며, 대금 중 10,000,000원은 어음(만기일 2026.06.01)으로 받고, 나머지는 다음 달에 받기로 하였다. 당사는 취득 당시 정부의 지원 정책에 따라 상환의무가 없는 국고보조금을 수령하였으며, 처분 전 기계장치의 내용은 다음과 같다. (3점)

- 기계장치 취득가액: 75,000,000원
- 감가상각누계액: 21,000,000원
- 국고보조금(기계장치 차감): 24,000,000원

전자세금계산서					승인번호	20250901-31000013-44346111		
공급자	등록번호	132-86-19421	종사업장번호		공급받는자	등록번호	126-87-10121	종사업장번호	
	상호(법인명)	㈜희수전자	성명	최수완		상호(법인명)	㈜미누전자	성명	하민우
	사업장주소	경기도 의정부시 가금로 53				사업장주소	경기도 이천시 가좌로1번길 21-26		
	업태	제조 외	종목	자동차부품		업태	제조	종목	전자제품
	이메일					이메일			
						이메일			
작성일자		공급가액		세액			수정사유		
2025/09/01		40,000,000		4,000,000			해당 없음		
비고									
월	일	품목	규격	수량	단가	공급가액	세액	비고
09	01	기계장치				40,000,000	4,000,000	
합계금액		현금		수표		어음	외상미수금	위 금액을 (청구) 함
44,000,000						10,000,000	34,000,000	

문제 2 다음 주어진 요구사항에 따라 부가가치세신고서 및 부속서류를 작성하시오. (10점)

[1] 다음 자료를 바탕으로 2025년 제1기 부가가치세 확정신고기간(4월~6월)에 대한 [부동산임대공급가액명세서]를 작성하시오(단, 정기예금이자율은 연 3.1%이다). (3점)

층	호수	상호 (사업자번호)	용도	면적(㎡)	보증금	월세	매월 관리비
			임대기간				
1	101	디자인봄 (101-89-23562)	사무실	120	40,000,000원	2,000,000원	250,000원
			2023.05.01.~2025.04.30.				
2	201	스마일커피 (109-07-89510)	점포	120	100,000,000원	5,000,000원	550,000원
			2025.01.01.~2025.12.31.				
합계					140,000,000원	7,000,000원	800,000원

• 101호(임차인: 디자인봄)는 2023.05.01. 최초로 임대를 개시하였으며, 2년 경과 후 계약기간 만료로 2025.05.01. 임대차계약을 갱신(임대기간: 2025.05.01.~2027.04.30.)하면서 보증금을 40,000,000원에서 60,000,000원으로 인상하였다(월세와 매월 관리비는 동일함).
• 월세와 매월 관리비에 대해서는 정상적으로 세금계산서를 모두 발급하였으며, 간주임대료에 대한 부가가치세는 임대인이 부담하고 있다.

[2] 본 문제에 한하여 ㈜희수전자는 과세사업과 면세사업을 겸영하는 사업자로 가정하고, 다음의 자료만을 이용하여 2025년 제1기 부가가치세 확정신고기간의 [공제받지못할매입세액명세서] 중 [납부세액또는환급세액재계산] 탭을 작성하시오(단, 불러오는 전표데이터는 무시하고, 모든 부가가치세 신고는 부가가치세법에 근거하여 적법하게 신고·납부함). (3점)

1. 감가상각대상자산의 상세 내역

구분	취득일	대금 지급 상세	
		공급가액	부가가치세
창고건물	2024.2.1.	100,000,000원	10,000,000원
기계장치	2024.7.1.	50,000,000원	5,000,000원

2. 과세기간별 공급가액 내역

연도/기수	과세사업	면세사업	합계
2024년/제2기	476,000,000원	224,000,000원	700,000,000원
2025년/제1기	442,500,000원	307,500,000원	750,000,000원

[3] 다음에 제시된 자료를 이용하여 2025년 제1기 확정신고기간의 [대손세액공제신고서]를 작성하시오(단, 당사는 중소기업에 해당함). (4점)

공급일	거래처	계정과목	대손금액	대손사유
2022.05.01.	㈜일월산업	외상매출금	3,300,000원	소멸시효완성일 2025.05.02.
2023.10.08.	㈜이월테크	외상매출금	12,100,000원	부도발생일 2025.01.09.
2024.05.08.	세월무역	받을어음	11,000,000원	부도발생일 2024.11.20.
2024.06.20.	㈜오월상사	외상매출금	6,600,000원	파산종결결정공고일 (채권회수불가능) 2025.04.09.
2024.11.05.	㈜유월물산	외상매출금	5,500,000원	부도발생일 2024.12.10.
2025.01.09.	㈜구월바이오	받을어음	7,700,000원	부도발생일 2025.03.09.

문제 3 다음의 결산정리사항을 입력하여 결산을 완료하시오. (8점)

[1] 삼일은행으로부터 2023년 2월 1일에 차입한 장기차입금 30,000,000원의 만기가 2026년 1월 31일에 도래하여 당사는 만기일에 예정대로 상환할 예정이다. (2점)

[2] 2025년 8월 20일에 매출로 계상한 화폐성 외화자산인 미국 Z사의 외상매출금 $50,000를 기말 현재 보유하고 있다. 당사는 매년 결산일(12월 31일)에 화폐성 외화자산에 대하여 외화환산손익을 인식하고 있으며, 일자별 기준환율은 다음과 같다. (2점)

항목	2024.08.20.	2024.12.31.	2025.12.31.
기준환율	1,100원/$	1,280원/$	1,160원/$

[3] 2025년 제2기 부가가치세 확정신고기간의 부가가치세와 관련된 내용이 다음과 같다. 전산데이터상의 입력된 다른 데이터는 무시하고, 아래의 자료만을 이용하여 12월 31일 현재 부가세예수금과 부가세대급금 관련 회계처리를 수행하시오(단, 납부세액일 경우 미지급세금, 환급세액일 경우에는 미수금으로 회계처리할 것). (2점)

		일반과세		간이과세				
조회기간	2025 년 10 월 1 일 ~ 2025 년 12 월 31 일		신고구분	1.정기신고				
		구분		금액	세율	세액		
과세표준및매출세액	과세	세금계산서발급분	1	325,000,000	10/100	32,500,000		
		매입자발행세금계산서	2		10/100			
		신용카드·현금영수증발행분	3		10/100			
		기타(정규영수증외매출분)	4	175,000,000		17,500,000		
	영세	세금계산서발급분	5		0/100			
		기타	6		0/100			
	예정신고누락분		7					
	대손세액가감		8					
	합계		9	500,000,000	㉮	50,000,000		
매입세액	세금계산서수취분	일반매입	10	425,000,000		42,500,000		
		수출기업수입분납부유예	10-1					
		고정자산매입	11	195,000,000		19,500,000		
	예정신고누락분		12					
	매입자발행세금계산서		13					
	그 밖의 공제매입세액		14					
	합계(10)-(10-1)+(11)+(12)+(13)+(14)		15	620,000,000		62,000,000		
	공제받지못할매입세액		16					
	차감계 (15-16)		17	620,000,000	㉯	62,000,000		
납부(환급)세액(매출세액㉮-매입세액㉯)					㉰	-12,000,000		

[4] 당기 법인세 총부담세액은 24,000,000원이며 법인세분 지방소득세는 3,000,000원이다. 다음의 자료만을 이용하여 적절한 결산 회계처리를 하시오(단, 거래처 입력은 생략하고, 납부할 세액은 미지급세금 계정을 사용할 것). (2점)

계정과목명	거래처명	금액	비고
선납세금	의정부세무서	10,000,000원	법인세 중간예납액
	동작세무서	2,500,000원	이자소득 원천징수분
	동작구청	250,000원	
예수금	의정부세무서	2,000,000원	12월 귀속 근로소득 원천징수분
	의정부시청	200,000원	

문제 4 원천징수와 관련된 다음의 물음에 답하시오. (10점)

[1] 2025년 2월 1일 회계팀에 과장 김서울(사원코드: 101) 씨가 신규 입사하였다. 다음 자료를 바탕으로 [사원등록] 메뉴를 이용하여 [기본사항] 탭과 [부양가족명세] 탭을 입력하고, 2월분 급여에 대한 [급여자료입력]과 [원천징수이행상황신고서]를 작성하시오. (4점)

※ 기타사항
- 사원등록 시 주소는 입력을 생략한다.
- 아래의 자료에 따라 수당 및 공제 항목을 입력하고, 표시된 수당 외의 항목은 사용여부를 "부"로 한다(단, 불러온 수당 및 공제 항목은 무시할 것).
- 수당등록 시 월정액 및 통상임금 여부는 고려하지 않는다.
- 원천징수이행상황신고서는 매월 작성하며, 김서울 씨의 급여내역만 반영하기로 한다.

1. 부양가족명세

가족관계	성명	주민등록번호	동거여부	비고
본인	김서울	791003-1450753		세대주, 내국인(거주자)
부친	김청주	510812-1450874	동거	사업소득금액 950,000원
모친	최영주	560705-2450853	주거형편상 별거	소득 없음
배우자	이진주	830725-2450717	동거	총급여 5,000,000원
장남	김대전	020708-3450719	주거형편상 별거	대학생, 장애인주1)
차녀	김대구	070815-4450855	동거	고등학생
형	김부산	750205-1450714	동거	사업소득금액 800,000원, 장애인주1)

주1)「장애인복지법」상 장애인이다.

2. 김서울의 2월분 급여명세서

급여내역	금액	공제내역	금액
기본급	4,800,000원	소득세	623,380원
상여	2,400,000원	지방소득세	62,330원
자가운전보조금	300,000원	국민연금	375,750원
식대	300,000원	건강보험	141,950원
월차수당	150,000원	장기요양보험	18,380원
직책수당	400,000원	고용보험	71,550원
급여합계	8,350,000원	공제합계	1,293,340원
		실지급액	7,056,660원

(1) 급여지급일은 매월 25일이다.
(2) 자가운전보조금은 본인 명의의 차량을 업무 목적으로 사용한 직원에게 규정에 따라 정액 지급하고 있으며, 실제 발생한 교통비는 별도로 지급하지 않는다.
(3) 복리후생 목적으로 식대를 지급하고 있으며, 이와 관련하여 별도의 현물식사는 제공하지 않는다.

[2] 다음 자료를 이용하여 [기타소득자등록] 및 [이자배당소득자료입력]을 하고, 이에 대한 [원천징수이행상황신고서]를 작성하시오. (4점)

1. 소득지급내역

구분	코드	성명	주민등록번호	소득금액	소득구분	소득지급일/영수일
개인	101	정지영	850505-2455744	6,000,000원	배당소득	2025.06.01.
개인	102	김봉산	890102-2415657	12,000,000원	이자소득	2025.07.01.

2. 상기 소득자는 모두 내국인이며, 거주자에 해당한다.
3. 배당소득은 당사의 주주총회에서 의결된 2024년도 이익잉여금 처분에 의한 배당금을 보통예금으로 지급한 것이다.
4. 이자소득은 당사가 발행한 사채에 대한 이자이다.
5. 위 소득 지급액에 대한 원천징수세율은 14%를 적용한다.
6. 위에 주어진 정보 외의 자료 입력은 생략한다.

[3] 다음의 자료를 이용하여 [원천징수이행상황신고서]를 직접 작성 및 마감하고, 전자신고를 완료하시오. (2점)

※ 소득자료(9월 귀속/9월 지급)

소득구분	신고코드	인원	총지급액	소득세	비고
사업소득	A25	1	2,000,000원	60,000원	매월(정기)신고

1. [전자신고] → [국세청 홈택스 전자신고변환(교육용)] 순으로 진행한다.
2. [전자신고] 메뉴의 [원천징수이행상황제작] 탭에서 신고인구분은 2.납세자 자진신고를 선택하고, 비밀번호는 자유롭게 입력한다.
3. [국세청 홈택스 전자신고변환(교육용)] → 전자파일변환(변환대상파일선택) → 찾아보기 에서 전자신고용 전자파일을 선택한다.
4. 전자신고용 전자파일 저장경로는 로컬디스크(C:)이며, 파일명은 "작성연월일.01.t사업자등록번호"다.
5. 형식검증하기 → 형식검증결과확인 → 내용검증하기 → 내용검증결과확인 → 전자파일제출 을 순서대로 클릭한다.
6. 최종적으로 전자파일 제출하기 를 완료한다.

문제 5 서강기업㈜(회사코드:1141)은 전자부품의 제조 및 건설업을 영위하는 중소기업으로, 당해 사업연도(제14기)는 2025.1.1.~2025.12.31.이다. [법인조정] 메뉴를 이용하여 기장되어 있는 재무회계 장부 자료와 제시된 보충자료에 의하여 해당 사업연도의 세무조정을 하시오. (30점) ※ 회사 선택 시 유의하시오.

── 작성대상서식 ──
1. 수입금액조정명세서, 조정후수입금액명세서
2. 퇴직연금부담금등조정명세서
3. 미상각자산감가상각조정명세서
4. 기부금조정명세서
5. 원천납부세액명세서(갑)

[1] 다음 자료를 이용하여 [수입금액조정명세서] 및 [조정후수입금액명세서]를 작성하고, 필요한 세무조정을 하시오. (7점)

1. 손익계산서상 수입금액은 다음과 같다.

구분	계정과목	기준경비율코드	결산서상 수입금액
1	제품매출	321012	1,535,000,000원
2	공사수입금	452127	298,150,000원
	계		1,833,150,000원

2. 아래의 공사에 대하여 손익계산서상 공사수입금액으로 200,000,000원을 계상하였다. 당사는 작업진행률에 의하여 공사수입금액을 인식하여야 하며, 작업진행률 관련 자료는 다음과 같다.
   - 공사명: 우리중학교 증축공사
   - 도급자: 세종특별시 교육청

항목	금액
도급금액	1,000,000,000원
총공사예정비용	700,000,000원
당기말 총공사비 누적액	455,000,000원
전기말 누적 공사수입 계상액	400,000,000원

3. 당사가 수탁자에게 판매를 위탁한 제품을 수탁자가 12월 31일에 판매한 제품매출 15,000,000원 (제품매출원가 10,000,000원)이 손익계산서 및 부가가치세 신고서에 반영되지 않았다.

4. 부가가치세법상 과세표준 내역

구분	금액	비고
제품매출	1,535,000,000원	–
공사수입금	298,150,000원	–
고정자산매각대금(수입금액 제외)	15,000,000원	기계장치 매각으로 세금계산서를 발행함
계	1,848,150,000원	

[2] 다음 자료를 이용하여 [퇴직연금부담금등조정명세서]를 작성하고, 관련된 세무조정을 [소득금액조정합계표및명세서]에 반영하시오. (6점)

1. 퇴직금추계액
   - 기말 현재 임·직원 전원 퇴직 시 퇴직금추계액: 280,000,000원
2. 퇴직급여충당금 내역
   - 기말 퇴직급여충당금: 25,000,000원
   - 기말 현재 퇴직급여충당금부인 누계액: 25,000,000원
3. 당기 퇴직 현황 및 퇴직연금 현황
   - 퇴직연금운용자산의 기초 금액: 210,000,000원
   - 당기 퇴직연금불입액: 40,000,000원
   - 당기 중 퇴직급여 회계처리는 다음과 같다.
   (차) 퇴직급여   16,000,000원   (대) 퇴직연금운용자산   3,000,000원
                                            보통예금   13,000,000원
   - 당사는 확정급여(DB)형 퇴직연금과 관련하여 신고조정으로 손금산입하고 있으며, 전기 말까지 신고조정으로 손금산입한 금액은 210,000,000원이다.

[3] 다음의 고정자산에 대하여 [고정자산등록]을 하고, [미상각자산감가상각조정명세서] 및 [감가상각비조정명세서합계표]를 작성한 뒤 자산별로 각각 필요한 세무조정을 하시오. (7점)

1. 감가상각대상자산

구분	코드	자산명	취득일	취득가액	전기말 감가상각누계액	당기 감가상각비 계상액	경비구분 / 업종
기계장치	100	A	2022.08.17.	300,000,000원	160,000,000원	60,000,000원	제조
기계장치	101	B	2023.07.21.	200,000,000원	40,000,000원	80,000,000원	제조

- 당사는 기계장치의 감가상각방법을 신고하지 않았지만, 기계장치의 내용연수는 5년으로 신고하였다.
- 기계장치 A의 전기말 상각부인액은 8,000,000원, 기계장치 B의 전기말 상각부인액은 4,000,000원이다.

2. 당기 수선 내역

자산명	수선비	회계처리	계정과목
A	20,000,000원	비용으로 처리	수선비(제)
B	15,000,000원	자산으로 처리	기계장치

- 위 수선비 지출 내역은 모두 자본적지출에 해당한다.

[4] 다음의 자료만을 이용하여 [기부금조정명세서]를 작성하고 필요한 세무조정을 하시오. (6점)

(1) 당기 기부금 내용은 다음과 같으며 적요 및 기부처 입력은 생략한다.

일자	금액	지급내용
08월 20일	7,000,000원	한라대학교(사립학교)에 연구비로 지출한 기부금
09월 05일	4,000,000원	A사회복지법인 고유목적사업기부금
11월 20일	2,000,000원	정부로부터 인·허가를 받지 않은 B예술단체에 지급한 금액
12월 10일	6,000,000원	C종교단체 어음 기부금(만기일 2025.01.05.)

(2) 기부금 한도 계산과 관련된 자료는 다음과 같다.

- 전기 말까지 발생한 기부금 중 손금산입 한도 초과로 이월된 금액은 2024년 일반기부금 한도초과액 7,000,000원이다.
- 기부금 관련 세무조정을 반영하기 전 [법인세과세표준및세액조정계산서]상 차가감소득금액 내역은 아래와 같고, 세무상 이월결손금 25,000,000원(2021년도 발생분)이 있다(단, 당사는 중소기업이며, 불러온 자료는 무시하고 아래의 자료만을 이용할 것).

구분		금액
결산서상 당기순이익		200,000,000원
소득조정금액	익금산입	40,000,000원
	손금산입	12,000,000원
차가감소득금액		228,000,000원

[5] 다음의 자료는 2025년 1월 1일부터 12월 31일까지의 원천징수와 관련한 자료이다. 주어진 자료를 이용하여 [원천납부세액명세서(갑)]를 작성하시오(단, 지방세 납세지의 입력은 생략할 것). (4점)

적요	원천징수 대상금액	원천징수일	원천징수세율	원천징수의무자	사업자등록번호
정기예금 이자	8,000,000원	2025.06.30.	14%	㈜부전은행	103-81-05259
비영업대금 이자	10,000,000원	2025.10.31.	25%	㈜삼송테크	210-81-23588
정기적금 이자	5,000,000원	2025.12.31.	14%	㈜서울은행	105-81-85337

이패스 전산세무 1급

PART 09

정답 및 해설

정답 및 해설 — 119회 최신기출문제

이론시험 정답 및 해설 A형

01	02	03	04	05	06	07	08	09	10	11	12	13	14	15
②	④	①	④	①	④	①	③	②	②	①	③	③	②	①

01 ② ① 자본은 자산에서 부채를 차감한 잔여지분, '자산 = 부채 + 자본'
② 주식을 이익잉여금으로 소각하는 경우, 소각한 주식의 취득원가만큼 이익잉여금이 줄어든다. 따라서 이익잉여금을 증가시킨다는 내용은 잘못된 설명이다.
③ 자기주식을 장부금액보다 높은 금액으로 처분하면, 그 차액은 자본잉여금으로 처리한다. 이는 자본거래에서 발생한 이익은 손익이 아닌 자본잉여금으로 인식하기 때문이다.
④ 현금배당을 결의하면, 그 금액만큼 이익잉여금에서 차감하게 된다. 이는 주주에게 이익을 배분하는 일반적인 회계처리이다.

02 ④ 현금 지급이자는 표시이자율대로 할인발행이나 할증발행 모두 일정하다.

03 ① 재화의 소유에 따른 위험과 효익을 가지지 않고 타인의 대리인 역할을 수행하여 재화를 판매하는 경우에는 판매대금 총액을 수익으로 계상하지 않고 판매수수료만 수익으로 인식한다.

04 ④ 물가가 상승하는 경우 기말재고액은 선입선출법이 가장 크고 후입선출법이 가장 작으며, 매출원가는 후입선출법이 가장 크고 선입선출법이 가장 작다.

05 ① 0원
• 공사대금평균지출액 500,000,000원 − 특정차입금평균지출액 525,000,000원(주1) = (−)25,000,000원
(주1) 700,000,000원 × (9/12) = 525,000,000원
• 특정차입금이 공사대금보다 크므로 일반차입금 자본화대상 차입원가를 계상할 필요가 없다.

06 ④ 가공원가는 직접노무원가와 제조간접원가의 합을 의미한다.

07 ① ① 표준원가계산은 제품의 단위당 표준원가를 기준으로 실제원가와의 차이를 분석하는 제도이며, 개별원가계산뿐 아니라 종합원가계산에도 적용할 수 있다.
② 직접재료 가격차이는 원재료를 구입한 시점 또는 사용하는 시점 중 어느 시점을 기준으로 분석할 수 있으나, 어느 시점을 택하더라도 직접재료의 능률차이(수량차이)에는 영향을 주지 않는다.
③ 표준원가는 정상적인 능률로 작업이 수행될 경우, 제품 1단위를 생산하는 데 소요될 것으로 예상되는 원가를 사전에 설정한 것을 말한다.
④ 원가차이 분석에서 유리한 차이(Favorable Variance)는 실제 원가가 표준보다 적게 발생하여 이익에 긍정적인 영향을 미치는 경우를 의미한다.

08 ③ 연산품 B의 순실현가능가치가 증가하므로 연산품 B의 결합원가 배부액이 증가하고 연산품 A의 결합원가 배부액은 감소한다.
① 결합원가를 순실현가능가치(NRV)에 따라 배부하는 경우, 각 연산품의 순실현가능가치 비율에 따라 결합원가가 나누어진다. 연산품 B의 순실현가능가치가 증가하면 B에 더 많은 결합원가가 배부되고, 상대적으로 A의 배부액은 감소한다.
② 연산품 A의 순실현가능가치는 자체 요인(예: 판매가격, 추가가공비 등)에 의해 결정되며, B의 판매가치 증가와는 직접적인 관련이 없다.
③ 순실현가능가치법에서는 각 제품의 순실현가능가치 비율에 따라 결합원가를 배부한다. 연산품 B의 최종판매가치가 증가하면 B의 순실현가능가치가 커지고, 그 결과 B에 배부되는 결합원가도 증가하게 된다.
④ 순실현가능가치는 '판매가격 − 추가가공비 − 판매비용'으로 계산된다. 판매가격이 증가하면 순실현가능가치는 증가한다.

09 ② 2,050,000원
- 과소배부액 중 기말제품으로의 조정액: 200,000원 × 2,000,000원/8,000,000원 = 50,000원
- 조정 후 기말제품가액: 2,000,000원 + 50,000원 = 2,050,000원

10 ② 26,500개
- 기초재공품 중 완성품 재료비 5,000개 + 당기착수 중 당기완성 21,500개 + 기말재공품 0개 = 26,500개

11 ① 면세사업용 재화의 과세전환 매입세액공제는 확정신고에만 적용한다.

12 ③ 필요적 기재사항인 작성일자가 올바르지 않은 경우에는 수정세금계산서를 발급해야 한다.

13 ③ 공동사업에서 발생한 소득금액 중 출자공동사업자(경영 미참가)가 받는 손익분배비율에 상당하는 금액은 배당소득으로 분류한다.

14 ② 76,200,000원
- 종합소득금액 = 사업소득금액 51,000,000원 + 기타소득금액 8,000,000원 × (1 − 60%) + 주택임대소득금액 22,000,000원 = 76,200,000원

15 ① 법인세법상 재고자산 평가방법에서 후입선출법을 인정한다.

실무시험 정답 및 해설

문제 1 전표입력

01 매입매출전표입력

유형	품목	공급가액	부가세	공급처명	전자	분개
57.카과	회식대	300,000원	30,000원	크크식당 (신용카드사:하나카드)		혼합 또는 카드
분개	(차변) 복리후생비(제) 부가세대급금	300,000원 30,000원		(대변) 미지급금(하나카드) 또는 미지급비용		330,000원

02 일반전표입력

2025.08.03. (차) 보통예금   23,000,000원   (대) 매도가능증권   20,000,000원
             매도가능증권처분손실   7,000,000원   매도가능증권평가손실   10,000,000원

03 일반전표입력

2025.08.10. (차) 외화장기차입금(일본 소니뱅크) 27,000,000원   (대) 보통예금   34,200,000원(주1)
             이자비용   950,000원(주2)
             수수료비용(984)   4,750,000원(주3)
             외환차손   1,500,000원(주4)

(주1) (¥30,000 + ¥1,000 + ¥5,000) × 950원 = 34,200,000원
(주2) ¥1,000 × 950원 = 950,000원
(주3) ¥5,000 × 950원 = 4,750,000원
(주4) ¥30,000 × (950원 − 900원) = 1,500,000원

04 매입매출전표입력

유형	품목	공급가액	부가세	공급처명	전자	분개
11.과세	제품매출	20,000,000원	2,000,000원	㈜나비카	여	혼합
분개	(차변) 보통예금 선수금	22,000,000원 40,000,000원		(대변) 제품매출 부가세예수금		60,000,000원 2,000,000원

• 부가가치세법상 중간지급조건부 거래의 공급시기는 대가의 각 부분을 받기로 한 때이며, 일반기업회계기준상 매출 인식 시기는 인도기준(잔금 지급일)

문제 2 부가가치세신고서 및 부속서류 작성

01 1. 매입매출전표입력

유형	품목	공급가액	부가세	공급처명	전자	분개
12.영세	제품매출	50,000,000원		㈜번암	여	혼합
분개	(차) 받을어음		50,000,000원	(대) 제품매출		50,000,000원
영세율구분: 3.내국신용장·구매확인서에 의하여 공급하는 재화				서류번호:FVU2480256		

2. [내국신용장,구매확인서전자발급명세서] 메뉴 작성

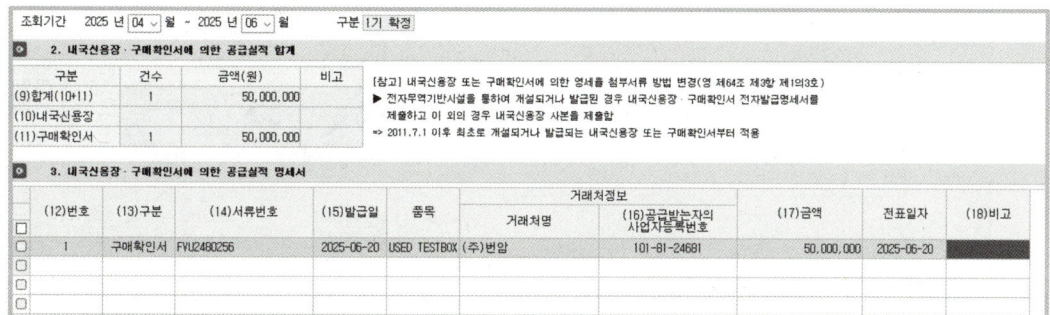

02 [부동산임대공급가액명세서] 작성

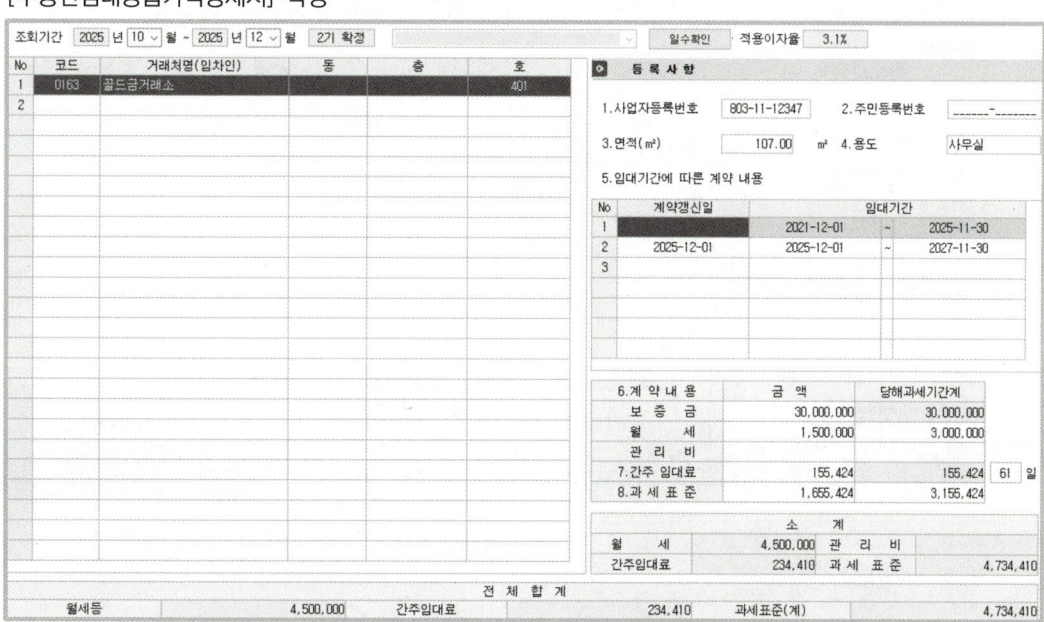

03 1. [부가가치세신고서] 및 관련 부속서류 마감 확인

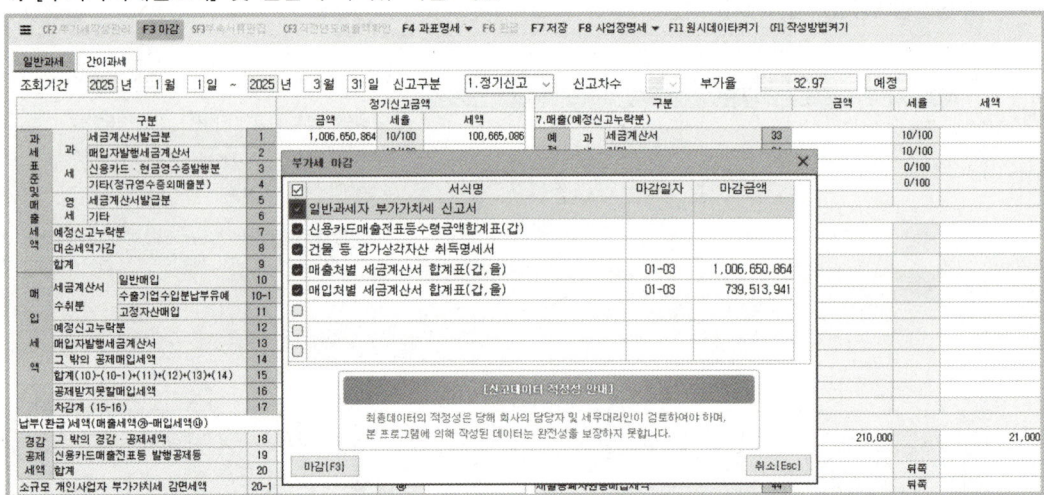

2. [전자신고] → [전자신고제작] 탭 → F4 제작 → 비밀번호 입력

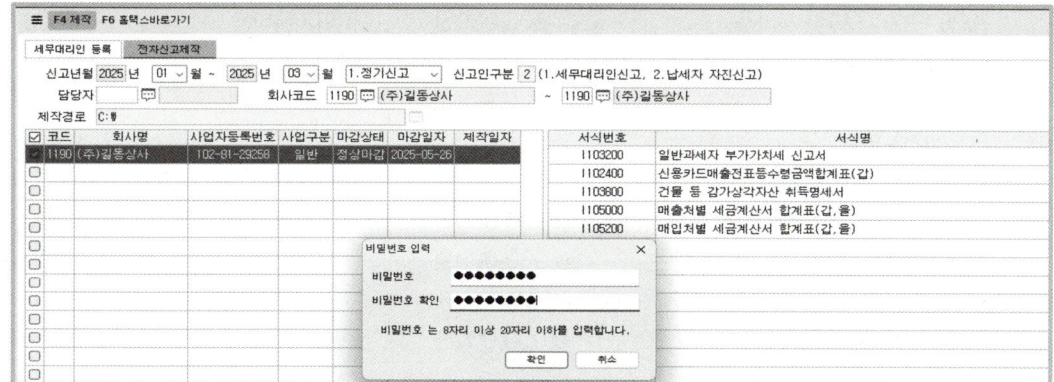

3. [국세청 홈택스 전자신고변환(교육용)]

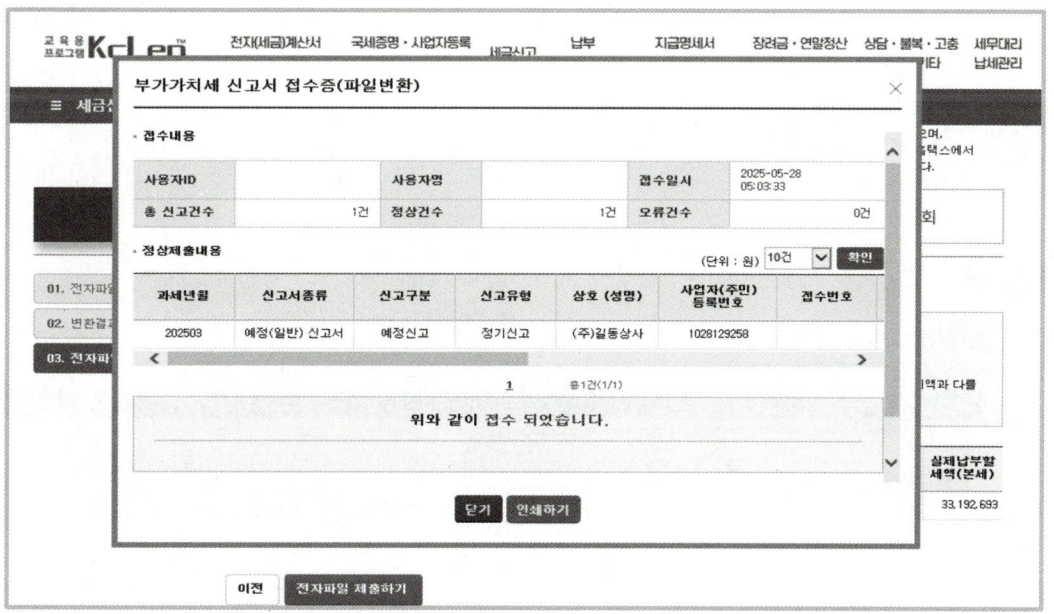

문제 3

01 일반전표입력

2025.12.31. (차) 퇴직연금운용자산　　　2,250,000원　　(대) 퇴직연금운용수익　　2,250,000원(주1)
　　　　　　　　　　　　　　　　　　　　　　　　　　또는 이자수익

(주1) 50,000,000원 × 6% × 9/12 = 2,250,000원

02 일반전표입력

2025.12.31. (차) 이자비용　　　　　　　584,106원　　(대) 보통예금　　　　　650,000원
　　　　　　사채할증발행차금　　　　65,894원

또는,

2025.12.31. (차) 이자비용　　　　　　　584,100원　　(대) 보통예금　　　　　650,000원
　　　　　　사채할증발행차금　　　　65,900원

※ 원단위 이하는 절사한다는 지문의 표현이 부정확하므로 위의 두 전표를 복수정답으로 인정함

03 일반전표입력

2025.12.31. (차) 이자비용   500,000원   (대) 미지급비용   500,000원

• 50,000,000원 × 6% × 2/12 = 500,000원

04 1. 일반전표입력

2025.12.31. (차) 무형자산상각비(특허권) 20,000,000원   (대) 특허권   20,000,000원
　　　　　　　　 무형자산상각비(개발비) 10,000,000원   개발비   10,000,000원
　　　　　　　　 무형자산손상차손   30,000,000원   개발비   30,000,000원

• 특허권 상각비: 200,000,000원 ÷ 10년 = 20,000,000원
• 개발비 상각비: 50,000,000원 ÷ 5년 = 10,000,000원

또는,

2. ① [일반전표입력]
　　　2025.12.31. (차) 무형자산손상차손   30,000,000원   (대) 개발비   30,000,000원
　② [결산자료입력]
　　　4. 판매비와 일반관리비 〉 6).무형자산상각비 〉 특허권 20,000,000원, 개발비 10,000,000원 입력
　　　〉 F3 전표추가

문제 4

01 1. [사업소득자등록] 작성

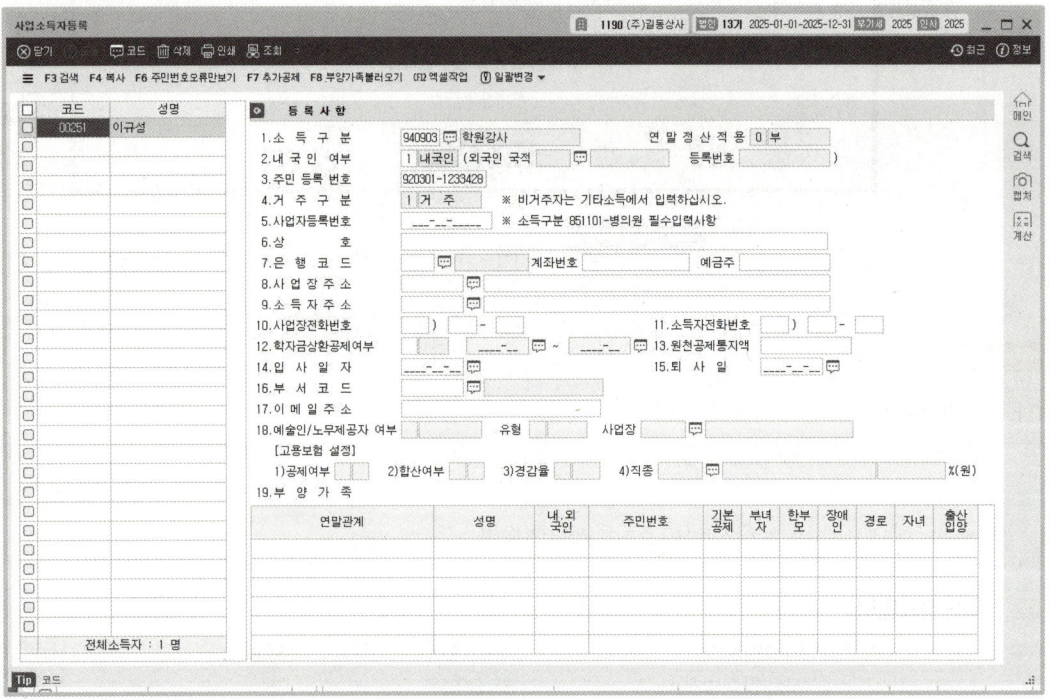

2. [사업소득자료입력] 작성

3. [원천징수이행상황신고서] 작성

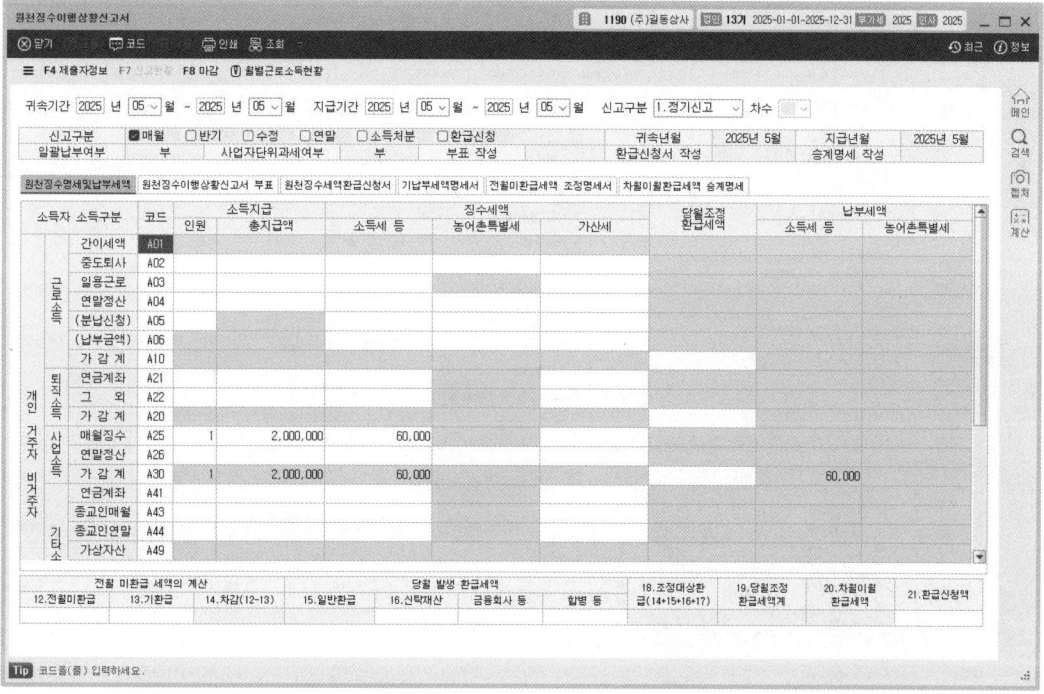

02 1. [기타소득자등록]

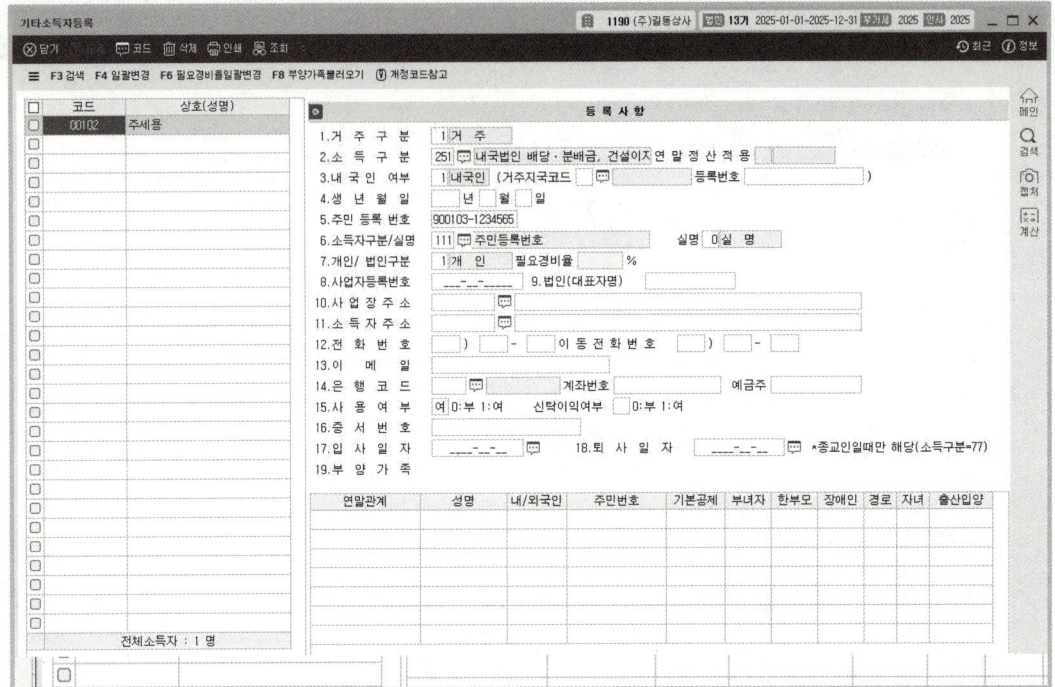

2. [이자배당소득자료입력]

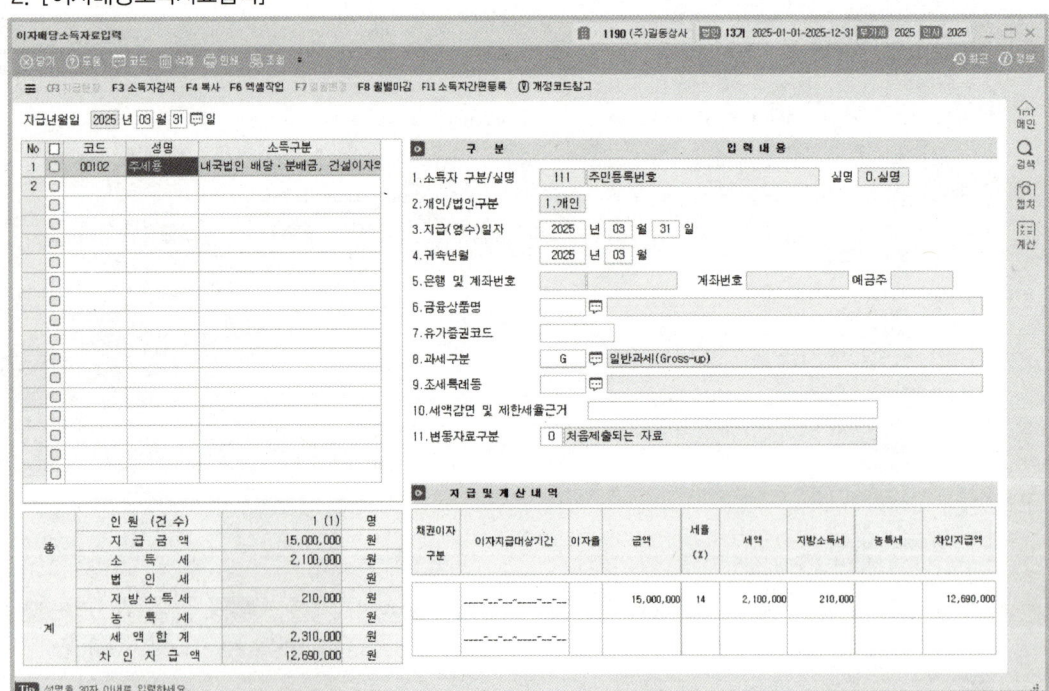

03 1. [수당등록]

No	코드	과세구분	수당명	근로소득유형			월정액	통상임금	사용여부
				유형	코드	한도			
1	1001	과세	기본급	급여			정기	여	여
2	1002	과세	상여	상여			부정기	부	부
3	1003	과세	직책수당	급여			정기	부	여
4	1004	과세	월차수당	급여			정기	부	부
5	1005	비과세	식대	식대	P01	(월)200,000	정기	부	여
6	1006	비과세	자가운전보조금	자가운전보조금	H03	(월)200,000	부정기	부	여
7	1007	비과세	야간근로수당	야간근로수당	001	(연)2,400,000	부정기	부	부
8	2001	비과세	보육수당	보육수당	Q02	(월)200,000	정기	부	여
9									

2. [연말정산] 반영

- Shift + F6: 새로불러오기 → 연말정산데이터적용

No		사원코드	사원명	소득세	지방소득세	농특세
1	☐	105	김종화	-2,135,240	-213,420	
		합계		-2,135,240	-213,420	

*** 소득세/지방소득세/농어촌특별세는 전년도 연말정산추가자료 입력의 차감징수세액을 반영합니다.

3. [급여자료입력] 작성

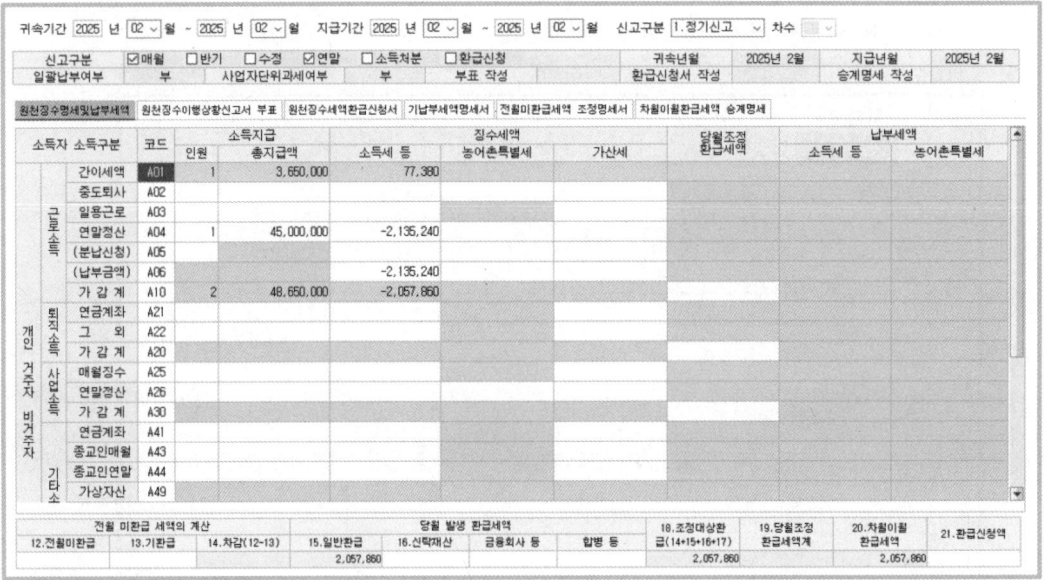

4. [원천징수이행상황신고서] 작성

5. 전자신고파일 제작 및 전자신고

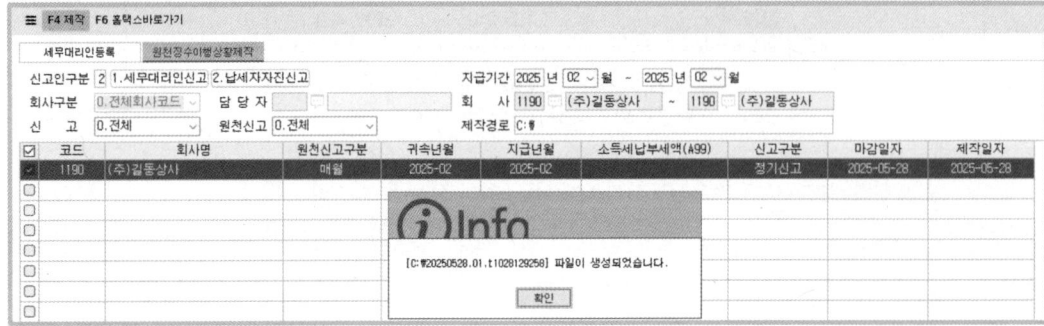

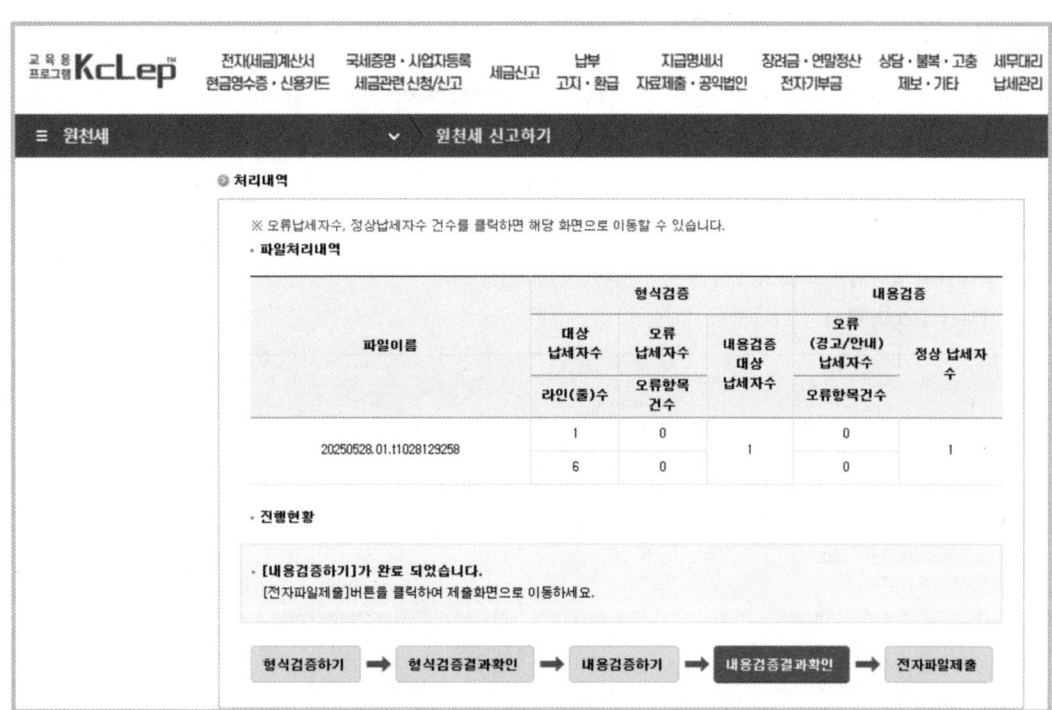

문제 5

─── 세무조정 작성대상서식 ───

1. 기업업무추진비조정명세서
2. 미상각자산감가상각조정명세서, 감가상각비조정명세서합계표
3. 업무무관부동산등에관련한차입금이자조정명세서
4. 소득금액조정합계표및명세서
5. 기부금조정명세서

01 1. [기업업무추진비조정명세서]

16.총초과금액 = 3만원 초과금액 71,500,000원 - 사적경비 2,500,000원 = 69,000,000원(71,500,000원 입력해도 무방함)

		합계	기업업무추진비(판관)			
1. 수입금액명세						
구 분		1. 일반수입금액		2. 특수관계인간 거래금액	3. 합 계(1+2)	
금 액		10,000,000,000		1,500,000,000	11,500,000,000	
2. 기업업무추진비 해당금액						
4. 계정과목		합계	기업업무추진비(판관)			
5. 계정금액		78,000,000	78,000,000			
6. 기업업무추진비계상액 중 사적사용경비		2,500,000	2,500,000			
7. 기업업무추진비해당금액(5-6)		75,500,000	75,500,000			
8. 신용카드등 미사용 금액	결조사비 중 기준금액 초과액	9. 신용카드 등 미사용금액				
		10. 총 초과금액				
	국외지역 지출액 (법인세법 시행령 제41조제2항제1호)	11. 신용카드 등 미사용금액				
		12. 총 지출액				
	농어민 지출액 (법인세법 시행령 제41조제2항제2호)	13. 송금명세서 미제출금액				
		14. 총 지출액				
	기업업무추진비 중 기준금액 초과액	15. 신용카드 등 미사용금액	1,500,000	1,500,000		
		16. 총 초과금액	69,000,000	69,000,000		
17. 신용카드 등 미사용 부인액		1,500,000	1,500,000			
18. 기업업무추진비 부인액(6+17)		4,000,000	4,000,000			

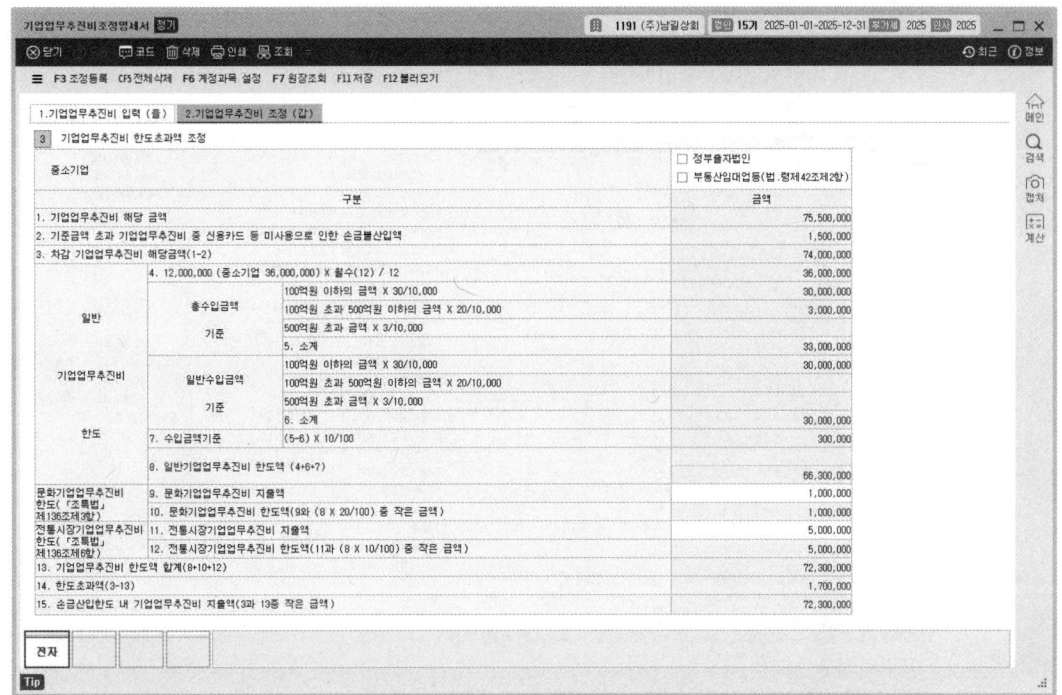

2. F3 조정등록

익금산입 및 손금불산입			손금산입 및 익금불산입		
과 목	금 액	소득처분	과 목	금 액	소득처분
기업업무추진비 사적경비	2,500,000	상여			
기업업무추진비 신용카드미사용액	1,500,000	기타사외유출			
기업업무추진비 한도초과액	1,700,000	기타사외유출			

02 1. [고정자산등록]

① 기계장치
- 수선비(자본적지출 + 수익적 지출): 9,500,000원 < Max(6,000,000원, 191,598,334원 × 0.05) = 9,579,917원
- 수선비 9,500,000원은 즉시상각의제 특례에 해당되어 전액 손금으로 인정

② 공구와기구

2. [미상각자산감가상각조정명세서]

① 호이스트

② 레이저절단기

3. [감가상각비조정명세서합계표]

| | 1.자산구분 | 코드 | 2.합계액 | 유형자산 | | | 6.무형자산 |
				3.건축물	4.기계장치	5.기타자산	
재무상태표 상가액	101.기말현재액	01	287,500,000		260,000,000	27,500,000	
	102.감가상각누계액	02	173,223,207		158,401,666	14,821,541	
	103.미상각잔액	03	114,276,793		101,598,334	12,678,459	
	104.상각범위액	04	98,347,221		86,410,848	11,936,373	
	105.회사손금계상액	05	103,788,000		90,000,000	13,788,000	
조정금액	106.상각부인액 (105-104)	06	5,440,779		3,589,152	1,851,627	
	107.시인부족액 (104-105)	07					
	108.기왕부인액 중 당기손금추인액	08					
	109.신고조정손금계상액	09					

4. F3 조정등록

익금산입 및 손금불산입			손금산입 및 익금불산입		
과 목	금 액	소득처분	과 목	금 액	소득처분
기계장치 감가상각비 한도초과	3,589,152	유보발생			
공구와기구 감가상각비 한도초과	1,851,627	유보발생			

• 수선비(자본적 지출 + 수익적 지출): 9,500,000원 < Max(6,000,000원, 191,598,334원 × 0.05)
  = 9,579,917원

∴ 수선비 총액을 즉시상각의제 특례로 보아 전액 손금으로 처리한다.

03

1. [업무무관부동산등에관련한차입금이자조정명세서(을)]: [1.적수입력(을)] 탭

  ① [1.업무무관부동산] 탭

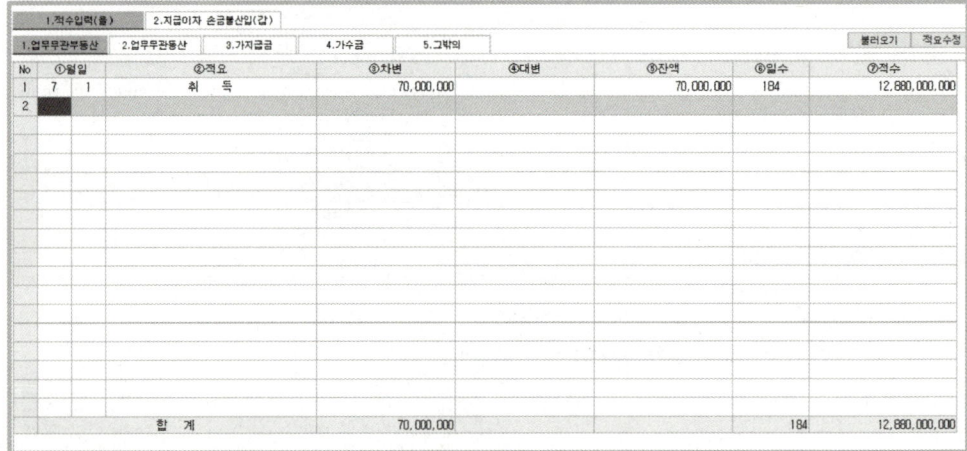

  ② [3.가지급금] 탭

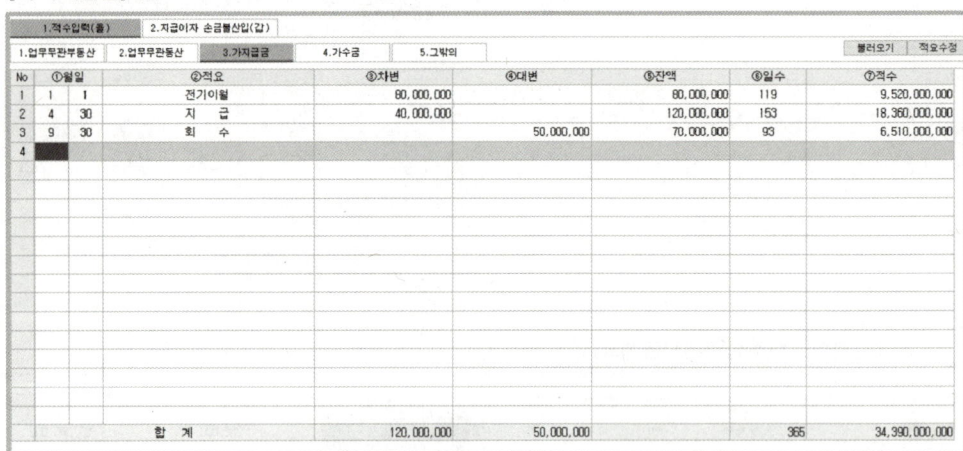

③ [4.가수금] 탭

No	①월일	②적요	③차변	④대변	⑤잔액	⑥일수	⑦적수
1	6 30	가 수		30,000,000	30,000,000	185	5,550,000,000
2							
	합계			30,000,000		185	5,550,000,000

2. [업무무관부동산등에관련한차입금이자조정명세서(갑)]: [2.지급이자 손금불산입(갑)] 탭

2 1. 업무무관부동산 등에 관련한 차입금 지급이자

①지급이자	적 수				⑥차입금(=⑤)	⑦ ⑥과 ⑤중 적은 금액	⑧손금불산입 지급이자 (①×⑦÷⑥)
	②업무무관부동산	③업무무관동산	④가지급금 등	⑤계(②+③+④)			
25,200,000	12,880,000,000		28,840,000,000	41,720,000,000	138,700,000,000	41,720,000,000	7,579,985

1 2. 지급이자 및 차입금 적수 계산 [연이율 일수 현재: 365일]

No	(9)이자율(%)	(10)지급이자	(11)차입금적수	(12)채권자불분명 사채이자 수령자불분명 사채이자		(15)건설 자금 이자 국조법 14조에 따른 이자		차 감	
				(13)지급이자	(14)차입금적수	(16)지급이자	(17)차입금적수	(18)지급이자 (10-13-16)	(19)차입금적수 (11-14-17)
1	7.00000	2,100,000	10,949,999,999	2,100,000	10,949,999,999				
2	9.00000	7,200,000	29,200,000,000					7,200,000	29,200,000,000
3	6.00000	18,000,000	109,500,000,000					18,000,000	109,500,000,000
	합계	27,300,000	149,649,999,999	2,100,000	10,949,999,999			25,200,000	138,700,000,000

3. F3 조정등록

익금산입 및 손금불산입			손금산입 및 익금불산입		
과 목	금 액	소득처분	과 목	금 액	소득처분
채권자불분명 사채이자	2,100,000	상여			
업무무관자산 지급이자	7,579,958	기타사외유출			

04 [소득금액조정합계표및명세서]

익금산입 및 손금불산입			손금산입 및 익금불산입		
과 목	금 액	소득처분	과 목	금 액	소득처분
자기주식(자산수증이익)	20,000,000	유보발생	환급금이자	12,000	기타
대손상각비	5,000,000	기타사외유출			
법인세등	7,500,200	기타사외유출			

05 1. [기부금조정명세서]

① [1.기부금 입력] 탭

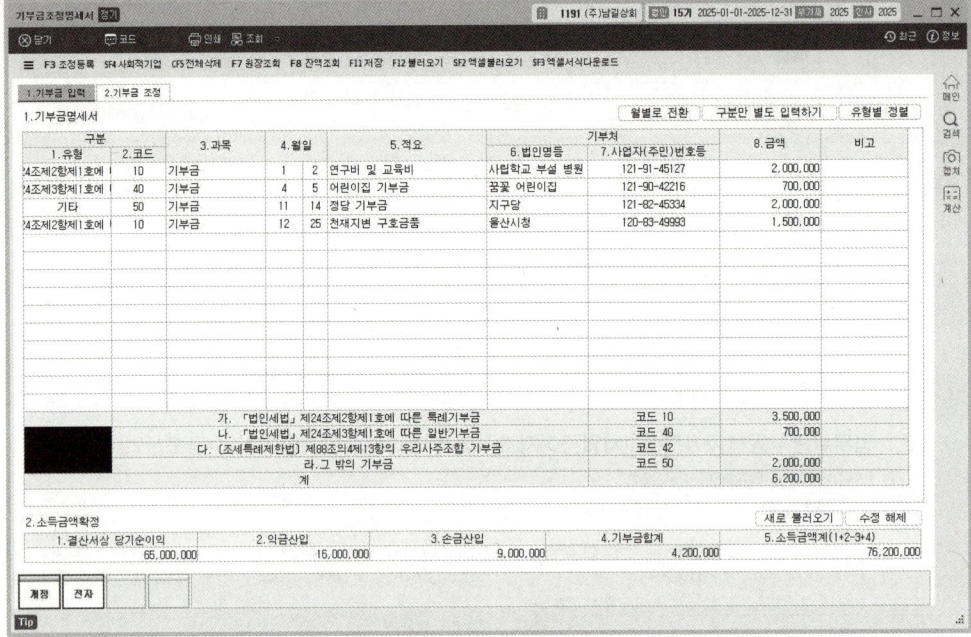

② F3 조정등록

- 법인이 정당에 지급하는 기부금은 기타기부금

익금산입 및 손금불산입			손금산입 및 익금불산입		
과 목	금 액	소득처분	과 목	금 액	소득처분
정당기부금	2,000,000	기타사외유출	환급금이자	12,000	기타

③ [2.기부금 조정] 탭

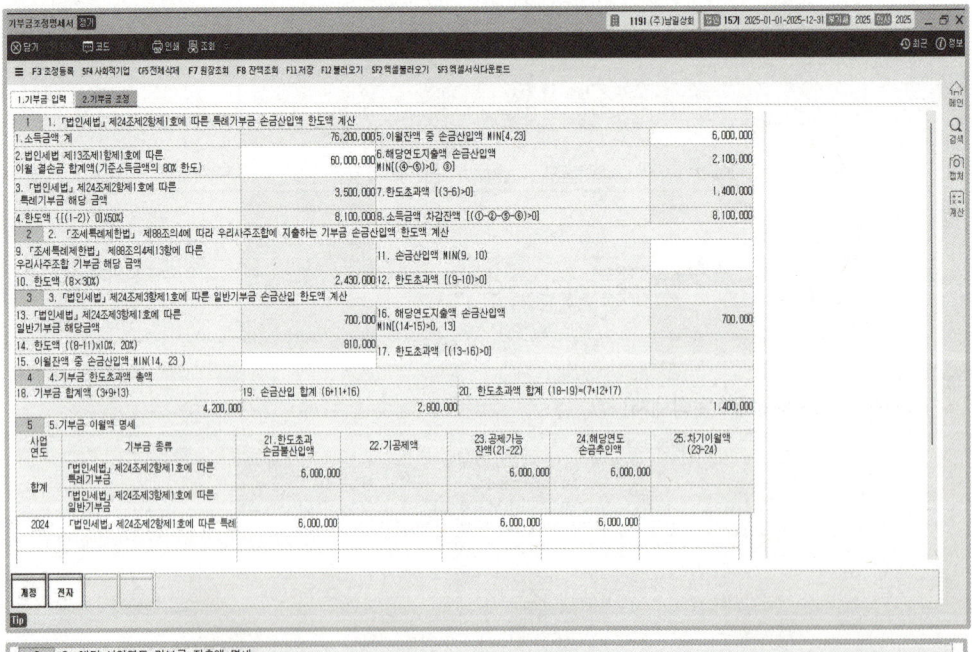

정답 및 해설 | 118회 최신기출문제

이론시험 정답 및 해설 A형

01	02	03	04	05	06	07	08	09	10	11	12	13	14	15
②	①	④	③	②	②	①	④	①	③	②	③	②	②	③

01 ② 단기매매증권은 최초 인식 시 공정가치로 측정하며, 단기매매증권의 취득 관련원가(증권거래소의 수수료 등)는 당기 비용으로 인식한다.

02 ① 10,950,000원
- 상품: 700개 × 2,500원/개 = 1,750,000원
- 제품: 2,100개 × 4,000원/개 = 8,400,000원
- 재공품: 1,000개 × 800원/개 = 800,000원

03 ④ 신규 취득한 연도의 감가상각비는 정액법보다 정률법 상각비가 더 크다. 회계담당자가 실수로 정액법을 사용하였으므로 감가상각비는 과소계상 되고, 당기순이익은 과대계상 된다. 또한 감가상각비가 과소계상 되므로 기계장치의 장부가액은 과대계상 된다.

04 ③ 처분이익은 고려하지 아니한다. 충당부채는 의무를 이행하기 위해 필요한 지출의 최선의 추정치를 기준으로 측정한다. 이때 관련 자산의 처분 가능성이 있더라도, 그 자산의 처분이익은 충당부채 금액에서 차감하지 않는다. 충당부채는 '지출될 금액'을 추정하는 것이므로, 처분이익은 반영하지 않는 것이 원칙이다.

05 ② 1,030,000원
제품 판매 후 제공할 용역에 대해서 식별 가능한 금액이 포함되어 있는 경우에는 용역이 수행되는 기간에 비례하여 수익으로 인식해야 한다.
∴ 제품 1,000,000원 + 용역수익 30,000원(= 120,000원/24개월 × 6개월) = 1,030,000원

06 ② 50%
- 가공원가 완성품환산량: 300,000원/30원 = 10,000개/원
- 기초재공품 완성품환산량: 10,000개 − (2,500개 × 80% + 7,250개) = 750개
- 기초재공품 완성도: (1 − 750개/1,500개) × 100 = 50%

07 ① 실제개별원가계산에 대한 설명이다. 정상개별원가계산에서는 예정배부율을 기초에 미리 정하여 기중에도 제품원가를 추정할 수 있다. 즉, 작업 완료 시점에 관계없이 간접원가를 예정대로 배부하여 원가 계산이 가능하다.

08 ④ ① 기회비용은 회계장부에는 기록되지 않지만 의사결정에 영향을 미치는 관련원가이다.
② 가공원가는 직접노무원가, 제조간접원가의 합이다.
③ 매몰원가는 비관련원가에 해당한다.

09 ① 표준원가의 설정은 이론적으로는 과학적·객관적으로 해야 하나, 실제로는 여러 부서의 협의, 과거자료 분석, 작업환경 변화 등 복잡한 요소를 반영해야 하므로 간단하게 설정하기 어렵다.

10 ③ 840,000원
- 제조간접원가: 직접재료원가 300,000원 × 120% = 360,000원
- 가공원가(직접노무원가의 300%): 직접노무원가 + 제조간접원가
  ∴ 직접노무원가 = 180,000원
- 당기총제조원가: 직접재료원가 + 직접노무원가 + 제조간접원가
  = 300,000원 + 180,000원 + 360,000원 = 840,000원

11 ② 음식점업을 영위하는 법인사업자의 공제율은 6/106이다.

12 ③ 간이과세자의 해당 과세기간에 대한 공급대가의 합계액이 4,800만원 미만이면 납부의무를 면제한다.

13 ② ① 신규로 사업을 등록한 거주자의 과세기간은 1월 1일부터 12월 31일까지이다.
③ 국외로 이전하는 경우 과세기간은 1월 1일부터 출국일까지이다.
④ 상속개시일이 속하는 달의 말일부터 6개월 이내에 확정신고를 하여야 한다.

14 ② 세액감면 중 미감면분은 이월하지 않고 소멸된다.

15 ③ 업무용 토지의 취득세는 자산의 취득가액에 포함되는 금액으로, 회계상 세금과공과로 처리했다면 세법상 자산을 증가시켜야 하므로, 〈손금불산입〉 토지 (유보)

실무시험 정답 및 해설

문제 1 회계처리

01 일반전표입력

2025.03.15. (차) 퇴직급여(판)	5,000,000원	(대) 보통예금	800,000원
		퇴직연금운용자산	4,200,000원

02 매입매출전표입력

유형	품목	수량	단가	공급가액	부가세	거래처	전자	분개
51.과세	사무실 청소			200,000	20,000	㈜바른청소	여	혼합
분개 (혼합)	(차변) 건물관리비(판) 부가세대급금			200,000원 20,000원	(대변) 선급비용			220,000원

03 일반전표입력

2025.05.23. (차) 보통예금	9,600,000원	(대) 사채(㈜영웅전자)	10,000,000원
사채할인발행차금	700,000원	현금	300,000원

04 매입매출전표입력

유형	품목	수량	단가	공급가액	부가세	거래처	전자	분개
57.카과	직원회식			2,000,000	200,000	㈜옛골식당 신용카드사: 롯데카드		카드 또는 혼합
분개 (혼합)	(차변) 복리후생비(제) 부가세대급금			2,000,000원 200,000원	(대변) 미지급금(롯데카드) 또는 미지급비용(롯데카드)			2,200,000원

문제 2 부가가치세신고서 및 부속서류

01 다음의 자료를 바탕으로 2024년 제2기 부가가치세 예정신고기간(2024.07.01.~2024.09.30.)의 [수출실적명세서](거래처명 생략) 및 [영세율매출명세서]를 작성하시오. 단, 매입매출전표 입력은 생략한다. (4점)

1. 2024년 기준환율

일자	7월 20일	7월 26일	7월 30일	8월 30일
환율	1,350원/$	1,380원/$	1,400원/$	1,450원/$

2. 매출 내역
(1) 수출실적내용

수출신고번호	선적일자	대금결제일	통화	금액
33852-22-458225X	2024년 7월 20일	2024년 7월 30일	USD	$100,000
85220-28-129820X	2024년 7월 26일	2024년 7월 30일	USD	$2,000

(2) 기타영세율(국내에서 외국법인에게 공급한 재화로 영세율적용 대상)

서류명	발급자	발급일자	공급일자	통화	금액
외화입금증명서	한국은행	2024년 8월 30일	2024년 7월 30일	USD	$300,000

02 1. [수출실적명세서]

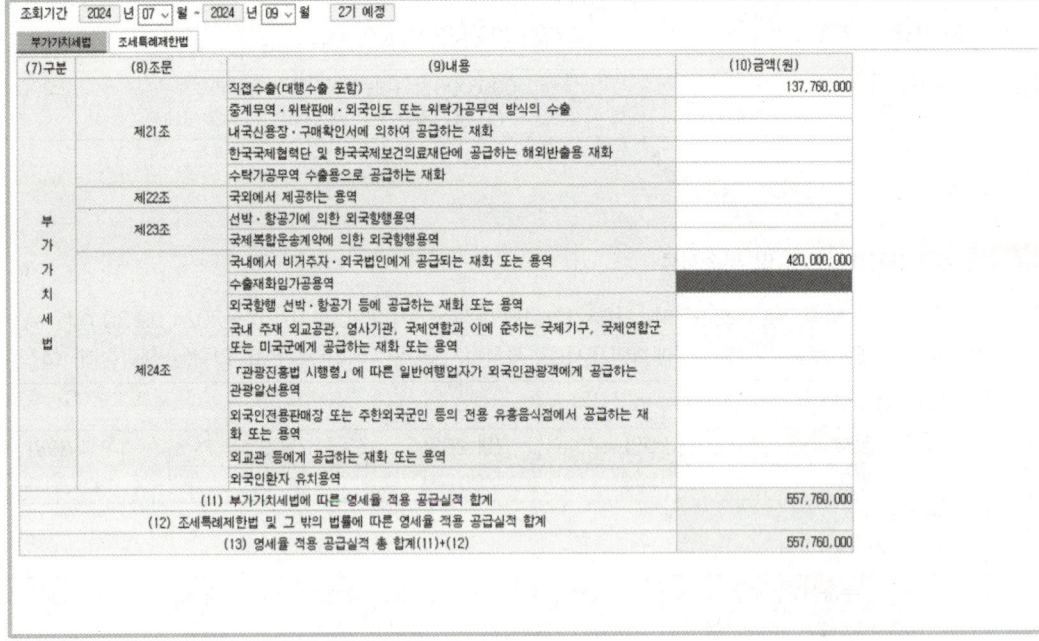

2. [영세율매출명세서]
- 직접수출 금액: 수출실적명세서 원화 137,760,000원
- 국내에서 비거주자·외국법인에게 공급되는 재화 또는 용역: 1,400원/$ × $300,000 = 420,000,000원

03 2024년 제2기 부가가치세 확정신고(신고기한 및 신고일: 2025년 1월 27일)에 대한 수정신고(1차)를 2025년 2월 15일에 하고자 한다. 수정신고와 관련하여 누락된 자료는 아래와 같으며, 일반과소신고로서 미납일수는 19일로 가정하고 계산하시오. 아래 자료를 이용하되 매입매출전표입력은 생략하고 제2기 확정신고기간의 [부가가치세신고서(과세표준명세 포함)]와 [과세표준수정신고서및추가자진납부]를 작성하시오(수정신고사유: 매입매출누락). (6점)

> ※ 누락 내역
> - 10월 15일 A거래처 외상 제품매출(공급가액 4,000,000원, 세액 400,000원, 전자세금계산서 발급함)
> - 11월 10일 B거래처에 신한카드로 결제받고 제품매출(공급대가 2,200,000원)
> - 12월 13일 개별소비세 과세대상인 5인승 업무용 승용차를 구입
>   (공급가액 25,000,000원, 세액 2,500,000원, 전자세금계산서 발급받음)

1. [부가가치세신고서] 작성

1) 신고구분: (2.수정신고 / 신고차수 1차)로 변경 후, 추가입력
   - 1. 세금계산서발급분: 공급가액 4,000,000원, 세액 400,000원 가산하여 384,000,000원, 38,400,000원
   - 3. 신용카드·현금영수증발행분: 공급가액 4,000,000원, 세액 400,000원
   - 11. 고정자산매입: 공급가액 25,000,000원, 세액 2,500,000원
   - 16. 공제받지못할매입세액: 공급가액 25,000,000원, 세액 2,500,000원

2) 가산세 계산
   ① 매출세액 누락분: (4,000,000원 + 2,000,000원) × 10% = 600,000원
   ② 매입세액: 개별소비세 과세대상 승용차 매입은 불공제사유에 해당하므로 매입세액공제분은 없음
   ③ 신고불성실 가산세: 600,000원 × 10%(일반과소) × (1 - 90%) = 6,000원
      ※ 1개월 이내 수정신고 시 가산세 90% 감면
   ④ 납부지연 가산세: 600,000원 × 19일 × 2.2/10,000 = 2,508원(원 미만 절사)

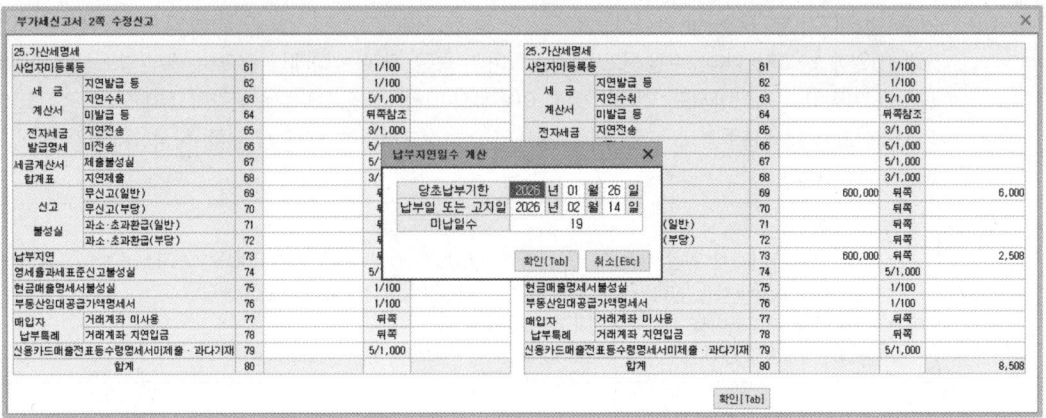

3) 과세표준 명세

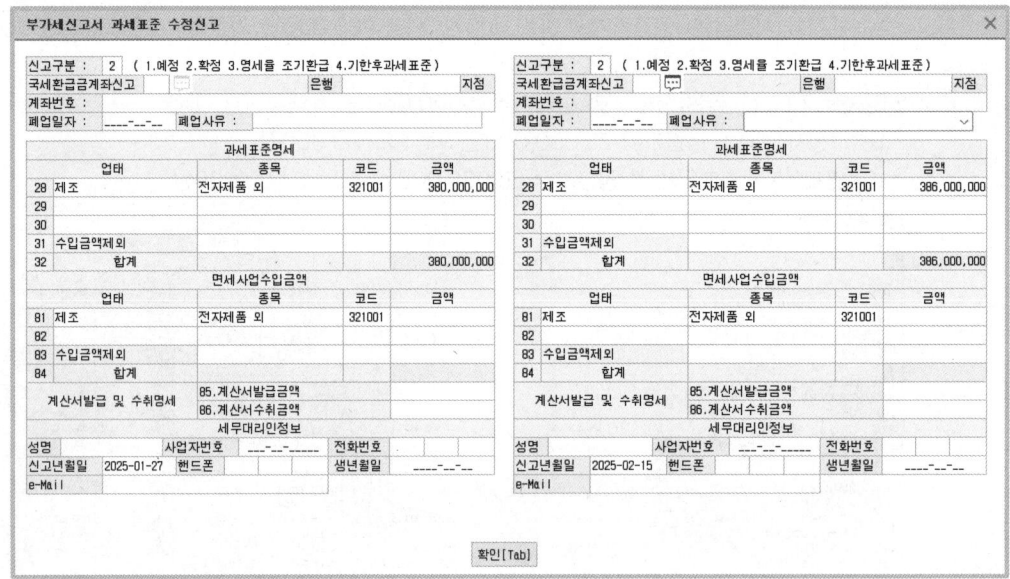

2. [과세표준수정신고서및추가자진납부]

신고내용				
법정신고일	2026년 1월 26일		최초신고일	2026년 1월 26일
수정신고사유				
구 분	최 초 신 고		수 정 신 고	
과세표준		380,000,000		386,000,000
산출세액		38,000,000		38,600,000
가산세액				8,508
공제및감면세액		27,050,000		27,050,000
납부할세액		10,950,000		11,558,508
기납부세액				
자진납부세액		10,950,000		11,558,508
추가자진납부세액				608,508

문제 3 결산정리사항

01 일반전표입력

2025.12.31. (차) 외화장기차입금(로건은행) 2,000,000원   (대) 외화환산이익   2,000,000원
- 외화환산이익: $40,000 × (1,200원 − 1,250원) = 2,000,000원

02 일반전표입력

2025.12.31. (차) 임차료(판)   10,000,000원   (대) 선급비용   10,000,000원

03 일반전표입력

2025.12.31. (차) 미수수익   875,000원   (대) 이자수익   875,000원
            이자비용   225,000원   미지급비용   225,000원
- 이자수익: 150,000,000원 × 3.5% × 2개월/12개월 = 875,000원
- 이자비용: 60,000,000원 × 4.5% × 1개월/12개월 = 225,000원

04 1. 일반전표입력

2025.12.31. (차) 무형자산상각비   300,000원   (대) 개발비   300,000원
- 무형자산상각비: 900,000원/3년 = 300,000원

또는,

2. [결산자료입력] 메뉴
> 기간: 2025년 1월~2025년 12월
> 4.판매비와 일반관리비 > 6).무형자산상각비 > 개발비 300,000원 입력
> F3 전표추가

문제 4 원천징수와 관련된 다음의 물음에 답하시오. (10점)

01
- 직전 과세기간 총급여액이 3,000만 원 이하, 월정액급여가 210만 원 이하 생산직여부 '여' 체크, 부녀자공제 '여' 체크
- 중소기업취업감면여부 '여' 체크 후 감면기간, 감면율 작성
- 이선율(기본공제: 부), 이소율, 이지율 부양가족에 입력

1. [사원등록] → [기본사항] 탭

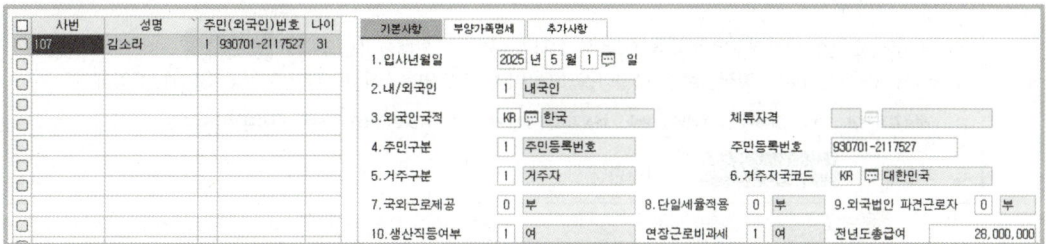

2. [사원등록] → [부양가족명세] 탭
배우자 이선율: 부양가족공제 소득금액 제한 "부"

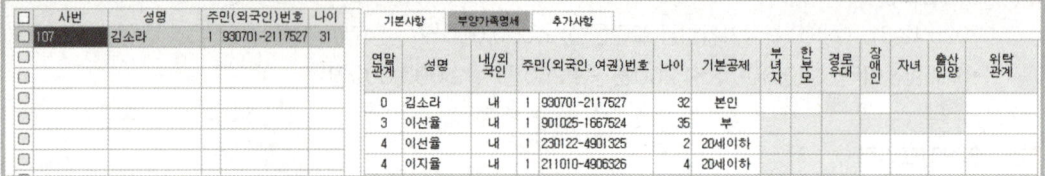

3. [사원등록] → [추가사항] 탭

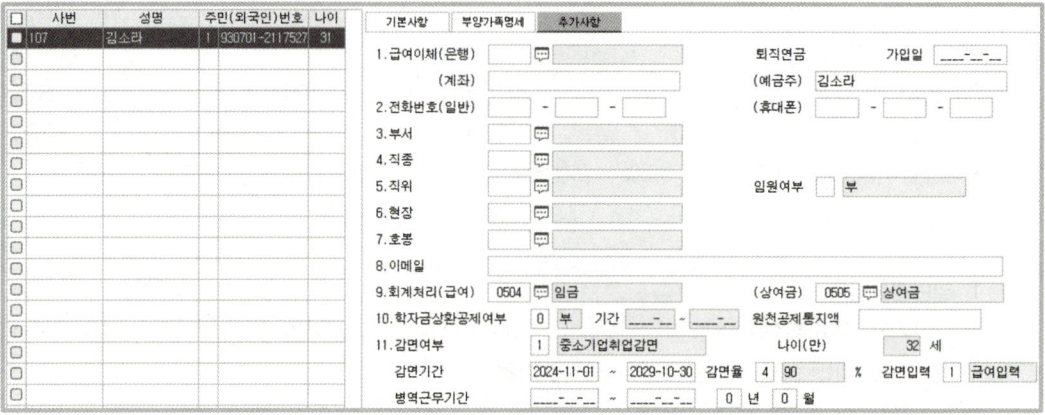

02 다음은 2024년 10월분 사업소득 지급내역이다. 아래의 자료를 이용하여 ①[사업소득자등록] 및 [사업소득자료입력]을 작성하고, ②[원천징수이행상황신고서]를 작성 및 마감하여 ③국세청 홈택스에 전자신고를 수행하시오 (단, 당사는 반기별 신고 특례 대상자가 아니며 정기분 신고에 해당한다). (6점)

〈소득자료〉

코드	성명	주민등록번호	귀속(지급)일	세전 지급액	비고
101	이정이	951101-2984135	2024.10.30.	5,250,000원	자문
102	남주혁	000428-3548719	2024.10.30.	3,875,000원	1인 미디어콘텐츠 창작자

• 위의 소득자료에 대해서만 작성하고 다른 소득자는 없는 것으로 가정한다.
• 위의 소득자는 모두 내국인 및 거주자에 해당하고 주민등록번호는 옳은 것으로 가정한다.

〈전자신고 관련 유의사항〉
1. [전자신고] → [국세청 홈택스 전자신고변환(교육용)] 순으로 진행한다.
2. [전자신고]에서 전자파일 제작 시 신고인 구분은 2.납세자 자진신고로 선택하고, 비밀번호는 "12345678"로 입력한다.
3. [국세청 홈택스 전자신고변환(교육용)]에서 전자파일변환(변환대상파일선택)> 찾아보기
4. 전자신고용 전자파일 저장경로는 로컬디스크(C:)이며, 파일명은 "작성연월일.01.t8658511124"이다.
5. 형식검증하기 → 형식검증결과확인 → 내용검증하기 → 내용검증결과확인 → 전자파일제출 을 순서대로 클릭한다.
6. 최종적으로 전자파일 제출하기 를 완료한다.

1. [사업소득자등록]

(1) 이정이

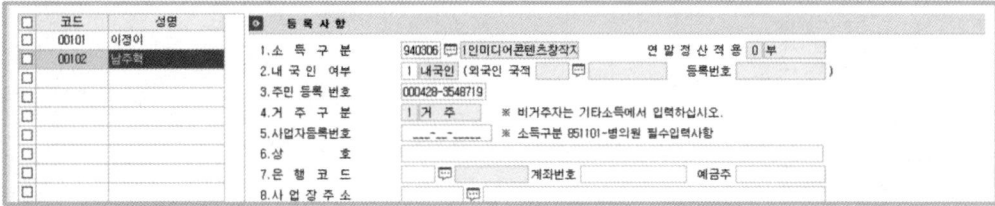

(2) 남주혁

2. [사업소득자료입력]

- F6 소득자 불러오기

(1) 이정이

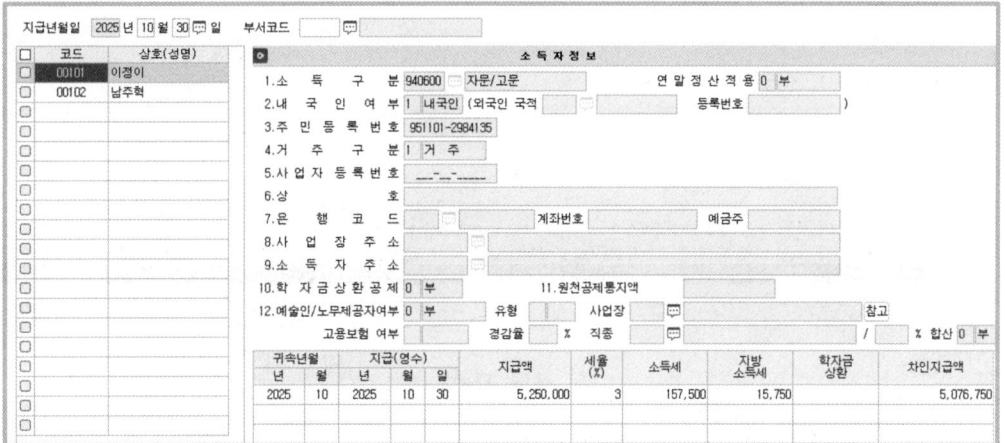

(2) 남주혁

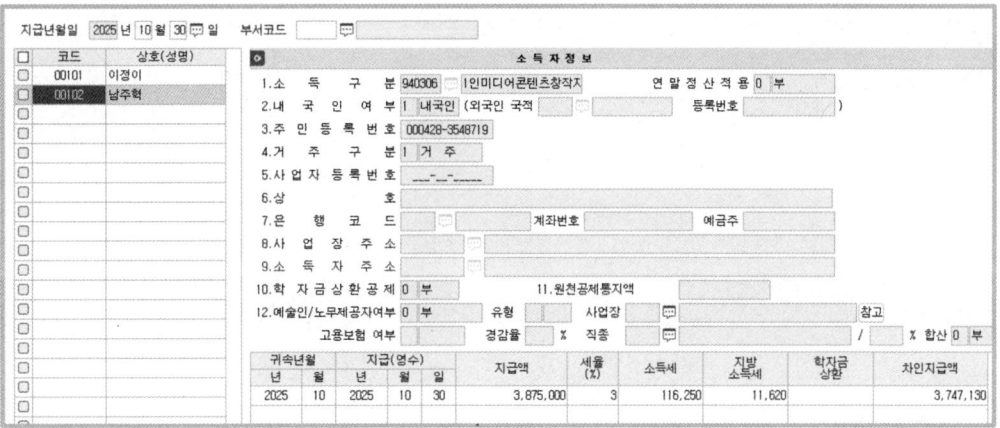

3. [원천징수이행상황신고서]
- F8 마감

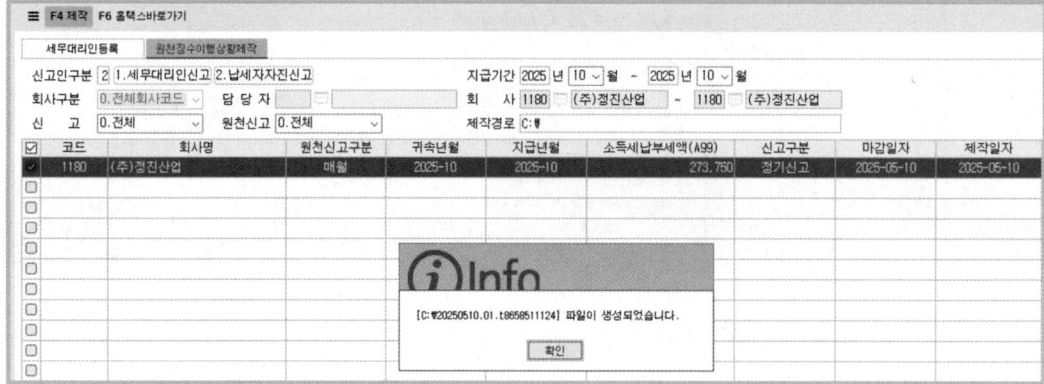

4. 전자신고 파일 제작
- 신고인구분: 2.납세자자진신고
- F4 제작
- 비밀번호: 12345678

5. 국세청 홈택스 전자신고 변환 및 제출

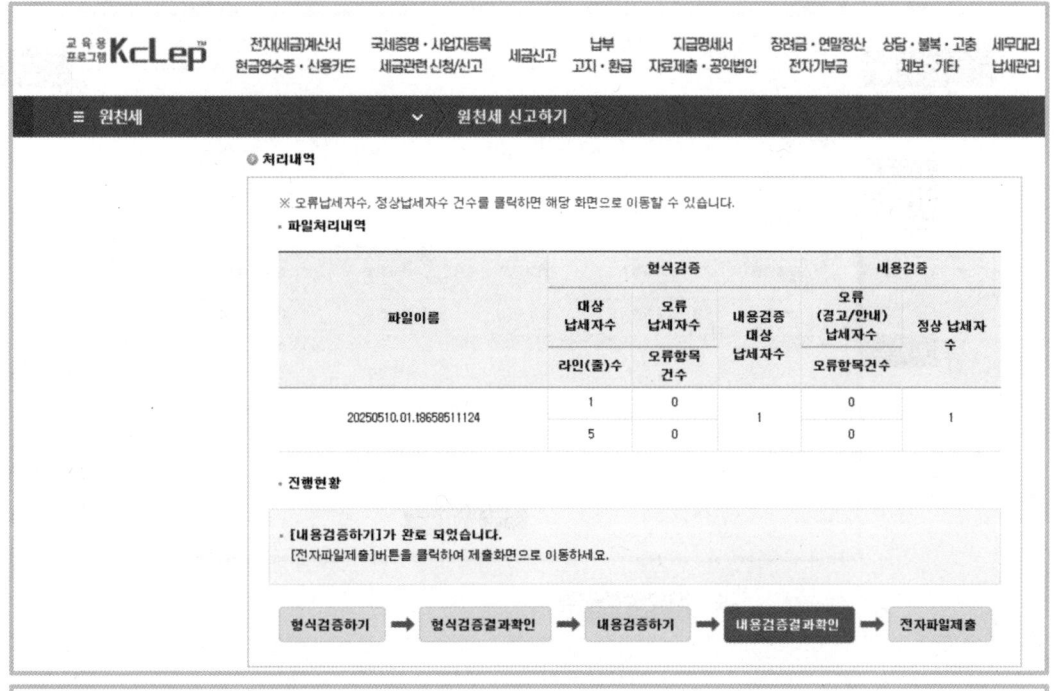

문제 5

―― 세무조정 작성대상서식 ――

1. 기업업무추진비조정명세서
2. 대손충당금및대손금조정명세서
3. 가산세액계산서
4. 자본금과적립금조정명세서(갑, 을)
5. 주식등변동상황명세서

01 1. [기업업무추진비조정명세서]
   ① [1.기업업무추진비 입력(을)] 탭

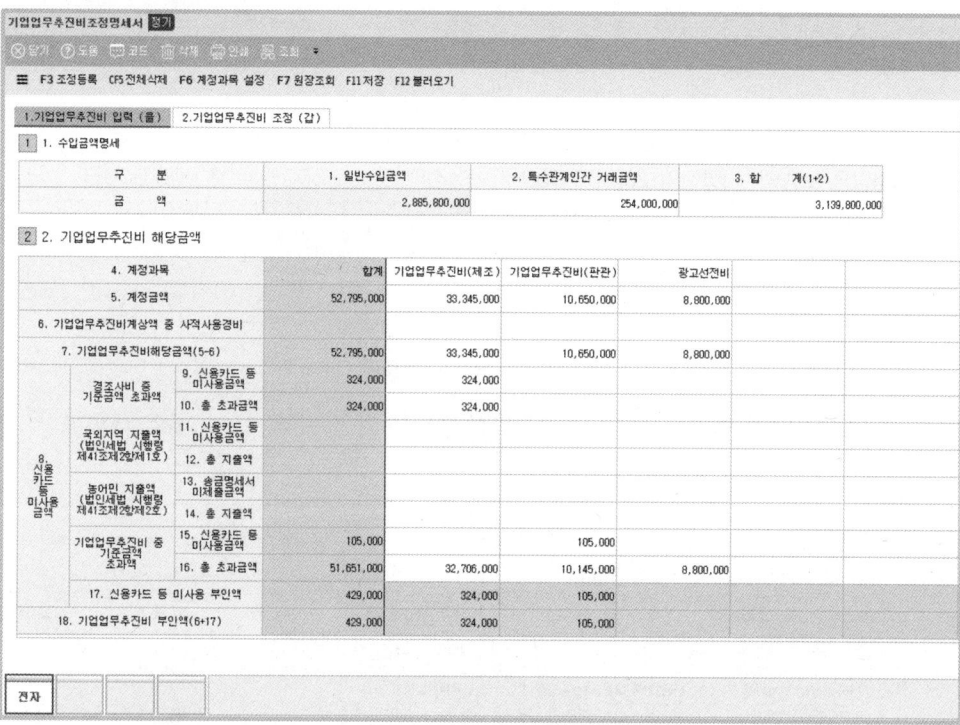

• 기업업무추진비(판관)의 16.총초과금액: 10,145,000원 또는 10,040,000원
• 광고선전비의 16.총초과금액 8,800,000원을 입력하지 않은 답안도 감점하지 않음.

   ② [2.기업업무추진비 조정(갑)] 탭

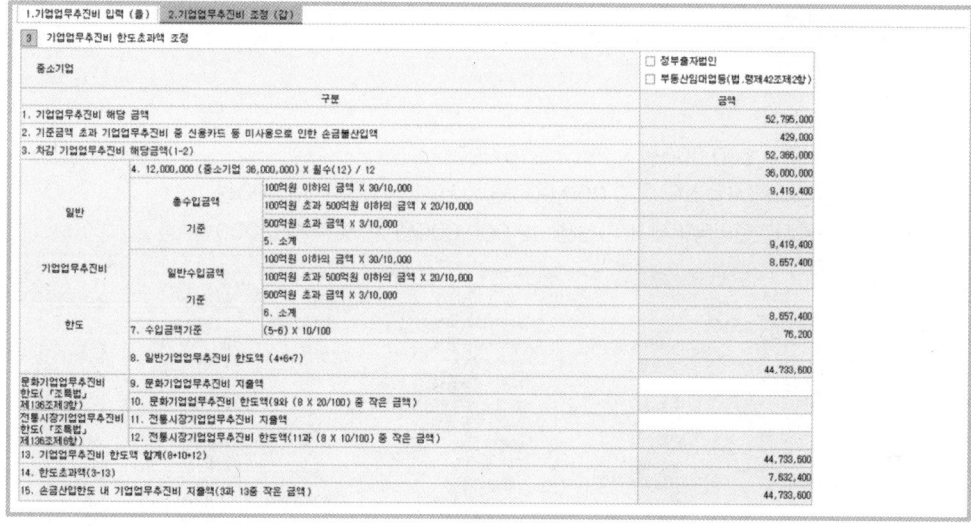

2. F3 조정등록

익금산입 및 손금불산입			손금산입 및 익금불산입		
과 목	금 액	소득처분	과 목	금 액	소득처분
기업업무추진비 신용카드미사용액	429,000	기타사외유출			
기업업무추진비 한도초과액	7,632,400	기타사외유출			

02

1. [대손충당금및대손금조정명세서]
   - 충당금 보충액: 기말잔액 20,500,000원 − 설정액 5,500,000원 = 15,000,000원

2. F3 조정등록

익금산입 및 손금불산입			손금산입 및 익금불산입		
과 목	금 액	소득처분	과 목	금 액	소득처분
대손충당금한도초과	12,400,000	유보발생	전기대손충당금한도초과	8,000,000	유보감소

03

[가산세액계산서]
- 복리후생비: 11,500,000원 × 2% = 230,000원
- 간이지급명세서(사업소득): 20,000,000원 × 25/10,000 = 50,000원
- 업무용승용차관련비용명세서 가산세: 12,000,000원 × 1% = 120,000원

04 1. [자본금과적립금조정명세서(을)]

I. 세무조정유보소득계산

①과목 또는 사항	②기초잔액	당 기 중 증 감		⑤기말잔액 (=②-③+④)	비 고
		③감 소	④증 가		
건물등감가상각한도초과	6,500,000		3,500,000	10,000,000	
차량운반구감가상각비한도초과	3,500,000	3,500,000			
선급비용	1,500,000	1,500,000			
단기매매증권평가이익	-2,000,000	-1,000,000		-1,000,000	
합 계	9,500,000	4,000,000	3,500,000	9,000,000	

2. [자본금과적립금조정명세서(갑)]

I. 자본금과 적립금 계산서

	①과목 또는 사항	코드	②기초잔액	당 기 중 증 감		⑤기 말 잔 액 (=②-③+④)	비 고
				③감 소	④증 가		
자본금및 잉여금의 계산	1.자 본 금	01	200,000,000		100,000,000	300,000,000	
	2.자 본 잉 여 금	02					
	3.자 본 조 정	15					
	4.기타포괄손익누계액	18					
	5.이 익 잉 여 금	14	154,000,000		101,000,000	255,000,000	
		17					
	6.계	20	354,000,000		201,000,000	555,000,000	
7.자본금과 적립금명세서(을)계 + (병)계		21	9,500,000	4,000,000	3,500,000	9,000,000	
손익미계상 법인세 등	8.법 인 세	22			1,070,000	1,070,000	
	9.지 방 소 득 세	23			107,000	107,000	
	10. 계 (8+9)	30			1,177,000	1,177,000	
11.차 가 감 계 (6+7-10)		31	363,500,000	4,000,000	203,323,000	562,823,000	

05 1. [주식등변동상황명세서] → Ctrl + F8 전년도 불러오기 실행

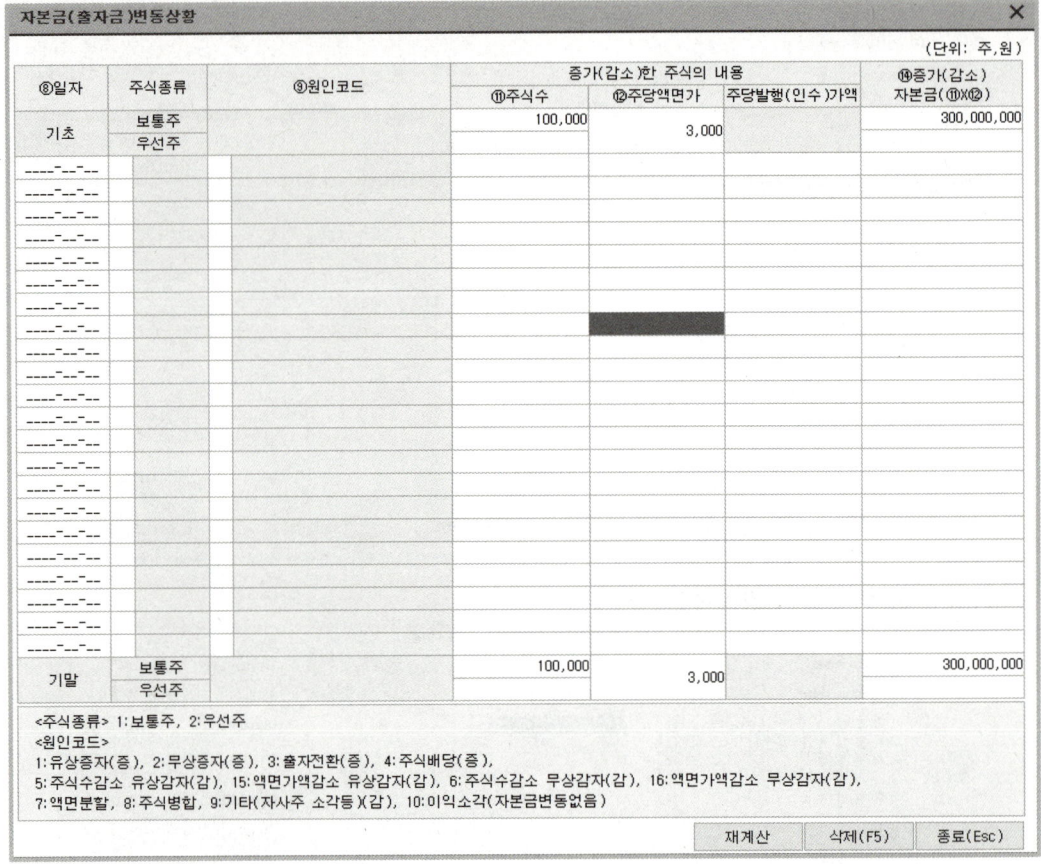

2. [주식 등 변동상황명세서] 탭
(1) 김바로
    양도: 25,000주

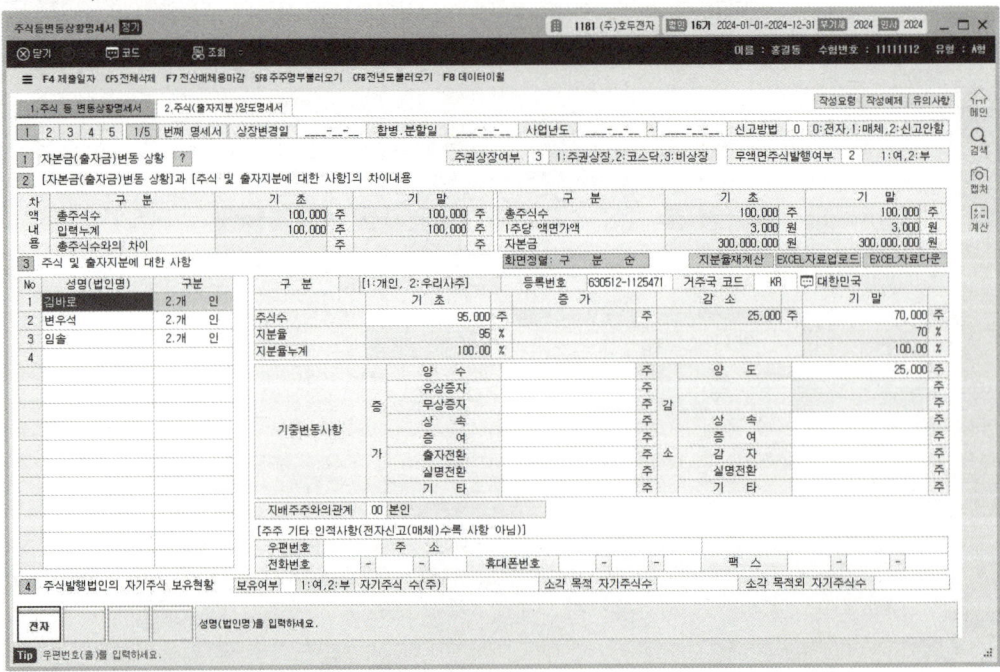

(2) 변우석
    양수: 10,000주

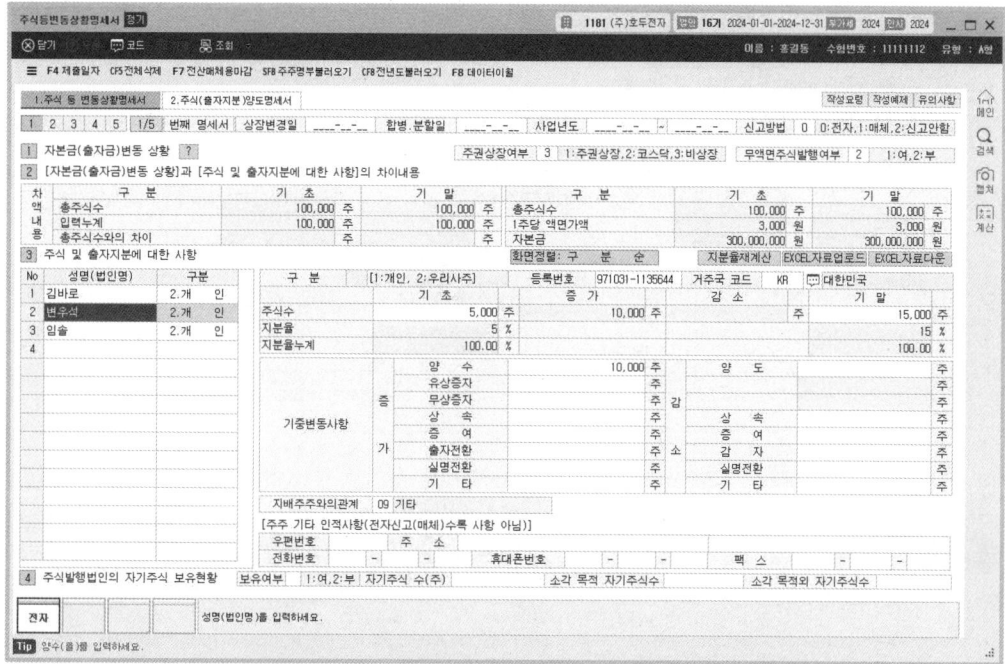

(3) 임솔
    양수: 15,000주

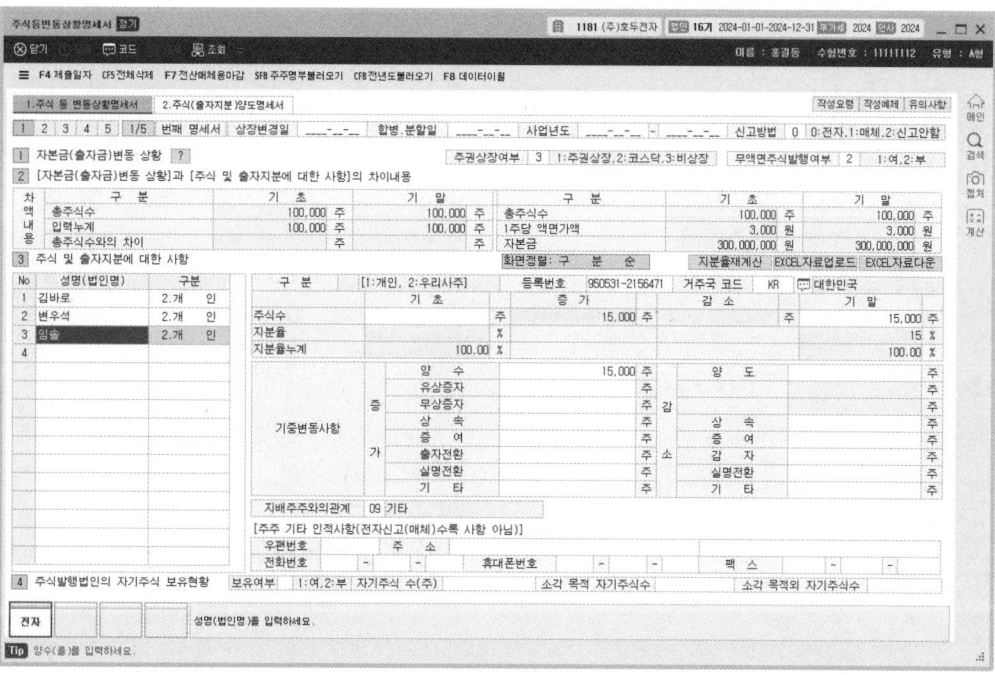

3. [주식(출자지분) 양도명세서] 탭

[2.주식(출자지분) 양도내용] 입력 시, 변우석과 임솔에게 양도한 주식수(출자좌수)를 각각 10,000주와 15,000주로 구분하여 입력한 답안도 정답으로 인정

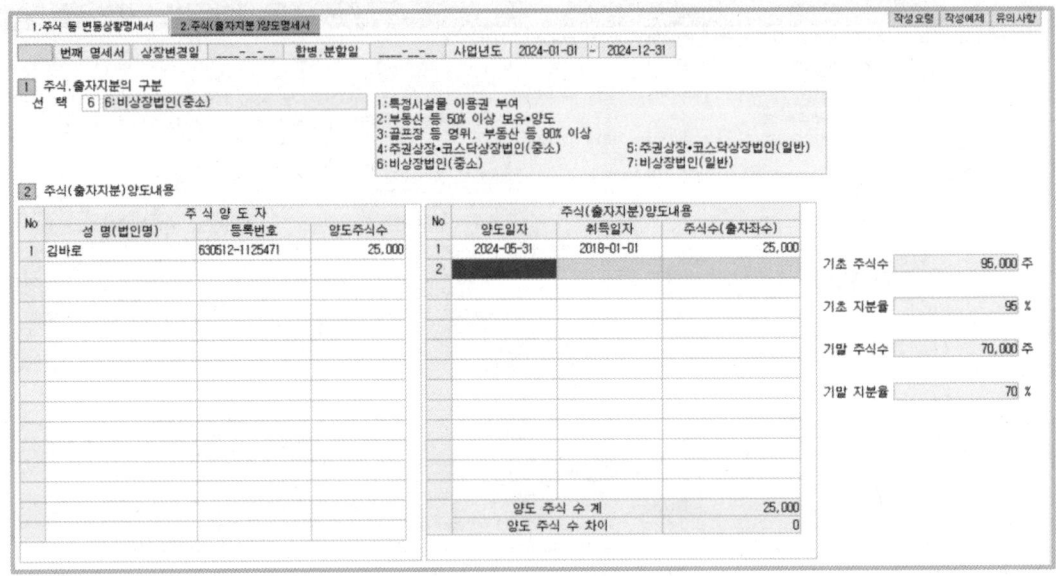

정답 및 해설 | 117회 최신기출문제

이론시험 정답 및 해설 A형

01	02	03	04	05	06	07	08	09	10	11	12	13	14	15
③	③	①	②	④	①	①	③	②	④	③	④	①	④	④

01 ③ 재무제표의 중요한 항목은 본문이나 주석에 구분하여 표시하며, 중요하지 않은 항목은 성격이나 기능이 유사한 항목으로 통합하여 표시할 수 있다.

02 ③ 단기매매증권은 최초 인식 시 공정가치로 측정하고, 후속 측정 시에도 공정가치로 평가한다.

03 ① 7,000,000원
- 매출원가: 매출액 × (1 − 매출총이익률) = 78,000,000원 × (1 − 10%) = 70,200,000원
- 파손 시점 기말재고 추산액: 23,000,000원 + 56,000,000원 − 70,200,000원 = 8,800,000원
- 재고자산 피해액: 8,800,000원 − 1,800,000원 = 7,000,000원

04 ② 비화폐성 항목에서 발생한 손익을 기타포괄손익으로 인식하는 경우 그 손익에 포함된 환율변동 효과도 기타포괄손익으로 인식한다.

05 ④ 확정기여형 퇴직급여 제도에서는 운용에 관한 내용은 모두 종업원이 결정하고 책임진다.

06 ① 기회원가는 자원을 다른 대안적 용도로 사용할 경우 얻을 수 있었던 최대 이익을 의미하며, 이는 회계상 기록되지는 않지만 의사결정 시 고려해야 하는 경제적 개념이다. 반면, 매몰원가는 이미 지출되었고, 회수할 수 없어 미래 의사결정에 영향을 미치지 않는 원가를 말한다.

07 ① 5,300,000원
- 매출원가 = 20,000,000원 × 75% = 15,000,000원

재공품			
기초재공품	?	당기제품제조원가	14,800,000
직접재료원가	3,200,000	기말재공품	2,200,000
직접노무원가	4,500,000		
제조간접원가	4,000,000		

제품			
기초제품	3,000,000	매출원가	15,000,000
당기제품제조원가	14,800,000	기말제품	2,800,000

08 ③ 조업도차이는 고정제조간접원가에서만 발생한다. 조업도차이는 예정조업도와 실제조업도 간의 차이로 인해 고정비가 과대 또는 과소 배부되는 금액을 의미하며, 변동제조간접원가에서는 발생하지 않는다.

09 ② 3,200,000원
- 예정배부율: 3,000,000원/10,000시간 = 300원/시간
- 예정배부액: 11,500시간 × 300원/시간 = 3,450,000원
- ∴ 3,450,000원 − 250,000(과대배부) = 3,200,000원

10 ④ 정상공손은 능률적인 생산조건 하에서는 회피와 통제가 불가능하다.

11 ③
- 계약의 위약이나 해약으로 인하여 지급하는 위약금과 배상금은 지급일이 속하는 연도의 다음 연도 2월 말일까지 지급명세서를 제출하는 소득이다.
- '인적용역' 기타소득을 지급하는 자는 소득 지급일이 속하는 달의 다음 달 말일까지 간이지급명세서(거주자의 기타소득)를 제출하여야 한다.

12 ④ 건설자금이자는 건설 중인 자산에 포함되는 금융비용으로, 사외유출이 아닌 자산의 증가로 인한 유보 처분 대상이다.

13 ① 3주택 이상 소유자로서 보증금 합계액이 3억원을 초과하는 경우 간주임대료 수입금액이 발생한다.

14 ④ 연간 공급대가가 4,800만원 이상인 간이과세자는 세금계산서 발급이 가능하다.

15 ④
① 도서는 면세재화이므로 부가가치세액이 없다.
② 개별소비세 과세대상 승용차의 매입세액이므로 매입세액 불공제한다.
③ 신규로 건물이 있는 토지를 취득하고 토지만을 사용하기 위하여 건물을 철거하는 경우 건물의 취득 및 철거 관련 비용의 매입세액은 불공제한다.

실무시험 정답 및 해설

문제 1 회계처리

01 1. 거래처원장 조회

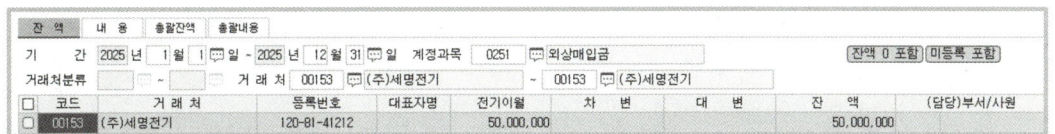

2. 일반전표입력

2024.03.10. (차) 외상매입금(㈜세명전기) 50,000,000원　　(대) 당좌예금　　50,000,000원

02 매입매출전표 입력

유형	품목	수량	단가	공급가액	부가세	거래처	전자	분개
54.불공	비품			2,300,000	230,000	㈜상희	여	혼합
분개	(차변) 비품			2,530,000원	(대변) 미지급금 현금			2,200,000원 330,000원

불공제사유: ⑤면세사업 관련

03 매입매출전표입력

유형	품목	수량	단가	공급가액	부가세	거래처	전자	분개
53.면세	기계장치			17,000,000		㈜라임파이낸셜	여	혼합
분개	(차변) 기계장치 보통예금			17,000,000원 3,000,000원	(대변) 기타보증금			20,000,000원

04 일반전표입력

2025.08.20. (차) 보통예금　　12,000,000원　　(대) 배당금수익　　12,000,000원

문제 2 부가가치세신고서 및 부속서류

01 [재활용폐자원세액공제신고서]
- 재활용폐자원세액공제 한도액 계산 시 차감하는 (14)세금계산서 매입액은 세금계산서를 발급받고 매입한 재활용폐자원 매입가액 60,000,000원 입력
- 영수증 등 50,000,000원 입력

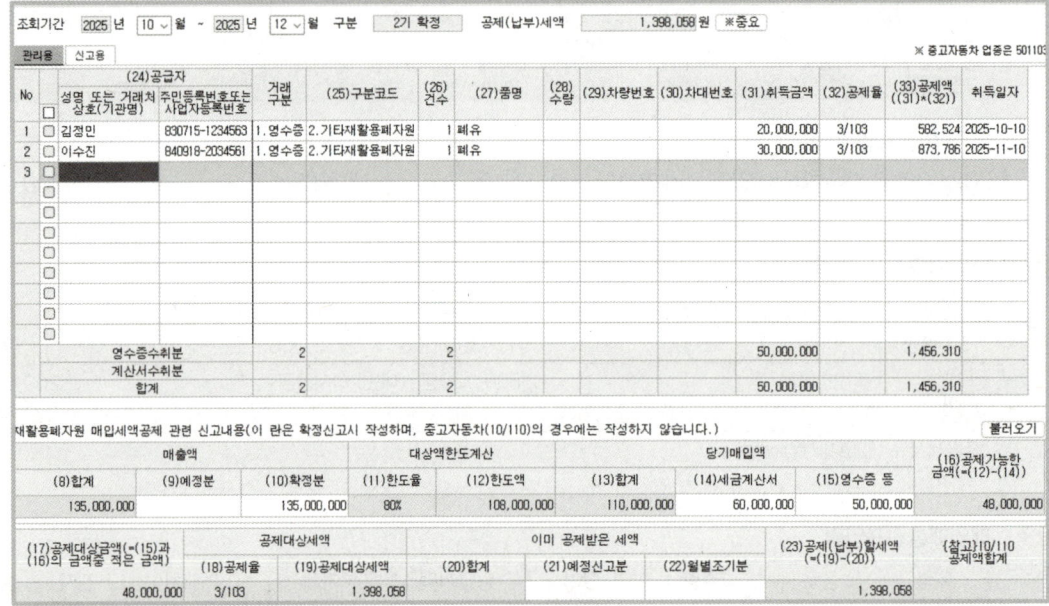

02 [신용카드매출전표등수령명세서]
- 8월 10일: 업무용승합차 관련 경비는 신용카드매입세액공제 대상
- 8월 31일: 매입처가 간이과세자(세금계산서 발급 가능)이면 신용카드매입세액공제 대상
- 9월 10일: 세금계산서 수취분 법인카드 결제 건은 매입세금계산서 공제를 받으므로 [신용카드매출전표등수령명세서]에는 작성하지 않는다.

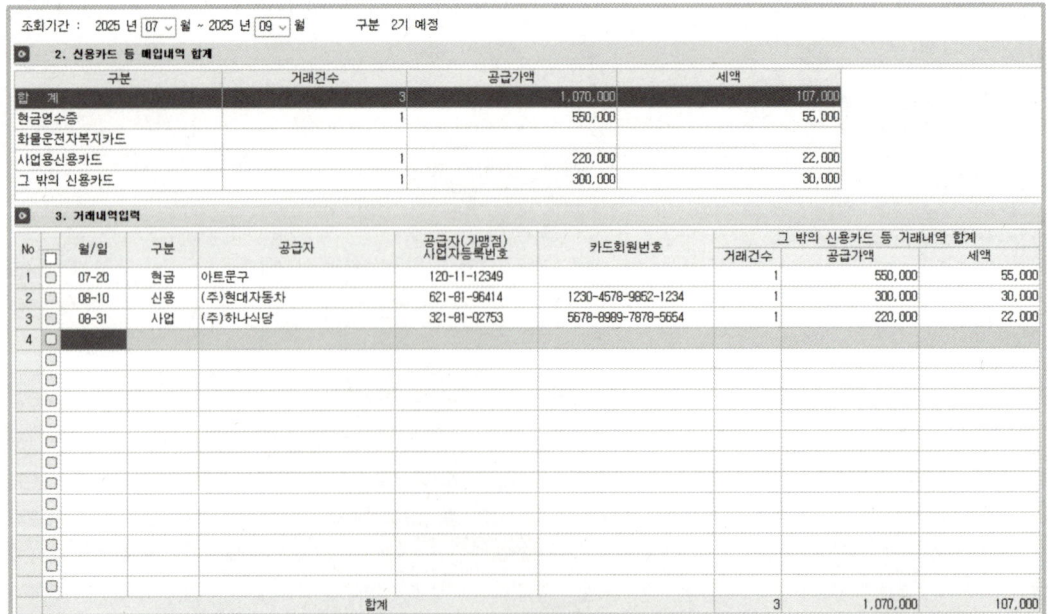

03 2024년 제1기 부가가치세 예정(2024.01.01.~2024.03.31.) 신고서를 작성, 마감하여 전자신고를 수행하시오 (단, 저장된 데이터를 불러와 사용할 것). (2점)

1. 부가가치세 신고서와 관련 부속서류는 작성되어 있다.
2. [전자신고] → [국세청 홈택스 전자신고변환(교육용)] 순으로 진행한다.
3. [전자신고] 메뉴의 [전자신고제작] 탭에서 신고인구분은 2.납세자 자진신고를 선택하고, 비밀번호는 "12345678"로 입력한다.
4. [국세청 홈택스 전자신고변환(교육용)] → 전자파일변환(변환대상파일선택) → 찾아보기 에서 전자신고용 전자파일을 선택한다.
5. 전자신고용 전자파일 저장경로는 로컬디스크(C:)이며, 파일명은 "enc작성연월일.101.v3088127431"이다.
6. 형식검증하기 ➡ 형식검증결과확인 ➡ 내용검증하기 ➡ 내용검증결과확인 ➡ 전자파일제출 을 순서대로 클릭한다.
7. 최종적으로 전자파일 제출하기 를 완료한다.

1. [부가가치세 신고서] 작성 후 마감
- F3 마감

2. 전자신고 제작 (2.납세자 자진신고 체크 후 제작)

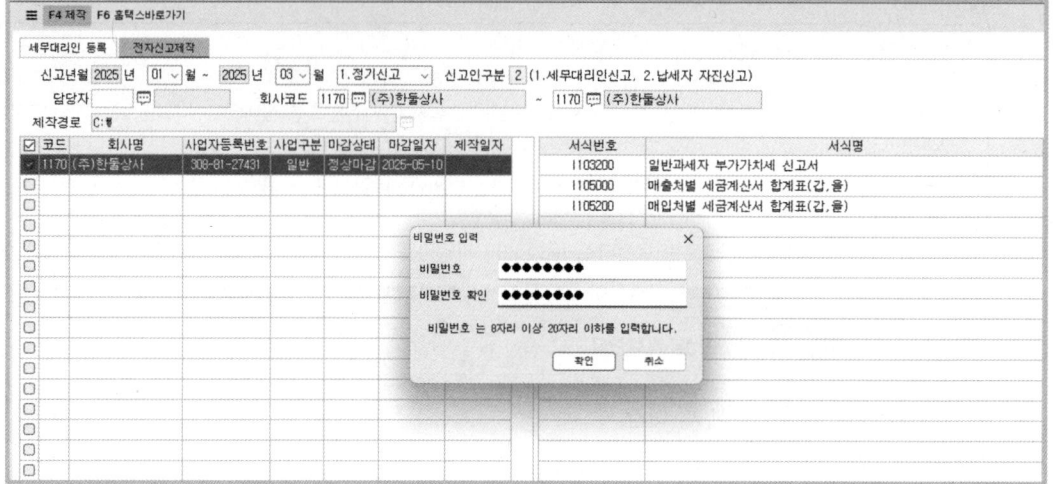

3. 국세청 홈택스 전자신고 변환

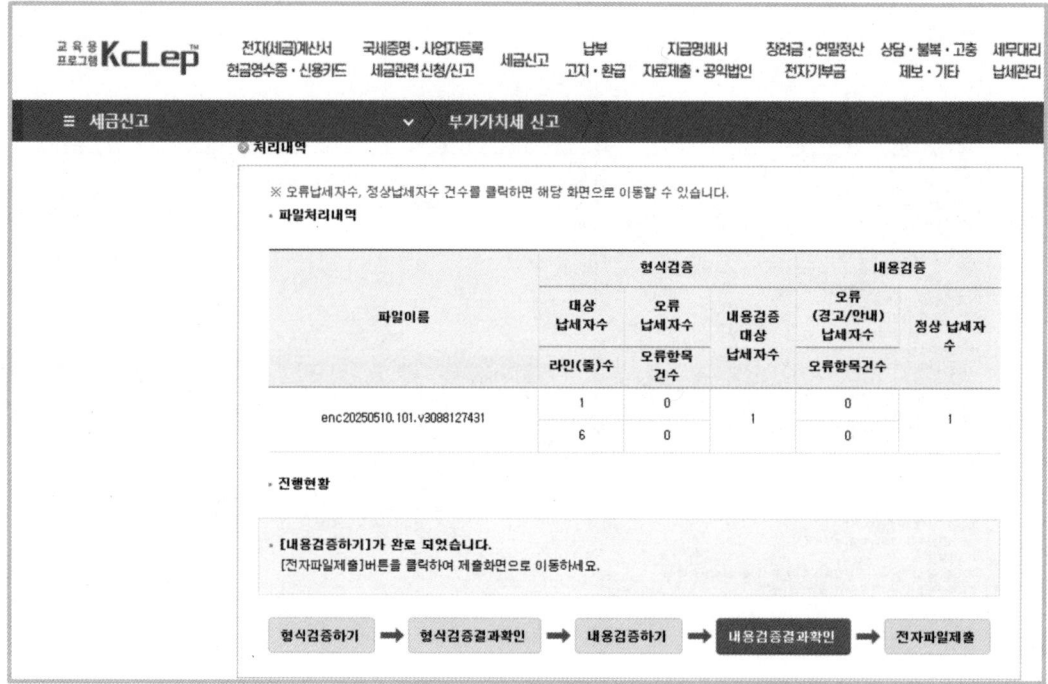

4. 변환파일 제출

문제 3 결산정리사항

01 일반전표입력

2025.12.31. (차) 단기매매증권　　　　　　90,000원　　(대) 단기매매증권평가이익　　90,000원
- 45주 × (12,000원 − 10,000원) = 90,000원

02 일반전표입력

2025.12.31. (차) 감가상각비(제)　　　4,000,000원　　(대) 감가상각누계액(207)　4,000,000원
　　　　　　　　국고보조금(217)　　2,000,000원　　　　감가상각비(제)　　　2,000,000원

또는,

2025.12.31. (차) 감가상각비(제)　　　2,000,000원　　(대) 감가상각누계액(207)　4,000,000원
　　　　　　　　국고보조금(217)　　2,000,000원

03 [결산자료입력]

> 기간: 2025년 1월~2025년 12월
> 2.매출원가 > 1).원재료비 > ⑩기말원재료 재고액 7,000,000원 입력
> 　　　　　　　 > 8).당기총제조비용 > ⑩기말재공품 재고액 10,000,000원 입력
> 　　　　　　　 > 9).당기완성품제조원가 > ⑩기말제품 재고액 25,000,000원 입력
> F3 전표추가

04 1. 일반전표입력

2025.12.31. (차) 법인세등 52,278,600원　　　(대) 선납세금　　　26,537,000원
　　　　　　　　　　　　　　　　　　　　　　　　　미지급세금　　25,741,600원
- 법인세 산출세액: (355,400,000원 − 2억원) × 19% + 2억원 × 9% = 47,526,000원
- 법인지방소득세: 47,526,000원 × 10% = 4,752,600원

또는,

2. [결산자료입력]

> 기간: 2025년 1월~2025년 12월
> 9.법인세등 > 1).선납세금>결산반영금액 26,537,000원 입력
> 　　　　　　 > 2).추가계상액>결산반영금액 25,741,600원 입력
> F3 전표추가

문제 4 원천징수

01 1. [사업소득자등록] 메뉴
   (1) 김태민

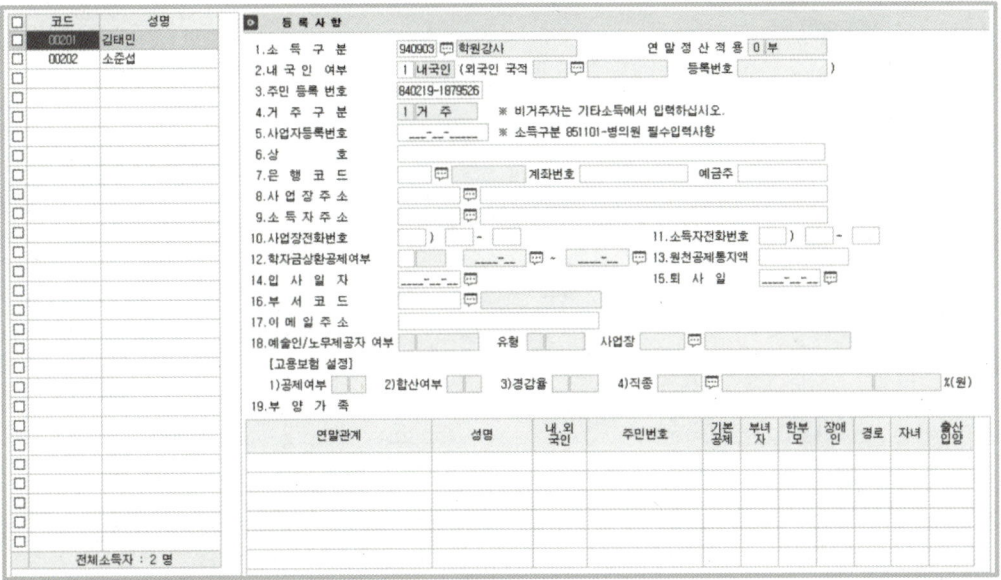

   (2) 소준섭

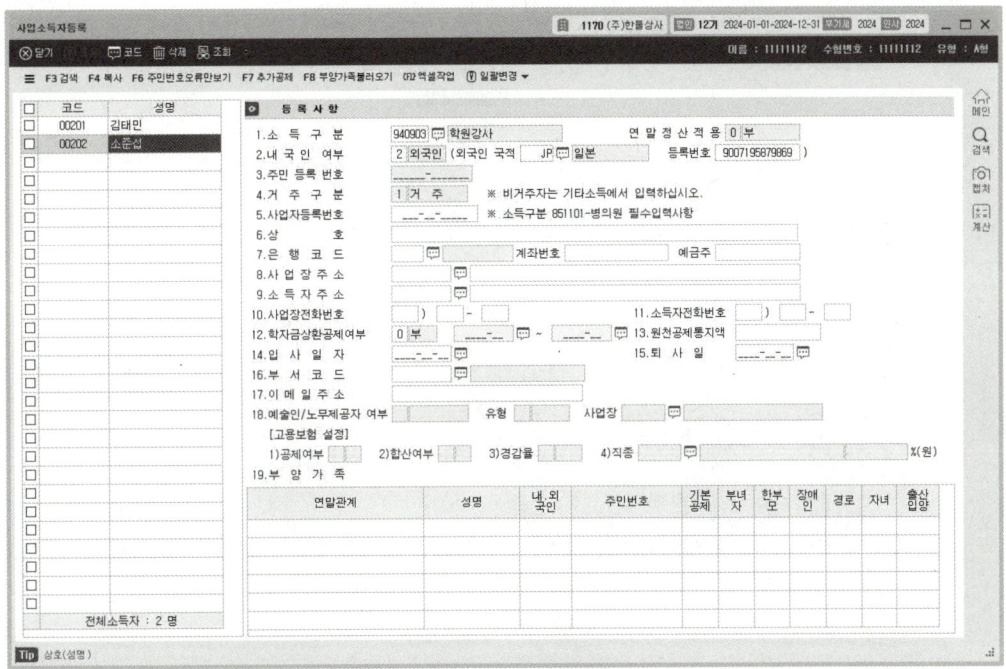

   (3) 박지원: 일시우발적 소득(기타소득)이므로 사업소득자에 해당하지 않는다.

2. [사업소득자료입력] 메뉴

(1) 김태민

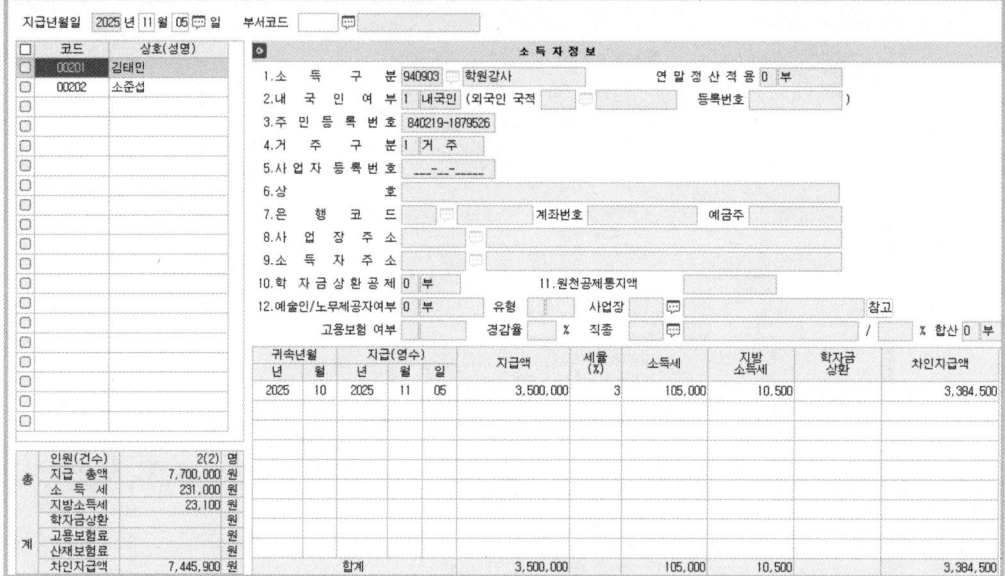

(2) 소준섭

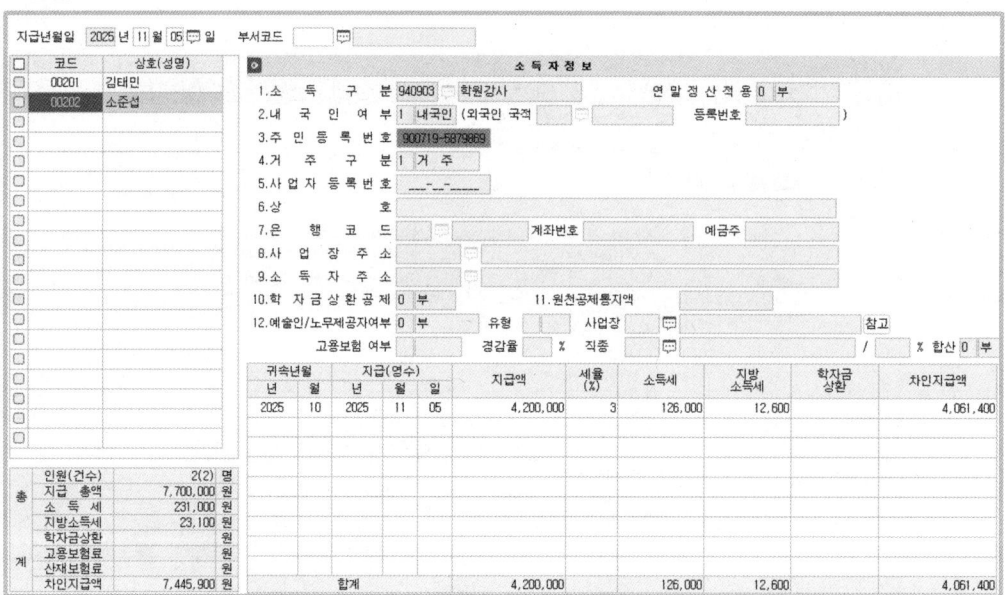

02 1. [급여자료입력]

- 사원등록: 퇴사일 2024년 9월 15일 확인
- 출산·보육수당(육아수당)에 대해서 월 20만원 비과세 수당등록

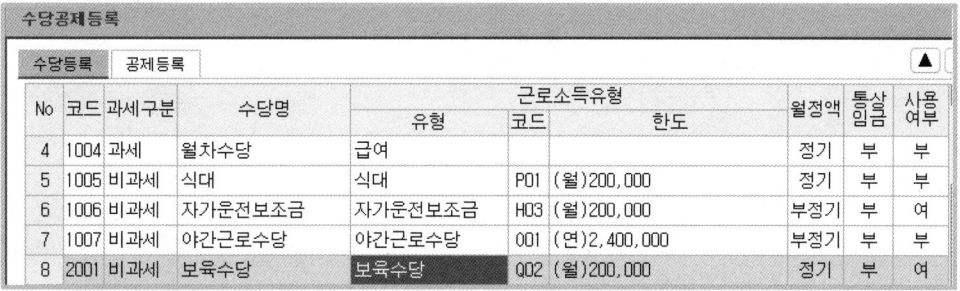

- 중도퇴사자 퇴직정산을 반영

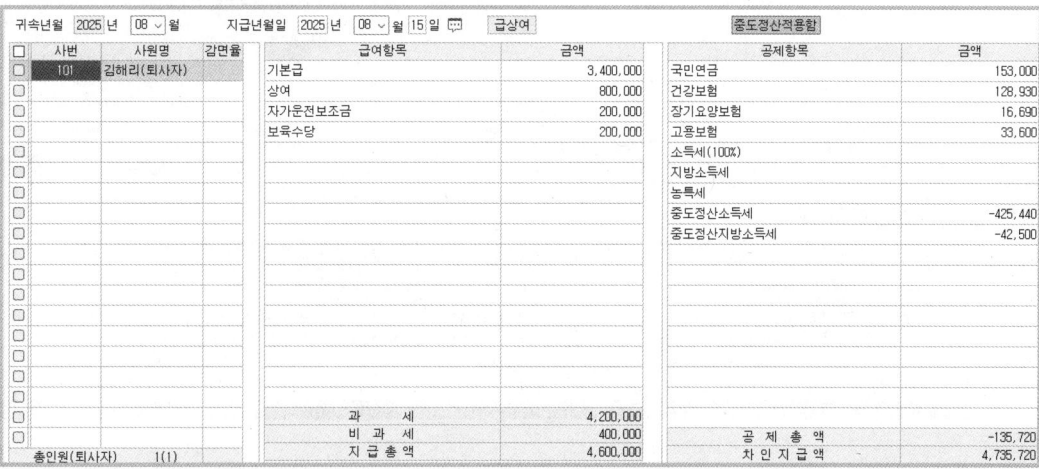

2. [퇴직소득자료입력]

03

1. [원천징수이행상황신고서] 작성 후 마감

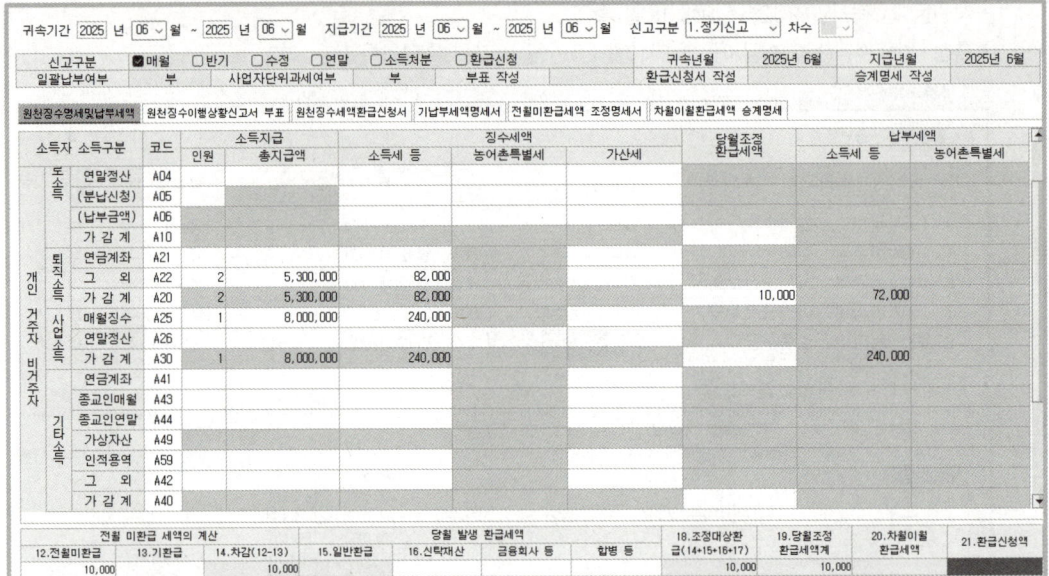

2. 전자신고파일 제작

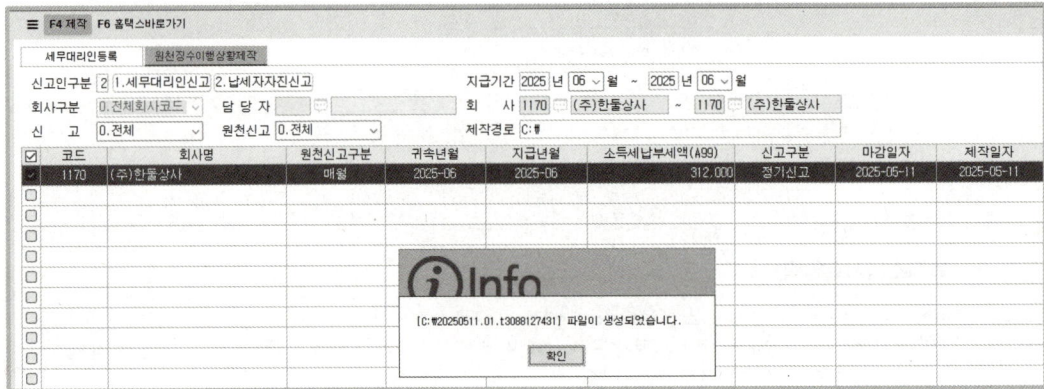

3. 국세청 홈택스 전자신고 변환 및 제출

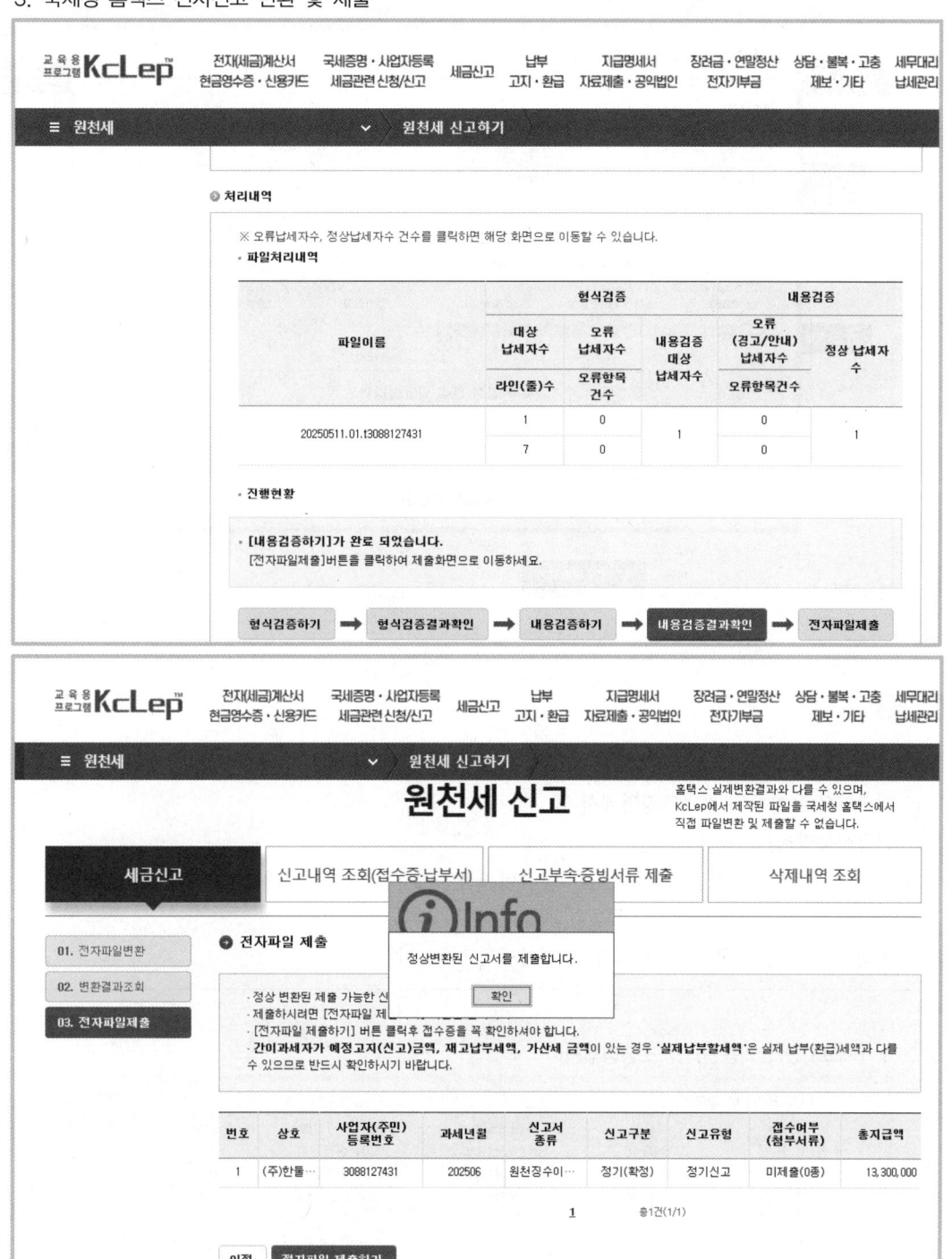

문제 5

―― 세무조정 작성대상서식 ――

1. 재고자산(유가증권)평가조정명세서
2. 선급비용명세서
3. 미상각자산감가상각조정명세서, 감가상각비조정명세서합계표
4. 기부금조정명세서
5. 법인세과세표준및세액조정계산서, 최저한세조정계산서

01 1. [재고자산(유가증권)평가조정명세서]

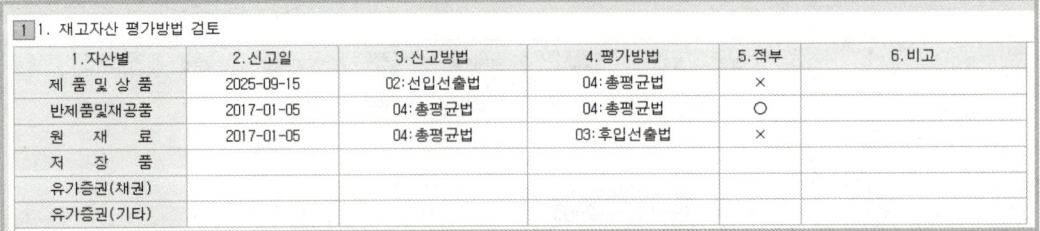

2. F3 조정등록

조정 등록						
익금산입 및 손금불산입			손금산입 및 익금불산입			
과 목	금 액	소득처분	과 목	금 액	소득처분	
			제품 재고자산평가증	16,000,000	유보발생	
			원재료 재고자산평가증	30,000,000	유보발생	

02 1. [선급비용명세서]

	계정구분	거래내용	거래처	대상기간 시작일	대상기간 종료일	지급액	선급비용	회사계상액	조정대상금액
☐	선급 보험료	공장화재보험	KC화재	2025-02-16	2026-02-16	1,374,000	176,442	110,000	66,442
☐	선급 보험료	자동차보험	DG손해보험	2025-05-27	2026-05-27	798,420	320,676		320,676
☐	선급 보험료	보증서보험	서울보증보험	2025-10-11	2028-10-10	78,040	72,201		72,201

2. F3 조정등록

〈손 금 산 입〉 전기 선급비용(또는 선급보험료)   324,165원(유보감소)
〈손금불산입〉 선급비용(공장화재보험)   65,961원(유보발생)
〈손금불산입〉 선급비용(자동차보험)   320,676원(유보발생)
〈손금불산입〉 선급비용(보증서보험)   72,195원(유보발생)

조정 등록					
익금산입 및 손금불산입			손금산입 및 익금불산입		
과 목	금 액	소득처분	과 목	금 액	소득처분
선급비용(공장화재보험)	66,442	유보발생	전기 선급비용	324,165	유보감소
선급비용(자동차보험)	320,676	유보발생			
선급비용(보증서보험)	72,195	유보발생			

03 1. [고정자산등록] 메뉴

- 감가상각비: 135,300,000원 + 14,735,000원 = 150,035,000원
- 상각범위액: (300,000,000원 − 22,550,000원 + 11,275,000원 + 14,735,000원) × 0.451
    = 136,860,460원
- ∴ 150,035,000원 − 136,860,460원 = 13,174,540원(상각부인액)

자산계정과목	0206 기계장치	구분	0.전체	경비구분	0.전체	
	자산코드/명	취득년월일	상각방법	기본등록사항	추가등록사항	
000201	과자 분류기	2024-11-11	정률법	1.기초가액		300,000,000
				2.전기말상각누계액(−)		22,550,000
				3.전기말장부가액		277,450,000
				4.당기중 취득 및 당기증가(+)		
				5.당기감소(일부양도·매각·폐기)(−)		
				전기말상각누계액(당기감소분)(+)		
				6.전기말자본적지출액누계(+)(정액법만)		
				7.당기자본적지출액(즉시상각분)(+)		14,735,000
				8.전기말부인누계액(+) (정률만 상각대상에 가산)		11,275,000
				9.전기말의제상각누계액(−)		
				10.상각대상금액		303,460,000
				11.내용연수/상각률(월수)	5 0.451 (12) 연수별상각율	
				12.상각범위액(한도액)(10X상각율)		136,860,460
				13.회사계상액(12)−(7)	135,300,000	사용자수정
				14.경비구분	1.500번대/제조	
				15.당기말감가상각누계액		157,850,000
				16.당기말장부가액		142,150,000

2. [미상각자산감가상각조정명세서]

유형자산(정액법)	**유형자산(정률법)**	무형자산		
계정	자산코드/명		취득년월일	
0206	000201 과자 분류기		2024-11-11	

	입력내용		금액	총계
	업종코드/명			
	합계표 자산구분	2. 기계장치		
	(4)내용연수		5	
상각 계산 의 기초 가액	재무상태표 자산가액	(5)기말현재액	300,000,000	300,000,000
		(6)감가상각누계액	157,850,000	157,850,000
		(7)미상각잔액(5)-(6)	142,150,000	142,150,000
	(8)회사계산감가상각비		135,300,000	135,300,000
	(9)자본적지출액		14,735,000	14,735,000
	(10)전기말의제상각누계액			
	(11)전기말부인누계액		11,275,000	11,275,000
	(12)가감계((7)+(8)+(9)-(10)+(11))		303,460,000	303,460,000
(13)일반상각률.특별상각률			0.451	
상각범위 액계산	당기산출 상각액	(14)일반상각액	136,860,460	136,860,460
		(15)특별상각액		
		(16)계((14)+(15))	136,860,460	136,860,460
	취득가액	(17)전기말현재취득가액	300,000,000	300,000,000
		(18)당기회사계산증가액		
		(19)당기자본적지출액	14,735,000	14,735,000
		(20)계((17)+(18)+(19))	314,735,000	314,735,000
	(21) 잔존가액		15,736,750	15,736,750
	(22) 당기상각시인범위액		136,860,460	136,860,460
(23)회사계상상각액((8)+(9))			150,035,000	150,035,000
(24)차감액((23)-(22))			13,174,540	13,174,540
(25)최저한세적용에따른특별상각부인액				
조정액	(26) 상각부인액((24)+(25))		13,174,540	13,174,540
	(27) 기왕부인액중당기손금추인액			
(28) 당기말부인누계액((11)+(26)-|(27)|)			24,449,540	24,449,540
당기말 의제상각액	(29) 당기의제상각액 |△(24)|-|(27)|		
	(30) 의제상각누계액((10)+(29))			
신고조정	(31) 기준상각률			

3. [감가상각비조정명세서합계표]

1.자산구분		코드	2.합계액	유형자산			6.무형자산
				3.건축물	4.기계장치	5.기타자산	
재무 상태표 상가액	101.기말현재액	01	300,000,000		300,000,000		
	102.감가상각누계액	02	157,850,000		157,850,000		
	103.미상각잔액	03	142,150,000		142,150,000		
104.상각범위액		04	136,860,460		136,860,460		
105.회사손금계상액		05	150,035,000		150,035,000		
조정 금액	106.상각부인액 (105-104)	06	13,174,540		13,174,540		
	107.시인부족액 (104-105)	07					
	108.기왕부인액 중 당기손금추인액	08					
109.신고조정손금계상액		09					

4. F3 조정등록

익금산입 및 손금불산입			손금산입 및 익금불산입		
과목	금액	소득처분	과목	금액	소득처분
기계장치 감가상각비 한도초과	13,174,540	유보발생			

04 1. [기부금조정명세서] 메뉴 → [기부금입력] 탭
• 문제에서 제시한대로 어음기부금은 미입력

구분			4.월일	5.적요	기부처		8.금액	비고
1.유형	2.코드	3.과목			6.법인명등	7.사업자(주민)번호등		
24조제2항제1호에	10	기부금	1 12	국립대학병원에 연구비로 지출한			8,000,000	
기타	50	기부금	5 9	향우회 회비 (대표이사가 속한)			500,000	
24조제2항제1호에	10	기부금	9 20	태풍으로 인한 이재민 구호금품			1,000,000	

9.소계	가.「법인세법」제24조제2항제1호에 따른 특례기부금	코드 10	9,000,000
	나.「법인세법」제24조제3항제1호에 따른 일반기부금	코드 40	
	다.「조세특례제한법」제88조의4제13항의 우리사주조합 기부금	코드 42	
	라. 그 밖의 기부금	코드 50	500,000
	계		9,500,000

2.소득금액확정

1.결산서상 당기순이익	2.익금산입	3.손금산입	4.기부금합계	5.소득금액계(1+2-3+4)
250,000,000	33,500,000	18,000,000	9,000,000	274,500,000

• F3 조정등록

익금산입 및 손금불산입			손금산입 및 익금불산입		
과 목	금 액	소득처분	과 목	금 액	소득처분
향우회 회비	500,000	상여			
어음 기부금	3,000,000	유보발생			

2. [기부금조정명세서] 메뉴 → [기부금조정] 탭

1. 「법인세법」제24조제2항제1호에 따른 특례기부금 손금산입액 한도액 계산

1.소득금액 계	274,500,000	5.이월잔액 중 손금산입액 MIN[4,23]	
2.법인세법 제13조제1항제1호에 따른 이월 결손금 합계액(기준소득금액의 80% 한도)	20,000,000	6.해당연도지출액 손금산입액 MIN[(④-⑤)>0, ③]	9,000,000
3.「법인세법」제24조제2항제1호에 따른 특례기부금 해당 금액	9,000,000	7.한도초과액 [(3-6)>0]	
4.한도액 {[(1-2)> 0]X50%}	127,250,000	8.소득금액 차감잔액 [(①-②-⑤-⑥)>0]	245,500,000

2. 「조세특례제한법」제88조의4에 따라 우리사주조합에 지출하는 기부금 손금산입액 한도액 계산

9.「조세특례제한법」제88조의4제13항에 따른 우리사주조합 기부금 해당 금액		11. 손금산입액 MIN(9, 10)	
10.한도액 (8x30%)	73,650,000	12. 한도초과액 [(9-10)>0]	

3. 「법인세법」제24조제3항제1호에 따른 일반기부금 손금산입 한도액 계산

13.「법인세법」제24조제3항제1호에 따른 일반기부금 해당금액		16. 해당연도지출액 손금산입액 MIN[(14-15)>0, 13]	
14. 한도액 ((8-11)x10%, 20%)	24,550,000	17. 한도초과액 [(13-16)>0]	
15. 이월잔액 중 손금산입액 MIN(14, 23)			

4. 기부금 한도초과액 총액

18. 기부금 합계액 (3+9+13)	19. 손금산입 합계 (6+11+16)	20. 한도초과액 합계 (18-19)=(7+12+17)
9,000,000	9,000,000	

5. 기부금 이월액 명세

사업 연도	기부금 종류	21.한도초과 손금불산입액	22.기공제액	23.공제가능 잔액(21-22)	24.해당연도 손금추인액	25.차기이월액 (23-24)
합계	「법인세법」제24조제2항제1호에 따른 특례기부금					
	「법인세법」제24조제3항제1호에 따른 일반기부금					

6. 해당 사업연도 기부금 지출액 명세

사업연도	기부금 종류	26.지출액 합계금액	27.해당 사업연도 손금산입액	28.차기 이월액(26-27)
합계	「법인세법」제24조제2항제1호에 따른 특례기부금	9,000,000	9,000,000	
	「법인세법」제24조제3항제1호에 따른 일반기부금			

05

1. [법인세과세표준및세액조정계산서]

	구분	코드	금액
① 각사업연도소득계산	101. 결산서상 당기순손익	01	600,000,000
	소득조정금액 102. 익금산입	02	243,000,000
	103. 손금산입	03	5,000,000
	104. 차가감소득금액 (101+102-103)	04	838,000,000
	105. 기부금 한도 초과액	05	20,000,000
	106. 기부금 한도초과 이월액 손금산입	54	8,000,000
	107. 각 사업연도소득금액 (104+105-106)	06	850,000,000
② 과세표준계산	108. 각 사업연도소득금액 (108=107)		850,000,000
	109. 이 월 결 손 금	07	
	110. 비 과 세 소 득	08	
	111. 소 득 공 제	09	
	112. 과세표준 (108-109-110-111)	10	850,000,000
	159. 선 박 표 준 이 익	55	
③ 산출세액계산	113. 과 세 표 준 (113=112+159)	56	850,000,000
	114. 세 율	11	19%
	115. 산 출 세 액	12	141,500,000
	116. 지 점 유 보 소 득 (법 제96조)	13	
	117. 세 율	14	
	118. 산 출 세 액	15	
	119. 합 계 (115+118)	16	141,500,000

	구분	코드	금액
④ 납부할세액계산	120. 산 출 세 액 (120=119)		141,500,000
	121. 최저한세 적용대상 공제감면세액	17	82,000,000
	122. 차 감 세 액	18	59,500,000
	123. 최저한세 적용제외 공제감면세액	19	
	124. 가 산 세 액	20	850,000
	125. 가 감 계 (122-123+124)	21	60,350,000
	기납부세액 126. 중 간 예 납 세 액	22	21,000,000
	기한내납부세액 127. 수 시 부 과 세 액	23	
	128. 원 천 납 부 세 액	24	3,800,000
	129. 간접 회사등 외국 납부세액	25	
	130. 소 계 (126+127+128+129)	26	24,800,000
	131. 신 고 납부전 가 산 세 액	27	
	132. 합 계 (130+131)	28	24,800,000
	133. 감면분추가납부세액	29	
	134. 차가감 납부할 세액 (125-132+133)	30	35,550,000
	⑤토지등 양도소득, ⑥미환류소득 법인세 계산 (TAB로 이동)		
⑦ 세액계	151. 차감납부할 세액계 (134+150+166)	46	35,550,000
	152. 사실과 다른 회계 처리 경정 세액공제	57	
	153. 분 납 세 액 계산 범위액 (151-124-133-145-152+131)	47	34,700,000
	154. 분 납 할 세 액	48	17,350,000
	155. 차 감 납 부 세 액 (151-152-154)	49	18,200,000

2. [최저한세조정계산서]

①구분		코드	②감면후세액	③최저한세	④조정감	⑤조정후세액
(101) 결산서상 당기순이익		01	600,000,000			
소득조정금액	(102) 익 금 산 입	02	243,000,000			
	(103) 손 금 산 입	03	5,000,000			
(104) 조정후 소득금액 (101+102-103)		04	838,000,000	838,000,000		838,000,000
최저한세적용대상 특별비용	(105) 준 비 금	05				
	(106) 특별상각, 특례상각	06				
(107) 특별비용손금산입전소득금액(104+105+106)		07	838,000,000	838,000,000		838,000,000
(108) 기 부 금 한 도 초 과 액		08	20,000,000	20,000,000		20,000,000
(109) 기부금 한도초과 이월액 손 금 산 입		09	8,000,000	8,000,000		8,000,000
(110) 각 사업년도 소득금액 (107+108-109)		10	850,000,000	850,000,000		850,000,000
(111) 이 월 결 손 금		11				
(112) 비 과 세 소 득		12				
(113) 최저한세적용대상 비 과 세 소 득		13				
(114) 최저한세적용대상 익금불산입·손금산입		14				
(115) 차가감 소 득 금 액 (110-111-112+113+114)		15	850,000,000	850,000,000		850,000,000
(116) 소 득 공 제		16				
(117) 최저한세적용대상 소 득 공 제		17				
(118) 과 세 표 준 금 액 (115-116+117)		18	850,000,000	850,000,000		850,000,000
(119) 선 박 표 준 이 익		24				
(120) 과 세 표 준 금 액 (118+119)		25	850,000,000	850,000,000		850,000,000
(121) 세 율		19	19 %	7 %		19 %
(122) 산 출 세 액		20	141,500,000	59,500,000		141,500,000
(123) 감 면 세 액		21				
(124) 세 액 공 제		22	91,500,000		9,500,000	82,000,000
(125) 차 감 세 액 (122-123-124)		23	50,000,000			59,500,000

정답 및 해설 — 116회 최신기출문제

이론시험 정답 및 해설 A형

01	02	03	04	05	06	07	08	09	10	11	12	13	14	15
②	②	③	④	②	④	①	③	②	③	④	③	②	②	①

01 ② 회계정보의 주요 질적 특성은 목적적합성과 신뢰성이다. 실제 회계처리에서 두 특성이 상충될 수 있으며, 이 경우 재무보고의 목적에 부합하도록 우선순위를 선택해야 한다.
①, ③, ④는 목적적합성을 우선시한 선택:
- 시가법: 보다 시의성 있는 자산정보 제공
- 발생주의: 거래 실질 반영
- 분기/반기보고: 신속한 의사결정에 도움

②는 신뢰성을 우선시한 선택:
- 완성기준은 결과가 확정된 시점에 수익을 인식하므로 측정의 신뢰성이 높지만, 진행기준보다 목적적합성은 낮다.

02 ② 시용판매를 위하여 고객에게 인도한 상품은 고객의 매입의사 표시 시점에 소유권이 이전되므로 기말재고에 포함한다. 할부판매계약에 따라 인도한 상품은 인도 시점에 대금을 모두 회수하지 않더라도 재화가 인도되었으므로 기말재고에서 제외한다.
- 선적지 인도조건(FOB Shipping Point) 상품: 선적 시 소유권이 회사에 이전되므로 기말재고에 포함 → 7,000,000원 포함
- 위탁판매용 상품(수탁자 보관): 위탁매출은 수탁자가 소비자에게 판매 시 수익이 인식되므로 기말재고에 포함 → 4,000,000원 포함
- 시용판매 상품: 고객이 아직 매입의사를 표시하지 않았으므로 소유권이 회사에 있음 → 2,000,000원 포함
- 할부판매 상품: 인도된 시점에 수익인식이 가능하므로 기말재고에 포함하지 않음

03 ③ [일반기업회계기준 문단 10.18] 제공한 자산의 장부가액이 아니라 공정가치로 측정한다.

04 ④ [일반기업회계기준 문단 15.5] 중도에 포기한 자본거래 비용은 자본과 무관한 거래로 보고 당기손익으로 인식한다.

05 ② [일반기업회계기준 문단 5.14] 회계추정의 변경은 전진적으로 처리하여 그 효과를 당기와 당기 이후의 기간에 반영한다.

06 ④ ㉠ 종합원가계산: 동일한 제품을 연속적·대량 생산할 때 사용, 공정별로 원가 집계
   예) 정유업, 제지업, 화학공업 등
㉡ 개별원가계산: 주문생산 형태에 적합하며, 작업별로 원가를 구분
   예) 조선업, 건설업, 항공기 제조 등

ⓒ 결합원가계산: 하나의 원재료에서 두 개 이상의 제품(결합제품)이 동시에 생산될 때 → 총원가를 각 제품에 배분
  예 낙농업(우유·치즈), 정육업(소고기·가죽), 석유정제업

07 ① 800,000원
- 수리 후 처분하는 경우, 포기해야 하는 대안은 현재 상태에서 처분하는 것이다. 따라서 기회비용은 현재 상태에서 처분할 수 있는 가액인 800,000원이 된다.

08 ③ 1,425,000원
  (1) S1 → P2: 1,000,000원 × 30% = 300,000원
  (2) S1 → S2: 1,000,000원 × 30% = 300,000원
  (3) S2 → P2: (300,000원 + 1,500,000원) × (50% ÷ 80%) = 1,125,000원
  ∴ P2에 배분될 보조부문의 원가총액: 300,000원 + 1,125,000원 = 1,425,000원

09 ② 24,000원
- 단위당 가공원가: (64,000원 + 260,000원)/(25,000단위 + 5,000단위 × 40%) = 12원/단위
- 기말재공품원가: 12원/단위 × (5,000단위 × 40%) = 24,000원

10 ③ 균등이익률법은 각 제품의 이익률이 동일하도록 결합원가를 배분하는 방식이다. 조건이 같을 경우, 추가가공원가가 높은 제품은 이익이 줄어들기 때문에 결합원가를 적게 배분해야 균등한 이익률이 유지된다.

11 ④ 소득세법상 소득 구분은 소득의 발생 원인과 반복성, 소속 여부 등에 따라 결정된다.
  ㉠ 기타소득: 비반복적이며 독립적 행위로 발생한 일시적, 우발적인 원고료
  ㉡ 사업소득: 프리랜서 작가와 같은 계속적·반복적 활동에서 발생한 원고료
  ㉢ 근로소득: 근로자가 자신이 속한 회사의 업무 일환으로 사보에 기고한 원고료는 근로관계에서 발생한 수입

12 ③ 개인사업자의 대표자를 변경하는 경우는 사업자등록정정 사유가 아닌 폐업 사유이다.

13 ② 주주나 출연자가 아닌 임직원에게 사택을 무상으로 제공하는 것은 부당행위계산 적용대상이 아니다.

14 ② 주차장으로 사용하는 토지 임대는 사업용으로 사용되므로 과세 대상

15 ① 전자세금계산서 의무발급대상 개인사업자의 공급가액은 8천만원 이상이다.

실무시험 정답 및 해설

문제 1 회계처리

01 일반전표입력

2025.05.04. (차) 외상매입금(미국TSL) 26,000,000원   (대) 보통예금   24,000,000원
                                                         외환차익   2,000,000원

02 매입매출전표입력

유형	품목	수량	단가	공급가액	부가세	거래처	전자	분개
11.과세	제품			10,000,000	1,000,000	㈜유정	여	혼합 또는 카드
분개	(차변) 외상매출금(삼성카드) 11,000,000원				(대변) 제품매출 10,000,000원 부가세예수금 1,000,000원				

03 일반전표입력

2025.07.14. (차) 보통예금   2,760,000원   (대) 받을어음(㈜교보상사)   3,000,000원
            매출채권처분손실   240,000원

04 매입매출전표입력

유형	품목	수량	단가	공급가액	부가세	거래처	전자	분개
22.현과	차량운반구			5,000,000	500,000	자진발급		혼합
분개	(차변) 현금 5,500,000 원 감가상각누계액(209) 7,200,000원				(대변) 차량운반구 12,000,000원 부가세예수금 500,000원 유형자산처분이익 200,000원				

문제 2 부가가치세신고서 및 부속서류

01 1. 매입매출전표입력

(1) 11월 30일
   • 수정 전:

유형	품목	수량	단가	공급가액	부가세	거래처	전자	분개
22.현과	제품매출			3,000,000	300,000	㈜아림	여	현금
분개	(차변)현금 3,300,000원				(대변) 부가세예수금 300,000원 제품매출 3,000,000원				

   • 수정 후: 전표 삭제

(2) 9월 30일
- 수정 전: 전표 없음
- 수정 후:

유형	품목	수량	단가	공급가액	부가세	거래처	전자	분개
51.과세	수리비			500,000	50,000	하나상사		혼합
분개	(차변) 수선비(제) 부가세대급금			500,000원 50,000원	(대변) 보통예금			550,000

F11 간편집계.. ▼ → 예정누락분(SF5) → 확정신고 개시년월: 2025년 10월 입력(※ 또는 11월, 12월 입력)

(3) 12월 5일
- 수정 전: 전표 없음
- 수정 후:

유형	품목	수량	단가	공급가액	부가세	거래처	전자	분개
51.과세	수리비			300,000	30,000	운송나라		혼합
분개	(차변) 운반비(판) 부가세대급금			300,000원 30,000원	(대변) 보통예금			330,000

2. [부가가치세신고서(1차 수정신고)]

3. [과세표준및세액결정(경정)청구서]

조회기간	2025년 10월 ~ 2025년 12월	구분 2기 확정	수정차수 1		
▶ 신고인					
성명	배정우	주민등록번호 900124-1214119		사업자등록번호	125-85-47000
주소(거소) 또는 영업소	서울특별시 강남구 밤고개로 337 (세곡동)				
상호	(주)한솔산업			전화번호	02-1234-0001

▶ 신고내용				
법정신고일	2026년 1월 25일		최초신고일	2026년 1월 26일
수정신고사유				
구 분	최 초 신 고		수 정 신 고	
과세표준	48,000,000		45,000,000	
산출세액	4,800,000		4,500,000	
가산세액				
공제및감면세액	2,700,000		2,780,000	
납부할세액	2,100,000		1,720,000	
기납부세액				
자진납부세액	2,100,000		1,720,000	
추가자진납부세액			-380,000	

02 [공제받지못할매입세액명세서] 메뉴 → [공제받지못할매입세액내역] 탭
- 인테리어 공사: 4월 10일 세금계산서 선발급 + 동일 과세기간 내에 공급시기가 도래하므로 적법한 세금계산서에 해당함 → 매입세액 공제 가능

조회기간 2025년 04월 ~ 2025년 06월	구분 1기 확정			
공제받지못할매입세액내역	공통매입세액안분계산내역	공통매입세액의정산내역	납부세액또는환급세액재계산	
매입세액 불공제 사유	세금계산서			
	매수	공급가액	매입세액	
①필요적 기재사항 누락 등				
②사업과 직접 관련 없는 지출	1	30,000,000	3,000,000	
③개별소비세법 제1조제2항제3호에 따른 자동차 구입·유지				
④기업업무추진비 및 이와 유사한 비용 관련	1	3,500,000	350,000	
⑤면세사업등 관련				
⑥토지의 자본적 지출 관련				
⑦사업자등록 전 매입세액				
⑧금·구리 스크랩 거래계좌 미사용 관련 매입세액				

문제 3 결산정리사항

01 일반전표입력

2025.12.31. (차) 보험료(제)   4,500,000원   (대) 선급비용   4,500,000원
- 6,000,000원 × 9/12 = 4,500,000원

02 일반전표입력

2025.12.31. (차) 매도가능증권   15,300,000원   (대) 매도가능증권평가손실   8,500,000원
                                                매도가능증권평가이익   6,800,000원

03 일반전표입력

2025.12.31. (차) 부가세예수금   40,500,000원   (대) 부가세대급금   36,800,000원
              세금과공과(판)   15,000원   미수금   1,700,000원
                                                  잡이익   10,000원
                                                  미지급세금   2,005,000원

04 일반전표입력

2025.12.31. (차) 퇴직연금운용자산   1,800,000원   (대) 퇴직연금운용수익   1,800,000원
(또는 이자수익)

• 60,000,000원 × 4% × 9/12 = 1,800,000원

문제 4 원천징수와 관련된 다음의 물음에 답하시오. (10점)

01 1. [사원등록] 메뉴 → [부양가족명세] 탭
• 최이현: 한부모 공제선택

연말관계	성명	내/외국인	주민(외국인, 여권)번호	나이	기본공제	부녀자	한부모	경로우대	장애인	자녀	출산입양	위탁관계
0	최이현	내	1 850331-2025899	39	본인		○					
1	김희숙	내	1 531021-2021342	71	60세이상			○				
4	임희연	내	1 151031-4123543	9	20세이하					○		
4	임유한	내	1 190531-3021474	5	20세이하							

2. [연말정산추가자료입력] 메뉴
1) [소득명세] 탭

	구분	합계	주(현)	납세조합	종(전) [1/2]
소득명세	9.근무처명		(주)한솔산업		(주)선재기획
	9-1.종교관련 종사자		부		부
	10.사업자등록번호		125-85-47000	---–--–---	507-81-55567
	11.근무기간		2025-07-01 ~ 2025-12-31	---–--–--- ~ ---–--–---	2025-01-01 ~ 2025-06-30
	12.감면기간		---–--–--- ~ ---–--–---	---–--–--- ~ ---–--–---	---–--–--- ~ ---–--–---
	13-1.급여(급여자료입력)	39,000,000	15,000,000		24,000,000
	13-2.비과세한도초과액				
	13-3.과세대상추가(인정상여추가)				
	14.상여				
	15.인정상여				
	15-1.주식매수선택권행사이익				
	15-2.우리사주조합 인출금				
	15-3.임원퇴직소득금액한도초과액				
	15-4.직무발명보상금				
	16.계	39,000,000	15,000,000		24,000,000
공제보험료명세	직장 건강보험료(직장)(33)	1,382,550	531,750		850,800
	장기요양보험료(33)	179,010	68,850		110,160
	고용보험료(33)	336,000	120,000		216,000
	국민연금보험료(31)	1,755,000	675,000		1,080,000
	공적연금보험료 공무원 연금(32)				
	군인연금(32)				
	사립학교교직원연금(32)				
	별정우체국연금(32)				
세액 기납부세액	소득세	554,140	371,750		182,390
	지방소득세	55,380	37,150		18,230
	농어촌특별세				

(2) [부양가족] 탭
  (1) 보험료
    ① 최이현

자료구분	국세청간소화	급여/기타	정산	공제대상금액
국민연금_직장		675,000		675,000
국민연금_지역				
합 계		675,000		675,000
건강보험료-보수월액		531,750		531,750
장기요양보험료-보수월액		68,850		68,850
건강보험료-소득월액(납부)				
기요양보험료-소득월액(납부)				
합 계		600,600		600,600
고용보험료		120,000		120,000
보장성보험-일반	200,000			200,000
보장성보험-장애인				
합 계	200,000			200,000

② 김희숙

자료구분	국세청간소화	급여/기타	정산	공제대상금액
국민연금_직장				
국민연금_지역				
합 계				
건강보험료-보수월액				
장기요양보험료-보수월액				
건강보험료-소득월액(납부)				
기요양보험료-소득월액(납부)				
합 계				
고용보험료				
보장성보험-일반	500,000			500,000
보장성보험-장애인				
합 계	500,000			500,000

③ 임희연

자료구분	국세청간소화	급여/기타	정산	공제대상금액
국민연금_직장				
국민연금_지역				
합 계				
건강보험료-보수월액				
장기요양보험료-보수월액				
건강보험료-소득월액(납부)				
기요양보험료-소득월액(납부)				
합 계				
고용보험료				
보장성보험-일반	150,000			150,000
보장성보험-장애인				
합 계	150,000			150,000

④ 임유한

자료구분	국세청간소화	급여/기타	정산	공제대상금액
국민연금_직장				
국민연금_지역				
합 계				
건강보험료-보수월액				
장기요양보험료-보수월액				
건강보험료-소득월액(납부)				
기요양보험료-소득월액(납녹)				
합 계				
고용보험료				
보장성보험-일반	150,000			150,000
보장성보험-장애인				
합 계	150,000			150,000

(2) 교육비

① 김희숙: 직계존속의 교육비는 공제대상이 아니다.

② 임희연: 초등학생의 학원비는 공제대상이 아니다.

교육비	
일반	장애인특수
900,000	2.초중고

③ 임유한: 취학전 아동의 유치원비, 학원비는 공제대상이다.

교육비	
일반	장애인특수
3,280,000	1.취학전

※ 또는 3,000,000원

3) [신용카드 등] 탭

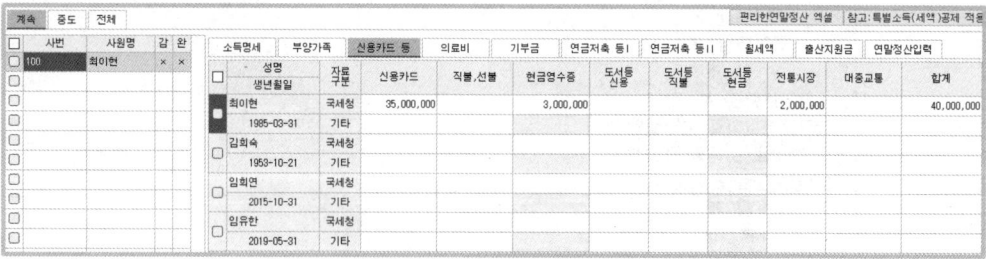

4) [의료비] 탭

임희연: 안경 구입 금액 500,000만 입력

	성명	내/외	5.주민등록번호	6.본인등 해당여부	9.증빙 코드	8.상호	7.사업자 등록번호	10.건수	11.금액	11-1.실손 보험수령액	12.미숙아 선천성이상아	13.난임 여부	14.산후 조리원
□	최이현	내	850331-2025889	1	0	1			1	1,600,000		X	X	X
□	김희숙	내	531021-2021342	2	0	1			1	7,500,000	2,300,000	X	X	X
□	임희연	내	151031-4123653	3	X	1			1	500,000		X	X	X
□	임유한	내	190531-3021474	2	0	1			1	1,600,000		X	X	X

5) [연말정산입력] 탭

[F8 부양가족탭불러오기] 반영

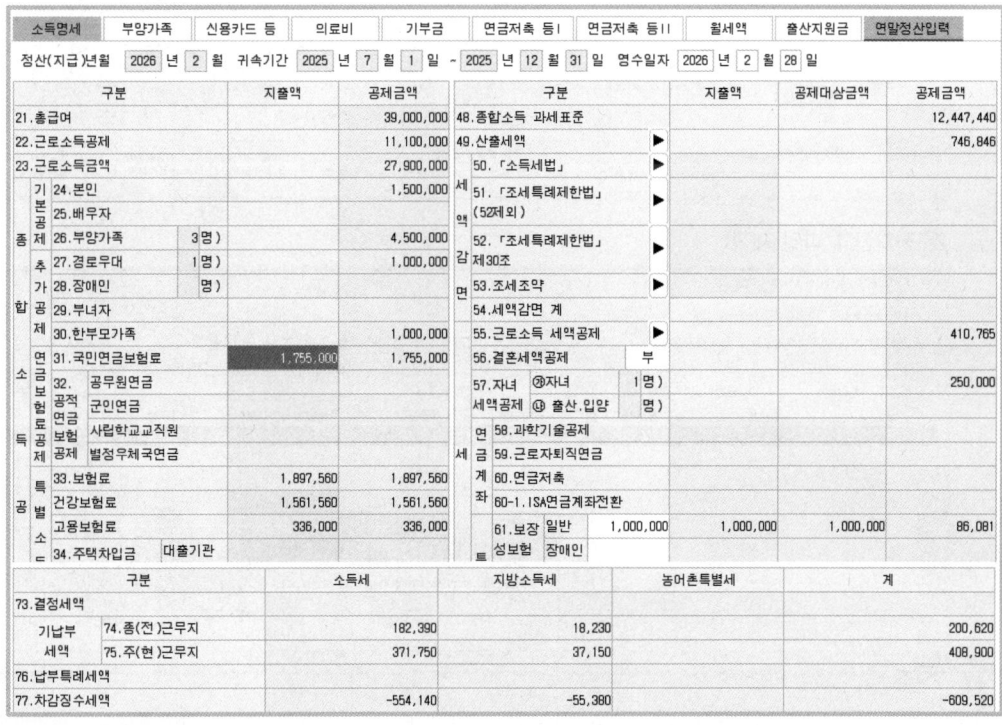

02

1. [원천징수이행상황신고서] 작성 후 마감

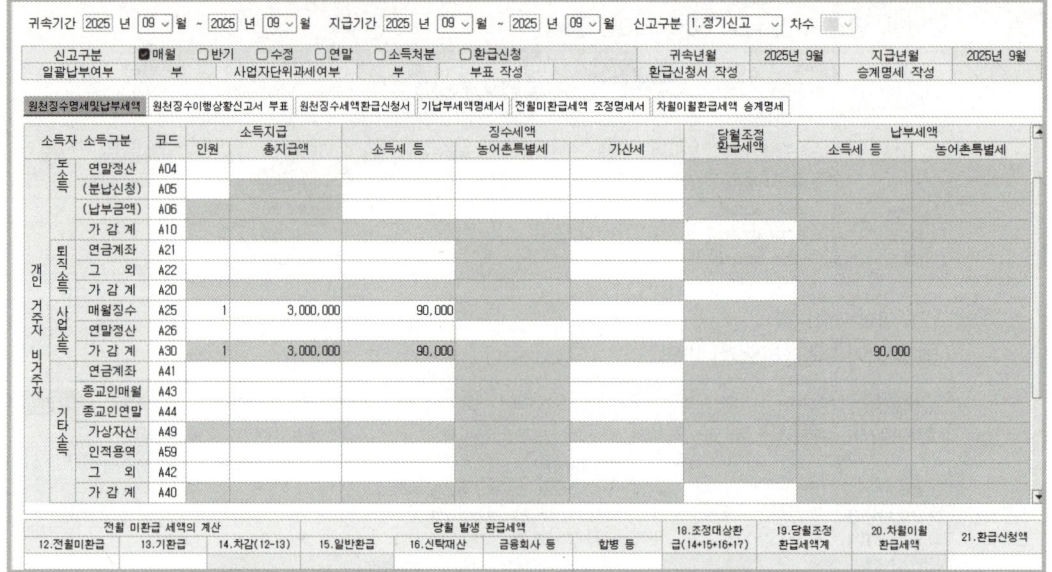

2. 전자신고 파일 제작

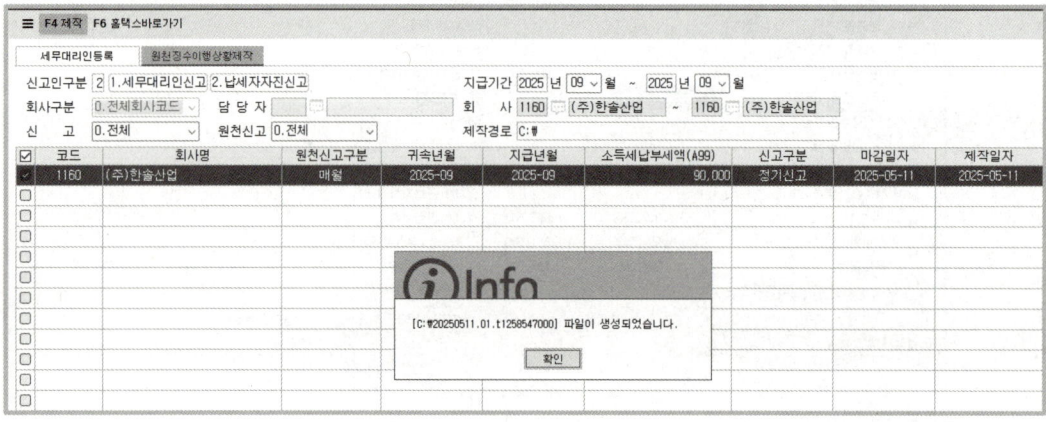

3. 국세청 홈택스 전자파일 변환 및 제출

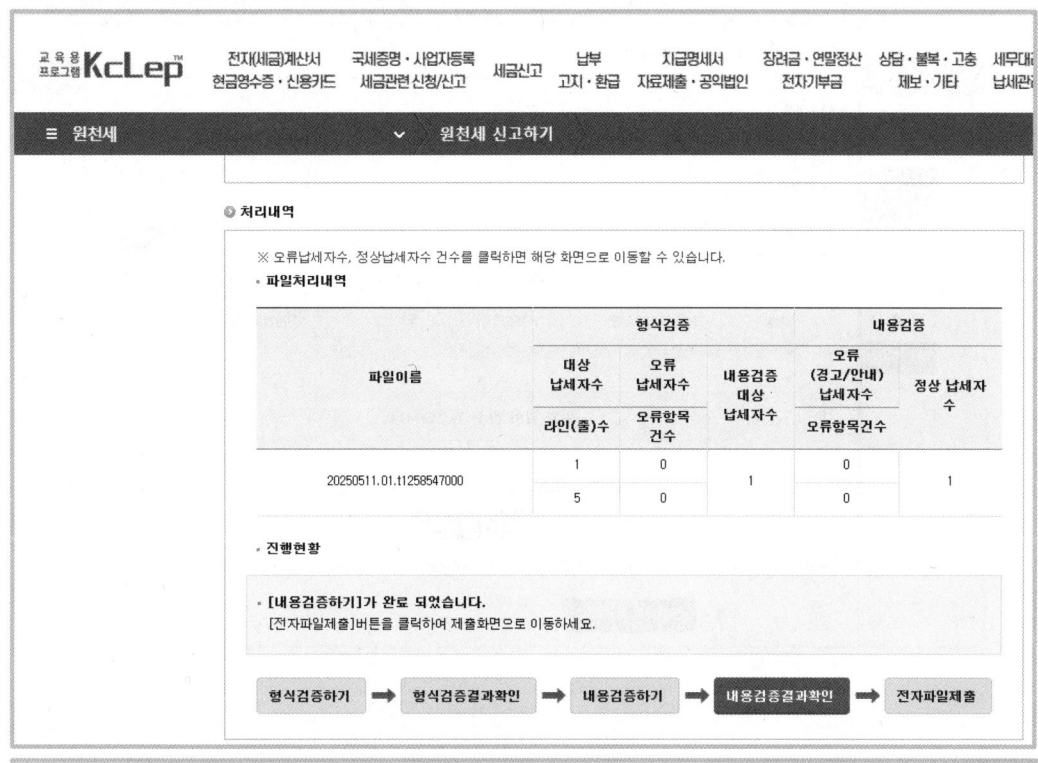

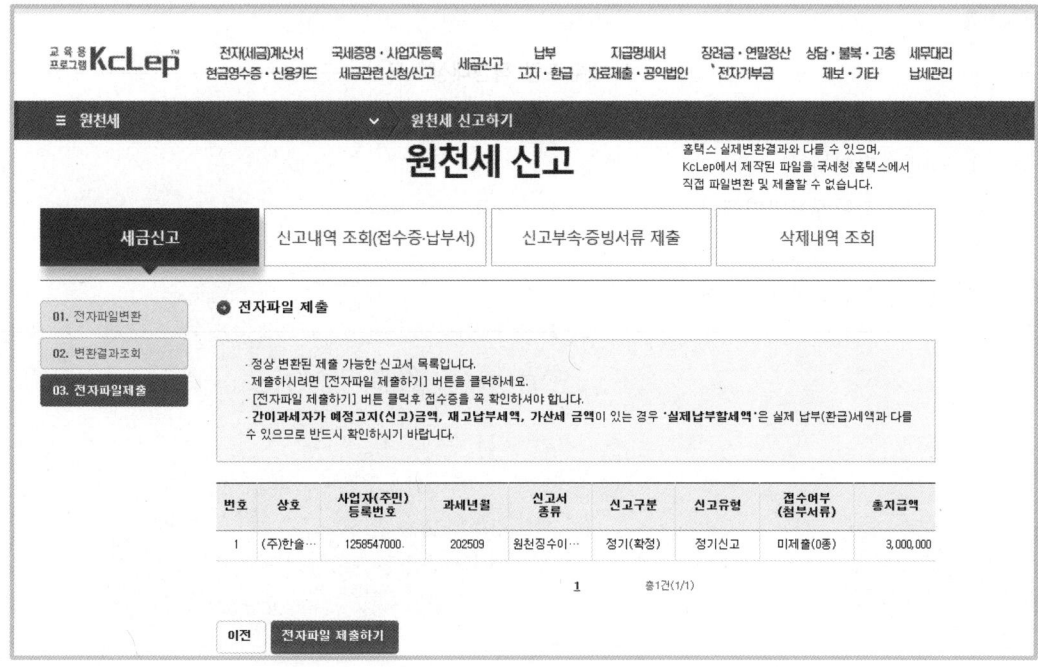

문제 5

―――――――――| 세무조정 작성대상서식 |―――――――――

1. 수입금액조정명세서, 조정후수입금액명세서
2. 세금과공과금명세서
3. 소득금액조정합계표및명세서
4. 원천납부세액명세서(갑)
5. 업무용승용차관련비용명세서

01 1. [수입금액조정명세서] 메뉴

(1) [수입금액조정명세서] 메뉴 → [수입금액조정계산] 탭

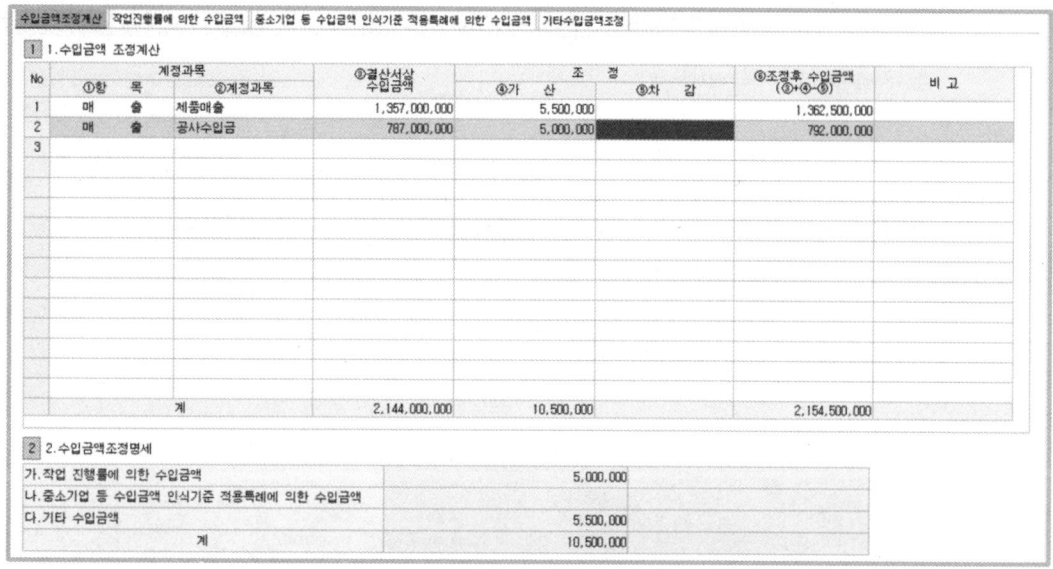

(2) [수입금액조정명세서] 메뉴 → [작업진행률에 의한 수입금액] 탭

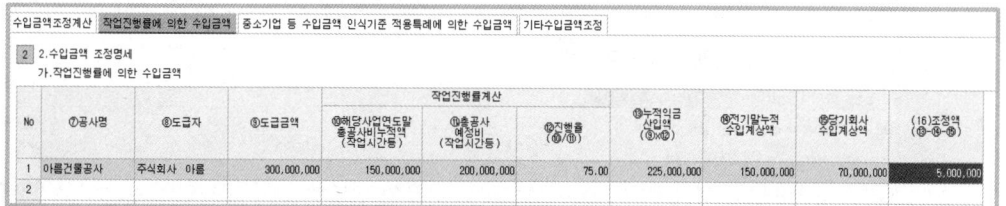

(3) [수입금액조정명세서] 메뉴 → [기타수입금액조정] 탭

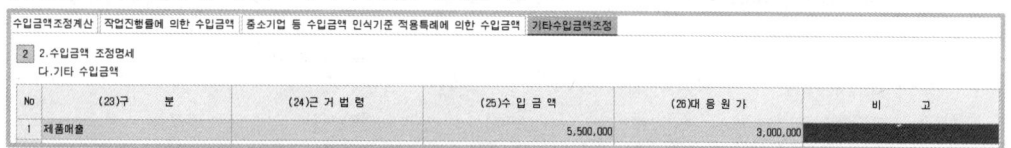

2. F3 조정등록

익금산입 및 손금불산입			손금산입 및 익금불산입		
과 목	금 액	소득처분	과 목	금 액	소득처분
공사수입금 과소계상	5,000,000	유보발생	제품매출원가누락	3,000,000	유보발생
제품매출누락	5,500,000	유보발생			

3. [조정후수입금액명세서] 메뉴
(1) [업종별 수입금액 명세서] 탭

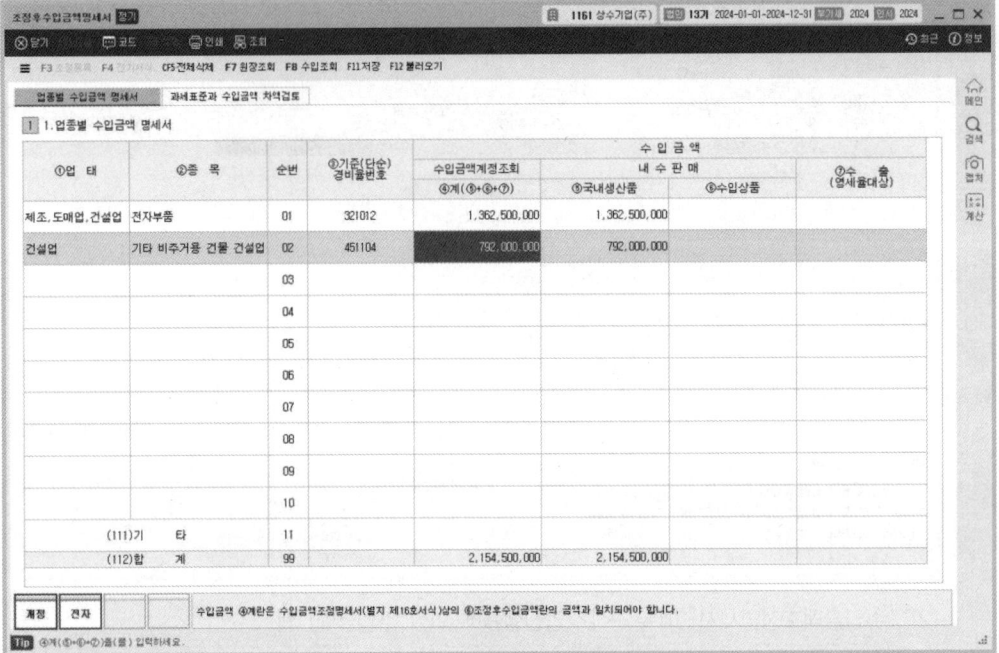

(2) [과세표준과 수입금액 차액검토] 탭

02   1. [세금과공과금명세서]

□	코드	계정과목	월	일	거래내용	코드	지급처	금 액	손금불산입표시
□	0817	세금과공과금	1	20	업무용 승용차 자동차세			387,000	
□	0817	세금과공과금	1	21	본사 토지 취득세			8,910,000	손금불산입
□	0817	세금과공과금	3	16	법인지방소득세			1,054,000	손금불산입
□	0817	세금과공과금	9	5	주민세 사업소분			55,000	
□	0817	세금과공과금	9	7	본사 건물 재산세			3,420,000	
□	0817	세금과공과금	10	9	국민연금 회사부담액			789,000	
□	0817	세금과공과금	11	15	원천징수 등 납부지연가산세			87,000	손금불산입
□	0817	세금과공과금	12	22	폐기물처리부담금			566,000	
□	0817	세금과공과금	12	26	업무용 승용차 자동차세			420,000	
					손 금 불 산 입 계			10,051,000	
					합 계			15,688,000	

2. F3 조정등록

익금산입 및 손금불산입			손금산입 및 익금불산입		
과 목	금 액	소득처분	과 목	금 액	소득처분
본사 토지 취득세	8,910,000	유보발생			
법인지방소득세	1,054,000	기타사외유출			
원천징수 등 납부지연가산세	87,000	기타사외유출			

03   [소득금액조정합계표및명세서]

익금산입 및 손금불산입			손금산입 및 익금불산입		
과 목	금 액	소득처분	과 목	금 액	소득처분
매도가능증권평가이익	2,000,000	기타	매도가능증권	2,000,000	유보발생
자기주식처분이익	5,000,000	기타			
대손상각비	20,000,000	기타사외유출			
건물관리비(사택관리비)	5,600,000	상여			
법인세비용	9,540,600	기타사외유출			

단, 주주 등이 아닌 임원의 사택유지비 및 관리비는 업무와 관련 없는 지출에 해당하지 않은 것인데, 문제의 조건에서 대표이사의 주식보유상황에 대하여 명시하지 않고 있으므로 사택관리비를 손금으로 보고 세무조정하지 않은 답안도 정답으로 인정[법인세법 시행령 제50조].

04 [원천납부세액명세서] 메뉴 → [원천납부세액(갑)] 탭

05 1. [업무용승용차관련비용명세서] 메뉴

(1) 산타페(157고1111)

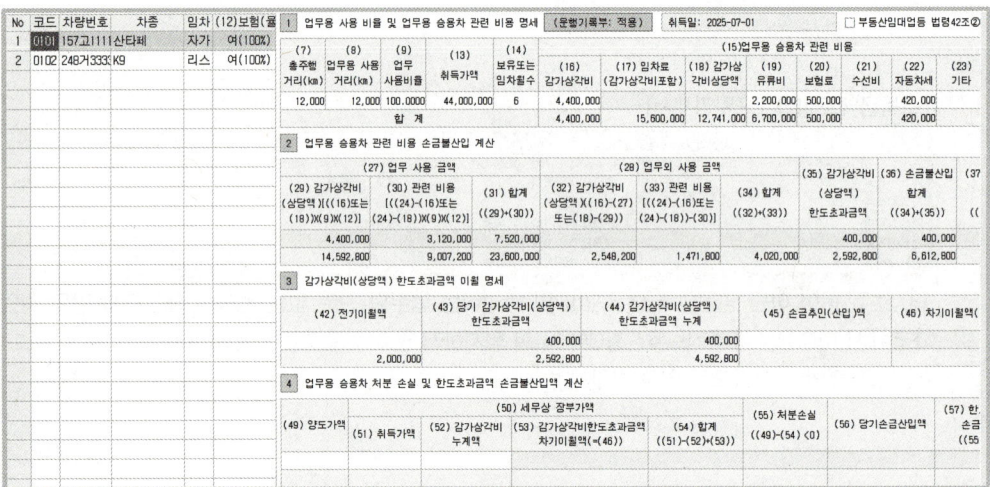

(2) K9(248거3333)

No	코드	차량번호	차종	임차	(12)보험(율)
1	0101	157고1111	산타페	자가	여(100%)
2	0102	248거3333	K9	리스	여(100%)

1 업무용 사용 비율 및 업무용 승용차 관련 비용 명세 〈운행기록부: 적용〉 임차기간: 2024-01-01 ~ 2026-12-31 □ 부동산임대업등 법령42조②

(7) 총주행 거리(km)	(8) 업무용 사용 거리(km)	(9) 업무 사용비율	(13) 취득가액	(14) 보유또는 임차월수	(15)업무용 승용차 관련 비용							
					(16) 감가상각비	(17) 임차료 (감가상각비포함)	(18) 감가상 각비상당액	(19) 유류비	(20) 보험료	(21) 수선비	(22) 자동차세	(23) 기타
8,000	6,400	80.0000		12		15,600,000	12,741,000	4,500,000				
합계			4,400,000			15,600,000	12,741,000	6,700,000	500,000		420,000	

2 업무용 승용차 관련 비용 손금불산입 계산

(27) 업무 사용 금액			(28) 업무외 사용 금액			(35) 감가상각비 (상당액) 한도초과금액	(36) 손금불산입 합계 ((34)+(35))	(37
(29) 감가상각비 (상당액)((16)또는 (18))X(9)X(12)	(30) 관련 비용 [((24)-(16)또는 (24)-(18))X(9)X(12)]	(31) 합계 ((29)+(30))	(32) 감가상각비 (상당액) X(16)-(27) 또는(18)-(29))	(33) 관련 비용 ((24)-(16)또는 (24)-(18)-(30))	(34) 합계 ((32)+(33))			
10,192,800	5,887,200	16,080,000	2,548,200	1,471,800	4,020,000	2,192,800	6,212,800	
14,592,800	9,007,200	23,600,000	2,548,200	1,471,800	4,020,000	2,592,800	6,612,800	

3 감가상각비(상당액) 한도초과금액 이월 명세

(42) 전기이월액	(43) 당기 감가상각비(상당액) 한도초과금액	(44) 감가상각비(상당액) 한도초과금액 누계	(45) 손금추인(산입)액	(46) 차기이월액(
2,000,000	2,192,800	4,192,800		
2,000,000	2,592,800	4,592,800		

4 업무용 승용차 처분 손실 및 한도초과금액 손금불산입액 계산

(49) 양도가액	(51) 취득가액	(50) 세무상 장부가액			(54) 합계 ((51)-(52)+(53))	(55) 처분손실 ((49)-(54)<0)	(56) 당기손금산입액	(57) 한 손금 ((55
		(52) 감가상각비 누계액	(53) 감가상각비한도초과액 차기이월액(=(46))					

2. F3 조정등록

익금산입 및 손금불산입			손금산입 및 익금불산입		
과 목	금 액	소득처분	과 목	금 액	소득처분
업무용승용차 업무미사용분	4,020,000	상여			
감가상각비 한도초과액(K9)	2,192,800	기타사외유출			
감가상각비 한도초과액(산타페)	400,000	유보발생			

정답 및 해설 115회 최신기출문제

이론시험 정답 및 해설 A형

01	02	03	04	05	06	07	08	09	10	11	12	13	14	15
②	④	③	④	③	①	②	②	①	②	③	③	②	④	①

01 ② 주식배당은 현금을 지급하는 것이 아니라, 기존 주주에게 추가 주식을 무상으로 배분하는 것으로, 회사의 자산에는 변화가 없으며, 자본 내 항목만 변동한다. 주식배당 시 자본금은 증가하고 이익잉여금은 감소하며 자본총액은 동일하다.
※ 회계처리 예시: (차) 미처분이익잉여금   XXX원   (대) 자본금   XXX원

02 ④ [일반기업회계기준 문단 16.14] 용역제공거래의 성과를 신뢰성 있게 추정할 수 없고 발생한 원가의 회수가능성이 낮은 경우에는 수익을 인식하지 않고 발생한 원가를 비용으로 인식한다.

03 ③ 12월 31일   (차) 감가상각비   400,000원   (대) 감가상각누계액   400,000원
              정부보조금(기계장치차감) 200,000원   감가상각비   200,000원
- 재무상태표상 기계장치의 장부가액
 = 기계장치 2,000,000원 – 감가상각누계액 400,000원 – 정부보조금 800,000원 = 800,000원

04 ④ 할증발행된 사채는 액면이자율 보다 시장이자율(유효이자율)이 낮기 때문에, 사채의 장부가액은 시간이 지날수록 점차 감소한다. 유효이자율법은 장부가액 × 시장이자율로 이자비용을 계산하므로, 사채의 실질이자도 매년 감소한다.

05 ③ 납부해야 할 법인세 > 회계상 법인세비용인 경우에는 회계상 이익보다 세무상 이익이 크다는 의미이므로, 해당 차이(일시적 차이)는 미래에 회계이익이 세무이익보다 클 가능성이 있다는 뜻이다. 이 경우는 이연법인세자산을 인식한다.
※ 회계처리 예시: (차) 법인세비용   200원   (대) 미지급세금   300원
              이연법인세자산   100원

06 ① • 기본원가: 직접재료원가 + 직접노무원가
- 가공원가: 직접노무원가 + 제조간접원가

07 ② 가, 다
나. 종합원가계산은 소품종대량생산에 적합하다.
라. 매몰원가에 대한 설명이다.

08 ② 84,000원
- 기초재공품 완성품 환산량: 1,000개 × (100% − 60%) = 400개
- 당기착수분 완성품 환산량: 7,000개 × 100% = 7,000개
- 기말재공품 완성품 환산량: 2,000개 × 50% = 1,000개
- ∴ 완성품 환산량은 8,400개이다.
- 가공원가 발생액: 8,400개 × 10원/개 = 84,000원

09 ① 150,000원 불리

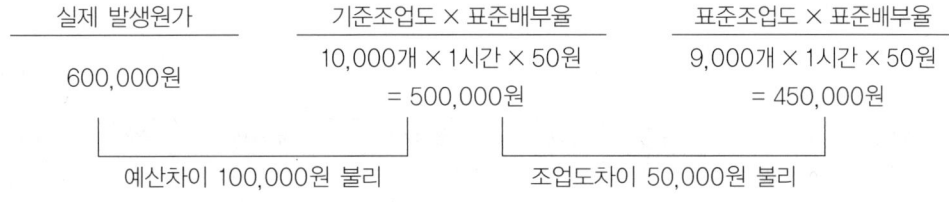

∴ 고정제조간접원가 총 차이: 150,000원 불리

10 ② 개별원가 계산방법은 제품별, 작업지시서별로 집계된 원가에 의하여 제조원가를 계산한다.

11 ③ 법인세법 제4조 제1항, 비영리법인이 청산하는 경우에는 잔여재산을 구성원에게 분배할 수 없고 유사한 목적을 가진 비영리법인이나 국가에 인도하므로 청산소득이 발생하지 않는다. 따라서 청산소득에 대한 법인세 납세의무가 없다.

12 ③ 소득세법 제164조의3 제1항, 일용근로자에게 지급하는 일용직 근로소득에 대해서는 간이지급명세서를 제출하지 않아도 된다.

13 ② 소득세법 제21조 제1항, 근무기간 중에 부여받은 주식매수선택권을 퇴직 후에 행사함으로써 얻는 이익은 기타소득에 해당한다.

14 ④ 부가가치세법 시행령 제83조 제2항, 건물과 구축물에 적용되는 체감률은 5%이다.

15 ① 자동차운전학원에서 가르치는 교육용역은 과세이다.

실무시험 정답 및 해설

문제 1 회계처리

01
- 현금배당: 배당금수익으로 인식
- 주식배당: 배당금수익으로 계상하지 않고, 회사가 보유한 주식의 수량 및 단가를 수정, 주석으로 공시
- 법인에게 귀속되는 배당금은 원천징수대상 소득이 아니므로 원천징수세액은 고려할 필요가 없다.

일반전표입력
2025.03.20. (차) 보통예금   5,000,000원   (대) 배당금수익   5,000,000원

02 매입매출전표입력

유형	품목	수량	단가	공급가액	부가세	거래처	전자	분개
11.매출	제품매출			100,000,000	10,000,000	㈜지수산업	여	혼합
분개	(차변) 선수금 10,000,000원 받을어음 100,000,000원					(대변) 제품매출 100,000,000원 부가세예수금 10,000,000원		

03 일반전표입력

2025.07.10. (차) 보통예금   62,500,000원   (대) 외상매출금(AAA)   65,000,000원
         외환차손   2,500,000원

04 매입매출전표입력

유형	품목	수량	단가	공급가액	부가세	거래처	전자	분개
54.불공	제품매출			2,500,000	250,000	㈜지수산업	여	혼합
분개	(차변) 토지 2,750,000원					(대변) 보통예금 2,750,000원		

불공제사유: ⑥토지의 자본적 지출 관련

문제 2 부가가치세신고서 및 부속서류

01 1. 매입매출전표입력

(1) 누락분 추가 입력

유형	품목	수량	단가	공급가액	부가세	거래처	전자	분개
17.카과	제품매출			2,000,000	200,000	㈜성림 신용카드사: 현대카드		카드 또는 혼합
분개	(차변) 외상매출금(현대카드) 2,200,000원					(대변) 부가세예수금 200,000원 제품매출 2,000,000원		

(2) 과다공제분 수정
- 수정 전:

유형	품목	수량	단가	공급가액	부가세	거래처	전자	분개
51.과세	승용차			25,000,000	2,300,000	㈜한국자동차	여	혼합
분개	(차변) 부가세대급금 2,500,000원 차량운반구 25,000,000원				(대변) 보통예금 27,500,000원			

- 수정 후:

유형	품목	수량	단가	공급가액	부가세	거래처	전자	분개
54.불공	승용차			25,000,000	2,300,000	㈜한국자동차	여	혼합
분개	(차변) 차량운반구 27,500,000원				(대변) 보통예금 27,500,000원			

불공제 사유: ③개별소비세법 제1조 제2항 제3호에 따른 자동차 구입·유지 및 임차

2. [부가가치세수정신고서] 작성
  ① 추가 납부할 부가가치세액: 200,000원 + 2,500,000원 = 2,700,000원
  ② 가산세: 27,000원 + 12,474원 = 39,474원
    - 신고불성실가산세: 2,700,000원 × 0.1 × 0.1 = 27,000원
    - 납부지연가산세: 2,700,000원 × 2.2/10,000 × 21 = 12,474원

02 1. 2025년 제2기 예정신고기간의 [공제받지못할매입세액명세서]>[공통매입세액안분계산내역] 탭

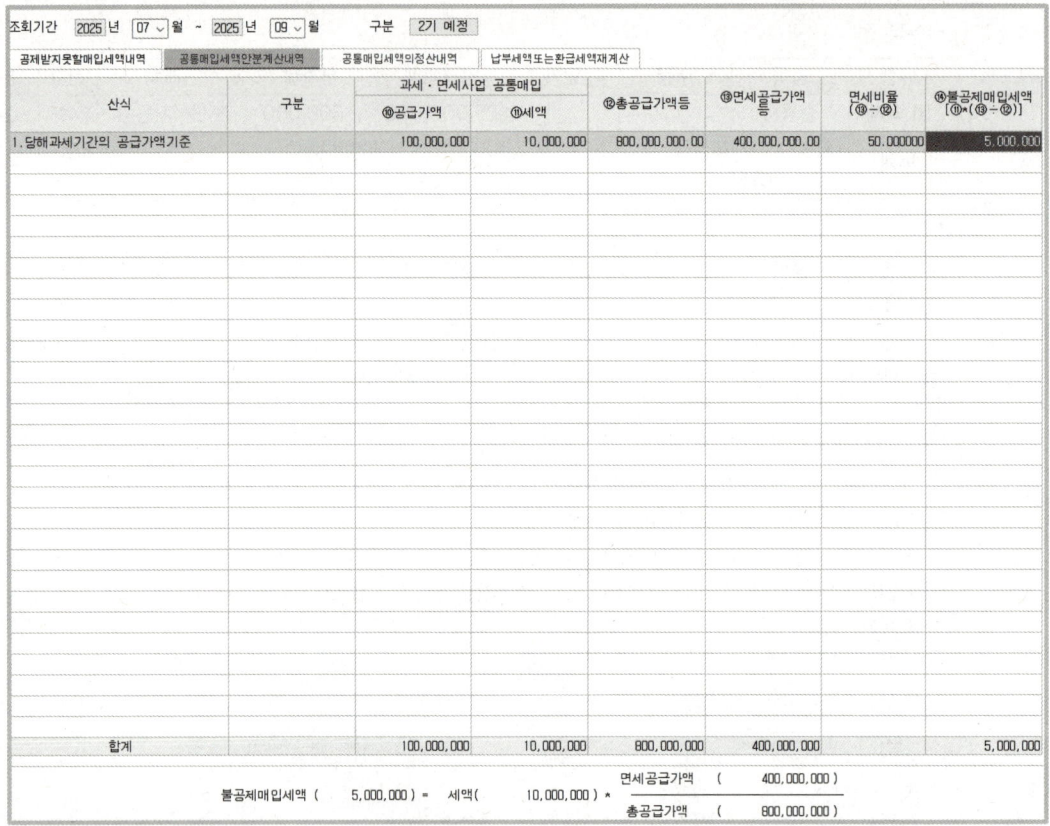

2. 2025년 제2기 확정신고 기간의 [공제받지못할매입세액명세서]>[공통매입세액의정산내역] 탭

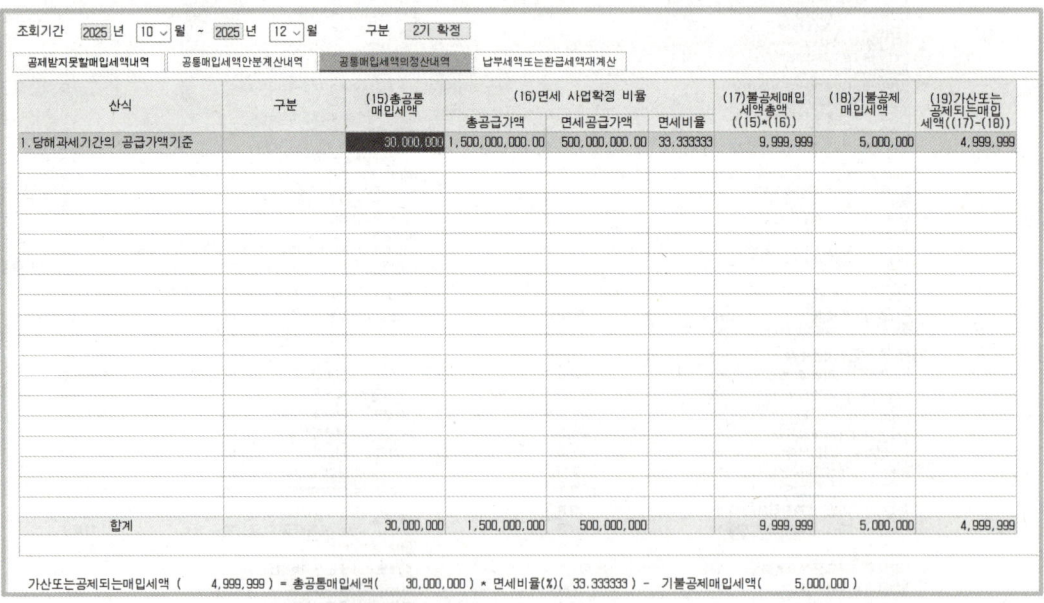

문제 3 결산정리사항

01 일반전표입력

2025.12.31. (차) 미수수익　　　　　4,500,000원　　(대) 이자수익　　　　4,500,000원
- 이자수익: 120,000,000원 × 5% × 9/12 = 4,500,000원

02 일반전표입력

2025.12.31. (차) 선급비용　　　　　9,000,000원　　(대) 임차료(제)　　　9,000,000원
- 12,000,000원 × 9/12 = 9,000,000원

03 1. 일반전표입력

2025.12.31. (차) 감가상각비(제)　　25,000,000원　(대) 감가상각누계액(203)　25,000,000원
　　　　　　　감가상각비(판) 10,000,000원　　　　감가상각누계액(209)　10,000,000원

2. 또는 [결산자료입력]
> 기간: 2025년 01월~2025년 12월
> 2.매출원가>7).경비>2).일반감가상각비>건물 25,000,000원 입력
> 4.판매비와 일반관리비>4).감가상각비>차량운반구 10,000,000원 입력
> F3 전표추가

04 1. 일반전표입력

2025.12.31. (차) 법인세등　　　　　36,520,000원　(대) 선납세금　　　　10,000,000원
　　　　　　　　　　　　　　　　　　　　　　　　　미지급세금　　　26,520,000원
- 법인세: 200,000,000원 × 0.09 + 80,000,000원 × 0.19 = 33,200,000원
- 지방소득세: (200,000,000원 × 0.09 + 80,000,000원 × 0.19) × 0.1 = 3,320,000원

2. 또는 [결산자료입력]
> 기간: 2025년 01월~2025년 12월
> 9.법인세등>1). 선납세금 결산반영금액 10,000,000원 입력
　　　　　>2). 추가계상액 결산반영금액 26,520,000원 입력
> F3 전표추가

문제 4 원천징수

01 1. [사원등록]

16.퇴사년월일 2025 년 6 월 30 일 (이월 여부 0 부) 사유 1 개인사정으로 인한 자진퇴사

2. [퇴직소득자료입력]

과세퇴직급여: 퇴직공로금 포함한 25,000,000원

3. [퇴직소득원천징수영수증]

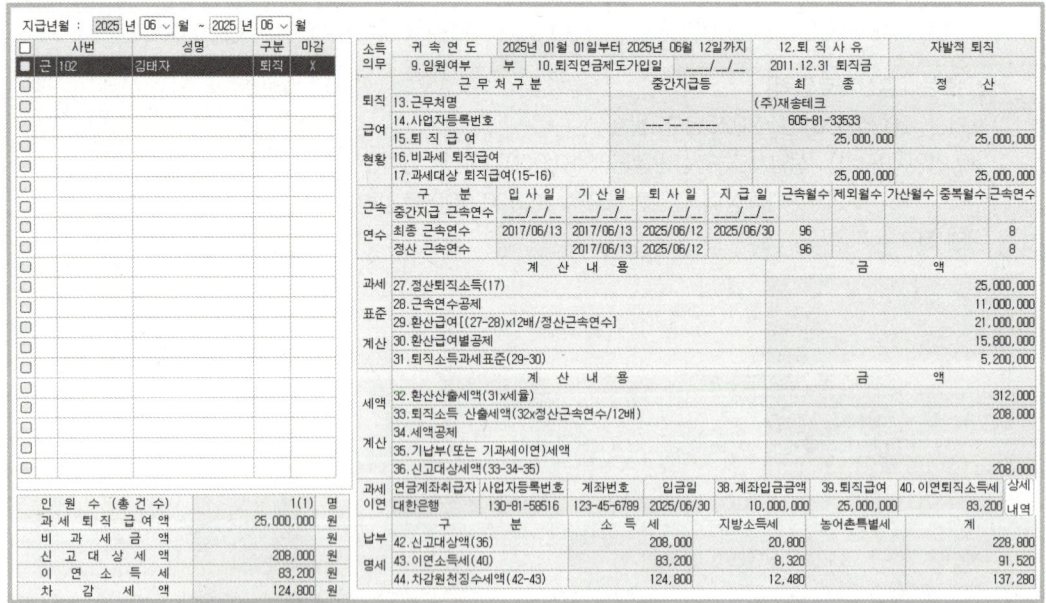

02 1. [사원등록] 메뉴 → [기본사항] 탭

2. [사원등록] 메뉴 → [부양가족명세] 탭

연말관계	성명	내/외국인	주민(외국인,여권)번호		나이	기본공제	부녀자	한부모	경로우대	장애인	자녀	출산입양	위탁관계
0	정선달	내	1	701105-1032879	55	본인							
1	김여사	내	1	430402-2022341	82	부							
3	이부인	내	1	700902-2045675	55	배우자				3			
4	정장남	내	1	051001-3013458	20	20세이하					○		
4	정차남	내	1	120701-3013456	13	20세이하					○		

3. [연말정산추가자료입력] 메뉴 → [소득명세] 탭

구분		합계	주(현)	납세조합	종(전) [1/2]
소득명세	9.근무처명		(주)재송테크		(주)스마트
	9-1.종교관련 종사자		부		부
	10.사업자등록번호		605-81-33533	----__-_____	120-81-34671
	11.근무기간		2025-05-01 ~ 2025-12-31	----__-__ ~ ----__-__	2025-01-01 ~ 2025-03-31
	12.감면기간		----__-__ ~ ----__-__	----__-__ ~ ----__-__	----__-__ ~ ----__-__
	13-1.급여(급여자료입력)	40,500,000	30,000,000		10,500,000
	13-2.비과세한도초과액				
	13-3.과세대상추가(인정상여추가)				
	14.상여	10,000,000			10,000,000
	15.인정상여				
	15-1.주식매수선택권행사이익				
	15-2.우리사주조합 인출금				
	15-3.임원퇴직소득금액한도초과액				
	15-4.직무발명보상금				
	16.계	50,500,000	30,000,000		20,500,000

		18-40.비과세식대	P01	600,000		600,000
		18-41.종업원등에대한할인금액	W01			
		19.전공의수련보조수당	Y22			
		20.비과세소득 계		600,000		600,000
		20-1.감면소득 계				
공제보험료명세	직장	건강보험료(직장)(33)		1,786,680	1,063,500	723,180
		장기요양보험료(33)		230,310	137,700	92,610
		고용보험료(33)		424,000	240,000	184,000
		국민연금보험료(31)		2,146,500	1,350,000	796,500
	공적연금보험료	공무원 연금(32)				
		군인연금(32)				
		사립학교교직원연금(32)				
		별정우체국연금(32)				
세액명세	기납부세액	소득세		3,012,820	2,012,820	1,000,000
		지방소득세		301,240	201,240	100,000
		농어촌특별세				
	납부특례세액	소득세				
		지방소득세				
		농어촌특별세				

03 다음의 자료를 이용하여 [원천징수이행상황신고서]를 작성 및 마감하고 국세청 홈택스에 전자신고를 하시오. (2점)

〈소득자료〉

귀속월	지급월	소득구분	신고코드	인원	총지급액	소득세	비고
6월	7월	사업소득	A25	2명	4,500,000원	135,000원	매월(정기)신고

• 전월로부터 이월된 미환급 세액 55,000원을 충당하기로 한다.

〈유의사항〉
1. [전자신고] → [국세청 홈택스 전자신고변환(교육용)] 순으로 진행한다.
2. [전자신고] 메뉴의 [원천징수이행상황제작] 탭에서 신고인구분은 2.납세자 자진신고를 선택하고, 비밀번호는 자유롭게 입력한다.
3. [국세청 홈택스 전자신고변환(교육용)] → 전자파일변환(변환대상파일선택) → 찾아보기 에서 전자신고용 전자파일을 선택한다.
4. 전자신고용 전자파일 저장경로는 로컬디스크(C:)이며, 파일명은 "작성연월일.01.t사업자등록번호"다.
5. 형식검증하기 ➡ 형식검증결과확인 ➡ 내용검증하기 ➡ 내용검증결과확인 ➡ 전자파일제출 을 순서대로 클릭한다.
6. 최종적으로 전자파일 제출하기 를 완료한다.

1. [원천징수이행상황신고서] 작성 및 마감

2. 전자신고 파일 제작

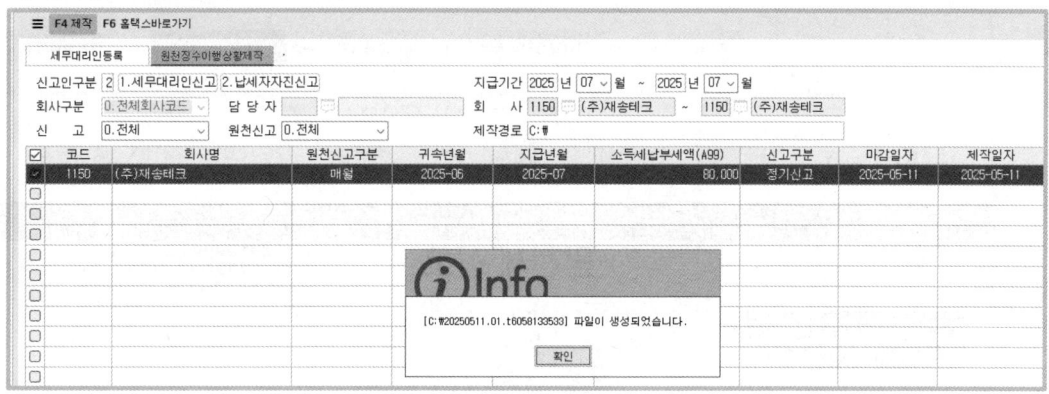

3. 홈택스 전자파일 변환 및 제출

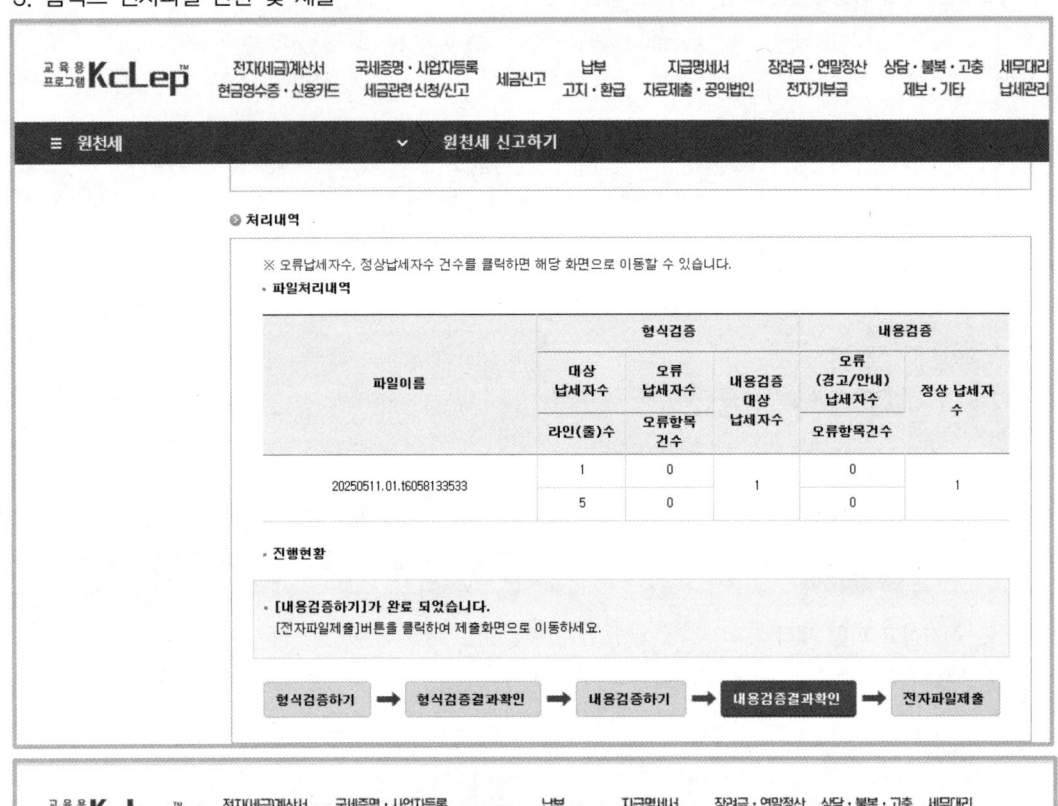

문제 5

─── 세무조정 작성대상서식 ───

1. 업무용승용차관련비용명세서
2. 기업업무추진비조정명세서
3. 법인세과세표준및세액조정계산서 및 최저한세조정계산서
4. 대손충당금및대손금조정명세서
5. 소득금액조정합계표및명세서

01

1. [업무용승용차등록] 메뉴

	코드	차량번호	차종	사용
	0101	55하4033	제네시스	사용

차량 상세 등록 내용

1. 고정자산계정과목: 0208 차량운반구
2. 고정자산코드/명:
3. 취득일자: 2023-05-03
4. 경비구분: 6.800번대/판관비
5. 사용자 부서:
6. 사용자 직책:
7. 사용자 성명:
8. 임차여부: 운용리스
9. 임차기간: 2023-05-03 ~ 2026-05-03
10. 보험가입여부: 가입
11. 보험기간: 2023-05-03 ~ 2026-05-03
12. 운행기록부사용여부: 여 전기이월누적거리: 21,000 km
13. 전용번호판 부착여부: 여
14. 출퇴근사용여부: 여 출퇴근거리: 6,400 km

2. [업무용승용차관련비용명세서] 메뉴

No	코드	차량번호	차종	임차	(12)보험(율)
1	0101	55하4033	제네시스	리스	여(100%)

업무 사용 비율 및 업무용 승용차 관련 비용 명세 (운행기록부: 적용) 임차기간: 2023-05-03 ~ 2026-05-03 □ 부동산임대업등 법령42조②

(7) 총주행거리(km)	(8) 업무용 사용거리(km)	(9) 업무용 사용비율	(13) 취득가액	(14) 보유또는 임차월수	(15)업무용 승용차 관련 비용							
					(16) 감가상각비	(17) 임차료 (감가상각비포함)	(18) 감가상각비상당액	(19) 유류비	(20) 보험료	(21) 수선비	(22) 자동차세	(23) 기타
8,000	6,400	80.0000		12		14,400,000	12,895,000	4,100,000				
합 계						14,400,000	12,895,000	4,100,000				

2 업무용 승용차 관련 비용 손금불산입 계산

(27) 업무 사용 금액			(28) 업무외 사용 금액			(35) 감가상각비 (상당액) 한도초과금액	(36) 손금불산입 합계 ((34)+(35))	(37
(29) 감가상각비 (상당액)((16)또는 (18))X(9)(12)]	(30) 관련 비용 [((24)-(16))또는 (24)-(18))X(9)(12)]	(31) 합계 ((29)+(30))	(32) 감가상각비 (상당액)X(16)-(27) 또는18)-(29))	(33) 관련 비용 [((24)-(16))또는 (24)-(18))-(30)]	(34) 합계 ((32)+(33))			
10,316,000	4,484,000	14,800,000	2,579,000	1,121,000	3,700,000	2,316,000	6,016,000	
10,316,000	4,484,000	14,800,000	2,579,000	1,121,000	3,700,000	2,316,000	6,016,000	

3 감가상각비(상당액) 한도초과금액 이월 명세

(42) 전기이월액	(43) 당기 감가상각비(상당액) 한도초과금액	(44) 감가상각비(상당액) 한도초과금액 누계	(45) 손금추인(산입)액	(46) 차기이월(
8,000,000	2,316,000	10,316,000		
8,000,000	2,316,000	10,316,000		

3. F3 조정등록

익금산입 및 손금불산입			손금산입 및 익금불산입		
과 목	금 액	소득처분	과 목	금 액	소득처분
업무용승용차 업무미사용분	3,700,000	상여			
감가상각비 한도초과액	2,316,000	기타사외유출			

02   1. [기업업무추진비조정명세서(을)]

1. 수입금액명세

구 분	① 일반수입금액	② 특수관계인간 거래금액	③ 합 계(①+②)
금 액	1,800,000,000	200,000,000	2,000,000,000

2. 기업업무추진비 해당금액

④ 계정과목		합계	기업업무추진비(제조)	기업업무추진비(판관)	소모품비
⑤ 계정금액		62,200,000	26,200,000	34,500,000	1,500,000
⑥ 기업업무추진비계상액 중 사적사용경비					
⑦ 기업업무추진비해당금액(⑤-⑥)		62,200,000	26,200,000	34,500,000	1,500,000
경조사비 중 기준금액 초과액	⑨신용카드 등 미사용금액				
	⑩총 초과금액				
국외지역 지출액	⑪신용카드 등 미사용금액				
	⑫총 지출액				
농어민 지출액	⑬송금명세서 미제출금액				
	⑭총 지출액				
기업업무추진비 중 기준금액 초과액	⑮신용카드 등 미사용금액	7,000,000	2,000,000	5,000,000	
	(16)총 초과금액	55,400,000	23,000,000	30,900,000	1,500,000
(17) 신용카드 등 미사용 부인액		7,000,000	2,000,000	5,000,000	
(18) 기업업무추진비 부인액(⑥+(17))		7,000,000	2,000,000	5,000,000	

2. [기업업무추진비조정명세서(갑)]

3 기업업무추진비 한도초과액 조정

중소기업

□ 정부출자법인
□ 부동산임대업등(법.령제42조제2항)

구분			금액
1. 기업업무추진비 해당 금액			62,200,000
2. 기준금액 초과 기업업무추진비 중 신용카드 등 미사용으로 인한 손금불산입액			7,000,000
3. 차감 기업업무추진비 해당금액(1-2)			55,200,000
일반 기업업무추진비 한도	4. 12,000,000 (중소기업 36,000,000) X 월수(12) / 12		36,000,000
	총수입금액 기준	100억 이하의 금액 X 30/10,000	6,000,000
		100억원 초과 500억원 이하의 금액 X 20/10,000	
		500억원 초과 금액 X 3/10,000	
		5. 소계	6,000,000
	일반수입금액 기준	100억 이하의 금액 X 30/10,000	5,400,000
		100억원 초과 500억원 이하의 금액 X 20/10,000	
		500억원 초과 금액 X 3/10,000	
		6. 소계	5,400,000
	7. 수입금액기준	(5-6) X 10/100	60,000
	8. 일반기업업무추진비 한도액 (4+6+7)		41,460,000
문화기업업무추진비 한도(「조특법」제136조제3항)	9. 문화기업업무추진비 지출액		2,000,000
	10. 문화기업업무추진비 한도액(9와 (8 X 20/100) 중 작은 금액)		2,000,000
전통시장기업업무추진비 한도(「조특법」제136조제6항)	11. 전통시장기업업무추진비 지출액		
	12. 전통시장기업업무추진비 한도액(11과 (8 X 10/100) 중 작은 금액)		
13. 기업업무추진비 한도액 합계(8+10+12)			43,460,000
14. 한도초과액(3-13)			11,740,000
15. 손금산입한도 내 기업업무추진비 지출액(3과 13중 작은 금액)			43,460,000

3. F3 조정등록

익금산입 및 손금불산입			손금산입 및 익금불산입		
과 목	금 액	소득처분	과 목	금 액	소득처분
신용카드미사용액	7,000,000	기타사외유출			
기업업무추진비 한도초과액	11,740,000	기타사외유출			

03

1. [법인세과세표준및세액조정계산서]

	구분	코드	금액		구분	코드	금액
① 각사업연도소득계산	101. 결산서상 당기순손익	01	536,000,000	④ 납부할세액계산	120. 산 출 세 액 (120=119)		87,326,820
	소득조정금액 102.익금산입	02	34,500,000		121. 최저한세 적용대상 공제감면세액	17	47,785,360
	103.손금산입	03	2,900,000		122. 차 감 세 액	18	39,541,460
	104. 차가감소득금액 (101+102-103)	04	566,600,000		123. 최저한세 적용제외 공제감면세액	19	
	105. 기부금한도초과액	05	1,800,000		124. 가 산 세 액	20	190,000
	106. 기부금 한도초과 이월액 손금산입	54			125. 가 감 계 (122-123+124)	21	39,731,460
	107. 각 사업연도 소득금액 (104+105-106)	06	568,400,000	기한내납부세액	126. 중 간 예 납 세 액	22	5,000,000
② 과세표준계산	108. 각 사업연도 소득금액 (108=107)		568,400,000		127. 수 시 부 과 세 액	23	
	109. 이 월 결 손 금	07	3,522,000		128. 원 천 납 부 세 액	24	7,000,000
	110. 비 과 세 소 득	08			129. 간접 회사등 외국 납부세액	25	
	111. 소 득 공 제	09			130. 소 계 (126+127+128+129)	26	12,000,000
	112. 과 세 표 준 (108-109-110-111)	10	564,878,000		131. 신고 납부전 가산세액	27	
	159. 선 박 표 준 이 익	55			132. 합 계 (130+131)	28	12,000,000
③ 산출세액계산	113. 과 세 표 준 (113=112+159)	56	564,878,000		133. 감면분 추가 납부세액	29	
	114. 세 율	11	19%		134. 차가감 납부할 세액 (125-132+133)	30	27,731,460
	115. 산 출 세 액	12	87,326,820	⑤토지등 양도소득, ⑥ 미환류소득 법인세 계산 (TAB로 이동)			
	116. 지점유보소득 (법 제96조)	13		⑦ 세액계	151. 차감 납부할 세액계 (134+150+166)	46	27,731,460
	117. 세 율	14			152. 사실과 다른 회계처리 경정 세액공제	57	
	118. 산 출 세 액	15			153. 분납세액 계산 범위액 (151-124-133-145-152+131)	47	27,541,460
	119. 합 계 (115+118)	16	87,326,820		154. 분 납 할 세 액	48	13,770,730
					155. 차감 납부 세액 (151-152-154)	49	13,960,730

2. [최저한세조정계산서]

①구분		코드	②감면후세액	③최저한세	④조정감	⑤조정후세액
(101) 결산서상 당기 순이익		01	536,000,000			
소득조정금액	(102)익 금 산 입	02	34,500,000			
	(103)손 금 산 입	03	2,900,000			
(104) 조정후 소득금액 (101+102-103)		04	566,600,000	566,600,000		566,600,000
최저한세적용대상 특별비용	(105)준 비 금	05				
	(106)특별상각, 특례상각	06				
(107) 특별비용손금산입전소득금액(104+105+106)		07	566,600,000	566,600,000		566,600,000
(108) 기부금 한도초과액		08	1,800,000	1,800,000		1,800,000
(109) 기부금 한도초과 이월액 손금산입		09				
(110) 각 사업년도 소득금액 (107+108-109)		10	568,400,000	568,400,000		568,400,000
(111) 이 월 결 손 금		11	3,522,000	3,522,000		3,522,000
(112) 비 과 세 소 득		12				
(113) 최저한세적용대상 비과세소득		13				
(114) 최저한세적용대상 익금불산입 손금산입		14				
(115) 차가감 소득금액 (110-111-112+113+114)		15	564,878,000	564,878,000		564,878,000
(116) 소 득 공 제		16				
(117) 최저한세적용대상 소득공제		17				
(118) 과세 표준금액 (115-116+117)		18	564,878,000	564,878,000		564,878,000
(119) 선 박 표 준 이 익		24				
(120) 과 세 표 준 금 액 (118+119)		25	564,878,000	564,878,000		564,878,000
(121) 세 율		19	19 %	7 %		19 %
(122) 산 출 세 액		20	87,326,820	39,541,460		87,326,820
(123) 감 면 세 액		21	13,000,000			13,000,000
(124) 세 액 공 제		22	36,200,000		1,414,640	34,785,360
(125) 차 감 세 액 (122-123-124)		23	38,126,820			39,541,460

04 1. [대손충당금및대손금조정명세서]

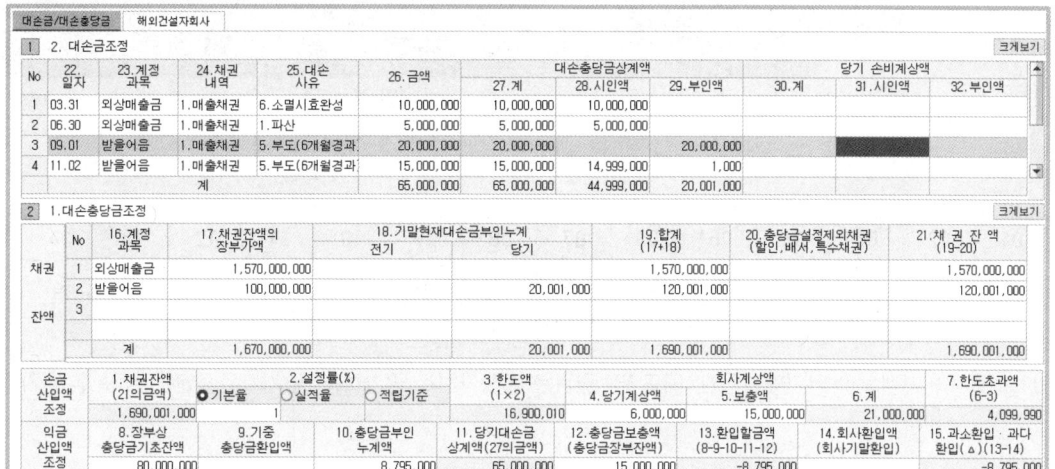

2. F3 조정등록

익금산입 및 손금불산입			손금산입 및 익금불산입		
과목	금액	소득처분	과목	금액	소득처분
받을어음	20,001,000	유보발생	대손충당금 과다환입액	8,795,000	유보감소
대손충당금한도초과액	4,099,990	유보발생			

05 [소득금액조정합계표]

익금산입 및 손금불산입			손금산입 및 익금불산입		
과목	금액	소득처분	과목	금액	소득처분
법인세등	18,000,000	기타사외유출	업무용승용차감가상각비	2,000,000	유보발생
업무무관가지급금	35,000,000	유보발생	자동차세환급금이자	100,000	기타
토지개발부담금	3,000,000	유보발생			
출자임원사택유지비	5,000,000	상여			

정답 및 해설 — 114회 최신기출문제

이론시험 정답 및 해설 A형

01	02	03	04	05	06	07	08	09	10	11	12	13	14	15
③	②	③	②	①	④	④	②	①	④	③	④	③	②	④

01 ③ 원칙적으로 단기매매증권, 매도가능증권은 공정가치로 평가하고, 만기보유증권은 상각 후 원가로 평가한다.

02 ②

구분	영향	이유
감가상각비	증가	정률법은 초기에 감가상각액이 크기 때문
당기순이익	감소	감가상각비가 비용으로 처리되어 순이익이 줄어듦
차량운반구 장부가액	감소	감가상각비가 크므로 자산의 순장부가액이 더 많이 줄어듦

03 ③ 전진법의 단점에 대한 설명이다. 소급법은 과거부터 회계처리를 새로운 회계정책으로 다시 적용하는 방식으로, 비교가능성과 투명성이 높아지는 장점이 있다. 또한 회계변경의 영향이 재무제표에 충분히 반영되어 파악하기 쉽다.

04 ② [일반기업회계기준 문단 15.8] 기업이 매입 등을 통하여 취득하는 자기주식은 취득원가를 자기주식의 과목으로 하여 자본조정으로 회계처리한다.

05 ① 사채가 할증발행되었을 경우, 사채의 액면이자보다 시장이자율(유효이자율)이 낮기 때문에 이자비용(= 실질이자)이 액면이자보다 작게 발생하여 두 금액의 차이(= 할증발행차금 상각액)는 매년 증가
유효이자율법에서는 사채의 장부가액이 매년 감소 → 이자비용 = 장부가액 × 유효이자율도 감소
→ 반면, 액면이자는 고정이므로 → 액면이자 − 이자비용 = 할증발행차금 상각액은 점점 커짐

06 ④ (1) 수선부문 원가배분
- 전력부문: 100,000원 × 40% = 40,000원
- 제조부문 X: 100,000원 × 40% = 40,000원
- 제조부문 Y: 100,000원 × 20% = 20,000원

(2) 전력부문 원가배분
- 전력부문 배분대상원가: 40,000원 + 80,000원 = 120,000원
- 제조부문 X: 120,000원 × 30% = 36,000원
- 제조부문 Y: 120,000원 × 70% = 84,000원

※ 76,000원 = 수선부문 배분액 40,000원 + 전력부문 배분액 36,000원

07 ④ (400단위 × 50%) + (4,600단위 × 100%) + (400단위 × 50%) = 5,000단위

08	②	가. 공손품은 생산 중 불가피하게 발생하는 손실품을 의미하며, "찌꺼기나 조각"은 작업폐물 또는 부산물에 해당
		나. 비정상공손은 예외적·비효율적 원인으로 발생한 손실로, 발생한 기간의 영업외비용(또는 기타비용)으로 처리
		다. 정상공손은 정상적이고 효율적인 생산과정 중에 불가피하게 발생하는 손실로, 원가성을 인정하여 제품원가에 포함
		라. 작업자의 부주의, 설비 고장, 생산계획 미비 등은 비정상공손의 원인이며, 정상공손은 정상적 원인에 의한 손실
09	①	원가행태에 따른 분류로서 변동원가, 고정원가, 준변동원가, 준고정원가로 구성된다.
10	④	기말재공품의 완성도는 선입선출법, 평균법에서 모두 고려해야 하는 대상이다. 다만, 기초재공품의 완성도는 선입선출법에서만 고려 대상이고, 평균법에서는 영향을 미치지 않는다.
11	③	영세율의 경우 부가가치세법상 사업자로서 제반의무를 이행해야 한다. 면세는 부가가치세법상 의무사항은 없으나 일정한 협력의무는 이행해야 한다.
12	④	채권자가 불분명한 사채의 이자는 상여로 처분하지만 해당 이자에 대한 원천징수세액은 기타사외유출로 처분한다.
13	③	가. 재화의 공급으로 부가가치세 과세 대상이다.
		나. 권리금으로 재산적 가치가 있는 무체물은 부가가치세 과세 대상이다.
		라. 재산적 가치가 있는 유체물은 재화에 포함되는 것으로 사업자가 공급하는 경우 과세 대상이다.
14	②	아파트관리비는 공제 대상 신용카드 등 사용금액에 포함하지 않는다.
15	④	주거용 건물의 임대업에서 발생한 결손금은 근로소득→연금소득→기타소득→이자소득→배당소득 순으로 다른 종합소득금액에서 공제가 가능하다.

실무시험 정답 및 해설

문제 1 회계처리

01 매입매출전표입력

유형	품목	수량	단가	공급가액	부가세	거래처	전자	분개
54.불공	잡화세트			1,500,000	150,000	만물상사	여	혼합
분개	(차변) 기업업무추진비(판)			1,650,000원	(대변) 보통예금			1,650,000원

불공제사유: ④기업업무추진비 및 이와 유사한 비용 관련

02 일반전표입력

2025.07.20. (차) 외상매입금(㈜대성) 55,000,000원   (대) 보통예금   54,000,000원
                                                         채무면제이익   1,000,000원

03 일반전표입력

2025.08.20. (차) 보통예금   40,000,000원   (대) 자본금   50,000,000원
              주식발행초과금   5,000,000원
              주식할인발행차금   5,000,000원

04 매입매출입력

유형	품목	수량	단가	공급가액	부가세	거래처	전자	분개
11.과세	기계장치			40,000,000	4,000,000	㈜미누전자	여	혼합
분개	(차변) 감가상각누계액(207) 21,000,000원 국고보조금(217) 24,000,000원 미수금 44,000,000원				(대변) 부가세예수금 4,000,000원 기계장치 75,000,000원 유형자산처분이익 10,000,00원			

문제 2 부가가치세신고서 및 부속서류

01 [부동산임대공급가액명세서]
1. 디자인봄

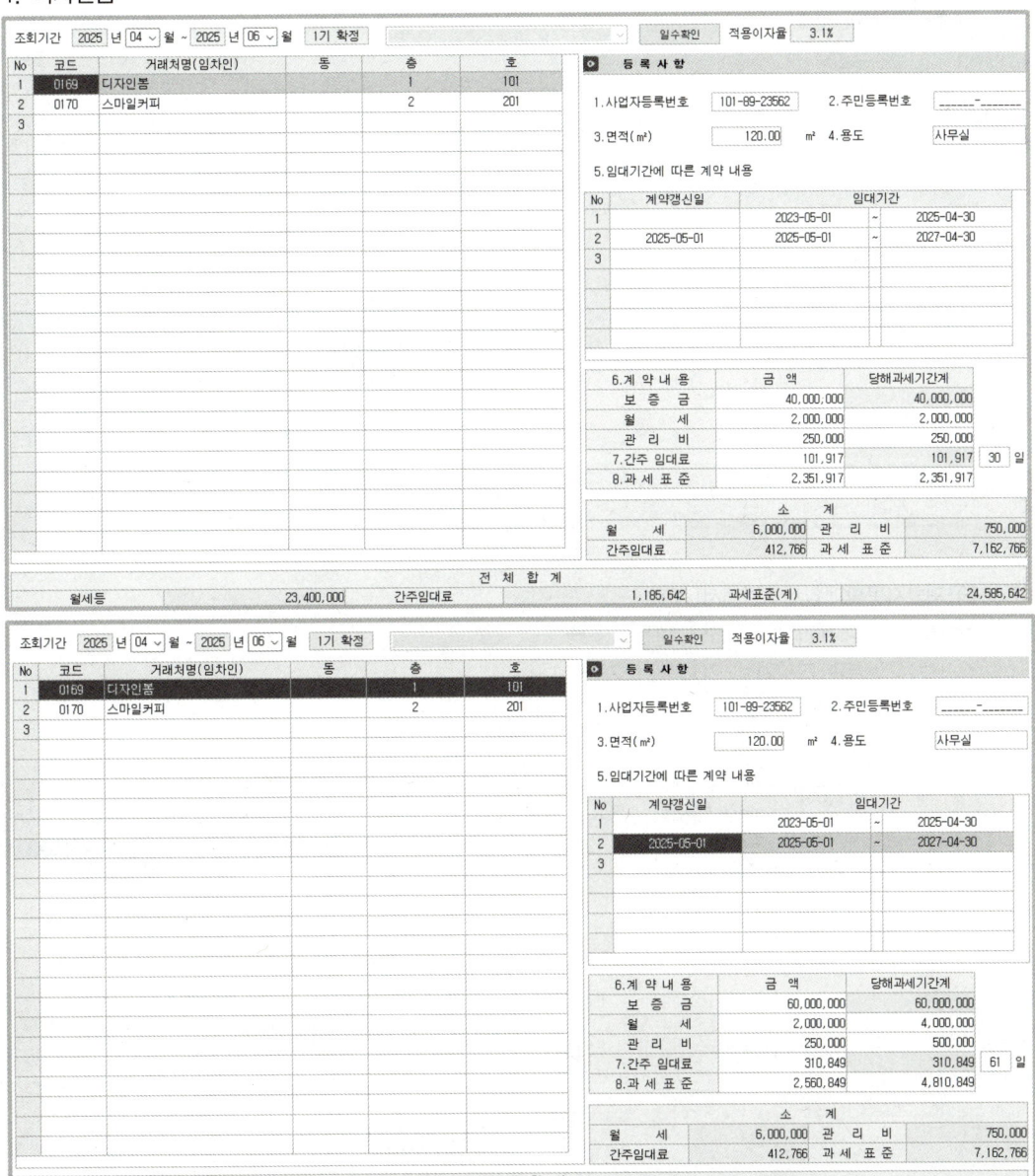

2. 스마일커피

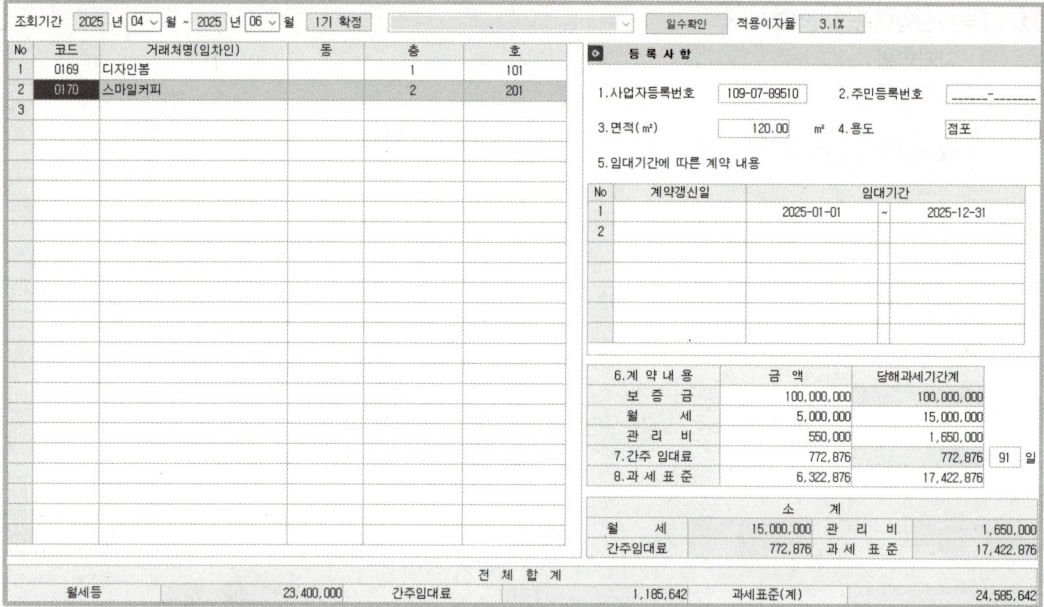

02 [공제받지못할매입세액명세서]
- 건물 경과 과세기간: 2024년 1기, 2기 ➡ 2
- 기계장치 경과 과세기간: 2024년 2기 ➡ 1

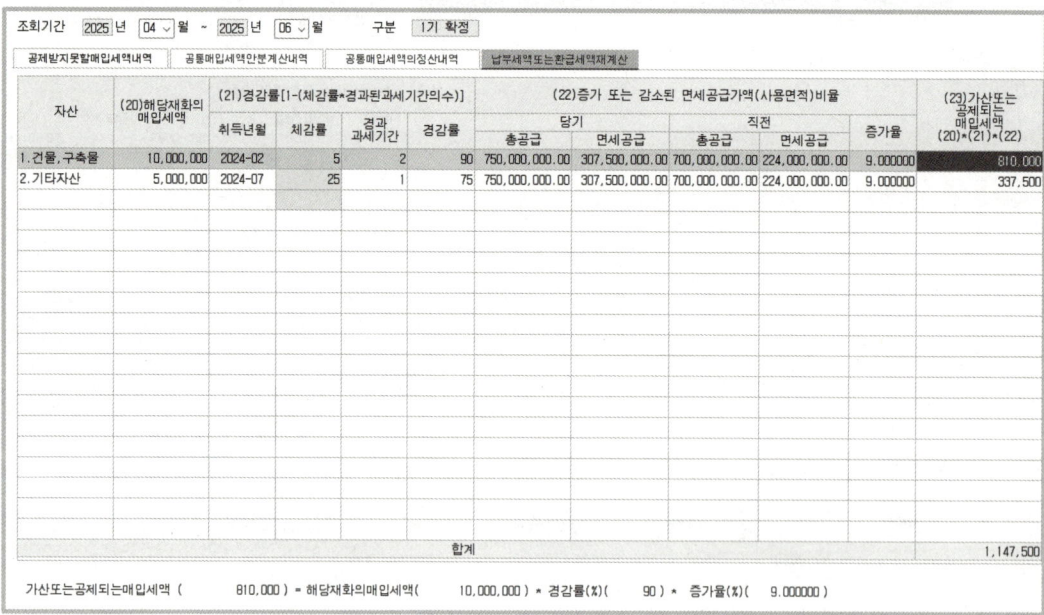

03 [대손세액공제신고서]
부도발생일 기준 6개월 미경과 부도는 대손사유가 아님.

당초공급일	대손확정일	대손금액	공제율	대손세액	거래처		대손사유
2022-05-01	2025-05-02	3,300,000	10/110	300,000	(주)일월산업	6	소멸시효완성
2024-05-08	2024-11-20	11,000,000	10/110	1,000,000	세월무역	5	부도(6개월경과)
2024-06-20	2025-04-09	6,600,000	10/110	600,000	(주)오월상사	1	파산
2024-11-05	2024-12-10	5,500,000	10/110	500,000	(주)유월물산	5	부도(6개월경과)

조회기간: 2025년 04월 ~ 2025년 06월 1기 확정

문제 3 결산정리사항

01 일반전표입력
2025.12.31. (차) 장기차입금(삼일은행) 30,000,000원   (대) 유동성장기부채(삼일은행) 30,000,000원

02 일반전표입력
2025.12.31. (차) 외화환산손실 6,000,000원   (대) 외상매출금(미국 Z사) 6,000,000원

03 일반전표입력
2025.12.31. (차) 부가세예수금 50,000,000원   (대) 부가세대급금 62,000,000원
　　　　　　　　　미수금 12,000,000원

04
1. 결산자료입력>기간: 2025년 01월~2025년 12월
   >9. 법인세등>1). 선납세금 결산반영금액 12,750,000원 입력>F3전표추가
   　　　　　　 2). 추가계상액 결산반영금액 14,250,000원 입력

2. 또는 일반전표입력
   2025.2.31. (차) 법인세등 27,000,000원   (대) 선납세금 12,750,000원
   　　　　　　　　　　　　　　　　　　　　　미지급세금 14,250,000원

문제 4 원천징수

01
1. [사원등록]
(1) [기본사항] 탭

(2) [부양가족명세] 탭

연말관계	성명	내/외국인	주민(외국인,여권)번호		나이	기본공제	부녀자	한부모	경로우대	장애인	자녀	출산입양	위탁관계
0	김서울	내	1	791003-1450753	46	본인							
1	김청주	내	1	510812-1450874	74	60세이상			○				
1	최명주	내	1	560705-2450853	69	60세이상							
3	이진주	내	1	830725-2450717	42	배우자							
4	김대전	내	1	020708-3450719	23	장애인				1	○		
4	김대구	내	1	070815-4450855	18	20세이하					○		
6	김부산	내	1	750205-1450714	50	장애인				1			

2. [급여자료입력]

(1) [수당공제등록]

No	코드	과세구분	수당명	근로소득유형				월정액	통상임금	사용여부
				유형	코드		한도			
1	1001	과세	기본급	급여				정기	여	여
2	1002	과세	상여	상여				부정기	부	여
3	1003	과세	직책수당	급여				정기	부	여
4	1004	과세	월차수당	급여				정기	부	여
5	1005	비과세	식대	식대	P01		(월)200,000	정기	부	여
6	1006	비과세	자가운전보조금	자가운전보조금	H03		(월)200,000	부정기	부	여
7	1007	비과세	야간근로수당	야간근로수당	001		(년)2,400,000	부정기	부	부
8										

(2) [급여자료입력]

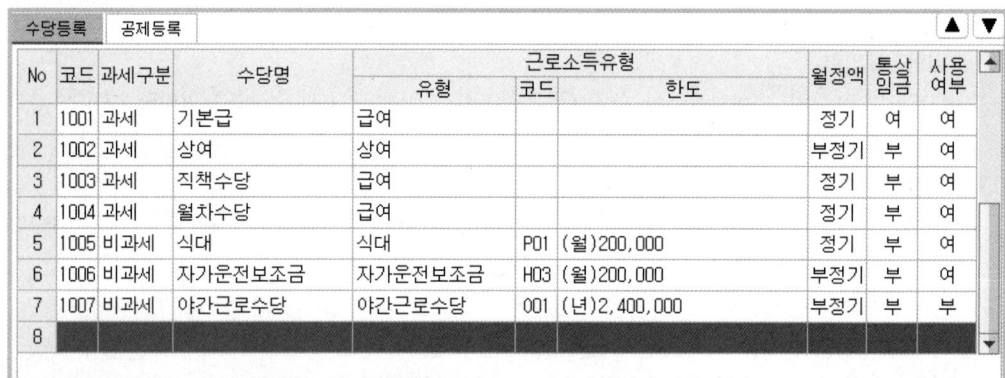

3. [원천징수이행상황신고서]

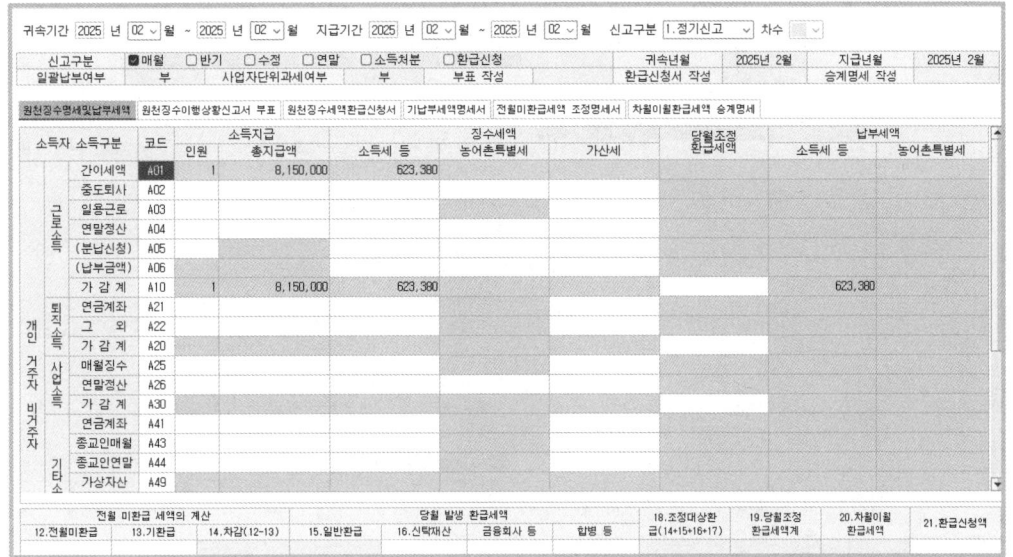

02 1. [기타소득자등록]

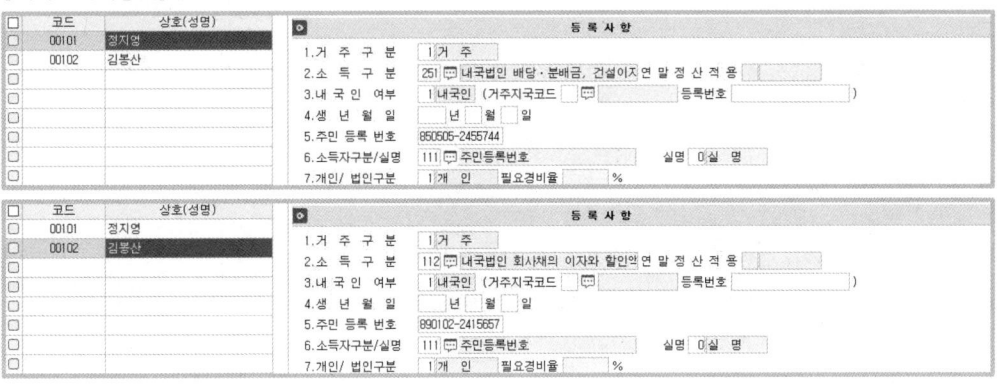

2. [이자배당소득자료입력]
(1) 정지영

배당소득의 귀속월을 이익잉여금처분결의일인 2월로 입력한 경우에도 정답으로 인정

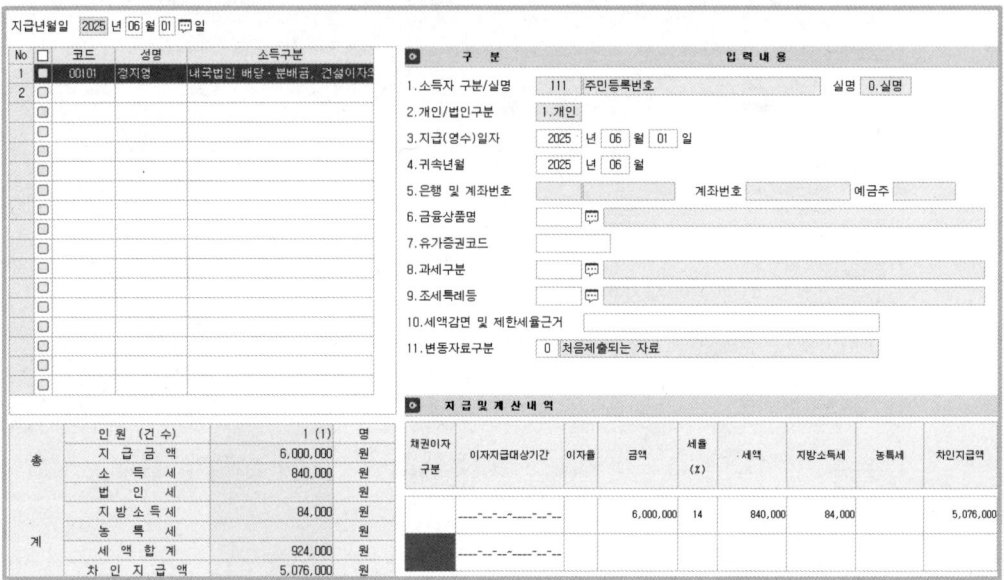

(2) 김봉산

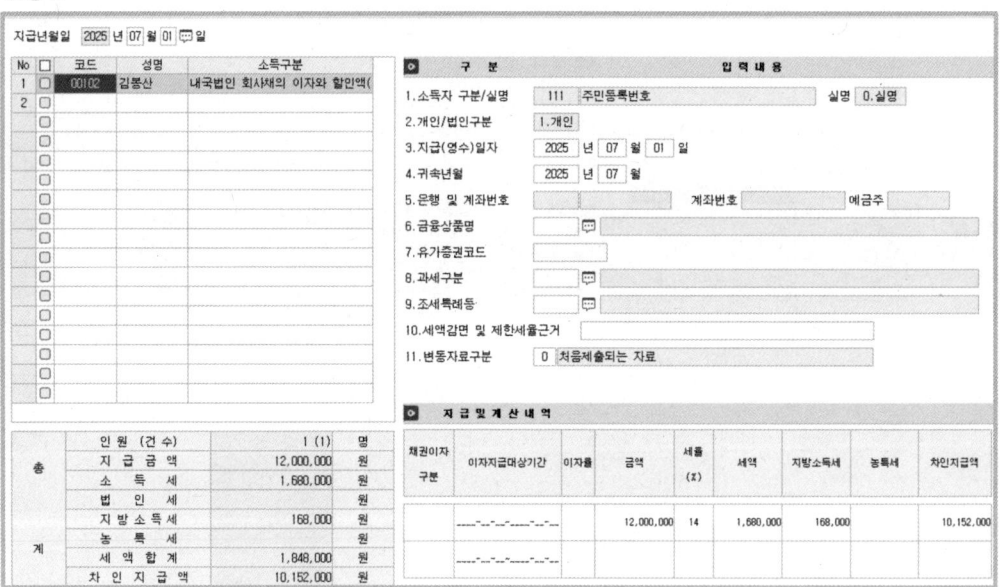

3. [원천징수이행상황신고서]
(1) 6월 귀속/6월 지급분
   - 배당소득의 귀속월을 이익잉여금처분결의일인 2월로 입력하고 원천징수시기에 대한 특례(지급시기의제)를 적용하여 지급월을 5월로 입력한 경우에도 정답으로 인정

(2) 7월 귀속/7월 지급분

03 1. [원천징수이행상황신고서] 작성 및 마감

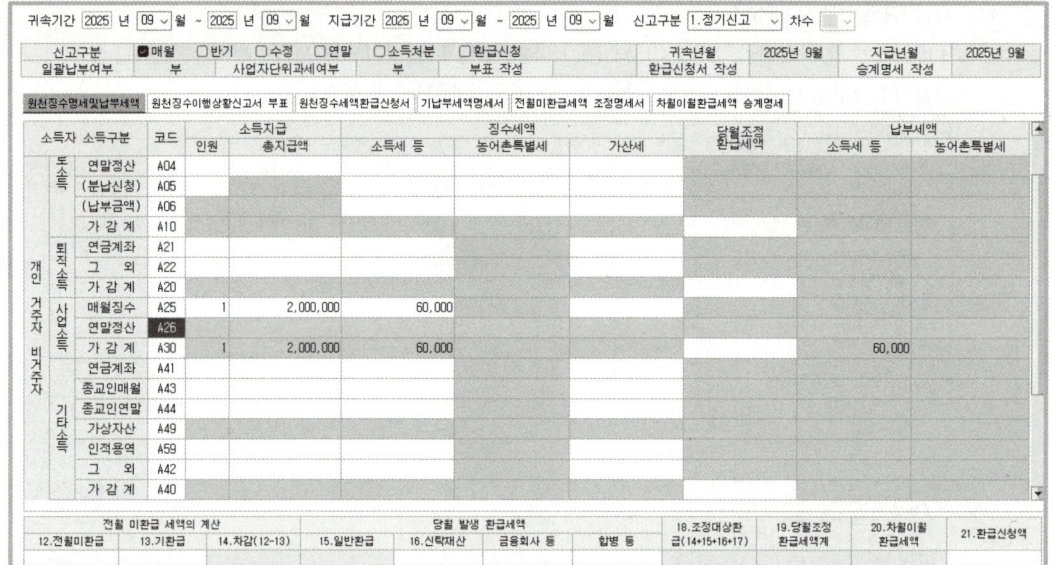

2. [전자신고]

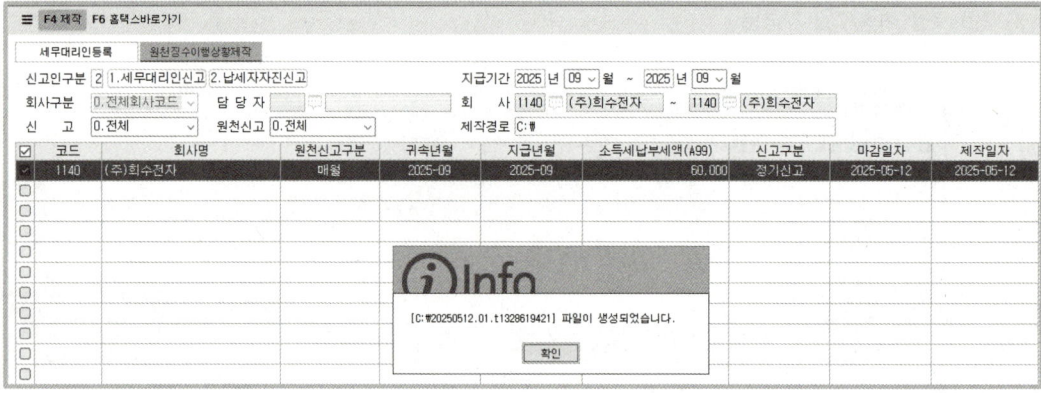

3. [국세청 홈택스 전자신고변환]

문제 5

―――――――――| 세무조정 작성대상서식 |―――――――――

1. 수입금액조정명세서, 조정후수입금액명세서
2. 퇴직연금부담금등조정명세서
3. 미상각자산감가상각조정명세서
4. 기부금조정명세서
5. 원천납부세액명세서(갑)

01 1. [수입금액조정명세서]
   (1) [작업진행률에 의한 수입금액] 탭

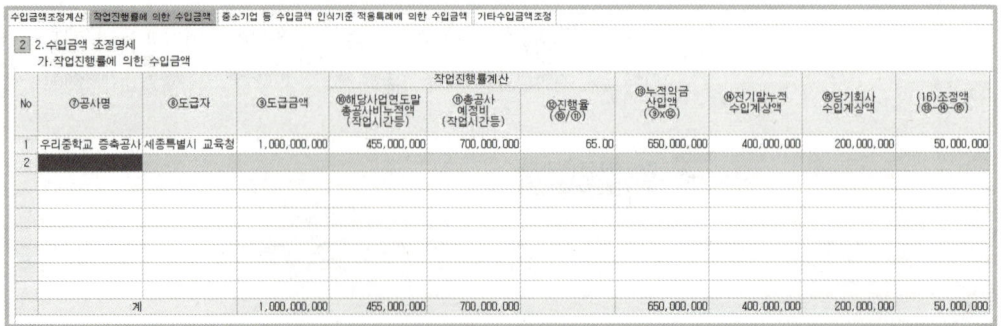

(2) [기타수입금액조정] 탭

No	(23)구 분	(24)근 거 법 령	(25)수 입 금 액	(26)대 응 원 가	비 고
1	제품매출		15,000,000	10,000,000	
2					
	계		15,000,000	10,000,000	

(3) [수입금액조정계산] 탭

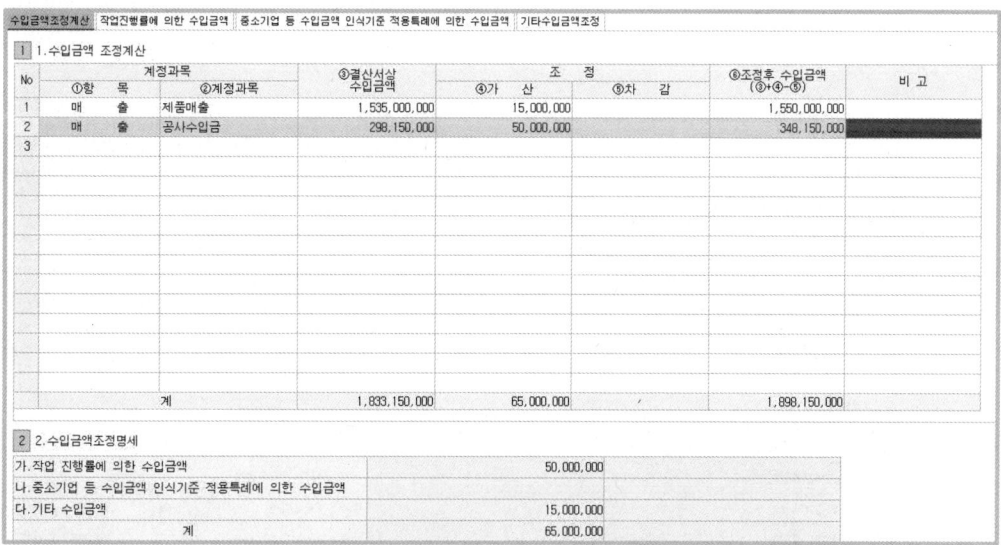

2. F3 조정등록

익금산입 및 손금불산입			손금산입 및 익금불산입		
과 목	금 액	소득처분	과 목	금 액	소득처분
공사수입금액 누락	50,000,000	유보발생	위탁매출원가 누락	10,000,000	유보발생
위탁매출 누락	15,000,000	유보발생			

3. [조정후수입금액명세서]

(1) [업종별 수입금액 명세서] 탭

①업 태	②종 목	순번	③기준(단순)경비율번호	수입금액 ④계(⑤+⑥+⑦)	⑤국내생산품	⑥수입상품	⑦수 출 (영세율대상)
제조업	전자부품	01	321012	1,550,000,000	1,550,000,000		
건설업	일반 통신 공사업	02	452127	348,150,000	348,150,000		
		03					
		04					
		05					
		06					
		07					
		08					
		09					
		10					
(111)기 타		11					
(112)합 계		99		1,898,150,000	1,898,150,000		

(2) [과세표준과 수입금액 차액검토] 탭

(1) 부가가치세 과세표준과 수입금액 차액

⑧과세(일반)	⑨과세(영세율)	⑩면세수입금액	⑪합계(⑧+⑨+⑩)	⑫조정후수입금액	⑬차액(⑪-⑫)
1,848,150,000			1,848,150,000	1,898,150,000	-50,000,000

(2) 수입금액과의 차액내역(부가세과표에 포함되어 있으면 +금액, 포함되지 않았으면 -금액 처리)

⑭구 분	코드	(16)금액	비 고	⑭구 분	코드	(16)금액	비 고
자가공급(면세전용등)	21			거래(공급)시기차이감액	30		
사업상증여(접대제공)	22			주세·개별소비세	31		
개인적공급(개인적사용)	23			매출누락	32	-15,000,000	
간주임대료	24				33		
자산매각 유형자산 및 무형자산 매각액	25	15,000,000			34		
그밖의자산매각액(부산물)	26				35		
폐업시 잔존재고재화	27				36		
작업진행률 차이	28	-50,000,000			37		
거래(공급)시기차이가산	29			(17)차 액 계	50	-50,000,000	
				(13)차액과(17)차액계의차이금액			

02 1. [퇴직연금부담금등조정명세서]

2. 이미 손금산입한 부담금 등의 계산

나. 기말 퇴직연금 예치금 등의 계산

19. 기초 퇴직연금예치금 등	20. 기중 퇴직연금예치금 등 수령 및 해약액	21. 당기 퇴직연금예치금 등의 납입액	22. 퇴직연금예치금 등 계 (19 - 20 + 21)
210,000,000	3,000,000	40,000,000	247,000,000

가. 손금산입대상 부담금 등 계산

13. 퇴직연금예치금 등 계 (22)	14. 기초퇴직연금충당금 및 전기말 신고조정에 의한 손금산입액	15. 퇴직연금충당금 손금부인 누계액	16. 기중퇴직연금 수령 및 해약액	17. 이미 손금산입한 부담금등 (14 - 15 - 16)	18. 손금산입대상 부담금등 (13 - 17)
247,000,000	210,000,000		3,000,000	207,000,000	40,000,000

1. 퇴직연금 등의 부담금 조정

1. 퇴직급여추계액	2. 장부상 기말잔액	당기말 현재 퇴직급여충당금			6. 퇴직부담금 등 손금산입 누적한도액 (① - ⑤)
		3. 확정기여형퇴직연금자의 설정전 기계상된 퇴직급여충당금	4. 당기말 부인 누계액	5. 차감액 (② - ③ - ④)	
280,000,000	25,000,000		25,000,000		280,000,000
7. 이미 손금산입한 부담금 등 (17)	8. 손금산입액 한도액 (⑥ - ⑦)	9. 손금산입 대상 부담금 등 (18)	10. 손금산입범위액 (⑧과 ⑨중 적은 금액)	11. 회사 손금 계상액	12. 조정금액 (⑩ - ⑪)
207,000,000	73,000,000	40,000,000	40,000,000		40,000,000

2. [F3] 조정등록

익금산입 및 손금불산입			손금산입 및 익금불산입		
과 목	금 액	소득처분	과 목	금 액	소득처분
퇴직연금운용자산	3,000,000	유보감소	퇴직연금충당부채	40,000,000	유보발생

03 1. [고정자산등록]
(1) 기계장치 A

자산계정과목	0206 기계장치	조정구분 0.전체	경비구분 0.전체	
	자산코드/명	취득년월일	상각방법	기본등록사항 / 추가등록사항
☑	000100 A	2022-08-17	정률법	
☐	000101 B	2023-07-21	정률법	

1. 기초가액	300,000,000
2. 전기말상각누계액(-)	160,000,000
3. 전기말장부가액	140,000,000
4. 당기중 취득 및 당기증가(+)	
5. 당기감소(일부양도·매각·폐기)(-)	
전기말상각누계액(당기감소분)(+)	
6. 전기말자본적지출액누계(+)(정액법만)	
7. 당기자본적지출액(즉시상각분)(+)	20,000,000
8. 전기말부인누계액(+)(정률만 상각대상에 가산)	8,000,000
9. 전기말의제상각누계액(-)	
10. 상각대상금액	168,000,000
11. 내용연수/상각률(월수)	5 0.451 (12) 연수별상각률
12. 상각범위액(한도액)(10X상각율)	75,768,000
13. 회사계상액(12)-(7)	60,000,000 사용자수정
14. 경비구분	1.500번대/제조
15. 당기말감가상각누계액	220,000,000
16. 당기말장부가액	80,000,000
17. 당기의제상각비	
18. 전체양도일자	
19. 전체폐기일자	
20. 업종	13 제조업

(2) 기계장치 B

2. [미상각자산감가상각조정명세서]
(1) 기계장치 A

(2) 기계장치 B

계정	자산코드/명		취득년월일
0206	000100	A	2022-08-17
0206	000101	B	2023-07-21

입력내용			금액	총계
업종코드/명	13	제조업		
합계표 자산구분		2. 기계장치		
(4)내용연수			5	
상각계산의 기초가액	재무상태표 자산가액	(5)기말현재액	215,000,000	515,000,000
		(6)감가상각누계액	120,000,000	340,000,000
		(7)미상각잔액(5)-(6)	95,000,000	175,000,000
	(8)회사계산감가상각비		80,000,000	140,000,000
	(9)자본적지출액			20,000,000
	(10)전기말의제상각누계액			
	(11)전기말부인누계액		4,000,000	12,000,000
	(12)가감계((7)+(8)+(9)-(10)+(11))		179,000,000	347,000,000
(13)일반상각률.특별상각률			0.451	
상각범위액계산	당기산출상각액	(14)일반상각액	80,729,000	156,497,000
		(15)특별상각액		
		(16)계((14)+(15))	80,729,000	156,497,000
	취득가액	(17)전기말현재취득가액	200,000,000	500,000,000
		(18)당기회사계산증가액	15,000,000	15,000,000
		(19)당기자본적지출액		20,000,000
		(20)계((17)+(18)+(19))	215,000,000	535,000,000
	(21) 잔존가액		10,750,000	26,750,000
	(22) 당기상각시인범위액		80,729,000	156,497,000
(23)회사계상상각액((8)+(9))			80,000,000	160,000,000
(24)차감액((23)-(22))			-729,000	3,503,000
(25)최저한세적용에따른특별상각부인액				
조정액	(26) 상각부인액((24)+(25))			4,232,000
	(27) 기왕부인액중당기손금추인액		729,000	729,000
(28) 당기말부인누계액((11)+(26)-|(27)|)			3,271,000	15,503,000
당기말 의제상각액	(29) 당기의제상각액|△(24)-(27)|			
	(30) 의제상각누계액((10)+(29))			
신고조정 감가상각 비계산	(31) 기준상각률			
	(32) 종전상각비			
	(33) 종전감가상각비 한도			
	(34) 추가손금산입대상액			
	(35) 동종자산 한도계산 후 추가손금산			
신고조정 감가상각 비계산	(36) 기획재정부령으로 정하는 기준내용			
	(37) 기준감가상각비 한도			
	(38) 추가손금산입액			
(39) 추가 손금산입 후 당기말부인액 누계			3,271,000	15,503,000

3. [감가상각비조정명세서합계표]

1.자산구분		코드	2.합계액	유형자산			6.무형자산
				3.건축물	4.기계장치	5.기타자산	
재무상태표 상각액	101.기말현재액	01	515,000,000		515,000,000		
	102.감가상각누계액	02	340,000,000		340,000,000		
	103.미상각잔액	03	175,000,000		175,000,000		
104.상각범위액		04	156,497,000		156,497,000		
105.회사손금계상액		05	160,000,000		160,000,000		
조정금액	106.상각부인액 (105-104)	06	4,232,000		4,232,000		
	107.시인부족액 (104-105)	07	729,000		729,000		
	108.기왕부인액 중 당기손금추인액	08	729,000		729,000		
109.신고조정손금계상액		09					

4. F3 조정등록

익금산입 및 손금불산입			손금산입 및 익금불산입		
과목	금액	소득처분	과목	금액	소득처분
기계장치 A 감가상각비 한도초과액	4,232,000	유보발생	기계장치 B 감가상각비 시인부족액	729,000	유보감소

04 [기부금조정명세서]

1. [1.기부금 입력] 탭

어음기부금: 미입력 또는 그밖의기부금(코드 50, 기타기부금)

1.기부금명세서

구분			과목	월일	적요	기부처		금액	비고
	유형	코드				법인명등	사업자(주민)번호등		
24조제2항제1호에	10	기부금		8	20	한라대학교(사립학교)에 연구비	한라대학교		7,000,000	
24조제3항제1호에	40	기부금		9	5	A사회복지법인 고유목적사업기부	A사회복지법인		4,000,000	
기타	50	기부금		11	20	정부로부터 인·허가를 받지 않은	B예술단체		2,000,000	
9.소계			가. 「법인세법」 제24조제2항제1호에 따른 특례기부금			코드 10		7,000,000	
			나. 「법인세법」 제24조제3항제1호에 따른 일반기부금			코드 40		4,000,000	
			다. [조세특례제한법] 제88조의4제13항의 우리사주조합 기부금			코드 42			
			라. 그 밖의 기부금			코드 50		2,000,000	
			계					13,000,000	

2.소득금액확정

1.결산서상 당기순이익	2.익금산입	3.손금산입	4.기부금합계	5.소득금액계(1+2-3+4)
200,000,000	48,000,000	12,000,000	11,000,000	247,000,000

2. F3 조정등록

익금산입 및 손금불산입			손금산입 및 익금불산입		
과목	금액	소득처분	과목	금액	소득처분
B예술단체 기부금	2,000,000	기타사외유출			
어음기부금	6,000,000	유보발생			

3. [2.기부금 조정] 탭

1. 「법인세법」 제24조제2항제1호에 따른 특례기부금 손금산입액 한도액 계산

1.소득금액 계	247,000,000	5.이월잔액 중 손금산입액 MIN[4,23]	
2.법인세법 제13조제1항제1호에 따른 이월 결손금 합계액(기준소득금액의 80% 한도)	25,000,000	6.해당연도지출액 손금산입액 MIN[(④-⑤)>0, ③]	7,000,000
3.「법인세법」 제24조제2항제1호에 따른 특례기부금 해당금액	7,000,000	7.한도초과액 [(3-6)>0]	
4.한도액 {[(1-2) 0]X50%}	111,000,000	8.소득금액 차감잔액 [(①-②-⑤-⑥)>0]	215,000,000

2. 「조세특례제한법」 제88조의4에 따라 우리사주조합에 지출하는 기부금 손금산입액 한도액 계산

9.「조세특례제한법」 제88조의4제13항에 따른 우리사주조합 기부금 해당 금액		11. 손금산입액 MIN(9, 10)	
10. 한도액 (8×30%)	64,500,000	12. 한도초과액 [(9-10)>0]	

3. 「법인세법」 제24조제3항제1호에 따른 일반기부금 손금산입 한도액 계산

13.「법인세법」 제24조제3항제1호에 따른 일반기부금 해당금액	4,000,000	16. 해당연도지출액 손금산입액 MIN[(14-15)>0, 13]	4,000,000
14. 한도액 ((8-11)x10%, 20%)	21,500,000	17. 한도초과액 [(13-16)>0]	
15. 이월잔액 중 손금산입액 MIN(14, 23)	7,000,000		

4. 기부금 한도초과액 총액

18. 기부금 합계액 (3+9+13)	19. 손금산입 합계 (6+11+16)	20. 한도초과액 합계 (18-19)=(7+12+17)
11,000,000	11,000,000	

5. 기부금 이월 명세

사업연도	기부금 종류	21.한도초과 손금불산입액	22.기공제액	23.공제가능 잔액(21-22)	24.해당연도 손금추인액	25.차기이월액 (23-24)
합계	「법인세법」 제24조제2항제1호에 따른 특례기부금					
	「법인세법」 제24조제3항제1호에 따른 일반기부금	7,000,000		7,000,000	7,000,000	
2023	「법인세법」 제24조제3항제1호에 따른 일반	7,000,000		7,000,000	7,000,000	

6. 해당 사업연도 기부금 지출액 명세

사업연도	기부금 종류	26.지출액 합계금액	27.해당 사업연도 손금산입액	28.차기 이월액(26-27)
합계	「법인세법」 제24조제2항제1호에 따른 특례기부금	7,000,000	7,000,000	
	「법인세법」 제24조제3항제1호에 따른 일반기부금	4,000,000	4,000,000	

05 [원천납부세액명세서]>[원천납부세액(갑)] 탭

No	1.적요 (이자발생사유)	구분	2.원천징수의무자 사업자(주민)번호	상호(성명)	3.원천 징수일		4.이자·배당금액	5.세율(%)	6.법인세	지방세 납세지
1	정기예금 이자	내국인	103-81-05259	(주)부전은행	6	30	8,000,000	14.00	1,120,000	
2	비영업대금 이자	내국인	210-81-23588	(주)삼송테크	10	31	10,000,000	25.00	2,500,000	
3	정기적금 이자	내국인	105-81-85337	(주)서울은행	12	31	5,000,000	14.00	700,000	
	합 계						23,000,000		4,320,000	

[저자 소개]
정아름 교수
- 광운대학교 회계학 박사
- 숭실대학교 MBA 회계학 석사
- 서울미디어대학원대학교 인공지능응용소프트웨어학과 공학 석사

- 광운대학교 경영학부 강사
- 사이버한국외국어대학교 마케팅경영학과 강사
- 이패스코리아 전산세무회계 강사

2025 이패스코리아
전산세무 1급

개정2판 인쇄	2025년 06월 04일
개정2판 발행	2025년 06월 12일
지 은 이	정아름
발 행 인	이재남
발 행 처	이패스코리아
등 록	제318-2003-000119호 (2003년 10월 15일)
주 소	서울시 영등포구 경인로 775 에이스하이테크시티 2동 10층
홈페이지	www.epasskorea.com
이 메 일	epasstax@epasskorea.com
전 화	1600-0522
팩 스	(02)581-5376

ISBN 979-11-7209-236-8

본서의 무단 전재·복제 행위는 저작권법에 의거하여 5년 이하의 징역 또는 5천만원 이하의 벌금에 처하거나 이를 병과할 수 있습니다.

※ 잘못된 책은 교환해드립니다.

정가 38,000원